DER PAPST
DER FREIHEIT

George Weigel

DER PAPST DER FREIHEIT

Johannes Paul II.

Seine letzten Jahre und sein Vermächtnis

Übersetzt von
Christiana Goldmann

Ferdinand Schöningh
Paderborn · München · Wien · Zürich

Umschlagfoto:
Franco Origlia, Associated Press

Bibliografische Information der Deutschen Nationalbibliothek

Die Deutsche Nationalbibliothek verzeichnet diese Publikation in der Deutschen Nationalbibliografie; detaillierte bibliografische Daten sind im Internet über http://dnb.d-nb.de abrufbar.

Umschlaggestaltung: Anna Braungart, Regensburg

Amerikanische Originalausgabe:
The End and the Beginning. Pope John Paul II – The Victory of Freedom, the Last Years, the Legacy. Doubleday, New York (2010)

Deutsche Übersetzung:
© 2011 Ferdinand Schöningh, Paderborn
(Verlag Ferdinand Schöningh GmbH & Co. KG, Jühenplatz 1, D-33098 Paderborn)

Internet: www.schoeningh.de

Printed in Germany. Herstellung: Ferdinand Schöningh, Paderborn

ISBN 978-3-506-77172-8

Für Joan,
Gwyneth, Monica und Stephen,
Robert und William

INHALT

TEIL ZWEI: KENOSIS – DIE LETZTEN JAHRE PAPST JOHANNES PAULS II. 2000-2005

TEIL DREI: METANOIA – DAS LEBEN EINES JÜNGERS

PROLOG

Der Millenniumspapst

Im Frühjahr 2005, als der April den März ablöste, und die Welt Wache vor dem Papstpalast in Rom hielt, wurde das Pontifikat von Papst Johannes Paul II., das sich seinem ergreifenden Ende zuneigte, bereits als das folgenreichste der zweitausendjährigen Geschichte des Christentums bezeichnet.

Acht Monate nach seiner Wahl zum Papst am 16. Oktober 1978 hatte Johannes Paul in seinem Heimatland Polen eine Revolution des Gewissens entflammt, eine moralische Herausforderung an den Status quo des Kalten Krieges ergehen lassen, die dazu beitrug, ein internationales Drama in Gang zu setzen, das schließlich 1989 mit dem Zusammenbruch des europäischen Kommunismus und 1991 mit dem Untergang der Sowjetunion seinen Höhepunkt erreichte. Der Einfluss des Millenniumspapstes auf die Welt beschränkte sich jedoch nicht allein auf die slawischen Länder. In den ersten beiden Jahrzehnten seiner Amtszeit spielte er eine wichtige Rolle in der Demokratisierung von Weltgegenden, die von Mittel- und Südamerika bis Ostasien reichen, indem er überall moralisch Zeugnis für die Würde des Menschen ablegte und zum weltweit prominentesten Verteidiger der allgemeinen Menschenrechte wurde. Am Ende seiner irdischen Pilgerreise war Johannes Paul II. – von dem die Welt zu Beginn seines Pontifikats sehr wenig wusste – für Milliarden von Menschen zur exemplarischen Verkörperung der Heimsuchungen, Tragödien und Siege in der zweiten Hälfte des 20. Jahrhunderts geworden.

Sein Einfluss auf die katholische Kirche war nicht weniger dramatisch als der auf die Weltgeschicke. Mehr als zweieinhalb Jahrzehnte hat er die Kirche spirituell und intellektuell gestärkt, vielen Katholiken hat er wieder ins Bewusstsein gerufen, wie abenteuerlich doch die Nachfolge Christi ist, und er hat die Kirche daran erinnert, dass sie kein Selbstzweck ist, sondern eine Mission zu erfüllen hat: die Verkündigung des Evangeliums von Gottes erlösender Liebe für die gesamte Menschheit. Indem er entschlossen von den Revolutionen im modernen Kommunikations- und Verkehrswesen Gebrauch machte, hat Johannes Paul II. dem päpstlichen Titel „Oberhirte der Kirche" eine neue Bedeutung verliehen. In einer Reihe von päpstlichen Pilgerreisen durch Italien und die ganze Welt stellte er das Amt des Bischofs von Rom in beispielloser Weise in den Dienst der Kirche. Zu einem Markenzeichen dieser Reisen, die an sich schon viele verblüfften, wurden die Weltjugendtage, auf denen der Papst die Erwartungen selbstgewisser Weltkinder und zweifelnder Kirchenmitglieder erschütterte, indem er deutlich machte, dass junge Menschen aus der Ersten Welt, aus ehemaligen kommunistischen Ländern und aus der Dritten Welt sich gleichermaßen von der unverblümten Forderung begeistern ließen, ein Leben im Geist christlicher Tugenden zu führen.

Und nicht weniger überrascht war so mancher von Johannes Pauls II. starkem Bekenntnis zum Streben nach der Einheit der Christenheit, von seiner Entschlossenheit eine neue Beziehung zwischen Katholizismus und Judaismus zu stiften, von seiner Bemühung um einen interreligiösen Dialog mit der zunehmend unruhigen Welt des Islam und von seinem Interesse, Brücken zwischen dem religiösem Glauben und der Wissenschaft zu schlagen. Während er dem traditionellen päpstlichen Titel „Pontifex" – der sich vom dem lateinischen Wort für „Brücke" ableitet – eine neue Bedeutung verlieh, und es wieder zur vornehmsten Aufgabe des Papsttums machte, Zeugnis für das Evangelium abzulegen, statt die Kirche bürokratisch zu verwalten, schuf er zugleich das seit Jahrhunderten geistig folgenreichste Korpus päpstlicher Lehren, rief die Kirche dazu auf, die Bindung an ihre Lehr- und Moraltradition zu vertiefen und sich mit der modernen Kritik an der geoffenbarten Religion und der aufgeklärten Moral auseinanderzusetzen. Am Erstaunlichsten war vielleicht jedoch, dass Johannes Paul die katholische Sexualethik erfrischend neu interpretierte und dabei die treue, fruchtbringende eheliche Liebe zum Sinnbild des inneren Lebens der Heiligen Dreifaltigkeit erhob.

Mit seinem geistigen Ansatz – er zwang die klassischen Glaubens- und Moralwahrheiten zu einem harten Dialog mit dem zeitgenössischen Verständnis der menschlichen Person – wie auch mit anderen Facetten seines Pontifikats war Johannes Paul II. der verkörperte Widerspruchsgeist, aber auch ein „Zeuge der Hoffnung", als der er sich selbst 1995 vor den Vereinten Nationen bezeichnete.

Verehrt von Hunderten von Millionen Menschen, von denen viele weder Katholiken noch Christen waren, ist er von vielen katholischen Intellektuellen und engagierten Katholiken Zeit seines Pontifikats scharf kritisiert worden. Denn seine Kritiker – darunter Priester, Nonnen und Bischöfe – erlebten es als „Restauration", als Preisgabe all der Verpflichtungen, die die katholische Kirche im Zweiten Vatikanum (1962-1965) eingegangen war.

Er, der ein Verfechter der Freiheit war und sich nicht weniger als andere für die Befreiung seiner slawischen Brüder vom Joch des Totalitarismus eingesetzt hatte, wurde von manchen angefeindet, weil er darauf bestand, dass Freiheit nicht ein neutrales „Wahl"vermögen ist, sondern, sofern sie nur richtig gelebt wird, immer eine Freiheit ist, die ihre Schranken in der moralischen Wahrheit und dem Gebot des Guten findet.

Er, der ein echter Intellektueller mit einer tiefen Ehrfurcht vor dem Leben des Geistes war, wurde von manchen beschuldigt, ein Gegner der akademischen Freiheit zu sein; ihm, der als Hirte mehr als fünf Jahrzehnte Erfahrung darin hatte, Männern und Frauen dabei zu helfen, mit den Zwiespältigkeiten und Versuchungen menschlicher Existenz zurecht zu kommen, wurde häufig vorgeworfen, er sei unsensibel und autoritär. Doch selbst seine Kritiker mussten zugeben, dass er für die ganze Welt zu einer moralischen Instanz geworden ist – zu einem Mann, dessen Denken zählte, selbst für diejenigen, die es und die von ihm geführte Kirche kritisierten.

Wie konnte er eine solche Stellung einnehmen? Welche Einflüsse haben diese einzigartige, bemerkenswerte Persönlichkeit geformt – diesen Mann, der, obwohl er fest in einem besonderen Glauben wurzelte, eine Art allgemeiner Vaterschaft auszuüben vermochte, die das Herz, den Verstand und die Seele von Menschen verschiedenster Kultur- und Glaubenskreise berührte? *In Zeuge der Hoffnung: Johannes Paul II. – eine Biographie* wird die Geschichte Karol Wojtyłas vor seiner Wahl zum Papst und die ersten 21 Jahre seines Pontifikats erzählt. Dieses Buch ist nun sowohl Ergänzung als auch Fortsetzung.[1] In den Jahren nach der Veröffentlichung jenes Werkes, sind Informationen aufgetaucht, die ein neues Licht auf Karol Wojtyłas 40-jährigen Kampf gegen den Kommunismus werfen und auf die 40-jährige Anstrengung des Kommunismus, Wojtyłas Werk und seinen Ruf zu zerstören. Es ist eine erstaunliche Geschichte, denn Polens kommunistische Machthaber, ihre Herren in Moskau und ihre Verbündeten im Ostblock sahen in Karol Wojtyła schon lange einen Todfeind – und nach seiner Wahl zum Papst galt er als tödliche Bedrohung für die Stellung der Kommunisten in Ost- und Mitteleuropa, für die kommunistischen Pläne in der Dritten Welt, ja für die Fortdauer des Kommunismus überhaupt. Und sie täuschten sich da nicht, auch wenn sie Wojtyłas Strategie und seine Absichten oft falsch einschätzten.

Wieviel menschliche Arbeitskraft und finanzielle Mittel die Kommunisten in ihrem Kampf gegen Karol Wojtyła und die von ihm nach seiner Papstwahl geführte Kirche einsetzten, war immens. Letztlich waren alle diese Anstrengungen vergeblich, denn die von Wojtyła verwandten Waffen waren von der Art, dass die kommunistischen Winkelzüge sie nicht stumpf machen konnten. Dennoch gaben die Kommunisten sich alle Mühe, sein Werk und sein Ansehen zu untergraben, zuerst in Krakau, später in Rom. Viele sind weiterhin davon überzeugt, dass zu diesen Anstrengungen auch das Attentat vom 13. Mai 1981 gehört hat; jedenfalls schloss der Kampf gegen Wojtyła die großangelegte Kampagne ein, seine Mitarbeiter in Polen und Rom durch Bestechung und Erpressung als Spitzel zu gewinnen. Diese Geheimaktionen wurden oft von den Geheimdiensten des Ostblocks koordiniert, die von nationalen Geheimdiensten gesammelten Informationen wurden an den KGB in Moskau weitergeleitet, und dort liegen vermutlich die kopierten Akten – für Historiker selbstverständlich unter Verschluss.

Viele Zeugnisse des kommunistischen Kampfes gegen Karol Wojtyła und gegen Papst Johannes Paul II sind während und unmittelbar nach dem Zusammenbruch des Kommunismus im Jahr 1989 vernichtet worden, doch ein großes Archiv, dessen Bestände in den fünf Jahren seit dem Tod von Johannes Paul noch kaum aufgearbeitet worden sind, ist uns erhalten geblieben. Eine sorgfältige Analyse auch nur der bescheidensten Auswahl dieses Quellenmaterials – das ursprünglich als geheim eingestuft worden war, und wovon Teile als so brisant galten, dass nur die oberen Chargen der kommunistischen Partei und der Geheimdienste Zugang dazu hatten – liefert uns ein äußerst lebendiges, detailliertes Porträt des Wie und Warum des kommunistischen Feldzugs gegen Karol Wojtyła während dessen Zeit als Erzbischof von Krakau und nach seiner Wahl zum Bischof von Rom. Dieses Material veranschaulicht, wie die kommunistischen Regierungen und Geheimdienste den Vatikan infiltrierten und diplomatische Beziehungen zum Heiligen Stuhl nutzten, um – wie zu erwarten – ihre Interessen zu fördern und ihre Bemühungen zu stärken, in die höchsten Ebenen der katholischen Kirchenleitung einzudringen, vor allem in den Vatikan selbst – ein Vorgehen, das viele hochrangige Würdenträger im Vatikan anscheinend nicht durchschaut haben. Die Akten des KGB, des polnischen Służba Bezpieczeństwa, kurz SB, und der Stasi gestatten einen Einblick in die Denkweise der Vatikan-Diplomatie, auch und indem sie die Vermutung bestätigen, dass Johannes Paul II. und seine Diplomaten die Strategien und Taktiken, die nötig waren, um der kommunistischen Herausforderung Paroli zu bieten, oft sehr unterschiedlich einschätzten.

Bevor diese noch unbekannte Geschichte dargelegt wird (im ersten Teil dieses Buches), bevor die letzten sechs Jahre im Leben Johannes Pauls II. dargelegt werden (sie folgen im zweiten Teil) und bevor der Versuch unternommen wird, den Mann und sein Werk im einzelnen zu bewerten (im dritten Teil), ist es angezeigt, einen kurzen Abriss von Wojtyłas Jahren vor der Wahl zum Papst und den Errungenschaften der ersten beiden Jahrzehnte seines Pontifikats zu liefern.

***

Ein Sohn Polens

Karol Józef Wojtyła kam am 18. Mai 1920 zur Welt. Seit dem 18. Jahrhundert war dies die erste Generation von Polen, die in einem freien Land geboren wurde. Wojtyłas Mutter Emilia, eine geborene Kaczorowska, starb einen Monat vor dem neunten Geburtstag ihres zweiten Sohnes. Sein älterer Bruder Edmund, ein Arzt, starb 1932 an Scharlach, nachdem er sich bei einem seiner Patienten angesteckt hatte. Die überragende Gestalt der Kindheit und Jugend des Knaben Lolek, wie er von Freunden und Verwandten genannt wurde, war daher der Vater, der ältere Karol Wojtyła. In Loleks Heimatstadt Wadowice, ein paar Dutzend Kilometer südwestlich von Krakau, kannten ihn alle als den

„Hauptmann“, denn er war ein pensionierter Offizier. Er war zudem ein tief gläubiger Katholik und ein Mann von unerschütterlicher Integrität, dessen männliche Frömmigkeit, einen unauslöschlichen Eindruck bei seinem Sohn hinterließ. Das Polen, in dem der junge Karol Wojtyła aufwuchs, war ethnisch, sprachlich und religiös gemischt: Es gab beträchtliche jüdische, ukrainische und deutsche Minderheiten. Als Polen in den unmittelbaren Nachwehen seiner wiedererrungenen Unabhängigkeit 1918 die Bedeutung von polnischer Nationalidentität und Patriotismus zu definieren suchte, stand der ältere Karol Wojtyła fest aufseiten der Pluralisten und wehrte sich mit ihnen gegen die engstirnigen Nationalisten, für die „Polen“ eine ausschließlich katholisch-ethnische Sprachinsel war. Die väterlichen Überzeugungen und das gemeinsame Aufwachsen mit zahlreichen jüdischen Freunden in einer Stadt, in der 20 Prozent Juden lebten, und die sich der vom örtlichen katholischen Klerus gepredigten Toleranz rühmte, legten die Fundamente für die Vielsprachigkeit des zukünftigen Papstes – der Vater brachte dem Knaben Deutsch bei –, für seine tiefe Achtung vor dem Glauben anderer und für sein starkes Mitempfinden von Schmerz und Leid der europäischen Judenheit in der Mitte des 20. Jahrhunderts und danach.

Nach einer gediegenen Gymnasialausbildung in Wadowice, in der er intensiv die Literatur der polnischen Romantik las und eine lebenslange Begeisterung für das Theater entwickelte, zogen der junge Karol Wojtyła und sein Vater 1938 nach Krakau, damit Lolek an der altehrwürdigen Jagiellonen-Universität sein Studium der polnischen Philologie aufnehmen konnte. Die Jagiellonia, 1364 gegründet und von 1491 bis 1495 von Kopernikus besucht, hatte seit Jahrhunderten christliche und humanistische Kultur miteinander verbunden. Einer ihrer Professoren aus dem 15. Jahrhundert, Paweł Włodkowic, tauchte als Kritiker jeglicher Zwangsmaßnahmen in religiösen Fragen gelegentlich in den päpstlichen Dokumenten des späten 20. Jahrhunderts auf. Doch wegen der verhängnisvollen Ambitionen der beiden großen totalitären Mächte Europas – Nazideutschlands und der Sowjetunion – dauerte Karol Wojtyłas vielversprechende Universitätslaufbahn nur ein Jahr. Nach dem Überfall der Nazis auf Polen am 1. September 1939 und der Teilung des Landes im Anschluss an den von Osten her erfolgten sowjetischen Einmarsch am 17. September 1939 wurde die Jagiellonia von den Nazi-Besatzern geschlossen und die berühmten Mitglieder ihrer Fakultäten in das Konzentrationslager Sachenhausen deportiert.

Polen unter der Nazi-Besatzung war ein brutaler, tödlicher Ort, an dem der Terror der Willkürherrschaft anstelle von Rechtsstaatlichkeit herrschte. Die Besatzer hielten die Polen für eine mindere Rasse von Untermenschen, die nur wenig Bildung und genauso wenig Nahrung brauchten, um als Arbeitskräfte für den größeren Ruhm des Tausendjährigen Reiches zu schuften. Diejenigen, die sich widersetzten und dabei gefasst wurden, kamen in die Konzentrationslager oder wurden summarisch hingerichtet. Der junge Karol Wojtyła verbrachte die Kriegsjahre als Arbeiter: zunächst im Steinbruch Zakrzówek in Krakau, später in der Chemiefabrik Solvay am südlichen Rand der Stadt, in der Nähe des Klosters, in dem 1938 die damals noch unbekannte polnische Nonne Maria Faustyna Kowalska gestorben war. Neben dieser Knochenarbeit nahm Wojtyła sein Studium wieder im Geheimen auf – die Jagiellonen-Universität hatte sich sehr schnell wieder im Untergrund konstituiert – und engagierte sich in der polnischen Widerstandsbewegung. Er trat der UNIA genannten Bewegung bei, die neben ihren Aktivitäten im Krieg – sie reichten von paramilitärischen Aktionen, dem Schutz von Juden bis hin zur Unterstützung von Untergrundnetzwerken zur Pflege der polnischen Kultur – auch die Grundlagen für ein christlich-demokratisches Nachkriegspolen erarbeitet wollte. Die UNIA förderte das von Mieczysław Kotlarczyk und dem jungen Wojtyła 1941 gegründete *Rhapsodische Theater* – ein Experiment in Avantgarde-Minimalismus, bei dem die fünf Mitglieder starke Truppe ohne Kostüme oder Requisiten ein „Theater des lebendigen Wortes" vorführten. Die heimlichen Aufführungen, deren Repertoire aus den klassischen polnischen Dramen und Dichtungen bestand, sollten eben die polnische Kultur lebendig erhalten, die die Nazis unbedingt auslöschen wollten. Unter der Leitung von Jan Tyranowski, Laienmystiker und autodidaktischer Kenner der Werke des hl. Johannes vom Kreuz und der hl. Theresa von Avila, machte Karol Wojtyła während des Krieges auch erste Bekanntschaft mit der karmelitischen Spiritualität. Tyranowski, dem Wojtyła später als unerwartetem „Apostel" ein Denkmal setzte, gewann Lolek zudem als Leiter des „Lebendigen Rosenkranzes", einer Gruppe von jungen Männern, die er in Wojtyłas Gemeinde St. Stanisław Kostka – sie gehörte zu Krakaus Arbeiterviertel Dębniki – um sich versammelt hatte.

Mit der Arbeit für das Rhapsodische Theater und für Tyranowskis „lebendigen Rosenkranz" gefährdete Wojtyła sein Leben, denn dergleichen Tätigkeiten waren unter der Besatzung strikt verboten. Ein- oder zweimal entging er knapp der Gestapo, und bei einem Unfall, der nichts mit seiner Arbeit für den Widerstand zu tun hatte, erlitt er eine Gehirnerschütterung und einen Schulterbruch. Ein deutscher Armeelaster hatte ihn in der Nacht angefahren und den Verletzten im Straßengraben liegen gelassen. Erst eine Anwohnerin und ein deutscher Offizier brachten ihn in ein Krankenhaus. Der Tod seines Vaters am 18. Februar 1941 ließ ihn intensiver nach seiner Berufung suchen, wobei auch die Kriegserfahrungen von Einfluss waren: War er für das Theater bestimmt – und vielleicht auch später für eine Universitätskarriere – oder war er als katholischer Priester zu einer anderen Form dramatischen Lebens berufen?

Nachdem er in Monaten des Gebets zu einer Antwort gekommen war, wandte Wojtyła sich an Adam Stefan Sapieha, den Erzbischof von Krakau, der ihn als Priesterkandidaten akzeptierte und ihn im Frühjahr 1942 in das von ihm heimlich geführte Seminar aufnahm, da die Nazis das Priesterseminar der Erzdiözese geschlossen hatten. Zwei Jahr lang führte Wojtyła ein Dreifachleben – als Schauspieler im Untergrund, als Arbeiter, und heimlicher Seminarist. Während der Nachtschichten in der Solvay-Fabrik las er philosophische und theologische Bücher, über die ihn Professoren examinierten, die – wie ihre Studenten – in Abständen in Sapiehas Residenz kamen. Dort erhielt er außerdem spirituelle Anleitung und diente gelegentlich in der Messe des Erzbischofs. In dieser Zeit wurde Jerzy Zachuta, einer seiner Mitseminaristen, von der Gestapo aufgriffen und erschossen. Am 6. August 1944 führte die Gestapo eine Großrazzia in Krakau mit dem Ziel durch, alle jungen Männer zu verhaften, um einer Wiederholung des am 1. August ausgebrochenen Warschauer Aufstandes zuvorzukommen. Erzbischof Sapieha rief die heimlichen Seminaristen zu sich und versteckte sie in seiner Residenz, wo das Seminar dann die letzten sechs Kriegsmonate weitergeführt wurde. In diesen Monaten sah Wojtyła täglich den „Fürst-Erzbischof", der für ihn das Vorbild eines mutigen Kirchenfürsten werden sollte.[2]

Nach der „Befreiung" Krakaus durch die Sowjets am 18. Januar 1945 forderte die Erzdiözese die Rückgabe des Priesterseminars, das die Deutschen zu einem Gefängnis umfunktioniert hatten, so dass Karol Wojtyła von 1945 bis 1946 ein relativ normales Seminaristenleben führte. Doch auch diese Zeit war nicht frei von dramatischen Ereignissen, denn Wojtyła war Leiter einer Studentengruppe, die 1946 am 3. Mai, dem traditionellen Feiertag der polnischen Unabhängigkeit, eine prodemokratische Demonstration organisiert hatte. Sie wurde von der polnischen Geheimpolizei und ihren Genossen vom sowjetischen NKWD brutal unterdrückt. Sapieha, der 1946 zum Kardinal ernannt worden war, hatte von Karol Wojtyła den allerbesten Eindruck gewonnen und beschloss ihn nach Rom schicken, damit er dort in Theologie promovierte. Am 1. November 1946 weihte er ihn in der Kapelle der erzbischöflichen Residenz in der Franciszkańska 3 zum Priester. Seine ersten drei Messen las Hochwürden Karol Wojtyła am nächsten Tag, es war Allerheiligen, in der Krypta des hl. Leonard in der Kathedrale auf dem Wawel, nicht weit entfernt von den Gräbern der polnischen Nationalhelden Johann III. Sobieski und Tadeusz Kościuszko. So drückte er, wie er ein halbes Jahrhundert später schreibt, seine Solidarität und Dankbarkeit denen gegenüber aus, die ihn zu einem polnischen Patrioten gemacht hatten, dem die Sache der allgemeinen Freiheit verpflichtend war.

Diese Verpflichtung sollte er später mit bemerkenswertem Erfolg auf der Weltbühne einlösen.

Ein Sohn des II. Vatikanums

Während er am Angelikum in Rom eine Doktorarbeit zum Begriff des Glaubens im Denken des Johannes vom Kreuz verfasste, reiste Hochwürden Karol Wojtyła durch Europa, beschäftigte sich mit der Bewegung der Arbeiterpriester in Frankreich, wirkte als Priester unter polnischen Bergarbeitern in Belgien und entdeckte, dass die Pariser Metro ein wunderbarer Ort zum Nachdenken ist. Im Sommer 1948 kehrte er in die Erzdiözese Krakau zurück. Kardinal Sapieha schickte ihn für eine kurze Zeit in die ländliche Gemeinde Niegowić. Acht Monate später, versetzte Sapieha Pfarrer Wojtyła jedoch an die Krakauer Gemeinde St. Florian, wo dieser eine Methode der Pastoralarbeit entwickelte, die der katholischen Kirche ein völlig neues Gesicht gab, eines, das sich niemand im stalinistischen Polen hätte vorstellen können. Sapieha – der mittlerweile eine ungeheure moralische Autorität darstellte – war davon überzeugt, dass der Kampf der Kirche mit dem Kommunismus um die Zukunft Polens in den Herzen und Köpfen der Jungen ausgetragen werden würde. Da Pfarrer Jan Pietraszko eine sehr erfolgreiche Studentenseelsorge in der Stiftskirche St. Anna, nahe der Jagiellonen-Universität leitetet, schickte Sapieha Wojtyła nach St. Florian, um dort eine zweite Studentenseelsorge aufzubauen. Nicht nur diese Aufgabe bewältigte Wojtyła grandios, er wurde zudem der Mittelpunkt mehrerer Studentengruppen, die er dann sein *Środowisko* [Milieu] nannte. Sie sprachen ihn Zeit seines Lebens mit *Wujek* [Onkel] an. Das war gewissermaßen sein *nom de guerre* in der Stalinära, also zu einer Zeit, als es Priestern nicht gestattet war, mit jungen Leuten zu arbeiten.[3] Bei Ausflügen und Ferien mit *Środowisko* entwickelte Wojtyła nicht nur sein Talent fürs Bergwandern und Skifahren, Aktivitäten, die er schon als Kind in Wadowice betrieben hat, er fügte auch Kajakfahren seinen sportlichen Betätigungen hinzu. Während er das Kajak zu meistern versuchte, schloss er eine enge Freundschaft mit dem Ingenieur Jerzy Ciesielski, mit dem gemeinsam er Artikel verfasste, in denen ein radikaler Neuansatz in der polnischen Seelsorge verteidigt wurde: Ein Priester sollte mit jungen Gläubigen, Männern und Frauen, Wochen in den Bergen, auf den Seen und Flüssen des Landes verbringen.

Während Pfarrer Wojtyła seinen jungen Freunden half, reife, christliche Erwachsene zu werden, und sie auf die Verantwortung in Ehe und Familie vorbereitete, halfen sie ihm, einer der dynamischsten jungen Priester seiner Generation zu werden. Denn neben seiner Arbeit in St. Florian erwarb Wojtyła sich nach und nach einen Ruf als Essayist, der für die unabhängige Zeitung *Tygodnik Powszechny* [Allgemeines Wochenblatt] schrieb, der einzigen seriösen Zeitung in Polen. Damit nicht genug: Er schrieb auch Gedichte, die unter einem Pseudonym erschienen, und Theaterstücke, die erst nach seiner Wahl zum Papst veröffentlicht werden konnten. Kardinal Sapiehas Nachfolger, Erzbischof Eugeniusz Baziak, meinte, Wojtyła solle auch seine intellektuellen Fähigkeiten pflegen und eine Habilitation schreiben, die ihn zum Lehren an einer Universität berechtigte. Im September 1951 zog Wojtyła daher von St. Florian in ein Haus der Erzdiözese auf der Kanoniczastraße, unweit des Burgberges und der Kathedrale, um dort seine Habilitation über die philosophische Ethik des deutschen Phänomenologen Max Scheler zu schreiben. 1953 schloss er diese Arbeit ab. Gleichzeitig hielt er seine Beziehungen zu *Środowisko* aufrecht und ließ sich auf neue seelsorgerische Experimente mit Menschen ein, die im Gesundheitssektor tätig waren.

Die theologische Fakultät der Jagiellonen-Universität war 1953 von den Kommunisten geschlossen worden – ein Akt von kultureller Barbarei, den Karol Wojtyła niemals vergaß – und so pendelte der frischgebackene Dr. habil. Wojtyła zwischen seiner seelsorgerischen Arbeit in Krakau und seiner Professur an der Katholischen Universität von Lublin [KUL], wo er in Pro- und Hauptseminaren philosophische Ethik lehrte. An der KUL knüpfte er neue Freundschaftsbande zu Studenten und Kollegen, und seine Diskussionen mit ihnen schärften seine Überlegungen zur menschlichen Sexualität. Heraus kam dabei *Liebe und Verantwortung*, sein erstes Buch. In Lublin setzte sich Wojtyła auch intensiv und kritisch mit der neuzeitlichen Philosophie auseinander. So gelangte er zu einer Überzeugung, die ihn Zeit seines Lebens begleiten sollte: die aufgeklärten Theorien der Ethik, die die moralische Pflicht in das menschliche Bewusstsein verlegten, seien eine Ursache der kulturellen und letztlich politischen Krisen des späten 20. Jahrhunderts. Neben seinen Seminaren an der KUL hielt Wojtyła Kurse über Sozialethik und andere Themen für Priesteramtskandidaten in Krakau ab und machte sich so mit der katholischen Soziallehre vertraut.

Am 4. Juli 1958 ernannte Papst Pius XII. in einer der letzten Amtshandlungen seines 19-jährigen Pontifikats Karol Wojtyła zum Titularbischof von Ombi und Weihbischof von Krakau, als der er unter Erzbischof Baziak wirken sollte. Am 28. September 1958 weihte Baziak Wojtyła in der Kathedrale auf dem Wawel zum Bischof. Kurz darauf stieß der jüngste Bischof Polens neue seelsorgerische Initiativen an, ohne darüber seine Lehrtätigkeit in Lublin zu vernachlässigen. Vierzehn Monate nach der Bischofsweihe, am 24. Dezember 1954, feierte Bischof Karol Wojtyła die erste der dann jährlich stattfindenden Christmetten auf einem Feld in Nowa Huta, der sozialistischen Modellstadt außerhalb Krakaus und der ersten Siedlung in der polnischen Geschichte, die ganz bewusst ohne eine Kirche gebaut worden war. Kurz nach diesem dramatischen Ereignis reagierte der junge Bischof auf eine Aufforderung der Vatikankommission, die die Tagesordnung für das jüngst einberufene Zweite Vatikanische Konzil vorbereiten sollte. In einem Brief skizzierte er die Krise des westlichen Humanismus – eine Krise, deren Wurzeln in der Vorstellung der menschlichen Person selbst zu suchen ist –, und von der er meinte, sie liege den blutigen Umstürzen Mitte des 20. Jahrhunderts zugrunde. Der Brief schlug außerdem vor, das von dem neuen Papst Johannes XXIII. anberaumte Konzil möge die Wiederbelebung des christlichen Humanismus, jenes Humanismus, der die Wahrheit über die menschliche Person in der Person Jesu Christi findet, in den Mittelpunkt seines Wirkens stellen.

Im Juli 1962, vier Monate vor der Eröffnung des Zweiten Vatikanums, starb Erzbischof Baziak. Das Domkapitel wählte den Bischof Karol Wojtyła zum zwischenzeitlichen Diözesanverwalter. Schließlich wurde Wojtyła durch die am 30. Dezember 1963 von Papst Paul VI. unterzeichnete und im Monat darauf verkündete Ernennung zum Erzbischof von Krakau.

Wenn der Zweite Weltkrieg die prägende Erfahrung im Leben Karol Wojtyłas gewesen ist – die Erfahrung, in der die „Erniedrigung durch die Hand des Bösen", wie er es einmal formulierte, ihn dazu drängte, mithilfe des Priesteramts der katholischen Kirche sein eigenes Leben an die Verteidigung der menschlichen Würde zu wenden –, dann war das Zweite Vatikanum die entscheidende Erfahrung für Wojtyłas geistliches Leben. Die nächsten vierzig Jahre sollte er sich selbst als ein Sohn des Zweiten Vatikanums sehen – des Konzils, das ihn mit der Weltkirche bekannt gemacht hat, die in ihrer Vielheit doch Einheit ist; des Konzils, das die liturgischen Reformen verabschiedete, die er bereits mit seinen Studenten in Krakau praktiziert hatte; des Konzils, das ihm in Windeseile auf höchstem Niveau einen Kurs in zeitgenössischer katholischer und ökumenischer Theologie gab; des Konzils, auf dem er half, die Haltung der katholischen Kirche zum ersten aller Menschenrechte, dem Recht auf Religionsfreiheit, zu formulieren. In den vier Jahren oder Sitzungsperioden des Zweiten Vatikanums – es trat zu intensiven Arbeitssitzungen in den Herbstmonaten der Jahre 1962, 1963, 1964 und 1965 zusammen – und in der „Sitzung" zwischen der dritten und vierten Periode des Zweiten Vatikanums nahm er aktiv an den Beratungen teil und überarbeitete mit anderen den Konzilsentwurf für die Pastoralkonstitution über die Kirche in der Welt von heute. Die Konzilsjahre bedeuteten für Wojtyła nicht nur Mitarbeit an Fragen der Liturgie, der Theologie der Laien, der Religionsfreiheit und des Umgangs der Kirche mit der sozialen, kulturellen, politischen und wirtschaftlichen Moderne, sie markierten auch den Beginn seiner Begeisterung für die neuen Kirchen Afrikas und seiner Zuneigung zu ihnen. Außerdem lieferte ihm das Konzil eine Folie für seine literarischen und intellektuellen Schriften: In dieser Zeit schrieb er mehrere Gedichte und konzipierte sein unvollendetes philosophisches Meisterwerk *Osoba y czyn* [Akt und Person], das schließlich 1969 veröffentlicht wurde. Nach dem Ende des Zweiten Vatikanums am 8. Dezember 1965 kehrte Erzbischof Karol Wojtyła nach Krakau zurück und leitete dort 1966 die Teilnahme der Erzdiözese an den Feierlichkeiten zur Tausendjahrfeier der polnischen Christenheit. Er verfasste ein *Vademecum* der Konzilsdokumente, das unter dem Titel *Quellen der Erneuerung* veröffentlicht wurde, berief eine Synode, die einen Entwurf für die Umsetzung des Zweiten Vatikanums in der Erzdiözese erarbeitete und rang hartnäckig mit dem kommunistischen Regime um mehr Freiräume für die Kirche – unter anderem auch um den Bau einer Kirche in Nowa Huta. Wojtyłas dynamische Leitung in Krakau beruhte auf sechs pastoralen Säulen: der Verteidigung von Religionsfreiheit; der Stärkung des Priesterseminars und der örtlichen theologischen Fakultät, die aus der Jagiellonen-Universität ausgegliedert worden war und unabhängig arbeitete; der Jugendseelsorge; der Eheberatung und Familienseelsorge; dem Dialog mit Polens führenden kulturellen und intellektuellen Köpfen und der Wohltätigkeit, darunter die Sorge für die Kranken, die psychisch Gestörten und die an Haus und Bett Gefesselten. Erzbischof Wojtyła hatte es sich zur Regel gemacht, die Gemeinden seiner Diözese häufig zu besuchen, manchmal blieb er eine ganze Woche in einer Gemeinde. Auch vernachlässigte er nicht seine Bindung an die katholische Universität von Lublin, obwohl er seine Doktorandenseminare nun in Krakau abhielt, und seine Promovenden zu ihm kommen mussten. Selbst für das Schreiben seiner Gedichte und Theaterstücke fand er noch Zeit, und selbstverständlich auch für sein *Środowisko* – die jährlichen Kajakurlaube im Sommer eingeschlossen. Als Papst Paul VI. an der Enzyklika arbeitete, die dann bei ihrer Verkündigung 1968 unter dem Titel *Humanae vitae* bekannt wurde, leitete Wojtyła eine Gruppe von Krakauer Theologen, die eine längere Denkschrift zu moralischen Fragen der Familienplanung für den Papst vorbereitete.

Nachdem Karol Wojtyła am 28. Juni 1967 von Paul VI. zum Kardinal erhoben worden war, spielte er eine nicht unbeträchtliche Rolle im Vatikan. So nahm er 1969, 1971, 1974 und 1977 an internationalen Bischofssynoden teil und wirkte bei verschiedenen Kongregationen des Vatikans mit. 1969 reiste Kardinal Wojtyła in die Vereinigten Staaten und nach Kanada. 1973 sah man ihn im australischen Melbourne, wo er auf dem Internationalen Eucharistischen Kongress die polnische Kirche vertrat. 1976 besuchte er erneut die Vereinigten Staaten, die diesmal den Kongress ausrichteten und hielt eine vielbeachtete Rede. Als sich 1974, anlässlich des 700. Todesjahres des hl. Thomas von Aquin, katholische Philosophen aus aller Welt in Fossanuova trafen, hinterließ Wojtyła auch dort einen tiefen Eindruck. Der Münsteraner Thomist Josef Pieper war von seinem Aufsatz „Die personale Struktur der Selbstbestimmung", von den homiletischen Fähigkeiten und vom persönlichen Charme des polnischen Kardinals so angetan, dass er seinen Freund Professor Joseph Ratzinger drängte, Briefe und Bücher mit Wojtyła auszutauschen. Ob in Krakau oder im Ausland stets leistete ihm der Geistliche Stanisław Dziwisz als sein Sekretär unschätzbare Hilfe.

Nach einem von heftigen Auseinandersetzungen geprägten Pontifikat, das die Frage aufwarf, ob irgendjemand im späten 20. Jahrhundert noch in die Fußstapfen des Fischers treten könnte, starb Papst Paul VI. am 6. August 1978. Einige meinten offenbar, Karol Wojtyła sei dazu imstande, denn es scheint, als habe er in dem Konklave, das am 25. August Albino Luciani, den Patriarchen von Venedig, zum Papst wählte, eine Reihe von Stimmen aus den verschiedenen Lagern erhalten. Dennoch war ein polnischer Papst für die meisten Kardinäle des Wahlkollegiums unvorstellbar. Erst der tiefgehende Schock über den Tod Johannes Pauls I., der nur 33 Tage auf dem Stuhl Petri saß, veränderte die psychologische Dynamik des zweiten Konklave im Jahr 1978 und schuf die menschlichen Voraussetzungen dafür, das zuvor Unvorstellbare zu tun. So wurde am 6. Oktober 1978 der Erzbischof von Krakau, Kardinal Karol Wojtyła, zum Nachfolge Petri gewählt. Der erste nichtitalienische Pontifex seit 450 Jahren und der erste slawische Papst überhaupt nahm den Namen Johannes Paul II. an.

Das Papstamt der Evangelisierung und der allgemeine Ruf nach Heiligkeit

Wenn der Hl. Geist es für angebracht hielt, den Erzbischof von Krakau auf den römischen Bischofsstuhl zu berufen, dann, so sagte Johannes Paul II. einmal, muss das bedeutet haben, das etwas an der Erfahrung, die er in Krakau gemacht hat, für die Weltkirche von Wert war.[4] Der neue Papst wartete daher nicht ab, bis ihn die traditionellen Berater der Päpste darüber belehrten, wie er sich in seinem Amt verhalten müsse, sondern nahm das Papstamt gleich in seine fähigen Hände und passte es seinem Verständnis von den Aufgaben eines Bischofs in der Ära nach dem Zweiten Vatikanum an. Er brach sofort aus dem goldenen Käfig des Vatikans aus, besuchte Italiens Heiligengräber und stellte sich seiner neuen Herde vor. Ebenfalls umgehend nahm er sich der „Kirche des Schweigens" hinter dem kommunistischen eisernen Vorhang an. Er bestand darauf, unmittelbar und persönlich die Beziehungen zu Freunden und Kollegen in der ganzen Welt zu pflegen, ob nun per Brief oder Telefon, und den *sala da pranzo* seiner päpstlichen Gemächer verwandelte er in einen Seminarraum, in dem er zwei oder mehrmals am Tag Gäste zum gemeinsamen Mahl empfing: eine gute Gelegenheit, sich nach Neuigkeiten und ihrer Analyse über die Weltpolitik und die örtlichen Kirchen zu erkundigen. Er verließ sogar immer mal wieder den Vatikan, um Skifahren zu gehen, denn er wusste, dass sportliche Betätigung für sein seelisches, geistiges und körperliches Gleichgewicht unerlässlich war.

Seine Antrittsenzyklika, *Redemptor Hominis* [Der Erlöser des Menschen] – sie wurde am 4. März 1979 veröffentlicht – war die erste ausführliche päpstliche Darlegung der christlichen Anthropologie und lieferte die programmatischen Stichworte für die nächsten zwei Jahrzehnte des Pontifikats. Später wurde *Redemptor Hominis* durch zwei andere Enzykliken zu einem trinitarischen Triptychon ergänzt: 1980 durch *Dives in Misericordia* [Reich an Erbarmen], eine Betrachtung über Gott den Vater als Vater des Erbarmens (1980), und 1986 durch *Dominum et vivificantem* [Herr und Lebensspender], einen Brief über den Hl. Geist im Leben der Weltkirche. Im Laufe der nächsten zwanzig Jahre verfasste Johannes Paul II. drei Enzykliken zur katholischen Soziallehre: 1981 *Laborem Exercens* [Über menschliche Arbeit], eine Deutung der Arbeit als Teilhabe des Menschen an Gottes fortdauernder Schöpfung der Welt, 1987 *Sollicitudo Rei Socialis* [Sorge über soziale Angelegenheiten], ein Brief, in dem das menschliche „Recht auf wirtschaftliche Initiative" näher bestimmt wird und der vor den Gefahren des Konsumismus warnt, vor der Verwechslung, dass mehr haben bedeutet mehr zu sein, und schließlich *Centesimus Annus* [Das Hundertste Jahr], eine Enzyklika, in der die kirchliche Soziallehre für das 21. Jahrhundert neu gefasst wird, und die zugleich an die Magna Carta der Soziallehre erinnert, an Leos XIII. *Rerum Novarum.* Enzykliken schrieb Johannes Paul zudem über die Bekehrung der Slawen (*Slavorum Apostoli*) [Die Apostel der Slawen, 1985]; über die gesegnete Jungfrau Maria, *Redemptoris Mater* [Die Mutter des Erlösers, 1987]; über die christliche Sendung, *Redemptoris Missio* [Die Mission des Erlösers, 1990]; über die Erneuerung der katholischen Moraltheologie, *Veritatis Splendor* [Der Glanz der Wahrheit, 1993]; über das Engagement der Kirche für die Einheit der Christen, *Ut unum sint* [Dass sie eins sein mögen, 1995]; über den Schutz des Lebens von der Empfängnis bis zum natürlichen Tod, *Evangelium Vitae* [Das Evangelium des Lebens, 1995]; und darüber, dass Glaube und Vernunft sich ergänzen [*Fides et ratio*, 1998].

Neben seinen Enzykliken verfasste Johannes Paul II. eine Reihe von päpstlichen Sendschreiben zu vielfältigen Themen: zum Wesen und Sinn des Leidens, zum modernen Feminismus, zum Zölibat der Priester und zur Bedeutung des Sonntags für die Christen und die Menschen allgemein. Die päpstlichen Schreiben bildeten den Schlussstein verschiedener internationaler Bischofssynoden. In ihnen legte er eine neue Sicht echt katholischer Hochschulbildung dar, propagierte die Familie als wichtigste Einheit der Gesellschaft, rief die Kirche auf, dem Beichtsakrament wieder mehr Bedeutung einzuräumen, betonte, wie wichtig der Auftrag der Laien in der Welt sei, und verlangte einschneidende Reformen sowohl in der Priesterausbildung als auch im Ordensleben. In den ersten zwei Jahrzehnten seines Pontifikats trat Johannes Paul II. auch als einer der großen päpstlichen Gesetzgeber in der Geschichte hervor: So promulgierte er 1983 mit der apostolischen Konstitution *Sacrae Disciplinae Leges* [Die Gesetze der kirchlichen Lebensordnung] einen neuen Kodex des kanonischen Rechts für die lateinische Kirche und 1990 mit der apostolischen Konstitution *Sacri Canones* [Die heiligen Kanones] das erste Gesetzbuch für die katholischen Ostkirchen in der Geschichte überhaupt. In drei anderen apostolischen Konstitutionen überarbeitete Johannes Paul das Heiligsprechungsverfahren der Kirche, strukturierte die römische Kurie um und präzisierte die Vorschriften für die Papstwahl.

Als sei das noch nicht genug, machte der Papst von 1979 bis 1984 seine wöchentlichen Generalaudienzen zu Sternstunden der Katechese. Daraus ging am Ende die „Theologie des Leibes" hervor – vielleicht seine kühnste Anregung für das christliche Denken. Aus den anschließenden wöchentlichen Audienzkatechesen in den Achtzigern und Neunzigern entstand ein vierbändiges Werk päpstlicher Gedanken über das Glaubensbekenntnis, in dem er die Theologie der Trinität und das Wesen der Kirche auslegte. Ein fünfter Band widmete sich der Jungfrau Maria in ihrer Rolle als *Theotokos* [Gottesgebärerin] und als Vorbild für die Nachfolge Christi. 1994 tat Johannes Paul etwas, was noch kein Papst vor ihm getan hatte: Er veröffentlichte den internationalen Bestseller „Die Schwelle der Hoffnung überschreiten", der in mehr als fünf Dutzend Sprachen übersetzt worden ist.

Auf diese Weise schuf Johannes Paul II. in den ersten zwanzig Jahren seines Pontifikats ein Korpus von päpstlichen Lehren, mit denen sich die katholische Kirche – ja die ganze Geisteskultur – noch Jahrhunderte wird auseinanderzusetzen haben. So wie er es sah, ergaben sich seine Lehren unmittelbar aus denen des Zweiten Vatikanischen Konzils, das er als Weiterentwicklung der kirchlichen Tradition und nicht als Bruch mit dieser betrachtete. Um dieser Auffassung vom Zweiten Vatikanum Geltung zu verschaffen, berief er eine außerordentliche Versammlung der Bischofssynode ein. Im November und Dezember 1985 trat sie in Rom zu dem Zweck zusammen, sowohl die Errungenschaften des Konzils zu thematisierten als auch das Versagen der Kirche, sie richtig umzusetzen – dank dieses Schritts setzte sich die Deutung des Konzils als Erweiterung der zweitausend Jahre alten katholischen Lehre beschleunigt durch, so dass 1992 der *Katechismus der katholischen Kirche* promulgiert werden konnte.

Die Entschlossenheit Johannes Pauls II. das Zweite Vatikanische Konzil getreulich und vollständig zu implementieren – bereits bei seiner Wahl hatte er dies zu einer der Hauptaufgaben seines Pontifikats erklärt – war jedoch nicht bloß oder gar vor allem der Versuch, die Deutungshoheit über das, was sich zwischen Oktober 1962 und Dezember 1965 in Rom abgespielt hatte, zu behaupten. Vielmehr war es sein Anliegen, in der Kirche die Erfahrung des Zweiten Vatikanums als „neues Pfingsten" zu entzünden, auf dass sie im dritten Jahrtausend noch kraftvoller die frohe Botschaft verkünde. Die wirkungsvollste Form der Verkündigung sei freilich nicht, meinte der Papst, das Argument, sondern die Heiligkeit: das Zeugnis einer Lebensführung, die sich in den Dienst am Nächsten stellt. Johannes Paul II. glaubte, dass der Hl. Geist seine charismatischen, heiligenden Gaben für die Kirche nicht beim ersten Pfingstereignis, von dem die Apostelgeschichte berichtet, erschöpft hat. In der gesamten Geschichte sei er am Werk gewesen und noch immer wirke er in der modernen Welt, rufe dazu auf, stets von neuem Zeugnis von der Liebe Gottes abzulegen, wie sie sich in der Erfahrung der Liebe Christi zeigt. Dieser Glaube an die kraftspendende Gegenwart des Hl. Geistes in der Kirche war der Ursprung zweier weiterer Merkmale seines Pontifikats in den ersten zwei Jahrzehnten: Johannes Pauls II. ungeheurer Zahl von Selig- und Heiligsprechungen sowie seiner deutlichen Unterstützung neuer spiritueller Bewegungen und neuer christlicher Gemeinschaften.

Seine *beati* und neuen Heiligen bildeten ein bemerkenswertes Panorama menschlicher Persönlichkeiten ab, darunter solch außergewöhnliche Gestalten wie Maximilian Kolbe und Edith Stein, die beide ihr Martyrium in Auschwitz erlitten, Maria Faustyna Kowalska, die Sendbotin der göttlichen Barmherzigkeit, 103 koreanische Märtyrer des 19. Jahrhunderts, 110 vietnamesische Märtyrer des 18. und 19. Jahrhunderts, *Brat* Albert Chmielowski, der polnische Maler der Moderne, der sich zum Anwalt der Notleidenden gemacht hat; Kateri Tekakwitha, die „Lilie der Mohawks" aus dem 17. Jahrhundert, Bruder André Bisette, der Wundertäter aus dem 20. Jahrhundert an Montreals St. Josephs-Kapelle, Fra Angelico, Meister der frühen Renaissancefresken, Miguel Pro, erschossen während des Aufstands der *Cristeros* 1927 in Mexiko (und vermutlich der erste Mensch, dessen Martyrium photographiert worden ist), Pier Giorgio Frassati, der „Mann der Seligpreisungen" und in den Wilden Zwanzigern ein Mailänder *bon vivant*, Mary MacKillop, eine australische Nonne, die einmal von einem erzürnten Bischof exkommuniziert worden ist, und Pater Damien von Molokai, der sein Leben im Dienst an Leprakranken hingab.

Dass die spirituellen Bewegungen und neuen christlichen Gemeinschaften, die nach dem Zweiten Vatikanischen Konzil gegründet worden waren oder eine Blüte erlebten, zu den „charismatischen" Früchten des Konzils zählten, davon war der Papst überzeugt. Außerdem war Johannes Paul bewusst, dass praktisch alle echten Reformen in der Kirche außerhalb der bürokratischen Strukturen des katholischen Lebens angestoßen werden, auch wenn solche „charismatischen" Reformen letzten Endes in den regulären Rhythmus und die Strukturen des Kirchenlebens eingehen müssen, um ihre Spiritualität ganz zu entfalten. Gleichwohl war der Papst entschlossen, das Neue zu schützen, das vorsichtigeren Kirchenmännern oft seltsam vorkam, und so äußerte er bei zahlreichen Gelegenheiten, ein starkes, persönliches Interesse an solchen Bewegungen und Gemeinschaften wie der Charismatischen Erneuerung, Kommunion und Befreiung, der Emmanuel Gemeinschaft, Focolare, der Arche-Gemeinschaft, dem Neokatechumenat, Regnum Christi und der Gemeinschaft Sant'Egidio. Auch verlieh er dem Opus Dei den Rang einer Personalprälatur (das ist eine Art weltumspannender Diözese).

Für Johannes Paul II. hieß all das, dass der Bischof von Rom förderte, was das Zweite Vatikanum in seiner Dogmatischen Konstitution über die Kirche, *Lumen Gentium* [Licht der Völker], als den „allgemeinen Aufruf zur Heiligkeit" bezeichnet hatte. Lange bevor irgendjemand von einem neuen ökumenischen Konzil träumte, hatte er bereits all das von seinem *Środowisko* und anderen in Krakau gelernt. Deshalb forderte er, getreu dieser Erfahrung und im Gehorsam gegenüber den Lehren des Zweiten Vatikanums, die Kirche in der ganzen Welt auf, doch anzuerkennen, dass die Heiligkeit das Ziel jedes getauften Christen ist.

Apostel auf Reisen

Von Anfang an staunte die Öffentlichkeit darüber, wie lebendig Johannes Paul II. die Aufgabe des Papstes neu bestimmte, nämlich Zeuge des Evangeliums in der Welt und für sie zu sein. Diese neue Bestimmung manifestierte sich in den unzähligen Reisen des Papstes, die, wie er immer wieder betonte, eigentlich „Pilgerfahrten" seien, mit denen der Nachfolger Petri den Auftrag erfüllt, den Petrus vom auferstandenen Christus erhalten hatte: „Stärke deine Brüder (Luk 22, 32). Vom Beginn seines Pontifikats an unternahm der Papst es, Italien wieder zu evangelisieren. Zwischen 1978 und 1999 machte er mehr als 90 Pastoralbesuche in italienischen Städten, Ortschaften, Diözesen und Regionen. Er suchte persönlich Hunderte von römischen Gemeinden auf. Dort feierte der in Polen geborene Bischof von Rom die Sonntagsmesse und predigte in seinem sonoren Italienisch. Dergestalt wurde Johannes Paul II. seinem Titel „Primas von Italien" weitaus gerechter als irgendeiner der italienischen Päpste der vergangenen Jahrhunderte, vielleicht sogar aller Zeiten.

Und dann war da ja noch die Welt jenseits der Alpen. Von den über neunzig Pilgerreisen, die den Papst zwischen 1979 und 1999 aus Italien wegführten, waren mehrere für die Kirche und die Welt von entscheidender Bedeutung.

Im Januar 1979 in Mexiko rief Johannes Paul II. die Kirche in Lateinamerika dazu auf, sich energisch für soziale, ökonomische und politische Reformen einzusetzen, wobei er allerdings die marxistischen Elemente in der Befreiungstheologie verurteilte. Schon allein seine Anwesenheit in Mexiko und der Empfang, der ihm zuteil wurde, veränderten die antiklerikalen Haltungen in Teilen des mexikanischen Establishments, so dass die katholische Kirche in Mexiko zum ersten Mal seit Jahrzehnten ganz offen sie selbst sein konnte.

Johannes Pauls II. erste Pilgerfahrt nach Polen, die „Neun Tage" des Juni 1979, wurde zu einem Angelpunkt in der Geschichte des 20. Jahrhunderts und wird ebenso wie die zweite (1983) und die dritte Polenreise (1987) ausführlich im 4. Kapitel erörtert.

Im Oktober 1979 stellte Johannes Paul II. in den Vereinigten Staaten seine Fähigkeit unter Beweis, seine Botschaft vom Abenteuer des Evangeliums durch eine eher skeptische Presse zu vermitteln (gelegentlich auch vor der Presse), und in seiner ersten Rede vor der Generalversammlung der Vereinten Nationen verteidigte er die Religionsfreiheit als das oberste Menschenrecht.

Einen Monat später, im Dezember 1979, unterstrich der Papst anlässlich eines Besuchs beim Ökumenischen Patriarchen von Konstantinopel sein Bekenntnis zur Ökumene und sagte zum Patriarchen Dimitrios I., er hoffe, der Tag, an dem sie die Eucharistie gemeinsam feiern könnten, sei nicht mehr fern.

Im Juni 1980 hielt Johannes Paul eine öffentliche Rede, die ihm selbst eine der liebsten war. Vor der 109. Versammlung des Exekutivrats der UNESCO in Paris lieferte er eine tiefgehende Analyse der ungeheuren Bedeutung, welche die Kultur für den Menschen und seine Weltsicht hat. Bei dieser Pilgerreise nach Frankreich fragte er „die älteste Tochter der Kirche" auf den Kopf zu, ob sie eigentlich ihre Taufgelübde vergessen habe.

Im Mai und Juni 1982 ließ Johannes Paul II. sich vom Falklandkrieg nicht daran hindern, eine geplante Pilgerfahrt nach Großbritannien anzutreten. Bevor er nach England aufbrach, lud er die Bischöfe von Großbritannien und Argentinien ein, gemeinsam eine Messe im Petersdom zu feiern, und setzte unmittelbar nach England Argentinien auf den päpstlichen Reiseplan.

Im März 1983 bot Johannes Paul II. sandinistischen Demonstranten bei seiner Messe in Managua die Stirn, drängte auf Versöhnung in El Salvador und leitete den Prozess ein, durch den die marxistische Revolution in ganz Zentralamerika zurückgedrängt wurde.

Vom 31. Januar bis zum 11. Februar 1986 reiste der Papst nach Indien, um das Werk einer engen Freundin, Mutter Teresa von Kalkutta, zu preisen. Sie war genau die lebendige Verkörperung des Evangeliums der Liebe, in der er den besten Weg sah, das Christentum in eine Kultur einzuführen, die sich ihm heftig widersetzte.

Im April 1987 brach Johannes Paul nach Chile und Argentinien auf, wo seine Lehren und sein Beispiel den Übergang zur Demokratie in zwei Ländern beschleunigten, die lange von einer Militärdiktatur geknechtet worden waren.

Vom 1. bis 10. Juni 1989 erlebte die Geschichte die erste päpstliche Pilgerfahrt nach Skandinavien, wo der Papst deutlich machte, wie das persönliche Zeugnis des Evangeliums, das Eis verhärteter ökumenischen Beziehungen schmelzen lassen kann, und mochte es auch seit Jahrhunderten gewachsen sein.

Am 15. Januar 1995 versammelte Johannes Paul II. die größte Menschenmenge in der menschlichen Geschichte – und das auf dem Kontinent mit den wenigsten Christen –, als er die Abschlussmesse des Weltjugendtages in Manila zelebrierte, der Hauptstadt des Landes, dessen Volksaufstand er ein Jahrzehnt zuvor unterstützt hatte.

Am 5. Oktober 1995 sprach er erneut vor den Vereinten Nationen. In seiner Rede verteidigte Johannes Paul II. die Universalität der Menschenrechte und bezeichnete sie als eine moralische Wahrheit über die menschliche Existenz, die von der Vernunft erkannt werden könnte. Das natürliche Sittengesetz sei fähig, eine universale „Grammatik" zu liefern, die es der Menschheit erlaubt, die Kakophonie hinter sich zu lassen und in einen Dialog zu treten. Es sei an der Zeit, dass die Welt ein „Jahrhundert der Tränen" in einen „Frühling des menschlichen Geistes" verwandelt.

Im Januar 1998 brachte Johannes Paul die Botschaft des christlichen Humanismus und der Freiheit nach Kuba, wo er, wie schon in Polen im Juni 1979, versuchte, einem unterdrückten Volk seine wahre Geschichte und Kultur wiederzugeben.

Und dann war da noch Afrika – ein Kontinent, der vor dem Zusammenbruch des europäischen Kommunismus von den Spannungen des Kalten Krieges heimgesucht worden war und nach dem Fall der Berliner Mauer vergessen wurde. Als einziger unter den Staatsmännern des späten 20. Jahrhunderts weigerte Papst Johannes Paul II. sich, in Afrika entweder eine politische Schachfigur oder einen hoffnungslosen Fall zu sehen. Auf elf Pilgerreisen zwischen 1980 und 1995 besuchte er jede Region des Kontinents.

***

Papst Johannes Paul II. war auf diese Weise nicht nur zu einer der sichtbarsten Gestalten in der Geschichte geworden, sondern auch zu dem wirkmächtigsten Papst in fünf Jahrhunderten. Seit Mitte der neunziger Jahre, als seine Gesundheit sich in verschiedenster Hinsicht verschlechterte, hörte man oft, jedenfalls von außenstehenden Beobachtern, seine besten Tage lägen hinter ihm. Wer Karol Józef Wojtyła jedoch besser kannte, spürte, das ihn sein Schicksal durch die heilige Pforte von St. Peter, die er am Weihnachtsabend des Jahres 1999 öffnen sollte, um das Jubiläumsjahr einzuläuten, noch zu etwas mehr geleiten würde. Das Drama dieses „etwas mehr" sollte gleichziehen mit dem Drama seines heldenhaften Kampfes gegen den Kommunismus, dem wir uns jetzt zuwenden, bevor wir uns wieder Johannes Paul II. im Großen Jubiläumsjahr 2000 anschließen werden.

TEIL EINS

NEMESIS

Karol Wojtyła gegen den Kommunismus: 1945-1989

1

Eröffnungsgambit

18. Mai 1920	Karol Józef Wojtyła wird in Wadowice geboren und am 20. Juni getauft.
16.-17. August 1920	Der Einmarsch der Roten Armee wird durch das „Wunder an der Weichsel“ zurückgeworfen.
August 1938	Wojtyła zieht nach Krakau und schreibt sich an der Jagiellonen Universität für polnische Philologie ein.
1. September 1939	Deutschland marschiert in Polen ein und löst den Zweiten Weltkrieg in Europa aus.
17. September 1939	Die Rote Armee fällt in Polen ein. Das Land wird in der Folge zwischen zwei totalitären Mächten geteilt.
November 1939	Karol Wojtyła, jetzt ein einfacher Arbeiter, nimmt sein Studium wieder im Untergrund auf und beteiligt sich an Widerstandsakten.
Herbst 1942	Wojtyła wird in Krakaus heimliches Priesterseminar aufgenommen.
Herbst 1945	Wojtyłas Name erscheint zum ersten Mal in den Akten der kommunistischen Geheimpolizei.
3. Mai 1946	Wojtyła nimmt an Studentendemonstrationen teil, die von der kommunistischen Geheimpolizei und inneren Sicherheitskräften angegriffen werden.
30. Juni 1946	Krakau gibt während einer gefälschten „Volksabstimmung“ die meisten antikommunistischen Stimmen ab.
1. November 1946	Karol Wojtyła wird zum Priester geweiht und verlässt Polen, um in Rom zu promovieren.
17. Januar 1947	„Parlamentswahlen“ sichern die kommunistische Herrschaft in Polen.
12. November 1948	Stefan Wyszyński wird zum Erzbischof von Gnesen and Warschau und damit zum Primas von Polen ernannt.
17. März 1949	Karol Wojtyła wird Studentenkaplan an der Krakauer Kirche St. Florian.
5. März 1953	Stalin stirbt.

25. September 1953	•	Kardinal Wyszyński wird unter Hausarrest gestellt, der dann drei Jahre dauert.
12. Oktober 1954	•	Dr. habil. Karol Wojtyła übernimmt Lehrpflichten am philosophischen Seminar der Katholischen Universität von Lublin.
25. Februar 1956	•	Nikita Chruschtschow verurteilt auf dem 20. Parteitag der KPdSU den Stalinschen Personenkult.
28. Juni 1956	•	Der Generalstreik in Posen wird gewaltsam unterdrückt, dabei werden polnische Arbeiter getötet.
23. Oktober 1956	•	Der ungarische Aufstand bricht aus.
28. Oktober 1956	•	Kardinal Wyszyńskis Hausarrest wird aufgehoben und er kehrt nach Warschau zurück.

Die Wahrheit über Witold Pileckis Leben würde die Phantasie großer Tragödienschreiber in den Schatten stellen.

Er wurde 1901 in Russland als Sohn einer polnischen Familie geboren, die nach dem fehlgeschlagenen antizaristischen Aufstand von 1863-64 zwangsumgesiedelt worden war. Nachdem er in den letzten Kriegstagen an der Seite polnischer Partisanen gekämpft hatte, diente er während des polnisch-sowjetischen Krieges von 1919-1920 in der polnischen Armee. In diesem weitgehend unbekannten Konflikt wurde das gerade wiedererstandene Polen vor der bolschewistischen Eroberung gerettet und die Rote Armee daran gehindert, sich ihren Weg durch das vom Krieg erschöpfte Europa zu bahnen. Pilecki, der zweimal für seine Tapferkeit ausgezeichnet worden war, wurde ausgemustert und verbrachte die Zwischenkriegsjahre als Landwirt, heiratete und wurde Vater zweier Kinder. Nicht ganz eine Woche vor dem Ausbruch des Zweiten Weltkrieges übernahm Pilecki das Kommando über einen Kavalleriezug in der 19. Polnischen Infanteriedivision. Nachdem die Division zwei Wochen gegen die deutschen Eindringlinge gekämpft hatte, wurde sie im Gefolge des sowjetischen Einmarschs in Polen demobilisiert. Pilecki ging mit seinem Kommandeur Jan Włodarkiewicz nach Warschau gründete die Untergrundbewegung *Tajna Armia Polska.* 1940 schlossen sich ihre 8000 Mitglieder der *Armia Krajowa* [Heimatarmee oder AK] an: der Nachfolgerin der polnischen Armee im besetzen und geteilten Polen. Sie war der bewaffnete Arm der von London aus operierenden Exilregierung.

Im selben Jahr unterbreitete Pilecki seinen Vorgesetzten in der AK einen gewagten Plan: Er wollte sich verhaften und in das Konzentrationslager Auschwitz bringen lassen, das in dem Teil Polens lag, den sich das Dritte Reich einverleibt hatte. Dort, so sein Vorschlag, würde er unter den Gefangenen den Widerstand organisieren, Erkenntnisse sammeln und sie der AK zukommen lassen, die diese dann auf geheimen Wegen nach London weiterleiten würde. Seine Vorgesetzten stimmten zu. Also ließ er sich unter dem *nom de guerre* „Tomasz Serafiński" absichtlich von der Gestapo bei einer ihren Straßenrazzien aufgreifen. Er wurde festgenommen, gefoltert und in das Arbeitslager Auschwitz gebracht, wo er die Nummer 4859 erhielt. In Auschwitz ging Pilecki sogleich daran, die *Związek Organizacji Wojskowe* oder den Bund militärischer Organisationen, kurz ZOW, auf die Beine zu stellen. Sie sollte die Moral der Gefangenen stärken, ins Lager geschmuggelte Kleidung, Nahrung und Medikamente verteilen sowie eine Widerstandsbewegung ausbilden, die im Falle eines Angriffs der Alliierten das Lager übernehmen könnte. Kontakte zu polnischen Patrioten vor Ort wurden aufrechterhalten und Erkenntnisse über die Lagerabläufe gesammelt. 1951 war es der ZOW dann gelungen, ein Radio zu bauen und Pileckis Berichte über Leben, Sterben und Folter in Auschwitz I gelangten in die Hände des polnischen Widerstands und dann weiter nach London. Die Gefangenen hofften, dass diese Berichte einen gemeinsamen Angriff der Heimatarmee und der westlichen Alliierten auslösen würden, vielleicht mit Unterstützung der im Exil entstandenen Fallschirmjägerbrigade.

Nach zwei Jahren beschloss Pilecki jedoch, zu fliehen und sich ins Hauptquartier der AK durchzuschlagen: Er wollte persönlich für einen Befreiungsangriff auf den Lagerkomplex Auschwitz plädieren, an den nun noch die Gaskammern und das Krematorium in Birkenau – manchmal als Auschwitz II bezeichnet – angeschlossen worden waren. Dank der Hilfe einiger Patrioten vor Ort glückte ihm im April 1943 die Flucht, und er gelangte nach Warschau. Die Briten hielten seine Berichte über Auschwitz für übertrieben. Sie konnten sich einfach nicht vorstellen, dass man Massenmord auf industrieller Basis betrieb. Ohne Luftunterstützung durch die Alliierten aber war nach Ansicht der Hauptkommandantur der AK ein Angriff auf die Konzentrations- und Vernichtungslager zum Scheitern verurteilt.

Pilecki schloss sich dann einer Einheit innerhalb der AK an, die nicht nur die Nazis bekämpfte, sondern auch verhindern sollte, dass die Sowjets nach dem Krieg Polen einnehmen – eine Möglichkeit, die angesichts der sich entwickelnden Strategie der Alliierten nicht von der Hand zu weisen war. Nach dem Ausbruch des Warschauer Aufstands am 1. August 1944 kämpfte Pilecki zunächst anonym als einfacher Soldat. Später, nachdem er seinen Rang offenbart hatte, übernahm er den Befehl über einen wichtigen Abschnitt, der zwei Wochen lang den erbitterten Angriff der Deutschen abwehrte. Als das Hauptkommando der AK nach 63 Tagen des heldenhaften Kampfes die Kapitulation ausrief, wurde Pilecki gefangen genommen und verbrachte den Rest des Krieges in zwei deutschen Kriegsgefangenenlagern. Nach der Befreiung der Lager schloss er sich dem berühmten 2. Polnischen Korps an, das bei Monte Cassino und im Kessel von Falaise mitgesiegt hatte. Der Kommandant des 2. Korps, General Władysław Anders, hatte jedoch einen weiteren Auftrag für den unerschrockenen Offizier, der in die vergangenen fünf Jahren einen bemerkenswerten Mut und Einfallsreichtum bewiesen hatte. Man fragte Pilecki, ob er nicht in das von der Roten Armee und dem NKWD – dem Vorläufer des KGB – in den Würgegriff genommene Polen zurückkehren wollte, um dort wieder sein Informationsnetz aufzubauen und der Exilregierung in London zu berichten, die sich noch immer als die gesetzmäßige Vertreterin polnischer Angelegenheiten sah. Das sah ganz wie eine weitere vergebliche Mission aus, doch Pitecki übernahm sie. Während er seine Aufgabe erfüllte und Nachrichten in Polen sammelte, schrieb er zugleich eine Monographie über Auschwitz. Als die Exilregierung befand, dass die Lage aussichtslos ist, und allen noch verbliebenen Partisanen befahl, ins Zivilleben zurückzukehren oder in den Westen zu fliehen, löste Witold Pilecki sein Nachrichtennetz auf, blieb aber in Polen. 1947 begann er, Nachrichten über Greueltaten des NKWD und der Roten Armee an polnischen Patrioten zusammenzutragen, die oft Mitglieder der AK oder des 2. Polnischen Korps gewesen waren.

Im Mai 1947 wurde Pilecki von der polnischen kommunistischen Geheimpolizei verhaftet und vor seinem Prozess brutal gefoltert. Doch er verriet nichts, was anderen schaden könnte. Die Falschaussagen, die in dem am 28. März abgehaltenen Schauprozess als „Beweise" gegen ihn verwendet wurden, stammten unter anderem von einem ehemaligen Mitgefangenen in Auschwitz, von Józef Cyrankiewicz, der später einer der kommunistischen Ministerpräsidenten Polens wurde. Pilecki gab freimütig zu, dass er Informationen an die Kommandantur des 2. Polnische Korps weitergeleitet hatte, das sei schließlich seine Pflicht als Offizier gewesen. Obwohl er die falsche Anschuldigung, Attentate geplant zu haben, bestritt, wurde Witold Pilecki zum Tode verurteilt und am 25. Mai 1948 im Warschauer Mokotów Gefängnis erschossen. Sein Grab wurde nie gefunden, vermutlich hat man seinen Leichnam auf einer Müllhalde neben dem nahegelegenen Friedhof verbuddelt.

So sah das Polen aus, in dem Karol Wojtyła, den die Welt dann als Papst Johannes Paul II. kennenlernen sollte, 1946 zum katholischen Priester geweiht wurde: ein Land, in dem Männer von makelloser Ehre und außergewöhnlichem Heldenmut als Verräter verurteilt, von kommunistischen Schergen ermordet und auf Müllhalden geworfen werden konnten. Die Kräfte, die dieses spezielle Herz der Finsternis schufen und mit aller Gewalt am Leben hielten, waren die Nemesis – die scheinbar unüberwindbare Gegnerin – die Karol Wojtyła mehr als drei Jahrzehnte herausforderte.[1]

Zeit und Ort

Auf der Weltbühne des 20. Jahrhunderts ist Polen für die Geschichtsschreibung meist nur ein Kleindarsteller: Selten ein Protagonist, oft ein Opfer, ein Land, dessen Heroismus Hand in Hand zu gehen scheint mit einem erstaunlichen Unvermögen zu umsichtiger Staatslenkung und Diplomatie. Definieren wir jedoch das 20. Jahrhundert nicht anhand der üblichen Chronologie, sondern anhand seines zentralen Dramas, dann zeigt sich, dass Polen in mehreren entscheidenden Augenblicken zwischen 1914 und 1991 eine Hauptrolle gespielt hat: in diesen 77 Jahren der westlichen Zivilisationskrise, die begann, als die Kanonen des August den Ersten Weltkrieg auslösten, und die erst endete, als eine der schwerwiegendsten Folgen des Ersten Weltkrieges, die Sowjetunion, sich auflöste.

Nach Lenins eigenem Eingeständnis war das „Wunder an der Weichsel" von 1920 – bei dem die polnischen Kräfte unter Marschall Józef Piłsudski die Rote Reiterarmee abwehrte und Trotzkis Kräfte nach Russland zurückwarf – eine „ungeheure, unerhörte Niederlage" der kommunistischen Weltrevolution.[2] Neunzehn Jahre später war Polen das erste europäische Land, das sich Hitler mit Waffen entgegenstellte, womit es deutlich machte, dass die Freiheit unbedingt gegen den Totalitarismus zu verteidigen und eine Beschwichtigungspolitik verheerend ist. Fünfzig Jahre danach behauptete Polen 1989 erneut gegen scheinbar unüberwindbare Hindernisse sein Recht auf Freiheit und wurde zum Angelpunkt einer friedlichen Revolution, die den europäischen Kommunismus auf den Misthaufen der Geschichte fegte und zugleich eine neue, demokratische Ordnung in Europa einläutete.[3]

Das Polen, in dem Karol Wojtyła seine ersten Jahre als Priester verbringen sollte, war ein Polen, das sich durch den Zweiten Weltkrieg und die von der Sowjetunion, Großbritannien und den Vereinigten Staaten ausgehandelte Nachkriegsordnung dramatisch – einigen würden sagen „vollkommen" – verändert hatte.[4] Seine Grenzen waren mehrere hundert Kilometer nach Westen verschoben worden. Es hatte Territorien verloren, die Jahrhunderte lang polnisch gewesen waren, und Land hinzubekommen, das Jahrzehnte zu einem Zankapfel mit Nachkriegsdeutschland wurde – und zum Vorwand für die sowjetische Vorherrschaft. Politisch war das Polen, das aus dem Zweiten Weltkrieg hervorging, eine hundertprozentige Tochtergesellschaft der UdSSR, ein Hauptbestandteil im imperialistischen Puzzle der Nachkriegssowjets und eine Landbrükke zum kommunistischen Ostdeutschland. Nachkriegspolen war ethnisch gesehen polnischer, als Polen je zuvor gewesen ist, seine Juden waren im Holocaust vernichtet und seine Ukrainer der Ukrainischen Sozialistischen Sowjetrepublik einverleibt worden. Kulturell war es vermutlich das katholischste Land auf dem Globus, nicht nur infolge von Völkermord und Umsiedlung, sondern auch, weil die katholische Kirche, die im Zweiten Weltkrieg unsäglich gelitten hatte, ohne einen Fleck auf ihrer Ehre daraus hervorgegangen war und ihre historische Rolle als Trägerin der polnischen Nationalidentität und Erinnerung bekräftigt hatte. Wirtschaftlich lag das Land in Trümmern, nachdem es das Schlachtfeld für einen Kampf auf Leben und Tod gewesen war, den zwei totalitäre Mächte miteinander ausgetragen hatten. Psychologisch war Polen verstört und niedergeschlagen; die Angst ging selbst nach seiner vorgeblichen Befreiung im Land um. Ein Fünftel aller Polen ist zwischen 1939 und 1945 umgekommen. Die Überlebenden hatten das Gefühl, die Blüte der Nation sei in einem Krieg hingeopfert worden, den Polen zweimal verloren hatte, da ja die neue kommunistische Nachkriegsordnung mit einer Rücksichtslosigkeit durchgesetzt wurde, die der Naziokkupation in nichts nachstand.

Dennoch hatte Polen irgendwie den Zweiten Weltkrieg überstanden – so wie Polen irgendwie in den letzten Tagen des Ersten Weltkriegs wiedergeboren worden ist, nachdem es 123 Jahre von der politischen Landkarte Europas getilgt gewesen war. Aber es hatte auf Messers Schneide gestanden. Die Zweite Polnische Republik war in tödlicher Gefahr, als sie im September 1939 in die totalitäre Zange der Wehrmacht und der Roten Armee geriet. Im Oktober 1939 drohte dem polnischen Staat, wie ein Historiker schreibt, „nicht nur die völlige militärische Niederlage, sondern auch der Verlust seines legalen und verfassungsmäßigen Fortbestands. Fast das gesamte Staatsgebiet wurde von einer feindlichen Allianz kontrolliert, und seine legitimen Volksvertreter wurden von einem einstigen Verbündeten lahmgelegt.“[5] Dieser Verbündete, Großbritannien, betrachtete Polen während des ganzen Krieges als eine Quelle diplomatischer Verlegenheit, und das trotz des heldenhaften Beitrags polnischer Geschwader zum britischen Sieg in der Schlacht um England und polnischer Infanterie und Panzer bei den Siegen der Alliierten in Italien und der Normandie.

Polens Nachkriegsschicksal wurde von einem Ereignis und einer Entscheidung besiegelt. Das Ereignis war die Schlacht im Kursker Bogen, die 1943 die deutsche Invasion der Sowjetunion endgültig beendete und einen langen, blutigen Prozess in Gang setzte, an dessen Ende die Rote Armee sich bis Berlin durchkämpfte. Die Entscheidung war die von Winston Churchill und Franklin Roosevelt auf der im selben Monat in Quebec stattfindenden Quadrant-Konferenz gefällte. Sie kamen überein, Hitlers *Festung Europa*, so wie der amerikanische Plan es vorsah, von Westen aus über den Ärmelkanal anzugreifen, statt von Süden über den Balkan. Damit war klar, dass Polen von der sowjetischen Armee überrannt und nicht von anglo-amerikanischen Streitkräften befreit werden würde. Im letzten Kriegsjahr litt die polnische Exilregierung beträchtlich an Unfähigkeit und inneren Streitigkeiten. Doch dieses Versagen der polnischen Führung war für das realpolitische Spiel, das die Großmächte auf den Konferenzen der „Großen Drei“ in Jalta und Teheran spielten, so irrelevant wie die Tapferkeit der polnischen RAF-Piloten in der Schlacht um England und der polnischen Soldaten bei Monte Cassino.

Der Fluch Polens war seine geographische Lage, der Umstand, dass es sich wie eine große Ebene zwischen Deutschland und Russland erstreckte. Polen wurde daher zum Bauernopfer in dem beginnenden Schachspiel zwischen der Sowjetunion und dem Westen.

1945 konnten sich nur wenige vorstellen, dass Polen schließlich den Schlüssel für den endgültigen Sieg der Freiheitskräfte in diesem Ringen liefern würde. Doch wer einen scharfen Blick hatte und unter die Oberfläche schaute, hätte einige Elemente dieses Ergebnisses in der polnischen Erfahrung des Zweiten Weltkriegs erkennen können. Der Warschauer Aufstand vom August und September 1944 wird beispielweise nicht selten als ein Selbstmordkommando ohne praktischen politischen Nutzen betrachtet.[6] Doch von der Geschichte des späten 20. Jahrhunderts aus betrachtet wird vielleicht deutlich, dass Polens Weigerung, sich mit dem Verlust seiner Souveränität durch die deutschen Besatzer abzufinden, den Samen des Widerstands säte, der dann in den 80er Jahren, wenn auch in einer ganz anderen Form, aufging.[7] Die Brutalität der sowjetischen Herren – darunter das Massaker an 22000 polnischen Offizieren durch den NKWD im Wald von Katyń – durfte in den Jahrzehnten nach dem Krieg in Polen nicht öffentlich angesprochen werden. Die Familien wussten jedoch, dass ihre Ehemänner, Väter, Onkel, Brüder und Söhne verschwunden waren, und diese bitteren Erinnerungen bildeten eine lebendige, unauslöschliche Mahnung, dass das kommunistische Regime, das sich zu Polens Befreier aufwarf und darauf seine Legitimität gründete, in Wahrheit auf mörderischen Lügen baute. Die Selbstaufopferung eines Mannes wie Pater Maximilian Kolbe, der im Hungerbunker von Auschwitz sein Leben für einen mitgefangenen Familienvater gab, widerlegte die kommunistische These, die katholische Kirche sei in der Geschichte als Unterdrücker der Arbeiterklasse aufgetreten – eine These, die auch durch das Opfer tausender anderer polnischer Priester, Nonnen und Laien, die unter dem Hakenkreuz der Nazis um des Kreuzes Christi willen den Tod fanden, ad absurdum geführt wurde.

Das Polen von 1945 und 1946 sah und fühlte sich zweifellos anders als in den kurzen 21 Jahren seiner jungen Unabhängigkeit und sicherlich war es in mancherlei Hinsicht ein ganz anderes Land. Es gab andere Menschen, eine andere Wirtschaft und eine andere Regierung, die völlig andere Parteien zu ihren Feinden erklärte. Gleichwohl existierte kulturell und spirituell ein roter Faden, der sich durch das polnische Leben zog und der letztlich der kommunistischen Behauptung widersprach, man baue ein neues Polen. Die Anwesenheit von Einheiten der Roten Armee, die Verbindungen zwischen den polnischen Sicherheitskräften und dem NKWD bzw. KGB und die westliche Politik der „Konflikthegung“ das alles konnte, nach üblicher Einschätzung, so aussehen, als sei die polnische Souveränität ein frommes Märchen. Doch wie Polen zwischen 1030 und 1989 bewiesen hat, gibt es mächtige Formen kultureller und geistiger Souveränität, die den brutalsten politischen Regimes widerstehen und sie schließlich hinwegfegen.

Der Kuh einen Sattel verpassen

Jossif Wissarionowitsch Dschugaschwili, bekannter unter seinem bolschewistischen *nom de guerre* „Stalin“, war ein Georgier, der sich die klassische Haltung der Russen gegenüber den Polen und ihrem Land zueigen machte: das heißt, er hasste Land und Leute. Sein 1939 mit Hitler geschlossener Pakt, der ihm die nötige Zeit verschaffen sollte, sich auf den unvermeidlichen Krieg mit den Nazis vorzubereiten, erlaubte ihm auch, große Stücke traditionell polnischen Territoriums zu schlucken und tausende von polnischen Familien in die Steppen Zentralasiens zu deportieren. Als die westlichen Alliierten Rückgrat bewiesen und darauf bestanden, dass „Polen“ nach Hitlers Niederlage in der einen oder anderen Form wiedererstehen müsse, sorgte Stalin dafür, dass das neue Polen ein sowjetischer Satellitenstaat sein würde. Als die Rote Armee 1944 durch Polen zog, folgten Agenten, Mörder und Henker der sowjetischen Geheimpolizei den Divisionen auf dem Fuß, betraut mit der Aufgabe, jeden politischen Widerstand gegen das von den Sowjets gehätschelte Lubliner Komitee zu ersticken. Dieses beanspruchte im Gegensatz zur polnischen Exilregierung in London die wahre Volksvertretung des befreiten Polens zu sein.

Gemeinsam mit dem Gebilde, aus dem dann die Dritte Polnische Republik hervorging, entstand ein riesiger Unterdrückungsapparat der Geheimpolizei. Bei Kriegsende hatte das sogenannte Ministerium für „öffentliche Sicherheit“ elftausend Mitarbeiter, eine Zahl, die sich in wenigen Monaten verdoppelte, während zugleich die Reihen der Agenten, Denunzianten und Provokateure anschwollen. Die nun von den Kommunisten oder ihren Marionetten kontrollierte polnische Armee führte Propagandakampagnen unter der Zivilbevölkerung durch, indoktrinierte ihre eigenen Leute und vertrieb die deutsche Bevölkerung aus den „wiedergewonnenen Territorien“ im Westen.[8] Später sollte Stalin die denkwürdige Äußerung tun, der Versuch, aus Polen ein kommunistisches Land zu machen, sei vergleichbar mit dem Versuch gewesen, einer Kuh einen Sattel zu verpassen. In den ersten Tagen des kommunistischen Polens wollte der Mann, den Churchill und Roosevelt „Uncle Joe“ nannten, mit der Kuh kein Risiko eingehen.

Die Brutalität, mit der der NKWD und seine Nachkriegsverbündeten in den polnischen Sicherheitskräften tausende von Polen liquidierten, deren einziges „Verbrechen“ darin bestanden hatte, an der Seite der AK oder anderer Widerstandsbewegungen die polnische Unabhängigkeit als gute Patrioten zu verteidigen, spiegelte den Verfolgungswahn, an dem der Sowjetkommunismus seit jeher litt. Es war weder ein Kalter Krieger aus dem Westen noch ein polnischer Kritiker Russlands, sondern der große russische Schriftsteller und Dichter Boris Pasternak, der Lenin einmal als „personfizierte Vergeltung“ und Stalin als „pockennarbigen Caligula“ bezeichnete.[9] Der Verfolgungswahn sowjetischer Kommunisten fand einen vielfältigen ideologischen, politischen, kulturellen und ökonomischen Ausdruck – der gefährlichste war freilich jene Abfolge von Geheimdiensten, die am Ende unter der Bezeichnung KGB firmierte. Ironischerweise war ihr Gründer – damals hieß sie noch Tscheka – der polnische Kommunist Felix Dschersinski. Seine Nachfolger waren dem britischen Geheimdiensthistoriker Christopher Andrew zufolge Männer, die „eher in ein Horrorkabinett denn in eine Ruhmeshalle passten“, eine Einsicht, die sich, möglicherweise unbewusst, darin niederschlägt, dass im Offiziersklub in der Lubljanka, der Moskauer Zentrale des KGB, keine Photographie früherer Leiter des KGB hängen – drei von ihnen sind in den verschiedenen Säuberungen erschossen worden, einer hat Selbstmord begangen und mehrere von ihnen waren schlicht Psychopathen.

Von den Feinden des Sowjetkommunismus, ob wirklichen oder phantasierten, fürchteten der KGB und seine Vorgänger niemanden mehr als die katholische Kirche, die als ideologischer Gegner Nummer eins galt, sogar schon bevor die Bolschewiki 1917 die Macht im zerfallenden Russland an sich rissen. Diese Furcht übertrug sich auf die verbündeten Sicherheits- und Geheimdienste der Ostblockstaaten – obwohl einige in diesem Punkt keiner größeren Nachhilfe bedurften. Die Diplomaten des Vatikan und andere, die meinten, der sowjetische Geheimdienst und die Geheimdienste der Warschauer Paktstaaten würden sich mehr oder weniger wie ihre westlichen Pendants verhalten, täuschten sich bitter. Die kommunistische Verfolgung des Katholizismus war von einer Unbarmherzigkeit, wie sie nur durch eine tiefsitzende Paranoia erklärbar ist, und diese mag darauf zurückzuführen sein, dass der Marxismus-Leninismus seinerseits ein komplettes quasi-religiöses System ist – wenn auch ein radikal weltliches. Er besitzt eine Lehre, eine Ethik, eine Heilsidee, einen Begriff von den „letzten Dingen" und einen Märtyrerkult.[10] Der Kommunismus und der Katholizismus konnten nicht friedlich koexistieren. Bei einer Konfrontation mussten die Geschichte mittel- oder langfristig darüber entscheiden, wer von den beiden gewinnen und wer verlieren würde. So jedenfalls sahen es die hundertprozentigen Kommunisten.

Daher wurde vom Standpunkt der Kommunisten das ohnehin schwierige Geschäft, der polnischen Kuh den Sattel des Marxismus-Leninismus zu verpassen, noch dadurch erschwert, dass Polen ein Land zutiefst gläubiger Katholiken war und der Katholizismus eng mit der polnischen Nationalidentität und dem polnischen Patriotismus verknüpft. Und es gab es noch weitere Komplikationen, die mit der jüngsten Geschichte zusammenhingen. Die Herren im Kreml hatten mit Hitler verabredet, Polen zu teilen; ihre kommunistischen Vasallen in Polen hatten im Zweiten Weltkrieg keine große Rolle im Widerstand gegen die Nazis gespielt. Sehr wohl aber die katholische Kirche, und sie hatte sich durch ihren Blutzoll ein beträchtliches moralisches Ansehen erworben. Dieses Heldentum, dem die Kommunisten – trotz ihrer unermüdlichen gegenteiligen Propaganda – nicht das Wasser reichen konnten, war ein großes Hindernis für die Verwandlung Polens in einen kommunistischen Staat. Das galt auch für die Ideologie und die Geopolitik nach dem Krieg. Denn aufgrund ihrer Annahmen und Befürchtungen sahen die sowjetischen und polnischen Kader unmittelbar nach dem Krieg in der Intensität des polnischen Katholizismus weniger das natürliche kulturelle und historische Phänomen, das er war, sondern einen Ausdruck der pro-westlichen, antikommunistischen Polemik sowie der Politik Papst Pius' XII. und der katholischen Weltkirche: in den Augen der Bolschewiki eine weltweite Verschwörung, um die Errungenschaften der Leninschen Revolution zu zerstören.

In den ersten Nachkriegsmonaten – den Monaten, in denen der polnische Katholizismus die Katakomben verlassen konnte – war das öffentliche Erscheinungsbild des Katholizismus uneinheitlich. Einige katholische Intellektuelle versuchten sich von der Politik fernzuhalten, selbst dann noch als das kommunistische Regime und der polnische Primas, Kardinal August Hlond, aneinander gerieten. Andere bekennende Laien suchten nach einem Ausgleich mit dem Kommunismus, der es ihnen erlauben würde, eine politische Rolle zu spielen. Wieder andere verausgabten sich in der fruchtlosen Anstrengung, katholische Parteien zu gründen. Adam Stefan Sapieha, der mutige Erzbischof von Krakau, der sich dem Gauleiter der Nazis, Hans Frank, widersetzt hatte, durfte nach Rom gehen und dort 1946 seinen Kardinalshut empfangen. Doch die Begeisterung, mit welcher der alte Prälat bei seiner Rückkehr nach Polen empfangen wurde – Studenten hoben seinen Wagen am Hauptbahnhof auf und trugen ihn mitsamt dem 79-jährigen Kardinal zu dessen Residenz – muss den Eindruck der Kommunisten verstärkt haben, dass der Heroismus des Krakauer Katholizismus während den Krieges und ganz allgemein der Abscheu vor dem Kommunismus in Polens kultureller Hauptstadt es besonders schwer machen würden, die Kuh zu satteln.

Genau in diesen Jahren – 1945, 1946 1947 – wurde die kommunistische Geheimpolizei Polens zum ersten Mal auf einen jungen Geistlichen namens Karol Józef Wojtyła aufmerksam.

Ein vielversprechender junger Mann

Karol Wojtyłas Berufung war stark durch die Erfahrungen des Zweiten Weltkriegs geprägt, den er in jenem Teil Polens erlebt hatte, den der Historiker Norman Davies als „Gestapoland" beschrieben hat: durch seinen Alltag zwischen Brutalität und tödlicher Willkür, seine Tätigkeit im Widerstand, seine erste Erfahrung mit körperlicher Schwerarbeit und seine erste Bekanntschaft mit der karmelitischen Spiritualität, den Tod seines Vaters und die Ermordung seiner Freunde. Wie er später in der Erinnerung an diese schweren Tage schrieb, war es die Verquickung der „Erniedrigung durch die Hand des Bösen" mit dem Heroismus, dem er im Angesicht solcher tödlicher Gefahren begegnete, die ihn nach und nach „von seinen früheren Plänen Abstand nehmen" ließ. Das Priesteramt, so erkannte er, war eine Lebensform, in der er der Erniedrigung der menschlichen Würde mit spirituellen und kulturellen Waffen entgegentreten konnte. Während er über seine Situation nachdachte, wuchs Karol Wojtyłas Überzeugung, dass er in der Welt keine bloßen Zufälle gab, – was uns als „Zufall" erscheint, sei in Wahrheit Teil der göttlichen Vorsehung, die sich uns entzieht – und er wandte sich immer mehr dem Altar zu. Ein halbes Jahrhundert später sollte er sagen, nicht er habe gewählt, vielmehr sei er erwählt worden, und darauf habe es nur eine Antwort gegeben.[11]

Nach sechs Monaten in Erzbischof Sapiehas Untergrundseminar endete Mitte Januar 1945, als die vordringende Rote Armee die Deutschen zur Aufgabe Krakaus zwangen, die Zeit des „Hausarrests" in Karol Wojtyłas außergewöhnlicher Vorbereitung auf das Priesteramt. Das akademische Jahr 1945-46 war so die einzig halbwegs normale Zeit, die Wojtyła im Seminar verbrachte. Das waren aber auch die Jahre, in denen sein Name zum ersten Mal in den Akten der polnischen Geheimpolizei auftaucht sowie auch die Namen seiner Mitseminaristen Andrzej Deskur und Stanisław Starowieyski, die gleich ihm in der erzbischöfliche Residenz in der Franciszkańskastraße 3 im Untergrund gelebt hatten. Woher diese Aufmerksamkeit? Sapiehas Hauptquartier, in das während des Krieges Beweise für die Verwicklung des NKWD in das Massaker von Katyń gelangt war, stand unter ständiger Beobachtung. Man sah also wie die Seminaristen in den Wochen nach der „Befreiung" der Stadt durch die Rote Armee kamen und gingen. Ein „verdächtiges Subjekt" hätte Wojtyła auch in seiner Eigenschaft als Vizepräsident der *Bratniej Pomocy* [Brüderliche Hilfe], einer Studentenorganisation an der Jagiellonen-Universität werden können, die Hilfsgüter aus dem Westen an bedürftige Studenten verteilte. Vielleicht interessierten sich die kommunistischen Schnüffler aber am stärksten für die von *Bratniej Pomocy* am 3. Mai 1946 organisierte patriotische Demonstration. Schließlich wollten die Kommunisten diesen traditionellen Feiertag unbedingt aufheben. Als die protestierenden Studenten von der Polizei – sie wurde vom sowjetischen NKWD unterstützt – angegriffen wurden, kam es zum Aufruhr: Viele wurden niedergeknüppelt, einige wurden erschossen und es kam zu Verhaftungen. Wie ein Historiker der Stadt Krakau es formuliert, „bei diesem Ereignis enthüllten die neuen Machthaber ihre wahren Absichten und ergriffen die Gelegenheit, eine Hexenjagd auf die Intelligenz zu eröffnen.[12]

Einen Monat nach diesen Unruhen legte Karol Wojtyła die erforderlichen Prüfungen ab, die seine theologische Ausbildung vor der Weihe abschlossen. Sapieha, der im Februar 1946 zum Kardinal ernannt worden war, beschloss Wojtyła, schnellstens zu weihen, damit dieser im Herbst 1946 sein Promotionsstudium in Rom beginnen konnte. Der Kardinal besaß ein feines Gespür für die politische Situation vor Ort und machte sich womöglich Sorgen, dass sein bester Student, ein brillanter junger Mann mit natürlichen Führungsqualitäten, wegen seiner Tätigkeiten für *Bratniej Pomocy* zuviel Aufmerksamkeit seitens der Geheimpolizei auf sich ziehen könnte. Daher weihte Sapieha Wojtyła am 1. November 1946, am Tag Allerheiligen. Zwei Wochen später brach Karol Wojtyła nach Rom auf, um die nächsten zwei Jahre in Theologie zu promovieren. Als dieser junge Mann, den Kardinal Sapieha für sehr vielversprechend hielt, im Sommer 1948 wieder polnischen Boden betrat, kam er zurück in ein Land, das in dem dichten Nebel der stalinistischen Repression nach Luft rang.[13]

Harte Zeiten

In Rom verpasste Karol Wojtyła die manipulierten Parlaments„wahlen" vom 19. Januar 1947: eine Farce, bei der, wie sarkastische Polen es formulierten, „einige Leute wählten und andere zählten". Nach einigen Schätzungen erhielt die bedeutendste antikommunistische Partei, die polnische Bauernpartei (PSL), fast 70% der Stimmen. Nach der offiziellen Wahlauszählung vereinigte die PLS

10,3 % der Stimmen auf sich, während auf den kommunistischen Block 80% der Stimmen fielen.[14] Krakau wählte besonders antikommunistisch, weshalb das Regime die Stadt als „Bastion der Reaktion" brandmarkte. In dem ihr eigenen Stil der Missbilligung, riefen die Kommunisten dazu auf, „die Engstirnigkeit Krakaus, ihren reaktionären Klerus, Krakaus rückständige Bourgeoisie, Krakaus Spekulanten und die Vorkriegsepigonen der Beamtenschaft" kompromisslos zu bekämpfen.[15]

Die ersten Jahre des polnischen Kommunismus waren nicht frei von Absurditäten. Der traditionelle polnische Sinn für schwarzen Humor, der in mehr als einem Jahrhundert des Widerstands gegen die verlorene Unabhängigkeit ausgebildet worden war, blühte in der Narrenhausatmosphäre, die der polnische Kommunismus in seiner frühstalinistischen Phase mitunter verbreitete: Spötter bemerkten, dass man unter hundert sogenannten Bolschewiki einen aufrechten Bolschewiken, neununddreißig Verbrecher und sechzig Dummköpfe finden würde.[16] Trotz aller Farce war das Hauptmerkmal des Regimes in seinen ersten Tagen die Brutalität, die sowohl die pathologischen Züge seines sowjetischen Herrn, Stalins, spiegelte als auch die eigenen Legitimitätsängste. Daher zahlten frühere Mitglieder der AK für ihren Patriotismus damit, zur besonderen Zielscheibe einer heftigen Verfolgung zu werden, deren erste Opfer Polen wie Witold Pilecki waren – Patrioten, deren Tapferkeit im Krieg sie dazu hätte berechtigen können, über die Zukunft der Nation mitzubestimmen, und die daher nach der Logik des Stalinismus zu liquidieren waren und auch liquidiert wurden. In Windeseile wurde eine riesige Bürokratie geschaffen, welche die Planwirtschaft leitete oder besser „fehl"leitete. Einem Historiker zufolge zeichnete sich die Bürokratie „durch eine strikt befolgte Hierarchie" und „völlige Unfähigkeit" aus. Praktisch jede Form von unabhängiger gesellschaftlicher Aktivität – von Gewerkschaften über Sportvereine, Jugendgruppen bis hin zu patriotischen Verbänden – wurden vom unersättlichen Schlund des Parteienstaats verschlungen, denn dieser war entschlossen, sich selbst an die Stelle der bürgerlichen Gesellschaft zu setzen und so das „öffentliche Leben fortschreitend zu sowjetisieren".[17] Rechtstaatlichkeit, in irgendeiner gehaltvollen Bedeutung des Wortes, gab es nicht mehr. Die Gerichte waren korrumpiert; der „Grad der Gesellschaftsschädlichkeit" wurde beim Strafmaß berücksichtigt, besonders im Falle politischer Häftlinge; politisch genehme Richter, die grade mal ein Gymnasium absolviert hatten, erhielten einen fünfzehnmonatigen Intensivkurs, bevor sie auf den Richterstuhl gesetzt wuren und solche Urteile fällten.[18]

Da sie einen Feind brauchten, versuchten die Kommunisten im neuen Sowjetblock die Volkshysterie gegen die angebliche westliche Kriegstreiberei zu schüren – und speziell in Polen gegen den deutschen Revanchismus in den „wiedergewonnenen Territorien" im Westen Polens, die in den Zwischenkriegsjahren zu Deutschland gehört hatten. Diese nach außen gerichtete Haltung hatte auch ein nach innen gerichtetes Pendant: Dekrete über „Amtsgeheimnisse" und „Staatsgeheimnisse" sorgten für ein permanent ausgeworfenen Netz, in dem sich angebliche Spione, ausländische und polnische, verfangen sollten.[19]

In nicht einmal zehn Jahren hatten die kommunistischen Sicherheitsorgane etwa 75 000 „Augenpaare“ angeworben oder bestochen, Männer und Frauen, die ihre Führungsoffiziere über jede widerborstige Bemerkung, jede unerwünschte Tätigkeit ihrer Nachbarn oder Arbeitskollegen unterrichteten. Unterm Strich kam dabei heraus, dass 1954 sechs Millionen Polen – jeder dritte Erwachsene – auf der „Liste der kriminellen und verdächtigen Subjekte“ standen.[20] Obwohl Polens kommunistische Herren durch die Ermordung und Internierung tausender politischer Häftlinge den Staatsapparat in ihre Gewalt gebracht hatten, bereitete ihnen die katholische Kirche weiter Kopfschmerzen. Ein Bericht der Geheimpolizei aus jener Zeit betont die Notwendigkeit den schlechten Einfluss des „reaktionären“ Klerus einzudämmen und teilt Polens Priester in drei Kategorien: Feinde, Neutrale und „Aufgeschlossene“. Es erstaunt wohl nicht, dass in Anbetracht der starken Führungsrolle von Kardinal Sapieha und seines Widerstands gegen das vorige totalitäre Regime der Krakauer Klerus fast geschlossen unter „Feinde“ gerechnet wurde.[21] Dem Historiker Andrzej Paczkowski zufolge hatte das kommunistische Regime Polens gegen Ende 1957 praktisch „alle Institutionen, die imstande gewesen wären, antikommunistische Einstellungen um sich zu scharen und zum Ausdruck zu bringen“ zerstört.[22] Dennoch gab es diese Einstellungen, und in dem entstandenen Vakuum wurde die katholische Kirche immer mehr zu deren Verkörperung. Die Kirchenführer verzichteten klugerweise darauf, unmittelbar eine politische Rolle zu spielen. Doch ihre Kritik an den Scheinwahlen vom Januar 1947, ihre Vorschläge zu einer Verfassungsreform, ihre Verteidigung bürgerlicher Freiheiten, ihre Proteste gegen die Abschaffung des Religionsunterrichts an den Schulen und ihre Beschwerden gegen Polizeiwillkür und unnötige Verstaatlichung von Kircheneigentum – darunter von mehreren katholischen Druckereien – machten die polnischen Bischöfe de facto zu Oppositionellen. Nachdem er jede andere Form einer gegen ihn gerichteten politischen Betätigung – sei sie nun offen oder verdeckt gewesen – erstickt hatte, konnte der polnische Kommunismus seine Aufmerksamkeit ganz und gar dem Kampf gegen die Kirche widmen, und mit ihr um Herz, Verstand und Seele des polnischen Volkes ringen.

Die Geheimpolizei legte über jede Gemeinde im Land eine Akte an, wobei die „Augen“ für sie die tatkräftigsten Gemeindemitglieder ausmachten und deren Vorhaben schilderten. Von dem Tag an, an dem er das Priesterseminar betreten hatte, um Theologie zu studieren, erhielt jeder junge Pole eine Geheimakte und einen Beobachter, genauso wie jeder Priester. Die Kinder wurden gewarnt, nichts zu erzählen, was sie im Katechismusunterricht gehört hatten, selbst dann nicht, wenn sie ein Mann mit Soutane und Priesterkragen ausfragte.[23] Die katholische Presse, auch so anspruchsvolle Blätter wie der in Krakau herausgegebene *Tygodnik Powszechny* [Allgemeines Wochenblatt] und die mit ihr zusammenarbeitende Monatszeitschrift *Znak* [Zeichen] wurden eng überwacht und permanent zensiert.

Mitunter erschwerte der Vatikan die Lage der polnischen Kirche. Einen Brief von Papst Pius XII. an die Bischöfe Deutschlands von 1948, in dem der Papst sich um die 12 Millionen Deutsche sorgte, die aus Polens „zurückgewonnenen Territorien“ vertrieben worden waren, nutzten die Kommunisten, um auf die Katholiken einzudreschen. Ein Jahr später drohte Pius XII. allen, die in kommunistische Parteien eintraten, mit Exkommunikation. Die Drohung richtet sich vor allem gegen Italien, wo die Praxis nicht ungewöhnlich war, doch für die polnischen Kommunisten war es ein gefundenes Fressen, um den Druck auf ihre katholischen Landsleute zu verschärfen – 5500 Priester wurden zu „klärenden und verwarnenden Gesprächen“ einbestellt. [24]

Doch trotz all des Drucks und der intensiven Überwachung – die einen erheblichen Teil des Staatshaushaltes auffraß und damit eine Art Raub an der bürgerlichen Gesellschaft darstellte – bekam der polnische Kommunismus der Stalinära die katholische Kirche nie ganz „zu packen“. Reine Informationen sind nur so gut wie die Analyse, die die Daten filtert und erklärt. Und im ganzen Sowjetimperium erwies sich das Beharren der kommunistischen Meisterspione, die Kirche auf der Folie ihrer eigenen Erfahrung zu deuten – d.h. als eine andere, nach der Macht greifenden politischen Mafia – als ein schwerwiegendes Hindernis, um die innere Dynamik ihres ideologischen Hauptgegners zu verstehen.

Das galt auch für das außergewöhnlich politische Geschick und den unerschütterlichen Mut des Mannes, der den polnischen Katholizismus durch diese harten Zeiten steuern sollte: Stefan Wyszyński.

Der Primas

Im Zweiten Weltkrieg war Wyszyński der Gestapo immer einen Schritt voraus gewesen. Nachdem das Priesterseminar, an dem er unterrichtete nach der Besetzung geschlossen worden war, wurde er zu einer Art Wanderkaplan. Am Ende des Krieges kehrte der Mann, der im Untergrund unter dem Decknamen „Schwester Cecilia“ gewirkt hatte, nach Włocławek zurück, um das Seminar als sein Rektor wiederzueröffnen, wurde aber schon bald wieder von diesem Posten abberufen und im März 1946 zum Bischof von Lublin ernannt. Er verließ das Seminar an dem Tag, an dem fünf seiner Kollegen aus der Vorkriegszeit aus dem Konzentrationslager Dachau zurückkehrten. Viel Zeit war dem jungen Bischof in Lublin nicht beschieden, denn schon zweieinhalb Jahre später, am 12. November 1948, ernannte Papst Pius XII., den 47 Jahre alten Wyszyński zum Erzbischof von Gnesen und Warschau und zum Nachfolger von Kardinal August Hlond als Primas von Polen.

In der polnischen Geschichte hatte der Primas in den Zeiten, in denen der Adel darüber entschied, wer Polens nächster Wahlkönig sein würde, immer als „Interrex“ fungiert, als König zwischen den Königen. Natürlich waren die Könige passé. Doch Stefan Wyszyński, eine starke Persönlichkeit, den ein Bewunderer einmal als „einen phantastischen, beinahe mittelalterlichen Charakter“ beschrieben hat, übernahm überzeugend die Rolle des Interrex.[25] Und was nicht weniger wichtig war, Primas Wyszyński verfügte neben seiner unbestrittenen Führungsposition in der katholischen Kirche Polens über eine scharfsichtige Analyse der Nachkriegssituation, die er als äußerst düster betrachtete. Die Kirche hatte während des Krieges entsetzlich gelitten und von Dachau bis zum Warschauer Aufstand bewiesen, dass sie zu leiden, sich zu opfern und wenn nötig zu sterben verstand. Nun, so glaubte Wyszyński, müsse sie zeigen, dass sie auch zu leben verstand, selbst in einer stalinistischen Umgebung. Als Denker stand er ziemlich weit links vom konservativen klerikalen Establishment in Polen und er war ein anerkannter Fachmann für die katholische Soziallehre und ihrer Betonung der Arbeiterrechte, doch er war auch ein glühender Antikommunist. Gleichzeitig meinte er, die Kirche müsse zu irgendeinem modus vivendi mit dem neuen Regime finden, denn sie bräuchte eine Atempause, um ihre seelsorgerische Stärke zurückzugewinnen.

Wyszyński hielt an noch drei anderen Überzeugungen fest, die seine Leitung des polnischen Katholizismus und seine politische Strategie in den nächsten drei Jahrzehnten bestimmten. Er war davon überzeugt, dass die polnische Volksfrömmigkeit – vor allem die Verehrung für Maria, die Mutter Gottes – weitaus stärker sei als die kommunistische Propaganda und eine Quelle des kulturellen Widerstands sein könnte. Er glaubte, die Lage der polnischen Kirche und die politische Situation weitaus besser zu kennen als irgendjemand im Vatikan. Und als polnischer Patriot war er entschlossen, Polens Auslöschung durch die Sowjetunion zu verhindern, sofern der Preis dafür moralisch akzeptabel war.

Diese Überzeugungen gefielen den Kirchenoberen in Rom nicht immer, denn in den späten vierziger Jahren zogen sie es vor, sich frontal mit dem Kommunismus anzulegen. Wyszyński war niemand, der sich vor Konfrontation scheute, aber er wollte derjenige sein, der festlegte, unter welchen Bedingungen und auf welchem Boden der Kampf ausgefochten wird. Tatsächlich provozierte er in dem langen Streit, der vor ihm lag, manchmal bewusst einen Zusammenstoß, wenn er meinte, es hätte sich ein gewisser Trott eingeschlichen und die moralische Spannkraft des katholischen Lebens unter dem Kommunismus müsse wieder gestärkt werden. Doch als er 1948 zum Nachfolger des hl. Adalbert und zum Primas von Polen berufen wurde, sagte ihm sein Gespür zunächst, man müsse irgendeinen Pakt aushandeln, damit die Kirche Zeit gewinnt.

Die Kirche und die polnische Regierung einigten sich 1950 daher auf die Grundregeln einer Koexistenz, wenngleich einer angespannten. Das Regime anerkannte die Selbststimmung der Kirche nach innen, ihre religiösen Verbindungen zum Papsttum, ihr liturgisches Leben und ihren Festkalender – einschließlich öffentlicher Glaubensbekundungen, wie etwa Pilgerfahrten –, ihre unabhängigen Publikationsorgane, ihre Seelsorge in Schulen, Krankenhäusern und Gefängnissen. Außerdem ließen die Kommunisten Mönchsorden – für die Bolschewiki von jeher ein Schreckgespenst – ebenso zu wie die katholische Universität von Lublin, die einzige akademische Institution hinter dem, was

Churchill als Eisernen Vorhang zu bezeichnen begonnen hatte. Die Kirche ihrerseits erkannte das kommunistische Regime als Polens legitime Regierung an, betrachtete die „wiedergewonnenen Territorien" als rechtmäßigen polnischen Boden, verpflichtete sich, am Wiederaufbau der Nation mitzuarbeiten, und sicherte zu, „feindliche Aktivitäten gegenüber der Volksrepublik Polen" zu unterlassen.[26] In Rom dachten einige, Wyszyński habe zuviele Zugeständnisse gemacht. Der Primas, beileibe kein Narr, wusste, dass die kommunistischen Organe das Abkommen hintertreiben und, wenn notwendig, ignorieren würden, so dass man ständig auf der Hut sein müsse; aber er glaubte auch, dass die Grundregeln für eine anhaltende Auseinandersetzung festgelegt worden waren und er den Boden bestimmt hätte, den erfolgreich zu verteidigen er sich zutraute. Schließlich schloss Rom sich der Sicht des Polen an und Wyszyński wurde 1952 zum Kardinal ernannt.

Zu dieser Zeit steckte er jedoch mitten in der Konfrontation mit einem Regime, das bereits damit begonnen hatte, gegen das Abkommen von 1950 zu verstoßen. Eltern wurde der Verlust ihres Arbeitsplatzes angedroht, wenn sie ihre Kinder nicht auf kommunistische Schulen und zu kommunistischen Jugendgruppen schicken würden. Bereits zensierte katholische Publikationen wurden oft aufgrund von „Papierknappheit" am Erscheinen gehindert und einige wurden ganz verboten. Eine große Anzahl von Priestern wurde verhaftet und der Bischof von Kielce, Czesław Kaczmarek, wurde 1951 in einem klassischen Schauprozess zu zwölf Jahren Gefängnis verurteilt. Bolesław Piasecki, der Kopf von „Pax", einer kommunistenfreundlichen pseudokatholischen Organisation, betätigte sich regelmäßig als propagandistisches Sprachrohr des Regimes und beschuldigte den Vatikan – und damit indirekt die katholische Hierarchie in Polen – der Zusammenarbeit mit den „deutschen Revanchisten", eines der Lieblingsschlagwörter des NKWD/KGB. Die direkte Konfrontation, die Wyszyński zu vermeiden gesucht hatte, wurde unausweichlich im Mai 1953, als das Regime die Umsetzung eines Gesetzes anordnete, das ihm und nicht der Kirche das Recht gab, Pfarrer, Kapläne und Bischöfe ein- und abzusetzen. Damit wäre die Kirche de facto eine Filiale des kommunistischen Staates geworden.

In einer historischen Rede in der Warschauer Johanneskathedrale warf Wyszyński den Fehdehandschuh hin: „Wir lehren, dass man Cäsar geben soll, was Cäsars ist, und Gott, was Gottes ist. Doch wenn Cäsar sich selbst auf den Altar hebt, dann sagen wir kurzerhand: „Es ist ihm nicht erlaubt." Unter dem Vorsitz Wyszyńskis versammelten sich die polnischen Bischöfe in Krakau und teilten dem kommunistischen Cäsar klipp und klar mit: „Es ist ihm nicht erlaubt". Der Friede in Polen, so die Bischöfe, hinge allein davon ab, dass „die Regierung sich von ihrem radikalen, zerstörerischen Hass auf die katholische Kirche abkehrt und ihr Ziel aufgibt, die Kirche zu unterjochen und zu einem Instrument des Staates zu machen. [...] Es ist uns nicht erlaubt, was Gottes ist, auf dem Altar Cäsars zu opfern. *Non possumus*! [Wir können nicht!][27] Die kommunistische Regierung warf den Bischöfen Hochverrat vor oder, um uns des kommunistischen Euphemismus zu bedienen, „einen Angriff auf die Verfassung“. In der Nacht vom 25. auf den 26. September 1953 wurde Kardinal Wyszyński verhaftet und trat seinen drei Jahre währenden Hausarrest an, zunächst im Nordwesten des Landes, später in einem Konvent im Süden. Am Ende des Jahres saßen acht Bischöfe und neunhundert Priester wegen ihres Glaubens im Gefängnis. In den nächsten zwei Jahren stieg ihre Zahl auf zweitausend an, wurden theologische Fakultäten geschlossen, Eltern bedroht, der Religionsunterricht in den Schulen abgeschafft und die Kirche mit drückenden Steuern belastet.[28]

Freiräume schaffen

Bei seiner Rückkehr aus Rom im Herbst 1948 wurde Hochwürden Karol Wojtyła von Kardinal Sapieha an die Himmelfahrtskirche in Niegowić geschickt, damals ein Dorf in den Ausläufern der Karpathen, gut 20 Kilometer östlich von Krakau. Zu den Hauptpflichten des jungen Vikars gehörte die religiöse Unterweisung der Kinder, die über fünf Dörfer verstreut lebten und die er regelmäßig mit dem Pferdewagen besuchte. Wieder zurück in der Himmelfahrtskirche verbrachte der junge Vikar Stunden im Beichtstuhl und stürzte sich in die Jugendseelsorge, die ihm Zeit seines Lebens am Herzen liegen sollte. So gründete er eine Theatergruppe und einen Kreis des Lebendigen Rosenkranzes. Beide Tätigkeiten boten ihm vielfältige Gelegenheit, bildend auf die Seelen junger Menschen einzuwirken, die regelmäßig der kommunistischen Propaganda ausgesetzt waren, selbst in einem vergleichsweise so kleinen Provinznest wie Niegowić. Als ihm einer seiner Jugendlichen erzählte, dass kommunistische Spitzel die Jugendseelsorge der Gemeinde ausspionieren wollten, fegte Wojtyła die Sorge des jungen Mannes mit der Versicherung beiseite, sie „würden sich schon selbst abschaffen“. Recht früh machte er deutlich, dass er kein Mann von geringem Ehrgeiz war, jedenfalls nicht, wenn es um die Kirche ging. Und so überredete Hochwürden Wojtyła die Gemeinde zu Ehren des goldenen Priesterjubiläums ihrer Pfarrers eine Backsteinkirche zu bauen.[29]

Der Kardinal hatte jedoch nicht vor, seinen vielversprechendsten jungen Priester viel Zeit in einer Landpfarre verbringen zu lassen, und so wurde Wojtyła nach acht Monaten in Niegowić eine ganz andere Aufgabe zugewiesen: als Vikar in der Gemeinde St. Florian nahe der Krakauer Altstadt, einem Mittelpunkt des geistigen und kulturellen katholischen Lebens der Stadt. Dort sollte Wojtyła ein neues Studentenvikariat für junge Männer und Frauen ins Leben rufen, die das Krakauer Polytechnikum und die Krakauer Akademie der bildenden Künste besuchten. Beide Institute lagen einen guten Steinwurf von St. Florian entfernt.

Wojtyła nahm die Aufgabe an und während er sie zu erfüllen suchte, schuf er einen neuen Stil studentischer Seelsorge. Er lehrte seine jungen Schutzbefohlenen gregorianischen Gesang und teilte Messbücher an sie aus, damit sie aktiv an der Messe teilnehmen konnten – in den frühen fünfziger Jahren eine unerhörte Neuerung. Er organisierte außeruniversitäre Seminare, in denen die Studenten als Gegengift zu dem geistigen Schrott, dem sie in den Schulen ausgesetzt waren, Thomas von Aquin und andere überragende Köpfe des katholischen Geisteslebens lasen. Das Schauspiel wurde unter seinen Händen ein Mittel der Katechese an St. Florian, wo er auch Seminare zur Vorbereitung auf die Ehe einrichtete, die ersten ihrer Art in der Geschichte des Erzbistums. Für die Studenten leitete er Exerzitien und Tage der Sammlung, die er oft so legte, dass sie auch bei ihren Examensvorbereitungen eine Hilfe boten.

Und er tat noch etwas Unerhörtes – etwas, was sowohl das traditionelle Verhalten des polnischen Klerus als auch die Beschränkungen des kommunistischen Regimes hinsichtlich der Jugendseelsorge herausforderte: Er organisierte Reisen mit jungen Männern und Frauen, teilte mit ihnen die Begeisterung fürs Wandern, Skilaufen und Kayakfahren in der herrlichen polnischen Landschaft, jenseits der trüben, grauen, raucherfüllten Umgebung der Stadt.

Es gab viele Gründe, warum junge Menschen sich von Hochwürden Karol Wojtyła angezogen fühlten: seine Intelligenz, seine Freundlichkeit, sein Mitgefühl – seine „anhaltende Offenheit" wie ein Mitglied des sich dann *Środowisko* nennenden Netzwerks es formulierte: „Wenn er bei uns war, spürten wir, dass alles in Ordnung war. […] Wir hatten den Eindruck, jedes Problem mit ihm diskutieren zu können; wir konnten einfach über alles mit ihm reden." Diese Gespräche waren ernsthaft, manchmal lustig und oft zum Punkt. Wojtyła war bereits ein Meister in der Kunst des Zuhörens und pflegte scharfsinnige Fragen zu stellen, am Ende aber sagte er seinen jungen Freunden stets, ob im Gespräch am Lagerfeuer oder im Beichtstuhl, „ihr müsst entscheiden". Als diese jungen Leute nach ihrem Studium an ihre Promotion gingen, stolperten sie gelegentlich in politische Schwierigkeiten und Zwickmühlen. Doch statt über großartige politische Theorien zu sprechen, erörterten Wojtyła und seine Studenten die täglichen moralischen Herausforderungen, vor die sie das Leben in der kommunistischen Kultur der Lüge stellte. Dennoch war *Środowisko* nicht die Art von „Konspiration", die Polens kommunistische Herren so fürchteten – es war mitunter weitaus gefährlicher. Hochwürden Karol Wojtyłas scharfer Verstand, seine tiefe Spiritualität, seine Offenheit für andere, sein Beharren auf persönlicher moralischer Verantwortung – „ihr müsst entscheiden" – schufen Spielräume, in denen seine Studentenfreunde ihre eigenen Entscheidungen treffen konnten, um ein wahres christliches Leben zu führen. De facto bedeutete das natürlich, sich in Opposition zu befinden zum alternativen Gesellschaftsentwurf und zur alternativen Vorstellung von dem, was das Gute für den Menschen ist, wie die kommunistische Propaganda es unaufhörlich predigte.[30]

Während die ersten Fäden des reichen Gewebes von *Środowisko* geknüpft wurden, trat Hochwürden Wojtyła nach und nach als öffentliche Persönlichkeit hervor – er hielt intellektuell anspruchsvolle Predigten an St. Florian, traf sich regelmäßig mit einer Gruppe junger Physiker, um Fragen von Religion und Naturwissenschaft zu diskutieren, lernte die Gäste einiger katholischer Salons in Krakau kennen und schrieb Aufsätze für Polens wichtigste Wochenzeitschrift

Tygodnik Powszechny. Zu diesem Krakauer Blatt griff jeder nachdenkliche Pole, der hinter den stalinistischen Lügen nach der Wahrheit suchte. Jungen aufstrebenden katholischen Gelehrten war es unter dem kommunistischen Regime verwehrt, eine Stelle in den staatlich gelenkten Universitäten zu erhalten. *Tygodnik Powszechny* nahm diese stellungslosen Akademiker liebendgern in ihren Redaktionsstab auf. Die jungen Autoren wurden mit fester Hand und Kompetenz vom Herausgeber Jerzy Turowicz angeleitet, der sehr schnell in Karol Wojtyła einen selten begabten Kleriker erkannte – der als Essayist, Dichter und Dramatiker glänzte und auch außerhalb des Kultraumes und der Kanzel das Wort wirkungsvoll zu gebrauchen verstand.

Aus der Perspektive der frühen Auseinandersetzung Wojtyłas mit dem Kommunismus ist das vielleicht faszinierendste Werk seiner ersten Jahre als Priester das Drama *Unseres Gottes Bruder*, das er 1950 vollendete. Die Hauptfigur ist Adam Chmielowski, ein polnischer Künstler, der Mönch wurde und die Welt der modernen Malerei aufgab, um zum Fürsprecher der Armen zu werden und eine kleine religiöse Gemeinschaft zu gründen.

Chmielowski verlor 1863 im polnischen Aufstand gegen die zaristische Herrschaft ein Bein und ging nach seiner Genesung nach München und Paris, wo er sich einen Ruf als ernstzunehmender moderner Maler erwarb. Nach Polen zurückgekehrt ließ ihn sein Künstlerleben immer unbefriedigter, vor allem aber wuchs seine Empörung darüber, wie die Stadt Krakau ihre unglücklichen, obdachlosen Bürger behandelte. Er kleidet sich in einen Sack, nannte sich „Bruder Albert“ und stellte sein Leben in den Dienst an den Armen. Später gingen aus seiner Arbeit zwei religiöse Gemeinschaft hervor, die Albertiner Brüder und die Albertiner Schwestern. An seinem Begräbnis 1916 nahmen Tausende von Menschen aus allen Gesellschaftsschichten Krakaus teil.

Bereits in seiner Studentenzeit war Wojtyła von der Gestalt des Bruders Albert fasziniert und Chmielowskis Ringen um seine Berufung wurde ihm zu einem dramatischen Mittel, um seine eigenen Gedanken zur marxistischen Theorie und Praxis zu klären. Im Stück debattiert die Figur des Adam, die für Chmielowski steht, mit „dem Fremden“ oder „Krypto-Lenin“, wie der Schreiber diese Gestalt einmal genannt hat, über die Situation der Armen. Wojtyła hat nämlich für seine dramatischen Zwecke die örtliche Legende aufgegriffen, dass Chmielowski in Zakopane, im Süden Polens, mit Lenin, zusammengetroffen ist, und zwar während dessen Exil vor dem Ersten Weltkrieg. Wojtyłas dramatische Kunst ist feinsinnig: Der Fremde, bzw. Krypto-Lenin, ist ein durchaus anziehender Charakter und er streitet mit Adam bzw. Chmielowski sowohl über die Strategie als auch über die Taktik: Was ist das erfolgreichste Programm für die Armen – die christliche Karitas und Sozialreformen oder die revolutionäre Gewalt? Wo Adam jedoch Menschen aus Fleisch und Blut sieht, denkt der Fremde nur in Kategorien: das unbrauchbare Lumpenproletariat, die für eine Revolution reifen Arbeiter usw. Auf einer noch tieferen Schicht lotet *Unseres Gottes Bruder* aus, was Freiheit eigentlich bedeutet. Adam verhehlt sich keineswegs die Ungerechtigkeiten in der Gesellschaftsordnung, dennoch gelangt er zu der Überzeugung, dass die einzige wahre Freiheit die christliche ist, die im erlösenden Leiden des Kreuzes erlangt wird, die das Böse in das Gute verwandelt und Männer und Frauen befreit und reift macht für eine gesellschaftliche Veränderung. Die Politik für sich kann nicht befreiend sein. Allein eine Bekehrung des Herzens und des Verstandes bringt eine wahrhaft humane Kultur hervor, die schließlich auch der Politik ein menschlicheres Gesicht verleiht.[31]

Der Druck nimmt zu, die Pläne ändern sich

Den politischen Herren entging es nicht, dass es da einen dynamischen jungen Priester gab, der auf Studenten, Intellektuelle, Künstler, Wissenschaftler und junge Akademiker sehr anziehend wirkte. 1948 vermerkten die Akten der Geheimpolizei Wojtyłas Verbindungen zum Rhapsodischen Theater ebenso wie dessen Freundschaft zu Tadeusz Kudliński, einem Schauspieler der versuchte hatte, Lolek den Eintritt ins geheime Priesterseminar auszureden, und der wegen seiner Mitgliedschaft in der UNIA verhaftet worden war. Wojtyła selbst war bei seinem Eintritt ins Priesterseminar genötigt, die UNIA zu verlassen.[32] In einem Bericht vom November 1949 schreibt ein gewisser ŻAGIELOWSKI, ein Zuträger der Geheimpolizei und Krakauer Priester, dass „Wojdyła" – so seine falsche Schreibweise – in der Leitung der Krakauer Erzdiözese als kommender Mann gilt, als jemand, den man im Auge behalten muss.

Die kommunistischen Organe waren aus mehreren Gründen an den Vorgängen in der Krakauer Kurie höchst interessiert. Sie fürchteten, Kardinal Sapieha habe Beweise dafür, dass der sowjetische NKWD für das Massaker in Katyń verantwortlich war, das die Sowjets über Jahrzehnte den Nazis angelastet hatten. Sie wussten, dass Sapieha alles tat, um die Reste der bürgerlichen Gesellschaft aufrechtzuerhalten, beispielsweise indem er einen katholischen Wohlfahrtsverband schuf, die *Caritas Polen*, die dann später von den Kommunisten unterdrückt wurde. Und sie wollten alle erdenklichen Informationen darüber haben, wer dem greisen Kardinal nachfolgen könnte.

Zumindest offiziell folgte niemand Sapieha als Erzbischof nach. Der Kardinal starb am 32. Juli 1951. Nach dem Abkommen, das Primas Wyszyński 1950 zustande gebracht hatte, würde die polnische Kirche, und das hieß praktisch Wyszyński, beim Tod eines Bischofs Rom befragen, um dann der Regierung den Namen des Kandidaten für die Vakanz zu unterbreiten. Die Regierung durfte ein Veto einlegen, nicht aber ihren eigenen Kandidaten durchsetzen. Beim Tod von Kardinal Sapieha schlug die Kirche als Nachfolger Eugeniusz Baziak, den lateinischen Erzbischof von Lemberg in der Ukraine vor, der seit seiner Vertreibung durch die Sowjets in Krakau lebte. Die polnische Regierung lehnte Baziak ab – wegen seines früheren Postens in der Ukraine wäre er für Moskau Anathema gewesen –, und die Kirche wollte nicht nachgeben. Technisch gesehen blieb der Bischofsstuhl des Erzbistums Krakau für die nächsten zwölf Jahre vakant, obwohl die Kirche in Krakau, wie die gesamte polnische Kirche, Baziak als ihren Erzbischof betrachtete.

Eugeniusz Baziak war ein reservierter, formeller Mensch, der es auf dem Höhepunkt der stalinistischen Unterdrückung für seine Aufgabe hielt, ein harter Fels in der Brandung zu sein und nie die Maske der Strenge zu lüften, von der er meinte, nur sie könne die Kommunisten in Schach halten. Deswegen wurde er niemals so populär wie Sapieha. Doch unter den schwierigsten Umständen schützte er die Kirche, so gut er konnte – und zahlte dafür persönlich keinen geringen Preis. Denn bei den seltenen Gelegenheiten, zu denen er meinte, die Maske hinter verschlossen Türen fallen lassen zu dürfen, etwa beim Treffen mit alten Freunden aus Lemberg, zeigte sich, dass er ein sehr warmherziger Mann war.

Mit der Verhaftung zweier Ortspriester, Msgr. Tadeusz Kurokowskis und Hochwürden Mieczysław Noworytas, wurde 1952 zum offenen Kampf gegen die Krakauer Kirche geblasen. Ein Jahr später, 1953, wurde Erzbischof Baziak außerhalb des Erzbistums unter Hausarrest gestellt, und auch sein Weihbischof wurde aus der Stadt vertrieben. Als Stalin im März 1953 starb, weigerte sich *Tygodnik Powszechny* die obligatorische Lobeshymne auf ihn anzustimmen und wurde daraufhin verboten. Einen Monat später durfte das Blatt wieder unter einer neuen Redaktion erscheinen, die Verbindungen zu PAX hatte, zu jener Organisation, die mit dem Regime kollaborierte. In das Jahr 1953 fiel auch das Ende des von Karol Wojtyła so geliebten Rhapsodischen Theaters. Wegen seiner geistigen Unabhängigkeit war es vom Regime geschlossen worden.[33]

Mittlerweile war die örtliche, für die Kirche zuständige Abteilung des Ministeriums für Öffentliche Sicherheit personell erheblich aufgestockt worden. Für praktisch jeden Aspekt des katholischen Lebens gab es ein eigenes Büro. Sektion eins spionierte die Kurie der Krakauer Erzdiözese und der Nachbardiözese Tarnów aus und versuchte sie zu infiltrieren. Sektion zwei kümmerte sich um katholische Orden, eine Unterabteilung um die Mönchsklöster eine andere um die Nonnenkonvente. Zielgruppe von Sektion drei war der Klerus der Diözese, während Sektion vier für andere Religionsgemeinschaften zuständig war, darunter die Zeugen Jehovahs, deren verschwindend kleine Zahl im gesamten Sowjetblock im umgekehrten Verhältnis zur Bösartigkeit ihrer Verfolgung stand. In dieser Periode neigten die Organe zu einer eher brutalen Taktik: Kleriker wie ŻAGIELOWSKI wurden mit der Drohung erpresst, man würde entweder einen sexuellen Skandal auslösen oder sie der Zusammenarbeit mit den Nazis während des Krieges beschuldigen, gleichgültig ob an den Vorwürfen etwas dran war oder nicht. Ein probates Mittel, mit dem die Geheimpolizei versuchte, Zuträger innerhalb der Kirche zu gewinnen, waren auch Verhaftungen und Verhöre. Die Ausbeute war nicht sehr groß, weder was die Informationen noch die rekrutierten Agenten betraf. Dennoch wurden die Bemühungen 1953, als der Kampf gegen die Kirche durch das *Non Possumus* der Bischöfe in eine neue Runde ging, verstärkt.

Kardinal Sapieha und Erzbischof Baziak waren sich einig, dass der Kommunismus an jeder Front zu bekämpfen war, auch an der des Geisteslebens. Sechs

Wochen nachdem er die Nachfolge des verstorbenen Sapieha angetreten hatte, berief Baziak – er wird das wohl mit seinem Vorgänger besprochen haben – Hochwürden Wojtyła von seiner Arbeit an St. Florian ab und stellte ihn für zwei Jahre frei. Innerhalb dieser Zeit sollte er seine Habilitation schreiben, um dann an der Universität eine Professur zu besetzen. Wojtyła zog ins Dekanat, in ein Haus, das der Kirche in der Kanoniczastrasse in der Nähe des Königschlosses auf dem Wawel gehörte, und ging daran, die Ethik Max Schelers auf ihre Brauchbarkeit als philosophische Grundlage für eine zeitgemäße christliche Moraltheologie zu untersuchen.

So wie der Katholizismus zu dieser Zeit geistig verfasst war, war die Fragestellung ausgesprochen kühn, denn Schelers phänomenologisches Herangehen an die Ethik hatte so gut wie nichts mit den abstrakten scholastischen Kategorien zu tun, die in den philosophischen und theologischen Untersuchungen angewendet wurden, mit denen auch Wojtyła im Priesterseminar und während seines Promotionsstudiums in Rom vertraut gemacht worden war. Außerdem war Scheler philosophisch gesehen Welten entfernt von dem Kantischen Formalismus, der damals das Feld der philosophischen Ethik beherrschte. Wojtyła kam zu dem Schluss, dass Schelers Darlegung unserer moralischen Existenz zwar gewisse Aspekte unserer Entschlussfassung beleuchtete, aber nicht hinreichend war und sich zu sehr auf die Gefühle konzentrierte. Er zeigte allerdings auch, dass katholische Denker von Scheler etwas lernen konnten, denn dessen Betonung der Subjektivität, die in die moralischen Entscheidungen einging, sei eine wichtige Ergänzung zur traditionellen katholischen Lehre, der zufolge es eine durch praktische Vernunft erkennbare objektive Wahrheit der Dinge gibt. Diese Sowohl-als-auch-Einstellung – sowohl Subjektivität als auch objektive Wahrheit, sowohl Leidenschaft als auch Vernunft – wurde zum Markenzeichen von Karol Wojtyłas intellektueller Arbeit der nächsten fünfzig Jahre. Darüberhinaus lieferte sie ihm ein starkes begriffliches Werkzeug für den anhaltenden Kampf gegen eine kommunistische Diktatur, die sich letztlich durch den Anspruch legitimierte, auf einem strikt wissenschaftlichen Wahrheitsbegriff zu beruhen.[34]

Im November und Dezember 1953 nahm die theologische Fakultät der Jagiellonia Karol Wojtyłas Arbeit an und habilitierte ihn Anfang des nächsten Jahres. Doch bevor er eine Stellung als Dozent, also auf der untersten Sprosse der akademischen Leiter, annehmen konnte, schlossen die Kommunisten die theologische Fakultät an der Jagiellonia. Wegen dieses Aktes kultureller Barbarei, der eine weitere Facette im Kampf des Regimes gegen die Kirche darstellte, nahm Wojtyła dann eine Stelle an der Katholischen Universität von Lublin an: „dem einzigen Ort zwischen Berlin und Seoul, an dem die Philosophie keinen Maulkorb trug“, wie sein Kollege Stefan Swieżawski so treffend formulierte.[35]

Der Fortbestand der Katholischen Universität von Lublin – kurz „KUL“ genannt – verdankte sich dem *modus vivendi*, den Kardinal Wyszyński 1950 mit der kommunistischen Regierung ausgehandelt hatte. Das Ganze entbehrte nicht der Ironie, denn das „Lubliner Komitee“, der von den Sowjets manipulierte, ja von ihr fabrizierte Rivale der legitimen Exilregierung in London, verkörperte alles, was an der geopolitischen Lage Polens falsch und verabscheuungswürdig war. In vollem Bewusstsein dieses Umstands ersetzte das kommunistische Regime den 3. Mai, traditionell der Nationalfeiertag zu Ehren der polnischen Verfassung von 1791, der ersten demokratischen Verfassung Europas, durch den 22. Juli, den Tag, an dem das Lubliner Komitee 1944 sein politisches Manifest veröffentlicht hatte.[36] Was die KUL betraf, setzte das Regimes alles daran, sie an den Rand zu drängen, indem sie praktisch unmittelbar nebenan eine größere Institution errichtete, die Marie Curie-Skłodowska Universität. Stefan Swieżawski meinte, die Kommunisten hätten die KUL nicht offen verfolgt, weil „sie nicht glauben konnten, dass an einem solch mittelalterlichen Ort, etwas Neues entstehen würde". Sie hielten sie für die katholische Version „eines chassidischen Ghettos".[37] Auch wenn die Universität ihre Unabhängigkeit verteidigte, war sie permanent Überwachungen und Infiltrationsversuchen seitens der Geheimpolizei ausgesetzt, von denen einige erfolgreich die höchsten Etagen der Universitätsverwaltung erfassten.

Hochwürden Wojtyła, jetzt Dr. habil. Wojtyła, pendelte beginnend mit dem Wintersemester 1954/55 mit dem Zug zwischen Lublin und Krakau. Neben seiner Einführungsvorlesung über philosophische Ethik, die er in einem völlig überfüllten Saal hielt, führte er auch Veranstaltungen für höhere Semester durch und leitete Doktoranden bei ihrer Forschung und ihren Dissertationen an. Wojtyłas Graduiertenkollegs oder „monographische" Seminare waren eine Übung in der Ökumene der Zeit, denn der junge Professor ließ sich auf Gespräche quer durch die Jahrhunderte ein und erteilte Platon, Aristoteles, Augustinus, Thomas von Aquin, Immanuel Kant, David Hume, Jeremy Bentham und Max Scheler das Wort. In diesen Seminaren klärte er eine Reihe von Überzeugungen ab, die er in seinem Kampf gegen den Kommunismus einsetzen würde.

Menschen, so betonte er, hätten einen natürlichen Wahrheitstrieb, eine angeborene Neigung zum Wahren, Guten und Schönen. Männer und Frauen seien aber frei, ihre eigenen Entscheidungen zu treffen, solche von denen uns unsere Vernunft sagt, sie müssten zwischen dem objektiv Guten und dem objektiv Bösen, dem Noblen und dem Verächtlichen wählen. In solchen Entscheidungen nichts als den Ausdruck von Klasseninteressen oder ökonomischen Kräften zu sehen, wie der Kommunismus es tat, würde bedeuten, der menschlichen Person ihre Menschlichkeit zu rauben. Und wenn der Kommunismus die menschliche Würde und die menschliche Freiheit falsch verstünde, dann könne er auch nicht verstehen, was menschliche Gemeinschaft und Gesellschaft bedeuteten. Ein vielerzählter Witz aus jener Zeit bringt die kommunistische Kultur der Lüge und die von ihr geschaffenen vergifteten Klassenbeziehungen herrlich auf den Punkt. Der Parteibonze: „Wieviel ist 2 + 2?". Darauf der Arbeiter: „Was hätten Sie denn gern". Der Kommunismus befand sich nicht nur im Irrtum, er widersprach der Natur. Er lehrte einen falschen Humanismus, denn Männer und Frauen sind nur dann frei, wenn sie in der Wahrheit über sich selbst ihre Gemeinschaften und ihr Schicksal leben. Die Wahrheit über die menschliche Person wurde so zu einer kraftvollen Waffe des Widerstands – vor allen in einer Situation, in der die Verfechter der Lüge ein Monopol auf andere Formen der Macht besaßen.[38]

Karol Wojtyłas philosophische Arbeit wies Schnittstellen zu seiner Berufung als Priester auf. Auch weiterhin übte er auf junge Leute eine magische Anziehungskraft aus, und die Erfahrung, die er bei der Vorbereitung seiner Studenden und Freunde auf die Verantwortung in Ehe und Familie machte, veranlasste ihn schon bald über einen anderen Aspekt menschlicher Freiheit ernsthaft nachzudenken: über die Freiheit zu lieben. Tausende von Stunden im Beichtstuhl und in der geistlichen Anleitung hatten ihn davon überzeugt, dass das Verlangen nach Liebe, das in unserer Natur als geschlechtliche Wesen liegt, auch ein Verlangen nach reiner Liebe ist, nach einer Liebe, die darin zum Ausdruck kommt, dass man sich selbst dem anderen schenkt und den anderen als Geschenk entgegennimmt. Geben oder benutzen: So lautet die fundamentale Wahl in der geschlechtlichen Liebe – ja in jeder Form menschlicher Beziehung. Wojtyłas philosophische Überlegungen, seine pastorale Erfahrung und seine Ansichten über Gottes Absichten mit der Welt liefen daher in dem „Gesetz des Gebens", wie er es dann nannte, zusammen: Die Wahrheit der menschlichen Freiheit offenbart sich in dem freien Geschenk der eigenen Person an andere und in der Ehe in der freien Annahme des Geschenks seiner selbst durch den Ehepartner.[39] Diese Auffassung, die er in seinem ersten Buch *Liebe und Verantwortung* ausführlich darlegte, wirft ein neues Licht auf die klassische christliche Sexualethik und bereichert die Lehren der Kirche über Sexualität, Ehe und verantwortliche Familienplanung mit neuem humanistischen Gedankengut.[40]

Auch in diesem Punkt waren Wojtyłas Gedanken und Arbeit eine Form des kulturellen Widerstands gegen die kommunistische Kultur der Lüge. Die Freigabe der Abtreibung, kommunistische Jugendlager, die sexuellen Experimenten Tür und Tor öffneten, Arbeitsschichten, die Ehemänner und Ehefrauen, Eltern und Kinder nicht zueinander kommen ließen – all das waren Instrumente der kommunistischen Kampagnen gegen die traditionelle polnische Kultur und natürlich gegen die Kirche und ihre Morallehre. Wojtyłas Arbeit auf dem Feld von Ehe und Familie forderte das Regime zum Streit über die Frage heraus: „Wessen Verständnis von Freiheit ist das humanere? Wer nimmt die moralischen Fähigkeiten der Menschen ernster? Wer behandelt sie wie Erwachsene, die imstande sind, durchdachte Entscheidungen zu treffen, und wer behandelt sie wie unmündige Kinder, wie bloße Triebbündel?"[41]

Die Zeit, die Karol Wojtyła an der KUL verbrachte, war für ihn eine Zeit des intellektuellen und seelsorgerischen Reifungsprozesses, zumal er sich in Krakau weiterhin als Priester stark engagierte. Der junge Mann, der einst davon geträumt hatte, sein Leben zwischen Theaterarbeit und akademischer Tätigkeit anzusiedeln, entdeckte nun, dass die priesterliche Seelsorge und die intellektuelle Arbeit ihn in einem glücklichen Gleichgewicht hielten und dass beides seine fortgesetzten literarischen Arbeiten, seine Gedichte und Dramen, befruchtete. Als er sich seinem vierten Lebensjahrzehnt näherte, schien der Rahmen seines Lebens abgesteckt. Aber es warteten noch Veränderungen auf ihn, nicht zuletzt weil sich die Dynamik des nicht nachlassenden Kampfes zwischen der katholischen Kirche und Polens Kommunisten wandelte.

Eine Art Tauwetter

Der Tod Stalins im März 1953 löste einen Machtkampf in der UDSSR aus, zu dessen ersten Opfern der verhasste Chef des KGB, Lawrenti Beria, ein sexualsadistisches Raubtier gehörte, der im Dezember 1953 hingerichtet wurde. Als Nikita Chruschtschow im Februar 1956 auf dem Kongress der kommunistischen Partei Stalins Grausamkeiten und Personenkult anklagte, lief eine Schockwelle durch den gesamten Ostblock. Der Vorsitzende der kommunistischen Partei Polens, Bolesław Bierut, ein hunderprozentiger Stalinist, war von Chruschtschows Rede dermaßen entsetzt, dass er ein paar Wochen später einem Herzanfall erlegen ist. Die Erbitterung in Ungarn wuchs, bis sie schließlich im ungarischen Aufstand vom Oktober/November 1956 überkochte. Der verfrühte Befreiungsversuch wurde jedoch von sowjetischen Panzern erstickt, hinterließ freilich bei Jurij Andropow, dem diplomatischen Vertreter der UdSSR in Budapest eine offene Wunde, eine unheilbare Paranoia gegenüber dem Westen und der katholischen Kirche. Zu tief war sein Entsetzen darüber, dass Arbeiter gegen den Arbeiterstaat revoltierten. Noch bevor der gescheiterte ungarische Aufstand die Welt in Atem hielt, hatten sich in Polen Unruhen ausgebreitet. Unter dem Befehl von Konstantin Rokossowski, Marschall der Roten Armee und polnischer Verteidigungsminister, wurden im Juni 1956 die Demonstrationen in Posen – sie waren Teil des Generalstreiks – von Panzern aufgelöst. Da Moskau ein hartes Durchgreifen forderte, die Sowjetarmee Vorbereitungen für den Einmarsch traf, und sowjetische Kriegsschiffe drohend vor Polens Ostseeküste aufzogen, glaubte Władisław Gomułka, der neue kommunistische Parteivorsitzende, der selbst erst in den poststalinistischen Turbulenzen rehabilitiert worden war, nur ein Mann könne die Situation retten und den sowjetischen Einmarsch verhindern, den er, obwohl glühender Kommunist, als polnischer Patriot unbedingt abwenden wollte: Kardinal Stefan Wyszyński.

Gomułka lud den Primas ein, aus seinem Hausarrest nach Warschau zurückzukehren und sein Amt wieder öffentlich wahrzunehmen. Wyszyński führte harte Verhandlungen: Das Dekret von 1953, der Auslöser des *Non Possumus!* müsse aufgehoben und eine ständige Kommission aus Regierungs- und Kirchenvertretern eingesetzt werden; Bischof Kaczmarek sei aus dem Gefängnis zu entlassen und andere Bischöfe müssten in ihre Diözesen zurückkehren dürfen; die katholische Presse solle aus dem Würgegriff befreit werden und die Kirchenleitung ihren normalen Aufgaben wieder nachkommen dürfen. Gomułka stimmte zu und Ende 1956 waren Wyszyńskis Forderungen erfüllt: Erzbischof Baziak traf also wieder in Krakau ein und *Tygodnik Powszechny* wurde wieder von Jerzy Turowicz geleitet und nicht mehr von einem Herausgebergremium, in dem nur Kollaborateure saßen.[42] Darüber hinaus wurde Religion zu einem schulischen Wahlfach, die Gefängnis- und Krankenhauspfarrer wurden wieder eingesetzt, katholische Intellektuellenzirkel gestattet und eine kleine Gruppe von Katholiken im Parlament zugelassen.

Die Lage wurde besser, aber beileibe nicht normal. Das Regime verweigerte hartnäckig die Bauerlaubnis für neue Kirchen. Die Gemeindemitglieder versteckten Baumaterialien bei sich zu Hause, fabrizierten dort Fertigteile und bauten die Kirchen über Nacht zusammen. So stellten sie den Staat vor vollendete Tatsachen. Das Abkommen über den Religionsunterricht in den Staatsschulen – andere gab es nicht – wurde nicht eingehalten, also gründete die Kirche tausende von Katechismuszentren. Die Priester wurden mit Steuern belegt. Die Bischöfe rieten ihn, die Zahlung zu verweigern. Ordensangehörigen war es verboten, Katechismusunterricht zu erteilen. Das Verbot wurde ignoriert.

Während diese Auseinandersetzungen in ganz Polen an der Tagesordnung waren, verstärkten die Kommunisten ihre Anstrengungen, die Kirche zu infiltrieren und zu spalten. 1956 zeigte sich die Parteiführung über die Macht der Sicherheitsorgane, der Geheimpolizei, zunehmend beunruhigt. Sie genossen zuviel Unabhängigkeit und könnten sich gegen ihre angeblichen kommunistischen Herren wenden. Zudem hatte sich Józef Światło, ein hochrangiger Mitarbeiter, Ende September 1954 in den Westen abgesetzt und arbeitete nun als Radiokommentator in der polnischen Abteilung von Radio Freies Europa. Von dieser Plattform aus enthüllte er beispiellose Einzelheiten über die Brutalität der Geheimpolizei und den Charakter seiner früheren Kollegen, die er als verdorbene, intrigante und machtgeile Clique beschrieb.[43] Die ganze Operation wurde einer viel schärferen Parteikontrolle unterworfen, das Komitee für Öffentliche Sicherheit in *Służba Bezpieczeństwa*, d.h. Sicherheitsdienst umbenannt, allgemein aber nur als SB bezeichnet, und sämtliche Methoden und Vorgänge, einschließlich der gegen die Kirche gerichteten, sorgfältig überprüft. Diese Überprüfung, vorgenommen in einer Phase, die oberflächlich gesehen ein Gomułka-„Tauwetter" zu sein schien, kam zu dem Ergebnis, dass die brutalen Methoden der Vergangenheit nicht erfolgreich waren. Selbst die Kleriker, die sich schriftlich zur Zusammenarbeit mit der Geheimpolizei verpflichtet hatten, lieferten keine zuverlässigen Informationen, sondern mehr Wolkiges als Handfestes. Es wäre mithin ratsamer, so der Beschluss des SB, subtilere Methoden anzuwenden: sich den Unmut von Klerikern und Laien gegen Kardinal Wyszyńskis striktes Kirchenregiment zunutze zu machen, Pässe für ein Auslandsstudium oder Veröffentlichungsmöglichkeiten als Köder für den intellektuell neugierigen Klerus auszuwerfen, das magere Einkommen von Kirchenangestellten aufzubessern, indem man sie auf die Lohnliste der Geheimpolizei setzte.

Die neuen Anwerbungsmethoden blieben nicht ganz erfolglos. ARES, ein langjähriger Laienmitarbeiter von *Tygodnik Powszechny*, arbeitete fast ein Vierteljahrhundert für den SB, berichtete über die finanzielle Lage der Krakauer Kurie, über regierungsfeindliche Äußerungen von Angestellten der erzbischöflichen

Verwaltung und worüber so in der Kirche gemunkelt wurde. ERSKI, ein anderer Laienmaulwurf, der ein regelmäßiges Gehalt vom SB bezog, verwanzte die Büros von *Tygodnik Powszechny* und gab die Büroschlüssel an seine Führungsoffiziere weiter, damit diese heimlich die Redaktionsräume durchsuchen konnten.[44]

Und dann gab es noch die üblichen Schikanen. Hochwürden Karol Wojtyła wurde 1956 von den Behörden zu einem, wie sich herausstellte, reichlich langweiligen, ja banalen Gespräch über seine Lehrtätigkeit in Krakau, wo er am Priesterseminar unterrichtete, und in Lublin einbestellt. Wie aus der vom SB angelegten Akte über dieses Gespräch hervorgeht, blieben alle Versuche, den jungen Professor in politische Diskussionen zu verwickeln erfolglos.[45]

Das Gomułka-„Tauwetter" leitete eine Periode ein, die Historiker als „Reifungsprozess" der polnischen Kommunisten bezeichneten. Die Massenmorde von 1945-47 lagen zehn Jahre zurück. Der „brutale, unverhüllte Massenzwang", das Kennzeichen des „vollblütigen Stalinismus" war passé.[46] Marschall Rokossowski und die meisten anderen Offiziere der Roten Armee, die im polnischen Militär gedient hatten, waren wieder in der UdSSR; Kardinal Wyszyński war in seine Stellung als Primas wieder eingesetzt worden, und Gomułka hatte genügend politisches Geschick und Geschmeidigkeit bewiesen, um eine polnische Wiederholung des ungarischen Aufstands zu verhindern, der jenes unglückliche Land mit solch drakonischen Unterdrückungsmaßnahmen überzogen hatte. Die stickige Kultur des „sozialistischen Realismus" bekam erste Risse und zerfiel dann, einst verbotene Bücher durften gedruckt, westliche Filme gezeigt werden, die moderne Kunst wurde toleriert und Polen wurde zur „lebhaftesten Baracke im Lager".[47] Ein Lager war es freilich immer noch, und das Regime blieb entschlossen, sich die Kirche gefügig zu machen, während es das polnische Volk von seiner traditionellen Treue zur Kirche entwöhnte. Das Eröffnungsgambit war gespielt worden. Der Krieg war in eine andere, subtilere und in mancher Hinsicht gefährlichere Phase eingetreten

2

Defensor Civitatis

4. Juli 1958	Hochwürden Karol Wojtyła wird zum Weihbischof von Krakau ernannt.
28. Oktober 1958	Kardinal Angelo Roncalli wird zum Papst gewählt.
25. Januar 1959	Papst Johannes XXIII. kündigt das Zweite Vatikanische Konzil an.
24. Dezember 1959	Bischof Wojtyła feiert die erste Christmette in Nowa Huta.
Juni 1962	Die Abteilung IV der polnischen Geheimpolizei wird gegründet – ihr Zweck die Bekämpfung der Kirche.
16. Juli 16, 1962	Bischof Wojtyła wird zum Interimsverwalter der Erzdiözese Krakau gewählt.
11. Oktober 1962	Das Zweite Vatikanische Konzil wird eröffnet.
22. Oktober 1962	Die Welt erfährt von der Raketenstationierung auf Kuba.
Frühjahr 1963	Msgr. Agostino Casaroli besucht Budapest und Prag; Johannes XXIII. verkündet *Pacem in Terris*, eine Enzyklika zum Weltfrieden.
30. Dezember 1963	Karol Wojtyła wird von Papst Paul VI. zum Erzbischof von Krakau ernannt.
18. November 1965	Brief der polnischen Bischöfe an ihre deutschen Amtsbrüder „Wir vergeben und bitten um Vergebung".
8. Dezember 1965	Feierliche Beendigung des Zweiten Vatikanischen Konzils.
26. Juni 1967	Karol Wojtyła wird zum Kardinal erhoben.
4. Juli 1967	Erzbischof Agostino Casaroli wird zum Staatssekretär des Vatikan ernannt.
August 1968	„Der Prager Frühling" wird von sowjetischen Panzern niedergeschlagen.
14. Dezember 1970	Der Streik auf der Danziger Leninwerft führt in ganz Polen zu sozialen Unruhen und viele Arbeiten kommen dabei um.

19. November 1973	•	Die „selbständige Gruppe D“ der Abteilung IV des SB wird mit dem Ziel gegründet, die katholische Kirche in Polen zu „zersetzen“.
16. April 1974	•	Kardinal Wojtyła trotzt bei der Begräbnismesse für Kardinal Stefan Trochta dem kommunistischen Regime der Tschechoslowakei.
Juli 1974	•	„Ständige Arbeitskontakte“ werden vom Heiligen Stuhl und der Volksrepublik Polen eingesetzt.
1. Dezember 1977	•	Edward Gierek, Vorsitzender der kommunistischen Partei Polens, wird in Privataudienz von Papst Paul VI. empfangen.
15. Mai 1977	•	Einweihung der Archekirche in Nowa Huta.
3. März 1978	•	Paul VI. erklärt sich einverstanden, die Lösung der Frage einer ständigen Vertretung des Vatikans in Warschau bis Oktober aufzuschieben.
25. Mai 1978	•	Bei der jährlichen Fronleichnamsprozession in Krakau verteidigt Kardinal Wojtyła die Menschenrechte aller Polen, der gläubigen wie der ungläubigen.
15. August 1978	•	Papst Paul VI. stirbt.

Das Wetter hätte am 15. Mai 1977 besser mitspielen können. Den ganzen Morgen regnete es in Strömen in Nowa Huta, der neuen außerhalb Krakaus errichteten Stadt, der kommunistischen Modellstadt, der Stadt ohne Gott. Doch es hätte schon eines Wirbelsturm der Kategorie 5 bedurft, und vielleicht nicht einmal das, um die Bewohner Nowa Hutas davon abzuhalten, durch den strömenden Regen in das Viertel Bienczyce zu gehen, um an etwas teilzunehmen, was nie vorgesehen war: die Einweihung einer katholischen Kirche in Nowa Huta.

Als die Stunde der Einweihungszeremonie nahte, schlossen sich den Einheimischen Katholiken aus ganz Polen an, ja aus ganz Europa. Einen Tag lang schien es, als sei der Eiserne Vorhang gefallen. Es kamen Abordnungen aus Jugoslawien, der Tschechoslowakei, Ungarn und aus jenem Unding Deutsche Demokratische Republik. Es kam eine Gruppe Westdeutscher und Pilger aus der österreichischen Diözese Sankt Pölten, die den neuen Tabernakel der Kirche gestiftet hatte. Er war so gestaltet, dass er den Kosmos darstellte und in seiner Mitte befand sich ein Stein vom Mond, den ein amerikanischer Astronaut Papst Paul VI. geschenkt hatte. Die Holländer kamen, um das von ihnen gespendete Glockenspiel zu hören. Frankreich, Belgien, Portugal, Großbritannien, die Vereinigten Staaten, Finnland und Italien waren ebenfalls vertreten, ja es gab sogar einen Gast aus Japan.

Diese Kirche Unserer lieben Frau, der Königin von Polen, war ein bemerkenswertes Gebäude und der Regen, der bei ihrer Einweihung fiel, seltsam passend: Denn die Kirche, im Stil moderner Architektur, erinnert an die Arche, in der Maria, die Königin Polens, die Mutter Gottes, ihre Kinder vor den Stürmen beschützt. Neben einer großen Kopie der Schwarzen Madonna von Tschenstochau bestand der Hauptschmuck in ihrem Inneren aus einer riesigen Figur des gekreuzigten Christus, den die Stahlarbeiter der Lenin Stahlwerke geschmiedet hatten. Zehn Jahre hatte es gedauert, bevor die Kirche vollendet war, und aus ganz Europa waren freiwillige Arbeitskräfte nach Nowa Huta gekommen. Ihr zylindrisches Äußeres, das mit zwei Millionen in den Flussbetten Polens glattgeschliffener Steinen bedeckt war, wurde nun vom Himmel getauft, während Kardinal Karol Wojtyła. der erzbischöfliche Metropolit von Krakau, die feierliche Einweihung vollzog.

Zwei Jahrzehnte, seit seiner Ernennung zum Weihbischof von Krakau 1958, hatte der Kampf um die Archekirche im symbolischen Mittelpunkt von Wojtyłas persönlichem Kampf mit dem Kommunismus gestanden. Hartnäckig und geschickt hatte er das Recht der Arbeiter von Nowa Huta auf eine Kirche in ihrer neuen Stadt verteidigt, und all die Jahre, in denen das kommunistische Regime eine Baugenehmigung verweigert hatte, die Christmesse in bitterer Kälte auf einem ungeschützten Feld bei Nowa Huta zelebriert. Endlich, am 13. Oktober 1967, bewegten sich die Behörden und erteilten die Genehmigung. Direkt am nächsten Tag, am 14. Oktober, fuhr Kardinal Wojtyła nach Nowa Huta, um den ersten symbolischen Spatenstich zu tun und die Grundsteinlegung vorzubereiten. Der Grundstein wurde von Paul VI. gestiftet und stammte aus der alten konstantinischen Basilika St. Peter in Rom.

Nun, ein Jahrzehnt später, stand die Archekirche bereit, die Pilger zu empfangen. Und Kardinal Karol Wojtyła war bereit, freimütig seine Meinung zu sagen, in einer Rhethorik, die in der öffentlichen Verteidigung der Rechte dieser Menschen ihren Schliff erhalten hatte:

> Wir möchten, dass dieser Temple, dessen Patronin eine Mutter ist, auch unsere Mutter sein möge. Wir möchten auch, dass dieser Tempel, dessen Patronin die König von Polen ist, über uns herrscht. Vor allem aber sehnen wir uns nach der Mutter. An diesem Wendepunkt in der Geschichte, an dem die Menschheit sich befindet, an dem sich Europa und unser Vaterland befinden, empfinden wir ein starkes Bedürfnis nach ihrer Gegenwart. [...]
>
> Diese Stadt ist keine Stadt von Menschen, die keinem angehören. Von Menschen, denen man, was immer man will, zufügen kann, die sich nach den Gesetzen von Produktion und Konsumption manipulieren lassen. Dies ist eine Stadt der Kinder Gottes [und] dieser Tempel war nötig, auf dass dies seinen Ausdruck findet, auf dass es deutlich gesagt werden konnte. [...]
>
> Unter uns weilen noch diejenigen, die unter Mühsal diese Kirche zu bauen begonnen haben. Wir erweisen ihnen die höchste Ehre [...]. War es nicht möglich – ist es noch immer nicht möglich – einen anderen Weg zu gehen, wenn wir weiterhin darum kämpfen, dass andere, in Polen so nötige Gotteshäuser errichtet werden?
>
> [...] Lasst uns hoffen, dass in dieser unserer Heimat, die eine christliche und humanistische Vergangenheit hat, diese beiden Ordnungen – das Licht und das Evangelium und die Achtung vor den Menschenrechten – in der Zukunft wirkungsvoller zueinander finden.[1]

Neun Tage später predigte Kardinal Wojtyła bei einem Treffen von Priestern, die er drei Jahre zuvor 1974 geweiht hatte. Er erzählte den jungen Männern, von den Erfahrungen, die er in den vergangenen zwei Jahrzehnten mit ihresgleichen gemacht hatte, vor allem wenn er sie einzeln fragte, warum sie ins Priesterseminar gekommen seien:

> Und dann bekomme ich oft zur Antwort, es habe an den Zeiten gelegen, an den Zeiten des großen Ringens zwischen Gut und Böse, an den Zeiten des großen Kampfes zwischen Maria und dem Satan, die viele [...] zum Priestertum gezogen hätten, damit sie entschlossen, mit Leib und Seele an diesem großen Kampf teilnehmen könnten [...].
>
> Und ich sage noch mehr: Dieser Kampf wird im Herzen eines jeden von uns ausgetragen. Die Priesterweihe, die Berufung zum Priester befreit uns nicht von dem Kampf [...].[2]

Während seiner zwanzig Jahre als Bischof in Krakau, zunächst als Weihbischof unter Erzbischof Eugeniusz Baziak und später selbst als Erzbischof, entwickelte Karol Wojtyła sich zu einem äußerst wirksamen Kämpfer in dieser Schlacht. Einfach war das nicht für einen Mann mit einem reichen, vielschichtigen Innenleben, für einen Mystiker, dem es leicht fiel, seine tiefen Einsichten über die menschliche Natur in der Dichtung auszudrücken – für einen Mann, der von Natur aus nicht dazu neigte, seine Stimme zu erheben. Genau das aber lernte er, und er lernte es beredt zu tun, denn das verlangten seine Berufung zum Bischof, sein Gewissen und seine Überzeugungen hinsichtlich der Menschenrechte von ihm.

In den zwanzig Jahren, die Wojtyła Bischof in Krakau war, erlebte er, wie sich die Dynamik des Kampfes zwischen der katholischen Kirche und dem polnischen Kommunismus erheblich veränderte, zumal auch Diplomaten des Vatikans die Bühne betraten und entschlossen waren, ihre Rolle in dem fortlaufenden Drama zu spielen. In diesen zwei Jahrzehnten wuchs Karol Wojtyła angesichts der zunehmenden kommunistischen Gegnerschaft in die traditionelle Aufgabe des Krakauer Bischofs als *Defensor Civitatis* [Verteidiger der Stadt] hinein. Am Ende seiner Amtszeit, im Oktober 1978, brach Polens kommunistischen Herrschern der Angstschweiß bei dem Gedanken aus, Wojtyła, dieser wortgewaltige, charismatische, unermüdliche Verteidiger der Rechte des Volkes könne Primas von Polen werden. Seine zwanzigjährige Erfahrung als Bischof von Krakau ebnete jedoch den Weg zu einer neuen, unerwarteten Wendung in der Geschichte Karol Wojtyłas und des Kommunismus.

Der jüngste Bischof in Polen

Kardinal Stefan Wyszyński war nicht der Mann, um während seines dreijährigen Hausarrests von 1953 bis 1956 Zeit zu verschwenden. Stattdessen arbeitete er eine kühne Initiative aus, die dazu gedacht war, zwischen der katholischen Kirche und den kommunistischen Herren eine gesunde moralische Spannung aufrechtzuerhalten. 1966 würde das polnische Millenium gefeiert werden – der tausendste Geburtstag der Anfänge des Landes, das wir als „Polen" kennen, und eines Landes, das solche Jubiläen sehr ernst nimmt. Wyszyński ahnte schon, was seinen Gegnern vorschwebte: Sicher würde das kommunistische Regime die Tausendjahrfeier nutzen, um Polands Geschichte nach seinem ideologischen Geschmack umzuschreiben und seinen zukünftigen politischen Zwecken dienlich zu machen. Also musste etwas geschehen.

Dieses Etwas sollte die Große Novene sein – eine neun Jahre währende Vorbereitung auf die tausendjährige Tauffeier Polens, die das ganze Land wieder wirkungsvoll katechisieren sollte. Ihr symbolisches Herzstück sollte eine Pilgerreise sein. Der polnische Katholizismus hatte eine große Pilgertradition. Hunderttausende von Katholiken machten sich zu Fuß auf zu solchen Wallfahrtsorten wie Kalwaria Zebrzydowska, das in den Hügeln außerhalb Krakaus lag und an das heilige Land erinnerte, oder zum Marienheiligtum bei Piekary Śląskie, wo Heerscharen von schlesischen Berg- und Industriearbeitern jährlich ihre männliche Frömmigkeit verströmten, oder zum größten aller polnischen Heiligtümer, zur Schwarzen Madonna auf Jasna Góra, Tschenstochaus hellem Berg. Wyszyńskis Pilgerreise der Großen Novene sollte an die Pilgertradition anschließen, allerdings in einer dramatisch neuen Form: Die Schwarze Madonna, die am meisten verehrte Ikone des Landes, würde selbst eine Pilgerreise durch ganz Polen antreten und jede einzelne Gemeinde aufsuchen. Leute aus dem Westen, die an diese Facette religiösen Erlebens nicht gewöhnt sind, könnten die Große Novene und die Pilgerfahrt der Schwarzen Madonna als eine bizarre, wenngleich großartige Übung in Volksfrömmigkeit belächeln und in der zweiten Hälfte des 20. Jahrhunderts für eher fehl am Platz halten. Polens kommunistische Herren wussten aber sehr wohl, dass sie eine schwerwiegende Gefahr barg. Denn sollte es Erfolg haben, würde Wyszyńskis katechetisches Programm alles zunichte machen, was nach einem Jahrzehnt kommunistischer Propaganda und Indoktrination erreicht worden war. Und was die Pilgerreise der Schwarzen Madonna betraf, so drohte sie von Stadt zu Dorf zu Bauernhof deutlich zu machen, dass die wahre Autorität in Polen nicht bei der kommunistischen Partei lag. (Schließlich stellten die Kommunisten die Ikone unter eine Art Hausarrest und verboten ihre Wanderung durch das Land; Wyszyński ließ sich nicht abschrecken und schickte stattdessen den Rahmen der Ikone auf die Reise.)[3]

Es verwundert daher nicht, dass der Beginn der Großen Novene 1957 das Vorspiel für die Erhöhung des Drucks war, den die Kommunisten auf die Kirche ausübten. Die Umstrukturierung des polnisches Sicherheitsapparats von 1956, die der Partei mehr Kontrolle über die Geheimpolizei einräumen sollte, hatte eine neue Arbeitsteilung mit sich gebracht, so dass nun die Abteilung III des Ministeriums für innere Angelegenheiten die führende Rolle in den Operationen gegen den katholischen Klerus übernahm.

Seit Juni 1962 war in erster Linie die Abteilung IV des Ministeriums für innere Angelegenheiten, allgemein als die 4. Division des SB bekannt, für die Überwachung der Kirche, die Auswertung der Erkenntnisse und die verschiedenen

Operationen zuständig. Die Abteilung IV unterhielt in sämtlichen polnischen Provinzen Zweigstellen, die alle nur einen Zweck verfolgten: Die Überwachung der Kirche durch den SB zu verstärken und die Infiltration katholischer Einrichtungen durch die Geheimpolizei zu fördern.[4]

Als Papst Pius XII. den 38-jährigen Priester und Professor am 4. Juli 1958 zum Weihbischof von Krakau ernannte, nahm das Interesse der Abteilung IV an Hochwürden Karol Wojtyła immens zu. In Anbetracht von Wojtyłas Jugend und Hintergrund war dies eine ungewöhnliche Ernennung; Kardinal Wyszyński hegte ein ausgeprägtes Misstrauen gegenüber Intellektuellen, von denen er fürchtete, man könne sich in Krisen nicht auf sie verlassen. Dennoch wäre es ohne Wyszyńskis Zustimmung nicht zu der Ernennung gekommen, und sie wäre nicht akzeptiert worden, wenn der SB geglaubt hätte, ihm würde ein neuer eindrucksvoller Gegner erwachsen. Tatsächlich lassen die Akten des SB aus der Zeit von Wojtyłas Bischofsernennung vermuten, das die von der Geheimpolizei gewonnenen Erkenntnisse recht spärlich waren: Ein Informant berichtete, der Krakauer Klerus habe Wojtyłas Ernennung eher verhalten aufgenommen, und der örtliche SB leitete das an die Hauptstelle weiter. Genau das Gegenteil war der Fall gewesen– obwohl es sicherlich auf den klerikalen Spitzel ŻAGIELOWSKI zutraf, der, wie man den Akten entnehmen kann, seit Jahren einen heftigen Groll gegen Wojtyła hegte.[5]

Am 28. September 1958 wurde Wojtyła in der alten Kathedrale auf dem Wawel zum Bischof geweiht, fast neben dem Grab des hl. Stanisław, jenes bischöflichen Märtyrers, der als *Defensor Civitatis* zum Vorbild aller Krakauer Bischöfe geworden war. In den internen Mitteilungen des SB figurierte Bischof Wojtyła von da an unter dem Namen PEDAGOG und wurde ständig überwacht. In den nächsten zwanzig Jahren wurde jeder seiner Schritte observiert und seine Residenz mit Mikrophonen gespickt; seine Freunde und Mitarbeiter im Krakauer Klerus waren besonders den Anwerbungsversuchen des SB ausgesetzt. Die meisten ließen sich nicht ködern, einige aber schon. Diese Anstrengungen waren, wenngleich verschärft, Teil der TEOK [„Technische Operationserkenntnisse über Priester"], die von jedem Priester in Polen eine Akte anlegte. In den Akten hielt das Regime nicht nur einfache biographische Daten wie Ort und Tag der Geburt, Elternhaus, Ausbildung und Auslandsaufenthalte fest, es sammelte auch Informationen über die Charakterzüge des Priesters, seine Steckenpferde, seine Freundschaften, Freizeitbeschäftigungen, politischen Ansichten, seinen Gesundheitszustand, Drogen- und Alkoholgenuss und sein Strafregister. Die Akten über Wojtyła aus dieser Zeit heben die Arbeit des jungen Bischofs mit Studenten hervor. Wie sehr das Regime eine Kirche hasste, die seiner Ansicht nach in einem Revier wilderte, das es für seine Zukunft hielt, ist überall in und zwischen den Zeilen spürbar.[6]

Das Profil des SB von Bischof Wojtyła von 1960, erstellt nach der Quelle WŁODEK, ist insofern lehrreich, als es zeigt, dass der SB manchmal fast den richtigen Riecher hatte. Den scharfsichtigeren Teilen des Berichts zufolge verband Wojtyła auf „ungewöhnliche Weise intellektuelle Fähigkeiten mit denen eines tatkräftigen, praktischen und planvollen Menschen." Er verfügte, so die Quelle, „über eine sehr prägnante analytisch-synthetische Intelligenz, mit der er den Kern eines Problems klar erfasst und es deutlich und exakt formulieren kann, vor allem schriftlich." Der junge Bischof sei „mündlich manchmal weniger präzise, viel hängt vom Grad seiner Müdigkeit ab, von der Notwendigkeit, das Material auf ein bestimmtes Publikum zuzuschneiden usw." Über seine Persönlichkeit heißt es, Wojtyła sei „sehr aufgeschlossen, verbindlich und verantwortlich"; er sei „nicht brennend ehrgeizig" und habe eine „sehr ausgewogene Meinung von sich selbst und seinen Fähigkeiten." Es sei „unwahrscheinlich, dass er überstürzt handelt", da er eine „ausgeglichene Person" ist, mit „starken Überzeugungen" und einem starken Willen. Über Wojtyłas Umgang mit anderen Menschen berichtete WŁODEK, er sei „nicht leicht zu beeinflussen", aber bereit „Ratschläge anzunehmen". Er „kann starrköpfig sein", aber „versteht sich auf Menschen, er erkennt ihre Schwächen, ist ernst, nimmt jedoch das Komische an Ereignissen und Leuten wahr und hat einen Sinn für Humor." Vor allem aber sei Bischof Wojtyła „ein Mann von Ehrlichkeit", der seine „eigenen Fehler erkennt und sie, jedenfalls sich selbst gegenüber, eingesteht". Als scharfer Beobachter von Menschen und Ereignissen sei „er in keiner Weise oberflächlich", „fromm ist er eher auf rationale und ‚metaphysische' Weise als auf gefühlsmäßige."[7]

Die verstärkten Bemühungen des SB, Erkenntnisse über den polnischen Klerus zu sammeln und ihn willfährig zu machen, folgten einer, wie die Sicherheit hoffte, neuen, verbesserten Strategie, die Kirche zu infiltrieren, indem sie Informanten aus den Reihen der Katholiken suchte, die im Austausch gegen Gefälligkeiten, seien es Konsumgüter, Geld oder Pässe für Auslandsstudien und -reisen, mit Informationen aufwarteten. Mithilfe seiner Agenten und Provokateure wollte der SB auch die polnische Priesterschaft spalten, vor allem in einer so eng verwobenen klerikalen Bruderschaft, wie sie die Krakauer mit ihrer Geschichte des Widerstands gegen jegliche Unterdrückung darstellte. In den ersten Jahren von Wojtyłas Episkopat behielten die Zuträger ŻAGIELOWSKI und TORANO – möglicherweise handelt es sich da um ein und dieselbe Person – die Arbeit des Bischofs mit jungen Leuten, die dem SB die größten Sorgen bereitete, besonders scharf im Auge. Es war jedoch Nowa Huta und Wojtyłas Entschlossenheit, die Bewohner der Stadt in ihrem Ruf nach einer Kirche zu unterstützen, die dem SB vor allem ein Stachel im Fleisch war.

Ein paar Monate nachdem Bischof Wojtyła im Dezember 1959 mit dem Feiern der Christmette auf offenem Feld in Nowa Huta begonnen hatte, berichtete MARECKI, eine Neuanwerbung aus dem Klerus, dass Wojtyła die „gottlose" neue Stadt sehr am Herzen lag. Ironischerweise wurde MARECKI von der Erzdiözese von seiner Seelsorgerarbeit in Nowa Huta abgezogen und der Krakauer Kurie zugeteilt, wo er dann Schriftstücke für den SB entwandte, die Innenräume der Kurie photographierte und Abdrücke des erzbischöflichen Siegels anfertigte. Am 27. April 1960 kam es nach der Entfernung des Kreuzes, das die Bewohner errichtet hatten, um an das Fehlen einer Kirche zu erinnern, in Nowa Huta zu Unruhen. Die Behörden forderten Wojtyła auf, einen Brief an die Bewohner der Stadt zu schreiben, in dem er sie dazu aufrufen sollte, den Frieden zu wahren und von gewalttätigen Protesten Abstand zu nehmen. Wojtyła erklärte sich dazu bereit, verlieh dem aber eine besondere Note, indem er seinen Brief damit begann, dass es keinen Grund zu Protesten gäbe, weil das Kreuz zukünftig nicht mehr entfernt würde. Als die örtliche Behörden nach der Lektüre des Briefes Wojtyłas Bedingung ablehnten, erhöhte er den Einsatz und schlug vor, dem Brief den Satz anzuhängen, der Friede in Nowa Huta könne nur gewahrt bleiben, wenn die den Menschen in Nowa Huta schon so lange verweigerte Kirche gebaut würde. Das Kreuz wurde wieder aufgestellt und in Nowa Huta kehrte wieder Ruhe ein.[8]

Die neue Herangehensweise des Abteilung IV des SB – lieber verführen als unter Druck setzen – erwies sich bei der Infiltration des Krakauer Katholizismus als partiell erfolgreich. Aus dem örtlichen Klerus und der aktiven Laienschaft wurden etwa 270 Zuträger gewonnen. Zu den letzteren gehörte ARES, der Verwaltungsdirektor des Wochenblatts *Tygodnik Powszechny* und ein Angestellter der Erzdiözese. Seine selbstgefälligen Berichte berührten eine Menge von Fragen, auch die Auseinandersetzung zwischen Erzbistum und städtischen Behörden über die Verwendung des Seminargebäudes – eine Auseinandersetzung, die Wojtyła durch einen geschickten Kompromiss gewann, der an der Position des Kirche festhielt, den Behörden aber die Möglichkeit gab, sich ohne Gesichtsverlust aus der Konfrontation zurückzuziehen.[9]

Die Schaffung der Abteilung IV des SB und die verstärkten Versuche, die katholische Kirche zu infiltrieren, fielen mit einer neuen, brutalen Welle religiöser Verfolgungen in der Sowjetunion unter Nikita Chruschtschow zusammen, ja vielleicht waren sie deren Widerhall. Viele Kirchen, Klöster und Seminare, die im Gefolge des poststalinistischen „Tauwetters" wieder geöffnet worden waren, wurden erneut geschlossen. Folgt man Wassili Mitrochin und Christopher Andrew, dann führte die „grimmige antireligiöse Kampagne" des Sowjetregimes gleichzeitig zur Zerschlagung der „Hälfte aller orthodoxen Gemeinden" in der UdSSR.[10] Diese Verfolgung ging Hand in Hand mit einer anderen Initiative, die weltweit die Christenheit ins Visier nahm: Der russisch-orthodoxen Kirche wurde gestattet sich dem Weltrat der Kirchen [WCC] anzuschließen, dessen Tätigkeiten und Verlautbarungen der sowjetische Geheimdienst meinte beeinflussen zu können. Vertreter der russischen Orthodoxie am Genfer Hauptsitz des Weltrates leugneten pflichtgemäß jahrzehntelang, dass ihre Gemeinschaft in der Sowjetunion Repressalien ausgesetzt sei. Eine maßgebliche Gestalt in diesen ökumenischen Angelegenheiten, sowohl innerhalb des orthodox-protestantischen Flügels des Weltkirchenrates als auch zwischen der russischen Orthodoxie und dem Katholizismus, war Nikodim, der Metropolit von Leningrad (seinen Führungsoffizieren beim KGB als ADAMANT bekannt), dessen Weihe 1960 den 31-jährigen zum jüngsten Bischof der Christenheit machte, was „an sich schon ein untrügliches Anzeichen für die Zustimmung des KGB" ist, wie Andrew und Mitrochin meinen.[11] ADAMANT/Nikodim stieg im Weltkirchenrat zu einem der sechs Vorsitzenden der Organisation auf.

Ironischerweise fand die erneute Verfolgung der christlichen Kirchen und Gemeinschaften in der UdSSR in den frühen 60er Jahren statt, zur selben Zeit, zu der Papst Johannes XXIII. und die Diplomaten der römischen Kurie beschlossen, sich ihrerseits dem Problem des Kommunismus auf neue Weise zu nähern – mittels der Ostpolitik.

Das Zweite Vatikanum und die ersten Jahre der Ostpolitik

Als der 77-jährige Kardinal Angelo Giuseppe Roncalli, der Patriarch von Venedig und ein altgedienter Vatikandiplomat, am 28. Oktober 1958 zum Papst gewählt wurde, sah man in ihm eine Übergangsfigur, die die Phase zwischen dem 19-jährigen Pontifikat von Pius XII. und einer unbestimmten Zukunft des Papstamts überbrücken sollte. Roncalli hatte da andere Vorstellungen. Nicht einmal drei Monate nach seiner Wahl kündigt er an, das Zweite Vatikanische Konzil einberufen zu wollen, das dann zum bedeutendsten Ereignis in der Geschichte der katholischen Kirche seit der Reformation und Gegenreformation im 16. Jahrhundert werden sollte.

Nach mehr als drei Jahren der Vorbereitung wurde das Zweite Vatikanum am 11. Oktober 1962 eröffnet. Sämtliche Bischöfe der katholischen Kirche füllten die Peterskirche – mit Ausnahme derjenigen, die von den kommunistischen Machthabern keine Reiseerlaubnis erhalten hatten. Fünf Tage später am 16. Oktober zeigte McGeorge Bundy, der Sicherheitsberater des amerikanischen Präsidenten John F. Kennedy, Aufklärungsphotos, auf denen die Stationierung sowjetischer Angriffsraketen auf Kuba zu sehen war. Am 22. Oktober, nach einer sechstätigen Beratung mit seinem Stab, verkündete Präsident Kennedy der Nation und der Welt, dass die Vereinigten Staaten eine Seeblockade gegen Kuba errichten würden, und zwar solange bis die sowjetischen Raketen von der Insel abgezogen werden. Eine Woche lang, bis das Beratergremium zu einem Beschluss gekommen war, stand die Welt am Rand eines Atomkriegs.

Dieser weitgehend unbemerkt gebliebene historische Zufall – das Zusammenfallen der Eröffnung des Zweiten Vatikanischen Konzils mit der Kubakrise – hinterließ bei Johannes XXIII einen tiefen Eindruck und bei der Vatikandiplomatie einen vielleicht noch tieferen. Seit seiner Wahl hatte Kardinal Roncalli, der als Diplomat der alten Schule davon überzeugt war, dass menschliche Begegnungen scheinbar völlig festgefahrene Situationen verändern können, versucht, die Beziehungen zwischen dem Vatikan und der kommunistischen Welt aufzutauen. Er lud daher Vertreter der russischen Orthodoxie ein, als Beobachter am Zweiten Vatikanum teilzunehmen, während er sich zugleich nach Kräften bemühte, die Teilnahme katholischer Bischöfe aus Ländern hinter dem Eisernen Vorhang zu sichern. Nachdem das atomare Kräftemessen in der Karibik sich entspannt hatte, beschloss der erschütterte Papst eine Enzyklika zum Weltfrieden zu schreiben, die sechs Monate später, im April 1963, unter dem Titel *Pacem in Terris* [Friede auf Erden] veröffentlicht wurde. Auch seine persönlichen diplomatischen Bemühungen nahmen zu, so empfing der Papst im März 1963 Chruschtschows Schwiegersohn Alexej Adschubej im Vatikan. Vielleicht war es auch dieser Begegnung zu verdanken, dass das Oberhaupt der griechisch-katholischen Kirche der Ukraine, der Metropolit Josyf Slipyj wenig später aus dem Gulag entlassen wurde.

Der Hauptakteur der neuen Ostpolitik von Johannes XXIII., die nach dessen Tod im Juni 1963 von Papst Paul VI fortgesetzt wurde, war der italienische Kurienkardinal und Diplomat Agostino Casaroli. In den ersten Jahren seiner Karriere im diplomatischen Dienst des Vatikans war er für Lateinamerika zuständig, doch im März 1961, nachdem er zum Unterstaatssekretär der Kongregation für die außerordentlichen Angelegenheiten der Kirche – wie das Außenministerium des Vatikans damals hieß – ernannt worden war, erweiterte sich sein Geschäftsbereich auf europäische Angelegenheiten, so dass er künftig Delegationen des Heiligen Stuhls bei verschiedenen Verhandlungen der UNO in Wien leitete. Von dort streckte er 1963 seine Fühler hinter den Eisernen Vorhang aus und reiste in aller Stille nach Budapest und Prag, um die diplomatischen Möglichkeiten auszuloten.

In seinen Erinnerungen beschreibt Casaroli den Sowjetblock als einen „riesigen, unbeweglichen Sumpf", dessen Oberfläche sich „unter dem Wind der Geschichte endlich, wenn auch nur leicht, zu kräuseln begann".[12] Nach Casarolis Ansicht war die Unweglichkeit nicht nur den Kommunisten anzulasten, eine Ursache dafür lag auch, soweit die katholische Kirche betroffen war, im Konfrontationskurs von Pius XII., dessen Polemik von der Art war, dass jeder Kontakt von Bürgern der Sowjetunion mit dem Heiligen Stuhl – etwa seitens der Bischöfe und Kardinäle – von den kommunistischen Staatsorganen als Spionage gewertet wurde. Außerdem glaubte Casaroli, die Verurteilung der Mitgliedschaft von Katholiken in kommunistischen Parteien, wie der Vatikan sie 1949 ausgesprochen hatte und die immer noch in Kraft war, wirke auf Kommunisten wie eine anhaltende „Kriegserklärung".[13]

Nach der Wahl Johannes' XXIII. meinte Casaroli jedoch, würde sich die Lage zumindest ein wenig ändern. Dass Nikita Chruschtschow dem Papst im November 1961 zu seinem achtzigsten Geburtstag gratulierte, wurde daher als Zeichen der neuen Offenheit für einen ernsthaften Dialog gewertet.[14] Welche Absichten der Kommunismus hegte, darüber täuschte Casaroli sich nicht: „von den Banden einer feindlichen Macht […] erdrückt und erstickt, müssten religiöses Leben und die Kirche eines ‚natürlichen Todes' sterben."[15] Da es ausgeschlossen schien, dass sich an Europas Teilung in zwei feindliche Blöcke etwas dramatisch ändern würde, oblag es der Diplomatie des Vatikans diesen „natürlichen Tod" durch die Gegenstrategie des *salvare il salvabile*, also zu retten, was zu retten ist, abzuwenden. Es hieß daher, die Kirche als Sakramentenverwalterin am Leben zu halten, indem sie hinter dem Eisernen Vorhang Bischöfe bekam, die ihrerseits Priester weihen konnten.

Daneben verfolgte die Ostpolitik von Johannes XXIII. noch andere unmittelbar praktische Ziele. Der Papst wollte sicherstellen, dass katholische Bischöfe aus dem Ostblock am Zweiten Vatikanum teilnehmen konnten. Außerdem suchte er nach einer Möglichkeit, die Lage zwei hoher Kirchenfürsten zu erleichtern: des ungarischen Primas Joseph Kardinal Mindszenty, der sich seit der Niederschlagung des ungarischen Aufstands von 1956 in der amerikanischen Botschaft aufhielt, und des tschechoslowakischen Primas Josef Beran, eines Helden des Widerstands, der drei Konzentrationslager der Nazis überlebt hatte, nur um dann in kommunistische Gefängnisse zu wandern oder seit 1949 unter Hausarrest zu stehen. Es war daher kein Zufall, dass die beiden ersten Ausflüge hinter den Eisernen Vorhang Casaroli nach Budapest und Prag führten.

Und dann lag es dem Papst noch am Herzen, den Heiligen Stuhl zu einem potentiellen Vermittler im Falle eines drohenden Atomskriegs der beiden Supermächte aufzuwerten, ein strategisches Ziel, das in Anbetracht des atomaren Kräftemessens vom Oktober 1962 dringlicher denn je schien. In diesem ehrgeizigen Programm traf sich die Sorge um die Kirche im Kommunismus mit dem Friedensengagement Johannes' XXIII. Die ersten Errungenschaften der päpstlichen Ostpolitik waren bescheiden. Laut Achille Silvestrini, Casarolis persönlichem Sekretär, war der sterbende Papst dennoch darüber erfreut, denn er glaubte, „nichts würde wieder den Spalt schließen, den er im Eisernen Vorhang hatte öffnen können." Als Casaroli den Papst 1963 über seine stillen Reisen nach Budapest und Prag unterrichtete, sagte der Papst, der drei Wochen später tot sein würde, am Ende der Audienz: „Lasst uns mit gutem Willen und Vertrauen, aber ohne Überstürzung vorwärts gehen".[16]

Giovanni Battista Montini, der nach seiner Wahl am 21. Juni 1963 den Namen Paul VI. annahm, hatte ebenfalls lange im diplomatischen Dienst des Vatikan gestanden, obwohl er wenig praktische Erfahrung mit dem Außendienst hatte, da er vor seiner Ernennung zum Erzbischof von Mailand im Jahr 1954 hauptsächlich als ranghoher Verwaltungsbeamter im Vatikan gearbeitet hatte. Der Wiener Kardinal König, einer seiner Bewunderer und ein weiterer Vertreter der Ostpolitik, schätzte Pauls intellektuelle und spirituelle Fähigkeiten, erkannte jedoch auch dessen Schwächen: Er sei, so König einmal, „oft unsicher" gewesen, aber das lag daran, dass „er so intelligent war und aus allem das Beste machen wollte."[17] Zu Beginn seines schwierigen, fünfzehnjährigen Pontifikats, erklärte Paul, der, wie Casaroli es ausdrückte, die Ostpolitik „pessismistischer beurteilte", sich dennoch bereit, die von Johannes XXIII. und Casaroli begonnene Politik fortzusetzen, um für die katholische Kirche in Mittel- und Osteuropa einen *modus non moriendi* zu erreichen, eine „Möglichkeit nicht zu sterben". Praktisch bedeutete das, wenn es um die Frage ging, welche Schritte zu unternehmen sind, beugte Paul VI. sich Casaroli und dem Stab, den dieser um sich versammelt hatte, darunter die italienischen Kurienkardinäle Achille Silvestrini und Luigi Poggi – auch in der Frage, ob die antikommunistische Rhetorik des Papstes nicht gedämpft werden müsste. Dass die neue Herzlichkeit des Vatikan nicht auf eine vergleichbare Gegenliebe bei den kommunistischen Staatsorganen im Ostblock stieß, schuf eine Situation, die für Paul VI. eine „Qual" war. Jahre später erinnerte Casaroli sich, dass er den Papst „zügeln" musste, als dieser entschlossen war, gegen einen perfiden Akt der Kommunisten offen das Wort zu ergreifen.[18]

Für ihr Unternehmen waren Casaroli und seine Mitarbeiter mit diplomatischem Geschick, einer Begabung für Sprachen und Geduld ausgerüstet. Worüber sie nicht verfügten, war Erfahrung – die Lebenserfahrung, die einem nur, wie der tschechische Dramatiker Václav Havel es später ausdrückte, durch die kommunistische „Kultur der Lüge" vermittelt wird. Und natürlich hatten sie keine Erfahrung im Umgang mit den Nachrichtendiensten des Ostblocks. Wie Paul VI. fürchteten sie, eine in den Untergrund getriebene katholische Kirche würde, von Rom getrennt und hinter dem Eisernen Vorhang sich selbst überlassen, noch die eine oder andere Abirrung hervorbringen, während sie langsam erstickte. Sie schienen aber nicht bereit zu sein, den Rat völlig loyaler Kirchenmänner in Ost- und Mitteleuropa ernstzunehmen, die darauf beharrten, das normale diplomatische Methoden nur zum Nachteil der Ortskirchen ausschlagen würden.[19]

Und tatsächlich zum Nachteil des Vatikans, denn der Heilige Stuhl verfügte praktisch nicht über die Möglichkeit der Gegenspionage, die den Infiltrations-, Desinformations- und Zersetzungsversuchen entgegenarbeiten konnte, welche von der Ostpolitik unbeabsichtigt, aber dennoch unvermeidlich, ermöglicht wurden. Papst Johannes' Entschlossenheit, die hinter dem Eisernen Vorhang lebenden Bischöfe zum Zweiten Vatikanum kommen zu lassen, traf auf die aggressiven und umfassenden Anstrengungen der östlichen Geheimdienste, das Konzil als Gelegenheit zu nutzen, den Vatikan zu infiltrieren und die Diplomatie des Heiligen Stuhls zu beeinflussen. Zur ungarischen Delegation, die zur Konzilseröffnung nach Rom gekommen war, gehörten mehrere Informanten und operative Agenten, derweil ein Jahr später neun der fünfzehn ungarischen Bischöfe, Theologen und Journalisten der zweiten Sitzungsperiode des Konzils für den ungarischen Geheimdienst arbeiteten. Tatsächlich hatten die Ungarn bereits einen Spion in Rom: Fritz Kusen, Angestellter von Radio Vatikan und Freund des konservativen Kurientheologen Sebastian Tromp SJ. Kusen arbeitete unter dem Decknamen MOZART und war möglicherweise ein Doppelagent. Als die Ostpolitik soweit gereift war, dass ernsthafte Gespräche zwischen Vertretern des Vatikans und der ungarischen Staatsorgane beginnen konnten, präparierten MOZART und seine beiden Mitspione die ungarische Verhandlungsseite. Sie legten dar, dass der Vatikan gespalten sei, auf der einen Seite stünden diejenigen, die unbedingt den unbeugsamen Kardinal Mindszenty unterstützen wollten, auf der anderen diejenigen, die nach einer Möglichkeit suchten, den bedrängten ungarischen Primas zu umgehen, und die daher über ihre Kontakte im Vatikan die Mindszenty feindliche Partei in Rom stärken wollten. Im Gegensatz dazu waren die Vertreter des Heiligen Stuhls bei den Gesprächen, die im Mai 1963 in Budapest begannen, nicht so gut über die Situation vor Ort unterrichtet. Für den Fall der Fälle hatte der ungarische Geheimdienst am Tage vor Casarolis Eintreffen zu den Gesprächen dafür gesorgt, dass er auf Schritt und Tritt von siebzehn Geheimpolizisten beobachtet würde.

In den kommenden Jahren verschlechterte sich die Lage in Ungarn, obwohl die Ostpolitik, oberflächlich betrachtet, dort gut zu funktionieren schien. Am 15. September 1964 unterzeichneten der Vatikan und das ungarische Regime unter Janos Kadar ein Abkommen, das auch die Ernennung von Bischöfen regelte. Es war das erste seiner Art zwischen dem Heiligen Stuhl und einer kommunistischen Regierung. Doch in den nächsten fünf Jahren arbeiteten viele ungarische Bischöfe, die im Rahmen dieses Abkommens ernannt worden waren, sowohl mit den Inlands- als auch den Auslandsabteilungen des Geheimdienstes zusammen, was soweit ging, dass die ungarische Bischofskonferenz 1969 weitgehend vom Staat kontrolliert wurde. Während sich dies in Ungarn abspielte, wurde das ungarische Kolleg in Rom zu einer Zweigstelle des Geheimdienstes. Die Priester, die dort seit dem Aufstand von 1956 gelebt hatten, wurden vor die Tür gesetzt. Zwischen 1965 und 1987 war jeder Rektor des Kollegs ein ausgebildeter, geschickter Agent, ein Fachmann für Desinformation und Installation von Abhöranlagen. Die Hälfte der Gaststudenten und –professoren waren Agenten. Die Leitung des Kollegs hatte problemlos Zugang zu Erzbischof Casaroli, Erzbischof Giovanni Cheli – Casarolis Zuarbeiter für Ungarn – und zu anderen mit der Ostpolitik Betrauten und wurde in dieser Eigenschaft für die kommunistische Regierung Ungarns zu einem wichtigen Werkzeug ihrer Vatikanpolitik.[20]

Während ihre ungarischen Kollegen die Ostpolitik mit bemerkenswertem Erfolg für sich funktionalisierten, versuchte auch der polnische SB das Zweite Vatikanische Konzil für seinen Kampf gegen die Kirche zu nutzen. Er hatte das Glück an der richtigen Stelle einen klerikalen Mitarbeiter zu haben: Hochwürden Michał Czajkowski, Deckname JANKOWSKI. Czajkowski war ein Bibelgelehrter, der sich der Förderung des jüdisch-katholischen Dialogs verschrieben hatte. Anscheinend ließ er sich zur Arbeit für den SB überreden, weil er glaubte, die Zusammenarbeit mit der Regierung würde in Polen den Einfluss von Kardinal Wyszyński untergraben, den Hochwürden Czajkowski für viel zu konservativ hielt. Hier wie in Ungarn machten sich die Geheimdienste des Ostblocks die größer werdenden ideologischen Spannungen in der katholischen Kirche zunutze. JANKOWSKI hielt den polnischen Geheimdienst über die Aktivitäten der polnischen Bischöfe auf dem Zweiten Vatikanum – er selbst arbeitete dort als Journalist – und die Angelegenheiten der römischen Kurie auf dem Laufenden, indem er sowohl Kontakte zum römischen Leiter des SB als auch zu seinem Führungsoffizier von der Abteilung IV pflegte.

Kardinal Wyszyńskis Sorge über die unermüdlichen Infiltrations- und Spaltungsanstrengungen des SB färbte auf seine Ansichten über einige Konzilsfragen ab. Die polnische Hierarchie war daher unter Wyszyńskis Führung nicht begeistert über die Vorschläge westlicher Bischöfe und Theologen, das Diakonat als ständiges Amt in der katholischen Kirche wieder einzuführen und verheiratete Männer zum Diakon zu weihen. Wyszyński und andere Kirchenmänner Polens sahen in verheirateten Diakonen nur ein gefundenes Fressen für die Infiltrations- und Anwerbungsbemühungen des SB.[21] Was den SB betraf, so scheint seine Hauptstrategie während des Zweiten Vatikanums die gewesen zu sein, Wyszyński zu entmachten. In den vier Sitzungsperioden des Konzils arbeitete der polnische Geheimdienst darauf hin, Wyszyńskis Autorität bei den polnischen Bischöfen aber auch beim Vatikan zu untergraben. Gleichzeitig streute er den Samen der Zwietracht über die richtige Deutung der Konzilsdokumente unter Polens Bischöfen aus und unterwanderte Wyszyńskis Bestrebungen, seine Position als einziger Kontakt zwischen Vatikan und Regierung zu wahren. Die Architekten der vatikanischen Ostpolitik waren beispielsweise begierig, die Möglichkeiten diplomatischer Beziehungen zu Polen auszuloten, was der polnische Kardinal, nicht ohne Grund, für eine weitere Gelegenheit der Kommunisten hielt, das Prinzip „teile und herrsche“ anzuwenden.

Der SB scheute sich nicht, die Konzilserörterungen über einige sehr spezielle Punkte der katholischen Theologie zu verdrehen. Während der ersten beiden Konzilssitzungen wurde kontrovers darüber debattiert, ob das Zweite Vatikanum eine eigene Erklärung über die Jungfrau Maria abgeben oder seine Überlegung zur Rolle Mariens in der Heilsgeschichte in die große Konzilsschrift über die Kirche aufnehmen sollte. Der SB sah darin die Gelegenheit Kardinal Wyszyńskis wohlbekannte Marienfrömmigkeit gegen diesen zu kehren. Oberst Stanisław Morawski, der Leiter der Abteilung IV, arbeitet mit etwa einem Dutzend klerikaler Kollaborateure, die theologische Experten für Mariologie waren, an einer Denkschrift für die Konzilsbischöfe, in der angedeutet wurde, die Ansichten des polnischen Primas über Maria seien überzogen, wenn nicht gar heterodox. Den letzten Schliff erhielt diese Denkschrift von STOLARSKI, einem Bibelgelehrten und Priester. Die „Denkschrift über gewisse Aspekte des Kults der Jungfrau Maria in Polen“ wurde an alle Bischöfe des Zweiten Vatikanums verteilt, in großen Teilen Europas verbreitet und von vielen Journalisten, die über das Konzil berichteten, als echt gewertet. Es besteht kein Zweifel daran, dass sie, wenn auch nur zeitweilig, Wyszyńskis Ansehen bei seinen bischöflichen Brüdern beeinträchtigte und seine Position bei den Kräften in der Kurie schwächte, die diplomatische Beziehungen zu Warschau anknüpfen wollten.[22]

Ein „sehr gefährlicher ideologischer Gegner“

Als das Zweite Vatikanum im Oktober 1962 begann, war Karol Wojtyła einer der jüngsten Bischöfe der Welt und saß, wie es seinem Rang entsprach, gut 150 Meter vom Hochaltar entfernt in der Nähe der Domtür. Im Oktober 1965, als die Schlußsitzung des Konzils begann, war Wojtyła zu einer bedeutenden Gestalt in den Konzilsberatungen aufgestiegen. Er hatte Anteil an den Erklärungen des Zweiten Vatikanums zur Religionsfreiheit und zur Berufung der Laien, er hatte am Entwurf einer der umstrittensten Konzilserklärungen mitgewirkt, der Pastoralkonstitution über die Kirche in der Welt von heute.[23] Wojtyłas zunehmende Bekanntheit stellte sicher, dass der SB sich noch mehr auf ihn konzentrierte.

Die Aktivitäten des SB beim Zweiten Vatikanum, so auch die Kampagne gegen Kardinal Wyszyński, wurden von der polnischen Botschaft in Rom aus geleitet, in der Agenten der Abteilung I, zuständig für Auslandsspionage, ihren diplomatischen Posten als Deckmantel für ihr Treiben nutzten. Die Konsularabteilung, zuständig für die Vergabe von Pässen, war ein weiterer Tummelplatz für Geheimnisdienstler. In Rom arbeitende polnische Priester mussten jährlich ihre Pässe erneuern, und die Gespräche bei dieser konsularischen Routinetätigkeit boten Gelegenheit, potentielle Mitarbeiter auszuspähen oder ihnen Informationen zu entlocken, die der SB auswerten konnte. Erpressung mittels komprimittierenden Materials, das in Polen gesammelt oder fabriziert worden war, spielte bei den Anwerbungsversuchen eine große Rolle. Schlug die Anwerbung fehl, ließ sich das erpresserische Material verwenden, um dem Ruf des Betroffenen in der Heimat zu schaden.

Selbstverständlich gingen die Tätigkeiten des SB weit über die Botschaft hinaus. Ein für die Abteilung besonders wertvoller Agent während der Jahre des Zweiten Vatikanums war Ignacy Krasicki, der in Rom für das polnische Radio arbeitete. Der Sohn einer Adelsfamilie fand leicht Zugang zu kirchlichen Kreisen, in denen er jede Menge Informationen für seine Führungsoffiziere in Warschau sammelte.

Bei allem, was sie taten, arbeiteten die Agenten, Kontaktleute und Kollaborateure der Abteilung IV eng mit der Abteilung I zusammen. Wie ein Kenner dieser Materie es formulierte: „Enge Kontakte zwischen Abteilung I und Abteilung IV gehörten in der Anwerbungsphase eines neuen Zuträgers für die Geheimdienste zur Routinepraxis, und dieses Vorgehen wurde immer eingehalten, wenn weitere Aufgaben zuzuweisen und die Operationen auszuwerten waren." Während der Konzilsjahre und darüber hinaus zielten die Aktivitäten des SB, vor allem diejenigen, die die Kurie betrafen, auf die Beantwortung der Frage ab, ob das *aggiornamento* oder die „Erneuerung" der katholischen Kirche, zu der auch die neue Ostpolitik gehörte, den Interessen der nationalen kommunistischen Parteien und der sowjetischen Außenpolitik dienten.[24]

Wie die Geschichte von Karol Wojtyłas Ernennung zum Erzbischof von Krakau so hübsch illustriert, hat das starke Interesse des SB an katholischen Angelegenheiten während der Konzilsjahre den Kommunisten nicht immer kluge Erkenntnisse über bestimmte herausragende Persönlichkeiten des Katholizismus verschafft.

In der Nacht vom 14. auf den 15. Juni 1962 starb Erzbischof Eugeniusz Baziak. Am 16. Juli wählte das Domkapitel der Erzdiözese Karol Wojtyła, den jüngeren der beiden Krakauer Weihbischöfe, zum Vikarkapitular, d.h. zum Interimsverwalter, bis die Nachfolge für Baziak auf der Grundlage des Abkommens von 1950 geregelt worden war. Kardinal Wyszyński würde sich demnach mit Rom auf einen Namen einigen und der Regierung unterbreiten; die Regierung konnte bei jedem Kandidaten ein Veto einlegen, aber nicht ihren eigenen durchsetzen. Schon bald entwickelte sich eine Pattsituation, die 18 Monate anhielt. Nach dem Placet des Vatikan reichte Wyszyński einen Namen ein, dieser ging dann an Zenon Kliszko, den zweiten Mann in der kommunistischen Partei und ihren Chefideologen, der außerdem Sprecher im *Sejm,* dem polnischen Jasagerparlament, war. Kliszko wies den Vorschlag zurück. Das ging so eineinhalb Jahre hin und her, ganze sieben Mal. Dann im Herbst 1963 sprach Stanisław Stomma, der Wortführer der kleinen, im *Sejm* vertretenen katholischen Partei mit Kliszko über die Lage in Krakau. Diese sagte zu Stomma: „Ich hoffe auf Wojtyła, und solange sein Name nicht fällt, werde ich weiter mein Veto einlegen." Stomma dankte dem Wächter der linientreuen kommunistischen Ideologie für seine vertrauliche Mitteilung und versuchte dabei die ganze Zeit, keine Miene zu verziehen. Er und andere in der Kirche aktive Laien sowie Krakaus engagierteste Priester hatten genau darauf gewartet. Wyszyński, der bei Wojtyła so seine Zweifel hatte, stimmte schließlich zu und Papst Paul VI. verkündete am 30. Dezember 1963 die Ernennung.

Der SB war während des 18-monatigen Ringens um die Nachfolge für Erzbischof Baziak nicht tatenlos geblieben. In seinen Akten wimmelte es nur so von Warnhinweisen auf Wojtyłas jüngste Unternehmungen, und Kliszko muss davon gewusst haben: von dem Geschick, mit dem der junge Bischof das Krakauer Seminar einzig unter die Obhut der Erzdiözese stellte; von seinem gewagten Schritt, um das schlesische Seminargebäude in Krakau vor dem geplanten Zugriff der Kommunisten zu retten – er hatte damit gedroht, sich öffentlich unter die Studenten und Professoren zu mischen, falls sie vertrieben würden; von seinen anhaltenden Verbindungen mit dem verdächtigen Rhapsodischen Theater; von seinen Christmetten in Nowa Huta; von seiner Predigt im Januar 1963 in der Kathedrale auf dem Wawel, in der er zwei Teilnehmer an der antizaristischen Rebellion von 1863 pries, Adam Chmielowski, den späteren „Bruder Albert", und Rafał Kalinowski, den späteren Karmeliter, und die Polen daran erinnerte, wie oft sie sich „aus dem Untergrund zur Freiheit hatten emporkämpfen" müssen. Für die Einschätzung seiner Person, wie sie sich in einer Akte des SB über Wojtyła findet, gab es reichlich Gründe: „Trotz seines scheinbar flexiblen und versöhnlerischen Wesens ist Wojtyła ein sehr gefährlicher ideologischer Gegner."[25]

Im Kalkül Zenon Kliszkos und anderer kommunistischer Größen müssen die Sturmzeichen und das obige Urteil durch Wojtyłas Alter, durch seine verhältnismäßig geringe Erfahrung mit den harten Bandagen der Politik und seine „theoretische" Natur aufgewogen worden sein – schließlich schrieb der Mann Gedichte und lehrte Philosophie. All das ließ die Kommunisten vermuten, man könne in dem hartnäckigen Spiel des Teile und Herrsche, das die Regierung mit Kardinal Wyszyński trieb, Wojtyła zu einer Kompromisshaltung bewegen, wenn nicht gar zu einer, die der Regierung half. Wyszyński mag das ebenfalls so gesehen haben, nicht weil er an Wojtyłas Loyalität zweifelte, sondern weil dieser möglicherweise nicht schlau genug war. Als man ihn 1964 nach dem neuen Krakauer Erzbischof fragte, beschied der Primas die Frage ziemlich schroff mit einem Satz: „Er ist ein Dichter". Das legt den Schluss nahe, dass der Heilige Stuhl einen gewissen Druck auf Wyszyński ausgeübt hatte, damit endlich durch die Annahme Wojtyłas, der auf dem Zweiten Vatikanum einen starken Eindruck hinterlassen hatte, die leidige Nachfolgerfrage in Krakau gelöst würde – vom kirchenrechtlichen Standpunkt gesehen schwelte sie bereits seit 1951.

Denkbar wäre auch noch, dass die Großkopferten des polnischen Kommunismus tatsächlich ihrer eigenen Ideologie aufsaßen, für die Ideen Luftgebilde waren, blosse Ausdünstungen ökonomischer Prozessen. Und Intellektuelle waren ja schon per definitionem unfähig, mit der „realen Welt" umzugehen. Gewiss, da gab es noch die Seite an Wojtyła, die schon 1960 in seinem Profil des SB erwähnt worden war: Er konnte ein fähiger Verwalter und zäher Verteidiger der Kirche sein, wenn die Umstände es erforderten. Doch im Grunde galt er als ein Mann der Ideen, nicht als Machtmensch – Macht so wie sie es verstanden. Kliszko und seine Genossen haben vielleicht sogar geglaubt, Wojtyłas intellektuelle Interessen und Kontakte zu ihrem Vorteil einsetzen zu können, indem sie dabei halfen, die stets unruhige katholische Intelligenz Krakaus unter Kontrolle zu halten. Möglicherweise waren auch die Rivalitäten zwischen kommunistischer Partei und SB, wenn auch nur beiherspielend, an Kliszkos Entscheidung beteiligt: Sicher der SB sorgte sich darum, dass Wojtyła ein „sehr gefährlicher ideologischer Gegner" war, aber die Häuptlinge der Partei würden schon mit ihm fertig werden.

Zwar wird niemand mehr die Frage mit Gewissheit beantworten, doch es scheint höchstwahrscheinlich, dass die Entschlossenheit der KP-Führung, Kardinal Wyszyński, ihren ideologischen Hauptgegner, im eigenen Lager zu isolieren, die vom SB gegen Karol Wojtyła erhobenen Bedenken ausgestochen hat. Kliszko und seine Genossen waren wohl fest davon überzeugt, dass sich Wojtyła manipulieren ließ, sich Risse in der bis dahin soliden Front der katholischen Kirche in Polen auftun würden, Risse, die im Kampf gegen die Kirche ausgenützt werden könnten. Wie Hochwürden Andrzej Bardecki, ein alter Freund Wojtyłas Jahre später meinte, sei das ein herrliches Beispiel dafür, wie „der Heilige Geist seinen Willen nicht nur durchsetzt, indem er die Menschen erleuchtet, sondern auch indem er sie verblendet."[26]

Der Streit anlässlich der Tausendjahrfeier

Karol Wojtyła wurde am 8. März 1964 feierlich als Erzbischof von Krakau eingesetzt. Zwei Monate später erstellte die Abteilung IV des SB für das Politbüro ein aktualisiertes Profil des neuen Erzbischofs. Darin heißt es über Wojtyła: „Er [...] hat einen Sinn für Realismus und ist in gewissen Situationen kompromissbereit. [...] Bescheiden und direkt. Liest viel und sucht sich zu vervollkommnen. [...] Materielles ist für ihn von geringer Bedeutung. Er spezialisiert sich auf soziophilosophische Probleme."[27]

Der Bericht ist insofern interessant, als andere SB-Profile polnischer Bischöfe aus dieser Zeit dazu neigen, sich auf vermeintliche oder tatsächliche Schwächen zu konzentrieren, wie etwa Zölibatsprobleme, Habgier, Alkoholismusanschuldigungen usw. – Persönlichkeitsaspekte, die sich, ob nun wahr oder erlogen, gegen den Betreffenden verwenden ließen.[28]

Nichts dergleichen findet sich hier, was darauf hindeutet, dass es eine gewisse Achtung vor Wojtyła gab, aber auch, dass kein Dreck zu finden war, mit dem man ihn hätte bewerfen können. Es währte nicht lange, und Wojtyłas Tugenden erwiesen sich als eine erhebliche Bedrohung für den polnischen Kommunismus. Etwa zur selben Zeit, als die Abteilung IV das Profil des Mannes revidierte, den Zenon Kliszko unbedingt auf dem erzbischöflichen Stuhl in Krakau hatte sehen wollen, sagte der verärgerte Direktor eines Danziger Gefängnisses zu einem seiner prominenteren Insassen, einem Mönch der Kamaldulenser: „Wojtyła hat uns hereingelegt!"[29]

Als Erzbischof Wojtyła in seine neuen Aufgaben hineinwuchs, wurde es noch schlimmer mit dem „Hereinlegen". Kliszko und Genossen mögen sich gedacht haben, er sei ein politischer Waisenknabe, unfähig das Spiel so zu spielen, wie es harte Männer taten. Aber sie wurden bald von jeder derartigen Phantasie geheilt. Erzbischof Wojtyła ließ nicht zu, dass auch nur die Spur einer Uneinigkeit zwischen ihm und Kardinal Wyszyński sichtbar wurde, ganz im Gegenteil, zwei Initiativen des Primas Wyszyński, die die Parteiführung fast in einen Schlaganfall trieben, fanden in Erzbischof Wojtyła einen glühenden Unterstützer.

Die erste wurde im Spätjahr 1965, am Ende der vierten Sitzungsperiode des Zweiten Vatikanums, ergriffen. Polens Ausdehnung nach Westen, eine Folge der Konferenz von Jalta, war von der westdeutschen Regierung nie offiziell anerkannt worden und damit auch nicht vom Vatikan, der sich in Fragen der territorialen Souveränität dem Standpunkt der betroffenen Regierungen anzuschließen pflegt. Kirchenrechtlich gesehen war die Situation der katholischen Kirche in den „wiedergewonnenen Territorien" Polens daher irregulär und die Ernennung von Bischöfen behindert. Die Kirche im Westen Polens musste solange in einem kirchenrechtlichen Schwebezustand verharren, wie Polen und Deutsche sich nicht vertraglich über die Grenzen einig geworden waren. Wyszyński und der Vatikan wollten nach zwanzig Jahren diese Lage der Dinge ändern. Doch sowohl der Primas als auch der Heilige Stuhl wussten, dass dafür der Boden bereitet werden musste. Als sich das Konzil seinem Ende zuneigte, planten Polens Bischöfe unter der Leitung Wyszyńskis und mit Unterstützung Pauls VI. eine kühne Geste: Zwei Jahrzehnte nach einem Krieg, in dem Deutschland Polen verwüstet hatte, würden die Polen den ersten Schritt zur Vergebung machen und um Vergebung bitten. Während die Polen an alle Bischofskonferenzen in der Welt Briefe verschickten, in denen sie ihre bischöflichen Brüder zu den polnischen Jahrtausendfeierlichkeiten 1966 einluden, sollte der Brief an die deutsche Hierarchie noch eine Bitte um Versöhnung enthalten. Diese von Wojtyła entschieden befürwortete Absicht sickerte unvermeidlich durch, und der SB tat alles, um die Abfassung des Briefes zu überwachen und wenn möglich scheitern zu lassen. Aus Berichten an den SB ging hervor, dass Wojtyła mit der delikaten Aufgabe betraut worden war, die Briefentwürfe mit den vatikanischen Stellen abzustimmen, und zwar in Zusammenarbeit mit Giovanni Benelli, einem engen Vertrauten Pauls VI.[30]

Veröffentlicht wurde der Brief am 18. November 1965. Nachdem sie länger bei der schwierigen Geschichte der Beziehungen beider Länder verweilt hatten, erinnerten die polnische Bischöfe an das ungeheuere Leiden ihres Volkes im Zweiten Weltkrieg, erkannten aber an, dass auch Deutsche von polnischer Hand gelitten hatten. Es war der Schluss des Briefes – „Wir vergeben und bitten um Vergebung" –, der die kommunistische Partei in Rage versetzte. Unter dem Motto „Wir werden nicht vergeben, wir werden nicht vergessen" wurde sogleich eine Schmähkampagne gegen die Kirche lanciert und den Bischöfen vorgeworfen, das Interesse der Nation verraten zu haben, was soviel hieß, wie des Hochverrats schuldig zu sein.[31]

In gewisser Weise war dies eine seltsame Reaktion, denn es lag sicherlich im Interesse der Polnischen Volksrepublik, die legale Souveränität über die „zurückgewonnenen Territorien" zu erhalten – und der Brief kam diesem Ziel, wie ein scharfsinniger Beobachter erkannt haben würde, einen Schritt näher. Die kommunistische Führung, für die „Vergebung" ein Fremdwort war, sah darin jedoch eine Gelegenheit, zwischen die Bischöfe und ihr Kirchenvolk einen Keil zu treiben, und ergriff sie beim Schopfe. Indem die Kampagne gegen die Kirche betonte, dass Polen keinen Grund hätten, die Deutschen für irgendetwas um Vergebung zu bitten, appellierte sie sowohl an patriotische Gefühle als auch an die Narben, die viele Polen noch immer aus den Tagen der Nazibesetzung hatten. Selbst einige Mitglieder von Erzbischof Wojtyłas *Środowisko* waren angesichts der Initiative der Bischöfe und *Wujeks* Rolle darin ratlos, ja verwirrt.

Der SB griff Wojtyła umgehend an, indem er, gestützt auf den Volkszorn gegen die Initiative der Bischöfe, die Arbeiter der Solvay Chemiefabrik, in der Wojtyła einst ein *robotnik* war, dazu anstachelte, einen offenen Brief an den Erzbischof zu schreiben. Nachdem er Wojtyła und die anderen Bischöfe scharf für die Annahme verurteilt hatte, es gäbe etwas, wofür Polen die Deutschen um Verzeihung ersuchen könnten, machte der Brief – er wurde am 22. Dezember 1965 in der *Gazeta Krakowska* veröffentlicht – seine ideologische Quelle und seinen geopolitischen Zweck unmissverständlich klar, indem es weiter hieß, dass „die Schuld für den Ausbruch des Zweiten Weltkriegs und seinen bestialischen Verlauf einzig und allein beim deutschen Imperialismus und Faschismus und seinem Nachfolger, der Bundesrepublik Deutschland, liegt."

Ruhig, aber bestimmt antwortete Erzbischof Wojtyła darauf in einem Brief vom 24. Dezember, der in Krakaus Kirchen verlesen wurde, da eine Veröffentlichung in der Presse zunächst verweigert worden war. Er innerte sich mit Rührung an seine Tage in der Solvay Fabrik und was er dort über das Leben gelernt hatte. Dann bemerkte er, dass der Text und der Geist des Appells der Bischöfe an die deutschen Bischöfe eine wunderbare Vorbereitung auf die polnische Tausendjahrfeier seien, denn sie wurzelten in den „tiefsten Grundsätzen christlicher Moral, wie sie im Evangelium enthalten sind". Darüber hinaus erklärte Wojtyła den Arbeitern, dass der Brief der Bischöfe eindeutig im Interesse der Nation war, da er den Weg für eine Lösung der Rechtskontroverse über die „zurückgewonnenen Territorien" ebnen würde, was die deutschen Bischöfe in ihrer Antwort auch so gesehen hätten. (Selbstverständlich ist die deutsche Anerkennung in dem vom SB ausgeheckten Brief nicht erwähnt worden.) Wojtyła schloss mit den Worten: „ Vor allem aber entgegne ich auf diesen Brief als eine Person, der Unrecht getan wird [...]. Als wir während der Besetzung zusammengearbeitet haben, einten uns viele Bande – und zu ihnen gehörte an erster Stelle die Achtung vor dem Menschen, vor dem Gewissen, der Individualität und der sozialen Würde. Das habe ich in hohem Maße von den Arbeitern bei Solvay gelernt – aber genau dieses grundlegende Prinzip vermisse ich in eurem offenen Brief. [...] nicht nur ich habe ein Recht auf meinen guten Namen, auch alle Menschen, für die ich stehe, und deren Hirte ich als Erzbischof von Krakau bin, haben ein Recht auf meinen guten Namen."[32]

Der plumpe Einschüchterungsversuch des SB ermöglichte es Wojtyła, die Kampffront abzustecken, an der er, solange er Erzbischof von Krakau war, den Kommunismus bekämpfen würde: die Würde des Menschen. Als die Jahrtausendfeier Polens sich näherte – es war dies die zweite Initiative Wyszyńskis, die die Kommunisten unbedingt untergraben wollten – kam es an dieser Front zu weiteren Scharmützeln.

Die Jahrtausendfeier erinnnerte an die Taufe des Piastenfürsten Mieszko I. im Jahre 966 – an das Ereignis, das den historischen Beginn des dann „Polen" genannten Territoriums markiert. Kardinal Wyszyński wollte mit den Feierlichkeiten zweierlei erreichen, zum einen sollte die Nation an ihre christlichen Wurzeln erinnert werden, zum anderen sollte sie sich einer bestimmten Zukunft verpflichten, denn es war beabsichtigt, die Feierlichkeiten mit einem Akt enden zu lassen, bei dem die Nation sich am 26. August, dem Tag Unserer lieben Frau von Tschenstochau, aufs neue der Jungfrau Maria, der Königin Polens, weihte. Wyszyńskis Vorhaben forderte die kommunistischen Herren nicht nur bezüglich der Zukunft der Nation heraus, es stellte auch deren Deutungshoheit bezüglich der Vergangenheit infrage, und warf damit Fragen über die nationale Identität und die Legitimität des Regimes auf. Die Staatsorgane hoben den Fehdehandschuh auf, wobei dem SB eine entscheidende Rolle zufiel.

Im Februar 1966 wurde eine spezielle „Kommission aus Partei und Staat" eingesetzt, um Wyszyńskis Jahrtausendfeier zu torpedieren. Zu ihren Mitgliedern zählten Vertreter der Sicherheitsdienste ebenso wie Beamte aus den Ministerien, die für Transportwesen, Kultur, Erziehung, Radio, Fernsehen, Tourismus und Sport zuständig waren. Die Kirche war wieder einmal verstärkten Infiltrationsbemühungen ausgesetzt. Man stellte ein Gegenprogramm auf, so dass verschiedene sportliche und kulturelle Ereignisse sich mit den kirchlichen Feierlichkeiten überschnitten. Für den 22. Juli, den Jahrestag des Lubliner Manifests, war eine „Parade der Jahrtausendfeier" angesetzt. Als Wyszyński nach Gnesen und Posen kam, um religiöse Gedenkfeiern zum Millennium zu leiten, veranstaltete die Gegenseite „patriotische Ereignisse", bei denen der Parteivorsitzende Gomułka und der Verteidigungsminister auftraten. Józef Cyrankiewicz, Ministerpräsident und der Mann, der Witold Pilecki ans Messer geliefert hatte, sollte dem Primas bei den Jahrtausendfeiern in Krakau Konkurrenz machen. Die Abschlussmesse in Warschau endete damit, dass die Menge mit der bewaffneten Miliz, der ZOMO, zusammenstieß, die die Straßen zum Hauptsitz der kommunistischen Partei abriegelte. Zu den schwersten Unruhen kam es in Lublin, wo 290 Menschen festgenommen wurden. Wie der Historiker Andrzej Paczjowski schreibt: „Bei all diesen Störungen wirkten organisierte „Arbeiteraktivisten" mit den regulären Sicherheitskräften zusammen. Einige von ihnen waren tatsächlich Angehörige des SB, die sich der Öffentlichkeit gegenüber aggressiv und gelegentlich schlicht provokativ verhielten."[33]

Auch Papst Paul IV. fiel eine Rolle in dem Drama der Tausendjahrfeier zu. Er hegte für Polen, das Land, in dem er als junger Diplomat ein paar Monate verbracht hatte, eine große persönliche Zuneigung und nahm freudig Wyszyńskis 1965 ergangene Einladung an, doch die Weihegelübde der Nation zur Tausendjahrfeier in Tschenstochau entgegenzunehmen. Man hätte meinen können, die kommunistischen Staatsorgane wären einer solchen päpstlichen Pilgerreise gegenüber offen gewesen. Schließlich gehörte es während des Zweiten Vatikanums und unmittelbar danach zu ihrer Strategie, den ihrer Ansicht nach „fortschrittlichen" Mann – Paul VI. – gegen den bekannten reaktionären Feind – Wyszyński – auszuspielen, um so die polnische Hierarchie und die polnische Laienschaft zu spalten und zugleich eine eigene Gesprächsleitung zwischen Vatikan und polnischer Regierung zu schaffen.

Die Wut der Regierung über den Brief der Bischöfe an das deutsche Episkopat und Pauls VI. starke Unterstützung für den polnischen Versöhnungsschritt ließen diese strategischen Überlegungen jedoch in den Hintergrund treten. Obwohl Agostino Casaroli – in Anzug und Krawatte – auf eine geheime Verhandlungsmission nach Polen aufbrach, stellte das Regime derartige Bedingungen für den Papstbesuch, dass es sich einer Weigerung sicher sein konnte: Der Papst durfte nur für einen Tag einreisen; würde Wrocław, das frühere Breslau, und nicht Warschau besuchen – wodurch stillschweigend die polnische Souveränität über die „zurückgewonnenen Territorien" bestätigt worden wäre –; Wyszyński würde bei dem Papstbesuch nicht in Erscheinung treten.[34] Die Bedingungen waren klarerweise unannehmbar, und der Papst musste Wyszyńskis Einladung schweren Herzens absagen. Bei der Messe der nationalen Weihung in Tschenstochau am 26. August sahen die Hunderttausende von Polen, die allen Behinderungsanstrengungen des Regimes zum Trotz an ihr teilnahmen, das gerahmte Porträt des Papstes auf einem leeren Stuhl. Geschmückt war es mit roten und weißen Rosen – den polnischen Nationalfarben.[35]

Paul VI. wollte Polen nicht unter Umständen besuchen, die dem Ansehen des Primas Wyszyński schaden mussten. Doch Wyszyński hatte durchaus einflussreiche Kritiker in der römischen Kurie, vor allem unter den Diplomaten, die mit der Konzeption und der Durchführung der Ostpolitik betraut waren.

Das spiegelte zum Teil die typische Abneigung der Kurie gegen die „kleinen Päpste", die Würdenträger der Ortskirchen, die eifersüchtig über die kirchlichen Angelegenheiten in ihrem Sprengel wachten und sich auch nicht scheuten, Maßnahmen der Kurie abzuschmettern. Im Fall Wyszyński berührte das unmittelbar die Entschlossenheit des Primas, dass nur er allein mit der polnischen Regierung verhandeln würde. Das Ressentiment gegen Wyszyński spiegelte aber auch die Spannungen der späten vierziger Jahre, als der Primas, der jetzt als starrköpfig und kompromisslos galt, für den Geschmack einiger Diplomaten Pius' XII. zu geschmeidig gewesen war. Rom wusste sehr wohl um Wyszyńskis Fähigkeiten. Casaroli, der Jahre lang gegen ihn opponierte, bezeichnete ihn einmal als einen „wirklichen Fürsten" und einen Mann mit bewundernswert politischem Scharfsinn, der immer wusste, wo sich die Abgründe auftaten.[36] Andererseits war es für die Kurie kein Geheimnis, dass Wyszyński meinte, sie sei den Kommunisten nicht gewachsen, die er viel besser zu kennen glaubte. Vom Standpunkt des SB erwiesen sich das Ressentiment der Kurie gegen Wyszyński und die oft erhobene Anschuldigung, der Primas sympathisiere nicht mit den Reformen des Zweiten Vatikanums, als ausgezeichneter Nährboden für die Anwerbung klerikaler Mitarbeiter, die Wyszyński seinen in ihren Augen autoritären Stil übernahmen oder die andere theologische Ansichten über die Zukunft des Katholizismus hegten. Zu der ersten Sorte von Mitarbeitern des SB gehörte Hochwürden Mieczysław Albert Krąpiec OP, Professor am philosophischen Seminar der Katholischen Universität Lublin. Zur zweiten Sorte gehörte Mieczysław Maliński, ein ehemaliger Mitseminarist Karol Wojtyłas, der unter dem Decknamen DELTA für den SB arbeitete, ebenso wie Hochwürden Michał Czajkowski, dessen Maulwurftätigkeit beim Zweiten Vatikanum schon erwähnt wurde.[37]

Paul VI. hatte große Achtung vor Karol Wojtyłas Arbeit beim Zweiten Vatikanum und wollte im Juni 1967 den jungen Erzbischof in seinem ersten nachvatikanischen Konsistorium zum Kardinal erheben. Vermutlich stellte die polnische Regierung sich nicht gegen die Ernennung, weil sie meinte, sie käme ihrer Strategie des „Teile und Herrsche" entgegen: Zwei Kardinäle könnten in der Hierarchie zu Parteiungen führen und – wer weiß – vielleicht auch zu zwei Lagern, einem „fortschrittlichen" und einem „konservativen". Aus solch einer Spaltung könnte das Regime für sich Kapital schlagen. Der frischgebackene Kardinal dachte für seinen Teil gar nicht daran, sich an das Drehbuch der Genossen zu halten. Nahmen beide gemeinsam öffentliche Aufgaben wahr, erwies Wojtyła dem Primas immer höchsten Respekt und verteidigte ihn stets sowohl gegen unruhige katholische Intellektuelle als auch gegen Anfeindungen der römischen Kurie. Selbst hinter den geschlossenen Türen der polnischen Bischofskonferenzen beugte Wojtyła sich stets dem Älteren, und sagte seine Meinung erst, wenn der Primas sagte: „Wir haben zu dieser Frage noch nicht Kardinal Wojtyła gehört".

Nachdem Wojtyła zum Kardinal ernannt worden war, verstärkte der SB seine Überwachung. Ein ausführlicher Fragebogen ausgehändigt an die Informanten, Kollaborateure und Agenten des SB, darunter ARES und ERSKI, macht deutlich, wie besessen die Sicherheitskräfte hinter jeder potentiell nützlichen Einzelheit über den neuen Kardinal her waren. Das vier Seiten umfassende „Charakterprofil" führte sieben Punkte auf. Der Punkt „Alltagsroutinen" fragte nach allem Möglichen, angefangen von Wojtyłas Rasiergewohnheiten bis hin zu solchen Fragen, wer seine Unterwäsche kaufe und wer seine Schuhe putze, und vergaß auch nicht, sich danach zu erkundigen, wie oft und mit wem der Kardinal trinke und ob er rauche – selbst die Marke war von Interesse. Der zweite Punkt über „audio-visuelle Ausstattung" fragte unter anderem danach, was er von den gängigen Radio- und Fernsehprogrammen halte, und vor allem, ob er Radio Freies Europa höre. Im Punkt über die Gesundheit des Kardinals wurde eine Reihe von Fragen gestellt, die man erwartet hätte, aber auch über die Häufigkeit seiner Zahnarztbesuche wollte man etwas wissen. Punkt vier „Interesse an Technik und Sammlungen" fragte danach, ob Wojtyła Briefmarken oder Münzen sammle und gut Schreibmaschine schreiben könne. Punkt fünf war „Sport, Reisen und Freizeit" gewidmet, wohl nicht weiter erstaunlich, wusste doch jedermann, dass der Kardinal ein guter Wanderer, Kajakfahrer und Skiläufer war; hier hätte der SB gern gewusst, wie gut seine Skier waren und wieviel Freizeitkleidung er für den Sommer und den Winter besaß. Der sechste Punkt des Fragebogens über seine „Familiensituation" hätte ein mageres Ergebnis erbracht, da der Kardinal nur ein paar entfernte Cousins hatte. Alle direkten Verwandten waren schon seit langem tot. Dennoch wollten die Sicherheitsdienste wissen, ob es da irgendwelche Familienkonflikte gebe, und wenn, was ihre Ursachen und gegenwärtigen Umstände sind. Der letzte Punkt, der siebte, versuchte eine Liste der „persönlichen Kontakte" des Kardinals zu erstellen, darunter seine „engsten beruflichen Kontakte" und seine „engsten Freunde".[38]

Trotz dieser engmaschigen Überwachung, zu der das sorgfältige Anbringen von Wanzen in seiner Residenz ebenso gehörte wie das Ausspionieren der im Charakterprofil genannten Freunde und Kontakte, deutete der SB seinen Mann mit schöner Regelmäßigkeit falsch. 1967 stattete der französische Präsident Charles De Gaulle, der seine eigene Ostpolitik verfolgte, dem Land einen Staatsbesuch ab und beschloss auf Druck der kommunistischen Machthaber Primas Wyszyński nicht zu treffen. Als er nach Krakau kam und die Kathedrale besuchen wollte, führte der Sakristan ihn durch die Kirche, nachdem De Gaulle darüber informiert worden war, dass Kardinal Wojtyła andere Termine hatte. In den Dokumenten des SB wurde diese Brüskierung als ein Zeichen von Wojtyłas mangelnder Urteilsfähigkeit und seiner Furcht vor Wyszyński gedeutet, obwohl es in Wahrheit ein deutlicher Hinweis auf Wojtyłas Loyalität und seine Entschlossenheit war, sich nicht gegen den Primas ausspielen zu lassen, auch nicht von *Le Grand Charles.*

Folgenreiche Ereignisse

In Karol Wojtyłas erstes Jahr als Kirchenfürst fielen zwei Ereignisse, die sich auf seine persönliche Zukunft und auf die Dynamik der Auseinandersetzung zwischen der polnischen Kirche und dem Kommunismus erheblich auswirkten.

Am 4. Juli 1967 wurde Agostino Casaroli, dem es gelungen war, den tschechoslowakischen Primas Josef Beran aus dem Hausarrest zu befreien und ins römische Exil gehen zu lassen und den ersten Botschafteraustausch mit einem kommunistischen Staat, Jugoslawien, zustandezubringen, von Paul VI. zum „Außenminister" des Vatikans ernannt und zum Bischof erhoben. Von da an hatte Casaroli die offizielle Berechtigung, den Rahmen der vatikanischen Ostpolitik, deren treibende Kraft er schon seit Jahren war, abzustecken. Niemand, und ganz zuletzt Kardinal Wyszyński, zweifelte daran, dass Casaroli noch tatkräftiger daran gehen würde, dem Heiligen Stuhl die Vermittlerrolle zwischen den hart bedrängten Ortskirchen und den jeweiligen kommunistischen Regierungen zu verschaffen.[39] Die damit verbundenen Verwicklungen waren nicht gering – zum Teil deshalb, weil sie unter der Führung des KGB mit einem neuen, im ganzen Ostblock lancierten Angriff auf die Kirche zusammenfielen. Denn innerhalb von drei Wochen nach Casarolis Ernennung riefen Moskaus Oberspione in Budapest die Geheimdienste aus dem gesamten Ostblock zusammen, um „das Vorgehen gegen den Vatikan zu erörtern" und Maßnahmen zu ergreifen, erstens um „den Vatikan und seine Hintermänner zu diskreditieren" und zweitens um „die Differenzen innerhalb des Vatikans und zwischen dem Vatikan und den kapitalistischen Ländern zu verschärfen". Höhere KGB-Chargen sprachen auf der Konferenz, ließen sich über die „feindseligen Aktivitäten" des Vatikans und der katholischen Kirche in der UdSSR aus und legten dar, wie der KGB diese angeblichen Angriffe zu bekämpfen gedachte. Ein wichtiger Punkt war auch „das Vorgehen der Agenten gegen vatikanische Einrichtungen". Die Maßnahmen gegen den Vatikan müssten „ in enger Beziehung zu denen gegen den Hauptfeind [die USA]" verstärkt werden.[40]

Das zweite Ereignis, das den zukünftigen Kampf zwischen Katholizismus und Kommunismus prägen sollte, war der Prager Frühling von 1968, der im August jenes Jahres von sowjetischen Tankern niedergeschlagen wurde. Dieser brutale Unterdrückungsakt brachte einige Mitglieder der kommunistischen Regierung, die über die Gewalt entsetzt waren, zum Nachdenken. Nachdem die Panzer in Prag eingerollt waren, begann Wassili Mitrochin damit, das riesige Archiv von KGB-Berichten zu kopieren, das er später in den Westen schmuggelte.[41] Auch für den polnischen Armeeoffizier Ryszard Kukliński war der Angriff auf den Prager Frühling das Schlüsselerlebnis, das ihn veranlasste, Kontakte zum amerikanischen Geheimdienst zu suchen, um das westliche Bündnis von künftigen militärischen Plänen des Warschauer Pakts in Kenntnis zu setzen.[42] Außerdem stürzte das Ersticken des Prager Frühlings all die Intellektuellen in die Krise, die sich für den Marxismus erwärmt hatten, denn damit schien die Unmöglichkeit eines „Reformkommunismus" erwiesen zu sein. Der polnische Philosoph Leszek Kołakowski schrieb eine revisionistische Darstellung der Geschichte des Marxismus, ging schließlich ins Exil und kam in seinem Meisterwerk *Hauptströmungen des Marxismus* zu dem Schluss, dass der Stalinusmus eine natürliche Folge des Marxismus ist und nicht eine Abirrung, wie Nikita Chruschtschow am 20. Parteitag der KPdSU erklärt hatte.[43] Bronisław Geremek, ein Mittelalterhistoriker des Judentums, der im Nachkriegspolen eine katholische Volksschule besucht hatte, trat aus der kommunistischen Partei aus und suchte Verbindungen zu anderen Dissidenten aus Intellektuellenkreisen.

Die Ereignisse in der Tschechoslowakei fanden, wenngleich weniger dramatisch, einen Widerhall in den beträchlichen Unruhen in Polen 1968. Die überzogene Reaktion darauf – es kam zu tausenden von Festnahmen und Verhaftungen, Studenten wurden massenhaft von den Universitäten relegiert, die überall im Land in Aufruhr waren – deutete auf einen zunehmenden Verfolgungswahn der kommunistischen Führungen in ganz Ost- und Mitteleuropa hin. Für Wladysław Gomułka und andere war es verhältnismäßig leicht, Geremeks Abweichung dem „Zionismus" anzulasten und so von den wirklichen Problemen des Landes durch eine offizielle antisemitische Kampagne abzulenken. Aber es war ein klares Zeichen, dass der langjährige polnische Parteiführer seinen Realitätssinn verlor, als er dem Politbüro mitteilte, Leszek Kołakowski, ein durch und durch weltlicher Philosoph, sei „einer von Wyszyńskis Klientel".[44]

Das war überhaupt nicht plausibel. Etwas aber hatte sich tatsächlich in der polnischen Hierarchie verändert: Ihr Umgang mit diesen Wellen der Unruhe und Repression war, vielleicht unter dem Einfluss des frischgebackenen Kardinals Woytiła, ein anderer geworden. Lange hatte die Kirche die Keule geschwungen, um ihre Schäfchen und ihre Priester zu verteidigen. Nun setzten sich Polens Bischöfe für die Menschenrechte jener Intellektueller und Künstler ein, die nicht nur ungläubig waren, sondern sich zuvor als Widersacher der Kirche verhalten hatten.

Die ärgste Form der Paranoia während der Erhebungen von 1968 legte jedoch der KGB an den Tag. Jurij Andropow, der noch immer unter den seelischen Wunden des für ihn überraschenden ungarischen Aufstands von 1956 litt, war 1967 Chef des KGB geworden – gerade rechtzeitig zum Ausbruch des Prager Frühlings. Das Zusammentreffen war offenbar zuviel für ihn und verstärkte Andropows alte Ängste vor einer vom Vatikan angezettelten antisowjetischen Verschwörung. Denn er war überzeugt, dass der Vatikan die UdSSR unbedingt ideologisch zersetzen wollte. Das war natürlich richtig, wenn auch nicht in dem Sinn, wie Andropow „ideologische Zersetzung" verstand. Genau zu der Zeit, zu der Casarolis Ostpolitik in ihre tatkräftigste Phase eintrat, handelte der KGB aufgrund einer Annahme, über die der Kuriendiplomat, hätte er davon gewusst, nur gestaunt hätte: Andropow und seine Genossen waren davon überzeugt, dass das vatikanische Staatssekretariat einen großangelegten Plan hatte, um die Einheit der Sowjetunion zu zertrümmern und dass dieser von Pauls VI. engstem Mitarbeiter, Erzbischof Giovanni Benelli, stammte.[45]

Um die Kirche „aufzulösen"

Als Bischof und Anwalt der Menschenrechte in den späten sechziger Jahren machte Karol Wojtyła deutlich, was alles in ihm steckte. In den dreizehn Jahren, die ihm nach dem Ende des Zweiten Vatikanischen Konzils in Krakau verblieben, legte er ein ungeheures Tempo in seiner seelsorgerischen Arbeit vor, das ihn zu einem der kreativsten, dynamischsten Bischöfe der nachkonziliaren Kirche machte. Zugleich erweckte seine Arbeit auf mehreren internationalen Bischofssynoden und in den römischen Kurienkongregationen, denen er als Kardinal zugeteilt war, sowie seine gelegentlichen Streifzüge in das internationale Geistesleben die Achtung führender Kirchenmänner auf der ganzen Welt. Wer ihn in Krakau besuchte, konnte selbst erleben, dass der *defensor civitatis* nicht nur ein glücklicher, sondern auch erfolgreicher Krieger war.[46]

Seine Erfolge waren umso beeindruckender, als er mit verwickelten politischen und kirchenlichen Umständen konfrontiert war. In einer Hinsicht darf man die politische Lage als schlicht bezeichnen – „wir" und „sie", „die Gesellschaft" und „die Macht", so hieß es die ganze Zeit. In anderer Hinsicht aber war die Politik sehr viel komplexer geworden, als sie es von 1953 bis 1956, in der klassischen Periode des katholischen Widerstands gegen den Kommunismus, gewesen war.

Im Dezember 1970 brachen in Danzig Proteste aus, die schnell auf die ganze Ostregion übergriffen und dann einen Großteil des Landes mitrissen. Die Folge waren Dutzende von Toten, tausende von Festnahmen – oft mit brutalen Prügeln verbunden – und der Rücktritt von Władysław Gomułka als Vorsitzendem der Kommunistischen Partei Polens, vierzehn Jahre nachdem er als Reaktion auf die Unruhen von 1956 an die Macht gekommen war. Abgelöst wurde Gomułkas von Edward Gierek, dessen politische Basis in den Industriegebieten Schlesiens lag, und der, wie man hoffte, an die Arbeiter appellieren konnte, die nach Gomułkas Rücktritt noch immer höchst erregt waren. Giereks Fahrt nach Danzig wurde dramatisch in Szene gesetzt. Nachdem er sich eine lange Litanei von Beschwerden über Unfähigkeit, Brutalität, harte Arbeitsbedingungen, niedrige Löhne und Preise für Nahrungsmittel angehört hatte, forderte er die Werftarbeiter auf, an der Lösung mitzuwirken: „Also was sagt ihr? Wollt ihr mithelfen"? Er erhielt die gewünschte Antwort, wenn auch ohne große Begeisterung: „Wir werden mithelfen". Wie Andrzej Paczkowski es formuliert: „Dieser Dialogfetzen" – dieses Zerrbild einer demokratischen Mitsprache – wurde „festgehalten und endlos von der amtlichen Propaganda wiederholt. Die entscheidende Frage an das System, die einer der Arbeiter bei der Begegnung mit Gierek stellte, blieb indessen unbeantwortet: „Warum müssen die Arbeiter für jeden Wandel mit ihrem Blut bezahlen?"[47] Der „Wandel" war die Parodie auf eine gesunde Wirtschaft: ein „Konsumentensozialismus", der mit horrenden Auslandsanleihen finanziert wurde. Einige Aspekte des Alltaglebens verbesserten sich, jedenfalls zeitweilig. Doch wie jeder Pole, der Zugang zu einem Radio hatte, wusste, wurde die Kluft zwischen dem Leben hinter dem Eisernen Vorhang und in Westeuropa immer größer. Doch das Regime hielt hartnäckig an seiner kruden „Propaganda des Erfolgs“ fest und posaunte seine Leistungen auf dem Felde der Kultur und des Sports heraus, auch wenn sich die ersten wirtschaftlichen Errungenschaften des „Wandels“ schnell verflüchtigten und das versprochene Füllhorn der Konsumwaren sich nie materialisierte. Das Trommelfeuer der Propaganda und die unaufhörlichen Prahlereien des Regimes dienten nur dazu, den Mann auf der Straße noch mehr zu entfremden und den Gemeinsinn zu erschüttern.[48]

Diese unglückliche Lage bildete den politischen und wirtschaftlichen Rahmen für Wojtyłas Wirken als Erzbischof, und andere Faktoren gestalteten sie noch komplexer. Das Kräftespiel der polnischen Dissidenten bekam eine neue Note: Es zeigten sich erste Anzeichen für eine Annäherung zwischen unzufriedenen Arbeitern, die fast alle katholisch waren, und Dissidenten aus der Intelligenz, die meisten weltlich gesinnt und manchmal antiklerikal waren. Während das Regime diese Bemühungen mithilfe des SB ausspionieren und konterkarieren wollte, trug es – welch Ironie – gerade dazu bei, diese Koalition von Oppositionellen möglich zu machen, denn die Notwendigkeit der Regierung, Polens Auslandsschulden zu bedienen, schützte die neuen Dissidenten vor einer allzu öffentlichen Brutalität des Regimes.[49] Was die Lage für Wojtyła noch verwickelter machte, war die Ostpolitik des Vatikans, die trotz Kardinal Wyszyńskis wachsender Skepsis immer mehr an Fahrt aufnahm. Wojtyła war Paul VI., der letztlich für die Ostpolitik verantwortlich war, sehr ergeben, musste allerdings gemeinsam mit Wyszyński Front gegen die Regierung machen und seine eigene Erfahrung bestärkte ihn in der Ansicht, dass eine beredte, öffentliche Verteidigung der Menschenrechte aller ein moralisches Gebot ist, was immer Erzbischof Casaroli und seine Verhandlungsführer mit der kommunistischen Führung hinter verschlossenen Türen besprachen. Mitten in diesen Spannungen und Verwicklungen fiel ihm die ungeheuere Aufgabe zu, das Zweite Vatikanum in seiner Erzdiözese umzusetzen.

Was immer es an oberflächlichen Veränderungen in der Zeit Giereks gegeben haben mag, etwas veränderte sich nicht: Die Kirche war nach wie vor der Feind und durch die Schaffung der „Unabhängigen Gruppe D“ in der Abteilung IV im November 1973 sollten die Daumenschrauben noch fester angezogen werden. Geleitet von Konrad Straszewski, einem altgedienten Kirchenkämpfer, war Gruppe D damit betraut, die Aktivitäten der Katholiken durch einen koordinierten Angriff auf die Integrität der Kirche zu „zersetzen“.[50] Mit vier anderen Offiziere leitete Straszewski eine Operation, die vier Ziele benannte: sowohl die „feindlichen Ideologien“ als auch die „sozialen Aktivitäten“ der katholischen Kirche aufzudecken und zu verhindern, vor allem mit Blick auf den Klerus der Erzdiözese, die Orden und Laienverbände; diejenigen katholischen Priester und Bischöfe zu identifizieren und zu bekämpfen, die als besonders gefährlich galten; die Kontakte der polnischen Kirche zu anderen katholischen Einrichtungen und Organisationen im Ausland verdeckt zu ermitteln und zu kappen; die Loyalität des katholischen Klerus und der katholischen Laien zur Volksrepublik Polen zu stärken.[51] Alle Betätigungsfelder Wojtyłas als Erzbischof gerieten so ins Visier des SB, der alles in seiner Macht Stehende tat, um Wojtyłas Vorhaben mithilfe von Kollaborateuren in der Krakauer erzbischöflichen Kurie zu torpedieren und zu „zersetzen“. Erfolg hatten sie damit nicht, doch nicht weil es an Anstrengung fehlte.

Agenten der Ostblockgeheimdienste waren derweil fleißig in Rom am Werk. In den unmittelbar auf das Zweite Vatikanum folgenden Jahren gingen beim KGB Berichte von Quellen im Büro des Staatssekretärs Pauls VI., des französischen Kardinals Jean Villot, im „Außenministerium“ des Heiligen Stuhls und im Rat für die öffentlichen Angelegenheiten der Kirche ein – darunter praktisch wörtliche Berichte über die Gespräche Papst Pauls mit Bundeskanzler Willi Brandt und dem südvietnamesischen Außenminister Tran Van Lam und eine Kurzfassung der Diskussion, die der Papst 1970 mit dem US-Präsidenten Richard M. Nixon geführt hat. Abhörgeräte wurden in den Räumen des Hauptarchitekten der Ostpolitik, Erzbischof Casarolis, versteckt. Die Spionageabwehrmaßnahmen des Vatikan rangierten indes von rudimentär bis gar nicht vorhanden: Stenographische Aufzeichnungen brisanter Verhandlungssitzungen wurden im vatikanischen Staatssekretariat archiviert, ohne sich groß Sorgen darum zu machen, dass Kopien davon in Warschau, Ostberlin oder Moskau landen könnten.[52]

Berücksichtigt man all das ebenso wie die neuerlich verschärften Geheimdienstangriffe des Regimes auf die Kirche, entbehrt die Tatsache nicht der Ironie, dass genau in dieser Phase die Architekten der vatikanischen Ostpolitik einen wie es ihnen schien entscheidenden Durchbruch erreichten: 1974 wurden „ständige Arbeitskontakte“ zwischen dem Heiligen Stuhl und der polnischen Regierung eingerichtet, wobei Kazimierz Szablewski der Ansprechpartner in der polnischen Botschaft in Rom war und Erzbischof Luigi Poggi für den Vatikan agierte.

Die Diplomaten des Vatikans hielten dieses Arrangement für einen nützlichen ersten Schritt, um offizielle diplomatische Beziehungen zur Polnischen Volksrepublik aufzunehmen. Vom Standpunkt des SB aus schuf die Gruppe der ständigen Arbeitskontakte neue Gelegenheiten, Kardinal Wyszyńskis Position zu schwächen: noch ein strategisches Ziel der „Zersetzungs“-Kampagne. Erzbischof Poggis polnische Gesprächspartner betonten daher gegenüber ihren Kontakten im Vatikan und vor allem gegenüber Erzbischof Casaroli, wieviel Schwierigkeiten sie mit dem Primas hätten. In der Zwischenzeit bediente sich der SB seiner geheimdienstlichen Kontakte in Rom, zu denen sowohl Kollaborateure und Informanten der Abteilung I (Auslandsnachrichtendienst) als auch der Abteilung IV (Bekämpfung der Kirche) gehörten, um die diplomatischen Strategien und Taktiken Poggis und seines Stabes auszuspionieren; die gewonnenen Erkenntnisse wurden an Szablewski und die anderen Mitglieder der Kontaktgruppe weitergeleitet.

Gleichzeitig nutzte die Abteilung IV die Treffen zwischen Szablewski und Poggi sowie die informellen Kontakte, die zwangsläufig die offizielle Sitzungen ergänzten, um gezielt Falschinformationen über die polnischen Bischöfe zu verbreiten, die sie ganz besonders „auszulöschen“ wünschten – diese Aktionen, das sollte bemerkt werden, waren vom Zentralkomitee der KP Polens abgesegnet. Konrad Straszewskis Unabhängige Gruppe D übernahm auch ihren Part in der römischen Aktion des SB und war verantwortlich für die „Zersetzungs“-Aktivitäten des polnischen Dienstes von Radio Vatikan. Dazu griff Gruppe D auf eine Reihe geheimer Mitarbeiter unter in Rom ansässigen Ordensangehörigen zurück, darunter Jesuiten und Franziskaner. Bei diesen und anderen Anstrengungen unterhielt Gruppe D sowohl offizielle als auch informelle Kontakte zum KGB.[53]

Von Kopf bis Fuß ein Erzbischof

Die Jahre, in denen der SB nicht mit seinen Anstrengungen nachließ, die katholische Kirche Polens „auszulöschen“, waren für Kardinal Wojtyła eine Phase, in der sein Charisma wuchs – Jahre, in denen er zu einem Magnet des öffentlichen Lebens wurde. Für sein seelsorgerisches Wirken brauchte er große Klugheit, um die Einschränkungen zu umgehen, die der Kirche vom Regime aufgezwungen wurden. Verbot man katholische Jugendgruppen, dann suchte die Kirche nach einem andere Rahmen – etwa ein Picknick für Ministranten –, um Katechismusunterricht zu erteilen, aber auch Sport und Spiel nicht zu vernachlässigen. Wenn die „Oasen“, die Sommerzeltlager der Erneuerungsbewegung *Licht und Leben* von der örtlichen Polizei und dem SB schikaniert wurden, bot der Kardinal-Erzbischof ihnen jeden erdenklichen Schutz, indem er die Lager und die Familien besuchte, die ein Bußgeld zahlen mussten, weil sie *Licht und Leben* ihr Land für die Zeltlager zur Verfügung gestellt hatten.[54] Diese Maßnahmen des *defensor civitatis* waren für das kommunistische Regime zweifellos ein Ärgernis. Was ihnen aber wirklich Angst machte, war die Tatsache, dass Wojtyła sich zu einem schwungvollen Redner entwickelte, der große religiöse Ereignisse zunehmend dazu nutzte, das Regime in der Frage der Menschenrechte anzuprangern.

Krakaus jährliche, im Frühling stattfindende Fronleichnamsprozession war ein solches Ereignis. Die Kommunisten wollten solche öffentlichen Darstellungen katholischer Frömmigkeit unbedingt unterbinden und verboten zunächst, dass die Prozession den Burgberg verlässt; sie durfte um den Hof des Königsschlosses ziehen, basta. Nach Jahren der Auseinandersetzung wurde es Wojtyła gestattet, dass die Prozession vom Burgberg in die Krakauer Altstadt ziehen konnte, wenn auch entlang einer Route, die sehr viel kürzer war als die übliche in den dreißiger Jahren. An den vier Altären enlang des gestutzten Prozessionsweges bewies Wojtyła, was für ein großartiger Redner mit Sinn für Dramatik er war. Jahr für Jahr setzte er vor der hunderttausendköpfigen Menge das Regime mehr unter Druck. 1971 wehrte sich der Kardinal-Erzbischof gegen die kommunistische Behauptung, polnischer Katholizismus und polnischer Patriotismus seien zwei Paar Schuhe: „Wir sind Bürger unseres Landes, Bürger unserer Stadt, aber auch das Volk Gottes, das seine eigenen christlichen Empfindungen hat. […] Wir werden nicht aufhören, unsere Rechte einzufordern […]. Wir werden einklagen!" Drei Jahre später betonte der Kardinal vor der riesigen Menge: „Wir sind keine Randscheinung!" 1975 erlaubte sich Wojtyła, dessen Sinn für Humor der Ironie zuneigte, einen in der Öffentlichkeit seltenen Sarkasmus. Als er bemerkte, der Prozession sei es noch immer verwehrt, Krakaus großen Marktplatz zu betreten, kommentierte er bissig: „ Ich neige der Ansicht zu, dass solche Handlungen dem Normalisierungsprozess zwischen Kirche und Staat nicht förderlich sind." Für diejenigen, die Ohren hatten zu hören, mochte das auch ein subtiler Wink an die Befürworter der vatikanischen Ostpolitik sein, dass „ständige Arbeitskontakte" kein befriedigender Ersatz für solche grundlegenden Menschenrechte wie Religions- und Versammlungsfreiheit sind.[55]

Der große Marienwallfahrtsort von Piekary Śląskie, im Herzen Schlesiens, war ein weiterer Schauplatz, auf dem Kardinal Wojtyła seine neue Fähigkeit als öffentlicher Anwalt der Menschenrechte demonstrierte. Jedes Jahr im Mai pilgerten schlesische Arbeiter, vor allem aus dem Bergbau zu Hunderttausenden zu dem Marienheiligtum – Großväter, Väter und Söhne in buntem Aufzug, der ihre Stellung in der Bruderschaft der Bergarbeiter anzeigte. Was männliche Frömmigkeit ist, das hatte Karol Wojtyła zuerst von seinem Vater gelernt; und die schlesischen Bergarbeiter, die durch Felder und über Landstraßen zogen, um die Muttergottes zu ehren, verkörperten für ihn die Lehren des Hauptmanns. In den Predigten, die er vor diesen Männern, ihren Söhnen und ihren jugendlichen Enkeln hielt, wurde Wojtyła zunehmend zum glühenden Verfechter ihrer Würde. 1973 griff der Kardinal die Regierung und ihren Anspruch an, die Interessen der Arbeiter in der stets konfliktträchtigen Frage der Baugenehmigung für Kirchen zu vertreten: „Wir haben ein Recht in dieser Heimat, in der wir die Mehrheit stellen, mehr Raum zu bekommen! Wir haben ein Recht auf mehr Dächer über unseren Köpfen, wenn wir beten! Wir haben das Recht […] auf mehr Raum, um in den Gemeinden Religions- und Katechismusunterricht zu geben. Und dieses Recht richtet sich nicht gegen jemanden, es ist zum Wohl aller! Es sorgt für den Frieden!"[56] 1974 verurteilte er scharf „die unerhörte Bedrohung des Familienlebens", die von der Abtreibungspolitik der Regierung ausging: „Wir fürchten, dass in unserem Land möglicherweise mehr Leben geendigt als fortgepflanzt wird. Das würde unberechenbare, katastrophale Folgen haben […]."[57]

1975 erregte er sich darüber, wie das Regime den Atheismus befördern wollte, sowohl an der Propagandafront als auch durch Einflussnahme auf das Familienleben und die Schichtpläne der Arbeiter:

> Die Kirche des Gottesvolks in Schlesien hat ein […] eigenes religiöses Gesicht […], eines davon ist, die Einheit von Gebet und Arbeit […]. Wenn wir in Piekary

> sind, wird uns deutlich, dass man nicht im Namen der Arbeiterklasse oder im Namen ihrer Interessen und Bedürfnisse mit der Religion kämpfen kann. Man kann nicht im Namen der Wahrheit der schlesischen Grubenarbeiter den Atheismus propagieren [...]. Wir müssen unablässig fordern [...], dass der Grundsatz der Religionsfreiheit respektiert wird; dass Eltern völlig frei sein müssen, ohne jeden Druck von außen, ihre Kinder und ihre Jugendlichen in der Wahrheit des Glaubens zu erziehen, die hier so vieles bewirkt hat [...]; dass niemand wegen seines Glaubens leiden sollte; dass man euch nicht mit Entlassung droht, ob ihr nun als Grubenarbeiter oder als Direktor arbeitet, [...] dass ihr nicht gezwungen werdet, an Sontagen zu arbeiten.[58]

1976 griff er zwei wichtige Themen des Zweiten Vaticanums auf, indem er die apostolische Berufung von Laien im Namen eines christlichen Humanismus verteidigt, der wahrhaft menschlicher sei als der des Regimes, das für die Arbeiter zu sprechen beanspruchte:

> Wenn Menschen schlechtere Arbeit bekommen, weil sie gläubig sind und Christus bekennen und in die Kirche gehen; wenn Menschen von Stellen an der Universität ferngehalten werden, so ist das ein Skandal! Denn die Wissenschaft hat der Wahrheit zu dienen! Und wir haben ein Recht zu fordern, von dieser Stelle aus zu fordern, dass die Verfassung eingehalten wird! Dass die Erklärung der Menschenrechte, die von der Regierung unseres Landes unterschrieben worden ist, respektiert wird! [...] Diese hartarbeitende, hochherzige Gesellschaft [...] darf nicht behindert werden, weil sie nicht den Atheismus gutheißt, denn die menschliche Würde und das Gewissen lassen das nicht zu [...].[59]

Bei seinem letzten Auftritt als Krakauer Erzbischof in Piekary Śląskie erinnerte er seine Zuhörer, von denen viele gezwungen waren, manchmal an Sonntagen zu arbeiten, dass Gott den Sabbat aus einem Grund geboten hätte: auf dass Männer und Frauen ruhten und in sich das Bild des Gottes wiederfanden, der am siebten Tage ruhte. Die Berührung mit diesem Bild zu verlieren bedeute, das Geschenk des Lebens zu verschwenden: „Lasst uns daher fragen – werden nicht in unserem Heimatland zu viele Leben verschwendet? Lasst uns fragen – werden die künftigen Generationen von Polen nicht davon bedroht, dass sie Leben und Arbeit als absurd empfinden?“[60]

Die Pilgerfahrt nach Piekary Śląskie war dem Regime in den siebziger Jahren ein ganz besonderes Ärgernis, denn Schlesien war die politische Basis von Parteichef Gierek. Die Pilgerreise wurde von örtlichen Parteifunktionären und vom SB scharf beobachtet. Die Kennzeichen der Busse, die Pilger brachten, wurden photographiert; die Direktoren der Berg- und Stahlwerke legten die Schichtpläne so, dass die Zahl der Pilger möglichst klein gehalten wurde. Und dennoch, soweit das Auge reichte, strömten Zehn-, ja Hunderttausende die bewaldeten Hügel unterhalb des Marienheiligtums herab.[61] Sie wussten, dass sie einen Akt des Widerstands leisteten, aber eines Widerstands besonderer Art. Wie ein Grubenarbeiter auf die Frage antwortete, warum er zu einem ähnlichen Ereignis ein paar Jahre später gekommen ist: „Um die Muttergottes zu preisen und diese Schufte zu ärgern.“

Die Krakauer Fronleichnamsprozession und die Pilgerfahrt nach Piekary Śląskie hatten dies gemeinsam, dass sie um Raum kämpften: um Raum für die Kirche selbst, Raum für Polen, um es selbst zu sein, und das in einem Land, wo das Regime versuchte, den gesamten öffentlichen Raum zu besetzen. Die Schlacht um die Kirche in Nowa Huta war ein weiterer Kampf um Raum, der zugleich den anderen Kämpfen ähnelte und in bestimmter Hinsicht doch verschieden war. Nowa Huta war ganz bewusst als ein gottloser Raum konzipiert worden. Die Stadt lag sehr dicht bei Krakau und sie sollte die störrischen Krakauer dafür strafen, dass sie bei der gefälschten „Volksabstimmung" von 1946 und ebenso bei der parlamentarischen Scheinwahl von 1947 so hoch wie keine andere Stadt gegen die Kommunisten gestimmt hatten. Außerdem war Nowa Huta ein soziologisches Experiment in kommunistischer Stadtplanung. Mit dem Versprechen gutbezahlter Arbeit in der Industrie und besseren Freizeiteinrichtungen waren Tausende von Männern und Frauen aus den ländlichen Gebieten in die neue Stadt gelockt worden. Das Versagen an beiden Fronten sowie all die Spannungen, die unvermeidlich auftreten, wenn Menschen aus ihrer traditionellen ländlichen Lebensweise herausgerissen und in eine völlig andere soziale Umgebung verpflanzt werden, sorgten für unzählige soziale Probleme. Und dann war da noch die öffentliche Symbolik des Ortes, denn Nowa Huta war Teil des Versuchs, Polens nationalen Mythos neu zu erschaffen. Als Krakaus herrliche Altstadt im 19. Jahrhundert wieder aufgebaut wurde, war sie die Stein und Skulptur gewordene Verkörperung des romantischen Mythos vom polnischen Nationalismus zu einer Zeit, als es „Polen" nicht gab. Der funktionalistische Entwurf von Nowa Huta mit den riesigen Wohnblöcken und der Schwerindustrie sollte, so dachten es sich zumindest einige der kommunistischen Planer, den polnischen Nationalmythos, wie er in den lebendigen Steinen der Krakauer Altstadt zum Ausdruck kam, vernichten und ihn durch den neuen Mythos des Arbeiterstaates ersetzen.[62] Zum Narren halten ließ sich davon niemand, am wenigsten die Arbeiter, aber eine Antwort durfte nicht ausbleiben.

Die Antwort kam von Kardinal Wojtyła, indem er die Schlacht um eine Kirche in Nowa Huta gewann und ein bemerkenswert modernes Gebäude errichten ließ, eines, das die Gemüter der Menschen, die sie besuchten, eher emporhob als sie niederdrückte. Wie Stanisław Dziwisz, sein langjähriger Sekretär Jahrzehnte nach der gewonnenen Schlacht schrieb: „Die Erfahrung von Nowa Huta hat die Linie der pastoralen Praxis von Erzbischof Wojtyła für immer bestimmt, wie sie ebenso die Persönlichkeit des künftigen Papstes prägte: unerbittlich in der Verteidigung der Menschenrechte, des Rechts auf Gewissens- und Religionsfreiheit." Wojtyłas Kampf „für die Würde der menschlichen Person" hatte „seinen Ausgangspunkt tatsächlich in Nowa Huta [...]."[63]

Zwischen Wojtyłas zunehmend lautstarker Verteidigung der Menschenrechte – die sich auf Polens christliche Wurzeln und gegenwärtige Identität berief – und der sich vor allem unter den Dissidenten entwickelnden Stimmung im Land herrschte eine erstaunliche Symmetrie oder, besser noch, Übereinstimmung. Die Toten in Danzig von 1970 markierten einen historischen Wendepunkt in den vier Jahrzehnten des Kommunismus. Im Laufe der siebziger Jahre wurden die alten Symbole des nationalen Selbstbewusstseins, die nach der letzten polnischen Teilung von 1795 die Idee „Polen" lebendig gehalten hatten, wiederentdeckt und wiederangeeignet. Polen schwelgte erneut in der Ideenwelt, die ihm die Romantiker des 19. Jahrhunderts vorgezeichnet hatten: die eines geschundenen Gemeinwesens, dessen Leiden durch die tiefe religiöse Überzeugung einen Sinn erhielt, dass es einen Zweck haben müsse. Wie ein scharfsinniger Beobachter es formuliert hat, sehen wir hier einen Nationalismus mit einem universellen Ausblick.[64] In der Hand der wahren Führungspersönlichkeiten des Landes, wie Kardinal Wojtyłas, erwies sich diese Wiederentdeckung der Vergangenheit schließlich als ein kraftvolles Werkzeug, um eine andere Zukunft zu schaffen.

„Die einzig echte ideologische Bedrohung in Polen"

Mitte der siebziger Jahre fürchteten die kommunistische Regierung Polens und ihr Geheimdienstapparat Kardinal Wojtyła mehr als Kardinal Wyszyński. Nicht dass der Primas seinen Biss verloren hätte, doch nach dreißig Jahren der Konfrontation kannten beiden Seiten die Schritte in diesem speziellen Tanz. Außerdem wussten die Kommunisten ebenso wie Erzbischof Casaroli, dass Wyszyński klug genug war, die Abgründe zu erkennen, und entschlossen, nicht hineinzufallen. Bei Wojtyła lag der Fall anders. Er hatte die Partei „hereingelegt", wie sich der Gefängnisdirektor in Danzig zehn Jahre zuvor beklagt hatte. Wojtyła ließ sich nicht in das „Teile und Herrsche"-Spiel hineinziehen, sondern stand Wyszyński stets treu zur Seite. Gleichwohl war aus diesem Dichter, diesem Philosophen und Mystiker ein Mann der Tat geworden, der Worte als Waffen einsetzte, um die Kommunisten auf ihrem eigenen Feld zu schlagen – um ihren Anspruch auszuhebeln, sie seien die Vertreter des wahren Humanismus, die echten Verfechter der Wahrheit über den Menschen und die wahren Anwälte der menschlichen Freiheit. Und was noch schlimmer war, Wojtyła hatte sich zur Kontaktstelle für verschiedenste Dissidentenkreise entwickelt, sowohl aus dem katholischen als auch aus dem säkularen Lager. Würde Wyszyński sterben, wer weiß, was Wojtyła tun würde, wäre er dann Primas von Polen.

Aus Berichten des SB an das KGB-Hauptquartier in Moskau geht hervor, dass die Staatsanwaltschaft bei drei Gelegenheiten zwischen 1973 und 1974 erwogen hatte, Wojtyła festzunehmen und nach Artikel 194 des Strafgesetzbuches der Aufwiegelung anzuklagen.[65] Aber 1973 und 1974 waren nicht 1953 und Gierek wagte es nicht, das zu tun, was seine Vorgänger mit Stefan Wyszyński getan hatten. Also wurde Wojtyła noch enger überwacht, seine Mitarbeiter zunehmend Erpressungsversuchen ausgesetzt und körperlich bedroht. Einmal wurde Hochwürden Andrzej Bardecki, als er nach einem Treffen der Herausgeber von *Tygodnik Powszechny* mit Wojtyła nach Hause ging, von Schlägern, die entweder unmittelbar vom SB kamen oder von diesem angestiftet worden waren, bis zur Bewusstlosigkeit verprügelt. Der Kardinal besuchte den Priester am nächsten im Krankenhaus und sagte: „Du hast meine Stelle eingenommen, sie haben dich statt mich geschlagen.[66] Während die Staatsorgane ob ihrer Unfähigkeit, den Mann mundtot zu machen, den der Chefideologe der Partei Andrzej Werblan als „die einzig echte ideologische Bedrohung in Polen" bezeichnete hatte, vor Frustration mit den Zähnen knirschten, entwickelten der Kardinal und seine Freunde ihre eigenen Methoden, um die Genossen noch mehr zu frustrieren.[67] In eine dieser Methoden war das erzbischöfliche Auto involviert, ein Opel Admiral, der vom Chauffeur des Kardinals Józef Mucha gefahren wurde. Mucha war in den katholischen Kreisen Krakaus eine legendäre Gestalt. An einem Julitag, als sie von Warschau zu einer Fahrt aufs Land aufbrachen, wo der jährliche Kajakausflug des Erzbischofs beginnen sollte, wies Mr. Mucha – wie man ihn bereits nannte – den Kardinal und seinen Freund Stanisław Rybicki, ein altes Mitglied von Wojtyłas *Środowisko*, auf die Spione am Straßenrand hin, die den Wagen überwachten. Wie Dr. Rybicki noch nach Jahren schmunzelnd erzählte, „lächelte" Mr. Mucha „mit ironischer Duldsamkeit" und beschleunigte den sehr viel schnelleren Opel, während er zusah, wie der Beschatter des SB im Rückspiegel immer kleiner wurde. Als sie den Wald erreichten, zu dem sie wollten, verringerten er das Tempo, gerade rechtzeitig, um einem riesengroßen Elch auszuweichen, der gemächlich über die schmutzige Straße trabte, und entkam so dem SB.

Bei Wojtyłas Ausflug mit Kajak und Zelt 1978 – dass er der letzte sein würde, ahnte damals niemand – griff man zu einer anderen Taktik, man hatte ja im Jahr zuvor so seine Erfahrungen mit der örtlichen Polizei und Miliz gesammelt. Mr. Mucha fuhr den Kardinal nach Verabredung zu einem abgelegenen Ort, fern der Hauptstraße, aber nicht weit vom Ausgangszeltplatz; während der Beschatter des SB sich anstrengte den Opel einzuholen, stieg der Kardinal mit seinem bescheidenen Gepäck schnell in Stanisław Rybickis Auto um und fuhr mit diesem zum Treffpunkt von *Środowisko*. Mr. Mucha wendete, fuhr wieder auf die Hauptstraße zurück nach Krakau und beobachtete – vielleicht mit noch mehr „ironischer Duldsamkeit", wie der Beschatter auf der anderen Straßenseite vorbeizog, immer noch damit beschäftigt, den Anschluss zu halten.[68]

Selbstverständlich ging es nicht immer um Zeltreisen und das Abschütteln der Wachhunde vom SB. Im April 1974 trotzte Kardinal Wojtyła der kommunistischen Führung der Tschechoslowakei, ganz besonderen Hardlinern, indem er am Begräbnis Stefan Kardinal Trochtas teilnahm, der nach einem harten Verhör durch die tschechoslowakische Geheimpolizei einem Herzanfall erlegen war. Die Behörden hatten Wojtyła und anderen höheren Kirchenvertretern untersagt, die Totenmesse in Litomierzyce zu zelebrieren. Am Ende der Messe trat Wojtyła aus seiner Bank und stellte sich neben den Sarg des verstorbenen Kardinals, der das Konzentrationslager Theresienstadt überlebt hatte, um dann von den Kommunisten ermordet zu werden, und begann seine Gedenkrede, die von den Kommunisten natürlich auch verboten worden war, mit den Worten: „Ich bin nicht würdig, die Messe auf den Stufen des Altars zu feiern, wo der Märtyrer gestanden hat."[69]

Zehn Monate nach Kardinal Trochtas Begräbnis lud der KGB erneut zu einer Konferenz aller Geheimdienste aus dem Ostblick ein, um die gegen den Vatikan gerichteten Aktivitäten zu koordinieren. Auf der Konferenz berichteten Polen, Tschechoslowaken und Ungarn, sie hätten „bedeutende Agentenstellungen im Vatikan". In Mitrochins Archiv findet sich keine ähnliche Behauptung des KGB, obwohl er sich schon acht Jahre angestrengt hatte, die Beziehungen zu hohen Vertretern des Vatikans zu pflegen, darunter auch zu Erzbischof Casaroli und Erzbischof Poggi, den beiden entscheidenden Gestalten in der vatikanischen Ostpolitik gegenüber Polen. Zu den auf dieser Konferenz beschlossenen Maßnahmen gehörte es, Agenten als angebliche litauische Priesteramtskandidaten (ANTANAS und VIDMANATAS) in die römische Universität Gregoriana einzuschmuggeln und ADAMANT (den russisch-orthodoxen Metropoliten Nikodim) im Kirchenrat gezielt Falschinformationen ausstreuen zu lassen.[70] Andrew und Mitrochin bemerken, dass nichts davon „einen erkennbaren Effekt auf die vatikanische Politik hatte". Es trifft allerdings auch, wenngleich erstaunlicherweise, zu, dass nichts davon bei Casaroli und seinen wichtigsten Mitarbeitern sorgenvolle Gedanken über eine zunehmend geheimdienstliche Infiltration des heiligen Stuhls auf der Höhe seiner Ostpolitk ausgelöst hat.[71]

Aus Mitrochins Archiv geht nichts Derartiges hervor, aber es lässt sich unschwer vermuten, dass im Laufe des Informationsaustauschs auf dieser Konferenz die Ungarn den Genossen ihre Einschätzung mitgeteilt haben, dass Wojtyła als Papst ein besonders gefährlicher Mann sein würde.[72] Ob diese Möglichkeit auch schon dem SB in den Sinn gekommen ist oder nicht, jedenfalls ließ er Kardinal Wojtyła nicht aus den Augen, und in seiner Analyse von 1976 betonte er dessen intellektuelle Fähigkeiten und dass er großen Wert auf die Unterscheidung von Staat und Gesellschaft legt.[73] Während dieser Periode entging dem SB aber offensichtlich, dass Wojtyła heimlich Priester für die Tschechoslowakei weihte, und zwar in der Kapelle der erzbischöflichen Residenz, nachdem die Kandidaten über die tschechoslowakisch-polnische Grenze geschmuggelt worden waren und ihre Oberen dazu ihr offizielles Placet gegeben hatten. In einer Variante der Geheimoperation reiste der heimliche Kurier, der eine Hälfte des Genehmigungsschreibens der Oberen besaß, nicht mit dem zu Ordinierenden nach Krakau, der die andere Hälfte des Schreibens bei sich trug.

1976 versuchte der SB, die Krakauer Intellektuellenkreise und Wojtyłas Zusammenarbeit mit ihnen dadurch „aufzulösen", dass er die Meinungsverschiedenheiten innerhalb der verschiedenen Zirkel verschärfte und übertrieb – Intellektuellen sind ja notorisch spalterisch –, dass er Gerüchte über angebliche liturgische Abirrungen ausstreute und dass er Eifersüchteleien zwischen katholischen Theologen und Philosophen in Krakau und ihren Kollegen an der Katholischen Universität Lublin schürte.[74] Davon unbeeindruckt intensivierte Wojtyła seine Beziehungen zur katholischen Dissidentenbewegung, die so bedeutende Gestalten wie Bohdan Cywiński zu den ihren zählte, und nutzte solche Kontakte, um mit weltlichen Dissidenten wie Jacek Kuroń ins Gespräch zu kommen – Schritte, die besonders geschätzt wurden, da das Regime den Druck auf neue Dissidentengruppen wie KOR, das Arbeiterverteidigungskomitee, erhöhte.[75] Im Verlauf der Streiks von 1976 in der Ursus Traktorenfabrik – sie war ein Vorzeigewerk von Giereks neuem Wirtschaftsmodell und ein kolossaler Fehlschlag – und in Radom unterstützte Wojtyła eine Streikkasse, um den Arbeitern beizustehen.

Der Kampf um „Raum" ging weiter, und auch wenn die Archekirche in Nowa Huta allmählich ihrer Vollendung entgegenging, waren Verluste zu beklagen: Hochwürden Józef Kurzeja, der in Miestrzejowice, einem anderen Viertel von Nowa Huta, eine weitere Kirche bauen wollte, wurde ständig vom SB schikaniert und verhört. Am 15. August 1976 starb er im Alter von 40 Jahren an einem Herzanfall – an dem Tag, an dem 1941 die Leiche Maximilian Kolbes in Ausschwitz verbrannt worden war. Die Situation zwischen polnischer Kirche und Staat Mitte und Ende der siebziger Jahre fasst Andrzej Paczkowski folgendermaßen zusammen:

> Da die wirtschaftliche Lage zunehmend schlechter wurde, waren für Gierek und seine Regierung die Beziehungen zur Kirche wichtiger denn je. Dennoch führten die starken ideologischen und politischen Barrieren dazu, dass die offizielle Politik gegenüber der Kirche von ständigen Richtungswechseln und Doppelzüngigkeit gezeichnet war. Auch die Kommunisten hatten ihr *non possumus*: Den Forderungen der Kirche und den Empfehlungen der Bischöfe, wie sie in Predigten oder offiziellen Schriftstücken formuliert worden waren, nachzukommen, hätte einen grundlegenden Wandel im ganzen System bedeutet. Während sie also versuchte, den Schein zu wahren […], gab die Parteiführung tatsächlich keinen Millimeter nach: Sie unternahm keinen Schritt, um der Kirche einen Rechtsstatus zu gewähren; die Wiederaufnahme des Religionsunterricht kam nicht in Frage; die atheistische Propaganda wurde fortgesetzt; Veröffentlichungen wurden strikt kontrolliert und ihre Verbreitung eingeschränkt; Baugenehmigungen nur widerwillig und selten erteilt.[76]

Die Lage änderte sich auch nicht einschneidend, nachdem man, so hieß es, mit einem weiteren Erfolg der Ostpolitik aufwarten konnte: Am 1. Dezember 1977 trafen sich Edward Gierek und Papst Paul VI. im Vatikan. In den Monaten nach der Audienz bemühte sich die Gruppe um Casaroli sehr, den kränkelnden Papst davon zu überzeugen, dass man endlich in irgendeiner Form diplomatische Beziehungen zur kommunistischen Regierung Polens aufnehmen müsse: Vielleicht zunächst in Form eines bei der polnischen Hierarchie akkreditierten apostolischen Gesandten, der aber in der alten vatikanischen Botschaft in Warschau wohnen sollte; und später dann ein regelrechter Botschafteraustausch – der unter anderem Kardinal Wyszyński von ernsthaften Gesprächen ausgeschlossen hätte, obwohl Paul VI. das Gegenteil versichert hatte. Im März 1978, fünf Monate bevor Paul starb, sandte der Primas einen Mann seines Vertrauens, Bischof Bronisław Dąbrowski, nach Rom, damit dieser auf eine Verlangsamung des Prozesses drang. Der Papst fragte den polnischen Prälaten, ob der Primas nicht sehen würde, dass der Heilige Stuhl nur das Beste für die polnische Kirche erreichen wolle. Dąbrowski bat um mehr Zeit. Der Papst stimmte zu, sich die Situation erst einmal weiter entwickeln zu lassen, obwohl deutlich war, dass Erzbischof Casaroli alles schnell unter Dach und Fach bringen wollte und auch schon jemanden für den Posten in Warschau ausgewählt hatte – Erzbischof Poggi, dessen Ernennung für Wyszyński wohl bedeutet hätte, einen üblen Handel noch übler zu machen.[77] Laut Stanisław Dziwisz waren sich der Primas und der Erzbischof von Krakau einig, dass eine vatikanische Botschaft in Warschau zu diesem Zeitpunkt nicht ratsam sei.[78]

Während sich dieses Drama in Rom abspielte, sah Kardinal Wojtyła seiner jährlichen Kajakreise mit seinen Freunden von *Środowisko* und deren Familien entgegen. So besessen wie der SB von Wojtyła war, ist es höchst seltsam, dass der Abteilung IV oder der Unabhängigen Gruppe D nie in den Sinn gekommen ist, die mit dem Kardinal befreundeten Laien zu bestechen. So wie der Klerus vor dem Zweiten Vatikanum meinte die Geheimpolizei anscheinend, die einzig ernstzunehmenden Leute in der katholischen Kirche seien Priester, Bischöfe, Mönche, Nonnen und andere Kirchenleute. Dass ein Kardinal ernste Gespräche mit Laien führen könnte, überstieg einfach die Vorstellungskraft der Schnüffler.[79] Es ist schon eine weitere Ironie, dass der SB in seiner Fixiertheit auf geweihte Kirchenleute unendlich klerikaler war als der gefährliche Kleriker, dessen Werk er unbedingt zunichte machen wollte.

Doch dass der SB und die kommunistische Führung Karol Wojtyła für einen Feind hielen, geht klar aus dem ungeheuren Aufwand hervor, mit dem sie ihn beobachteten und seine pastorale Tätigkeit zu boykottieren suchten. Wenig später sollten sie entdecken, was für eine große Bedrohung der *Defensor Civitatis* tatsächlich war.

3

Konfrontation

28.-29. September 1978	•	Papst Johannes Paul I. stirbt in der Nacht.
16. Oktober 1978	•	Kardinal Karol Wojtyła wird zum Papst gewählt und nimmt den Namen Johannes Paul II. an.
17. Oktober 1978	•	Der Warschauer *rezident* des KGB schickt einen Bericht über Wojtyła an die Moskauer Zentrale.
22. Oktober 1978	•	Papst Johannes Paul II. wird feierlich in sein Amt als Bischof von Rom eingeführt und ruft die Welt auf, „die Tore für Christus zu öffnen".
5. November 1978	•	Johannes Paul II. besucht Assisi und verteidigt die „Kirche des Schweigens".
16. November 1978	•	Erste Analyse der Stasi zur Auswirkung der Wahl Johannes Paul II.
20. November 1978	•	Papst Johannes Paul II. trifft Josyf Kardinal Slipyi, den Großerzbischof der griechisch-katholischen Kirche in der Ukraine.
22. November 1978	•	Das litauische katholische Komitee zur Verteidigung der Rechte von Gläubigen wird gebildet.
24. Januar 1979	•	Der sowjetische Außenminister Andrei Gromyko trifft Johannes Paul II. im Vatikan.
26. Januar – 1. Februar 1979	•	Johannes Paul II. reist nach Mexiko und greift den „anthropologischen Irrtum" des Marxismus an.
26. März 1979	•	Analyse der Stasi zum Vorgehen des Vatikans unter Johannes Paul II.
12. April 1979	•	Analyse der Stasi zur vatikanischen *Ostpolitik* unter Johannes Paul II.
13. April 1979	•	Oberst Zenon Płatek, Chef der Abteilung IV im SB, reist nach Wien um die Operation TRIANGOLO zu unterstützen.
18. Mai 1979	•	Weitere Analysen der Stasi zur *Ostpolitik* unter Johannes Paul II.

2.-10. Juni 1979	• Johannes Paul II. in Polen.
2. Oktober 1979	• Johannes Paul II. tritt vor der UNO für Religionsfreiheit und andere grundlegende Menschenrechte ein.
13. November 1979	• Das Zentralkomitee der kommunistischen Partei der Sowjetunion gibt Direktiven heraus, in denen die Operationen dargelegt werden, mit deren Hilfe die von Johannes Paul II. ausgehende Bedrohung abzuwehren ist.
14.-31 August 1980	• Der Streik auf der Werft in Danzig ist die Geburtsstunde der Gewerkschaft Solidarność.
24. Oktober 24 - 10. November 1980	• Krise der Registrierung von Solidarność.
5. Dezember 1980	• Die sowjetische Regierung lässt den Plan fallen, mithilfe des Warschauer Pakts in Polen einzumarschieren.
16. Dezember 1980	• Papst Johannes Paul II. schreibt an Leonid Breschnew, um Polens Souveränität zu verteidigen.
15.-18. Januar 1981	• Johannes Paul II. empfängt eine Delegation von Solidarność im Vatikan.
März 1981	• Krise von Bydgoszcz führt in ganz Polen zu Unruhen.
2. April 1981	• Die Befürchtung, man könne die Kontrolle über Polen verlieren, kommt im sowjetischen Politbüro zur Sprache.
13. Mai 1981	• Johannes Paul II. wird auf dem Petersplatz angeschossen.
28. Mai 1981	• Stefan Kardinal Wyszyński, Primas von Polen, stirbt.
5. September 1981	• Der erste Nationalkongress von Solidarność wird in Danzig eröffnet.
18. Oktober 1981	• General Wojciech Jaruzelski wird zum Ersten Sekretär der kommunistischen Partei Polens ernannt.
12.-13. Dezember 1981	• General Jaruzelski ruft den „Notstand" aus, stellt ganz Polen unter Kriegsrecht und befiehlt Tausende von Aktivisten der Solidarność zu verhaften.
15. Dezember 1981	• Kardinal Casaroli spricht mit Ronald Reagan und hohen amerikanischen Regierungsbeamten über die durch das Kriegsrecht entstandene Krise.
17. Dezember 1981	• Kardinal Casaroli spricht mit Eugeniusz Wyzner, Polens Botschafter bei den Vereinten Nationen, über die polnische Krise.

Johannes Paul II. war sich deutlich bewusst, dass er der erste nicht italienische Papst seit 455 Jahren war. Schon ganz am Anfang seines Pontifikats gab er sich deshalb die allergrößte Mühe, sich bei seiner neuen Gemeinde am Ort so einzuführen, dass sie ihn verstehen und schätzen konnte.

Noch nicht eine Stunde nach seiner Wahl am 16. Oktober 1978 stand er auf der Loggia der vatikanischen Bischofskirche St. Peter, schob sanft einen übereifrigen Zeremonienmeister beiseite und richtete, unbekümmert um die Tradition, das Wort an die Menge auf dem Platz – in der die meisten sich fragten, wer dieser „Voi-ti-wah" denn ist. Zunächst war der Applaus verhalten, doch die Menschenmenge erwärmte sich für ihren neuen Bischof, als dieser von seiner Furcht sprach, mit der er die Wahl angenommen hatte, und dass er sie überwunden hat, indem er sich dem Beistand der Jungfrau Maria empfahl, die Italienern wie Polen so lieb sei. Dann gewann er ihre Herzen, indem er sie um ihre Hilfe bat: „Ich weiß nicht, ob ich mich in eurem ... *unserem* Italienisch verständlich machen kann. *Se mi sbaglio, mi correggerete!* [Wenn ich einen Fehler mache, müsst ihr mich verbessern!]." Eine ungeheure Welle der Begeisterung ging durch die Menge, die auf der ganzen Via Conciliazione bis hinunter zum Tiber und zur Engelsburg, einst Zufluchtsort der Päpste, hörbar war. Einen Augenblick zuvor war er noch *lo straniero,* der Fremde, gewesen. Jetzt war er ein Römer unter Römern, auch wenn er „ein Mann aus einem fernen Land" war, wie er, als er sich vorstellte, selbst über sich gesagt hatte – um so feinsinnig auf die verfolgte Kirche hinter dem Eisernen Vorhang anzuspielen.

Zu den neuen Titeln Karol Wojtyłas gehörte auch der eines „Primas von Italien", und so besuchte er, um sich in seiner neuen Heimat einzuführen, am 29. Oktober das Marienheiligtum von Mentorella, gerade eine Woche nach seiner feierlichen Einsetzung zum Papst, bei der er die Kirche aufgerufen hatte, keine Furcht zu haben, und die Welt, doch die Tore für Christus zu öffnen. Er hatte schon oft diesen Ort aufgesucht, der sowohl in der Geschichte Polens als auch in der Italiens verwurzelt war: Die Priester, unter deren Obhut das Heiligtum stand, gehörten zur Kongregation der Auferstehung des Herrn und waren von der größten literarischen Gestalt der polnischen Romantik im 19. Jahrhundert beeinflusst: Adam Mickiewicz. Als sich herumgesprochen hatte, dass der Papst kommen würde, versammelte sich eine große Menge, und Johannes Paul II. entschuldigte sich beim Gemeinderat für die Umstände, die er ihnen bereitete, er sei aber als polnischen Kardinal oft nach Mentorella gekommen, um zu beten, und heute wolle er dies als polnischer Primas von Italien tun.

Eine Woche später fuhr Johannes Paul II. nach Assisi, Heimatstadt des hl. Franziskus, des Patrons von Italien, und Zentrum katholischer Frömmigkeit in Italien. Der versammelten Menge erzählte er, er sei hier, weil er das Bedürfnis nach einer „spirituellen Geburt" in seiner neuen Heimat empfinde. Daher sei er in die Stadt des Franziskus gekommen, des Mannes, der „das Evangelium Christi mit eindringlichen Buchstaben in die Herzen seiner Zeitgenossen" geschrieben hatte, er wolle nämlich *Il Poverello* bitten, doch für ihn zu beten. Assisi zieht Pilger aus der ganzen Welt an, es war daher nicht erstaunlich, dass an jenem Tag auch Emigranten aus dem Ostblock dort waren, um den neuen Papst zu begrüßen. Um an die verfolgten Ortskirchen in Mittel- und Osteuropa zu erinnern, rief einer von ihnen laut: „Vergessen Sie nicht die schweigende Kirche." „Sie ist keine schweigende Kirche mehr", antwortete Johannes Paul II., „denn sie spricht mit meiner Stimme."

Dem KGB gefiel das alles gar nicht. Er war bereits durch einige Gesten von Johannes Paul II. aufgebracht, die er für deutlich „antisowjetisch" hielt. Der neue Papst hatte seinen *Pileolus,* sein rotes Kardinalskäppchen zum Marienheiligtum von Ostrabama ins litauische Wilna gesandt, in eine Stadt, die ehemals zu Polen gehört hat. Es sah ganz danach aus, als würde er Msgr. Audrys Bačkis, dem in Paris geborenen Sohn des letzten Botschafters eines unabhängigen Litauen in Frankreich, einen einflussreichen Posten im Vatikan geben. Man wußte, dass er mit der griechisch-katholischen Kirche in der Ukraine sympathisierte, der größten Untergrundkirche der Welt und Trägerin der ukrainischen Nationalidentität. Und dann war da noch die Geschichte mit dem „Tore öffnen für Christus" – konnte das etwas anderes sein als eine unmittelbare Herausforderung an das marxistisch-leninistische System? Nicht zu vergessen die Polen: Einige Mitglieder der kommunistischen Partei Polens schienen sich über die Wahl ihres polnischen Mitbürgers zum Papst zu freuen. Der schwarze Humor fand seinen Weg vom SB in Warschau nach Moskau, in das Hauptquartier des KGB in der Lubljanka: Direkt nach den Wahlen, so die Geschichte, habe der Papst Verbindung zum polnischen Innenminister, dem Dienstherrn des SB, aufgenommen und mitgeteilt: „Genosse Minister, ihr Auftrag ist ausgeführt worden."[1]

In den kommenden Monaten sollte die Reaktion des KGB, des SB und anderer Geheimdienste des Warschauer Pakts alles andere als humorvoll sein. Die Wahl Johannes Pauls II. stellte, wie die scharfsichtigeren kommunistischen Führungen erkannten, eine tödliche Bedrohung für die europäische Ordnung nach Jalta dar, vermutlich sogar für die Sowjetunion selbst. Schließlich handelte es sich um Männer, die sich einredeten, während der Ostpolitik Pauls VI. habe der Vatikan sich verschworen, die UdSSR zu zerstückeln – ein lächerlicher Gedanke, aber einer, der sich problemlos in die paranoide Geistesverfassung einfügte, die schon lange ein Merkmal der kommunistischen Sicht auf die katholische Kirche war.

Karol Wojtyła hat sich immer als Priester und Bischof verstanden, nicht als Politiker; und diese Auffassung seiner Berufung änderte sich auch nicht, als er den Stuhl Petri bestieg. Als Priester und Bischof war er allerdings oft für die Würde der menschlichen Person und die Religionsfreiheit eingetreten. Als Papst wollte und konnte er diese Überzeugung nicht ändern. Wenn er zudem in seiner Wahl einen Akt der göttlichen Vorsehung sah und nicht bloß das Ergebnis der Stimmenauszählung des Wahlkollegiums, dann musste er zu dem Schluss kommen, dass seine spezifische Lebenserfahrung ihn just in diesem historischen Augenblick nicht grundlos auf den Stuhl Petri gebracht hatte.

Wie er seinen Freunden von *Środowisko* zu sagen pflegte, es gibt keinen Zufall. Was wie ein solcher aussieht, ist nur eine Facette des göttlichen Plans, den wir noch nicht verstehen. Dass ein Mann, der hinter dem Eisernen Vorhang gelebt hat, nun Papst war, musste etwas bedeuten, nicht nur für diesen Mann selbst, sondern für die Kirche und die Welt. Er verfügte jetzt über einen in der ganzen Welt vernehmbaren Lautsprecher, über den er die Wahrheit über die Freiheit lehren konnte. Er zögerte daher nicht, ihn zu gebrauchen.

Ein entschlossener Papst, der die Konfrontation weder suchte noch vermied, ein gleichermaßen entschlossener Gegner, der die Konfrontation suchte, gerade um den Sieg davonzutragen: Die Bühne war also bereitet für einen der epischen Kämpfe in der neuzeitlichen Geschichte – für einen Kampf, der umso fesselnder war, als er letztlich im Reich des Geistes ausgetragen wurde, auch wenn es an der Oberfläche so scheinen mochte, als ähnelte er anderen Machtkämpfe.

„Lieber Solschenizyn als UNO-Generalsekretär als ein polnischen Papst ...“

Als Paul VI. am 15. August 1978 starb, war die vatikanische Ostpolitik fünfzehn Jahre alt und durfte sich einer Reihe von Errungenschaften rühmen, zumindest wenn man normale diplomatische Maßstäbe anlegt. Mit mehreren kommunistischen Regierungen, darunter Ungarn, die Tschechoslowakei und Jugoslawien waren verschiedenste Abkommen getroffen worden. Jugoslawien hatte sogar wieder Botschafter mit dem Vatikan ausgetauscht. Kardinal Mindszenty war überredet worden, seine selbst gewählte Internierung in der amerikanischen Botschaft zu beenden, und ein Nachfolger war ernannt worden. Erzbischof Beran hatte sich einverstanden erklärt, die Tschechoslowakei zu verlassen, ins römische Exil zu gehen und den Kardinalshut zu empfangen; die Regierung stimmte zu, ihn durch einen apostolischen Administrator zu ersetzen. Erzbischof Agostino Casaroli, der die Strategie des *salvare il salvabile* – des Rettens, was zu retten ist – zu verantworten hatte, war mehrmals zu offiziellen Gesprächen nach Polen gereist und hatte den ersten formellen diplomatischen Kontakt des Vatikans in den letzten fünfzig Jahren mit der Sowjetunion hergestellt. 1975 hatte Casaroli für den heiligen Stuhl die Helsinkischlussakte mit ihren „drei Körben“, den Garantien für die Menschenrechte, unterzeichnet. Der Wind der Geschichte schien etwas frischer über den „riesigen unbeweglichen Sumpf“ hinter dem Eisernen Vorhang zu wehen, von dem Casaroli in den frühen sechziger Jahren gesprochen hatte.

Einige Kardinäle aus dem Wahlkollegium, das sich versammelt hatte, um einen Nachfolger für Paul VI. zu wählen, begeisterten sich jedoch nicht gerade für die Ostpolitik.[2] Mehr als ein Kardinal wusste, dass die vier neuen Bischöfe, die Casaroli 1973 in der Tschechoslowakei geweiht hatte, von zweifelhafter Loyalität waren, und sich eindeutig gegenüber dem härtesten aller Ostblockregimes fügsam verhielten; zur selben Zeit gediehen die Untergrundkirchen in Böhmen, Mähren und der Slowakei, mussten manches erleiden – und verfielen, wie Paul VI. gefürchtet hatte, in Irrtümer, etwa indem sie verheiratete Bischöfe akzeptierten. Sicherlich, was einige als Mindszenty-Stillstand betrachteten, war in Ungarn durchbrochen worden, nur stand die Kirche nun vollständig unter der Fuchtel des Kadar-Regimes und siechte infolgedessen dahin. Stefan

Wyszyński war davon überzeugt, dass der Heilige Stuhl dabei war, einen furchtbaren Fehler zu machen, wenn er einen apostolischen Gesandten oder Nuntius nach Warschau schicken würde, der vor Ort so eine Art Oberaufseher des Vatikans für die ost- und mitteleuropäischen Angelegenheiten abgeben sollte, während er gleichzeitig die Position des Primas gegenüber der polnischen Regierung aushöhlte. Kardinäle, die unmittelbar – wie Wyszyński – oder mittelbar – wie die Deutschen – von der Ostpolitik betroffen waren, glaubten, dass Casaroli zwar über großes diplomatisches Geschick verfügte, bei den Verhandlungen aber zu entgegenkommend gewesen war. Während der Sedisvakanz muss die Frage der Ostpoliktik in Rom breit diskutiert worden sein; Teile dieser Gespräche gelangten schließlich in die Akten der Stasi.[3]

Diese Sorgen – die für einen Mann wie Wyszyński eine Frage von Leben und Tod für die Kirche waren – bildeten nur eine Facette der umfassenderen Befürchtung, die in der Sedisvakanz nach dem Tode Pauls VI. schnell zutage trat: die Furcht, dass die katholische Kirche ihre Standhaftigkeit und ihre Leitung den Realitätssinn verliert. Die Furcht herrschte nicht nur in dem Teil des Kardinalskollegiums, der von der internationalen Presse immer als „konservativ" bezeichnet wurde, auch Kardinäle wie der Wiener Franz König, der auf dem Zweiten Vatikanum zu den fortschrittlichen Kräften gezählt und sich schon früh für die Ostpolitik ausgesprochen hatte, kamen ins Grübeln.[4] In den letzten Tagen des Augusts 1978, während der täglichen Treffen der Kardinäle nach dem Tod Pauls VI. und in den *prattiche*, den „Übungen" oder informellen Gesprächen des Wahlkollegiums über Kandidaten für das Papstamt, stieß die Ostpolitik daher auf sehr viel mehr Kritik als ihr je entgegengebracht worden war.

Wie sehr Albino Luciani, der am 25. August 1978 zum Papst gewählt wurde, die Ostpolitik gestärkt hätte, werden wir niemals wissen. Der Mann, der, was noch nie geschehen ist, als Papst den Doppelnamen Johannes Paul I. angenommen hat, starb nach nur 33 Tagen im Amt. In Anbetracht der während der Sedisvakanz lautgewordenen Kritik scheint es aber unwahrscheinlich, dass alles beim Alten geblieben wäre. Ein hochdramatisches Ereignis im Kampf zwischen Katholizismus und Kommunismus fand jedoch in dem kurzen Pontifikat von Johannes Paul I. statt. Am 5. September 1978 empfing der neue Papst den Metropoliten Nikodim von Leningrad, einen der sechs Vorsitzenden des Weltkirchenrats und einen Mann, der vielen Leuten aus dem Westen als zutiefst fromm erschien. Der KGB kannte Nikodim oder dem Namen ADAMANT, so wie auch sein Sekretär Nikolai Lwowitsch Tserpitski (Deckname WLADIMIR) für ihn kein Unbekannter war. Am Ende seiner Privataudienz bei Johannes Paul I. erlitt ADAMANT einen schweren Herzanfall und starb in den Armen des Papstes. Johannes Paul I. bemerkte später, Nikodim habe bei der Begegnung „die schönsten Worte über die Kirche gesagt, die ich je gehört habe"; als der Papst den zu Boden gefallenen Bischof in den Armen hielt, soll dieser als letztes gesagt haben. „Ich bin kein Agent des KGB." Aber er war es doch.[5]

Drei Wochen nach dem Ausscheiden ADAMANTS erließ das Hauptquartier des KGB die Geheimorder # 00122: „Maßnahmen zur Stärkung der Agentenoperationen im Kampf mit der subversiven Tätigkeit ausländischer klerikaler Zentren und feindlicher Elemente unter Kirchenleuten und Sektierern." Ungeachtet des herrlich stalinistischen Titels gestattet die Order einen Blick auf die Geistesverfassung der Moskauer Zentrale, einen Tag vor dem Tod von Johannes Paul I. Den Aufzeichnungen Wassili Mitrochins zufolge enthielt sie auch nachstehende Analyse, in denen Befürchtungen bezüglich des Vatikan sicherlich eine Rolle spielten:

> Unter dem Vorwand, es ginge ihnen um die Glaubensfreiheit und die Rechte von Gläubigen in der UdSSR, organisieren imperialistische Geheimdienste und ausländische antisowjetische Zentren eine ideologische Sabotage, die die moralische und politische Einheit der sowjetischen Gesellschaft wie auch die Grundlagen des sozialistischen Systems untergraben sollen. Sie versuchen, den sowjetischen Staat und die gesellschaftliche Ordnung zu diskreditieren, stacheln religiöse Organisation zur Auseinandersetzung mit dem Staat an und regen Sektierer an, einen antisowjetischen Untergrund zu bilden. Mit Unterstützung aus dem Ausland haben feindliche Elemente aktive Organisations- und Provokationstätigkeiten mit dem Ziel angestoßen, innerhalb des sektiererischen Milieus illegale Gruppen und Organisationen zu bilden, Druckerpressen einzurichten und Kontakte mit ausländischen klerikalen Zentren herzustellen.[6]

Im Kontext dieser Analyse ist Andrzej Paczkowskis Charakterisierung der Wahl Karol Wojtyłas am 16. Oktober 1978 nicht übertrieben: Die Wahl eines Polen zum Papst ist „ein Ereignis [...], dessen Konsequenzen schwer zu überschätzen" sind – für Polen, für die Zukunft der katholischen Auseinandersetzung mit dem Kommunismus und für den Kalten Krieg.[7] Im Rahmen seiner Operation PROGRESS hatte der KGB Wojtyła schon seit 1971 überwachen lassen. PROGRESS setzte „Illegale" ein – Ausländer, die oft als Geschäftsleute auftraten –, um die Tätigkeiten derjenigen auszuspionieren, die der Subversion verdächtig waren. Am 17. Oktober, einen Tag nach der Wahl Wojtyłas, schickte Wadim Pawlow, der *rezident* des KGB in Warschau, eine vom SB erstellte Beurteilung des Mannes ins Moskauer Hauptquartier, der soeben Papst Johannes Paul II. geworden war. Die Beurteilung lässt darauf schließen, dass die Agenten und Zuträger des SB bei den Fronleichnamsprozessionen in Krakau und den Marienpilgerfahrten nach Piekary Śląskie eifrig mitgeschrieben haben:

> Wojtyła vertritt äußerst antikommunistische Ansichten. Ohne offen gegen das sozialistische System aufzutreten, kritisiert er, wie die Staatsorgane der Polnischen Volksrepublik arbeiten und wirft ihnen folgendes vor: dass die grundlegenden Menschenrechte polnischer Bürger eingeschränkt sind, dass eine umfassende Kampagne durchgeführt wird, um die Gesellschaft zum Atheismus zu bekehren und dem Volk eine fremde Ideologie aufzuzwingen, und dass der katholischen Kirche die ihr eigentümliche kulturelle Rolle verwehrt ist und die polnische Kultur damit ihren nationalen Reichtum einbüßt.[8]

Jerzy Turowicz, Wojtyłas alter Freund und Redakteur bei *Tygodnik Powszechny*, hörte von einer markigeren Reaktion auf die Wahl Johannes Pauls II. Ein bekannter italienischer Journalist mit guten Verbindungen zur Sowjetunion sagte ihm, Moskau „würde Alexander Solschenizyn als Generalsekretär der Vereinten

Nationen einem Polen als Papst vorgezogen haben".[9] Solschenizyn selbst war überzeugt, dass etwas Wichtiges geschehen war. Als die Nachricht von Wojtyłas Wahl den Nobelpreisträger in seinem Exil in Cavendish in Vermont erreichte, rieß er die Arme hoch und rief aus: „Es ist ein Wunder! Das ist das erste gute Ereignis seit dem Ersten Weltkrieg und es wird das Gesicht der Welt verändern!"[10] Solschenizyn, ein Bewunderer von Stefan Wyszyński, kannte Wojtyła nicht persönlich, aber er wusste, was sein Wahl bedeutete: Der katholische Widerstand gegen den Kommunismus würde in religiöser Überzeugung wurzeln und sich durch kulturelle Mittel und Symbole ausdrücken, also durch Waffen die Solschenizyn für die stärksten und wirkungsvollsten hielt.[11]

Welch ungeheure Begeisterungswelle die Polen ergriff, als Wojtyłas Wahl verkündet wurde, hat CLEMENS ein Stasiagent, der zufällig am 16. Oktober 1978 in Krakau weilte, recht ausführlich für seine Dienstherren beschrieben und seinen Bericht nebenbei mit Spekulationen über die neue Achse der Macht gefüttert, mit Wojtyła als Papst und dem in Polen geborenen Zbigniew Brzeziński als amerikanischem Sicherheitsberater.[12] Was immer sie auch von CLEMENS' geopolitischer Analyse gehalten haben mag, ihr kluger Sinn für Selbsterhaltung ließ es der kommunistischen Regierung Polens ratsam erscheinen, die Etikette zu wahren und zur großen Messe auf dem Petersplatz anläßlich der feierlichen Einsetzung von Johannes Paul II. zum Papst eine offizielle Delegation nach Rom zu schicken. Im Laufe des langen Gottesdienstes beugte sich der sowjetische Botschafter in Italien zu Polens Präsident Henryk Jabłonski hin und bemerkte sauer, dass „es die größte Errungenschaft der Polnischen Volksrepublik ist, der Welt einen polnischen Papst geschenkt zu haben."[13] Die bescheidenen Hoffnungen, die die Sowjets möglicherweise gehegt haben, diese neue Bedrohung durch Druck auf die polnische Kirche kontrollieren zu können, zerschlugen sich sehr schnell während der Feierlichkeit. Die Bedeutung einer charakteristischen Geste von Loyalität und Dankbarkeit seitens Karol Wojtyłas mag den Herren aus dem Kreml entgangen sein: Johannes Paul II. hatte die normale Rangfolge der Kardinäle, die ihm huldigten, umgestoßen, um Stefan Wyszyński dem alten Feind des Kommunismus, den Vorrang einzuräumen, ja er stieg sogar vom Papststuhl herab, um ihn zu umarmen. Sie hätten aber schon stocktaub sein müssen, um die Herausforderung nicht mitzubekommen, die der Papst mit seinem Predigtappell an Furchtlosigkeit und Offenheit ergehen ließ:

> Habt keine Angst, Christus aufzunehmen und seine Herrschergewalt anzuerkennen! Helft dem Papst und allen, die Christus und mit der Herrschaft Christi dem Menschen und der ganzen Menschheit dienen wollen!
>
> Habt keine Angst! Öffnet, ja reißt die Tore weit auf für Christus!
>
> Öffnet die Grenzen der Staaten, die wirtschaftlichen und politischen Systeme, die weiten Bereiche der Kultur, der Zivilisation und des Fortschritts seiner rettenden Macht! Habt keine Angst! Christus weiß, „was im Innern des Menschen ist". Er allein weiß es!

> Erlaubt also — ich bitte euch und flehe euch in Demut und Vertrauen an —, erlaubt Christus, zum Menschen zu sprechen! Nur er hat Worte des Lebens![14]

Die Architekten der vatikanischen Ostpolitik hatten schon die eine oder andere Erfahrung mit dem neuen Papst gemacht und wussten um seine „große Persönlichkeit“, die von allen Kirchenführern in der Welt hochgeachtet wurde.[15] Vielleicht hatten sie sich vorgestellt, sie könnten diesen Papst lenken, wie die Kurie seit Jahrhunderten Päpste gelenkt hatte. Doch Johannes Paul ließ von Anfang an keinen Zweifel aufkommen, dass er symbolische Gesten zu machen gedenke, die keine Rücksichten auf die Empfindlichkeiten der Kommunisten nehmen – wie etwa sein Kardinalskäppchen nach Litauen zu schicken und bekannte Katholiken zu treffen, die Moskau für unberührbar hielt, wie den griechisch-katholischen Großerzbischof Josyf Slipyi, dessen verfolgte Kirche die Sowjetunion rechtlich nicht anerkannte. Doch die sich abzeichnenden Veränderungen waren nicht bloß symbolischer Natur: Bei mehreren Gelegenheiten in seinen ersten Amtswochen ließ Johannes Paul II. öffentlich sein „ceterum censeo“ vernehmen, dass Religionsfreiheit das erste der Menschenrechte ist.[16]

Der KGB verschwendete keine Zeit, um Gegenmaßnahmen zu ergreifen. Kurz nach der Wahl Johannes Pauls II. wurden mehrere „Illegale“ nach Polen geschickt, darunter Oleg Petrowitsch Burjon (DEREWLJOW), der vorgab Vertreter eines kanadischen Verlags zu sein, der sich für polnische Missionare in Asien interessierte. DEREWLJOW wurde angewiesen seine Tarnung auch dann nicht fallenzulassen, wenn er von der Polizei oder dem SB verhaftet würde; im Notfall dürfe er sich jedoch an Oberst Jan Slovikowski vom SB wenden, der anscheinend schon früher Agenten des KGB, die in Polen in Schwierigkeiten geraten waren, geholfen hatte. Burjon/DEREWLJOW gab sich alle Mühe, Kontakt zu Hochwürden Józef Tischner zu bekommen, einem Philosophen, der Johannes Paul II. nahe stand.[17]

Der polnische SB hatte bereits einen verlässlichen Spion in Rom: Edward Kotowski oder PIETRO, einen fähigen, klugen Kunsthistoriker, der die letzten drei Jahre Italienischunterricht erhalten hatte und angewiesen war, alles über den Vatikan und seine Gepflogenheiten herauszufinden. Im Oktober 1978 von Warschau nach Rom geschickt, arbeitete PIETRO als Diplomat in der polnischen Botschaft in Rom und pflegte – wie Diplomaten es nun mal so tun – Kontakte zu seinen vatikanischen Kollegen. Jahrzehnte später erzählte Kotowski dem polnischen Historiker Andrzej Grajeweski, dass in den ersten fünf Jahren des Pontifikats von Johannes Paul die „Mehrheit“ der polnischen Diplomaten in Rom tatsächlich für den SB gearbeitet hatten; die oberste Aufgabe dieser Spione des SB bestand darin, die Arbeit der von Poggi und Szablewski geleiteten Kontaktgruppe zu beeinflussen. Andere Spione aus dieser Zeit waren Angestellte von LOT, der polnischen Fluggesellschaft, des staatlichen Reisebüros Orbis, Mitglieder der polnischen Handelsmission in Italien, Vertreter international tätiger polnischer Firmen sowie verschiedene „Illegale“, die unmittelbar dem Hauptquartier des SB in Warschau berichteten und nicht Kotowski. Es war ein recht weitläufiges Netzwerk, das beträchtliche Mittel verschlang, und es sollte noch größer werden, so wie auch der Schaden, den es anzurichten versuchte, mit der Zeit ernster wurde.[18]

Was die Analyse der Situation betraf, so fertigte der KGB früh eine Einschätzung über die möglichen Folgen der Wahl Johannes Pauls II. an und gab sie an die verbündeten Geheimdienste weiter. Die von der Stasi angefertige Übersetzung des Dokuments, das vom 16. November 1978 datiert, trägt den Vermerk STRENG GEHEIM. Nur Markus Wolf, der Meisterspion der Stasi und zwei andere hatten Zugang dazu. Die Aussagen im Dokument lassen darauf schließen, dass der polnische Geheimdienst und der Inlandssicherheitsdienst die Hauptquelle der Analyse waren. Die biographischen Einzelheiten sind richtig und spiegeln führere Einschätzungen des SB über Wojtyłas Fähigkeiten und Charakter. Die Verfasser übersehen jedoch, welchen moralischen Quellen die politischen Auffassungen von Johannes Paul II. entspringen, und sie unterschätzen seine politische Klugheit; ihre Behauptung, er liebe und suche das Rampenlicht, ist lächerlich. Interessant ist freilich, dass die polnischen Quellen ganz richtig erkennen, wie stark Wojtyłas Kritik am Kommunismus in seinem wichtigen – und sehr schwierigen – philosophischen Meisterwerk *Person und Tat* wurzelt: Der Totalitarismus mit seiner Leugnung der grundlegenden Menschenrechte ist letztlich antihumanistisch, weil er die moralische Verantwortung der Person beschneidet. Wojtyłas jüngste Kontakte zu Dissidenten wie Jacek Kuroń werden ebenso penibel festgehalten wie die Begeisterung, mit der seine Wahl von „antisozialistischen Gruppen in Polen“ begrüßt worden war. Was die Zukunft der Ostpolitik betraf, so „gehen die Meinungen weit auseinander “. Einige erwarteten, dass Casarolis Ansatz weitergeführt werden würde. „Es überwiegt allerdings die Meinung“, dass Johannes Paul II. aus „eigener Anschauung“ eines Lebens im Kommunismus in Fragen der Menschenrechte zu einer „harten Position des Vatikans“ raten würde.[19]

Die Architekten der vatikanischen Ostpolitik hatten sich vielleicht keine Gedanken darüber gemacht, ob die Geheimdienste des Ostblocks versuchen würden, den Vatikan zu infiltiereren. Doch bei Johannes Paul II. schien dies anders gewesen zu sein. Jedenfalls ließ er es nicht darauf ankommen und veränderte entsprechend die päpstlichen Routinen. Im Unterschied zu früheren Päpsten diktierte er die Protokolle seiner Gespräche mit bekannten Persönlichkeiten oder Politikern nicht. (Für die Dauer seines Pontifikats wären solche Protokolle zwecks schnellen Zugriffs im vatikanischen Staatssekretariat archiviert worden, das nicht gerade über eine gute Spionageabwehr verfügte.) Stattdessen rekapitulierte Johannes Paul II. zusammen mit seinem langjährigen Sekretär Stanisław Dziwisz jeden Abend die Gespräche und Begegnungen des Tages, ob diese nun offiziell auf dem Terminkalender gestanden hatten oder inoffizieller bzw. privater Natur gewesen waren. Dziwisz hielt sie dann in Tagebüchern fest, die in den päpstlichen Gemächern aufbewahrt wurden, und zu denen niemand, den diese Aufzeichnungen nichts angingen, Zugang hatte.[20] Daher existiert kein *aide-memoire* über das Gespräch des Papstes vom 24. Januar 1979 mit dem sowjetischen Außenminister Andrei Gromyko, der nach Rom kam, um das Ausmaß der neuen Bedrohung selbst in Augenschein zu nehmen. Er teilte dem Papst und Erzbischof Casaroli mit, die „Gerüchte“ über Verfolgung oder Diskriminierung von Gläubigen in der UdSSR entsprängen nur westlichen Verleumdungskampagnen. Johannes Paul bezeichnete gegenüber einer Gruppe von Journalisten das Treffen seinerseits als das „ermüdenste“ seines bisherigen Pontifikats.[21]

Zwei Tage nachdem Andrei Gromyko wieder einmal bewiesen hatte, welch ein phantastischer Lügner er war, landete Johannes Paul II. in Mexiko, um auf der zehnjährlichen Konferenz der CELAM, des lateinamerikanischen Bischofsrats, zu sprechen. Die erste der päpstlichen Pilgerreisen außerhalb Italiens verfolgte mehrere strategische Ziele. Der Papst wollte die lateinamerikanischen Bischöfe bei ihren Bemühungen unterstützen, echte freie Gesellschaften aufzubauen. Allerding drang er auch entschlossen darauf, dies unter Ausschluss der „marxistischen Analyse“ zu tun, die von vielen der neuen Befreiungstheologien übernommen worden war. Seine Kritik am „anthropologischen Irrtum“ des Marximus, wie er sie in seiner Ansprache vor den Bischöfen am 28. Januar darlegte, fügte somit der Beschwerdeliste des KGB gegen den Papst einen weiteren Punkt hinzu, denn die in mehreren lateinamerikanischen Ländern, vor allem in Mittelamerika, prominenten Befreiungsbewegungen waren entscheidend für Moskaus Strategie, den Kalten Krieg in der Dritten Welt zu gewinnen.[22]

Bei seiner Reise nach Mexiko bewegte Johannes Paul II. nicht nur die Sorge um die Zukunft der Kirche im katholischsten aller Kontinente, er erkannte in kluger Voraussicht auch die Verbindungen zwischen dieser Pilgerfahrt und Polen. Obwohl seine Bürger fromme Katholiken sind, gibt sich Mexiko offiziell als ein offensiv laizistischer Staat, in dem es Priestern und Nonnen verboten ist, ihr Habit in der Öffentlichkeit zu tragen. Johannes Paul, der hier klüger war als einige seiner vorsichtigen Diplomaten, wusste, dass sich das Kalkül bezüglich einer zukünftigen Polenreise ändern würde, sollte es ihm erlaubt werden, nach Mexiko zu kommen: „Wenn sie mich jetzt in einem antiklerikalen Land wie Mexiko empfangen, wie können sie mir dann verweigern, nach Polen zurückzukehren?“, fragte er seinen Stab.[23]

Zwei Monate nach der Mexikoreise des Papstes verfasste die Stasi am 26. März 1979 eine weitere Einschätzung des Vatikans unter Johannes Paul II. Das Dokument „Verschiedene Informationen aus dem Vatikan“ stützte sich auf Mitteilungen „eines IM“, der in Rom lebte und „dienstliche Beziehungen in den Vatikan“ unterhielt. Dieser berichtete, die neue Politik Johannes Pauls II. gründe auf Gesprächen, die dieser mit „verschiedenen [...] Würdenträgern der Kurie“ geführt habe. Die Quellen des IM erklärten, sowohl der kirchliche Verwaltungsapparat als auch das Kirchenvolk seien von Johannes Paul II. sehr eingenommen. Die Einschätzung der Stasi enthält auch Spekulationen über anstehende Veränderungen in der Besetzung der Kurie, stellt fest, dass einige im Vatikan dem Treffen des Papstes mit dem sowjetischen Außenminister Gromyko „besondere Bedeutung“ beimaßen, und meint, dass „eine tragfähige Übereinkunft über die Weiterführung der sogenannten vatikanischen Ostpolitik getroffen wurde.“ Der IM berichtete, die Papstreise nach Mexiko gelte als ein bemerkenswerter Erfolg, beschrieb kurz Johannes Pauls II. Abneigung, sich noch in die kleinsten Vorgänge im Vatikan einzumischen, und bemerkte, der neue Papst habe diejenigen entsetzt, die meinten zu wissen, wie man Päpste regiert: Johannes Paul verstoße „gegen jahrelang gepflegte Protokolltraditionen " und weise seine Mitarbeiter an, „Briefe, die direkt an den Papst adressiert sind, ihm auch ungeöffnet zuzuleiten". Die Einschätzung schloss mit Bemerkungen über die wahrscheinliche Zukunft der Beziehungen des Vatikans zur Deutschen Demokratischen Republik und mit Klagen darüber, wie die katholische Kirche Westdeutschlands die in Ostdeutschland materiell und finanziell unterstützte.[24]

Die Einschätzung der Stasi war eine erstaunliche Mischung aus Einsicht und Irrtümern. Der IM, der unverkennbar stolz auf seine Kontakte zu bekannten katholischen Persönlichkeiten war, erkannte sehr richtig, dass die Kurie über Johannes Pauls II. Beharren, selbst über die Kommunikationswege zur Welt außerhalb des Vatikans zu bestimmen, nicht sehr glücklich war und sich über den spezifischen Regierungsstil des Papstes Sorgen machte. Andererseits enthält das Dokument kaum etwas, was sich nicht jeder mit der richtigen Antenne für die römische Gerüchteküche hätte zusammenreimen können, wobei einige Lageeinschätzungen bemerkenswert danebenliegen. In der ersten Enzyklika *Redemptor Hominis* [Der Erlöser des Menschen] eine Art Danksagung an diejenigen zu sehen, die Wojtyła gewählt haben, ist schlicht hanebüchen. Tatsächlich legt die Enzyklika klar und deutlich die spezifisch christliche Anthropologie des Papstes dar, die theoretische Grundlage für seine Verteidigung der Menschenrechte. Der IM berichtete, dass eine außergewöhnliche große Anzahl von Kardinälen am Begräbnis des Staatssekretärs teilgenommen hätten, den Johannes Paul II. von Paul VI. übernommen hatte, des Französischen Kardinals Jean Villot. An dieser Achtungsbezeugung für den zweiten Mann der Kirche war jedoch nichts Überraschendes, und die Spekulationen des IM über einen möglichen Nachfolger von Villot – er brachte den Genueser Kardinal Guiseppe Siri und den Substitut von Paul VI., Giovanni Benelli, ins Spiel – sind, milde gesagt, eigenartig.[25] Der IM – wer weiß, vielleicht erzählte er seinen Herren auch nur, was sie hören wollte – übertrieb völlig die Bedeutung der Audienz für Gromyko, obgleich die Vorstellung von deren „besonderer Bedeutung" sehr wohl reflektiert haben könnte, was die Architekten der Ostpolitik von der Begegnung zu glauben wünschten. Außerdem, und das erstaunt vor allem, entging dem IM die wichtigste Personalentscheidung, die Johannes Paul II. getroffen hatte: die Ernennung von Stanisław Dziwisz zu seinem ersten Sekretär, also zu dem Mann, der für die Durchführung der päpstlichen Anordnungen zuständig war und der sicherstellen würde, dass Johannes Paul diejenigen sah und mit denjenigen sprach, die er formell oder informell treffen wollte.

Einen Monat später griff eine weitere Analyse der Stasi – „Information über einige wesentliche Fragen der Politik des Vatikans nach der Wahl Wojtyłas zum Papst" – die Frage nach der Zukunft der Ostpolitik eingehender auf. Diesem Papier vom 12. April zufolge berichteten vatikanische Quellen, die Ostpolitik würde „generell" fortgeführt werden, doch aufgrund der persönliche Erfahrung des Papstes mit der „marxistischen Praxis “ sei damit zu rechnen, dass er die „Interessen der katholischen Kirche [...] entschiedener“ vertritt, als es unter Paul VI. der Fall war: „Es sei nicht auszuschließen, dass es deswegen zeitweilig zu Verschlechterung im Verhältnis Vatikan – sozialistische Staaten kommt.“ Andererseits bekäftigte das Dokument, dass Johannes Paul II. die Kirche in der ganzen Welt aufrufen würde, keine politische Institution zu sein. Seine persönliche Aufgabe würde er darin sehen, den Verkündigungsauftrag der katholischen Kirche gegen den „staatlichen Atheismus“ zu verteidigen. In diesem Zusammenhang warnte das Papier davor, dass der Papst auch künftig für Menschenrechte und religiöse Freiheiten eintreten würde, selbst wenn er die Katholiken aufforderte, das Wohlergehen der Gesellschaften zu fördern, deren Teil sie sind. Laut Stasi war der Vatikan – d. h. die Vatikandiplomatie – „nicht gewillt, seine Politik gegenüber den sozialistischen Staaten und seine Beziehungen zu ihnen durch die Unterstützung von ‚Dissidenten‘, die im westlichen Ausland leben, zu belasten“. Auch werde die Vatikanbürokratie nicht„oppositionelle Kräfte in den sozialistischen Staaten offiziell unterstützen, obwohl sie über derartige Kräfte bzw. Bewegungen ausführlich informiert“ ist. Gleichwohl warnte die Analyse davor, dass „es auf lange Sicht“ unklar bleibt, wie Johannes Paul sich zu diesen Fragen stellen werde. In dem Papier heißt es ganz richtig, dass Johannes Paul „das polnische Episkopat für kämpferischer und weniger regierungsloyal als das ungarische“ hält und meint, „das ungarische Episkopat [müsse] mehr für die religiöse Erziehung der Menschen tun.“ Am Ende des Dokuments findet sich eine längere Spekulation über die mögliche Haltung des Papstes zu deutschen Angelegenheiten, einschließlich der üblichen Klagen über die westdeutsche Kirche und ihre angebliche Einmischung sowohl in Ostdeutschland als auch im Vatikan.[26]

Wie die Einschätzung der Stasi vom März 1979 so ist auch diese eine Mischung aus Einsicht und Unkenntnis. Die Verfasser erkennen deutlich die taktischen Zwecke, die hinter Johannes Pauls II. Beharren stecken, dass die Kirche keine Politik treibt, aber sie verkennen sein umfassenderes strategisches Ziel, das Schlachtfeld der Auseinandersetzung zwischen Kirche und Kommunismus neu abzustecken und vom Gebiet der Politik auf das des Gewissens und der Kultur zu verlagern. Die römischen Quellen der Verfasser scheinen sich ausgerechnet zu haben, dass es zu Spannungen zwischen den aus den päpstlichen Gemächern ergehenden Initiativen und den diplomatischen Instinkten des Staatssekretariats kommen würde. Zudem glichen die von der Stasi erwähnten sowjetischen Bedenken hinsichtlich der „vielen Unwägbarkeiten“, vor die Johannes Paul II. die Sowjets stellte, auf erstaunliche Weise denen der vatikanischen Diplomaten: Wenn auch aus unterschiedlichen Gründen war Stabilität für Moskau – d. h. für Breschnew und Andropow – ebenso von höchster Bedeutung wie für einige Kreise in Rom – d. h. für Casaroli und seine Mitarbeiter. Gleichermaßen, wenn auch wiederum aus unterschiedlichen Gründen, legt die Analyse dar, dass Moskau und die vatikanischen Diplomaten befürchteten, die Polen könnten sich während eines künftigen Papstbesuches in Polen und danach zu einem größeren Problem auswachsen: eine Ansicht, die durch die anschließende Direktive an alle IMs der Stasi mit katholischen Kontakten bestätigt wurde, sie möchten doch bei der erwarteten Pilgerfahrt Johannes Pauls II. in sein Heimatland verstärkt über „alle geplanten feindlichen Aktionen“ berichten.[27]

Am 30. April 1979 verwirrte Johannes Paul II. die römischen Quellen der Stasi, indem er Erzbischof Agostino Casaroli zum neuen Staatssekretär des Heiligen Stuhls ernannte (technisch gesehen zum Pro-Staatssekretär, da er erst im Juni den Kardinalsrang erhielt). Vier Tage nach Casarolis Ernennung machte Johannes Paul Casarolis Stellvertreter Achille Silvestrini an dessen Stelle zum „Außenminister“ des Vatikans. Beide Männer fühlten sich völlig der Ostpolitik Pauls VI. verpflichtet, an der Johannes Paul II. ganz offensichtlich seine Zweifel hatte. Ihre Berufung auf die beiden wichtigsten Diplomatenposten des Heiligen Stuhls bedeutete, dass der Papst künftig in der Auseinandersetzung der Kirche mit dem Kommunismus zweigleisig zu verfahren gedachte. Die alte Diplomatie der Ostpolitik würde fortgesetzt werden und möglicherweise ließ sich darüber etwas errreichen; jedenfalls könnte unter der Leitung von Casaroli und Silvestrini niemand der Kirche vorwerfen, sie würde frühere Übereinkünfte brechen. Johannes Paul würde indessen seine persönliche Kampagne für die Menschenrechte und die Religionsfreiheit fortführen und über die Köpfe der kommunistischen Herrscher hinweg an das Gewissen und die Kultur appellieren.[28]

Infolge der Neubesetzungen im Vatikan verfeinerte die Stasi ihre Einschätzung der Zukunft der Ostpolitik. Das Dokument vom 18. Mai 1979 ist überschrieben: „Information zu mehreren Aspekten der weiteren Ostpolitik des Vatikan während des Pontifikats von Papst Johannes Paul II.“ Es heißt darin ganz richtig, dass Intellektuelle und junge Leute die wichtigsten Ansprechpartner eines Pontifikats sein werden, das die Identität der katholischen Lehre unbedingt stärken will. Sieben Monate nach Amtsantritt von Johannes Paul II. schien es der Stasi deutlich geworden zu sein, dass zwar bezüglich der Ostpolitik „kein grundlegender Prinzipienwandel zu erwarten ist“, dass aber gleichwohl damit zu rechnen ist, „sich zum Teil mit einem stärker aggressiven und offensiven Kurs des Vatikans auseinandersetzen zu müssen“. Diese Veränderung wurde teilweise Johannes Paul II. persönlich zugeschrieben, aber es hieß auch, der Papst würde den Entscheidungen folgen, die das Kardinalskollegium während des Konklave von 1978 getroffen hätte, und diese unterstrichen, dass die Religionsfreiheit das „alleinige“ Ziel der Vatikandiplomatie hinter dem Eisernen Vorhang sein sollte. Widerstand dagegen, so behauptete die Stasi, käme vor allem vom „rechten Flügel der Kurie“, der eine stärker kämpferische Haltung gegenüber dem internationalen Kommunismus vorziehen würde, wie sie weder Johannes XXIII. noch Paul VI. eigen war. „Laut gegenwärtiger Einschätzungen“ von Stasiquellen in Rom würden Ortsbischöfe und ihre Bischofskonferenzen eine zunehmend wichtigere Rolle in der vatikanischen Ostpolitik übernehmen, so dass diese Konferenzen und nicht die Vatikandiplomaten den „diplomatische Dialog“ in der Tschechoslowakei, Polen und Ungarn gestalteten, während die Diplomaten der Kurie bei den Verhandlungen mit Albanien, Bulgarien und der Deutschen Demokratischen Republik den Ton angeben würden. Den Einfluss der Ortsbischöfe zu stärken verfolgte den Zweck, „die Anerkennung der Institution Kirche" als eines wesentlichen Faktors im Gesellschaftsleben zu erzwingen. Die Stasileute glaubten, Johannes Paul habe sich in der Frage einer vatikanischen Nuntiatur in Warschau gegen Kardinal Wyszyński und auf die Seite der Kuriendiplomaten gestellt und die Berufung von Casaroli und Silvestrini auf die höchsten diplomatischen Posten des Heiligen Stuhls sei gegen die „Wünsche der westdeutschen Bischöfe" ergangen, „die bis heute gegen Casaroli und seinen Kurs starke Vorbehalte hegen." Das Dokument schließt mit der Mahnung, „im Interesse der Sicherheit der Quellen" seinen Inhalt nicht zu Propagandazwecken auszuschlachten.[29]

Wie schon zuvor macht auch dieser Lagebericht der Stasi deutlich, dass einige Materien scharfsichtig erfasst worden sind: Johannes Pauls II. Hinwendung zur Jugend und zu Intellektuellen; seine Überzeugung, dass die Laxheit und Verwirrung in Fragen der Lehre, die Fähigkeit der Kirche beeinträchtig haben, auf Gesellschaft, Kultur und Politik, die Weltpolitik eingeschlossen, Einfluss zu nehmen; die Tatsache, dass sich mit dem neuen Papst diplomatisch einiges ändern würde. Einige entscheidende Aspekte des Programms von Johannes Paul II. entgehen freilich wie immer den Verfassern: seine Überzeugung, dass eine wirksame Seelsorge und Glaubensverkündigung unter bestimmten Umständen politisch folgenreich sind, und sein zweigleisiges Herangehen an die Ostpolitik. Die römischen Quellen der Stasi mögen zwar bei ihrem Bericht über eine Kluft zwischen Johannes Paul II. und Kardinal Wyszyński auf bestimmte Haltungen – oder Hoffnungen – der Kurie reflektiert haben, aber eine solche Kluft hat es nie gegeben.[30]

Wenn diese Stasidokumente, die die Einschätzungen eines der effizientesten Geheimdienste der kommunistischen Welt spiegeln, zumindest teilweise das allgemeine Urteil der kommunistischen Führungen auf den Punkt bringen, dann scheint es, als wären sich die Genossen zwar darüber im Klaren gewesen, dass Johannes Paul II. eine Bedrohung für ihre Interessen darstellte, sie aber nach einem halben Jahr seines Pontifikats noch immer nicht genau wussten, welche Strategie er verfolgen und welche Taktiken er einsetzen würde. Sie mussten nicht lange warten, um eine Antwort auf diese Fragen zu erhalten.

Die neun Tage Johannes Pauls II.

Edward Giereks Wirtschaftspläne mögen nicht sehr sinnvoll gewesen sein, wenn es aber darum ging, die Empfindungen seiner Landsleute einzuschätzen, so war der kommunistische Parteiführer kein Dummkopf. Als Leonid Breschnew ihm Anfang 1979 riet, den Papst nicht wieder in sein Heimatland einreisen zu lassen, erklärte Gierek, dass sei „aus politischen Gründen" einfach nicht möglich. „Nun gut", entgegnete Breschnew, „tun Sie, was Sie wollen. Aber sorgen Sie dafür, dass Sie es später nicht bereuen."[31]

Ursprünglich hatte Johannes Paul geplant, Anfang Mai 1979 nach Polen zurückzukehren. Auf diese Weise hätte er an den Feierlichkeiten zu Ehren des hl. Stanislaus, seines Vorgängers, in Krakau teilnehmen und gleichzeitig der feierlichen Schlußsitzung der Synode von Krakau vorsitzen können, die er zur Umsetzung des Zweiten Vatikanums einberufen hatte. Die Kommunisten, denen die symbolische Kraft des Festtags – Stanislaus war über die Verteidung der Kirchenfreiheit zum Märtyrer geworden – deutlich war, stellten sich stur und beschieden die Pilgerreise im Mai mit einem „Nein". Einem Papstbesuch im nächsten Monat stimmten sie allerdings zu. Nach einigen ernsthaften und erfolgreichen Verhandlungen akzeptierte Johannes Paul II. mit Freuden neun Tage im Juni statt der zwei Tage im Mai, wobei sowohl ein Besuch in Gnesen und Tschenstochau als auch in Warschau und Krakau auf dem Programm stand. (Die Feier für den hl. Stanislaus verschob die Kirche ihrerseits kurzerhand auf den Juni.)

In einer, wie der SB und seine Parteioberen meinten, „riesigen ‚Schadensbegrenzungs'-Operation" mit dem Codenamen LATA '79 [SOMMER '79] unternahm das kommunistische Regime trotz dieses strategischen Fehlers alles, um den Papstbesuch zu behindern und seine Auswirkung zu verringern. Informanten aus dem katholischen Klerus und der Laienschaft wurden mobilisiert und in acht Kategorien eingeteilt. Zur ersten Gruppe, einer Elite, die in der Vergangenheit Zugang zu Kardinal Wojtyła gehabt hatte, zählten sieben Maulwürfe: DELTA, KAROL, MAREK, JUREK, TUKAN, TRYBUN und LESZEK. JUREK, ein Kleriker, gehörte zum kirchlichen Organisationskomitee für die Papstreise. Diese Zuträger und jene der anderen Kategorien sollten nicht bloß Informationen über die anstehende Reise an den SB weitergeben. Sie wurden auch beauftragt, die verschiedenen katholischen Gruppen und Organisationskomitees zu infiltrieren, um deren Entscheidungen über die Art der Teilnahme an der Papstreise zu beeinflussen. Sie sollten beispielsweise die Zahl der Teilnehmer verringern helfen, indem sie Sicherheitsbedenken geltend machten. Während der Veranstaltungen mit dem Papst selbst wurden diese massiven gegen ihn gerichteten Operationen fortgesetzt. 480 Agenten des SB wurden abgestellt, um die Ereignisse zu überwachen und dem Papst bei seinem Aufenthalt in Krakau – vom 6. bis zum 10. Juni – so viele Steine wie möglich in den Weg zu legen.[32] In diesem Zeitraum koordinierte der SB sämtliche gegen den Papst gerichteten Aktivitäten mit der Stasi, die mehrere hundert Agenten einsetzte, um ausländische Besucher während des Papstbesuchs zu überwachen.[33] Nach Frankfurt an der Oder wurde eine spezielle Arbeitsgruppe der Stasi abgeordnet und der SB stellte Telefonleitungen in Warschau und Krakau bereit, so dass die Stasiagenten direkt mit dem Stasihauptquartier in Ostberlin verbunden waren. Auch verabredete man, dass beide Geheimdienste Informationen über den Papstbesuch austauschen, vor allem solche, die aus Johannes Paul nahestehenden Kreisen stammten. JUNGE, ein Stasiagent mit Zugang zum Papst, war ein polnischer Priester, der statt für den SB für die Ostdeutschen arbeitete. Koordiniert wurde die ganze Operation von Joachim Wiegand, dem Leiter der Abteilung XX/4 der Stasi, die für antikatholische Maßnahmen zuständig war. In der Zwischenzeit pflegte der Stasichef Markus Wolf Kontakt zu seiner eigenen persönlichen Quelle im Vatikan, deren Identität nicht einmal Wiegand kannte: LICHTBLICK, der deutsche Benediktiner Eugen Brammertz, hatte seit 1960 eine Akte bei der Stasi, stand aber schon lange vorher mit ihr in Verbindung. In Rom arbeitete Brammertz für die deutsche Ausgabe des *Osservatore Romano*, der Tageszeitung des Vatikans, war gelegentlich im Staatssekretariat tätig und hatte vermutlich Zugang zu einigen seiner Akten.[34]

Johannes Paul II. und seine engsten Mitarbeiter hatten keine Ahnung von den Einzelheiten von LATA '79 und den Parallelaktionen anderer kommunistischer Geheimdienste, obwohl sie sicherlich davon ausgingen, dass ihre alten Feinde nicht müßig bleiben würden. Der Sekretär des Papstes erinnerte sich Jahre später an ihre Befürchtungen:

> Das war jedenfalls nicht das Verhalten der Polen, was die Obrigkeit in Warschau da an den Tag legte. Diese Hartnäckigkeit, dem Papstbesuch möglichst geringe Bedeutung beizumessen, die Manipulationen im Fernsehen, die vielen absurden Schwierigkeiten, die gemacht wurden, um die Leute und vor allem die Busse der Pilger in ihrer Bewegung einzuschränken, nun all das [...] war nicht wirklich Polen mit seiner Tradition der Gastfreundschaft, [...]. Dahinter stand mit Sicherheit ein großer Druck aus Moskau und auch aus Prag, wo ernorme Angst herrschte, wie der ‚Große Bruder' reagieren würde.[35]

Nichts davon zeigte letztlich Wirkung. Der 2. bis 10. Juni 1979 wurde zum dramatischen Angelpunkt im 30 Jahre währenden Kampf Karol Wojtyłas gegen den Kommunismus. Dank der größten religiösen Versammlung, die man je in der kommunistisch kontrollierten Welt gesehen hat, veränderten diese neun Tage die Geschichte des 20. Jahrhunderts auf radikale Weise.[36] Während ein nervöser Edward Gierek an einem Hotelfenster hoch über dem Warschauer Siegesplatz das Ganze beobachtete, zelebrierte Johannes Paul II. vor einer ungeheuren Menge die Messe und rief die Kraft des Hl. Geistes an um „das Antlitz der Erde – *dieses* Landes zu erneuern!" Von diesem Moment an bis zu dem, in dem er eine Träne aus seinem Auge wischte und am 10. Juni vom Krakauer Flughafen Balice nach Rom zurückflog, zeigte sich Karol Wojtyła als der wahre Herrscher über die Herzen und Köpfe der Polen, denn er gab seinem Volk dessen wahre Geschichte und Kultur – dessen wahre Identität – zurück. Nie verlor er ein Wort über Politik und Wirtschaft. Abgesehen von den gebotenen Höflichkeiten bei der Ankunfts- und Abschiedszeremonie ging er seinen eigenen Weg, so als existierten die Machthaber der Polnischen Volksrepublik überhaupt nicht, jedenfalls nicht so, als wären sie von Bedeutung.[37] Indem er jedoch einem Volk, das seit vierzig Jahren unterdrückt worden war, wieder seine wahre Identität schenkte – indem er Polen wieder den Polen und den Polen sich selbst zurückgab – schuf er neue Instrumente des Widerstands, denen der Kommunismus einfach nicht gewachsen war. Indem er zwischen dem 2. und dem 10. Juni 1979 eine Revolution auslöste, reichte er seinem Volk den Schlüssel zu seiner eigenen Befreiung: den Schlüssel des erwachten Gewissens.

Er war dazu in der Lage, weil er den Kern des polnischen Dramas der jüngsten Zeit aus eigener Anschauung kannte und verstand. In seiner Predigt auf dem Siegesplatz rief er seinen Landsleuten die Heldenhaftigkeit und den unerschütterlichen Glauben ins Gedächtnis, von dem der Warschauer Aufstand 1944 beseelt worden war, als seine westlichen Verbündeten Polen im Stich gelassen hatten und die Rote Armee jenseits des Flusses tatenlos verharrte. Doch unter den Ruinen, in denen Warschau nach dem Aufstand lag, entdeckte Polen eine das Kreuz tragende Christusfigur, die von der zerstörten Heiligkreuzkirche herabgefallen war. Und diese Figur erinnerte Polen an das, was Johannes Paul den „einen Maßstab" nannte – an Jesus Christus, das wahre Maß des Menschen, der Freiheit und der Geschichte.

Dank seiner einzigartigen Gaben, darunter seine verblüffende Fähigkeit selbst in einer denkbar großen Menschenmenge jedem Anwesenden das Gefühl zu vermitteln, er spreche zu ihm persönlich, erwies sich Johannes Paul in diesen neun Tagen als einer der wirkmächtigsten Redner des 20. Jahrhunderts. In Tschenstochau redete er vor einer Menge, die möglicherweise in die Million ging, darunter zehntausende schlesischer Bergarbeiter. Sie hatten sich nach Jasna Góra aufgemacht, weil Edward Gierek keinen Papst in seinem politischen Hinterhof dulden wollte, auch nicht – oder vielleicht erst recht nicht – einen polnischen.[38] An einer Stelle der Predigt von Johannes Paul hob ein Bergarbeiter zu einer Bemerkung an, wurde aber sofort von einem anderen abgewürgt: „*Pieroni* [verdammt oder verflixt] sprich nicht zu mir, wenn der Papst mit mir redet!" Diese Erfahrung halte durch das ganze Land wider.

Was die Beobachter am meisten erstaunte, war nicht nur die Zahl der Menge – Schätzungen gehen davon aus, dass ein Drittel der Bevölkerung, etwa elf Millionen Menschen, Johannes Paul II. persönlich erlebte –, sondern ihre Geordnetheit. Die Kirche hatte „päpstliche Ordner" organisiert, um die Menge zu kontrollieren, und nebenbei wollte sie so auch klar machen, dass die Kirche für ihre Ereignisse selbst zuständig ist. Vieler Kontrolle bedurfte es gar nicht, denn der päpstliche Appell an das Gewissen schuf eine Atmosphäre, die so ganz anders als der Lebensrhythmus unter dem Totalitarismus war. Wie der atheistische Dissident Adam Michnik es später einmal formulierte: „Dieselben Leute, die für gewöhnlich frustriert und aggressiv in den Schlangen vor den Geschäften standen, wurden in ein fröhliches, glückliches Kollektiv verwandelt, in ein Volk voller Würde."[39] In einem Land, wo die Provokationen und Manipulationen des SB jedes Vertrauen erschüttert hatten, konnten Polen einander ansehen, erleben wie viele „wir" und wie viele „sie" waren und wieder Vertrauen zueinander fassen. Allmählich regenerierte sich die bürgerliche Gesellschaft, nachdem der Papst sie wieder ins Leben gerufen hatte, indem er Gott „aus der Tiefe dieses Jahrtausends" gebeten hatte, das Antlitz Polens zu erneuern und das Land in Freiheit wiedergeboren werden zu lassen.

Als das polnische Volk „andere sah, die dasselbe glaubten und nun bereit waren, es öffentlich auszusprechen", entdeckte es „seine eigene Stärke" wieder – und erkannte zugleich „die Schwäche des Regimes".[40] Dem Regime, dessen „gesamte Propagandamaschine genau darauf eingestellt war, die Bedeutung des Besuches herunterzuspielen und vor allem die Größe der begeisterten Menge zu verhehlen", konnte das kaum entgehen. Stanisław Kania, damals Mitglied des Politbüros der kommunistischen Partei Polens, beschwerte sich jeden Abend während des Besuchs bei Erzbischof Casaroli, der den Papst in seiner neuen Funktion als Pro-Staatssekretär begleitete, darüber, was der Papst an jenem Tag gesagt hatte oder am nächsten vielleicht sagen würde. Casaroli seinerseits konnte Kanias Klagen zumindest ein wenig nachempfinden, da er glaubte, die polnische Führung schiele beständig nach Moskau. Daher übermittelte er Johannes Paul deren Bedenken. Dieser nahm sie höflich zur Kenntnis, verfolgte aber weiter den von ihm eingeschlagenen Weg.[41] Laut Berichten und Einschätzungen der Stasi war Casaroli selbst davon überzeugt, dass die päpstliche Pilgerfahrt „die Krönung vatikanischer Ostpolitik" ist. Es ist jedoch nicht leicht zu erkennen, wieso das der Fall sein sollte, denn es war der persönlichen Leistung eines polnischen Papstes geschuldet, den Weg nach Polen freizumachen, und die Worte, mit denen er sich in diesen neun Tagen an die Menschen wandte, waren nicht solche, wie sie päpstlichen Diplomaten über die Lippen kamen.[42]

In welchem ursächlichen Verhältnis sie auch immer zur früheren Ostpolitik des Vatikan gestanden haben mag, jedenfalls war die Papstreise nach Polen im Juni 1979 ein Wendepunkt, dessen Merkmale sich schon bald deutlich zeigten. Was der Historiker Andrzej Paczkowski mit Bezug auf die Künstler „den Exodus aus der Welt der Zensur" genannt hat, begann nun in ganz Polen.[43] Es wurden immer mehr Verbindungen zwischen der Kirche und den linken Dissidenten geknüpft. Das Komitee zur Verteidigung der Arbeiter [KOR] gründete sich selbst als Komitee zur sozialen Selbstverteidigung neu [KSS KOR] und machte sich tatkräftig an den Aufbau einer „alternativen Gesellschaft", während es sogleich versuchte, „in der Wahrheit zu leben" und Polen auf einen Reformkurs zu steuern.[44]

Der Moskauer Zentrale entging natürlich nichts davon. Der KGB berichtete, der Besuch habe seine schlimmsten Befürchtungen bestätigt, und warf dem Papst „ideologische Subversion" vor. Offenbar fürchtete der KGB während des Papstbesuchs sogar einen Aufstand der polnischen Dissidenten und machte Pläne für eine Evakuierung seiner von einem Offizier des KGB geleiteten Handelsmission von Kattowitz in die Tschechoslowakei. Moskaus Meisterspione waren zudem darüber erschrocken, dass der Papst sich selbst nicht einen polnischen, sondern einen „slawischen Papst" nannte – das Politbüro der kommunistischen Partei der Sowjetunion schloss daraus, der Papst und die Kirche hätten einen „ideologischen Krieg gegen die sozialistischen Länder" zu führen begonnen.[45]

Die Rede, die Johannes Paul II. am 2. Oktober 1979, vier Monate nach seiner Predigt auf dem Siegesplatz, vor der Generalversammlung der UNO hielt, kann diese Einschätzung nur bestätigt haben. Kardinal Casaroli hatte versucht, die Zeilen aus dem Redemanuskript des Papstes zu streichen, die seiner Meinung nach für die Sowjets und andere kommunistische Ohren ganz besonders anstößig klingen mussten. Johannes Paul II. setzte sie wieder ein und hielt eine Rede zur Verteidigung der grundlegenden Menschenrechte, die den Delegierten der kommunistischen Länder einen Schrecken einjagte und sie nicht wenig verärgerte.[46] Zunächst erinnerte der Papst die Mächte der Welt daran, dass jede Politik, auch die Weltpolitik, von einem richtigen Verständnis der Würde der menschlichen Person auszugehen habe. Gerade deshalb sei die universale Erklärung der Menschenrechte von 1948 sowohl ein „Meilenstein auf dem langen und schwierigen Weg der menschlichen Gattung" als auch das „grundlegende Dokument" der Vereinten Nationen gewesen. Achtung vor den Menschenrechten, so der Papst weiter, sei die Voraussetzung für den wahren Frieden, denn wer „Ungerechtigkeiten im Reich des menschlichen Geistes" begehe, mache einen Frieden innerhalb der Nationen und zwischen ihnen unmöglich. Als wolle er unterstreichen, wer genau diese Ungerechtigkeiten begangen hat, lieh sich Johannes Paul II. Worte aus Karol Wojtyłas Predigten bei den Fronleichnamsprozessionen in Krakau und in Piekary Śląskie und tadelte jene Länder, in denen Gläubige Bürger zweiter oder dritter Klasse waren, deren Berufsfreiheit man eingeschränkte, und denen man nicht das Recht gab, ihre Kinder nach ihren Wünschen zu erziehen. Die Suche nach der Wahrheit sei ein Wesensmerkmal des Menschen, schloss der Papst. Gläubige und nicht gläubige Menschen sollten sich darauf als auf den gemeinsamen Boden einer humanistischen Anschauung einigen können.

Das Zentralkomitee der kommunistischen Partei der Sowjetunion mag sich in diesem Punkt nicht einig gefühlt haben. Einig war es sich jedoch darin, dass mit Johannes Paul II. etwas geschehen müsse. Sechs Wochen nach der Rede des Papstes vor der UNO erließ das Sekretariat des Zentralkomitees eine „absolut geheime" Anordnung mit der Überschrift „Über Maßnahmen zum Widerstand gegen die Politik des Vatikans in Bezug auf sozialistische Länder". Es war dies ein politisches Dokument, das den verschiedenen Organen der sowjetischen Staatsmacht Aufgaben zuwies: den unterschiedlichen Propaganda-, Radio-, Fernseh- und Presseabteilungen, dem internationalen Büro der kommunistischen Partei, dem sowjetischen Außenministerium, dem KGB, der sowjetischen Akademie der Wissenschaften, dem Sowjetrat für religiöse Angelegenheiten und der dem Zentralkomitee unterstehenden Akademie für soziale Studien. Alle diese Instrumente des Sowjetstaates sollten mit ihren jeweiligen Mitteln darangehen „die gefährlichen Tendenzen in den Lehren von Papst Johannes Paul II." zu bekämpfen, mithin „in geeigneter Form zu verurteilen". Die Anordnung war von Michail Suslow, dem Chefideologen der Partei, unterzeichnet und wurde von mehreren Situationsanalysen begleitet, darunter das Memorandum „Über die soziopolitischen und ideologischen Tätigkeiten des Vatikan auf dem Schauplatz von heute". Vorbereitet hatte es der KGB, obwohl es nominell unter der Schirmherrschaft des Rats für religiöse Angelegenheiten verfasst worden war.[47] In dieser Anordnung des Zentralkomitees fällt kein Wort über „aktive Maßnahmen" gegen Johannes Paul II., doch aus dem Archiv von Wassili Mitrochin geht hervor, dass der KGB gleichzeitig mit dieser Anordnung „instruiert worden war [...], im Westen aktive Maßnahmen zu verfolgen", und zwar mit dem Ziel, die Absichten von Johannes Paul II. scheitern zu lassen und deutlich zu machen, dass seine Bemühungen die katholische Kirche gefährdeten. In diesem Kontext schlossen die „aktiven Maßnahmen" Propaganda, Verleumdungskampagnen, Erpressung und andere gebotene Taktiken ein, deren Hauptzweck es war, die Medien weltweit davon zu überzeugen, dass Johannes Paul II. eine Gefahr für den Weltfrieden darstellte. Im Gegensatz zu einigen Berichten enthält die Anordnung des Zentralkomitees keinen Befehl zur Ermordung von Johannes Paul II., denn das Sekretariat des Zentralkomitees war ein Verwaltungsgremium, das gar nicht die Befugnis hatte, solche Maßnahmen anzuordnen. Folgen wir jedoch dem Historiker Andrzej Grajewski, so legt schon die bloße Existenz der Anordnung neben den anscheinend parallel verlaufenden geheimen Operationsanweisungen an den KGB, doch aktive Maßnahmen zu ergreifen, den starken Schluß nahe, dass die politische Führung und der Geheimdienst der Sowjetunion, den Papst nicht einmal ein Jahr nach seiner Wahl für die größte Bedrohung gehalten haben.[48]

Vier Monate später, im März 1980, empfing Johannes Paul II. Jan Szczepański im Vatikan, einen berühmten Soziologen, Mitglied des polnischen Staatsrats und Protestant aus den „zurückgewonnenen Territorien" im Westen. Auch wenn Szczepański klar und deutlich erklärte, es handele sich um einen inoffiziellen Besuch, da er nicht offiziell die polnische Regierung vertrete, wirft sein Bericht an das polnische Außenministerium ein Licht darauf, was Johannes Paul und Kardinal Casaroli neun Monate nach dem triumphalen Besuch des Papstes in seiner Heimat dachten. Johannes Paul, so Szczepański gegenüber dem Außenministerium, sei sich der „Widersprüche" zwischen Marxismus und Katholizismus „sehr bewusst" und lehne jeden Dialog ab, der ein Amalgam aus „Elemente beider Weltanschauungen" schaffen wollte; das, davon sei der Papst überzeugt, wäre unmöglich und würde zu etwas „Künstlichem" führen. Wenn die kommunistische Seite der Gleichung möchte, dass die Kirche zur Lösung der sehr realen sozialen, politischen und ökonomischen Probleme beiträgt, die von beiden Seiten als solche anerkannt werden, dann könne das nur geschehen, wenn der Kirche gestattet würde, Kirche zu bleiben. Gleichzeitig wisse der Papst sehr wohl, dass es nicht seine Hauptaufgabe ist, „Mitwirkender" an der Lösung dieser Probleme zu sein, ihm falle es vielmehr zu, die katholischen Identität zu stärken und an der Kontinuität der katholischen Lehre und Tradition festzuhalten, von der er meinte, sie sei in Westeuropa erheblich aufgeweicht worden. In dieser Hinsicht glich die Haltung des Papstes „bezüglich des Konflikts zwischen Atheismus und Religion" seinen Sorgen über das Schwinden des Glaubenssinns in Überflussgesellschaften: beide leugneten, wenngleich auf unterschiedliche Weise, dass der Glaubenstrieb zum Wesen des Personseins gehört.

Johannes Paul schlug vor, dass Professor Szczepański Kardinal Casaroli trifft. An ihren Gesprächen nahm dann auch Kazimierz Szablewski teil, der Mitvorsitzende der ständigen Arbeitskontakte zwischen Vatikan und polnischer Regierung. Wie Szczepański berichtet, bewegten sich Casarolis Gesprächsbeiträge auf einer anderen Ebene als die von Johannes Paul II. Casaroli konzentrierte sich eher auf die gesellschaftliche Stellung der christlichen Gemeinden hinter dem Eisernen Vorhang und das politische Kräftespiel, wobei er die „Wichtigkeit des Realismus“ und die lange Geschichte der Kirche betonte, in der sie immer wieder Wogen des Antiklerikalismus überstanden hat. Jede Revolution habe ihren Thermidor, meinte der Kardinal, und danach „werden sich die Beziehungen zwischen der Kirche und den sozialistischen Ländern wieder normalisieren – und die Kirche ist bereit, darauf ewig zu warten.“[49]

Manch einer im Vatikan war vielleicht wirklich bereit, ewig zu warten. Doch wie die Ereignisse bald erweisen sollten, war die Wartezeit gar nicht so lang, und der Durchbruch kam auch nicht von einem Thermidor des polnischen Kommunismus.

Der Karneval

Der Aufstieg von Solidarność, der Gewerkschaft, die sowohl eine soziale Bewegung als auch de facto eine politische Opposition darstellte, verschärfte den Kampf des Kommunismus gegen Johannes Paul II., sowie er auch die diplomatischen Gepflogenheiten der vatikanischen Ostpolitik in Frage stellte und Polen in eine soziale und emotionale Berg- und Talfahrt versetzte, die später als „der Karneval“ bezeichnet worden ist.

Auch früher schon hatte es landesweite Proteste im kommunistischen Polen gegeben: so 1956, 1968, 1970 und 1976. 1980 lagen die Dinge jedoch anders, denn der Protest in Polen war reifer geworden – nicht zuletzt wegen der Revolution des Gewissens, die im Juni 1979 von Johannes Paul II. ausgelöst worden war. Ohne Zweifel waren die polnischen Oppositionellen 1980 besser organisiert, ihre Kommunikationsstrategien raffinierter und ihre politischen Schachzüge klüger als in der Vergangenheit. Das Bündnis der Oppositionellen war umfassender und schloss sowohl Arbeiter als auch Intellektuelle ein; diese Vielfalt verlieh ihm mehr Zugkraft, die sich gegenüber den Provokationen, Täuschungsmanövern, Verleumdungen und dem Druck des Kommunismus als widerstandsfähiger denn in früheren Ausbrüchen von Massenprotesten erwies. Zudem hatte auch der Charakter der Opposition an Reife gewonnen. „In der Wahrheit leben“, dieses Thema, das Johannes Paul II. während der neun Tage im Juni 1979 beharrlich aufgebracht hatte, war zur Parole und zum Programm von Menschenrechtsorganisationen in ganz Mittel- und Osteuropa geworden, da die religiös motivierten Oppositionellen ebenso wie die atheistischen erkannten, dass diese Form des moralisch begründeten und kulturell verwurzelten Widerstands das kommunistische Abenteuer im Kern trafen, baute dieses doch auf Irrtümern und hielt sich mit einer unverhohlenen Strategie von Lügen an der Macht.

In der Bewegung, die im August 1980 auf den Danziger Werften begann, liefen mehrere Stränge der nationalen Erfahrung zusammen, von denen einige bis ins 19. Jahrhundert zurückreichten, andere in die jüngere Vergangenheit. Die Tradition der polnischen Aufstände, die sich von den Gedichten, Romanen und Dramen der polnischen Romantik genährt hatte, traf auf einen neuen, gereiften Katholizismus, der in Wyszyńskis Großer Novene geformt worden war und in den neun Tagen Johannes Pauls II. seinen letzten Schliff erhalten hatte. So entstand eine einzigartige Bewegung der sozialen Erneuerung und des Widerstands gegen den Totalitarismus, der politisch versiert und entschieden gewaltlos war. Selbstverständlich spielten auch eher prosaische Faktoren eine Rolle. Die Wirtschaft lag am Boden, was sich drastisch auf die, wie ein Historiker so treffend sagte, „Achillesferse einer sozialistischen Ökonomie" auswirkte: Preis und Angebot von Lebensmitteln.[50] Die Abhängigkeit des Regimes Gierek von westlichen Krediten zügelte die Brutalität der Regierung, und die Erinnerungen an die Krise von 1970 und den Sturz Gomułkas wirkten sich ebenfalls hemmend aus. Dennoch: Der „Unterschied von 1980", der einer ums Ganze war, war ein moralischer, der sich im Charakter und Programm derjenigen äußerte, die, wie Johannes Paul II. es später formulierte, „das Risiko der Freiheit" auf sich genommen hatten.[51]

Dieser moralische Unterschied trat beinahme unmittelbar zutage, als am 14. August 1980 der Streik auf der Danziger Werft ausbrach. Die Arbeiter besetzten im Laufe des Streiks das gesamte Werftgelände und schufen so eine Insel der Freiheit im totalitären Regime. Es wurde eine strikte Disziplin aufrechterhalten, jeglicher Alkohol war auf den Werften verboten. Wie ernst man es mit der Religion nahm, war handgreiflich: Jeder konnte es an den Messen unter freiem Himmel und den Beichten erkennen. Aus der Perspektive der späteren Ereignisse war vermutlich das Wesentlichste, dass die Arbeiter von Johannes Paul II. gelernt hatten, worin der Sinn ihrer Würde als Männer und Frauen lag, und sich daher weigerten, sich mit den wirtschaftlichen Zugeständnissen abspeisen zu lassen, die das Regime ihnen ganz schnell anbot. In der Nacht vom 16. auf den 17. August wurde das *Mi dzyzakładowy Komitet Strajkolwy*, das Übertriebliche Streikkomitee oder MKS, gegründet. Es sollte weiterreichende Forderungen durchsetzen, darunter auch die nach unabhängigen, selbstverwalteten Gewerkschaften, und die Streiks im ganzen Ostseeraum zu koordinieren. Die berühmten „21 Punkte", auf die sich der Vorsitz des MKS einigte – die Hauptakteure waren Lech Wałęsa, Joanna und Andrzej Gwiazda, Bogdan Lis und Andrzej Kolodziej – betonten zwar den ökonomischen Wandel, richteten sich aber auch auf das volle Programm der grundlegenden Menschenrechte. Unter anderem wurde besonders die Rede- und Pressefreiheit hervorgehoben sowie des Ende des Ausschlusses von Gläubigen „aller Konfessionen" vom Zugang zu den Medien verlangt. Die Ziele der Oppositionellen reichten weiter und tiefer. Ein Arbeiterdichter formulierte es ein paar Monate später so:

> Die Zeiten sind vorbei,
> wo sie uns das Maul stopften
> mit Wurst.[52]

Ein paar Tage nach Ausbruch des Streiks wurde die Verhandlungsposition der Wortführer des MKS durch das Eintreffen einer siebenköpfigen Expertenkommission in Danzig verstärkt, darunter die katholischen Intellektuellen Tadeusz Mazowiecki und Bohdan Cywiński sowie der kirchenferne Historiker Bronisław Geremek. Dieses beispiellose Bündnis von Arbeitern mit geringer Bildung und engagierten Intellektuellen war bereits Mitte der siebziger Jahre durch die Erfahrung mit KOR und ähnlichen Gruppen vorbereitet worden. Es spiegelte jedoch auch das Bewußtsein einer nationalen Solidarität jenseits der Klassenschranken, das in den neun Tagen von Johannes Paul II. entstanden war. Angesichts von Regierungsvertretern, die sehr nervös waren, weil ein lokaler Konflikt sich schnell zu einer landesweiten Bewegung entwickelte hatte, war die Position der streikenden Arbeiter stärker denn je.

Wie stark sie war, dafür lieferte das am 31. August unterzeichnete Übereinkommen zwischen der Regierung und dem MSK, in dem der Grundsatz der freien Gewerkschaften anerkannt wurde, den schlagenden Beweis. Es war kein Zufall, wie Polens noch verbleibende Marxisten hätten sagen können, dass Wałęsa mit einem riesigen Füller, geschmückt mit dem Porträt von Johannes Paul II. für die Streikenden unterzeichnete – mit einem Souvenir aus den neun Tagen des Juni 1979, das die Verbindung zwischen jener unglaublichen Reise und dem Weg unterstrich, der schon bald zu einer riesigen, unerhörten sozialen Bewegung im ganzen Land führen sollte.[53]

Am 17. September wurde in Danzig ein nationales Treffen der Streikkomitees des ganzes Landes abgehalten und Karol Modzelewski Vorschlag für den künftigen Namen der neuen Gewerkschaft gebilligt: die unabhängige, selbstverwaltete Gewerkschaft Solidarität [*NSZZ Solidarność*]. „Solidarität" – so hatte der Herausgeber Krzysztof Wyszkowski die im August auf der Danziger Werft veröffentlichte Bekanntmachung getauft.[54] „Solidarität" so lautete auch, und vielleicht nicht ganz zufällig, die Überschrift eines Schlussabschnitts in Karol Wojtyłas philosophischem Hauptwerk *Person und Tat* von 1969. Darin bezeichnet der zukünftige Papst „Solidarität" – eine Bedingung, unter der die persönliche Freiheit dem Gemeinwohl dient und die Gemeinschaft den Individuen zur wahren Reife verhilft – als die im humanistischen Sinne authentischste Einstellung zur Gesellschaft.[55] Die ersten Wörter des Organisationsnamens waren selbstverständlich so wichtig wie das letzte Wort, das bald mit seinem verschlungenen Schriftzug, den der Künstler Jerzy Janiszewski für die Bekanntmachung der Streikenden entworfen hatte, weltberühmt wurde: „unabhängig" bedeutete, „nicht unter der Kontrolle der kommunistischen Partei oder des Staates" und „selbstverwaltet" hieß, dass die Mitglieder die Verantwortung für ihre eigenen Entscheidungen und Handlungen übernahmen. In beidem klingen die Lehren aus den neun Tagen des Juni 1979 an. Solidarność kümmerte sich auch um die Wiederbelebung jener Ereignisse aus der polnischen Vergangenheit, die das Regime lange Zeit zu ignorieren oder zu leugnen suchte. Abzeichen von Solidarność zeigten oft den gekrönten polnischen Adler, ein Wahrzeichen, das die Kommunisten verboten hatten, weil es an Maria, die Königin Polens erinnerte. Außerdem hatten die Arbeiter in Danzig auch die Errichtung eines Denkmal für die 1970 vom Regime getöteten Arbeiter gefordert – die eindrucksvollen drei Kreuze wurde in wenigen Monaten vollendet und im Dezember 1980 eingeweiht.

Es war einfach fabelhaft, wie schnell Solidarność, die unabhängige, selbstverwaltete Gewerkschaft, die zugleich eine soziale Bewegung darstellte, wuchs. Innerhalb von sechzehn Monaten hatte die Gewerkschaft, die Bewegung, etwa zehn Millionen aus allen Klassen und Gesellschaftskreisen, darunter Bauern, Landarbeiter und Studenten, zusammengeführt – mehr als ein Viertel und fast ein Drittel der Bevölkerung. Moskau reagierte auf all das vorhersehbar und unheildrohend. Politbüro und KGB waren sich einig, dass „das Danziger Abkommen die größte Gefahr für die ‚sozialistische Staatengemeinschaft' nach dem Prager Frühling" darstellt. Zwei Wochen bevor die Solidarność offiziell gegründet wurde und ihren Namen erhielt, hatte das Politbüro „Thesen für die Diskussion mit Vertreter der polnischen Führung" verabschiedet. Eine sehr subtile Weise war das nicht, die Forderungen klarzumachen, welche die Sowjets an die polnischen Genossen zu stellen beabsichtigten, darunter auch die „einen Gegenangriff vorzubereiten", bei dem „der Konsolidierung der führenden Rolle der Partei in der Gesellschaft überragende Bedeutung beizumessen" ist. Die Polen, die sich über die Gefahr aus dem Osten nicht täuschten, ließen ihrem schwarzen Humor mal wieder freien Lauf: In Anspielung auf Gomułkas Amtsenthebung 1970 fragte ein Witz danach, was Gomułka und Edward Gierek voneinander unterscheide. Die Antwort lautete: "Gar nichts, aber Gierek weiß es noch nicht!" Leonid Breschnew war jedoch nicht zu Scherzen aufgelegt und teilte dem Politbüro am 29. Oktober mit, dass „die Konterrevolution in Polen im vollen Gange ist", und brachte die eventuelle „Notwendigkeit" des Kriegsrechts zur Sprache. Im Monat darauf warnte Andropow, der Vorsitzende des KGB, den neuen polnischen Innenminister General Mirosław Miłewski, dass Solidarność und die Kirche gemeinsam eine tödliche Bedrohung darstellten:

> Selbst wenn Sie Wyszyński und Wałęsa in Frieden ließen, würden Wyszyński und Wałęsa Sie nicht in Frieden lassen, bis sie entweder ihr Ziel erreicht haben oder von der Partei und dem verantwortungbewußten Teil der Arbeiterschaft niedergeschlagen worden sind. Wenn Sie passiv abwarten [...] wird Ihnen die Kontrolle über die Situation entgleiten. Ich habe gesehen, wie das in Ungarn [1956] geschah. [...] Es ist zu befürchten, dass das gleiche auch in Polen geschieht, wenn man nicht energische Maßnahmen ergreift [...] [gegen] Wałęsa und seine faschistischen Bundesgenossen [...].[56]

Zu den „Maßnahmen", die Andropow unmittelbar ergriff, gehörte es neue „Illegale" nach Polen zu schleusen, die, wenn nötig über die Kirche, Solidarność infiltrieren sollten. Einer dieser Illegalen war FILOSOV (Iwan Bunyk), der sich als französischen Dichter ausgab und den Kontakt zu Hochwürden Andrzej Bardecki suchte, einem alten Freund und Kollegen von Johannes Paul II. Bardecki, der wie Andrew und Mitrochin bemerken, nicht wissen konnte, dass sich unter seinen vielen westlichen Besuchern für ihn „nicht erkennbare Illegale des KGB befanden", machte FILOSOV mit Tadeusz Mazowiecki bekannt, der damals *Tygodnik Solidarność*, die Wochenzeitung der Gewerkschaft, herausgab und die wahre Identität seines Besuchers natürlich auch nicht durchschaute.[57]

Mazowiecki seinerseits war in den ersten Oktoberwochen nach der Bildung von *NSZZ Solidarność* nach Rom gereist. Dort empfing ihn Johannes Paul II, der begierig war, aus vertrauenwürdigen Quellen Neues aus Polen zu erfahren. Eine Frage beschäftigte den Papst vor allem: „Wird es von Dauer sein? Hat diese Bewegung eine Zukunft?" Mazowiecki versicherte dem Papst, dass dem so sei.[58] Wenngleich der Papst diese Nachrichten mit Befriedigung hörte, so wurde diese doch gedämpft von der Sorge, was die polnischen Kommunisten oder die Sowjetunion tun könnten, um das Kind *Solidarność* in der Wiege zu erwürgen. Die Verantwortlichen der Ostpolitik in der Kurie nahmen freilich einen etwas anderen Standpunkt ein, der stärker von Sorge als von Befriedigung bestimmt war. Die Parole der Diplomaten lautete „Stabilität" und sowohl Kardinal Casaroli als auch Erzbischof Silvestrini erkannten klar, dass Solidarność in ganz Mittel- und Osteuropa eine zutiefst destabilisierende Kraft darstellen konnte: nicht an und für sich, wohl aber durch die Reaktion der Sowjets, die sie vielleicht provozierte. Gewiss, Primas Wyszyński hatte der Solidarność seinen Segen erteilt, aber laut Silvestrini fürchtete auch er, eine sowjetische Intervention könne das kommunistische Regime stürzen und Polen so praktisch zum vierten Mal teilen, indem es de facto zu einer Provinz der UdSSR gemacht würde. Was die Kuriendiplomaten betraf, so befürchtete sie auch, dass Wałęsa und die anderen Führer von Solidarność nicht über Wyszyńskis feinen Sinn dafür verfügten, wo sich der Abgrund auftat, obwohl sie erkannten, dass Solidarność eine „natürliche Folge" der neun Tage im Juni 1979 war. Zudem flossen die Informationen nur dürftig; Telefongespräche zwischen Johannes Paul II. und dem Primas oder zwischen den Diplomaten des Vatikan und dem Vatikan verboten sich, weil die Leitungen angezapft wurden.[59]

Die Sorgen der Kurie über Wałęsa waren überflüssig. Den ganzen September und Oktober über, als das polnische Regime der Legalisierung von Solidarność zahlreiche Steine in den Weg legte, spielte der Danziger Elektriker eine mäßigende Rolle. Er bot den Radikalen in der Gewerkschaft die Möglichkeit, sich offen zu äußern, lenkte aber die Entscheidungen immer in eine Richtung, die das Regime nicht völlig in eine Ecke trieb, aus der es sich nur mit massiven Unterdrückungsmaßnahmen hätte befreien können – seien es ihre eigenen oder die der Sowjets. In Anbetracht der berauschenden ersten Erfahrung mit der Demokratie war dies keine leichte Aufgabe, doch Wałęsas eigenes politisches Geschick und, so darf man vermuten, sein unmittelbares Gespür, dass Johannes Paul II. gewollt hätte, dass er das Steuer so führen würde, wie er es führte, hielt die Bewegung auf Kurs, auch wenn Wałęsa beim Fußvolk von Solidarność und bei den radikaleren Gewerkschaftsführern ein wenig an Rückhalt verlor.[60] Das Fußvolk seinerseits nahm immer noch zu. Jetzt schlossen sich auch die bis dahin ruhigen ländlichen Gebiete und Studentengruppen der Bewegung an. Sowohl der ländlichen Solidarność wie auch den Studentengruppen wurde eine

Registrierung verweigert, was nur dazu führte, dass die *NSZZ Solidarność* sich noch stärker für sie einsetzte.

Als dann am 27. Oktober eine Gruppe kommunistischer Parteimitglieder in Thorn zusammenkam, um eine „Beratende-koordinierende Kommission der Parteiorganisationen“ zu bilden, die den „demokratischen Zentralismus“ der kommunistischen Partei unmittelbar in Frage stellte und damit die Fähigkeit der Partei, geschlossen auf die Herausforderung durch Solidarność zu reagieren, war „die [demokratische] Pest in die Zitadelle eingedrungen“, wie Andrzej Paczkowski so schön formulierte.[61] Dieser Riss in den Reihen der Partei spiegelte indessen nur die öffentliche Haltung zum Regime, die Jacek Kuroń, der Gründer von KOR, so trefflich charakterisiert hat: “Wenn die Regierung tatsächlich ein goldenes Ei gelegt hätte, hätten die Leute gesagt, es sei nicht golden, zweitens sei es kein Ei und drittens habe die Regierung es gestohlen.“[62]

Am Rande des Abgrunds

Auf den Streit mit der Regierung über die Legalisierung von Solidarność, der drei Wochen lang von Oktober bis in den November währte und am 10. November gelöst wurde, folgte schnell Ende November, Anfang Dezember eine noch schwerer wiegende Konfrontation, diesmal von internationalem Ausmaß. Bereits am 30. Oktober hatte Ostdeutschland seine Grenzen zu Polen geschlossen, und das nicht weniger harte Regime der Tschechoslowakei hatte am 18. November den gleichen Schritt getan. Am 9. November begannen polnisch-sowjetische Manöverübungen auf polnischem Territorium. Parteiblätter in Berlin und Prag griffen Stanisław Kania – den neuen Parteichef nach der Absetzung Edward Giereks am 6. September – als Weichling an und zogen unheildrohende Vergleiche zwischen dem Herbst 1980 und dem Prager Frühling von 1968. Ohne vorherige Zustimmung der Sowjets wären solche rhetorischen Ausfälle wohl kaum denkbar gewesen. Kanias Zentralkomitee reagierte darauf mit einem beispiellosen Appell an seine „Landsleute“, während der Pressesprecher des Zentralkomitees am 5. Dezember warnend erklärte, „wenn die Macht den Händen der Demokratie entgleitet [...], werden Polens Kommunisten das Recht und die Pflicht haben, um Beistand zu ersuchen“ – eine sowohl ironische (welche Demokratie?) als auch unheilvolle Formulierung („Beistand“ konnte nur heißen, die Rote Armee ins Land zu holen).

Das entscheidende Treffen fand am selben Tag statt und Wassili Mitrochin liefert uns Einzelheiten aus den KGB-Archiven:

> Am 5. Dezember fand ein außerordentliches Treffen der Führer des Warschauer Pakts in Moskau statt, um die polnische Krise zu erörtern. Kania hörte, wie ein Redner nach dem andere die Schwächen seiner Politik geißelte und ein scharfes Vorgehen gegen ‚Solidarność‘ und die Kirche forderte. Anderenfalls würden die Streitkräfte des Warschauer Pakts eingreifen. An der polnischen Grenze waren

bereits achtzehn Divisionen zusammengezogen, und man präsentierte ihm Pläne für die Besetzung polnischer Städte. Der Beratung folgte ein persönliches Gespräch Kanias mit Breschnew. Eine militärische Intervention, so betonte Kania, wäre sowohl für die Sowjetunion als auch für Polen eine Katastrophe. ‚Nun gut, wir werden nicht in Polen einmarschieren‘, erwiderte Breschnew, ‚aber wenn sich die Lage weiter zuspitzt, werden wir kommen.‘[63]

Christopher Andrew und Wassili Mitrochin meinen, Breschnew habe nur geblufft.[64] Andrzej Paczkowski nimmt an, dass ein kompliziertes Spiel getrieben wurde: Eine Entscheidung über ein militärisches Eingreifen des Warschauer Pakts war nur aufgeschoben worden, und zugleich hatte man die Polen dazu gedrängt, härtere Maßnahmen gegen Solidarność zu ergreifen. Außerdem hatten die sowjetischen Genossen der polnischen Partei, die „sich offenkundig nicht stark genug für eine entscheidende Kraftprobe fühlte“, versichert, dass militärischer „Beistand“, wenn nötig, bereitstünde. „Auf die eine oder andere Weise“, schließt Paczkowski, „ist die Krise abgewendet worden.“[65]

Es war in der Tat ein kompliziertes Spiel. Dank des Muts von Oberst Ryszard Kukliński, des polnischen Offiziers, der den Vereinigten Staaten die Operationspläne des Warschauer Pakts zugespielt hatte, besaß die US-Regierung – in den letzten Tagen der Regierung Carter – eine sehr klare Vorstellung davon, wie der Einmarsch vonstatten gehen würde, vielleicht sogar eine klarere als General Wojciech Jaruzelski, der polnische Verteidigungsminister. Zum Sowjetplan, das sollte nicht verschwiegen werden, gehörte, die gesamte Führung von Solidarność durch summarische Urteile des Kriegsgerichts vor ein Erschießungskommando zu stellen. Ständige Satellitenaufklärungen und Informationen eines Moskauer Generals der Roten Armee an den Westen ergänzten Kuklińskis Material. Zbigniew Brzeziński, Präsident Carters Sicherheitsberater leitete seine Erkenntnisse an Richard V. Allen, den Sicherheitsberater des bereits zum Präsidenten gewählten Ronald Reagan weiter. Die beiden Männer einigten sich darauf, ihre wichtigsten öffentlichen Erklärungen miteinander abzustimmen. Allen befürwortete auch Brzezińskis Plan, die AFL-CIO, den amerikanischen Gewerkschaftsverband, mit ins Boot zu holen und dem internationalen Handel der Sowjets mit einem von den Gewerkschaften weltweit koordinierten Boykott zu drohen. Brzeziński sorgte dafür, dass Neuigkeiten über diese Initiative zum *Wall Street Journal* durchsickerten. Gleichzeitig setzte er auf die vielen undichten Stellen im Außenministerium, indem er eine Kurzmitteilung über mögliche amerikanische Waffenverkäufe an China umlaufen ließ, wohl wissend, dass sie ebenso wie der Plan der AFL-CIO in die Hände der Zeitungen und damit schnell nach Moskau gelangen würde. Mit Reagans Zustimmung schickte Carter über den „heißen Draht“ eine Mitteilung an den Kreml und warnte ihn vor „schwerwiegenden Folgen“, falls der Warschauer Pakt in Polen einmarschieren sollte.[66]

Am 7. Dezember als noch immer offen war, welche Schritte, wenn überhaupt, die Sowjetunion und ihre Klientel gegenüber Polen ergreifen würden, rief Brzeziński Papst Johannes Paul II. an, um ihn darüber zu unterrichten, was die

USA von Kukliński und aus anderen Geheimdienstquellen wussten und was sie unternommen hatten, um Moskau auf jede denkbare Weise zu signalisieren, dass ein Einmarsch in Pole eine sehr schlechte Idee sein würde. Daraufhin bereitete Johannes Paul II. einen direkten Appell an Breschnew vor, und zwar in Form eines beispiellosen persönlichen Briefs, datiert vom 16. Dezember – als natürlich noch niemand im Westen wusste, ob der Einmarschplan entweder einkassiert oder verschoben worden war.[67]

Es war ein unverblümter, wenngleich im formellen diplomatischen Stil gehaltener Brief: Er bezeichnete die Ereignisse in Polen als innere Angelegenheiten des Landes, führte die Schlussakte von Helsinki an und verteidigte Solidarność mit einem geschickten Verweis auf die für jeden wirtschaftlichen und sozialen Fortschritt der Gesellschaft notwendige „Solidarität“. Durch seine Anspielung auf Polens Martyrium im Jahr 1939 machte Johannes Paul auf subtile Weise deutlich, dass er willens war, mit aller ihm zu Gebote stehenden moralischen Macht Breschnew und jeden neuen Einmarsch nach Polen mit den „Faschisten“ gleichzusetzen, die noch stets als Schreckgespenst der sowjetischen Propagandamaschine herhalten mussten. Laut Aussage des damaligen vatikanischen Außenministers Silvestrini ging der Brief auf eine „persönliche Initiative“ des Papstes zurück. Seine Wortwahl lässt jedoch darauf schließen, dass die maßgeblichen Vatikandiplomaten bei seiner Abfassung zu Rate gezogen worden sind, denn sie waren ja auch für seine Weiterleitung an Moskau zuständig.[68]

Welchen Einfluss auch immer Johannes Pauls II. Brief im Dezember 1980 auf das weitere Stillhalten der Sowjetunion gehabt haben mag, für die sowjetische Führung hat er zweifellos unterstrichen, dass eine tödliche Bedrohung ausging von diesem polnischen Papst, dem die Aufmerksamkeit der Welt gewiss war, der entschlossen Solidarność unterstützte und der mit allergrößter Wahrscheinlichkeit die harte antikommunistische Haltung begrüßen würde, die von der anstehenden Regierung Reagan in den Vereinigten Staaten ergriffen werden würde.

Ein römisches Treffen und ein neuer amerikanischer Präsident

In den Monaten nach der Gründung von Solidarność nahmen die Anstrengungen des SB zu, Menschen aus der nächsten Umgebung von Johannes Paul II. zur Zusammenarbeit mit dem polnischen Geheimdienst zu zwingen. Unter seinen Zielpersonen waren Männer und Frauen, von denen seit langem bekannt war, dass sie Karol Wojtyła nahe standen: die Geistlichen Stanisław Dziwisz, Tadeusz Rakoczy und Andrzej Bardecki, der Philosoph Stanisław Grygiel, der Dichter und Journalist Marek Skwarnicki sowie Wanda Półtawska, eine Überlebende der “medizinischen Experimente“ im KZ Ravensbrück, die Wojtyła während seiner Zeit als Erzbischof von Krakau geholfen hatte, sein Programm für eine Familienseelsorge auf den Weg zu bringen. Keiner dieser Versuche hatte Erfolg, auch nicht die besonders tatkräftige Kampagne, die Hochwürden Adam Boniecki C.I.M., ins Visier nahm, den Chronisten von Wojtyłas Leben, der im April 1980 nach Rom geholt worden war, um eine polnische Monatsausgabe des *L'Osservatore Romano* zu gründen. Als direkte Überredungsversuche fehlschlugen, fabrizierte der SB im Fall Bonieckis „kompromittierendes" Material, das ihn beim Papst anschwärzen sollte. Nichts davon zeigte Wirkung.[69]

Während sich der SB alle Mühe gab, in den engsten Kreis der polnischen Freunde und Ratgeber des Papstes einzudringen, traten einige ihrer offiziellen polnischen Gesprächspartner an die Vatikandiplomaten heran und versuchten, die Wirkung eines für Mitte Januar 1981 geplanten Besuchs einer Abordnung von Solidarność im Vatikan möglichst klein zu halten. In der ersten Januarwoche traf sich Kazimierz Szablewski, der polnische Leiter der von der Ostpolitik initiierten ständigen Arbeitskontakte, mit Erzbischof Silvestrini, dem „Außenminister" des Vatikan – genaugenommen dem Leiter des Rats für die öffentlichen Angelegenheiten der Kirche beim heiligen Stuhl. Einem geheimen, verschlüsselten Telegramm zufolge, das am 9. Januar an den stellvertretenden polnischen Außenminister Józef Czyrek abging – und auch Parteichef Kania sowie Verteidigungsminister Jaruzelski vorgelegt wurde –, hatte Silvestrini zu Szablewski gesagt, er zähle auf ihn, um verlässliche Informationen über die polnischen Ereignisse zu erhalten, und zugleich seinem Ärger über „die Polen in der Umgebung des Papstes" Luft gemacht, „die es nicht für nötig halten, sich an die Regeln und Gepflogenheiten der Kurie zu halten ", so formulierte es jedenfalls Szablewski. Nach Ansicht der Kurie sei es dringend nötig, die Lage in Polen „so bald wie möglich zu stabiliseren", denn eine „anhaltend instabile Lage in Polen" sei „potentiell für alle gefährlich" auch für den Vatikan. Offenbar pikiert darüber, dass die Planung für den Besuch der Solidarnośćabordnung in den päpstlichen Gemächern und von der Gewerkschaftsführung erstellt wurde, war Silvestrini, laut Szablewski, höchst erstaunt, als der polnische Politiker ihm einige Details des Plans mitteilte, den dieser in Warschau eingesehen hatte.[70] Silvestrini erklärte dann gegenüber Szablewski, er würde alles erdenkliche tun, um den Besuch von Solidarność „so vernünftig und normal wie möglich" zu gestalten, und versicherte dem Polen zugleich, er und Kardinal Casaroli würden sich bemühen, dass der Besuch keine „gefährlichen Folgen hat". Szablewski, der am Ende des Telegramms Czyrek mitteilte, er würde in ein paar Tagen Kardinal Casaroli sprechen, bemerkte dann noch, Erzbischof Silvestrini scheine „besonders beunruhigt" wegen der von der Solidarnośćabordnung geplanten Pressekonferenz zu sein, denn dabei würde es „zwangsläufig Fragen über die Gespräche zwischen Wałęsa und dem Papst geben."[71]

Selbst wenn wir die Möglichkeit in Rechnung stellen, dass Erzbischof Silvestrini seinem polnischen Gesprächspartner ein wenig Sand in die Augen streute, um dem Papst in einer Situation, über die die polnische Regierung alles andere als glücklich war, mehr Spielraum zu verschaffen, so legt doch Szablewskis Telegramm den Schluss nahe, dass es zwischen den altgedienten päpstlichen Diplomaten wie Casaroli und Silvestrini und dem Papst hinsichtlich der Frage, wie mit der Bewegung Solidarność umzugehen sei, zu Spannungen gekommen war. Johannes Pauls Beharren darauf, dass die Beschäftigung mit den polnischen Angelegenheiten in seiner Hand und in der seines Sekretariats liegt statt in den Händen des Staatssekretariats, muss sie gewurmt haben. Es war der feste Wille des Papstes, durch den Besuch der Solidarnośćabordnung die Stellung der Gewerkschaft in Polen zu stärken, und daher wollte er ihn so hochkarätig wie möglich behandelt wissen. Die Diplomaten ihrerseits wollten ihn möglichst tief hängen, um ihre Zusammenarbeit mit der polnischen Regierung in den ständigen Arbeitsgruppenkontakten nicht zu erschweren. Dass Casaroli bereit gewesen sein soll, Szablewski kurzfristig zu empfangen, ist ein Indiz dafür, wie sehr dem Staatssekretär daran gelegen war, Warschau zu signalisieren, er fühle sich auch weiterhin der „Normalisierung" verpflichtet, und wie sehr er sich darum sorgte, dass die Situation wegen der Begegnung des Papstes mit Wałęsa und seiner Abordnung aus dem Ruder laufen könnte. An einer Stelle in dem Gespräch, als Silvestrini Szablewski versicherte, er und Casaroli wüssten, dass die Lage brisant und „für alle potentiell gefährlich" sei, setzte er, laut Szablewski, hinzu, „vor allem, weil der Papst selbst Pole ist" – was zweierlei bedeuten konnte: Erstens jede Erschütterung mochte sich zu einem internationalen Störfall auswachsen, oder der Papst sei als Pole unberechenbar und damit vielleicht unkontrollierbar.[72]

Zwischen dem 15. und 18. Januar empfing Johannes Paul die Abordnung von Solidarność zu einer Reihe von Gesprächen und Veranstaltungen.[73] Bei einer Begegnung, so erinnerte sich Tadeusz Masowiecki, „begann der Papst zur Solidarność über Solidarität zu sprechen", wobei er betonte, dass „Solidarität sich nicht *gegen* etwas oder jemanden richtet, sondern *für* etwas eintritt." Es sei wichtig, unterstrich der Papst, *„für* etwas zu kämpfen" und nicht bloß gegen etwas. Hier ginge es um eine neue, andersartige Revolution, eine Revolution des Gewissens, die *„auf* etwas gerichtet ist – auf das gemeinsame Gut" einer nationalen Reform. Auf dieses Thema kam der Papst auch in einer Messe zurück, die er für die Abordnung in der päpstlichen Kapelle feierte, bevor er sie am 18. Januar mit einem Frühstück bewirtete. Am Ende seiner Predigt rief der Papst seine anwesenden Landsleute, ja alle Polen auf: „Möge euer Werk der menschlichen Würde dienen, möge es den Menschen erheben, möge es die Familien erheben, möge es das ganz Volk erheben." Die Bewegung Solidarność würde sich die Sache der Freiheit zueigen machen, wenn sie sich von einer bekannte biblische Antiphon leiten ließe: „Ich komme, Herr, ich komme, um deinen Willen zu tun."[74]

Wenn die Ansichten des Papstes über Solidarność seinen offiziellen Diplomaten, für die Stabilität und „Normalisierung" Priorität genossen, Sorgen bereiteten, so stießen sie bei dem neuen amerikanischen Präsidenten Ronald Reagan, der zwei Tage nachdem der Papst die Abschlussmesse für die Abordnung der Solidarność gehalten und mit ihr gefrühstückt hatte in sein Amt eingeführt wurde, auf beigeisterte Zustimmung. Als Reagan ins Weiße Haus einzog, verband ihn schon eine lange Geschichte mit dem Kommunismus – als Vorsitzender der Schauspielergewerkschaft hatte er den Einfluss der Kommunisten auf sie bekämpft – und auch mit Johannes Paul II. verband ihn einiges. Der neuernannte Sicherheitsberater Richard V. Allen erinnerte sich, wie beeindruckt, ja bewegt, Reagan von den neun Tagen Johannes Pauls II. gewesen war, über die er als Gouverneur von Kalifornien in einer nationalen Radioansprache geredete hatte. Einen Monat nach Reagans Amtsantritt, als Johannes Paul von seiner ersten, sehr strapaziösen Asienreise zurückkehrte und die Maschine des Papst zum Zwischentanken in Alaska landete, schickte der Präsident seinen alten Freund William Wilson als seinen persönlichen Gesandten dorthin, um den Papst während seiner kurzen Verweildauer auf amerikanischem Boden zu begrüssen. Wilsons Unbedenklichkeitsprüfung hatte er in Rekordzeit durch das verknöcherte Auswärtige Amt gepeitscht.[75]

Später sollten Journalisten über eine „heilige Allainz" zwischen Ronald Reagan und Johannes Paul II. spekulieren.[76] Eine solche Allianz hat es nie gegeben. Wohl aber gab es interessante Parallelen zwischen den beiden Männern. Beide waren in gewisser Hinsicht Waisen. Wojtyła war tatsächlich vor seinem 21. Lebensjahr verwaist, während Reagans schwierige Erfahrungen mit seinem alkoholabhängigen Vater ihm so etwas wie die Sensibilität eines Waisen vermittelt hatten. Beide waren Männer des Theaters und von der Macht des Wortes überzeugt. Beide gelangten auf unüblichen Wegen zu einer herausragenden Stellung, die sie nach konventioneller Auffassung niemals hätten erreichen können. Beide waren das, was sich als *positiv* antikommunistisch bezeichnen lässt, in dem Sinn, dass die Sache der Freiheit und die Förderung der Menschenrechte den Rahmen für ihre jeweiligen Kritik an Theorie und Praxis des Kommunismus abgaben. Der Blick der beiden Männer auf die Welt war auch nicht durch die Kategorien der Realpolitik verstellt, wie es bei amerikanischen Konservativen der alten Schule, liberalen amerikanischen Abrüstungspolitikern und bei mehr als einem hohen Vatikandiplomaten der Fall war. Und deshalb fürchteten sich die beiden auch nicht davor, die gängige Meinung und ihren eigenen Beamtenstab in Frage zu stellen. Dies geschah sowohl programmatisch – man denke etwa daran, dass Reagan sich eher für Abrüstung statt für eine „Kontrolle" der Waffenarsenale einsetzte und die strategische Verteidigungsinitiative (SDI) startete, und an Johannes Pauls offene Unterstützung für Solidarność – als auch durch persönliche Schritte. Wie Johannes Paul im Dezember 1980 so richtete auch Reagan im April 1981einen persönlichen Appell an Leonid Breschnew. In beiden Fällen waren die Chefdiplomaten nicht sehr erfreut darüber. Selbstverständlich verfügte Reagan über Mittel, um seine Politik klarzumachen, die Johannes Paul nicht zur Verfügung standen. Beispielsweise sorgte Reagan dafür, dass amerikanische Technologie, die von der UdSSR auf dem Weg über Kanada gestohlen wurde, eine Falle enthielt. Das Fazit aber war für beide Männer dasselbe: Der Kommunismus als Irrlehre hatte besiegt und nicht bloß eingehegt zu werden.[77]

In Kürze sollten sie auch noch eine andere Erfahrung teilen: die ein Attentat überlebt zu haben. In Reagans Fall festigte es seine Überzeugung, dass er dazu berufen war, eine neue, friedliche Weltordnung zu schaffen und dass er dazu mit Männern wie Johannes Paul II. an einem Strang ziehen müsse.[78]

… t den Kopf

…rvenkrieg zwischen Solidarność und
…men. Solidarność versuchte, ein Pro-
…ch nach Kräften bemühte, die unge-
… den Kurs auf eine „sich selbst be-
… einer größeren Krise kam es wegen
…von Solidarność März 1981 in Brom-
…en Führung festhielt, Gewaltlosigkeit
…ng mit einem Generalstreik zu eini-
…ationalen Medien in großem Stil für
…hr prekären Situation einen Öffent-
…union nicht gerade falsche Informa-
…hen Johannes Paul und dem sowjeti-
… ausstreute, d.h. hinter dem Rücken
…ann heckten ihre Satellitenstaaten
… von Moskaus Verbündetem, der af-
…en Auftritt von Johannes Paul II. im
…, dass eine Bombe während der Pre-
…bigen gefüllten Stadion in Karatschi
…rfrüht am Stadioneingang und töte-
…e einen Polizisten.[81]

…tische Landschaft in Polen, denn am
… Jaruzelski zum Ministerpräsidenten
… „aufrichtiger Freund der Sowjetuni-
…de schon bald auf die Probe gestellt,
… seinem Posten als Vorsitzender der kommunistischen Partei Polens festhielt, am 4. März von Leonid Breschnew und anderen Mitgliedern des Politbüros bei einem Treffen in Moskau, zu dem sie herbeizitiert worden waren, scharf attackiert wurden. Kania hatte für sein Teil einem polnischen Genossen erklärt, er wolle „nicht als der Schlächter des polnischen Volkes in die Geschichte eingehen“ – eine Haltung, die sofort dem KGB gesteckt wurde, der darin vermutlich ein Zeichen fataler Schwäche sah. Gleichwohl unterzeichneten Kania und Jaruzelski das Dokument „Der Generalplan für die Einführung des Kriegsrechts auf dem Gebiet der polnischen Volksrepublik“, das die theoretischen und „rechtlichen“ Grundlagen für das harte Durchgreifen des Staates enthielt, mit dem Zweck „Solidarność zu liquidieren“[83]. Einen Monat später, am 2. April, teilte der sowjetische Verteidigungsminister Dimitri Ustinow dem Politbüro mit, „ein Blutvergießen werde sich nicht

vermeiden lassen", wenn der Kommunismus in Polen weiterbestehen soll, während der Vorsitzende des KGB Andropow Solidarność als das Undenkbare beschimpfte – als politische Opposition.

Ohne Zweifel hatte das sowjetische Politbüro klar erkannte, dass es im Gefolge der Ereignisse von Bromberg dabei war, das Spiel zu verlieren sowohl in Polen als auch auf dem Schlachtfeld der Weltöffentlichkeit. Am 3. April wurden Jaruzelski und Kania nach Brest-Litowsk beordert – dem Schauplatz der bolschewistischen Kapitulation vor dem Wilhelminischen Deutschland – und letztlich vor ein Ultimatum gestellt: Entweder sie würden das Kriegsrecht verhängen und Solidarność unterdrücken oder die Sowjetunion würde militärisch eingreifen. Jaruzelski und Kania baten um mehr Zeit. Drei Wochen später stimmte das Politbüro einer politischen Analyse der Lage in Polen zu, in der es hieß, Solidarność „hat sich in eine organisierte politische Kraft verwandelt, die in der Lage ist, [...] faktisch die Macht zu ergreifen." Um dem zuvorzukommen und als „Abschreckungsmittel gegen die Konterrevolution" beschloss das Politbüro, „die Furcht der inländischen Reaktionäre und des internationalen Imperialismus vor einer Entsendung sowjetischer Truppen nach Polen" voll auszunutzen. Desweiteren kam die sowjetische Führung überein, „die Genossen Kania und Jaruzelski, die trotz ihres altbekannten Geschwätzes für die Verteidigung des Sozialismus sind" weiterhin zu unterstützen. Andererseits müssten die beiden jedoch „ständig unter Druck gesetzt werden, damit sie entschiedenere Maßnahmen ergreifen, um die Krise zu überwinden und Polen als ein mit der Sowjetunion befreundetes sozialistisches Land zu erhalten."[84]

Diese Furcht war allerdings übertrieben, denn nicht mit den kommunistischen Machthaber ging es im späten März, im April und im frühen Mai 1981 bergab, sondern mit Solidarność. Die Krise von Bromberg und die dramatischen Debatten innerhalb der Bewegung, ob der Generalstreik ein probates Mittel sei, stellten sich im Nachhinein als der Höhepunkt in der ersten Phase der Solidarnośćrevolution heraus. Danach war es die Solidarność, wie einer ihrer Historiker meinte, „die allmählich die Unterstützung einer Gesellschaft verlor, die der Wirtschaftskrisen und des Propagandageschreis der Regierung zunehmend müde wurde."[85] Jacek Kuroń, Oppositioneller der ersten Stunde, bemerkte den Wandel, nachdem Solidarność zur Beendigung der Krise von Bromberg Zugeständnisse erhalten hatte: „Eine Welle der Erleichterung ging durch das Land. Einmal hoben die Menschen Wałęsas Auto bis zur Schulter hoch. Ein wenig später waren sie glücklich, weil es nicht zu einem Krieg kam. Dann kam die Enttäuschung, weil sich nichts geändert hatte."[86]

Dass die Solidarność ihren ersten Zenit überschritten hatte, wurde damals natürlich weder in Moskau noch in Rom so gesehen. Tatsächlich hatte Moskaus Absicht, die Furcht des Westens vor einem sowjetischen Einmarsch in Polen „voll auszunutzen", ihre Wirkung auf die römische Kurie nicht verfehlt. In einem geheimen, verschlüsselten Telegramm vom 3. April 1981 unterrichtete Kazimierz Szablewski den stellvertretenden Außenminister Józef Czyrek über sein Gespräch mit Erzbischof Silvestrini am Vortag. Der Heilige Stuhl, ließ Silvestrini durchblicken, sei äußerst beunruhigt, und Polen sei zum Hauptgegenstand seiner internationalen Diplomatie avanciert. Danach wiederholte er seine und Casarolis Überzeugung, dass „Stabilität“ in Polen im Interesse des Vatikans liege – um dann auszuführen, was das bedeuten würde. In Szablewskis Wiedergabe des Gesprächs heißt es:

> [Stabilität] bedeutet ... alles aufrechtzuerhalten und zu entwickeln, was im Interesse der Nation liegt, und alles zurückzuweisen, was die Unabhängigkeit und den inneren Frieden bedroht oder schwerwiegende internationale Turbulenzen auslösen könnte. Dessen eingedenk trug [Silvestrini] erneut Casarolis bekanntes Argument über die Notwendigkeit vor, Reformen und Veränderungen im Inneren mit den grundlegenden Prinzipien des politischen Systems und den internationalen Verhältnissen in Einklang zu bringen. Polen würden wegen seiner Reformbemühungen von der Welt mit Wohlwollen betrachtet, doch keine große Weltmacht ist an Entwicklungen in Polen interessiert, die ernsthaft das Machtgleichgewicht verschieben – ein Gleichgewicht, das mit großer Mühe erreicht worden ist.[87]

Silvestrini macht sich auch Sorgen darüber, dass das, wie er es sah, Säbelrasseln der neuen Regierung in Amerika die Sache schlimmer machen würde, und „einige verzweifelte Akte eher näher als in weite Ferne rücken“ könnten. Die Aufgabe des Vatikans in dieser sehr düsteren Lage sei „offensichtlich die, die Entspannung zu erhalten, den Dialog zu fördern, die Konflikte zu beschwichtigen und den Frieden zu stärken.“[88]

Einen Monat später, am 6. Mai, traf Kasimierz Szablewski Karadinal Casaroli zu einem „längeren Gespräch“, wie es in einem weiteren verschlüsselten Geheimtelegramm an den stellvertretenden Außenminister Czyrek hieß. Laut Szablewski sagte Casaroli zu ihm, zwar sei „das System sehr reformfähig“, es sei aber auch eine unumstößliche Tatsache, dass es für Polen „keine Alternative zum Sozialismus gibt“ – im Klartext zum Kommunismus. Casaroli rief dann den Parteichef Kania dazu auf, an dem von ihm „eingeschlagenen Weg festzuhalten“ und erklärte zugleich: „Wenn ich könnte, würde ich mir [...] wünschen, die [polnische] Gesellschaft wäre geduldiger.“ Casaroli bewunderte sehr, wie Wyszyński mit der Märzkrise umgegangen war, in der der Primas Wałęsas gemäßigte Linie unterstützte hatte, drückte jedoch gegenüber Szablewski seine Sorge aus, dass Wyszyńskis Gesundheitszustand, möglicherweise eine üble Situation schafft, weil sein Nachfolger „in der Gesellschaft wahrscheinlich nicht dasselbe Ansehen genießen wird.“ Danach versprach der alte Vatikandiplomat, die Regierung Reagan bei seinem Mitte Mai erfolgenden Amerikabesuch, zu einem gemäßigteren Kurs zu drängen, und bat Szablewski, ihn über die Regierungsansichten zur Lage in Polen auf dem Laufenden zu halten.[89]

Kardinal Casaroli war also immer noch der festen Ansicht, die Klugheit gebiete es, an den Ergebnissen von Jalta nicht zu rütteln, und an dem Machtgleichgewicht und dem Status quo in Europa festzuhalten, der, wie Silvestrini im April bemerkt hatte, nur durch große Anstrengung zustandegekommen war. Die Mahnung des Staatssekretärs zur Geduld spiegelt auch die von Johannes Paul II. nicht geteilte Haltung des altgedienten Diplomaten wieder, dass lautstarke soziale Bewegungen dazu neigen, Chaos zu produzieren, jedenfalls die Arbeit der Diplomaten vom Dienst erheblich zu erschweren, die alles gemäß den Regeln der Klugheit sollten arrangieren dürfen.

Dass dieses Bekenntnis zur Stabilität und zur Einhaltung der Spielregeln nicht allgemein unterschrieben wurde, zeigte sich unmissverständlich sechs Tage nach dem Treffen von Casaroli und Szablewski, als nämlich Papst Johannes Paul II. am 13. Mai 1981 von Mehmet Ali Agca, einem türkischen Mörder und ausgebildeten Attentäter, angeschossen und schwer verwundet wurde.[90] Um ein Haar wäre das Attentat gelungen: Laut Gabriel Turowski, Arzt und langjähriges Mitglied von Karol Wojtyłas *Środowisko*, der nach Rom gekommen war, um dem genesenden Papst zu helfen, ist die Kugel in den Unterleib des Papstes eingedrungen und hat die Bauchschlagader nur um fünf bis sechs Millimeter verfehlt. Wäre sie getroffen worden, wäre der Papst innerhalb von fünf Minuten gestorben. Zudem hatte eine andere Kugel seine Finger getroffen, wodurch sie so abgelenkt wurde, dass sie nicht die Wirbelsäule des Papstes durchschlug, anderenfalls wäre er von der Brust abwärts gelähmt worden.[91]

Viele sahen darin einen unverfrorenen Versuch, jemanden mundtot zu machen, dessen beharrliches Eintreten für Freiheit nicht tolerierbar war; und ganz sicher war dies die einhellige Meinung der großen Menge, die sich zu einem „weißen Marsch" auf dem altstädtischen Marktplatz in Krakau versammelt hatte, um ihre Solidariät mit ihrem Krakauer Mitbürger in Rom auszudrücken. Präsident Ronald Reagan, noch immer gezeichnet von den Narben der ihm zwei Monate zuvor zugefügten Schusswunde, rief Terence Kardinal Cooke in New York an und sprach zu ihm von seinem Mitgefühl und seiner Sorge. Zugleich verurteilte er in einer Presseerklärung diese „entsetzliche Gewalttat" und sandte dem Papst selbst ein Telegramm mit dem Ausdruck seiner Anteilnahme und dem Versprechen, für ihn zu beten.[92] Reagans CIA wollte jedoch nur ungern in Erwägung ziehen, geschweige denn untersuchen, was für die meisten Polen und viele enge Freunde von Johannes Paul II. auf der Hand lag: dass die Sowjetunion an dieser Geschichte nicht unbeteiligt war, mochte der Schütze auch ein Türke mit Verbindungen zu Bulgarien sein.[93]*

---

* Andere Geheimdienste hatten weniger Skrupel, sich an an diesem tödlichen Spiel zu beteiligen – obwohl der SB zu keiner Zeit seine Hand ihm Spiel gehabt zu haben scheint, vielleicht weil Moskau ihm nicht ganz über den Weg traute. Auf ein Gesuch des verbündeten bulgarischen Geheimdienstes hin, man möge doch alle Spuren verwischen helfen, die zu einer Verbindung zwischen Bulgarien und Mehmet Ali Agca führen könnten, begann die Stasi im August 1982 unter der persönlichen Leitung von Markus Wolf mit der „Operation *Papst*". Die Operation *Papst* sollte eine von den Ostblockländern lancierte Fehlinformation bekräftigen, die in den internationalen Medien zirkulierte. Ihr zufolge bewies Agcas Verbindung zu den Grauen Wölfen, einer undurchsichtigen „rechten" türkischen Terrororganisation, dass er von islamistischen Motiven angetrieben worden war. Bedenkt man, dass Agca auf dem religiösen Ohr völlig taub war, dann ist das schon eine merkwürdige Interpretation. Alle Einzelheiten der Operation *Papst* sind nicht bekannt, es ist allerdings unvorstellbar, dass eine solche Operation ohne Zustimmung oder gar Kontrolle des KGB hätte durchgezogen werden können. Wie bei solchen Anstrengungen der Ostblockgeheimdienste üblich, wurde das Vorgehen der Operation *Papst* als Reaktion auf antikommunistische Kampagnen des Westens ausgegeben,– was in diesem Fall ganz besonders lächerlich war, denn kein westlicher Geheimdienst wollte an die Vorstellung rühren, die Sowjets hätten etwas mit Agcas Attentatsversuch auf Johannes Paul II. zu tun.[94]

Zwei Wochen nach dem Attentatsversuch starb Stefan Kardinal Wyszyński in Warschau – für die Moral in Polen und für die Fähigkeit der Kirche, Solidarność zu schützen, ein weiterer schwerer Schlag. Ob der Attentatsversuch zeitlich mit Wyszyńskis Hinscheiden koordiniert worden ist, lässt sich nicht beweisen. Sicher ist jedoch, dass die Geheimdienste des Ostblocks wussten, in welch bedrohlichem Zustand er sich zur Zeit der Schüsse auf den Papst befand. Der Papst stand daher vor der schwierigen Aufgabe, einen Ersatz für den unersetzlichen Wyszyński zu finden, während er sich noch von den Kugeln Agcas und den Folgen eines bösartigen Zytomegalie-Virus erholte, das er sich durch eine verunreinigte Blutkonserve zugezogen hatte. Stark geschwächt musste der Papst wieder in die Gemelli-Poliklinik eingewiesen werden, wo Ende Juni sein Zustand schließlich richtig diagnostiziert wurde.[95] Die Zeit drängte, denn der erste Nationalkongress von Solidarność war für September geplant. Weder der Papst noch Casaroli verloren je aus dem Blick, dass die Staaten des Warschauer Pakts jederzeit damit drohten, Solidarność militärisch zu vernichten. Die Wahl fiel schließlich auf Bischof Józef Glemp, auf einen Mann, den Wyszyński Johannes Paul als die Sorte Mann empfohlen haben mag, der für die nächste Phase des Kampfes genau der richtige war: ein sowohl im kanonischen wie im bürgerlichen Recht ausgewiesener Jurist, der das Kleingedruckte in jedem Vertragsentwurf zu deuten verstand.[96]

Auf dem Weg zum Staatsstreich

Stanisław Kania, erster Sekretär der kommunistischen Partei Polens, und Wojciech Jaruzelski, Ministerpräsident und Verteidigungsminister in einem, waren ihrerseits mehr daran interessiert, nicht unterzugehen, als daran, Verträge mit dem neuen Erzbischof von Gnesen und Warschau abzuschließen. Im Spätfrühling 1981 richtete der Moskauer KGB der Warschauer Zweigstelle aus, es sei an der Zeit, dass Kania geht und dass Polen sowohl einen neuen Parteiführer als auch einen neuen Ministerpräsidenten erhält. Moskaus Kandidaten für diese Posten waren zwei Hardliner, Tadeusz Grabski und Stefan Olszowski, die laut KGB „einen festen marxistisch-leninistischen Standpunkt vertreten und bereit sind, entschlossen und konsequent zu handeln, um die sozialistischen Interessen zu vertreten und die Freundschaft mit der Sowjetunion zu verteidigen."[97] Während dessen waren mehrere polnische Generäle mit einem Komplott zur Absetzung Jaruzelskis an den KGB herangetreten, da Jaruzelski bis dahin keine Anstalten gemacht hatte, das Kriegsrecht zu verhängen.[98]

Dennoch hielt Moskau es für das Beste, an Jaruzelski festzuhalten. Er und Kania blieben also zunächst an der Macht, obwohl zwei andere wichtige Posten mit Hardlinern besetzt wurden: General Czesław Kiszczak wurde Innenminister und Jerzy Urban Sprecher der Partei. Kiszczaks Ernennung lässt darauf schließen, dass die Pläne für die Verhängung des Kriegsrechts, die seit Herbst 1980 entwickelt worden waren, konkrete Gestalt annahmen, denn Kiszczaks würde keine parteiinterne Opposition gegen ein hartes Durchgreifen dulden, wenn die Zeit dafür reif sein sollte.[99] Während Solidarność immer mehr Zulauf hatte, bröckelten die Mitgliederzahlen der Partei. Vom Standpunkt der Kommunisten unterstrich das nur noch mehr die Brisanz der Lage.[100]

Im August, einen Tag vor der Eröffnung des Solidarnośćkongresses, entschloss sich General Jaruzelsi dann, das Kriegsrecht zu verhängen. Der Ministerpräsident und Verteidigungsminister besprach die Einzelheiten seines Plan mit dem Oberbefehlshaber des Warschauer Pakts, dem Sowjetmarschall Viktor Kulikow, während der Innenminister Kiszczak den Leiter des KGB Andropow davon in Kenntnis setzte, dass der SB die Kirche tief infiltriert hatte und dass man mit dem neuen Primas Glemp viel leichter umspringen könne als mit Wyszyński. Nur der Papst und das moralische Gewicht der polnischen Kirche stellten noch ein Problem dar. Andropow war davon anscheinend beeindruckt und bedrängte Kiszczak nicht so wie seinen unmittelbaren Vorgänger. Gleichwohl machte sich der Leiter des KGB noch große Sorgen: „Der Klassenfeind hat wiederholt versucht, die Volksmacht in den sozialistischen Ländern herauszufordern [...]. Aber die polnische Krise ist die am längsten dauernde und vielleicht die gefährlichste. Die schleichende Konterrevolution des Gegners hat sich lange auf den Kampf gegen den Sozialismus vorbereitet."[101]

Der erste Nationalkongress von Solidarność verkörperte alles, was die polnische kommunistische Partei zu sein behauptete und ganz offensichtlich nicht war: eine für die polnische Gesellschaft repräsentative Vereinigung. Am 5. September wurde der Kongress in Oliwa, in der Nähe von Danzig, eröffnet. Der daran teilnehmende Geistliche war ein alter Freund von Johannes Paul II.: Hochwürden Józef Tischner. Tischner hielt mehrere glänzende Predigten über die Reform der polnischen Arbeitswelt. Eine schloss geradezu lyrisch, in einer Sprache, die Welten von der eines Juri Andropow oder eines Czesław Kiszczak entfernt war:

> Wir müssen das Problem [der Arbeit] von oben betrachten, als ob wir von den Gipfeln der Tatra herabschauen, dort, wo die Weichsel ihren Lauf beginnt. Die Liturgie der Messe ermuntert uns, das zu tun. [...] Dieses Brot und dieser Wein werden in einem Augenblick zum Leib und Blut des Gottessohnes. Das hat eine tiefe Bedeutung. [...] Gäbe es keine menschliche Arbeit, gäbe es auch kein Brot und keinen Wein. Ohne Brot und Wein wäre der Gottessohn nicht unter uns. Gott kommt zu uns nicht allein durch die Schöpfung der Natur, heilige Bäume, Wasser oder Feuer. Gott kommt zu uns durch die erste Schöpfung der Kultur, Brot und Wein. Arbeit, die Brot und Wein erzeugt, bereitet den Weg zu Gott. Aber jede Arbeit hat Teil an dieser Arbeit. Unsere Arbeit auch. So bereitet unsere Arbeit, die Arbeit eines jeden von uns, den Weg zu Gott. [...]
>
> Unser Anliegen ist die Unabhängigkeit der polnischen Arbeit. Das Wort *Unabhängigkeit* muss richtig verstanden werden. Sie hat nicht zum Ziel, sich von anderen zu entfernen. Arbeit ist Austausch, sie ist Übereinkommen, sie ist eine vielfältige Abhängigkeit. Arbeit erzeugt eine Gemeinschaft. [...]

> Wir sind lebendige Geschichte. Eine lebendige Geschichte ist eine, die Frucht trägt. Christus hat gesagt: „Lass die Toten ihre Toten begraben" (Matthäus 8, 22). Lasst uns daher das gleiche tun. Lasst uns dafür sorgen, Frucht zu tragen.[102]

Während Hochwürden Tischner predigte und der Kongress den Beschluss billigte, seine Worte in die offiziellen Kongressakten aufzunehmen, kreuzten Kriegsschiffe der Sowjets und des Warschauer Pakts vor der Ostseeküste, gut sichtbar am Horizont jenseits der berühmten Krane der Danziger Werft. Das sowjetische Politbüro war außer sich und beschuldigte Solidarność, zu einer „politischen Opposition" geworden zu sein, „die den grundlegenden Interessen von Nation und Staat widerspricht."[103] Die sowjetische Presseagentur TASS wütete gegen diese „antisozialistische und antisowjetische Orgie".[104] Im Gefolge des Kongresses unternahm die kommunistische Partei Polen, obwohl sie Solidarnośćs Forderung nach freien Wahlen rundweg ablehnte, pro forma den Versuch mit ihr zusammenzugehen und schlug eine neue Art von „nationaler Front" vor, in der Solidarność eine Rolle spielen würde. Die Gewerkschaft, die das Wort „unabhängig" in ihrem offiziellen Namen ernstnahm, lehnte ab.[105]

Die Uhr lief für Stanisław Kania, den Mann, der nicht zum Schlächter des polnischen Volkes hatte werden wollen, ab und am 10. Oktober 1981 wurde er als erster Sekretär der Partei von General Jaruzelski abgelöst, der nun alle Macht in seinen Händen vereinigte: als Parteichef, Ministerpräsident und Verteidigungsminister. Neun Tage später rief Leonid Breschnew Jaruzelski an, um ihn zu beglückwünschen:

> „Hallo, Wojciech", sagte Breschnew am Telefon. „Hallo, mein teurer, hochverehrter Leonid Illjitsch!", antwortete Jaruzelski. Er behielt diesen schmeichlerischen Ton während des ganzen Telefongesprächs bei: „Ich danke Ihnen sehr, lieber Leonid Illjitsch, für die Glückwünsche und vor allem für das Vertrauen, das Sie mir bekunden. Ich möchte Ihnen offen sagen, dass ich einige Bedenken hatte, diesen Posten anzunehmen, und habe nur deshalb eingewilligt, weil ich wusste, dass Sie mich unterstützen und diese Entscheidung befürworten. Wenn das nicht der Fall gewesen wäre, hätte ich nie zugestimmt."[106]

Breschnews geistige Fähigkeiten mögen Ende 1981 nicht mehr die besten gewesen sein, aber er wusste genau, dass General Jaruzelski sein Mann war. Während der SB sich weiter bemühte, Solidarność zu unterwandern und aufzulösen, und das willfährige polnische Parlament über einen Gesetzesentwurf mit dem unheilvollen Titel „Außergewöhnliche Maßnahmen zur Verteidigung der Interessen von Bürger und Staat" nachdachte, stimmte Jaruzelski einem Treffen der „Großen Drei" am 4. November zu. Doch die Unterredung mit Primas Glemp und dem Vorsitzender von Solidarność Wałęsa verlief ergebnislos. Zwar wurde die Fassade der Legalität und des „Dialogs" aufpoliert, doch die Pläne für eine Verhängung des Kriegsrechts wurden derweil weiter ausgearbeitet, und Kiszczaks Innenministerium bot einen Vorgeschmack auf das Kommende, als er zur Auflösung eines Studentenstreiks Hubschrauber einsetzte.[107]

Am 5. Dezember beschloss dann das Politbüro der polnischen Partei den „Notstand" auszurufen und das Kriegsrecht zu verhängen.[108] Wes Geistes Kind die

Hartliner waren, geht sehr schön aus einem Ausspruch Józef Czyreks hervor, in dessen Hände immer die verschlüsselten Telegramme mit den Neuigkeiten über den Vatikan gelangten: „Große historische Krisen sind nie durch mehr Demokratie überwunden worden, sondern immer nur durch Ermächtigungsgesetze, durch Diktatur."[109] Dieser Versuch, General Jaruzelski in die Rolle eines Cincinnatus zu drängen, hat vielleicht jenen polnischen Genossen einen gewissen Trost gespendet, die da meinten, die Notwendigkeit, selbst zu handeln, zwinge sie zu diesem Schritt, anderenfalls würden sowjetische Panzer Polen überrollen. Nur entsprach es nicht den Tatsachen. Im Gegensatz zum Vorjahr, als sowjetische Panzer und solche des Warschauer Pakts an Polens Grenzen zusammengezogen worden waren, drohte zu diesem Zeitpunkt kein unmittelbarer Einmarsch.

Am 11. Dezember entschied der radikale Flügel von Solidarność bei einem Treffen der Nationalen Rates der Gewerkschaft in Danzig die Debatte für sich und billigte eine Resolution, in der ein Referendum – entweder landesweit oder innerhalb von Solidarność – zu der Frage gefordert wurde, ob der Kommunismus Polens Zukunft sein sollte. In der offiziellen Regierungspropaganda wurde dies später als der casus belli für die Verhängung des Kriegsrechts angeführt – was eine Lüge war, denn darüber war schon eine Woche vorher unwiderruflich entschieden worden. Wenn Polen im Dezember 1981 Zeuge eines klassischen historischen Dramas geworden ist, dann hat das tatsächlich nichts mit Jaruzelski in der Pose des Cincinnatus zu tun, sondern mit der Tatsache, dass die Sackgasse, auf die sich Polen spätestens seit August 1980 und noch wahrscheinlicher seit den neun Tagen von Johannes Paul II. zubewegte, endlich erreicht worden war. Wie Jan Olszewski, ein Warschauer Anwalt und einer der Führer von Solidarność, es klipp und klar formulierte: „Das Volk ist entschlossen, sich nicht mit dem System auszusöhnen, und die Regierung ist nicht bereit, es zu verändern."[110]

In der Nacht vom 12. auf den 13. Dezember führten die kommunistische Partei und die Regierung einen, wie man nicht anders sagen kann, Staatsstreich gegen den polnischen Staat und die polnische Gesellschaft durch. Am 13. Dezember richtete General Jaruzelski sich um sechs Uhr in der Früh an das Land, lange nachdem die ersten Verhaftungen stattgefunden und die Telefonleitungen im Inland und zum Ausland gekappt worden waren. „Unsere Heimat stand am Rand eines Abgrunds", erklärte Jaruzelski und deshalb beanspruche er als Vorsitzender eines Militärrats der Nationalen Rettung [WRON] die uneingeschränkte Befehlsgewalt – eine Bezeichnung, die mehr als eine Ironie enthält, denn es war die Nation, gegen die Krieg geführt, und die Partei, die gerettet wurde.[111] Drei Tage zuvor hatte Jaruzelski den KGB gewarnt, dass Primas Glemp ein „polnischer Khomeini" werden und einen heiligen Krieg ausrufen könne. Diese Besetzung war genauso unwahrscheinlich wie die von Jaruzelski als Cincinnatus, denn in zwei Predigten am 13. Dezember rief Glemp zur Besonnenheit auf: „Beginnt keinen Kampf von Polen gegen Polen. Werdet nicht kopflos, Brüder Arbeiter [...] jeder Kopf und jedes Paar Hände werden unschätzbar sein beim Wiederaufbau des Polen, das es geben wird, wird geben müssen, wenn das Kriegsrecht aufgehoben ist."[112] Im Dezember 1981 wurden fünftausend Polen verhaftet, als das Kriegsrecht im Juli 1983 aufgehoben wurde, hatte sich die Zahl mehr als verdoppelt, und viele der Inhaftierten verbrachten Monate in Internierungslagern. Zu den schlimmsten Gewaltanwendungen kam es in der Nähe von Kattowitz, in der Kohlengrube *Wujek*, wo polnische Spezialkräfte das Feuer auf streikende Bergarbeiter eröffneten und neun Männer töteten.[113] Der SB ging mit seiner üblichen „lässigen Brutalität" vor, unterzog Lech Wałęsa Frau und Töchter einer Leibesvisitation, erniedrigte und schlug andere Aktivisten von Solidarność, während er zugleich alles tat, um die Organisations- und Kommunikationsstrukturen von Solidarność zu zerschlagen.[114] Der Militärrat kontrollierte alle Medien und setzten sie für ihre hirnlose Propaganda ein, womit sie der großen Sammlung antikommunistischer Witze noch einen weiteren hinzufügte: „Was ist der niedrigste Rang in der Armee? Fernsehkommentator."[115]

Durch einen Anruf des polnischen Botschafters in Italien erfuhr Johannes Paul II. am 13. Dezember, morgens um ein Uhr, von der Verhängung des Kriegsrechts. Da er telefonisch niemanden in Polen erreichten konnte, verbrachte der Papst einen angespannten Sonntag. In seiner Ansprache zum Angelus benutzte er sechs Mal das Wort „Solidarität" und er nahm dieses nun in Polen verbotene Wort auch in der wöchentlichen Generalaudienz am darauffolgenden Mittwoch wiederholt in den Mund – bei dieser Audienz begann er auch mit dem Brauch, am Ende seiner Ansprachen Unsere Liebe Frau von Tschenstochau anzurufen. Am Tag nach den blutigen Ereignissen in der Kohlengrube *Wujek* schrieb Johannes Paul an General Jaruzelski, er sehe sich veranlasst, diesen „dringenden und von Herzen kommenden Appell an Sie zu richten und um das Ende des Blutvergießens in Polen zu beten" und schloss mit „einem Appell an Ihr Gewissen, Herr General [...]."[116] Zwar hatte Zbigniew Brzeziński den Papst in einem Telefonanruf gewarnt, dass sich etwas in Polen anzubahnen schien, doch Stanisław Dziwisz erinnerte sich, dass der Papst gleichwohl „bekümmert und überrascht" war, als das Kriegsrecht verhängt wurde. Dies war, so Dziwisz später, „eine tiefe Demütigung für Polen. Nach allem, was die polnische Nation im Laufe der Geschichte durchlitten hatte, dieses neuerliche Martyrium hatte sie nicht verdient. Sie hatte es nicht verdient, bis zu diesem Punkt kriminalisiert zu werden."[117]. Es versteht sich, dass die Demütigung der Tatsache entsprang, dass dieses letzte Martyrium der polnischen Nation von Polen auferlegt worden war.

Präsident Reagan rief den Papst am Abend des 14. Dezember an und sagte als erstes, er möchte, dass Johannes Paul weiß, „wie tief wir über die Lage in Ihrem Heimatland betroffen sind", und versicherte dann dem Papst, dass „unser Mitgefühl dem Volk gilt, nicht der Regierung."[118] Am gleichen Tag traf der Papst mit Bohdan Cywiński, einem Führer von Solidarność, zusammen. Dieser weilte gerade im Ausland, als das Kriegsrecht verhängt wurde. In der folgenden Woche trafen sie sich noch bei drei weiteren Gelegenheiten, um ihre Informationen auszutauschen und über die Zukunft zu sprechen. Wie Cywiński sich erinnerte, waren dies, nachdem sich der erste Schock gelegt hatte, Tage ernsten

Nachdenkens. Solidarność hatte ganz offensichtlich die Beharrungskräfte des Kommunismus unterschätzt, so wie einige in der Kirche zuvor die Möglichkeiten von Solidarność unterschätzt hatten. Johannes Paul drückte regelmäßig sein Mitgefühl für die notleidenden Familien der verhafteten Solidarnośćaktivisten aus. Doch trotz aller gegenteiligen Berichte beteiligten sich weder er noch Cywiński an irgendeiner „Verschwörung", um diese Familien mit Geldern aus dem Vatikan oder mit umgeleiteten Geldern westlicher Geheimdienste zu unterstützen.[119] Während der ganzen ersten Phase des Kriegsrechts trat Johannes Paul II. sowohl laut Cywiński als auch laut Jan Nowak, dem früheren Chefredakteur des polnischen Senders von Radio Freies Europa, sehr vorsichtig auf, darauf bedacht, nichts zu sagen oder zu tun, was die Lage verschlimmern könnte. Zweifellos bereitete es ihm auch Kopfzerbrechen, dass man nur schwer an gesicherte Informationen herankam.[120]

Am 15. Dezember traf sich Kardinal Casaroli zu einem Arbeitsessen mit Präsident Reagan im Kartenraum des Weißen Hauses. Begleitet wurde Casaroli von Erzbischof Pio Laghi, dem apostolischen Gesandten in Washington, und von Erzbischof Silvestrinis Stellvertreter Msgr. Audrys Bačkis. Teil nahmen auf amerikanischer Seite neben Präsident Reagan der Vizepräsident George Bush, der Außenminister Alexander Haig, der Stabschef des Weißen Hauses James Baker, der diensttuende Adjutant des Sicherheitsberaters James Nance, William Wilson, der persönliche Gesandte des Päsidenten beim Vatikan, der diensttuende Stellvertreter des Außenministers für Europa H. Allen Holmes und Dennis Blair, Mitglied des Nationalen Sicherheitsrats. Präsident Reagan und Kardinal Casaroli bestritten das neunzigminütige Gespräch größtenteils allein.

Dem Geheimprotokoll zufolge, in dem jeder Gesprächspunkt aufzeichnet ist, eröffnete Casaroli die Diskussion mit der Bemerkung, er glaube, Jaruzelski habe „sowohl auf Druck der Sowjets" gehandelt als auch „um zu verhindern, dass die Sowjets selbst einmarschieren". Aufgrund seiner „persönlichen Kenntnis von Jaruzelski", urteilte Casaroli, dieser sei „Nationalist genug, um einem direkten Einschreiten der Sowjets zuvorzukommen". Das Gespräch, das einen Tag vor dem blutigen Zusammenstoß in der Kohlengrube *Wujek* stattfand, wendete sich dann unbestätigten Berichten zu, dass auf streikende Arbeiter geschossen worden ist. Kardinal Casaroli meinte dazu, er „kann verstehen, wenn Sabotage hart geahndet wird", sehe aber nicht, „wieso das für Arbeiter gilt, die der Arbeit fernbleiben."

Präsident Reagan, der von der, wie sich dann herausstellte, falschen Annahme ausging, das von Solidarność geforderte Referendum über die kommunistische Zukunft Polens sei der Auslöser für das Kriegsrecht gewesen, sagte, der Westen solle aus dieser Reaktion auf die Forderung nach freien Wahlen „jeden propagandistischen Vorteil" ziehen, denn das sei „ein deutlicher Kommentar zur fehlenden Unterstützung der Regierung durch das Volk." Casaroli entgegnete, „es ist zwar vielsagend", meinte aber dann „es ist unrealistisch zu glauben, ein osteuropäisches Land kann auf sich gestellt den großen Befreiungsschlag tun", denn „die Sowjets werden eine solche Situation einfach nicht hinnehmen." Casaroli erklärte zudem, zwar „ist es wichtig, Befreiungsbewegungen in Osteuropa zu unterschützen", er sei aber auch fest davon überzeugt, dass „kein Land den anderen Ländern weit voraus gehen kann." Der vatikanische Staatssekretär teilte den Amerikanern darüberhinaus mit, Johannes Paul II. glaube entschieden, „ein Wandel werde sich in Osteuropa nur allmählich vollziehen und in allen osteuropäischen Ländern im gleichen Tempo."

Im weiteren Verlauf des Gesprächs behauptete Casaroli, dass „die Ereignisse in Polen zwar bedauerlich, aber vorhersehbar waren", denn ein polnischer Regierungsangestellter habe ihm erzählt, dass der „wirtschaftliche Verfall in Polen" auf die „fehlende Arbeitsdisziplin" zurückgeht. Dieser Umstand sowie der anhaltende Druck seitens der Sowjetunion machten es geradezu unvermeidlich, „dass sich die polnische Regierung gezwungen sah, offen einzugreifen."

Reagan erklärte, dass „der Vatikan und der Papst eine Schlüsselrolle bei den Ereignissen in Polen und anderswo in Osteuropa spielten", denn der Papstbesuch im Juni 1979 „hat den ‚fürchterlichen Hunger' nach Gott in Osteuropa offengelegt". Casaroli antwortete, das sei richtig, „es gibt einen Hunger nach Gott in bestimmten Schichten in Osteuropa", doch „die Jugend ist im allgemeinen ‚unempfänglich' für Gott", was nach seinem Dafürhalten nur die allgemeine Gleichgültigkeit der Jugend spiegelte. Casaroli schloss daher, dass „die Zeit für einen wirklichen Wandel in Europa noch nicht reif ist" – ein Urteil, das er im Weiteren wiederholte.

Das Gespräch wandte sich dann Reagans Entschlossenheit zu, die Gefahr eines Atomkriegs durch wirksame Abrüstungsverträge mit der Sowjetunion zu verringern. Casaroli, der Außenminister Haig eine Strategie „der minimalen Abschreckung" vorschlug, mit der die USA „solange ein Ungleichgewicht akzeptieren würden, wie die Vereinigten Staaten und die NATO über eine kleine, aber bedeutende" eigene Atommacht verfügten, ließ sich dann länger über das Wettrüsten als ein gegenseitiges sich Hochschaukeln aus. Reagan meinte daraufhin, er halte es für wahrscheinlicher, dass die Sowjets über eine wirkliche Abrüstung nachdenken, wenn die Vereinigten Staaten ihnen deutlich machten, dass sie ein Wettrüsten nicht verlieren würden. Ein paar Minuten später reagierte Casaroli darauf und sagte, dass „es für eine Großmacht wichtig ist, das ‚Gesicht zu wahren' und dass eine verschwiegene Diplomatie aus diesem Grund wertvoll sein könnte" – eine Diplomatie, für die der Heilige Stuhl, würde man ihn darum bitten, bereit stehe. Das Gespräch endete damit, dass Casaroli in Fragen der Menschenrechte in den kommunistischen Ländern eher eine „stille Diplomatie" empfahl als „öffentliche Kampagnen".[121]

Diese bemerkenswerte Unterhaltung legt deutlich nahe, dass Präsident Reagan mit Johannes Pauls II. Art und Weise, die Weltpolitik zu deuten und zu lenken, stärker übereinstimmte als Kardinal Casaroli. In dem neunzigminütigen Gespräch war Reagan derjenige, der von moralischen Bekenntnissen und der Macht moralischer Überzeugungen sprach, während Casaroli die Realpolitik verteidigte. Wie viel Richtiges Casarolis Einschätzung der Lage General

Jaruzelskis auch enthalten haben mag, es ist doch bemerkenswert, dass es der amerikanische Präsident war, der sich über die Verhängung des Kriegsrechts hell empörte, während der vatikanische Staatssekretär sich mit diplomatischer Zurückhaltung äußerte. Ähnlich bemerkenswert sind die unterschiedlichen Ansichten Reagans und Casarolis über die Aussichten für einen Wandeln in Mittel- und Osteuropa. Auch fällt es schwer zu glauben, dass Casaroli die Meinung des Papstes richtig wiedergegeben hat, wenn er behauptete, Johannes Paul II. teile die Überzeugung des Kardinals, dass die Zeit für einen Wandel nicht reif ist, weil die gleichgültigen jungen Leute für Gott „unempfänglich“ sind. Die dreißig Jahre von Karol Wojtyłas seelsorgerischer Erfahrung widersprachen diesem Urteil, und die neun Tage im Juni 1979, die Casaroli miterlebt hatte, aber anscheinend nicht ganz richtig verstanden hat, hatten es jüngst erst widerlegt. Bei der Erörterung der Rüstungskontrolle und Abrüstung war wiederum Reagan der Visionär und Casaroli der Vertreter der Realpolitik. Außerdem deutet eine genaue Lektüre dieses Meinungsaustauschs – wie schon Erzbischof Silvestrinis Gespräch mit Kazimierz Szablewski – darauf hin, dass Casaroli und Silvestrini tendentiell die allgemeine europäische Auffassung teilten, dass Reagans Rüstungspolitik unverantwortlich und provozierend ist. Ebenfalls aufschlussreich sind die abschließenden Äußerungen, in denen Casaroli den Präsidenten freundlich vor einem zu lautstarken Einklagen der Menschenrechte warnt.

Von Washington begab sich Casaroli nach New York, wo er um ein Gespräch mit Eugeniusz Wyzner, dem polnischen Botschafter bei den Vereinten Nationen, nachsuchte. Die Begegnung fand am 17. Dezember statt, und Wyzners geheimer Bericht ging verschlüsselt und per Telegramm am 18. Dezember an den stellvertretenden Außenminister Józef Czyrek ab. Laut Wyzners Bericht erzählte Casaroli zunächst von seinem kürzlichen Essen mit Präsident Reagan, Vizepräsident Bush, Außenminister Haig und anderen, bei dem er, so Casaroli, versucht habe, die Amerikaner von dem Gedanken abzubringen, das Kriegrecht stelle eigentlich die Einmischung einer „ausländischen Macht“ dar und nicht so sehr eine polnische Initiative, die „verhindern soll, dass das Land in eine noch gefährlichere Lage gerät.“ Casaroli wiederholte dann, was er bereits den Amerikanern gesagt hatte: Dass er bei seiner Begegnung mit General Jaruzelski im Juni 1981 den Eindruck gewonnen hat, er sei ein Mann, der „zum Wohl seines Landes patriotisch handeln wird“.

Wyzner seinerseits beklagte sich über die amerikanische Verurteilung des Kriegsrechts und die Spekulationen der Regierung Reagan über dessen Ursprünge, während er zugleich „Äußerungen des [polnischen] Episkopats“ kritisierte, die dazu benutzt wurden, „die Öffentlichkeit zu empören und aufzustacheln“. Wyzner berichtete dann, statt sich gegen die Vorwürfe zu verwahren, habe Casaroli „unsere Position und die ihm übermittelte Information akzeptiert“ und zugesagt, sie am nächsten Tag an Johannes Paul II. weiterzuleiten. Casaroli versicherte dem Polen anschließend, er „würde im Geist des Verständnisses und der Hilfsbereitschaft handeln“. Das oberste Gebot sei nun, so Casaroli, einen Bürgerkrieg zu vermeiden. Die polnische Regierung möge doch berücksichtigen, dass Polens Bischöfe mitunter Stellungnahmen abgeben müssten „aus Furcht, eine der Nation konträre Ansicht zu vertreten", und dass dies manchmal „gegen ihre eigenen Überzeugungen" geschehe. Weiterhin teilte der Kardinal dem polnischen Botschafter mit, er habe die Amerikaner nicht überreden können, Polen erhebliche Wirtschaftshilfe zu leisten, und meinte, er würde zwar amerikanische Zusagen über humanitäre Hilfslieferungen begrüßen, halte aber die Weigerung der Amerikaner, die niedergehende polnische Wirtschaft zu stabilisieren, für kurzsichtig. Wyzner beendete seinen Bericht mit der Aussage, dass Casaroli „den Kontext und die Notwendigkeit unserer Entscheidung versteht."[122]

Vier Tage nach Verhängung des Kriegsrechts und einen Tag nach dem Blutvergießen in der Kohlengrube *Wujek* verteidigte Kardinal Casaroli noch immer die Stabilität als den Leitgedanken aller klugen Staatsmänner. Johannes Paul II., so Casaroli gegenüber Wyzner, habe Erzbischof Silvestrini angewiesen, Kasimierz Szablewski zu sagen, dass, da keine Einmischung von außen Polen bedrohe, die polnische Regierung eine besondere Verantwortung dafür trägt, die Einheit und Würde der Nation aufrechtzuerhalten. Casaroli scheint indes in seinem Gespräch mit Wyzner der Ansicht beigepflichtet zu haben, dass der Militärrat angesichts einer sowjetischen Bedrohung gehandelt hatte, die es so jedoch nicht gab. Auch die amerikanische Regierung ließ sich von diesem Irrtum leiten. Gleichwohl ist es merkwürdig, dass sich der Staatssekretär des Papstes dieser von der polnischen Regierung bevorzugten Auslegung der jüngsten Ereignisse eher angeschlossen haben soll als der des polnischen Papstes. Was Casarolis Äußerungen über das polnische Episkopat betrifft, das tatsächlich seit dem 13. Dezember auf Zurückhaltung gedrungen hatte, so ist denkbar, dass Casaroli versuchte, die polnische Bischöfe in Schutz zu nehmen, indem er behauptete, sie würden entgegen ihren wahren Überzeugungen handeln. Dennoch war dies unter allen Umständen eine seltsame Bemerkung. Wyzner könnte Casarolis Äußerungen so gedeutet haben, wie es für Warschau am erfreulichsten war. Das direkte Zitat von Casarolis Zusage, er würde „im Geist des Verständnisses und der Hilfsbereitschaft handeln", lässt jedoch vermuten, dass dem Kardinal vor allem daran gelegen war, die ständigen Arbeitsgruppenkontakte mit der polnischen Regierung weiterzuführen, und dahinter hatte einen Tag, nachdem Arbeiter in Kattowitz niedergeschossen worden waren, sogar ein noch so milder Ausdruck moralischer Empörung zurückzutreten. An dieser wie auch an anderer Stelle scheinen Johannes Paul II. und Kardinal Casaroli völlig unterschiedliche Empfindungen gehabt zu haben, was dazu führte, dass sie Situationen und Personen sehr verschieden deuteten.

Ende Dezember zirkulierte in den Geheimdiensten des Ostblocks ein Bericht des KGB über die Lage in Polen unmittelbar nach Verhängung des Kriegsrechts, der, wie es scheint, auf den ungarischen Geheimdienst und seine römischen Kontakte zurückging. Die Analyse spricht von der „großen Furcht", die unter „den Mitarbeitern des Vatikans" wegen eines möglichen Bürgerkriegs herrscht, denn dieser müßte einen Einmarsch des Warschauer Pakts nach sich ziehen und unzählige Opfer mit sich bringen.[123] Das ist eine reichlich offensichtliche Beschreibung jener Ansichten, die von den alten Hasen der Ostpolitik vor Johannes Paul II. zu erwarten gewesen sind, und eine Bestätigung des Berichts von Botschafter Wyzner, dass Kardinal Casaroli den „Kontext und die Notwendigkeit" des Kriegsrechts verstanden hat. Johannes Paul II. gelangte zu der von seinem Kardinalstaatssekretär mit großer Sicherheit nicht geteilten Ansicht, dass die Verhängung des Kriegsrechts durch den Militärrat der verzweifelte Akt eines zusammenbrechenden Regimes war. Wie die Worte und Handlungen des Papstes in den neun Tagen im Juni so beruhte auch dieses Urteil auf einer Reihe von Voraussetzungen, durch die sich die Meinung des Papstes deutlich von der seiner höchsten Diplomaten absetzte, von denen einige das, was ein Stasiagent im Januar 1982 als „Argentinische Lösung" bezeichnet hat, für Polen gutzuheißen schienen – die Herrschaft einer Militärjunta und die Rückkehr zur „Normalität".[124] Für Johannes Paul II. bedeutete „Normalisierung" freilich, die grundlegenden Menschenrechte anzuerkennen und zu respektieren, und deshalb konnte sie nur ein Zwischenschritt auf dem Weg zu einem Wandel sein. Für Casaroli hingegen war „Normalisierung" ein Ziel an sich, eine Möglichkeit auch unter dem Kommunismus Normalität zu erfahren. Oder wie Zbigniew Brzeziński es einmal ausdrückte: „Für Casaroli war der Status quo etwas, was sich zwar nicht ändern ließ, aber immerhin angenehmer gestalten; für Johannes Paul II. war der Versuch, den Status quo angenehmer zu machen, ein Werkzeug, um ihn zu untergraben." Diese unterschiedliche Strategie spiegelte einen übergeordneten Unterschied im moralischen und politischen Urteil: „Für Casaroli war der Kommunismus ein Machtsystem, mit dem man sich arrangieren musste. Für Johannes Paul II. war der Kommunismus ein Übel, das sich nicht vermeiden, wohl aber untergraben ließ."[125]

An Heiligabend 1981, um sechs Uhr abends, wurde in das Fenster der päpstlichen Gemächer, die auf den Petersplatz schauten, eine brennende Kerze gestellt. Brennende Kerzen im Fenster waren zu einem internationalen Symbol der Solidarität mit Solidarność und Polen geworden. Zwei Schweizer Pfarrer, ein Protestant und ein Katholik, hatten diese Initiative angestoßen. Die päpstliche Botschaft für den Weltfriedenstag am 1. Januar 1982 verurteilte „den falschen Frieden totalitärer Regimes" wie desjenigen, das in den Weihnachtsfeiertagen in Polen herrschte. Weil jedoch das menschliche Verlangen nach Freiheit „dem menschlichen Gewissen innewohnt" – wie Johannes Paul II. am 16. Januar vor dem am Heiligen Stuhl akkredierten diplomatischen Corps sagte – schwoll der Strom der Freiheit an und würde eines Tages das, was die Diplomaten „Normalität" nennen, hinwegspülen.

4

Sieg

7. Juni 1982	Papst Johannes Paul II. empfängt Präsident Ronald Reagan im Vatikan.
12. November 1982	Juri Andropow folgt Leonid Breschnew als Generalsekretär der Kommunistischen Partei der Sowjetunion nach.
Februar 1983	Operation TRIANGOLO startet eine Rufmordkampagne gegen Papst Johannes Paul II.
März 1983	Johannes Paul II. greift marxistische Regierungen und Guerillabewegungen in Mittelamerika an.
25. April 1983	Jerzy Kuberski trifft Erzbischof Achille Silvestrini, um den bevorstehenden Besuch des Papstes in Polen zu besprechen.
16. -23. Juni 1983	Johannes Pauls II. zweite Pastoralreise nach Polen.
22. Juli 1983	Ende des Kriegsrechts in Polen.
5. Oktober 1983	Das norwegische Nobelpreiskomitee verkündet die Vergabe des Friedensnobelpreises an Lech Wałęsa.
19. Oktober 1984	Der Priester Jerzy Popiełuszko wird ermordet.
11. März 1985	Michail Gorbatschow folgt Konstantin Tschernenko als Generalsekretär der Kommunistischen Partei der Sowjetunion nach.
Dezember 1985	Johannes Paul II. empfängt Jelena Bonner, die Frau des sowjetischen Dissidenten Andrej Sacharow.
13. Januar 1987	Johannes Paul II. empfängt General Wojciech Jaruzelski im Vatikan.
6. Juni 1987	Johannes Paul II. trifft Präsident Reagan im Vatikan.
8.-14. Juni 1987	Johannes Pauls II. dritte Pastoralreise nach Polen.
Juni 1988	Johannes Paul II. schickt eine von Agostino Casaroli geleitete vatikanische Gesandtschaft nach Moskau, um an der Tausendjahrfeier der Christianisierung der Ostslawen teilzunehmen.

6. Februar - 5. April 1989	• Verhandlungen am runden Tisch in Polen. Dokumente der Operation TRIANGOLO verschwinden.
4. Juni 1989	• Die Solidarność erringt einen überwältigenden Wahlsieg.
12. September 1989	• Tadeusz Mazowiecki wird der erst nichtkommunistische Ministerpräsident im Nachkriegspolen.
24. November 1989	• František Kardinal Tomášek schließt die katholische Kirche mit der „Samtenen Revolution" in der Tschechoslowakei zusammen.
1. Dezember 1989	• Papst Johannes Paul II. empfängt Michail Gorbatschow im Vatikan.

Franciszek Kardinal Macharski, Johannes Pauls II. Nachfolger als Erzbischof in Krakau, hatte schon früh im Leben gelernt, dass der Erzbischof ein *defensor civitatis* zu sein hatte. Am Morgen des 1. September 1939, als die Luftwaffe die Stadt bombadierte, hatte der zwölfjährige Macharski gehört, wie sein Vater den Fürsterzbischof Adam Stefan Sapieha anrief, um ihn zu fragen, was man tun solle. „Ich bleibe", hatte Sapieha geantwortet. Der ältere Macharski hatte sich daraufhin zu seiner Familie umgedreht und verkündet: „Wir bleiben auch!"

Gut vierzig Jahre später verteidigte Kardinal Macharski in eben diesem Geiste sein Volk gegen die verheerenden Folgen der selbstzugefügten Schmach des Kriegsrechts, das am Abend des 22. Juni 1983 seit mehr als einundeinhalb Jahren in Kraft war.

An diesem Abend, dem letzten von Johannes Pauls II. zweiter Reise in sein Heimatland, erwartete Kardinal Macharski die päpstliche Gruppe und mehrere ausgewählte Gäste zum Essen in der erzbischöflichen Residenz in der Franciszkanskastraße 3. Die Residenz liegt an der Ecke zum *Planty*, zu jenem Grüngürtel, den die Österreicher entlang der früheren Stadtbefestigung um die Krakauer Altstadt herum angelegt hatten. Die Gruppe des Papstes, darunter Kardinal Casaroli, war wie auch andere Gäste bereits eingetroffen, so etwa Jean-Marie Kardinal Lustiger von Paris, der Sohn polnischer, nach Frankreich ausgewanderter Juden, dessen Mutter in den Gaskammern von Auschwitz ermordet worden war. Alles war bereit, nur noch einer fehlte: der Ehrengast Johannes Paul II.

General Wojciech Jaruzelski hatte sich entschlossen, den Papst, der am Vortag, sehr zum Ärger des Regimes, darauf bestanden hatte, den noch immer inhaftierten Lech Wałęsa zu sehen, noch ein letztes Mal unter vier Augen zu sprechen. Johannes Paul erklärte sich mit der Änderung seines Terminplans einverstanden, und die Begegnung mit Jaruzelski sollte am späten Nachmittag im Schloss auf dem Wawel stattfinden. Man darf vermuten, dass es dabei zu einem „offenen Meinungsaustausch" kam, wie die Diplomaten sagen.

Kardinal Macharski bat seine Gäste, doch mit dem Essen anzufangen, da die Suppe sonst kalt würde. Während der erste Gang beendet wurde, trat Johannes

Paul II. ein, nahm Platz, aß ein wenig Suppe und hörte dann, wie sich eine ausgelassene Gruppe junger Leute auf dem *Planty* versammelte und ihn ans Fenster rief. Der Papst stand also auf, ging ans Fenster und wechselte für etwa fünfzehn Minuten Scherzreden mit der Menge. An dieser Stelle, so erinnerte sich später Kardinal Lustiger, brach es zur Verblüffung der Tischgesellschaft aus Casaroli heraus: „Was will er eigentlich? Will er Blutvergießen? Will er Krieg? Möchte er die Regierung stürzen? Jeden Tag muss ich den Regierungsstellen erklären, dass es nichts damit auf sich hat.“[1]

Es hatte aber damit etwas auf sich – etwas, das den Lauf der Weltgeschichte zum Besseren verändern sollte.

Johannes Paul II. hat Christi Aufforderung an Petrus „stärke deine Brüder“ [Lk 22,32] stets ganz wörtlich aufgefasst. Unter den jeweiligen Umständen nahm diese Stärkung unterschiedliche Formen an. Die erste Polenreise, die neun Tage von Johannes Paul II. im Juni 1979, löste die Revolution des Gewissens aus, die dann die Revolution von Solidarność hervorbrachte. Die zweite Polenreise im Juni 1983 sollte die Stimmung eines Volkes heben, das wieder einmal am Boden lag, damit es die Kraft fände, auf den Weg zurückzukehren, den das Kriegsrecht zu verstellen beabsichtigte – auf den Weg zu Verantwortung und Freiheit. Die dritte Polenreise im Juni 1987 sollte den moralischen Grundstein für die erfolgreiche Vollendung jener bemerkenswerten Reise legen, die zwei Jahre später mit der Wahl einer von Solidarność geführten Regierung eintreten würde: ein Ereignis, das am Abend des 22. Juni 1983 die Vorstellung zu übersteigen schien – jedenfalls die Vorstellung jener, die in der Wahrung der Stabilität das oberste moralische und politische Gebot sahen.

Zurück in den Untergrund

In ihrer Ausgabe vom 4. Januar 1982 hatte die Zeitschrift *Time* Lech Wałęsa zum „Mann des Jahres“ gekürt und in einem längeren Artikel viele Amerikaner mit den Einzelheiten des Dramas bekannt gemacht, das sich seit 1979 in Polen entfaltete hatte. Das folgenreichste polnisch-amerikanische Gespräch jener Zeit fand freilich nicht in Zeitschriften, sondern in Briefen statt: in etwa einem Dutzend Briefen, die Präsident Ronald Reagan und Papst Johannes Paul II. in Reagans erstem Amtsjahr wechselten. In dieser Geheimkorrespondenz erörterten die beiden Männer Fragen von beiderseitigem Interesse, beispielsweise das Kriegsrecht im Heimatland des Papstes und die Entschlossenhet des Präsidenten, den Sowjets eine echte Abrüstung und nicht nur eine Rüstungs„kontrolle“ vorzuschlagen, wenn die beiden Seiten später im Jahr 1982 in Genf mit den Verhandlungen über atomare Mittelstreckenraketen beginnen würden.[2]

Präsident Reagan erkannte ganz klar, dass Johannes Paul in Polen weiterhin eine wichtige Rolle spielen würde, vermutlich auch darüber hinaus. Auf Reagans Anweisung unterrichteten General Vernon Walters und William Casey, der

Direktor der CIA, den Papst in Rom über amerikanische Geheimdiensterkenntnisse und politische Direktiven. Laut Jan Novak, dem ehemaligen Chefredakteur des polnischen Senders von Radio Freies Europa und damals Berater für polnische Fragen beim US-Sicherheitsrat, bestand der Präsident darauf, den Papst sowohl über die Quellen aufzuklären als auch die Informationen an ihn weiterzuleiten. Der Papst wusste daher von der Tätigkeit des polnischen Oberst Ryszard Kuklińskis, dessen Berichte in der Krise vom Dezember 1980 von unschätzbarem Wert gewesen waren, und der seine amerikanischen Kontakte über Pläne für die Verhängung des Kriegsrechts auf dem Laufenden gehalten hatte, bevor man dann ihn und seine Familie 1981 außer Landes brachte.[3] Die Regierung Reagan ließ in den Jahren nach Verhängung des Kriegsrechts der im Untergrund arbeitenden Solidarność beträchtliche Gelder zukommen, den Löwenanteil davon durch Kanäle des amerikanischen Gewerkschaftsverbands AFL-CIO. Johannes Paul II. wird davon gewusst und es sicherlich gebilligt haben, vor allem weil so den leidenden Familien der inhaftierten Aktivisten von Solidarność geholfen werden konnte.

In Polen selbst verlieh die Politik unter dem Kriegsrecht Václav Havels denkwürdiger Beschreibung des Kommunismus als Kultur der Lüge eine neue Bedeutung.[4] Vor Verhängung des Kriegsrechts war die „Nationale Einheitsfront“, die politische Fassade, hinter und mit der die kommunistische Partei den *Sejm*, das polnische Scheinparlament, kontrollierte, aufgelöst worden. Es musste also etwas Neues her, um die Fiktion aufrechtzuerhalten, ein politisches Bündnis würde Polen regieren. Und so wurde die Patriotische Bewegung der Nationalen Erneuerung [PRON] geboren; obwohl etwas pluralistischer als ihre Vorgängerin, erfüllte sie dennoch die Aufgabe der alten Front, nämlich „eine Plattform [zu sein], auf der verschiedene Gruppen, die den Status quo unterstützen, mit der Partei zusammenarbeiten können.“[5] Sie verfolgte freilich neben der Aufgabe, einen Deckmantel für das Kriegsrecht zu liefern, noch einen weiteren Zweck: Sie stellte eine vom Regime kontrollierte Alternative zur Untergrund-Solidarność dar.[6]

Das Kriegsrecht führte zwangsläufig zu Spaltungen innerhalb von Solidarność. Einige Führer von Solidarność sprachen sich für einen Generalstreik aus, andere entschieden sich für den, wie man es später nannte, „langen Weg“, der sich auf den Wiederaufbau der Zivilgesellschaft konzentrierte. Nach Verhängung des Kriegsrechts wurden diese Möglichkeiten in der Untergrundpresse erörtert, auch wenn das Regime alles daran setzte, Solidarność einen Vertrieb von Druckerzeugnissen unmöglich zu machen. Der Historiker Andrzej Paczkowski schätzt, dass „im Laufe des Jahres 1982 mindestens achthundert illegale Zeitschriften erschienen, wovon die meisten von Gruppen und Organisationen der Solidarność herausgegeben wurden.[7] Am 22. April 1982 wurde eine Provisorische Koordinierungskommission [TKK] gegründet, die de facto als Führung der Untergrundsolidarność anerkannt wurde. Aus der TKK gingen in der Folge weitere ihr angeschlossene Verbände hervor, zum Beispiel das Ausländische Koordinationsbüro in Brüssel. Daneben entstanden geheime Erziehungs-, Kultur-, Wissenschafts- und Bauernorganisationen, die alle Teil des komplexen Netzes einer „Untergrundgesellschaft“ waren. Die Kirche spielte dabei eine Schlüsselrolle, stellte sie doch Räume für unabhängige, vom Regime nicht kontrollierte Bildungs- und Kulturtätigkeiten zur Verfügung. Die Kirchen öffneten ihre Türen für „abendliche Gedichtlesungen, Theateraufführungen, Ausstellungen, ja sogar für populär-wissenschaftliche Vorträge.“[8] Führend dabei waren unter anderen die Kirchen St. Brigitta in Warschau (Wałęsas Gemeinde), St. Maximilian Kolbe in Nowa Huta und St. Stanisław Kostka in Warschau – an der letztgenannten Kirche machte sich der junge Priester Jerzy Popiełuszko bei der regelmäßig abgehaltenen „Messe für das Vaterland“ einen Namen als Prediger. Messen dieser Art und die damit einhergehenden Kultur- und Bildungsveranstaltungen „trugen stark dazu bei, den Widerstandwillen in den breiten Rängen der Gläubigen aufrechtzuerhalten.[9] Wie Johannes Paul II. so hielt sich auch das polnische Episkopat mit öffentlichen Stellungnahmen zum Kriegsrecht zurück. Dennoch lässt sich nicht leugnen, dass der Segen, den die katholische Hierarchie diesen von den Kirchengemeinden geförderten Freiräumen – oder vielleicht besser dieser „moralischen Exterritorialität“ – gab, nicht unbeträchtlich dazu beitrug, dass eine zivilgesellschaftliche Alternative zum Totalitarismus geboten werden konnte.[10]

Die Debatte darüber, ob unmittelbar zur Tat zu schreiten oder der „lange Weg“ einzuschlagen sei, hielt nur ein paar Monate an. Trotz der vielen Untergrundunternehmungen war den meisten Aktivisten klar, dass aufgrund der politischen und wirtschaftlichen Kontrolle des Regimes nur der von Johannes Paul II. in den neun Junitagen von 1979 aufgezeichnete Weg – die Wiederherstellung der Zivilgesellschaft und der öffentlichen Moral – langfristig eine Aussicht auf Erfolg hatte. In der Zwischenzeit tat der Papst alles, um Polens Untergrundgesellschaft zu unterstützen. Zu seinen Kontakten gehörte auch Jacek Woźniakowski, den Karol Wojtyła schon aus seinen Tagen als Kaplan an St. Florian kannte. Woźniakowski war mittlerweile ein angesehener Kunsthistoriker, doch seine antikommunistische Haltung hatte seine akademische Karriere immer wieder behindert, so dass er seinen Lebensunterhalt teilweise als Mitarbeiter von *Tygodnik Powszechny* verdiente. Woźniakowski gelang es, im Januar 1982 nach Rom zu reisen, und erhielt umgehend eine Einladung des Vatikans. Dort verbrachte er fast den ganzen Tag, von morgens bis in den späten Abend hinein, in den päpstlichen Gemächern und legte dem Papst die Situation in Polen auseinander. Johannes Paul, der offenbar mit den Informationen, die ihm sein Staatssekretariat zukommen ließ, unzufrieden war, sagte seinem alten Freund, er habe ihm „den ersten anständigen Bericht über die Ereignisse in Polen“ zu verdanken.[11] Einige Zeit später, nachdem Solidarność ihr Brüsseler Auslandsbüro eingerichtet hatte, bat dessen Leiter Jerzy Milewski Woźniakowski, doch den Verbindungsmann zum Papst abzugeben. Nach Beendigung seiner Gastprofessur in Toulouse und seiner Rückkehr nach Rom fragte Woźniakowski den Papst, ob er die Brüsseler Unternehmung für eine gute Idee halte. „Ja“, entgegnete der Papst, „sagen Sie ihm, ich halte sie für eine gute Idee.“[12]

Tadeusz Mazowiecki hatte es härter getroffen. Er war am 13. Dezember 1981 festgenommen und in ein Internierungslager auf einem ehemaligen Militärgelände gebracht worden. Als die Familien endlich Besuchserlaubnis erhielten, wurden Briefe hinein- und herausgeschmuggelt. Auch Kardinal Macharski besuchte den früheren Herausgeber von *Tygodnik Solidarność*. Er und Mazowieckis Sohn schleusten Briefe der inhaftierten Führer von Solidarność aus dem Lager heraus und leiteten sie nach Rom weiter. In einem dieser Briefe bat Mazowiecki den Papst, den „Gedanken der Solidarität" nicht von seinem spezifischen Ausdruck in der Gewerkschafts- und Massenbewegung abzulösen, die entstanden war und dann zerschlagen wurde: Die Legalisierung von Solidarność müsse die Minimalbedingung für Verhandlungen mit dem Regime darstellen – „einmal Erreichtes darf nicht wieder aufgegeben werden". Nach einiger Zeit wurde Mazowiecki die handschriftliche Antwort des Papstes zugesteckt. „Ich habe Ihren Brief gelesen", schrieb dieser an Mazowiecki, „und gründlich über die Lage nachgedacht. Ich habe Ihren Brief drei- bis viermal gelesen." Mazowiecki begriff die Botschaft sofort: Er und Johannes Paul II. „verstanden einander" in der Frage der Legalisierung von Solidarność.[13]

Am 7. Juni 1982 empfing Johannes Paul Ronald Reagan im Vatikan. In seiner Erklärung nach der Begegnung gedachte der Präsident besonders „der gepeinigten polnischen Nation – Ihrem Heimatland" und betonte, dass Polen seit Jahrhunderten „eine tapfere Bastion des Glaubens und der Freiheit in den Herzen seines mutigen Volkes, wenn nicht in den Herzen derjenigen gewesen ist, die über das Land herrschten."[14] Dieser rhetorische Seitenhieb gegen General Jaruzelski verpuffte jedoch, denn das Militärregime lehnte alle Verhandlungsvorschläge der TKK ab. Dazu gehörte die Forderung nach Amnestie für alle Inhaftierten, die Freilassung aller politischen Gefangenen, die Wiedereinstellung derjenigen, die wegen ihrer Unterstützung von Solidarność entlassen worden waren, und natürlich die erneute Legalisierung von *NSZZ Solidarność*. Zuvor hatte die TKK empfohlen, die Grundsätze der katholischen Soziallehre zur Grundlage eines nationalen Dialogs zu machen.[15] All das lehnten die Machthaber ab und Jaruzelski griff die Gewerkschaft am 21. Juli 1982 scharf im Sejm an. Im gleichen Monat wurden die Verhandlungen über eine für 1982 geplante Polenreise des Papstes zwischen dem Heiligen Stuhl und dem Militärregime abgebrochen. Der Vatikan ließ verlauten, dass der Besuch auf ein späteres Datum verschoben worden ist.

Die Führung der TKK rief dann zu friedlichen Demonstrationen am 31. August auf, dem Tag, an dem 1980 das Danziger Abkommen geschlossen worden war. Eine große, wenngleich nicht überwältigende Menge ging an jenem Tag auf die Straße und traf auf aggressive Gegenmaßnahmen von SB, Polizei und ZOMO, der paramilitärischen Miliz. Beim übelsten Zusammenstoß in Lublin, „wo die ZOMO das Feuer auf die Demonstranten eröffnete und buchstäblich auf Jagd ging", wurden vier Menschen getötet und acht verwundet.[16] Diese Demonstrationen bildeten den Höhepunkt öffentlich bekundeter Unterstützung für die Untergrundsolidarność, die nach dem leidenschaftlichen Kampfwillen der vorangegangenen neun Monate zu bröckeln begann.[17] Seinerseits glaubte das Regime, so fest im Sattel zu sitzen, dass es Lech Wałęsa am 14. November aus der Haft entließ und verkündete: „Der ehemalige Führer der ehemaligen Gewerkschaft Solidarność ist gegenwärtig ein Privatmann.“[18]

Ob das lange der Fall sein würde, hing nicht zuletzt von einer anderen gleichzeitig erfolgen Regierungankündigung ab: Man war sich mit der Kirche einig geworden und hatte Johannes Paul II. eingeladen, im Juni 1983 wieder einmal nach Polen zu kommen.[19]

„Ein einziges großes Konzentrationslager“

Die Monate vor der zweiten Reise Johannes Pauls II. in sein Heimatland fielen mit einer Phase gesteigerter Paranoia der Sowjetführung zusammen. Nach dem Tod von Leonid Breschnew stellte der KGB zum ersten Mal in der Sowjetgeschichte den neuen Parteivorsitzenden. Am 12. November 1982 wurde der frühere Herr über die Spione Juri Andropow zum Generalsekretär der Kommunistischen Partei der Sowjetunion gewählt. Einige westliche Journalisten schmeichelten Andropow als einem Schöngeist, dessen Vorliebe für Scotch, Jazz und populäre amerikanische Romane auf einen neuen Typus von Sowjetpolitiker hindeutete. Das war zwar richtig, aber nicht in dem Sinn, der der westlichen Presse vorschwebte: Andropow, der seine bildenden Erfahrungen als *rezident* des KGB in Budapest gesammelt hatte, als dort 1956 der Ungarische Aufstand ausbrach, hegte ein krankhaftes Misstrauen gegenüber dem Westen im allgemeinen und gegenüber den Vereinigten Staten und der katholischen Kirche im besonderen. Nun richtete sich seine Paranoia auf die Furcht vor einem atomaren Erstschlag Amerikas, der die UdSSR auslöschen würde. Acht Monate zuvor, als Mehmet Ali Agca sich an Johannes Paul II. heranschlich, hatten Breschnew und Andropow auf einer Konferenz des KGB Reagans angebliche Kriegstreiberei scharf angegriffen, wobei Andropow erklärt hat: „Niemals seit dem Zweiten Weltkrieg ist die internationale Lage so brisant gewesen wie jetzt.“ Am Ende der Konferenz ordnete Andropow einen außerordentlichen Schritt an: die vereinte Operation RJaN, die gemeinsam von KGB und GRU, dem militärischen Nachrichtendienst, durchgeführt werden sollte, um amerikanische Erstschlagspläne aufzudecken. Es wurde aber nichts aufgedeckt, weil es nichts aufzudecken gab. Dennoch gehörte es zu den dringendsten Anliegen Andropows als Generalsekretär die Operation RJaN zu verstärken, da der ehemalige Chef des KGB nicht von seiner Überzeugung abrückte, dass Reagan unbedingt einen atomaren Erstschlag durchführen wollte. Christopher Andrew und Wassili Mitrochin schreiben, dass Andropow in seiner kurzen Amtszeit vor allem Besuche von seinen alten Freunden aus dem KGB erhalten hat, und RJaN weiterhin die wichtigste Operation der Ersten Hauptverwaltung des KGB blieb [d. h. der Auslandsspionage].[20]

Es überrascht wohl kaum, dass in dieser Atmosphäre, die Anatol Dobrynin, der langjährige sowjetische Botschafter in Amerika, offen als „Paranoia“ bezeichnet hatte, die Planung der zweiten Polenreise äußerst schwierig war, bzw. dass der SB alles Mögliche tat, um die Pilgerreise Johannes Paul II. zu behindern.[21] Die niederträchtigste dieser Anstrengungen des SB war die so genannte Operation TRIANGOLO.

Wie umtriebig sie war, liegt bis heute im Dunkeln. Eine frühe Erwähnung einer Operation des SB unter diesem Decknamen findet sich in einer Aktennotiz vom 3. April 1979, zwei Monate vor den neun Tages des Johannes Pauls II. Darin bemerkt Oberst Zenon Płatek, Leiter der Abteilung IV, er müsse für sechs Tage nach Wien reisen, um einen gewissen TOM, einen geheimen Mitarbeiter zu treffen, dessen Identität noch nicht entschlüsselt werden konnte. Nach einigen Quellen war Agca zu dieser Zeit in Wien, aber dieser Verdacht widerspricht der Annahme, dass der SB aus den verwickelten Täuschungsmanövern, die um und mit Agca gesponnen worden waren, herausgehalten worden ist. Jedenfall deutet die Tatsache, dass Płatek, der Chef einer der wichtigsten Abteilungen des SB, eine längere Zeit abwesend war, darauf hin, dass etwas Bedeutendes im Gange war. Dafür spricht auch Płateks sonstiges Treiben im SB, wozu die Zusammenarbeit mit dem ukrainischen KGB gehörte, um ausgepichte Provokationen gegen Bischof Ignacy Tokarczuk der Diözese Przemyśl zu ersinnen oder auch vatikanische Dokumente zu fälschen.[22]

Wenn TRIANGOLO tatsächlich der Deckname für ein nachhaltiges, gegen Johannes Paul II. gerichtetes „Zersetzungsprojekt“ war, dann hat der Offizier des SB (oder am 13. Mai 1981 die Offiziere), der regelmäßig die Generalaudienzen von Johannes Paul überwachte, vielleicht für diese Operation gearbeitet. Zenon Płatek war ein Stammgast bei Treffen der Geheimdienste in Moskau und anderen Hauptstädten des Ostblocks, auf denen der geheimdienstliche Kampf gegen den Vatikan oft auf der Tagesordnung stand. Obwohl uns gegenwärtig keine Zeugnisse dafür vorliegen, dass TRIANGOLO auf diesen Sitzungen diskutiert worden ist – es gibt zum Beispiel im Mitrochinarchiv keine Hinweise auf TRIANGOLO –, scheint es unwahrscheinlich, dass eine aktive Kampagne gegen den Mann, den eben diese Geheimdienste als einen Hauptfeind betrachteten, den Hauptverantwortlichen dieser Dienste nicht zu Ohren gekommen sein soll.

Welche anderen Provokationen zwischen 1979 und 1982 noch auf das Konto von TRIANGOLO gehen, bleibt unaufgekärt. Der kühnste Versuch, Johannes Pauls II. zweite Polenreise zu „zersetzen“, war jedoch eine Operation von TRIANGOLO zu Beginn 1983. Der SB fabrizierte ein Tagebuch, das angeblich aus der Feder von Irina Kinaszewska, einer Angestellten von *Tygodnik Powszechny*, stammte, die einige Jahre zuvor gestorben war. Von ihrem Ehemann verlassen, würde sie vermutlich das Mitgefühl von Kardinal Wojtyła erweckt haben. Der SB wollte andeuten, dass an der Beziehung sehr viel mehr dran gewesen ist und fälschte ein Tagebuch, in dem Kinaszewska behauptete, Wojtyłas Geliebte gewesen zu sein.

Der Plan sah vor, das Tagebuch in die Wohnung von Hochwürden Andrzej Bardecki zu schmuggeln und dort zu verstecken. Bei einer Polizeirazzia sollte es dann „entdeckt" werden. In einer Nacht im Februar 1983 schlichen sich vier Agenten der Unabhängigen Gruppe D des SB, die wussten, dass Bardecki nicht zuhause war, in die Wohnung des Priesters und versteckten das gefälschte Tagebuch. Leiter des Unternehmens war Hauptmann Grzegorz Piotrowski. Nachdem sie das Tagebuch verborgen hatten, ging Piotrowski mit einem seiner Kollegen der Gruppe aus und betrank sich sinnlos. Auf dem Nachhauseweg baute er einen Unfall und wurde von der Polizei festgenommen. Da er sich nicht beherrschen konnte, vielleicht wollte er sich auch nur aus dieser misslichen Lage befreien, prahlte er damit, für die Unabhängige Gruppe D zu arbeiten und verriet, was er vor seinem Saufgelage angestellt hatte. Von der Polizei sickerte dann die Operation nach außen durch. In der Zwischenzeit hatte Hochwürden Bardecki das stümperhaft versteckte „Tagebuch" gefunden und der Krakauer Kurie ausgehändigt, die es sehr schnell als Fälschung entlarvte. Aus dieser Quelle verbreiteten sich dann auch Gerüchte über diese Provokation, und für eine kurze Zeit wurde dieser plumpe Versuch der „Zersetzung" in Kreisen berüchtigt, die bei solchen Angelegenheiten Augen und Ohren offen hielten.

Was glaubte der SB mit dieser Operation TRIANGOLO im Februar 1983 erreichen zu können? Zweifellos sollte das „Tagebuch" ein Mittel sein, um Johannes Paul II. und die polnische Kirche zu erpressen. Zu welchem Zweck? Da das Militärregime und der Vatikan noch immer über die Bedingungen und das Programm der Papstreise im kommenden Juni verhandelten, ergeben sich eine Reihe von Möglichkeiten. Ein Papst, der, wie sie glaubten, Angst vor Erpressung hat, würde nicht so entschieden im Juni auf Veranstaltungen dringen, die das Regime verhindern wollte: etwa eine Begegnung mit Lech Wałęsa. Ein erpressbarer Papst würde sich vermutlich mit öffentlichen Erklärungen in Polen zurückhalten. Eine Kirche, die einen Skandal fürchtete, könnte sich für die Pläne der WRON, die Macht nach Beendigung des Kriegrechts in die Hände der PRON zu legen, aufgeschlossener zeigen und zugleich die Solidarność ignorieren, als existierte sie überhaupt nicht. Außerdem bestand immer die Aussicht, das polnische Volk durch einen Skandal weiter zu entmutigen, und es so geschmeidiger und nachgiebiger zu machen. Viel Sinn ergab das alles nicht. Selbst wenn Piotrowskis Operation „Zersetzung" sich durch sein betrunkenes Geplauder über die Fälschung und ihre Unterschiebung nicht selbst zersetzt hätte, wieviele Polen, die seit dreißig Jahren mit solchen Tricks vertraut waren, hätten tatsächlich geglaubt, Johannes Paul II. sei so doppelzüngig, wie das „Tagebuch" es darlegen wollte? Gleichwohl beweist diese Tagebuchaffäre, wie sehr sich das Militärregime vor seinem päpstlichen Landsmann fürchtete, und sie belegt zudem lebhaft, wie weit es mit seinen Tatsachenverdrehungen gehen würde, um dem Ansehen des Papstes und damit seiner moralischen Autorität zu schaden.[23]

Was Hauptmann Grzegorz Piotrowski betrifft, so sollte er zwei Jahre später in einem noch brutaleren Zusammenhang wieder die Bühne betreten.

In der Zwischenzeit nutzte der gerissene Agent des SB Edward Kotowski, die Kontakte, die er schon seit 1979 gepflegt hatte, um seine Vorgesetzten – und damit letzlich die Moskauer Zentrale – mit Informationen über Johannes Pauls II. Reisepläne für Polen zu versorgen.[24] Nach fünf Jahren in Rom hatte Kotowski oder PIETRO, der über ein ungeheures Gedächtnis und ein bemerkenswertes Geschick verfügte, Menschen im Gespräch auszuholen, Kontakte auf drei Ebenen angeknüpft. Alle diese Kontakte, von denen einige sehr viel gefährlicher waren als andere, werden es Kotowski und seinen Vorgesetzten erleichtert haben, in die Gedanken von Johannes Paul II. und seinen engsten Vertrauten einzudringen.

Zur ersten Gruppe von PIETROS Kontakten gehörten diejenigen, mit denen er im Rahmen seiner normalen diplomatischen Aufgaben zu tun hatte – denn was die Diplomaten des Vatikans betraf, so war Kotowski für sie kein Agent des polnischen Geheimdienstes, sondern ihr diplomatischer Ansprechspartner, von dem, unter Voraussetzung der üblichen Diskretion, eine gewisse Offenheit erwartet werden durfte. Zu den herausragenden Personen dieses Kreises zählten der Leiter der polnischen Abteilung im vatikanischen Staatssekretariat Msgr. Józef Kowalczyk, ein weiterer Diplomat des Vatikans Msgr. Janusz Bolonek, ein Priester der Diözese Łódź, der eng mit Casaroli zusammenarbeitete, und Hochwürden Adam Boniecki MIC, der Herausgeber der polnischen Ausgabe des *L'osservatore Romano*. Im Jargon des Gewerbes waren sie allesamt „offizielle Kontakte", keiner von ihnen war geheim. Alles fand in einem offiziellen Rahmen statt und nichts deutete darauf hin, dass der Ertrag über das hinausging, was man von normalen diplomatischen Gesprächen erwarten konnte. Gleichzeitig nutzte PIETRO diese Kontakte, um dem Vatikan sowohl zutreffende Informationen über Gedanken und Pläne Jaruzelskis zukommen zu lassen als auch Falschmeldungen, die das Wasser trüben sollten.[25]

Zum zweiten Kreis von PIETROS Kontakten gehörten Informanten, die meinten, sie würden mit einem Diplomaten, nicht mit einem geschickten Geheimagenten sprechen, und die es in ihrer Offenheit zudem an Diskretion und leisen Tönen vermissen ließen. Diese „informellen" Kontakte bestanden aus etwa siebzehn polnischen Priestern, von denen die meisten in Rom tätig und einige nur zu Gast waren. Die in Rom Ansässigen arbeiteten für untergeordnete Einrichtungen wie etwa Radio Vatikan. Die Hunderte von verschlüsselten Mitteilungen über ihre Äußerungen, die nach Warschauer abgingen, enthüllen, wie der Andrzej Grajewski sagt, „dass viel Dummheit und Eitelkeit im Spiel war", aber sie enthielten nichts, was besonders verräterisch oder schädlich war.

Im dritten und weitaus gefährlichsten Kreis von PIETROS vatikanischen Kontakten fanden sich Agenten des SB, die entweder dauerhaft oder zeitweilig in Rom lebten. Als PIETRO sie kontaktierte, wusste er bereits, dass sie zum Apparat des SB gehörten. Einer von ihnen war der polnische Dominikaner Konrad Hejmo, Deckname HEJNAŁ, der polnische Pilger begleitete. HEJNAŁ besetzte keine Position, die es ihm erlaubte, dem SB einen tiefen Einblick in die Überlegungen oder die Pläne des Papstes zu verschaffen. Dennoch sandte er direkt oder über PIETRO einen ganzen Schwarm von Informationen nach Hause, für die er gut bezahlt wurde. Gefährlicher war da schon POTENZA, dessen Identität erst 2009 aufgedeckt worden ist. Dieser Priester der Krakauer Erzdiözese stillte über seine Kontakte zum päpstlichen Haushalt das unersättliche Interesse des SB an Johannes Pauls II. Ansichten zum Kriegsrecht und zu anderen polnischen Bischöfen, an seinen Plänen für die zweite Polenreise, an den Fragen, die der Papst in seinen Ansprachen angehen wollte, und an seiner Meinung über Lech Wałęsas politische Zukunft. POTENZA lieferte seinen Bärenführern vom SB auch Einschätzungen über die Lage der polnischen Kirche, so wie er sie sah. POTENZA war nicht in dem Sinn ein „operativer" Agent, dass er die zweite Polenreise durch verschiedene Formen von Betrügereien zu behindern suchen sollte. Er stand eher für den unbedingten Willen des SB, hinter Johannes Pauls II. Ansichten über die Zukunft von Solidarność zu kommen, indem er so tief wie möglich in den Vatikan eindrang. Es erübrigt sich wohl zu sagen, dass die wichtigsten Neuigkeiten sofort an den KGB in Moskau übermittelt wurden.[26]

Im Monat nach der Tagebuchaffäre von TRIANGOLO fügte Johannes Paul II. der Beschwerdeliste des KGB gegen seine Person mit einer siebentätigen Reise nach Mittelamerika einen weiteren Punkt hinzu. Indem er standhaft den Versuchen der Sandinisten trotzte, seine Predigt in der nicaraguanischen Hauptstadt im Lärm untergehen zu lassen – eine Provokation, die dank der geschickten Vorbereitungen von Pater Roberto Tucci SJ, dem Reiseleiter des Papstes, in ganz Mittelamerika über den Bildschirm lief – trug Johannes Paul dazu bei, die demokratischen Kräfte in der Region zu stärken, die sich damals mit Marxisten wie den Sandinisten und der Nationalen Befreiungsfront Faribundo Marti [FMNL] in El Salvador auseinandersetzen mussten. Gleichzeitig stellte er sich hinter die kirchlichen Reformer, die sowohl die Brutalität der Oligarchen als auch die marxistische Revolution angegriffen hatten. Das konnte selbstverständlich nicht beim Moskauer KGB auf Gegenliebe stoßen, denn schließlich machte der sich große Hoffnungen, den Kalten Krieg in der Dritten Welt zu gewinnen. Dazu hatte er mit beträchtlichen Mitteln die Sache der Sadinisten und der FMNL in Nordamerika gefördert, nicht zuletzt unter religiösen Aktivisten, die mit Organisationen wie CISPES [Komitee der Solidarität mit dem Volk von El Salvador] zusammenarbeiteten.[27]

In dieser ganzen Phase hat sich die Moskauer Zentrale kubanischer Geheimdienstler in der diplomatischen Mission Kubas beim Heiligen Stuhl bedient, zu dem Fidel Castro nie die diplomatischen Beziehungen abgebrochen hat. So wollte sie den Kommunismus in Lateinamerika fördern und Johannes Pauls II. wirksame Gegenmaßnahmen lahmlegen.[28]

Acht Tage nach der Rückkehr des Papstes aus Mittelamerika traf der polnische Außenminister Stefan Olszowski in Warschau mit Erzbischof Luigi Poggi zusammen, der noch immer die ständigen Arbeitsgruppenkontakte zwischen Polen und dem Vatikan leitete. Auf der Tagesordnung stand die bevorstehende Pilgerreise des Papstes nach Polen. In einer „Dringlichen Mitteilung", die als Gesprächsprotokoll für das polnische Außenministerium diente, entwarf Olszowski ein detailliertes Bild des Gesprächs. Darin unterstrich er Poggi gegenüber, dass „Politik und Gesellschaft zu einem Zustand der Stabilität zurückgekehrt sind" und „Stabilität die Oberhand gewonnen hat". Als Beispiel dafür führte er die Bildung der PRON an, „die sich sehr für den Erhalt der Verfassung einsetzt" und von dem bekannten katholischen Schriftsteller Jan Dobraczyński geleitet würde. Die Schwierigkeiten, mit denen Polen jetzt noch zu kämpfen habe, seien auf die westliche Politik zurückzuführen, besonders auf die „von den Vereinigten Staaten und anderen Ländern der NATO verhängten Sanktionen" sowie auf den Aufstieg „des Neorevisionismus in der Bundesrepublik Deutschland." Olszowski erkärte dann, der bevorstehende Papstbesuch sei „ein Beleg für unsere Offenheit in unserer Politik und für das Bekenntnis zu den in der Verfassung verankerten Grundsätzen." Sodann behauptete er, dass „die Regierung uneingeschränkt bei allen Besuchsvorbereitungen kooperieren" würde, dass es aber „Kräfte im Ausland und an einigen wenigen Orten in unserem Land gibt, die den Besuch sabotieren und zum Widerstand dagegen aufhetzen." Es sei daher wichtig, dass „religiöse Zusammenkünfte" während des Papstbesuchs nicht dazu „missbraucht werden, Propaganda gegen die Regierung zu verbreiten, beispielsweise durch das Mitbringen von Transparenten." Untulich seien auch „Demonstrationen mit dem Zweck der Unruhestiftung".

Laut Olszowski soll ihm Poggi, der ranghohe Vatikandiplomat, in seiner Antwort beigepflichtet haben, dass bestimmte Handlungen der „Westmächte negative Auswirkungen auf die polnische Gesellschaft" gehabt hätten. Poggi erwähnte dann die Botschaft des Papstes zum Weltfriedenstag am 1. Januar 1983, in der dieser die Bedeutung des „Dialogs" für die Erhaltung des Friedens betont hatte. Der Besuch endete mit einer Diskussion über das jüngste Verbot der Regierung, die polnische Ausgabe des *L'Osservatore Romano* zu verbreiten. Diese enthielt eine Rede, die Msgr. Francesco Canalini, Diplomat des Heiligen Stuhls, auf der Madrider Konferenz über Sicherheit und Zusammenarbeit in Europa gehalten hatte. Darin hatte der Vertreter des Vatikans in aller Schärfe die Menschenrechtsverletzungen und die Unterdrückung von Solidarność angeprangert. Olszowski behauptete, die Veröffentlichung dieses Textes verstoße gegen das Übereinkommen, dass die polnische Monatsausgabe der vatikanischen Zeitung „kein Material enthalten sollte, das nicht das wechselseitige Verständnis und die guten Beziehungen zwischen Polen und dem Apostolischen Stuhl fördert." Poggi, so Olszowski zum Schluss, versprach „unseren Standpunkt weiterzuleiten", bat jedoch auch darum, dass der Antrag des Vatikans, die nächste Ausgabe wieder vertreiben zu dürfen „in einem positiven Licht" betrachtet würde, da dies der Vorbereitung des Papstbesuches entgegenkäme.[29]

Olszowski Eröffnungszug mit dem Akzent auf „Stabilität" belegte, dass die polnische Regierung sehr wohl die Imperative kannte, von denen sich Kardinal Casaroli, Erzbischof Silvestrini und Erzbischof Poggi leiten ließen. Wie der Außenminster die PRON darstellte, war einfach lächerlich. Und das gilt auch für seine Betonung „der in unserer Verfassung verankerten Grundsätze". Diese sahen gar kein Kriegsrecht vor, weshalb es dann ja am 13. Dezember 1981 zum

Staatsstreich der WRON gekommen war. Im Lichte des 13. Mai 1981 war Olszowskis Sorge um die Sicherheit des Papstes nicht ohne Ironie, und sein Getue, dass es selbst innerhalb Polens Kräfte gebe, die es auf eine „Sabotage" des Besuches anlegten, schloss offensichtlich den SB nicht ein, der gerade mit seiner Tagebuchaffäre und dem Erpressungsversuch so grandios Schiffbruch erlitten hatte. Die Bitte eines Außenministers man möge doch religiöse Veranstaltungen nicht zu „politischen" entarten lassen, war schon etwas pathetisch: Hätte ein Regime, das so „stabil" ist, wie Olszewski es vom polnischen behauptete, Angst vor Spruchbändern? Wie das Kräftemessen bezüglich der polnischen Ausgabe des *L'Osservatore Romano* belegt, hatte der Auftritt des Heiligen Stuhls bei der Madrider KSZE das Regime mächtig verärgert. Es ist vielsagend, dass Erzbischof Poggi die Rede Canalinis nicht verteidigt hat, und auch nicht gegenüber dem Außenminister einer durch und durch verlogenen Regierung erwähnte, dass die Botschaft zum Weltfriedenstag 1983 hervorgehoben hat, wie wesentlich die Wahrheit für einen echten Dialog ist. Dass eine Regierung, die auf „Stabilität in Politik und Gesellschaft" vertraut, es nicht nötig hätte, zu den gröbsten Zensurmaßnahmen zu greifen, scheint von der vatikanischen Seite am Verhandlungstisch ebenfalls nicht bemerkt worden zu sein. Poggis allgemein entgegenkommende – sicherlich nicht auf Konfrontation setzende – Linie, die er gegenüber Olszowski, dem Vertreter eines Regimes, fuhr, das unter dem Kriegsrecht immer noch Tausende von politischen Gefangenen festhielt, mag nach diplomatischem Dafürhalten notwendig gewesen sein, um die Spannungen im Vorfeld des Papstbesuches nicht zu verschärfen. Doch bedenkt man, dass Olszowski auf einen Besuch erpicht war, der der polnischen Regierung zum Vorteil gereichte, dann hätten die Diplomaten des Heiligen Stuhls nach Ansicht einiger ruhig etwas mehr Druck machen können, vor allem hinsichtlich der Zensur von Texten, die Poggis Kollegen im Staatssekretariat freigegeben hatten und die die Sorge des Papstes ausdrückten.[30]

Die Frage des *L'Osservatore Romano* und seines Verkaufs in Polen kam am folgenden Tag wieder zur Sprache, als nämlich Erzbischof Poggi mit vier weiteren polnischen Vertretern zusammentraf, an deren Spitze Adam Łopatka, der Minister für Glaubensfragen, stand. Zufolge einem anschließend verfassten und mit dem Vermerk „geheim" versehenen Gedächnisprotokoll begann das Treffen mit ein paar einleitenden Scherzen darüber, dass Poggis Polnisch sich verbessern werde, wenn die von Casaroli und der polnischen Regierung schon seit langem gewünschte Nuntiatur endlich eingerichtet würde. Um auch von seiner Seite das Eis zu brechen, drückte Poggi seine Freude darüber aus, mit einem „Minister, der auch Professor für Verfassungsrecht ist", sprechen zu können. Die beiden Delegationen wandten sich dann verschiedenen praktischen Fragen zu, darunter Baugenehmigungen für Kirchen, die bis zur Ankunft des Papstes im Juni erteilt werden sollten. Poggi entschuldigte sich geradezu dafür, dass er so viele Fragen auf einmal anschnitt, und bemerkte „soviel können wir gar nicht anpacken", insistierte allerdings entschiedener als am Tag zuvor bei Olszowski darauf, dass der *L'Osservatore Romano* wieder freigegeben wird. Łopatka nahm besonders Anstoß an dem in Madrid erhobenen Vorwurf, dass es in Polen „massenhaft zu flagranten, andauernden Menschenrechtsverletzungen" kommt, was er rundweg und schamlos leugnete. Poggi ließ den Punkt fallen, vielleicht weil er davon ausging, dass der Kampf um den Vertrieb der nächsten polnischen Ausgabe des *L'Osservatore Romano* gewonnen war. Am Ende des Treffens beschwerte sich die polnische Regierung über die römischen Umtriebe von Kardinal Slipyi, dem ukrainischen griechisch-katholischen Großerzbischof, der darauf hinarbeitete, dass wieder eine griechisch-katholische Diözese im südöstlichen Polen errichtet wird.[31]

Die wiederholten Ausfälle von Minister Łopatka gegen Canalinis Auftritt in Madrid deuten auf zweierlei hin: Das „stabile" polnische Regime reagierte äußerst empfindlich auf internationale Kritik an seinem Umgang mit den Menschenrechten und es war mehr als nervös, wenn es daran dachte, dass Johannes Paul II. im Juni eine ähnliche Haltung einnehmen und das Regime offen angreifen könnte.

Dass die polnische Delegation offensichtlich nicht das geringste Interesse zeigte, sich für die ukrainischen griechischen Katholiken in Südostpolen einzusetzen, lässt ebenso wie ihre abfälligen Bemerkungen über Kardinal Slipyi darauf schließen, dass die polnische Haltung zu den ukrainischen Katholiken in Polen von den sowjetischen Befürchtungen gespeist war, der Katholizismus könne zu einem Refugium des ukrainischen Nationalismus werden. Um diese Möglichkeit im Keim zu ersticken, hatten die Sowjets 1946 die griechisch-katholische Kirche in der Ukraine durch eine Zwangsvereinigung mit der dortigen russisch-orthodoxen Kirche „aufgelöst".

Am 25. April 1983, fünf Wochen nach Poggis Begegnungen in Warschau, traf Jerzy Kuberski – er hatte Kazimierz Szablewski als Erzbischof Poggis Partner bei den ständigen Arbeitsgruppenkontakten zwischen Vatikan und Polen abgelöst – mit dem vatikanischen Außenminister Erzbischof Achille Silvestrini zusammen. In einem verschlüsselten Geheimtelegramm unterrichtete Kuberski Außenminister Stefan Olszowski über das Treffen. Der kurze Bericht enthielt Auszüge der offiziellen Antwort des Papstes auf die amtliche Einladung, nach Polen zu kommen, die vom Staatsratsvorsitzenden der Volksrepublik Polen Professor Henryk Jabłonski verlängert worden war. Kuberski teilte außerdem mit, dass laut Silvestrini eine Generalamnestie für alle politischen Gefangenen vom Standpunkt des Vatikans aus keine unabdingbare Voraussetzung für die päpstliche Pilgerreise sei, obwohl eine solche Geste sicherlich die „Bedingungen" für einen erfolgreichen Besuch erleichtern würde.[32]

Zwei Monate vor der geplanten Ankunft des Papstes in Polen wurde die polnische Regierung vom ostdeutschen Kommunistenführer Erich Honnecker und dem tschechoslowakischen Parteichefs Gustav Husak heftig bedrängt, in der Frage der Amnestie für politische Gefangene und der Aufhebung des Kriegsrechts einen möglichst harten Kurs zu fahren. Anscheinend gab es das stillschweigend Übereinkommen, dass eine Generalamnestie erst nach der zweiten Polenreise denkbar wäre – also bestand tatsächlich, trotz aller Regierungsdementis, eine Verbindung zwischen dem Besuch und dem Ende des Kriegsrechts. Gleichzeitig scheint das Regime jedoch seine Muskeln spielen gelassen zu haben, indem es andeutete, es sei stark genug, um beides zu leisten: den Papstbesuch zu bewältigen und danach eine Amnestie zu erlassen. Kuberskis Telegramm enthielt noch zwei andere bemerkenswerte Punkte. In seinem Brief an Henryk Jabłonski hatte Johannes Paul II. sein Recht unterstrichen, ein polnischer Patriot zu sein – oder, wie er formulierte, dass er „noch stets das heilige Recht und die Verantwortung" hatte, „sich eins mit der Nation zu fühlen".[33] Mit anderen Worten, Johannes Paul überließ der polnischen Regierung nicht die Definitionshoheit darüber, was den polnischen Patriotismus ausmachte, gleichgültig wie sehr das Regime sich auch darüber beschwerte, dass der Heilige Stuhl auf internationalen Konferenzen für die Menschenrechte eintrat. Das Bemerkenswerte an dem Telegramm war zweitens, dass auf der Verteilungsliste der verschlüsselten Nachricht der Name „Genosse Jabłonski", also der des offiziellen Staatsoberhauptes, unter dem Namen „Genosse Jaruzelski" steht. Was immer die polnischen Diplomaten ihren vatikanischen Gesprächspartner über die PRON weiss machen wollten, alle Betroffenen wussten, dass Jaruzelski die wahre Macht in Polen innehatte.

Als der Junibesuch des Papstes näherrückte, nahm die Nervosität des Regimes zu und die Versuche, ihm Steine in den Weg zu legen, wurden immer grotesker. Am 5. April erhielt Wiktor Tschebrikow, der neue Vorsitzende des KGB, ein Gesuch des polnischen Innenministers Czesław Kiszczak mit der Bitte um „‚materielle und technische Unterstützung in Verbindung mit dem Papstbesuch': 150 Gewehre zum Abfeuern von Gummigeschossen, 20 Schützenpanzerwagen, 300 Fahrzeuge zum Transport von Polizisten in Zivil und Überwachungsanlagen, 200 Armeezelte und verschiedene medizinische Artikel."[34] Nach Aussage vom Wadim Pawlow, dem *rezident* des KGB in Warschau, geriet Kiszczak fast in Panik, so sehr fürchtete er sich vor einem Frontalangriff des Papstes auf das Kriegsrecht, das er als Innenminister mit solcher Härte durchgesetzt hatte. „Gegenwärtig", soll Kiszczak gesagt haben, „können wir nur davon träumen, dass Gott ihn so bald wie möglich zu sich rufen wird." Kiszczak, der nach jedem Strohhalm griff, übersandte dem KGB einen abenteuerlichen Bericht des SB, dass Johannes Paul an Leukämie litt, es aber hinter Kosmetika verbarg. Die Befürchtungen des KGB, dass den polnischen Genossen in Anbahnung der zweiten Polenreise die Situation entglitt, steigerten sich noch, als die polnische Regierung gestattete, große Messen unter freiem Himmel in Krakau und Kattowitz abzuhalten, womit sie die fürchterliche Möglichkeit eröffnete, dass „der religiöse Fanatismus in der Arbeiterklasse angefacht wird."[35]

Die Moskauer Zentrale hatte guten Grund, sich Sorgen zu machen, jedenfalls über die Fähigkeiten des SB, der eine besonders dumme, fruchtlose Kampagne gestartet hatte, um den Papst von Kattowitz, dem schlesischen Industriezentrum, fernzuhalten. Dieses Mal sollten vom Regime verfasste Briefe herhalten, die von ganz normalen Bürgern an den Kattowitzer Bischof geschickt werden sollten. Darin hieß es schlicht: „Wir wollen den Papst nicht hier haben." Als die

Leute sich weigerten, fälschte der SB Briefe und Unterschriften und lieferte sie in großen Postsäcken in der bischöflichen Residenz ab. Eines Tages fragte die Nonne, die die Tür öffnete und schon wieder auf einen Sack schaute: „Wie viele davon werden noch eintreffen?" Der unterbelichtete Apparatschik, der sie ablieferte, antwortete: „Kann ich nicht sagen, wir sind noch nicht fertig."[36]

Der Kampf über die Reisestationen des Papstes ging weiter. Johannes Paul II. siegte in Bezug auf Krakau und Kattowitz, doch das von Kiszczak und seinem Stellvertreter, dem altgedienten SBler und Hardliner Konrad Straszewski, instruierte Regime teilte dem päpstlichen Reiseleiter Pater Roberto Tucci SJ, mit, dass Danzig nicht in Frage käme. Auch war das Regime in der Frage einer Begegnung zwischen dem Papst und Wałęsa unnachgiebig. Der Papst bestand jedoch darauf, anderenfalls würde er nicht kommen. Wie Stanisław Dziwisz sich später erinnerte: „Um aus der Sackgasse herauszukommen, hatte man deshalb einen Kompromiss ausgehandelt, der jedoch sehr prekär und voller Fragezeichen war, mit unausgesprochenen Aspekten und Einzelheiten, die zu sehr im Vagen gelassen waren."[37] Kiszczak seinerseits weigerte sich sogar, Wałęsa namentlich in den Verhandlungen mit Tucci zu erwähnen, und sprach nur von „diesem Kerl" oder „dem Mann mit der großen Familie". Auch wollte er wissen, warum der Papst „einen Mann zu treffen wünsche, der niemanden in diesem Land vertritt".[38] Kiszczak und seine Genossen waren nicht die einzigen, die sich nervös fragten, was diese zweite Polenreise bringen würde. Laut Bohdan Cywiński machte sich auch die Führung der Untergrundsolidarność so ihre Gedanken, ob überhaupt irgendeine „politische Botschaft" des Papstbesuchs unter dem Kriegsrecht die richtige sein könnte, denn welche Absichten der Papst auch verfolgte, am Ende würde Jaruzelski den Besuch dazu nutzen, seine Position zu stärken, einfach indem er deutlich machte, dass Johannes Paul auf Einladung des Generals nach Polen käme. Der Papst hingegen meinte, jeder unmittelbare Kontakt zum polnischen Volk sei für sich genommen von so großer Bedeutung, dass man dieses Risiko ruhig auf sich nehmen könnte – und Cywiński kommentierte dies fünfzehn Jahre später: „Er hatte ganz recht."[39]

Den Auftakt machte nicht der Gefühlsausbruch, mit dem Johannes Paul II. am 2. Juni 1979 bei seiner Ankunft in Warschau empfangen worden war. Doch wie so oft der Fall, siegte auch hier Karol Wojtyłas Sinn dafür, wie bei welcher Gelegenheit aufzutreten ist. Während der Willkommensfeierlichkeiten am 16. Juni stand er ernst, den Kopf gesenkt, da. Das Land verstand ihn sofort. Wie eine ältere Frau sagte: „Er ist traurig. Sehen Sie, er begreift es genau." Nach dem Empfang, bei dem Henryk Jabłonski über die „allmähliche Normalisierung des Lebens in unserem Land" schwadroniert hatte, begab sich Johannes Paul in die Johanneskathedrale und sagte dort, er sei nach Polen gekommen, um sich mit denjenigen zu solidarisieren „die am schmerzlichsten den herben Geschmack der Enttäuschung, der Demütigung, des Leidens, des Freiheitsentzugs, des Unrechts, der niedergetretenen Menschenwürde spüren." Seine Erwähnung der „schmerzlichen Ereignisse, die sich mit dem Datum des 13. Dezembers 1981 verbinden" strich die Zensur aus dem sowohl in den weltlichen wie in den katholischen Zeitungen veröffentlichten Redetext, was freilich nicht weiter ins Gewicht fiel. Die Zehntausende von Polen, die von der Kathedrale kommend am Hauptsitz der kommunistischen Partei vorbeimarschierten und dabei skandierten „So-li-dar-nośc, So-li-dar-nośc", „Lech Wa-łę-sa, Lech Wa-łę-sa", und "*De-mo-kra-cja, De-mo-kra-cja*" wussten, dass der Papst wusste, was sie erlitten hatten.[40]

Was General Jaruzelski betrifft, so bemerkten Journalisten, er habe nach der Begegnung mit dem Papst im Warschauer Schloss Belvedere erschüttert, ja erregt ausgesehen. Wohl möglich, denn Johannes Paul hatte das Privatgespräch mit dem General mit der Bemerkung eröffnet, Polen sei „ein einziges großes Konzentrationslager".[41] Aber das war noch längst nicht alles, um seinem „Gastgeber" klarzumachen, dass er tun würde, was er für seine Pflicht hielt. Der „Kompromiss" hinsichtlich eines Treffens mit Wałęsa war in der Tat fadenscheinig und man war zu keiner Einigung in dieser Frage gekommen. Der Papst sagte dann zu seinen Beratern: „Wenn ich ihn nicht sehen kann, reise ich zurück nach Rom." Wie Stanisław Dziwisz in seinen Erinnerungen schreibt, reagierte „jemand aus seinem Gefolge mit ein wenig Unverständnis". Das kann nur Kardinal Casaroli gewesen sein. Aber der Papst wich nicht von dem Kurs ab, den er für sich als moralisch verpflichtend ansah, und erklärte klipp und klar: „Aber ich muss vor den Menschen konsequent sein."[42] Die Diplomaten machten sich an ihre Arbeit und man wurde sich einig: Der Papst durfte den internierten Führer der Solidarnośc in einer Hütte im Süden des Landes aufsuchen, allerdings im Rahmen eines, wie das Regime betonte „strikt privaten Treffens". Diesen Euphemismus wischte Hochwürden Józef Tischner mit der knappen Feststellung weg: „Es gibt keine privaten Begegnungen mit dem Papst."

So sehr der SB und andere Geheimdienste des Warschauer Pakts sich auch ins Zeug legten, um die zweite Polenreise zu behindern oder gar verpuffen zu lassen, am Ende erfüllte sich alles, was der Papst, sowohl als Hirte wie auch als Patriot, sich von dieser Pilgerreise erhofft hatte: Er flößte einem Volk, dass begonnen hatte, die Hoffnung zu verlieren, diese wieder ein. Diese Reise, so Stanisław Dziwisz, war „für die Zukunft Polens entscheidend."[43] Niemand hielt den vor ihnen liegenden Weg für einfach oder leicht. Es ist niemals leicht, in einem Polizeistaat und einer schweren Mangelwirtschaft die Moral aufrechtzuerhalten. Indem er jedoch Polens lange Geschichte des Widerstands gegen bis an die Zähne bewaffnete Despotien beschwor – am 22. Juni sprach Johannes Paul II. die beiden Mönche Rafał Kalinowski und „Bruder Albert" Chmielowski heilig, die 1863 am Aufstand gegen das zaristische Russland beteiligt gewesen waren –, erinnerte er sein Volk daran, dass die Werkzeuge des Widerstands im Feuer der Heiligkeit und des Mutes geschmiedet werden.

Es gelang ihm sogar, dem Widerstand einen humoristischen Anstrich zu geben: Eine Karikatur der Untergrundsolidarnośc zeigte als Schafe und Ziegen getarnte Agenten des SB, die mit Richtmikrophonen versuchten, das Gespräch des Papstes mit Wałęsa in der Hütte im Tatragebirge zu belauschen.[44]

Der einzige, der die Botschaft nicht zu durchschauen schien, war der stellvertretende Herausgeber des *L'Osservatore Romano*, der einen seltsamen Leitartikel schrieb, in dem es hieß, die zweite Polenreise sei der Abschied des Papstes von Solidarność gewesen, von einer nach Ansicht des Herausgebers erschöpften Bewegung. Ob jemand aus dem Staatssekretariat diesen Leitartikel fabriziert hat, bleibt unklar, jedenfalls entspricht er nicht dem Urteil des Papstes.[45] Wie Stanisław Dziwisz Jahre später erklärt hat, bestand der ganze Witz der Pilgerreise gerade darin, vor aller Öffentlichkeit zu beweisen, „dass die Bewegung für Freiheit und Solidarität nicht tot war." Und eben deshalb war die Begegnung mit Wałęsa „ein sehr entscheidenden Augenblick".[46]

Am 22. Juli 1983, einen Monat nach der päpstlichen Pilgerreise, wurde das Kriegsrecht offiziell aufgehoben und die WRON aufgelöst. Polens Machthaber sahen darin möglicherweise ein Mittel, der Untergrundsolidarność den Biss zu nehmen, und die Wiederherstellung eines gewissen Maßes an verfassungsmäßiger Normalität wurde vermutlich zugleich als notwendig für die Aufhebung der westlichen Sanktionen erachtet. Welche Logik die Kommunisten auch bestimmt haben mag, es hatte sich noch etwas anderes geändert: Die zweite Polenreise hat die spirituellen und psychologischen Bedingung dafür geschaffen, dass sich nach dem Ende des Kriegsrechts wieder eine Zivilgesellschaft bilden konnte.

Der Märtyrer Weg zur Freiheit

Nach den Zeugnissen der Geschichtsschreiber von Solidarność waren die sechzehn Monate nach der zweiten Polenreise von Johannes Paul II. für die Untergrundgewerkschaft und die von ihr getragene, größere soziale Bewegung eine äußerst schwierige Zeit. Die Verleihung des Friedensnobelpreises an Lech Wałęsa im Oktober löste bei Juri Andropow einen Wutanfall aus und fachte seine Paranoia in Bezug auf die katholische Kirche von neuem an. Von seinem Krankenbett schrieb der sowjetische Parteichef einen Brief an General Jaruzelski, in dem er klagt: „Die Kirche lässt den Kult um Wałęsa wieder aufleben, gibt Wałęsa Zuspruch und ermutigt ihn. Das bedeutet, dass die Kirche eine neue Art von Konfrontation mit der Partei vorbereitet. In dieser Situation ist es von größter Wichtigkeit, keine Zugeständnisse zu machen [...]."[47] Jaruzelski und seine Genossen verboten Wałęsa den Nobelpreis persönlich entgegenzunehmen – dies taten dann seine Frau und sein Sohn. Jaruzelski war freilich auch daran interessiert, nach dem Papstbesuch einigen, wie es schien, doch recht kontroversen Gesprächen mit Johannes Paul im Juni eine versöhnlichere Deutung zu geben. Daher schrieb er im November einen Brief an den Papst, in dem es hieß, er denke noch stets über ihre Debatten nach, die „ungeachtet verständlicher Meinungsunterschiede von tiefer Sorge um das Schicksal des Vaterlandes und das Wohlergehen der Menschen erfüllt waren."[48] In den vermehrten Repressionen des von Jaruzelski geleiteten Regimes war von dieser „tiefen Sorge" indessen wenig zu spüren. Der Geschichtsschreiber der Solidarność Henryk Głebocki beschreibt die Lage zu Beginn 1984 mit düsteren Worten:

> Die Jahreswende 1984 war gekennzeichnet von verstärkten Polizeirepressalien. Menschen wurden geschlagen und starben aus mysteriösen Gründen. Piotr Bartoszcze, der Vorsitzende der Bauernsolidarność starb unter ungeklärten Umständen. Besonders brutal waren die Einschüchterungversuche von Solidarnośćmitgliedern, wie die Polizei in Thorn sie praktizierte, die Leute am hellichten Tag aufgriff, folterte und zur Zusammenarbeit zwang. Geschlagen und bis auf die Unterwäsche entblößt wurden sie in den nahegelegenen Wäldern ausgesetzt. [...] Im Februar und März 1984 nahm der SB nicht nur politische Aktivisten aufs Korn, sondern auch Wohlfahrtskomitees die unter dem Schutz der Kirche arbeiteten. Betroffen davon waren mehrere tausend Leute, von denen etwa 200 verhaftet wurden.[49]

Der zunehmende Druck in Polen spiegelte wohl die anhaltenden Befürchtungen Moskaus, dass die Verteidigung der Menschenrechte durch Johannes Paul II. das ganze „sozialistische System" aufzulösen drohte. Auf einer im Juni 1984 vom KGB veranstalteten Konferenz trafen sich Geheimagenten des Warschauer Pakts und aus Kuba, um „gemeinsame Maßnahmen im Kampf gegen die subversiven Aktivitäten des Vatikan" zu beschließen. Zu den erörterten Themen gehörten auch die anhaltenden Auseinandersetzungen in Polen, der schwindende Einfluss der Befreiungstheologie in Lateinamerika – er wurde weitgehend der römischen Kurie im Verein mit der Regierung Reagan angelastet –, die Anfänge der von Johannes Paul II. so genannten „neuen Evangelisierung" in Afrika und Asien und der, wie man dachte, faktische Schulterschluss von Vatikan, NATO und Volksrepublik China. Neben dem verstärkten Einsatz von Informanten und Abhörgeräten einigten sich die Konferenzteilnehmer darauf, mit allen Mittel die vatikaninternen Spannungen auszunutzen, die man zwischen dem harten Kurs des Papstes und den Einstellungen der alten Vertreter der Ostpolitik vor Johannes Paul II. zu erkennen meinte. Einig war man sich auch, „manipulierbare Verleger in kapitalistischen und Entwicklungsländern" zu einem Feldzug gegen das internationale Ansehen der katholischen Kirche heranzuziehen. Diese sollten das Treiben der Inquisition, die angebliche Nähe der Kirche zum Faschismus Mitte des 20. Jahrhunderts, ihren Reichtum usw. bloßstellen. Ergänzt werden sollten diese Anstrengungen durch Erpressungsversuche von Angestellten des Vatikans, vor allem derjenigen von Radio Vatikan.[50] Im gleichen Jahr, im September 1984, berichtete LICHTBLICK (der deutsche Benediktiner Eugen Brammertz) gestützt auf seine vatikanischen Quellen seinen Herren in Ostberlin – und damit dem KGB – von einer angeblichen Zusammenarbeit konservativer amerikanischer Katholiken mit der Regierung Reagan und von den angeblichen Auswirkungen dieser Zusammenarbeit auf die amerikanischen Bischöfe.[51]

Die vom Jaruzelski-Regime vorgeschlagene und vom *Sejm*, dem Marionettenparlament, am 21. Juli gebilligte Amnestie bedeutete in keiner Weise, dass die Machthaber weniger entschlossen waren, die Opposition auszuschalten. Ganz im Gegenteil: Sie zielte darauf ab, die Untergrundsolidarność ein für allemal zu begraben und zugleich dem Westen einen Grund zu bieten, die Sanktionen aufzuheben und Polen wieder an der Weltwirtschaft teilnehmen zu lassen.[52] Anhaltende Streitigkeiten zwischen der TKK, die sich einen härteren Umgang mit der Regierung wünschte, und der von Wałęsa beeinflussten Führung von Solidarność, die nach wie vor in einen Dialog mit dem Regime treten wollte, führten, im Verbund mit wachsender öffentlicher Gleichgültigkeit und Demoralisierung, zur Bildung radikaler Organisationen wie der Kämpfenden Solidarność, die vor allem die Jungen anzog. Es schien, als hätte die Regierung fast ihr Ziel erreicht, die Bevölkerung so zu entmutigen und die Opposition so zu spalten, dass sie leichtes Spiel hatte.

Durch die mörderische Brutalität des SB wendete sich dann jedoch das moralische und politische Blatt.

Der Priester Jerzy Popiełuszko war dem SB und dem Innenministerium schon seit langem ein Ärgernis, nicht zuletzt deshalb, weil der junge Geistliche die Botschaft Johannes Pauls II. lebendig hielt, indem er jeden Monat eine „Messe für das Vaterland" las. Bei dieser Gelegenheit war die Kirche Sankt Stanisław Kostka im Warschauer Viertel Żoliborz so überfüllt, dass Tausende von Gläubigen draußen standen und die Messe über Lautsprecher hörten. Bei seiner zweiten Polenreise hatte Johannes Paul sein Kirchenvolk aufgefordert „das Böse mit Hilfe des Guten zu überwinden". In seinen Predigten legte der 35 Jahre alte Pfarrer Popiełuszko aus, was das bedeutete. Er drängte seine Zuhörer, die Menschenrechte aller zu respektieren und im Geist christlicher Liebe zu leben. Gleichzeitig rief er zum Widerstand auf: Menschen sollten so leben „als ob" sie frei wären, sich weigern, weiter an dieser Kultur der Lüge teilzuhaben, die Kommunismus heißt. Neben dem Altar, an dem Hochwürden Jerzy die Messen für das Vaterland las, stand ein Banner des hl. Maximilian Kolbe, des Märtyrers im Hungerbunker von Auschwitz und des „Schutzheiligen des schwer geprüften Polen" – wie auf dem Banner zu lesen war. Mit diesem Bild des spirituellen Widerstands gegen das Böse vor Augen forderte Popiełuszko seine Gemeinde auf sich zu entscheiden: „Welche Seite werdet ihr wählen? Die Seite des Guten oder die Seite des Bösen? Wahrheit oder Falschheit? Hass oder Liebe?"[53]

Das war beispiellos. Wie Michael Kaufman der Korrespondent der *New York Times* später schrieb: „Nirgendwo sonst zwischen Ostberlin und Wladiwostok war es jemandem möglich, vor zehn- oder fünfzehntausend Menschen mit einem Mikrophon in der Hand zu stehen und die Irrtümer von Staat und Partei anzuprangern. Nirgendwo in diesem ausgedehnten Landstrich mit seinen 400 Millionen Menschen gab es einen anderen, der offen der Menge sagte, Widerstand gegen die Machthaber sei ein Gebot des Herzens, des Glaubens, der Mannhaftigkeit und des Nationalstolzes."[54]

In der Tat beispiellos, aber auch, vom Standpunkt des SB, untragbar: Dieser lästige Priester hatte zu verschwinden. Deshalb hielt eine Einheit des SB unter der Leitung von Grzegorz Piotrowski, dem Mann, der die Tagebuchaffäre im Rahmen von TRIANGOLO im Jahr zuvor in den Sand gesetzt hatte, in der Nacht des 19. Oktobers 1984 den Wagen von Hochwürden Popiełuszko auf der Straße zwischen Bydgoszcz und Warschau an. Diesmal wollte Piotrowski nichts dem Zufall überlassen. Er und seine Genossen prügelten Hochwürden Jerzy zu

Tode und warfen dann die verschnürte Leiche in der Nähe der Stadt Włocławek in die Weichsel.

Am nächsten Tag hieß es im staatlichen Radio, Popiełuszko würde vermisst und sei vermutlich von Unbekannten verschleppt worden. Abertausende von Menschen strömten zur Kirche in Żoliborz, wo stündlich Messen für die Errettung des vermissten Priesters abgehalten wurden. Lech Wałęsa trat am 21. Oktober auf und drang auf friedlichen Widerstand: „Liebe Landleute, über unserem Vaterland hängt eine große Gefahr. Ich beschwöre euch, lasst euch nicht zum Blutvergießen verleiten. Ich bitte euch inständig, bleibt friedlich und betet ständig für Hochwürden Jerzy."

Neun Tage lang wurden die Messen gefeiert. Dann, am 30. Oktober, verbreitete sich die von allen gefürchtete Nachricht: Die Leiche von Hochwürden Jerzy Popiełuszko wurde aus der Weichsel geborgen. Ein Freund von Hochwürden Jerzy, der Pfarrer Antonin Lewek, erinnerte sich an das, was dann geschah. Dreimal wiederholte die Menge die Anrufung aus dem Vater Unser: „Und vergibt uns unsere Schuld, wie auch wir vergeben unseren Schuldigern. Und vergib uns unsere Schuld ..."

Es kam nicht zu Unruhen, auch nicht am Tag der Begräbnismesse am 3. November als Hunderttausende aus Warschau und ganz Polen die Kirche des hl. Stanisław Kostka füllten, um die Messe für den Märtyrer-Priester der Solidarność zu feiern und ihm das letzte Geleit zu geben. Das Grab von Jerzy Popiełuszko auf dem Friedhof von Żoliborz wurde schon bald zu einer „Wallfahrtsstätte von Solidarność, zu einem kleinen Stück freies Polen", wie Janusz Onyszkiewicz, einer ihrer Mitglieder, es formulierte. Die Mörder des Mannes, der furchtlos gepredigt hatte, dass „man Hoffnungen nicht töten kann", und die riesigen, im Gefolge der Begräbnismesse veranstalteten Solidaritätsdemonstrationen für Solidarność erneuerten die Entschlossenheit eines entmutigten Volkes. Diese Ereignisse bewiesen zudem schlagend, dass Jaruzelskis viel gerühmte „Normalisierung" eine Fiktion war und auch nie etwas anderes sein würde, solange das Regime nicht ernsthaft mit seinen Gegnern über die Zukunft des Landes sprach.[55]

In gewissem Sinn war Hochwürden Jerzy Popiełuszko die polnische Stimme Johannes Pauls II. nach dessen zweiter Polenreise.[56] Seine Predigtthemen – die Forderungen des Gewissens, das Gebot, dem Bösen zu widerstehen, die Verpflichtung zur Gewaltlosigkeit, die Aufforderung „in der Wahrheit zu leben" – führten die neun Tage des Juni 1979 und die zweite Polenreise in eine Periode hinein, in der der aktive Widerstand und die allgemeine Stimmung moralisch, spirituell, psychisch und politisch ins Wanken geraten war. Die Stimme Johannes Pauls II. zu sein bezahlte Jerzy Popiełuszko mit dem Leben. Wie Karol Wojtyła, der Mann, dessen Furchtlosigkeit ihn beflügelt hatte, lebte und starb Hochwürden Jerzy im Geheimnis Jesu Christi, des Priesters und Opfers.[57]

Am 10. März 1985, vier Monate nach dem Begräbnis von Pfarrer Popiełuszko, starb Konstantin Tschernenko – er war seit Juri Andropows Tod im Februar 1984 Parteivorsitzender gewesen – und Michail Gorbatschow wurde zu seinem

Nachfolger gewählt. Gorbatschow war sowohl ein Schützling von Andropow als auch von Andrei Gromyko, der seinen Genossen vom Politbüro versicherte, der jüngere und flottere Gorbatschow habe „ ein nettes Lächeln“, aber auch einen „eisernen Biss“.[58] Johannes Paul II. dachte freilich, es könnte sich hier etwas geändert haben. Breschnew, Andropow, Tschernenko: Alle diese Männer hatten ihre entscheidende politische Erziehung in den Jahren der stalinistischen Schauprozesse Ende der dreißiger Jahre erhalten. Als junge Leute hatten sie miterlebt, wie ihre Freunde verschwanden, als des Hochverrats beschuldigt wieder auftauchten, um dann mit einem Genickschuss in den Kellern der Lubljanka hingerichtet zu werden. Was immer Michail Gorbatschow sonst noch war, er gehörte jedenfalls, wie der Papst Jahre später sagte, „einer neuen Generation“ an und würde vermutlich einen anderen Kurs einschlagen: „Er wollte einen Kommunismus ‚mit einem menschlichen Antlitz‘ retten.“[59]

Das würde sich selbstverständlich als eine Unmöglichkeit herausstellen, wie Johannes Paul II. sehr wohl wusste: Die grundlegenden Irrtümer des Kommunismus in seinem Verständnis der menschlichen Person, der menschlichen Gemeinschaft und des menschlichen Schicksal ließen sich nicht durch das Flickwerk von *perestroika* und *glasnost* aus der Welt schaffen. Das System selbst musste verschwinden, die Freiheitssehnsucht der Menschen musste sich politisch und wirtschaftlich in Mittel- und Osteuropa verwirklichen, die Teilung Europas nach der Konferenz von Jalta in zwei konkurrierende, sich feindlich gegenüberstehende Blöcke hatte überwunden zu werden. Doch mit Gorbatschow an der Spitze der UdSSR würde der Weg zu einer anderen Zukunft vielleicht nicht mehr mit den Gräbern von Märtyrern gepflastert sein.

Endspiel

Am 11. April 1985, einen Monat nach Michail Gorbatschows Machtantritt, begaben sich mehr als tausend Priester – ein Drittel des katholischen Klerus in der Tschechoslowakei – zum mährischen Wallfahrtsort Welehrad, um gemeinsam die Messe zu feiern. Während der Liturgie verlas der achtzigjährige Prager Kardinal Tomášek einen Brief von Johannes Paul II., in dem dieser die Priester aufrief, „den Pfad der Evangelisierung und der Verkündigung unerschrocken weiterzugehen, auch wenn er in der gegenwärtigen Situation hart, schwer, ja bitter ist.“ Drei Monate danach pilgerten mehr als 150 000 Katholiken am 5. Juli zu Ehren des 1100. Todestags des hl. Methodius nach Welehrad. Johannes Paul hatte den hl. Methodius gemeinsam mit seinem Bruder dem hl. Kyrill, dem Schöpfer des slawischen Alphabets, zum Schutzpatron Europas ernannt. Das Regime von Gustav Husak, dessen scharfer Antiklerikalismus selbst im Warschauer Pakt kaum übertroffen wurde, verweigerte Johannes Paul II. die Einreise und versuchte zugleich, den Jahrestag des Methodius zu einem „Friedensfestival“ umzufunktionieren. Als Regierungsangehörige die Welehrad-Pilger in diesem Sinne begrüßten, übertönten die Menschen aus Böhmen, Mähren und der Slowakei sie mit den Rufen: „Das ist eine Pilgerfahrt! Wir wollen den Papst! Wir wollen eine Messe!“[60]

Dieser tiefgreifende Wandel im öffentlichen Erscheinungsbild des Katholizismus in der Tschechoslowakei war ebenfalls Johannes Paul II. und seiner Strategie zu verdanken, in Mittel- und Osteuropa eine moralische Revolution anzustoßen. Als Karol Wojtyła 1978 zum Papst gewählt wurde, war die Lage der tschechoslowakischen Katholiken verzweiflungsvoll und sie verschlimmerte sich zusehends, teils aufgrund der Fehler der Ostpolitik, der es zwar gelungen war, Bischofsernennungen in der Tschechoslowakei durchzusetzen, aber in diesem Prozess auch die Widerstandsfähigkeit der Kirche ausgehöhlt hatte. Tomášek, nominell das Oberhaupt der Kirche, verhielt sich gegenüber dem Regime still und willig. Der energischere Teil des Klerus und der Laien war demoralisiert, weil er meinte, Agostino Casaroli und andere Verantwortliche der Ostpolitik hätten seinen Ratschlägen kein Gehör geschenkt. Ja, man befürchtete sogar, die Untersuchungen des Vatikans zu dem weitläufigen Netz von Untergrundpriestern im Lande hätten dem Regime geholfen, diese aufzuspüren und zu schickanieren.[61]

All das änderte sich, als der neugewählte Johannes Paul II. den scheuen František Tomášek am Ende des zweiten Konklave von 1978 in der Sixtinischen Kapelle in die Arme schloss und dem alten Prälaten sagte: „Wir stehen sehr nah beieinander und werden noch enger zusammenstehen, denn die Verantwortung für Sie ist auf mich übergegangen.“ Johannes Paul hielt Wort und unterstrich sein „besonderes Gefühl der Nähe“ zu Tomášek und seinem Volk in einer Weihnachtsbotschaft von 1978. Drei Monate später, im März 1979, rief der Papst in einem Brief zum Jahrestag der Heiligsprechung des böhmischen Märtyrers Johannes Nepomuk Priester und Kirchenvolk gleichermaßen auf, den katholischen Glauben „furchtlos zu bekennen und zu praktizieren“. Nun da der alternde Tomášek sich der päpstlichen Unterstützung für eine härtere Gangart sicher sein konnte, beobachtete das ganze Land, wie der Menschenrechtler Pavel Bratinka sich erinnerte, „dies seltsame Schauspiel, dass der Kardinal gleichzeitig älter und *standfester* wurde.“[62]

Was Johannes Paul II. als öffentlichen Ausdruck der unveräußerlichen Würde der menschlichen Person bezeichnete, nämlich die Achtung vor den Menschenrechten, fügte sich bestens in die Agenda ein, die damals von weltlichen Menschenrechtsaktivisten wie Václav Havel in der Tschechoslowakei formuliert worden war. Wie in Polen so hatte die Kirche auch hier die Menschenrechte als allgemeingültig zu verteidigen: Es ging um die Recht aller, nicht darum, dass eine Institution den Würgegriff eines totalitären Staates für sich lockerte. Diese, wenn man so will, politische Ökumene ermöglichte Widerstandsbündnisse, in denen katholische und weltliche Oppositionelle ihre Kräfte bündelten. Als Institution war die polnische Kirche ein Vorbild dafür, wie man sich erfolgreich im Totalitarismus behaupten konnte. Die Wahl Johannes Pauls II. ermöglichte es der tschechoslowakischen Kirche, diesem Vorbild, das durch die Ostpolitik in weite Ferne gerückt worden war, nachzueifern. Auf der persönlichen Ebene glaubten weltliche wie katholische Aktivisten, sie hätten nun einen Papst, der „ihre Lage verstand", „der ein Beispiel unerschütterlichen Glaubens war, der die Kommunisten durchschaute, der nicht naiv war" und der für die Kirche des Widerstands in der Tschechoslowakei eintrat.[63] Die erste dramatische, öffentliche Kundgebung dieses neuen tschechischen und slowakischen Katholizismus, eines kämpferischen Glaubens, der nicht mehr hinter einer Politik des Stillhaltens Schutz suchte, fand im Juli 1985 in Welehrad statt. Johannes Paul II. war es verwehrt, daran teilzunehmen, doch ihren Erfolg durfte er sich durchaus als Verdienst anrechnen.[64]

Während die zuvor dahinsiechende katholische Kirche in der Tschechoslowakei im Widerstand neu geboren wurde, wandte Johannes Paul II. sich einer Frage zu, an die nur wenige zu Beginn der achtziger Jahre zu rühren wagten: der Zukunft Mittel- und Osteuropas nach dem Totalitarismus. Der Papst blieb ein Bezugspunkt für Oppositionelle und Menschenrechtsaktivisten aus der ganzen Region, für Gläubige und Nichtgläubige. Dank der Vermittlung von Irina Ilovajskaja Alberti, die zu seinem informellen Diplomatenstab gehörte, traf er im Dezember 1985 Jelena Bonner, die Frau des führenden sowjetischen Dissidenten Andrej Sacharow, im Vatikan. Zwei Stunden verbrachte der Papst mit Jelena Bonner, einer sehr zähen Frau, die unmittelbar nach dem Empfang sagte: „Er ist der bemerkenswerteste Mann, dem ich je begegnet bin. Er ist ganz und gar Licht, er ist eine Quelle des Lichts."[65] Kurz danach erhielt Erich Honekker, der den Papst im April 1985 in Rom besucht hatte, einen Geheimbericht der Stasi mit Spekulationen über anhaltende Spannungen zwischen Kardinal Casaroli und seinen Diplomaten auf der einen Seite und Johannes Paul II. auf der anderen Seite. Der Papst, so die Vermutung, könnte „seinen zur Zeit harten, kompromisslosen Kurs ändern", um die Beziehungen zu Michail Gorbatschow zu erleichtern. So würde unter Umständen der Weg zu einer vorgeschlagenen Reise des Papstes nach Litauen geebnet und die Atmosphäre für die dritte geplante Polenreise 1987 gereinigt.[66] Obwohl der Papst nun schon neun Jahre im Amt war, begriff der scharfsinnigste Geheimdienst des Ostblocks immer noch nicht, was der eigentliche Gegner dachte.

Die ersten beiden Gipfelgespräche zwischen Ronald Reagan und Michail Gorbatschow vom November 1985 in Genf und vom Oktober 1986 in Reykjavik hatten sehr wenig Konkretes ergeben. Doch verglichen mit der erst drei Jahre zurückliegenden Situation, als Juri Andropow überzeugt war, die amerikanische Regierung plane einen atomaren Erstschlag, um den Kalten Krieg mit Gewalt zu beenden, waren diese Treffen ein erheblicher Fortschritt. Nach jedem Gipfel wurde Johannes Paul II. auf Anordnung Reagans von einem amerikanischen Regierungsbeamten ins Bild gesetzt. 1986 tat dies General Edward Rowny, ein Amerikaner mit polnischen Wurzeln, der, während er dem Papst in einem Marmorflur entgegeneilte, über eine Stufe stolperte und von einem älteren Priester mit einem roten Scheitelkäppchen aufgefangen wurde. Johannes Paul, der näher trat, um behilflich zu sein, konnte sich einen Witz nicht verkneipfen: „Guter Fang, für einen Kardinal." Der Papst wusste schließlich, dass Rowny den 1983 veröffentlichten Hirtenbrief der amerikanischen Bischöfe zur atomaren Bewaffnung kritisiert hatte. Im Laufe des Gespräch sagte Johannes Paul zwinkernd: „Erzählen Sie mir, General, wie Sie mit Ihren Bischöfen in den Vereinigten Staaten zurecht kommen." Darauf Rowny: „Heiliger Vater, ich wusste nicht, dass es meine Bischöfe sind. Ich dachte, es seien Ihre Bischöfe." Johannes Paul lächelte: „*Bardzo dobrze* [Sehr gut]."[67]

General Wojciech Jaruzelski war vermutlich nicht zum Scherzen zumute, als er am 13. Januar 1987 dem Vatikan einen offiziellen Besuch abstattete. Tatsächlich war der General, wie der dem polnischen Staatschef zur Seite gestellte Schweizer sich erinnerte, „sichtlich nervös".[68] Diesen Eindruck wollte Jaruzelski freilich in einem längeren Geheimbericht an das Politbüro nicht vermitteln. Der Bericht sollte die polnischen Genossen, und vielleicht auch die in Moskau, gerade davon überzeugen, dass er immer noch Herr der Lage war. Sein reichlich plumper Versuch, die zukünftigen Beziehungen zwischen Kirche und Staat in Polen durch „ideologischen/philosophischen Wettbewerb, politische Koexistenz [und] soziale Zusammenarbeit" zu bestimmen, wird Johannes Paul II. nicht beeindruckt haben. Der Papst seinerseits betonte Polens Tradition religiöser Toleranz, indem er Sigmund August, den polnischen König in der Reformationszeit, mit seiner berühmten Erklärung an seine in Religionsfragen zerstrittenen Untertanen zitierte: „Ich bin nicht der König eures Gewissens."

Einiges an Jaruzelskis Bericht ist beinahe zum Lachen. Er hob hervor, man habe ihn bevorzugt behandelt, „was hinsichtlich des Besuches eines Staatsoberhaupts neue Maßstäbe" setzte. Besonders erstaunt hat ihn, dass die Schweizer Garde ihn die ganzen dreieinhalb Stunden seines Besuches begleitete. Tatsächlich hat er den gleichen Empfang und die gleiche Ehrengarde erhalten wie jeder ihm ranggleiche Politiker. Einen seiner geistlichen Begleiter, den Präfekten des päpstlichen Haushaltes Dino Monduzzi, erhob er zum Kardinal – ein Jahr bevor Johannes Paul II. es tat. Doch Jaruzelskis Gespräch an jenem Tag mutet beinahe elegisch an, jedenfalls so wie er es – vielleicht unbeabsichtigt – in seinem Bericht vermittelt. Sein Verweis auf seinen „Dialog" mit Johannes Paul II. 1983, der damit begonnen hatte, dass der Papst den General als Leiter eines „einzigen großen Konzentrationslagers" hinstellte, lässt einen Mann ahnen, der nach dem politischen Rettungsring greift.

Jaruzelski erklärte, seit dem letzten Polenaufenthalt des Papstes sei „die Glaubwürdigkeit der Autoritäten in den Augen der Gesellschaft gewachsen", und verteidigte das Kriegsrecht als notwendige Bedingung für mögliche Reformen. Johannes Paul II. wusste sehr gut, dass die beiden Behauptungen ebenso falsch waren wie Jaruzelski Eröffnung, dass der „Heilungsprozess in den Fundamenten der Wirtschaft begonnen" hat – denn in Wahrheit zerfiel sie immer mehr. Jaruzelski beglückwünschte den Papst zu seiner Erklärung in der Botschaft zum Weltfriedenstag, dass Nichtgläubige und Häretiker „nicht aus der Menschheitsfamilie" ausgeschlossen sind – ein seltsames, ja bizarres Kompliment, legt es doch den Schluss nahe, nach bisheriger katholischer Lehre sei das Gegenteil der Fall gewesen, und erst der päpstliche Machtspruch hätte das geändert. Der General äußerte den Wunsch, dass Polens Bischöfe sich häufiger über die „Militarisierung der Welt" verbreiteten – im Klartext über die Politik der Regierung Reagan. Gleichzeitig drängte er den Papst, dieselben polnischen Bischöfe zu zügeln, damit sie nicht „die Gelegenheit vertun", für die im Juni vorgesehene dritte Polenreise „positive Beziehungen zwischen Kirche und Staat" zu etablieren. Als wollte er noch einmal unterstreichen, dass er das Gespräch vorangetrieben und die Bedingungen des „Dialogs" bestimmt hat, schloss General Jaruzelski seinen Bericht an das Politbüro mit den Worten: „Die Unterhaltung verlief in einer Atmosphäre der tiefen wechselseitigen Sorge um die Zukunft unseres Landes" und „die Gespräche des Papstes mit dem Staatsratsvorsitzenden [i.e. Jaruzelski] waren ernsthaft, höflich und sehr respektvoll."[69]

Wojciech Jaruzelski, dessen Ansichten, wie sie sich in diesem Bericht spiegeln, darauf hindeuten, dass er in Bezug auf Polens Zukunft eine Art abgeschwächter Breschnew-Doktrin vertreten hat („wir sind der Staat, was euch bleibt, darüber können wir reden"), mag aufrichtig gehofft haben, dass der Papstbesuch im Juni 1987 zu einer besseren Beziehung zwischen Kirche und Staat führen werde – den politischen Status quo immer vorausgesetzt. Johannes Paul II. schwebte etwas ganz anderes vor: Er ging nach Polen, um die moralischen, spirituellen und konzeptuellen Fundamente für den Übergang seines Landes in die Freiheit zu legen, von der er nun zu glauben schien, sie würde früher kommen, als einst für möglich gehalten worden war.

Was immer Jaruzelski tatsächlich im Hinterkopf gehabt hat, die dritte Polenreise so zu gestalten, wie Johannes Paul II. es wollte, würde keine einfache Sache werden.

Bei der zweiten Polenreise war Danzig für ihn Sperrgebiet gewesen, 1987 aber war Johannes Paul entschlossen, den Geburtsort von Solidarność aufzusuchen. Der Danziger Bischof Tadeusz Gocłowski, ein glühender Verteidiger von Solidarność, war nicht weniger entschlossen, den Papst in seine Stadt zu holen. Einige Monate vor dem Besuch weilte Gocłowski in Rom, um die Sache zu besprechen. Zum Abendessen brachte er einen persönlichen Einladungsbrief an den Papst mit. Vor dem Essen sagte der Sekretär des Papstes Stanisław Dziwisz, der genau wusste, was Gocłowski sich wünschte. „Warten Sie den richtigen Augenblick ab. Ich sage es Ihnen." Der Vierte am Tisch war Bischof Bronisław Dąbrowski, der Sekretär der polnischen Bischofskonferenz. Er stand treu zu seinem früheren Vorgesetzten Kardinal Wyszyński, hatte aber auch den Geist eines Diplomaten und als einer der hauptsächlichen Gesprächspartner des polnischen Episkopats mit dem Regime Jaruzelski war er bemüht, Zusammenstöße zu vermeiden.

Im Laufe der Unterhaltung gab Dziwisz Gocłowski das Zeichen und der Danziger Bischof händigte Johannes Paul über den Tisch hinweg den Brief ein. Dieser sagte: „Ich weiss, was er enthält. Ich danke Ihnen." Gocłowski antwortete: „Wir werden Sie mit Freuden willkommen heißen." Da aber warf Dąbrowski ein: „Das ist immer noch unmöglich." Das hieß, niemals würde das Regime es zulassen. Alles schwieg, der Papst schaute, vielleicht eine Minute, auf den Tisch und erklärte dann: „Wenn ich nicht nach Danzig gehen kann, kann ich nicht nach Polen fahren. Wenn ich nicht nach Danzig fahre, bin ich nur ein Werkzeug der Kommunisten.“[70]

Danzig wurde also auf das Reiseprogramm gesetzt. Was der Papst dort tun würde, war immer noch Gegenstand der Debatte. Gocłowskis Plan hatte vier Auftritte für den Papst vorgesehen: ein Treffen mit Arbeitern, ein Treffen mit Kranken und ihren Ärzten, ein Treffen mit jungen Leuten (auf der Westerplatte, wo der Zweite Weltkrieg ausbrach) und eine öffentliche Veranstaltung beim Denkmal der drei Kreuze. Das Denkmal für die 1970 getöteten Arbeiter war im August 1980 von der Solidarność gefordert und auf der Leninwerft errichtet worden. Dieses Programm würde Polens Bischöfe nervös machen, wie Gocłowski wusste, einige stellten sich sogar dagegen, weil sie es für allzu provozierend hielten. Der Bischof schrieb daher noch einen persönlichen Brief an den Papst und führte die vier Programmpunkte auf. Der Brief kam zurück und jeder Punkt war mit einem handschriftlichen „Ja-JPII“ versehen.[71]

Die dritte Polenreise begann am 8. Juni 1987 und führte den Papst neben Danzig nach Warschau, Lublin, Thorn, Krakau, Stettin, Gdingen, Sopot, Łódź und Tschenstochau. Im ganzen Land wehten zum ersten Mal seit Verhängung des Kriegsrechts unzählige weißrote Fahnen mit dem berühmten Schriftzug *Solidarność* über der Menge, was jedem päpstlichen Auftritt einen fröhlichen und doch spezifischen Blickfang verlieh. In Warschau begab sich Johannes Paul II. nach Żoliborz, wo er am Grab von Hochwürden Jerzy Popiełuszko niederkniete, betete und es küsste. In Danzig nahm er, wie auch sonst im ganzen Land, das einst verbotene Wort „Solidarität“ wieder und wieder in den Mund, und rief den Hunderttausenden am Geburtsort der verbotenen Gewerkschaft zu, dass „dieses Wort hier auf eine neue Weise, in einem neuen Zusammenhang ausgesprochen worden ist, und die Welt wird es niemals vergessen.“

Der Papst kam bei seinem Besuch schnell zur Sache, indem er Wojciech Jaruzelski und seine Regierung an die passenden Worte des Zweiten Vatikanischen Konzils erinnerte: „Anerkennung verdient das Vorgehen jener Nationen, in denen ein möglichst großer Teil der Bürger in echter Freiheit am Gemeinwesen beteiligt ist.“[72] Nachdem er den Vertretern von Polens moralisch bankrottem System gesagt hatte, was er ihnen öffentlich sagen wollte, wandte der Papst in den nächsten sechs Tagen seine Aufmerksamkeit dem polnischen Volk und der polnischen Nation zu, den wahren Garanten für die Hoffnung auf Reformen, Versöhnung und nationale Erneuerung. Der Besuch fand im Rahmen eines nationalen eucharistischen Kongresses statt, den der Papst am 8. Juni in Warschau eröffnete und am 14. Juni schloss. In der von Christus bewirkten Erlösung, hieß es in der Predigt Johannes Pauls, würde die „Geschichte des Menschen und der Welt“ erlöst. Christus, der in der heiligen Eucharistie anwesend sei, biete diese Erlösung den Männern und Frauen von heute und stärke sie, so dass sie aus der Freiheit ihres Gewissens eine echte menschliche Gemeinschaft zu bilden imstande sind, die frei ist „vom Erbe des Hasses und des Egoismus“.

Es gab etwas, was die Polen zu überwinden hatten, doch das war nicht der kommunistische Staat, der, wie Johannes Paul spürte, an seinen eigenen Widersprüchen zugrundegehen würde. Nein, was zu überwinden war, war eine „Sicht der Welt“, in der Gott nur ein frommer Mythos war und Liebe, Mitgefühl und Toleranz gleichbedeutend mit Ohnmacht. Wenn die Polen sich von den Banden befreit hätten, in denen ihre Menschlichkeit liegt, dann könnte das Volk wieder in wahrer Freiheit das Land für sich beanspruchen. Bei der Weihe von fünfzig neuen Priestern in Lublin am 9. Juni entwarf Johannes Paul seine Vision eines neuen Polen, in dem diese frischgebackenen Priester „im Gefühl der Verantwortung für die Kirche, für eine christliche Lebensweise in der Gesellschaft mit Laien zusammenarbeiten“ sollten. Wenn sie in ihren Gemeindemitgliedern ein neues Bewusstsein ihrer unveräußerlichen Würde als Menschen freisetzten, dann stünde Polens neue Priestergeneration wahrhaft im Diener an „der Wahrheit, die jeden Menschen frei macht“.

In der Wahrheit leben, in der Verantwortung leben, in der Solidarität leben, „eine reifere Form des menschlichen Lebens“ führen – unermüdlich trug er seine Botschaft vor: Der Wandel, den so viele Polen ersehnten, müsse sich auf die Revolution des Gewissens stützen, ohne die Solidarność sieben Jahre zuvor nicht hätte entstehen können. Der Papst wusste, selbst wenn der äußere Zwangsapparat verschwunden sein wird, würde der Kommunismus noch immer einen abstumpfenden Bodensatz hinterlassen: die Überzeugung, dass Männer und Frauen nicht für die Geschichte verantwortlich sind, dass das, was wir Geschichte nennen, einfach nur ein Epiphänomen anonymer wirtschaftlicher und politischer Prozesse ist. Diese Einstellung ist eine Form der Versklavung, und der Papst war entschlossen, sie zu bekämpfen.[73]

Wojciech Jaruzelski, dessen Lakaien sich bei Vertretern des Vatikans über den „Ton“ beklagt hatten, den der Papst die ganze Reise über angeschlagen hatte, war keineswegs über all das erbaut. Er verlangte ein zusätzliches fünfzigminütiges Treffen mit Johannes Paul und erklärte danach ungehobelt und in Anwesenheit der internationalen Presse, der Papst würde mit dem „Bild“ seines Vaterlandes im Herzen nach Rom zurückkehren, „seine wirklichen Probleme“ aber würde er nicht mitnehmen.[74] Das war ein bemerkenswerter Auftritt und wer Ohren hatte zu hören, für den klang Jaruzelski wie jemand, der wusste, dass das Endspiel begonnen hatte, dass ein „nationaler Kompromiss“ unmöglich war und dieses Spiel erst enden würde, wenn einer als Sieger daraus hervorgegangen war.

Ein paar Spielzüge waren noch möglich. Im November 1987 versuchte Jaruzelski nach einem völligen Umbau der Ministerien, eine Volksabstimmung über die Zukunft des Landes durchzuführen. Die Opposition trat für einen Abstimmungsboykott ein oder dafür, die Regierungsvorschläge mit einem „Nein“ zu bescheiden. Die nicht länger eingeschüchterte Bevölkerung schmetterte daher die Vorschläge ab. In der Zwischenzeit erwachte Solidarność immer mehr zu neuem Leben. Mit Wałęsa an der Spitze wurde im Oktober 1987 ein neues Nationales Exekutivkomitee gegründet. Als die Wirtschaft Ende 1987 und in der ersten Hälfte 1988 zusammenbrach, überschlugen sich die Ereignisse derartig, dass selbst das Regime das nahende Ende erkannte. Auf Drängen des polnischen Episkopats, das am 26. August 1988 einen „Verbandspluralismus“ gefordert hatte, räumte die Regierung ein, dass Gespräche mit „Vertretern verschiedener Gruppen aus Gesellschaft und Arbeitswelt“ unerlässlich seien. Am 31. August 1988, dem achten Jahrestag des Danziger Abkommens und der Entstehung von Solidarność, traf der Innenminister Czesław Kiszczak mit „diesem Mann“, dem Träger des „sogenannten Friedensnobelpreises“, zusammen. Das war der erste Schritt zur Einrichtung des Runden Tisches, an dem zwischen dem 6. Februar und dem 5. April 1989 über Polens politische Zukunft verhandelt wurde. Mitten in diesem Tauziehen setzte Jaruzelski Edward Kotowski als Verbindungsmann zu Polens Bischöfen ein. Kotowski, alias PIETRO, vermutlich der erfolgreichste Agent des SB im Vatikan, war 1983 nach Warschau zurückgekehrt, um dort im staatlichen Amt für Glaubensfragen zu arbeiten. Kotowski selbst erklärte, er habe Jaruzelski gedrängt, einen Vertrag zu schließen, in dem die Regierung die Kirche per Erlass als eine Körperschaft des öffentlichen Rechts anerkannte.[75]

(Was Johannes Paul II. betraf, so dachte er wie gewohnt voraus. Als seine beiden alten Freunde Piotr und Teresa Malecki den Papst im Spätsommer 1988 in Castel Gandolfo besuchten, stellte ihnen *Wujek* die Frage: „Was wird geschehen, wenn Wałęsa sich durchsetzt?“ Die Maleckis antworteten erstaunt: „Aber *Wujek*, das ist für uns allerfernste Zukunft.“ Johannes Paul insistierte: „Seid ihr bereit? Ist Polen bereit für einen Umbruch?“ Anschließend sprach er lange über Polens Zukunft nach dem Kommunismus.[76]

Leicht tat man sich nicht am Runden Tisch. Die Solidarność war sich zwar einig, aber die kommunistische Verhandlungsseite war in sich gespalten, die verschiedenen Gruppierungen versuchten, jeweils das Beste für sich aus den Verhandlungen herauszuholen. Einige nutzten die Übergangsperiode, um mit ihrer Vergangenheit aufzuräumen – oder besser sie auszulöschen. So verschwanden zum Beispiel während der Gespräche am Runden Tisch die Akten der Operation TRIANGOLO.[77] Dennoch gab es nach zwei Wochen des Ringens einige Ergebnisse: Ein „Verbandspluralismus“ wurde ebenso zugelassen wie teilweise freie Wahlen zum *Sejm* und offene Wahlen für den neugeschaffenen Senat.[78]

Nach einem lebhaften Wahlkampf, bei dem Wałęsa selbst nicht kandidierte, sich aber mit jedem von Solidarność aufgestellten Kandidaten für dessen Wahlkampfplakate photographieren ließ, damit unmissverständlich klar war, er ist „einer von uns“, erbrachten die Wahlen vom 5. Juni einen eindeutigen, überwältigenden Sieg für Solidarność. Jetzt, wo es endlich die Wahl hatte, sagte Polen „Nein“ zum Kommunismus. Dass dieses „Nein“ viel mit dem „Ja“ zu Solidarność und der Solidarität zu tun hatte, wie Johannes Paul II. sie lehrte und predigte, daran zweifelte niemand.

Als eine neue Regierung unter der Führung des katholischen Intellektuellen und alten Beraters der Solidarność Tadeusz Mazowiecki im September ihr Amt antrat, war der SB Geschichte. Die Nemesis war in Polen besiegt worden.

Kapitulation

Die Woge, die zuerst Polen im Juni 1989 ergriffen hatte, erfasste auch die übrigen Ostblockländer. Der Herbst 1989 erlebte friedliche Übergänge zu verschiedenen Formen von Demokratie und den blutigen Sturz des Kommunismus in Rumänien. Als letzter Dominostein der sowjetischen Satellitenstaaten fiel die Tschechoslowakei. Václav Malý, ein von Johannes Paul II. inspirierter Priester, fungierte bei den großen prodemokratischen Demonstrationen auf dem Wenzelsplatz im November 1989 als eine Art Zeremonienmeister. Der hochbetagte Kardinal Tomašek lehnte besonnen das Ersuchen der Regierung ab, zwischen ihr und der demokratischen Opposition zu vermitteln, und stellte sich an die Seite der Bewegung, deren prominentester Sprecher Václav Havel war. So wurde er neben Václav Havel und Alexander Dubček, dem entmachteten Kopf des Prager Frühlings von 1968, zum dritten Symbol der Revolution, die als die „samtene" in die Geschichte eingegangen ist. Damit vollendete sich die bemerkenswerte Wandlung des Kardinals und der katholischen Kirche in der Tschechoslowakei, die spürbar begonnen hatte, als Johannes Paul II. am 16. Oktober 1978 Tomašek in der Sixtinischen Kapelle begrüßte.[79]

Und dann war da noch Russland, das Baltikum und die Ukraine – und die Sowjetunion.

Karol Wojtyła empfand tiefe Hochachtung vor der russischen Theologie und der orthodoxen Kultur. Er hatte die hervorragenden russischen Theologen ausgiebig studiert, etwa Nikolai Berdjaew, Sergei Bulgakow, Simon Frank, Pawel Florensky, Georges Florowsky und Wladimir Solowiew.[80]

Seine paneuropäische Auffassung der Kulturgeschichte des Kontinents ließ ihn oft über Europa sagen, es sei ein Leib mit „zwei Lungen": dem Katholizismus und der Orthodoxie. Sollte Europa sich von den Katastrophen des 20. Jahrhunderts erholen, dann nur wenn beide gesund waren.

Als Gorbatschows *glasnost* öffentliche Glaubensbekundungen in der UdSSR wieder möglich machten, tat der Papst daher alles in seiner Macht stehende, um die russische Orthodoxie zu stützen. Die ganzen achtziger Jahre über hatten die russisch-orthodoxen Kirchenoberen strikt unter der Kontrolle des KGB gestanden.[81] Von seltenen Ausnahmen wie Aleksandr Menn abgesehen, war der oppositionelle Klerus der russischen Orthodoxie antiökumenisch, weil „Ökumene" für sie gleichbedeutend war mit dem vom KGB gelenkten orthodoxen Klerus im Weltkirchenrat. Dann gab es noch die griechisch-katholische Kirche in der Ukrainischen Sozialistischen Sowjetrepublik. Diese war 1946 auf dem rechtswidrigen „Sobor" von Lemberg „aufgelöst" und mit der Orthodoxie zwangsvereinigt worden, so dass in der Folge die größte Untergrundkirche der Welt entstand. Wojtyła hatte sich seit jeher die Sache der griechischen Katholiken zueigen gemacht, die für die russische Orthodoxie sowohl aus kirchlichen als auch politischen Gründen tabu war. Sich zu diesem schon lange bestehenden Engagement zu bekennen und gleichzeitig eine Brücke zur Orthodoxie zu schlagen führte zu endlosen Verwicklungen.[82] Der Papst wusste um die Übergriffe der Orthodoxie und die sowjetische Verfolgung der Katholiken in Litauen, wo die Kirche des Widerstands eine ähnliche Rolle spielte wie die griechischen Katholiken in der Ukraine: Sie wurde zum Auffangbecken einer nationalen Identität, die auszulöschen die politischen Machthaber entschlossen waren.

Viele dieser Themen kamen bei der Planung zur Tausendjahrfeier der Christianisierung der östlichen Slawen 1988 zur Sprache. Die Ukrainer reklamierten den Jahrestag für sich, schließlich wurde an ihm der Taufe des Fürsten Wladimir und der Fürstin Olga von der Kiewer Rus gedacht. Die russische Orthodoxie nahm indes die Tausendjahrfeier für sich in Anspruch und hielt stur daran fest, dass es keine ukrainische griechisch-katholische Kirche gäbe. Wäre der Wunsch Johannes Pauls II., zu den Jahrtausendfeiern in die Sowjetunion zu kommen, gewährt worden, hätte er wohl ein ökumenisches und politisches Minenfeld betreten, das in der christlichen Welt seinesgleichen suchte. Pimen, der Patriarch von Moskau und ein Mann, der völlig unter der Fuchtel des KGB stand, verweigerte Johannes Paul, an den Feierlichkeiten in Russland teilzunehmen.[83] Der Papst schickte daher eine hochkarätige Gesandtschaft nach Russland, an deren Spitze Kardinal Casaroli stand und zu der auch Joaquín Navarro-Valls, der Pressesprecher des Papstes, gehörte.[84] Die Abordnung traf sich mit Michail Gorbatschow und überreichte ihm einen persönlichen Brief von Johannes Paul II. Um die Atmosphäre aufzulockern, erzählte Gorbatschow Casaroli, sowohl er als auch Außenminister Eduard Schewardnadse seien getauft worden und seine Eltern hätten hinter dem obligatorischen Leninbild eine Ikone versteckt.[85]

Johannes Paul II. war es verwehrt, nach Moskau zu kommen, doch Gorbatschow konnte nach Rom reisen, und das tat er dann auch am 1. Dezember 1989. Zu Beginn seines Aufenthalts im Vatikan war er spürbar nervös, doch am Ende seines neunzigminütigen Privatgesprächs mit Johannes Paul II. hatte er sich soweit entspannt, dass er den Papst seiner Frau mit den begeisterten Worten vorstellte: „Raissa Maximowna, ich habe die Ehre, dir die höchste moralische Autorität auf Erden vorzustellen ... und wie wir ist er Slawe!“[86]

Das war nicht Canossa und auch kein bußfertig im Schnee stehender Kaiser des Heiligen Römischen Reichs, der die Absolution des Papstes erflehte. Dennoch war es symbolisch ein Moment der Kapitulation. Der Krieg, den die Kommunisten mit einem riesigen Waffenarsenal seit mehr als vier Jahrzehnten gegen Karol Wojtyła ausgefochten hatten, war vorüber. Gewonnen hatte Wojtyła, der nicht nur eine wirksame Verteidigung errichtet, sondern auch mit einer Macht angegriffen hatte, der die Kommunisten nicht gewachsen waren. Denn Wojtyłas Widerstandskraft gründete auf einer moralischen Macht – und der Krieg drehte sich im Grunde um die Wahrheit über den Menschen, die Wahrheit über das Gute.

Johannes Paul II. hat seinen Triumph nie für einen persönlichen Sieg gehalten. Auch hat er seinen Kampf gegen den Kommunismus nicht als einen eigentlich politischen betrachtet. Zbigniew Brzeziński hat sehr wohl begriffen, dass die Autorität Johannes Pauls der Innigkeit seines Glaubens entsprang und der tiefen Einsicht, mit der er diesen Glauben hat reifen lassen, um durch ihn die Welt zu verstehen. Dennoch konnte Brzeziński in seinen Erinnerungen schreiben, wie sehr er 1980, nach seinem Besuch im Vatikan, davon beeindruckt war, dass „der Papst so politisch dachte".[87] Henry Kissinger hatte ganz andere Erinnerungen an ein Gespräch mit Johannes Paul II., die das Wesen der Politik des Papstes vielleicht besser getroffen haben.

Kurz nach der ersten Reise des Papstes in die Vereinigten Staaten im Oktober 1979 weilte Kissinger in Rom und traf den Papst. Johannes Paul fragte den früheren Außenminister, was er vom Ablauf des Amerikabesuches halten würde. Kissinger antwortete, ihm als Nichtgläubigen stehe es nicht an, den Besuch zu bewerten oder zu kommentieren, doch als Mann der Politik könnte er gar nicht anders als zu bemerken, dass die vom Papst gewählten Predigtthemen zu Spaltungen in seiner eigentlichen Anhängerschaft, den Katholiken in den Vereinigten Staaten, führen müssten. Der Papst entgegnete darauf, er mache sich große Sorge über den Grad der Politisierung in der Kirche, vor allem in Lateinamerika, wo die Grenzen zwischen Katholizismus und Marxismus verschwimmen würden. „Die Kirche hat es mit der Wahrheit zu tun", schloss Johannes Paul, und wenn er mit seiner Botschaft jedes Publikum beglückten wollte, dann wäre der Katholizismus am Ende nur ein Sozialverband unter anderen. Kissinger war beeindruckt und erinnerte sich später, in diesem Moment gedacht zu haben: „Kein Politiker würde je so etwas sagen."[88]

Vielleicht gab es jedoch eine Ausnahme von der Regel: Einen Politker, der den moralischen Kern von Johannes Pauls II. Umgang mit weltlichen Angelegenheit begriffen hat, die moralischen Leidenschaft, die seine Strategie während des langen Kampfes gegen den Kommunismus bestimmte, und die Überzeugungen, die jene Waffen schmiedeten, die er in dem letzten Jahrzehnt dieses Kampfes mit solcher Wirksamkeit eingesetzt hat. Wenn es diese Ausnahme gab, dann war dieser Politiker Václav Havel, der als Präsident einer freien und demokratischen Tschechoslowakei Johannes Paul II. am 21. April 1990 begrüßte:

> Ich bin mir nicht sicher, ob ich weiß, was ein Wunder ist. Dennoch wage ich zu sagen, dass ich in diesem Augenblick an einem Wunder teilhabe: Der Mann, der vor sechs Monaten als Staatsfeind verhaftet wurde, steht heute hier als Staatspräsident und heißt den ersten Papst willkommen, der je in der Geschichte der katholischen Kirche einen Fuß in dieses Land gesetzt hat.

> Ich bin mir nicht sicher, ob ich weiß, was ein Wunder ist. Dennoch wage ich zu sagen, dass ich diesen Nachmittag an einem Wunder teilnehmen werde: Am selben Ort, an dem sich vor fünf Monaten, an dem Tag, an dem wir uns über die Heiligsprechung von Agnes von Böhmen freuten, die Zukunft unseres Landes entschied, wird heute das Oberhaupt der katholischen Kirche die Messe feiern und vielleicht unserer Heiligen für ihre Fürsprache bei dem danken, der den unergründlichen Lauf der Welt in seiner Hand hält.

> Ich bin mir nicht sicher, ob ich weiß, was ein Wunder ist. Dennoch wage ich zu sagen, dass ich in diesem Augenblick an einem Wunder teilhabe: In einem von der Ideologie des Hasses verwüsteten Land ist der Botschafter der Liebe eingetroffen, in einem von der Regierung der Banausen verwüstetem Land ist das lebendige Symbol der Kultur eingetroffen, in einem Land, das bis vor kurzem noch von der Vorstellung heimgesucht wurde, die Welt zerfalle in feindliche Lager, ist der Botschafter des Friedens, des Dialogs, der gegenseitigen Toleranz, der Achtung und des stillen Verständnisses, der Botschafter der brüderlichen Einheit in der Vielfalt eingetroffen.
>
> In diesen langen Jahrzehnten war der Geist aus unserem Land verbannt. Ich habe die Ehre, Zeuge des Augenblicks zu werden, in dem seine Erde vom Apostel der Geistigkeit geküsst wird.[89]

Was die Ostpolitik bewirkte und was sie nicht bewirkte

Kardinal Casaroli hat einmal seufzend gesagt: „Ich würde diesem Papst ja gerne helfen, aber er ist so ganz anders."[90] Wie Joaquín Navarro-Valls, der Pressesprecher des Papstes, später erklärte, deutete dieses „Anderssein" auf den Unterschied zwischen einem Mann hin, der fünfzig Jahre lang als Bürokrat und Diplomat gedient hatte, und jemandem, der von der Front kam.[91] Der Mann von der Front erkannte jedoch, wie wertvoll die Fähigkeiten Casarolis für die Diplomatie des Vatikans waren, auch wenn Casaroli seinerseits nie so richtig begriff, dass dieser „andere" Papst einen tieferen, eingehenderen und letztlich realistischeren Einblick in die Absichten des europäischen Kommunismus gewonnen hatte. Johannes Paul II. machte sich Casarolis Fähigkeit uneingeschränkt zunutze. Die Beförderung des Schöpfers der Ostpolitik Pauls VI. auf den zweithöchsten Posten in der Hierarchie der katholischen Kirche gab zudem der kämpferischen päpstlichen Haltung in Fragen der Menschenrechte und der Religionsfreiheit die nötige Rückdeckung. Das heißt selbstverständlich nicht, dass der von Casaroli empfundene Unterschied eingebildet war. Er war durchaus real. Johannes sah sich selbst als jemanden, der für die Stummen sprach. Das hatte er deutlich klargemacht, als er kurz nach seiner Wahl in Assisi erklärte, die Kirche des Schweigens würde nicht mehr schweigen, weil sie mit seiner Stimme redete. Casarolis Mitgefühl galt der Notlage jener, die stumm zu bleiben gezwungen waren. Doch bis zum Schluss war er davon überzeugt, dass ihre Misere sich in aller Stille mit den Regierungen lösen lasse, ohne groß die zu beteiligen, die zum Schweigen gebracht worden waren.

Die Ostpolitik und Kardinal Casaroli öffneten diplomatische Türen, die Karol Wojtyła in den letzten zehn Jahren seines Kampfes gegen den Kommunismus von Nutzen waren. Sie halfen ihm gewissermaßen, seinen Bogen noch straffer zu spannen. Es ist freilich nicht so leicht ersichtlich, dass die alte Ostpolitik mehr als das war, nämlich ein Wegbegleiter, und nicht einmal der wichtigste, bei Johannes Pauls II. moralischer Revolution und ihren Auswirkungen auf Mittel- und Osteuropa.

Miloslaw Kardinal Vlk, ein ehemaliger Untergrundpriester in der Tschechoslowakei, der als Fensterputzer arbeiten musste, um nicht als Landstreicher verhaftet zu werden, glaubt, die alte Ostpolitik sei von Männern entworfen und ausgeführt worden, die den Kommunismus nicht kannten, einfach weil sie nicht unter ihm gelebt hatten. Und weil dem so war, unterliefen ihnen schwerwiegende strategische und taktische Fehler. Wie Vlk einmal mit Blick auf die Tschechoslowakei gesagt hat, „sah Papst Paul VI. eine Kirche ohne Bischöfe" und versuchte mit der Regierung ein Abkommen zu erzielen, um diesen Missstand zu beseitigen, doch „am Ende hatte er Bischöfe, die Marionetten waren".[92] Dasselbe lässt sich von Ungarn behaupten.

Jan Nowak, der den Kommunismus ebenfalls von innen kannte und vom Ausland aus die Revolution von Solidarność maßgebend unterstützt hatte – sowie er auch durch seine Arbeit beim Radio Freies Europa die Polen mit den neuesten Nachrichten versorgt hatte –, schätzte Kardinal Casaroli persönlich, widersprach aber zugleich dessen Lagebestimmung in Osteuropa. Nach Aussage von Nowak glaubte Casaroli, dass die Martyrien, die sich unmittelbar nach dem Krieg in dieser Region abgespielt hatten, dass Kardinal Mindszentys Unvermögen, sein Amt als Flüchtling in der amerikanischen Botschaft wahrzunehmen, und die vergleichbare Kaltstellung des internierten Erzbischofs Jozef Baran darauf hinwiesen, dass die Untergrundkirche, die Widerstandskirche, taktisch und langfristig auch strategisch im Irrtum war. Casaroli teilte auch Pauls VI. Sorge, dass ein von Rom abgeschnittener Untergrundkatholizismus zu Sektierertum, Abirrungen und verschiedensten Formen kirchlicher Korruption führen müsse. Nowak war da anderer Meinung und einmal erörterte er die Frage mit Johannes Paul II., der sich Novaks Ansicht anschloss und Casarolis widersprach.[93]

Nicht selten, und nicht weiter erstaunlich, kam die schärfste Kritik an der alten Ostpolitik aus den Reihen der griechisch-katholischen Kirche in der Ukraine. Dort hielt man die Kurie und ihre Diplomaten für hoffnungslos naiv, wenn es um die Sowjetunion und die russisch-orthodoxe Kirche ging. Glühende griechische Katholiken warfen dem Vatikan vor, seine Bemühungen um einen „Dialog in Liebe" mit der russischen Orthodoxie bedeuteten in Wirklichkeit einen „Dialog in Liebe" mit dem KGB, was zweifellos ein Widerspruch in sich sei und damit ebenso zweifellos kontraproduktiv. Einer dieser leidenschaftlichen Ukrainer, ein bekannter Historiker, meinte einmal: „Man stelle sich vor, Christen würden von wilden Tieren zerrissen, während der hl. Petrus einen „Dialog in Liebe" mit Nero führt" – ein drastisches, vielleicht übertriebenes Bild, doch eines auf das man leicht in der weltweit größten illegalen Kirche verfiel, deren Oberhäupter mehrheitlich im Gulag umgekommen waren. Die feinsinnigeren Beurteiler der Lage standen dem in ihren Augen taktischen Ungeschick der alten Ostpolitik nicht weniger kritisch gegenüber: Als Paul VI. etwa zustimmte, dass die ukrainischen griechischen Katholiken, weil sie keine eigenen Kirchen haben, die heilige Kommunion in russisch-orthodoxen Gotteshäusern feiern könnten, schien er dabei zu übersehen, dass die Orthodoxie darin das Zugeständnis sehen würde, dass die griechischen Katholiken, deren Existenz als Rechtssubjekt sie beharrlich leugnete, eigentlich keine eigenen Kirchen bräuchten, eigentlich ihre Messen nicht heimlich in den Wäldern feiern müssten, eigentlich keinen eigenen – heimlich ausgebildeten und geweihten – Klerus nötig hätten. Angesichts der Harthörigkeit der russischen Orthodoxie bei einer Reihe von ökumenischen Fragen während des Pontifikats von Johannes Paul II. ist diese Kritik nicht leicht von der Hand zu weisen.[94] Ebenso wie sie sich darüber getäuscht hatten, wie sehr die ökumenische Konzilianz und das Abrücken des Vatikans von den Untergrundkirche Moral und Bekennerfreudigkeit der Katholiken, die trotz kommunistischer Verfolgungen an ihrem Glauben festzuhalten gewillt waren, aushöhlten, so scheinen die Vertreter der Ostpolitik á la Casaroli sowohl die Beharrungskraft des Kommunismus als auch die Rolle der Ostpolitik bei der Wegbereitung der Revolution von 1989 in Mittel- und Osteuropa und beim Zusammenbruch der Sowjetunion 1991 überschätzt zu haben. So war Kardinal Casarolis Behauptung, Polen sei 1978 und 1979 „reif" gewesen, zwar wahr, doch dieses Reifsein hatte praktisch nichts mit der Ostpolitik zu tun, denn Polen war das Land, das von Casarolis Initiativen am wenigsten berührt worden war und das einigen von ihnen am heftigsten widerstanden hatte.[95]

Die ungeheuren Anstrengungen, die von den sowjetischen und den Geheimdiensten des Warschauer Pakts unternommen wurden, um Mitarbeiter im Vatikan zu erpressen und zu rekrutieren und damit die Vorhaben der Kirche zu durchkreuzen, fielen genau mit dem Höhepunkt von Casarolis Ostpolitik zusammen. Daran kann kein Zweifel bestehen. Je entgegenkommender der Heilige Stuhl war, desto aggressiver wurden der KGB, der SB, die Stasi, der ungarische Geheimdienst, der bulgarische und der Rest dieser unseligen Truppe. Dass die römische Kurie traditionell in den Händen der Italiener lag, schuf ebenso wie die allen Diplomaten eigentümliche Abneigung gegen offene Kampfansagen eine Situation, in der die Verantwortlichen der Ostpolitik nie begriffen haben, was Karol Wojtyła in Krakau klar erkannt hatte: Es ging um „uns" und „sie", die ganze Zeit, in Wirklichkeit herrschte Krieg, die ganze Zeit.[96] Das war kein Streit, der sich mit Fingerspitzengefühl lösen ließ, wie Diplomaten es gewohnt waren. Einer würde gewinnen, und der andere würde verlieren. Als Johannes Paul II. zum Papst gewählt worden war, glaubte er nicht, dass die letzten Tage des Kommunismus gar nicht mehr so fern waren. Wohl aber wusste er, dass es genau darum in der Konfrontation ging, und er war überzeugt, dass eine direkte moralische Herausforderung der kommunistischen Kultur der Lüge die wirkungsvollste Antwort auf sie war – einfach weil sie die einzig wahre war.

Es gibt keine Belege dafür, dass die Infiltration des Vatikans durch die Geheimdienste des Warschauer Pakts die Strategie und Taktik Johannes Pauls II. auch nur im Geringsten geändert hat. Die „Polenpolitik" des Papstes zwischen seiner Wahl und dem endgültigen Sieg der Revolution von Solidarność 1989 unterstand unmittelbar dem Papst, nicht dem vatikanischen Staatssekretariat. Ein Grund dafür war, dass Johannes Paul meinte, die Lage besser einschätzen zu können, und ein anderer war wahrscheinlich, dass er von der Spionageabwehr des Staatssekretariats nicht überzeugt war. Der ungeheuere personelle und finanzielle Aufwand, den die kommunistischen Geheimdienste beim Ausspionieren des Vatikans unter Johannes Paul II. trieben, berührte den Papst in keiner Weise. Allerdings unterstrich er die Naivität der Architekten der Ostpolitik und beleuchtete die Käuflichkeit zweit-, dritt- und viertrangiger Kleriker im Dienste des Heiligen Stuhls.

Noch etwas sollte bezüglich der Ostpolitik nicht unerwähnt bleiben. Unmittelbar nach dem Krieg zielte die kommunistische Strategie darauf ab, die Ortskirchen von Rom zu trennen. So ging man jedenfalls in Jugoslawien vor, und die Weigerung von Erzbischof Alojzije Stepinac, die „Loslösung“ mitzutragen und eine jugoslawische katholische Kirche „unabhängig“ von Rom zu schaffen, führte zu seinem Schauprozess, seiner Inhaftierung, seiner Internierung und letztlich zu seinem Tod. Die unseligste Wirkung der Ostpolitk bestand vielleicht darin, eine Lage begünstigt zu haben, in der die Sowjetunion und ihre Satellitenstaaten diese Strategie umkehren konnten, indem sie Rom und den Druck der vatikanischen Diplomatie gegen die Ortskirchen, die sich wie in der Tschechoslowakei und Ungarn gegen die „Loslösung“ gewehrt hatten, einsetzen.

Die Ostpolitik von Agostino Casaroli und Papst Paul VI. war die vatikanische Version der Entspannungspolitik: eine Strategie, das Gespräch mit dem Kommunismus zu suchen, die viel versprach und wenig einbrachte, vor allem weil der Dialogpartner überhaupt nicht an einem Dialog interessiert war. Die Ostpolitik rettete in der Tschechoslowakei und in Ungarn nicht einmal das „was rettbar war“. Tatsächlich verschlechterte sie unbeabsichtigterweise die Lage, so wie die Entspannungspolitik wenig dazu beitrug, die Oppositionellen und Menschenrechtler hinter dem Eisernen Vorhang zu stärken. Allerdings war die Helsinkischlussakte der Konferenz über Sicherheit und Zusammenarbeit in Europa von 1975, die Casaroli, damals noch Erzbischof, für den Heiligen Stuhl unterzeichnete, auch die Frucht der Entspannungspolitik. Und der „Dritte Korb“ der KSZE zu den Menschenrechten trug dazu bei, dass die öffentliche Meinung im Westen die Misere der Menschenrechtler in den kommunistischen Ländern nicht aus den Augen verlor, die an die Helsinki-Akte appellierten und sich unter ihren Schutz stellten.[97] Es bedurfte jedoch solcher Persönlichkeiten wie Präsident Ronald Reagans und Papst Johannes Pauls II. – Männer, die bewusst den Boden der Entspannungspolitik und der Ostpolitik verließen –, um diesen Stimmen und ihrem Ruf nach Freiheit weltweit Geltung zu verschaffen.

Henry Kissingers Urteil über die Verhandlungen, die zur Schlussakte von Helsinki geführt haben, lässt sich durchaus auf die Diplomatie der vatikanischen Ostpolitik zwischen 1963 und 1978 anwenden: „Selten sind an einem diplomatischen Prozess die Grenzen menschlicher Voraussicht so deutlich geworden.“[98]

Der unentbehrliche Mann?

Der Gedanke, dass Johannes Paul II. entscheidend zum Zusammenbruch des europäischen Kommunismus beigetragen hat, kam unmittelbar nach der Revolution von 1989 und dem Niedergang der Sowjetunion so gut wie nie auf. Diese Kurzsichtigkeit zeichnete sich schon im Leitartikel der *New York Times* vom 5. Juni 1979 ab, denn dort hieß es, die neun Tage von Johannes Paul II., die damals im Gange waren, würden zwar „die römisch-katholische Kirche in Polen stärken und beflügeln", doch die Pilgerreise des Papstes werde sicherlich nicht, „die politische Ordnung der Nation oder Osteuropas bedrohen".[99]

Fünfundzwanzig Jahre später traten die Konturen des eigentlichen Geschehens schärfer hervor. John Lewis Gaddis, Professor an der Yale Universität und Amerikas maßgeblicher Historiker des Kalten Krieges und ein Mann, der keinen Grund hat, die Sache des Katholizismus zu propagieren, urteilte eindeutig in dieser Frage: „Als Johannes Paul II. am 2. Juni 1979 auf dem Warschauer Flughafen den Erdboden küsste, setzte er eine Entwicklung in Gang, die den Kommunismus in Polen – und letztlich in ganz Europa – ein Ende bereiten sollte."[100] Gaddis behauptet selbstredend nicht, dass Johannes Paul den Kommunismus im Alleingang in die Knie gezwungen hat. Johannes Paul II. gehörte eher zu einer Reihe von Führungspersönlichkeiten, die über die Klugheit und den Mut verfügten, eine veränderte Situation zu erkennen und die in ihr liegenden Chancen zu ergreifen. Denn erst in den frühen achtziger Jahren des 20. Jahrhunderts, schreibt Gaddis,

> begannen die materiellen Formen der Macht – Atomwaffen und -raketen, konventionelle Streitkräfte, Nachrichtendienste, der militärisch-industrielle Komplex Propagandaapparate –, denen die Vereinigten Staaten, die Sowjetunion und ihre Verbündeten so lange Zeit so viel Aufmerksamkeit gewidmet hatten, ihre Kraft zu verlieren. Im letzten Jahrzehnt des Kalten Krieges kam Führern wie Johannes Paul II. eine besondere Bedeutung zu. Sie verfügten über Eigenschaften und Fähigkeiten wie Mut, Beredsamkeit, Vorstellungskraft, Entschlossenheit und Zuversicht, immaterielle Formen der Macht, die es ihnen ermöglichte, die Widersprüche aufzudecken zwischen dem, was die Menschen glaubten, und den Systemen, in denen der Kalte Krieg sie zu leben zwang. Am tiefsten war die Kluft in der marxistisch-leninistischen Welt, und zwar so tief, dass es, nachdem sie ganz freigelegt worden war, keine andere Möglichkeit mehr gab, als den Kommunismus selbst abzuschaffen und so das Ende des Kalten Krieges herbeizuführen [101]

Gaddis Schlussfolgerung, dass „es Visionäre brauchte – der Saboteure des Status quo – um die Skala der historischen Möglichkeiten zu erweitern", ist trefflich formuliert und trifft auf mehrere Gestalten der achtziger Jahre zu.[102] Neben dem Papst finden sich auf seiner Liste auch Lech Wałęsa, Margaret Thatcher, Deng Xiaoping, Ronald Reagan and Michail Gorbatschow. Über die beiden letztgenannten ist aufgrund ihrer Beziehung zu Johannes Paul II. noch etwas mehr zu sagen.

Ronald Reagan war von Polen, der polnischen Tapferkeit und dem polnischen Papst hingerissen. Er erkannte klar, dass er und Johannes Paul II. in getrennten, voneinander unabhängigen Einflusssphären wirkten, über unterschiedliche Werkzeuge und unterschiedliche Spielräume verfügten. Doch Reagan meinte auch, er und der Papst arbeiteten in den achtziger Jahren auf ihren jeweiligen Posten an einem gemeinsamen Ziel: an der Niederwerfung des Kommunismus und am Sieg der Freiheit. Sowohl Reagan als auch Johannes Paul II. werden regelmäßig von Kommentatoren als „konservativ" abgestempelt. Als Kompliment ist das nicht gemeint, wer die beiden so beschreibt, hat nur ein höflicheres Wort für „reaktionär" gewählt. In Wahrheit waren die beiden radikal, und das in zweierlei Hinsicht: Beide hatten eine deutliche Vorstellung von der Wurzel des Problems – d.h. von der kommunistischen Unwahrheit über die menschliche Person und das menschliche Streben – und beide verachteten das liberale Gerede von „Stabilität", „Entspannung" und Rüstung„kontrolle". Sie zogen Wandel, Befreiung und wirkliche Abrüstung vor.[103]

Johannes Paul II. achtete in Michail Gorbatschow den Mann von Prinzipien, der seine Macht für das aufs Spiel setzte, was er für richtig hielt – für Karol Wojtyła der entscheidende Maßstab, an dem jeder Politiker zu messen ist.[104] Doch obwohl Gorbatschow beim Zusammenbruch des Kommunismus eine Schüsselrolle zukam, war diese von ganz anderer Art als die, die Johannes Paul II. und Ronald Reagan einnahmen, die wahren Architekten der Beendigung des Kaltes Krieges. Der polnische Papst und der amerikanische Präsident hatten, wie John Lewis Gaddis unterstreicht, „Ziele im Sinn und Wegekarten, wie sie zu erreichen waren."[105] Gorbatschow besaß keine solche Karte und vermutlich hat er bis Ende 1991 fest an die Möglichkeit eines Reformkommunismus geglaubt – für Reagan und Johannes Paul nichts als eine Chimäre. Gorbatschow war nicht gewillt den „sozialistischen Commonwealth" mit Waffengewalt zusammenzuhalten, wie er im November 1986 bei einem Treffen der Regierungschefs der RGW-Länder klipp und klar erklärt hatte. Christopher Andrew und Wassili Mitrochin schreiben dazu: „Obgleich die osteuropäischen Regime natürlich nur ungern dazu bereit waren, dieses Geheimnis mit ihren Untertanen zu teilen, war es nur eine Frage der Zeit, wann sie es selbst entdeckten" – und entsprechend handelten. Gorbatschows Fehleinschätzung der Möglichkeit eines Reformkommunismus in der UdSSR scheint sich zudem schon in einer ähnlichen Fehlkalkulation darüber abgezeichnet zu haben, welche Entwicklung die Ostblockländer in den späten achtziger Jahren einschlagen würden. Wie Andrew und Mitrochin bemerken: „Es kam Gorbatschow jedoch nicht in den Sinn, dass er damit vielleicht den Weg zum Ende der kommunistischen Ära in Osteuropa freigab. Vielmehr rechnete er damit, dass nach den Hardlinern eine Generation kleiner Gorbatschows kommen würde, die bestrebt wären, Moskau in der Durchführung von Reformen nachzueifern. Nur wenige Fehleinschätzungen in Friedenszeiten hatten so schwerwiegende Folgen wie seine."[106]

Ein polnisches Publikum hätte sich wohl über die Formulierung gewundert, doch wer wusste, wie er dachte und das Weltgeschehen betrachtete, den erstaunte es nicht, dass der vatikanische Staatssekretär am 2. Juni 1990 in einer Vorlesung in Krakau Michail Gorbatschows beschrieb als „jemanden, der zu Hilfe eilte, um mit demokratischen Mitteln die tödlichen Wunden auf der soziopolitischen, moralischen und ökonomischen Ebene zu heilen, die den Menschen während der langen Diktatur zugefügt worden sind."[107] Es gab aber keine Heilung und keinen Heiler.

Was also bewirkte Johannes Paul II. in der letzten Phase des Kalten Kriegs? Und was war an Johannes Paul II. so anders, dass die Welt ohne ihn anders ausgesehen hätte?

Im Rückblick gesehen scheint es wahrscheinlich, dass der Kommunismus irgendwann zusammengebrochen wäre, weil er in einer zunehmend von der Informationstechnologie beherrschten Weltwirtschaft nicht konkurrenzfähig gewesen wäre. Warum aber brach der Kommunismus 1989 statt 1999 oder 2009 oder 2019 zusammen, und warum geschah dies so, wie es geschehen ist – d.h. in der Hauptsache ohne großes Blutvergießen, wie es sonst im 20. Jahrhundert bei großen sozialen Umbrüchen üblich war? Keine Erklärung für das weitgehend friedliche Ende des Kommunismus ausgerechnet 1989 wird vollständig oder befriedigend sein, solange sie nicht die vom Papst im Juni 1979 ausgelöste Revolution des Gewissens berücksichtigt. Die neun Tage von Johannes Paul II. waren die Initialzündung für alles weitere. Und selbstredend gilt: kein Johannes Paul II., keine neun Tage.

Und was an Johannes Paul II. so anders war, dass dadurch auch für die Welt alles anders wurde, nun da war der entscheidende Unterschied wohl der, dass er den Kommunismus am eigenen Leib erlebt hatte: Er hatte dessen theoretische Fehler und praktisches Unvermögen voll und ganz ermessen, er hatte erfolgreich seinen Verführungen und seinen Gewaltakten widerstanden; er war eine strategisch und taktisch kampferprobte Führungspersönlichkeit geworden. Er war ein Intellektueller mit tiefen Überzeugungen, wenn es um die Aufrichtigkeit und Kraft volkstümlicher Frömmigkeit und die Traditionen der polnischen Kultur ging. Sein Nationalismus war freilich nicht von der engstirnigen Art, er war vielmehr so beschaffen, dass er ihn andere Nationen und ihre Kultur schätzen ließ. Er war daher ein patriotischer Pole, der den Kampf um die Bewahrung der nationalen Identität in Litauen und der Ukraine, in Ländern, die von vielen Polen verachtet wurden, mit Wohlwollen sah und schnell die darin enthaltenen Möglichkeiten für einen Wandel erkannte, und er war jemand, der die lang unterdrückte russische Spiritualität, die viele Polen verabscheuten, zutiefst bewunderte. Er war ein Mann, der nach langem Nachdenken und noch längeren Stunden des Gebets zu Entscheidungen gelangte, und er war bereit, seinem eigenen Instinkt und seiner persönlichen Erfahrung zu trauen, selbst wenn sie mit der Behutsamkeit der vatikanischen Diplomaten zusammenprallten. Für sein hohes Amt brachte er eine einzigartige, wunderbare Verbindung von Einsicht, Erfahrung und Mut mit. Diese Eigenschaften machten ihn zu der entscheidenden Gestalt bei der Überwindung des europäischen Kommunismus.

Vergleichbare intellektuelle und spirituelle Fähigkeiten ermöglichten es ihm, in den noch verbleibenden fünfzehn Jahren seines Pontifikats als selten kraftvoller Zeuge für die Wahrheit über den Menschen aufzutreten, von der er meinte, sie sei nirgends besser aufgehoben als im Glauben der katholischen Kirche: die Wahrheit über das Leben und schließlich die Wahrheit über das Sterben, die Wahrheit über den Anfang und das Ende, die Wahrheit über das Ende und den Anfang.

Witold Pilecki als Gefangener und Organisator des Widerstands in Auschwitz. *(Institut für die nationale Erinnerung, Warschau)*

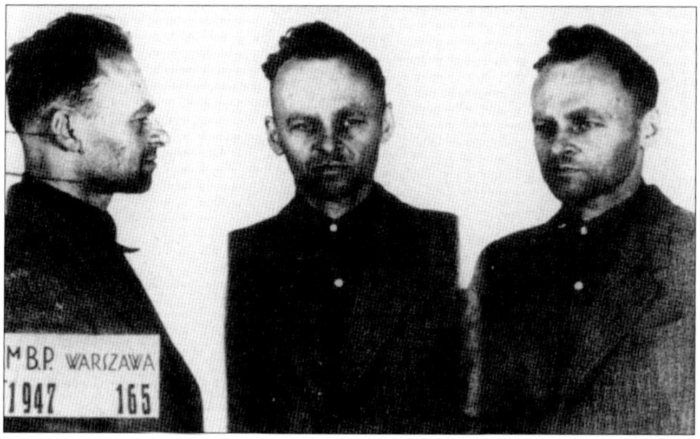

Witold Pilecki, Gefangener des kommunistischen Regimes in Polen nach dem Krieg. *(Institut für die nationale Erinnerung, Warschau)*

Exhumierung der Leichen polnischer Offiziere, die 1940 vom sowjetischen NKWD bei Katyń ermordet worden sind. *(Institut für die nationale Erinnerung, Warschau)*

Pfarrer Karol Wojtyła mit jungen Freunden, Juni 1952. *(Stanisław Rybicki)*

Pfarrer Karol Wojtyła in Zakopane, April 1953. *(Danuta Ciesielska)*

Kardinal Karol Wojtyła verteidigt in seinen Predigten der 1970er Jahre die Menschenrechte. (*Archiv der Erzdiözese Kattowitz*)

Aufruhr in Danzig 1970. *(Institut für die nationale Erinnerung, Warschau)*

Pilgerfahrt der Männer nach Piekary Śląskie, 27. Mai 1973. *(Archiv der Erzdiözese Kattowitz)*

„Fürchtet euch nicht!“: Petersplatz, 22. Oktober 1978. (*L’Osservatore Romano*)

Papst Johannes Paul II. und Stefan Kardinal Wyszyński, 23. Oktober 1978.
(*L'Osservatore Romano*)

Lech Wałęsa und Miesczysław Jagielski unterzeichnen das Danziger Abkommen, 31. August 1980. *(Institut für die nationale Erinnerung, Warschau)*

Das Denkmal der drei Kreuze in Danzig, Dezember 1980.
(Institut für die nationale Erinnerung, Warschau)

Johannes Paul II. liest die Messe für die Delegation der Solidarność in der päpstlichen Kapelle, 18. Januar 1981. (*L'Osservatore Romano*)

Johannes Paul II. tauscht Geschenke mit der Delegation der Solidarność aus. (*L'Osservatore Romano*)

TEIL ZWEI

KENOSIS

Die letzten Jahre Papst Johannes Pauls II.
2000 – 2005

5

Das große Jubiläumsjahr 2000 – Auf nach Jerusalem

10. November 1994	Papst Johannes Paul II. gibt das apostolische Schreiben *Tertio Millennio Adveniente*, „Zur Vorbereitung auf das Jubeljahr 2000“, heraus.
29. November 1998	Johannes Paul II. gibt *Mysterium Incarnationis*, die Verkündigungsbulle des großen Jubiläums des Jahres 2000, heraus.
29. Juni 1999	Johannes Paul II. veröffentlicht *Brief über die Pilgerfahrt zu den Stätten, die mit der Heilsgeschichte verbunden sind.*
24. Dezember 1999	Papst Johannes Paul II. öffnet die Heilige Pforte des Petersdoms und ruft feierlich das große Jubiläumsjahr 2000 aus.
25. Dezember 1999	Öffnung der Heiligen Pforte der Lateranbasilika.
31. Dezember 1999	Das *Te Deum* wird im Petersdom gefeiert; mitternächtlicher Segen des Papstes zur Jahreswende.
1. Januar 2000	Öffnung der Heiligen Pforte von Santa Maria Maggiore.
1. Januar 2000	*Jubiläum der Kinder.*
18. Januar 2000	Ökumenische Öffnung der Heiligen Pforte der Basilika St. Paul vor den Mauern.
2. Februar 2000	*Jubiläum des geweihten Lebens.*
11. Februar 2000	*Jubiläum der Kranken und im Krankendienst Tätigen.*
18. Februar 2000	*Jubiläum der Künstler.*
19. Februar 2000	*Jubiläum der Ständigen Diakone.*
22. Februar 2000	Johannes Pauls II. Jubiläums-Pilgerreise zu den heiligen Stätten beginnt in Rom mit der „Gedächtnisfeier für Abraham, Vater aller Gläubigen“; *Jubiläum der Römischen Kurie.*
24. Februar – 26. Februar 2000	Johannes Pauls II. Jubiläums-Pilgerreise führt ihn zum Berg Sinai in Ägypten.

25. Februar – 27. Februar 2000	• Jubiläumssynode zur Untersuchung der Umsetzung des Zweiten Vatikanischen Konzils.
12. März 2000	• „Tag der Vergebung" im Heiligen Jahr 2000 im Petersdom am ersten Fastensonntag.
19. März 2000	• *Jubiläum der Handwerker.*
20. März 2000	• Johannes Paul II. blickt am Gedenkstein für Moses auf dem Berg Nebo ins Heilige Land.
21. März 2000	• Johannes Paul besucht einen der überlieferten Orte der Taufe Jesu im Jordan, danach fliegt er nach Israel.
22. März 2000	• Johannes Paul II. in Bethlehem.
23. März 2000	• Johannes Paul II. in Jerusalem. Er feiert die Messe im Abendmahlsraum, besucht die Holocaustgedenkstätte Yad Vashem und hält eine Rede bei einem interreligiösen Treffen.
24. März 2000	• In Galiläa feiert Johannes Paul II. eine Messe auf dem Berg der Seligpreisungen, besucht Tabgha und betet im Haus des Petrus in Kafarnaum.
25. März 2000	• Johannes Paul feiert eine Messe in der Verkündigungsbasilika in Nazareth, betet im Garten Gethsemane in Jerusalem und besucht den griechisch-orthodoxen Patriarchen von Jerusalem.
26. März 2000	• Johannes Pauls II. Pilgerreise ins Heilige Land endet mit einem Gebet an der Westmauer des Tempels, einer Messe am Heiligen Grab und dem Beten an der zwölften Station des Kreuzwegs.

Am Nachmittag des 26. März 2000 hatte Papst Johannes Paul II. eine Bitte an seine israelischen Gastgeber.

Es war sein letzter Tag in Jerusalem, der Abschluss einer Pilgerreise, die die Aufmerksamkeit der Welt auf sich gezogen und einen vom Papst schon ein Vierteljahrhundert gehegten spirituellen und pastoralen Wunsch erfüllt hatte – dort zu wandeln, wo Jesus gewandelt ist. Der allgemeine Hirte der Kirche sollte seiner Ansicht nach die Wahrheit über die Kirche verkörpern: dass diese immer eine Kirche *in via*, eine Kirche „auf dem Weg" zum neuen Jerusalem und zur Erfüllung der göttlichen Heilsabsichten ist. Wie ließe sich die Pilgerkirche besser darstellen als dadurch, dass der Oberhirte selbst „in den Räumen, die Gott erwählt hat, um sein Zelt unter uns aufzuschlagen", wandelte?[1]

Der Papst hatte diesen herrlichen Frühlingssonntag in Jerusalem mit einem Gebet an der Westmauer begonnen, dem einzig noch erhaltenen Teil des Tempels zur Zeit des Herodes, danach feierte er die Messe an dem Ort, wo nach der Überlieferung das Grab Jesu gewesen ist. Es war bereits ein ausgefüllter Tag gewesen, vor allem für einen Mann, der kurz vor seinem 80. Geburtstag stand und wegen einer Form von Parkinson sowie einer nicht ganz erfolgreichen Hüftoperation nur mit Mühe gehen konnte. Doch für Johannes Paul II. war der

Kelch noch nicht voll. Daher bat er seine israelischen Gastgeber, deren Sicherheitskräfte ihm den Decknamen ALTER FREUND gegeben hatten, ob es nicht möglich wäre, in aller Stille in die Grabeskirche zurückzukehren, damit er an dem Ort beten könnte, an dem Jesus gestorben war, denn früher am Tage hatte er dazu keine Gelegenheit gefunden.

Nachdem sie sich von ihrem anfänglichen Schock über die päpstliche Bitte erholt hatten, taten die Sicherheitskräfte ihr Bestes, um das Straßengewirr rund um die Basilika zu sperren, damit der ALTE FREUND tun konnte, was er tun musste. Der überlieferte Ort der Kreuzigung, die zwölfte Station des Kreuzwegs, befindet sich im zweiten Stock der Basilika. Der neunundsiebzigjährige Karol Wojtyła, Papst Johannes Paul II., ging zum heiligsten Ort der Christenheit zurück und stieg dann langsam, unter Schmerzen die enge steinerne Wendeltreppe hinauf, um eine halbe Stunde dort zu beten, wo der Herr, dem er sein Leben lang gedient hat, gestorben war.

Als er die letzten Stufen zur *via crucis*, zum Kreuzweg, hinaufstieg, war Johannes Paul II. seit 21 Jahren, fünf Monaten und zehn Tagen Bischof von Rom und Oberhirte der katholischen Kirche. Am Tag seiner Wahl zum Papst, am 16. Oktober 1978, hatte der Primas von Polen, Stefan Kardinal Wyszyński, ihm gesagt, er sei vom Hl. Geist dazu auserwählt, die Kirche ins dritte Jahrtausend zu führen. Seit 1994 hatte Johannes Paul eine manchmal zögerliche, manchmal verständnislose Kirche zu einer umfassenden Vorbereitung auf die Zweittausendjahrfeier der Fleischwerdung angehalten – auf jenen Augenblick, den nach christlicher Überzeugung „Gott gewählt hat, um sein Zelt unter uns aufzuschlagen". Er begriff das Große Heilige Jahr 2000 und die Wende zu einem neuen Jahrtausend als den „Schlüssel" zu seinem Pontifikat, das bereits zu einem der folgenreichsten in der Geschichte geworden war. Doch welch eine Art von „Schlüssel" war das?

Johannes Paul II. war zur präsentesten Gestalt in der Menschheitsgeschichte geworden, kein anderer ist je von so vielen Menschen persönlich erlebt worden. Dennoch hatte er immer versucht, hinter seiner Sichtbarkeit zu verschwinden: Denn er sah seine Aufgabe nicht darin, auf sich selbst zu weisen, er wollte vielmehr auf einen anderen weisen und die Menschen zur Kirche und zu Jesus Christus führen. „Schaut nicht auf mich, schaut auf Christus, blickt nicht zu mir auf, blickt auf zu Christus" – so lautete seine Botschaft bei seinen außerordentlich vielfältigen Auftritten in der ganzen Welt.

Warum auf Jesus Christus schauen? Weil Jesus, wie er in vielen Variationen desselben Themas gesagt hat, die Antwort auf die Frage nach dem Sinn des menschlichen Lebens ist.

Deshalb hat er zur Zwölften Station gehen müssen. Die reiche, vielschichtige Spiritualität von Karol Wojtyła hatte sich zum Teil in den 50 Jahren des Sichversenkens in die großen spanischen karmelitischen Mystiker des 16. Jahrhunderts, Johannes vom Kreuz und Teresa von Avila, ausgebildet. Wie für viele andere Heilige, so war auch für diese karmelitischen Reformer *kenosis*, die Entleerung des Selbst nach dem Vorbild des Selbstopfers des gekreuzigten Christus, der

„Schlüssel" zum spirituellen Leben und damit der „Schlüssel" zur Welt und ihrer Geschichte. Karol Wojtyła musste daher zur Zwölften Station gehen, um einen Herzens- und Seelenwunsch zu erfüllen. Doch sein mühsames Hinaufsteigen der Steintreppe zum Kalvarienberg war mehr als eine persönliche Sache, denn er hatte schon lange aufgehört, sich selbst zu gehören. Es war eine Sache seiner Berufung, denn ein katholischer Priester erhält die Weihen, damit er seine Gemeinde immer näher an das österliche Geheimnis des gekreuzigten und auferstandenen Christus heranführt.

Karol Wojtyła, Papst Johannes Paul II., lebte in der Überzeugung, dass Christus auf dem Kalvarienberg die Furcht der Welt auf sich genommen hat und in vollkommenem Gehorsam gegenüber dem Willen Gottvaters sich selbst und die Furcht der Welt in einem makellosen Opfer dargebracht hat – darauf hatte Gott am Ostersonntag die vollkommenste Antwort gegeben, indem er Jesus von den Toten auferstehen ließ. Auf dem Kalvarienberg, so glaubte Johannes Paul II., hat Christus die Furcht überwunden und die Welt gestärkt, so dass sie zwar nicht ohne Furcht, aber doch *jenseits* der Furcht leben konnte.

„Fürchtet euch nicht!" so lautete die Antiphon seines Pontifikat seit jenem strahlenden Herbstmorgen des 22. Oktobers 1978, als er die Kirche zur Furchtlosigkeit und die Welt zu einer neuen Offenheit für die Person und Botschaft Jesu Christi aufgerufen hat. „Fürchtet euch nicht!" ist keine abgestandene Parole, sondern ein überzeugender Schlachtruf, weil Christus am Kreuz die Furcht der Welt auf sich genommen hat. Deshalb musste Papst Johannes Paul II. zum Kalvarienberg gehen: Denn die Furchtlosigkeit, die er predigte und die er in seinem die Welt verändert habenden Pontifikat verkörperte, hatte von dort ihren Ausgang genommen.

Das Jahr 2000

Konventionell betrachtet zerfällt das Pontifikat von Johannes Paul II. grob in zwei Teile. Vom Oktober 1978 bis zum August 1991 lag der Schwerpunkt seines Amts auf dem Kampf gegen den Kommunismus, der in der Revolution von 1989 im östlichen Mitteleuropa und dem Zusammenbruch der Sowjetunion im August 1991 sein glorreiches Ende fand. Nach der Enzyklika *Centesimus Annus* vom Mai 1991, in der Johannes Paul über die dramatischen Ereignisse der jüngeren Vergangenheit nachdachte und das soziale, politische, ökonomische und kulturelle Terrain der postkommunistischen Zukunft sondierte, vollzog sich eine Wende in seinem Pontifikat. Von 1992 bis zum Ende der Geschichte 2005 steht das Große Heilige Jahr 2000 im Mittelpunkt. Für diese klare Einteilung lassen sich einige Gründe anführen, doch wenn man tiefer blickt, wird offensichtlich, dass Johannes Paul II. vom Tag seiner Wahl an das Heranziehen eines neuen Jahrtausends nie aus dem Auge verloren hatte – was einige Bischöfe und Kardinäle der katholischen Kirche nicht unbedingt erkannten.[2]

Für mehr als einen kirchlichen Würdenträger war das Jahr 2000 wie für die meisten Menschen ein kalendarisches Ereignis ohne besondere Bedeutung. Niemand wusste wirklich, wann Jesus aus der Jungfrau Maria geboren wurde, wie es im Glaubensbekenntnis heißt, und in Bethlehem das Licht der Welt erblickte, wie es im Evangelium und der Überlieferung heißt. Aufgrund mittelalterlicher Datierungsfehler glauben viele Gelehrte, dass Jesus von Nazareth vermutlich im Jahr 7 vor Chr. geboren worden ist. Warum also sich groß um das Jahr 2000 kümmern? Und dann gibt es noch die Mathematiker, die jeden daran erinnern, dass es kein Jahr „0" gegeben hat zwischen dem, was wir konventionell als „vor Chr." und „nach Chr." bezeichnen, so dass das Jahr 2000 das letzte Jahr des 2. Jahrtausends und nicht das erste des 3. Jahrtausends ist. Wer sich am meisten für das Jahr „2000" interessierte, waren die Apokalyptiker auf der ganzen Welt, die den alten millennarischen Erwartungen einen neuen, technischen Dreh verliehen haben: Sie fürchteten, eine Computerpanne würde die Lichter in der Welt ausgehen lassen.

Die Skepsis der Kirchenmänner und die apokalyptischen Erwartungen der Millennaristen ergaben für Karol Wojtyła wenig Sinn und beeinflussten ihn nicht. Seine tiefe Verbundenheit mit der polnischen Kultur und ihrer Pietät gegenüber Jahrestagen hatte ihn etwas über die spirituellen Rhythmen der Zeit und das ewige menschliche Bedürfnis, diese anzuerkennen, gelehrt, wurde doch damit zugleich anerkannt, dass die Geschichte des Menschen nicht einfach aus einer Folge zufälliger Ereignisse besteht, die an sich weder Bedeutung noch Richtung besitzen. Außerdem hatte er sich als Philosoph davon überzeugt, dass die nachaufgeklärte Manier westlicher Intellektueller, über die Vorstellung eines Naturzweckes nur die Nase zu rümpfen, sich fatal auf das Selbstverständnis des Menschen, auf seinen historischen Verantwortungssinn und auf seine Möglichkeiten einer Zukunftsgestaltung auswirken konnte und es auch tat. Irgendwo hatte sich in den Köpfen festgesetzt, dass in einer Welt des Zufalls auch der Mensch nur ein Zufallsprodukt ist, bestenfalls erstarrter Sternenstaub. Dieses Bild lag für Johannes Paul II. an der Wurzel der moralischen Verirrungen des 20. Jahrhunderts mit ihren verheerenden Folgen: Sie hatten dieses Jahrhundert in ein Schlachthaus verwandelt. Er glaubte, für die Rettung der Zivilsation selbst sei es wesentlich, wieder ein Bewusstsein dafür zu erwecken, dass die menschliche Geschichte einer Bahn folgt, voller Möglichkeiten steckt.

Als Erzbischof von Krakau hatte Karol Wojtyła miterlebt, wie Kardinal Wyszyńskis Große Novene und die polnische Tausendjahrfeier von 1966 dazu beigetragen hatten, dass nach zwei Jahrzehnten, in denen Polen zwischen den totalitären Mühlsteinen des Nazismus und des Kommunismus zermahlen worden war, die kulturelle Identität des Landes und sein historisches Gedächtnis immer noch lebendig waren. Er wusste zudem, dass sich die Tausendjahrfeier nicht bloß um die Wiederentdeckung der Vergangenheit drehte: Der nationalen Wurzeln zu gedenken bedeutet, der Nation ein starkes Fundament zu geben, um darauf die Zukunft zu errichten. 1966 feierte Polen weniger die Taufe des Piastenfürsten Mieszkos I. als vielmehr die Vision einer nationalen Zukunft, die an dem Geist festhielt, der von Mieszkos Übertritt zum Christentum ausgegangen war.

Das Eingedenken von Jahrestagen – die Aneignung der Vergangenheit als Startrampe für die Zukunft – gehörte wesentlich zu Karol Wojtyłas Erfahrung als Pole. Und wenn, wie er manchmal sagte, der Hl. Geist es für angebracht hielt, den Erzbischof von Krakau als Oberhirten der katholischen Kirche nach Rom zu führen, dann muss etwas für die Weltkirche, und vielleicht für die Welt, Bedeutendes an seiner Sozialisation in Polen und Krakau gewesen sein.

„2000" war für ihn also nicht eine kalendarische Eigentümlichkeit, sondern eine Gelegenheit zur Verkündigung.

Bereits 1994 hat Johannes Paul den Kardinälen eine längere Denkschrift „Gedanken zum Großen Jubeljahr 2000" gesandt und um Antworten gebeten. Die Denkschrift legte ein anspruchsvolles Jubiläumsprogramm dar: vorbereitende Bischofssynoden auf den fünf Kontinenten, neue ökumenische und interreligiöse Initiativen, eine Revision des offiziellen Martyrologiums der Kirche, um das Blut der Christen, das im 20. Jahrhundert in Mengen vergossen worden war, zu berücksichtigen, und nicht zuletzt eine Gewissensprüfung, in der die Kirche Rechenschaft über ihre Vergehen im Laufe der Jahrhunderte ablegen sollte. Dann rief der Papst die Kardinäle zu einem außerordentlichen Konsistorium zusammen, das am 13. Juni 1994 die Denkschrift und Antworten erörtern sollte.

Johannes Paul II. muss gespürt haben, dass die Männer, die seine ranghöchsten Ratgeber sein sollten, keine große Begeisterung für das Jubiläumsjahr verströmten, denn in seiner Eröffnungsansprache vor dem Konsistorium deutete er das Zweite Vatikanum als ein von der Vorsehung gelenktes Ereignis, das die Kirche auf ihr drittes Jahrtausend vorbereiten half. Auch betonte er, dass das neue Jahrtausend ein verstärktes Streben nach der Einheit der Christenheit gebiete: *„Wir dürfen vor Christus, den Herrn der Geschichte, nicht derart gespalten hintreten, wie wir es während des zweiten Jahrtausends gewesen sind."* Darüberhinaus betonte der Papst die Bedeutung eines neuen Martyrologiums und verteidigte die Zahl der neuen Heiligen, die er so großzügig der Kirche geschenkt hatte, eine Praxis, die von manch einem sehr kritisch beäugt wurde: Die Gaben des Hl. Geistes in den jüngeren Jahrhunderten nicht sehen zu wollen oder herabzusetzen bedeute den „allgemeinen Ruf nach Heiligkeit" in zukünftigen Jahrhunderten, wie das Konzil ihn hat ergehen lassen, nicht zum Nennwert zu nehmen. Es gehe ihm auch nicht um politische Korrektheit in der Kirche, wenn diese in ihrer Vorbereitung auf das neue Jahrtausend Gott um Verzeihung für die Irrtümer und Vergehen ihre Söhne und Töchter während der vorangegangenen 2000 Jahre bitten sollte.[3]

Am Ende der zweitägigen Gespräche verabschiedeten die Kardinäle zwei Erklärungen: Die erste beklagte die in Ruanda stattfindenden Massaker, die zweite unterstützte die Anstrengungen des Papstes, die anstehende Internationale Konferenz über Bevölkerung und Entwicklung in Kairo davon abzuhalten, ein allgemein anerkanntes Recht auf Abtreibung zu proklamieren. Über das große Jubiläumsjahr 2000 ließ das Kardinalskollegium nichts Offizielles verlautbaren, aber es brachte der Möglichkeit, ein so anspruchsvolles Programm, wie der Papst es umrissen hatte, zu organisieren, geschweige denn durchzuführen, nicht gerade wenig Skepsis entgegen.

Nachdem er zunächst auf Zusammenarbeit gesetzt hatte, nahm ein unverzagter Johannes Paul II. die Zügel des großen Jubiäumsjahrs nun durch das apostolische Schreiben *Tertio Millennio Adveniente* [Das kommende dritte Jahrtausend] in die eigene Hand. Es war am 10. November 1994 unterzeichnet und vier Tage später veröffentlicht worden.

Es handelte sich um ein sehr dichtes, ja dichterisches Schriftstück, in dem der Papst die Kirche zunächst daran erinnerte, dass es in der biblischen Religion nicht um die Suche nach Gott geht, sondern darum, dass Gott in die Geschichte eingetreten ist, um uns aufzusuchen, damit wir lernen, dieselbe Straße in der Geschichte zu gehen, die auch Gott genommen hat. Durch den Bund, den Gott mit dem auserwählten Volk Israel eingegangen ist, und durch die Fleischwerdung des Gottessohn „sucht nicht mehr nur der Mensch Gott, sondern Gott kommt in Person, um zum Menschen über sich zu sprechen und ihm den Weg zu zeigen, auf dem er ihn erreichen kann." Im Gott Abrahams, Isaaks und Jakobs vor allem aber „in Christus ist die Religion nicht mehr ein ‚tastendes Suchen' (vgl. Apg 17, 27), sondern *Glaubensantwort* an Gott, der sich offenbart [...]."[4]

Aus diesem Grund ist die Zeit in einer biblischen Weltsicht von größter Bedeutung. Die Zeit ist geheiligt worden, weil „die Ewigkeit in die Zeit eingetreten ist":

> *Im Christentum kommt der Zeit eine fundamentale Bedeutung zu.* Innerhalb ihrer Dimension wird die Welt erschaffen, in ihrem Umfeld entfaltet sich die Heilsgeschichte, die ihren Höhepunkt in der ‚Fülle der Zeit' der Menschwerdung und ihr Ziel in der glorreichen Wiederkunft des Gottessohnes am Ende der Zeiten hat. *In Jesus Christus, dem fleischgewordenen Wort, wird die Zeit zu einer Dimension Gottes,* der in sich ewig ist. [...] Aus diesem Verhältnis Gottes zur Zeit entsteht *die Pflicht, sie zu heiligen.*[5]

Das Volk des biblischen Glaubens hatte seine Pflicht zur Heiligung der Zeit auf unterschiedliche Weise erfüllt: durch die Einhaltung des Sabbats, wiederkehrende Festtage im liturgischen Kalender und durch Jubeljahre. Die Tradition des Jubeljahrs beim Volk Israel war durchsetzt mit Themen wie Befreiung, Versöhnung und Wiederherstellung der Gerechtigkeit, die alle daran erinnerten, dass der Weg des Menschen durch die Geschichte von der Anwesenheit Gottes erhellt ist. Diese Themen fanden Eingang in die christlichen Jubeljahre, ergänzt durch den Glauben, dass in Jesus Christus, die Geschichte ihren Wendepunkt erreicht hat: Denn in der Fleischwerdung des Gottessohnes zeigt sich uns das Antlitz des liebenden Vaters und die Wahrheit über unser Menschsein.[6] Das große Jubeljahr sei, so Johannes Paul, sowohl Danksagung für das Vergangene als auch Hingabe an das Zukünftige, wodurch die Kirche sich einem *„neuen*

Frühling christlichen Lebens“ weihen würde. [7] Im gesamten Schreiben betonte der Papst die Verbindung zwischen dem großen Jubiläumsjahr und dem Zweiten Vatikanum. Mit Verweis auf die vier Hauptdokumente des Konzils skizzierte er ein Jubeljahr, das sich konzentrieren sollte auf die Verehrung Gottes (*Sacrosanctum Concilium*, die Konstitution über die Liturgie), das Wort Gottes (*Dei Verbum*, die Konstituion über die göttlichen Offenbarung), das Geheimnis der Kirche (*Lumen Gentium*, die Konstitution über die Kirche) und die Begegnung der Kirche mit der Welt (*Gaudium er Spes*, die Pastoralkonstitution über die Kirche in der Welt von heute).[8]

Danach legte Johannes Paul das Programm für das große Jubiläumsjahr 2000 dar. Es waren drei Jahre der Vorbereitung geplant, jedes Jahr sollte eine der göttlichen Personen und eine der christlichen Tugenden in den Mittelpunkt stellen: 1997 wäre dann das Jahr Jesu Christi und eine Zeit des Nachdenkens über den Glauben, 1998 das Jahr des Hl. Geistes und eine Zeit des Nachdenkens über Hoffnung, 1999 das Jahr des Vaters und eine Zeit des Nachdenkens über die Liebe. Der Papst würde seine Pilgerreisen zu allen Orten der Erde fortsetzen und zugleich die Jubiläumspilgerfahrt zu den entscheidenen Orten der Heilsgeschichte planen – zu denen, wo Gottes Ruf an das Volk Israel ergangen ist, zu denen, wo Christus gelebt hat, gestorben und auferstanden ist, und zu denen, wo die christliche Mission begonnen hatte. Auch forderte er die Kirche auf, ihr historisches Gewissen eingehender zu prüfen und sich stärker um die Einheit des Christenheit und den interreligiösen Dialog zu bemühen.[9]

Für all das war ein erheblicher Organisationsaufwand nötig, und deshalb wurde ein Zentralkomitee für das große Jubiläumsjahr 2000 eingesetzt. Der Vorsitzende, der Franzose Roger Kardinal Etchegaray, wurde unterstützt von einem Präsidialrat, dem Camillo Kardinal Ruini, der päpstliche Generalvikar für das Bistum Rom, der Nigerianer Francis Kardinal Arinze, Vorsitzender des Päpstlichen Rates für den interreligiösen Dialog, der Australier Edward Kardinal Cassidy, Vorsitzender des Päpstlichen Rates für die Einheit der Christen, und Virgilio Kardinal Noë, Erzpriester des Petersdoms, angehörten. Zu den Mitgliedern des Zentralkomitees zählten Prälaten aus allen Ländern der Weltkirche, der päpstliche Haustheologe, Pater Georges Cottier OP – der auch als Präsident der theologisch-historischen Kommission für das Jubeljahr fungierte –, einige Kurienmitglieder und drei Laien, darunter die an Harvard lehrende Rechtsprofessorin Mary Ann Glendon.[10]

Der Generalsekretär des Zentralkomitees war verantwortlich für die Koordinierung der Planungen für das große Jubeljahr 2000 und später für die Aufsicht über die Jubiläumsereignisse. Diesen entscheidenden Posten besetzte zunächst der italienischen Kuriendiplomat Erzbischof Sergio Sebastiani, der aber im November 1997 durch den effizienteren italienischen Kurienangehörigen, Erzbischof Crescenzio Sepe, abgelöst wurde.[11] Ein Jubiläumsemblem wurde ebenso in Auftrag gegeben wie ein Jubiläumslobgesang. Die Gestaltung des Emblems und die Melodie des Lobgesangs spiegeln beide die in einigen katholischen Kreisen Italiens verbreitete Ansicht, die Kirche würde attraktiver werden, wenn sie sich stärker an den von der zeitgenössischen Popkultur geprägten Geschmack anlehnte.[12] Ein Hochglanzmagazin wurde für diejenigen produziert, die sich über die Arbeit der Kommissionen und Unterkomitees des Zentralkomitees auf dem Laufenden halten wollten: über die Kommission für die neuen Märtyrer, die mit der Vorbereitung des aktualisierten Martyrologiums betraut war, die Pastoralkommission, die Kommission für Kunst und Kultur, die Sozialkommission, das Komitee für die Massenmedien, das Romkomitee, das Jerusalemkomitee, das technische Komitee, das theologisch-historische Komitee, das die delikaten Fragen klären sollte, denen man sich stellen musste, weil der Papst darauf bestand, dass sich die Kirche in Vorbereitung auf einen neuen Frühling der Evangelisierung im dritten Jahrtausend ihrer Geschichte einer Gewissenerforschung unterwarf.

Neben der Vorbereitung war das Zentralkomitee – und die entsprechenden Behörden der römischen Kurie – verantwortlich dafür, im Jubiläumsjahr Feierlichkeiten für einzelne Berufsgruppen zu organisieren, so dass praktisch jeder gesellschaftliche Stand und jede gesellschaftliche Gruppe im Jahr 2000 sein eigenes Jubiläum haben würde – auch das eine Neuerung des von Johannes Paul II. entworfenen Jubiläumsjahrs.

Während der Heilige Stuhl sich auf das große Jubiläumsjahr einstellte, bereitete sich die Stadt Rom auf den Ansturm der Jubiläumspilger vor. Die Fassade des Petersdoms wurde gereinigt, ein Unternehmen, das der päpstliche Sprecher Joaquín Navarro-Valls als „Restaurierung des Jahrhunderts" bezeichnete.[13]

In zwei arbeitsreichen Jahren fanden kontinentale Bischofssynoden mit Blick auf das große Jubiläumsjahr statt, so dass die Kirche in allen Weltgegenden über die spezifischen Errungenschaften der vergangenen zwei Jahrtausende und die einzigartigen Herausforderungen des 21. Jahrhunderts nachdenken konnte. [14]

Mysterium Incarnationis [Das Geheimnist der Menschwerdung], die Verkündigungsbulle, mit der offiziell das große Jubiläum im Jahr 2000 ausgerufen wurde, erschien am 29. November 1998, am ersten Sonntag im Advent. Ihr Titel, der den beiden ersten Worten des lateinischen Textes entnommen ist, fasst Johannes Pauls II. Antwort auf die Frage „Warum 2000?" zusammen. Die Antwort habe bereits der hl. Paulus in seinem Brief an die Epheser und in seiner Lobpreisung des Geheimnisses der Menschwerdung gegeben:

> Gepriesen sei der Gott und Vater unseres Herrn Jesus Christus: Er hat uns mit allem Segen seines Geistes gesegnet durch unsere Gemeinschaft mit Christus im Himmel. Denn in ihm hat er uns erwählt vor der Erschaffung der Welt, damit wir heilig und untadelig leben vor Gott; er hat uns aus Liebe im voraus dazu bestimmt, seine Söhne zu werden durch Jesus Christus und nach seinem gnädigen Willen zu ihm zu gelangen. [...] Er hat uns das Geheimnis seines Willens kundgetan, wie er es gnädig im voraus bestimmt hat: Er hat beschlossen, die Fülle der Zeiten heraufzuführen, in Christus alles zu vereinen, alles, was im Himmel und auf Erden ist (*Eph* 1, 3-5.9-10).

In diesen Worten liege der poetische Kern der paulinischen Verkündigung, dass „ die Heilsgeschichte in Jesus Christus ihren Höhepunkt und letzten Sinn findet." Der Lobgesang des Apostels lehre uns zudem, dass die „Geburt Jesu in Betlehem kein Ereignis ist, das sich in die Vergangenheit verbannen ließe. Denn vor ihm steht die ganze Menschheitsgeschichte: unsere Gegenwart und die Zukunft der Welt werden von seinem Dasein erleuchtet." „In der Begegnung mit Christus", der „wahren Neuheit, die jede Erwartung der Menschheit übersteigt" entdeckt daher jeder Mensch, zu jeder Zeit, an jedem Ort, „das Geheimnis seines eigenen Lebens" und erfährt, dass „niemand von der Liebe Gottes getrennt werden kann, es sei denn durch eigene Schuld", denn „die Gnade der Barmherzigkeit kommt allen entgegen."[15]

Dann spricht der Papst über verschiedene Gebräuche, die sich im Laufe der Zeit in der katholischen Kirche mit dem Jubiläumsjahr verbunden haben: über die Wallfahrt, die „auf die Situation des Menschen anspielt, der sein Leben gern als einen Weg beschreibt", über die heilige Pforte, die „an den Übergang von der Sünde zur Gnade erinnert, den zu vollziehen jeder Christ aufgerufen ist" und über den Ablass, in dem „sich die Fülle des Erbarmens des Vaters offenbart". Ablässe, Akte der Frömmigkeit, die einen Nachlass der „zeitlichen Sündenstrafe" in dem von den Katholiken traditionell „Fegefeuer" genannten Läuterungsort bewirken, waren in der Reformation Gegenstand heftigster Streitigkeiten. In *Mysterium Incarnationis* stellt Johannes Paul den Ablass als einen Brauch dar, der das „Übermaß an Liebe" erkennt, dass der Kirche von den Heiligen zuwächst, zu denen die Männer und Frauen der Kirche heute in eine „geistliche Gemeinschaft" treten und daraus Kraft schöpfen können, was wieder einmal von der Wahrheit zeuge, dass „keiner nur für sich allein lebt".[16]

Diese herkömmlichen „Zeichen" eines Heiligen Jahrs erweiterte Johannes Paul dann um die drei Aspekte, die ihm seit 1994 am Herzen gelegen haben: um die Gewissenserforschung der Kirche und das Eingeständnis früherer Sünden ihrer Kinder, um besondere Anstrengungen der Caritas, insbesondere mit Blick auf die Schuldenlast der armen Länder, und um das erneuerte Gedenken an die Märtyrer der Kirche, vor allem an ihre jüngeren.[17] Die Verkündigungsbulle schloss mit den Bedingungen für die Erlangung des Jubiläumsablasses, denen noch besondere Akte der Bußfertigkeit und Spendenbereitschaft hinzugefügt wurden, beispielsweise der Einsatz für obdachlose Kinder, für in Schwierigkeiten geratene Jugendliche oder für bedürftige Alte.

Im Spätjahr 1999, als die Vorbereitungen unter der Leitung von Erzbischof Sepe, von Bischof James H. Harvey, dem Präfekten des päpstlichen Haushalts und von Bischof Stanisław Dziwisz, dem langjährigen Sekretär des Papstes, standen, erklärte sich Johannes Paul II. einverstanden, an seinem Terminkalender für das Jubiläumsjahr einige Änderungen vorzunehmen.[18] *Ad limina* Besuche, die jeder katholische Bischof alle fünf Jahre in Rom abstatten musste, und auf die Johannes Paul zuvor etwa 40 % seiner Zeit verwandt hatte, wurden für 2000 ausgesetzt. Die letzte solcher Gruppen von Prälaten, die der Papst empfing, waren die Bischöfe der Dominikanischen Republik, mit denen er am 11. Dezember 1999 zusammentraf. (Zuvor hatte der Papst im Herbst die Bischöfe aus Sambia, Malawi, dem Tschad, Burundi, Puerto Rico, Litauen, Lettland, Kanada, der Zentralafrikanischen Republik, Deutschland und Portugal willkommen geheißen.) In Anbetracht der Tatsache, dass er neben dem Internationalen Eucharistischen Kongress im Juni und dem Weltjugendtag im August auch alle Feiern für die verschiedenen Berufsgruppen leiten wollte, war der Papst zudem bereit, jeden Dienstag im Jahr 2000 zu einem Ruhetag zu machen: Ein Tag in den Hügeln außerhalb Roms würde, wenn das Wetter es erlaubte, eine willkommene Erholung bieten.

Eine offene Pforte

Während der katholische Brauch des Jubeljahres weitzurückliegende Wurzeln im Alten Testament hat, lässt sich der Ursprung der „heiligen Jahre“ recht genau datieren: Am 22. Februar 1300 veröffentlichte Papst Bonifatius VIII. die Bulle *Antiquorum habet fida relatio* und rief damit das erste heilige Jahr aus, das nach dem Wille von Bonifatius alle hundert Jahre stattfinden sollte. Das Jubiläumsjahr erfreute sich jedoch solcher Beliebtheit, dass es 1350, 1390 und 1423 wiederholt wurde, bevor es dann 1450 in der Mitte des Jahrhundert wieder gefeiert wurde, um dann, beginnend 1475, alle 25 Jahre abgehalten zu werden. 1423 öffnete Papst Martin V. zum Auftakt des Jubiläums die erste heilige Pforte in der päpstlichen Lateranbasilika. Die erste bezeugte Öffnung der heiligen Pforte im Petersdom fand Weihnachten 1499 statt, um das Jubeljahr 1500 einzuläuten. Auf dieses Jahr geht auch das Öffnen der heiligen Pforten in allen drei großen römischen Basiliken zurück: in der Lateranbasilika, in Santa Maria Maggiore und St. Paul vor den Mauern. Wie das rituelle Öffnen der heiligen Pforte vonstatten zu gehen hatte, wurde von Johannes Burckhard, dem päpstlichen Zeremonienmeister, für die Feierlichkeiten in der Christnacht 1499 festgelegt. Seitdem hat sich daran nichts Wesentliches geändert. Die größte Veränderung im Ritus wurde 1975 vorgenommen, als die bronzene heilige Pforte nicht mehr von Außen, sondern nur noch von Innen zugemauert wurde.

In *Tertio Millennio Adveniente* schreibt Johannes Paul II.: „Die Heilige Pforte des Jubeljahres 2000 wird in symbolischer Hinsicht größer sein müssen als die vorhergehenden, weil die Menschheit, wenn sie an jenem Ziel angekommen ist, nicht nur ein Jahrhundert, sondern ein Jahrtausend hinter sich gelassen hat.“[19] Deshalb und weil der Papst im großen Jubiläum Gottes Gnade hervorheben wollte, erfuhr die Symbolik des Ritus in der Christnacht eine weitere Entwicklung: Der Papst schlug nicht mit einem Hammer gegen die innere, die heilige Pforte verschließende Mauer, wie es zuvor üblich gewesen war. Stattdessen hatte man das innere Mauerwerk, mit dem am Ende des vorangegangenen Jubeljahres die heilige Pforte versiegelt worden war, bereits beseitigt, so dass der Papst nur noch leicht gegen die beiden bronzenen Türflügel drücken musste, um die Pforte aufzustoßen. Das große Jubeljahr 2000 würde nicht mit dem Niederreißen der Mauer beginnen, sondern mit dem Öffnen der Tür: Denn Christus ist die Tür, durch die die Schafherde eintritt, um auf saftiger Weide den Vater der Barmherzigkeit zu finden [Joh 10,9].

Und so trat Johannes Paul II. in der Christnacht 1999 an die heilige Pforte des Petersdoms, gehüllt in einen schimmernden, ganz modern in Rot, Gold und Blau gewirkten Mantel, dessen Muster sich in der Verzierung der Messgewänder und Mitren der Prälaten wiederholte, die mit ihm die Christmette feierten. Bei der rituellen Öffnung der Pforte rief er die Heilige Dreieinigkeit an und dankte dem Vater, dem Sohn und dem Hl. Geist für die Gnadengaben, die sie über die Kirche in den vergangenen drei Jahren der Vorbereitung ausgeschüttet hatten. Ein Diakon rezitierte den Abschnitt aus dem Lukasevangelium, in dem Jesus in der Synagoge von Nazareth die Schriftrolle des Propheten Jesaja nimmt, den Abschnitt liest, in dem ein Gnadenjahr ausgerufen wird, das die Gefangenen aus dem Gefängnis führt, die Blinden sehend macht und den Unterdrückten ihre Freiheit gibt, und dann verkündet: „Heute hat sich das Schriftwort, das ihr gehört habt, erfüllt." [Lk 4,21]. Johannes Paul schritt dann zur heiligen Pforte und betete im Wechselgesang mit den Anwesenden:

> Dies ist die Tür des Herrn./Die Gerechten werden durch sie eintreten. Ich werde gehen zu deinem Haus, o Herr./Anbetend werfe ich mich in deinem heiligen Tempel nieder.
>
> Öffne mir die Tore der Gerechtigkeit./Ich werde durch sie hindurchgehen und dir Dank sagen, Herr.

Schließlich, die Lichter in der riesigen Basilika waren verdunkelt, legte Johannes Paul II. seine Hände auf die beiden Flügel der heiligen Pforte und drückte sanft dagegen, bevor er in stillem Gebet unter dem Bogen niederniete und sein Haupt beugte. In seinen Händen hielt er den silbernen Hirtenstab mit dem gekreuzigten Christus, mit dem er einst bei der Antrittsmesse zu seinem Pontifikat die Menge begrüßt hatte, und schwenkte ihn vor und zurück, als wäre er ein großes Glaubensschwert.

Man musste schon sehr verstockten Herzens sein, um nicht zu erkennen, dass hier ein Mann den erhabendsten Augenblick seines Lebens erfuhr, zu dem ihn seine neunundsiebzig Jahre hingeführt hatten – und er tat es auf eine Weise, dass er damit über sich hinaus auf Christus, die Tür, wies.

Fünfeinhalb Jahre zuvor hatte mehr als ein kirchlicher Würdenträger gemeint, es sei unmöglich ein Jubeljahr in der Form auszurichten, wie Johannes Paul II. es sich vorstellte. Doch jetzt, wo die Welt auf den Mann blickte, der auf der Schwelle der heiligen Pforte des Petersdoms niederkniete, war, was unmöglich erschienen war, Wirklichkeit geworden – nicht zuletzt durch den unerschütterlichen Willen von Johannes Paul II. selbst. Das mag jedoch zu psychologisch klingen, so als ginge es um Eigensinn oder Starrköpfigkeit. Es war indes der unerschütterliche Glaube von Johannes Paul II., seine Überzeugung, dass die Menschwerdung tatsächlich der Höhepunkt in der Menschheitsgeschichte ist, die ihn am Weihnachtsabend 1999 zur heiligen Pforte führte und damit zum Höhepunkt seines Pontifikats.

Als der Chor sang „Christus gestern und heute/das Ende und der Anfang/Christus Alpha und Omega/ihm sei Preis in Ewigkeit“, erhob sich der Papst und ging zur tragbaren Kathedra in der Vorhalle zurück, während Katholiken aus Asien, Australien und Ozeanien die heilige Pforte mit Blumen schmückten, mit Duftwassern besprenkelten und afrikanische Katholiken traditionelle Hörner bliesen. Diese vom päpstlichen Zeremonienmeister Bischof Piero Marini eingeführten Neuerungen sollten nun, da die gesamte katholische Kirche symbolisch durch die heilige Pforte über die Schwelle des dritte Jahrtausends schritt, den Blick auf die neuen Kirchen des zweiten Jahrtausends lenken. Dann ging der Papst wieder zu der jetzt geschmückten Pforte, stand unter ihrem Bogen, hob für die innen versammelte tausendköpfige Menge das Evangelienbuch hoch und führte dann die Prozession auf dem Mittelgang des Doms zum Altar, um die Christmette zu feiern.

Beim Hochaltar angekommen wurde das Evangelienbuch niedergelegt und mit Weihrauch beräuchert. Danach sangen der Diakon und der Chor im Wechselgesang die Verkündigung des großen Jubiläums 2000 und umittelbar anschließend das *Gloria*, den liturgischen Lobgesang, der auf den Gruß der Engel an die Hirten in der ersten Weihnachtsnacht zurückgeht. Nach der Verlesung der Weihnachtsgeschichte bei Lukas sowohl in lateinischer als auch griechischer Sprache, segnete Johannes Paul II., jetzt in ein weniger auffälliges, weißes Messgewand gekleidet, die Versammlung mit dem Evangelienbuch und hielt seine erste Predigt im neuen Jahrtausend.[20]

Wie ihm eigentümlich, erinnerte er zunächst daran, dass die Gläubigen nichts zu befürchten haben: „In dieser Heiligen Nacht richtet sich der Engel an uns, die Männer und Frauen am Ende des Jahrtausends: ‚Fürchtet euch nicht, denn ich verkünde euch eine große Freude: Heute ist euch in der Stadt Davids der Retter geboren‘ (Lk 2,10-11). Mit diesen Worten werde „das ‚Heute‘ unserer Erlösung Wirklichkeit“, denn heute verbänden „wir uns mit jenem besonderen Augenblick der Geschichte, da Gott Mensch wurde und unser Fleisch annahm“. Dieser Augenblick hat der Geschichte auf ewig einen anderen Lauf gegeben, denn nun sei das „unvergleichliche ewige ‚Heute‘ Gottes in den alltäglichen Dingen des Menschen gegenwärtig“ geworden. An dieser Wahrheit habe sich die Kirche zwei Jahrtausende aufgerichtet und diese Wahrheit wolle „die Kirche dem dritten Jahrtausend weitergeben“– denn „seit der Nacht von Betlehem ist sich die Menschheit bewußt, daß Gott Mensch geworden ist: Gott ist Mensch geworden, um dem Menschen an seiner göttlichen Natur Anteil zu geben.“ Und daher bekennt die Kirche in dieser Nacht der Nächte ihren Glauben und betet: „Du Christus, Sohn des lebendigen Gottes, sei für uns die Tür! Sei für uns die wahre Tür – dargestellt von jener Tür, die wir in dieser Nacht feierlich geöffnet haben! Sei für uns die Tür, die uns ins Geheimnis des Vaters einführt. Gib, daß niemand ausgeschlossen bleibt, wenn der Vater seine erbarmenden Hände zum Friedensgruß ausbreitet!“[21] Auf das Thema von Christus als Tür kam Johannes Paul auch in seiner Botschaft zum traditionellen Weihnachtssegen *Urbi et Orbi* zurück, die er um die Mittagsstunde vom Zentralbalkon des Petersdom ergehen ließ. Er rief die Menschen auf, sich zu Christus hinzuwenden, der „Tür zu unserem Heil", der „Tür zum Leben" und der „Tür zum Frieden" und darum zu bitten, dass sich die „Gesetzgeber und Regierenden, Männer und Frauen guten Willens, überall auf der Erde darum mühen, das menschliche Leben als wertvolle Gabe anzunehmen".[22] Am Nachmittag öffnete der Papst die heilige Pforte an seiner Kathedrale, der Lateranbasilika, und predigte bei der Feier der zweiten Weihnachtsvesper. Der Papst betete dafür, dass dieses weihnachtliche „Geheimnis der Heiligkeit und der Hoffnung" die römische Diözese erfülle, damit diese besondere „ Dimension der Heilsgeschichte, verbunden mit der Gnade der Jubiläen und dem geschichtlichen Gedächtnis der Kirche von Rom", wachsen möge „im Glauben und in missionarischer Begeisterung", denn diese seien „das erste Erbe der Apostel Petrus und Paulus".[23]

Die erste Woche des großen Jubiläums von 2000 ging mit dem traditionellen *Te Deum* und der Feier der ersten Vesper des Hochfestes der Gottesmutter Maria am Abend des 31. Dezembers 1999 zu Ende. Die *Sediarii,* die einst den Pontifex auf der *sedia gestatoria,* einer Art päpstlicher Sänfte, getragen hatten, schoben den Papst langsam den Mittelgang des Petersdoms auf einem rollenden Podest hinauf. Dabei ließ der Papst immer wieder halten, um Hände zu schütteln oder ein Kleinkind zu streicheln. In seiner Vesperpredigt, einer Meditation über die Zeit und das Eingebundensein des Menschen in Zeit und Geschichte, unterstrich er den an alle ergehenden Ruf zur Heiligkeit und dankte Gott „für die Heiligen dieses Jahrhunderts: für diejenigen, die zur Ehre der Altäre erhoben wurden, und für jene, zahlenmäßig viel mehr, uns unbekannten, welche die Zeit geheiligt haben durch ihre treue Hingabe an den Willen Gottes." Denn sie erinnerten uns daran, dass Christus der Herr der Zeit ist, Christus, der derselbe ist „gestern, heute und für immer" und „das Ziel der Erwartungen aller Menschen".[24] Kurz nach Mitternacht trat der Papst an das Fenster der päpstlichen Gemächer im Apostolischen Palast, segnete die ungeheure Menge, die dichtgedrängt auf dem Petersplatz stand und sagte: „Wenn ich jetzt die Schwelle zum neuen Jahr überschreite, dann würde ich gern an die Türen eurer Wohnungen klopfen, um jedem meine herzlichen Wünsche zu einem glücklichen neuen Jahr zu überbringen. Möge es erhellt werden von dem Licht, das von Bethlehem ausgehend in das ganze Universum strahlt! [...] Ich danke euch! Euch allen ein frohes neues Jahr! Gelobt sei Jesus Christus!"[25]

Und für noch eine Neuerung war Johannes Paul gut: Er öffnete alle heiligen Pforten der vier Patriarchalbasiliken Roms; so auch am 1. Januar 2000, dem Hochfest der Gottesmutter Maria und dem jährlichen päpstlichen Weltfriedenstag, die heilige Pforte der liberianischen Basilika Santa Maria Maggiore. Er bat Maria, die Königin des Friedens, um ihre Fürsprache und legte ihr „die Tage des neuen Jahres, die Zukunft der Kirche, die Zukunft der Menschheit und die Zukunft des ganzen Universums" ans Herz.[26] In seiner Botschaft zum Weltfriedenstag 2000 sprach Johannes Paul über die einschlägigen Themen: Die Achtung vor den Menschenrechten und der Würde jedes einzelnen Menschen sei die unabdingbare Grundlage des Friedens; Verbrechen gegen die Menschlichkeit dürften nicht als innere Angelegenheit eines Landes betrachtet werden und bei einem stattfindenden oder drohenden Völkermord sei eine humanitäre Intervention Pflicht; eine echte internationale Gemeinschaft lasse sich nur in einer „Kultur der Solidarität" errichten, in der die Armen „Vorkämpfer ihrer eigenen Entwicklung" sind und dazu befähigt werden, „die Kreativität zu entfalten, die ein typisches Merkmal der menschlichen Person ist und von der auch der Reichtum der Nationen abhängt." Am Schluss kam der Papst auf ein Thema zu sprechen, das er bereits 1995 bei seiner Rede vor der Generalversammlung der Vereinten Nationen angeschnitten hatte. Das allgemeine Sittengesetz, das die Vernunft uns erkennen lässt, stifte eine „‚Grammatik' des Geistes", die ein wüstes Stimmengewirr in einen echten Dialog über die Probleme verwandelt, „die von der Zukunft des Menschen aufgeworfen werden".[27]

In der zweiten Woche des großen Jubiläums erlebte man einen nicht weniger tatkräftigen Johannes Paul II. Am 2. Januar traf er Zehntausende von Kindern auf dem Petersplatz, die alle zum *Jubiläum der Kinder* gekommen waren, und begrüßte am nächsten Tag in der Sala Clementina persönlich mehr als zweihundert Studenten, Lehrende und Freunde eines gemeinsamen Seminars von Amerikanern und Europäern zu Fragen der katholischen Soziallehre. Am 4. Januar bewirtete der Papst die gesamte Fakultät, scherzte über das kleine Luftschiff, das über dem Petersplatz schwebte („Sehen Sie? *Buon Anno*!") und zeigte seinen Gästen die *Kazanskaja*, die unbezahlbare, alte russische Ikone, die er eines Tages persönlich nach Moskau zurückzubringen hoffte.[28] Am 18. Januar öffnete er dann die letzte der vier heiligen Pforten, die von St. Paul vor den Mauern. Er lud dazu den anglikanischen Erzbischof George Carey und den Metropoliten Athanasius des ökumenischen Patriarchats von Konstantinopel ein. Diese einzigartige ökumenische Geste bildete den Auftakt zu der jährlichen Gebetswoche für die Einheit der Christen. Mit seinen Vertretern aus 22 christlichen Gemeinschaften stellte der in der Basilika an der Straße nach Ostia abgehaltene Wortgottesdienst die größte ökumenische Versammlung in Rom seit dem Zweiten Vatikanum dar.[29] In seiner Predigt rief Johannes Paul alle Anwesenden auf, „dem ökumenischen Bemühen neuen Auftrieb zu geben", denn von der Überwindung der Spaltungen der einen Kirche, die sich in den letzten zwei Jahrtausenden ereignet haben, hänge „zum großen Teil die Zukunft der Evangelisierung ab, die Verkündigung des Evangeliums an die Männer und Frauen unserer Zeit".

Der Papst, der sich unermüdlich dafür eingesetzt hatte, dass seine einander entfremdenden Brüder gemeinsam mit ihm die Schwelle des dritten Jahrtausends überschreiten, beschloss diese letzte Pfortenöffnung des großen Jubiläums von 2000 mit einer beredten Bitte und einem tiefempfundenen Gebet:

> Von dieser Basilika aus, wo wir heute so hoffnungsfroh versammelt sind, richte ich den Blick in das neue Jahrtausend hinein. Ein Wunsch, der mir aus dem Herzen kommt, wird zum eindringlichen Gebet vor dem Thron des Ewigen: In nicht allzu ferner Zukunft mögen die endlich ausgesöhnten Christen wieder gemeinsam als ein einziges Volk, dem Plan des Vaters gehorsam, ihren Weg gehen kön-

nen. Sie sollen ein Volk sein, das in der Freude erneuerter Brüderlichkeit mit einer Stimme wiederholen kann: „Gepriesen sei der Gott und Vater unseres Herrn Jesus Christus: Er hat uns mit allem Segen seines Geistes gesegnet durch unsere Gemeinschaft mit Christus im Himmel" (Eph 1,3).

Unser Herr Jesus Christus erhöre unsere Gebete und unsere brennende Bitte. Amen![30]

Am 23. Januar erholte sich Johannes Paul II. von den öffentlichen Ereignissen des Großen Jubiläums, indem er den berühmten polnischen Regisseur Andrzej Wajda und die Besetzung seines neuen Films *Pan Tadeusz* zu einer Messe einlud und hinterher einer Privatvorführung des Films im Vatikan beiwohnte. Für Karol Wojtyła, der 1942, zur Zeit der Nazibesetzung Polens, Mieckiewiczs Klassikers mit dem Rhapsodischen Theater aufgeführt hatte, war dies ein sehr emotionales Erlebnis. Danach verblüffte der Papst Regisseur und Schauspieler damit, dass er lange Passagen aus Mickiewiczs Versepos auswendig deklamierte.[31]

Auf den Spuren Abrahams und Moses

Die *ad limina*-Besuche der Bischöfe mögen zwar für das Jubeljahr ausgesetzt worden sein, und der Papst mag sich bereit gefunden haben, einen Ruhetag in der Woche einzulegen, aber sein Terminkalender war trotzdem ungeheuer voll. Am 6. Januar, dem Hochfest der Erscheinung des Herrn, weihte Johannes Paul im Petersdom zwölf neue Bischöfe. Am 9. Januar, am Fest der Taufe des Herrn, taufte er in der Sixtinischen Kapelle achtzehn Kinder aus Italien, Brasilien, den Vereinigten Staaten und der Schweiz. Am 10. Januar empfing er wie jedes Jahr das beim Heiligen Stuhl akkreditierte diplomatische Corps. Als er zu den Politikern des 21. Jahrhunderts von den Erfahrungen des 20. Jahrhunderts sprach, warb er leidenschaftlich für Solidarität, Religionsfreiheit und dafür, dass die Gegenwart Gottes in den menschlichen Angelenheiten wieder spürbarer wird:

> Der hier zu Ihnen spricht, Exzellenzen, meine Damen und Herrn, war Weggefährte mehrerer Generationen des gerade zu Ende gegangenen Jahrhunderts. Er hat die schweren Prüfungen seines Herkunftsvolkes wie auch die dunkelsten Augenblicke, die Europa erlebte, geteilt. Vor mehr als einundzwanzig Jahren Nachfolger Petri geworden, fühlt er sich mit einer universalen Vaterschaft betraut, die alle Männer und Frauen unserer Zeit umfaßt ohne jeden Unterschied. Er möchte heute durch Ihre Mittlerschaft – Sie vertreten hier beinahe alle Völker der Erde – an jedes Herz eine vertrauliche Mitteilung richten: Da sich die Tore eines neuen Jahrtausends geöffnet haben, nimmt der Papst den Gedanken auf, daß die Menschen endlich anfangen könnten, aus der Vergangenheit Lehren zu ziehen. [...]
>
> Mir kommen die Worte in Erinnerung, die das Deuteronomium Gott selbst in den Mund legt: „Hiermit lege ich dir heute das Leben und das Glück, den Tod und das Unglück vor. [...] Wähle also das Leben, damit du lebst" (Dtn 30,15–19).[32]

Mit der *Heiligjahrfeier des Geweihten Lebens* (2. Februar, Fest der Darstellung des Herrn), der Heiligjahrfeier der Kranken (11. Februar, Gedenktag Unserer lieben Frau von Lourdes), der *Heiligjahrfeier der Künstler* (18. Februar, ein Tag vor dem Gedenktag für Fra Angelico, den Johannes Paul 1982 seliggesprochen hatte) und der Heiligjahrfeier für die ständigen Diakone (19. Februar) setzten sich die feierlichen Ereignisse im Februar fort. Im Rahmen der *Heiligjahrfeier der Kranken* fand auf dem Petersplatz auch ein Licht- und Tonfestival statt, wobei Tausende von Pilgern an einer Marienprozession *aux flambeaux* teilnahmen, wie man sie auch von Lourdes kennt.[33]

Seine persönliche Pilgerfahrt im Jubiläumsjahr zu den Orten, die eng mit der Heilgeschichte verbunden sind, wollte Johannes Paul in der Heimat Abrahams beginnen: „Ich würde mich nämlich, wenn es Gottes Wille ist, gern nach Ur in Chaldäa, dem heutigen Tal al Muqayyar im südlichen Irak begeben – in die Stadt also, wo nach biblischem Bericht Abraham das Wort des Herrn vernahm. Dieses Wort entriß ihn seinem Land, seinem Volk und in gewissem Sinn sich selbst, um ihn zum Werkzeug eines Heilsplans zu machen, der das künftige Bundesvolk und alle Völker der Welt umfasste."[34] Was immer Gottes Wille in dieser Frage war, es war der Wille von Saddam Hussein, dem irakischen Diktator, der es schließlich für Johannes Paul unmöglich machte, seine Pilgerfahrt im Heiligen Jahr so wie er es sich wünschte zu beginnen.

In seinem *Schreiben über die Pilgerfahrt zu den Stätten, die mit der Heilsgeschichte verbunden sind* vom Juni 1999 hatte der Papst ausdrücklich erklärt, dass es sich „sowohl ihrem Wesen nach als auch im Hinblick auf ihre Zielsetzungen um eine ausschließlich religiöse Pilgerfahrt" handelt. Und er begründete dies so: „Wenn wir uns im Geist des Gebets in dem Raum, der vom Wirken Gottes besonders geprägt ist, von einem Ort zum anderen und von einer Stadt zur anderen bewegen, hilft uns das nicht nur, um unser Leben als Weg zu erfahren. Es vermittelt uns auch plastisch die Vorstellung von einem Gott, der uns vorausgegangen ist und vor uns hergeht. Er hat sich selbst auf den Straßen der Menschen auf den Weg gemacht. Er ist ein Gott, der uns nicht von oben betrachtet, sondern unser Weggefährte geworden ist." Er fügte dann noch hinzu: „Es würde mir leid tun, wenn jemand dieses Vorhaben anders deuten sollte." Saddam Hussein sah aber in dem Herzenswunsch von Johannes Paul nichts als eine politische Chance für sich und verlangte vom Papst, dass er sich dem Verbot der UNO von Direktflügen in den Irak widersetzte. Ganz im Geiste der traditionellen Politik des Vatikan hatte der Papst sich lange gegen die Sanktionen gegen den Irak ausgesprochen; doch er wollte nicht zulassen, dass er oder seine Pilgerfahrt zu einer Figur im Schachspiel zwischen Saddam und den Vereinten Nationen würde. Ende 1999 musste er sich jedoch zögernd eingestehen, dass der irakische Diktator es ihm verwehrte, die erste Station seiner Jubiläumspilgerreise so zu gestalten, wie sie gestaltet werden musste. Am 10. Dezember 1999 erklärte Joaquín Navarro-Valls gegenüber der Presse, laut Mitteilung des Iraks würden die „anomalen Bedingungen", die auf das internationale Embargo nach dem Krieg und die Flugverbotszonen im Norden und Süden des Landes zurückgingen, „eine angemessene Organisation für einen Besuch des Heiligen Vaters nicht zulassen". Es gab keinen Grund, sich weiter über die primitiven Versuche des irakischen Regimes auszulassen, die Angelegenheit für eigene Propandazwecke auszunutzen.[35]

Wenn Johannes Paul nicht nach Ur gehen konnte, so musste das Ur seiner religiösen Phantasie nach Rom kommen, damit Johannes Paul eine „spirituelle Pilgerfahrt" in Abrahams Heimat machen konnte. Am 23. Februar 2000 wurde der vatikanische Audienzsaal „Paul VI." für eine Feier des Wortes zum Gedenken an Abraham, Vater aller Gläubigen, entsprechend hergerichtet. Das Podium im hinteren Teil des Audienzsaals wurde mit Eichen geschmückt, um an die Terebinthen von Mamre zu erinnern, unter denen Abraham sein Zelt aufgeschlagen und Gott geopfert hat. Rechts von drei Kupferkübeln mit brennenden Kerzen lag ein unbehauener Stein, der vielleicht wie jener aussah, auf dem Isaak geopfert werden sollte, und wie die Altäre, die Abraham auf seiner Reise errichtete. Neben dem Stein befand sich der Blickfang des Podiums: eine Reproduktion der vielleicht wunderbarsten Ikone, Andrej Rubljows Darstellung der drei Engel, die Abraham besuchen. Christen haben diese Szene lange als eine Vorwegnahme der Dreifaltigkeit gesehen. Johannes Paul saß neben der Ikonenabbildung auf einem kleinen roten Thron. Der Audienzsaal war mit Tausenden von Pilgern gefüllt und noch sehr viel mehr erlebten die Gedächtnisfeier auf einer riesigen Leinwand auf dem Petersplatz mit. Nach dem Abspielen eines Videos, das die Ruinen von Ur zeigte und die Flüsse Kanaans, des Lands der Verheißung, wurde aus der *Genesis* vorgelesen: Wie Gottes Ruf an Abraham erging, wie Gott einen Bund mit ihm einging, die dramatische Opferung Isaaks. Es folgten Lesungen aus dem Römer- und dem Hebräerbrief von Paulus, in dem Abraham als Vater aller Gläubigen gepriesen wird, und aus dem Johannesevangelium wurde jene Stelle verlesen, in der Jesus ausruft, dass „euer Vater Abraham jubelte, weil er meinen Tag sehen sollte" [Joh 8, 56]. In seiner Predigt betonte Johannes Paul, dass es Abrahams bedingunglose Unterwerfung unter den Willen Gottes war, die ihn nicht nur zum Stammvater eines großen Volkes gemacht hat, sondern zum Vater aller, die an den einen wahren Gott glauben. Abrahams Glaube habe über die Jahrhunderte die nie endende Herausforderung dargestellt, die ungeheure Breite und Tiefe der göttlichen Verheißung zu begreifen: Denn „das Land, zu dem sich der von Gottes Stimme geleitete Mann aufmacht, *gehört nicht ausschließlich zu der Geographie dieser Welt.*" Abrahams Leben und Gottes Erfüllung der an ihn ergangenen Verheißung verweisen darauf, dass der Mensch letztlich für ein gelobtes Land bestimmt ist, „das nicht dem Diesseits angehört". Diese Bestimmung erfüllten wir nur im „Gehorsam des Glaubens". Am Schluss der Gedächtnisfeier wurde auf dem Stein Weihrauch verbrannt, zum Zeichen der Verehrung des einen wahren Gottes, die mit Abraham begonnen hatte.[36]

Am Tag darauf, am 24. Februar, flog Johannes Paul nach Kairo, der ersten Station seiner Pilgerfahrt zum Berg Sinai, wo Moses dem „Gott deines Vaters, dem Gott Abrahams, dem Gott Isaaks und dem Gott Jakobs" begegnet war [Exodus 3, 6]. Beim Empfang auf dem Flughafen durch Ägyptens Präsident Hosni Mubarak und religiöse Würdenträger der Stadt sprach der Papst sogleich das Motto an, unter dem dieser Abschnitt seiner Jubiläumspilgerfahrt stand. Er dankte nämlich dem ägyptischen Staatsoberhaupt dafür, dass er es ihm ermöglicht habe, „dorthin gehen zu dürfen, wo Gott [...] sein Gesetz als Zeichen seiner großen Gnade und Zuneigung zu seinen Geschöpfen gab." Im Anschluss daran begab Johannes Paul sich in die Residenz des koptisch-orthodoxen Patriarchen Papst Shenoudas III. und bemerkte, als Nachfolger Petri fühle er sich wie zuhause beim Nachfolger von Markus, der nach der Überlieferung Gründer der Kirche von Alexandrien und langjähriger Gefährte des Petrus war. Später am selben Tag besuchte Johannes Paul das geistige Zentrum des sunnitischen Islam, die Kairoer Al-Azhar Universität. Dort traf er mit Großscheich Muhammad Sayyid Tantawi, dem geistigen Oberhaupt der Sunna, zusammen und wurde begeistert von anderen muslimischen Gelehrten und religiösen Würdenträgern begrüßt, die, wie es schien, dem Papst so nah wie möglich kommen wollten.[37]

Vor 15 000 Gläubigen aus den örtlichen Gemeinden der Armenier, Chaldäer, Kopten, Griechen, des lateinischen Ritus, der Maroniten, Melkiten und Syrer griff Johannes Paul in seiner Predigt im Kairoer Sportpalast das Thema des uns befreienden Gesetzes wieder auf. Die Zehn Gebote seien das Geschenk Gottes an ein vor kurzem noch versklavtes Volk, auf dass es nicht weder in die Gewohnheiten von Sklaven zurückfällt. Das gleiche Geschenk ergehe an diejenigen, die nicht Sklaven der vielen falschen Götter sein wollen, die das 21. Jahrhundert im Angebot hat. In den Zehn Geboten würden die Männer und Frauen des dritten Jahrtausends ein Sittengesetz finden, „das von den Götzen befreit und alles Dasein unendlich schön und unendlich wertvoll macht!" Am Ende des Messe fand Johannes Paul spontan Wortes des Lobes für die verfolgten sudanesischen Christen, die nach Kairo gekommen waren, um ihn zu sehen, und sandte ihren bedrängten Brüdern daheim Grüße.[38]

Die Einheit der Christen, für die der Papst am 18. Januar in St. Paul vor den Mauern gebetet hatte, erlitt einen Rückschlag, als er per Hubschrauber zum Kloster der hl. Katherina auf dem Berg Sinai flog. Die dort lebende griechisch-orthodoxe Mönchsgemeinschaft hieß ihn ebenso wie ihr Oberhaupt Erzbischof Damianos herzlich willkommen. Doch die Orthodoxen lehnten es ab, mit dem Papst in einem außerhalb der Klostermauern liegenden Garten einen Wortgottesdienst abzuhalten und sich im Gebet mit ihm zu vereinen. Das sei, so Damianos, unpassend, solange Rom und die Orthodoxie keine Gemeinschaft bildeten. Diese Position wurde von Johannes Paul II. nicht geteilt, aber gegen eine solche prinzipielle Starrköpfigkeit konnte er nichts ausrichten.

So entging den orthodoxen Mönchen eine der größten Predigten des großen Jubeljahrs, ja des Pontifikats. Darin sprach Johannes Paul von dem „befreienden Gehorsam", der durch die Begegnung zwischen Gott und Moses an eben diesem Ort „im Herzen unserer Religion" geborgen liege. Die Zehn Gebote seien „keineswegs willkürlich auferlegte Pflichten eines tyrannischen Herrn."

Sie spiegelten vielmehr die Erkenntnis, dass der Schöpfergott auch unser Retter ist, der jedem Mann und jeder Frau das Streben nach moralischer Wahrheit eingepflanzt hat. Die Zehn Gebote seien „auf Stein geschrieben; aber bereits vorher waren sie als immerwährendes und überall gültiges universales Sittengesetz in das menschliche Herz eingeschrieben." Noch immer wehe ein Wind vom Sinai, ein Wind, der den Männern und Frauen des 21. Jahrhunderts ins Gedächtnis rufe, dass die Zehn Gebote „das Gesetz der Freiheit sind: nicht die Freiheit, blind unseren Leidenschaften zu folgen, sondern jene *Freiheit, das zu lieben und zu wählen, was in jeder Situation gut und richtig ist,* auch dann, wenn es uns Mühe und Kraft kostet." Das Gesetz befreie, es offenbare, enthülle und kläre: „Durch seine Selbstoffenbarung auf dem Berg und die Übergabe seiner Gebote offenbarte Gott den Menschen dem Mensch selbst. *Der Sinai ist Mittelpunkt der Wahrheit vom Menschen und seiner Bestimmung.*"[39]

In der Überlieferung ist die Stelle bezeichnet, an der Gott mit Moses aus dem brennenden Dornbusch gesprochen hat. Als er an diesen Ort kam, fiel Johannes Paul II. auf die Knie und versank im Gebet.

Erinnerung, Beichte, Vergebung, Versöhnung

Von den vielen Plänen, die Johannes Paul II. für das große Jubiläumsjahr 2000 hatte, war der umstrittenste seine Forderung, die Kirche solle ihr historisches Gewissen am Ende des zweiten Jahrtausends erforschen, um sich auf einen neuen Frühling der Evangelisierung im dritten vorzubreiten.[40] In *Tertio Millennio Adveniente* hat er sein Gründe bündig und klar dargelegt:

> Zu Recht nimmt sich daher die Kirche, während sich das zweite christliche Jahrtausend seinem Ende zuneigt, mit stärkerer Bewußtheit der Schuld ihrer Söhne und Töchter an, eingedenk aller jener Vorkommnisse im Laufe der Geschichte, wo diese sich vom Geist Christi und seines Evangeliums dadurch entfernt haben, daß sie der Welt statt eines an den Werten des Glaubens inspirierten Lebenszeugnisses den Anblick von Denk- und Handlungsweisen boten, die geradezu *Formen eines Gegenzeugnisses und Skandals* darstellten.
>
> Obwohl die Kirche durch ihr Einverleibtsein in Christus heilig ist, wird sie nicht müde, Buße zu tun: sie *anerkennt immer*, vor Gott und vor den Menschen, *die Sünder als ihre Söhne.*[41]

Der Vorschlag des Papstes warf viele Fragen auf. Vom Standpunkt der Kommunikation: Wie kann die Kirche die Sünden ihrer Kinder auf eine Art und Weise bekennen, dass diese Bekenntnisse nicht nach den verschiedenen Übungen in politischer Korrektheit aussehen, mit denen Politiker vor den Gruppen katzbuckeln, die sich als Opfer ausgeben? Von einem historischen Standpunkt: Ist es überhaupt möglich, ein ernstzunehmendes historisches Urteil über Jahrhunderte zurückliegende Ereignisse zu fällen, über Ereignisse, die von vielen unbekannten Tatsachen, Motiven und Zwängen beeinflusst worden waren? Und dann gab es noch das Problem der langen Verschränkung von Kirche und Staatsgewalt: Für welche Ungerechtigkeiten ist die Kirche verantwortlich, und welche gehen auf das Konto des Staates? Die gravierendsten Fragen waren theologische. Wie in *Tertio Millenio Adveniente* erklärt worden war, gilt es zwei Aspekte kirchlichen Lebens zu verbinden: den Glauben der Kirche, dass sie durch die Macht des Hl. Geistes in der Wahrheit und der Heiligkeit aufgehoben bleibt, und die ständigen Reinigungs-, Bekenntnis- und Bußpraktiken der Kirche, deren sie auch bedarf.

Alle diese Fragen wurden auf Antrag ihres Vorsitzenden Joseph Kardinal Ratzinger, des Präfekten der Glaubeskongregation und selbst ein ausgezeichneter Theologe, von der Internationalen Theologischen Kommission geprüft. Im Dezember 1999 gab die Kommission den Text *Erinnern und Versöhnen: Die Kirche und die Verfehlungen in ihrer Vergangenheit*, eine fünfunddreißig Seiten lange Studie, heraus, die mehrere wichtige Aspekte der Beziehung von Heiligkeit und Sündhaftigkeit der Kirche untersucht: das Herangehen der Bibel an das Problem; die theologischen Grundlagen einer Lösung; das Verhältnis von historischem Urteil zu theologischem Urteil, die Frage der moralischen Einsicht in der Gegenwart und im Laufe der Zeit, die Bedeutung des Gegenstands für die seelsorgerische und missionarische Arbeit, die ökumenischen Beziehungen und der Dialog zwischen den Religionen.[42] Der Text beschäftigt sich nicht mit Einzelfalluntersuchungen, sondern versucht einen kohärenten Begriffsrahmen zu formulieren, innerhalb dessen die Kirche sich über die Schattenseite ihrer Vergangenheit Rechenschaft geben kann. Der Schluss von *Erinnern und Versöhnen*, in dem sowohl Irenäus von Lyon als auch Johannes Paul II. angeführt werden, hebt die ganze Diskussion weit über die Niederungen der politischen Korrektheit hinaus und legt ein bewegendes Zeugnis für die Überzeugung ab, dass die Wahrheit, wie schmerzhaft sie auch sein mag, letztlich befreiend ist:

> [D]ie Kirche wendet sich in all ihren Äußerungen und gerade auch in diesen Akten der Bitte um Vergebung zuallererst an Gott und bekennt und rühmt ihn in seiner herrlichen Gnade und Barmherzigkeit. Das Lob Gottes ist untrennbar verbunden mit der Würde der menschlichen Person, die ihre Vollendung in der Lebensgemeinschaft mit Gott findet, der den Menschen zum ewigen Leben berufen hat: „Gottes Herrlichkeit ist der lebendige Mensch das Leben des Menschen aber ist die Schau Gottes." Wenn die Kirche in dieser Weise handelt, bezeugt sie auch ihr Vertrauen in die Wahrheit, die frei macht (vgl. Joh 8,32). „Ihre Vergebungsbitte ist kein Trick, der sich mit Demut tarnt. Die Vergebungsbitte ist auch keine Absage an ihre zweitausendjährige Geschichte, die so reich ist in allen Bereichen der Caritas, der Kultur und der Heiligkeit. Die Kirche antwortet jedoch auf eine unwidersprechliche Herausforderung der Wahrheit, dass es neben all den positiven Aspekten auch die menschlichen Grenzen und Schwächen gegeben hat, die in vielen Generationen der Jünger Christi zu verzeichnen sind." Die erkannte Wahrheit ist Quelle der Versöhnung und des Friedens, da „die Liebe zur Wahrheit, die in Demut erforscht wurde, einer der großen Werte ist, der die Menschen von heute inmitten der Vielfalt der Kulturen zusammenführen kann", wie Johannes Paul II. bei einer anderen Gelegenheit erklärte. Aufgrund ihrer Verantwortung vor der Wahrheit kann die Kirche „die Schwelle des neuen

Jahrtausends nicht überschreiten, ohne ihre Kinder dazu anzuhalten, sich durch Reue von Irrungen, Treulosigkeiten, Inkonsequenzen und Verspätungen zu reinigen." Das Eingestehen des Versagens von gestern ist ein Akt der Aufrichtigkeit und des Mutes.[43]

Im Laufe seiner neunundachtzig pastoralen Pilgerreisen außerhalb Italiens hatte Johannes Paul II. in den mehr als zwanzig Jahren zwischen seiner Wahl und dem Beginn des heiligen Jahrs in unterschiedlichsten Kontexten darüber gesprochen, dass die Kirche der Vergebung für die Vergehen ihrer Söhne und Töchter bedarf. Viele der päpstlichen Bitten um Gottes Vergebung betrafen Sünden wider die Einheit der Kirche, obwohl andere in den Augen der Weltmedien von herausragenderer Bedeutung waren, beispielweise die Inquisition, der Fall Galileo und die europäischen Religionskriege. Dieser ganze einmalige Vorgang, dass die ganze Institution Kirche sich einer Gewissensprüfung unterzog, erreichte seinen Höhepunkt im Petersdom am 12. März 2000, dem ersten Fastensonntag des großen Jubiläums, der zum Tag der Vergebung ausgerufen worden war.

Es begann damit, dass Johannes Paul im violetten Gewand der Fastenzeit vor Michelangelos *Pietà* zum Gebet niederkniete: So wie die Mutter der Kirche den gekreuzigten Herrn der Kirche umfangen hat, so müsse auch die Kirche den einen umfangen, der für die Sünden der Welt gestorben ist, und den gnädigen Vater um Verzeihung bitten. Während die Prozession langsam den Mittelgang des Doms hinaufschritt, sang der Chor die Litanei der Heiligen, und bat die glorreiche Kirche sich beim Vater für die Kirche in der Welt und die im Fegefeuer sich reinigende Kirche zu verwenden. Neben Berninis großartigem, bronzenen Baldachin und dem Hochaltar des Doms war zusammen mit sieben, unangezündeten Kerzen ein mehr als zwei Meter großes Kruzifix aus dem 15. Jahrhundert aufgestellt worden, das für gewöhnlich in der Kirche des heiligen Marcellus steht. Das St. Marcellus-Kreuz wird in Rom seit Jahrhunderten in den heiligen Jahren verehrt. Johannes Paul forderte die gesamte Kirche auf „vor Christus, der aus Liebe die Schuld unserer bösen Taten auf sich geladen hat" zu treten, sich „einer gründlichen Gewissenserforschung" zu unterziehen, und „zu vergeben und um Vergebung zu bitten".[44] Ohne Zweifel sehen wir in der Welt den Abfall vom Glauben und Gottlosigkeit, aber hätten nicht auch die christlichen Apostasien und Vergehen zur Entstehung einer Moderne beigetragen, die Gott vergessen zu haben scheint?

Im Fürbittengebet der Messe wurden sieben Sünden bekannt und um Gottes Vergebung gebeten, wobei der kirchliche Würdenträger, nachdem er die Bitte geäußert hatte, eine der sieben Kerzen neben dem Kruzifix des hl. Marcellus anzündete. Bernardin Kardinal Gantin, der Dekan des Kardinalskollegiums, legte ein allgemeines Bekenntnis christlicher Sündhaftigkeit im Laufe der Geschichte ab, der Papst flehte um Gottes Verzeihung dieser Sünden und die Gemeinde sang dreimal das *Kyrie eleison.* Der gleiche Vorgang wiederholte sich, als Joseph Kardinal Ratzinger Gott um Verzeihung für die Male bat, in denen Christen „bei der ehrwürdigen Pflicht zur Verteidigung der Wahrheit Methoden verwandt haben, die nicht mit dem Evangelium übereinstimmten". Roger Kardinal Etchegaray bekannte die Sünden, die die Einheit der Christen gesprengt haben. Edward Kardinal Cassidy bat Gott um Vergebung, für die Sünden der Christen gegen das jüdische Volk. Erzbischof Stephen Fumio Hamao bekannte christliche Sünden „gegen die Liebe, den Frieden, die Rechte der Völker und der Achtung vor Kulturen und Religionen", während Francis Kardinal Arinze an die Sünden erinnerte, die gegen die Würde der Frau und das Einssein der Menschheit verstoßen hatten. Erzbischof Francis Xavier Nguyên Van Thuân beschloss das Sündenbekenntnis mit der Bitte um Gottes Vergebung der Sünden, die Menschen gegen die Menschenrechte verübt haben, auch weil sie sich für die Würde der Ungeborenen taubstellten. Nachdem nun alle Kerzen brannten, ging Johannes Paul II. langsam zum Marcellus-Kreuz, umschlang und verehrte es zum Zeichen der Reue und als Bitte um Gottes Vergebung.

Dass die *New York Times* das Geschehen nicht begriff, erstaunt vermutlich nicht, meinte sie doch in ihrem Leitartikel, die „Entschuldigung des Papstes" – wie sie fälschlicherweise den Tag der Vergebung nannte – sei nicht weit genug gegangen, denn Johannes Paul II. habe nicht die diskriminierende Lehre der Kirche über künstliche Verhütungsmittel, Abtreibung und den Ausschluss von Frauen aus dem Priesteramt aufgehoben.[45] Erstaunlicher war jedoch die anhaltende Skepsis die kirchliche Würdenträger hinsichtlich all dessen an den Tag legten. Kardinal Biffi von Bologna, für gewöhnlich eine Stütze für Johannes Paul, hat einmal die Formulierung kritisiert, die der Papst 1994 in seinem Brief an die Kardinäle über das bevorstehende Jubiläumsjahr verwandt hatte. Dort sagte er „die Kirche erkennt die Sünden ihrer Kinder als die ihren an". Biffi hielt diese Aussage bestenfalls für theologisch mehrdeutig. Bei einem Essen mit dem Kardinal im Juli 1997 fragte der Papst Biffi, ob er bemerkt habe, dass diese Formulierung in *Tertio Millenio Adveniente* nun anders lautet, nämlich: „Die Kirche erkennt ihre sündigen Kinder stets als die ihren an." Biffi war zufrieden, dass der Papst seinen Rat beherzigt hatte und sagte Johannes Paul, die neue Formulierung sei nichts Besonderes. Dann meinte er jedoch, der „unerhörte Schritt, für die Irrtümer und Widersprüche der vergangenen Jahrhunderte um Vergebung zu bitten, würde [...] die ‚Kleinen' schockieren [...], denn die Gläubigen, die keine theologischen Distinktionen anzubringen verstehen, werden in diesen Selbstanschuldigungen eine Bedrohung für das vertrauensvolle Festhalten am Mysterium der Kirche sehen, das [...] seinem Wesen nach ein Mysterium der Heiligkeit ist." Johannes Paul räumte ein, dass „darüber nachzudenken ist". In seinen Erinnerungen von 2007 bedauerte Biffi allerdings, „dass er leider nicht genug, darüber nachgedacht hat".[46]

Er hat aber. Er hatte sehr lange über derlei Fragen gebrütet, bereits im Brief der polnischen Bischöfe an ihre deutschen Brüder 1965, und er war überzeugt, dass die sinnliche Wahrnehmung von Bekenntnis und Reue die Botschaft des Evangeliums auf eine Weise verbreiten würde, wie es die gelehrte historische Aufarbeitung der Vergangenheit niemals leisten würde. Es fällt schwer, die „Gläubigen" zu finden, deren „vertrauensvolles Festhalten" an der Kirche durch den Tag der Vergebung im Jubiläumsjahr erschüttert worden ist. Im Gegenteil, Johannes Pauls II. demütige Haltung gegenüber den christlichen Vergehen konturierte die Themen, die er im Laufe des Jubliäumsjahrs in den Vordergrund stellen wollte: dass alle zur Heiligkeit aufgerufen sind und dass, wie er seit langem seinen Beichtkindern sagte, die Würde eines Menschen wachse, wenn er das Knie beugt und vor Gott gesteht, dass er versagt hat. Ein Woche zuvor, am 5. März 2000, als Johannes Paul II, vierundvierzig Märtyrer seligsprach, Laienkatecheten, Priester, Nonnen, die im 17. Jahrhundert in Vietnam und Brasilien, aber auch im 20. Jahrhundert in Thailand und Weissrussland ihr Leben für die Wahrheit gegeben haben, war die Heiligkeit der Kirche gefeiert worden. Und nun, am Tag der Vergebung, bekannte die Kirche vor Gott, dass ihre Söhne und Töchter im Laufe der Zeiten dem allgemeinen Ruf nach Heiligkeit nicht immer gefolgt waren. Die Dialektik von Reue und Gnade, der Rhythmus jeder echten Pilgerschaft, war in den beiden Feiern im Petersdom an aufeinanderfolgenden Sonntagen greifbar geworden: eine passende Vorbereitung auf die Pilgerreise des Papstes, der eine Woche nach dem Tag der Vergebung ins heilige Land der biblischen Überlieferung und seiner eigenen lebhaften religiösen Vorstellungskraft aufbrach.

Unmittelbar nach dem Tag der Vergebung bereitete der Papst sich weiter auf die Reise vor, indem er die jährlichen päpstlichen und kurialen Fastenexerzitien begann. Dieses Jahr wurden die Exerzitien auf Einladung des Papstes vom vietnamesischen Erzbischof Francis Xavier Nguyên Van Thuân geleitet, der ein Bußkreuz angefertigt aus Stachel- und Elektrodraht trug: ein Erinnerungstück aus den vierzehn in einem kommunistischen Lager verbrachten Jahren als Gefangener. Der zierliche Erzbischof stellte die Exerzitien unter das Motto „Zeugen der Hoffnung" und alle Teilnehmer waren tief bewegt von seiner Meditation darüber, was die Zeit hinter Gittern ihn über Glaube, Treue, Vergebung und Aufrichtigkeit gelehrt hatte.

Berührung mit der Heilsgeschichte

„Fürchtet euch nicht!" so lautete Johannes Pauls II. typischer Refrain in der Welt. Was das Heilige Land betraf, so lautete der Refrain des Papstes in der römischen Kurie: „Quando me permetterete di andare?" [Wann werdet ihr mir gestatten, dorthin zu gehen?].Wochen nach seiner Wahl im Oktober 1978 hatte Johannes Paul über seine Idee gesprochen, das erste Weihnachtsfest in Bethlehem zu verbringen. Seine Kuriendiplomaten standen Kopf: Der Heilige Stuhl unterhalte keine diplomatischen Beziehungen zu den betreffenden Ländern, es bleibe keine Zeit, um die richtigen Vorbereitungen zu treffen, die Sicherheitslage sei ein Albtraum, Päpste packten nicht einfach den Koffer und reisten irgendwohin, vor allem nicht an Orte mit lauter politischen Tretminen. Für diesmal fügte sich Johannes Paul II. der eingefleischten Vorsicht der traditionellen päpstlichen Ratgeber und folgte nicht seinen eigenen pastoralen und spirituellen Neigungen. Das war der Auftakt zu zwanzig Jahren der Enttäuschung, in denen der Papst wieder und wieder fragte: „*Quando me permetterete di andare*!“[47]

Er war ein geduldiger Mensch, doch auch seine Geduld kannte Grenzen. Außerdem war die diplomatische Situation geklärt geworden, nachdem der Heilige Stuhl 1993 einen Grundlagenvertrag mit Israel geschlossen und 1994 zum Haschemitischen Königreich Jordanien diplomatische Beziehungen aufgenommen hatte. Auch stand der Vatikan mit der palästinensischen Autonomiebehörde im ständigen diplomatischen Kontakt.[48] Genug ist genug. Deshalb kündigte Johannes Paul schließlich im *Brief über die Pilgerfahrt zu den Stätten, die mit der Heilsgeschichte verbunden sind* an, er würde diesmal gewiss aufbrechen. Neben den in *Tertio Millennio Adveniente* genannten Pilgerorten sollte noch Athen zur Reiseroute dazukommen, und zwar zu Ehren der berühmten Rede des hl. Paulus auf dem Areopag über den „unbekannten Gott“ [Apg 17,16-34] – ein geflügeltes Wort, das Johannes Paul häufig als Metapher für die Lage der Kirche in der heutigen Welt anführte. Spirituell und emotional sollte jedoch das Heilige Land das Herzstück der Reise werden.

Trotz des sehr persönlichen, leidenschaftlichen Wunsches seinen Fuss auf den Boden zu setzen, wo Jesus gewandelt war, ging Johannes Paul auch als Pastor und Verkündiger der frohen Botschaft ins Heilige Land: Die Welt sollte lebhaft erkennen, aus welchem Stoff ihre Erlösung ist, um damit zu unterstreichen, dass das Christentum auf einem „unabweisbaren historischen Anspruch“ beruht, wie der englische Schriftsteller Evelyn Waugh es einmal in *Brideshead Revisited* formuliert hat. Das große Jubiläumsjahr 2000 war nicht der 2000. Jahrestag eines frommen Mythos. Die Religion der Bibel hat es mit wirklichen Menschen an realen Plätzen zu tun, die in einem in der realen Geschichte sich abspielenden Drama reale Entscheidungen mit realen Folgen treffen. Mit den Dogmen der Kirche über ihren Herrn Jesus Christus mag man es halten, wie man will, aber man wird nicht behaupten können, dass die Dogmatisierung einen Mythos zum Gegenstand hat. Der Nachfolger Petri sollte an den Orten beten, wo Petrus seine Sünden bekannt, Verrat begangen und die Verzeihung Christi erlangt hatte und so zu dem Mann geworden war, der sein Leben in Neros Zirkus in Rom beendete. Wenn er betete, wo Petrus gebetet hatte, dann führte sein Nachfolger der Welt vor Augen, dass die Wahrheit über ihre Errettung sich nicht in irgendjemandes Phantasie offenbart hat, sondern im Leben wirklicher Personen.

Am 20. März flog Johannes Paul in die jordanische Stadt Amman, wo König Abdullah ihm einen herzlichen Empfang bereitete. Direkt im Anschluss an die Ankunftsfeierlichkeiten brach der Papst zum Berg Nebo auf, zu dem Ort, von dem aus Moses nach der biblischen Überlieferung in das Heilige Land geschaut hatte, das zu betreten, ihm verwehrt blieb. Wie oft hatte sich wohl der Papst in seiner dichterischen Phantasie mit einem Moses unserer Tage verglichen, wenn er die Frage stellte: „ *Quando me permetterete di andare*?“ Am nächsten Tag, als der Papst in einem Sportstadion in Amman die Messe feierte, empfingen 2000 Kinder ihre erste heilige Kommunion. In seiner Predigt verband Johannes Paul den christlichen Glauben mit Moses und Elias, den großen alttestamentarischen Gestalten. Der Gottesdienst wurde zu Ehren Johannes des Täufers zelebriert, der in der christlichen Theologie das prophetische Bindeglied zwischen Altem und Neuem Testament ist. Nach der Messe hielt der Papst eine kurze Andacht an einem der Orte ab, wo Jesus laut Überlieferung von Johannes getauft worden ist. Von der jordanischen Hauptstadt flog er dann weiter zum Ben-Gurion-Flughafen außerhalb Tel Avivs.

Umfragen kurz vor dem Besuch des Papstes in Israel hatten deutlich gemacht, dass die Mehrheit der Israelis vom grundlegenden Wandel der katholisch-jüdischen Beziehungen nach dem Zweiten Vatikanum nichts wusste. Laut einer Umfrage war 56% der Israelis nicht deutlich, dass die Kirche den Antisemitismus verurteilte und ihm überall auf der Welt entgegentrat. Einiges davon war Johannes Paul II. nicht verborgen geblieben, und vermutlich ahnte er mehr. Da er es hautnah bei seinen Jugendfreunden aus Wadowice und Krakau miterlebt hatte, war sich der Papst ganz besonders des jüdischen Leids im 20. Jahrhundert bewusst. Zudem war er jemand, der stark an die Kraft der Symbole und der symbolischen Handlungen glaubte. Noch nicht ganz eine Stunde nach seiner Ankunft im ersten souveränen jüdischen Staat seit eintausendneunhundert Jahren hatte der Papst deutlich gemacht, dass die leidvolle Geschichte der letzten 2000 Jahre etwas geändert hatte, was beiden Seiten zum Guten gereichte. Ein Papst, der die isrealische Flagge grüßt, ein Papst, der zuhörte wie ein Armeeorchester am Flughafen die zionistische Hymne „Hatikvah“ spielt, ein Papst, der als Ehrengast vom israelischen Präsidenten und Ministerpräsidenten begrüßt wird, ein Papst, der eine Ehrengarde aus jungen Männern und Frauen der israelischen Streitkräfte erhält – 35 Jahre des Dialogs zwischen den Religionen, Berichte aus offiziellen Kommissionen, selbst Johannes Pauls historischer Besuch der großen Synagoge von Rom 1986 haben nicht soviel deutlich gemacht wie eine Stunde auf dem Flughafen Ben-Gurion. In den Beziehungen zwischen der katholischen Kirche und dem jüdischen Volk hatte sich etwas Grundlegendes geändert – etwas Historisches und Gutes.

Am 22. März fuhr der Papst nach Betlehem, ins palästinensische Autonomiegebiet, um eine Messe auf dem Krippenplatz vor der Geburtskirche zu feiern. In seiner Predigt sprach Johannes Paul vor Menschen über das Thema Freude, die es in den letzten fünfzig Jahren schwierig gefunden hatten, sich über etwas zu freuen: „Die von dem Engel“ den Hirten Betlehems „verkündete Freude ist keine Angelegenheit der Vergangenheit. Sie ist Freude von heute – dem ewigen Heute des Heils Gottes, das alle Zeiten umfaßt: Vergangenheit, Gegenwart und Zukunft.“ Von dieser Freude umfangen zu werden, sie in sein Leben einzulassen, heisse, in die Tiefen des menschlichen Geheimnisses einzudringen: „Am Anbruch des neuen Jahrtausends sind wir alle aufgerufen, deutlicher zu erkennen, daß die Zeit einen Sinn hat, weil hier die Ewigkeit in die Geschichte eingetreten ist und für immer bei uns bleibt. [...] Weil jeder Tag Weihnachten in Betlehem ist, ist jeder Tag Weihnachten in den Herzen der Christen.“[49] Es war dafür gesorgt worden, dass Johannes Paul einige Minuten allein in der Geburtsgrotte, im Innern der Kirche, verweilen konnte. In dieser Zeit betete er, was typisch für ihn war, den entsprechenden Abschnitt des Stundengebets. Plumpe Versuche der palästinensischen Behörden, die Messe und den anschließenden Besuch des Papstes im Flüchtlingslager Deheisheh in politische Kundgebungen zu verwandeln, vermochten die evangelische Botschaft des Papstes nicht zu verwässern. Dasselbe gilt auch für das Nichtverstehen der Medien. Als der Sprecher des Papstes Navarro-Valls gefragt wurde, was es politisch damit auf sich habe, dass der Papst bei seiner Ankunft in Betlehem eine Schale mit Erde geküsst hat, meinte er: „Es wäre doch sehr eigenartig gewesen, wenn der Papst nicht die Erde des Ortes geküsst hätte, an dem Christus geboren worden ist."

Niemand weiß genau, wo sich der Abendmahlssaal wirklich befindet – der Raum, in dem Jesus beim letzten Abendmahl die Eucharistie und das Priesteramt einsetzte, und wo Pfingsten der Hl. Geist auf die Apostel herabkam –, aber die Überlieferung bezeichnet seit langem einen großen Saal am Berg Zion, nicht weit von Grabmal König Davids, als den „oberen Raum" der Bibel. Dort feierte Johannes Paul II. am 23. März mit seinen engsten Mitarbeitern die Messe. Nachdem er sich mit aschkenasischen und sephardischen Oberrabbinern getroffen und mit dem israelischen Präsidenten Ezer Weizmann in dessen Amtssitz gesprochen hatte, fuhr man Johannes Paul II. zur Holocaustgedenkstätte Yad Vashem – dem emotionalen und in mancher Hinsicht dem spirituellen Herzen des Staates Israel.

Bereits Wochen vor diesem alle Aufmerksamkeit auf sich ziehenden Augenblick war darüber spekuliert worden, „wie weit der Papst gehen würde" mit seinen Bemerkungen in Yad Vashem. Derlei Spekulationen hätten leicht das herabsetzen können, was der Papst sich als einen Augenblick der stillen Erinnerung an einem Ort wünschte, der für die meisten Menschen zu einem universalen Bild des Bösen geworden ist – der Ermordung der europäischen Juden im Zweiten Weltkrieg. In der emotional, psychologisch und politisch aufgeladenen Atmosphäre, die die päpstliche Pilgerreise umgab, wären alle Versuche zu erklären, dass dies kein Spiel war, in dem der Verlust des einen den Gewinn des anderen bedeutete, wenig erfolgreich gewesen. Als es dann schließlich so weit war, zerstob vor dem Auftreten und den Worten des Papstes, die von einer herzzerreißenden Feierlichkeit waren, all das Gerede von „wie weit" wie Staub und Asche.

Der Mann, von dem Joaquín Navarro-Valls einmal gesagt hat, er weine nur „innerlich" muss von unsichtbaren Tränen überströmt gewesen sein, als er langsam zur ewigen Flamme in der Halle der Einnerungen schritt und dort sein Haupt zum stillen Gebet neigte: von unsichtbaren Tränen der Erinnerung an seine in den Gaskammern ermordeten Kindheitsfreunde; von unsichtbaren Tränen der Erinnerung an die Erniedrigung durch die Stiefel der Nazis in Krakau; von Tränen für die Wunden der Überlebenden, von Tränen angesichts der verstockten Haltung derjenigen, die seine Versöhnungsversuche mit Unverständnis oder Geringschätzung behandelt hatten. Doch im persönlichen Drama von Karol Wojtyła, und aufgrund desselben, spielte sich noch etwas anderes ab: die tragischen zweitausendjährigen Beziehungen von Christen und Juden, die nun angesichts eines Bischofs von Rom, der die Erinnerung an den Holocaust teilte und sich im Gebet vor der Gedenkflamme für die Opfer des Holocausts neigte, nie mehr dieselben sein würden.

Was konnte er sagen? Er konnte über die Stille sprechen:

> An dieser Stätte der Erinnerungen empfinden Verstand, Herz und Seele ein ganz starkes Bedürfnis nach Stille. Stille zum Erinnern. Stillschweigen, in dem wir versuchen, etwas Besinnung in die Erinnerungen zu bringen, die uns überfluten. Stille, weil es keine Worte gibt, die stark genug wären, um die grauenhafte Tragödie der „Shoah" zu beklagen. […]
>
> Ich bin nach „Yad Vashem"gekommen, um den Millionen Juden die Ehre zu erweisen, denen alles genommen wurde, besonders ihre Würde als Menschen, und die im Holocaust ermordet worden sind. […]Wir möchten uns erinnern. Wir möchten uns aber mit einer bestimmten Zielsetzung erinnern, nämlich um zu gewährleisten, daß das Böse nie mehr die Überhand gewinnen wird, so wie es damals für Millionen unschuldiger Opfer des Nazismus der Fall war.
>
> Wie konnte der Mensch eine solche Verachtung des Menschen entwickeln? Weil er den Punkt der Gottesverachtung erreicht hatte. Nur eine gottlose Ideologie konnte die Ausrottung eines ganzen Volkes planen und ausführen. […]
>
> Als Bischof von Rom und Nachfolger des Apostels Petrus versichere ich dem jüdischen Volk, daß die katholische Kirche – vom Gebot des Evangeliums zur Wahrheit und Liebe und nicht von politischen Überlegungen motiviert – zutiefst betrübt ist über den Haß, die Taten von Verfolgungen und die antisemitischen Ausschreitungen von Christen gegen die Juden, zu welcher Zeit und an welchem Ort auch immer.[50]

Wer zugegen war oder es am Bildschirm miterlebte, der spürte die nahezu erdrückende Last der Geschichte, als der Papst langsam und unter Schmerzen die Halle der Erinnerung durchquerte, um sieben Überlebende des Holocaust zu treffen. Nicht, dass er sie empfing, nein er ging zu ihnen, und indem er unter Mühen auf jeden einzelnen zuging und ihm die Hand reichte, ehrte er ihr Erleben. Diese schlichte, menschliche Geste der Achtung war noch ein päpstliches Sinnbild, das in Verbindung mit seinen herzerweichenden Worten dem ganzen Ereignis eine epische Dimension verlieh. Kurz darauf rief ein israelischer Soldat und Gelehrter, der schon viel in seinem Leben gesehen hatte, einen amerikanischen Freund an und sagte: „Ich muss dir einfach erzählen, dass meine Frau und ich während des ganzen Papstbesuches in Yad Vashem geweint haben. Hier erlebte man die personifizierte Weisheit, Menschlichkeit und Aufrichtigkeit. Es fehlte nichts. Nichts blieb ungesagt."

Der Eindruck tiefer menschlicher Solidarität, den der Papst diese eine Stunde in Yad Vashem vermittelt hatte, fand später am Abend beim geplanten interreligiösen Treffen von Juden, Christen und Muslimen im Notre-Dame-Zentrum kein Pendant. Der Großmufti von Jerusalem lehnte eine Teilnahme ab. Jassir Arafat schickte daraufhin den palästinensischen Richter Scheich Taysir Tamimi.

Nachdem der aschkenasische Oberrabbiner Meir Lau mit seiner Bemerkung, der Papst habe Jerusalem als Israels „geeinte, ewige Hauptstadt" bezeichnet, – was der Papst nicht getan hatte – einen Tumult ausgelöst hatte, schlug Scheich Tamimi zurück, indem er Johannes Paul „als Gast des palästinensischen Volkes auf dem Boden Palästinas in der heiligen Stadt Jerusalem, der ewigen Hauptstadt Palästinas" willkommen hieß. Tamimi betonte dann, es würde solange keinen Frieden geben, wie nicht ganz Palästina unter „Präsident Jassir Arafat" zu einem Land vereinigt worden wäre. Das Treffen schlug in wüstes Geschrei um. Der Papst saß still, fassungslos und traurig da, hielt seine Ohren vor dem Gepolter verschlossen. Nachdem der Vorsitzende Rabbi Alon Goshen-Gottstein wieder so etwas wie Ruhe hergestellt hatte, ergriff Johannes Paul kurz das Wort und sagte mit deutlichem Bezug auf die Anwesenden, dass religiöse Überzeugung „der Feind von Ausschluss und Diskriminierung, von Hass und Rivalität, Gewalt und Streit" ist. Scheich Tamimi erhob sich dann und verließ den Raum, nicht ohne an den Papst gewendet zu erklären, er habe noch „eine andere Verpflichtung". Stunden nachdem Johannes Paul in seiner Ansprache in Yad Vashem auf beredte Weise die todbringenden Folgen des Hasses beklagt hatte, ließen die Hassenden ihren Gefühlen ungehemmten Lauf und ließen ein Treffen scheitern, das als Förderung eines echten interreligiösen Dialogs gedacht war.

Als der Papst am nächsten Tag, dem 24. März, nach Galiäa fuhr, um auf dem Berg der Seligpreisungen vor 100 000 Jugendlichen aus aller Welt die Messe zu feiern, erlebte er glücklicherweise etwas anderes. Israelische Sicherheitskräfte sorgten sich um das Wohlergehen von ALTER FREUND, weil der Ort praktisch nicht zu sichern war. Deshalb baten sie den Papst eine kugelsichere Weste zu tragen. Wie immer lehnte der Papst solche Vorschläge ab. Die ernsten, tragischen Erinnerungen, die Yad Vashem ausgelöst hatte, und die fehlgeschlagene interreligiöse Begegnung vom Vorabend drückten den Papst nicht nieder, der wie stets Kraft aus der Anwesenheit junger Leute zog. Er gab ihnen den Auftrag mit, im neuen Jahrhundert „freudige Zeugen und überzeugte Apostel" zu sein. Johannes Paul betete dann in Tabgha, an dem Ort, wo laut Überlieferung die Brotvermehrung stattgefunden hat. Danach standen Kafarnaum und Ausgrabungen auf dem Programm, die das sogenannte Haus des Petrus betrafen. Als Johannes Paul als 263. Nachfolger Petri im Haus des Petrus betete, malte sich auf seinem Gesicht pures Staunen. Am 25. März dem Hochfest Mariä Verkündigung konnte der Papst in der Verkündigungsbasilika von Nazareth die Messe feiern. Über wie viel Klugheit und Geschick sein treuer Sekretär, Bischof Stanisław Dziwisz, gebot, zeigte sich mal wieder, als der Papst versuchte, sich durch eine aufgewühlte, stürmische Menge, die ihn leicht hätte erdrücken können, einen Weg in die Basilika zu bahnen. Dziwisz wehrte die Menge rechts und links ab, indem er päpstliche Rosenkränze verteilte, die mitzubringen er die Voraussicht gehabt hatte. Während seines gesamten Pontifikats war Marias *fiat* – „Es geschehe mir nach deinem Worte" [Lk 1,38] – das Lieblingsbeispiel des Papstes, um das Wesen der Christusnachfolge zu illustrieren. Jetzt, wo er in der Verkündigungsgrotte unter der modernen Basilika im Gebet niederkniete, fiel es nicht schwer, sich vorzustellen, wie der Papst dieses *fiat* wiederholte und sich aufs Neue der Jungfrau mit den Worten weihte, die er als Bischof und Papst zu seinem Motto gewählt hatte: *Totus tuus* – ganz der deine.

Nach Jerusalem zurückgekehrt, wo er zunächst im Garten Gethsemane betete, besuchte der Papst den griechisch-orthodoxen Patriarchen Diodoros I. in dessen Residenz. Wie seine Glaubensbrüder am Sinai so lehnte auch der Patriarch es ab, sich mit Johannes Paul im Gebet zu vereinen. Johannes Paul hatte spontan vorgeschlagen, zusammen das Vater Unser zu beten, ein jeder in seiner eigenen Sprache, um so deutlich zu machen, wie sehr er sich dem ökumenischen Gedanken verpflichtet fühlte, von dem er einst gemeint hatte, er könnte den Bruch zwischen Rom und dem christlichen Osten heilen, noch bevor die Kirche die Schwelle zum dritten Jahrtausend überschreiten würde. Das sollte nicht eintreten. Doch Johannes Pauls Beispiel christlicher Liebe in der Residenz von Diodoros war ein weiteres Sinnbild des Anstands in einem Land, das seit jeher vor Feindseligkeiten strotzte, und in dem verfeindete christliche Gemeinschaften selbst am heiligen Grab mit Fäusten aufeinander losgehen konnten.

An Johannes Pauls II. letztem Tag in Jerusalem – es war der 26. März, ein Sonntag – bildete das Grab einen der beiden Brennpunkte. Begonnen hatte der Tag damit, dass der Papst die sechsundachtzig ausladenden Stufen zur Klagemauer, dem heiligsten Ort des Judentums, hinunterging – und wiederum erschien er wie ein lebendes Sinnbild. Auf seinen Stock gestützt verharrte er einen Augenblick still und tat dann, was Millionen frommer Juden seit Jahrhunderten tun: er steckte in eine der Mauerritzen einen Zettel mit einem Gebet. Geschrieben war es auf päpstlichem, cremefarbenem Briefpapier, verfasst hatte der Dichter, der dann Papst geworden war, es in Blankversen und unterzeichnet war es auf Latein:

> Gott unserer Väter,
> du hast Abraham und seine Nachkommen auserwählt,
> deinen Namen zu den Völkern zu tragen:
> Wir sind zutiefst betrübt über das Verhalten aller,
> die im Laufe der Geschichte
> deine Söhne und Töchter leiden ließen.
> Wir bitten um Verzeihung und wollen uns dafür einsetzen,
> daß echte Brüderlichkeit herrsche
> mit dem Volk des Bundes.
> Amen.
>
> *Joannes Paulus PP. II*

Diese Gefühle waren auch schon von anderen geäußert worden, etwa am Tag der Vergebung im Petersdom. Aber so wie sie hier, an diesem besonderen Ort, von diesem Mann geäußert wurden, erhielten sie durch seine ganze Haltung eine besondere Tiefe. Zuvor hatte es ein wenig Aufregung darüber gegeben, ob der Papst sein goldenes Brustkreuz tragen sollte, wenn er zur Klagemauer kam. Klügere Juden des interreligiösen Dialogs hatten jedoch gemeint, ein echter Dialog würde den Dialogpartner als den nehmen, der er ist. Später vernahm man keinerlei Murren: Johannes Paul war zur Klagemauer gekommen und hatte als Bischof von Rom dort gebetet – und das hatte einen unauslöschlichen Eindruck hinterlassen.

Nachdem er gebetet hatte, wo Jesus vor ihm es getan hatte, feierte Johannes Paul die Messe in der Grabeskirche. Für ihn war das der Höhepunkt seiner Pilgerreise. Als er an der Marmorplatte niederkniete, die nach der Überlieferung das Grab Christi markierte, erfüllte er das Versprechen, das er in seinem *Brief über die Pilgerfahrt* gegeben hatte. Er hatte darin geschrieben an dieser heiligsten aller Stätten wolle er sich „ins Gebet versenken und dabei die ganze Kirche im Herzen tragen".

In gewissem Sinn hatte er die ganze Kirche und die zweitausendjährige Geschichte auf seinem gebeugten Rücken getragen, als er sieben Tage über den Boden ging, auf dem Christus gewandelt war. Die Pilgerreise, die zu machen er sich so sehnlich als jüngerer, kräftigerer Mann gewünscht hatte, hatte an Reichtum und Tiefe gewonnen, weil er im hohen Alter ins heilige Land gekommen war – als ein alter Mann, der Zeugnis für die Wahrheiten abgelegt hatte, an die er sein Leben setzte, für die Wahrheiten, dank deren er den Lauf der Geschichte in eine menschliche Richtung zu drängen vermochte hatte. Johannes Pauls II. Pilgerreise war vieles: ein unwiderruflicher Augenblick in der langen, oft leidvollen Geschichte von Christentum und Judentum, der eine hellere Zukunft verhieß; eine Lektion in Staatskunst und Reife für die streitsüchtigen Gruppen, deren alte Feindseligkeiten mehr als einmal seinen Besuch zu ruinieren drohten; eine Einübung in Solidarität und Brüderlichkeit. Kurz vor dem Eintreffen des Papstes in Jerusalem hatten sich religiöse Würdenträger, die es sich anders wünschten, laut darüber Sorgen gemacht, dass der Besuch fehlschlagen könnte. Als das Flugzeug des Papstes in der Nacht des 26. März nach Rom abhob, war allen, außer vielleicht den Hasserfüllten, deutlich, dass sie einen vollständigen, ungeschmälerten Triumph erlebt hatten. Sicherlich war es ein Triumph für den Papst, der sich geweigert hatte zu glauben, ein Papst könnte seinen Fuß nicht dorthin setzen, wo Jesus gegangen war. Vor allem aber, darauf bestand Johannes Paul, war es ein Triumph für die Wahrheit und Liebe, die sich endgültig in Jerusalem geoffenbart hat, in der Stadt, deren „Geheimnis groß ist, wo *die Fülle der Zeit sozusagen zur »Fülle des Raums« wurde.*[51]

6

Das große Jubiläum 2000 – *Auf den See hinaus*

30. April 2000	•	Heiligsprechung von Schwester Maria Faustyna Kowalska, Apostelin der göttlichen Barmherzigkeit und erste Heilige des neuen Millenniums.
1. Mai 2000	•	*Jubiläum der Arbeiter.*
7. Mai 2000	•	Die ökumenische Gedenkfeier für die Glaubenszeugen des 20. Jahrhunderts am Kolosseum.
12.- 13. Mai 2000	•	Johannes Paul II. in Fatima.
18. Mai 2000	•	Johannes Pauls II. 80. Geburtstag; *Jubiläum der Priester.*
25. Mai 2000	•	*Jubiläum der Wissenschaftler.*
28. Mai 2000	•	*Jubiläum der Diözese Rom.*
2. Juni 2000	•	*Jubiläum der Migranten und der Menschen unterwegs.*
4. Juni 2000	•	*Jubiläum der Journalisten.*
15. Juni 2000	•	Johannes Paul II. bewirtet die Obdachlosen und Armen im Vatikan.
18.-25. Juni 2000	•	43. Internationaler Eucharistischer Kongress in Rom.
9. Juli 2000	•	*Jubiläum in den Gefängnissen*, gefeiert von Johannes Paul II. im Gefängnis ‚Regina Coeli' in Rom.
15. August 2000	•	*Jubiläum der Jugend* beendet den Weltjugendtag in Rom.
29. August 2000	•	Johannes Paul II. erklärt in seiner Ansprache auf dem Kongress für Organverpflanzung das Klonen für „moralisch unannehmbar".
5. September 2000	•	Die Kongregation für die Glaubenslehre veröffentlicht *Dominus Iesus.*
11. September 2000	•	*Jubiläum der Universitätsdozenten.*
15. September 2000	•	*Jubiläum der Apostolischen Nuntien und Päpstlichen Repräsentanten.*
15.-24. September 2000	•	20. Internationaler marianisch-mariologischer Kongress.
17. September 2000	•	*Jubiläum der Menschen im ‚dritten Lebensabschnitt'.*

8. Oktober 2000	• *Jubiläum der Bischöfe.*
14. Oktober 2000	• *Jubiläum der Familien.*
18. – 22. Oktober 2000	• Weltmissionskongress.
29. Oktober 2000	• *Jubiläum der Sportler.*
1. November 2000	• Messe zum 50. Jahrestag des Dogmas von der Aufnahme Mariens in den Himmel.
4. November 2000	• *Jubiläum der Staatsverantwortlichen.*
8.-10. November 2000	• Johannes Paul II. empfängt Karekin II., den obersten Patriarchen und Katholikos aller Armenier, im Vatikan.
12. November 2000	• *Jubiläum der Agrarwelt.*
19. November 2000	• *Jubiläum von Polizei und Militär.*
26. November 2000	• *Jubiläum für das Laienapostolat.*
3. Dezember 2000	• *Jubiläum der Behinderten.*
10. Dezember 2000	• *Jubiläum der Katecheten.*
17. Dezember 2000	• *Jubiläum der Welt des Schauspiels.*
6. Januar 2001	• Schließung der Heiligen Pforte des Petersdoms. Johannes Paul II. veröffentlicht das apostolische Schreiben *Novo Millennio Ineunte* [Zu Beginn des neuen Jahrtausends].

Am Sonntag, dem 30. April 2000, versammelten sich mehr als zweihunderttausend Pilger auf dem Petersplatz, um der Heiligsprechung der ersten Heiligen des neuen Jahrtausends beizuwohnen. Ihre spirituelle Lebensbahn war erstaunlich gewesen, sie berührte mehrere unbekannte polnische Klöster, den Index der verbotenen Bücher und unzählige katholische Gemeinden rund um die Welt.

Helena Kowalska wurde am 25. August 1905 als drittes von zehn Kindern in dem Dorf Głogowiec in der Nähe von Łódź geboren. Ihre mittellosen Eltern konnten sie nur zwei Jahre zur Schule schicken. Da sie nicht mit 17 in ein Kloster eintreten konnte, weil ihre Familie auf das Wenige, was sie verdiente, angewiesen war, arbeitete sie zwei Jahre lang als Haushälterin, bevor sie, allerdings vergebens, versuchte, in ein Warschauer Kloster aufgenommen zu werden. Ein Jahr später, 1925, gelang ihr, nachdem sie eine Vision des leidenden Christus gehabt hatte, die Aufnahme durch die Schwestern der Muttergottes der Barmherzigkeit. Sie nahm den Ordensnamen Maria Faustyna an, beendete ihr Noviziat in Krakau und legte 1933 ihr endgültiges Gelübde ab. In den ihr noch verbleibenden fünf Jahren diente sie ihren Mitschwestern als Pförtnerin, Gärtnerin und Köchin, meistens in Klöstern in Krakau, Płock und Wilna (zur Zweiten Polnischen Republik gehörig).

Am 22. Februar 1931 wurde Schwester Maria Faustyna in Płock eine Vision zuteil, in der ihr Jesus als barmherziger Retter erschien, von dessen Herzen rote und weiße Lichtstrahlen ausgingen. Der „König der göttlichen Barmherzigkeit" forderte sie auf, sich dafür einzusetzen, dass am Sonntag der Osteroktav die göttliche Barmherzigkeit gefeiert wird. Auch sollte sie die Verehrung der

Barmherzigkeit Gottes in der Welt verbreiten. Nachdem eine psychiatrische Untersuchung ergeben hatte, dass Schwester Faustyna nicht unter geistiger Verwirrung litt, nahm sich Hochwürden Michał Sopoćko 1933 der jungen Nonne an und wurde ihr Beichtvater. Auch sorgte er dafür, dass ein Maler darstellte, wie sie Christus in ihrer Erscheinung gesehen hatte. Ihre Visionen und außergewöhnlichen spirituellen Erlebnisse – darunter die verborgenen Wundmale – hielten an, doch nur ihre Ordensoberen und ihr Beichtvater wussten davon. Auch führte sie ein ausführliches Tagebuch darüber. 1935 wurde ihr in einer Vision ein Gebet offenbart, das heute als Rosenkranz der Barmherzigkeit bekannt ist. Im folgenden Jahr erkrankte Schwester Faustyna an Tuberkulose und verbrachte längere Zeit im Sanatorium, bevor sie in ihr Kloster in Krakau-Łagiewniki zurückkehrte, wo sie 1938 starb.

Das Kloster in Łagiewniki lag nicht weit von der Chemiefabrik Solvay entfernt, in der Karol Wojtyła vom Oktober 1941 bis zum August 1944 gearbeitet hatte. Wenn er sich aufmachte, die Kalkeimer zu schleppen und seine Vorbereitung aufs Priesteramt im Untergrund zu absolvieren, oder von seiner Arbeit zurückkehrte, hielt der junge *Robotnik* manchmal an, um in der Kapelle des Klosters zu beten. In polnischen Kirchen tauchten nach und nach Bilder des Königs der göttlichen Barmherzigkeit auf, doch die Wirkungsgeschichte von Schwester Faustynas Schrift nahm eine unerwartete Wende, als Papst Johannes XXIII. kurz nach seiner Wahl ein vom Heiligen Offizium vorbereitetes Dekret unterzeichnet, mit dem das Tagebuch der polnischen Nonne auf den Index gesetzt wurde. Auf dem Zweiten Vatikanischen Konzil machte sich Erzbischof Karol Wojtyła zum Anwalt Faustynas bei der Kurie, denn er war überzeugt, dass die Verehrung der göttlichen Barmherzigkeit von großem pastoralen Wert war und die Verurteilung des Tagebuches auf einer fehlerhaften Übersetzung ins Italienische beruhte. Wojtyła bat zunächst Hochwürden Ignacy Różycki, der auch seine Habilitationschrift gelesen hatte, eine kritische Edition des Tagebuches vorzubereiten, um Faustyna beim Heiligen Stuhl ins rechte Licht zu rükken. Nach Jahren geduldiger Arbeit hob der Vatikan das Verbot auf. Zwischenzeitlich hatte sich der Rosenkranz der göttlichen Barmherzigkeit in der ganzen Welt verbreitet. Priester, die in ganz unterschiedlichen Gemeinden arbeiteten, hatten entdeckt, dass er bemerkenswert gut geeignet war, unter Katholiken die Andacht neu zu entzünden, die nach dem Zweiten Vatikanum in vielen Ländern schwächelte. Schwester Maria Faustyna Kowalska, die Apostelin der göttlichen Barmherzigkeit, wurde von Johannes Paul II. am 18. April 1993 seliggesprochen. Nun wollte der Papst etwas über das dritte Jahrtausend und seinen Vorläufer dadurch aussagen, dass er sie als erste im großen Jubiläumsjahr heiligsprach.

Die riesige Menschenmenge, die sich am 30. April 2000 auf dem Petersplatz versammelt hatte, legte beredt Zeugnis davon ab, wie die Verehrung der göttlichen Barmherzigkeit sich in der katholischen Welt verbreitet hatte, und die unzähligen polnischen Pilger, unter ihnen auch der Ministerpräsident Jerzy Buzek, bezeugten, dass das Geschenk, welches Johannes Paul II. der Welt mit der

Heiligsprechung von Schwester Faustyna zu machen gedachte, eine polnische Note hatte: Es war das Geschenk des erneuerten Bewusstseins von der Barmherzigkeit Gottes. Die Barmherzigkeit Gottes, so Johannes Paul in seiner Predigt, ströme der Welt „aus dem Herzen des gekreuzigten Christus" zu. Diese große Wahrheit habe uns „diese demütige Tochter Polens" wieder in Erinnerung gerufen, die ihre Vision vom König der göttlichen Barmherzigkeit gerade zwischen dem Ersten und Zweiten Weltkrieg empfangen hat. Und, wie Johannes Paul sagte: „ Diejenigen, die sich daran erinnern, weil sie Zeugen der Ereignisse jener Jahre waren und das schreckliche Leid von Millionen von Menschen miterlebten, wissen nur zu gut, wie notwendig die Botschaft von der Barmherzigkeit war."

Schwester Faustynas Vision wurde zur „ Brücke" zwischen dem letzten Jahrhundert des zweiten Jahrtausends und dem dritten Jahrtausend: zu einem „Geschenk besonderer Erleuchtung [...], die uns hilft, die österliche Frohbotschaft erneut intensiv zu erleben, um sie den Männern und Frauen unserer Zeit wie einen Lichtstrahl anzubieten." Niemand wisse, was die Jahre des dritten Jahrtausends uns bringen werden, gewiss sei jedoch, „daß neben neuen Fortschritten auch schmerzliche Erfahrungen nicht ausbleiben werden." Umso mehr bräuchten wir „das Licht der göttlichen Barmherzigkeit, das der Herr durch das Charisma von Schwester Faustyna der Welt gleichsam zurückgeben wollte", damit es „den Weg der Menschen des dritten Jahrtausends" erhellt. Deshalb, erklärte der Papst, werde der zweite Sonntag in der Osterzeit künftig der „Barmherzigkeitssonntag" heißen, denn er, Johannes Paul II. möchte an das ganze dritte Jahrtausend die Botschaft weitergeben, die Schwester Faustyna, jetzt die heilige Faustyna, anvertraut worden ist.

Am Schluss seiner Predigt griff Johannes Paul zwei Themen auf, die ihm Zeit seines Pontifikats am Herzen gelegen hatten. Er hatte über das Gesetz des Gebens – das Gebot der Selbsthingabe – geredet, das jedem Menschen innewohnt. Die Formulierung dieses Gebotes auf dem Zweiten Vatikanum „Der Mensch kann sein wahres Selbst nur in der aufrichtigen Selbsthingabe entdecken" gehört zu den am häufigsten zitierten Konzilstexten in seinem Lehramt. Das zu leben ist freilich nicht leicht. „Es ist nämlich nicht leicht, mit einer tiefen Liebe zu lieben, die in der wahrhaftigen Gabe der eigenen Person besteht. Diese Liebe erlernt man allein in der Schule Gottes, durch die Wärme seiner Liebe. Indem wir unseren Blick zu ihm hinwenden und uns auf sein Vaterherz hin ausrichten, werden wir befähigt, mit anderen Augen auf die Brüder zu schauen, in einer Haltung der Selbstlosigkeit und der Anteilnahme, der Großherzigkeit und Vergebung. *All dies ist Barmherzigkeit!*" Dem dritten Jahrtausend würden die entsetzlichsten Erfahrungen des zweiten nur dann erspart bleiben, wenn es diese Barmherzigkeit in sich aufnimmt:

> Von dieser Liebe muß sich die Menschheit von heute inspirieren lassen, um die Sinnkrise in Angriff zu nehmen, die Herausforderungen, die sich durch verschiedene Bedürfnisse stellen, besonders durch den Anspruch, die Würde einer jeden menschlichen Person zu wahren. Die Botschaft von der göttlichen Barmherzig-

keit stellt somit implizit auch eine *Botschaft vom Wert eines jeden Menschen* dar. Jede Person ist in den Augen Gottes wertvoll, für jeden einzelnen hat Christus sein Leben hingegeben, jedem macht der Vater seinen Geist zum Geschenk und bietet Zugang in sein Innerstes.

Diese trostreiche Botschaft wendet sich vor allem an denjenigen, der – von harten Prüfungen gequält oder von der Last der begangenen Sünden erdrückt – jedes Vertrauen in das Leben verloren hat oder der versucht ist, zu verzweifeln. Ihm stellt sich das sanfte Antlitz Christi vor, über ihn kommen die Strahlen, die aus seinem Herzen hervorgehen, und sie erhellen, erwärmen, weisen den Weg und flößen Hoffnung ein.[1]

Das Zeugnis der Märtyrer

Die Heiligsprechung von Faustyna Kowalska war der erste bemerkenswerte Augenblick in der zweiten Phase des Heiligen Jahrs 2000. Der erste Abschnitt war der Heilsgeschichte gewidmet gewesen, und die Aufmerksamkeit der Kirche und großer Teile der Welt ruhte dabei auf der Pilgerreise Johannes Pauls II. zu den Orten, an denen Gott auf der Suche nach dem Menschen geweilt hatte. Der zweite Abschnitt des Jubiläums betonte nun das Gebot christlicher Zeugenschaft in der Welt. Eine Woche nach der Heiligsprechung Faustynas, der Schauplatz hatte sich nun vom Petersplatz zum römischen Kolosseum verschoben, wurde die neue Phase mit einem Paukenschlag eingeläutet.

Die Verehrung der Märtyrer ist tief im christlichen Glauben, im christlichen Bewusstsein und in der christlichen Praxis verwurzelt. Seit dem ersten Jahrhundert der christlichen Ära und der Vision des hl. Johannes im Buch der Offenbarung galten die Märtyrer als entscheidende Handlungpersonen im kosmischen Drama der Heilsgeschichte:

> Als das Lamm das fünfte Siegel öffnete, sah ich unter dem Altar die Seelen aller, die hingeschlachtet worden waren wegen des Wortes Gottes und wegen des Zeugnisses, das sie abgelegt hatten. Sie riefen mit lauter Stimme: „Wie lange zögerst du noch, Herr, du Heiliger und Wahrhaftiger, Gericht zu halten und unser Blut an den Bewohnern der Erde zu rächen". Da wurde jedem von ihnen ein weißes Gewand gegeben; und ihnen wurde gesagt, sie sollten noch kurze Zeit warten, bis die volle Zahl erreicht sei durch den Tod ihrer Mitknechte und Brüder, die noch sterben müssten wie sie. [Offb 6, 9-11]

Die Zahl der Märtyrer, die noch „voll" zu machen war, ist im 20. Jahrhundert exponentiell gestiegen. Doch in Ländern, in denen weder Druck noch Repressalien denjenigen drohten, die ihren christlichen Glauben praktizierten, war die Vorstellung des „Martyriums" eine reine Sache der Vergangenheit – Märtyrer waren Leute, die in der römischen Arena den Löwen gegenüberstanden, aber nicht Leute wie du und ich. Seit dem ersten Tag seines Pontifikats war Johannes Paul II. entschlossen, die Kirche aufzurütteln, vor allem die Kirche der westlichen Welt, damit sie aus ihrer selbstgefälligen Haltung gegenüber der Realität des Martyriums in unserer Zeit aufwacht. Diese Gerechtigskeitpflicht schuldete die Kirche denen, die gestorben waren. Auch sollte die Gegenwart daran erinnert werden, dass das Martyrium das Ideal der Nachfolge Christi ist, denn die Märtyrer hatten dem Gebot der Hingabe auf die denkbar radikalste Weise Folge geleistet, bis zum bitteren Ende. Daher hob Johannes Paul das Verbot auf, das Papst Paul VI. stillschweigend über die Selig- und Heiligsprechung der Märtyrer verhängt hatte, die in Mexiko während des *Cristero*-Aufstands in den zwanziger Jahren und im spanischen Bürgerkrieg ihr Leben gelassen hatten. Johannes Paul sprach diejenigen selig und heilig, die wegen ihres Glaubens in Dachau, Auschwitz, Mauthausen und Buchenwald ermordet worden waren. Und er vergaß auch nicht die Märtyrer, die in Tibet, Papua-Neuguinea und Zaire gelitten hatten. Auch sprach er regelmäßig von der Ökumene des Martyriums, denn durch die Märtyrer vieler christlicher Konfessionen hat die Kirche zu einer Einheit gefunden, die ihr in der Welt noch versperrt ist.[2]

Das Heilige Jahr schien eine passende Gelegenheit zu sein, die Zeugenschaft der Märtyrer unserer Tage hervorzuheben, und darum ordnete Johannes Paul an, dass ein bleibendes Ergebnis des Jubiläumsjahrs ein revidiertes *Römisches Martyrologium* sein sollte: ein offizielles Verzeichnis all derjenigen, die die Kirche zur Ehre der Altäre erhoben hat. Zu diesem Zweck war innerhalb des Zentralkomitees für das große Jubiläumsjahr eine Sonderkommission zu den „neuen Märtyrern" eingesetzt worden. Ihr Vorsitzender, Bischof Michel Hrynchyshyn, war ein kanadischer Redemptorist mit ukrainischen Wurzeln, der in Paris lebte und als Apostolischer Exarch für die in Frankreich lebenden Ukrainer des byzantinischen Ritus wirkte. Die Kommission sah sich vor die anspruchsvolle Aufgabe gestellt, eine historisch glaubwürdige Liste der „neuen Märtyrer" unserer Tage zusammenzustellen – anspruchsvoll nicht zuletzt wegen der häufigen Namenlosigkeit der durch die Kommunisten und Nazis quasi industriell Ermordeten.[3]

Das „Martyrium" mag in der religiösen Vorstellung der heutigen Katholiken in Nordamerika und Westeuropa keinen großen Stellenwert besitzen, aber es ist eine historische Tatsache, dass das 20. Jahrhundert, das Jahrhundert mörderischer totalitärer Ideologien, in zwei Jahrtausenden den größten Blutzoll erheischt hat: tatsächlich gaben im 20. Jahrhundert mehr Christen ihr Leben für Christus hin als in den gesamten neunzehn Jahrhunderten davor.[4] Bischof Hrynchyshyn schätzt, dass es im 20. Jahrhundert vielleicht 27 Millionen Märtyrer gegeben hat. Das sind zwei Drittel des gesamten Martyrologiums der ersten zwei Jahrtausende. Ihre heldenhafte Selbstaufopferung wurde am 7. Mai in der Gedenkfeier für die Glaubenszeugen im 20. Jahrhundert geehrt. Sie fand im römischen Kolosseum statt. Die Gedenkfeier wurde als ökumenischer Wortgottesdienst abgehalten, der mit Gebeten von Johannes Paul II. (auf Latein), vom griechisch-orthodoxen Metropoliten Genadios (auf Griechisch) und von

Reverend Dr. Ishmael Noko vom Lutherischen Weltbund (auf Englisch) begann.

In seiner Predigt schlug Johannes Paul sofort einen ökumenischen Ton an, indem er betonte, dass das „Zeugnis für Christus bis hin zum Blutvergießen zum gemeinsamen Erbe von Katholiken, Orthodoxen, Anglikanern und Protestanten geworden“ ist. Dann zitierte er die Worte des russisch-orthodoxen Metropoliten Benjamin von St. Petersburg am Vorabend seiner Hinrichtung 1922 – „Die Zeiten haben sich geändert. Es hat sich die Möglichkeit ergeben, aus Liebe zu Christus Leiden auf sich zu nehmen“ – und die Mahnung des lutherischen Pastors Paul Schneider an seine Aufseher in Buchenwald – „So spricht der Herr: Ich bin die Auferstehung und das Leben!“. Diese Zeugen und Millionen andere hatten bewiesen, dass „die Liebe stärker ist als der Tod“ und dies unter Umständen, „wo der Haß alles Leben zu verderben schien, ohne daß sich eine Möglichkeit auftat, um aus seiner Logik zu entfliehen.“ Sie haben sich standhaft dem „Kult der Idole des zwanzigsten Jahrhunderts“ widersetzt; Priester waren gestorben, weil sie sich „den Guten Hirten zum Vorbild nahmen und trotz der Bedrohungen bei ihren Gläubigen bleiben wollten“; Frauen waren umgekommen, „weil sie ihre Würde und ihre Reinheit verteidigten“; ja, „auf allen Kontinenten und während des ganzen zwanzigsten Jahrhunderts gab es Menschen, die sich lieber umbringen ließen als ihrer Sendung nicht nachzukommen.“

Warum ehrt die Kirche ihre zeitgenössischen Märtyrer? Aus demselben Grund, aus dem sie zwanzig Jahrhunderte vorher ihre Märtyrer geehrt hatte: „Wenn wir uns dieses Erbes rühmen, dann tun wir es nicht voreingenommen [...]. Vielmehr rühmen wir uns dieses Erbes, weil sich darin die außerordentliche Kraft Gottes niederschlägt, die weiterwirkt zu allen Zeiten und an jedem Ort.“ Außerdem ehrte die Kirche ihre Märtyrer, in dem sie Vergebung anbietet, getreu „dem Beispiel der vielen Zeugen, die getötet wurden, während sie für ihre Verfolger beteten.“ Zum Schluss betete Johannes Paul, „daß die Wolke der Zeugen, die uns umgibt“, die Quelle „einer tiefgreifenden christlichen Erneuerung“ sein möge, der Sauerteig, „um zur vollen Gemeinschaft aller Jünger Christi zu gelangen“, und der Kirche eine Stütze im dritten Jahrtausend, auf dass die Männer und Frauen des 21. Jahrhunderts und darüber hinaus „ebenso mutig unsere Liebe zu Christus ausdrücken“.[5] Während ein leichter Regen fiel, wurden Namen und Worte einer allchristlichen Gemeinschaft von Märtyrern und Bekennern des 20. Jahrhunderts verlesen, darunter Tichon, der Patriarch von Moskau, der unter dem Kommunismus als Märtyrer und Bekenner gestorben ist, ein anglikanischer Bischof, der in einem japanischen Konzentrationslager umgekommen ist, Jolique Rusimbamigera, ein Priesteramtskandidat aus Burundi, der die dortige Massaker überlebt hat, nachdem er für die gebetet hatte, die Hutu- und Tutsi-Priesteramtswärter töteten, weil diese sich weigerten, den Stammeswahnsinn mitzumachen, W. G. R. Jotcham, ein kanadischer Arzt und Baptist, der 1938 gestorben ist, als er muslimische Opfer einer Meningitisepedemie in Nigeria behandelte; Pater Christian de Chergé, einer der im algerischen Tibirin unlängst, nämlich 1996, ermordeten Trappisten. Nach jeder Nennung wurde eine Kerze vor dem Evangelienbuch entzündet. Insgesamt wurde 12692 Bekenner und Märtyrer aus acht Untergruppen anerkannt: Glaubenszeugen im sowjetischen Totalitarismus; Opfer des Kommunismus in anderen europäischen Ländern; Bekenner unter dem Nazismus und Faschismus; Christen, die ihr Leben in Asien und Ozeanien hingaben; verfolgte Katholiken aus Spanien und Mexiko; Zeugen der Evangelisierung in Afrika; Bekenner in den beiden Amerika; Glaubenszeugen in verschiedenen anderen Weltteilen. Zur letzten Gruppe gehörte der armenische Katholikos Karekin I., ein Freund Johannes Pauls II. Der dreistündige Gottesdienst endete mit der Bitte Johannes Pauls, Gott möge auch weiterhin all diejenigen liebevoll umfassen, die für den Glauben gestorben sind, und „in deiner unendlichen Barmherzigkeit auch ihre Verfolger“.[6]

Marianisches Zeugnis

Marienerscheinungen gehören zu den erstaunlichen spirituellen Phänomenen des Katholizismus im 19. und 20. Jahrhundert. Die Erscheinung, die 1830 Catherine Labouré im Kloster der Töchter der christlichen Liebe in der Pariser Rue du Bac zuteil wurde, hat dem Katholizismus eines seiner populärsten „Sakramentale“ geschenkt, die Wundertätige Medaille. Die ihr eingeprägte Anrufung „O Maria, ohne Sünde empfangen, bitte für uns, die wir unsere Zuflucht zu dir nehmen“ trug das ihre zur Entstehung einer Volksfrömmigkeit bei, die dem 1854 von Papst Pius IX. aufgestellten Dogma von der Unbefleckten Empfängnis den Weg bereitete. Die Erscheinung, die Bernadette Soubirous 1858 in der Nähe des Dorfes Lourdes in den fanzösischen Pyrenäen hatte, und in der Maria sich der Visionärin mit den Worten „Ich bin die Unbefleckte Empfängnis“ zu erkennen gab, schenkte der katholischen Welt ihren größten Ort der Heilung, für körperliche wie für spirituelle Leiden. Die Erscheinung, die 1917 drei Bauernkindern im portugiesischen Fatima zuteil wurde, ließ einen der größten Wallfahrtsorte auf der Welt entstehen und wurde von der katholischen Volksfrömmigkeit in der Phase vor dem Zweiten Vatikanum mit den vom Ersten Weltkrieg ausgelösten Umstürzen verbunden, auch mit der bolschewistischen Revolution in Russland.[7]

Die Verständnislosen haben seit jeher gemeint, Johannes Pauls II. Marienfrömmigkeit psychoanalytisch als Verschiebung mütterlicher Zuneigung deuten zu sollen, ausgelöst durch den frühen Tod seiner Mutter. [8] Die Wahrheit ist jedoch, dass Karol Wojtyła nach eigenem Bekunden schon seit 1938, als er Wadowice verließ, um in Krakau zu studieren, von der konventionellen Marienfrömmigkeit seiner Zeit enttäuscht war. In den Kriegjahren machte ihn der Laienmystiker Jan Tyranowski mit einer theologisch subtileren Form der Marienverehrung bekannt. Tyranowski lieh Wojtyła nicht nur Bücher der spanischen

Karmelitenmystiker Johannes vom Kreuz und Teresa von Avila, er gab dem jungen Tagelöhner und Untergrundschauspieler auch eine Abhandlung aus dem 17. Jahrhundert über die Marienfrömmigkeit. In seiner *Abhandlung über die vollkommene Andacht zu Maria* legt der hl. Louis Grignion de Montfort dar, dass jede echte Marienverehrung auf Christus, den Sohn Mariens, hindeutet und durch Christus – der der Sohn Gottes und Mariens war – auf die Trinität: im Mittelpunkt jeder echte Marienandacht stehen daher Christus und die Trinität. Wojtyła fand das völlig überzeugend und übernahm später den Wahlspruch der Montfortianer *Totus Tuus* für sein bischöfliches, und dann auch päpstliches, Wappen.[9]

Während seines Pontifikats bemühte sich Johannes Paul II., die Marienfrömmigkeit wiederzubeleben und ihr eine neue theologische Tiefe zu geben – jeden ersten Samstag im Montag leitete er eine Rosenkranzandacht, die Radio Vatikan aus dem Audienzsaal „Paul VI." in die ganze Welt ausstrahlte. Außerdem wollte er der Kirche ein besseres Verständnis der Rolle Mariens in der Heilsgeschichte und im Leben der Kirche vermitteln. Seine sechste Enzyklika *Redemptoris Mater* widmete er diesem Thema und verkündete, dass die Zeit zwischen Pfingsten 1987 und Pfingsten 1988 in der ganzen Kirche als besonderes Marienjahr gefeiert werden sollte. Bei seiner erstaunlichen Weihnachtsansprache im Dezember 1987 vor den Mitgliedern der römische Kurie hatte der Papst, gestützt auf den Schweizer Theologen Hans Urs von Balthasar, zum Entsetzen einiger Kirchenmänner behauptet, das „marianische Profil" der Kirche liege dem „petrinischen Profil" voraus und erfülle es mit Sinn. Marias *fiat* habe das Vorbild für die Nachfolge Christi geliefert und die petrinische Struktur der Kirche – ihre Leitung durch den Papst und die Bischöfe – sei in erster Linie dazu da, die Nachfolge Christi zu fördern, ja ergebe ohne die Nachfolge keinen Sinn.[10] Der strategische Zweck, den der Papst mit der Vertiefung der theologischen Implikationen der Marienfrömmigkeit verfolgte, war zu einem nicht gerade geringen Teil dem Wunsch geschuldet, der Kirche die nötigen Mittel an die Hand zu geben, um auf die radikaleren Erscheinungen des weltlichen Feminismus mit einer positiven Vorstellung echter Befreiung zu reagieren. Deshalb gab er das apostolische Schreiben *Mulieris Dignitatem* direkt im Anschluss an das marianische Jahr 1987/88 heraus.

Die dramatischste Episode in Johannes Pauls II. Marienfrömmigkeit spielte sich natürlich am 13. Mai 1981 ab. Für den Papst war es keine Frage des Glücks, dass er an dem Tag, an dem nach dem Kirchenkalender Unsere Liebe Frau von Fatima geehrt wird, den Anschlag eines professionellen Attentäters überlebt hatte. Mehmet Ali Agca hatte aus kurzer Entfernung auf ihn geschossen, doch wie Johannes Paul später gesagt hat: „Eine Hand bediente den Abzug, eine andere lenkte die Kugel."[11] Ein Jahr später, im Mai 1982, ist er nach Fatima gefahren, um der Jungfrau Maria für die Rettung seines Lebens zu danken. Eine der Kugeln aus Agcas halbautomatischer 9-mm Browning ist in die Krone der Statue unserer Lieben Frau von Fatima eingelassen worden. Im Mai 1991, zum zehnten Jahrestag des Attentatsversuchs, war der Papst wieder in Fatima und dankte der seligen Mutter bei dieser Gelegenheit öffentlich dafür, dass Ost- und Mitteleuropa vom Kommunismus befreit worden waren.

Noch einmal sollte der Papst nach Fatima zurückkehren, nämlich am 12. und 13. Mai des Jubiläumsjahrs. Diesmal sprach er zwei der drei Kinder, denen die Muttergottes erschienen war selig: Francisco und Jacinta Marto. Am Ende der Messe beglückwünschte der Kardinalstaatssekretär Angelo Sodano im Namen aller Anwesenden den Papst zu seinem achtzigsten Geburtstag und gab bekannt, dass nach dem Willen von Johannes Paul nun die Zeit gekommen sei, das sogenannte „dritte Geheimnis" von Fatima zu enthüllen, das jahrzehntelang jede Menge, oft reisserischer, Spekulationen ausgelöst hatte. Danach verlas er eine vom Papst gutgeheißene Erklärung:

> Dieser Text stellt eine prophetische Schau dar, die man mit jenen der Heiligen Schrift vergleichen kann. Sie beschreiben nicht im fotografischen Sinn die Einzelheiten der zukünftigen Ereignisse, sondern fassen auf einem gemeinsamen Hintergrund Tatsachen verdichtend zusammen, die sich zeitlich in einer nicht präzisierten Abfolge und Dauer erstrecken. Daher kann der Schlüssel zum Verständnis des Textes nur *symbolisch* sein.
>
> Die Vision von Fatima betrifft besonders den Kampf der atheistischen Systeme gegen die Kirche und die Christen und beschreibt das schreckliche Leiden der Glaubenszeugen des letzten Jahrhunderts des zweiten Jahrtausends. Es handelt sich um einen endlosen *Kreuzweg*, der von den Päpsten des zwanzigsten Jahrhunderts angeführt wird. [...]
>
> Die Ereignisse, die im Jahre 1989 folgten, führten sowohl in der Sowjetunion als auch in zahlreichen östlichen Ländern zum Fall des kommunistischen Regimes, das den Atheismus verfochten hatte. Auch dafür dankt der Heilige Vater der Jungfrau Maria aus ganzem Herzen. Dennoch haben in anderen Teilen der Welt die Angriffe gegen die Kirche und die Christen mit der Last des Leidens, die sie mit sich bringen, leider nicht aufgehört. Selbst wenn die Geschehnisse, auf die sich der dritte Teil des Geheimnisses von Fatima bezieht, nunmehr der Vergangenheit anzugehören scheinen, so bleibt der am Anfang des zwanzigsten Jahrhunderts ergangene Ruf der Gottesmutter zu Umkehr und Buße auch heute aktuell und anregend. [...] wir danken der Muttergottes von Fatima für ihren Schutz. Ihrer mütterlichen Fürsprache vertrauen wir die Kirche des dritten Jahrtausends an.[12]

Wie Kardinal Sodanos in seiner Ankündigung sagte, handelte die Vision des dritten Teils des „Geheimnisses" von einer großen Zahl von Märtyrern im 20. Jahrhundert, auch von Schüssen auf einen „in Weiß gekleideten Bischof". Dass Johannes Paul II. sein Erlebnis vom 13. Mai 1981 spirituell mit dem „in Weiß gekleideten Bischof" identifizierte, ist ganz natürlich. Richtig ist indes auch, dass die Entscheidung, das sogenannte „dritte Geheimnis" zu veröffentlichen, den allzu dramatischen Formen katholischen Apokalyptik im Millenniumsjahr den Wind aus den Segeln nehmen sollte. Neben den Texten der „Geheimnisse" von Fatima und der Niederschrift eines Gesprächs mit der 93-jährigen Schwester Maria Lucia dos Santos, der noch lebenden Zeugin der Erscheinung, das Erzbischof Tarcisio Bertone SDB, der Sekretär der Glaubenskongregation, geführt hatte, veröffentlichte der Vatikan auch einen „theologischen Kommentar" zum „dritten Geheimnis". Sein Verfasser war Joseph Kardinal Ratzinger, der Präfekt der Kongregation für die Glaubenslehre. Wie Sodano so unterstreicht auch Ratzinger, dass es sich bei den Visionen von Fatima nicht, wie so oft gemeint, um photographische Bilder zukünftiger Ereignisse handelt, um einen „Film des Künftigen, an dem nichts mehr geändert werden könnte". Vielmehr riefen die Visionen zur Umkehr auf, und das heißt, es geht darum, „die Freiheit auf den Plan zu rufen und sie ins Positive zu wenden". Dass die Freiheit vor ihren eigenen Narrheiten gerettet werden muss, sollte das vergangene Jahrhundert mehr als deutlich gemacht haben. Dennoch ist dies nicht letzte Wort, wie aus dem Schluss von Ratzingers Kommentar ersichtlich ist:

> Das für Gott geöffnete, durch das Hinschauen auf Gott rein gewordene Herz ist stärker als Gewehre und Waffen aller Art. Das „Fiat" Marias, das Wort ihres Herzens, hat die Weltgeschichte gewendet, weil es den Retter eingelassen hat in diese Welt – weil im Raum dieses Ja Gott Mensch werden konnte und es nun ewig bleibt. Das Böse hat Macht in der Welt, wir sehen es und erfahren es immer wieder; es hat Macht, weil unsere Freiheit sich immer wieder von Gott abdrängen läßt. Aber seit Gott selbst ein menschliches Herz hat und so die Freiheit des Menschen ins Gute hinein, auf Gott zu, gewendet hat, hat die Freiheit zum Bösen nicht mehr das letzte Wort. Seitdem gilt: „In der Welt werdet ihr Drangsal haben, aber seid nur getrost, ich habe die Welt überwunden" (Joh 16,33). Dieser Verheißung uns anzuvertrauen, lädt uns die Botschaft von Fatima ein.[13]

Der marianische Aspekt des Großen Jubiläumsjahrs wurde im September auf dem 20. Internationalen mariologisch-marianischen Kongress in Rom theologisch unterfüttert. Nach mehrtägigen Arbeitssitzungen zu verschiedenen Themen, die sich auf Marias Rolle in der Heilgeschichte und im gegenwärtigen Kirchenleben bezogen, schloss der Kongress am 24. September mit einer Messe auf dem Petersplatz. In seiner Predigt sprach Johannes Paul über die besondere Beziehung Mariens, der *Theotokos*, der Gottesgebärerin, zu den drei trinitarischen Personen und schloss mit einer kurzen Darlegung, was eine echte Marienandacht für das dritte Jahrhundert bedeutet. Eine solche Verehrung müsse sich auf die Heilige Schrift und die Überlieferung stützen, und die daraus hervorgehende Volksfrömmikeit habe in der kirchlichen Liturgie zu wurzeln; müsse *„in dem Bemühen* zum Ausdruck kommen, *der ‚Allerseligsten' auf dem Weg zur persönlichen Vollkommenheit nachzueifern*; und sie habe *„frei zu sein von jeder Form des Aberglaubens und nichtiger Leichtgläubigkeit"* vor allem hinsichtlich der Marienerscheinungen, die von der Lehrautorität der Kirche zu beurteilen sind. Insbesondere aber habe jede wahre Marienverehrung *„stets zum Ursprung der Größe Marias zurückzufinden* und zum immerwährenden lobpreisenden *Magnifikat* an den Vater, den Sohn und den Heiligen Geist zu werden."[14]

Priesterliches Zeugnis

Zu den faszinierenden Facetten der Persönlichkeit Karol Wojtyłas gehört nicht zuletzt, dass dieser priesterlichste aller Priester – ein Mann, der Tausende von jungen Männern dazu inspiriert hatte, ihr Leben als Priester in den Dienst an Christus und der Kirche zu stellen – zunächst beabsichtigt hatte, ein christliches Leben als Laie zu führen. In *Geschenk und Geheimnis*, den Erinnerungen, die er 1996 anlässlich seines goldenen Priesterjubiläums veröffentlicht hat, denkt er auf rührende Weise über den Kampf nach, den er als junger Mann mit sich ausgefochten hatte, um Klarheit über seine Berufung zu gewinnen. Diese Klarheit stellte sich nicht wie in einem blendenden Blitz ein, sondern verdankte sich einem langsamen Urteilsprozess. Gleichzeitig war er sich deutlich bewusst, wer ihn beinflusst hatte und sein Urteil geschärft: Zu diesen gehörte sein Vater, dessen Beispiel, wie Johannes Paul schreibt, sein „erster Konvikt" war, und natürlich Jan Tyranowski. Ihm war auch klar, dass die Erfahrung der Besetzung aus ihm den priesterlichen Stahl geschmiedet hatte, der zugleich stark und biegsam war. Gleichzeitig hatte sie die Überzeugung in ihm reifen lassen, dass der Priester der „Sauerteig der Brüderlichkeit" in einer Welt sein sollte, die unbedingt der Solidarität bedurfte.[15]

Der Priester war in seinen Augen nicht jemand, der irgendwie „über" dem allgemeinen Aufruf zur Heiligkeit stand. Im Gegenteil: Der Priester war in der Befolgung dieses Aufrufs eins mit seinem Kirchenvolk. Dennoch sollte der Priester, wie Johannes Paul 1992 in seinem Nachsynodalen Apostolischen Schreiben *Pastores Dabo vobis* [Ich werde euch Hirten geben] erklärt, dem Aufruf zur Heiligkeit auf eine besondere Weise nachkommen. Denn der geweihte Priester nimmt aufgrund seiner Weihe auf eine ausgezeichnete Weise an der Priesterschaft Jesu Christi teil, indem er ein *alter Christus* wird, eine sakramentale Darstellung von Christus selbst. Die Weihe bestehe in sehr viel mehr als darin, dass die Kirche einen Mann berechtigt, bestimmte kirchliche Verrichtungen zu vollziehen. Die Priesterweihe macht, dass ein Mann Christus auf tiefgreifende Weise „nachgestaltet" wird, so dass er zur *„ganzheitlichen Selbsthingabe* an die Kirche" befähigt ist.[16]

Das spezifisch priesterliche Zeugnis in der Kirche und der Welt ist, wie Johannes Paul lehrt, das Zeugnis des guten Hirten. In diesem Bild des Evangeliums liegt beschlossen, welche ausgezeichnete Form der Heiligkeit ein Priester verkörpern sollte. Der Papst nannte sie die Heiligkeit der „pastoralen Liebe". Das wiederum bedeutet, der Priester ist nicht aufgrund von Macht das spirituelle „Haupt" seiner Gemeinde, sondern weil er ein dienender ist, jemand, der sein Leben in der Sorge für die Schafe verbringt.[17]

Als Johannes Paul II. die Last des Papstamts auf sich nahm, wusste er, dass die katholische Priesterschaft überall in der Welt in der Krise steckt. Seit dem Zweiten Vatikanum waren mehr Priester von ihrem aktiven Gemeindedienst zurückgetreten als zu irgendeiner Zeit seit der Reformation im 16. Jahrhundert. Die

Priesterschaft in der westlichen Welt war überaltet und einst volle Priesterseminare waren geschlossen worden oder standen halb leer. Als Erklärung dafür werden gemeinhin das Zölibat im Katholizismus des lateinischen Ritus und die antiautoritäte Einstellung der westlichen Kultur seit den sechziger Jahren angeführt. Johannes Paul glaubte, die Probleme, vor denen das Priesteramt im letzten Viertel des 20. Jahrhunderts stand, hätten tiefere kulturelle Wurzeln. Der oft unbewußte Rationalismus der Spätmoderne hat die biblische Offenbarung ihres Dramas und oft ihrer Glaubwürdigkeit beraubt und bestenfalls einen erhabenen Mythos aus ihr gemacht. Wenn aber Christus nicht wirklich der Gute Hirte ist, warum sollte ein kluger, begabter Mann sich solch einer Berufung weihen? Und dann ist da noch der radikale Individualismus der Spätmoderne, der sich vor verbindlichen Beziehungen scheut und infolgedessen eine fieberhafte Suche nach Lust und sofortiger Bedürfnisbefriedigung auslöst. Selbst die Gläubigen unter den jungen Männern bleiben nicht unberührt vom gängigen Atheismus, der die Kultur des Westens weitgehend durchsetzt, dem Lebens sein Geheimnis genommen und die Tendenz verstärkt hat, rein pragmatisch an Lebensentscheidungen heranzugehen. Und nicht zu vergessen: die Verwechslung von Freiheit mit Freizügigkeit und Machtgelüsten, die beide das Band zwischen Freiheit und Wahrheit zerschneiden und die Vorstellung von Selbstaufopferung wie einen masochistischen Akt aussehen lassen.[18]

Indem er ein überzeugendes Beispiel für priesterliche Heiligkeit, priesterliches Zeugnis und priesterliche Männlichkeit in Rom und der ganzen Welt gab, hat Johannes Paul II. zumindest die Moral vieler katholischer Priester wiederhergestellt. Dass ihr Zeugnis von der Kirche im großen Jubeljahr bekräftigt würde, war dem Papst ein ganz besonderes Anliegen. Deshalb wurde für den 18. Mai 2000 – Johannes Pauls 80. Geburtstag – das *Jubiläum der Priester* angesetzt, dem drei Tage der Feierlichkeiten zum Priesterstand vorausgingen. Das Programm begann am 14. Mai, einem Sonntag, mit der feierlichen Vesper in der Basilika Santa Maria Maggiore. An diesem Tag hatte Johannes Paul II. zu früherer Stunde sechsundzwanzig neue Priester am Weltgebetstag für die geistlichen Berufe geweiht. Am Morgen des 15. Mai wurden die Laudes und die Messe für das *Jubiläum der Priester* in der Lateranbasilika gefeiert. Danach folgte eine Konferenz in der Aula Paul VI. zum Thema „Der Priester: Diener der Hoffnung und Epiphanie Gottes unter den Menschen". Sie stand unter der Leitung des Präfekten der Kongregation für den Klerus, des kolumbianischen Kardinals Dario Castrillon Hoyos. (Er hatte sich einmal als Milchmann verkleidet, um dem Drogenzar Pablo Escobar ins Gewissen zu reden und zur Reue aufzufordern.) Am Dienstag wurden die Laudes in der Basilika St. Paul vor den Mauern gefeiert, gefolgt von Zeugnissen von Priestern aus allen Kontinenten. Am Abend führte der slowakische Kardinal Ján Chryzostom Korec SJ, der als heimlich geweihter Priester und Bischof im Untergrund Jahre in kommunistischen Gefängnissen und Arbeitslagern verbracht hatte, einen feierlichen Kreuzweg zum Circus Maximus und erinnerte so an die vielen Priester, die um ihres Glaubens und ihrer Berufung willen in den vergangenen zwei Jahrtausenden gelitten hatten.

Die größte Feier des *Jubiläums der Priester* fand am Dienstag, dem 18. Mai, statt, als Johannes Paul II. die größte konzelebrierte Messfeier in der Geschichte leitete, der sich auf dem Peterplatz 6000 Priester, 74 Kardinäle und Patriarchen und 250 Bischöfe anschlossen. In seiner Predigt sprach der Papst über das Paradox, dass das Sakrament des Priesteramts so vielen „verletzlichen Menschen" gespendet wurde und dass dieses Geschenk „immer wieder den Beschenkten in Erstaunen versetzt". Er empfand „das starke Bedürfnis, Gott für seine unermeßliche Güte zu danken und ihn dafür zu preisen", dass er sie alle zum Priesteramt berufen hat. Diese Dankbarkeit ließ ihn in Gedanken zurückkehren zu dem Augenblick im „Abendmahlssaal von Jerusalem, wo ich im Laufe meiner Pilgerreise ins Heilige Land die hl. Messe feiern konnte. An jenem Ort, wo mein und euer Priestertum aus dem Denken und aus dem Herzen Christi hervorgegangen ist". Dort, so erinnerte er seine Brüder im Priesteramt, wollte Christus seinen Priestern „Anteil geben an der Berufung und Sendung, mit der ihn der himmlische Vater betraut hatte", nicht um der Ehre willen, sondern damit Christi Priester „die Menschen in sein universales Heilsmysterium einführen".

Auch denke er „an die Priester, die aus verschiedenen Gründen das heilige Amt nicht mehr ausüben" – an die, die aus dem Priesteramt ausgeschieden sind. Noch immer seien sie auf besondere Weise Christus gleichgestaltet durch den „ unauslöschlichen Charakter der heiligen Weihe", und daher betete er für sie und lud die ganze Kirche ein, in sein Gebet einzustimmen, damit diese Männer „ihre Verpflichtung zu christlicher Konsequenz und kirchlicher Gemeinschaft in ihrem Innern lebendig halten".

Er schloss damit, dass er die anwesenden Priester und die Priester auf der ganzen Welt dazu aufrief, sich erneut ihrem besonderen „Weg der Heiligkeit" zu weihen, wie Petrus es in seinem ersten Brief beschrieben hat: „Die uns anvertraute Herde Gottes zu weiden, nicht durch Zwang, sondern freiwillig, nicht als Beherrscher, sondern durch ein vorbildliches Zeugnis. Dieses Zeugnis kann, wenn nötig, bis zum eigenen Blutvergießen gehen, wie es für nicht wenige unserer Mitbrüder im Laufe des gerade zu Ende gegangenen Jahrhunderts gewesen ist." Dann endete dieser Priester, Bischof und Papst, der in seinem Amt durch die Freundschaft von Laien geformt worden war, damit, dass er das Volk der Kirche bat, für die Priester der Kirche zu beten:

> Bete auch du für uns, liebes Volk der Christen, das heute im Glauben und in der Freude um uns versammelt ist. Du bist das königliche Volk, das priesterliche Geschlecht, die heilige Gemeinde. Du bist das Volk Gottes, das überall auf der Welt am Priestertum Christi teilhat. Nimm das Geschenk an, das wir heute im Dienst an deiner einzigartigen Würde erneuern. Du priesterliches Volk, danke Gott mit uns für unser Amt, und singe mit uns für deinen und unseren Herrn: Lob sei dir, Christus, für das Geschenk des Priestertums! Laß die Kirche des neuen Jahrtausends auf das großzügige Wirken zahlreicher und heiliger Priester bauen können! Amen![19]

Am folgenden Tag dirigierte Maestro Gilbert Levine, der 1994 in der Aula Paul VI. das Holocaustgedenkkonzert geleitete hatte, Chor und Orchester der Philharmonie bei der Aufführung von Haydns „Schöpfung" in eben dieser Aula und zu Ehren des 80. Geburtstags von Johannes Paul. Er krönte damit, so der Papst später, einen „Tag, der für mich voller Dankbarkeit gegenüber dem Herrn war, der mir das unschätzbare Geschenk des Lebens gemacht und soviel Gnaden über mich gegossen hat, mit denen er mein Leben bereichern wollte." Es gab noch ein weiteres Geburtstaggeschenk von einem anderen großen Künstler, dem polnischen Dichter und Nobelpreisträger Czesław Miłosz – eine „Ode zum 80. Geburtstag von Papst Johannes Paul II.":

> Wir alle, die wir kleingläubig sind, kommen zu Dir,
> Damit Du uns mit dem Beispiel Deines Lebens Kraft gibst
> Und uns von der Sorge um diesen Tag und um das nächste Jahr
> Befreist.
> Dein war das zwanzigste Jahrhundert,
> Es war berühmt für die Namen gewaltiger Tyrannen,
> Und für die Wendung ihrer raubgierigen Staaten ins Nichts.
> Dass es so sein wird, hast du gewusst. Du hast Hoffnung gelehrt:
> Denn nur Christus ist Herr der Geschichte.
>
> Menschen aus fremden Ländern rätselten, woher die verborgene Kraft
> Des Klerikers aus Wadowice kommt. Die Gebete und Prophezeiungen
> Der von Geld und Fortschritt missachteten Dichter,
> Die doch Königen ebenbürtig waren, die auf Dich warteten,
> Damit Du für sie *urbi et orbi* sprichst,
> So dass die Geschichte kein Chaos ist, sondern umfassende Ordnung.
>
> Du, der Hirte, bist uns gegeben, wenn die Götter abtreten!
> Und im Dunst über den Städten glitzert das Goldene Kalb.
> Eine wehrlose Menge rennt und bringt
> Den blutigen Bildschirmen des Molochs die eigenen Kinder zum Opfer.
> Und Angst liegt in der Luft, unausgesprochenes Lamento:
> Denn um glauben zu können, genügt es nicht, glauben zu wollen.
>
> Und plötzlich, wie der klare Glockenklang zur Frühmette,
> Dein Zeichen des Widerspruchs, fast wie ein Wunder,
> So dass man fragte: Wie ist es nur möglich,
> Dass die Jugend aus ungläubigen Ländern Dich verehrt,
> Sich dicht an dicht auf den Plätzen drängt,
> Auf die zweitausend Jahre alte Botschaft wartet
> Und sich dem Stellvertreter vor die Füße wirft,
> Der mit Liebe das Volk der Menschen umfing.
>
> Du bist mit uns und wirst von nun an immer mit uns sein.
> Wenn sich die Mächte des Chaos melden,
> Und die Besitzer der Wahrheit sich in den Kirchen verschanzen,
> Und einzig die Zweifelnden gläubig bleiben,
> Erinnert Dein Porträt bei uns zu Hause jeden Tag daran,
> Was ein Mensch vermag, und wie Heiligkeit wirkt.[20]

Eine Woche nach dem Geburtstag des Papstes, am 25. Mai, stand der heroische Zeuge, von dem Miłosz schreibt, wieder im Mittelpunkt des großen Jubiläumsjahres. Diesmal sprach Johannes Paul II. Cristobal Magallanes und seine vierundzwanzig Gefährten heilig, die im Aufstand der *Cristeros* gegen die Kirchenfeindlichkeit des mexikanischen Staates Ende der zwanziger Jahre des 20. Jahrhunderts als Märtyrer gestorben waren. Pater Magallanes hatte sich besonders der Evangelisierung des Volkes der Huichol gewidmet, und bevor man ihn ohne Prozess erschoss, vergab er seinen Henkern, teilte seine wenigen Besitztümer unter sie und bot ihnen die Absolution an. Er starb am 21. Mai 1927, während er für die Einheit Mexikos und die Versöhnung des Volkes betete.

Glaube und Vernunft, die Eucharistie und die Jungen

Beim *Jubiläum der Wissenschaftler* am 25. Mai griff Johannes Paul wieder ein Thema auf, das sich wie ein roter Faden durch sein Pontifikat gezogen hat: das Verhältnis von Glaube und Vernunft. Mit einem Zitat aus der einschlägigen Enzyklika *Fides et Ratio* von 1998, erinnerte der Papst die Männer und Frauen, die „in der Forschung tätig" sind, daran, dass „der Glaube die Vernunft nicht fürchtet", denn die beiden „sind wie die beiden Flügel, mit denen sich der menschliche Geist zur Betrachtung der Wahrheit erhebt." Nach der Wahrheit zu suchen heiße, nach dem Abdruck Gottes im Menschen zu suchen: Denn das Streben nach ihr „hat Gott dem Menschen ins Herz gesenkt, damit er dadurch, daß er Ihn erkennt und liebt, auch zur vollen Wahrheit über sich selbst gelangen könne." Deshalb liege das Christentum an der Wurzel der „wissenschaftlichen Kultur" des Abendlandes: Der christliche Glaube an die „Erkennbarkeit" spiegelt die christliche Überzeugung, dass die Welt durch den *logos*, das Wort, die „Vernunft" Gottes geschaffen worden ist, die in „allen Teilen des Universums" die Spur der Vernünftigkeit hinterlassen hat.[21]

Gewiss, über dem Verhältnis der Kirche zur Wissenschaft hatten auch Schatten gelegen, Schatten, die Johannes Paul mit dem Licht historischer Untersuchungen zu vertreiben versucht hat – so in seinem Eingeständnis von 1992, dass einige Kirchenmänner im Unrecht waren, als sie Galileos Verteidung der kopernikanischen Weltsicht für unvereinbar mit der biblischen Offenbarung erklärten. Wissenschaft und Theologie hat Johannes Paul damals gesagt, seien „zwei Bereiche des Wissens", von denen man nicht meinen müssen, sie verstrickten sich unvermeidlich in einen Gegensatz.[22] Die Kirche hatte das verstanden, die neue Frage war, ob das auch für die Wissenschaft galt. Der Papst knüpfte deshalb eine Warnung an eine wissenschaftliche Methode, die, wenn sie das Ganze der Gesellschaft ergreift, die Männer und Frauen der Spätmoderne an eine „Kultur des Verdachts und des Zweifels" gewöhnt. Eine Wissenschaft, die sich weigert „von der Existenz Gottes Kenntnis zu nehmen und den Menschen im Geheimnis seines Ursprunges und Zieles zu sehen, als ob eine solche Sichtweise die Wissenschaft an sich hätte in Frage stellen können", sei letzten Endes eine antihumanistische Wissenschaft, weil sie zwangsläufig, „die Wissenschaft dem Menschen und dem Dienst, den sie ihm leisten soll, entfremdet". Deshalb forderte der Papst, diejenigen, die „an der Frontlinie der Forschung und des Fortschritts im Einsatz stehen“ auf, sich „einen offenen Geist für die Horizonte, die der Glaube weit aufreißt“ zu erhalten, damit Wissenschaftler, wenn „sie unablässig die Geheimnisse der Welt zu ergründen suchen“, „Bauleute der Hoffnung für die ganze Menschheit“ sind.[23]

Ende Mai, im Juni und Anfang Juli setzte sich der mittlerweile vertraute Jubiläumsrhythmus des heiligen Jahres fort: am 28. Mai mit dem *Jubiläum der Diözese Rom*, am 2. Juni mit dem *Jubiläum der Migranten und der Menschen unterwegs*, am 4. Juni mit dem *Jubiläum der Journalisten.* Am 13. Juni verkündete die italienische Regierung eine Amnestie für den päpstlichen Attentäter Mehmet ali Agca, der unmittelbar darauf wegen einiger in der Türkei begangener Straftaten in ein türkisches Gefängnis überführt wurde. Johannes Paul dankte der italienischen Regierung für die Geste zum Jubiläumsjahr und sandte kurz darauf, am 24. Juni, eine Jubiläumsbotschaft an alle Gefangenen auf der Welt. Diese Botschaft der Hoffnung verlas er dann bei der Messfeier im römischen Gefängnis Regina Coeli am 9. Juli.[24] Am 15. Juni lud der Papst 200 Bedürftige zum Mittagessen in der Aula Paul VI. ein und tauschte Geschenke mit ihnen aus. Die Gäste waren von der Kommunität Sant'Egidio, der Caritasorganisation der Diözese Rom, und dem Obdachtlosenheim „Geschenk Mariens“ ausgewählt worden. Dieses hatte Johannes Paul II. im Vatikan einrichten lassen und Mutter Teresas Missionarinnen der Nächstenliebe unterstellt. In dem Mittagessen sah der Papst einen in Vorbereitung auf den 47. Internationalen Eucharistischen Kongress, der vom 18. bis 25. Juni in Rom stattfand, gebotenen Akt der Gastfreundlichkeit. Wie immer waren die Kinder, die während des *pranzo* herumtollten und vor seinem Tisch spielten, die Lieblinge des Papstes.

Der Internationale Eucharistische Kongress sollte unterstreichen, dass die Kirche in jeder Messe „das Mysterium des Glaubens“ feierte. Wie Johannes Paul so prägnant formulierte: „Christus, der einzige Herr – *gestern, heute und in Ewigkeit* –, wollte seine heilbringende Gegenwart in der Welt und Geschichte an das *Sakrament der Eucharistie* knüpfen. Er wollte sich zum gebrochenen Brot machen, damit sich jeder Mensch durch die Teilhabe am Sakrament seines Leibes und Blutes mit seinem Leben nähren kann.“[25] In diesem Sakrament, so predigte er bei der Abschlussmesse *Statio Orbis* am 25. Juni auf dem Petersplatz, würden alle Glieder der Kirche neue Kraft für ihre besondere apostolische und missionarische Berufung finden: die Kranken würden darin Geduld in ihren Heimsuchungen finden; Eheleute in ihrer Treue gestärkt, die Geweihten den Mut finden, ihre Gelübde zu leben; Kinder würden lernen, stark und großzügig zu sein; und die Jungen, in die er solche Hoffnung setzte, würden dazu finden, die Verantwortung für die Zukunft auf sich zu nehmen.

Dieser Schlussaufruf an die Jugend leitete zum nächsten großen Ereignis des Jubiläumsjahr über, zum 15. Weltjugendtag, der vom 15. bis zum 20. August in Rom stattfand. In einem Jahr, das schon viele Manifestationen katholischen Glaubens gesehen hatte, war diese vielleicht die hinreißendste. Die mehr als zwei Millionen junger Leute, die aus allen Ecken und Enden der Welt nach

Rom geströmt waren, machten den Weltjugendtag 2000 zur größten Pilgerfahrt in der europäischen Geschichte.

Da Johannes Paul II. auch schon davor sieben internationale Weltjugendtage geleitet hatte, war das, was zuerst eine unerhörte Neuerung war, zur Normalität im Leben der Kirche geworden. Seine Erfahrung als Studentenkaplan hatte ihn gelehrt, dass junge Leute auf die Herausforderung, ein heldenhaftes spirituelles und moralisches Leben zu führen, reagierten. Es wäre zwar naiv anzunehmen, dass jeder, der einen Weltjugendtag besucht, anschließend ein überzeugter Christ ist, aber es wäre auch dumm, nicht zur Kenntnis zu nehmen, wie sehr derartige Ereignisse bereits zur neuen Evangelisierung beigetragen hatten, über die der Papst sei gut einem Jahrzehnt so leidenschaftlich gesprochen hat.

Das Erlebnis eines Weltjugendtages vermittelte jungen Leuten, die in ihrem Glauben nicht gefestigt waren, dass sie nicht allein dastanden: Sie hatten Gefährten auf ihrem „Weg“, Gefährten, die ihnen in vielem glichen. Die intensive Katechese der Teilnehmer am Weltjugendtag tat sicherlich das ihre, um die katechetische Lücke zu füllen, die so häufig nach dem Zweiten Vatikanum aufgetreten ist. Zugleich überzeugte sie die Bischöfe, die bei den Weltjugendtagen immer als Katecheten wirkten, dass sie tatsächlich die jungen Menschen sinnvoll belehren konnten. Das Zeitalter des Internets und des Handys ermöglichte es den jungen Katholiken, sich selbst in Netzwerken zu organisieren und trotz geographischer Entfernungen, die einst als unüberwindbar gegolten hätten, in Kontakt zu bleiben und sich zu unterstützen. Wer einen historischen Sinn hatte, der musste einfach von der Tatsache beeindruckt sein, dass nach einem Jahrhundert voller Gewalt, Hunderttausende von jungen Männern und Frauen nicht als Soldaten, sondern als Pilger durch Europa zogen.

Der Weltjugendtag war auch ein wesentlicher Bestandteil der Evangelisierungsbemühung in Rom selbst. Denn obwohl die Stadt sich als Zentrum der katholischen Welt betrachtete, war ihr Katholizismus im Laufe der Zeit etwas fadenscheinig, ja manchmal sogar zynisch geworden. Das änderte sich mit Johannes Pauls unermüdlichen, seit Beginn seines Pontifikats auf sich genommenen Anstrengungen, Rom wieder in die Grundsätze des Glaubens einzuführen. Bis zum Jahr 2000 hatte der Papst persönlich fast 300 römische Gemeinden besucht, dort die Sonntagsmesse gefeiert und gepredigt. Sein Generalvikar für Rom, Kardinal Ruini, ein Mann, der ähnlich wie Johannes Paul dachte, hatte in den späten neunziger Jahren eine „Mission der Stadt“ ins Leben gerufen, die unter anderem zahllose Exemplare des Markusevangeliums in Roms Stadtvierteln verteilte.

Doch es war das Zeugnis der Jugend, das im August 2000 die Römer, die sich viel auf ihre Skepsis gegenüber öffentlichen Kundgebungen von Frömmigkeit einbilden, am meisten bewegte. Niemand, gleichgültig wie abgebrüht, konnte spotten über den Anblick Zehntausender von jungen Leuten, die sich höflich aufreihten, um durch die Heilige Pforte des Petersdom zu gehen, oder sich in die Schlangen vor den im Circus Maximus errichteten Beichtstühlen stellten, der in eine riesige Kirche unter freiem Himmel verwandelt worden war, oder die zu Millionen an einem glühendheißen Tag zur Abschlussmesse des Weltjugendtages in den Vorort Tor Vergata kamen. Selbst die römischen Taxifahrer, die so manches von Pilgern gewohnt waren, zeigten sich beeindruckt. Ein alter Hase dieses Irrsinns, den Taxifahren in der Ewigen Stadt darstellt, erklärte voller Erstaunen, dass sich die Massen bei Rockkonzerten und Fußballspielen sicherlich nicht so benahmen. Selbst Italiens größte linke Tageszeitung, *La Repubblica*, räumte ein, dass „in Tor Vergata die Mauer zwischen Agnostikern und Katholiken gefallen ist."[26]

Diese vielen Menschen unterzubringen war, milde gesagt, eine Herausforderung. Der Papst leistete seinen Beitrag dazu, indem er fünfzehn Jugendliche in der päpstlichen Sommerresidenz Castel Gandolfo unterbrachte. Eines Nachmittags sahen sie sich beim Mittagessen dem Papst gegenüber, der mit ihnen Tomatenfettucini, Schweinebraten und Zucchini aß, derweil man scherzte, Geschichten zum besten gab und auf Englisch, Französisch, Italienische, Polnisch und Portugiesisch miteinander betete. Ein Kanadier, Roger Gudino, überreichte dem Papst einen Pullover seiner Eishockeymannschaft aus Toronto, was dem Papst die Tage in Erinnerung rief, in denen er selbst in Wadowice den Hockeyschläger geschwungen hatte – dass ein solches Gesprächsthema jemals zuvor in der Geschichte der langlebigsten Institution des Abendlandes an einem päpstlichen Mittagstisch aufgekommen ist, dürfte unwahrscheinlich sein.

Wer meinte, Johannes Pauls Anziehungskraft auf die Jugend sei bloß eine Form der Schwärmerei für Berühmtheiten, musste sich wieder einmal eines Besseren belehren lassen. Denn in der Abschlussmesse in Tor Vergata am 20. August machte der Papst seinen jungen Anhängern aus 159 Ländern deutlich, wie viel von ihnen verlangt würde. Zum Predigtext wählte er die Frage Jesu an seine Jünger „Wollt auch ihr weggehen?" und Petri Antwort „Herr, zu wem sollen wir gehen? Du hast Worte des ewigen Lebens" [Joh 6,67f.] Diese Frage richte sich nicht nur an eine Gruppe herumwandernder Juden von vor zweitausend Jahren. Es sei eine Frage, die sich auch heute stellt: „Sie berührt uns persönlich und ruft zur Entscheidung heraus." Und diese Entscheidung sei die wichtigste, die jemand treffen könnte, denn Christus allein „kann die tiefsten Sehnsüchte des menschlichen Herzens stillen." Warum ist das so? Aufgrund der unbedingten, tiefen Liebe Christi für jeden Menschen: „Christus hat uns gern und er liebt uns immer! Er liebt uns auch dann, wenn wir ihn enttäuschen, wenn wir dem nicht entsprechen, was er von uns erwartet. Er verschließt nie die Arme seiner Barmherzigkeit." Aber auch das verlange uns etwas ab: „ Müssen wir diesem Gott nicht dankbar sein, daß er uns erlöst hat und sich dabei bis zur Torheit des Kreuzes vorgewagt hat? Müssen wir diesem Gott nicht dankbar sein, der sich auf unsere Seite gestellt hat und dort geblieben ist bis zum Ende?"

Hätte ein anderer es gesagt, so hätte man es vielleicht als leicht dahin gesagte Schwärmerei abgetan. Aber diese zwei Millionen junger Leute in Tor Vergata wussten oder spürten doch, dass dieser Mann sie nicht zu etwas aufforderte, was er nicht selbst getan hatte: eine Last auf sich zu nehmen, die er nicht getragen hatte, etwas zu wagen, was er nicht gewagt hatte. Tatsächlich hatte der Papst bei der Vigil am Vorabend, die stets der Abschlussmesse des Weltjugendtages vorausgeht, eingeräumt, dass es schwierig ist, in unseren modernen Tagen zu glauben: „ Ist das Glauben schwer im Jahr 2000? In der Tat: Es ist schwer. Das darf man nicht verschweigen." Aber sie stünden nicht allein da. Christus, der auf dem Kalvarienberg alle Angst, Verwirrung und Zweifel der Welt auf sich genommen hat, wartete auf sie, ob sie es wüssten oder nicht:

> In der Tat: Es ist Jesus, den ihr sucht, wenn ihr vom Glück träumt; Er ist es, der auf euch wartet, wenn euch nichts von dem zufriedenstellt, was ihr vorfindet; Er ist die Schönheit, die euch so anzieht; Er ist es, der euch provoziert mit jenem Durst nach Radikalität, der euch keine Anpassung an den Kompromiß erlaubt; Er ist es, der euch dazu drängt, die Masken abzulegen, die das Leben verfälschen; Er ist es, der in euren Herzen die wahreren Entscheidungen herausliest, die andere am liebsten ersticken würden. Jesus ist es, der in euch etwas entfacht: die Sehnsucht, aus eurem Leben etwas Großes zu machen; den Willen, einem Ideal zu folgen; die Ablehnung, euch von der Mittelmäßigkeit verschlingen zu lassen [...].[27]

Zeugnis der Einzigkeit Christi

Im Juli legten das Jubiläumsjahr 2000 und Papst Johannes Paul II. eine Pause ein. Der Papst fuhr nach Les Combes ins Aostatal. Wie schon früher bezog er in seinen Sommerferien, die vom 10. bis zum 22. Juli dauerten, eine zweistöckige Berghütte. Das Wetter war schlecht, aber Berge hatten schon immer Karol Wojtyłas poetische und spirituelle Phantasie beflügelt, und der Papst genoss den Blick aus dem Panoramafenster auf die hinreißende Landschaft. Da das Wetter gegen Ende seiner geplanten Ferienzeit sich besserte, schlugen die Berater des Papstes vor, den Urlaub doch zu verlängern – aber der Papst wollte unbedingt nach Rom – oder genauer nach Castel Gandolfo – zurückkehren, um den Weltjugendtag vorzubreiten. An seinem letzten Tag in Les Combes, am Tag der hl. Maria Magdalena, feierte der Papst gemeinsam mit dem Bischof und einigen Priestern der Diözese Aosta die Messe. Die erste Lesung des Tags aus 2 Korinther sprach davon, dass der Diener Christi durch die Liebe Christi zu der Verkündigung gedrängt wird, dass sein Erlösungstod „für alle" erlitten wurde. Derselbe Drang habe auch Maria Magdalena zu einem, wie der Papst es nannte „Lauf des Herzens und des Geistes" bewegt, der sie den langen Weg von der Sünde zur Bekehrung und zum Kalvarienberg führte und schließlich zum leeren Grab – einen Weg, der für alle Jünger Christi exemplarisch ist. So müsse jeder gläubige Christ, vor allem aber die, welche dem Apostolat geweiht sind, in ihrer persönlichen Begegnung mit dem auferstandenen Christus eine neue Art finden „nicht mehr nur für sich selbst zu leben, sondern für Ihn, der für uns gestorben und auferstanden ist."[28]

Am 29. August hielt Johannes Paul eine Rede auf dem Internationalen Kongress für Organverpflanzung in Rom. Er bezeichnete Organtransplantationen als „einen wesentlichen Fortschritt der Wissenschaft im Dienst am Menschen", vorausgesetzt jedoch, die Organe würden aufgrund „informierter Einwilligung" gespendet. Gleichwohl, so der Papst, verlangten „gewisse kritische Aspekte" nach einer Klärung, vor allem der in einigen Kreisen verbreitete Vorschlag, Klonierungen zur Beschaffung von Transplantationsorganen durchzuführen. Diese Verfahren seien „moralisch untragbar, auch wenn ihr angestrebtes Ziel an sich positiv ist." Außerdem verurteilte der Papst den internationalen Organhandlung und bekräftigte, dass die Kirche nichts gegen Xenotransplantationen, die Übertragung tierischer Organe auf Menschen, einzuwenden habe, solange der Empfänger nicht körperlich oder psychisch Schaden dabei nehme.[29]

Die Grundüberzeugung des Christentums in Bezug auf das einzigartige Erlösungswerk Christi wurde zur Quelle des umstrittensten Ereignisses im Jubiläumsjahr: der am 5. September 2000 veröffentlichten Erklärung der Kongregation für die Glaubenslehre, die den Titel *Dominus Iesus* trägt und von der „Einzigkeit und der Heilsuniversalität Jesu Christi und der Kirche" handelt. Der Untertitel mag sprachlich nicht sehr elegant klingen, aber seine Bedeutung ist klar: Die Kongregation, die von der Weltpresse oft als „dogmatischer Wachhund" der katholischen Kirche (und nicht selten als „Nachfolgerin der lnquisition") bezeichnet wird, betonte zwei Punkte, die zum Grundstock des Glaubens gehören und unabänderlich sind: dass Jesus Christus, der eine, einzige und universale Retter ist und dass die eine, von Christus gegründete Kirche in ihrer vollständigsten und vollkommensten Form die katholische Kirche ist.

Dominus Iesus war die Antwort auf theologische Spekulationen, die beide Punkte in Frage zu stellen schienen. Asiatische Theologen, aber auch westliche in Asien wirkende, versuchten eine Heilslehre zu entwickeln, die den großen asiatischen Religionen wie dem Buddhismus und Hinduismus nicht nur einen natürlichen spirituellen oder moralischen Wert beilegten, sondern darüber hinaus einen übernatürlichen. Ökumenische Theologen, und beileibe nicht nur in Asien, legten zwei Erklärungen des Zweiten Vatikanums – dass die eine Kirche Christi „in der katholischen Kirche verwirklicht ist " und dass das „Elemente der Heiligung und Wahrheit" in christlichen Gemeinden existiert, die nicht völlig in Gemeinschaft mit der katholischen Kirche sind – als eine Art von ekklesiologischer Gleichwertigkeit christlicher Gemeinschaften aus.[30] Die Spekulationen in Asien waren für christliche Gemeinschaften außerhalb der katholischen Kirche interessant, vor allem für die protestantischen Evangelikalen, die auf der von Christus bewirkten Einzigkeit der Erlösung beharrten. Bezüglich des ökumenischen Dialogs nahmen zumindest einige der ökumenischen Dialogpartner der katholischen Kirche Anstoß an der Aussage der Erklärung, dass „die kirchlichen Gemeinschaften hingegen, die den gültigen Episkopat und die ursprüngliche und vollständige Wirklichkeit des eucharistischen Mysteriums nicht bewahrt haben, nicht Kirchen im eigentlichen Sinn" sind – also alle protestantischen, im Gegensatz zu den orthodoxen Kirchen, auch wenn diese die Oberhoheit des Papstes nicht anerkennen.

In der allgemeinen Atmosphäre des ökumenischen und interreligiösen Wohlgefühls, das das Jubiläumsjahr 2000 umgab, war es vermutlich unvermeidlich, dass *Dominus Iesus* von einigen als Spielverderber betrachtet wurde – vielleicht bewusst. Die Pastorin Ellen Wondra, die als Anglikanerin am katholisch-anglikanischen Dialog teilnahm, verwarf *Dominus Iesus* als „Teil der Ära, in der die Kirchen gegeneinander polemisiert hatten, statt zur Ära der Versöhnung und größeren Gemeinschaft gehörig". Michael Root, ein lutherischer Ökumeniker, nahm einen ähnlichen Standpunkt ein und meinte, die Erklärung werfe den katholisch-lutherischen Dialog „wieder dorthin zurück, wo er vor dreißig Jahren stand."[31] Die Massenmedien, die auf theologische Nuancen noch nie etwas gegeben haben, zeigten sich noch kritischer: Die *Los Angeles Times* entstellte die These von *Dominus Iesus* komplett und titelte „Vatikan erklärt den Katholizismus zum einzigen Heilsweg", während eine andere Tageszeitung eine Karikatur von Johannes Paul II. mit hochgerissenen Armen und der Unterschrift „Wir sind die Nummer Eins" abdruckte.

Jeder, der sich die Mühe machte, *Dominus Iesus* zu lesen, fand darin weder Überheblichkeit noch Streitlust, sondern bloß das bescheidene Bekenntnis des katholischen Glaubens: dass es nur einen wahren Gott gibt, und deshalb nur eine „Ökonomie" des Heils; dass, wenn Jesus der Herr ist – wahrer Gott und wahrer Mensch – er der Herr aller ist, nicht nur derjenigen, die seine Herrschaft anerkennen; dass der Gott, der möchte, dass alle zur Wahrheit finden und gerettet werden, die zum Heil notwendigen Gnadengaben niemandem vorenthält; dass alle, die gerettet werden, durch die von Jesus Christus bewirkte Erlösung gerettet werden, ob sie nun von Christus gehört haben oder nicht; dass es nur eine Kirche Christi gibt – denn die Kirche ist der Leib Christi und Christus hat nicht mehrere Leiber –; dass die katholische Kirche, die bereitwillig anerkennt, dass die Gnade auch außerhalb ihrer am Werk ist, gleichwohl für sich in Anspruch nimmt, der vollkommenste Ausdruck der einen Kirche Christi in der Geschichte zu sein; und dass die Kirche den dauerhaften, nie aufzugebenden Auftrag hat, Christus durch ihre Missionierung zu verkünden.

Wer erwartet hatte, dass die katholische Kirche sich als eine Ware unter anderen im Supermarkt der Religionen sieht, hatte sich kräftig geirrt. Einige, auch christliche Ökumeniker, die sich längst von der Vorstellung verabschiedet hatten, ihre Gemeinschaften seinen ekklesiologisch unterschieden, waren zweifellos enttäuscht, ja verärgert. Doch was immer diejenigen, die sich unter Ökumene und interreligiösem Dialog ein Gespräch über Fragen des Geschmacks statt der Wahrheit vorstellten, erwartet haben, *Dominus Iesus* „passte", wenn auch auf herausfordernde Weise, sehr wohl in das Jubiläumsjahr 2000. Denn gefeiert wurde hier ja nicht die allgemeine Möglichkeit des Heils, sondern ein heiliges Jahr, das die christliche Grundüberzeugung hochhielt, dass in der Menschwerdung, dem Leben, dem Sterben und der Wiederauferstehung Jesu Christi das Heil der Welt endgültig und unüberbietbar bewirkt wurde.

In den Worten zum Angelus am 1. Oktober, zuvor waren Augustine Zhao Rong und seine 199 Gefährten (chinesische Märtyrer), Katherine Drexel (eine reiche Erbin aus Philadelphia, die einen religiösen Orten gegründet hatte, der sich für Afro-Amerikaner und Indianer einsetzte), María Josefa del Corazón de Jesús Sancho Guerra (die erste baskische Heilige) und Josephine Bakhita (eine ehemalige sudanesische Sklavin) heiliggesprochen worden, versuchte Johannes Paul II., die Spekulationen in der italienischen Presse über Differenzen zwischen sich und Kardinal Ratzinger, dem Präfekten der Glaubenskongregation, zu beenden, indem er den Vorwurf der „Überheblichkeit"[32] direkt ansprach. Mit deutlichen, an die Ökumene gerichteten Worten erklärte der Papst, *Dominus Iesus* sei „auf dem Höhepunkt des Jubiläumsjahrs" von ihm „in besonderer Form approbiert" worden, um alle Christen einzuladen, „ihre Treue zu ihm in der Freude des Glaubens zu erneuern und einmütig zu bezeugen, daß er – auch heute und morgen – ‚der Weg und die Wahrheit und das Leben' ist (Joh 14,6). Sich zu Christus „als einzigem Sohn, durch den wir selbst das Antlitz des Vaters schauen" zu bekennen, sei kein Akt der „Überheblichkeit, die andere Religionen abwertet". Vielmehr sei dies die freudige – und Demut einflößende – Anerkennung, „dass Christus sich uns ohne unser Verdienst gezeigt hat." Mehr noch, Christus begegnet zu sein bedeute, eine Verpflichtung auf sich zu nehmen: „das Empfangene weiterzuschenken und auch den anderen das mitzuteilen, was uns geschenkt wurde, denn das Geschenk der Wahrheit und die Liebe, die Gott ist, gehört allen Menschen."

Was die interreligiöse Kontroverse im Anschluß an *Dominus Iesus* betraf, so war Johannes Paul nicht weniger entschieden: Mit dem Apostel Petrus (Apg 4) zu bekennen, dass „uns Menschen kein anderer Name unter dem Himmel gegeben [ist], durch den wir gerettet werden sollen" als Christus, will „das Heil den Nichtchristen nicht" abgesprechen. „Vielmehr wird auf dessen letztendlichen Ursprung in Christus hingewiesen, in dem Gott und Mensch vereint sind." Ein Hindernis für einen echten interreligiösen Dialog sollte das ebenso wenig sein, wie die offene Aussage der katholischen Kirche, dass sie sich als erfülltesten Ausdruck der einen Kirche Christi versteht, ein Hindernis für den ökumenischen Dialog sein sollte. Denn dass *Dominus Iesus* diese „wesentlichen Elemente" des katholischen Glaubens klar dargelegt hat, sollte einen echten Dialog durch den Verweis auf die „Grundlagen" eines wirklichen Gesprächs erleichtern, denn „ein Dialog ohne Fundamente wäre dazu verurteilt, in leere Redseligkeit auszuarten." Trotz „so vieler Fehldeutungen" brachte *Dominus Iesus* „dieselbe Leidenschaft für die Ökumene zum Ausdruck", die Johannes Paul II. in seiner Enzyklika *Ut unum sint* von 1996 bewegt hat, und dieselben Überzeugungen über das Gebot interreligiöser Toleranz und Achtung, die seine Begegnungen mit den Weltreligionen in seinem gesamten Pontifikat geprägt hat. Und so betete der Papst, dass „diese Erklärung, die mir so am Herzen liegt, [...] endlich ihre klärende Funktion, die der Öffnung dienen soll, erfüllen kann. Am Kreuz vertraute der Herr uns Maria als unser aller Mutter an. Sie helfe uns, gemeinsam zu wachsen im Glauben an Christus, den Erlöser aller Menschen, in der Hoffnung auf das Heil, das Christus allen anbietet, und in der Liebe, die das Zeichen der Kinder Gottes ist."[33]

Auch in den restlichen Monaten des Jubiläumsjahrs stellte Johannes Paul II. die Heiligkeit des heldenhaften Zeugnisses für Christus heraus. Seine Seligsprechung zweier Päpste am 3. September – von Pius IX. (der von 1846 bis 1878 auf dem Stuhl Petri saß) und von Johannes XXIII. (der das Zweite Vatikanum einberufen hatte) – ließ einige katholische Kritiker des Papstes beklagen, dass er hier versuche, die kontroverse Persönlichkeit Pius' IX., der schließlich den *Syllabus der Irrtümer* herausgegeben hatte, zu entschärfen, indem er ihn neben den „Guten Papst Johannes" stellte. Der Vorwurf übersah freilich die Tatsache, dass Johannes XXIII. selbst – was immer er von Pius' Verstrickungen in die italienische Politik des 19. Jahrhunderts und den intellektuellen Nährboden seiner Zeit gehalten haben mag – den Wunsch verspürt hat, Pius IX. seligzusprechen, den er für einen Mann von großer Standhaftigkeit und pastoralem Mut gehalten hat. Johannes Paul II. erklärte in seiner Predigt anlässlich der Seligsprechung, dass die Kirche, wenn sie einen ihrer verstorbenen Päpste durch eine Selig- oder Heiligsprechung ehre, nicht notwendig *dessen „besondere historische Entscheidungen rühmen*" müsse, vielmehr wolle sie ihn *„wegen seiner Tugenden* zur Nachahmung" empfehlen. Wie jeder Mensch lebten auch Päpste, wie Johannes Paul die Versammlung erinnerte, in der Geschichte und ebenso die Heiligkeit: *„Die Heiligkeit lebt in der Geschichte,* und kein Heiliger ist den Beschränkungen und Einflüssen unserer Menschlichkeit entzogen."[34]

Aus flachen Gewässern „auf den See hinaus"

Im Jubiläumsjahr wurde es zur Sitte, jeden Abend für die Pilger, die unverdrossen aus der ganzen Welt nach Rom strömten, einen Vespergottesdienst auf dem Petersplatz abzuhalten. Im Herbst und im Winter 2000 folgte mit schöner Regelmäßigkeit ein Jubiläum auf das andere: Es gab Jubiläen für die Universitätsdozenten (9. September), für das päpstliche diplomatische Korps (15. September), für die älteren Menschen (17. September) und für die Bischöfe (8. Oktober). Das *Jubiläum der Bischöfe* war ursprünglich als Teil der Bischofssynode im Heiligen Jahr gedacht, doch der Papst war schließlich davon überzeugt worden, dass es klüger wäre, dieses Treffen, in dem die Rolle der Bischöfe in der Evangelisierung des dritten Jahrtausend erörtert werden sollte, ins nächste Jahr zu verlegen. Beim Jubiläum der Bischöfe, der größten Versammlung des katholischen Episkopats seit dem Zweiten Vatikanum, vertraute Johannes Paul II. die Welt aufs Neue der Jungfrau Maria an, der er sich gemeinsam mit den anwesenden 1500 Bischöfen und 80 Kardinälen weihte.

Selbstverständlich stand die Geschichte im Jubiläumsjahr nicht einfach still: Am 12. Oktober, vier Tage bevor Königin Elizabeth II. und der Herzog von Edinburgh vom Papst im Vatikan empfangen werden sollten, griffen Selbstmordattentäter von Al Qaida die *U.S.S. Cole* im Hafen von Aden an. Und das war nur ein Vorgeschmack auf die noch tödlicheren Anschläge in naher Zukunft.

Gleichwohl setzten sich die Jubiläen fort, stets von dem anscheinend unermüdlichen Papst begleitet: am 14. Oktober fand das *Jubiläum der Familien* statt, am 29. Oktober das *Jubiläum der Sportler* und am 4. November das *Jubiläum der Regierungsverantwortlichen* (ihnen gab Johannes Paul in Thomas Morus einen eigenen Schutzpatron). Vom 8. bis zum 10. November weilte der armenische Katholikos Karekin II. zu Gast bei Johannes Paul, bevor die einzelnen Jubiläumstage wieder fortgesetzt wurden: am 12. November für die Bauern, am 19. November für die Polizei und das Militär, am 26. November für das Laienapostolat, am 3. Dezember für die Behinderten, am 10. Dezember für die Katecheten und schließlich am 17. Dezember für die Welt der Unterhaltung. Beim Angelus am Sonntag, dem 12. Dezember, rief der Papst zur weltweiten Abschaffung der Todesstrafe auf. Grundlage des Aufrufs bildeten die Lehren seiner Enzyklika *Evangelium Vitae*, die er 1995 zu Fragen von Leben und Tod verfasst hatte.[35]

Eine Woche nach dem Jubiläum für die Unterhaltungsbranche begann Johannes Paul die zweite Weihnacht des Jubiläumsjahrs in der Vatikanbasilika mit den Worten, dass seit jener „denkwürdigen Nacht [...], als die Heilige Pforte des Großen Jubiläums geöffnet wurde und sich die Pforte der Gnade für alle aufgetan hat", ein Jahr vergangen sei. In diesen zwölf Monaten hatte es so geschienen „als habe die Kirche das ganze Jubeljahr hindurch wiederholt: ‚*Heute ist uns der Heiland geboren*'." Diese Verkündigung, die im Mittelpunkt der Bedeutung und der Botschaft des heiligen Jahrs gestanden hat, besitze „eine unerschöpfliche Kraft der Erneuerung" für die Kirche und die Welt, denn die Heiligkeit Christi „hat ein für allemal unsere Zeit geheiligt: die Tage, die Jahrhunderte, die Jahrtausende." Mit der Geburt Christi ist die Zeit „zum ‚Heute' des Heils" geworden.[36]

Das immerwährende „Heute" würde in jedem Morgen lebendig sein. Und so schaute der Papst am Ende des Jubiläumsjahrs 2000 auch nicht sehnsuchtsvoll zurück, nicht einmal auf die außergewöhnliche jüngste Vergangenheit des Heiligen Jahrs, sondern wies der Kirche entschlossen den Weg in die Zukunft.

Am 6. Januar 2001 ging das Jubiläumsjahr feierlich damit zu Ende, dass der Papst mit einem weißen Mantel bekleidet im Portal, so wie er es auch am 24. Dezember 1999 getan hatte, zu einem kurzen Gebet niederkniete und dann die beiden Bronzeflügel der heiligen Pforte des Petersdom zuzog. Eine Prozession, voran der Träger mit dem Evangeliar, verließ dann die Basilika und trat auf den Domplatz hinaus, wo Johannes Paul mit anderen Geistlichen die Messe zum Hochfest der Erscheinung des Herrn zelebrierte. Die Menge der anwesenden Gläubigen füllte nicht nur den Petersplatz aus, sondern reichte bis in die Via della Conciliazione. Zum Motto seiner Predigt wählte der Papst den Antwortpsalm der Liturgie vom Tage: „Huldigen werden dir, Herr, alle Völker der Erde!" Diese messianische Hoffnung habe, so Johannes Paul, ihre erste Erfüllung gefunden, als die drei Könige kamen, um das Kind in Betlehem anzubeten. Das markierte den „Anfang der Offenbarung Jesu Christi – seine ‚Epiphanie' vor den Vertretern der Völker der Erde." Dass alle Völker der Erde dem Herrn huldigen würden, sei zudem eine Prophezeiung, „die sich Schritt um

Schritt im Laufe der Zeit verwirklicht." So wurde sie zum Beispiel durch das Jubiläumsjahr erfüllt, in dem „unzählige Menschen hierher nach Rom gekommen sind [...]. Dadurch sind sie in gewisser Weise in die Fußstapfen der Magier getreten und haben sich auf die Suche nach Jesus Christus begeben, [...] der wahren ‚Heiligen Pforte', die uns den Zugang eröffnet zum Haus des Vaters und uns einführt in die Vertrautheit des göttlichen Lebens."

Die heilige Pforte sei zwar geschlossen worden, so der Papst weiter, doch „steht das Herz Jesu mehr denn je offen." Aus Dankbarkeit für diese Offenheit und damit all diejenigen, die am Jubiläumsjahr teilgenommen hatten, um sich „die Freude zu eigen [zu] machen, die die Magier empfunden haben [...], wenn sie zu Füßen des göttlichen Kindes nicht nur ihre Geschenke, sondern ihr Leben darbringen", sollte am Ende der Messe ein feierliches *Te Deum* gesungen werden. Ja, es gäbe vieles, für das man Dank sagen möchte. Doch nun, betonte der Papst sei „es an der Zeit, nach vorn zu schauen", denn wie für die drei Weisen heiße es für die Kirche „neu aufzubrechen für einen neuen Wegabschnitt, bei dem wir zu Botschaftern und Zeugen werden." Die Gaben, die so großzügig empfangen wurden, müssten nun ebenso großzügig weitergereicht werden. Auf diese Weise würde die Kirche „in der Geschichte eine wahre ‚Epiphanie' des barmherzigen und glorreichen Antlitzes unseres Herrn Jesus Christus sein."[37]

Am Schluss der Messfeier unterzeichnete Johannes Paul II. ein neues apostolisches Schreiben, *Novo Millennio Ineunte,* das sich mit dem Thema seines Titels an die gesamte Kirche richtet: „Zu Beginn des neuen Jahrtausends". Wie *Tertio Millennio Adveniente,* sein Gegenstück von 1994, war *Novo Millennio Ineunte* sowohl eine lyrische Reflexion über Zeit und Glauben als auch eine kühne Anweisung, wie die Seelsorge künftig in der Weltkirche aussehen sollte.

Die Kirche des dritten Jahrtausends, so hob Johannes Paul an, dürfe nicht in den flachen Gewässern der bloßen Aufrechterhaltung der Institution verweilen. Vielmehr müsse sie Christi Aufforderung an seinen Jünger folgen: „Fahr hinaus auf den See", um einen Fang zu machen [Lk 5, 4]. Auf Lateinisch heißt es *Duc in altum,* und dieses Gebot durchzieht als Antiphon das gesamte päpstliche Schreiben, das, obwohl es zugleich auf viele große Ereignisse des Jubiläumsjahrs zurückkommt, in erster Linie eine Aufforderung an die ganze Kirche darstellt, „mit neuem Schwung ihren Evangelisierungsauftrag anzugehen".[38] Tatsächlich ist damit einer der Hauptzwecke sowohl des Zweiten Vatikanums als auch des großen Jubiläumsjahres bezeichnet: der Kirche eine Zukunft zu weisen, welche *„die Bewegung der Inkarnation selbst"* widerspiegelt, denn die Wirkung jenes Wendepunkts in der Geschichte zeige sich weiterhin zu allen Zeiten und an allen Orten.[39]

Aus diesem Grund bestehe die erste Pflicht der Kirche darin, den Lobpreis zu singen – „von hier geht nämlich jede echte Glaubensantwort auf die Offenbarung Gottes in Christus aus." Und der Lobpreis durch die Kirche entspringt der Erfahrung, dass der Überfluss an göttlicher Liebe ständig in der Geschichte greifbar ist: „Das Christentum ist Gnade, ist die Überraschung eines Gottes, der sich, da er sich mit der Erschaffung der Welt und des Menschen nicht zufrieden gab, in Gleichschritt mit seinem Geschöpf begeben hat und, nachdem er viele Male und auf vielerlei Weise durch die Propheten gesprochen hatte, ‚in dieser Endzeit aber zu uns gesprochen hat durch den Sohn‘ (Hebr 1,1-2).“ Das Jubiläumsjahr sei daher eine einzige lange Meditation über das heilige Antlitz Christi gewesen, das uns sowohl das Angesicht des Vaters als auch die Wahrheit über unser eigenes Menschsein enthüllt, und dadurch wird Christus „als Sinn der Geschichte und Licht auf unserem Weg bekannt.“[40]

Das heilige Angesicht Christi, so Johannes Paul weiter, sei es gewesen, das so viele Pilger nach Rom und zur heiligen Pforte geführt hat, zu den Mittelpunkten des Jubiläumsjahrs:

> Nicht selten verweilte ich, um die langen Pilgerschlangen zu beobachten, die geduldig warteten, bis sie durch die Heilige Pforte gehen konnten. Bei jedem dieser Pilger versuchte ich mir eine Lebensgeschichte vorzustellen, die sich aus Freuden, Ängsten und Schmerzen zusammensetzt; eine Geschichte, die mit Christus in Berührung gekommen ist und im Dialog mit ihm ihren hoffnungsvollen Weg wieder aufnahm.
>
> Wenn ich dann die ständig vorüberströmenden Gruppen beobachtete, gewann ich daraus *ein plastisches Bild der pilgernden Kirche*, jener Kirche, die — wie der heilige Augustinus sagt – ‚zwischen den Verfolgungen der Welt und den Tröstungen Gottes‘ angesiedelt ist. […] Wer vermag die Gnadenwunder zu ermessen, die sich in den Herzen ereignet haben? Es ist der Mühe wert, zu schweigen und anzubeten, indem man demütig auf das geheimnisvolle Wirken Gottes vertraut und seine grenzenlose Liebe besingt: ‚*Misericordias Domini in aeternum cantabo!*‘[41]

Das Angesicht Christi zu betrachten – „Jesus Christus in seinen historischen Zügen und in seinem Geheimnis angeschaut“ – sei alles andere als ein Aufruf zur Selbstgenügsamkeit: „Wenn es um das Himmelreich geht, ist keine Zeit dafür, zurückzublicken.“[42]

Die Kirche nach dem Jubiläum habe sich daher in die Lage derer zu versetzen, die Petrus' erster Predigt lauschten und fragten: „Was sollen wir tun, Brüder?“ [Apg 2,37]. Um diese Frage zu beantworten, bräuchte man keine Formel und auch kein Programm, denn „keine Formel wird uns retten, sondern eine Person“ und „das Programm liegt schon vor“: Es drängt uns andere zu Christus zu bringen, „um in ihm das Leben des dreifaltigen Gottes zu leben und mit ihm der Geschichte eine neue Gestalt zu geben, bis sie sich im himmlischen Jerusalem erfüllt.“ Dieses für alle Zeiten gültige Programm ist das „Programm für das dritte Jahrtausend“.[43]

Auch wenn es kein „neues Programm“ anzukündigen gab, sollten doch pastorale Prioritäten gesetzt werden. Die erste ist Heiligkeit:

> Damit wird die Überzeugung ausgedrückt, daß es widersinnig wäre, sich mit einem mittelmäßigen Leben zufriedenzugeben, das im Zeichen einer minimalistischen Ethik und einer oberflächlichen Religiosität geführt wird, wenn die Taufe durch die Einverleibung in Christus und die Einwohnung des Heiligen Geistes ein wahrer Eintritt in die Heiligkeit Gottes ist. Einen Katechumenen fragen: ‚Möchtest du die Taufe empfangen?‘, das schließt gleichzeitig die Frage ein: ‚Möchtest du heilig werden?‘. Es bedeutet, seinen Lebensweg vom Radikalismus

> der Bergpredigt leiten zu lassen: ,Ihr sollt vollkommen sein, wie es auch euer himmlischer Vater ist' (Mt 5,48).[44]

Anders gesagt, Heiligkeit ist der „*Maßstab für das gewöhnliche christliche Leben*". Alle sind dazu aufgrufen; ausnahmslos alle; niemandem ist es erlaubt, mittelmäßig zu sein. Diese Aussage über das Leben eines Christen führt uns zur zweiten pastoralen Priorität: zum Gebet, zum Gespräch mit Christus, das „die Voraussetzung für jede echte Seelsorge" ist. Christliche Gemeinden sollten daher eine Schule des Gebets sein, eines Gebets „das jedoch nicht von der historischen Aufgabe ablenkt", sondern uns vielmehr befähigt, „die Geschichte nach Gottes Plan aufzubauen". Diese Schule des Gebets soll die Christen des frühen dritten Jahrtausend wieder die spirituelle Gewohnheit des regelmäßigen Gottesdienstbesuchs am Sonntag und des häufigen Sündenbekenntnisses entdecken lassen. Das Bekennen der Sünden sei eine Übung, die den Gläubigen von den Priestern mit „mehr Vertrauen, mehr Phantasie und einem längeren Atem" nähergebracht werden sollte.[45]

Von diesen Schulen des Gebets ausgehend müsse die gesamte Kirche auf den See hinausfahren, um die frohe Botschaft zu verkündigen. Das missionarische Engagement, betont der Papst, kann „nicht einer kleinen Schar von ‚Spezialisten' übertragen werden, sondern muss letztendlich die Verantwortung aller Glieder des Gottesvolkes einbeziehen."[46]. Dieser Verantwortung könne das Kirchenvolk hauptsächlich dadurch nachkommen, dass es durch sein Leben demonstriert, dass die Kirche tatsächlich eine Gemeinschaft der Liebe ist, jener Liebe, „die aus dem Herzen des ewigen Vaters entspringt und durch den Geist, den uns Jesus schenkt, in uns ausgegossen wird, um aus uns allen ‚ein Herz und eine Seele' (Apg 4,32) zu machen." Indem sie diese Gemeinschaft der Liebe aufbaut, „offenbart sich die Kirche als ‚Sakrament', das heißt als ‚Zeichen und Werkzeug für die innigste Vereinigung mit Gott wie für die Einheit der ganzen Menschheit'".[47]

Sofern sie eine solche Gemeinschaft ist, wird die Kirche fähig, ihren spezifischen Beitrag zu den schwierigen Fragen der unmittelbaren Zukunft zu leisten: zur Verteidigung des Rechts auf Leben und anderer grundlegender Menschenrechte; zum Streben nach Frieden; zum Umgang mit wissenschaftlichen Erkenntnissen, damit das Leben verbessert und nicht entwürdigt wird.[48] Wenn sie diese und andere Fragen anspricht, dann, so der Papst, bewirke die „Liebesgemeinschaft", welche die Kirche darstellt, am meisten, wenn sie sich in den „Dienst an der Kultur, der Politik, der Wirtschaft und der Familie" stellt, stets darauf bedacht, auf eine Kultur des Lebens zu drängen, von welcher „das Schicksal des Menschen und die Zukunft der Kultur abhängt".[49] Gleichzeitig und mit demselben Ziel vor Augen wird die Kirche als eine Liebesgemeinschaft einen interreligiösen Dialog fördern, der nicht zu einem „religiösen Indifferentismus" verkommt, sondern stets durch die „*innere Bereitschaft zuzuhören*" Zeugnis für die „Hoffnung, die uns erfüllt" ablegt.[50] Dieser Grundsatz gelte nicht allein für den interreligiösen und ökumenischen Dialog, er trifft auch auf den christlichen Dialog mit Kultur und Wissenschaft zu. Unterschiede sind etwas höchst Reales, doch echte Toleranz und die Bereitschaft zuzuhören führen dazu, die Unterschiede respektvoll anzusprechen, ohne sie darüber zu ignorieren.

Am Ende des Jubiläumsjahrs, schloss Johannes Paul, werde die Kirche nicht von der „Begeisterung" in den „grauen Alltag" zurückkehren. Denn wenn wir auf der Pilgerreise des Jubiläumsjahrs wirklich mit Gott gegangen sind, dann „hat er unsere Beine gleichsam gelockert für den Weg, der auf uns wartet."[51]

Fünf Wochen vor der Unterzeichnung von *Novo Millennio Ineunte* äußerte Johannes Paul II. gegenüber einem Gast an seinem Mittagstisch, dass die Reaktion auf das große Jubiläum seine „Erwartungen vollkommen übertroffen" habe.[52] Nach dem Essen konnte man den Papst in seiner Privatkapelle sehen – was hätte passender sein können, denn er hatte wahrhaftig die ganze Kirche mit seinem Gebet durch das Jubiläumsjahr 2000 geführt. Seine Vorstellungen von der feierlichen Begehung des 2000. Geburtstags der Menschwerdung waren zunächst bei denen auf Skepsis gestoßen, von denen er normalerweise hätte erwarten können, dass sie ihn begeistert unterstützen. Doch er hatte sich nicht beirren lassen, denn er glaubte fest, dass die Kirche, wie zu Zeiten der Apostel, von sich denken sollte, sie sei der Auftrag, und nicht nur, sie habe einen Auftrag. Ihre Mission bezieht sich zugleich auf das Evangelium und die Menschheit: Wenn Christus der Schlüssel zum Menschen und seiner Geschichte ist, dann muss eine innigere Begegnung mit Christus zu dem führen, was der Papst in seiner Ansprache 1995 vor den Vereinten Nationen „einen neuen Frühling des menschlichen Geistes" genannt hat. So lautete seine Botschaft in dreiundzwanzig Jahren seines Pontifikats, so lautete die Botschaft des großen Jubiläums von 2000: Christus ist der Schlüssel zum Geheimnis der Menschheit und ihres Schicksals.

Neben vielem anderen demonstrierte das Jubiläum ein ganzes Jahr lang, wie außerordentlich vielfältig die katholische Welt ist. Aus aller Herren Länder waren nationale Pilgergruppen nach Rom gekommen: aus Bosnien-Herzegowina, Kolumbien, Tschechien, Estland, Griechenland, Guatemala, Ungarn, Litauen, Mexiko, Mozambique, den Niederlanden, Polen, Rumänien, dem Senegal, der Slowakei, Slowenien, der Schweiz, Uruguay und Venezuela. Pilger aus Bistümern der ganzen Welt waren gekommen. Praktisch jede italienische Diözese hatte eine besondere Jubiläumspilgerfahrt nach Rom durchgeführt. Es kamen nicht nur die aus allen Ständen, Schichten und Gruppen der Gesellschaft, denen ein besonderes Jubiläum gewidmet worden war, was an sich schon zeigte, wie erstaunlich bunt sich christliches Leben äußerte, es kamen auch organisierte Pilgergruppen, die eine bemerkenswerte Vielfalt von Berufen, Hobbies und Gemeinschaften aufwiesen: Kamper, Anhänger der Cursillo-Bewegung, Verehrer der hl. Rita von Cascia, „der Heiligen des Unmöglichen", Ärzte, Feuerwehrmänner, städtische Polizisten aus Italien, Motorradfahrer, der Orden vom Heiligen Grab, Pizzabäcker, internationale Rotarier, Straßenbahnfahrer, Lehrer öffentlicher Schulen. Auch war das ganze Jahr über zu erleben, wie vielfältig die liturgischen Traditionen der katholischen Kirche sind, wurden doch Messen im alexandrinisch-äthiopischen Ritus, im ambrosianischen Ritus, im chaldäischen Ritus, im koptischen Ritus, im mozarabischen Ritus, im syrisch-antiochenischen Ritus, im syrisch-malabarischen Ritus, der seine Ursprünge auf das Werk des Apostel Thomas in Indien zurückführt, und im syrisch-malankarischen Ritus gefeiert. Ob der irische Schriftsteller James Joyce gesagt hat, katholische Kirche das bedeute „hier kommt jedermann", ist nicht sicher, doch dass Rom genau das während des großen Jubiläumsjahr 2000 erfahren hat, ist sicher. Trotz all der verblüffenden Vielfalt der menschliche Erfahrungen und Kulturen gab es stets in diesem Jahr einen klaren Mittelpunkt. Bestimmt hatte ihn Johannes Paul II. vier Jahre früher in *Tertio Millennio Adveniente.* In der Wechselstrophe des Gebets, das der Papst für das Jubiläum in dem freien Versmaß verfasste hat, auf das er auch in seinem literarischen Werk und seinen Weihnachts- und Osterbotschaften *Urbi et Orbi* zurückgreift, kommt dies kraftvoll zum Ausdruck.

> 1. Sei gepriesen, Vater,
> in deiner unendlichen Liebe
> hast du uns deinen eingeborenen Sohn geschenkt.
> Er hat Fleisch angenommen durch den Heiligen Geist
> im reinsten Schoß der Jungfrau Maria.
> Zu Betlehem wurde er geboren vor 2000 Jahren.
> Unser Weggefährte geworden,
> hat er der Geschichte einen neuen Sinn gegeben:
> Sie ist ein gemeinsamer Weg
> in den Ängsten und Leiden,
> in der Treue und in der Liebe.
> Sie führt zum neuen Himmel und zur neuen Erde,
> wo der Tod überwunden ist
> und du alles in allem sein wirst.
> *Lob und Ehre sei dir, dem einzigen und höchsten Gott,*
> *der allerheiligsten Dreifaltigkeit.*
>
> 2. Durch deine Gnade, Vater,
> werde das Jubeljahr eine Zeit
> radikaler Umkehr und freudiger Rückkehr zu dir:
> eine Zeit, in der die Menschen sich versöhnen
> und die Völker ihre Eintracht wiederfinden;
> eine Zeit, in der man die Lanzen
> in Winzermesser umschmiedet
> und dem Getöse der Waffen Gesänge
> des Friedens folgen.
> Vater, lass uns das Jubeljahr so leben,
> dass wir der Stimme des Geistes gehorchen
> und Christus in Treue nachfolgen.
> Gib, dass wir unablässig auf das Wort hören
> und aus den Quellen der Gnade schöpfen.
> *Lob und Ehre sei dir, dem einzigen und höchsten Gott,*
> *der allerheiligsten Dreifaltigkeit.*
>
> 3. Trage, Vater, mit der Kraft des Heiligen Geistes
> die Kirche, die sich für die Neu-Evangelisierung einsetzt.

Lenke unsere Schritte auf den Straßen der Welt,
damit wir durch unser Leben Christus verkündigen.
Richte unseren irdischen Pilgerweg
auf die Stadt des Lichtes aus.
Schenke den Jüngern Jesu Ausstrahlung
durch ihre Liebe zu den Armen und Bedrückten;
lass sie solidarisch sein mit den Bedürftigen
und großzügig in den Werken der Barmherzigkeit;
gegenüber den Brüdern
und Schwestern seien sie nachsichtig,
um selbst Nachlass und Vergebung zu erlangen.
Lob und Ehre sei dir, dem einzigen und höchsten Gott,
der allerheiligsten Dreifaltigkeit.

4. Vater, reinige das Gedächtnis
der Jünger deines Sohnes
und gib, dass sie ihre Schuld erkennen.
Lass sie eins sein, damit die Welt glaube.
Der Dialog unter den Anhängern
der großen Religionen weite sich.
Mögen alle Menschen die Freude entdecken,
deine Söhne und Töchter zu sein.
In die Fürsprache Mariens, der Mutter der Kirche,
sollen die Apostel
und christlichen Märtyrer einstimmen,
die Gerechten aus allen Völkern und zu allen Zeiten,
damit das Heilige Jahr
für jeden einzelnen und für die Kirche
ein Anlass werde, neue Hoffnung zu schöpfen
und sich im Heiligen Geist zu freuen.
Lob und Ehre sei dir, dem einzigen und höchsten Gott,
der allerheiligsten Dreifaltigkeit.

5. Dir, dem allmächtigen Vater,
dem Ursprung des Alls und des Menschen,
durch Christus, der lebt
und herrscht über Zeit und Geschichte,
im Heiligen Geist, der die ganze Welt heiligt,
sei Lob, Ehre und Herrlichkeit
heute und in alle Ewigkeit. Amen.

7

Die Turbulenzen der Geschichte – 2001-2002

22. Februar 2001	• Johannes Paul II. ernennt auf seinem achten ordentlichen Konsistorium 41 neue Kardinäle.
11. März 2001	• Seligsprechung von 231 Märtyrern des spanischen Bürgerkriegs.
4.-9. Mai 2001	• Päpstliche Jubiläumspilgerreise „auf den Spuren des hl. Paulus“ nach Griechenland, Syrien und Malta.
23.-27. Juni 2001	• Johannes Paul II. in der Ukraine.
1. August 2001	• Johannes Pauls II. 1000. Generalaudienz.
11. September 2001	• Bei einem Terroranschlag von Dschihadisten werden in New York, Washington und Shanksville, Pennsylvania, Tausende getötet.
22.-27. September 2001	• Johannes Paul II. in Kasachstan und Armenien.
30. September – 27. Oktober 2001	• Bischofssynode zum Thema der Bischof als Diener im 21. Jahrhundert..
16. Dezember 2001	• Johannes Pauls II. 300. Besuch einer römischen Gemeinde.
6. Januar 2002	• Der *Boston Globe* enthüllt den massenhaften Missbrauch Minderjähriger durch den ehemaligen Priester John Geoghan.
11. Februar 2002	• In Russland werden kirchenrechtlich vier katholische Diözesen geschaffen.
22.-23. April 2002	• U.S.-Kardinäle kommen in Rom zusammen, um den Missbrauchskandal mit Johannes Paul II. und Leitern der römischen Kurie zu besprechen.
22.-26 Mai 2002	• Johannes Paul II. in Aserbeidschan und Bulgarien.
16. Juni 2002	• Heiligsprechung Pater Pios von Pietrelcina.
23. Juli – 2. August 2002	• Johannes Paul II. in Toronto (Weltjugendtag 2002), Guatemala-Stadt, and Mexiko-Stadt.

16.-19. August 2002	• Johannes Paul II. reist zur Weihe des Heiligtums der göttlichen Barmherzigkeit nach Krakau-Łagiewniki.
4. Oktober 2002	• Ökumenische Vesper im Petersdom anlässlich des 700. Geburtstags der hl. Brigitta von Schweden.
6. Oktober 2002	• Heiligsprechung von Josemaría Escrivá de Balaguer, Gründer von Opus Dei.
7.-13. Oktober 2002	• Der rumänisch-orthodoxe Patriarch Teoktist besucht Johannes Paul II. im Vatikan.
16. Oktober 2002	• Beginn des 25. Jahrs seines Pontifikats, Johannes Paul II. gibt das apostolische Schreiben *Rosarium Virginis Mariae* heraus and fügt die „Geheimnisse des Lichts" dem Rosenkranz zu.
31. Oktober 2002	• Johannes Paul II. wird zum Ehrenbürger Roms ernannt.
14. November 2002	• Johannes Paul II. spricht vor dem italinienischen Parlament.
13. Dezember 2002	• Bernard Kardinal Law tritt als Erzbischof von Boston zurück.

Im Laufe der dreiundzwanzig Jahre seines Amts hatte Papst Johannes Paul II. die Sommerresidenz in Castel Gandolfo lieben gelernt.

Das war nicht immer so. Zu Beginn seines Pontifikats fühlte sich der Mann, der es liebte in seinen Sommerferien Kajak zu fahren, zu wandern und zu zelten, dort ein wenig eingeengt, obwohl das Grundstück recht weitläufig war, auf dem Papst Pius XI. nach den Lateranverträgen von 1929, in denen die Differenzen zwischen dem Heiligen Stuhl und dem Königreich Italien bereinigt worden waren, die Villa neu hatte errichten lassen. Johannes Paul, der goldene Käfige noch nie respektiert hat, „flüchtete" gelegentlich aus Castel Gandolfo und ging in das gleichnamige Städtchen. Aber schließlich schien es sinnvoller, die Villa selbst zu verändern. Daher ließ Johannes Paul in der Nähe des Hubschrauberlandeplatzes ein Schwimmbecken bauen, um sich während seines Aufenthaltes in den Castelli Romani, den Hügeln außerhalb Roms, sportlich zu ertüchtigen. Als einige der päpstlichen Verwalter sich über die Kosten beklagten, tat der Papst die berühmte Äußerung, dass das Schwimmbecken sehr viel billiger sei als ein neues Konklave.

Johannes Paul hatte es sich daher zur Gewohnheit gemacht, ein oder zwei Wochen nach den traditionellen *Ferragosto*, den Urlaubstagen im August, wenn Rom sich wegen der drückenden Hitze und hohen Luftfeuchtigkeit leert, in Castel Gandolfo zu verweilen. Gegen Ende September 2001 fuhr der Papst in zwei frühere Sowjetrepubliken: Kasachstan und Armenien. Für Oktober war die Bischofssynode geplant, die im Jubiläumsjahr verschoben worden war, und der Papst freute sich auf die erste Seligsprechung eines Ehepaares. Sie sollte während der Synode stattfinden. Es ergab daher Sinn, wenn Johannes Paul, dessen Gesundheitszustand sich wegen seiner Parkinsonerkrankung zunehmend verschlechterte, bis in die zweite Septemberwoche hinein in Castel Gandolfo blieb, um sich auf den arbeitsreichen Herbst vorzubereiten.

Am Nachmittag des 11. September rief Kardinal Sodano, der Staatssekretär des Heiligen Stuhls, in der päpstlichen Villa an und teilte mit, dass Flugzeuge in das World Trade Center in New York und in das Pentagon in Washington geflogen seien. Sodano klang „aufgeschreckt" wie Stanisław Dziwisz sich erinnert. Der Papst hatte den Fernseher angestellt und wie Millionen auf der Welt, die plötzlich sehr viel gefährlicher geworden schien, sah er immer wieder die Bilder der in sich zusammenstürzenden Zwillingstürme in Manhattan, die Tausende von Menschen in den Tod rissen. „Begleitet von seinem ganzen Schmerz", so schreibt Dziwisz später, ging Johannes Paul direkt in die Kapelle der päpstlichen Villa und wanderte in den nächsten Stunden zwischen Kapelle und Fernseher hin und her.[1]

Am 12. September kehrte der Papst mit dem Hubschrauber nach Rom zur wöchentlichen Generalaudienz auf dem Petersplatz zurück und sprach über das Entsetzen, das alle erfüllte:

> Ich kann diese Audienz nicht beginnen, ohne meinen tiefen Schmerz zum Ausdruck zu bringen über die Terroranschläge, die gestern Leid und Zerstörung über Amerika gebracht und Tausende von Todesopfern und zahllose Verletzte gefordert haben. Dem Präsidenten der Vereinigten Staaten und allen amerikanischen Bürgern spreche ich mein tief empfundenes Beileid aus. Angesichts eines solch unaussprechlichen Schreckens können wir alle nur zutiefst beunruhigt sein. Ich vereine meine Stimme mit all den Stimmen, die in diesen Stunden ihre Empörung und Verurteilung äußern, und ich betone erneut, daß die Wege der Gewalt niemals zu wirklichen Lösungen der Menschheitsprobleme führen werden.
>
> Gestern war ein dunkler Tag in der Geschichte der Menschheit, es ereignete sich ein schrecklicher Angriff auf die Würde des Menschen. [...] Wie ist es nur möglich, daß solche Taten bestialischer Grausamkeit geschehen können? Das menschliche Herz hat Abgründe, die gelegentlich Pläne unerhörter Ruchlosigkeit hervorbringen können. Diese führen dann dazu, in wenigen Augenblicken das friedliche Alltagsleben eines Volkes zu zerstören.
>
> Mit tief empfundener Anteilnahme wende ich mich in diesem Augenblick der Angst und Fassungslosigkeit, in dem die Tapferkeit so vieler Männer und Frauen guten Willens auf eine harte Probe gestellt wird, an das geliebte Volk der Vereinigten Staaten. In ganz besonderer Weise umarme ich die Angehörigen der Toten und der Verletzten und versichere sie meiner geistlichen Nähe. Die wehrlosen Opfer dieser Tragödie, für deren ewige Ruhe ich heute morgen die heilige Messe gefeiert habe, vertraue ich der Barmherzigkeit des Allerhöchsten an. Möge Gott den Überlebenden Kraft schenken. Er komme den Rettungskräften und den vielen Freiwilligen zu Hilfe, die in diesen Stunden all ihre Kräfte einsetzen, um mit dieser dramatischen Notsituation fertig zu werden.[2]

Wie immer endete die Audienz mit einem besonderen Gebet der Gläubigen. Die Fürbitten schlossen mit einem ergreifenden Gebet, in dem der Irrglaube der Terroristen vom 11. Spetember unmissverständlich verurteilt wurde: „Allmächtiger und barmherziger Gott, wer Zwietracht sät, kann dich nicht verstehen, wer Gewalt liebt, kann dich nicht aufnehmen: Schau auf unseren leidvollen Zustand als Menschen, von grausamen Todes- und Terroranschlägen geprüft, tröste deine Kinder, und öffne unsere Herzen für die Hoffnung, damit unser Zeitalter wieder Tage der Ruhe und des Friedens erleben kann. Durch Christus, unseren Herrn. Amen."

In den noch verbleibenden Jahren des Pontifikats sollte dieses Gebet weitgehend unerhört bleiben: In diesen Jahren ist sowohl die Kirche als auch die Welt nach der relativen Ruhe des Jubiläumsjahrs 2000 wieder in den Hexenkessel der Geschichte geworfen worden.

In der Periode nach dem 11. September sollte Johannes Pauls II. Streben nach einer Welt, die aus den Schrecken des 20. Jahrhunderts die eine oder andere Lektion gelernt hatte, immer wieder enttäuscht werden. Die Hoffnung auf einen soliden interreligiösen Dialog schwand aufgrund des Unvermögens der hohen islamischen Geistlichkeit, die verheerenden Verirrungen der vielschichtigen moslemischen Welt in den Griff zu bekommen – obwohl Johannes Paul sich jede erdenklich Mühe gab, die Achtung der Kirche vor den Formen islamischer Frömmigkeit zu betonen, die ein Leben in Andacht und Anstand förderten. Der Heilige Stuhl musste entdecken, dass sein fünfzigjähriges Engagement für die Vereinten Nationen aufgrund der eklatanten Unfähigkeit dieser Institution, mit der neuen aufgewühlten Weltlage zurechtzukommen, vor einer Herausforderung stand. Johannes Pauls II. langjährige Sympathie für die Vereinigten Staaten von Amerika – an der seine Audienz vom 12. September keinen Zweifel gelassen hatte – wurde durch die erheblichen Meinungsunterschiede bezüglich des Iraks auf die Probe gestellt. Daran änderte auch die Tatsache nichts, dass die Irakpolitik von einem amerikanischen Präsidenten ausging, der den Papst bewunderte, und dessen Regierung die Hauptanliegen des Heiligen Stuhls gegenüber internationalen Organisationen auf eine Weise unterstützte, wie es kaum eine amerikanische Regierung getan hatte. Selbst die Bemühungen des Papstes, in der geteilten Christenheit Brücken zu bauen, erfuhren in den Jahren nach dem großen Jubiläumsjahr neue Enttäuschungen. Und auf die Schrecken des 9. September sollte innerhalb von vier Monaten die Enthüllung anderer, aber nicht weniger abscheulicher Verbrechen folgen, die von katholischen Priestern in den USA begangen worden waren.

Während des ganzen Jubiläumsjahr von 2000 hatte Johannes Paul II. der Kirche ins Gedächtnis gerufen, dass Heiligkeit in der Geschichte gelebt werden müsse. Die Jünger Christi sollten wissen, dass Gottes Heilsabsichten am Ende bestätigt würden und dass das Königreich Gottes über seine Feinde triumphieren würde. Dieses Wissen bot einen spirituellen Anker in den Stürmen der Geschichte. Beschwichtigen tat es die Stürme allerdings nicht, weder für den Papst noch für die übrigen Jünger Christi.

Nunc dimittis, Domine?

Als Papst Johannes Paul II. am Weihnachtsabend 1999 unter der Heiligen Pforte des Petersdoms niederkniete, wäre es verständlich gewesen, wenn Beobachter, die ihre Bibel gut kannten, sich vorstellten, der 79-jährige Papst, der so vieles geleistet hatte, dessen Kräfte aber nun schwanden, würde mit Simeon beten „*Nunc dimittis* ...“ – „Nun lässt du, Herr, deinen Knecht in Frieden scheiden ...“ [Luk 2, 20]. Das Jubiläum war, wie Johannes Paul selbst sagte, der „Schlüssel“ zu seinem Pontifikat gewesen. Er hatte die Kirche und die Welt über die Schwelle des neuen Jahrtausends geführt und damit eine ungeheure Aufgabe erfüllt. Sollte er da nicht überlegen, nach dem Heiligen Jahr die Bürde seines Amtes niederzulegen?

Solche wie fast immer uninformierten Spekulationen hatten seit Jahren die Runde gemacht. Einige von denen, die sie anheizten, schienen aus den Kreisen zu kommen, die überhaupt nie viel über Johannes Paul II. nachgedacht hatten. Natürlich ergeben sich schwere Probleme, falls der Papst ernsthaft beeinträchtigt ist – eine Möglichkeit, die sich, wie der 13. Mai 1981 gezeigt hatte, durch einen Attentatsversuch aber auch durch Krankheit einstellen könnte. Und es gibt auch noch andere üble Situationen zu bedenken. Pius XII. hatte für den Fall, dass die Nazis ihn aus Rom verschleppten, angeordnet, den Stuhl Petri als vakant zu betrachten, so dass Hitler nur Kardinal Pacelli, nicht aber Papst Pius XII. in seiner Gewalt gehabt hätte. Die Kardinäle sollten dann an einem sicheren Ort, beispielsweise in Lissabon, ein Konklave abhalten und einen neuen Papst wählen.[3] Nach der Entführung seines alten Freundes Aldo Moro, des früheren italienischen Ministerpräsidenten, im Jahr 1978, machte sich Paul VI. über die Möglichkeit einer Entführung Gedanken und ordnete an, dass das Papstamt, sollte er wegen einer Entführung nicht mit dem Heiligen Stuhl kommunizieren können, als verwaist anzusehen wäre und zur Wahl eines neuen Papstes geschritten werden müsse. Dergleichen Befürchtungen, aber auch die Möglichkeit einer schweren körperlichen und geistigen Beeinträchtigung, gingen in den überarbeiteten Kodex des kanonischen Rechts ein, den Johannes Paul II. 1983 verabschiedet hatte. In Canon 335 wird die Möglichkeit anerkannt, dass der römische Bischofssitz nicht nur durch den Tod des Papstes vakant sein könnte, sondern auch dadurch, dass er „vollständig behindert“ ist. In Canon 412, der sich auf alle Bistümer bezieht, heißt es genauer „Der bischöfliche Stuhl gilt als behindert, wenn der Diözesanbischof wegen Gefangenschaft, Ausweisung, Exil oder Unfähigkeit vollständig an der Wahrnehmung seines Hirtendienstes gehindert wird, so dass er nicht einmal in der Lage ist, schriftlich mit den Diözesanen in Verbindung zu treten.“

Johannes Paul II. hatte sein gesamtes Erwachsenenleben damit zugebracht, über moralische Verantwortung nachzudenken und sie zu lehren. Nachdem er sich in aller Stille mit kirchlichen Würdenträgern beraten hatte, kam er zu demselben Schluss wie vor ihm Paul VI., zu einem Schluß, den auch der gesunde Menschenverstand und das kanonische Recht fordert: Falls er an der Ausübung seines päpstlichen Amtes behindert ist, läge es in der Verantworung des Kardinalskollegiums, das Bistum für vakant zu erklären und einen Nachfolger zu wählen. Unter körperlichem Unvermögen verstanden die Würdenträger in der Regel eine Situation, in welcher der Papst nicht mehr imstande ist, seinen Willen zu äußern, also das für das Amt Maßgebliche zu tun.

Auf Johannes Paul II. traf das niemals zu. Was aber war mit dem „*Nunc dimittis*"? Hatte der Papst daran gedacht, nach dem Jubiläumsjahr zurückzutreten?

Während der Fastenexerzitien, die auf den Jubiläumstag der Vergebung folgten, fügte Johannes Paul seinem spirituellen *Testament* – einer Reihe von Gedanken und Bitten, von denen die ersten fünf Monate nach seiner Wahl, also im März 1979, aufgeschrieben worden waren – noch ein paar Einträge hinzu. In diesen Zusätzen zu seinem Testament erinnerte sich der Papst an Kardinal Wyszyńskis Worte, er, Johannes Paul, sei auserwählt worden, die Kirche ins dritte Jahrtausend zu führen. Das war geschehen. „Gemäß den Fügungen der Göttlichen Vorsehung" war es Johannes Paul vergönnt gewesen, „in dem schwierigen Jahrhundert zu leben, das jetzt der Vergangenheit anheimfällt" und er durfte die Kirche und die Welt in ein neues Jahrhundert und ein neues Jahrtausend führen. Da sich nun sein 80. Lebensjahr vollendete, müsse man sich fragen, *„ob es nicht Zeit wäre, mit dem biblischen Simeon zu wiederholen: ‚Nunc dimittis'.*" Welche Frage wäre für einen Mann der Bibel natürlicher. Gott hatte ihn am 13. Mai 1981 auf „wunderbare Weise" vor dem Tod bewahrt und dem Leben zurückgegeben. „Seit diesem Augenblick" gehörte das Leben Karol Wojtyłas „noch mehr" Gott. Die Frage, was zu tun sei, drängte sich daher auf:

> Ich hoffe, daß Er selbst mich erkennen läßt, bis wann ich diesen Dienst ausüben soll, zu dem Er mich am 16. Oktober 1978 berufen hat. Ich bitte Ihn, mich dann zu sich zu rufen, wenn Er es tun will. ‚Leben wir, so leben wir dem Herrn, sterben wir, so sterben wir dem Herrn' (vgl. Röm 14,8). Ich hoffe auch, daß mir die Göttliche Barmherzigkeit, solange es mir gegeben ist, den Petrusdienst in der Kirche zu leisten, die für diesen Dienst nötige Kraft geben möge.[4]

Es lag schlicht in Gottes Hand. Das *Nunc dimittis* im *Testament* Johannes Pauls II. ist ein Dankgebet dafür, dass es ihm vergönnt war, die Kirche durch die Tür des großen Jubiläumsjahrs zu führen. Ein Abschied klingt anders. Die Vorsehung würde über das Ende seines Pontifikats entscheiden. Sicherlich, es würde Fragen geben, wohl auch Zweifel, und gewiss lägen noch „düstere Nächte" vor ihm. Doch so ist es in jedem christlichen Leben, auch in dem eines Papstes. Wo seine Verantwortung lag, war jedoch klar: Er sollte mit der übrigen Kirche „auf den See" des dritten Jahrtausends „hinausfahren".

Auf den Spuren des hl. Paulus

Am 21. Februar 2001 hielt Johannes Paul II. sein achtes Konsistorium zur Ernennung neuer Kardinäle ab und bekleidete 44 Kirchenmänner mit dem „Kardinalspurpur“, wie man es früher nannte. Vor dem Konsistorium herrschte in höheren Kirchenkreisen eine ungewöhnliche Aufregung, weil der Papst Bischof Walter Kasper zum Kardinal kreieren wollte. Kasper, ein ausgezeichneter Theologe, der manchmal in entscheidenden Fragen zum Wesen der Kirche anderer Ansicht als Johannes Paul II. oder Kardinal Ratzingen war, ist als Sekretär des Päpstlichen Rats zur Förderung der Einheit der Christen und als künftiger Nachfolger seines damaligen Präsidenten Kardinal Cassidy nach Rom geholt worden. Der Trubel um eine mögliche Ernennung Kaspers führte aufgrund anderen kirchlicher Turbulenzen in Deutschland und der langen Zeit, die die Synode der ukrainischen griechisch-katholischen Kirche brauchte, um einen neuen Großerzbischof von Lemberg zu wählen, zu der Merkwürdigkeit, dass die Namen der neuen Kardinäle an zwei Sonntagen verlesen wurden. Nach dem normalen Prozedere wären sie alle auf einmal ernannt worden.

Wie das Jubiläumsjahr so unterstrich auch das Konsistorium die bemerkenswerte Vielfalt der katholischen Kirche. Zu den neuen Kardinälen gehörte eine beträchtliche Zahl von Kurienmitarbeitern (darunter Sergio Sebastiani und Crescenzio Sepe, der Sebastini als Hauptverantwortlicher für die Organisation des Jubiläumsjahrs abgelöst hatte); ein großes Kontigent aus Drittweltländern wie Argentinien, Bolivien, Brasilien, Chile, Kolumbien, Ecuador, Guatemala, Indien, der Elfenbeinküste, Peru und Südafrika; Europäer aus Frankreich, Großbritannien, Irland, Litauen, Polen, Portugal, Spanien und der Ukraine; zwei residierende Erzbischöfe aus den USA; drei Deutsche (Walter Kasper, Karl Lehmann, ein Fortschrittlicher, an dessen Ernennung auch Kritik geübt worden war, und Johannes Degenhardt, in dem einige ein „Gegengewicht“ zum liberalen Lehmann sahen); Johannes Pauls langjähriger Reiseorganisator Roberto Tucci SJ und Avery Dulles SJ, der berühmteste aller amerikanischen Theologen und der erste solchermaßen geehrte US-Gelehrte.[5] Der ersternannte Kardinal und damit der „Erste seines Jahrgangs 2001“ war Giovanni Battista Re, der langjährige *Sostituto* oder stellvertretende Staatssekretät, der erst jüngst zum Präfekten der wichtigen Kongregation für die Bischöfe ernannt worden war. Zwei Kardinäle, deren Namen der Papst beim Konsistorium von 1998 *in pectore* oder geheim gehalten hatte, erhielten 2001 öffentlichen ihren roten Hut: der Litauer Janis Pujats und Johannes Pauls alter Freund und Philosophenkollege, der Pole Marian Jaworski, der römisch-katholische Erzbischof vom Lemberg in der Ukraine.

Drei Monate später wurde das gesamte Kardinalskollegium wieder nach Rom berufen, um die unmittelbare Zukunft der Kirche im Lichte von *Novo Millennio Ineunte* zu erörtern. Dieses sechste außerordentliche Konsistorium des Pontifikats fand vom 21. bis zum 23. Mai 2001 statt. In seinen Eingangsbemerkungen vor den 155 anwesenden Kardinälen betonte Johannes Paul die Notwendigkeit „die ‚konkreten programmatischen Wesenszüge' der Evangelisierungstätigkeit der Kirche zu Beginn eines neuen Jahrtausends deutlich hervorzuheben." Dazu zählte, angesichts des „weiten und komplexen Bereichs apostolischer Tätigkeiten" auch „eine angemessene Ausbildung und Wertschätzung aller pastoralen Mitarbeiter".[6] Einige Kardinäle schienen sich eine andere Tagesordnung gewünscht zu haben; wieder einmal wurde über die Bedeutung der „Kollegialität" debattiert, genauso wie über den Vorschlag, häufiger Synoden einzuberufen und die Abläufe in der römischen Kurie zu reformieren. Einer der jüngst ernannten Kardinäle, Cormac Murphy-O'Connor von Westminster, forderte die Versammlung eines panchristlichen Kirchenrats in Jerusalem, Compostella oder auch in England, in der die katholische Kirche nicht die Tagesordnung festlegt und der Papst nur „in Liebe" den Vorsitz führt. Der Wiener Kardinal Schönborn OP bemerkte nach dem Treffen gegenüber Reportern, Kardinal Murphy-O'Connors Vorschlag sei ein „eschatologischer Traum", eine theologisch höfliche Weise um auszudrücken, dass eine solche Versammlung vermutlich erst stattfinden würde, nachdem Christus in seiner Glorie wiedererschienen ist. Ein anderer europäischer Kardinal, Belgiens Godfried Daneels, machte auf einige Beobachter und Journalisten den Eindruck, als verhielte er sich eher wie ein amerikanischer Präsidentschaftskandidat in den Vorwahlen. Auch in den Diskussionen der Kardinäle über die Beziehung zwischen dem römischen Zentrum der Kirche und den weltweiten Lokalkirchen spielte die Politik mit Blick auf ein künftiges Konklave eine Rolle. Der frischgebackene Kardinal Dulles setzte sich für eine starke Stellung des Papstes ein und verwies darauf, wie sehr andere christliche Gemeinschaften unter dem Mangel eines solchen Mittelpunkts der Einheit und Lehre litten.[7]

Am Ende der dreitätigen Versammlung fiel es einigen Beobachtern schwer, nicht den Schluss zu ziehen, dass die Kardinäle als Körperschaft weitaus mehr darauf aus waren, bürokratische Veränderungen zu diskutieren als über die Einzelheiten der neuen Evangelisierung nachzudenken, die „auf dem See" des dritten Jahrtausends auf sie wartete. Trotz des ganzen Geredes über „Kollegialität" sollte es wieder einmal Johannes Paul II. sein, der allen voran deutlich machte, dass die Missionierung die *raison d'être* der Kirche ist und bleibt. Er tat es auf sehr anschauliche Weise, indem er seine Jubiläumspilgerreise zu den „Stätten, die mit der Heilsgeschichte verbunden sind" fortsetzte, dieses Mal auf den Spuren des hl. Paulus, des großen Missionars *ad gentes*. Seine Reise führte Johannes Paul nach Griechenland, Damaskus und Malta, zu all den Orten, an denen laut Apostelgeschichte Paulus missioniert hatte.

In den ersten zwanzig Jahren seines Pontifikats hatte Johannes Paul II. die Hoffnung genährt, der erste Bruch im Christentum – der zwischen Rom und dem Osten – ließe sich heilen, so dass die spirituellen Erben von Petrus und Andreas wieder gemeinsam die Eucharistie feiern könnten. Als das Jubiläumsjahr herankam, kristallisierte sich allerdings zunehmend heraus, dass die Geschichte für Johannes Pauls Vision einer großen Versöhnung zwischen Rom und Konstantinopel am Ende der tausendjährigen Spaltung noch nicht reif war. Die Orthodoxen sind in sich erheblich gespalten. Es gab Eifersüchteleien zwischen dem ökumenischen Patriarchat von Konstantinopel – einem kleinen orthodoxen Eiland inmitten eines türkisch islamischen Meers – und dem Patriarchat von Moskau, das sich selbst für das „Dritte Rom" hält. Die orthodoxen Kirchen Osteuropas sind durch den Kommunismus stark geschwächt worden. Und was vermutlich noch mehr ins Gewicht fällt: Viele Orthodoxe haben im Lauf der Jahrhunderte eine Auffassung von der Orthodoxie verinnerlicht, die sich hauptsächlich über den Bruch mit Rom definiert. Während die katholische Kirche die orthodoxen Kirchen als Schwester„kirchen" betrachtete, wie *Dominus Iesus* bekräftigt hatte, taten die Orthodoxen nichts dergleichen – daher die Weigerung mehrerer orthodoxer Häupter öffentlich mit Johannes Paul II. zu beten.

Johannes Pauls Vorschlag, im Rahmen seiner Jubiläumspilgerreise auch den Areopag von Athen zu besuchen, war von griechisch-orthodoxen Kreisen frostig aufgenommen worden. Der Heilige Synod der griechischen Kirche hatte erklärt, der Papst sei nur erwünscht, wenn er die historischen Irrtümer Roms widerrufe. Die orthodoxen Mönche vom Berg Athos, die sich als die wahren Wächter der Orthodoxie betrachten, hatten ein propagandistisches Trommelfeuer gegen den Papst als Oberhaupt einer häretischen Gemeinschaft losgelassen. Diese verfahrene Situation wurde erst aufgelöst, als der griechische Präsident Constantinos Stephanopoulos bei einem Rombesuch die Einladung an Johannes Paul aussprach, er möge doch in seiner Eigenschaft als Staatsoberhaupt des Vatikans Griechenland besuchen. Damit geriet der Heilige Synod in eine ungemütliche Lage, und nach einem Briefwechsel zwischen dem Papst und Erzbischof Christodoulos von Athen ließ der Heilige Synod, wenngleich widerwillig, eine Einladung ergehen. Christodoulos brauchte Wochen, um seine orthodoxen Brüder zu beruhigen. Die Mönche vom Athos ergingen sich wieder in rhetorischen Ausfällen und wüteten, das sei nur „wieder eine von Wojtyłas hegemonialen Reisen". Noch im April 2001 gestand der höchste katholische Prälat in Griechenland, Erzbischof Nikolaos Foscolos, er wisse nicht, wie der Besuch ausgehen würde, ja nicht einmal, ob er stattfände, denn der „ökumenische Gedanke existiert in Griechenland nicht". Dass Erzbischof Foscolos nicht zu pessimistisch war, wurde am 25. April deutlich, als eine große, gegen den Papst gerichtete Demonstration in Athen Spruchbänder bei sich führte, auf denen Johannes Paul als „doppelgehörnter Häretiker" angeprangert wurde. Plakate, auf denen der Papst als „das Tier aus der Apokalypse" bezeichnet wurde, hingen überall in der griechischen Hauptstadt, und einer der Organisatoren der Demonstration, ein griechisch-orthodoxer Priester, eiferte gegen des Papstes „Sünden wider die Menschlichkeit". Als er am späten Morgen des 4. Mai den Boden auf dem Athener Flughafen küsste, wurde Johannes Paul zum ersten Bischof von Rom, der griechischen Boden seit dem Schisma von 1054 betrat, das offiziell den über die Jahrhunderte sich noch vergrößernden Riss zwischen Rom und Konstantinopel besiegelte. Weder Präsident Stephanopoulos noch Erzbischof Christodoulos begrüßten den Papst am Flughafen. Johannes Paul begab sich dann in die Präsidentenpalast und rühmte die griechischen Kirchenväter wie den hl. Basil und den hl. Johannes Chrysostomos, die Entscheidendes zur westlichen Kultur beigetragen hätten. Im Laufe der Zeit, sagte der Papst, wurde durch diese großen Lehrer „die hellenistische Welt christlich, und die Christenheit wurde in gewissem Sinne griechisch". Nachdem er Griechenlands Beitrag zu Europa seinen Tribut gezollt hatte, fuhr Johannes Paul in die Residenz von Erzbischof Christodoulos und machte den ersten Schritt, indem er Gott um Vergebung bat „für all jene Sünden, die die Söhne und Töchter der katholischen Kirche in der Vergangenheit und Gegenwart durch ihre Taten und Versäumnisse gegenüber den orthodoxen Brüdern und Schwestern begangen haben." Ausdrücklich erwähnte der Papst die Plünderung Konstantinopels während des vierten Kreuzzugs. Sie erfülle „die Katholiken mit tiefem Bedauern". Christodoulos war gerührt, hielt aber an alten Beschwerden fest. In seinen Bemerkungen unterstrich er, dass „das griechische und orthodoxe Volk von der Hand des Westens viel gelitten hat", nannte die vollkommene Gemeinschaft, die Rom mit den katholischen Kirchen des Ostens verband, ein Hindernis für den Dialog und beklagte, dass der Heilige Stuhl sich im Zypernkonflikt nicht für die Sache Griechenlands eingesetzt hat.[8]

Dennoch die Verhärtungen waren aufgebrochen: Als die Heilige Synode Johannes Paul am Nachmittag auf dem Areopag traf, applaudierte sie ihm spontan. In Johannes Pauls II. religiöser Vorstellungskraft hatte der Areopag schon längst einen besonderen Platz eingenommen, denn der Versuch des Apostel Paulus die Fassade des athenischen Zynismus zu sprengen, indem er dort auf den „unbekannten Gott" verwies, schien dem Papst eine passende Metapher für die Mission der Kirche im nachchristlichen Europa zu sein. Während der kurzen Zeremonie unterzeichneten Johannes Paul und Christodoulos eine gemeinsame „Erklärung über die christlichen Wurzeln Europas", die anschließend laut verlesen wurde. Um praktisch jeden Satz hatten der Heilige Stuhl und die Vertreter der griechischen Orthodoxie vor der Reise miteinander gerungen.

Am 5. Mai feierte Johannes Paul die Messe im Sportpalast des Athener Olympiazentrums und brach dann nach Damaskus auf. Bei seinem Abschied von Christodoulos schlug er vor, dass jeder das Vater Unser in seiner Sprache spricht. Der orthodoxe Erzbischof stimmt zu. Laut Joaquín Navarro-Valls gestand Christodoulos während der privaten Begegnung, er sei „stolz auf diesen Besuch" und es breche „eine neue Ära an".[9] Am Ende schwenkte wenigsten ein Teil der Presse um: Die Tageszeitung *Kathimerini* erklärte, dass „das Eis von zwölf Jahrhunderten gebrochen ist" während das Magazin Etnos auf der Titelseite groß verkündete, dass „Johannes Paul II. die Geschichte ändert".[10] Es war die Zukunft, die Johannes Paul hatte gestalten wollen, doch sieht man einmal von solchen Unversöhnlichen wie den Mönchen vom Berg Athos ab, so scheint es, als hätte die sichtbare Demut des Papstes und sein Geist der Großmut zumindest einige der Wunden aus der Vergangenheit geheilt.

Alter Hass zeigte sich offen, als Johannes Paul II. später am 5. Mai in Damaskus eintraf. Der syrische Präsident Baschar al-Assad begrüßte ihn mit einer antiisraelischen und antisemitischen Tirade, in der er auf die Ritualmordlegende anspielte und die Juden beschuldigte, sie würden „versuchen, die Prinzipien jeder Religion mit derselben Geisteshaltung zu töten, mit der sie Jesus Christus verraten haben." Der Papst sprach von seinen Hoffnungen auf Frieden und Versöhnung von Juden, Christen und Moslems. Dass er Assad Verleumdungen nicht sofort zurückgewiesen hatte, löste einen internationalen Mediensturm aus. Rabbi Arthur Schneier aus New York schluckte den Köder nicht und erklärte schlicht: „Die Leute wissen, wofür dieser Mann steht." Abraham Foxman von der Anti-Defamation League räumte gnädigerweise ein, dass Johannes Paul „unsere Geduld verdient hat", auch wenn er sagte, der Papst habe die „Sünde des Schweigens" auf sich geladen.[11] Im weiteren Verlauf seines Aufenthaltes in Syrien wurde deutlich, dass der Papst auf Assads grobe Fälschung der Geschichte und der katholischen Lehre tatsächlich dadurch einging, dass er eine vollkommen andere Sicht der Beziehungen der katholischen Kirche zum Judentum und zum Islam darlegte. Auch machte er unmissverständlich klar, welcher Anstand unter Menschen herrschen sollte, die aufrichtig an den Gott Abrahams glaubten.[12]

Das ökumenische Klima in Syrien war beträchtlich wärmer als das in Athen, da die katholischen Kirchen des Ostens und die orthodoxen Kirchen in diesem Land gute Beziehungen zueinander unterhielten. Patriarch Ignatius IV. Hakim von der antiochisch-orthodoxen Kirche ließ keinen Zweifel daran, dass er und seine Herde, die größte christliche Gemeinschaft in Syrien, die Feindseligkeit ihrer griechisch-orthodoxen Mitbrüder nicht teilten: „Wir haben eine andere orthodoxe Persönlichkeit, und unsere Umstände sind andere", sagte der Patriarch. (Das traf gewiss zu: Die verschiedenen christlichen Gruppierungen in Syrien stellen zusammen 7% der Gesamtbevölkerung.) Während eines ökumenischen Treffens auf der Reise sprach der Patriarch gemeinsam mit dem Papst das Glaubensbekenntnis.[13]

Am 6. Mai predigte Johannes Paul in einer von 40000 Menschen besuchten Messe. Im Abbasiden-Stadion vor Damaskus waren zudem alle syrischen Bischöfe anwesend, welchem lateinischen Ritus sie auch anhingen. In seiner Predigt sprach der Papst von der Bedeutung, die Damaskus in der Geschichte des Christentums hat, was er noch dadurch unterstrich, dass er jenen Ort aufsuchte, wo der hl. Paulus laut Überlieferung die Stadtmauer hinuntergelassen wurde, um seinen Verfolgern zu entkommen. Später am Tag, als er sich mit der moslemischen Geistlichkeit in der Umayyaden-Moschee traf, wurde Johannes Paul zum ersten Papst, der je einen Fuß in eine moslemische Andachtsstätte gesetzt hat. Als man ihm den Koran reichte, küsste er ihn. Diese Geste wurde in den letzten Jahre seines Prontifikats von einigen seiner glühendsten Anhänger kritisiert, die anscheinend nicht verstanden, dass die Geste, wie ein katholischer Student des Islam es formulierte, ein „Kuss für die Moslems" war, keine Anerkennung des Korans als göttlicher Offenbarung – eine Vorstellung, die der Papst in seinem Bestseller *Die Schwelle der Hoffnung überschreiten* ausdrücklich zurückgewiesen hatte.[14]

Nach Ansicht eines führenden katholischen Kenners des Islam, des deutschen Jesuiten Christian Troll ist Johannes Pauls Ansprache in der Umayyaden-Moschee sein „Testament bezüglich seiner Vorstellung vom Islam und dessen Beziehung zum Christentum in einer globalisierten Welt". Der Ort selbst ist symbolträchtig, befindet sich die Umayyaden-Moschee doch dort, wo einst die Basilika Johannes' des Täufers gestanden hat, den die Moslems Yahya nennen. In der Moschee steht der Schrein des enthaupteten Propheten, den Christen und Moslems gleichermaßen verehren. Es war daher wichtig, so Pater Troll, dass die päpstliche Ansprache in der Moschee damit begann, den hl. Johannes als ein Beispiel der gemeinsamen Verantwortung zu bezeichnen: „Das Leben des Johannes, das vollständig Gott geweiht war, wurde vom Martyrium gekrönt. Möge sein Zeugnis alle erleuchten, die sein Andenken an diesem Ort verehren, damit sie – ebenso wie wir – verstehen, daß unsere große Lebensaufgabe darin besteht, Gottes Wahrheit und Gerechtigkeit zu suchen." Sodann hob der Papst hervor, dass das Gebet für Christen und Moslems von großer Bedeutung sei. Nachdem er darüber gesprochen hatte, wie wichtig Gotteshäuser und Orte der Erziehung seien, in denen die Jungen den Glauben ihrer Väter kennenlernen, beklagte Johannes Paul den Missbrauch von „Religion selbst zur Förderung oder Rechtfertigung von Haß und Gewalt", denn „Gewalt zerstört das Abbild des Schöpfers in seinen Geschöpfen und sollte nie als Ergebnis religiöser Überzeugung angesehen werden." Deshalb hegte der Papst die „sehnliche Hoffnung", dass „die muslimischen und christlichen Religionsführer und Lehrer unsere beiden großen Gemeinschaften als *Gemeinschaften in respektvollem Dialog darstellen und niemals mehr als im Konflikt stehende Gemeinschaften.*" In Anbetracht der Gegebenheiten war diese „sehnliche Hoffnung" eine unmissverständliche Mahnung des Papstes an seine moslemischen Gastgeber.[15]

Am 7. Mai betete der Papst in den Ruinen einer griechisch-orthodoxen Kirche in Kunaitra auf den Golanhöhen für den Frieden. Später kehrte er dann nach Damaskus zurück, um in der griechisch-katholischen Kathedrale mit jungen Leuten zusammenzutreffen. Sein Sprecher Navarro-Valls, der sich des Mediensturms nach Präsident Assads antiisraelischen Bemerkungen bewusst war – der Großmufti von Syrien, Scheich Ahmad Kaftaro, hatte sie in der Umayyaden-Moschee wiederholt – warnte die Reporter davor, den Besuch in Kunaitra überzuinterpretieren: „Sein einziger Zweck und Grund waren ein Gebet für den Frieden" und „Menschen guten Willens werden diese Geste verstehen und schätzen."[16]

Nach dem kühlen Empfang in Griechenland, wo es ihm dann doch gelungen war, das Eis zu schmelzen, und dem politischen Theater (und Schlimmerem) in Syrien, dem er mit einer anderen Vison der Zukunft als der, die Präsident Assad oder Scheich Kaftaro vorschwebte, entgegenzutreten versucht hatte, war es für den sichtlich erschöpften Papst eine Erleichterung in Malta mit seinen 98% Katholiken, viele davon praktizierend, einzutreffen. Die Insel, Ort des Schiffbruchs des hl. Paulus in der Apostelgeschichte (27-28), ist vom 16. bis zum 20. Jahrhundert vom katholischen Ritterorden der Malteser regiert worden.[17] Zweidrittel der Inselbevölkerung nahm am 9. Mai an einer Messe im Freien teil, bei der Johannes Paul drei Malteser seliggesprach.[18]

Diese Feier markierte das Ende der biblischen Jubiläumspilgerreise von Johannes Paul II. Er hatte eine beträchtliche Menge politischer, emotionaler und psychologischer Hindernisse überwunden – nicht zu vergessen seine eigene Gebrechlichkeit –, um auf den Spuren der großen Gestalten der Heilsgeschichte zu wandeln, deren Leben vom Gott Abrahams, Moses und Jesu berührt worden war. Getan hatte er es, um einen Herzenswunsch zu erfüllen. Vor allem aber wollte er daran erinnern, dass die Kirche, die Vorsehung, nicht um die Wirren der Geschichte herum, sondern durch sie hindurch wirkt – und dass die Treue zur apostolischen Mission der Kirche immer bedeutet hat, „auf den See hinauszufahren".

Vor dem Sturm

Die Beziehungen zwischen Polen und der Ukraine haben lange ein Beispiel für das ethnische und religiöse Geschichtsdrama abgegeben, das sich an der Grenze zwischen Mittel- und Osteuropa abgespielte. Die zutiefst patriotischen Polen mit ihrem lateinischen Ritus neigten dazu, auf die Ukrainer als religiös und politisch minderbemittelt herabzuschauen, während die Ukrainer dazu neigten, die Polen als Mitglieder eines anmaßenden Landadels zu verachten. Karol Wojtyła war im polnischen Klerus seiner Generation eine Seltenheit: er war ein polnischer Patriot, der stark mit den nationalen Bestrebungen der Ukrainer sympathisierte und die griechisch-katholische Kirche der Ukraine schätzte, die ihrer Liturgie und Verfassung nach zwar byzantisch ist, aber seit der Union von Brest 1596 mit Rom uniert.[19] Vom Ende des Zweiten Weltkriegs bis zum Zusammenbruch der Sowjetunion war die griechisch-katholische Kirche in der Ukraine die größte illegale Religionsgemeinschaft in der Welt und Zufluchtshafen der nationalen Identität der Ukrainer. Wojtyłas bekannte Verbundenheit mit der Ukraine und ihrem Kampf erklärt zu einem nicht geringen Teil, warum Moskau ihn ebenso fürchtete wie der ukrainische KGB, der eng mit dem polnischen SB zusammenarbeitete.[20]

Im Gefolge des sowjetischen Zusammenbruchs und der Wiedergeburt einer unabhängigen Ukraine, in der die ukrainische griechisch-katholische Kirche aus dem Untergrund aufgetaucht und zu einer mächtigen religiösen und kulturellen Kraft geworden ist, versuchte das Moskauer Patriarchat seine Kontrolle über die ukrainische Orthodoxie zu sichern, wobei es der griechisch-katholischen Kirche vorwarf, in sein „kirchenrechtliches Gebiet" einzudringen. Infolgedessen spaltete sich die ukrainische Orthodoxie in drei Teile, was die ökumenischen Bemühungen von Johannes Paul II. und dem Heiligen Stuhl äußert erschwerte. Es kam daher nicht überraschend, dass, als Johannes Paul für den Juni 2001 eine pastorale Pilgerreise in die Ukraine ankündigte, Teile der ukrainischen Orthodoxie heftig protestierten. Angestiftet und unterstützt wurden sie dabei vom Moskauer Patriarchat, dessen außenpolitische Abteilung in den alten Tagen der Sowjetunion vom KGB ausgebildet worden war. In den Zeitungen und Zeitschriften wurden Geschichten lanciert, die davor warnten, dass der päpstliche Besuch in der Ukraine der übleste in Johannes Pauls II. Pontifikat werden könne – und das obwohl die ukrainische Regierung und die griechisch-katholischen Bischöfe und die des lateinischen Ritus den Papst eingeladen hatten. Patriarch Aleksij II. von Moskau – für seine früheren KGB Genossen DROZDOV – sagte einer katholischen italienischen Zeitschrift im April 2001, der Besuch sollte „aufgeschoben" werden.[21] Es wurden antipäpstliche Demonstrationen organisiert: Sie fielen nicht so groß wie in Griechenland aus, hatten aber mit den Weihrauchfässchen schwingenden und Ikonen tragenden bärtigen Priestern einen großen Showeffekt im Fernsehen.Organisiert wurden die Demonstrationen, in deren Rahmen täglich eine Gruppe zur vatikanischen Nuntiatur in Kiew marschierte und jedes Mal am Ende dafür betete, dass der Papst nicht kommen möge, von einer Fraktion der ukrainischen Orthodoxie, die loyal zu Moskau stand, von einer politischen Bewegung, die Russland, Weißrussland und die Ukraine wieder zusammenbinden wollte, sowie von den Kräften, die von der Kommunistischen Partei der Ukraine noch übrig waren.

All diese Aufregung war vergebens. Lediglich ein halbes Prozent der Bevölkerung erklärte, es sei „entschieden gegen" den Besuch des Papstes. (Nach dessem Ende meinten 65% der befragten Russen, auch sie würden sich einen Papstbesuch wünschen.)[22] Bei seiner Ankunft auf dem internationalen Flughafen von Kiew am 23. Juni begrüßte Johannes Paul die Ukraine als „*mutige und ausdauernde Zeugin der Treue gegenüber den Werten des Glaubens*" und fand Worte der Bewunderung dafür, wie sehr sie gelitten hatte, „um in schwierigen Momenten die Freiheit geltend zu machen, diesen Glauben bekennen zu können." Der Papst, der nie die Hoffnung aufgab, auch durch jahrhundertealte Feindseligkeiten erkältete Herzen erwärmen zu können, erklärte dann, er sei sich sicher, „in Freundschaft auch von all jenen aufgenommen zu werden, die, obgleich sie nicht der katholischen Kirche angehören, ihr Herz für den Dialog und die Zusammenarbeit offen halten." Er sei in die Ukraine gekommen, nicht um Proselyten zu machen oder Zwietracht zu säen, „sondern um gemeinsam mit den Christen aller Kirchen und kirchlichen Gemeinschaften für Christus Zeugnis abzulegen", und zugleich um „alle Söhne und Töchter dieses edlen Landes" dazu einzuladen, „den Blick auf Ihn zu richten, der sein Leben für das Heil der Welt hingegeben hat." Auch sei die Zeit gekommen, in die Zukunft statt auf die Vergangenheit zu schauen, damit „die Erwartungen in den Herzen so vieler Menschen –insbesondere der Jugendlichen – jetzt nicht enttäuscht werden." Sie alle stünden vor der Aufgabe, den Traum des ukrainischen Dichters Taras Schewtschenkos zu erfüllen und „in den Städten und Dörfern der Ukraine das Erstarken eines neuen, wahrhaften Humanismus" auszulösen, bewirkt durch

Männer und Frauen, die mit den Worten Schewtschenkos *„keine Feinde mehr sein werden"*, sondern Bürger eines Landes mit einer *„offenkundigen europäischen Berufung"*.[23]

Während des fünftägigen Besuches Johannes Pauls II. in der Ukraine hörte man noch mehr bewegende Worte und erlebte große öffentliche Auftritte; doch die Rede auf dem Kiewer Flughafen gab den Ton für den erstaunlich erfolgreichen Besuch an. Das Erste, was die Ukrainer bemerkten, war, dass der Papst fließender ukrainisch sprach als ihr Präsident Leonid Kutschma, dem als einstigem sowjetischen Raketeningenieur das Russische viel näher stand. Die Geschichtsbewußten registrieren mit Verwunderung die Tatsache, dass der angebliche Eindringling, der Bischof von Rom, zu den Menschen in der Ukraine in ihrer Sprache redete, in der noch kein Patriarch von Moskau, der sich doch als zuständig für ihr Glaubensleben erklärte, je zu ihnen gesprochen hatte. Und für die politisch Bewußten war die klare Aussage, dass die Ukraine ein integraler Bestandteil Europas sei, ein wichtiger Meilenstein: Der Mann, der zur Verkörperung einer Vision Europas jenseits der Trennlinie des Kalten Krieges geworden war, betrachtete die Ukraine nicht als randständig für das Europa des 21. Jahrhunderts, als etwas „an der Grenze", wie der Name „Ukraine" etymologisch impliziert. Für Johannes Paul gehörte die Ukraine zu einer gemeinsamen europäischen Kultur mit starken christlichen Wurzeln.

Der Papst blieb zwei Tage in Kiew. In dieser Zeit traf er sich mit Vertretern des kulturellen, politischen, geistigen und wirtschaftlichen Lebens, feierte Messen sowohl im lateinischen als auch im byzantischen Ritus, dessen komplizierten Ablauf er sorgfältig geübt und wiederholt hatte, begegnete den katholischen Bischöfen der Ukraine, den Vertretern des panukrainischen Rates der Kirchen und anderen religiösen Organisationen. Am 25. Juni begab sich der Papst nach Lemberg oder L'viv, ins Herz der griechisch-katholischen Welt in der westlichen Ukraine. Diese Stadt hatte lange Zeit zu Polen gehört, in dieser Zeit hieß sie nicht Lemberg, sondern Lwow. Die deutsche Bezeichnung erhielt die Stadt erst, nachdem Galizien wie auch Krakau zu einem Teil von Österreich-Ungarn geworden war. (Interessanterweise sprach der Papst in privaten Gesprächen gewohnheitsmäßig von „Lemberg" und lachte, wenn seine Gäste ihn scherzhaft davor warnten, diesen Namen in der Stadt selbst zu verwenden.)

Auf der Pferderennbahn in Lemberg zelebrierte Johannes Paul am 26. Juni eine Messe im lateinischen Ritus und sprach ukrainische Märtyrer selig, die während der Verfolgungen durch die Nazis und die Kommunisten ermordet worden waren, darunter auch der bischöfliche Urgroßvater des Papstes: Erzbischof Józef Bilczewski. (Bilczewski hatte Erzbischof Bolesław Twardowski zum Bischof geweiht, dieser wiederum hatte Erzbischof Eugeniusz Baziak zum Bischof geweiht, der dann seinerseits Karol Wojtyła zum Bischof weihte.) Johannes Paul, der Pole mit der tiefen Sympathie für die Ukraine, bat schließlich innig darum, dass das frühere gegenseitige Misstrauen zwischen den Ukrainern des lateinischen Ritus, die oft polnische Wurzeln hatten, und den griechisch-katholischen Ukrainer enden möge:

> Heute, da wir Gott für die ungebrochene Treue seiner Diener zum Evangelium loben, empfinden wir das innere Bedürfnis, die Untreue gegenüber dem Evangelium einzugestehen, die nicht wenige hier ansässige Christen, sowohl polnischer als auch ukrainischer Abstammung, begangen haben. Es ist an der Zeit, von der schmerzlichen Vergangenheit Abstand zu nehmen. Die Christen beider Nationen müssen gemeinsam, im Namen des einen Christus, auf den einen Vater zugehen, geführt vom selben Heiligen Geist, dem Quell und Ursprung der Einheit. Die angebotene und erhaltene Vergebung möge sich wie ein wohltuender Balsam im Herzen jedes Menschen verbreiten.[24]

Nach dieser Predigt, die er auf Ukrainisch hielt, begrüßte Johannes Paul die ausländischen Pilger, die zu der Seligsprechungsmesse gekommen waren, in ihrer jeweiligen Sprache – russisch, weißrussisch, slowakisch, ungarisch und rumänisch.

Am nächsten Tag, dem 26. Juni, wurde eine weitere Messe auf der Pferderennbahn gefeiert, diesmal im byzantinischen Ritus. Wiederum wurden Märtyrer des 20. Jahrhunderts seliggesprochen, zusammen mit denen vom Vortag waren es dreißig an der Zahl. Zu Beginn der heiligen Liturgie erwiderte Lubomyr Kardinal Husar der Papstes Bitte um Versöhnung und Vergebung, indem er um Vergebung für die Sünden bat, die seine ukrainische Herde im Laufe der Jahrhunderte an den Lateinern begangen hatte. Ein unerwarteter Teilnehmer bei der zweiten Seligsprechung war Hochwürden Ioan Swiridow, ein Erzpriester des Moskauer Patriarchats, der von den Bemerkungen des Papstes in Kiew so beindruckt gewesen war, dass er unbedingt bei einem Ereignis zugegen sein wollte, von dem er meinte, es „würde allen zu einem besseren gegenseitigen Verständnis verhelfen".[25] Am nächsten Tag, seinem letzten in der Ukraine, segnete Johannes Paul II. den Grundstein des neuen Gebäudes der ukrainisch katholischen Universität. Schon der große ukrainische Metropolit Andrej Scheptyzkyj, gestorben 1944, hatte diesen Traum gehegt, aber erst unter der Anleitung eines jungen ukrainisch-amerikanischen Priesters mit einem Abschluss der Universität Harvard, Hochwürden Borys Gudziak, konnte er verwirklicht werden.

Vier Monate nach dem Besuch war Kardinal Husar noch immer über Johannes Pauls Erfolg erstaunt. Trotz der störrischen Haltung des Moskauer Patriarchats und der Nervosität der örtlichen Sicherheitskräfte hatte die bemerkenswerte Rede des Papstes am Flughafen ein weitaus größeres Interesse an seinem Besuch erweckt als vorherzusehen gewesen wäre. 95% Prozent derjenigen, die die Straßen der ukrainischen Hauptstadt säumten, um den Papst zu sehen und zu begrüßen, waren „orthodox oder gar nichts", sagte Husar. In Lemberg standen die Menschen längst der Autoroute des Papstes gar zehn Reihen tief. Um zu sehen, wie der Papst um neun Uhr das Gebäude verließ, hatten sich die Menschen bereits um vier in der Früh vor der Residenz Husars eingefunden. Als sie im Papamobil durch Lemberg fuhren, drehte Johannes Paul sich zu Husar um und sagte: „So etwas wie das hätte ich nie erwartet. Das ist eine katholische Stadt." Dass Johannes Paul in seinen Predigten und Reden für Frieden und Versöhnung bewusst zu Bildern und Metaphern gegriffen hatte, die besonders Slawen ansprachen, hatte, wie Husar meint, „einen sehr starken Einfluss". Noch Monate später redeten die Menschen über den Papstbesuch. Außerdem hat Johannes Paul bei den orthodox Gläubigen einen „äußerst positiven Eindruck" hinterlassen. Die orthodoxen Mönche, die zu den vom Papst in Kiew aufgesuchten Stätten zogen, um „den heiligen Boden erneut zu weihen", waren, wie Husak bemerkte „Fanatiker am Rande". Im Gegensatz zu dem, was Patriarch Aleksij II. von Moskau gesagte hatte, gab es nach Husars Ansicht nicht das geringste Zeichen dafür, dass der Papst die Beziehungen zwischen Katholiken und Orthodoxen in der Ukraine „verschlechtert" hatte, ausgenommen die Fanatiker, für die sie ohnehin schlecht waren.[26]

Johannes Paul II. sei „sehr bescheiden mit einem Krückstock" in die Ukraine gekommen und als ein „enger Nachbar, der selbst die kommunistische Ära miterlebt hatte und wusste, was unser Volk bewegte", erklärte der Kardinal etwas später. „Er war eins mit uns, und wir waren eins mit ihm." Diese Erfahrung von Solidarität und Einssein, schloss Husak, habe Johannes Paul vorführen lassen, wie eine langverfolgte Kirche sich selbst von der „Mentalität des Verfolgten" befreien und in einer tiefverwundeten Gesellschaft zu einer Quelle der spirituellen und kulturellen Erneuerung werden könne. [27]

Nachdem bei der jährlichen Messe auf dem Petersplatz am 29. Juni, am Hochfest der Apostel Petrus und Paulus, Prälaten aus einundzwanzig Länder auf fünf Kontinenten das Pallium, das Zeichen ihrer Metropolitenwürde, aus seiner Hand entgegengenommen hatten, empfing Johannes Paul die Bischöfe Kubas bei ihrem *ad limina*-Besuch. Im Anschluß daran begab er sich zu einem zwölftätigen Sommeraufenthalt vom 9. bis zum 20. Juli ins Aostatal. Wieder nach Castel Gandolfo zurückgekehrt empfing der Papst den amerikanischen Präsidenten George W. Bush und zeigte ihm den Blick aus der päpstlichen Villa auf den Albanersee. In seiner offiziellen Ansprache sagte Johannes Paul, dass Amerika sich weiterhin „an der Größe seiner Gründungsideale [misst], um eine auf Freiheit, Gleichheit und Gerechtigkeit gemäß dem Gesetz gründende Gesellschaft aufzubauen" und führte weiter aus: „Im soeben zu Ende gegangenen Jahrhundert haben diese Ideale das amerikanische Volk dazu angespornt, zwei totalitären Systemen zu widerstehen, die auf einer atheistischen Sichtweise vom Menschen und der Gesellschaft gründeten." Weiter erklärte er: „Die Revolution der Freiheit, von der ich 1995 vor den Vereinten Nationen sprach, muß nun von einer Revolution der Chancengleichheit vervollständigt werden, bei der sich alle Völker der Welt aktiv für den wirtschaftlichen Wohlstand einsetzen und dessen Früchte teilen können." Nachdem er Präsident Bush dafür gedankt hatte, dass Amerikas sich um „die Förderung der Religionsfreiheit" verdient gemacht hat, forderte der Papst das amerikanische Volk und seinen Präsidenten, der schon bald eine historische Entscheidung über staatliche Gelder für die Stammzellenforschung treffen sollte, auf, eine „starke und lebendige Kultur des Lebens" zu errichten, denn eine „freie und auf Tugenden gründende Gesellschaft, wie Amerika dies sein will, muß Methoden zurückweisen, die das menschliche Leben in jedwedem Stadium von der Empfängnis bis zum natürlichen Tod abwerten und verletzen.“ Wenn Amerika das tue, „kann es der Welt den Weg zu einer wahrhaft menschenwürdigen Zukunft zeigen, in der der Mensch die Technologie beherrscht und nicht zu ihrem Produkt wird.“[28]

Neun Tage später, am 1. August, hielt der Papst die 1000. Generalaudienz seines Pontifikats ab. Unter der Menge befanden sich sehr viele Jugendliche, die nach Rom gepilgert waren, und der Papst forderte diejenigen von ihnen, die als Ministranten dienten, auf, doch zu erwägen, ob die Freundschaft zu Jesus, die sie in der Liturgie nährten, sie nicht zur Berufung für das Priesteramt oder das geweihte Leben führen könnte. Am 30. August wohnte Johannes Paul der Weltpremiere der neuen Verfilmung des Romans von Henryk Sienkiewicz, *Quo Vadis*, bei. Den Film zu beurteilen, würde er den Filmkritikern überlassen. Hingegen wolle er jeden bitten, sich das menschliche Drama zu vergegenwärtigen, das der polnische Nobelpreisträger in seinem Roman und Jerzy Kawelerowicz in seinem Film darstellen und das von den Wirren des Frühchristentums in Rom handeln: „Man kann das heutige Bild der Kirche und der christlichen Spiritualität nicht verstehen, wenn man nicht zu den religiösen Erfahrungen jener Menschen zurückkehrt, die sich von der ‚guten Nachricht‘ über Jesus Christus begeistern ließen und zu seinen Zeugen wurden. Man muß sich in dieses Drama, das sich in ihren Seelen ereignete, hineindenken. Dort standen einander gegenüber: menschliche Furcht und übermenschlicher Mut; der Wunsch zu leben und der Wille, treu zu sein bis in den Tod; das Gefühl der Einsamkeit angesichts von unbeirrbarem Haß und gleichzeitig die Erfahrung der Macht, die aus der nahen, unsichtbaren Gegenwart Gottes und aus dem geteilten Glauben der entstehenden Kirche hervorgeht.“[29]

Zwölf Tage später sollte sich unbeirrbarer Hass, aber auch menschliche Furcht und übermenschlicher Mut in Manhattan, Washington und Shanksville, Pennsylvania, spürbar machen.

Neue Weltunordnung

Am 13. September 2001 sollte der Papst das Beglaubigungsschreiben des neuen US-Botschafters am Heiligen Stuhl, R. James Nicholson, entgegennehmen. Das war zwei Tage nachdem die Twin Towers zusammengestürzt waren und das Pentagon von Selbstmordattentätern des Dschihad, die auf Massenmord aus waren, angegriffen worden war – ein Zeitpunkt wie er ironischer und schmerzlicher nicht hätte sein können. Die beiden Männer trafen sich zwanzig Minuten in Castel Gandolfo beteten gemeinsam und erörterten die Verantwortlichkeiten der US-Regierung unmittelbar nach dem 11. September. Botschafter Nicholson sagte, die USA müssten militärisch auf al-Qaida antworten, sowohl um sich selbst als auch ihre Verbündeten zu verteidigen. Der Papst entgegnete, dass die Angriffe ein Anschlag auf „die ganze Menschheit“ gewesen seien, und setzte hinzu, dass die Vereinigten Staaten „das Recht auf Selbstverteidigung“ hätten, mahnte Amerika jedoch, bei seiner Suche nach Sicherheit in der neuen Weltunordnung nicht den Sinn für Gerechtigkeit zu verlieren.[30]

In seinen offiziellen Worten bei der Beglaubigungszeremonie brachte Johannes Paul erneut seine Sympathie für das amerikanische Volk „in einem zutiefst tragischen Augenblick für Ihr Land" zum Ausdruck, betonte seine „aufrichtige Anteilnahme am Schmerz des amerikanischen Volkes" und versicherte, all derer im Gebet zu gedenken, die von dieser irrationalen Gewalt getroffen worden waren. Nachdem er seine anhaltende Bewunderung „für den großen Reichtum menschlicher, religiöser und moralischer Werte, die im Laufe der Zeit den amerikanischen Charakter geformt haben" geäußert hatte, forderte er die US-Regierung auf, eine Führungsrolle bei der Lösung der unzähligen Gerechtigkeitsfragen zu übernehmen, die sich aus der Globalisierung der Wirtschaft ergeben, nach einem Weg zum Frieden im Nahen Osten zu suchen und das Recht auf Leben aller unschuldiger Menschen zu verteidigen. Gleichzeitig legte er der Kirche in den Vereinigten Staaten ans Herz sich „aktiv an jenem Prozeß" zu beteiligen, der „die Zukunft ihres Landes bestimmen wird."[31]

Die Strategie des Papstes im Gefolge der Ereignisse vom 11. September hatte unterschiedliche Motive. Er erkannte sogleich, dass die Angriffe eine neue, sehr gefährliche Lage geschaffen hatten. Er sorgte sich, dass der Westen durch die Revolten der sechziger Jahre kulturell geschwächt worden war: Die postmoderne Skepsis, ja Unbekümmertheit, hinsichtlich der Fähigkeit des Menschen, die Wahrheit der Dinge zu erkennen, könnte den Westen spirituell wehrlos gegenüber einer Herausforderung gemacht haben, die seine moralischen Überzeugungen bezüglich der Menschenrechte und des Rechtsstaats auf die Probe stellte.[32] Er war entschlossen, irrationale Gewalt zu verurteilen, besonders wenn sie im Namen Gott verübt wurde; und er war ebenso entschlossen, nichts zu tun, was die Behauptung der Dschihadisten, dies sei ein Glaubenskrieg, unterstützen könnte. Er hoffte, vielleicht gegen jede Hoffnung, dies könne eine Gelegenheit für die „internationale Gemeinschaft" sein, zu einer konkreten politischen Realität zu werden, statt ein flüchtiges Ideal zu bleiben. In dieser Zeit der Irrationalität und des Missklangs wollte er die Kirche zu einer Stimme der Vernunft und des Dialogs machen. Er wollte, dass Europa sein Bekenntnis zur Religionsfreiheit für die moslemischen Einwanderer ernstnimmt; aber die Welt, wie er einmal formulierte, „wartet noch immer" darauf, dass die islamischen Staaten wie etwa Saudi-Arabien in Fragen der Religionsfreiheit ihrerseits auf Gegenseitigkeit setzen. (Die Saudis hatten den Bau einer neuen Moschee in Rom mitfinanziert, was der Papst gutgeheißen hatte, verboten aber Christen in ihrem Königreich jede öffentliche Glaubensausübung.)[33] Außerdem war Johannes Paul entschlossen, seine pastoralen Vorhaben, wie den bevorstehenden Besuch in Kasachstan, einem mehrheitlich moslemischen Land, und den in Toronto geplanten Weltjugendtag 2002, nicht von der neuen Weltunordnung durchkreuzen zu lassen. Im Augenblick jedoch drohten seine Versuche, sich an die Spitze der Missionen für Versöhnung und kulturellen Brückenschlag zu setzen, wieder einmal falsch gedeutet zu werden, vor allem von einer europäischen

Presse, die, nachdem sie sich von ihren unmittelbar auf den 11. September erfolgten proamerikanischen Gefühlsausbrüchen erholt hatte, den Papst für eine Politik der Beschwichtigung und die Sache des Pazifismus einspannen wollte.

Dass in Anbetracht gewisser Umstände die strategischen Ziele von Johannes Paul manchmal in einem Spannungsverhältnis zueinander standen, belegte hinreichend der vom 22. bis zum 27. Spetember 2001 erfolgte Pastoralbesuch des Papstes in Kasachstan, der früheren zentralasiatischen Sowjetrepublik, und in Armenien, Heimat einer der ältesten christlichen Gemeinden. Kasachstan stand dem polnischen Herzen des Papstes nahe, waren doch zu Beginn des Zweiten Weltkriegs viele polnische Familien aus den sowjetisch besetzten Teilen Polens dorthin deportiert worden.

Bei seinem dreitätigen Aufenthalt in Astana traf Johannes Paul mit Politikern, geistlichen Würdenträgern, führenden Intellektuellen und jungen Leuten zusammen. In den beiden Messen predigte Johannes Paul, dass Frieden, Anstand und wechselseitiger Respekt unter den verschiedenen ethnischen und religiösen Traditionen in einem Land der „Begegung und des Dialogs", wie er es nannte, oberstes Gebot seien. Mit den Worten eines der größten Dichter und Lehrer des Landes, Abai Kunanbais, erinnerte er seine Zuhörer, Kasachstans Kulturelite, daran, dass die Vernunft den Leidenschaften niemals weichen darf, wie Abai Kunanbai in einem Gedicht formuliert:

> Wenn das Herz nach nichts mehr verlangt [...] wie kann dann der Geist geweckt werden?
>
> [...] Wenn die Vernunft der Begierde ausgeliefert ist, verliert sie jegliche Tiefe
>
> [...] Kann ein Volk, das dieser Bezeichnung würdig sein will, ohne die Vernunft bestehen?

In diesem Kontext bekräftigte der Papst, „die Achtung der katholischen Kirche gegenüber dem Islam, dem wahren Islam: dem Islam, der betet und solidarisch ist mit den Notleidenden. Angesichts der auch in jüngster Vergangenheit begangenen Fehler müssen sich alle Gläubigen gemeinsam dafür einsetzen, daß Gott niemals zum Gefangenen menschlicher Ambitionen werde." Der Terrorismus und der ihm zugrundeliegende Hass entweihten ebenso den Namen Gottes wie sie das „wahre Bild des Menschen" entstellten.[34]

Die Gedanken waren edel und nichts Besonderes. Da die Welt aber in Kürze eine amerikanische Militäraktion in Afghanistan als Antwort auf die Angriffe vom 11. September erwartete, deuteten die europäische Linke und ihre Gesinnungsgenossen in den Medien die Ermahnungen des Papstes zu Dialog und Frieden als eine stillschweigende Verurteilung des bevorstehenden Militärschlags gegen die Taliban und al-Qaida. Navarro-Valls, der darüber beunruhigt war, sprach mit dem Papst über diesen Punkt und sagte, der Papst laufe, sobald die Militäraktion begonnen haben wird, Gefahr, von den europäischen Medien als Symbol des Widerstands gegen die US-Politik vereinnahmt zu werden. Aus eigener Initiative und weil er es für eine „Sache des Gewissens" hielt, gab Navarro Philip Pullella von der Nachrichtenagentur Reuters ein Interview, als die oder sich dermaßen auf die Aussagen von Psychotherapeuten verlassen haben sollten.

Die Chronologie und die Details der Krise des Katholizismus in den Vereinigten Staaten, die Hochwürden Richard John Neuhaus so treffend als die „lange Bußzeit von 2002" bezeichnet hat, sind an anderen Stellen festgehalten worden.[45]

Johannes Pauls erste öffentliche Stellungnahme zu den Ereignissen in den Vereinigten Staaten, die sich mittlerweile zu einem Flächenbrand ausgewachsen hatten, erfolgte in seinem jährlichen Gründonnerstagbrief an die Weltpriester, in dem er schrieb: „In dieser Zeit erschüttern uns als Priester zutiefst die Sünden einiger unserer Mitbrüder, welche die Gnade des Weihesakramentes verraten haben, indem sie den schlimmsten Ausformungen des *mysterium iniquitatis* in der Welt nachgegeben haben." In seiner Präsentation des päpstlichen Briefes gegenüber der Presse wehrte der Präfekt der vatikanischen Kongregation für den Klerus, Dario Kardinal Castrillon Hoyos, unglücklicherweise die Fragen der Journalisten zu der Krise in den USA ab, deutete an, der Papst mache sich über weitaus schwerer wiegende Probleme Sorgen – etwa über den Frieden im Nahen Osten –, und meinte, die ganze Affäre entspringe dem amerikanischen Presserummel.[46] Das Problem mit der Presse wurde so nur noch verschärft. Sie konnte ja leicht nachlesen, dass der Papst in seinem Gründonnerstagbrief nichts dergleichen gesagt hatte.

Die Krise in Amerika eskalierte dramatisch am 8. April (am Tag nach dem Sonntag der göttlichen Barmherzigkeit). An diesem Montag berichtete der *Boston Globe* in aller Ausführlichkeit über den Fall Paul Shanley, der sich in Boston einen Ruf als „Straßenpriester" erworben hatte. Wie sich herausstellte, hatte Shanley 1978 bei einem Treffen der „North America Man-Boy Love Association" Geschlechtsverkehr zwischen Männern und Knaben verteidigt und in den folgenden Jahrzehnten zahlreiche Akte sexuellen Missbrauchs begangen. Dennoch war er von der Erzdiözese Boston an die Diözese San Bernardino in Kalifornien empfohlen worden. In einem offiziellen Schreiben heißt es, während seiner Zeit als Priester in der Hauptstadt von Massachusetts hätte der Missbrauchstäter keinerlei bekannte Schwierigkeiten gehabt. Andere von der Zeitung aufgespürte Dokumente belegten, dass Shanley von der Erzdiözese Boston mehrere lobende Zeugnisse erhalten hatte, und das noch bis ins Jahr 1996 hinein, als er in Pension ging. Zwei Tage später forderte ein Leitartikel im *Globe* den Bostoner Erzbischof Bernard Kardinal Law auf, von seinem Amt zurückzutreten. Dem *Globe* war Laws entschiedenes Eintreten für die Antiabtreibungskampagne schon lange ein Dorn im Auge gewesen, doch der Aufforderung des Leitartikels, der Prälat möge sein Amt niederlegen, schloss sich auch der *Boston Herald* an, der sehr viel weniger gegen Law eingestellt war. Am 13. April traf Kardinal Law in aller Stille in Rom ein und begab sich sogleich zum Papst. Bei dem Gespräch in den päpstlichen Gemächern, neben Johannes Paul war auch Kardinal Battista Re von der Kongregation für die Bischöfe anwesend, bot Law seinen Rücktritt an. Doch die anderen, die wegen der seit Monaten unzureichenden Berichte des Nuntius in Washington, Erzbischof Gabriel Montalvo, über das Ausmaß des Problems nicht richtig informiert waren, baten ihn, auf seinem Posten zu bleiben, und versprachen ihm ihre Unterstützung. Zu seiner Ehre muss gesagt werden, dass Kardinal Law die gegenwärtige Situation, die vom 13. April 2002, klar vor Augen stand, während Johannes Paul II., Kardinal Re und andere in der Tat drei Monate hinter den Ereignissen herhinkten und so reagierten, wie sie es vielleicht getan hätten, wäre Law im Januar, als die Geschichte mit Geoghan zuerst ans Licht gekommen war, nach Rom gereist. Am darauffolgenden Wochenende erhielten Johannes Paul und sein Sekretär, Bischof Stanisław Dziwisz, ein Dossier zu der Krise in den USA, darunter auch Stellungnahmen prominenter amerikanischer Katholiken, die als Verteidiger des Pontifikats bekannt waren und auf ein klares Durchgreifen drangen, sowohl was das Problem des sexuellen Missbrauchs durch Priester als auch die episkopale Misswirtschaft betraf. Das derartiges Material nicht schon früher in die Hände des Papstes gelangt zu sein scheint, unterstreicht die Tatsache, dass der Heilige Stuhl nicht in Echtzeit auf die Krise reagierte.

Die geheimen Treffen mit Kardinal Law, das Dossier mit Pressematerial und die unverblümte Botschaft die dem Papst am 9. April vom Vorsitzender der US-amerikanischen Bischofskonferenz, Bischof Wilton Gregory, zuging, hatten Johannes Paul und seine Kurienkardinäle davon überzeugt, dass etwas geschehen müsse, und zwar bald, damit die Situation nicht außer Kontrolle geriet. Am 15. April wurden daher die Kardinäle der Vereinigten Staaten und Vertreter der amerikanischen Bischofskonferenz zu einer Dringlichkeitssitzung mit dem Papst, mit Kurienvertretern und den in Rom anwesenden amerikanischen Kardinälen in den Vatikan bestellt. Die Sitzung sollte eine Woche später stattfinden.

Auf der Krisensitzung am 22. April macht Johannes Paul II. unmissverständlich klar, dass „im Priestertum und im Ordensleben kein Platz ist für den, der jungen Menschen Böses tun könnte.“ Er sprach auch von seiner Erschütterung über die Schwere der Enthüllungen und bekannte, dass die Menschen zurecht darüber betroffen sind, wie die Bischöfe mit diesen Fällen umgegangen waren, und stellte die ganze Krise in ihren passenden religiösen Kontext:

> [Ich war] tief betroffen über die Tatsache, daß selbst Priester und Ordensmänner, deren Berufung es ist, den Menschen dabei zu helfen, ein Leben in Heiligkeit vor Gott zu führen, solches Leid und Ärgernis an jungen Menschen hervorgerufen haben. Angesichts des großen Übels, das von einigen Priestern und Ordensmännern begangen wurde, wird nun die Kirche selbst mit Mißtrauen betrachtet, und viele fühlen sich beleidigt durch die Art und Weise, in der ihrem Anschein nach die kirchlichen Verantwortungsträger in dieser Angelegenheit gehandelt haben. Der Mißbrauch, der diese Krise verursacht hat, ist über alle Maßen verwerflich und wird von der Gesellschaft zu Recht als Verbrechen angesehen; er ist auch in den Augen Gottes ein grauenhaftes Verbrechen. Ich spreche den Opfern und ihren Familien, wo immer sie sein mögen, meine tiefempfundene Solidarität und Anteilnahme aus.

Zum Schluss sagte Johannes Paul, all das Leid und der Schmerz müsse „zur größeren Heiligkeit des Priestertums, des Episkopats und der Kirche führen“, wo-

> ‚*Duc in docendo*!‘ ‚Verkünde das Wort‘ – würden wir mit dem Apostel sagen – ‚tritt dafür ein, ob man es hören will oder nicht; weise zurecht, tadle, ermahne, in unermüdlicher und geduldiger Belehrung‘ (2 Tim 4,2).
>
> ‚*Duc in sanctificando*!‘ Die ‚Netze‘, die wir unter den Menschen auswerfen sollen, sind in erster Linie die Sakramente, deren erste Ausspender, Leiter, Förderer und Aufseher wir sind. Sie bilden eine Art heilsbringendes ‚Netz‘, das vom Bösen erlöst und zur Fülle des Lebens führt.
>
> ‚*Duc in regendo*!‘ Als Hirten und wahre Väter haben wir die Aufgabe, durch die Unterstützung der Priester und unserer anderen Mitarbeiter die Familie der Gläubigen zusammenzuführen und die Liebe und brüderliche Gemeinschaft zu fördern.
>
> Obwohl es sich dabei um einen schwierigen und mühevollen Auftrag handelt, soll niemand den Mut verlieren. Mit Petrus und den ersten Jüngern erneuern auch wir vertrauensvoll unser aufrichtiges Glaubensbekenntnis: Herr, ‚*wenn du es sagst, werde ich die Netze auswerfen*‘ (Lk 5,5)![40]

Dann folgten vier Wochen angefüllt mit Reden (im Fachjargon „Interventionen“ genannt) und Diskussionen in kleinen Gruppen. Es wurden Debatten über „wirksame Kollegialität“ (der theologische Ausdruck für die kirchliche Machtteilung zwischen Rom und dem Weltepiskopat) und „freundschaftliche Kollegialität“ (die wechselseitige Unterstützung der Bischöfe) geführt. Einige Synodale meinten, das Subsidiaritätsprinzip der Soziallehre, demzufolge Entscheidungen auf einer möglichst niedrigen Stufe der sozialen Hierarchie getroffen werden sollten, gelte auch für die innere Leitung der Kirche; andere widersprachen dem und meinten, der Zweck der päpstlichen Lehramtes bestehe im Schutz der Glaubenswahrheiten, die allgemein und nicht partikulär sind. Für sich genommen ist es schon interessant, dass diese Debatten auch als eine höfliche, intellektuelle Fassade dienten, hinter der einige Bischöfe sich für dezentrale Entscheidungsprozesse in der Weltkirche stark machten. Es ist daher bemerkenswert, dass die Intervention, die in der ersten Woche der Synode auf die größte Zustimmung stieß, von Kardinal Ratzinger, dem Präfekten der Kongregation für die Glaubenslehre, stammte. Ratzinger sagte seinen bischöflichen Mitbrüdern, wenn sie den *munus regendi* ausübten und die Rechtgläubigkeit verteidigten, würde sich das sogenannte Problem der Dezentralisierung „von alleine lösen“. Dass Ratzinger soviel Beifall erhielt, lässt zumindest vermuten, dass die Synodalen gerne Mut anerkannten, wo sie ihn sahen, auch wenn einige nicht bereit waren, diese Kardinaltugend so oft an den Tag zu legen, wie Kardinal Ratzinger es sich wohl gewünscht hätte.

Für einige Bischöfe und Kardinäle war die Synode auch eine Gelegenheit, sich in Erwartung des Papsttodes ein wenig in diskreten politischen Mauscheleien zu üben. Andere ergriffen die Möglichkeit, Globalisierung und Markwirtschaft auf eine Weise zu kritisieren, die den Schluss nahelegte, sie hätten Johannes Pauls II. Enzyklika *Centesimus Annus* von 1991 nie gelesen. Nach mehrwöchigen Interventionen, die zwischen ernsthaften theologischen Auseinandersetzungen und rhetorischen Beschwerdelisten schwankten, fasste eine Beobachterin bei der Synode ihre Ansicht über diejenigen zusammen, die sich auf Machtfragen in der Kirche kaprizierten, und wünschte sich, sie würden „aufhören zu jammern und wie Männer handeln". Selbstverständlich sprachen viele tatsächlich beredt über das Gebot der Evangelisierung in einer Kultur, die, zumindest im Westen, immer irreligiöser wurde. Wie Johannes Paul häufig über diese längeren Synoden gesagt hat, ist zudem das, was in den persönlichen Gesprächen der Bischöfe außerhalb der Aula beredet wird, manchmal nicht weniger wichtiger als das, was innerhalb ihrer erörtert wird. Denn oftmals geschah es „vor den Türen", dass die geweihten Kirchenfürsten einander kennenlernten, ihre Probleme austauschten und dadurch auf neue Ideen kamen.[41]

Ein Höhepunkt der vierwöchigen Versammlung war der 21. Oktober, der Weltmissionssonntag, als Johannes Paul II. sich einen schon lange gehegten Wunsch erfüllte und das erste Mal in der Kirchengeschichte ein Ehepaar seligsprach: Luigi und Maria Beltrame Quattrocchi. Drei ihrer Kinder nahmen an der Messe auf dem Petersplatz teil. In seiner Predigt sagte der Papst, ihr Leben sei ein leuchtendes Beispiel für die positive Beantwortung der Frage gewesen: „Wird der Menschensohn, wenn er kommt, auf der Erde noch Glauben vorfinden?" [Lk 18, 8]. Die Seligsprechung der Quattrocchis war so gelegt worden, dass sie mit dem 20. Jahrestag eines der Lieblingsdokumente von Johannes Paul zusammenfiel, dessen Pontifikat erfüllt war mit lehramtlichen Schriften: dem apostolischen Schreiben *Familiaris Consortio*, der Frucht der Bischofssynode von 1980. Zweifellos dachte der Papst an *Familiaris Consortio*, als er bemerkte, Luigi und Maria Beltrame Quattrocchi hätten *„ein gewöhnliches Leben auf außergewöhnliche Weise gelebt"*, indem sie zeigten, dass heroische Tugend durchaus in der Berufung zur Ehe und Elternschaft liegt. Dank ihres Beispiels habe die Kirche „einen wunderbaren Beweis dafür, dass der gemeinsame Weg zur Heiligkeit als Ehepaar möglich und schön ist; und er ist außerordentlich fruchtbar und entscheidend für das Wohl der Familie, der Kirche und der Gesellschaft." Wie die anwesenden Bischöfe, schloss der Papst, müssten auch Eheleute ihren „missionarischen Schwung" erneuern, indem sie ihr Heim „zum vorrangigen Ort für die Verkündigung und die Aufnahme des Evangeliums [...] in einer Atmosphäre des Gebets und in konkret gelebter christlicher Solidarität" machten.[42]

Mit einer Messe im Petersdom ging die Synode am 27. Oktober zuende und der Papst wählte als Motto für seine Predigt den Antwortpsalm der Liturgie des Tages „Wir werden den Völkern das Heil des Herrn verkünden". Er sagte den Bischöfen, „vor allem" müssten sie *„den Mut besitzen, die unversehrte Lehre zu verkünden und zu verteidigen"*, selbst wenn sie dafür leiden müssten, und rief sie auf, gute Hirten zu sein und ihren Priestern ein Vater. Am Ende verlas Johannes Paul die Ehrenliste der einundzwanzig Bischöfe, die im 20. Jahrhundert heiliggesprochen worden sind. Auf ihr figurierten unter anderem zwei Kirchenlehrer (Albert der Große und Robert Bellarmin), der englische Märtyrer John Fisher, der irische Märtyrer Oliver Plunkett, mehrere Märtyrerbischöfe aus Vietnam und der böhmische Auswanderer, der Bischof von Philadelphia geworden war, John Neumann. Aus dieser Schar und den vor kurzem in der Ukraine seliggesprochenen Märtyrerbischöfen erhebe sich, „wie bei einem Mosaik, das Antlitz Christi, *des guten Hirten und Missionars des Vaters*“. Der Papst schloss mit den Worten: „Auf diese lebende Ikone richten wir unseren Blick zu Beginn des neuen Zeitalters, [...], um mit immer größerem Engagement Diener des Evangeliums, der Hoffnung der Welt, zu sein.“[43]

Am 7. Oktober – die Synode beendete gerade ihre erste Arbeitswoche – hatten amerikanische und britische Streitkräfte mit der Militäraktion begonnen, die schließlich die Talibanherrschaft in Afghanistan beendete und die Terrorlager von al-Qaida vernichtete, denen die radikal islamische Regierung Unterschlupf gewährt hatte. Johannes Paul bahnte sich weiterhin seinen eigenen Weg durch die Wirren des Spätjahrs 2001 und beschleunigte die Planung für ein zweites Treffen der Vertreter der Weltreligionen in Assisi, das am 24. Januar 2001 stattfinden sollte. Als die neue afghanische Regierung im Dezember zusammentrat, setzte der Papst einen weiteren Meilenstein in seiner nun schon einundzwanzig Jahre währenden Anstrengung, seine eigene Diözese zu evangelisieren: Er besuchte die 300. römische Gemeinde. Es war der dritte Sonntag im Advent, der Sonntag *Gaudete*, traditionell ein Tag der Freude in einer Zeit der Bußvorbereitung auf Weihnachten. Der Papst dankte der Gemeinde Maria Josefa vom Herzen Jesu und allen Gemeinden der Stadt für die große Ermutigung, die er daraus gezogen hatte, mit den Römern in ihren Gemeindekirchen zusammenzukommen. Am Ende eines schwierigen Jahres, in dem das todbringende Gesicht einer verzerrten religiösen Überzeugung die zivilisierte Welt ins Entsetzen gestürzt hatte, erinnerte er seine römischen Schäfchen daran, dass das Kind Christus, dessen Geburt man in ein paar Tagen feiern würde, „in der Stille, der Demut und der Armut der Krippe“ komme „und all jenen seine Freude bringen wird, die es offenen Herzens empfangen.“[44]

Die lange Bußzeit von 2002

Am 6. Januar 2002 berichtete der *Boston Globe* auf der Titelseite, dass ein ehemaliger Priester, John Geoghan, glaubwürdig beschuldigt worden sei, in einem Zeitraum von etwa dreißig Jahren mehr als 130 Jungen sexuell belästigt zu haben. In diesen Jahren war er von seinen Vorgesetzten in der Erzdiözese Boston in drei verschiedenen Gemeinden eingesetzt worden, nachdem Therapeuten die Vorgesetzten davon überzeugt hatten, dass Geoghan „geheilt“ war. Damit begann eine der düstersten Perioden in der Geschichte der katholischen Kirche in den Vereinigten Staaten und eine Periode anhaltender Sorge für Johannes Paul II.

Als Karol Wojtyła sein Amt antrat, wusste er aus erster Hand nur sehr wenig über die US-Kirche; das wenige, das er wusste, hatte er in zwei Amerikabesuchen gewonnen, in denen er hauptsächlich polnische Gemeinde besucht hatte. In mehr als zwei Jahrzehnten des Pontifkats war der Papst zu der Auffassung gelangt, dass die katholische Kirche in Amerika, all ihren Problemen zum Trotz, weitaus besser dastand als die Kirche in Westeuropa. Zum ersten Mal war ihm das während seines Pastoralbesuchs 1979 in den USA deutlich geworden. Dass er sich über die Möglichkeiten des amerikanischen Katholizismus nicht getäuscht hatte, bewies dann der ungeheure Erfolg des Weltjugendtages 1993. Der Papst hatte – entgegen der Skepsis mehr als eines US-Bischofs – auf Denver als Versammlungsort bestanden. Johannes Paul war auch nicht entgangen, dass seine Enzykliken zur Soziallehre, zur Reform der Moraltheologie, zum Gebot des christlichen Mission, zu Fragen des Lebens, der Ökumene und der Beziehung von Glaube und Vernunft, in den USA aufmerksam gelesen und leidenschaftlich debattiert worden waren, und das nicht nur in Kirchenkreisen, sondern auch in überregionalen Zeitungen wie dem *Wall Street Journal*. Nach dem Zusammenbruch des Kommunismus hatte der Papst amerikanische Gelehrte ermuntert, mit polnischen Kollegen zusammenzuarbeiten und für Studenten aus den Vereinigten Staaten und den neuen Demokratien in Ostmitteleuropa ein Ausbildungsprogramm für Führungskräfte zu entwerfen. Er war überzeugt, dass beide Seiten viel voneinander lernen konnten, und die engagierte US-Kirche schien ihm ein besseres Vorbild für die jüngst befreite Kirche in Polen und den Ländern des Warschauer Pakts zu sein als die schwer bedrängten katholischen Gemeinschaften in Westeuropa, die seiner Ansicht nach Gefahr liefen, zu nachchristlichen Kulturen zu werden. Johannes Paul II. wusste, dass die Kirche, diesseits der Wiederkunft des Herrn, nicht vollkommen war; aber alles in allem stand die Kirche in den Vereinigten Staaten recht gut da.

Johannes Pauls Reaktion auf das sich entfaltende Drama des sexuellen Missbrauchs durch Priester und die episkopale Misswirtschaft in Amerika war von seiner Überzeugung beeinflusst, dass die Kirche in den USA relativ gesund ist. Die Unfähigkeit der Apostolischen Nuntiatur in Washington und der römischen Kurie spielte ebenfalls eine Rolle. Der päpstliche Haushalt scheint nicht völlig darüber infomiert gewesen zu sein, welche Skandale Tag für Tag, Woche für Woche ans Licht der Öffentlichkeit kamen. Ebenfalls eine Rolle spielte die Tatsache, dass der Vatikan, der in seiner Geschichte immer eine gewisse Skepsis gegenüber Presseübertreibungen gehegt hatte, erst noch mit einer Welt zurechtkommen musste, in der die neuen Kommunikationsmittel 24 Stunden am Tag und sieben Tage die Woche Nachrichten und Kommentare übermittelten. Ein weiterer Faktor war die eingefleischte Neigung der Kurie, angesichts von üblen Nachrichten zu denken „so schlimm kann es gar nicht sein“ – eine Haltung, die auf höchster Ebene sowohl die Kongregation für die Bischöfe als auch die Kongregation für den Klerus beeinflusste und träge werden ließ, also genau die Leute, bei denen der Papst Rat und Anleitung suchen würde. Noch ein Faktor war, dass Johannes Paul sich noch sehr gut daran erinnerte, dass der SB und andere kommunistische Geheimdienste im Vorwurf des sexuellen Fehlverhaltens ein probates Mittel gesehen hatten, um den Ruf von Priestern und Bischöfen zu zerstören. Außerdem muss es ihm zunächst undenkbar erschienen sein, dass so viele amerikanische Bischöfe ihr Amt so nachlässig ausgeübt oder sich dermaßen auf die Aussagen von Psychotherapeuten verlassen haben sollten.

Die Chronologie und die Details der Krise des Katholizismus in den Vereinigten Staaten, die Hochwürden Richard John Neuhaus so treffend als die „lange Bußzeit von 2002" bezeichnet hat, sind an anderen Stellen festgehalten worden.[45]

Johannes Pauls erste öffentliche Stellungnahme zu den Ereignissen in den Vereinigten Staaten, die sich mittlerweile zu einem Flächenbrand ausgewachsen hatten, erfolgte in seinem jährlichen Gründonnerstagbrief an die Weltpriester, in dem er schrieb: „In dieser Zeit erschüttern uns als Priester zutiefst die Sünden einiger unserer Mitbrüder, welche die Gnade des Weihesakramentes verraten haben, indem sie den schlimmsten Ausformungen des *mysterium iniquitatis* in der Welt nachgegeben haben." In seiner Präsentation des päpstlichen Briefes gegenüber der Presse wehrte der Präfekt der vatikanischen Kongregation für den Klerus, Dario Kardinal Castrillon Hoyos, unglücklicherweise die Fragen der Journalisten zu der Krise in den USA ab, deutete an, der Papst mache sich über weitaus schwerer wiegende Probleme Sorgen – etwa über den Frieden im Nahen Osten –, und meinte, die ganze Affäre entspringe dem amerikanischen Presserummel.[46] Das Problem mit der Presse wurde so nur noch verschärft. Sie konnte ja leicht nachlesen, dass der Papst in seinem Gründonnerstagbrief nichts dergleichen gesagt hatte.

Die Krise in Amerika eskalierte dramatisch am 8. April (am Tag nach dem Sonntag der göttlichen Barmherzigkeit). An diesem Montag berichtete der *Boston Globe* in aller Ausführlichkeit über den Fall Paul Shanley, der sich in Boston einen Ruf als „Straßenpriester" erworben hatte. Wie sich herausstellte, hatte Shanley 1978 bei einem Treffen der „North America Man-Boy Love Association" Geschlechtsverkehr zwischen Männern und Knaben verteidigt und in den folgenden Jahrzehnten zahlreiche Akte sexuellen Missbrauchs begangen. Dennoch war er von der Erzdiözese Boston an die Diözese San Bernardino in Kalifornien empfohlen worden. In einem offiziellen Schreiben heißt es, während seiner Zeit als Priester in der Hauptstadt von Massachusetts hätte der Missbrauchstäter keinerlei bekannte Schwierigkeiten gehabt. Andere von der Zeitung aufgespürte Dokumente belegten, dass Shanley von der Erzdiözese Boston mehrere lobende Zeugnisse erhalten hatte, und das noch bis ins Jahr 1996 hinein, als er in Pension ging. Zwei Tage später forderte ein Leitartikel im *Globe* den Bostoner Erzbischof Bernard Kardinal Law auf, von seinem Amt zurückzutreten. Dem *Globe* war Laws entschiedenes Eintreten für die Antiabtreibungskampagne schon lange ein Dorn im Auge gewesen, doch der Aufforderung des Leitartikels, der Prälat möge sein Amt niederlegen, schloss sich auch der *Boston Herald* an, der sehr viel weniger gegen Law eingestellt war. Am 13. April traf Kardinal Law in aller Stille in Rom ein und begab sich sogleich zum Papst. Bei dem Gespräch in den päpstlichen Gemächern, neben Johannes Paul war auch Kardinal Battista Re von der Kongregation für die Bischöfe anwesend, bot Law seinen Rücktritt an. Doch die anderen, die wegen der seit Monaten unzureichenden Berichte des Nuntius in Washington, Erzbischof Gabriel Montalvo, über das Ausmaß des Problems nicht richtig informiert waren, baten ihn, auf seinem Posten zu bleiben, und versprachen ihm ihre Unterstützung. Zu seiner Ehre muss gesagt werden, dass Kardinal Law die gegenwärtige Situation, die vom 13. April 2002, klar vor Augen stand, während Johannes Paul II., Kardinal Re und andere in der Tat drei Monate hinter den Ereignissen herhinkten und so reagierten, wie sie es vielleicht getan hätten, wäre Law im Januar, als die Geschichte mit Geoghan zuerst ans Licht gekommen war, nach Rom gereist. Am darauffolgenden Wochenende erhielten Johannes Paul und sein Sekretär, Bischof Stanisław Dziwisz, ein Dossier zu der Krise in den USA, darunter auch Stellungnahmen prominenter amerikanischer Katholiken, die als Verteidiger des Pontifikats bekannt waren und auf ein klares Durchgreifen drangen, sowohl was das Problem des sexuellen Missbrauchs durch Priester als auch die episkopale Misswirtschaft betraf. Das derartiges Material nicht schon früher in die Hände des Papstes gelangt zu sein scheint, unterstreicht die Tatsache, dass der Heilige Stuhl nicht in Echtzeit auf die Krise reagierte.

Die geheimen Treffen mit Kardinal Law, das Dossier mit Pressematerial und die unverblümte Botschaft die dem Papst am 9. April vom Vorsitzender der US-amerikanischen Bischofskonferenz, Bischof Wilton Gregory, zuging, hatten Johannes Paul und seine Kurienkardinäle davon überzeugt, dass etwas geschehen müsse, und zwar bald, damit die Situation nicht außer Kontrolle geriet. Am 15. April wurden daher die Kardinäle der Vereinigten Staaten und Vertreter der amerikanischen Bischofskonferenz zu einer Dringlichkeitssitzung mit dem Papst, mit Kurienvertretern und den in Rom anwesenden amerikanischen Kardinälen in den Vatikan bestellt. Die Sitzung sollte eine Woche später stattfinden.

Auf der Krisensitzung am 22. April macht Johannes Paul II. unmissverständlich klar, dass „im Priestertum und im Ordensleben kein Platz ist für den, der jungen Menschen Böses tun könnte.“ Er sprach auch von seiner Erschütterung über die Schwere der Enthüllungen und bekannte, dass die Menschen zurecht darüber betroffen sind, wie die Bischöfe mit diesen Fällen umgegangen waren, und stellte die ganze Krise in ihren passenden religiösen Kontext:

> [Ich war] tief betroffen über die Tatsache, daß selbst Priester und Ordensmänner, deren Berufung es ist, den Menschen dabei zu helfen, ein Leben in Heiligkeit vor Gott zu führen, solches Leid und Ärgernis an jungen Menschen hervorgerufen haben. Angesichts des großen Übels, das von einigen Priestern und Ordensmännern begangen wurde, wird nun die Kirche selbst mit Mißtrauen betrachtet, und viele fühlen sich beleidigt durch die Art und Weise, in der ihrem Anschein nach die kirchlichen Verantwortungsträger in dieser Angelegenheit gehandelt haben. Der Mißbrauch, der diese Krise verursacht hat, ist über alle Maßen verwerflich und wird von der Gesellschaft zu Recht als Verbrechen angesehen; er ist auch in den Augen Gottes ein grauenhaftes Verbrechen. Ich spreche den Opfern und ihren Familien, wo immer sie sein mögen, meine tiefempfundene Solidarität und Anteilnahme aus.

Zum Schluss sagte Johannes Paul, all das Leid und der Schmerz müsse „zur größeren Heiligkeit des Priestertums, des Episkopats und der Kirche führen“, womit er betonte, dass dies im Grunde eine Krise der Treue sei, der nur mit einer noch tiefer greifenden Treue zu den katholischen Glaubenswahrheiten zu begegnen ist. Diese Worte richteten sich vor allem an die besonders im Raum Boston zahlreichen Katholiken, die als Reaktion auf die Krise einen Wandel in der Morallehre und der Leitung der Kirche verlangten.[47]

Eine bemerkenswert ungeschickte Pressekonferenz am 25. April, unmittelbar nach dem Treffen der US-Kardinäle, zerschlug noch mehr Porzellan. Lediglich ein paar amerikanische Prälaten waren anwesend, es gab keine einleitende Erklärung und es folgte ein Durcheinander von Fragen. Doch trotz dieses traurigen Abschlusses waren auf der Krisensitzung einige entscheidende Punkte, wenngleich Monate zu spät, geklärt worden.

Die Krise war real und es war eine der Kirche, keine Machenschaft einer feindlichen Presse. Sie hatte viele Dimensionen – psychologische, rechtliche, kirchenrechtliche und politische –, doch im Grunde war es eine spirituelle Krise, wie Johannes Paul mehrfach in seiner Ansprache bei dem Kardinalstreffen betont hatte. Das Ausmaß der Krise – eine von den US-Bischöfen in Auftrag gegebene Untersuchung bestätigte dies später – wurde besser verstanden: Es hatte abscheuliche Fälle echter „Pädophilie", d.h. von sexuellem Missbrauch vorpubertärer Kinder, gegeben, aber die große Mehrheit des Missbrauchs bestand in homosexuellen Übergriffen einer kleinen Gruppe von Priestern über einen Zeitraum von mehreren Jahrzehnten. Die Verbindung zwischen diesen Missbrauchsmustern und der unzulänglichen Reaktion der Bischöfe einerseits und den üblichen Angriffen auf die katholische Morallehre andererseits waren zwar nicht sorgfältig analysiert worden, aber immerhin lag das Thema nun auf dem Tisch. Außerdem war für alle vernehmlich gesagt worden, dass die Bischöfe ihren Aufsichtspflichten nicht nachgekommen waren und künftig ihre Leitungsfunktionen mutiger und energischer wahrnehmen müssten.[48]

Einigen Reportern und Kommentatoren mag die Bedeutung entgangen sein, die in der Behauptung des Papstes in seinem Gründonnerstagsbrief an die Priester lag, dass die Krise des sexuellen Missbrauchs und des Versagens der bischöflichen Leitung ein machtvolles Beispiel für das Wirken des *mysterium iniquitatis* – des Mysteriums des Bösen – in der Welt ist. Doch genau so empfand der Papst die lange Bußzeit von 2002.

Er hatte seit mehr als dreiundzwanzig Jahren kraftvoll über die Reform des Priestertums auf der ganzen Welt gesprochen. Er hatte eine internationale Bischofssynode einberufen, die einen Monat lang die Ausbildung in den Priesterseminaren erörtern sollte, und er hatte sein Werk mit dem eindringlichen apostolischen Schreiben *Pastores Dabo Vobis* gekrönt, das vor allem in den USA zur Magna Carta der Reform der Priesterseminare geworden ist. Er hatte Priester aufgesucht, um sie zu stärken und zu ermutigen; er hatte noch nicht zwei Jahre zuvor seinen achtzigsten Geburtstag mit Priestern aus aller Welt gefeiert, um das hohe Gut des priesterlichen Lebens zu preisen. Er hatte Priester dazu gedrängt, sich intensiv um die Jugend zu kümmern, und er hatte in den fünfzig Jahren seiner Ausübung des Priesteramts vorgeführt, wie das aussehen könnte.

Für einen Mann, der sein Priestersein so nobel gelebt hat, immer zur Selbsthingabe bereit, war die Enthüllung, dass einige seiner Mitbrüder sich an der Jugend der Kirche vergangen hatten, eine entsetzliche Wunde.

Und das gilt auch für die Enthüllung, dass Bischöfe, die er ebenfalls zu einer mutigeren Amtsführung aufgerufen hatte, angesichts des sexuellen Missbrauchs durch Priester weder sehr weise, noch sehr umsichtig und in einigen Fällen nicht einmal sehr aufrichtig oder mutig gehandelt hatten. Die Ironie lag darin, dass Johannes Paul seit mehr als zwei Jahrzehnten alles getan hatte, damit die Bischöfe ihre Aufgaben stärker in der Evangelisierung sehen als in der Besitzstandswahrung. Nun schien es mitunter, als wären die Bischöfe nicht einmal fähige Verwalter, und ihre Fehler in der Verwaltung hatten der Glaubwürdigkeit der neuen Evanglisierung frische Hindernisse in den Weg gelegt.

Es war in der Tat eine lange Bußzeit und dazu noch eine, die für Johannes Paul noch geraume Zeit ihre Schatten werfen würde. Niemand, der auch nur ein wenig über Karol Wojtyła wusste, konnte daran zweifeln, dass die während der langen Bußzeit zutage getretenen Verfehlungen ihn entsetzt hatten. Ja, die in den ersten vier Monaten des Jahres 2002 laut gewordene Frage „Warum greift Rom hier nicht ein?" beweist, welch großes Vertrauen die US-Bischöfe in den Papst setzen, den zu verehren sie gelernt hatten. Dass der Heilige Stuhl bis Ende April nicht auf der Höhe der Krise war, macht deutlich, dass selbst ein so energischer Papst wie Johannes Paul II. es nicht immer schafft, die römische Kurie aus ihrem eingespielten Trott zu reißen, und dass der noch nicht ganz überwundene Klerikalismus und Karrierismus in der Kurie dem Papst großen persönlichen Kummer bereiten und seine evangelische Mission behindern konnte.[49]

Der anhaltende Ruf zur Heiligkeit

Am 24. Januar fuhr Johannes Paul II. mit dem Zug nach Assisi, um dort, wie schon 1986, Vertreter der Weltreligionen zu empfangen, die er eingeladen hatte, damit sie ihr Friedensengagement bezeugten. Das Treffen in Assisi von 1986 war in einigen Kreisen scharf als eine Art von Synkretismus kritisiert worden, obwohl der Papst betont hatte, dass es bei dem Treffen darum gegangen sei, „zusammenzusein, um zu beten", statt darum „zusammen zu beten". Das Programm von 2002 war so konzipiert, dass derlei Missverständnisse gar nicht erst aufkommen konnten. Die Vertreter der Religionen – sie repräsentierten die katholische Kirche, die orthodoxen Kirchen, die anglikanische Gemeinschaft, die Reformationsgemeinschaften, das Judentum, den Hinduismus, den Buddhismus, traditionelle afrikanische Religionen und andere Glaubensgemeinschaften – begannen damit, dass sie auf dem Unteren Franziskusplatz „Zeugnis für den Frieden" ablegten. Zweifellos mit Blick auf die Ereignisse in New York und Washington vor dreieinhalb Monaten eröffnete Johannes Paul die Versammlung mit einem Zitat des nordafrikanischen Kirchenvaters Cyprian. „Lasst uns zum himmlischen Vater beten. Wie es uns, die über den Ruinen weinen und fürchten, was noch übriggeblieben ist, geziemt, wollen wir ihn anflehen." Nach den „Zeugnissen für den Frieden" – in deren Verlauf Scheich Muhammad Sayyid Tantawi eine politische Erklärung zur „Unterstützung für das palästinensische Volk" durch den Vatikan abgab – begaben sich die Vertreter der Religionen mit ihren Anhängern an verschiedene Orte in Assisi, um für den Frieden zu beten. Johannes Paul betete mit den Christen in der Franziskus-Basilika. Nachdem sie ein „brüderliches Mahl" miteinander geteilt hatten, kehrten die Vertreter der Religionen zum Franziskusplatz zurück, wo eine „gemeinsame Friedensbotschaft" in Englisch, Arabisch und Italienisch verlesen wurde. Danach zündete jeder ein Licht auf einem Kandelaber an und bevor sie noch etwas Assisi erkundeten und den Zug nach Rom bestiegen, wurde ein Friedenszeichen ausgetauscht.[50]

Johannes Paul II. hatte das erste Treffen in Assisi 1986 hartnäckig verteidigt und ebenso die anschließenden Initiativen der Gemeinschaft Sant'Egidio begrüßt. Er war davon überzeugt, dass das zweite Teffen in Assisi dem brüchiger gewordenen Einverständnis der Religionen entgegenwirken könnte. In seinem ganzen pastoralen Leben hat es Karol Wojtyła nie nach unmittelbaren Ergebnissen verlangt. Er war es zufrieden, den Samen zu legen, der vielleicht erst sehr viel später aufgehen würde. Die Treffen in Assisi entsprachen diesem langfristigen Denken.

Für die Zukunft des interreligiösen Dialogs war vermutlich ein längeres, von der Päpstlichen Bibelkommission zu Beginn des Jahres 2002 herausgebenes Dokument unmittelbar von größerer Bedeutung: *Das jüdische Volk und seine heiligen Schriften in der christlichen Bibel*. In einem Interview mit dem Nachrichtendienst ZENIT führte der Sekretär der Kommission, Pater Albert Vanhoye SJ, mit bemerkenswerter Klarheit aus, dass das Christentum in religiöser Hinsicht weiterhin in der Schuld des Judentums und der hebräischen Bibel steht und dass das Judentum im interreligiösen von der katholischen Kirche geführten Dialog immer einen besondern Platz einnehmen wird und warum das so ist:

> Die göttliche Initiative zur Befreiung und zum Heil, die Erwählung Israels, der Bund, das Gesetz, Gebet und Kult, die privilegierte Stellung Jerusalems und seines Tempels, all das sind Elemente des Testamentes Israels, welche das spirituelle Leben der Christen nähren. [...] Christen und Juden sind wirklich vereint. Religiös sind wir Brüder, denn wir haben dieselbe göttliche Offenbarung, mit dem Unterschied, dass die Christen sie durch das Ostermysterium Jesu vervollkommnen, jener großen Neuheit, die jedoch die frühere Offenbarung nicht ungültig macht, sondern sie hervorhebt. [...] Und das muss auch die wirklich christliche Haltung sein: wir müssen die Juden wie Brüder und Schwestern Jesu und Mariens betrachten, also als größere Geschwister, wie der Heilige Vater gesagt hat.[51]

Mit diesen Themen hatte sich der Papst mehr als zwei Jahrzehnte auseinandergesetzt. Dass sie sich fest in der Bibelforschung verankern lassen, weist darauf hin, dass diese Art, die Beziehung von Judentum und Katholizismus zu betrachten, keine biographische Eigentümlichkeit von Karol Wojtyła ist, sondern in den Fundamenten des Katholizismus selbst wurzelt. Das ausgesprochen zu haben, ist entscheidend, wenn die jüdisch-christlichen Beziehungen im dritten Jahrtausend nach Jahrhunderten des Leids und der Spannungen weiter so fortschreiten sollen wie am Ende des zweiten Jahrtausends.

Orthodoxe Probleme, Orthodoxe Möglichkeiten

Anfang 2002 schien es kurz so, als würden Johannes Pauls Anstrengungen, eine Tür nach Russland aufzustoßen, Fortschritte machen. Am 15. Januar 2002 sagte der russische Präsident Wladimir Putin der polnischen Zeitung *Gazeta Wyborcza*, er sei „bereit den Papst jederzeit einzuladen". Doch die Entscheidung über einen Papstbesuch in Russlang hänge „unglücklicherweise" nicht von ihm ab, sondern von den Oberhäuptern der russischen Orthodoxie". (In Anbetracht der Beziehungen, die seit Jahrhunderten zwischen dem russischen Staat und der russischen Kirche bestanden haben, sowie der KGB-Verbindungen von Putin und Patriarch Aleksij II. eine wahrhaft seltsame Formulierung.)[52] Jedenfalls schien das Patriarchat in seiner Haltung gegenüber Johannes Paul und der katholischen Kirche ein wenig nachgiebiger geworden zu sein, als er am 17. Januar erklärte, einen Vertreter nach Assisi schicken zu wollen.[53] Am Tag darauf bezeichnete Patriarch Aleksij Putins Bereitwilligkeit, den Papst einzuladen, als „klug", die Klugheit liege aber darin, den Blick auf „die Probleme zwischen den beiden Kirchen" zu richten, die ja vor allem darin bestünden, dass der Vatikan „an seinen Bekehrungstätigkeiten in Russland, der Ukraine und Weißrussland" festhält.[54] Aus dem kleinen Tauwetter wurde eine Woche später wieder eine Eiszeit, als nämlich der Metropolit Kirill von Smolensk, der Hauptverantwortliche für die ökumenischen Beziehungen in der russischen Orthodoxie, behauptete, die katholische Kirche habe in Russland „keine Zukunft". Kirill räumte ein, der Pastoralbesuch des Papstes in der Ukraine sei „keine Katastrophe gewesen", setzte jedoch sofort hinzu, er habe nicht „zu den katholisch-orthodoxen Beziehungen beigetragen".[55]

Drei Wochen später wurde es noch frostiger. Johannes Paul war entschlossen, die Seelsorge für die Katholiken in den Weiten der „russischen Länder" sicherzustellen und richtete am 11. Februar 2002 vier katholischen Kirchenprovinzen in Russland ein: die Erzdiözese der Gottesmutter von Moskau, die Diözese des hl. Clemens in Saratow, die Diözese des hl. Joseph in Irkutsk und die Diözese der Verklärung in Nowosibirsk. Diese ungewöhnlichen Diözesanbenennungen – Heilige und ein biblisches Ereignisse an Stelle von Städten – waren ein Versuch, den Ärger der immer noch feindlichen orthodoxen Kirchenoberhäupter, die darin partout einen Übergriff auf ihr „kirchenrechtliches Territorium" sehen wollten, zu dämpfen. Joaquín Navarro-Valls gab eine Erklärung heraus, in der dieses Vorgehen als eine „normale Verwaltungsentscheidung" bezeichnet wurde, und merkte an, diese Entscheidung beruhe „auf derselben pastoralen Sorge, wie sie die russisch-orthodoxe Kirche hegt, nämlich für die eigenen Gläubigen Diözesen oder organisatorische Strukturen zu errichten, die außerhalb des traditionellen Territoriums leben." Daher gesteht man mit dieser Entscheidung „den Katholiken in Russland dieselbe Organisation und Seelsorge zu, wie sie die Orthodoxen im Westen genießen." Das Patriarchat von Moskau nahm, wie vorherzusehen war, einen anderen Standpunkt ein und stellte den Schritt als „einen unfreundlichen Akt" dar. Metropolit Kirill fand die Entscheidung des Vatikan „äußerst alarmierend" und warnte: „ein Volk aus religiösen Gründen zu teilen, bedeutet die Nation zu schwächen."[56] Die Haltung der Orthodoxen verhärtete sich noch mehr als am 3. März die Ankündigung erging, Johannes Paul II. würde Moskau „virtuell" besuchen, nämlich per Fernsehübertragung in die katholische Kathedrale von Moskau, wo er eine Gebetsandacht für junge Russen leiten wollte. Die Anwort von Wsewolod Tschaplin, Sprecher der orthodoxen Kirche, auf diese Neuigkeit war schroff: „Man kann nur über die unvernünftige Beharrlichkeit und Entschlossenheit staunen, mit welcher der Vatikan auf immer neue Methoden verfällt, um, und sei es nur symbolisch, die Anwesenheit des Papst in Russland zu unterstreichen."[57]

Was man sehr wohl als Vergeltung deuten kann, ließ nicht lange auf sich warten, und das noch in einer Form, die die anhaltenden Verbindungen zwischen russischer Orthodoxie und russischem Staat deutlich machte. Am 5. April wurde das russische Visum eines italienischen Priesters, der dreizehn Jahre lang in Moskau gearbeitete hatte, am Flughafen der russischen Hauptstadt aus dem Pass gestrichen. Am 19. April, also zwei Wochen später, wurde Bischof Jerzy Mazur von der Diözese St. Joseph in Irkutsk bei seiner Rückkehr von Polen nach Russland von der Grenzpolizei am Moskauer Flughafen mitgeteilt, sein Mehrfachvisum sei nicht mehr gültig, denn er stehe auf der Liste der Personen, denen eine Einreise verweigert wird. Einem Mitarbeiter der polnischen Botschaft, der sich zum Flughafen begeben hatte, um der Sache auf den Grund zu gehen, wurde gesagt, die Entscheidung, Bischof Mazur nicht ins Land zu lassen, sei an „höherer Stelle" getroffen worden.[58] Die zweifelhafte, nicht neue Verbindung zwischen der russischen Orthodoxie und dem russischen Nationalismus erwies sich weiterhin als das größte Hindernis für Johannes Pauls ökumenische Bemühungen gegenüber dem Patriarchat von Moskau und seinem Wunsch die Ikone der *Kasanskaja* in ihre Heimat zu bringen.

Der Papst lehnte es freilich ab, seine ökumenischen Sondierungen in weniger starren Ländern der Orthodoxie zu unterlassen, und plante für den Mai 2001 einen Besuch in Bulgarien. Er reiste jedoch auf Umwegen dorthin und legte am 22./23. Mai einen kurzen Zwischenhalt im kaukasischen Baku, der Hauptstadt Aserbaidschans, ein. Aserbaidschan ist eines der weniger schiitischen Länder in der moslemischen Welt. Der Papst nutzte die Gelegenheit und betete erneut um religiöse Toleranz und Frieden. Als sie das Flugzeug in Baku verließen, sagte Joaquín Navarro-Valls, den die Presse mit Fragen bestürmt hatte, warum der Papst in ein Land mit verschwindend kleiner katholischer Bevölkerung fahre, zum Papst: „Heiliger Vater, in diesem Land leben nur einhunderunddreiundzwanzig Katholiken." Johannes Paul korrigierte ihn: „Falsch, es sind nur hundertundzwanzig." Wie viele es letztlich auch waren, sie hatten jedenfalls ein Recht zu denken, der Petrusdienst, die Brüder zu stärken, erstrecke sich auch auf sie. Neben den interreligiösen Kontakten und einer Ansprache vor kulturellen, politischen und religiösen Vertretern des Landes, in der er Heiligkeit als „die volle Schönheit" bezeichnete, feierte Johannes Paul in einem Sportpalast die Messe, denn die letzte katholische Kirche des Landes war 1937 von Stalin zerstört worden. Zum ersten Mal auf seinen Reisen verbrachte der Papst die Nacht in einem Hotel. Der Hotelier servierte ihm *ash*, das aus Reis, Fleisch, Kohl und einer Traubensauce bestehende Nationalgericht; nach Presseberichten soll der Papst um einen Nachschlag gebeten haben.[59]

Die wachsende Hinfälligkeit des Papstes trat nun bei jeder Pilgerreise mehr zutage, doch wie in den Zeiten, als er kräftig und gesund war, bereitete er sich auf jeden Pastoralbesuch gründlich vor, indem er so gut wie möglich die Landessprache erlernte. Daher wurde ein junger bulgarischer Priester eingestellt, um dem 82-jährigen Papst Bulgarisch beizubringen. Als Geschenk für die bulgarischen Katholiken brachte der Papst eine Reliquie des seligen Johannes XXIII. mit. Ein Vierteljahrhundert vor seiner Wahl zum Papst 1958 war Angelo Roncalli apostolischer Nuntius in Sofia gewesen. Obwohl überwiegend orthodox hatte Bulgarien eine kleine katholische Gemeinschaft des byzantinischen Ritus, die unter dem Kommunismus furchtbar gelitten hatte. Ihr Exarch Christo Projkow sagte der Londoner Zeitschrift *Tablet*, der Besuch des Papstes beweise, dass „wir nicht vergessen sind. Seit fünfzig Jahren hatten wir keinen Kontakt zu Rom, doch wir bleiben treu. Ermessen lässt sich das am Martyrium vieler Priester und Mönche, die für den Glauben starben, und an den Leiden einiger, die noch leben."[60]

Johannes Paul wurde am Flughafen vom bulgarischen Präsidenten Georgi Parwanow begrüsst und scherzte dank seines neu erworbenen Bulgarisch mit der Menge: „Der Präsident ist jung und deshalb steht er, er hat den Papst gebeten, sich zu setzen, denn der Papst ist alt".[61] In einem späteren Gespräch mit Parwanow sagte der Papst zu dem früheren Kommunisten, er habe „die sogenannte bulgarische Verbindung" bei dem Attentatsversuch 1981 wegen seiner „großen Wertschätzung und Achtung für das bulgarische Volk" nie ernstgenommen. Der bulgarische Außenminister Solomon Passy teilte *Tablet* mit, dass „der Papst mit der riesigen, ungerechten Lüge Schluss gemacht hat, die den Namen Bulgariens befleckte." Passy sah darin den „größten diplomatischen Erfolg seit dem Zweiten Weltkrieg."[62] Wer sich näher mit den Ereignissen vom 13. Mai 1981 und danach beschäftigt hat, wusste, dass die „bulgarische Verbindung" sich auf die bulgarische Geheimpolizei und ihre Herren beim KGB bezog, nicht auf das bulgarische Volk, und schätzte die Bereitschaft des Papstes, den Bulgaren seine Zuneigung zu versichern, war jedoch weniger geneigt, das Kapitel mit Außenminister Passy für geschlossen zu erklären.

Johannes Pauls strategisches Ziel in Bulgarien, das enge Verbindungen zum Patriarchat von Moskau unterhielt, bestand darin, die Ökumene voranzutreiben. Er hatte zuvor historisch orthodoxe Länder wie Rumänien, Georgien und Griechenland aufgesucht, viele orthodoxe Gläubige in der Ukraine davon überzeugt, dass er als Freund, nicht als Eindringling gekommen war und er hatte enge Beziehungen zur armenischen apostolischen Kirche angeknüpft. Jetzt war er in Bulgarien. Vielleicht würden diese Reisen in die europäischen Grenzländer des östlichen Christentums am Ende den Weg nach Moskau ebnen, zu einem wie Johannes Paul in Sofia sagte, Prozess „wachsender kirchlicher Gemeinschaft". In seiner Predigt am 26. Mai anlässlich der Seligsprechung dreier Assumptionistenpriester, die im Kommunismus der Nachkriegsjahre umgebracht worden waren, unterstrich der Papst, dass beide, katholische und orthodoxe Christen, unter dem stalinistischen Regime gelitten hatten und dass der „Ökumenismus der Heiligen, der Märtyrer, vielleicht am überzeugendsten" ist.[63] Doch nicht allein mit Worten legte er Zeugnis ab. Der Papst beeindruckte die Bulgaren nicht weniger durch seine Entschlossenheit und Geduld als durch seine vertrauten Reden über die lateinisch-byzantinische Doppellunge eines neuen und vereinten Europas. Ein orthodoxer Erzbischof machte sich laut Sorgen über Johannes Pauls Gebrechlichkeit: „Ich denke, die Menschen um ihn herum sollten ihm sagen, dass er aufhören muss." Doch wie Kardinal Kasper, der Vorsitzende des päpstlichen Rates für die Einheit der Christen, so treffend formulierte, als man ihn nach der Gesundheit des Papstes fragte: „Leiden ist gewissermaßen sein Beruf."[64]

Johannes Pauls unübersehbar körperliche Gebrechen – das mühsame Gehen, der gesenkte Kopf, die manchmal erstarrte Miene und das Zittern in seinem Arm – heizten die Gerüchteküche der Medien an. Das taten auch einige Abweichungen von seinem sonst üblichen Verhalten auf den Reisen – beispielsweise verlas er in Bulgarien seine Ansprachen und Predigten nur zum Teil, das Meiste verlasen seine Mitarbeiter. Spekulationen über den Zustand des Papstes und die Aussichten seines Pontifikats wurden auch von „Eingeweihten" aus dem Vatikan beflügelt, bei denen es sich meistens um untere kuriale Mitarbeiter handelte, die keinen Zugang zu seriösen Informationen hatten. Nach dem apostolischen Besuch in Aserbaidschan und Bulgarien schrieb die tschechische Zeitung *Tyden*, der Papst würde nach seiner Polenreise im August 2002 sein Amt niederlegen. Navarro-Valls widersprach den Gerüchten und erklärte, der päpstliche Terminkalender sei voll und für 2003 seien schon Ereignisse eingetragen. Johannes Pauls alter Freund, Bischof Tadeusz Pieronek, machte der Bedeutung seines Nachnamens („kleiner Donner") mit seinem bissigen Kommentar zu den jüngsten Spekulationen über einen Rücktritt des Papstes alle Ehre: Johannes Paul würde sein Amt „am Sankt Nimmerleinstag" niederlegen.[65]

Am 16. Juni, drei Wochen nach seiner Rückkehr aus Bulgarien, sprach Johannes Paul II. den berühmtesten Stigmatisierten im Katholizismus heilig: Pater Pio von Pietrelcina. Der 1887 unter dem Namen Francesco Forgione geborene franziskanische Kapuziner Pater Pio trug von 1918 bis zu seinem Tode fünfzig Jahre später die Wundmale Christi an seinen Händen, Füßen und an seiner Seite. Die wunderbare Heilung seiner alten Freundin Dr. Wanda Połtawska schrieb Johannes Paul der Fürsprache von Pater Pio zu, den er genau vor der Eröffnung des Zweiten Vatikanums brieflich um Gebete für Wanda Połtawska gebeten hatte, die damals lebensgefährlich an Krebs erkrankt war. Fünfzehn Jahre zuvor hatte es ihn dauerhaft beeindruckt, wie hingebungsvoll der Kapuziner die Beichte abnahm und wie willig er körperliche Leiden ertrug. Damals, von 1946-1948, hielt sich Karol Wojtyła als Student in Rom auf, wo er auch gehört haben dürfte, dass die Römer Pater Pio misstrauten und seine Seelsorge sehr kritisch betrachteten.[66] In seiner Predigt in der Heiligsprechungsmesse begann der Papst mit Gedanken zu dem berühmten Ausspruch Jesu in der Lesung des Tages: „Mein Joch drückt nicht, und meine Last ist leicht“ [Mt 11, 30].

> Die soeben gehörten Worte Jesu an die Jünger helfen uns, die wichtigste Botschaft dieses feierlichen Gottesdienstes zu verstehen. Ja, wir können sie in gewisser Weise als eine wunderbare Zusammenfassung des ganzen Daseins des heute heiliggesprochenen Paters Pio da Pietrelcina ansehen.
>
> Das im Evangelium verwandte Bild vom ‚Joch‘ ruft die vielen Prüfungen in Erinnerung, die der demütige Kapuziner von San Giovanni Rotondo durchstehen mußte. An ihm sehen wir heute, wie wenig das ‚Joch‘ Christi drückt, und wie leicht seine Last ist, wenn man sie mit treuer Liebe trägt. Leben und Sendung von Pater Pio bezeugen, daß Schwierigkeiten und Leid, wenn sie aus Liebe angenommen werden, sich in einen bevorzugten Weg der Heiligkeit verwandeln, der die Perspektive auf ein viel höheres Gut öffnet, das nur der Herr kennt.[67]

Doch zu dem Joch und der Last gehörte auch das Kreuz von dem der hl. Paulus in der zweiten Lesung des Tages sagt: „Ich aber will mich allein des Kreuzes Jesu Christi, unseres Herrn, rühmen“ (Gal 6, 14). Und so fragte der Papst: „Zeichnete sich Pater Pio nicht hauptsächlich dadurch aus?“ Durch die Bereitschaft, „die Zeichen des Kreuzes zu tragen“, welche die Welt daran erinnern, dass sie „diesen Wert wiederentdecken muss, damit sie das Herz auf die Hoffnung hin öffnet“?[68]

Neuer Sieg in der Welt

Etwas von den langen Schatten, die die Ereignisse vom 11. September 2001 warfen, fiel auf die Planung des in Toronto vorgesehenen Weltjugendtages 2002. Sollte die Veranstaltung verschoben werden, bis die Bedrohung durch al-Qaida kleiner geworden ist? Würden die jungen Leute sich angesichts der Gefahr von Flugzeugentführungen vielleicht gar nicht erst auf den Weg machen? Würde eine terroristische Organisation versuchen, das Ereignis selbst zu stören, das Essen für die Pilger zu vergiften oder Geiseln zu nehmen? Diese und andere Szenarien wurden innerhalb und außerhalb des Vatikans verbreitet. Und dann war da noch die Gesundheit des Papstes – angenommen, er käme nicht? Johannes Paul erklärte immer wieder, er werde unbedingt anwesend sein, und unweigerlich wollten die Gerüchte dann jedes Mal wissen, dass er ausbleiben werde oder nicht kommen könne.

Am Nachmittag des 23. Juli stieg Johannes Paul, nachdem er die Benutzung eines Frachtlifts abgelehnt hatte, langsam, stetig und ohne Hilfe die Gangway der Alitalia 767 hinunter, die ihn von Rom nach Toronto gebracht hatte. Als er das Rollfeld des internationalen Flughafens von Toronto erreichte, stieß er seinen Stock dreimal auf den Boden, als wollte er sagen: „Sehen Sie? Ich habe doch gesagt, ich würde kommen, aber Sie wollten es nicht glauben. Nun, jetzt bin ich hier."

Toronto im Juli 2002 war eine Stadt, deren Kultur- und Medienwelt sich selbstgefällig ihrer Aufgeklärtheit rühmte. In den kommenden sechs Tagen wurde diese Selbstgefälligkeit auf die Probe gestellt, und wenn auch nicht aufgelöst, so doch erschüttert. Die Herausforderung ging vor allem von den jungen Menschen des Weltjugendtages selbst aus: Von den Pilgern aus vierzig Ländern und achtundreißig kanadischen Städten, die den Terroristen, den nicht abreißenden schlechten Nachrichten über die lange Bußzeit von 2002 und den Skeptikern getrotzt hatten, indem sie nach Toronto gekommen waren, um mit Johannes Paul den Weltjugendtag zu begehen, dessen Leitbilder jugendliche Helden des katholischen Glaubens waren, darunter der selige Marcello Callo, ein Märtyrer des Konzentrationslagers Mauthausen, und die selige Gianna Beretta Molla, Ehefrau, Mutter und Kinderärztin, die 1962 ihr Leben für das ihres ungeborenen Kindes opferte.

Der dramatischste Augenblick dieser Herausforderung trat wohl am Freitagabend, dem 26. Juli, ein, als die Pilger an einer Kreuzwegandacht teilnahmen, die Christi Weg zum Kalvarienberg nachstellte – diese Veranstaltung war mittlerweile zu einer Tradition auf dem Weltjugendtag geworden. 1997 in Paris war der Kreuzweg an mehreren Orten begangen worden. Im Juli 2002 in Toronto sollte er ein gemeinsam abgelegtes spirituelles Zeugnis von etwa einer halben Million Menschen sein, die feierlich durch das Stadtzentrum zogen, ausgehend vom Rathaus über die University Avenue bis zum Parlament der Provinz Ontario in Queens Park. Am Freitagabend wimmelt es für gewöhnlich von Leben auf Torontos Straßen, so voll aber waren sie noch nie. Sowohl die Bewohner als auch die lokalen Medien staunten über eine solche religiöse Andacht, an der eine Milliarde Menschen dank der Fernsehübertragung durch die CBC auf der ganzen Welt teilnahmen. Das offizielle Erinnerungsbuch des Weltjugendtages 2002 hat das spirituelle Knistern des Augenblicks eingefangen:

> Jesus, Maria, die Frauen, die Soldaten, Pilatus, Simon von Kyrene, die Apostel und all die anderen ziehen am Rathaus vorbei, an Krankhauskomplexen, Firmensitzen und dem Provinzparlament. Vom schwindenden Licht des Sonnenuntergangs bis ins Dunkel der Nacht gehen sie über Straßen aus Beton und Asphalt, über die University Avenue, einen mit Bäumen bestandenen Boulevard, an den sich Parkanlagen und kleine Gärten anschließen. Eine ungeheure Menge, Hunderte von Tausenden, […] säumen den Weg, um zu schauen, zu staunen, zu beten. Pilger ohne Grenzen, Pilger der Nacht, sie begegnen Jesus, um sein Leiden und seinen Tod nachzuerleben.

> Jesus bewegt sich durch das Herz der Stadt. Vorbei an Wolkenkratzern mit Klimaanlagen, in denen die Geschäftigen und Mächtigen leben, trägt er das Kreuz. Er geht vorbei an den Kranken in den Kliniken längs der University Avenue. Er teilt ihre Leiden, von Jung und Alt, Männern und Frauen.
>
> Er geht seinen Weg, von Station zu Station, durch die Gläubigen und die Atheisten, die Hoffnungsvollen und die Verzweifelten, die Reichen und die Armen, die glücklichen Familien und die Einsamen. Neugierige Zuschauer, aufgeregte Kinder und andächtige Leute schauen auf ihn. Er geht durch die vielsprachige Menge aus aller Herren Länder und allen möglichen Kulturen und streut auf seinem Weg die Frage aus, die jeder Christ beantworten muss: „Und du, was meinst du, wer ich bin?" Er ist ans Kreuz geschlagen, dann ins Grab gelegt. Die Menge verschwindet in der Nacht, jeder sucht nach der letzten Station, nach der Station, die sich im Auf und Ab des Lebens offenbart.
>
> Heute Nacht geht Jesus unter uns den Kreuzweg – so wie jeden Tag auf den Straßen der Welt.[69]

Während die jungen Leute sich in ihren Katechesegruppen trafen, am Exhibition Square einander kennenlernten und dann Toronto einen unerwarteten Schock versetzten, indem sie die Innenstadt am Freitagabend in ein mittelalterliches Mysterienspiel verwandelten, ruhte Johannes Paul II. sich auf Strawberry Island im Simcoe-See aus. Der Generalsekretär der Veranstaltung, Pater Thomas Rosica CSB hatte dafür gesorgt, dass der Papst auf der Insel eine Art Ferienhaus vorfand, wie er es aus seinen geliebten Aufenthalten in den italienischen Alpen kannte. Johannes Paul ruhte sich aber nicht nur aus: Er besuchte ein Heim für „entwicklungsmäßig zurückgebliebene Erwachsene", unternahm eine Bootsfahrt auf dem Simcoe-See und verteilte Rosenkränze an verdutzte Bootsfahrer. Am Freitagnachmittag lud er vierzehn junge Leute zum Mittagessen ein. Zu ihnen gehörte auch Robin Cammarota, dessen Gemeinde in der New Yorker Bronx am 11. September fünf Mitglieder verloren hatte. Bei Spaghetti, Spargel, Salat und Kuchen tauschte man Geschichten aus. Die 20-jährige Anneke Pehlmöller aus Deutschland fand schnell heraus, dass der Papst eine Schwäche für Süsses hatte: „Ich glaube, der Heilige Vater mochte den Kuchen sehr." Eine 26-jährige Lehrerin aus China, Shirley Tso, sagte zu Johannes Paul, dass ihr Volk „ihn liebt". „Es liebt mich?", entgegnete der Papst. „Ja" versichterte ihm Frau Tso. Darauf der Papst: „Das ist unglaublich."[70]

Unglaublich war auch die letzte Veranstaltung des Weltjugendtages 2002, die Abschlußmesse in Torontos Downsview Park, auf einem zweieinhalb Quadratkilometer großen, ehemaligen Militärgelände im Norden der ausgedehnten Stadt. Die Vigil in der Nacht davor hatte sich um das Thema des Weltjugendtages „Salz und Licht" gedreht. Der Papst hatte die dabei anwesenden Hunderttausende von jungen Leuten aufgeforderte, sein spirituelles Erbe anzutreten und die Kultur der Liebe zu errichten, für die er sich seit Jahrzehnten einsetzte. Am Ende der Vigil, kurz vor dem Schlusssegen, überreichte Johannes Paul stellvertretend für alle anderen zwölf jungen Leuten Salz. Danach kehrte er ins Mutterhaus der Schwestern vom hl. Joseph, sein Torontoer Domizil, zurück und versprach am nächsten Morgen zur Abschlussmesse zu kommen. Aber das Wetter drohte, einen Strich durch die Rechnung zu machen.

Als die Stunde für die Abschlussmesse heranrückte, ging auf die 800 000 Pilger und Kirchgänger ein heftiger Regen runter, und aus Furcht vor Blitzeinschlägen warnte man sie davor, dem massiven Metallkreuz auf dem Hochaltar nahezukommen. Der Wind war so stark, dass die vier Stockwerke hohen Sendemasten der Fernsehanstalten sich gefährlich bogen. Die Reporter und Kommentatoren wischten sich den Regen aus dem Gesicht, live und in Farbe. Lokale Wetterstationen warnten vor Tornados just zu dem Zeitpunkt, zu dem die Messe beginnen sollte. Ihre Befürchtungen wurden dem Papst und seinen Begleitern vom Chef des Sicherheitsdiensts mitgeteilt. Im Hubschrauber, der den Papst zum Veranstaltungsort brachte, sagte Stanisław Dziwisz zu Johannes Paul II.: „Wir brauchen ein göttliches Eingreifen.“ Nachdem der Hubschrauber glücklich gelandet war, brauchte man den Papst in eine provisorische Sakristei, wo er sich für die Messe einkleidete. In dieser Zeit pflegte er in Vorbereitung auf die Liturgie zu beten. Dziwisz bat den Papst, er möge doch Gott bitten, dass Wetter aufzuklaren, damit man die Messe feiern könnte und niemand verletzt würde. Johannes Paul schlug ein großes Kreuzzeichen in Richtung Himmel und versenkte sich wieder in sein Gebet.

Der Sturm zog vorüber, das Wetter beruhigte sich und als Johannes Paul seine Predigt begann, schien die Sonne auf die durchnässte Menge. Dziwisz fühlte sich unheimlich an das Geschehen in der Ukraine ein Jahr zuvor erinnert. Während Johannes Paul vor jungen Leuten in Lemberg eine Rede hielt, begann es so heftig zu regnen, dass niemand mehr den Papst verstehen konnte. Deshalb sang Johannes Paul ein polnisches Kinderlied, das den Regen verjagen sollte. Er beendete das Lied, der Regen hörte auf, die Menge war sprachlos – und der Regen setzte nach der Rede des Papstes wieder ein.[71]

Wie immer man auch die Auflösung des meteorologischen Dramas erklären mag, Johannes Pauls Abschlussmesse war ein passendes Ende für eine bemerkenswerte Woche. In ein grünes Messgewand gekleidet, wie Priester es in „gewöhnlichen Zeiten“ bei der Messfeier tragen, sagte der Papst seinen jungen Schützlingen, dass es für Gläubige keine gewöhnlichen Zeiten gebe: Denn jedes Leben sei an sich ein außergewöhnliches Leben, denn jedes Leben sei eines, für das Christus gestorben ist. „Seid das Salz der Erde, seid das Licht der Welt“, rief er ihnen zu. „Fürchtet euch nicht, Christus auf dem Königsweg des Kreuzes nachzufolgen!“ An einer Stelle in seiner Predigt meinte Johannes Paul, „ihr seid jung und der Papst ist alt“ – was ein spontanes, langanhaltendes Skandieren auslöste: „Der Papst ist jung, der Papst ist jung.“

Da man sich im Jahr 2002 befand, musste etwas zur langen Bußzeit gesagt werden, und der Papst tat es ohne Umschweife:

> *Wenn ihr Jesus liebt, liebt ihr auch die Kirche*! Laßt euch nicht entmutigen durch die Sünden und Verfehlungen mancher ihrer Söhne. Der von einigen Priestern und Ordensmännern angerichtete Schaden an jungen oder zerbrechlichen Menschen *erfüllt uns alle mit einem Gefühl tiefer Traurigkeit und Scham.* Aber denkt an die große

> Mehrheit der Priester und Ordensmänner, die einen hochherzigen Einsatz leisten und deren einziges Ziel ist, zu dienen und Gutes zu tun! […] In schwierigen Augenblicken der Kirchengeschichte wird die Pflicht zur Heiligkeit noch dringender. Und *die Heiligkeit ist keine Frage des Alters.* Heiligkeit ist Leben *im Heiligen Geist* […].[72]

Am Abend zuvor hatte ein junger Mann namens Rémy Perras, der ausgewählt worden war, den Papst im Namen seiner Generation anzusprechen, spontan ausgerufen: „Ihr seid unser Vater und unser Großvater!"[73] Er stand mit seinen Gefühlen nicht allein da, aber sie ließen die Frage offen: Warum bewegte Johannes Paul II. junge Leute so stark? Eine Antwort ergibt sich aus dem Schluss seiner Predigt. Die jungen Menschen im Downsview Park waren in einer Welt aufgewachsen, die ihnen ständig schmeichelte, in der Werbung, der Mode, der Sprache. Doch jetzt begegneten sie einem Mann, der das nicht tat, im Gegenteil, er forderte sie heraus. Und mehr noch, er verlangte von ihnen, sich nichts anderem zu verschreiben als einer Sache, der er so klar sein ganzes Leben gewidmet hatte:

> Obwohl ich inmitten vieler Dunkelheiten unter harten totalitären Regimes gelebt habe, habe ich genug gesehen, um felsenfest überzeugt zu sein, daß keine Schwierigkeit, keine Angst so groß ist, daß sie *die Hoffnung* völlig auslöschen könnte, *die im Herzen der jungen Menschen immer lebendig ist.* Ihr seid unsere Hoffnung, die jungen Menschen sind unsere Hoffnung. Laßt nicht zu, daß diese Hoffnung stirbt! Setzt euer Leben auf sie! *Wir sind nicht die Summe unserer Schwächen und Niederlagen,* im Gegenteil, wir sind die Summe der Liebe des Vaters zu uns und unserer wirklichen Fähigkeit, das Abbild seines Sohnes zu werden.[74]

Am Ende der Messe bat Johannes Paul die anwesenden Pilger, das kleine hölzerne Kreuz, das ihnen in dem kleinen Pilgerrucksack überreicht worden war, herauszunehmen und umzuhängen – das war gewissermaßen der Auftrag, das Evangelium in die Welt hinauszutragen. Der Weltjugendtag endete mit dem Sonntagsangelus, bei dem der Papst ankündigte, dass der Weltjugendtag 2005 in Köln stattfinden würde. Danach dankte Johannes Paul den Behörden und Organisatoren für ihre Arbeit und entließ die Pilger mit Abschiedsgrüßen in Englisch, Französisch, Spanisch, Portugiesisch, Deutsch und Polnisch. Seine Worte auf Französisch, in denen er aus Augustinus' Abhandlung zum Johannesevangelium zitierte, waren ergreifend und stellten zum Schluss noch einmal Christus in den Mittelpunkt des Pilgerwegs: „Glücklich waren wir im Licht, das wir geteilt haben. Wir waren froh, zusammen zu sein, es hat uns wirklich große Freude bereitet. Auch wenn wir nun auseinandergehen, geloben wir, uns nie von Ihm zu trennen."[75]

Johannes Pauls Heimflug führte ihn nach Guatemala, wo er „Bruder Pedro" de San José de Betancourt heiligsprach, einen Apostel der Liebe aus dem 17. Jahrhundert, der manchmal auch der „hl. Franziskus von Amerika" genannt wird, und nach Mexiko-Stadt. Dort sprach er vor einer der größten Mengen seines Pontifikats, das nicht gerade arm an riesigen Menschenmengen war, Juan Diego Cuauhtlatoatzin, heilig einen Indio, auf dessen Mantel oder Tilma sich

1531 das Bild Unserer lieben Frau von Guadalupe abgezeichnet hat. Jahrzehntelang war Juan Diego eine umstrittene Figur, da einige Gelehrte seine Existenz anzweifelten. Sechs Jahre nach seiner Seligsprechung in der Basilika Unserer lieben Frau von Guadalupe in Mexiko-Stadt, fachte Pater Guillermo Schulenberg, der langjährige Abt der Basilika die Kontroverse wieder an, indem er Juan Diego als Legendengestalt bezeichnete. Der Vatikan gab daraufhin eine Untersuchung in Auftrag. Der Bericht von dreißig Gelehrten aus verschiedenen Ländern, die der Kongregation für die Heiligsprechung unterstellt waren, kam zu dem Schluss, Juan Diego sei tatsächlich eine historische Persönlichkeit gewesen, und machte so den Weg zu seiner Heiligsprechung frei.

Für Johannes Paul war Juan Diego dank der Kraft des universellen, zu allen sprechenden Evangeliums der Vereinigungspunkt zweier Kulturen und der Stifter einer neuen nationalen Identität:

> „*Der Herr blickt herab vom Himmel, er sieht auf alle Menschen*" (Ps 33, 13), haben wir mit dem Psalmisten gebetet und damit aufs neue unseren Glauben an Gott bekannt, der keinen Unterschied hinsichtlich Rasse oder Kultur macht. Juan Diego nahm die christliche Botschaft an, ohne dabei seine Identität als Ureinwohner aufzugeben; so entdeckte er die tiefe Wahrheit der neuen Menschheit, in der alle dazu berufen sind, Kinder Gottes zu sein. Auf diese Weise erleichterte er die fruchtbringende Begegnung zwischen zwei Welten und wurde zu einem Protagonisten der neuen mexikanischen Identität. Diese steht in ganz enger Verbindung zur Jungfrau von Guadalupe, deren mestizisches Gesicht ihre geistige Mutterschaft zum Ausdruck bringt, die alle Mexikaner einschließt.[76]

Am darauffolgenden Tag, dem 1. August, sprach Johannes Paul während eines Wortgottesdienstes in der Basilika von Guadalupe zwei Märtyrer aus dem 17. Jahrhundert selig, die beiden Indios Juan Battista und Jacinto de los Ángeles. Als der päpstliche Zeremonienmeister für die Liturgie, Bischof Piero Marini, es so einrichtete, dass auch ein traditionelles „Segnen" des Papstes, wie ihn die Zapoteken praktizieren – nämlich mit einer Indiofrau und reichlich Rauch – in die Feier aufgenommen wurde, entbrannte eine neue Kontroverse.

Holzschuhe, göttliche Barmherzigkeit und die Geheimnisse des Lichts

Im Anschluss an seine Reise in die Neue Welt kehrte Johannes Paul nach Castel Gandolfo zurück, um dort vor seiner am 16. August beginnenden kurzen Polenreise ein paar relativ ruhige Wochen zu verbringen. Nach seiner Ankunft am Flughafen von Krakau zog er sich in seine alten Räume in der erzbischöflichen Residenz in der Franciszkańska Straße 3 zurück. Am nächsten Tag weihte er das neue – kompromisslos moderne – Heiligtum der Göttlichen Barmherzigkeit im Krakauer Stadtteil Łagiewniki. Es lag ein paar hundert Meter von der Klosterkapelle entfernt, in der die Gebeine der hl. Faustyna Kowalska verehrt wurden. In seiner Predigt sagte der Papst, er sei nach Łagiewniki gekommen, weil das Bedürfnis der Menschheit nach Gottes Barmherzigkeit aus der Tiefe der Herzen stamme, „die voller Leid, Angst und Unsicherheit sind, gleichzeitig aber nach einer untrüglichen Quelle der Hoffnung suchen." Sie seien alle nach Łagiewniki gekommen, um „in die Augen des barmherzigen Jesus zu schauen, um in der Tiefe dieses Blickes den Widerschein seines Lebens sowie das Licht der Gnade zu finden, das wir schon so oft empfangen haben und das uns Gott jeden Tag und am letzten Tag erweist." Er wolle, „die Welt *feierlich der Barmherzigkeit Gottes weihen*", denn nur im *Erbarmen Gottes wird die Welt Frieden und der Mensch Glückseligkeit finden*![77] Niemand missgönnte dem Landessohn ein paar Augenblicke der Erinnerung bevor er den Schlusssegen erteilte:

> Zum Abschluß dieses festlichen Gottesdienstes möchte ich anmerken, daß viele meiner persönlichen Erinnerungen mit diesem Ort in Verbindung stehen. Ich kam vor allem während der Besatzung durch die Nationalsozialisten hierher, als ich in der nahegelegenen Solvay-Fabrik arbeitete. Noch heute erinnere ich mich an den Weg von Borek Falecki nach Debniki, den ich jeden Tag mit Holzschuhen an den Füßen zurücklegen mußte, wenn ich zur Schichtarbeit ging. Wer hätte geglaubt, daß dieser Mann mit den Holzpantoffeln eines Tages die Basilika von der Göttlichen Barmherzigkeit in Lagiewniki bei Krakau weihen wird.[78]

Am folgenden Tag, einem Sonntag, zelebrierte Johannes Paul II. eine weitere Messe im Freien vor einer riesigen Menschenmenge. Er tat dies im Błonia Park, wo er im Juni 1979 sein Volk aufgerufen hatte, niemals die Berührung mit den christlichen Wurzeln seiner Nation und seiner Kultur zu verlieren. Die Heiligkeit, die diese Wurzeln gespeist hatten, war das Thema bei der Seligsprechung von vier Polen durch den Papst: Sancja Szymkowiak, eine Nonne, die 1942 an den Entbehrungen während der Nazi-Besetzung starb; Jan Beyzym, ein Missionar bei den Leprakranken auf Madagaskar, der dort 1912 verschied; Jan Balicki, der sowohl unter der Nazi-Besetzung als auch unter der kommunistischen Usurpation von Polens Freiheit stark gelitten hatte, bevor er 1948 starb, und Zygmunt Feliks Feliński, 1861-1862 Erzbischof von Warschau, der vor seinem Tod 1895 zwanzig Jahre im Sibirischen Exil lebte. Johannes Paul kehrte am 19. August nach Rom zurück, doch nicht ohne noch einmal an dem Ort die Messe gelesen zu haben, den er während seiner Jahre als Bischof in Krakau besonders gern aufgesuchte hatte, um dort zu meditieren und nachzudenken: Im Wallfahrtsort Kalwaria Zebrzydowska, der an der Straße zu seinem Geburtsort Wadowice liegt.

Nachdem er am 20. September bei der Beerdigungsmesse für einen anderen Bekenner des 20. Jahrhunderts, Francis Xavier Kardinal Nguyên van Thuân, gepredigt hatte, den er als einen Mann beschreibt, der „sein ganzes Leben unter das Zeichen der Hoffnung gestellt" hat, leitete Johannes Paul am 4. Oktober im Petersdom eine gemeinsame Vesper von Katholiken und Lutheraner, in der des 700. Geburtstags der hl. Brigitta von Schweden gedacht wurde. Zwei Tage später sprach der Papst vor einer ungeheuren Menge auf dem Petersplatz, die hauptsächlich aus Mitgliedern von Opus Dei bestand, Josemaría Escrivá de Balaguer, den Gründer des „Werks" heilig. In seiner Predigt hob der Papst hervor, wie dieser neue Heilige anderen geholfen hat zu sehen, dass „die Arbeit und alles andere Tun mit Hilfe der Gnade zu einem Mittel der täglichen Heiligung" wird. Der hl. Josemaría habe uns eine „übernatürliche Sicht des Lebens" gelehrt, in der alles Tun Teil eines Lebens wird, in dem „Gott immer zugegen" ist. Was uns einförmig erscheint, ist in Wahrheit die Weise, in der Gott uns nahe kommt, und eine Weise „an seinem Heilsplan mitzuwirken". Doch trotz seiner Entschlossenheit, Christen zur Veränderung der Welt durch das apostolische Zeugnis in ihrem Alltagsleben zu bewegen, habe der hl. Josemaría erkannt, dass „es kein Paradoxon ist, sondern eine ewige Wahrheit: Die Fruchtbarkeit des Apostolats besteht vor allem im Gebet und in einem intensiven und stetigen sakramentalen Leben." Das Gespräch mit dem Herrn sei „der Schlüssel der Heiligkeit und des wahren Erfolgs der Heiligen."[79]

Am nächsten Tag, als über 100 000 Pilger nach der Heiligsprechung von Escrivá noch in Rom weilten, empfing Johannes Paul II. den rumänischen orthodoxen Patriarchen Teoktist, begrüßte ihn offiziell am Ende einer Audienz für die Pilger und empfahl Teoktist und seine Geistlichkeit dem Gebet der Pilger. Das sei, so erklärte der päpstliche Sprecher Navarro-Valls, eine andere Weise, das ökumenische Gebot zu betonen, und das galt auch für das umfangreiche Programm, das für den Patriarchen vorgesehen war, darunter Besuche in den großen Basiliken Roms, Vorlesungen an der Päpstlichen Universität Gregoriana und am Päpstlichen Orientalischen Institut, ein Abend mit der Sant'Egidio Gemeinschaft und ein Mittagessen im Anschluss an mehrere Stunden des Gesprächs mit dem Papst. Die Woche endete mit einer Messe im Petersdom, die von den beiden hochbetagten Kirchenfürsten, dem 82-jährigen Johannes Paul II. und dem 87-jährigen Teoktist, geleitet wurde und in der beide predigten, bevor sie gemeinsam das Glaubensbekenntnis auf Rumänisch sprachen. (Der Papst hatte Teoktist beim Predigen den Vortritt gelassen.) Während der Eucharistiefeier kehrte Teoktist an den Altar zurück, um das Friedenszeichen zu machen und am Ende der Messe trat er noch einmal an den Altar um der Versammlung den Segen zu erteilen, nachdem schon der Papst dies getan hatte.[80] In einem Pontifikat, das so reich an ökumenischer Gastfreundschaft war, wurde dem Patriarchen Teoktist, dem ersten orthodoxen Oberhaupt, das den Papst in einem traditionell orthodoxen Land empfangen hatte, ein besonders warmes Willkommen zuteil.

Drei Tage nachdem Teoktist wieder nach Bukarest zurückgekehrt war, wartete Johannes Paul II. mit einer neuen Überraschung für die katholische Kirche auf: mit fünf neuen Geheimnissen des Rosenkranzes, die er in seinem am 16. Oktober 2002 unterzeichneten apostolischen Schreiben *Rosarium Virginis Mariae* dargelegte. Das Schreiben markierte den Beginn des fünfundzwanzigsten Jahres seines Pontifikats und erinnerte zunächst daran, dass der Rosenkranz, obwohl ein Ausdruck der Marienfrömmigkeit, „ein zutiefst christologisches Gebet" ist, da jede der fünfzig Anrufungen Mariens sich um den Satz „Und gebenedeit ist die Frucht deines Leibes, Jesus" dreht. Johannes Paul lud sodann die Kirche ein, die Macht des Rosenkranzes neu zu entdecken, da in diesem Gebet

„*die Tiefe der ganzen Frohen Botschaft*" vereinigt ist – es ist gleichsam eine Art „Kurzfassung" des Neuen Testaments.[81] Gerade um zu unterstreichen, dass im Mittelpunkt des Rosenkranzes das Evangelium steht, schlägt der Papst vor „eine angemessene Ergänzung" in der Rezitation des Rosenkranzes vorzunehmen.

Da sich der Rosenkranz in der zweitausendjährigen Geschichte des Christentums entwickelt hatte, laden drei Gruppen von je fünf „Geheimnissen" zur Meditation über die Fleischwerdung, den Tod und die Auferstehung Christi sowie über die Früchte der Auferstehung in der noch jungen Kirche ein: die freudenreichen Geheimnisse, die von der Geburt und der Jugend Jesu handeln, die schmerzensreichen Geheimnisse, die von der Passion handeln, und die glorreichen Geheimnisse, die von der Auferstehung, dem Herabsteigen des Heiligen Geistes und der Himmelfahrt Mariens handeln, der ersten unter den Jüngern und Vorbild für die Nachfolge Christi. Nicht vorgesehen in diesem Ablauf sei es, die „Betrachtung auch auf einige besonders bedeutende Momente des öffentlichen Lebens Jesu zu lenken", wie Johannes Paul erklärt. Er schlägt daher vor, eine vierte Gruppe von Meditationen, die „lichtreichen Geheimnisse" einzuführen, die vom öffentlichen Leben Jesu handeln: „1. seine Taufe im Jordan, 2. seine Selbstoffenbarung bei der Hochzeit zu Kana, 3. seine Verkündigung des Reiches Gottes mit dem Ruf zur Umkehr, 4. seine Verklärung und schließlich 5. die Einsetzung der Eucharistie, der sakramentale Ausdruck des Ostergeheimnisses."[82] Jedes dieser neuen lichtreichen Geheimnisse, so führt Johannes Paul aus, sei die „*Offenbarung des Reiches, das in der Person Jesu Christi schon eingetroffen ist.*" Es sei zwar richtig, dass die „Präsenz Mariens in diesen Geheimnissen mit Ausnahme der Hochzeit zu Kana im Hintergrund bleibt". Es sei aber auch richtig, dass Maria Anweisung an die Diener bei der Hochzeit – „Was er euch sagt, das tut" – zuerst „bei der Taufe im Jordan direkt vom Vater ausgeht und in den Worten des Täufers widerhallt", bevor sie „zu Kana auf ihren Lippen" liegt und „zu der großen mütterlichen Ermahnung" wird, „die Maria an die Kirche aller Zeiten richtet."[83]

Zeit seines Pontifikats war Johannes Paul II. vorgeworfen worden, ein starrer Traditionalist zu sein, vor allem von der säkularen Presse, die häufig gar nicht verstand, worum es ging. Aber auch aus den Reihen der Kirche war der Vorwurf nicht selten zu vernehmen. Wie armselig diese Anschuldigung ist, erweist diese Hinzufügung der lichtvollen Geheimnisse zu einer der traditionellsten Andachtsübungen in der katholischen Kirche. Nicht allein, dass der Papst „den Rosenkranz änderte", wie einige sagten, er tat dies, um die radikale Bedeutung der Fleischwerdung in ein helleres Licht zu stellen: Hier, in Jesus und der Kirche, seinem mystischen Leib in der Geschichte, können wir das Königreich Gottes berühren, das unter uns Wirklichkeit geworden ist. Wie Karol Wojtyła im Zweiten Weltkrieg vom hl. Louis Grignion de Montfort gelernt hat, ist der Kern der Marienfrömmigkeit das Bekenntnis zur Wahrheit des Evangeliums. Die Geheimnisse des Lichts bezwecken nichts anderes als der Kirche zu Beginn des dritten Jahrtausends diese Wahrheit ins Gedächtnis zu rufen.[84]

Wer die Geschichte des heutigen Italiens kennt, den wird die Ansprache des Papstes vor dem italienischen Parlament am 14. November ebenso überrascht haben wie die Veränderung des „traditionellen Ablaufs" des Rosenkranzes. An der Wiege des modernen Italiens stand ein leidenschaftlicher Antiklerikalismus, der schließlich zur Besetzung und Auflösung des Kirchenstaats führte. Die Folgen dieser Ungeheuerlichkeit hatten sich in einigen Köpfen so festgesetzt, dass sie selbst die Lösung der offenen Fragen in den Lateranverträgen von 1929 überdauerten, in denen der Papst als Souverän eines neuen Gebildes, des Vatikanstaats, und mehrerer exterritorialer Liegenschaften in und um Rom herum, wie z. B. Castel Gandolfo, anerkannt worden ist. Roms Bürgermeister Walter Veltroni wollte nicht völlig hinter dem nationalen Parlament zurückstehen und machte Johannes Paul am 31. Oktober zu einem Bürger Roms. Der Papst, der am Ende eines jeden Tages die Stadt von seinem Schlafzimmerfenster aus segnete, konnte sich einen Scherz nicht verkneifen: „Dafür habe ich vierundzwanzig Jahre arbeiten müssen", sagte er dem Bürgermeister. „Der heilige Paulus hatte es leichter."[85]

In seiner Rede im Palazzo Montecitorio vor 800 Abgeordneten und Regierungspolitikern, darunter Ministerpräsident Silvio Berlusconi und Präsident Carlo Azeglio Ciampi, behandelte Johannes Paul ein Thema, das in seinem öffentlichen Zeugnis zunehmend an Bedeutung gewann: Wie wichtig es ist, dass Europa sich nicht von seinen christlichen Wurzeln entfernt. Vor den Erben der Revolution Garibaldis und Cavours führte er aus, dass „die gesellschaftliche und kulturelle Identität Italiens und die zivilisatorische Sendung, die es in Europa und in der übrigen Welt vollbracht hat und vollbringt, *ohne den Lebenssaft des Christentums nur schwer verständlich* wären." Einige lehnten es ab, während der 45-minütigen Rede zu klatschen. Doch als er geendet hatte, erhob sich die gesamte Zuhörerschaft und applaudierte dem Papst. Es war sowohl ein Tribut an seinen Mut als auch eine Geste der Dankbarkeit gegenüber dem polnischen Papst, der sein Hirtenamt in Rom und Italien engagierter wahrgenommen hatte als manch seiner seiner italienischen Vorgänger.[86]

Das Jahr ging zu Ende und machte noch einmal deutlich, dass die lange Bußzeit in Amerika andauerte. Am 13. Dezember 2002 nahm Johannes Paul II. das Rücktrittsgesuch von Kardinal Law als Erzbischof von Boston an und stimmte schließlich dem Urteil des Kardinals zu, dass die Umstände es ihm unmöglich machten, die Diözese wirksam zu leiten. Der Bostoner Weihbischof Richard Lennon wurde, solange bis ein Nachfolger nominiert worden war, zum apostolischen Verwalter ernannt. Im Mai 2004 machte Johannes Paul Law, der die dazwischenliegenden einundeinhalb Jahre vor der Öffentlichkeit verborgen verbracht hatte, zum Erzpriester der Basilika Santa Maria Maggiore.

In den zwei Jahren nach dem Jubiläum von 2000 hatten sich die Wirren der Geschichte gewissermaßen unerbittlich gezeigt. Der 11. September, der Krieg in Afghanistan, die lange Bußzeit von 2002, der anhaltende ökumenische und interreligiöse Konflikt: das alle lastete mindestens ebenso schwer auf dem Papst wie seine Krankheit. Dennoch hat Johannes Paul sich treu an seine eigene Aufforderung an die gesamte Kirche am Ende des Jubiläumsjahre gehalten: die sicheren Ufer der Besitzstandswahrung zu verlassen und hinaus auf den See der Geschichte zu fahren, um die neue Evangelisierung zu befördern. Sein Zeugnis für die Wahrheit und die Liebe in Griechenland, im Kaukasus, in Zentralasien und Bulgarien wie auch der bemerkenswerte Erfolg des Weltjugendtages 2002 in Toronto zeichneten eine neue Phase des Pontifikats aus, eine Phase, in der der Papst mit seinem und durch sein Leiden die Kirche leiteten sollte.

8

Es dämmert im Tal – 2003-2004

7. Februar 2003	Johannes Paul II. heißt die Veränderungen im kanonischen Recht gut, wie die amerikanischen Bischöfe sie im Lichte der Missbrauchskrise gefordert hatten.
6. März 2003	Johannes Pauls Gedichtszyklus *Römisches Triptychon* erscheint in Polen.
19. März 2003	Ein von Amerika geleitetes Militärbündnis marschiert im Irak ein.
17. April 2003	Johannes Paul II. gibt seine vierzehnte Enzyklika heraus: *Ecclesia de Eucharistia.*
3.-4. Mai 2003	Johannes Paul II. in Spanien.
5.-9. Juni 2003	Johannes Pauls Besuch in Kroatien markiert die 100. Pastoralreise außerhalb Italiens.
22. Juni 2003	Johannes Paul II. in Bosnien-Herzegowina.
28. Juni 2003	*Ecclesia in Europa* erscheint, Johannes Pauls apostolisches Schreiben ergänzt die Synode zu Europa von 1999.
11.-14. September 2003	Johannes Paul II. in der Slowakei.
16. Oktober 2003	Am fünfundzwanzigsten Jahrestag seines Pontifikats gibt Johannes Paul das apostolische Schreiben *Pastores Gregis* heraus, das die Arbeit der Bischofssynode von 2001 ergänzt.
19. Oktober 2003	Seligsprechung Mutter Teresas von Kalkutta.
21. Oktober 2003	Auf seinem neunten ordentlichen Konsistorium ernennt Johannes Paul II. 31 neue Kardinäle, einen *in pectore*
14. März 2004	Johannes Paul II. ist nun nach Petrus und Pius IX. der Papst mit dem drittlängsten Pontifikat in der Kirchengeschichte.

16. Mai 2004	• Johannes Pauls II. letzte Heiligsprechungsfeier.
18. Mai 2004	• *Alzatevi, andiamo!* [Auf, lasst uns gehen!], Johannes Pauls Erinnerungen an sein Leben als Bischof erscheinen.
5.-6. Juni 2004	• Johannes Paul II. in der Schweiz.
14.-15. August 2004	• In Lourdes bezeichnet Johannes Paul sich selbst als „Kranken unter Kranken".
27. August 2004	• Die *Kasanskaja* Ikone wird an Moskau zurückgegeben.
7. Oktober 2004	• Johannes Paul gibt *Mane Nobiscum Domine* [Bleib bei uns, Herr] als Auftakt zum Jahr der Eucharistie 2004-2005 heraus.

Am Sonntagabend des 12. Oktober 2003, vier Tage vor Johannes Pauls silbernem Jubiläum als Bischof von Rom, brachte das polnische Staatsfernsehen zu Ehren von Polens berühmtestem Sohn eine zweieinhalbstündige Sendung. Das Programm wurde aus der Sala Clementina des Papstpalastes in Rom übertragen mit Liveeinschaltungen aus Krakau, Tschenstochau, Warschau und Wadowice, der Geburtsstadt des Papstes. Das Publikum in der Sala Clementina bestand aus Würdenträgern der römischen Kurie und Mitgliedern des am Heiligen Stuhl akkreditierten diplomatischen Korps. Die halbe Stunde vor Beginn der Livesendung wurden die Gäste von einem polnischen Jugendchor unterhalten, der in der Kapelle der päpstlichen Gemächer zu hören war, deren Fenster sich zur Clementina hin öffnen.

Den fünf Kommentatoren, die eingeladen worden waren, vom Sendeort Rom aus zu sprechen, war mitgeteilt worden, dass der Heilige Vater, der in der Sendung selbst nicht auftreten werde, sie in seinen Gemächern über eine spezielle Verkabelung mitverfolgen wird. Aber der Papst hatte offenbar den Chor gehört und beschlossen, herunterzukommen und den Jugendlichen zu danken. Deshalb wurde Johannes Paul II., zwanzig Minuten bevor man auf Sendung ging, im Rollstuhl in die Sala Clementina geschoben, wo er den Chor begrüßte und segnete. Dann bat er darum, dass der polnische Moderator Piotr Kraśko und die fünf Kommentatoren zu ihm gebracht werden, um auch sie zu begrüßen.

Die sechs Männer knieten einer nach dem anderen nieder und schüttelten dem Geehrten die Hand, einem Mann, der nur mit Mühe seinen Kopf oben halten konnte, dessen Gesicht einer erstarrten Maske glich, dessen Leiden unübersehbar war, dessen Augen jedoch mit flammender Innigkeit sprachen. Er konnte nur wenig sagen, aber es musste auch nicht viel gesagt werden. In der Woche, in der sein 25-jähriges Jubiläum als Papst gefeiert wurde, setzte Karol Wojtyła von Wadowice, Krakau und Rom seine Pilgerreise durch das dämmrige Tal fort. Diese klaren, blauen Augen erzählten von seinem Schmerz darüber, was sein Körper ihm angetan hatte. Sie sprachen jedoch auch stumm von der Annahme des Leidens im Glauben und von der Unterwerfung unter den Willen Gottes.[1]

Als sein silbernes Jubiläum gefeiert wurde, lagen noch zwei Jahren voller Sorgen, persönlicher wie öffentlicher, vor ihm. Zu diesen gehörten sein fehlgeschlagener Versuch, den Irakkrieg zu verhindern, und seine zunehmend enttäuschten Anstrengungen, die gerade erweiterte Europäische Union davon zu überzeugen, die christlichen Wurzeln der europäischen Zivilisation als ein wichtiges Hilfsmittel für die Gestaltung von Europas Zukunft anzuerkennen. Doch sein Jubiläumsjahr erlebte auch die Rückkehr des Dichters Karol Wojtyła so wie das darauffolgende Jahr eine neue Folge der päpstlichen Memoiren und die Fertigstellung eines philosophischen Gesprächs über das Wesen der Freiheit, den Begriff der „Nation“, über das kulturelle und persönliche Gedächtnis, die Koexistenz von Gut und Böse in der Welt, und was all das im 21. Jahrhundert bedeutet, erlebte. Die Jahre 2003 und 2004 boten wieder einmal die Gelegenheit, Heiligkeit öffentlich anzuerkennen – etwa in der Seligsprechung von Mutter Teresa von Kalkuta und der Heiligsprechung Gianna Beretta Mollas, die sich für ihr Ungeborenes geopfert hatte – und es mussten neue Kardinäle ernannt werden. Da er entschlossen war, so lange wie möglich „seine Brüder zu stärken“, setzte Johannes Paul II. seine Pastoralreisen fort, nun mit dem Schwerpunkt Europa, das er zunehmend in eine tiefere spirtuelle, kulturelle und moralische Krise abgleiten sah.

In diesen letzten beiden aktiven Jahren seines Pontifikats versuchte Johannes Paul II. die Frage zu beantworten, ob sich die Kirche ebenso gut von einem Rollstuhl wie von einem Thron aus leiten ließ. Gewiss, die Art der Leitung würde verschieden sei: Statt Macht so auszuüben, wie die Welt es normalerweise für angebracht hielt, würde Johannes Paul durch das Beispiel herrschen, und dieses Beispiel sollte die Wahrheit der Ermahnung Petri durch Christus im einundzwanzigsten Kapitel des Johannesevangeliums erweisen, dass er nämlich von einem anderen gegürtet und hingeführt würde, wohin er nicht wollte. In diesem Fall waren die Bande keine Ketten, kein umgedrehtes Kreuz, sondern ein zerschlagener Körper, der sich dem Willen des Papstes widersetzte, und doch war das Zeugnis sichtbar ein petrinisches. Denn wie der französische Journalist André Frossard, der vom modischen Atheismus seiner Berufsklasse zum Glauben gefunden hatte, es einmal ausdrückte: „Dieser Papst stammt nicht aus Polen, dieser Papst stammt aus Galiläa.

Kosmos und Chaos

Nach seiner Rückkehr vom Weltjugendtag 2002 in Toronto und seinen kurzen Aufenthalten in Guatemala-Stadt und Mexiko-Stadt verbrachte Johannes Paul II. den Rest des Sommers in Castel Gandolfo. Dort nahm er eine alte, liebgewonnene Tätigkeit wieder auf, von der er lange gemeint hatte, sie gehöre seiner Vergangenheit an: das Schreiben von Gedichten.

Dichtung ist für Karol Wojtyła seit je eine Möglichkeit gewesen, einigen der tiefsten Geheimnisse menschlicher Existenz nachzuspüren und seine diesbezüglichen Fragen und Antworten in einem Medium auszudrücken, das sich für dieses Thema besser eignet als diskursive Prosa. Er hatte zahlreiche Gedichte als Jugendlicher und junger Mann verfaßt, ja auch noch während der Debatten des Zweiten Vatikanums, und die Dichtung war ihm ein Mittel über die Herausforderungen und Erfahrung seiner Zeit als Bischof nachzudenken.[2] Auf seinem Weg zum zweiten Konklave von 1978, das ihn um Papst wählen sollte, arbeitete er an dem Gedicht „Stanisław", das vom Leben seines für den Glauben gestorbenen Vergängers im Amt des Bischofs von Krakau handelte. Mit diesem Gedicht habe er seine „Schuld gegenüber Krakau begleichen" wollen, und fast vierundzwanzig Jahre schien es, als sei es das gewesen. Neunzehn Jahre später sagte der Papst, das Dichten beiseite zu legen sei eher eine Sache des „Gefühls als der Entscheidung" gewesen.[3]

Im Spätsommer 2002 hatte er offenbar das Gefühl wieder zur Feder des Dichters greifen zu müssen. Nachdem er mehrere Gedichte und Gedichtfragmente vollendet hatte, bat er seinen alten Freund, den Krakauer Dichter und Journalisten Mark Skwarnicki, nach Rom zu kommen, „um über Dichtung zu sprechen".[4] Skwarnicki kam, machte einige editorische Vorschläge und Johannes Paul II. beendete das Werk im Herbst 2002. Als es am 6. März 2002 vom Verlag der Erzdiözese veröffentlicht wurde, trug es den Titel *Römisches Triptychon*.[5]

Der Titel deutet bereits an, dass das *Römische Triptychon* eine dreiteilige Meditation ist: „Der Bergbach", „Meditationen über das Buch ‚Genesis' an der Schwelle zur Sixtinischen Kapelle" und „Der Berg im Lande Morija". Wie Kardinal Ratzinger bei seiner Vorstellung des Buches in Rom sagte, „spiegelt" die erste Tafel „die Erfahrung der Schöpfung wider, ihrer Schönheit, ihrer Dynamik", was die Existenz eines wohlwollenden Schöpfers vorauszusetzen scheint. Doch am Ende des zweiten Abschnitts des ersten Teils hält der Papst und Dichter vor dem Glaubensakt inne: „Quelle, wo bist du". Dann betet er:

> Lass mich die Lippen benetzen
> mit Wasser aus der Quelle,
> die Frische spüren,
> die Leben spendende Frische.[6]

Die zweite Tafel speist sich aus Johannes Pauls vielfältigen Erlebnissen in der Sixtinischen Kapelle und mit Michaelangelos bemerkenswerten Fresken, die für ihn eine Art *axis mundi* darstellen, das Zusammentreffen von Kosmos und Chaos: In den Deckengemälden aus der Genesis führt Gott die Welt aus dem Chaos heraus, im Jüngsten Gericht über dem Hochaltar vollendet Gott den Kosmos.[7] An diesem Ort ist Karol Wojtyła zweimal durch das intensive menschliche und spirituelle Drama eines Konklave gegangen. Er hat die kühne – damals sehr umstrittene – Entscheidung getroffen, die Gemälde reinigen zu lassen. Und am 4. April hat er bei der Wiedereinweihung nach vollendeter Restaurierung die Sixtina in einer denkwürdigen Predigt als „Heiligtum der

Theologie des menschlichen Leibes“ bezeichnet, als einen Ort, der zum einen „von der Schönheit des Menschen Zeugnis gibt, der von Gott als Mann und Frau geschaffen wurde“ und zum anderen die „Hoffnung auf eine verklärte Welt [...], die Welt, die vom auferstandenen Christus eröffnet wurde“ ausspricht.[8]

Das Mittelstück des *Römischen Triptychons*, das längste der drei, hebt mit der Antwort auf das Gebet am Ende des ersten Stücks an. Es ist eine Meditiation über Gott den Schöpfer und Gott das Wort als „der erste Schauende“, der Gott, der „in allem eine Spur SEINES Wesens, eine Spur SEINER Vollkommenheit“ schaute, alles was „echt, gut und schön“ war. Vielleicht will der päpstliche Dichter damit sagen, diese großartige Vision von Gott, der alles, was in der Welt, echt, wahr und schön ist, geschaffen hat, hätte sich „einfacher“ ausdrücken lassen, so wie in den ersten Kapiteln der Genesis; aber nein, „das Buch wartet auf das Bild. – Zu Recht./Es wartete auf seinen Michelangelo“. Mehr noch als in einem Buch geschieht es hier:

> Hier also – hier betrachten und begreifen wir
> den Anfang, der aus dem Nichts sich erhob, [...]/
> Hier, von den Bilder tragenden Mauern aus, tut er sich kund.

Und es gilt auch: „Noch gewaltiger tut sich kund das Ende“, denn das jüngste Gericht erwartet uns alle. Darum, so schließt der zweite Teil, findet die Papstwahl unter dem Blick des Schöpfergottes und Christi des Herrn statt, damit das Wahlkollegium sich sieht „zwischen dem Anfang und dem Ende,/zwischen dem Tag der Erschaffung/und dem Tag des Gerichts“ und deshalb nach dem Ausschau hält, auf den Gott „zeigen wird “.

Die dritte Tafel des Gedichtzyklusses ist von Abrahams und Isaaks Reise zum Berg Morija angeregt, dem „Berg der Opferung, der Hingabe ohne Vorbehalt“, wie Kardinal Ratzinger es bei der Buchvorstellung formulierte. In Gottes Aufforderung, sich völlig hinzugeben und in Gottes Schonung des Sohnes, den Abraham erst im Alter gezeugt hatte, erkennen wir den „Gott, der sich selber schenkt“, der, mit Ratzingers Worten, „Quelle, Weg und Ziel“ ist. Darum schließt der päpstliche Dichter sein Gedicht mit dem Aufruf: „Merke dir diesen Ort, wenn du von hier fortgehst,/es ist der Ort, der seinen Tag erwartet“ – eben jenen Tag, wenn der Sohn Gottes sich völlig im Gehorsam gegenüber dem Vater ergießt, damit jeder, der an den Sohn glaubt „das ewige Leben hat“.[9]

Die Bezugnahme auf ein zukünftiges Konklave „nach meinem Tod“ im zweiten Teil des *Römischen Triptychons* veranlasste die Medien unvermeidlich zu Spekulationen über die bevorstehende Papstnachfolge und zu einer Welle von unbegründeten Geschichten über das Gedicht als Abschied Johannes Pauls II. in Versen. Doch wie Mark Skwarnicki meint, ist das Gedicht des Papstes eher ein „menschliches Testament“: Der Papst habe einiges auf dem Herzen gehabt, was er sagen, einige Gefühle, die er ausdrücken wollte, und das habe er nur in dieser und keiner anderen Form vermocht. Das *Römische Triptychon* sei kein Dokument des päpstlichen Lehramts sagte Skwarnicki dem Katholischen Nachrichtendienst, es sei vielmehr „auf höchstem spirituellen Niveau ein Gespräch mit den Brüdern und Schwestern im Glauben, mit den Laien und Priestern.“[10] Das *Triptychon* belegt zudem, welch außergewöhnliche Rolle die Sixtinische Kapelle in der religiösen Vorstellungskraft des Papstes spielt. In seiner scharfsichtigen Besprechung vertieft der amerikanische Dichter und Kritiker Joseph Bottum Skwarnickis Einsicht und verweist darauf, dass das *Römische Triptychon* Antworten auf einige sehr schwierige Fragen aufspüren wollte, auf Fragen, die vielleicht nur einem Mann, der wie Karol Wojtyła in sich den Dichter, Philosophen, Priester und Mystiker vereinigte, in den Sinn kommen konnten:

> Wenn Gott einer ist, dann ist die Wahrheit eine – und doch ist die Erfahrung von Kunst, Vernunft und Glauben eine je verschiedene. Sie erscheint nicht wie eine. Alle Mystiker streben letztlich demselben Gipfel zu, und aus diesem Grund könnte jede Erkenntnisweise, wenn sie ihren höchsten Ausdruck erreicht, echte Mystik hervorbringen: Es gibt eine Mystik der Kunst, eine Mystik des Verstandes, eine Mystik des reinen Glaubens – und am Ende sind sie ein und dasselbe. Doch wie können wir, außer in der mystischen Schau, sicher sein, dass die drei getrennten Wege auf dem Gipfel des Berges zusammenlaufen?

Bottums Schlussfolgerung lautet, dass das Gedicht des Papstes keine Antwort liefert, wohl aber einen Weg weist: Jeder der Teile, der über eine bestimmte Form menschlichen Erkennens sinnt, führt uns „an die Grenze von etwas, das die Verse selbst nicht offenlegen können.“ Es handelt sich, um ein von Johannes Paul II. geliebtes Wort zu verwenden, um Dichtung als *Schwelle*: „Johannes Paul II. geleitet uns bis zur Schwelle – seines eigenen bevorstehenden Todes, der mystischen Schau, der letzten Einheit menschlicher Erfahrung, der endgültigen Erfüllung der in der Genesis enthaltenen Verheißung.“ Letztlich ist daher das „*Römische Triptychon* weniger ein Gedicht als vielmehr eine Türöffnung.“[11]

Verstanden als Türöffnung „fügt sich“ das *Römische Triptychon* in Karol Wojtyłas langjähriges Streben, der Vorstellung, Schönheit könne ein Weg zu Gott sein, wieder Geltung zu verschaffen. Die neuzeitliche Theologie hatte sich mit den beiden klassischen Transzendentalien des Wahren und Guten beschäftigt, dem Schönen jedoch wenig Aufmerksamkeit gewidmet. Johannes Pauls Interesse an der Theologie von Hans Urs von Balthasar, jenes Schweizer Gelehrten, der den kühnen Versuch unternimmt, die gesamte christliche Lehre und ihre Praxis durch das Prisma der *Herrlichkeit* des Herrn zu lesen, spiegelt die Überzeugung des Papstes, dass wir, wenn wir die Berührung mit dem Schönen verlieren, auch die Berührung mit der letzten Quelle der Schönheit, nämlich Gott selbst, verlieren. So gesehen ist das *Römische Triptychon* und seine Beschwörung des Schönen in der Natur und der menschlichen Gestalt eine weitere Facette von Johannes Pauls Auseinandersetzung mit dem neuzeitlichen Nihilismus des Westens – in diesem Fall bezogen darauf, dass der Nihilimus das Schöne verdirbt, um seine säuerliche Schlussfolgerung über die Sinnlosigkeit zu verteidigen. Die Rückgewinnung des Schönen könnte nach Meinung des Papstes zur Rückgewinnung eines echten Humanismus führen, der seinerseits wieder fähig ist, die im ersten Teil seines Gedichts aufgeworfene Frage neu stellen: „Quelle, wo bist du? ... Wo bist du, Quelle?[12]

Die eucharistische Kirche

In *Rosarium Virginis Mariae,* seinem apostolischen Schreiben von 2002, hatte Johannes Paul II. seine Verehrung des Rosenkranzes unterstrichen. Als er nach der Operation, die ihm im Mai 1981 das Leben gerettet hatte, aus der Narkose aufwachte, war seine erste Frage: „Haben wir schon die Komplet gesagt?" Was könnte deutlicher machen, dass er das Stundengebet hoch achtete, die tägliche Abfolge von Gebeten, die der ganzen Kirche empfohlen und offiziell Pflicht ist für alle, die geweiht sind oder feierlich die Gelübde abgelegt haben. Die heilige Eucharistie – die sakramentale Feier der Gegenwart Christi durch seinen Leib und sein Blut und die sakramentale Darstellung des Opfers auf dem Kalvarienberg – ist jedoch mehr als sechzig Jahre lang das Epizentrum des spirituellen Lebens von Karol Wojtyła gewesen.

Bis 2003 hat Johannes Paul mehr Messen an den unterschiedlichsten Orten gefeiert als irgendein Priester in der Geschichte. Seine Altäre waren umgedrehte Kajaks und die großen steinernen Opfertische in den wichtigen Basiliken der katholischen Welt gewesen. Er hatte Ansammlungen mit Millionen von Menschen zusammengebracht, damit sie am Höhepunkt des kirchlichen Gottesdienstes teilnahmen, und irgendwie hatte er in bemerkenswert unterschiedlichen Menschengruppen einen tiefen Sinn für die kirchliche Kommunion geweckt. In seiner eigenen Feier der Messe, verkörperte er „Jesus Christus, Priester und Opfer", wie eine berühmte Litanei heißt, die während seiner wenigen Jahren im Krakauer Priesterseminar täglich rezitiert worden ist. Wenn Johannes Paul II. am Altar stand, dann schien es, als sei er irgendwo anders, als erlebte er ganz innig die Gemeinschaft mit dem Herrn, dessen Fleisch und Blut durch die Worte der Wandlung in der Form von Brot und Wein gegenwärtig wurden. Er glaubte, dass die Kirche aus dem Messopfer ihre Stärke und die Vitalität ihrer Verkündigung beziehe, denn jede Messfeier war eine spirituelle Wiederholung der wichtigsten Ereignisse in der Menschheitsgeschichte – des österlichen Triduums von Gründonnerstag, Karfreitag und Ostersonntag.

Wie der Geist des Dichters die Form des dreiflügligen Altarbildes aufgegriffen hat, um grundlegende Fragen über das Verhältnis von Gott zur Natur, zur Menschheit und zur Geschichte im *Römischen Triptychon* zu durchdringen, so griff der Geist Johannes Pauls, des Hirten und Lehrers, die Form eines Triptychons von Lehrdokumenten auf, um die Kirche für ihr „Hinausfahren auf den See" des 21. Jahrhunderts und des dritten Jahrtausends zu rüsten. *Novo Millennio Ineunte,* das apostolische Schreiben von 2001, war das Mittelstück seines pastoralen Altarbildes. *Rosarium Virginis Mariae* ein Seitenflügel. Der zweite Seitenflügel war Johannes Pauls vierzehnte Enzyklika *Ecclesia de Eucharistia.* Sie wurde am 17. April, am Gründonnerstag, unterzeichnet und erlassen, also an dem Tag, an dem die Kirche der Einsetzung der Eucharistie und des Priestertums beim letzten Abendmahl Christi mit den Aposteln gedenkt.

Es gibt hier eine hübsche historische Symmetrie: Leo XIII., der Papst, den Johannes Paul, was die Länge des Pontifikats betrifft, dabei war zu überholen, hatte 1902 im 25. Jahr seines Amts eine Enzyklika zur Eucharistie herausgegeben: *Mirae Caritatis. Ecclesia de Eucharistia* wurde der Kirche ebenfalls in einem Pontifikat gegeben, das ein Vierteljahrhundert vollendet hatte, und in einigen Hinsichten bestellte sie ein ähnliches Feld wie das, welches Leo XIII. abgesteckt hatte. Denn wie Johannes Paul II. in *Ecclesia de Eucharistia* betont, ist die eucharistische Lehre der Kirche sich gleichgeblieben, festgelegt und unveränderlich: In der heiligen Eucharistie wird Brot und Wein von den Gläubigen zum Altar gebracht und in den Leib und das Blut Christi verwandelt. Dies geschieht im Gehorsam gegenüber dem Gebot des Herrn beim letzten Abendmahl „Tut dies zu meinem Gedächtnis". Dieses Gebot ergeht, nachdem er die Worte gesprochen hatte, die seit zwei Jahrtausenden in der Wandlung gesprochen werden: „Nehmet und esset alle davon: Das ist mein Leib, der für euch hingegeben wird. Nehmet und trinket alle daraus: Das ist der Kelch des neuen und ewigen Bundes, mein Blut, das für euch und für alle vergossen wird zur Vergebung der Sünden."

Die Festigkeit der eucharistischen Lehre der Kirche sollte unseren Sinn, wie Johannes Paul sagt, für das „ Staunen über die Eucharistie" fördern und nicht abstumpfen, das Staunen, dass „in dieser Gabe Jesus Christus der Kirche die immerwährende Vergegenwärtigung des Ostermysteriums übereignete. Mit ihr stiftete er eine geheimnisvolle ‚Gleichzeitigkeit' zwischen jenem *Triduum* und dem Gang aller Jahrhunderte." In der Eucharistie liege „ein enormes ‚Potential', in dem die ganze Geschichte als Adressat der Erlösungsgnade enthalten ist." Um dieses Staunen über die Eucharistie „neu zu erwecken", habe er *Ecclesia de Eucharistia* geschrieben.[13]

Eine gewisse Wiederbelebung des Staunens über die heilige Eucharistie sei in der Kirche bereits durch die Liturgiereform im Anschluss an das Zweite Vatikanum ausgelöst worden, die „von großem Gewinn für eine bewußtere, tätigere und fruchtbarere Teilnahme" der Laien bei der Messfeier war. In einigen Teilen des Weltkirche sei eine verstärkte Verehrung der Eucharistie zu beobachten – das stille oder gesprochene Gebet vor dem in der geweihten Hostie gegenwärtigen Christus. Diese Erstarkung habe „eine unerschöpfliche Quelle der Heiligkeit" sprudeln lassen, die in Fronleichnamsprozessionen einen mehr öffentlichen Ausdruck fand. Derartige Prozessionen hatten in Karol Wojtyłas pastoraler Arbeit in Krakau eine große Rolle gespielt und tun es auch weiterhin an vielen Orten im neuem Jahrhundert und dritten Jahrtausend.

Doch inmitten dieser Anzeichen einer innigeren eucharistischen Andacht, gebe es auch „Schatten": die Aufgabe der eucharistischen Anbetung in einigen Teilen der Kirche, liturgische Missbräuche aller Art, ein „stark verkürzendes Verständnis" der Eucharistie, das ihr nur den Wert einer „brüderlichen Mahlgemeinschaft" verleiht, der verlorene Sinn für die Verbindung zwischen bischöflichem und priesterlichem Dienst und dem Glanz der Eucharistie. Daher müsse der Kirche die ungeschmälerte Lehre der heiligen Eucharistie vor Augen geführt werden, damit sie wieder ein Bewusstsein des eucharistischen Staunens gewinnt.

Zuerst sei daran zu erinnern, dass die Eucharistie ein wahrhaftes Opfer ist. Es gebe nur ein Opfer des neuen Bundes, wie es nur eine Passion und ein Kreuz gebe. Und es sei genau dieses eine Opfer Christi, das über die Zeiten Tag für Tag, in jeder Messe gegenwärtig gemacht wird. An der Wahrheit der Eucharistie als Opfer festzuhalten bedeute, sich der „universalen Liebe des eucharistischen Sakramentes" wieder gewärtig zu werden, schreibt Johannes Paul. Wenn Christus sagt, sein Leib werde „für euch hingegeben" und sein Blut „für euch vergossen", dann „bekräftigte er nicht nur, daß das, was er ihnen [den Aposteln] zu essen und zu trinken gab, sein Leib und sein Blut war, sondern brachte auch dessen *Opfercharakter* zum Ausdruck und ließ damit sein Opfer, das einige Stunden später am Kreuz für das Heil aller dargebracht werden sollte, auf sakramentale Weise gegenwärtig werden." Wenn ein Christ daher an der Eucharistie teilnehme, so heißt das für ihn, dass er einbezogen wird in die einzigartige erlösende Selbsthingabe des Sohnes an den Vater – dass er in das Leben der Heiligen Dreifaltigkeit selbst aufgenommen wird.[14]

Die Kirche sollte sich außerdem der „Apostolizität" der Eucharistie wieder bewusst werden, schreibt Johannes Paul. Es gehe darum, sich die volle Bedeutung der Tatsache gegenwärtig zu machen, dass die Eucharistie von den Aposteln auf uns gekommen ist, denen Christus sie anvertraut hatte, und die sie ihrerseits der Kirche für alle Zeiten und an allen Orten weitergegeben haben. Der Ortsbischof ist in seiner Diözese der primäre Zelebrant des Messopfers und er ist dies in Gemeinschaft mit den Priestern, die durch ihre Weihe die Kraft der eucharistischen Wandlung erhalten haben. Ein tieferer Sinn für die Apostolizität der Eucharistie, so führt der Papst weiter aus, erkläre auch, warum die vollständige Verbundenheit mit der apostolischen Gemeinschaft der Kirche für eine wahre, gültige Eucharistie und die volle Teilhabe an der Feier des Messopfers unabdingbar ist. Ohne die Apostolizität, ohne die Verbundenheit mit der großen apostolischen Kette, die ihren Ursprung im letzten Abendmahl hat, könne es keine wahre Eucharistie geben. Aus diesem Grund könne nur ein Bischof oder ein gültig geweihter Priester, also geweiht von einem Bischof, der in der apostolischen Nachfolge steht, die Eucharistie darbringen. Deshalb – und nicht weil es ihr irgendwie an Gastfreundschaft oder Sensibilität fehle – lasse die Kirche niemanden zur heiligen Kommunion zu, der nicht in Gemeinschaft zu einem Mitglied des Bischofskollegiums steht. Nur außergewöhnliche Umstände erlaubten Ausnahmen, die hauptsächlich mit der orthodoxen Kirche zu tun hätten. Aus diesem Grund dürften auch Katholiken, deren Gemeinschaft mit ihrer eigenen Kirche schwer gestört ist, sei es wegen einer Todsünde, einer kirchenrechtlich ungültigen Ehe oder weil sie sich wiederholt in aller Öffentlichkeit der Lehrautorität der Kirche widersetzt haben, nicht zur heiligen Kommunion schreiten. Und deshalb sei es Katholiken nicht erlaubt, an der Kommunion einer christlichen Gemeinschaft teilzunehmen, „der das gültige Sakrament der Weihe fehlt". [15]

Wenn sie das „Staunen" über die Eucharistie zurückgewinnen wolle, dann müsse die Kirche sich die Messfeier wieder als die Auszeichnung vorstellen, an der Liturgie der Heiligen und Engel am Thron der göttlichen Gnade teilzunehmen. Die Kirche feiere die Eucharistie bis der Herr in Herrlichkeit wiederkommt. Daher sei die Eucharistie, so Johannes Paul, „Spannung auf das Ziel hin, Vorgeschmack der vollkommenen Freude, die Christus versprochen hat (vgl. Joh 15, 11)", denn in ihr „empfangen wir tatsächlich auch die Garantie der leiblichen Auferstehung am Ende der Welt", und diese Garantie „kommt aus der Tatsache, dass das Fleisch des Menschensohnes, das uns zur Speise gereicht wird, sein Leib im verherrlichten Zustand des Auferstandenen ist." Im Empfang der heiligen Kommunion „nehmen wir sozusagen das ‚Geheimnis' der Auferstehung in uns auf", und darum habe Ignatius von Antiochien, einer der frühen Kirchenväter, „das eucharistische Brot zu Recht als ‚Medizin der Unsterblichkeit, Gegengift gegen den Tod'" definiert.[16] Wer, so meint Johannes Paul, in der Messe die Hostie empfängt, sei ein Zeitreisender, denn die Aufnahme des verherrlichten Leibes Christi bringt uns, soweit das in der Geschichte überhaupt möglich ist, der Zeit jenseits der Zeit nahe, der Zeit, in der Gottes Königreich in seiner Fülle anbricht.

Wenn die Eucharistie in einem gewissen Sinn über-zeitlich ist, dann ist sie auch über-räumlich oder „kosmisch", wie Johannes Paul es bevorzugt ausdrückt. Die Rückschau auf die vielfältigen Umstände und Orte, an denen er die Ehre hatte, die Messe zu feiern, hat den Papst erfahren lassen „wie universal und gleichsam kosmisch die heilige Messe ist."

> Denn auch dann, wenn man die Eucharistie auf dem kleinen Altar einer Dorfkirche feiert, feiert man sie immer in einem gewissen Sinn *auf dem Altar der Welt.* Sie verbindet Himmel und Erde. Sie umfaßt und erfüllt alles Geschaffene. Der Sohn Gottes ist Mensch geworden, um alles Geschaffene in einem höchsten Akt des Lobes dem zurückzuerstatten, der es aus dem Nichts geschaffen hat. Indem der ewige Hohepriester durch das Blut seines Kreuzes in das ewige Heiligtum eintritt, erstattet er dem Schöpfer und Vater die ganze erlöste Schöpfung zurück. Das tut er durch das priesterliche Dienstamt der Kirche zur Ehre der heiligsten Dreifaltigkeit. Dies ist das *mysterium fidei,* das in der Eucharistie gegenwärtig wird: die Welt, die aus den Händen des Schöpfergottes hervorgegangen ist, kehrt als von Christus erlöste Welt zu Gott zurück.[17]

In *Ecclesia de Eucharistia* laufen verschiedene Motive zusammen. Jetzt, wo das Ende seines Lebens und seines Petrinischen Dienstes nahte, wollte Johannes Paul II. auf verbindliche Weise darlegen, dass die Eucharistie für die Kirche der Mittelpunkt ist. Die großen Hoffnungen, die sich an die Liturgiereform des Zweiten Vatikanums geknüpft hatten, sind zum Teil verwirklicht worden, was Johannes Paul in seiner Enzyklika auch anerkennt. Dennoch konnte niemand vernünftigerweise behaupten, dass der evangelische und pastorale Ruck, den die Liturgiereform auslösen sollte, tatsächlich mit aller Macht eingetreten ist. Im Gegenteil: Auf die Reform folgte zur Verwunderung vieler recht schnell ein Schwinden der praktizierten Eucharistie – ersichtlich am geringeren Messbesuch in Europa und Nordamerika – und ein geschwächtes Bewusstsein für das eucharistische „Staunen", das zum Teil auf der schlechten Katechese beruhte, der eine zweifelhafte oder unzulängliche Theologie der Eucharistie zugrunde lag. Die Anstrengung des Papstes, wieder ein Staunen und Wundern angesichts des Geschenks und des Geheimnisses der Eucharistie zu erwecken, gehorchte ganz der pastoralen Strategie, der er in seinem ganzen Pontifikat gefolgt ist: Nach einer Periode der Skepsis oder der Gleichgültigkeit gegenüber den fundamentalen Glaubenswahrheiten müssten diese der Kirche wieder klar vor Augen gestellt werden, denn nur so, davon war er fest überzeugt, könne man eine Wiederbelebung der katholischen Praxis erwarten.

Es wäre jedoch ein Fehler zu meinen, *Ecclesia de Eucharistia* sei vor allem als Abhilfe gedacht, als eine Enzyklika, die Mängel beheben wollte.[18] Verständlich wird *Ecclesia de Eucharistia* am besten, wenn sie im Kontext des Jubiläumsjahres 2000 und der Hoffnungen des Papstes gesehen wird, dass es sich auf die Weltkirche dauerhaft auswirken würde. Die Eucharistie als Wiederholung und Vergegenwärtigung des österlichen Geheimnisses von Christi Leiden, Tod und Auferstehung, die Eucharistie als Fenster zum kommenden Königreich, die kosmische Eucharistie, in der die ganze Schöpfung eingebunden ist in Christi Opfertod für den Vater: all diese Themen aus *Ecclesia de Eucharistia* klangen auch im Jubiläumsjahr an.

Im Sakrament der heiligen Eucharistie, scheint Johannes Paul zu sagen, begegnen wir auf einzigartige Weise dem Gott, „der uns vorausgegangen ist und vor uns hergeht. Er hat sich selbst auf den Straßen der Menschen auf den Weg gemacht. Er ist ein Gott, der uns nicht von oben betrachtet, sondern unser Weggefährte geworden ist."[19]

Krieg im Irak

Johannes Pauls Ablehnung des am 19. März 2003 begonnenen Irakkrieges war entschieden, leidenschaftlich, kompromisslos und verglichen mit der einiger seiner Untergebenen sorgfältig durchdacht. Ihr lag eine Reihe von Überzeugungen und Erkenntnissen zugrunde.

Zu Beginn eines neuen Jahrtausends hielt der Papst es für wichtig, in einer Rede zur Weltlage die Hoffnung zu bekunden, die er im Jubiläumsjahr von 2000 geäußert hatte, dass die Menschheit aus den Schrecken des 20. Jahrhunderts etwas gelernt hat und dass es bessere Wege zur Lösung von Problemen und Behebung von Missständen gibt, als zu den Waffen zu greifen. Wie seine Vorgänger setzte Johannes Paul sich dafür ein, die rechtlichen und politischen Alternativen zum Krieg als Mittel der Konfliktlösung zu stärken. In der Praxis hieß das, die kriegführenden Mächte der UNO zu unterstellen – obwohl man nicht vergessen darf, dass der Papst und der Heilige Stuhl 1990, als die UNO den Gebrauch von Waffen für gerechfertigt hielt, um die Invasion und Annexion Kuwaits durch den Irak rückgängig zu machen, den Einsatz kriegerischer Mittel zu diesem Zweck ablehnte.[20] Die Sorge um die bedrängten christlichen Gemeinden im Nahen Osten, vor allem wenn es dort zu einem Flächenbrand kommen sollte, trieb den Papst in den neunziger Jahren ständig um. Und nach dem 11. September war er entschlossen, alles zu tun, um der Welt deutlich zu machen, dass die Behauptung der Gotteskrieger, die Auseinandersetzung zwischen dem islamischen Terrorismus und dem Westen sei ein Religionskrieg, schlicht falsch ist.

Zusammengenommen legten diese Überzeugungen, Engagements und Erkenntnisse die Grundlage für die regelmäßigen, zunehmend dringlicheren Erklärungen, die der Papst im Spätjahr 2002 und zu Beginn 2003 in Ablehnung des Einsatzes von Waffen gegen Saddam Husseins Regime im Irak abgab.[21] Der Papst ließ sich von Saddam keinen Sand in die Augen streuen, er kannte ihn als einen grausamen Despoten. Ohne Zweifel hätte Johannes Paul einen Regimewechsel in Bagdad begrüßt, um die Leiden der Iraker zu lindern, die Politik im ohnehin explosiven Nahen Osten zu stabilisieren und die Autorität der Vereinten Nationen zu stärken, denen Saddam seit zehn Jahren die Stirn bot. Dennoch sah er sich verpflichtet, einen derartigen Wandel durch nicht-militärische Mittel zu bewerkstelligen.

Johannes Pauls Reaktion auf die Irak-Krise von 2002-2003 war auch davon beeinflusst, dass er sich der Grenzen seiner Möglichkeiten bewusst war, eine internationale Krise wie die anzugehen, die durch Saddam Husseins Nichtbeachtung der UN-Resolutionen zur Abrüstung verursacht worden war. Der *Katechismus der Katholischen Kirche*, den er autorisiert hatte, lehrt, dass die Entscheidung, ob die strengen moralischen Bedingungen für einen moralisch gerechtfertigten Einsatz von Waffengewalt erfüllt sind, „dem klugen Ermessen derer zukommt, die mit der Wahrung des Gemeinwohls betraut sind."[22] In der Praxis heißt das, die Last, ein moralisches Urteil zu fällen, obliegt den Staatsmännern und ihrer Klugheit. Anders gesagt, es ist nicht die Aufgabe des Papstes, zwischen verschiedenen Deutungen dessen, was die Klugheit in einer bestimmten Situation diktiert, zu entscheiden. Die Aufgabe des Papstes ist es jedoch, unablässig auf friedliche Lösungen zu drängen, selbst dann, vielleicht vor allem dann, wenn solche Lösungen außerhalb der Reichweite praktischer Politik zu liegen scheinen. Zudem war Johannes Paul deutlich, dass er das Gewissen eines katholischen Angehörigen der Streitkräfte schwer belasten würde, wenn er ein konkretes militärisches Eingreifen als „ungerecht" verurteilte. Für den betreffenden Katholiken könnte das gravierende persönliche, politische und militärische Folgen haben. Soldaten tragen ebenso wie Staatsmänner die Last der moralischen Verantwortung, über den betreffenden Krieg und die Mittel der Kriegsführung selbst zu urteilen. Diese Verantwortung lässt sich nicht dem Papst zuschieben, und Johannes Paul II., der sein Leben lang die persönliche moralische Verantwortung gepredigt hat, war sicherlich nicht der Mann, sie sich anzueignen.

Durch das oftmals unkoordiniert (und manchmal unverständlich) wirkende Vorgehen des Heiligen Stuhls, diplomatische Schritte zu unternehmen und Erklärungen herauszugeben, wurde Johannes Pauls Reaktion auf die Irakkrise 2002 und 2003 sowohl erweitert als auch verzerrt. In den Monaten unmittelbar vor dem Krieg schlug der französische Erzbischof Jean-Louis Tauran, der seit 1990 beim Heiligen Stuhl als Sekretär der Beziehungen zu denen Staaten, also quasi als „Außenminister" diente, eine zunehmend strikte Richtung ein, und stellte wiederholt, die „Stärke des Gesetzes" dem „Gesetz des Stärkeren" gegenüber.[23] Tauran erklärte auch, die einzige Weise, den militärischen Einsatz im Irak oder in irgendwelchen anderen Umständen zu rechtfertigen, bestehe in einem Beschluss der UNO – in einem Beschluss, von dem Tauran und die übrigen Würdenträger des Vatikan nicht meinten, er liege mit der Resolution 1141 des Sicherheitsrates bereits vor. (Der am 8. November 2002 verabschiedete Beschluss erklärt, dass der Irak die 1991 zugestimmten Waffenstillstandsbedingungen „erheblich verletzt" hat, und räumt dem Irak eine letzte Chance ein, „seinen Abrüstungsverpflichtungen nachzukommen".)[24] Später ging Tauran sogar so weit zu behaupten, bei Nichtvorlage eines verbindlichen Beschlusses, (was bedeutet hätte, eine neue Resolution des Sicherheitsrates nach 1441 zu verabschieden, gegen die Frankreich bereits sein Veto angekündigt hatte) sei eine Militäraktion gegen Saddam Hussein „ein Angriffskrieg und damit ein Verbrechen gegen die Menschheit". Dass Johannes Paul, der persönlich erfahren hatte, was Verbrechen gegen die Menschheit sind, dieses moralische Urteil geteilt hat, ist schwer vorstellbar. Ende Februar 2003 stimmte Tauran zu Tariq Aziz, den irakischen Außerminister, langjährigen Gefolgsmann von Saddam Hussein und chaldäischen Christen, im Vatikan zu empfangen. Wie Massimo Franco, ein Kolumnist des *Corriere della Sera* formulierte: „Der Besuch des Irakers ist von dem gebürtigen Franzosen Hochwürden Benjamin eingefädelt worden. Dieser schillernde ehemalige Popsänger, der sich zum Priester wandelte, pflegt seit vielen Jahren Beziehungen zu Bagdad und hat eine nicht weniger lange Geschichte antiamerikanischer Ressentiments [...]. Der Besuch [...] war Saddams letztes Aufgebot, sich und sein Regime zu retten, indem er den Papst auf seine Seite zu ziehen versuchte."[25] Wie dieses stillschweigende Sicheinreihen der Diplomatie des Heiligen Stuhls in die Kampagnen der europäischen Linken die Sache des Friedens oder die Zeugenschaft Johannes Pauls II. befördert hat, ist nie deutlich gewesen.[26]

Dramatische Stellungnahmen kamen in den Monaten vor dem Krieg auch regelmäßig aus dem Munde des sprunghaften, redegewandten ständigen Vertreters des Heiligen Stuhls bei den Vereinten Nationen, des italienischen Erzbischofs Renato Martino, und aus der Feder der halboffziellen Zeitung des Vatikans, des *L'Osservatore Romano*, der so markerschütternde Schlagzeilen wie „Der Wahnsinn des Krieges" brachte. Die jesuitische Zeitschrift *La Civiltà Cattolica*, deren Artikel vom vatikanischen Staatssekretariat gegengelesen werden, veröffentlichte in ihrer Ausgabe vom 18. Januar einen ungeschminkt antiamerikanischen Leitartikel, der dem Vatikankenner Sandro Magister zufolge eine „unversöhnliche Anklage [...] gegen Bushs Amerika" war, weil dieses die Weltordnung stört, den Vereinten Nationen die Legitimation entzieht, das internationale Recht „verletzt", das Bündnis zwischen Amerika und Europa zerreißt und die islamische Welt dem Dschihad in die Arme treibt, und das alles in Verfolgung imperialistischer „Herrschaft".[27]

Die Kommentare von der vatikanischen Bürokratie, vom *L'Osservatore Romano* und von *Civiltà Cattolica* scheinen einer Einstellung und Urteilen entsprungen zu sein, von denen man nicht einfach annehmen kann, dass der Papst sie geteilt hat. In diesen Kreisen sah man in Samuel Huntingtons Analyse der Situation nach dem Kalten Krieg als „Zusammenstoß der Kulturen" eine Handlungsanweisung für die US-amerikanische Außenpolitik und keine Beschreibung der Weltlage. Das war eine grundlegende Fehldeutung von Huntingtons Arbeit, die unter anderem die seit Jahrzehnten erste globale Analyse eines führenden Profanhistorikers vorlegte, in der kulturelle und religiöse Überzeugungen als Faktoren der Weltpolitik ernstgenommen wurden.[28] Europas Enttäuschung darüber, dass sein Einfluß auf das Weltgeschehen schwand, spielte in den heftigeren Kommentaren aus dem Vatikan ebenso eine Rolle wie die Sorge der Europäer, dass die von der Bush Regierung proklamierte Politik der ‚Präemption' im Falle einer schwerwiegenden Bedrohungslage die Vereinten Nationen völlig entmachten könnte – also das einzige Forum, auf dem europäische Staaten noch als größere Mächte auftraten. Verschiedene Mythen über George W. Bushs evangelikale Überzeugungen und seine generelle Unfähigkeit schlugen sich nieder, etwa wenn der *L'Osservatore Romano* in einem Leitartikel meinte, Bushs Irakpolitik sei „was die notwendigen Erkenntnisse auf bestimmten Ebenen" betreffe, äußerst mangelhaft. Einen vergeichbaren Vorwurf gegen Frankreichs Jacques Chirac oder Deutschlands Gerhard Schröder zu erheben, wäre für die Vatikanzeitung undenkbar gewesen. Europäische Ängste vor einer ansteigenden Welle von Einwanderern aus der muslimischen Welt in die Europäische Union und vor der Möglichkeit weiterer Terrorangriffe in Europa wirkten sich ebenfalls auf die Vatikanbürokratie, das Vatikanblatt und *La Civiltà Cattolica* aus, die mit dem Unmut der islamischen und arabischen Welt wiederholt sympathisierten und den USA sogar vorwarfen, dem „Gesetz des Dschungels" zu folgen.[29]

Gegenüber diesem Schwulst, der seinen Tiefpunkt mit der Erklärung von Erzbischof Martino erreichte, ihm sei die Rechtfertigung der Regierungshaltung zum Irak seitens des amerikanischen Außenministers Colin Powell vor den Vereinten Nationen „vage und unüberzeugend" erschienen, obwohl er der Rede weder beigewohnt, noch sie gelesen hatte, nimmt sich Johannes Pauls II. Opposition gegen den Irakkrieg klarköpfig und gemäßigt aus. Sie erreichte ihren Höhepunkt in der Ansprache vor den beim Heiligen Stuhl akkreditierten Botschaftern am 13. Januar 2003, als Johannes Paul „die Völker der Erde und ihre Verantwortlichen" dazu aufrief, „ manchmal den Mut zu haben, ‚Nein' zu sagen. […] Nein zum Tod! […] Nein zum Egoismus! […] Nein zum Krieg!“[30] Es steht außer Zweifel, dass Johannes Paul es für seine Pflicht hielt, jeden erdenklichen Versuch zu unternehmen, um eine Alternative zum Krieg im Irak zu finden. Doch wie Sandro Magister Monate später schrieb:

> Johannes Paul II. sprach nie die Anathemata aus, die eine Reihe seiner Mitarbeiter vor der Presse verkündeten. Der Papst war gegen den Krieg im Irak, aber er verurteilte ihn zu keiner Zeit als unmoralisch oder als unvereinbar mit dem christlichen Glauben. Er behauptete niemals, er sei ein „Verbrechen gegen die Menschheit“, wie Tauran und Martino es wiederholt taten […].
>
> Die Worte des Papstes zeichneten sich durch ihren religiösen Charakter aus. Der von ihm gepredigte Frieden „kommt“ wesentlich „von Gott“. Nur selten, und wenn dann wohlerwogen, spricht er über konkrete Möglichkeiten, für Frieden am Golf zu sorgen – und diese Worte sind eher Ausführungen über Verfahren und keine Rezepte. Ein Beispiel dafür, dass er sich auf Verfahren konzentriert, findet sich in seiner Rede vor den Botschaftern aus aller Welt, die er am 13. Januar 2003 gehalten hat: „Die Charta der Vereinten Nationen und das Völkerrecht erinnern daran, daß der Krieg, auch wenn es um die Sicherung des Gemeinwohls geht, nur im äußersten Fall und unter sehr strengen Bedingungen gewählt werden darf.“ Ein weiterer Appell, zu verantwortlichen Entscheidungen zu kommen, erging in der Angelusansprache vom 16. März: „Wir wissen sehr wohl, daß ein Friede um jeden Preis nicht möglich ist. Aber wir wissen auch, wie groß diese Verantwortung ist.“[31]

Magister kommt zu dem Schluss, dass Johannes Paul II. „einen Irakkrieg niemals aus dem Bereich praktikabler und gerechter Entscheidungen ausgeschlossen hat.“[32] Diese Analyse schießt vermutlich ein wenig über das Ziel hinaus, denn der Papst scheint immer, selbst nach Kriegsausbruch, geglaubt zu haben, weitere diplomatische oder andere nicht-militärische Maßnahmen hätten im Irak den notwendigen Politik- oder sogar Regimewechsel mit sich bringen können. Ob das nun eine realistische, verständige Erwartung war, wäre zu debattieren. Doch Magister weist sicherlich mit Recht darauf hin, dass Johannes Paul nie das Wort „ungerecht“ verwandt hat, um einen Krieg zu beschreiben, den er zutiefst ablehnte. Schließlich war er der Meinung, dass ein solches Urteil, wie es im *Katechismus* heißt, von anderen zu fällen ist, und er wollte auch nicht das Gewissen katholischer Soldaten belasten, die mit dem Streitkräften der Verbündeten am 20. März im Irak einmarschiert sind und das Regime in Bagdad am 9. April stürzten.

Während der Irakkrise 2003 bemühte sich der US-Botschafter R. James Nicholson nach Kräften, den Heiligen Stuhl davon zu überzeugen, dass Amerikas Vorgehen im Falle des Irak tatsächlich multilateral war und kein Alleingang. Außerdem arbeitete er daran, die Kommunikation zwischen dem Vatikan und der US-Regierung nicht abreißen zu lassen, obwohl sie durch die rhetorischen Ausfälle von Erzbischof Tauran, Erzbischof Martino und anderen sowohl gestört als auch erschwert worden war. Später beschrieb Nicholson, wie er die Situation und die Probleme, mit denen er konfrontiert war, im Spätjahr 2002 und Frühjahr 2003 erlebt hatte:

Ein Teil meiner Aufgabe bestand darin, das, wie es schien, erhebliche Misstrauen gegenüber der Macht und dem Einfluss der USA und ihrer angeblichen „Gier nach Öl" zu überwinden. Die von vielen Menschen in Europa geteilte Einstellung war die, dass Amerika als führendes kapitalistisches Land im Irak zwangsläufig Profitinteressen verfolgen müsse. Die Anstrengungen der Presse, die Haltung der Vereinigten Staaten und des Heiligen Stuhl in der Kriegsfrage als diametral entgegengesetzt darzustellen, verstärkten sich zusehends. Eine katholische Zeitschrift gab sogar eine Umfrage in Auftrag, in der die Befragten sagen sollten, ob sie „mit Präsident Bush für den Krieg" oder „mit dem Papst für den Frieden" sind. All diesen Bemühungen zum Trotz waren unsere Auffassungen nie so weit von einander entfernt, wie die Presse tat. Beide, der Papst und Präsident Bush, glaubten, dass der Krieg das letzte Mittel sein sollte. Beide erkannten die vom Irak ausgehende Gefahr und forderten den Irak zur Abrüstung auf. Beide erkannten an, dass Entscheidungen über Krieg und Frieden von dazu legitimierten Politikern getroffen werden sollten. Uneinig war man sich letztlich nur bezüglich der Frage, ob alle diplomatischen Mittel ausgeschöpft worden waren, um die Iraker zur Abrüstung zu bewegen, bevor man zu militärischen Aktionen schritt. Die USA glaubten, dass der Irak, nachdem er zwölf Jahre einem starken Konsens der UNO getrotzt hatte, niemals bereit sein würde, sich der UNO zu beugen. Der Heilige Stuhl war weiterhin der Ansicht, dass Inspektionen und der Dialog Mittel wären, die Besorgnis der internationalen Gemeinschaft zu zerstreuen – eine Ansicht, die der Papst Ende Oktober [2002] brieflich Präsident Bush mitgeteilt hat.[33]

Condoleeza Rice, die nationale Sicherheitsberaterin der USA, behauptete ihrerseits, sie könne „die Haltung des Vatikan nicht verstehen", denn die Greuel und die Natur des Regimes von Saddam Hussein machten es unmöglich, zu einer diplomatischen Übereinkunft zu gelangen. Als Johannes Paul am 4. März 2002 ankündigte, er würde fasten, um Gott zu bitten, den Krieg zu verhindern, erklärte Botschafter Nicholson, auch er würde für den Frieden fasten, sagte allerdings weiter, er verstehe Rices Verwunderung, denn „leider erwähnt der Heilige Stuhl nicht die von Saddam Hussein begangenen Verbrechen gegen die Menschlichkeit. Wir haben nach Kardinal Etchegarays Mission im Irak nichts dergleichen erwähnt gehört."[34]

Etchegaray, für Johannes Paul II. seit Jahren ein Diplomat für heikle Missionen, wurde Anfang März 2003 nach Bagdad geschickt, um Saddam Hussein zum Nachgeben zu überreden. Saddam ließ den französischen Kardinal mehrere Tage warten und bot dann, wie Massimo Franco es darstellt, ein „dürftiges Einverständnis" an, mit den Waffeninspektoren der UNO zu „kooperieren".[35] Etchegarays Mission war daher ein Fehlschlag. Und das galt auch für die parallele Mission Kardinal Laghis, des ehemaligen apostolischen Nuntius für die Vereinigten Staaten in Washington. Kardinal Laghi hatte in der Zeit der Regierung Reagan mit dem damaligen Vizepräsidenten George Bush Freundschaft geschlossen, als die beiden auf Washingtons baumbestandener Massachusetts Avenue gegenüber voneinander gewohnt und zusammen Tennis gespielt hatten. Am 5. März traf Kardinal Laghi im Weißen Haus zunächst mit Condoleeza Rice und danach mit Präsident George W. Bush zusammen, dem er einen Brief von

Johannes Paul II. überreichte. Bei seiner Abreise aus Rom hatte Laghi, der seine Rolle nie herunterzuspielen pflegte, dem *Corriere della Sera* gesagt, das Treffen würde in einem höflichen Rahmen stattfinden, doch „es wird kein Treffen von Freunden sein". Botschafter Nicholson beschreibt die Substanz der Begegnung so:

> Laghi wiederholte die Auffassung des Heiligen Stuhls, dass Krieg nur das letzte Mittel sein dürfe und dass jede Entscheidung über ein militärisches Eingreifen im Rahmen der UNO getroffen werden müsse. Der Präsident legte beredt seine Meinung dar, dass eine Militäraktion sowohl rechtlich als auch moralisch geboten ist, bemerkte jedoch, die UNO habe mit der Resolution 1441 und früheren Beschlüssen bereits den notwendigen Handlungsrahmen abgesteckt, und es sei seine Pflicht, das amerikanische Volk vor den potentiellen, vom Saddam-Regime ausgehenden Gefahren zu schützen. [36]

Denn, wie Massimo Franco später einmal sagte, es „trennte eine Mauer des Unverständnisses den Heiligen Stuhl und Washington." Die von Laghi repräsentierte Diplomatenbürokratie glaubte, dass Washington „Gefahr läuft, die ganze westliche Welt in einen Konflikt mit dem Islam hineinzuziehen", denn an der Wurzel aller Unruhen im Nahen Osten läge der israelisch-palästinensische Streit.[37] Demgegenüber war die Regierung Bush der Meinung, ein demokratischer Irak nach Saddam würde wie ein politisch-kultureller Magnet wirken, der andere arabische und islamische Staaten zu einer rationaleren Haltung in der Weltpolitik bekehren und damit einen Weg zur Lösung des israelisch-palästinensischen Konflikt ebnen könnte. Die unterschiedlichen Einschätzungen waren schlicht unversöhnlich.[38]

Am 17. März telefonierte der US-Außenminister Colin Powell mit Erzbischof Jean-Louis Tauran und teilte ihm mit, wenn Saddam Hussein und seine Söhne den Irak nicht sofort verließen, eine Bedingung, die Präsident Bush als letzte Möglichkeit zur Abwendung eines Krieges gestellt hatte, dann würden die an Iraks Grenzen zusammengezogenen Bündnisstreitkräfte in das Land einmarschieren. Powell sagte zu Tauran, die Regierung Bush sei sich der Sorge des Papstes bewusst und würde alles tun, um die Zahl toter Zivilisten so gering wie möglich zu halten. Tauran dankte Powell und bemerkte, die Entscheidung, ob alle diplomatischen Mittel ausgeschöpft worden waren, liege nun bei den Politikern, die auch die schwere Verantwortung dafür übernehmen müssten.[39]

Als Tage später der Krieg begann, gab der päpstliche Sprecher Joaquín Navarro-Valls eine deutliche, wenngleich maßvolle Stellungnahme ab, wie es der Verbindung von Entschlossenheit und Selbstdisziplin entsprach, die Johannes Paul II. die ganzen vorangegangenen Monate an den Tag gelegt hatte. Navarro erklärte, der Papst habe die Nachricht vom Beginn der Feindseligkeiten mit „tiefem Schmerz" zur Kenntnis genommen, und setzte dann hinzu: „Auf der einen Seite ist er betrübt, dass die irakische Regierung weder die UN-Resolutionen noch den Aufruf des Papstes erhört hat, die eine Entwaffnung des Landes gefordert haben. Auf der anderen Seite, beklagt er, dass der Verhandlungsweg abgebrochen worden ist, der dem internationalen Recht entsprochen hätte, um zu einer friedlichen Lösung des ‚Irakdramas' zu gelangen".[40]

„Beklagen" ist natürlich ein stärkeres Wort als „bedauern". Doch Navarros Erklärung stimmte nicht mit dem zuvor in *La Civiltà Cattolica* erhobenen Vorwurf überein, die Vereinigten Staaten richteten sich nach „dem Gesetz des Dschungels", so wenig wie in ihr von einem „Verbrechen gegen die Menschlichkeit" die Rede war. Was öffentliche Erklärungen des Heiligen Stuhl noch immer aussparten, war ein Kommentar zur Rolle, die Frankreich und andere Länder gespielt hatten, indem sie durch ihre angekündigte Drohung, im UN-Sicherheitsrat jede über die strittige Resolution 1441 hinausgehende Maßnahme mit einem Veto zu belegen, den Druck auf Saddam Hussein schwächten.

Während der Krieg seinen Fortgang nahm, blieb der Nuntius des Heiligen Stuhls, Erzbischof Fernando Filoni auf seinem Posten in Bagdad. Als mit der Einnahme Bagdads eine Phase des Krieges beendet war, verlegte sich der Heilige Stuhl mehr auf die humnaitäre Hilfe für das irakische Volk, die Beteiligung der UNO am Wiederaufbau des Landes und die Notwendigkeit, die Macht so schnell wie möglich an eine neue irakische Regierung abzutreten.[41] Dieser neue Abschnitt der Gespräche zwischen den USA und dem Heiligen Stuhl wurde durch einen Besuch des US-Unterstaatssekretärs John Bolton eingeleitet, der am 9. April den Vatikan aufsuchte, um über die Möglichkeiten einer Zusammenarbeit von USA und Vatikan nach der Ära Saddam zu diskutieren. Der Vatikan teilte Bolton mit, er sei erleichtert darüber, dass die Zahl der Ziviltoten so klein wie möglich gehalten worden ist. Am 10. April sagte der Vatikan, der Sturz des Regimes von Saddam Hussein böte eine „große Chance für die Zukunft des Volkes" im Irak und verkündete, sich „durch soziale und wohltätige Verbände [der katholischen Kirche] an der notwendigen Hilfe" beteiligen zu wollen."[42]

Als später im Jahr 2003 deutlich wurde, dass der Irak nicht befriedet worden war und dass verschiedene Formen des Widerstands anhielten, die nun Schützenhilfe von dschihadistischen Terroristen erhielten, die im Irak ein neues Schlachtfeld für den Kampf gegen den Großen Satan sahen, änderte der Heilige Stuhl allmählich seine diplomatische Ausrichtung, indem er sich gegen einen vorzeitigen Rückzug der Bündniskräfte aussprach. Ein solcher würde den Irak nur dem schiitischen Fundamentalismus und Terrorismus ausliefern. Diese Position festigte sich, als am 12. November 2003 neunzehn italienische Soldaten bei einem Selbstmordattentat in Nasiriya, im Süden des Iraks, ums Leben gekommen waren. Camillo Kardinal Ruini, der Generalvikar seiner Heiligkeit für das Bistum Rom und Vorsitzender der italienischen Bischofskonferenz, predigte bei einem Gedenkgottesdienst für die Gefallenen am 18. November in der Basilika St. Paul vor den Mauern und erklärte: „Wir werden nicht vor den terroristischen Mördern davonlaufen [...], und ihnen [vielmehr]mit Mut, Tatkraft und Entschlossenheit entgegentreten." Wie es im *Corriere della Sera* hieß, war dies ein Versuch, „andere Länder zum Engagement zu ermuntern, um so die Befriedung des Irak zu einer echten internationalen, von den Vereinten Nationen unterstützten Anstrengung zu machen."[43]

Auch das war eine vergebliche Hoffnung, doch Ruinis Predigt war ein weiteres Anzeichen dafür, dass der Vatikan nun ganz anders einschätzte, was im Irak auf dem Spiel stand, und wie die Probleme des Landes anzugehen waren. Die italienischen Verluste in Nasiriya veranlassten den *L'Osservatore Romano* Italiens Auftrag im Irak als „Friedensmission" zu bezeichnen. Im Oktober 2003 begann *La Civiltà Cattolica* ihre kritische Haltung zu überdenken und warf dem Islam nun vor, in der Geschichte „ein kriegerisches und erorberungslüsternes Gesicht" gezeigt zu haben, und beklagte die „anhaltende Ausgrenzung" von Christen in islamischen Ländern. Außerdem gab es beim Heiligen Stuhl entscheidende Personalveränderungen. Ende November 2003 wurde Jean-Louis Tauran, seit dem 21. Oktober 2003 Kardinal, zum Archivar und Bibliothekar des Vatikans ernannt. Seine Stelle als „Außerminister" trat Erzbischof Giovanni Lajolo an. Renato Martino, ebenfalls seit dem 21. Oktober Kardinal, wurde zum Präsidenten des Päpstlichen Rates Iustitia et Pax ernannt und bei den Vereinten Nationen von Erzbischof Celestino Migliore ersetzt, über den Sandro Magister schreibt, von ihm seien „keine Drittweltrhetorik und pazifistische Predigten" zu erwarten.[44] Martino tauchte kurz darauf noch einmal in den Schlagzeilen auf, als er am 16. Dezember beklagte, dass die US-Streitkräfte Saddam Hussein bei der Gefangennahme schlecht behandelt hätten: „Mir tat dieser am Boden zerstörte Mann leid, der wie ein Kuh behandelt wurde, als man seine Zähne begutachtete."[45] Zu diesem Zeitpunkt schenkten allerdings wenig ernsthafte Beobachter Kardinal Martino viel Aufmerksamkeit.[46]

Johannes Paul II. bedauerte weiterhin den Kriegseinsatz und klagte in seiner Weihnachtspredigt: „Viel zu viel Blut rinnt noch über die Erde! Zu viel Gewalt und zu viele Konflikte vereiteln das friedliche Miteinander der Völker!"[47] Auch in seinem Segen *Urbi et Orbi* am Weihnachtstag 2003 griff er in einem herzergreifenen Gebet das Thema Frieden auf:

> Erlöse uns von den großen Übeln, welche die Menschheit
> zu Beginn des Dritten Jahrtausends zerreißen!
> Befreie uns von Kriegen und bewaffneten Konflikten,
> die ganze Regionen des Globus verwüsten.
> Befreie uns von der Plage des Terrorismus
> und vieler anderer Formen der Gewalt,
> die schwache und wehrlose Menschen peinigen.
> Nimm von uns alle Mutlosigkeit
> beim Beschreiten von Wegen des Friedens,
> die gewiss schwierig, aber möglich und daher auch geboten sind.
> Solche Wege sind immer überall dringend erforderlich,
> vor allem in dem Land, in dem du, o Friedensfürst, geboren warst.[48]

Glaubenskrise in Europa

Die Gesundheit des Papstes blieb 2003 schwankend, obwohl sie sich allgemein verschlechterte. Im ersten Drittel des Jahres verließ er Italien nicht, doch in der Heiligen Woche ging es ihm gut, so dass er alle Feierlichkeiten leitete und mit kräftiger und klarer Stimme predigte. Wie der altgediente Vatikankorrespondent John Allen damals bemerkte, schaut die Welt nie anhaltender auf den Papst als in der Zeit zwischen Gründonnerstag und Ostersonntag. Seit den späten neunziger Jahren war Johannes Pauls Haltung bei den langen Feiern des Ostertriduums daher „zu dem am schärfsten beobachteten jährlichen Indikator für seine körperliche Verfassung" geworden. Wie gut der Papst sich in der Heiligen Woche im April 2003 hielt, machte ebenso Eindruck wie seine österliche Grußbotschaft *Urbi et Orbi* in 62 Sprachen. Der letzte Gruss erging in Latein, und er sang ihn in dieser antiken Zunge, bevor er scherzte: „Die letzte Sprache ist die erste!" Wie Allen außerdem bemerkte, wurde der Papst erheblich durch ein neues Hilfsmittel unterstützt, einen hydraulischen Rollstuhl, oder in der sehr sensiblen Wortwahl des Vatikans durch einen „rollenden Thron". Mittels des hydraulischen Stuhls ließ sich der Papst, der zunehmend an Arthritis im rechten Knie litt, an den Altar schieben und dort hochfahren, so dass er die Eucharistie im Sitzen feiern konnte.[49] Niemand schien daran Anstoß zu nehmen, aber die Medien hatten ein neues Objekt ihrer Neugierde ausgemacht. Der päpstliche Sprecher Navarro-Valls meinte, die Behinderungen des Papstes „sind eher zu einem Werkzeug [der Evangelisierung] geworden als zu einem Hindernis" und erinnerte daran, dass Johannes Paul 1999 im *Brief an die alten Menschen* geschrieben hat: „Trotz der Einschränkungen, die mit dem Alter verbunden sind, bewahre ich mir die Lebensfreude." „Was bedeutet bei einer solchen Geisteshaltung ein Rollstuhl?", schloss der Pressesprecher.[50] Nach polnischem Brauch war der 4. November, das Fest seines Namenspatrons Karl Borromäus, für Karol Wojtyła wichtiger als sein Geburtstag. Gleichwohl feierte er am 18. Mai die Vollendung seines 83. Lebensjahrs damit, dass er vier neue Heilige zur Ehre der Altäre erhob und in seiner Predigt erklärte, dass „kein Alter ein Hindernis für ein Leben in Vollkommenheit" darstellt und fuhr dann fort: „Ich bin dankbar für die Gabe des Lebens und lege heute mein Dasein und die Aufgabe, zu der ich von der göttlichen Vorsehung berufen wurde, in die Hände der Muttergottes."[51] Einer der neuen Heiligen, Bischof Sebastian Pelczar, er starb 1924, war der Gründer der Kongregation der Dienerinnen des Allerheiligsten Herzens Jesu, eines polnischen Frauenordens, dessen Mitglieder den päpstlichen Haushalt betreuten und die zu dieser Gelegenheit ein besonderes Mahl vorbereitet haben sollen.

Vor und nach seinem Geburtstag richtete Johannes Paul II. sein Augenmerk auf Europa, den Kontinent, der ihm zunehmend Sorge bereitete, da er kulturell und spirituell immer tiefer in einem nachchristlichen Sumpf zu versinken schien.

Alle internationalen Reisen des Papstes 2003 fanden in Ländern der Europäischen Union statt. Der erste Pastoralbesuch am 3. und 4. Mai führte ihn zum fünften Mal nach Spanien. Sechshunderttausend junge Menschen sangen und beteten in der Nacht des 3. Mai auf dem Flughafen von Cuatro Vientos mit dem Papst die Abendandacht, während eine Million Menschen am 4. Mai auf die Plaza Colón im Zentrum Madrids zusammenströmte, um an der Heiligsprechung von drei Nonnen und zwei Priestern teilzunehmen. Zu den Heiliggesprochenen gehörte auch Pedro Poveda, einer von 12000 Priestern und Ordensangehörigen, die während des spanischen Bürgerkriegs ums Leben gekommen waren. Wie üblich bei solchen Begegnungen kam es mit de Jugend zum Austausch von Scherzworten. Als Johannes Paul fragte „Wie alt ist der Papst“ und dann antwortete „fast 83 Jahre“ griff die Menge den Ruf des Weltjugendtages 2002 auf: „Der Papst ist jung! Der Papst ist jung!“ „Ein junger Mann von 83 Jahren“, erwiderte der Papst und löste noch mehr Hochrufe aus. Es blieb aber nicht bei Witzeleien. Johannes Paul rief die jungen Menschen auf, „Baumeister des Friedens“ zu sein, und fuhr fort: „Antwortet auf die blinde Gewalt und auf den unmenschlichen Haß mit der faszinierenden Macht der Liebe. *Besiegt die Feindschaft durch die Kraft der Vergebung*. Haltet euch fern von jeder Form des extremen Nationalismus, des Rassismus und der Intoleranz. Bezeugt mit eurem Leben, *daß Ideen nicht aufzuzwingen, sondern anzubieten sind.*“ Bei der Heiligsprechungsmesse in Madrid ermutigte der Papst die Menge, die europäische Kultur durch die Macht des Glaubens neu zu beleben: „Gebt eure christlichen Wurzeln nicht preis. Nur auf diesem Wege werdet ihr die Welt und Europa mit dem kulturellen Reichtum ihrer Geschichte beschenken.“[52]

Einen Monat später brach Johannes Paul zu seiner 100. Pilgerreise außerhalb Italiens auf und besuchte vom 5. bis zum 9. Juni Kroatien. Es war sein dritter Aufenthalt in diesem Land, das sich noch immer von den Verwüstungen der Kriege erholte, von denen diese Region während und nach der Auflösung Jugoslawiens heimgesucht worden war – Kriege, die für Johannes Paul auf grausame Weise belegten, dass Europa nicht imstande war, den Frieden im eigenen Haus zu wahren. Er betonte deshalb die Verantwortung der Laien für die Entwicklung der Gesellschaft. Das Christentum könne Kroatiens Zukunft auf entscheidende Weise beeinflussen: „Es gibt in der Tat Werte – wie die Würde der Person, die moralische und intellektuelle Rechtschaffenheit, die Religionsfreiheit, die Verteidigung der Familie, die Annahme des Lebens und die Achtung vor ihm, die Solidarität, die Hilfsbereitschaft sowie die Anteilnahme und den Respekt vor den Minderheiten –, die von Natur aus jedem menschlichen Wesen eingegeben sind. Dem Christentum kommt jedoch das Verdienst zu, sie mit Klarheit erkannt und proklamiert zu haben.“ Und was für Kroatien gültig sei, gelte auch für ganz Europa.[53]

Zwei Wochen später war der Papst wieder auf dem Balkan, zu einem 13-stündigen Besuch in Banja Luka in der Republika Srpska, dem serbischen Teil von Bosnien-Herzegowina, wo der Papst zur Versöhnung aufrief und und wie immer den ersten Schritt selbst machte: „Von dieser Stadt aus, die im Laufe der Geschichte von so viel Leid und Blut gezeichnet ist, bitte ich den allmächtigen Herrn, er möge Erbarmen haben angesichts der Sünden, die auch von Söhnen der katholischen Kirche gegen den Menschen, seine Würde und seine Freiheit begangen wurden, und er möge allen den Wunsch nach gegenseitiger Vergebung einflößen. Nur in einer Atmosphäre wahrer Versöhnung werden das Gedenken an so viele unschuldige Opfer und ihr Tod nicht umsonst gewesen sein; sie werden uns ermutigen, neue Beziehungen der Brüderlichkeit und des Verständnisses aufzubauen."[54]

Im September schließlich verbrachte Johannes Paul vier Tage in der Slowakei. Es war seine dritte Reise in das zutiefst katholische Land. Gleich zu Beginn, in seinem Willkommensgruß am 11. September auf dem Flughafen von Bratislawa, rief er die Slowaken dazu auf, ihr christlichen Erbe mit in die Europäische Union zu bringen, in die das Land am 1. Mai 2004 aufgenommen werden sollte. „Leistet beim Aufbau der Identität des neuen Europas euren Beitrag mit eurer reichen christlichen Tradition", drängte der Papst. *„Begnügt euch dabei nicht allein mit der Suche nach wirtschaftlichen Vorteilen.* [...]Wenn man, auch unter Opfern und Schwierigkeiten, eine Gesellschaft aufbaut, die das *menschliche Leben in all seinen Erscheinungsformen respektiert,* die *Familie als Ort gegenseitiger Liebe und zur Entfaltung der Person fördert,* das *Gemeinwohl* sucht und auf die Bedürfnisse der Schwächsten achtet, dann hat man die Garantie für eine Zukunft, die auf einem soliden Fundament gründet und reich ist an Gütern für alle."[55]

Eine Verfassung für Europa

Dieses Thema, dass Europa nur zu sich finden würde, wenn die neue Europäische Union mehr ist als ein pragmatisches Zusammengehen zum Zwecke wirtschaftlicher Vorteile, sollte Johannes Paul II. den Rest seines Pontifikats beschäftigen. Seine Aufmerksamkeit ruhte dabei besonders auf dem 2003 erarbeiteten Verfassungsvertrag, der für die am 1. Mai 2004 auf fünfundzwanzig Mitglieder erweiterte EU gelten sollte. Für die päpstlichen Diplomaten war es von erstem Rang, ob der neue Vertrag die Kirche und andere religiöse Gemeinschaften und Institutionen als rechtliche Körperschaft anerkennen würde. Johannes Paul II. sorgte sich darum, dass der Vertrag die Säkularisierung Europas dadurch beschleunigen könnte, wie seine Präambel, seine Erklärung der Verfassungsziele, die Wurzeln der heutigen europäischen Kultur beschreibt.[56]

Die Präambel des Verfassungsentwurfs legte zunächst die Usprünge der europäischen Kultur des 21. Jahrhunderts, das Bekenntnis des modernen Europas zu den Menschenrechten, zur Demokratie und zum Rechtsstaat als ihrem klassischen Erbe sowie ihre Wurzeln in der Aufklärung und dem neuzeitlichen Denken dar: 1500 Jahre christlicher Kultur wurden einfach ignoriert, als wäre zwischen Mark Aurel und René Descartes nichts geschehen, was für das Europa von heute von Bedeutung gewesen wäre. Im Sommer 2003 widmete Johannes

Paul II. über Wochen seine Angelusansprachen dieser bemerkenswerten Unterlassung und warnte, das christliche Erbe Europas dürfe „nicht verlorengehen“.[57] Am 13. Juli sprach der Papst in Castel Gandolfo und brachte seine Befürchtung zum Ausdruck, gerade die Unterschlagung christlicher Geschichte und Identität könne das von der Verfassungspräambel hochgehaltene Bekenntnis zu den Menschenrechten gefährden:

> Ein gewisser Verlust des christlichen Gedächtnisses [...] wird begleitet von einer Art Angst vor der Zukunft, und zu einer weit verbreiteten Zersplitterung des Daseins kommen nicht selten ein sich ausweitender Individualismus und eine zunehmende Schwächung der zwischenmenschlichen Solidarität hinzu. Zugleich ist ein Verlust der Hoffnung festzustellen, der auf den Versuch zurückzuführen ist, eine Anthropologie ohne Gott und ohne Christus durchzusetzen. Paradoxerweise läuft jedoch die Wiege der Menschenrechte auf diese Weise Gefahr, ihre Grundlage, die von Relativismus und Utilitarismus untergraben wird, zu verlieren.[58]

Die polnische Regierung, die weitgehend aus früheren Kommunisten bestand, unterstützte die Kampagne des Papstes, Europas christliche Wurzeln in dem neuen Verfassungswerk anzuerkennen, und auch die Regierungen Italiens, Tschechiens, Litauens, Maltas, Portugals und Spaniens schlossen sich ihr an. Obgleich Spanien seine Auffassung revidierte, nachdem die Regierung José Maria Aznar im Mai 2004 von der radikal säkularen Regierungsmannschaft um Ministerpräsident José Luis Rodríguez Zapatero abgelöst worden war. Aber das waren schon alle. Der Vorsitzende des mit der Erarbeitung eines Verfassungsentwurfs betrauten Ausschusses, der ehemalige französische Präsident Valèry Giscard d'Estaing meinte, dass „Europäer in einem rein säkularen politischen System leben, indem die Religion keine wichtige Rolle spielt.“[59] Der damalige Präsident Frankreichs Jacques Chirac erklärte, dass „Frankreich ein laizistischer Staat ist und es als solcher nicht gewohnt ist, Einfügungen religiösen Charakters in seine Verfassungsdokumente aufzunehmen.“ Diese Gewohnheit, schloss Chirac, würde „eine religiöse Bezugnahme“ in der Präambel „nicht zulassen“, was immer auch Johannes Paul II. dazu sage oder was die historischen Tatsachen geböten.[60] Andere gingen noch weiter. Ein britischer Labor-Abgeordneter im Europaparlament meinte, jede Erwähnung der christlichen Wurzeln Europas „würde Millionen von Andersgläubigen oder Menschen ohne jeden Glaubens vor den Kopf stoßen.“[61]. Das schwedische Boulevardblatt *Aftonbladet*, Skandinaviens größte Zeitung, schrieb in einem Leitartikel, eine Nennung christlicher Werte in der europäischen Verfassung wäre ein „riesiger Fehler“, da sie „Gruppen ausschließen und neue Mauern errichten“ würde.[62] Olivier Duhamel, ein französischer sozialistischer Abgeordneter, behauptete, Gott oder das Christentum in der Präambel oder an anderer Stelle in der europäischen Verfassung anzuführen, wäre „absurd“, denn damit würden Muslime, Atheisten und andere Nicht-Christen aus der politischen Gemeinschaft der EU ausgeschlossen.[63] Wieso das so sein würde, wurde nicht erklärt.

Die Leidenschaftlichkeit der Debatte lässt vermuten, dass es um mehr ging als um eine Verbindung von traditioneller französischer *laïcité*, modernem europäischem Säkularismus und dem festen Willen, so viele wie mögliche einzuschließen. Denn wie Johannes Paul sehr gut wusste, würden, wenn die Erwähnung des christlichen Beitrags zur europäischen Kultur der Gegenwart Juden, Muslime und Atheisten „ausschlösse", durch das Anführen der Aufklärung zwangsläufig Aristoteliker, Thomisten und Postmoderne wie Jacques Derrida (der damals von der EU verlangte „gegenüber Weltanschauungen neutral" zu sein) „ausgeschlossen", also alle, die glaubten, die Rationalität der Aufklärung sei zutiefst mangelhaft.[64] Der Streit war so, wie er lief, einfach absurd. Es musste noch etwas anderes am Werk sein.

Dieses „Etwas" definiert Johannes Paul II. in *Ecclesia in Europa.* Dieses apostolische Schreiben bietet nicht nur eine eingehende Analyse der Kultur- und Moralkrise im gegenwärtigen Europa, es enthält nach seiner Enzyklika *Centesimus Annus* von 1991 auch Johannes Pauls zugespitzteste Darlegung der Bedeutung, die die katholische Soziallehre für das 21. Jahrhundert hat.[65] Aufgrund ihrer spezifischen Deutung der kulturellen, sozialen, ökonomischen und politischen Zeichen der Zeit in der industrialisierten Welt ist *Ecclesia in Europa* Johannes Pauls letztes Geschenk an die Weltkirche.

Durch das Eingeständnis, das Evangelium habe nun die „Botschaft der Hoffnung einem Europa zu verkünden, das sie verloren zu haben" scheint, erkennt *Ecclesia in Europa* freimütig an, dass Europa dabei ist, ein nachchristlicher Kontinent zu werden.[66] Nachdem Europa sicher durch die siebenundsiebzig Jahre der Prüfung hindurchgegangen war, die mit dem August 1914 begonnen und mit dem Zusammenbruch der Sowjetunion 1991 geendet hatte, sollte es eigentlich einen neuen Frühling des menschlichen Geistes erleben, wie Johannes Paul es 1995 vor den Vereinten Nationen formuliert hatte. Doch Europa schien „von schwerwiegenden Ungewißheiten auf kultureller, anthropologischer, ethischer und geistlich-religiöser Ebene" heimgesucht zu werden: Europäer waren sich nicht des Werts ihrer eigenen zivilisatorischen Errungenschaften sicher, nicht des Wesens der menschlichen Person, nicht dessen, was richtig und falsch ist, nicht der Beziehung des Wahren, Guten und Schönen zum Leben des 21. Jahrhunderts.[67] Johannes Paul meinte, es sei die weitgestreute Erfahrung von Unklarheit, die Europa seinen Glauben an die Zukunft verlieren ließ. Auf dem krönenden Höhepunkt der europäischen Integration – eines Prozesses, den die katholische Kirche seit dem Ende des Zweiten Weltkriegs tatkräftig unterstützt hatte – waren nicht eine neue europäische Währung, ein übernationales Finanzsystem, kontinentweite Regulierungen oder auch nur ein neuer Verfassungsvertrag das, was Europa vor allem brauchte, so wichtig diese Dinge zweifellos waren. Vielmehr bestehe, so Johannes Pauls Diagnose, die „vielleicht größte Dringlichkeit, die im Osten wie im Westen den Kontinent durchzieht, in einem wachsenden Bedürfnis nach Hoffnung [...], um dem Leben und der Geschichte einen Sinn geben und gemeinsam weitergehen zu können."[68]

Die Anzeichen für Europas Verlust der Hoffnung waren nicht schwer zu finden, und *Ecclesia in Europa* zögert nicht, sie klipp und klar zu benennen: eine „Art [von] praktischem Agnostizismus und religiöser Gleichgültigkeit, weshalb viele Europäer den Eindruck erwecken, als lebten sie ohne geistigen Hintergrund und wie Erben, welche die ihnen von der Geschichte übergebene Erbschaft verschleudert haben, [...] Zukunftsangst [...], innere Leere, die viele Menschen peinigt [...],verbreitete *Zersplitterung des Daseins*; es überwiegt ein Gefühl der Vereinsamung [...], das Schwinden einer Konzeption von Familie überhaupt [...], Egozentrik, die Einzelne und Gruppen in sich verschließt [...], die Zunahme einer allgemeinen sittlichen Gleichgültigkeit und einer krampfhaften Sorge um die eigenen Interessen und Privilegien [...], der dramatische Geburtenrückgang."[69]

Das letzte ist vielleicht der entscheidende Hinweis darauf, dass Europa seine Hoffnung verloren hat und von Zukunftsangst geplagt wird. Denn wenn ein ganzer Kontinent, der noch nie zuvor so reich, gesund und sicher war, aufhört, Zukunft im elementarsten Sinn zu schaffen, nämlich durch die Zeugung künftiger Generationen, dann liegt im Reich des Geistes etwas im Argen. Genau das aber spielt sich in der Europäischen Union ab, in der die Geburtenrate keines Landes auf dem Erhaltungsniveau ist und in der mehrere Länder dem demographischen Schwund entgegeneilen.

Nach Ansicht des Papstes spiegelte die entschlossene Verhinderung jeglichen Hinweises auf Europas christliche Wurzeln alle diese Probleme wider, wenn sie dadurch nicht sogar verschlimmert wurden: Denn der „Verlust der Hoffnung hat seinen Grund in dem *Versuch, eine Anthropologie ohne Gott und ohne Christus durchzusetzen.* [...] Das Vergessen Gottes hat zum Niedergang des Menschen geführt."[70] Ideen zeitigen, wie seit je, Folgen und die Ideen, die Johannes Pauls alter Freund, der französische Jesuit Henri de Lubac, unter der Rubrik „atheistischer Humanismus" versammelt hat, waren in der neueren Geschichte Europas nicht folgenlos geblieben: Zunächst hatten sie das Trauma von 1914-1991 mit verursacht und dann hatten sie Europa jeden Grund genommen, die Zukunft zu gestalten.[71] Unterm Strich kam dabei ein Europa heraus, in dem Männer und Frauen eigentlich ein energisches Leben in Freiheit führen sollten, in Wahrheit aber einsam, schuldbeladen und existentiell verzweifelt dahinlebten: „Eine der Wurzeln der Resignation, die heute viele befällt, [liegt] in der Unfähigkeit [...] sich vergeben zu lassen. Diese Unfähigkeit beruht oft auf der Einsamkeit dessen, der lebt, als gäbe es Gott nicht, und niemanden hat, den er um Vergebung bitten kann."[72]

Für Johannes Paul war Europa nicht nur von „Schatten" überzogen. Die Märtyrer des 20. Jahrhunderts und die vielen Christen verschiedenster Bekenntnisse, die in der Revolution von 1989 eine Schlüsselrolle gespielt hatten, haben bewiesen, dass das Evangelium noch immer Männer und Frauen dazu begeistern konnte, ein „moralisches und gesellschaftliches Leben" aufzubauen, das „die Würde und Freiheit einer jeden Person achtet und fördert". Die Freiheit, die 1989 durch spirituellen Mut über materielle Kraft gesiegt hatte, sei gewiss ebenso ein Zeichen der Hoffnung wie die Versöhnung zwischen Ländern, die jahrhundertelang erbitterte Feinde gewesen sind. Selbst das weitverbreitete, wenngleich oft irregeleitete „Verlangen nach geistlicher Nahrung" auf dem gesamten Kontinent bezeuge die Möglichkeit einer Wiederentdeckung „ethischer und geistlicher Werte“, in denen die „schöpferische Treue zur humanistischen und christlichen Tradition unseres Kontinents“ zum Ausdruck kommt.[73]

Sollte diese Möglichkeit Wirklichkeit werden, dann dürfe das Europa des 21. Jahrhunderts die Geschichte der Freiheit nicht ausschließlich durch die Brille der Französischen Revolution und des Jahres 1789 lesen, und erst recht nicht durch die der kulturellen Umstürze von 1968. Diese Umwälzungen seien nicht, beharrte Johannes Paul, die Ursprünge von Europas historischem Bekenntnis zu den universalen, vom neuen Verfassungsvertrag gefeierten Gütern: zu Demokratie, Menschenrechte, Bürgerlichkeit, Toleranz und Rechtstaatlichkeit. Vielmehr müsse man sagen, aus „der biblischen Auffassung vom Menschen hat Europa das Beste seiner humanistischen Kultur entnommen, Inspirationen für seine geistigen und künstlerischen Schöpfungen gewonnen, Rechtsnormen erarbeitet und nicht zuletzt die Würde der Person als Quelle unveräußerlicher Rechte gefördert.“[74] Wollte man sich an die ganze historische Wahrheit halten, dann sei es die Kirche gewesen, die Europa mit der schöpferischen Fähigkeit ausgestattet hat, sein humanistisches Erbe in den Mittelpunkt der fortschreitenden Weltgeschichte zu stellen: Denn „die Kirche als Hüterin des Evangeliums“ hat „zur Verbreitung und Konsolidierung jener Werte beigetragen, die die europäische Kultur zu einer Weltkultur gemacht haben.“[75] Hätte es keinen missionarischen Drang gegeben, wäre die europäische Kultur vermutlich auf eine Halbinsel beschränkt geblieben, die am Rande der riesigen eurasischen Landmasse an den Atlantik grenzt.

Der englische Autor G. K. Chesterton hat einmal bemerkt, die Krise der Moderne sei von „irrlaufenden Tugenden“ ausgelöst worden. Johannes Paul schien dem beizupflichten und befürchtete, dass, wenn die „großartigen Werte, die die europäische Kultur so reichhaltig beeinflusst haben“, willkürlich vom Evangelium losgelöst würden, solche Werte wie Toleranz und Bürgerlichkeit ihre Seele verlieren und einer Reihe von Irrtümern den Weg ebnen. Es fällt nicht schwer sich vorzustellen, dass der Papst die verfassungsmäßige Durchsetzung eines rigorosen Laizismus, eines von religiösem Gedankengut freien Europas, für einen solchen Irrtum hält – erste recht, wenn dies auch noch im Namen von Bürgerlichkeit, Toleranz und Pluralismus geschieht.

Wie immer, wenn Johannes Paul II. sein Lehramt in bezug auf soziale Fragen ausübte, betonte er auch in *Ecclesia in Europa* sorgfältig, dass die Kirche nicht daran interessiert ist, irgendeinen Staat der EU politisch zu bevormunden. In dem apostolischen Schreiben findet sich kein Anzeichen für eine Sehnsucht nach den Tagen des *ancien régimes*, nach der Zeit, als Thron und Altar noch miteinander im Bunde waren. Die Zeiten waren ein für allemal vorbei. Und nach Ansicht von Johannes Paul war das auch gut so, denn die Verflechtung mit dem Zwangsapparat des Staates hatte die evangelische Mission der Kirche beeinträchtigt und zur Spaltung der westlichen Christenheit beigetragen. Was die Kirche Europa zu bieten hatte, war eine Herausforderung: eine Herausforderung an die „ moralische Qualität seiner Kultur“. Wenn das künftige Europa in einer wahrhaft menschlichen Weise gedeihen sollte, dann müsse es nicht nur eine freie, sondern eine freie und sittliche Gesellschaft sein – eine Gesellschaft, in der „die moralische Struktur der Freiheit“ richtig aufgefasst wird, um „die europäische Kultur und Gesellschaft sowohl vor der totalitären Utopie der ‚Gerechtigkeit ohne Freiheit‘ als auch vor der Utopie der ‚Freiheit ohne Wahrheit‘, die mit einem falschen ‚Toleranz‘-Begriff einhergeht, zu bewahren.“ Denn beide Utopien seien, wie Johannes Paul die Europäer mahnt, „Vorboten von Irrtum und Schrecken für die Menschheit, wie die jüngste Geschichte Europas selbst leider beweist.“[76] Um die Tränen dieser „jüngsten Geschichte“ zu stillen, dürfe das neue Europa nicht bloß geographisch und bürokratisch eine Einheit sein, politisch zusammengeschweißt durch das öffentliche Bekenntnis zu bestimmten Werten, deren Ziel es in erster Linie ist, dass das europäische Bündnis „funktioniert“. Denn Europa sei und war „vor allem ein kultureller und historischer Begriff“, in dem die christliche Wahrheit wie in der Vergangenheit so auch in der Zukunft wesentlich dazu beigetragen hat und beitragen wird, ein „der Welt gegenüber offenes Europa“ aufzubauen, weil sie „ein Modell wesenhafter Einheit in der Verschiedenheit“ biete. Würde die neue EU sich selbst auf „ihre bloß geographischen und ökonomischen Dimensionen“ reduzieren, bliebe sie eine brüchige Hülle ohne jede Substanz. Deshalb schreibt Johannes Paul:

> Europa braucht *eine religiöse Dimension.* Um „neu“ zu sein, muß es sich analog zu dem, was für die „neue Stadt“ in der Geheimen Offenbarung gesagt wird (vgl. 21, 2), vom Handeln Gottes erreichen lassen. Die Hoffnung, eine gerechtere und menschenwürdigere Welt zu bauen, kann nämlich nicht von der Erkenntnis absehen, daß die menschlichen Anstrengungen vergebens wären, wenn sie nicht von der göttlichen Hilfe begleitet würden, denn „wenn nicht der Herr das Haus baut, müht sich jeder umsonst, der daran baut“ (Ps 127, 1). Damit Europa auf soliden Grundlagen erbaut werden kann, ist es notwendig, sich auf die echten Werte zu stützen, die ihr Fundament in dem allgemeinen Sittengesetz haben, das in das Herz jedes Menschen eingeschrieben ist.[77]

Dieses Sittengesetz, „mit Klarheit erkannt und proklamiert zu haben“, kommt dem Christentum als Verdienst zu, wie er in Kroatien gesagt hatte. Daher endetet er seinen Appell an Europa – und über Europa hinaus an alle postmodernen Gesellschaften im 21. Jahrhundert – mit der vertrauten Aufforderung, die Türen für Gott zu öffnen:

> *Fürchte dich nicht! Das Evangelium ist nicht gegen dich, sondern es ist auf deiner Seite.* [...] *Das Evangelium der Hoffnung bereitet keine Enttäuschung!* In den Wechselfällen deiner Geschichte von gestern und heute ist es das Licht, das leuchtet und dir den Weg weist; es ist die Kraft, die dich in Prüfungen aufrechterhält; es ist die Prophezeiung einer neuen Welt; es ist der Hinweis auf einen Neuanfang; es ist die Einladung an alle – Glaubende und Nichtglaubende –, neue Wege einzuschlagen, die in das »Europa des Geistes« einmünden, um aus ihm ein wirkliches, gemeinsames Haus' zu machen, in dem Lebensfreude herrscht.[78]

Typischerweise endete *Ecclesia in Europa* auf einem hoffnungsvollen Ton, wenn auch nicht ganz ohne Stachel, ja ohne Warnung. Dass der Papst das Buch der Offenbarung zum biblischen Rahmen seines apostolischen Schreibens gemacht hat, ist kein Zufall. Im ersten Jahrhundert n. Chr. geschrieben, richtete sich das Buch der Offenbarung ursprünglich an die „sieben Kirchen" Kleinasiens. Nur sehr wenige dieser Ortskirchen sind heute noch lebendige christliche Gemeinschaften. Die klassische europäische Kultur, aus der sie hervorgegangen sind, wurde schließlich von den Armeen des Islam überwältigt. Indem er sich in *Ecclesia in Europa* dafür entschied, das Buch der Offenbarung hervorzuheben, deutete Johannes Paul an, dass Europa eine Zukunft hat. Europa müsse sich entscheiden, eine Zukunft zu haben. Das würde bedeuten, sich für Kinder zu entscheiden. Das würde bedeuten, sich für ein festeres Fundament für Europas Bekenntnis zu den Menschenrechten zu entscheiden, als es der Pragmatismus oder Utilitarismus zu bieten hat. Vor allem aber würde es bedeuten, dass Europa wieder das spirtuelle und moralische Erbe seiner biblischen, christlichen Vergangenheit antritt. Nur so könne Europa in einer entscheidenen, unbedingten Weise Europa sein.

Dunkle Nächte

Als Kardinal Kasper während des Pastoralbesuchs des Papstes 2002 in Bulgarien bemerkte, Leiden sei Johannes Pauls II. „Beruf", traf er ins Schwarze, obwohl „Berufung" vielleicht das passendere Wort gewesen wäre, denn Karol Wojtyła begriff Leiden seit langem als Teil seiner Nachfolge Christi, ja als jeder Nachfolge Christi. Zeit seines Lebens waren ihm körperliche Mühsal und Schmerzen vertraut: Hunger und Kälte im besetzten Polen, eine gebrochene Schulter, nachdem ein deutscher Armeelastwagen ihn angefahren hatte und er im Straßengraben liegenblieb, Agcas Kugeln, dann die Infektionsschmerzen, die der „Hilfsterrorist", das Cytomegalovirus, 1981 verursacht hatte, ein Magengeschwür 1992; eine gebrochene Schulter 1993, ein Oberschenkelbruch und eine schlecht sitzende Prothese 1994; eine Blinddarmoperation 1996, die unbarmherzige Parkinsonerkrankung, die ihn seit Mitte der 90er Jahre unaufhaltsam erschöpft hat. Wann immer es möglich war, behandelte Johannes Paul seine Gebrechen mit der Medizin des Humors. Nach dem Einsetzen einer künstlichen Hüfte 1994 schlurfte er langsam den Gang der Synodenaula zum Pult des Vorstehers hinunter, bevor er sich den zur Synode versammelen Prälaten zuwandte und witzelte: „Eppur' si muove" [Und sie bewegt sich doch]. Eben diese Worte hatte Galileo *sotto voce* zu seinen Richtern über die Bewegung der Erde um die Sonne gesagt. Dennoch war das Leiden für Johannes Paul II. nichts Lächerliches, sondern etwas, was in jedem Ruf an einen Christen, er möge Christus nachfolgen, liegt.

Sein Leiden als Papst hatte sowohl eine spirituell moralische als auch eine körperliche Seite. Jeden Tag legten die Schwestern seines Haushaltes Bitten um Gebete aus der ganzen Welt auf das Betpult, an dem er seinen Tag damit begann, dass er alleine eine Stunde oder länger vor der täglichen Messfeier betete. Johannes Paul nahm so jeden Tag das Leiden der Welt auf sich und brachte es seinem Herrn dar. Es trat im Kleinen durch diese Zettel an ihn heran – in Form von zerrütteten Ehen, kranken Kindern, Verlust der Arbeit, tödlichen Krankheiten, verlorenem Glauben – aber auch im Großen, da er während seines persönlichen Gebets die schwersten Nöte der Kirche und der Welt vor seinem geistigen Auge Revue passieren ließ. Wer kam, um mit ihm die Frühmesse zu feiern, und den Papst an seinem Betpult seufzen hörte, spürte in solchen Momenten, was der hl. Paulus mit seinem Ausspruch meinte, dass, wenn wir nicht wissen, wie wir beten sollten, „der Geist selber für uns mit Seufzen, das wir nicht in Worte fassen können", eintritt [Römer 8, 26]. Und dann gab es noch das moralische Leiden: Der Schmerz, der dem Papst von Priestern zugefügt wurde, die ihre Berufung verrieten oder das in sie gesetzte Vertrauen missbrauchten, indem sie den Kleinen Schaden zufügten; der moralische Schmerz, dass er den Krieg nicht hatte verhindern können; das moralische Leiden, das ihm von denen angetan wurde, die versucht hatten, ihn politisch vor ihren Karren zu spannen, wie etwa Jassir Arafat und Tariq Aziz; der moralische Schrecken der Tötung Unschuldiger, wie sie in den heutigen Abtreibungen geschieht.

Johannes Paul II. wusste, dass das „Böse" nichts Abstraktes ist und die Welt ein Schauplatz für den spirituell moralischen Kampf zwischen Licht und Finsternis. Für ihn war das keine biblische Metapher, sondern alltägliche Wirklichkeit. Die moderne Psychiatrie und Psychologie, für die er sich lange interessiert hat, ist vielleicht imstande, einige Facetten der menschlichen Neigungen zur Sündhaftigkeit zu erklären, aber nicht das Böse, dem er im Nazismus und im Kommunismus begegnet war oder das den 11. September ausgelöst hatte. Wie jeder andere Katholik, der das Stundengebet spricht, las Johannes Paul jeden Dienstagabend bei der Komplet einen kurzen Bibelabschnitt: „Seid nüchtern und wachsam! Euer Widersacher, der Teufel, geht wie ein brüllender Löwe umher und sucht, wen er verschlingen kann. Leistet ihm Widerstand in der Kraft des Glaubens!" [1 Petr 5, 8f.] Die Gegenwart des alten Widersachers war für Karol Wojtyła jahrzehntelang nur allzu real.

Und so auch der Glaube, der ihn mit dem Geheimnis des Bösen und des Leidens bekannt gemacht hat. Johannes Paul II. mag in bezug auf sein eigenes Leiden einen gewissen Stoizismus an den Tag gelegt haben. Doch war er deshalb kein Stoiker im philosophischen Sinn, vielmehr versuchte er als Christ, das Leiden zu verstehen und sich durch es mit Christus zu vereinen. Was ihn ein Leben voller Leiden gelehrt hat und die Früchte seines Nachdenkens darüber hat er 1984 in dem apostolischen Schreiben *Salvifici Doloris* niedergelegt. Veröffentlicht wurde das Schreiben sechs Wochen nach seiner Begegnung mit Mehmet Ali Agca im Gefängnis von Rebibia in Rom.

Leiden, heißt es da, scheint „*wesentlich die Natur des Menschen* zu betreffen." Tiere empfinden Schmerzen, aber nur Menschen leiden. Das legt den Schluss nahe, dass Leiden auf eine vielleicht paradoxe Weise ein Zeichen von Transzendenz ist: Es „ist einer jener Punkte, wo der Mensch gewissermaßen dazu ‚bestimmt' ist, über sich selbst hinauszugehen, und dazu auf geheimnisvolle Weise aufgerufen wird."[79]

Leiden lasse sich psychologisch, phänomenologisch und medizinisch beschreiben, doch keine dieser Beschreibungen, wie genau sie auch sein mögen, könnten zum Geheimnis des Leidens vordringen, wie der Mensch es erfährt. Auch werde uns keine rationale Erklärung des Leidens zu der Wahrheit führen, dass die „Liebe die reichste Quelle für die Antwort auf die Frage nach dem Sinn des Leidens" ist. Dazu bedürfe es keines Arguments, wohl aber einer Bekundung: Jener Bekundung, die Gott uns in der Geschichte gegeben hat, „im Kreuz Jesu Christi", dessen Leiden als eingeborener Sohn Gottes „eine unvergleichliche Tiefe und Intensität" hat.[80] Gottes Antwort auf dieses unvergleichliche Leiden, das das bitterste Leiden des Menschen, den Tod, einschloss, erfolge in der Auferstehung. Nach Tod und Auferstehung Christi existierte das Leid in der Welt fort. Doch der leidende Christ könne sich jetzt in seinem Leiden mit Christus identifizieren und so tiefer in das Geheimnis der Erlösung eindringen, das zugleich das Geheimnis der Befreiung des Mensches ist. So gewähre uns das Leiden neue Einsichten in ein Leben, das seine Berufung bejaht.[81]

Im Spätsommer 2003 und während der Feierlichkeiten zum silbernen Jubiläum seines Pontifikats musste Johannes Paul II. von allem zehren, was er seit dem frühen Tod seiner Mutter bis zu seinem 83. Geburtstag über körperliches, geistiges und moralisches Leiden gelernt hatte.

Er hatte gehofft, eine Operation in diesem Sommer werde die zunehmend heftigen Schmerzen in seinem Knie, verursacht durch eine akute Arthritis, mildern. Schließlich entschieden sich die Ärzte gegen den Eingriff, weil es zu gefährlich war, einem Mann, der an fortgeschrittenem Parkinson litt, eine Vollnarkose zuzumuten. So musste der Papst weiterhin mit der Behinderung und den Schmerzen leben. Er erhielt neue Medikamente gegen die Parkinsonerkrankung. Im August 2003 herrschte in Castel Gandolfo eine unerträgliche Hitze, so dass es nicht einmal sinnvoll war, das Schwimmbad in der Villa zu nutzen. Außerdem gab es keine Klimaanlage. Die Europäer machten keine Miene, auf seine dringende Bitte zu hören, die neue EU nicht von der Quelle ihres kulturellen Erbes abzuschneiden. Seine Bemühungen, einen Krieg im Irak zu verhindern, waren fehlgeschlagen. Meldungen über das Fehlverhalten von Priestern und Bischöfen hielten an und drückten ihn nieder. In dieser Zeit des Ungemachs könnte Johannes Paul II. gut einen Zustand durchgemacht haben, über den sein engster theologischer Berater Joseph Ratzinger einmal geschrieben hat, als er sich über die Bedeutung der Hölle ausließ, wie der hl. Johannes vom Kreuz, einer der spirituellen Meister von Johannes Paul, und die hl. Thérèse von Lisieux, die der Papst zur Kirchenlehrerin ernannt hat, sie gedeutet haben:

> Es [sc. das Wort von der Hölle] ist für sie weniger eine Drohung, die sie gegen die anderen schleudern, denn eine Aufforderung, in der dunklen Nacht des Glaubens die Gemeinschaft mit Christus gerade als Gemeinschaft mit dem Dunkel seines Abstiegs in die Nacht zu erleiden; dem Licht des Herrn dadurch nahe zu

> kommen, dass sie sein Dunkel teilen und dem Heil der Welt dienen, indem sie ihr Heil zurücklassen für die anderen. In solcher Frömmigkeit ist nichts von der furchtbaren Wirklichkeit der Hölle aufgehoben; sie ist so real, dass sie ins eigene Dasein hineinreicht. Hoffnung kann ihr nur entgegengehalten werden im Miterleiden ihrer Nacht an der Seite dessen, der unser aller Nacht umzuleiden gekommen ist. [...] Solche Hoffnung aber wird nicht zu eigenmächtiger Behauptung; sie legt ihre Bitte in die Hände des Herrn hinein und lässt sie dort.[82]

Der Sommer wartete mit noch einer Enttäuschung auf, als der in aller Stille erörterte Papstbesuch in der Mongolei wegen der SARS-Epidemie abgesagt werden musste. In der Mongolei leben nur sehr wenige Katholiken, aber diese Überlegung hat den Papst ja auch nicht davon abgehalten, nach Aserbaidschan zu fahren. Der strategische Grund für diese Reise war jedoch, zum Auftanken einen Zwischenstop in Kazan einzulegen, damit Johannes Paul II. die *Kazanskaja* Ikone nach Russland zurückbringen konnte. Die Regierung der Volksrepublik China hatte den Papst eingeladen, bei seinem Besuch in der Mongolei auch in ihr Land zu kommen, doch der Heilige Stuhl hatte dies mit der Begründung abgelehnt, eine Zeit, in der die chinesische katholische Untergrundkirche verfolgt würde, sei für einen Papstbesuch nicht sehr passend.[83] Johannes Pauls II. Bemühungen, nach Russland und China zu reisen, wurden so erneut enttäuscht.

Johannes Paul brach mit seinem Leiden im September 2003 von Castel Gandolfo zu einem Pastoralbesuch in die Slowakei auf. Am ersten Tag seiner Reise verließen ihn die Kräfte und er konnte seine Rede bei der Willkommenszeremonie auf dem Flughafen nicht beenden. Es sollte ein aufrüttelnden Appell an die Slowakei sein, ihr christliches Erbe in die Europäische Union hineinzutragen. Der Zusammenbruch löste einen Medienrummel aus. Sendeanstalten, die sich zuvor für die Reise nicht interessiert hatten, schickten nun ihre Korrespondenten nach Bratislava. Im römischen Pressekorps kursierten bizarre, haltlose Gerüchte: Der Papst müsse sich einer Dialyse unterziehen, er würde mit einem Wundermittel auf Papayabasis behandelt.[84]

In diese Zeit erhöhter Sorge um seine Gesundheit fiel am 16. Oktober 2003 Johannes Pauls silbernes Jubiläum. In den vorangegangenen 25 Jahren hatten ihn mehr als eine Viertelmilliarde Menschen bei seinen Reisen um die Welt erlebt. Der Papst hatte dabei mehr als eine Million Kilometer zurückgelegt, und darin sind die Zehntausende von Kilometern, die er durch Italien reiste, nicht enthalten. Bei seinen Generalaudienzen am Mittwoch hat er mehr als 16, 6 Millionen Menschen willkommen geheißen und er hat 570 Staatsoberhäupter im Vatikan empfangen. Die Zahl der Heiliggesprochenen belief sich auf 477 und die der seliggesprochenen Diener Gottes auf 1314 – auf soviel hatten es all seine Vorgänger zusammen nicht gebracht. Er hat 214 Kardinäle ernannt, vierzehn Enzykliken, dreizehn apostolische Schreiben, neun apostolische Konstitutionen und 46 apostolische und andere Lehrbriefe verfasst – eine stattliche Hinterlassenschaft eines Lehramtes, mit der die Kirche sich noch Jahrhunderte wird beschäftigen müssen.

Der Jahrestag war von mehreren Ereignissen begleitet, bei denen sich der Papst trotz seiner unübersehbaren Schmerzen wacker hielt. In der Messe zum silbernen Jubiläum auf dem Petersplatz am 16. Oktober unterzeichnete und erließ Johannes Paul das apostolische Schreiben *Pastores Gregis*. Es sollte der Schlussstein der Bischofssynode 2001 zum Episkopat im 21. Jahrhundert sein. Die Liturgie begann mit der Heiligenlitanei. Kardinal Ratzinger begrüßte den Papst zu seinem Jubiläum im Namen der versammelten Menschenmenge. Als Lesung hatte man aus dem 10. Kapitel des Johannesevangeliums Jesu Gleichnis vom guten Hirten gewählt, der sein Leben für seine Schafe lässt. In seiner Predigt sagte Johannes Paul, er habe vor 25 Jahren „die Huld Gottes auf besondere Weise erfahren“ als in seiner Seele jene Frage widerhallte, die Jesus damals „Petrus stellte: ‚*Liebst du mich? Liebst du mich mehr als diese?*‘ (vgl. Joh 21,15–16). Und er fuhr fort: „Wie hätte es mir, menschlich gesehen, nicht bange sein sollen? Wie hätte eine so große Verantwortung nicht schwer auf mir lasten sollen? Ich mußte die göttliche Barmherzigkeit um Beistand bitten, um auf die Frage ‚Nimmst du an?‘ vertrauensvoll antworten zu können [...].“

Seit jenem Tag „vollzieht sich im Innersten meines Herzens der gleiche Dialog wie seinerzeit zwischen Jesus und Petrus.“ Vom Beginn des Ponitifkats an „waren meine Gedanken, Gebete und Taten von einem einzigen Wunsch beseelt: zu bezeugen, daß Christus, der Gute Hirte, in seiner Kirche gegenwärtig ist und wirkt. [...]Aus diesem Grunde habe ich seit dem ersten Tag nicht in meinem Ruf nachgelassen: ‚Habt keine Angst, Christus aufzunehmen und seine Herrschergewalt anzuerkennen!‘“ Deshalb wolle er an seinem silbernen Jubiläum noch einmal leidenschaftlich ausrufen: „ Öffnet, ja reißt die Tore weit auf für Christus! Laßt euch von ihm führen! Vertraut seiner Liebe!“ Er schloss damit, sich bei allen zu bedanken, die seiner im Gebet gedacht hatten, und bat sie, ihn weiterhin in dieser besonderen Form zu unterstützen: „Ich bitte euch, liebe Brüder und Schwestern, unterbrecht dieses große Werk der Liebe zum Nachfolger Petri nicht. Ich bitte euch noch einmal: Helft dem Papst und allen, die Christus ihren Dienst erweisen möchten, dem Menschen und der ganzen Menschheit zu dienen!“[85]

Das *Gloria*, *Sanctus* und *Agnus Dei* der Jubiläumsmesse stammte aus der gregorianischen *Missa de Angelis*, die der junge Kaplan Karol Wojtyła vor mehr als fünfzig Jahren mit Studenten auf der Empore der Kirche St. Florian in Krakau einstudiert hatte. Als Geschenk für die Kardinäle, die zu der Feier nach Rom gekommen waren, hatte Johannes Paul II. Originalkopien des Bodmer Papyrus VIII anfertigen lassen, der den Ersten Petrusbrief enthält, also gewissermaßen die erste päpstliche Enzyklika.

Am 19. Oktober gingen die Feiern zum silbernen Jubiläum mit einer anderen feierlichen Messe auf dem Petersplatz weiter. In ihrem Verlauf sprach Johannes Paul II. eine Frau selig, mit der ihn eine bemerkenswerte spirituelle Freundschaft verbunden hatte: Mutter Teresa von Kalkutta. Die letzte öffentliche Begegnung der beiden, die sich während des Pontifikats mehrmals getroffen hatten, fand ein paar Monate vor Mutter Teresas Tod 1997 statt, als die zarte, albanischstämmige Nonne, um deren Gesundheit es schlecht bestellt war, darauf bestanden hatte, der Messe am Hochfest der hll. Petrus und Paulus auf dem Petersplatz beizuwohnen, und darum rechts vom Altar in einen Rollstuhl gesetzt worden war. Am Ende der Messe humpelte der Papst zu ihr, um sie zu begrüßen. Mutter Teresas Nachfolgerin Schwester Nirmala erinnerte sich später: „Mutter versuchte sich unter großer Mühe und mit Hilfe seiner [zitternden] Hand aufzurichten und seinen Ring zu küssen. [...] Der Heilige Vater beugte sich nieder und küsste sie auf den Scheitel."[86] Ihr kurz darauf eingetretener Tod hat, wie Johannes Paul gegenüber Gästen beim Mittagstisch erklärte, „uns allen das Gefühl vermittelt, ein wenig verwaist zu sein."[87]

Bei der Heiligsprechungsmesse war der Petersplatz brechend voll, die Menschenmenge mit ihren bunten Fahnen füllte nicht nur den Platz, sondern auch die ganze Via della Conciliazione. Man sah natürlich Fahnen aus Albanien, Mutter Teresas Geburtsland, und aus Indien, ihrer Wahlheimat, aber auch aus Portugal, Frankreich, Polen, Argentinien, den Vereinigten Staaten und anderen Ländern. Ein riesiges Transparent aus Wadowice gratulierte dem berühmtesten Sohn der kleinen Stadt zu seinem silbernen Jubiläum. Johannes Paul bemühte sich tapfer, Herr seiner Stimme zu sein, doch nach ein paar Sätzen überwältigten ihn seine Atemprobleme; jedes Mal wenn er ein Gebet oder einen Satz zuende gesprochen hat, lief eine Welle der Begeisterung durch die Menge, so als wollte sie ihn unterstützen und ermutigen. In der Messe stimmte Johannes Paul das 2. Eucharistische Hochgebet an, das dann von Kardinal Ratzinger und den anderen Konzelebranten aufgegriffen und weitergeführt wurde. In seinem herrlich artikulierten, sonoren Latein leitete Ratzinger die Messe zwischen dem Amen und dem *Agnus Dei.* Am Ende der Feier bestieg Johannes Paul das Papamobil, fuhr um den Platz herum und winkte vornüber gebeugt der riesigen Versammlung zu.

In seiner Predigt beschrieb Johannes Paul Mutter Teresa als „*Ikone des barmherzigen Samariters*", die überall hingegangen sei, „um Christus in den Ärmsten der Armen zu dienen". Ihre Seligsprechung am Weltmissionssonntag „erinnert [...] alle daran, *daß der Evangelisierungsauftrag der Kirche über die Nächstenliebe führt* und durch das Gebet und das Hören des Wortes Gottes genährt wird." Wie ihre geistlichen Tagebücher enthüllten, hatte auch sie dunkle Nächte der Seele erfahren – Jahrzehnte, in denen Gott sich aus ihrem Leben entfernt zu haben schien. Doch in „den dunkelsten Stunden fand sie mit noch mehr Ausdauer Halt im Gebet vor dem allerheiligsten Altarsakrament. Diese schweren geistlichen Qualen haben sie dazu angeleitet, sich mit allen, denen sie Tag für Tag diente, immer mehr zu identifizieren, indem sie deren Schmerzen und manchmal sogar die Ablehnung erlebte. Sie sagte wiederholt, daß die größte Armut darin bestünde, unerwünscht zu sein und niemanden zu haben, der für einen sorgt."

Sie hatte den Friedensnobelpreis erhalten und in ihrer Rede bei der Preisverleihung leidenschaftlich für das Lebensrecht der Ungeborenen plädiert. Sie hatte sich mit Diana, der Prinzessin von Wales, angefreundet und alles, was

Rang und Namen hatte, hat sich vor ihr verbeugt. Doch der eigentliche Grund, warum sie „eine der bedeutendsten Persönlichkeiten unserer Zeit" und eine „unermüdliche Wohltäterin der Menschheit" war, habe, so der Papst abschließend, darin gelegen, dass sie eine „einfache Botin des Evangeliums" und eine „*in Gott verliebte Frau*" gewesen ist – eine kleine Frau mit ungeheurem Mut, die mit äußerstem, aufopferungsvollem Ernst das Gebot des Herrn erfüllt hat: „*Wer bei euch groß sein will, der soll euer Diener sein*" (Mk 10, 43).[88]

Das dritte und letzte der größeren Ereignisse im Rahmen des silbernen Jubiläums von Johannes Paul war ein am 21. Oktober 2003 abgehaltenes Konsistorium, bei dem einunddreißig neue Kardinäle ernannt wurden, einer davon *in pectore*. Zu den Dreißig, die an diesem Tag den Kardinalshut erhielten, gehörten neben anderen Kurienangehörigen auch Jean-Louis Tauran und Renato Martino sowie fünf der beeindruckendsten jungen Bischöfe und Gelehrte der Kirche: Philippe Barbarin, Erzbischof von Lyon, Peter Erdö, Erzbischof von Esztergom-Budapest, Marc Quellet PSS, Erzbischof von Quebec, George Pell, Erzbischof von Sidney und Angelo Scola, Patriarch von Venedig. Einer der neuen Kardinäle, Keith Michael Patrick O'Brien von Saint Andrews und Edinburgh, hatte in der Vergangenheit einige merkwürdige Kommentare zum Zölibat abgegeben und war aufgefordert worden, vor seiner Reise zum Konsistorium in Rom öffentlich in seiner Kathedrale den Glauben zu bekennen. In der Folge wurde Kardinal O'Brien in Schottland ein entschlossener Verteidiger der christlichen Ehe und des Rechts auf Leben. Zum Kardinal erhoben wurde außerdem der Theologe des päpstlichen Haushaltes Georges Cottier OP wie auch drei andere ältere Theologen: Der Belgier Gustaaf Joos, dem Karol Wojtyła zum ersten Mal 1946 im belgischen Seminar in Rom begegnet war, der tschechische Jesuit Tomáš Špidlík, der sich sehr um die Ökumene verdient gemacht hatte, und Polens Stanisław Nagy.[89] Justin Rigali, Erzbischof von Philadelphia, war der einzige Amerikaner im Kardinalsjahrgang 2003.

Am 21. Oktober war Johannes Paul II. sichtlich erschöpft. Deshalb setzte er den neuen Kardinälen auch nicht den roten Hut auf. Stattdessen knieten sie vor ihm nieder, nahmen den Hut aus seinen Händen entgegen und setzten ihn sich selbst auf. In einer Messe erhielten die neuen Kardinäle am 22. Oktober 2002 ihren Ring – es war der 25. Jahrestag der Einsetzungsmesse Johannes Pauls, die mit ihrer Aufforderung „Fürchtet euch nicht!" den Leitsatz seines Pontifikats geprägt hatte.

Dank neuer Medikamente, physiotherapeutischer Maßnahmen und seinem Durchhaltevermögen hatte sich Johannes Paul II. im Dezember 2003 von den körperlichen und emotionalen Problemen des letzten Sommers und Herbstes etwas erholt. Als er bei einem vorweihnachtlichen Abendessen ein Exemplar von T.S. Eliots gesammelten Gedichten überreicht bekam, rief er spontan aus: „Eliot, *Mord im Dom*."[90] Auf die Frage, ob er selbst noch Gedichte schreiben würde, antwortete der Papst: „No, e finito!" [Nein, das ist vorbei]. Daraufhin murmelte Erzbischof Dziwisz: „Si, per oggi ..." [Ja, für heute ...]. Dziwisz selbst wies Zeichen der Erschöpfung auf, was nur allzu verständlich bei einem 65-jährigen war, der ununterbrochen für einen Kranken sorgte und vermutlich nicht mehr als fünf Stunden Schlaf bekam. Doch der Sekretär des Papstes ließ nicht nach in seiner Ergebenheit für den Mann, dem er vier Jahrzehnte gedient hatte, und er verlor auch nicht seinen Humor.

Den engsten Vertrauten Johannes Pauls wurde zunehmend deutlich, dass sich vor ihren Augen ein Drama abspielte: Hier verströmte sich ein Leben im Dienst an Gott und der Welt, und der, dessen Leben sich verströmte, kümmerte sich schon längst nicht mehr darum, wie er anderen in seiner Krankheit erschien. Manch einer hätte sich vielleicht ein anderes Ende gewünscht, doch wie Erzbischof James M. Harvey, der Präfekt des päpstlichen Hauses, am Jahresende 2003 sagte: „Ist es nicht ein Zeichen seiner Größe, dass er sich aus Treue zu seiner Mission täglich der öffentlichen Demütigung aussetzt?“[91]

Nicht allein alte Mitarbeiter im Vatikan sahen das so, auch einige Journalisten taten es. Kurz vor dem silbernen Jubiläum des Papstes hatte David Brooks, Kolumnist der *New York Times* den Umstand kommentiert, dass der Mann, „der einen größeren Einfluss auf Menschen ausgeübt hat als jede andere lebende Persönlichkeit“, nie den Friedensnobelpreis erhalten würde. Brooks hat ganz zu recht bemerkt, dass der Papst sich nichts daraus machte, wenn das norwegische Nobelkomitee ihn immer wieder überging. Brooks sah jedoch noch klarer, dass Johannes Paul II. „zu groß und vielschichtig“ für eine Auszeichnung ist, die nach Ansicht der Welt zu den höchsten zählt. Seine wichtigste Leistung, so Brooks, habe darin bestanden, „Katholiken und sogar uns Nichtkatholiken daran zu erinnern, dass man Menschen nicht kleinmachen kann [...]. Der Papst führt uns immer aus unserer weltlichen Wohlfühlzone heraus und stößt uns auf die letzten Fragen. Man kann nicht über Politik, Wirtschaft, Wissenschaft, Philosophie oder Krieg reden, mahnt er, und zugleich, weil es so bequem ist, die Augen von Gott und der höchsten Wahrheit abwenden.“

„Wenn die Geschichte auf unser Zeitalter zurückschauen wird“, schließt David Brooks, „wird Papst Johannes Paul II. als ein Riese unserer Epoche anerkannt werden, als die Person, die mehr als jede andere dazu beigetragen hat, Freiheit in den Dienst der höchsten menschlichen Ziele zu stellen.“[92]

Das Langstreckenpontifikat

Simon, der Sohn des Johannes, auch bekannt als Petrus, ein Mann, dessen Freundschaft mit Jesus ihn von einem unbedeutenden Fischerdorf in Galiläa ins Zentrum des Weltimperiums führte, starb laut Überlieferung kopfüber am Kreuz hängend entweder 64 oder 67 n. Chr. Ort des Geschehens war Neros Circus, dort gelegen, wo sich heute die Vatikan Stadt befindet, unweit der nach Petrus benannten Basilika. Wie lange Petrus der Schlüsselverwahrer war, weiss jedoch niemand so richtig. Das längste Pontifikat seit Petrus übte Papst Pius IX. aus, der am 16. Juni 1846 gewählt worden war und am 7. Februar 1878 starb.

Das Kardinalskollegium, das den Nachfolger Pio Nonos – oder wie die Pietätlosen sagen „Pio No-Nos" – wählte, meinte wahrscheinlich, es sicherte sich gegen ein weiteres langes Pontifikat ab, als es zwei Wochen später den 68-jährigen Kardinal Vincenzo Gioacchino Pecci als Leo XIII. zum Papst wählte. Leo brachte es dann nach den verlässlichen historischen Zeugnissen zum zweitlängsten Pontifikat seit Petrus und starb am 20. Juli 1903 im gesegneten Alter von 93 Jahren. In seinen 25 Jahren als Papst schuf Leo XIII. das moderne Papsttum, ein Amt, das die Morallehre und die Zeugenschaft in den Mittelpunkt stellte. Er schnitt die katholische Soziallehre auf das Industriezeitalter und seine immensen sozialen Probleme zu und schuf den geistigen Rahmen, mit dessen Hilfe die katholische Kirche auf dem Zweiten Vatikanischen Konzil schließlich eine katholische Lehre der Religionsfreiheit und des modernen Verfassungsstaates formulieren konnte.

Seit Leo XIII. hat kein Papst im 20. Jahrhundert die Soziallehre der Kirche mehr bereichert als Johannes Paul II., der am 14. März in puncto päpstlicher Langlebigkeit an Leo vorbeizog und dessen Pontifikat zum zweitlängsten in den verlässlichen Geschichtsannalen wurde – oder, um Petrus die nötige Achtung zu erweisen, zum drittlängstes. Laut einiger Berichte zeigte Leo XIII. in den letzten paar Jahren seines Pontifikats Anzeichen geistiger Schwäche. Über Johannes Paul II. hätte man das nicht sagen können, obwohl sein Körper ihm zunehmend den Dienst versagte, blieb sein Verstand so scharf wie immer.

Das Jahr begann mit einer unseligen Erregung über einen Kommentar, den der Papst angeblich im Dezember 2003 bei einer Voraufführung von Mel Gibsons Film „Die Passion Christi" gemacht haben soll – nämlich „Genauso war es." Die im privaten Kreis gefallene Bemerkung war von den Vertreibern des Films, nicht ohne Ermunterung durch einige Vatikanstellen, aufgegriffen worden, und so fand sich der Papst unversehens mitten in einer Kontroverse wieder, die über die angeblich antisemitischen Untertöne des Films entbrannt war. Widersprüchliche Signale aus dem Pressebüro des Heiligen Stuhls und den päpstlichen Gemächern steigerten die Verwirrung, die sich schließlich zwar auflöste, aber bei vielen einen üblen Geschmack im Mund zurückließ. [93]

Am 26. Januar wurde die Sala Clementina im apostolischen Palast zum Schauplatz eines unerhörten Ereignisses: Eine polnische Truppe, die im Heimatland des Papstes mit behinderten Jugendlichen arbeitete, führte unter der musikalischen Beschallung eines Ghettoblasters einen Breakdance auf. In einem Bericht heißt es: „Einer der Tänzer [...] wirbelte unter dem lauten Applaus seiner Gruppe und der Vatikanmitarbeiter im Kopfstand auf dem eingelegten Marmorboden des Vatikans herum." Was immer er über Breakdancing gedacht haben mag, jedenfalls beklatschte Johannes Paul die Vorführung und lobte die Arbeit der Truppe mit den Armen.[94] Zehn Tage später, am Abend des 11. Februar, dem Gedenktag Unserer Lieben Frau in Lourdes, stattete der Papst den Unbeschuhten Karmelitinnen im kontemplativen Kloster, das er 1994 im Vatikan hinter dem *Governatorato*, dem Hauptverwaltungsgebäude, gegründete hatte, einen Überraschungsbesuch ab. Nachdem er jede der erstaunten Schwestern persönlich begrüßt hatte, sangen Johannes Paul, seine beiden Sekretäre und die Nonnen den lateinischen Marienhymnus *Tota Pulchra Est.* Anschließend fuhr der Past wieder im Papamobil zum Cortile Sesto Quinto und dann mit dem Fahrstuhl in seine Gemächer. Für die Karmelitinnen war die Überraschung damit noch nicht zuende. Eine halbe Stunde später klingelte es erneut und ein päpstlicher Bote brachte den Nonnen Geschenke des Papstes: Schokolade, einen Kuchen, ein Wachsreliefbild der hl. Edith Stein und eine große Kerze, die sogleich vor der Marienstatue des Klosters angezündet wurde.[95]

2004 begann der Papst die Fastenzeit nicht wie üblich damit, dass er in der Basilika Santa Sabina auf dem Aventin, der ersten von Roms Kirchen der Fastenstationen, das Aschenkreuz empfing. Statt am 25. Februar auf den Aventin zu gehen, erhielt der Papst das Aschenkreuz in der Audienzaula Paul VI. im Vatikan. Alle, die der wöchentlichen Generalaudienz des Papstes beiwohnten, waren ebenfalls eingeladen, in dieser Zeremonie das jahrhundertalte Zeichen der Fastenbuße und Bußvorsätze entgegenzunehmen. Drei Tage später nahm der Papst seine Besuche der römischen Gemeinden wieder auf, die wegen seiner Krankheit in den letzten Monaten von 2003 hatten ausfallen müssen. In diesem Abschnitt seines Pontifikats konnte die Routine nicht die alte bleiben: Die Gemeinden kamen nun, um die Messe mit dem Papst im Vatikan zu feiern, statt dass der Papst die Messe in den Gemeinden zelebrierte. Am 28. Februar fanden sich Pfarreien aus den rasch wachsenden südlichen Quartieren Roms ein: Sant' Anselmo, San Carlo Borromeo, San Giovanni Battista de La Salle und Santa María, Stella della Evangelizzazione. Keine der Gemeinden verfügte schon über ein eigenes Gotteshaus. Der Papst forderte die Versammlung, vor allem die jungen Familien, auf, „macht eure Pfarreien zu authentischen Gebäuden des Geistes, die sich auf den Eckstein der Kirche, Jesus Christus, stützen." In seiner Predigt bat Johannes Paul die Gemeindemitglieder, nie „die Zuneigung" zu vergessen, die „mich aufs intensivste mit euch verbindet", denn sie seien Teil des Gottesvolkes, „das auf besondere Weise meiner priesterlichen Fürsorge anvertraut ist." An manchen Stellen mag seine Predigt, wie viele öffentliche Ansprachen in diesem Stadium seiner Parkinsonerkrankung, nur schwer zu verstehen gewesen sein. Aber in den Köpfen der Römer gab es nicht den geringsten Zweifel daran, dass der Mann, den sie „Papst Wojtyła" nannten, die volle Wahrheit sagte, wenn er erklärte: „Ich trage euch in meinem Herzen."[96] Zwei Wochen später, am 11. März, ließen Terroristen des „Heiligen Kriegs" zehn Bomben in Madrider Vorortzügen hochgehen. Bei den Anschlägen kamen etwa 200 Spanier um Leben, mehr als 2000 wurden verletzt, die Bahnsteige und die Gleise waren mit Leichenteilen übersät. Johannes Paul verurteilte das „furchtbare Verbrechen" in seiner Angelusansprache am 14. März, dem dritten Fastensonntag.[97]

Trotz Frucht vor weiteren islamistischen Anschlägen in Europa strömten am 4. April, am Palmsonntag, junge Leute auf den Petersplatz. 20 Jahre zuvor hatte Johannes Paul II. die Weltjugendtage ins Leben gerufen und nun forderte er die Jugend erneut auf, den gekreuzigten Christus in einer skeptischen Welt zu bekennen: „Fürchtet euch nicht davor, gegen den Strom zu schwimmen!“[98] Der Papst war auch in der Lage, die wichtigsten Liturgien der Karwoche zu leiten, auch wenn auf seinen Zustand Rücksicht zu nehmen war. So führte etwa am Gründonnerstag Kardinal Ratzinger das *Mandatum* aus, die traditionelle Fußwaschung in Nachahmung von Jesu Demutsgebärde beim letzten Abendmahl. Johannes Paul ging am Karfreitag nicht den abendlichen Kreuzweg vor dem Kolosseum, wohl sprach er ein paar Worte und betete am Schluss: „Das Geheimnis des *Kreuzweges* des Gottessohnes werde für alle zur unversiegbaren Quelle der Hoffnung. Sie möge uns auch dann trösten und stärken, wenn unsere eigene Stunde kommen wird.“[99] Früher am Tag hatte der Papst der feierlichen Passionsmesse im Petersdom vorgesessen, in der nach altem Brauch der Prediger des päpstlichen Hauses, der italienische Kapuziner Raniero Cantalamessa, die Predigt hielt. Bei der Ostervigil am Samstagabend leitete er die Messe und predigte. Das tat er auch am nächsten Morgen auf dem Petersplatz, bevor er in 62 Sprachen den Segen *Urbi et Orbi* erteilte. In den freien Versen, in denen er üblicherweise die Botschaft des Segens *Urbi et Orbi* übermittelte, flehte Johannes Paul vor allem darum, dass die Menscheit den Mut und die Solidarität finden möge,

> dem unmenschlichen
> und leider um sich greifenden Phänomen des Terrorismus entgegenzutreten,
> der das Leben leugnet und den Alltag
> vieler fleißiger und friedlicher Menschen beeinträchtigt und unsicher macht.
> Deine Weisheit erleuchte die Menschen guten Willens
> im gebotenen Einsatz gegen diese Geißel.[100]

2004 war eines dieser seltenen Jahre, in denen Ostern nach dem westlichen und dem östlichen christlichen Kalender auf denselben Tag fiel, und so schloss der Papst den Segen *Urbi et Orbi* mit Grüßen an die „ehrwürdigen Patriarchen, die Bischöfe und Gläubigen der Ostkirchen“ und betete zum auferstandenen Herrn, dass alle Getauften „bald jedes Jahr am selben Tag dieses grundlegende Fest unseres Glaubens wieder gemeinsam erleben können. *Surrexit Christus. Alleluia*!“[101]

Heroische Tugend in Verteidigung des Lebens

Am 16. Mai, dem fünften Sonntag nach Ostern, leitete Johannes Paul II. seine, wie sich zeigen sollte, letzte Heiligsprechungsfeier auf dem Petersplatz, in der vier Ordensgründer, ein maronitischer Mönch aus dem Libanon und die junge italienische Ehefrau, Mutter und Kinderärztin, Gianna Beretta Molla, zur Ehre der Altäre erhoben wurden. Gianna Beretta Molla war zur Ikone der Bemühungen seines Pontifikats geworden, sich für das Lebensrecht der Ungeborenen einzusetzen.

Am 4. Oktober 1922 in der lombardischen Stadt Magenta geboren war Gianna Beretta das zehnte von dreizehn Kindern, von denen fünf schon in der Kindheit starben. Im Alter von 28 erwarb sie an der Universität von Padua den Doktortitel in Medizin und Chirurgie. In Mesero, nahe ihrer Heimatstadt, eröffnete sie eine Klinik, bevor sie 1952 an die Mailänder Universität ging, um sich zur Fachärztin für Kinderheilkunde ausbilden zu lassen. Danach widmete sie sich als Ärztin vor allem Müttern und ihren kleinen Kindern, den Alten und Armen. Die begeisterte Skifahrerin und Bergsteigerin engagierte sich auch in der Katholischen Aktion und arbeitete vor allem mit sehr kleinen Kindern. Am 25. September 1955 heiratete sie in der Basilika San Martino in Magenta Pietro Molla, auch er ein Mitglied der Katholischen Aktion. Zwischen 1956 und 1959 gebar sie drei Kinder: Pierluigi, Mariolina und Laura. Allen Geburten war eine schwierige Schwangerschaft vorausgegangen. Neben ihrem blühenden Familienleben führte sie ihre ärztliche Praxis ebenso fort wie ihre karitativen Tätigkeiten, bis im September 1961, als sie im zweiten Monat schwanger war, ein Tumor an ihrer Gebärmutter entdeckt wurde, der ihr Leben, aber auch das ihres ungeborenen Kindes gefährdete. Aus medizinischer Sicht gab es drei Möglichkeiten: den Tumor samt Gebärmutter zu entfernen, was ihr Leben gerettet, aber ihr Ungeborenes getötet hätte; nur den Tumor zu entfernen und die Schwangerschaft abzubrechen, was ihr voraussichtlich erlaubt hätte, später wieder Kinder zu bekommen; oder den Tumor zu entfernen und die Schwangerschaft zu retten, ein Verfahren, dass unmittelbar die Mutter gefährdete und eine gefährliche Entbindung vorsehbar machte. Dr. Molla erklärte dem Chirugen, sie entscheide sich für die dritte Möglichkeit. In den verbleibenden sieben Monaten ihrer Schwangerschaft sagte sie sowohl ihrem Arzt als auch ihrem Ehemann, sie sollten, wenn es darum ginge, entweder sie oder das Kind zu retten, sich für die Rettung des Kindes entscheiden. „Zögert nicht. Ich bestehe darauf. Rettet das Baby."

Am Karfreitag, dem 20. April 1962, wurde sie in Monza ins Krankenhaus eingeliefert, wo am nächsten Tag Gianna Emanuela geboren wurde. Kurz nach der Geburt überfielen die Wöchnerin schreckliche, von einer Bauchfellentzündung hervorgerufene Schmerzen. Eine Woche später, am 28. April 1962, starb sie im Alter von 39 Jahren. Ihre letzte Worte waren: „Jesus, ich liebe dich! Jesus, ich liebe dich!" Das Grab von Gianna Beretta Molla wurde schon bald zur Pilger- und Gebetsstätte. 1973 erkannte Papst Paul VI. an, dass es Gründe für ein Seligsprechungsverfahren gab. Am 24. April 1994 wurde sie dann im Beisein ihrer Tochter Gianna Emanuela, auch sie eine Ärztin, seliggesprochen.

Die Predigt in der Heiligsprechungsmesse hielt Johannes Paul II. auf Italienisch, Spanisch und Französisch. Er saß vor dem Altar auf dem Domplatz von St. Peter und stellte sein Manuskript auf ein kleines tragbares Pult, das er nun bei solchen Gelegenheiten zu verwenden pflegte. „Das äußerste Opfer", mit dem die hl. Gianna Beretta Molla, „ihr Leben besiegelte, zeugt davon, daß nur derjenige, der den Mut hat, sich Gott und den Brüdern ganz zu schenken, sich selbst verwirklicht." Dieses Thema hatte Karol Wojtyła seit seinem 1974 auf einem internationalen Kongress zu Thomas von Aquin gehaltenen Vortrag „The Personal Structure of Self-Determination" weiterverfolgt: Es gibt das Gebot des Gebens oder der Selbsthingabe, das Teil der moralischen Verfasstheit der menschlichen Person ist, dergestalt, dass wir nur dann zur Selbsterfüllung gelangen, wenn wir das an unserem Leben, was uns selbst am meisten bedeutet, anderen zum Geschenk machen.[102] Als junger Bischof beim Zweiten Vatikanum hatte er erlebt, dass das Gebot des Gebens in die Pastoralkonstitution über die Kirche in der Welt von heute aufgenommen worden war.[103] Nun wies er die Weltkirche auf das Beispiel von Gianna Beretta Molla als Verkörperung dieses Gebotes in seiner radikalsten und dramatischsten Form hin und er tat dies in Anwesenheit eines gebrechlichen, inzwischen 91 Jahre alten Pietro Mollas, von Giannas Kindern und einem Enkelkind, ihrer noch lebenden Geschwister, früherer Patienten der jungen Kinderärztin und von Elisabeth Acomparini Arcolino, einer jungen brasilianischen Mutter, deren vierte Schwangerschaft auf wundersame Weise durch die Fürsprache von Gianna Beretta Molla gerettet worden war, wie die Kongregation für die Heiligsprechung urteilte.

Es ist vielsagend, dass diese Zeugin äußerster Liebe im Einsatz für das Leben, die letzte der 482 Personen ist, die Johannes Paul II. heiliggesprochen hat. Doch die Überzeugungen des Papstes zum Recht auf Leben sind manchmal als das blanke Gegenteil von Liebe gedeutet worden – von einigen missverstanden als eine Spielart katholischer Frauenfeindlichkeit, von anderen beklagt als Beispiel für die Unmöglichkeit der katholischen Sexualmoral. Für Johannes Paul war Abtreibung jedoch nicht eine Sache des fünften Gebots und seiner Aufforderung zur Keuschheit, sondern des sechsten Gebots „Du sollst nicht töten". Außerdem sei, wie er 2000 am Berg Sinai gesagt hatte, die Wahrheit, die auf der zweiten Gesetzestafel stand, dass man kein unschuldiges Leben vernichten solle, zuerst den Herzen der Menschen eingeschrieben worden und zwar als eine moralische, der Vernunft zugängliche Wahrheit über das Wesen des Menschen.

Johannes Paul beharrte darauf, dass die Verteidigung des Lebens durch die Kirche nicht gegen die richtig verstandene Trennung von Kirche und Staat verstoße, denn in ihrem Eintreten für das Recht auf Leben von Ungeborenen, Schwerbehinderten und Alten und in ihrem Protest dagegen, dass der Staat ganze Klassen von Menschen außerhalb des Schutzes seiner Gesetze stellen könnte, appelliert die Kirche an moralische Wahrheiten, die jeder denkende Mensch erkennen kann, sofern er bereit ist, einem Argument zu folgen, also an moralische Wahrheiten, die zum kulturellen Fundament jeder Demokratie gehören. Mit ihrer Verteidung des Rechts auf Leben beruft die Kirche sich nicht auf ein Arkanum der katholischen Lehre, das nur den Eingeweihten zugänglich ist. Sie stützt sich dabei vielmehr auf die ersten Grundsätze der Gerechtigkeit, die jeder demokratisch empfindende Mensch intuitiv begreift sollte. Wie so oft sprechen jedoch Taten stärker zum Herzen und zum Verstand als Argumente. Die Heiligsprechung von Gianna Beretta Molla bildete daher den passenden Schlussstein für die 25 Jahre währende Anstrengung Johannes Pauls II., den moralischen Heroismus in der Verteidigung des Lebens durch Beispiele aus der Welt von heute zu ermutigen.

Erinnerungen eines Bischofs

Im April 2004 begannen die Bischöfe der Vereinigten Staaten wie alle ihre Amtsbrüder im fünfjährlichem, nach Ländern oder Regionen gegliederten Rhythmus mit ihrem *ad limina*-Besuch in Rom. Mehr als zwei Jahrzehnte hatten die *ad limina*-Termine dem Papst viel abverlangt. Er pflegte jeden Bischof persönlich zu einem Gespräch zu empfangen, das zwischen fünfzehn bis dreißig Minuten dauerte, bewirtete die Prälaten als Gruppe in seinen Gemächern, zelebrierte mit ihnen die Messe und richtete nach der Messe eine offizielle Ansprache an sie. In den Jahren seines Pontifikats nach dem Jubiläum machte Johannes Pauls schwindende Gesundheit es notwendig, diese Arbeitslast zu verringern. Deshalb traf er nach wie vor jeden Bischof persönlich, doch nur noch kurz; die Bewirtung fiel aus; je nach Verfassung des Papstes gab es eine gemeinsame Messfeier oder auch nicht; die Ansprache wurde nicht mehr verlesen, sondern den Bischöfen in Form eines persönlichen Briefes eingehändigt. Die Reaktion der Bischöfe auf ihre Privatsitzung mit Johannes Paul fiel 2004 sehr unterschiedlich aus, je nach dem wie es um die Gesundheit des Papstes bestellt war, welche Medikamente er genommen hatte und wie energisch er im Allgemeinen war. Einige fanden ihn verhältnismäßig robust, andere sorgten sich, dass seine Tatkraft zu guter Letzt nachließ. Verschiedene Bischöfe aus derselben Region oder demselben Land nahmen vollkommen andere Eindrücke mit nach Hause, abhängig davon an welchem Wochentag oder zu welcher Stunde sie dem Papst begegnet waren. Einige Bischöfe waren mehr darüber irritiert, dass sie bei ihren Treffen mit der Kurie – auch diese ein wichtiger Bestandteil der *ad limina*-Besuche – kein Gehör fanden. Die Kurie war 2004 in derselben Stimmung wie jede Bürokratie, wenn eine Herrschaft zuende geht. Die Karrieristen begaben sich in die Startlöcher und wollten keine Entscheidungen mehr treffen, die beim nächsten Pontifikat vielleicht nicht auf Zustimmung treffen könnten.

Bei den *ad limina*-Besuchen mag der Papst Anzeichen schwindender Energie gezeigt haben, doch er hatte seinen Bischofsbrüdern noch mehr zu sagen als das, was er in dem anlässlich seines silbernen Jubiläums unterzeichneten apostolischen Schreiben *Pastores Gregis* niedergelegt hatte. Das tat er, indem er am 18. Mai 2004 mit dem Erscheinen von *Alzatevi, andiamo!* – Auf, lasst uns gehen! – seiner persönlichen Biographie ein weiteres Werk hinzufügte.[104] In der Einleitung erklärt Johannes Paul, dass sein neues Buch, die Erinnerungen seines Lebens als Bischof, als autobiographische Ergänzung zu *Pastores Gregis* gelesen werden sollte, so wie *Geschenk und Geheimnis* von 1996, die Erinnerung an seine Berufung zum Priester, als eine persönliche Ergänzung zu *Pastores Dabo Vobis*, dem apostolischen Schreiben zu Priesterschaft, Priesterausbildung und Reform der Priesterseminare, gedacht war.[105]

Nach Ansicht der meisten Kritiker hätte das Buch durch eine strengere redaktionelle Überarbeitung gewonnen. So wie es vorliegt, plaudert es im Ton eines nachdenklichen, alten Mannes, der lange über die Bedeutung der von ihm erzählten Geschichten gegrübelt hat. Doch wer die Geduld aufbringt, es aufmerksam zu lesen, findet viel interessantes, mitunter überraschendes Material.

Johannes Paul beginnt mit der Geschichte, dass er im Juli 1958 seinen Urlaub mit dem Kajak hat abbrechen müssen, weil Kardinal Wyszyński ihn nach Warschau beordert hatte. Dort wurde ihm zusammen mit drei anderen Priestern mitgeteilt, dass Papst Pius XII. ihn zum Bischof ernannt hatte. Die reinen Tatsachen des Ereignisses waren bereits allgemein bekannt, doch nun fügt Johannes Paul ein Detail an, das vielleicht als einziges beweist, dass der großartige „Primas des Jahrtausends" nicht ganz ohne einen Sinn für Humor war. Als Wyszyński ihn davon unterrichtete, dass der Papst ihn als Weihbischof von Krakau eingesetzt hat, erwiderte Wojtyła: „Eminenz, ich bin zu jung, kaum 38 Jahre alt." Daraufhin der Primas: „Das ist ein Fehler, den Sie bald überwinden werden." Wyszyński bat den jungen Priester, sich „dem Willen des Heiligen Vaters nicht zu widersetzen", Wojtyła nahm die Ernennung an und der Primas beendete den Vorgang mit einem praktischen Vorschlag: „Dann gehen wir zum Mittagessen."

Von Warschau begab sich Wojtyła nach Krakau, um mit Erzbischof Eugeniusz Baziak über die Ernennung zu sprechen. Baziak, der ebenfalls eine ernste Persönlichkeit war, kam ihm an der Tür der bischöflichen Residenz entgegen, führte ihn durch ein Wartezimmer, in dem sich Priester aufhielten, und sagte: „*Habemus papam*". „Im Lichte der späteren Ereignisse", schreibt Johannes Paul, „könnte man sagen, dass diese Worte prophetisch waren." Nachdem Baziak seinen kleinen Scherz angebracht hatte, meinte er, es wäre nicht passend, dass der neu ernannte Bischof zu seiner Kajaktour zurückkehrte. Als Wojtyła darauf bestand, allerdings nicht bevor er in der Kirche der Franziskaner den Kreuzweg gebetet hatte, gab Baziak nach und lächelte zum zweiten Mal: „Ich bitte Sie aber [...] für die Weihe zurückzukehren."[106]

Karol Wojtyłas Bewunderung für den Heroismus von Adam Kardinal Sapieha, dem „ungebrochenen Fürsten" war kein Geheimnis. In *Auf, lasst uns gehen* bereichert er seine Liste vorbildlicher heroischer Bischöfe noch durch die beiden Bischöfe, die ihn 1958 mitkonsekriert hatten: Franciszek Jop von Oppeln, ein früherer Krakauer Kapitelsvikar, der in der Stalinzeit die Erzdiözese zusammengehalten hatte, und Bischof Bolesław Kaminek von Breslau, dem die Kommunisten den Einzug in seine Diözese untersagt hatten, und der von Paul VI. zum Kardinal ernannt worden war. Diese Männer, wie auch Sapieha und Wyszyński, waren ihm „mutige geistige ‚Vorfahren'", deren „persönliche Größe" aus dem „Zeugnis der Treue zu Christus und zum Evangelium" erwuchs. Wyszyński, schreibt der Papst, habe 1946, am Tag seiner eigenen Weihe zum Bischof, ausgesprochen, was den Typus des mutigen Bischofs mit seiner spezifisch christlichen Färbung auszeichnet: „Bischof zu sein, hat etwas vom Kreuz in sich, darum setzt die Kirche das Kreuz auf die Brust des Bischofs. Am Kreuz muss man sich selber sterben, ohne das gibt es keine Fülle des Priestertums. Das Kreuz auf sich zu nehmen, ist nicht einfach, auch wenn es aus Gold und mit Edelsteinen besetzt ist.“ Später bemerkte der Primas dann noch, dass „Mangel an Stärke den Anfang der Niederlage“ bedeutet und dass „der größte Fehler des Apostels die Angst“ ist: „Die Furcht des Apostels ist der erste Verbündete der Feinde der Sache.“[107] Mut ist, daran scheint Johannes Paul seine bischöflichen Mitbrüder erinnern zu wollen, nicht bloß eine wünschbare Eigenschaft – ein Bischof, der die Wahrheit nicht offen ausspricht und verteidigt, hat seine Berufung verfehlt.

Auf, lasst uns gehen! klärt die Öffentlichkeit auch näher darüber auf, wie Karol Wojtyła das Zweite Vatikanum erlebt hat. Der Autor gleitet in eine sehr seltene, öffentlich bekundete Ironie, wenn er von seinen „italienischen Kollegen“ beim Zweiten Vatikanum schreibt „sie fungierten im Konzil und im Vatikan sozusagen als Hausherren“. Zu den tieferen Eindrücken, die ihm in Erinnerung geblieben sind, gehörten jedoch die Begegnungen mit afrikanischen Bischöfen. Vor allem von Erzbischof Raymond-Marie Tchidimbo von Conakry aus dem westafrikanischen Guinea, der vom kommunistischen Präsidenten seines Landes verfolgt wurde und schließlich ins Exil gehen musste, zeigte sich der Papst beeindruckt. Andere Afrikaner, zu denen Wojtyła „häufigen und herzlichen Kontakt“ hatte, waren zwei spätere frankophone Kardinäle: der Senegalese Hyacinthe Thiandoum und Paul Zoungrana aus Burkina Faso, damals Obervolta. Außerdem erwähnt Johannes Paul, dass er auf dem Konzil Freundschaft mit dem Franzosen Gabriel-Marie Garrone, den deutschen Bischöfen Alfred Bengsch und Joseph Höffner sowie mit zwei hervorragenden Theologen geschlossen hat. Bei den Theologen handelte es sich um Henri de Lubac SJ und Joseph Ratzinger, den der Papst als Mann von „außergewöhnlicher theologischer Bildung“ und als „zuverlässigen Freund“ bezeichnet – diese Bemerkung bricht auf erstaunliche Weise mit dem üblichen päpstlichen Protokoll, die Arbeit eines Mitarbeiters niemals zu kommentieren.[108]

Schließlich enthält *Auf, lasst uns gehen!* auch noch einige interessante selbstkritische Bemerkungen, die das Zögern des Verfassers berühren, „andere zurechtzuweisen“:

> Sicher gehört zur Rolle des Hirten auch das Ermahnen. Ich denke, unter diesem Aspekt habe ich vielleicht zu wenig getan. Es besteht immer die Frage der Beziehung zwischen Autorität und Dienst. Vielleicht muss ich mir vorwerfen, dass ich mich nicht genügend bemüht habe, zu befehlen. Bis zum gewissen Grad hängt das von meinem Temperament ab. Irgendwie kann es aber auch auf den Willen Christi zurückgeführt werden, der von seinen Aposteln nicht so sehr verlangte, zu befehlen, als vielmehr, zu dienen.[109]

Bei den Kritikern stieß das Buch eher auf lauwarme Reaktionen und außerhalb Polens verkaufte es sich nicht sehr gut. Wer aber die Geduld aufbringt, sich von seinen mitunter elliptischen Berichten und Abschweifungen nicht irritieren zu lassen und zwischen seinen Zeilen zu lesen, dem bietet *Auf, lasst uns gehen!* einen wertvollen, mitunter anrührenden Einblick in verschiedene Aspekte des geistigen Lebens, des Werkes und der Beziehungen von Karol Wojtyła.

Weitermarschieren

Am 4. Juni empfing Johannes Paul den amerikanischen Präsidenten George W. Bush. Es war die erste Begegnung seit Beginn des Irakkrieges. Der Papst nahm kein Blatt vor den Mund, was die „unmißverständliche Position des Heiligen Stuhls" in bezug auf die „*von anhaltenden schweren Unruhen gekennzeichnete Situation im Nahen Osten*" sowohl im Irak als auch im Heiligen Land betraf. Er fand aber auch Wortes des Lobes für „den bemerkenswerten Einsatz" der Regierung Bush, „um *die immer unerträglicher werdenden Bedingungen in einigen afrikanischen Ländern zu überwinden*, in denen das durch Bruderkriege, pandemische Krankheiten und entwürdigende Armut verursachte Leid nicht länger ignoriert werden darf." Er äußerte sich zudem anerkennend über Bushs eigene „*Bemühungen um die Förderung der moralischen Werte* in der amerikanischen Gesellschaft, insbesondere im Hinblick auf die Achtung des Lebens und der Familie."[110] Der Papst sprach auf Englisch und verlas bis auf einen Paragraphen seinen Text. Mitunter war er schwer zu verstehen, aber sein zweimal spontan eingefügtes „God bless America!" war perfekt zu hören. Bush überreichte dem Papst die höchste zivile Auszeichnung der Vereinigten Staaten: die Freiheitsmedaille. Die Debatte zwischen den USA und dem Vatikan über den Ersteinsatz von Waffen, das internationale Recht und die Autorität der UNO hielt an, doch beide Seiten waren sich einig, dass der Militäreinsatz des Bündnisses im Irak erst beendet werden konnte, wenn im Lande Stabilität herrschte.[111]

Am nächsten Tag brach der Papst zu einem Pastoralbesuch in die Schweiz auf. Da 41 prominente Katholiken eine öffentliche Petition unterschrieben hatten, in der der Papst aufgefordert wurde, sein Amt niederzulegen, schien der Besuch schwierig zu werden. Er entwickelte sich indes besser als erwartet. Wie der Sprecher der Schweizer Bischofskonferenz Marc Aellen sagte: „Am Anfang erwarteten wir zum Treffen in der Berner Arena nicht mehr als 3000 bis 4000 Jugendliche; es kamen 14 000. Am Sonntag wagten wir nicht mit 40 000 Menschen zu rechnen – und 70 000 besuchten die Messe."[112] Das waren 25 000 mehr als 1984 bei der Abschlussmesse in Sitten bei der ersten Schweizreise des Papstes. Der Papst rief die Versammlung unter freiem Himmel dazu auf „von einem Gewohnheitsglauben zu einem reifen Glauben zu gelangen, der in klaren, überzeugten und mutigen Entscheidungen zum Ausdruck kommt."[113]

Pater Michael Sherwin, ein amerikanischer Theologe und Dominikaner, der in Fribourg arbeitete, beschreibt die Ereignisse, die Atmosphäre und sein Erstaunen in einem Bericht vor Ort:

> Die Messe am Sonntag war höchst eindrücklich. Dafür gibt es nur ein Wort: Begeisterung, zweieinhalb Stunden pure Begeisterung. Das ist kein Wort, das man in bezug auf die Schweiz oft gebraucht, das macht es daher doppelt bemerkenswert. Im Geiste des Feierns und Betens verbrachten die Menschen eine wunderbare Zeit miteinander. Und es waren 70 000 – die größte religiöse Versammlung in der Schweiz seit mehr als fünfzig Jahren.
>
> Samstagabend war der Papst in allen drei Sprachen, in denen er sich an uns wandte, praktisch nicht zu verstehen, aber die jungen Leute fühlten sich dennoch angesprochen. Es gefiel ihnen besonders, zu sehen, dass er zwei Versuche, ihn von der Bühne zu führen, bevor er selbst dazu bereit war, kräftig zurückwies. Während der Messe war er in sehr viel besserer Verfassung.[114]

Eine katholische Nachrichtenagentur sprach vom „Zauber", den der Papst auf die Jugend ausübte. In Bern wirkte er sicherlich. Dennoch bleibt es eine Tatsache, dass das Pontifikat von Johannes Paul II. in den deutschsprachigen Ländern, vor allem unter deutschen Theologen, auf großen Widerstand gestoßen ist. Dafür gab es eine Reihe von Gründen, darunter auch der, dass deutsche katholische Intellektuelle sich für besonders berufen hielten, die katholische Theologie des 21. Jahrhunderts zu prägen, so wie sie es auch im 20. Jahrhundert getan hatten. *Veritatis splendor*, die Enzyklika zur Reform der Moraltheologie von 1993, hatte die Haltung in den deutschsprachigen intellektuellen Zirkeln weiter verschärft, da zwei ihrer herausragendsten Gestalten, Joseph Fuchs SJ und Bernard Häring CSsR, zu denen gehörten, deren moraltheologischer Ansatz in der Enzyklika, wenngleich ohne Namensnennung, verworfen wurde.[115] Zweifellos gab es neben sehr verschiedenen Deutungen bezüglich des Wesens der Moderne berechtigte gelehrte Fragen, die in diesen Debatten ausgetragen wurden, doch man wird das Gefühl nicht los, dass die geringe Gegenliebe, auf die das Pontifikat in Deutschland, Österreich und der deutschsprachigen Schweiz stieß, etwas mit gewissen, in diesen Regionen vorherrschenden, unüberprüften und falschen Annahmen zu tun hatten, dass Polen sich nicht auf der Höhe des europäischen Geisteslebens befinden würde.

Am 8. Juni kondolierte Johannes Paul II. in einem Telegramm Nancy Reagan zum Tode ihres Gatten, des ehemaligen Präsidenten Ronald Reagan, der am 5. Juni seiner Alzheimererkrankung erlegen war: „Ich denke mit tiefer Dankbarkeit an den unermüdlichen Einsatz des Präsidenten im Dienste seiner Nation und für die Freiheit, wie auch an seinen nie enden wollenden Glauben an die menschlichen und geistigen Werte, die eine Zukunft der Solidarität, der Gerechtigkeit und des Friedens in unserer Welt gewährleisten". Der Stil war ganz der des vatikanischen Staatssekretariats, aber die Empfindungen der „tiefen Dankbarkeit" waren ganz und gar die Johannes Pauls, der seiner Wertschätzung Reagans noch dadurch Ausdruck verlieh, dass er Kardinal Sodano, den Staatssekretär des Heiligen Stuhls, als päpstlichen Sondergesandten zum Begräbnis von Präsident Reagan schickte.[116]

Zum Hochfest der hll. Apostel Petrus und Paulus am 29. Juni kam der Ökumenische Patriarch Bartholomaios I. nach Rom. Damit sollte unter anderem des 40. Jahrestags des Treffens von Papst Paul VI. und dem Ökumenischen Patriarchen Athenagoras 1964 in Jerusalem gedacht werden. Johannes Paul und Bartholomaios predigten beide in der Messe auf dem Petersplatz, wobei der Papst seinem Gast den Vortritt ließ und dieser herzlich von der „Schwesterkirche von Rom“ sprach. Anschließend unterzeichneten die beiden Männer eine „Gemeinsame Erklärung“, in der die Rede war vom Fortschritt im ökumenischen Dialog der letzten vierzig Jahre, von den noch bestehenden Hindernissen, von der Notwendigkeit. dass Europa seine christlichen Wurzeln wiederentdeckt, vom Gebot, den Terrorismus zu verwerfen und einen neuen interreligiösen Dialog zum Islam aufzunehmen, von der Pflicht, das Recht auf Leben zu verteidigen, und von der Bewahrung der Schönheiten der Erde vor der Umweltzerstörung. (Das letzte lag Bartholomaios besonders am Herzen.) Fünf Monate darauf, am 27. November 2004, besuchte der Patriarch Rom zu einer weiteren ökumenischen Feier, bei der Johannes Paul der Kirche von Konstantinopel die Reliquien zweier großer Kirchenväter des Ostens zurückgab: die von Gregor von Nazianz und Johannes Chrysostomos, die seit der Plünderung von Konstantinopel in der Zeit der Kreuzüge in Rom aufbewahrt wurden. In seiner Botschaft an Bartholomaios bei der Übergabe der Reliquien schrieb Johannes Paul, er „werde nie müde werden, nachdrücklich und entschlossen diese Gemeinschaft zwischen den Jüngern Christi anzustreben“ und unterzeichnete den Brief „in der Geduld Christi und in der Liebe Gottes mit brüderlicher Liebe, *Johannes Paulus II.*“[117]

Ein Kranker unter Kranken

In der ersten Julihälfte verbrachte der Papst seine Sommerferien in Les Combes, in den italienischen Alpen, wo er am Fuße des Mont Blanc im Freien sitzen und lesen konnte. Es sei ein „bezaubernder Ort“, sagte er am 17. Juli, am Tag seiner Abreise zu den Gemeindevertretern. Die außergewöhnliche Alpenszenerie lasse die „allmächtige Vorsehung“ Gottes sichtbar werden.[118] Was Johannes Paul II. nicht mehr sichtbar machen konnte, war sein eigenes Lachen, da die Parkinsonkrankheit ihm praktisch die Gewalt über seine Mimik geraubt hatte. Weil er wusste, dass der Zirkusclown mit der großen roten Nase für Johannes Paul eine Art Archetyp war, der einen immer zum Lachen bringen kann, hatte Joaquín Navarro-Valls, der päpstliche Sprecher, in einem Kramladen eine Clownsnase gekauft und mit ins Aostatal gebracht. Mit der Kamera in der Hand wollte er den lesenden Papst überraschen. Er setzte sich also die Nase auf, sprang vor den Papst und rief: „Heiliger Vater, schaut mich an!“ Johannes lachte so herzhaft, wie es seine Krankheit erlaubte, und darin lag, wie Navarro sich später erinnerte „die Tragik: sein Gesicht wollte nicht ausdrücken, was in seinem Herz war, Lachen.“[119]

Den Rest des Juli und den Anfang des August verbrachte der Papst in Castel Gandolfo. Am 14. August brach er dann zu seiner letzten Pilgerfahrt ins Ausland auf, zum Marienheiligtum von Lourdes in den französischen Pyrenäen. Am nächsten Tag, dem Fest Mariä Himmelfahrt, wollte er dort die Messe zelebrieren. Es war seine zweite Reise in einen der bedeutendsten katholischen Wallfahrtsorte und bei dieser Gelegenheit machte er unmissverständlich deutlich, dass er seine körperlichen Leiden als Teil des göttlichen Plans für seinen petrinischen Dienst betrachtete.

Frankreichs Präsident Chirac, der seinen Patriotismus sehr gut von seinem Laizismus zu trennen verstand, hieß den Papst auf dem Flughafen von Tarbes willkommen und pries Bernadette Soubirous, die Visionärin von Lourdes, als „Quelle des Trostes und der Inspiration für Katholiken auf der ganzen Welt", unterließ es aber sorgfältig, die Bernardette zuteil gewordenen Erscheinungen der Jungfrau oder die Wunderheilungen zu erwähnen, die Lourdes in der Welt berühmt gemacht hatten. Johannes Paul dacht nicht dachte, Chiracs Bekenntnis zum Laizismus in Europa unkommentiert zu lassen. In seiner Entgegnung auf Chiracs Begrüßungsworte, sagte der Papst daher, „die katholische Kirche [möchte] der Gesellschaft *ihren besonderen Beitrag* anbieten beim Aufbau einer Welt, in der die großen Ideale der Freiheit, Gleichheit und Brüderlichkeit das Fundament für das soziale Leben bilden, in der unermüdlichen Suche nach dem Gemeinwohl und seiner Förderung." Das Schlüsselwort war „besonderen", denn Chirac hatte immer wieder betont, in der öffentlichen Arena habe die Kirche nur insofern etwas zu sagen, als das von ihr Geäußerte „universale Werte" spiegelte.

Der Papst fuhr auf dem Weg nach Lourdes an Fähnchen schwingenden Menschenmengen vorbei, deren Begeisterung ihm das Herz zu wärmen schien. In der Grotte von Massabiello wurde er zu einem Betpult geführt, um einen Augenblick im Gebet zu verharren. Plötzlich schien er nach hinten zu fallen, seine Begleiter fingen ihn auf und hoben ihn in einen Stuhl. Die Augen des Papstes waren feucht, ob wegen der Schmerzen oder seiner Gefühle wusste niemand. Aber der geplante Gottesdienst wurde schnell wieder fortgesetzt. Der Papst trank dabei ein Glas Wasser aus Lourdes und überreichte dem Rektor der Kirche, Hochwürden Raymond Zambelli, eine goldene Rose als Geschenk für die Jungfrau. Kardinal Etchegaray verlas das Gebet des Papstes, das mit einem Gruß an die Kranken begann: „Ich teile mit euch den Lebensabschnitt, der von körperlichen Gebrechen gezeichnet ist, der aber deswegen im wunderbaren Plan Gottes nicht weniger Früchte trägt."

Samstagnachmittag begab sich der Papst zum täglichen Rosenkranzgebet erneut in die Grotte und sagte zu Beginn des Gebets: Hier, vor der Grotte von Massabielle kniend, spüre ich mit Ergriffenheit, daß ich *das Ziel meiner Pilgerfahrt erreicht* habe." Mit einer vor Anstrengung brüchigen Stimme verglich Johannes Paul die Grotte mit der Höhle auf dem Berg Horeb, wo der Prophet Elias das „sanfte, leise Säuseln" des Herrn vernahm [1 Kön 19,12], und bemerkte, Lourdes sei zu *„einer einzigartigen Schule des Gebets"* geworden. An diesem Ort könne man zu Maria kommen und von ihr die *„die fügsame Bereitschaft zum Hören* und die großherzige Annahme der Lehre Christi" lernen.[120]

Die Messe zum Fest Mariä Himmelfahrt am Sonntagmorgen fand im Freien bei Temperaturen von beinahe 32º statt und war, wie der britische Berichterstatter Austen Ivereigh formuliert, von der „Gebrechlichkeit und zähen Entschlossenheit des Papstes" geprägt. [121] Etwa 300 000 Menschen hatten sich zum Himmelfahrtsfest und zum Gedenken an den 150. Jahrestag der Verkündigung des Dogmas von der Unbefleckten Empfängnis durch Papst Pius IX. versammelt. Anwesend waren zweitausend Kranke in Rollstühlen, die von den freiwilligen Helfern betreut wurden, die Lourdes weltweit zu einem Synonym für liebende Fürsorge gemacht haben, zu einem Ort, an dem „die Kranken wirklich und die übrigen von uns unwirklich sind", wie es ein langjähriger Beichtvater in Lourdes ausdrückte.[122] Vierzehn Kardinäle, 120 Bischöfe und mehr als 1000 Priester konzelebrierten mit Johannes Paul die Messe. Während seiner Predigt begann der Papst nach Luft zu schnappen und flüsterte einem Pfleger auf Polnisch zu: „Helfen Sie mir". Man brachte ihm ein Glas Wasser, und er flüsterte wieder auf Polnisch: „Ich *muss* es zu Ende führen." Das tat er dann auch unter dem Applaus und der Ermutigung der Menge. Seine Predigt beschloss er mit dem Aufruf, das ganze Leben „von der Empfängnis bis zu seinem natürlichen Ende" zu achten, denn da das Leben ein heiliges Geschenk sei, dürfe „niemand sich zum Herrn darüber erheben".[123]

Johannes Pauls 104. und letzte pastorale Pilgerreise außerhalb Italiens endete am Nachmittag des 15. August, als der Papst ein letztes Mal in die Grotte zurückging, um acht Minuten im Gebet zu verharren, die Augen auf die Statue der Jungfrau gerichtet, die zu Bernadette Soubirous gesagt hatte: „Ich bin die unbefleckte Empfängnis".

In Lourdes bezeichnete Johannes Paul II. sich als „ein Kranker unter Kranken". Das war zweifellos richtig, aber an den zwei heißen Sommertagen im August 2004 wurde in Lourdes noch etwas anderes deutlich. Dieses andere hat John Allen, Berichterstatter im Vatikan, treffend ausgedrückt: In Lourdes vollzog Johannes Paul II. „seine Verwandlung aus ‚dem Oberhirten der katholischen Kirche', um die Formel aus dem Kanonischen Recht anzuführen „in ein lebendiges Symbol des menschlichen Leidens, ja in ein Bild Christi am Kreuz."[125] Selbstverständlich blieb er der Hirte. Doch nun zeichnete sich sein Hirtenamt durch sein Zeugnis für die Kraft des erlösenden Leidens aus. Tatsächlich kam es zur Klärung eines wesentlichen theologischen und geistlichen Gedankens, den der französische Kardinal Jean-Marie Lustiger sehr gut auf den Punkt brachte:

> In seiner Schwäche lebt der Papst mehr denn je die Rolle, die ihm als Stellvertreter Christi auf Erden zukommt, nämlich mit unserem Erlöser zu leiden. Oft denken wir, dass Oberhaupt der Kirche ist wie der Topmanager eines großen internationalen Konzerns, ein Mann der Tat, der Entscheidungen trifft und auf der Grundlage seiner Erfolge beurteilt wird. Doch für Gläubige ist die wirksamste Tat

> die von Christus am Kreuz, der nichts mehr entscheidet und nichts anderes tun kann, als den Willen des Vaters anzunehmen.[126]

Oder wie Allen am Schluss seines Berichts über Lourdes schreibt: „Man kann den Papst in diesen Tagen nicht betrachten, ohne an die letzten Fragen zu denken, an den Sinn und den Zweck des Lebens. Genau das ist sein Erbe."[127]

Kein Mensch ist verzichtbar

Gegenüber dem dramatischen Auftritt in Lourdes konnte der Rest des Jahres 2004 nur abfallen, obgleich es ein Abfall war, in dem der schwächelnde, aber entschlossene Papst noch immer wichtige Initiativen ergriff.

Mitterweile war es mehr als deutlich geworden – tatsächlich wusste man es schon seit geraumer Zeit –, dass der störrische Patriarch Aleksij II. von Moskau einem Besuch des Papstes in Russland nie zustimmen würde. Deshalb ging der Papst, wie für ihn typisch, einen Schritt weiter und beauftragte Walter Kardinal Kasper, den Präsidenten des Päpstlichen Rates zur Förderung der Einheit der Christen, damit, die *Kazanskaja* in ihre Heimat zurückzubringen. In Folge der Russischen Revolution war die Ikone nach einer langen Irrfahrt in den Besitz des Papstes gelangt. Einmal hatte sie sich sogar in Fatima aufgehalten. Johannes Paul hatte die unbezahlbare *Kazanskaja* und ihre üppig mit Edelsteinen geschmückte Einfassung mehrere Jahre in der päpstlichen Kapelle des apostolischen Palastes oder, wenn er sich dort aufhielt, in Castel Gandolfo aufbewahrt.[128] Da Aleksij dem Papst die Erfüllung seines Wunsches verwehrte, die *Kazanskaja* als Ausdruck seiner Achtung vor der russischen Orthodoxie selbst in ihr Heimatland zu geleiten, war es nun an der Zeit die Ikone zurückzuschicken – aber nicht ohne eine Botschaft.

Am 28. August überreichte Kasper dem Patriarchen Aleksij bei einer Feier in der Mariä-Entschlafens-Kathedrale im Kreml die *Kazanskaja* mitsamt einer offiziellen Botschaft des Papstes, in der es heißt, die „Gottesmutter in ihrer als ‚*Kasanskaya*' bekannten heiligen Ikone" habe „während der langen Jahre ihres Pilgerweges die orthodoxen Gläubigen um sich versammelt, ebenso wie ihre katholischen Brüder aus anderen Teilen der Welt."[129] Die *Kazanskaja* war so ein Symbol für die Einheit der Christen geworden, gegen die sich die russische Orthodoxie seit 1991 innerhalb Russlands so heftig wehrte. In seiner Ansprache an Aleksij hob Kardinal Kasper die Zuneigung des Papstes für diejenigen hervor, die ihn für einen Eindringling hielten, und bat darum, dass Rom und Moskau sich gemeinsam für die Wiedererrichtung der christlichen Grundlagen europäischer Kultur einsetzen:

> Schließen möchte ich mit den Worten, die Papst Johannes Paul II, am letzten Mittwoch im Vatikan anlässlich der feierlichen Verabschiedung dieser Ikone gesprochen hat: „Möge das alte Bild der Gottesmutter seiner Heiligkeit Aleksij II.

und dem Heiligen Synod der russisch-orthodoxen Kirche die Zuneigung des Nachfolgers Petri für sie und alle ihrer Fürsorge anvertrauten Gläubigen übermitteln. Möge sie von seiner Hochachtung vor der großen geistlichen Tradition sprechen, deren Hüterin die heilige russische Kirche ist. Möge sie auch sprechen von dem Wunsch und der festen Entschlossenheit des Papstes von Rom mit ihnen auf dem Weg des wechselseitigen Kennenlernens und der Versöhnung fortzuschreiten, damit der Tag der vollkommenen Einheit der Gläubigen näherkommt, für den der Herr Jesus so glühend gebetet hat."

Eure Heiligkeit, ich gebe die Ikone der Muttergottes von Kazan in Ihre Hände zurück. Möge die allerheiligste Muttergottes die Mutter ihres Volkes und ihre Zuflucht in Gefahr und Not sein; möge sie die Mutter Europas und der ganzen Menschheit sein; möge sie die Mutter des Friedens in der Welt sein; möge sie die Mutter der Kirche und der vollkommenen Einheit von Ost und West sein, möge sie unsere gemeinsame Mutter sein, unsere Fürsprecherin, unsere Helferin und uns beistehen auf unserer Pilgerreise in eine Zukunft, von der wir hoffen, dass sie von Versöhnung und Frieden getragen wird. Heilige Maria, bitte für uns![130]

Joaquín Navarro-Valls bezeichnete die Rückgabe der *Kazanskaja* als einen historischen Moment, der einen „Neuanfang" markierte, und bemerkte Kasper und seine Gesandtschaft seien in Moskau „sehr herzlich empfangen" worden.[131] Die Gastfreundschaft wurde sicherlich geschätzt. Die ganze Wahrheit aber ist, dass die Ehre in der Sache *Kazanskaja* und ihrer Rückkehr nach Russland ganz und gar Johannes Paul II. zukommt. Er hatte von russischen Kirchenmännern, deren Verhalten im Kommunismus nicht immer ehrenhaft war, Beleidigungen und bittere Kritik ertragen; er hatte niemals ihr Verhalten und seines miteinander verglichen, als beide mit dem größten Christenverfolger in der Geschichte zusammenstießen. Er hatte einzig darum ersucht, den Katholiken in Russland die nötige Seelsorge zukommen zu lassen, wie auch das Moskauer Patriarchat gerne seine Gläubigen in den historisch katholischen Ländern betreuen durfte – und deshalb hatte man ihn als streitsüchtigen „Proselytenmacher" verunglimpft. Seine Bemühungen während seines gesamten Pontifikats, zur größten orthodoxen Kirche eine Brücke zu schlagen, waren an der alten Feindschaft der Russen gegenüber den Polen und am Moskauer Patriarchat gescheitert, das auf theologisch zweifelhafte Weise die russische Orthodoxie mit dem russischen Volk und dem russischen Nationalismus gleichsetzte. Die Rückgabe der *Kazanskaja* war der letzte Aufzug in einem Drama, das deutlich machte, wer in diesen Auseinandersetzungen sich wie ein Christ verhalten hatte und wer nicht.

Am 3. Oktober vollzog Johannes Paul II. seine, wie sich zeigen sollte, letzte Seligsprechungsfeier auf dem Petersplatz. Zu den fünf neuen Seligen gehörte Anna Katharina Emmerick, eine deutsche stigmatisierte Mystikerin, und der letzte österreichisch-ungarische Kaiser Karl von Österreich, der 1922 im Exil auf Madeira starb, und den Johannes Paul einmal gegenüber Karls Witwe Zita als „Souverän meines Vaters" bezeichnet hatte. Am Tag vor der Seligsprechungsmesse nahm der Papst den *Prix du Courage Politique* entgegen, der ihm von der französischen Zeitschrift *Politique Internationale* in Zusammenarbeit mit der Vereinigung für Außenpolitik der Sorbonne und dem katholischen Fernsehkanal

KTO verliehen wurde. Johannes Paul nutzte die Gelegenheit, zur Beendigung des „Feilschens um menschliches Leben“ aufzurufen. Er meinte damit die Praxis der Geiselnahme, wie sie besonders im Irak grassierte.

Das wichtigste päpstliche Dokument der letzten Jahreshälfte von 2004 war das apostolische Schreiben *Mane Nobiscum Domine*, das Johannes Paul II. am 7. Oktober unterzeichnete. Es sollte das von Oktober 2004 bis Oktober 2005 zu begehende Jahr der Eucharistie einleiten. Der Titel war mehr als ergreifend, baten doch im Evangelium die beiden Jünger an jenem ersten Ostern den auferstandenen Christus auf der Straße nach Emmaus „bleibe bei uns“, da „es bald Abend wird, der Tag hat sich schon geneigt“ [Lk 24, 29] – und so war es auch für Karol Wojtyła. Das Jahr der Eucharistie sollte von zwei großen Ereignissen umrahmt werden: dem Internationalen Eucharistischen Kongress im mexikanischen Guadalajara im Oktober 2004 und einer Bischofssynode zum Thema „Eucharistie: Quelle und Höhepunkt des Lebens und der Sendung der Kirche“, die im Okober 2005 stattfinden sollte. Mittels eine Direktübertragung vom Hochaltar im Petersdom am Sonntag, dem 17. Oktober, wandte sich der Papst via Fernsehen unter anderem mit einem bewegenden, unüberhörbar persönlichen Gebet an den Eucharistischen Kongress:

> „*Mane nobiscum, Domine*!“ Wie die beiden Jünger im Evangelium bitten wir dich flehentlich, Herr Jesus: *Bleibe bei uns*!
>
> Du, göttlicher Wanderer, du kennst unsere Wege und unser Herz, laß uns nicht Gefangene der Finsternis werden.
>
> Stütze uns, wenn wir müde sind, vergib uns unsere Sünden und lenke unsere Schritte auf den Weg des Guten.
>
> Segne die Kinder, die Jugendlichen, die alten Menschen, die Familien und besonders die Kranken. Segne die Priester und Personen des geweihten Lebens. Segne die ganze Menschheit.
>
> In der Eucharistie bist du „Medizin der Unsterblichkeit“ geworden: Schenke uns die Freude an einem Leben in Fülle, die uns hilft, auf dieser Erde als zuversichtliche und frohe Pilger zu wandeln, die ihren Blick immer auf das Ziel des Lebens richten, das kein Ende hat.
>
> Bleibe bei uns, Herr! Bleibe bei uns! Amen.[132]

Mane Nobiscum Domine schloss mit dem Aufruf an die Weltkirche, den „vielen Armutserscheinungen in unserer Welt“ solidarisch zu begegnen: dem Hunger, der Krankheit, der Einsamkeit, der Arbeitslosigkeit und den Schwierigkeiten der Immigranten. Die christliche Sorge für die Notleidenden sei seit den biblischen Tagen das Kennzeichen der Jünger Christi gewesen. „Dies ist das Kriterium, auf Grund dessen die Echtheit unserer Eucharistiefeiern überprüft wird“, schreibt Johannes Paul.[133]

Der Papst war kräftig genug, um die Gesellschaft von Tischgenossen beim Mittag- und Abendessen zu genießen, und er machte sich die Mühe, der Familie eines Gastes, der ihn kurz vor den Feiertagen besucht hatte, handschriftliche Weihnachtsgrüße zu schicken. Als ihm zu Weihnachten ein Fotoband über die amerikanischen Nationalparks überreicht wurde, erkannte er sogleich den Rocky Mountain Nationalpark außerhalb von Denver wieder, den er während des Weltjugendtages 1993 besucht hatte, und konnte einer brüderlichen Stichelei gegen die amerikanischen Prälaten nicht wiederstehen. Sie hatten ihm abgeraten, einen Weltjugendtag in den Vereinigten Staaten durchführen. In dieser Form würde das nicht funktionieren. „Ah, Denver!" sagte der Papst. „Die Bischöfe meinten, es lasse sich nicht machen. Ich habe gezeigt, dass sie Unrecht hatten."[134]

Trotz seiner zunehmenden Behinderung war Johannes Paul II. das ganze Jahr 2004 über entschlossen, seine Sendung zu erfüllen. Auch wenn die Welt seinen Zustand oft als peinlich empfand, bewies der Papst durch die Tat, was er Zeit seines Lebens unerschütterlich gelehrt hatte: Kein Mensch ist verzichtbar. Sein Pontifikat bis zum Tode erfüllen zu wollen, hatte nichts mit Selbstüberschätzung, Eitelkeit oder Starrköpfigkeit zu tun. Es war der Weg der Christusnachfolge und ein Papst ist vor allem ein Jünger Christi. Wie immer genoss er das Weihnachtsfest und sang polnische Weihnachtslieder mit seinen alten Gefährten von *Środowisko,* die sich zu diesem jährlichen Ritual um ein Telefon in Krakau versammelt hatten. Es dauerte jedoch nur noch ein paar Wochen und die freudigen Geheimnisse der Weihnachtszeit wichen den leidvollen Geheimnissen des Kreuzes, als Karol Wojtyła das Ende seines Lebens als Jünger Christi erreichte.

9

Die letzte Enzyklika – Januar-April 2005

1. Februar 2005	•	Atemprobleme, Papst Johannes Paul II. wird in die Gemelli-Klinik gebracht.
7. Februar 2005	•	*Erinnerung und Identität*, Johannes Pauls II. letztes Buch erscheint.
9. Februar 2005	•	Johannes Paul zelebriert die Aschermittwochsmesse in der Gemelli-Klinik.
10. Februar 2005	•	Johannes Paul II. kehrt unter dem Jubel der Römer aus der Klinik in den Vatikan zurück.
24. Februar 2005	•	Johannes Paul wird wieder in die Klinik gebracht; es wird ein Luftröhrenschnitt gemacht.
13. März 2005	•	Johannes Paul II. kehrt in den Vatikan zurück.
20. März 2005	•	Unfähig zu sprechen, segnet der Papst am Palmsonntag die Versammlung auf dem Petersplatz.
25. März 2005	•	Am Fernsehen nimmt Johannes Paul an der *Via Crucis* beim römischen Kolosseum teil.
27. März 2005	•	Johannes Paul II. versucht an Ostern zu der Menge auf dem Petersplatz zu sprechen, vermag sie aber nur stumm zu segnen.
31. März 2005	•	Johannes Paul erleidet einen septischen Schock.
1. April 2005	•	Johannes Paul konzelebriert zum letzten Mal die Messe und empfängt Besucher.
2. April 2005	•	Papst Johannes Paul II. stirbt um 21:37 Uhr
8. April 2005	•	Papst Johannes Paul II. wird in den Gewölben des Vatikans beigesetzt.

Die Stationen des Kreuzwegs haben mehr als 75 Jahre im geistlichen Leben Karol Wojtyłas eine wichtige Rolle gespielt. Kurz nach dem Tode seiner Mutter hatte er als Knabe die Passionsspiele in Kalwaria Zebrzydowska gesehen, in der dem Heiligen Land nachgebildeten Wallfahrtsstätte in der Nähe seiner Heimatstadt Wadowice. Als Priester und Bischof hatte er jeden Freitag die vierzehn Stationen gebetet, in der Fastenzeit sogar jeden Tag. Als Papst ließ er auf dem Dachgarten die Stationen des Kreuzwegs aus Ton errichten. So dass er bei milden Wetter ungestört im Freien beten konnte. Und natürlich hatte er ein Vierteljahrhundert jeden Karfreitag die *Via Crucis* am römischen Kolosseum geleitet.

Am Karfreitag 2005 führte Papst Johannes Paul II. die Kirche noch mal den Weg, den Christus gegangen ist, vom Gericht des Pontius Pilatus zum Kalvarienberg, zum Kreuz und zum Grab – diesmal tat er es jedoch aufgrund seiner rasant schwindenden Kräfte auf eine andere Weist und aus der Ferne.

Kardinal Ratzinger, der Dekan des Kardinalskollegiums, führte die Zeremonie am Kolosseum an und hatte auf Wunsch des Papstes auch die Meditationen für jede Station geschrieben. Ratzingers kurze, einfühlsame und beredte Reflektionen verbanden die *Via Crucis* mit dem Jahr der Eucharistie, das die katholische Kirche auf der ganzen Welt beging. Sie wurden später in Buchform veröffentlicht. Was freilich die Kirche und die Welt am mächtigsten berührte, als der Karfreitag des 25. März 2005 sich dem Ende neigte, war das Zeugnis des Mannes, der nicht dabei war: Johannes Pauls II.

Er war kaum imstande zu flüstern. Doch als Kardinal Ratzinger die feierliche Prozession durch die antiken Ruinen führte, betete Johannes Paul II. die *Via Crucis.* Dabei verfolgte er die Zeremonie an einem Fernsehapparat, der in der Kapelle der päpstlichen Gemächer aufgestellt worden war. Eine an der Kapellentür angebrachte Fernsehkamera zeigte der Welt, wie Johannes Paul betete. In einem Stuhl sitzend, ein großes Kreuz umschlungend haltend betete er mit den Gläubigen in der Nähe des Forum Romanums die vierzehn Stationen. Wer das Geschehen am Fernsehn miterlebte, konnte nur Johannes Pauls Rücken sehen, die Kamera nahm nie sein Gesicht auf. Doch was immer die Presse auch spekulierte, er wollte nicht seine Schmerzen verbergen oder die Spuren der wochenlangen Krankheit. Er tat vielmehr, was er immer getan hatte, nämlich zu sagen „Schaut nicht auf mich, schaut auf Christus".

Die letzten beiden Monate im Leben von Papst Johannes Paul II. waren in gewisser Hinsicht die dramatischsten in einem Leben, das nun wirklich nicht arm an Dramen war. Wie der Substitut des Staatssekretariats Leonardo Sandri, der, als Johannes Paul eigene Stimme versagte, zu dessen Stimme in der Kirche und der Welt wurde, es formuliert hat, waren die letzten zwei Monate eine beredsame Zusammenfassung seines Pontifikats seit dem großen Jubiläumsjahr 2000: „Das Bewusstsein seiner eigenen Schwäche kam dem Bewusstsein der Macht Gottes gleich, die in ihm und der Kirche wirkte. In seinen letzten Jahren war das Kreuz inmitten all der tiefen Enttäuschung ein Mittel der Freude. Sein

Schweigen, nur durchbrochen von diesen wachen, ausdrucksvollen Augen, war eine Zeit der Meditation.“[1]

Papst Johannes Paul II. starb den Tod eines Priesters und mit seinem Sterben hinterließ er sein letztes großes Lehrstück. Wie es einem katholischen Priester wohl ansteht, ließ er durch sein Leiden und sein Sterben die Kirche und die Welt tiefer das Geheimnis von Passion, Tod und Auferstehung Christi erfahren. Der Priester und Bischof, der sich manchmal auf den Boden einer Kapelle warf, die Arme in Nachahmung des gekreuzigten Christus ausgestreckt, starb wie er gelebt hatte – in Umarmung des Gekreuzigten, in der unerschütterlichen Überzeugung, das der Tod die Schwelle zum ewigen Leben ist. All das hatte er Jahrzehnte lang gelehrt. Seine letzte und vielleich kraftvollste Lektion war die, die er mit seinem stillen Leiden und seinem heiligmäßigen Tod erteilte: Es war seine letzte Enzyklika.

Ein fröhlicher Mann

Im Januar 2005 wurden es zwanzig Jahre, dass Joaquín Navarro-Valls, der Pressesprecher des Heiligen Stuhls, zum Freund und Vertrautes des Papstes geworden war, der ihn gelegentlich auf inoffizielle diplomatische Missionen sandte. Wie viel Vertrauen Johannes Paul in den Spanier setzte, der die Laufbahn eines Psychiaters eingeschlagen hatte, bevor er sich dem Journalismus zuwandte, zeigte sich zu den drei Gelegenheiten, an denen der päpstliche *portavoce* darum bat, von seinen Pflichten entbunden zu werden. Jedes Mal pflegte Johannes Paul zu den Sitzungsteilnehmern zu sagen: „Was Dr. Navarro aufgebracht hat, ist eine sehr wichtige Frage, über die wir sorgfältig nachdenken sollten. Kommen Sie in fünf Jahren wieder und sagen Sie mir, was Sie dazu denken.“[2]

Die letzten Jahre von Johannes Paul II. erlebte Navarro als eine Zeit „großen Friedens“ und er glaubte, dass der Papst sie ebenso erlebt hat. Gewiß, es gab wie immer Enttäuschungen, es gab die dunkle Nacht des Sommers 2003. Doch nachdem er das Große Jubiläumsjahr von 2000 vollendet hatte, war Johannes Paul II. ein Mann, der im Grunde in Frieden lebte – *un'uomo allegro*, ein fröhlicher Mann, wie Navarro meint. Es sei nicht die Fröhlichkeit des Kindes gewesen, so der Pressesprecher. Es sei die Fröhlichkeit oder Heiterkeit gewesen, die der bewussten christlichen Entscheidung entsprungen ist, diesen Weg zu gehen, einer Entscheidung, die in der Überzeugung wurzelte, dass das Ende der Geschichte für Johannes Paul selbst und für die Welt „wegen der unendlichen Gnade Gottes“ ein glückliches sein wird. Und genau deshalb verließ ihn der Humor und das Lachen bis zum Schluss nicht, auch wenn er das Lachen nicht mehr mimisch ausdrücken konnte.

Nach Meinung von Navarro verdankte sich Johannes Pauls Heiterkeit am Ende seines Lebens auch dem Zusammenspiel seines philosophischen Realismus und seines Glaubens. Wie andere, die in einem Körper gefangen sind, der ihnen nicht mehr gehorcht, hätte der Papst denken können: „Es wäre schön, nicht krank zu sein, sich besser bewegen zu können." So war es nun einmal nicht, und es wäre falsch gewesen, so zu tun oder etwas anderen zu wünschen. Was daher wie ein Hindernis oder eine Stolperstein erschien, musste in Wahrheit und im Lichte des Glaubens eine Chance sein, die Chance, das zu leben, was er die Kirche in *Novo Millennio Ineunte* gelehrt hatte, dass die Vollendung des Großen Jubiläums sowohl Ende als auch Anfang war. Auf der Basis dieser Überzeugung und seiner Entschlossenheit, eine Kultur zu fördern, die das Leben unter allen Bedingungen wertschätzte, glaubte der Papst, seinen körperlichen Verfall nicht verbergen zu müssen. Einige fanden es peinlich, wenn der Papst in der Öffentlichkeit ein wenig sabberte, weil er seine Gesichtsmuskeln nicht mehr unter Kontrolle hatte. Der Papst seinerseits wollte unbedingt seine Sendung zuende führen, auch um den Preis der Peinlichkeit. Als daher die Fernsehproduzenten des Vatikans Navarro fragten, ob sie die Kamera so aufstellen sollten, dass Johannes Pauls zitternde Hände nicht ins Bild kamen, antwortete er, um die Einstellung des Papstes wissend, sie sollten einfach ihre Arbeit so gut wie möglich machen und sich nicht darüber den Kopf zerbrechen, ob die Welt die Wirkungen von Johannes Pauls Parkinsonerkrankung sah.[3]

Jean-Marie Kardinal Lustiger erlebte die letzten Jahre von Johannes Paul II. ähnlich wie Navarro. So wie er die Gedanken des Papstes verstand, lautete die Frage niemals „Bleibe *ich* oder gehe *ich*?" Das *Nunc dimittis* des Jubiläumsjahrs war, wie in Johannes Pauls *Testament* dargelegt, kein Ersuchen um Freistellung und kein Abschiedgruss. Nein, für Johannes sei die Frage, so Lustiger, die gewesen „wie erfülle ich den Willen *Gottes*?" Wie Johannes Paul wusste, konnte der Jünger um nichts anderes bitten als darum, die Leiden des Herrn zu teilen – um damit dem manchmal erkaltetem Herzen der Welt die Wärme des Mitgefühls für alle Leidenden zu entlocken. Auch habe Johannes Paul II. ein Vierteljahrhundert, länger als jede andere große Persönlichkeit seiner Zeit, „im Zentrum der Menschheitsprobleme" gelebt. Wie er diese Last trotz eigener Schmerzen und Erschöpfung trug, habe, wie der Kardinal meinte, auf „tiefere Weise enthüllt", dass er die Schmerzen der Welt empfand, als jene Tage, in denen er noch Johannes Paul der Superstar war – wenngleich die Großveranstaltungen ihren eigenen Wert hatten. Und da niemand in der Welt gegen Leiden gefeit ist, sei die Heiterkeit, mit der er seinen Teil des allgemeinen menschlichen Geschicks getragen hat, für die Welt „ein großartiges Zeugnis der allgemeinen Gültigkeit der Botschaft Christi" gewesen. Für die Kirche sei es eine weitere Einladung zur „alltägliche Heiligkeit" gewesen, die der Schlüssel zu Johannes Pauls II. Pastoralprogramm gewesen ist.[4]

Solange wie möglich hielt er engen Kontakt zu seinen Freunden und setzte damit die seelsorgerische Methode der Begleitung fort, die er als junger Universitätskaplan in Krakau entwickelt hatte. Sein *Środowisko* – das Netzwerk von

Laienfreunden, das er 1948 an St. Florian aufzubauen begonnen hatte – blieb ein wichtiger Teil seines Lebens. Im August 2000, inmitten all der Veranstaltungen des Heiligen Jahrs, besuchten ihn drei Generationen von *Środowisko* in Castel Gandolfo. Die Kinder von Pfarrer Wojtyłas ursprünglichen Schützlingen hatten ein Kajak in den Hof der päpstlichen Villa mitgebracht und so wurde das Wiedersehen „Trockenkajak in Castel Gandolfo“ getauft. Es war eine halbe Stunde für das Treffen vorgesehen. Es wurden drei Stunden daraus. Stanisław Dziwisz versuchte, den Papst ins Bett zu schicken, doch als Danuta Rybicka den Papst fragte, „Mit wem möchtest du gerne zusammenkommen, Wujek“, antwortete der Papst: „Mit allen.“ Als Dziwisz meinte, „Heiliger Vater Sie brauchen doch ihren Schlaf“, winkte ihn der Papst weg. So wurde jeder persönlich begrüßt und am Schluss sangen sie das Lied, mit dem sie einst jeden Tag ihre Kajaktouren beschlossen hatten. Dziwisz sagte dann: „Ich danke Ihnen und wünsche eine gute Nacht.“ Darauf der Papst: „Ich muss jedem eine gute Nacht wünschen.“ Das tat er dann auch: bei mehr als einhundert Leuten. Als der Papst endlich langsam in die Villa ging, erinnert sich Frau Rybicka, lief der Schwarm der kleinen Enkelkinder der Wanderer und Kajakfahrer hinterher „wie die Schafe dem guten Hirten“. Noch vier Jahre später meinte der Papst: „Das war wunderschön.“ Während der Verwalter von Castel Gandolfo den Polen erzählte, in den Jahrzehnten seines Dienstes in der päpstlichen Sommerresidenz habe er so etwas noch nie gesehen.

Drei Jahre nach den „Trockenkajaks“ erkrankte Krzystof Rybicki, ein altes Mitglied von *Środowisko* an Krebs. Vor der Operation am 6. Januar 2003 führte der Papst ein langes Telefongespräch mit ihm und als Rybicki anfang März wieder ins Krankenhaus musste, rief Johannes Paul den Sterbenden auf seinem Handy an: „Krzysiu, erinnerst du dich, wie wir zusammen Weihnachtslieder gesungen haben. Wir können auch jetzt zusammen singen.“ Und sie sangen. Krzystof Rybickis Witwe Maria fuhr Weihnachten 2003 mit ihren Kindern und Enkelkindern zum Papst. Als das Gespräch beim abendlichen Essen auf eine Ferienreise kam, die sie 1957 gemachten hatten, erzählte Johannes Paul II., der die Erinnerung an seine Freundschaften in Ehren hielt, sehr lebhaft und mit vielen Einzelheiten von der Reise, so als hätte sie erst vor kurzen stattgefunden und nicht vor 46 Jahren.

Stanisław and Danuta Rybicki, auch sie von Anfang an bei *Środowisko* dabei, besuchten *Wujek* zum letzten Mal im Januar 2005. Sie brachten ihre Enkelin Mela Rybicka mit, die ungarische Philologie studierte. Johannes Paul begrüßte die Familie und sagte dann auf Ungarisch zu Mela: „Gelobt sei Jesus Christus.“ Währends des Gesprächs forderte der Papst Mela auf sich neben ihn zu setzen und fragte sie sogleich aus: „Erzähl mit, wofür die Jungen sich heute interessieren.“[5]

Im selben Monat suchte Kardinal Ruini, der päpstliche Vikar der Diözese Rom, den Papst in Amtsgeschäften auf und dieser fragte sogleich: „Wann machen wir unseren Besuch in den Gemeinden?“ Erzbischof Dziwisz warf ein: „Heiliger Vater, der Kardinal besucht jetzt die Gemeinden.“ Darauf der Papst verwundert, doch scherzhaft: „*Ich* bin aber doch der Bischof von Rom ...“ Das war, wie Kardinal Ruini später meinte, ein weiterer Beweis dafür, wie „ungeheuer wichtig“ es für Johannes Paul war, die Messe mit den Menschen seiner Diözese feiern zu können.[6] Am Ende seines Pontifikat hatte er von den 336 Gemeinden Roms nur sechzehn nicht persönlich besucht oder zur Messfeier in den Vatikan eingeladen.

Am 24. Januar 2005 empfing Johannes Paul einen spanischen Bischof zu einem *ad limina*-Besuch. Am Schluss ihres Gesprächs überwältigten den Spanier seine Gefühle und er sagte in etwa: „Eure Heiligkeit, das ist wahrscheinlich das letzte Mal, dass wir einander sehen.“ Daraufhin der unerschütterliche Johannes Paul II.: „Was ist denn los? Sind Sie krank?“[7]

Das 20. Jahrhundert denken

Im Sommer 1993, während seiner Wochen in Castel Gandolfo, führte Johannes Paul II. mehrere längere Gespräche mit den polnischen Philosophen Józef Tischner und Krzystof Michalski, die mit Zuspruch des Papstes 1981 das in Wien ansässige *Institut für die Wissenschaften vom Menschen* gegründet hatten.[8] Die aufgezeichneten Gespräche begannen mit Fragen danach, welche Bedeutung der Papst den totalitären Systemen des 20. Jahrhunderts und ihrem Sturz beimass, doch schon bald berührte die Diskussion eine Reihe von Themen der modernen und postmodernen politisch-kulturellen Landschaft. Die Aufzeichnungen wurden mit dem Gedanken abgeschrieben, die Gespräche könnten am Ende ein Buch ergeben.

Nach einer längeren, sporadischen Überarbeitung, in der der analytische Blick über den Nazismus und Kommunismus hinaus erweitert wurde, erschien dann im Februar *Erinnerung und Identität. Gespräche an der Schwelle zwischen den Jahrtausenden.* Das Buch spiegelt die Sorgen, die sich der Papst in den ersten Jahren nach dem Fall des Kommunismus über die Lage in Mittel- und Osteuropa machte.[9] Aber es kehrt auch zu den beharrlichen Fragen im geistigen Werk Karol Wojtyłas zurück und bildet insofern den Schlussakkord in der unvollendeten Symphonie seiner Philosophie.

In den Jahren seiner Lehrtätigkeit an der Katholischen Universität von Lublin war Wojtyła zu der Auffassung gekommen, die Krise von Kultur und Denken des Westens gründe zum Teil in den Schwächen der Moraltheorie der Aufklärung. Wojtyła und drei andere Lubliner Philosophen, Pater Tadeusz Styczeń SDS, Pater Andrzej Szostek MIC and und Dr. Wojciech Chudy, machten es sich daher zur obersten Aufgabe ihres Forschungsprojekts, die Moraltheorie auf ein festeres philosophisches Fundament zu stellen. Wie es im Titel von Chudys Habilitationsschrift heißt, hat die moderne Philosophie sich in der „Reflexionsfalle“ verfangen, d.h. sie denkt über das Denken über das Denken nach, statt mit Hilfe des Denkens zur Wahrheit der Dinge vorzustoßen. Für die philosophische

Ethik stellte sich das Problem besonders dringlich, denn nach den von Hume geschaffenen Abgründen benötigte sie eine sichere Grundlage. Das Lubliner Quartett mit seinem Bekenntnis zum philosophischen Realismus wollte zur moralischen Wahrheit der Dinge durch eine sorgfältige Analyse ihres Soseins gelangen. Ein Sollen, das war ihre Überzeugung, ließ sich durch eine eindringliche Analyse des Seins erkennen – so wie eine sorgfältige Untersuchung der Dynamik des Personseins gewisse grundlegende Menschenrechte aufdeckt, die zu respektieren sind.

Erinnerung und Identität greift noch einmal Wojtyłas Kritik an der Kantischen wie an der utilitaristischen Moral auf, dass sie kein hinreichend gesichertes sittliches Fundament für die Ausübung von Freiheit zu liefern imstande sind. Freiheit, betont Johannes Paul, ist sowohl eine Gabe als auch eine Aufgabe. Freiheit richtig verstanden ist daher nicht Willkür, auch sollten freie Männer und Frauen sich nicht damit begnügen, das größte Gut für die größte Zahl zu schaffen. Freiheit sei vielmehr eine Gabe – Gläubige meinen von Gott –, die dazu verwandt werden sollte, nach dem zu suchen, was wir als objektiv gut zu erkennen vermögen. Dieser Begriff von Freiheit lässt sich nach Auffassung von Johannes Paul philosophisch verteidigen. Weiter erhellt wird er indes durch die Gabe des Glaubens, die uns erkennen lässt, dass Gott dem Menschen „eine ganz bestimmte Sendung übertragen [hat]: die Wahrheit über sich selbst und über die Welt zu verwirklichen." Denn nur so ist er fähig, „die sichtbare Welt der Wahrheit gemäß zu gestalten, indem er sich ihrer für seine Ziele in rechter Weise bedient, ohne sie zu missbrauchen."[10]

Auch den Fragen nach der Zukunft Europas geht *Erinnerung und Identität* nach. Vor allem lag ihm daran, herauszustellen, dass „Europa" nur aufgrund der Evangelisierung Europa ist:

> Warum beginnen wir, von der Evangelisierung zu sprechen, wenn wir uns über Europa unterhalten? Der Grund dafür ist wohl einfach die Tatsache, dass es die Evangelisierung war, die Europa geprägt hat, die den Grundimpuls für die Zivilisierung ihrer Völker und für ihre Kulturen gegeben hat. Die Verbreitung des Glaubens auf dem Kontinent hat die Bildung der einzelnen europäischen Völker begünstigt, indem sie die Keime von Kulturen in sie einpflanzte, die zwar unterschiedliche Charakteristiken ausformten, aber durch das Erbe gemeinsamer Werte miteinander verbunden waren – eben der Werte, die im Evangelium verwurzelt sind. Auf diese Weise wurde der Pluralismus der nationalen Kulturen auf der Basis eines Grundstocks von Werten entwickelt, die der Kontinent teilt.[11]

Das zu betonen bedeute nicht, „den Einfluss der klassischen Welt" von Griechenland und Rom „ unterzubewerten". Vielmehr würde damit anerkannt, wie die Kirche „das kulturelle Erbe, das ihr vorausging, in sich aufgenommen und in neue Formen umgestaltet hat." Aus dieser Umgestaltung ging das „Mittelalter mit seinem christlichen Universalismus" hervor, in dem die Evangelisierung Europas „nicht nur beendet [schien], sondern auch in jeder Beziehung ausgereift: reif nicht allein auf dem Gebiet des philosophischen und theologischen Denkens, sondern auch im Bereich der Kunst und der sakralen Architektur und dazu auch in Bezug auf die soziale Solidarität (Kunsthandwerker-Vereinigungen, Bruderschaften, Hospize ...).[12] Dieser Universalismus wurde durch die Reformation, die Religionskriege, und die Aufklärung umgestürzt. Denoch vermochte nicht einmal die Aufklärung „Europa" neu zu erfinden und sie tat es auch nicht; ihre „ Früchte des Guten" einschließlich der „Ideale von Freiheit, Gleichheit, Brüderlichkeit" gründeten in „Werten, die im Evangelium verwurzelt sind". Andererseits zwang die Aufklärung die Kirche „zu einer vertieften Wiederentdeckung von Wahrheiten, die im Evangelium enthalten sind", wofür die moderne katholische Soziallehre seit Leo XIII. stehe.

Wenn das Europa der Zukunft nicht in die tödlichen Irrtümer des 20. Jahrhunderts zurückfallen wolle, müsse es sich seiner moralischen Kultur wieder bewusst werden. Hitler, erinnerte Johannes Paul seine Gesprächpartner, sei schließlich mit demokratischen Mitteln an die Macht gekommen, die er dann natürlich prompt außer Kraft setzte, allerdings mit Zustimmung eines „ordnungsgemäß gewählten Parlaments".[13] Polen hatte seiner Ansicht nach einem Europa, das sich von den Wunden des 20. Jahrhunderts erholte, Wichtiges mitzuteilen: die Erfahrung einer Nation, die dank ihrer moralischen und kulturellen Überzeugung die Geißel des Totalitatismus überstanden hatte; die Erfahrung eines Landes, das von den Religionskriegen des 16. Jahrhunderts verschont geblieben war; die Erfahrung einer Landes, in dem der Staat nicht beanspruchte, Herrscher über das Gewissen seiner Bürger zu sein.[14]

Erinnerung und Identität machte noch einmal kraftvoll deutlich, dass die Philosophie für Johannes Paul II. „zur Theologie und Christologie führt", wie der italienische Gelehrte Rocco Buttiglione es einmal formuliert hat.[15] Der angemessene Ausgangspunkt für das Verständnis des Menschen muss, wie der Papst beharrt, seine Kreatürlichkeit sein: „die Erschaffung des Menschen als Ebenbild Gottes". Letzten Endes ist es ein vergeblicher Versuch, die Welt des Menschen, seine Bestrebungen und seine Leidenschaften allein mit Bezug auf andere „Geschöpfe der sichtbaren Welt" zu begreifen, denn dieser Ansatz übersieht, was den Menschen am meisten auszeichnet: dass wir geschaffen sind gemäß „des göttlichen Prototyps, des inkarnierten Wortes, des ewigen Sohnes des Vaters". Die „erste und entscheidende Quelle", um in die Wahrheit des „innersten Wesens des Menschen" einzudringen, ist also die Heiligste Dreifaltigkeit, diese Gemeinschaft von sich selbst hingebender Liebe und Aufnahmebereitschaft, in der das Gebot des Gebens ewige Realität ist.[16] Wie in anderen seiner Schriften schlägt Johannes Paul II. vor, Männer und Frauen sollten ihren Blick höher und nicht tiefer richten. Die ganze Wahrheit über seinen Ursprung, sein Wesen und sein Geschick würde der Mensch erst erlangen, wenn er nach oben schaut, nicht nach unten und um sich herum.

Er kommt zu dem Schluss, dass die Geschichte nicht nur eine horizontale, sondern auch eine vertikale Dimension hat, denn „es sind nicht die Menschen allein, welche die Geschichte schreiben. Zusammen mit ihnen schreibt auch Gott."[17] Daher geht „der tiefste Sinn der Geschichte über die Geschichte hinaus und findet seine umfassende Erklärung in Christus, dem Gottmenschen." Wir leben in der Zeit und somit in der Erinnerung. Doch die „christliche Hoffnung überwindet die Grenze der Zeit. […] Die Menschheit ist berufen, über die Grenze des Todes hinauszugehen, sogar über die Abfolge der Jahrhunderte hinweg, dem endgültigen Ziel der Ewigkeit entgegen, an der Seite des verherrlichten Christus in der trinitarischen Gemeinschaft. ‚Ihre Hoffnung ist voll Unsterblichket‘ (Weish 3, 4).“[18] In der Zeit jenseits der Zeit sind die gereinigte Erinnerung und Identität eins mit der Ewigkeit.

Einige Kritiker beurteilten *Erinnerung und Identität* als übertrieben polnisch. Sie behaupteten, Johannes Paul II. glaube, in Polens Geschichte und nationaler Identität das besondere Werk der Vorsehung zu erkennen. Neu war dieser Einwand nicht. Sein ganzes Pontifikat über war eine Kritik dieses Tenors zu vernehmen, eine Kritik, die manchmal kulturelle und ethnische Klischees reproduzierte oder sich manchmal aus unkritischen Annahmen über die Moderne und ihre Erscheinungen speiste. Gegen derartige Kritiken nahm Hochwürden Richard John Neuhaus, einer der besten Interpreten Johannes Pauls in den Vereinigten Staaten, das Buch in einem kurz nach dem Tod des Papstes veröffentlichten Essay als „provozierend klug“ in Schutz:

> Gegen die substanzlosen Abstraktionen der säkularen Moderne führte Johannes Paul uns ein In-der-Welt-sein vor, das von der Treue zu den Erinnerungen, Leiden und Bestrebungen eines bestimmten Volkes geprägt war. Er war eine seltene Erscheinung: ein Mann aus einem Guss. Die Vielseitigkeit seiner Interessen, Triebkräfte, Talente und Eingebungen war aus einem Stück. Er lehnte die herrische Forderung der Moderne ab, sich zwischen dem Allgemeinen und dem Besonderen zu entscheiden, zwischen der Welt und seinem Platz in der Welt. Kritiker bezeichneten ihn als den „polnischen Papst“ und meinten damit, er sei provinziell. Statt sich dafür zu entschuldigen, wer er war, lud er andere ein, das Beste von dem zu sein, wer sie waren. Als ein Sohn von Polen war er der Welt ein Vater.[19]

„Ich glaube, sie fangen endlich an, ihn zu verstehen…“

Nach Ansicht von Stanisław Dziwisz waren die Leiden, die Johannes Paul II. in seinem letzten Lebensabschnitt ertrug, nicht nur körperlich, so schrecklich diese auch waren, sondern auch seelisch: die Leiden eines Mannes, der gezwungen war, „ die mit seiner Sendung als Hirte der Weltkirche verbundenen Aufgaben“ aufzuschieben oder gar zu streichen. Kardinal Ratzinger hat es verstanden. Der Dekan des Kardinalskollegiums sagte, in Johannes Pauls Leben „ist das Wort ‚Kreuz‘ nicht nur ein Wort.“[20]

Karol Józef Wojtyła, Papst Johannes Paul II., betrat am Sonntag, dem 30. Januar 2005, zum letzten Mal den Weg zum Kalvarienberg. Während der Angelusansprache vom Fenster der päpstlichen Gemächer aus überfiel den Papst eine Atemnot, und zunächst glaubte man, er habe sich eine Grippe zugezogen.

Doch sein Zustand verschlechterte sich, und es kam zu einer wie die Ärzte sagten „akuten Laryngotracheitis verstärkt durch Laryngospasmen", für Laien übersetzt heißt das, eine Kehlkopfentzündung begleitet von einer Verkrampfung der Stimmritze führte zu starker Atemnot. Am 31. Januar verkündete das Pressebüro des Heiligen Stuhls, an diesem Tag würden keine Audienzen stattfinden. Am Abend des 1. Februar atmete der Papst zunehmend mühsamer, und so wurde beschlossen, ihn sofort in die Gemelli-Klink zu bringen, wo eine Suite auf dem 10. Stock immer für ihn bereitstand. Erzbischof Leonardo Sandri, der Substitut des Staatssekretariats, traf den Papst gegen 22:00 Uhr im Cortile Sisto Quinto, als dieser gerade zum Krankenwagen geführt wurde, und bat ihn um seinen Segen. Nach Luft schnappend brachte Johannes Paul kein Segenswort heraus, segnete Sandri allerdings schweigend.[21]

Die internationalen Medien setzten sofort wilde Spekulationen über den bevorstehenden Tod des Papstes im Umlauf, doch der Zustand von Johannes Paul schien sich die nächsten Tage in der Gemelli-Klinik zu bessern, die er, angesichts seiner häufigen Aufenthalte dort scherzhaft „Vatikan III" nannte („Vatikan I" ist der Apostolische Palast und „Vatikan II" Castel Gandolfo). Er nahm, wenngleich eingeschränkt, seine Amtspflichten wieder auf, arbeitete von seinen Räumen in der Klinik aus und empfing am 5. Februar Kardinal Ratzinger zu ihrem wöchentlichen Treffen, um die Angelegenheiten der Glaubenskongregation zu besprechen. Ratzinger erinnerte sich, wie Johannes Paul sein Amt vom Krankenbett aus wahrnahm:

> Der Papst litt sichtbar, war aber ganz wach und sehr gegenwärtig. Ich war einfach zu einem Arbeitstreffen gegangen, weil er ein paar Entscheidungen treffen musste. Trotz seines Leidens hörte mir der Papst aufmerksam zu. Er erklärte mir seine Entscheidungen mit ein paar Worten, gab mir seinen Segen und sprach seine Abschiedsworte auf Deutsch, wobei er mich seiner Freundschaft und seines Vertrauens versicherte.[22]

Zum Angelus-Gebet am Sonntag, dem 6. Februar, erschien der Papst am Fenster seines Krankenzimmers. Erzbischof Sandri verlas für ihn die Ansprache, während es dem Papst gelang, Teile des Angelus und das Kreuzzeichen zu sprechen. Als die Medien meinten, die Stimme des Papstes sei in Wirklichkeit die aus einer Tonbandaufnahme gewesen, kam es zu einer kleinen Aufregung. Zwar bestritt Joaquín Navarro-Valls die Gerüchte noch am selben Abend, doch schon die Tatsache, dass sie sich so schnell verbreiten konnten, war ein Anzeichen dafür, dass mindestens einige Zeitungen unbedingt an ihrer Geschichte festhalten wollten, die da lautete „Der Papst stirbt, aber der Vatikan will es nicht zugeben". Um die Fakten kümmerten sie sich wenig. Die Abdankungsfrage, die wenigstens eine Zeitlang erledigt schien, erhielt am nächsten Tag durch einen missverstandenen Kommentar des Kardinalstaatssekretärs Angelo Sodano neue Nahrung. Nach der Möglichkeit einer Abdankung gefragt, hatte er am 7. Februar der Presse spontan gesagt: „Wenn es einen Mann gibt, der die Kirche mehr als irgendein anderer liebt, der vom Heiligen Geist geleitet wird, wenn es einen Mann gibt, der von wunderbarer Weisheit ist, dann er. Wir sollten unser

ganzes Vertrauen in den Papst setzen. Er weiß, was zu tun ist."[23] Die Äußerung des Kardinals wurde prompt und wie zu erwarten dahingehend gedeutet, dass eine Abdankung auf der Liste der Möglichkeiten stand. Was ganz sicher nicht der Fall war.
Zwei Tag nach dieser überflüssigen Kontroverse konzelebrierte Johannes Paul II. die Aschermittwochsmesse und empfing das Aschenkreuz von Erzbischof Dziwisz, der später meinte, er habe „eine große Freude " darüber empfunden, wie schnell der Papst sich zu erholen schien. Die Ärzte waren offensichtlich auch dieser Meinung, denn am nächsten Abend kehrte Johannes Paul in den Vatikan zurück. Patienten der Gemelli-Klinik säumten den Weg, als der Papst aufbrach und jubelten ihm zu. Der Papst winkte, stieg ins Papamobil und wurde die gut sieben Kilometer bis zum „Vatikan I" von einer Motorradeskorte und Sicherheitskräften zu Fuß begleitet. Zwischen der Gemelli-Klinik und dem Vatikan standen die Römer zu Tausenden Spalier und auf dem Petersplatz hatte sich ebenfalls eine Menge versammelt, um den Papst zu begrüßen. Bevor die Motorradstaffel aufbrach, hatte Navarro-Valls der Presse mitgeteilt, die „akute Laryngotracheitis" sei überwunden und alle durchgeführten Tests einschließlich der Computertomographie seien negativ gewesen.[24]

Am 13. Februar, einem Sonntag, war der Papst zum wöchentlichen Angelusgebet wieder am Fenster seiner Gemächer. Seine Botschaft wurde von Erzbischof Sandri verlesen. Bevor er den *Sostituto* ans Mikrophon treten ließ, winkte der Papst, segnete die Menge und sprach ein paar Worte. Am selben Tag begannen die päpstlichen Fastenexerzitien, bei denen der Piemonteser Bischof Renato Corti von Novara zum Thema „Die Kirche im Dienst des Neuen und Ewigen Bundes" predigte. Beinahe dreißig Jahre waren vergangen, seit Karol Wojtyła bei den päpstlichen und kurialen Exerzitien über die „Zeichen des Widerspruchs" geredet hatte. Wie üblich fanden während der Exerzitien keine Audienzen statt.[25] Vor den Exerzitien standen wichtige Amtsgeschäfte an: Johannes Paul nahm das Rücktrittsgesuch des Pariser Erzbischofs Jean-Marie Kardinal Lustiger an und ernannte Erzbischof André Vingt-Trois von Tours zu dessen Nachfolger.[26] Am zweiten Tag der Exerzitien sandte der Papst anlässlich des Todes von Schwester Lucia dos Santos, der letzten Visionärin von Fatima, die am 13. Februar im Alter von 97 Jahren gestorben war, ein Beileidsschreiben an den portugiesischen Bischof Albino Mamede Cleto von Coimbra. Darin heißt es: „Schwester Lucia hinterläßt uns ein Beispiel großer Treue zum Herrn und freudiger Ergebenheit in den Willen Gottes. [...]Ich fühlte mich immer unterstützt von dem täglichen Geschenk ihres Gebets, besonders in den schweren Situationen der Prüfung und des Leidens. Möge der Herr ihr den großen und verborgenen Dienst in reichem Maße vergelten, den sie der Kirche erwiesen hat." [27]

Johannes Paul schaffte es das Angelusgebet am Sonntag, dem 20. Februar, selbst zu sprechen und seine Angelusbotschaft zu verlesen. Auf die Menge auf dem Petersplatz machte er einen recht kräftigen Eindruck. Am Tag zuvor hatte er seine Audienzen wieder aufgenommen. Er empfing den 77-jährigen Emmanuel III. Delly, den Patriarchen von Babylon der chaldäisch-katholischen Kirche, dessen Gemeinde nach wie vor unter den Verfolgungen der islamistischen Terroristen im Irak zu leiden hatte, und Bischof Renato Corto, dem er für die Predigten bei den Fastenexerzitien dankte. Die Atemprobleme des Papstes hielten an. Aufgrund der Parkinsonerkrankung hatte sich die Brustmuskulatur versteift und erschwerte das Einatmen. Am 23. Februar, einem Mittwochabend, kam es erneut zu einem dramatischen Ereignis. Beim Abendessen, schreibt Stanisław Dziwisz, „erschütterte eine neue Krise den Körper des Papstes, die bis an die Grenze zum Ersticken ging". Kardinal Marian Jaworski, Karol Wojtyłas alter Hausgenosse und Philosophenkollege, der mittlerweile Erzbischof des lateinischen Ritus im ukrainischen Lemberg war, weilte beim Abendessen zu Gast und spendete seinem alten Freund sogleich die Krankensalbung.[28]

Am nächsten Tag wurde der Papst wieder in die Gemelli-Klinik eingeliefert, wo sein Leibarzt Dr. Renato Buzzonetti sich zu einem Luftröhrenschnitt entschloss, um dem Papst das Atmen zu erleichtern und einem erneuten Erstikkungsanfall zuvorzukommen. Johannes Paul fragte, ob die Operation sich nicht bis zu den Sommerferien aufschieben lasse. Die Reaktion von Buzzonetti und den anderen Ärzten überzeugte den Papst sofort, dass das nicht in Frage kam. Dr. Buzzonetti versicherte Johannes Paul, dass es eine „einfache Operation" sei. Wie man es von ihm kennt, gab der Papst zurück: „Einfach, für wen?" Der Eingriff wurde erfolgreich durchgeführt, aber erst hinterher wurde dem Papst, wie Dziwisz erzählt, „konkret bewusst", was die Ärzte mit ihrer Mitteilung, nach der Operation würde er eine Zeitlang nicht sprechen können, gemeint hatten. Er gab Dziwisz mit Zeichen zu verstehen, dass er etwas schreiben wolle und kritzelte dann: „Was haben die mit mir gemacht? Doch … *totus tuus*!" Sein Kummer wie auch seine Entschlossenheit, seinen Willen unter dem Schutz der Jungfrau Maria ganz unter den Gottes zu beugen, fanden darin ihren Ausdruck.[29]

In den zweiundeinhalb Wochen in der Klink – es war sein zweiter Aufenthalt innerhalb eines Monats – verließ sich Johannes Paul II. weiterhin auf Erzbischof Sandri. Als Stimme des Papstes sprach Sandri den Angelus und übermittelte am 27. Februar und 6. März die Angelusbotschaft des Papstes auf dem Petersplatz, während der Papst selbst vom Fenster seines Krankenzimmers den Segen spendete. Auch am 13. Mai sprach Sandri den Angelus von der Klinik aus, und der Papst konnte ein paar Worte an die dort versammelte Menge richten sowie an diejenigen, die ihn auf dem Petersplatz auf einem riesigen Bildschirm sehen konnten.[30] Der *Sostituto* war „sehr beeindruckt von der Demut, mit der der Papst mich seine Worte verlesen ließ. Ich segnete die Leute in seinem Namen und sah, wie Johannes Paul II. bescheiden das Kreuzzeichen machte, als er durch mich den Segen empfing, der doch sein eigener war."[31]

Johannes Paul nahm eine Woche nach dem Luftröhrenschnitt die täglichen Arbeitstreffen in seinem Krankenzimmer wieder auf und kam mit Sandri, dem Staatssekretär Sodano, Kardinal Ratzinger und Kardinal Sepe, dem Präfekten der Kongregation für die Evangelisierung der Völker, zusammen.[32] Mit Erzbischof Dziwisz und anderen konzelebrierte der Papst jeden Tag die Messe; am Nachmittag des 9. März, kurz nach Beendigung der Messe, segnete Johannes

Paul noch mit dem violetten Messgewand der Fastenzeit bekleidet spontan die Hunderte, die vor der Gemelli-Klink Tag und Nacht eine Gebetswache abhielten.[33] Zwei Tage später, am 11. März, konzelebrierte Johannes Paul die Messe mit Polycarp Kardinal Pengo und Bischof Severine Niwemugizi aus Tansania, die zu einem *ad limina*-Besuch in Rom weilten. Seine Besucher waren zu Tränen gerührt, mit welcher Zähigkeit und Haltung der Papst seine anhaltenden Atemprobleme ertrug.[34]

Beim Angelus am 13. März dankte Johannes Paul II. der Presse für ihre „Anwesenheit und Aufmerksamkeit", die es ermöglichte, dass er sich „den Gläubigen in allen Teilen der Welt näher fühlt" und dass sie ihn „mit ihrer Zuneigung und ihren Gebeten begleiten konnten."[35] Am Abend wurde der Papst zurück in den Vatikan gefahren. Wieder jubelten ihm die Römer zu und säumten manchmal in Zehnerreihen die Straßen. Seine Handrücken waren von den Injektionen und intravenösen Kanülen stark verfärbt. Erzbischof Sandri erinnerte sich, dass der Papst „vor Kälte zitterte". Doch diese körperlichen Entstellungen und die Schwäche waren, wie Sandri sagt, „das Evangelium des stillen Geheimnisses seiner Freundschaft zu Gott um der Erlösung der Welt willen – seine stille Messe mit Gott."[36]

Drei enge Beobachter des Pontifikats – die polnische Botschafterin beim Heiligen Stuhl Hanna Suchocka, der kanadische Schriftsteller Raymond de Souza und der Physiker Piotr Malecka, Karol Wojtyłas erster Messdiener an St. Florian in Krakau und ein altes Mitglied von *Środowisko* – fingen etwas von der ungewöhnlichen Reaktion auf den Mut, den Johannes Paul in seinem Leiden zeigte, in ein paar gutgewählten Worten ein. Dies sei, so die Botschafterin, „seine *via crucis*" und wenn einige Teile der Presse dies nicht begriffen oder verstanden, so hätten doch die Menschen, die zur Gemelli-Klinik gekommen waren und dem gebrechlichen Papst auf seinem Weg in den Vatikan zugejubelt hatten, eine Ahnung davon. Schließlich wollten sie daran teilnehmen und ihn unterstützen. Zur selben Zeit schrieb Hochwürden de Souza, dies sei keine Totenwache, sondern eine „Lebenswache", bei der die Kirche aufgefordert ist, „diesen Augenblick mit ihrem Oberhirten zu erleben". Das „Nachdenken, die Kontemplation und das Gebet", das Johannes Pauls Ringen um die Fortsetzung seiner Sendung den Kindern der Kirche abnötigt, seien nicht „etwas, um die Zeit zu verbringen, bis die Kirche wieder ans Werk gehen kann – sie *sind* das Werk der Kirche." Dr. Maleckas Kommentar war kurz und bündig: „Ich glaube, sie fangen langsam an, ihn zu verstehen."[37]

Die letzten Stationen

Johannes Paul war in den Vatikan zurückgekommen, um zu sterben, denn es war so klar, wie etwas Derartiges klar sein kann, dass das Ende nahe war, und er wollte dort sterben, wo er sich zuhause fühlte, so nah wie möglich bei den Gebeinen Petri. Zum ersten Mal in 26 Jahren war Johannes Paul nicht imstande die Liturgie der Karwoche persönlich zu leiten. Camillo Kardinal Ruini, der päpstliche Vikar für Rom, übernahm die Palmsonntagsmesse auf dem Petersplatz, während Giovanni Battista Kardinal Re die Chrisammesse am Gründonnerstag zelebrierte und Alfonso Kardinal Lopez Trujillo die Abendmahlsmesse im Petersdom feierte. James Francis Kardinal Stafford stand dem Karfreitagsgedenken der Passion unseres Herrn im Petersdom vor, während Joseph Kardinal Ratzinger am Abend den Kreuzweg am Kolosseum leitete und Karsamstagnacht der Ostervigil in der vatikanischen Basilika vorsaß. Angelo Kardinal Sodano leitete die Messe am Ostersonntag auf dem Petersplatz. Bei jeder größeren Liturgie der Karwoche wurde von dem jeweiligen Kardinal eine Botschaft des Papstes verlesen.

Am Palmsonntag zeigte sich der Papst nach der Messe am Fenster und segnete die Menge auf dem Platz mit einem Olivenzweig; wieder einmal war Erzbischof Sandri die „Stimme" des Papstes bei der Angelusbotschaft. Johannes Paul wünschte sehnlich, zu den Menschen zu sprechen, die sich an Ostern, dem 20. März auf dem Platz versammelt hatten, und ihnen den Segen *Urbi et Orbi* zu erteilen. Doch es sollte nicht sein. Tage vorher hatte er sich im Sprechen geübt, doch als es soweit war, brachte er kein Wort heraus. Stanisław Dziwisz beschreibt diesen erschütternden Augenblick:

> ... wie blockiert blieb der Papst am Fenster stehen. Ganz leise sagte er: ‚Ich habe keine Stimme', und dann weiter schweigend machte er ein dreifaches Kreuzeichen, grüßte die Menge und gab schließlich durch einen Blick zu verstehen, dass er wieder hereingeschoben werden wollte.
>
> Er war zutiefst erschüttert und betrübt, gleichzeitig aufgrund seiner vergeblichen Anstrengung erschöpft. Die Menschen unten waren innerlich bewegt, sie applaudierten und riefen seinen Namen; er aber spürte die ganze Last jener Geste der Ohnmacht, des Leidens. Er schaute mir in die Augen: ‚Vielleicht wäre es besser, dass ich sterbe, wenn ich die mir anvertraute Aufgabe nicht erfüllen kann.' Ich bemühte mich, ihm etwas zu antworten, aber er fügte hinzu: ‚Dein Wille geschehe ... *Totus tuus.*[38]
>
> Johannes Paul versuchte es noch einmal, nämlich am Mittwoch, dem 30. März, als fünftausend Jugendliche aus Mailand auf den Petersplatz gekommen waren – an diesem Tag hieß es, dem Papst sei eine Nasensonde gelegt worden. Dziwisz wollte ihn davon überzeugten, einfach nur seinen Segen zu erteilen, aber er „wollte ein paar Worte sagen, gegebenenfalls, nur ein einziges Wort, einen Dank." Deshalb gab er ein Zeichen, damit man ihm das Mikrophon hinhielt. Doch wieder brachte er kein Wort heraus. Dieses Mal, schreibt Dziwisz, „reagierte er nicht einmal mehr mit jener Ungeduld wie an Ostern. Nunmehr wusste er, er war bereit."[39]

Die zwölfte Station der *via crucis* von Papst Johannes Paul II., die Station am Kalvarienberg, begann am 31. März um 11:00 Uhr. Als er sich für die Konzelebration der Messe in der päpstlichen Kapelle vorbereitete, „wurde sein Körper von etwas im Innern erschüttert", wie Erzbischof Dziwisz später erzählte.[40] Hervorgerufen durch eine Harnwegsinfektion hatte er einen septischen Schock erlitten. Das Fierber stieg auf 40° und sein Herz-Kreislaufsystem versagte. Dziwisz erinnerte Dr. Buzzonetti daran, dass der Papst im Vatikan sterben wolle. Also wurde Johannes Paul in sein Zimmer gebracht, wo er von seinem Bett aus auf ein Bild des leidenden Christus und der Schwarzen Madonna, Unserer lieben Frau von Tschenstochau, schauen konnte, wie auch auf eine kleine Photographie seiner Eltern, die seit langem an seinem Bett stand. Am Abend wurde am Bett des Papstes eine Messe gefeiert. Es gelang ihm bei den Worten der Wandlung seine Hand zu heben und sich beim *Agnus Dei* an die Brust zu schlagen. Um 19:17 Uhr empfing er die Heilige Kommunion und aus den Händen von Kardinal Jaworski noch einmal das Sterbesakrament. Die Schwestern des Hauses, seine Sekretäre, die Ärzte und Krankenschwestern traten heran, um die Hand des Papstes zu küssen, der jeden flüsternd beim Namen nannte. Auf Wunsch des Papstes endete der Tag mit einer Stunde der Meditation und des Gebets. Zum Abschluss sangen die Schwestern, die ihm den Haushalt führten.[41]

Freitag, der 1. April, wurde zu einem „Tag des Gebets“, wie Dziwisz schreibt. Der Papst konzelebrierte die Messe von seinem Bett aus und betete sowohl den Kreuzweg als auch das Stundengebet. Sein alter Freund Pater Tadeusz Styczeń las aus der Bibel vor. Johannes Paul konnte nach der Schilderung Dziwiszs „unter großer Mühe nur noch wenige Silben sagen“.[42] Die Würdenträger kamen, um sich zu verabschieden, und der Papst wünschte unbedingt, Francesco zu danken, dem Mann der seine Räume sauber hielt. In der Abendmesse für die Diözese Rom in der Lateranbasilika teilte Kardinal Ruini den Versammelten mit, das Ende sei nahe und der Papst „sieht und berührt schon den Herrn“.[43]

Am 2. April fand Johannes Paul die Kraft, die Krone für das Bild Unserer lieben Frau von Tschenstochau in den vatikanischen Grotten zu segnen, sowie zwei weitere, die für das Kloster Jasna Gorá in Tschenstochau selbst bestimmt waren. Danach versuchte er längere Zeit, etwas zu sagen. Die ihm am nächsten standen, verstanden schließlich, dass er für die jungen Menschen, die vor seinem Fenster auf dem Petersplatz Wache hielten, eine Botschaft hatte: „Ich bin zu euch gekommen. Jetzt seid ihr zu mir gekommen. Ich danke euch.“ Pater Styczeń las laut aus dem Johannesevangelium vor – das hatte der Papst selbst jeden Tag während seiner Studententage in Rom getan. Als das Ende nahte, war Styczeń bis zum neunten Kapitel gekommen.[44]

Schwester Tobiana, die Jahrzehnte für ihn gearbeitet hat, hörte seine letzten Worte. Der Papst schaute sie an, deshalb trat sie an sein Bett und beugte sich über ihn, ihr Ohr ganz nah an seinem Mund. Mit kaum wahrnehmbarer Stimme äußerte er seine letzte Bitte: “Lasst mich zum Herrn gehen.“

Gegen 19:00 Uhr fiel Johannes Paul II. in ein Koma und nach polnischem Brauch wurde eine brennende Kerze in das Fenster seines Schlafzimmers gestellt. Zwei Stunden später spürte Erzbischof Dziwisz in sich „ein unwiderstehliches Drängen“ und begann gemeinsam mit Kardinal Jaworski, Erzbischof Stanisław Ryłko (einem Krakauer Priester, der Präsident des Päpstlichen Rats für die Laien war), Pater Styczeń und dem zweiten Sekretär Msgr. Mieczysław Mokrzycki die Vorabendmesse zum Sonntag der Göttlichen Barmherzigkeit zu feiern. Der Abschnitt aus dem Evanglium für diesen Tag schien besonders passend: Der auferstandene Christus erschien den Aposteln in der ersten Osternacht und grüßte sie mit den Worten „Friede sei mit euch" [Joh 20, 19]. Dziwisz konnte dem Papst ein paar Tropfen des Blutes Jesu als Viaticum geben, als „Wegzehrung".

Um 21:37 Uhr zeigte der Monitor, dass das Herz von Johannes Paul II. aufgehört hatte zu schlagen. Dr. Buzzonetti beugte sich über den Papst und sagte dann zu den Anwesenden: „Er ist in das Haus des Herrn hinübergegangen." Karol Wojtyłas irdische Pilgerfahrt war zu Ende. Die Konzelebranten und die polnischen Schwestern begannen spontan, „als hätten wir es alle gemeinsam entschieden", die alte Dankeshymne der Kirche, das *Te Deum* zu singen, während sie „Tränen des Schmerzes und der Freude zugleich" weinten.[45]

Von Erzbischof Dziwisz benachrichtigt, betrat Erzbischof Sandri, ein paar Minuten nachdem der Papst gestorben war, das Zimmer, in dem immer noch das Elektrokardiogramm lief, um den Tod zu bestätigen. Sandri erzählte später, Schwester Tobiana habe neben dem Bett gekniet und dem Papst über den Kopf gestrichen. Johannes Pauls Arme waren in der Form des Kreuzes ausgestreckt und sein Gesicht sah „ganz und gar friedlich" aus. Als nächstes kamen Kardinal Ratzinger, Kardinal Sodano, Kardinal Ruini, Kardinal Eduardo Martínez Somalo (der Camerlengo oder Kämmerer der Kirche) und Erzbischof James Harvey (der Präfekt des päpstlichen Hauses) herein. Sandri, der auf dem Petersplatz der Welt die Nachricht zu verkünden hatte, „wusste nicht, was er sagen sollte". Er war „bestürzt und verwirrt" und fand kaum seinen Weg durch den Apostolischen Palast, dessen Gänge er doch so gut wie nur einer kannte. Auf dem Platz angekommen „brachen die Worten aus mir raus: ‚unser geliebter Heiliger Vater ist in das Haus des Herrn eingegangen'."[46]

Als Vikar verkündete Kardinal Ruini am Abend des 2. April dem Volk von Rom offiziell den Tod seines Bischofs: „Lasst uns Gott danken, dass er uns einen Hirten nach seinem Herzen geschenkt hat, einen Zeugen Jesu durch sein Leben und seine Worte." Möge die selige Jungfrau Maria, schloss Ruini, „ihn in ihre mütterlichen Arme schließen und das Volk von Rom beschützen."[47]

Der Leib Johannes Paul II. blieb über Nacht in der Kapelle der päpstlichen Gemächer, nah am Tabernakel und bewacht von der Schwarzen Madonna, deren Bild der Papst kurz nach seiner Wahl in der Apsis hatte anbringen lassen.

Nachrufe und Streitigkeiten

Am Sonntag, dem 3. April, nachdem der Tod offiziell festgestellt und der Totenschein ausgefüllt worden war, wurde der Leichnam des Papstes in die Sala Clementina des Apostolischen Palastes gebracht. Er war aufgebahrt in dem roten Messgewand, das an den Festen der Apostel getragen wird, um den Hals trug er das weiße wollene Pallium eines Metropoliten und um seine Hände war ein Rosenkranz geschlugen, in der Linken hielt er das silberne Bischofsstabkreuz, das er von Paul VI. übernommen hatte und während seines Pontifikat an allen möglichen Schauplätzen benutzt hatte. Auch im Tode blieb er sich treu und trug die rot-braunen Slipper, die er den offiziellen päpstlichen Schuhen immer vorgezogen hatte, sehr zum Kummer der selbsternannten Wächter über die päpstliche Kleidungsetikette. Die Spuren der vielen Nadeln zeigten sich noch in den blauen Flecken auf sein Handrücken, aber das Gesicht, das in seinen letzten Jahren oft wie erstarrt gewirkt hatte, strahlte nun natürliche Ruhe aus.

Mit die erstaunlichsten Reaktionen auf den Tod von Johannes Paul II. stammten von zwei Männern, deren weltpolitische Gedanken sich extrem von denen des verstorbenen Papstes unterschieden, die ihm aber dennoch größte Hochachtung entgegenbrachten. Henry Kissinger meinte, Johannes Paul habe das 20. Jahrhundert vermutlich stärker beeinflusst als irgendein anderer – ein wahrhaft bemerkenswertes Urteil aus dem Munde eines Wissenschaftlers und Diplomaten, dessen geistiges und politisches Leben so ganz anders als das von Karol Wojtyła verlaufen ist. Kissingers lebenslanger Rivale Zbigniew Brzeziński, der während der Solidarność-Krise den Papst in Polnisch auf dem Laufenden gehalten hatte (und gehört hatte, wie der Papst Stanisław Dziwisz flüsternd fragte, „Habe ich eine private Telefonnummer?"), glaubte, Johannes Paul habe mit seinem Petrusdienst auf einen weltweit grassierenden geistigen Hunger reagiert.

Der britische Historiker Timothy Garton Ash, der sich selbst als „liberalen Agnostiker" bezeichnet und zu den ersten englischsprachigen Historikern von Solidarność gehört, erklärte, Johannes Paul II. sei „der erste Weltpolitiker" gewesen, jemand, dessen Rednergabe, persönliches Zeugnis und persönlicher Mut dazu geführt haben, dass in der sogenannten „realen Welt" Veränderungen eintraten. Es ist indes der amerikanische Kolumnist Charles Krauthammer, dessen Ur-Ur-Großvater der Oberrabbiner von Krakau war, der das wohl schönste Urteil über die öffentliche Wirkung von Johannes Paul geschrieben hat, und auch darüber, wie er mit seinem Leben, eine der großen Fragen der Spätmoderne beantwortet hatte:

> Von Stalin stammt die berühmteste Formulierung jener zynischen, als „Realismus" bekannten Philosophie – nämlich der Vorstellung, dass letztlich in den Beziehung zwischen den Nationen einzig die Macht zählt. „Der Papst? Wieviele Divisionen hat er?"
>
> Das konnte Stalin nur gesagt haben, weil er nie Johannes Paul II. begegnet ist. Wir haben soeben einen Mann verloren, dessen Leben die deutlichste Widerlegung des „Realismus" war. Innerhalb von zehn Jahren nach seiner Wahl zum Papst hat Johannes Paul Stalin und aller Zukunft die Antwort gegeben: Jedenfalls mehr als du. Mehr als du dir vorstellen kannst.
>
> Unter der gütigen, zutiefst menschlichen Vision dieses Papstes hat die Macht des Glaubens zur Befreiung eines halben Kontinents geführt. […] Wie trauern um ihn, weil er der westlichen Idee vom freien menschlichen Geist in einer Zeit tiefsten Zweifels und Verzweiflung wieder Kraft eingeflößt hat. Und weil er uns zu

einem Heute geleitet hat, in dem sich für die Freiheit und den Glauben ein großartiger Möglichkeitshorizont auftut. [48]

Die Redakteure der *New York Times*, deren Vorgänger 1971 erklärt hatten, die neun Tage des Papstes würden sich auf die Politik in Ostmitteleuropa nicht auswirken, gingen auch diesmal fehl. In einem Leitartikel zum Tode des Papstes hieß es, Johannes Paul sei jemand gewesen, der „mit den Mitteln der Moderne gegen die moderne Welt gekämpft hat", ein Oberhaupt, das seine Zeit beeinflusst hat, „obwohl er gegen sie wetterte".[49] Englands führende linke Tageszeitung, der *Guardian*, beurteilte Wojtyłas Pontifikat ganz ähnlich: Er sei ein „doktrinärer, autoritärer Papst" gewesen.[50] Kommentatoren, die seit jeher Johannes Paul II. ablehnend gegenüber standen, schossen noch einmal ihre Pfeile ab. Polly Toynbee vom *Guardian* bezeichnete den Vatikan als „eine gewaltige Macht der Grausamkeit und der Heuchelei" und beschuldigte Johannes Paul „den Tod von Millionen von Katholiken in den Gegenden verursacht zu haben, in denen katholische Missionare das Sagen haben, in Afrika und überall auf der Welt", und meinte, „vor seinem Leichnam zu knien unterscheidet sich kaum davon, an Lenin vorbeizudefillieren."[51] James Carroll vom *Boston Globe* sagte gegenüber einem amerikanischen Sender, Johannes Paul habe „getreulich versucht, eine mittelalterliche, absolutistische Vorstellung eines auf den Papst konzentrierten Katholizismus zu bewahren, in dem alles vom Vatikan ausgeht", während Marco Politi von *La Repubblica* im Londoner Wochenblatt *Tablet* schrieb, ein „kompromissloser" Wojtyła habe „immer so seine Probleme mit der Moderne gehabt", wie sich an seiner „systematischen Verteufelung des 20. Jahrhunderts" gezeigt hätte.[52] Der bekannte amerikanische Historiker Thomas Cahill trieb diesen Tenor der Einschätzung in einer Kolumne der *New York Times* noch weiter, indem er meinte, Johannes Paul II. „wird mit der Zeit das Verdienst zukommen, seine Kirche zerstört zu haben."[53] Keine dieser Anklagen zog eine andere Möglichkeit in Betracht: dass Johannes Paul II., der immer wieder die großen Errungenschaften der Wissenschaft im 20. Jahrhundert begrüßt und konsequent eine weltweite politische Kultur der Menschenrechte und Demokratie eingefordert hatte, ein moderner Mann war, allerdings mit einem ganz anderen Verständnis von den Möglichkeiten, Schwierigkeiten, Ängsten und Gefahren der Moderne.

Die *Washington Post* hatte die Haltungen des Papstes zu verschiedenen Fragen kritisch beurteilt, doch in ihrem Nachruf lobte sie Johannes Pauls Beiträge zu einer menschlicheren, nobleren Auffassung von der Zukunft des Menschen. Der verstorbene Papst werde „von den meisten […] als bewunderswerter Zeuge betrachtet werden, um sein Lieblingswort zu verwenden, als Zeuge einer Vision, die Zeit seines Pontifikats und seines Lebens von Menschlichkeit, Ehrlichkeit und Unbestechlichkeit bestimmt war."[54] Der Londoner *Daily Telegraph* schrieb seinerseits, dass Johannes Paul II. „dem Papstamt einen politischen und gesellschaftlichen Einfluss verschafft hat, wie es ihn seit dem Mittelalter nicht mehr besessen hat."[55] Das *Wall Street Journal*, das über Jahre längere, seriöse

Kommentare zu Johannes Pauls Lehrmeinungen veröffentlicht hat, erwartete nicht, dass „die Weltkinder, die unsere Intelligentsia beherrschen, jemals verstehen werden, wie ein im orthodoxen Christentum verwurzelter Mann sich mit der Moderne hat versöhnen, und erst recht nicht, wie er sich an die Spitze der Weltgeschichte hat setzten können". Doch wie der Nachruf der Onlineausgabe des *Journals* unmittelbar nach dem Tod des Papstes schloss: „Als Reporter dieselbe Frage vor etlichen Jahren dem französichen Kardinal Lustiger vorgelegt haben, gab er zur Antwort. ‚Sie verwechseln einen modernen Mann mit einem amerikanischen Liberalen'. Diese Verwechslung ist Papst Johannes Paul II., möge er in Frieden ruhen, nie unterlaufen."[56]

Der Mann, der viele der Prüfungen und Triumphe der zweiten Hälfte des 20. Jahrhunderts verkörperte hatte, war zum Bezugspunkt manch einer heftigen Debatte in der heutigen Welt geworden – von Debatten über das Wesen von Freiheit, Liebe und Familie; von leidenschaftlichen Auseinandersetzungen über das Sittengesetz und seiner Beziehung zum Zivil- und Strafrecht, von Diskussionen über Gottes Absichten mit seiner Schöpfung und das Wesen religiöser Wahrheit. Über das Erbe Johannes Pauls II. wurde in der Wochen nach seinem Tod weiter in der Weltpresse gestritten: Manchmal war die Debatte fundiert und manchmal unkundig; manchmal ganz deutlich von Sympathie und manchmal ebenso deutlich von Feindseligkeit geprägt. Für den Augenblick jedoch beschlossen Millionen, in deren Leben er etwas bewegt hatte, nach Rom zu gehen, um sich persönlich von ihm zu verabschieden.

Santo subito!

Der *Ordo Exsequiarum Romani Pontificis* [der Begräbnisritus des römischen Papstes] war von Piero Marini, dem Zeremonienmeister für die liturgischen Feiern des Papstes überarbeitet und 2000 von Johannes Paul II. abgesegnet worden. Er begann mit einer kurzen Zeremonie in der Sala Clementina am Abend des 3. April, als der Leichnam des Papstes aus den päpstlichen Gemächern geholt und dort aufgebahrt wurde. In Gegenwart hoher kirchlichen Würdenträger und von Vertretern des italienischen Staates leitete der Kardinalkämmerer Eduardo Martínez Somalo den Ritus *De recognitione mortis*. Mitglieder der Kurie, Freunde des verstorbenen Papstes und Journalisten, die regelmäßig im Vatikan arbeiteten, waren eingeladen, dem Toten am nächsten Tag ihren Respekt zu bezeugen. Am 4. April um 17:00 Uhr geleitete dann eine feierliche Prozession den Leichnam aus dem Apostolischen Palast auf den Petersplatz und von dort in den Dom selbst, wo Johannes Paul II. bis zur Begräbnismesse, die auf Beschluss des Kardinalskollegiums am Freitagmorgen, dem 8. April, stattfinden sollte, feierlich aufgebahrt war. Erzbischof Marini und die Leiter des vatikanischen Fernsehsenders hatten die Kameras kunstvoll entlang des Prozessionsweges aufgestellt, damit sowohl die riesige Menschenmenge auf dem Platz als auch die

Fernsehzuschauer auf der ganzen Welt die letzte irdische Wegstrecke des vielgereisten Johannes Pauls II. miterleben konnten. Die Prozession begann in der Sala Clementina, wo Martínez Somalo, dem sich jetzt Dutzende von Kardinälen aus der ganzen Welt angeschlossen hatten, eine Antiphon sang, die Christi Worte an Martha beim Tode ihres Bruders Lazarus aufgriff: „Ich bin die Auferstehung und das Leben…“ Anschließend wurde der Leichnam des Papstes mit Weihwasser gesegnet, die *Sediarii* hoben die Bahre auf ihre Schultern und die große Prozession begann. Während sie sich die Scala Nobile hinunter und durch die Sala Ducale und die Sala Regia bewegte, erklangen die Psalmen 23, 51, 63 und 130 sowie die drei großen Neutestamentarischen Gesänge, das *Benedictus*, das *Magnificat* und das *Nunc Dimittis*. Als die Prozession über die Scala Regia den Apostolischen Palast durch die Portone di Bronzo, die berühmten „Bronzetüren“, verließ, wurde die Litanei der Heiligen intoniert, da die streitende Kirche betete, dass die triumphierende Kirche die Trauernden trösten und Karol Wojtyła in ihre himmlische Gemeinschaft aufnehmen möge.

Während die Bahre mit dem Leichnam vor den Hochaltar und Berninis großem Bronzebaldachin gestellt wurde, erklang das bekannte Lied „Kommt herzu, ihr Heiligen Gottes“. Dann folgte die Lesung eines Abschnitts aus dem Hohepriesterlichen Gebet Christi nach der Johanneischen Darstellung des Letzten Abendmahls. Kardinal Martínez Somalo forderte dann zum Gebet für die Kirche in der ganzen Welt auf, bevor das Vater Unser und die Schlussbitte gesprochen wurde: „O Herr, gib ihm die ewige Ruhe und das ewige Licht leuchte ihm. Möge er ruhen in Frieden. Amen.“

Am Dienstagmorgen, dem 5. April, war der *Borgo*, das Gebiet rund um die Vatikanstadt mit Hunderttausenden von Pilgern gefüllt, und die nächsten drei Tage, an denen die traditionellen *Novemdiales*, die täglichen Messen für einen verstorbenen Papst, von verschiedenen hohen Würdenträgern zelebriert wurden, änderte sich daran nichts. Nahezu jeder Beobachter war beeindruckt davon, wie geduldig und rücksichtsvoll die Menge zwölf und mehr Stunden in der Schlange wartete, um kurz im Gebet vor der päpstlichen Bahre verharren zu dürfen. Nach Schätzungen kamen in der Woche drei Millionen Menschen in die Stadt, so dass Roms Bevölkerung praktisch auf das Doppelte anwuchs. Sie waren aus vielen Gründen gekommen. Die beiden verbreitetsten Motive waren vermutlich der Wunsch, Johannes Paul II. persönlich Achtung zu erweisen, und das ausgesprochene Bedürfnis, das mit anderen zu teilen, um so vielleicht Trost zu finden und das Gefühl von Leere zu überwinden, das viele Menschen beim Tode des Papstes ergriffen hat. Münzen und Briefmarken des Vatikan, die in einem päpstlichen Interregnum herausgegeben werden, tragen die Inschrift *Sede Vacante* [bei der Vakanz des Stuhls]. Diesmal wurde die Vakanz tief empfunden. Und viele reagierten auf dieses Bewusstsein der Leere damit, dass sie Trost und Ermutigung in der Gmeinschaft suchten. Trotz dieses Verlustgefühls schien die Menge auf dem Borgo, die sich, nicht zuletzt dank des gut organisierten Ordnungsdienstes, bewunderswert diszipliniert durch die engen Staßen wandt, vor allem eins zu spüren: Dankbarkeit. Dankbarkeit dafür, dass ein Leben so vorbildlich geführt worden war, Dankbarkeit dafür, dass der Mann, der so lange und so vornehm gelitten hatte, nun dort war, wo er nach dem Glauben vieler, immer zu sein wünschte: „im Hause des Vaters".

Einige sprachen vom „ersten spontanen Weltjugendtag", weil ein großer Prozentsatz der Rom überschwemmenden Pilger junge Leute zu sein schienen. Sie befanden sich unter den vielen Teilnehmern an einem weiteren bewegenden Moment in der Nacht vor der Begräbnismesse. An der Via della Conciliazione, dem breiten Boulevard der vom Petersplatz zum Tiber führt, steht eine bunte Mischung von Gebäuden, in denen sich Buchläden, Apotheken, Banken, das Columbus Hotel, die Kirche von Santa Maria in Traspontina und Andenkenläden niedergelassen haben. In der Nacht des 7. April standen Priester mit ihren Amtsinsignien in den Hauseingängen auf beiden Seiten der Straße, um denen, die wegen der Begräbnismesse am nächsten Morgen in der Nähe des Doms verharren wollten, die Beichte abzunehmen. Manch einer wünschte, sich durch das Sakrament auf den letzten Abschied von Johannes Paul II. vorzubereiten, der ja die Kirche unermüdlich gemahnt hatte, das Sakrament der Beichte wieder mehr in den Mittelpunkt zu rücken.

Irgendwie gelang es 800 000 Menschen – 300 000 auf dem Petersplatz und der Via della Conciliazione und einer weiteren halben Million auf den Straßen des Borgo – sich für die Begräbnismesse so nah wie möglich um den Dom zu drängen. Millionen anderer sammelten sich an den Orten in Rom, an denen große Leinwände aufgestellt worden waren: im Circus Maximus, im Kolosseum, auf der Piazza del Popolo und der Piazza Risorgimento, in Tor Vergata (wo der Weltjugendtag 2000 zu Ende gegangen ist) und an den drei anderen Patriarchalbasiliken – San Giovanni in Laterano, Santa Maria Maggiore und St. Paul vor den Mauern. Auf dem Vorplatz des Petersdoms saßen die Staatsoberhäupter, die Vertreter der christlichen Gemeinschaften und anderer Weltreligionen und ein paar Dutzend Mitglieder von Karol Wojtyłas *Środowisko*, die am Tag vorher aus Krakau eingeflogen waren, die Nacht in einem Park verbracht hatten und immer noch ihre Freizeitkleidung trugen – was durchaus passend erschien. Der Zufall der alphabetischen Sitzordnung, die den französischen Landesnamen folgte, sorgte dafür, dass der amerikanische Präsident George W. Bush neben dem französischen Präsidenten Jacques Chirac zu sitzen kam, und Syriens Präsident Baschar al-Assad nicht weit von Israels Präsident Mosche Katzav saß.[57] König Juan Carlos und Königin Sophie von Spanien waren in Begleiter ihres laizistischen Ministerpräsidenten José Luis Rodríguez Zapatero gekommen, Großbritannien war durch Prinz Charles vertreten, der seine Hochzeit um einen Tag aufschieben musste, und durch Premierminister Tony Blair nebst Gattin Cherie. Der ökumenische Patriarch Bartholomaios von Konstantinopel gehörte zu den christlichen Oberhäuptern, während das Patriarchat von Moskau sich damit begnügte, den Metropoliten Kirill von Smolensk, den Verantwortlichen für die ökumenischen Beziehungen, zu schicken. Teoktist von Rumänien war ebenso anwesend wie vierzig andere orthodoxe Oberhäupter, darunter Christodoulos von Athen, den Johannes Paul 2000 schließlich dazu hat bewegen können, gemeinsam mit ihm zu beten. Karekin II., der Katholikos der Armenisch-Apostolischen Kirche, war gekommen, um den Mann zu betrauern, den sein Vorgänger Karekin I. als seinen Bruder im Geiste betrachtet hatte, ein Gefühl, das von Johannes Paul II. erwidert worden war. Neben Dutzenden anderer christlicher Würdenträger war die jüdische Gemeinde Roms durch ihren Oberrabbiner Dr. Riccardo Di Segni und durch Di Segnis Vorgänger Rabbi Elio Toaff vertreten. Im Laufe der Planung für Johannes Pauls historischem Besuch in der Synagoge von Rom war er zu einem Freund des Papstes geworden.

Man hatte den Leichnam Johannes Pauls II. in einen Zypressensarg gelegt. Unter Ausschluss der Menge und der Fernsehkameras begann die Begräbnisfeier am Morgen des 8. April mit dem Schließen des Sarges. Ein kirchlicher Würdenträger unterzeichnete den *rogito,* ein juristisches Dokument, das Johannes Pauls II. Leben und Werk zusammenfasste, während ein Chor sang „Meine Seele dürstet nach Gott, nach dem lebendigen Gott; wann darf ich kommen und Gottes Antlitz schauen?“ Der *rogito* wurde gerollt in eine Metallkapsel geschoben und mitsamt einem kleinen Beutel mit Münzen, die während des Pontifikats geprägt worden waren, in den Sarg gelegt. Erzbischof Dziwisz und Erzbischof Marini legten ein weißes Seidentuch über das Gesicht Johannes Pauls. Es sollte an das weiße Taufkleid erinnern. Unter dem Gesang des 42. Psalms „Wie der Hirsch lechzt nach frischem Wasser, so lechzt meine Seele, Gott, nach dir“, wurde dann der Sarg verschlossen.

Die *Sediarii* hoben den Sarg auf ihre Schultern und trugen ihn durch den Dom auf den Vorplatz, wo das gesamte Kardinalskollegium versammelt war, um die Begräbnismesse zu konzelebrieren. Der Sarg wurde auf einen Teppich vor den Altar gestellt und Marini legte ein offenes Evangelienbuch auf den Zypressendeckel. Die ganze Messe über spielte ein leichter Wind mit den Buchseiten.

Als Dekan des Kardinalskollegiums war Joseph Kardinal Ratzinger der Hauptzelebrant. Die Hauptkonzelebranten waren die ranghöchsten Kardinäle jeder „Kardinalsklasse “ – Angelo Kardinal Sodano für die Kardinalbischöfe, Stephen Kardinal Kim Sou-hwan für die Kardinalpriester und Jorge Arturo Kardinal Medina Estévez für die Kardinaldiakone sowie der ranghöchste Kardinal des östlichen Ritus der Libanese Nasrallah Pierre Sfeir.[58] Ratzinger wählte als Text für seine auf Italienisch gehaltene Predigt die Stelle aus Johannes 21, wo der auferstandene Christus Petrus dreimal fragt, ob er ihn liebt, und Petrus dies dreimal bejaht. Dieser Text hatte Johannes Pauls II. Vorstellung vom Papstamt lange geformt, hatte er doch versucht, die überfließende Liebe zu leben – „Liebst du micht *mehr* als diese ?“ –, die vom Apostelfürst erwartet wird. Ratzinger wandte diese Frage und die anschließende Prophezeiung des Herrn, Petrus würde dorthin geführt werden, wohin er nicht gehen will, in einer eloquenten Zusammenfassung auf die sechsundzwanzigundeinhalb Jahre des Pontifikats von Karol Wojtyła an:

> In den ersten Jahren seines Pontifikats ging der Heilige Vater, noch jung und stark, unter der Führung Christi in alle Länder der Welt. Später aber vereinte er sich immer tiefer mit dem Leiden Christi, verstand er immer mehr die Wahrheit

der Worte: „Ein anderer wird dich gürten…“ Und gerade in dieser Vereinigung mit dem leidenden Herrn verkündete er unermüdlich mit neuer Eindringlichkeit das Evangelium, das Geheimnis der Liebe, die bis zum Äußersten geht.

Nachdem er darüber gesprochen hatte, wie das Geheimnis der göttlichen Barmherzigkeit, die am Kreuz und in der Auferstehung Gestalt angenommen hat, ihren „reinsten Widerschein“ in Maria gefunden hat, die Karol Wojtyła in sein Haus aufgenommen hatte und die ihm zeigte, wie er ihrem Sohn ähnlich werden könnte, beendete Ratzinger seine Predigt mit einer denkwürdigen Koda:

> Für uns alle bleibt es unvergeßlich, wie der Heilige Vater, vom Leiden gezeichnet, am letzten Ostersonntag seines Lebens noch einmal am Fenster des Apostolischen Palastes erschienen ist und zum letzten Mal den Segen »Urbi et orbi« erteilt hat. Wir können sicher sein, daß unser geliebter Papst jetzt am Fenster des Hauses des Vaters steht, uns sieht und uns segnet. Ja, segne uns, Heiliger Vater. Wir vertrauen deine liebe Seele der Mutter Gottes, deiner Mutter, an, die dich jeden Tag geführt hat und dich jetzt in die ewige Herrlichkeit ihres Sohnes, Jesus Christus unseres Herrn, führen wird. Amen.

In den ersten Jahrhunderten der Kirche erfolgte das, was man später die Heiligsprechung nannte, durch Abstimmung des Volkes. Bei der Trauerfeier für Papst Gregor I. am 12. März 604 gingen die Versammelten noch einen Schritt weiter und riefen spontan „*Magnus, Magnus*!“, so dass wir ihn heute als Sankt Gregor den Großen kennen. 1401 Jahre war das nicht mehr vorgekommen, bis am 8. April 2005 nach der Austeilung der Heiligen Kommunion bei der Begräbnismesse für Johannes Paul auf dem Petersplatz und der ganzen Via delle Conciliazione die Rufe ausbrachen „Il Grande!“, „Magnus!“, „Magno!“ und „Santo Subito!“. Sie waren so laut, dass sie selbst noch auf dem Juniculum, dem Hügel, der die Vatikanstadt überragt, zu vernehmen waren. Die Menge erklärte damit, dass ihrer Meinung nach Kardinal Ratzinger zurecht gesagt hatte, Johannes Paul II. sei wahrhaft im Hause des Vaters, und dass sie überzeugt ist, spätere Generationen würde in ihm „Johannes Paul den Großen“ erkennen. Die Rufe hielten mehrere Minuten an, und Kardinal Ratzinger wartete geduldig, bis er den Schlussritus der Messe vollziehen konnte.

Nachdem die Kirche von Rom, angeführt von Kardinal Ruini, und die Ostkirchen, angeführt von Prälaten des byzantinischen Ritus, Bittgebete gesprochen hatten, segnete Kardinal Ratzinger den Sarg mit Weihwasser und schwang noch einmal das Weihrauchfass, während die Gemeinde die Worte Hiobs sang: *Et in carne mea videbo Deum, Salvatorem meum* [Und ich werde den Herrn, meinen Erlöser, in meinem Fleisch sehen]. Am Ende sangen der Klerus und die Gemeinde den ehrwürdigen Abschiedshymnus: „Zum Paradiese mögen Engel dich geleiten, bei deiner Ankunft die Märtyrer dich begrüßen und dich führen in die heilige Stadt Jerusalem. Chöre der Engel mögen dich empfangen, und mit Lazarus, dem einst so armen, soll ewige Ruhe dich erfreuen.“ Die *Sediarii* hoben den Sarg wieder auf ihre Schultern und trugen ihn zurück in den Dom. Als sie sich am Ende der Stufen umdrehten, so dass Johannes Paul II. in seinem

Sarg den Versammelten und Rom zum letzten Mal zugewandt war, brachen, unter vielen Tränen, wieder die Rufe „Santo subito!" und „Magnus!" aus.

In den Gewölben des Vatikans wurde der letzte Begräbnisritus in aller Stille vollzogen. Zwei rote Bänder wurden um den Zypressensarg geschlungen und mit Wachs versiegelt. Anschließend wurde der Zypressensarg in einen Zinksarg gelegt, auf dem sich ein Kreuz befand, Johannes Pauls II. Name, seine Jahresdaten und sein Wappen. Der Zinksarg wurde dann in einen Walnusssarg gelegt und verschlossen. Der Sargdeckel aus Walnuss, ebenfalls mit einem Kreuz, Johannes Pauls II. Name, Jahresdaten und Wappen versehen, wurde dann zugeschraubt und der dreifache Sarg in ein mit Marmor ausgelegtes Grab im Boden des Gewölbes hinuntergelassen. Dort hatte Johannes XXIII. geruht, bis er nach seiner Seligsprechung in einen gläsernen Sarg im Dom umgebetet worden ist. Kardinal Ratzinger und Erzbischof Dziwisz segneten den Sarg mit Weihwasser, bevor eine Marmorplatte das Grab verschloss. Später würde sie die schlichte Inschrift tragen:

> Ioannes Paulus PP. II.
> 16-X-1978 * 2-IV-2005

Unter der Inschrift war das Chi-Ro zu lesen, das alte griechische Symbol für Christus, der Karol Wojtyła, Papst Johannes Paul II., gerufen hatte, damit dieser ihn „mehr liebt als diese".[59]

Nachworte

Die Tage nach der Trauerfeier regnete es, so als weinte Rom um *lo straniero, il Polacco,* der die Herzen der Römer wie nur wenige Bischöfe vor ihm gewonnen hatte und der buchstäblich *il Papa* geworden war, ein Vater, der liebte, aber auch forderte. Der Papst, der während des Jubiläumsjahrs 2000 die Welt nach Rom gelockt hatte, hatte zu seinem Begräbnis eine der größten Versammlungen von Staatsoberhäuptern in der Geschichte angezogen – sicherlich aber hat es nie eine größere bei einer religiösen Feier gegeben. Mehr als 6000 Journalisten schrieben Milliarden von Wörtern über den Tod und das Begräbnis von Johannes Paul II. Etwa zwei Milliarden Menschen verfolgten es am Fernsehen, soviele Zuschauer wie noch nie. Wie Brian Williams, der Nachrichtensprecher der NBS News es formulierte, war der bemerkenswerte Abschied, den die Kirche und die Welt von Johannes Paul II. nahm, „das menschliche Ereignis einer Generation" gewesen.

Wie Francis Kardinal Arinze einmal sagte, hat Johannes Paul II. bis zum Ende seines Lebens Seelsorge als Wegbegleitung verstanden und ausgeübt, so wie er es als junger Priester auf völlig neue Weise getan hatte: „Er versteckte es nicht. Es genierte ihn nicht, in einem Rollstuhl zu sitzen. Bei Johannes Paul II. wussten wir um seine Lage und verstanden sie, er lud uns dazu ein. Er ließ uns an seinem Leiden teilnehmen. Und das war für die Menschen wichtig. Angenommen, man ist krank und auf den Rollstuhl angewiesen: Und jetzt sieht man den Papst in einem Rollstuhl und denkt: Ich bin nicht allein, es ist jemand bei mir'."[60]

Leonardo Sandri, seine Stimme während der letzten Wochen, glaubte, Johannes Pauls II. *via crucis* habe das ohnehin schon reiche spirituelle Leben des Papstes noch vertieft: Es gab „mehr Vertrauen auf Gott als eine Weise, sein Papstamt auszufüllen; dass er den Kampf mit seinem Körper verlor, war eine Parallele dazu, dass Gott in seinem Leben und in dem der Kirche gesiegt hatte."[61]

Der Mann, der ihm als Bischof von Rom nachfolgte, Papst Benedikt XVI., erzählte einer Gruppe von Priestern drei Jahre nach dem Tod Johannes Pauls, wie stark ihn die Demut und Geduld berührt hätten, mit denen Johannes Paul II. „akzeptiert hat, dass sein Körper praktisch zerfiel und er zunehmend sein Sprechvermögen verlor", so dass „er, der ein Meister des Wortes war, uns die tiefe Wahrheit *vorführte*, dass der Herr uns am Kreuz erlöst hat, mit seiner Passion als äußerstem Akt seiner Liebe." Auf diese Weise habe Johannes Paul demonstriert, das „ein aus Liebe zu Christus, zu Gott und anderen angenommenes Leiden eine erlösende Macht ist, eine Macht der Liebe, die nicht weniger kraftvoll ist, als die großen Taten, die er im ersten Teil seines Pontifikats vollbracht hat."[62]

Er war „zum Zeichen des Widerspruchs" geworden, über das er vor Papst Paul VI. und der römischen Kurie 1976 gepredigt hatte. Indem er sich selbst entleerte, berührte er eine Seite in Milliarden von menschlichen Herzen. Und er hat dies als ein Jünger Jesu Christi getan. Wie T. S. Eliot so wusste auch er: „In meinem Ende liegt mein Anfang."[63] Er hat sein Leben als ein Jünger Christi begriffen und gelebt. Er war als ein Jünger Christi gestorben. Und dieses Ende bedeutete für Karol Józef Wojtyła, Papst Johannes Paul II., den Jünger, der ins Haus des Vaters gegangen war, einen neuen Anfang.

Papstmesse in Breslau, Juni 1983. (*L'Osservatore Romano*)

Johannes Paul II. und Wojciech Jaruzelski, Juni 1987. (*L'Osservatore Romano*)

Papstmesse in Warschau, Juni 1987. (*L'Osservatore Romano*)

Auf der Schwelle der Heiligen Pforte des Petersdoms, 24. Dezember 1999.
(*L'Osservatore Romano*)

Am Fenster der päpstlichen Gemächer mit Blick auf den Petersplatz, 31. Dezember 1999–1. Januar 2000. (*L'Osservatore Romano*)

Johannes Paul II. schaut vom Berg Nebo aus über den Jordan, 20. März 2000. (*L'Osservatore Romano*)

Johannes Paul II. an der Westwand des Tempels in Jerusalem, 26. März 2000.
(*L'Osservatore Romano*)

Johannes Paul II. in Lourdes, 14. August 2004. (*L'Osservatore Romano*)

In Castel Gandolfo, September 2004. (*L'Osservatore Romano*)

In der Gemelli-Klinik, 6. Februar 2005. (*L'Osservatore Romano*)

Karfreitag, 25. März 2005. (*L'Osservatore Romano*)

Johannes Paul II. liegt aufgebahrt in der Sala Clementina des Apostolischen Palastes. (*L'Osservatore Romano*)

TEIL DREI

METANOIA

Das Leben eines Jüngers

10

Von Innen

Das Innenleben großer Männer bleibt oft im Dunkel.

Über Abraham Lincoln sind mit Ausnahme von Jesus mehr Bücher als über jede andere historische Gestalt geschrieben worden, und dennoch herrscht keine Einigkeit darüber, wie Lincoln es mit dem Gott der Bibel hielt, die er in seiner zweiten Antrittsrede so wirkmächtig zitierte. Bei einem geheimen Treffen mit Franklin D. Roosevelt in der neufundländischen Placentia Bay räusperte sich Winston Churchill vor Rührung, als er in einem Gottesdienst auf der H.M.S. Prince of Wales „Onward, Christian Soldiers" sang. Gleichwohl bleibt es unklar, in welcher Beziehung Churchill zum biblischen Glauben stand. Man darf jedoch vermuten, dass er sich ihm gegenüber so distanziert wie Lincoln verhielt, wenn nicht gar noch mehr. Ronald Reagan war zweifellos ein gläubiger Christ, doch seine Unergründlichkeit trieb zumindest einen seiner Biographen in den Wahnsinn.[1]

Wer würde behaupten wollen, wenn es nicht um das Bewundernswerte, sondern um sein Gegenteil das Abscheuliche geht, er verstünde die Dämonen, die einen Hitler, Stalin und Mao angetrieben haben, ganz zu schweigen von den weniger folgenreichen, deshalb aber nicht weniger abstoßenden Figuren wie Dserschinski, Jagoda, Himmler, Heydrich, Eichmann und dem ganzen Rest aus dem Schurkenkabinett der Massenmörder im 20. Jahrhundert? Die Psychologie wird vielleicht Licht auf diese unheilvoll gestörten Persönlichkeiten werfen können, doch selbst vollkommen weltlich gesinnte Köpfe werden wohl einräumen, dass hier im Grunde ein *mysterium iniquitatis* am Werk ist, eine tiefverwurzelte, unauslotbare Bösartigkeit, die unsere Wissenschaft weder begreifen noch messen kann.

In das Innenleben solcher Gestalten einzudringen hat seine eigene Faszination, für das Verständnis der öffentlichen Leistungen der meisten einflussreichen Männer ist es freilich nicht nötig. Dass Churchill zu den wenigen Menschen in der Geschichte gehört, die wir als Retter von Zivilisation und Nationen betrachten dürfen, ist, sieht man von ein paar Spinnern ab, unbestritten. Doch selbst wenn wir die geistigen oder philosophischen Quellen des Mutes ausmachten, mit dem er die Briten zu ihrer größten Stunde aufrief, werden wir über seine heldenhafte Leistung nicht viel mehr erklären. Wir müssen Lenins Hass und Leidenschaft nicht in allen Einzelheiten verstehen, um das Entscheidende seines öffentlichen Wirkens zu erkennen: dass er erfolgreich das erste totalitäre Regime der Welt geschaffen und es mit einzigartiger Härte verteidigt hat. In beiden Beispielen ist das Bewunderswerte und Abscheuliche dieser historischen Taten großartig, erstaunlich und komplex genug, um unsere Neugierde in Bezug auf die historischen Persönlichkeiten selbst auszufüllen.

Das Gleiche lässt sich aber nicht über das Leben Karol Wojtyłas, Papst Johannes Pauls II., sagen. In der Einleitung zu *Unseres Gottes Bruder*, dem Drama über Albert Chmielowski, den er später heiligsprechen sollte, bemerkte Wojtyła, es gebe eine „der Geschichte unzugängliche Linie", die zwischen unserem Verständnis einer menschlichen Person überhaupt und der konkreten Person verläuft, die wir zu begreifen suchen. Denn jeder Mensch ist ein Geheimnis, nur dann nicht, wenn er vor Gott steht – dort wo, wie der hl. Paulus den Korinthern sagte, wir uns selbst erkennen, geradeso wie wir vollkommen erkannt werden. Papst Johannes Paul II. hat diese Worte mit direkteren und persönlicheren Worten auf sich selbst angewendet, als er einmal über bestimmte Versuche, die Geschichte seiner Lebens zu berichten, sagte: „Sie versuchen mich von außen zu verstehen. Aber ich kann nur von innen verstanden werden."[2] Wer soviel wie möglich von der Person und der Leistung Karol Wojtyłas begreifen will, muss von der Prämisse ausgehen, dass das Äußere seines Lebens – die historische Leistung – ein Nebenprodukt seines Inneren ist: seines Innenlebens, seines geistigen Lebens – und, wie er sagen würde, des Wirkens des Heiligen Geistes in ihm. Man kann dieses Innenleben auf vielfache Weise beschreiben: als Leben eines durch und durch bußfertigen Jüngers Christi; als Leben eines Mannes, der dichterischen Sinn und philosophische Strenge vereint; als Leben eines einsamen, oft verwaisten Mannes, dessen Persönlichkeit durch lange, tiefe Freundschaften genährt wurde; als Leben eines Zölibatärs, der die Kunst der Vaterschaft beherrschte; als Leben eines Mystikers und Denkers, der aufgrund des göttlichen Plans ein Mann der Tat werden musste. Er war all das. Was all diese Facetten von Karol Wojtyłas zu einem Ganzen verband, lässt sich vielleicht am besten mit einem griechischen Bibelausdruck verdeutlichen: *metanoia*, was gewöhnlich mit „Umkehr" übersetzt wird. Karol Wojtyłas Leben war eine ununterbrochene *metanoia*.

Umkehr ist das, was Jesus vor allem gepredigt hat. Im Markusevangelium sind die ersten festgehaltenen Worte Christi ein Aufruf zur Umkehr: „Die Zeit ist erfüllt, das Reich Gottes ist nahe: kehrt um, und glaubt an das Evangelium!" [Mk 1, 15]. *Metanoia* ist nach dem Verständnis der katholischen Kirche die vollkommene Hinwendung zu Gott, die mit der „ersten Umkehr" im Taufsakrament beginnt. *Metanoia* ist ihrem Wesen nach ein lebenslanges Projekt, in dem der Jünger Christi geistig, moralisch, psychisch und affektiv in ein neues Leben der Gnade hineinwächst.[3] Geistig ist *metanoia* der Prozess, in dem wir unsere empirischen Scheuklappen abwerfen und erkennen, dass die Welt der Sinneswahrnehmung nicht alles ist; dass, wie Guy Crouchback gegenüber dem skeptischen Feldkaplan in Evelyn Waughs *Men at Arms* formuliert, das „Übernatürliche das Wirkliche ist". Moralische Umkehr ist der Prozess, in dem wir in die Freiheit hineinwachsen, aus freien Stücken das wahrhaft Gute zu wählen, einfach weil es moralisch unsere zweite Natur geworden ist.[4] Affektive Umkehr bedeutet, dass wir uns von allen entmenschlichenden Leidenschaften freimachen und unser Gefühlsleben und unsere Vorstellungen auf das wahrhaft Gute und Schöne, das Gott ist, hinordnen. All diese Prozesse beobachten wir im Leben von Johannes Paul II. Jede Umkehr war von der Art, dass Karol Wojtyła in der Gnade seiner Taufe wuchs, in der er die Gaben von Glauben, Hoffnung und Liebe empfangen hat.

Das Paradox der *metanoia,* das sich im Leben Karol Wojtyłas kundtat, liegt darin, dass all diese Selbstentleerung zu einer denkbar reichen menschlichen Erfahrung führt: zu einem Leben, frei von bitterem Sarkasmus oder verdummender Langeweile, zu einem sowohl heiteren als auch abenteuerlichen Leben. Für einen Christen ist die Pilgerreise der *Metanoia* zudem keine einsame, solipsistische Reise, denn sie wird in und mit der Kirche zurückgelegt, die sowohl die Gemeinschaft der Jünger als auch der lebendige Leib Christi in der Geschichte ist. Selbst christliche Eremiten legen die Reise in und mit der Kirche zurück, deren Glieder sie sind, denn ein Glied der Kirche sein heißt, ein Glied des Leibes Christi sein. Das unterscheidet sich von jeder anderen „Mitgliedschaft", die wir aus freiem Willen eingehen. Die Pilgerreise der *metanoia* als ein Hirte zu leben, heißt eine besondere Verantwortung für die Pilgerreise der anderen zu tragen. Sie als Oberhirte der Kirche zu leben bedeutet, eine Verantwortung von ganz anderer Größenordnung auf sich zu nehmen.

Glaube, Hoffnung und Liebe

Wenn wir Johannes Pauls II. Leben als eine ununterbrochene *metanoia* verstehen müssen, dann lässt sich das „Innen" des Lebens von Karol – dem Mann, dem Priester, dem Bischof und dem Papst – am besten erkennen, wenn wir Karol durch das Prisma der drei theologischen Tugenden betrachten: Glaube, Hoffnung und Liebe. Nach dem Verständnis der katholischen Kirche sind die theologischen Tugenden nicht wie Muskeln, keine angeborenen Fähigkeiten, die sich durch natürliche Übung entwickeln lassen. Die theologischen Tugenden von Glaube, Hoffnung und Liebe sind Gaben Gottes, die unsere natürlichen Fähigkeiten beseelen – „sie sind das Unterpfand dafür, dass der Heilige Geist in den menschlichen Fähigkeiten wirkt und gegenwärtig ist" – wie es im *Katechismus der Katholischen Kirche* heißt.[5]

Glaube

Karol Wojtyłas Glaube wurde ihm bei der Taufe in der Kirche der Darstellung der gesegneten Jungfrau Maria in Wadowice am 20. Juni 1920 auf übernatürliche Weise zuteil und dann von seinen Eltern, vor allem von seinem Vater, gefördert. Vom „Hauptmann" Karol Wojtyła lernte der Sohn, dass Männlichkeit und Frömmigkeit sich nicht ausschließen, sondern vielmehr einander ergänzen. Vierzig Jahre nach dem Tod des Hauptmanns schreibt Johannes Paul II. „sein Beispiel war für mich in gewisser Weise das erste Seminar, ein Hausseminar."[6] Sucht man nach einer Quelle für Johannes Pauls bemerkenswerten Gleichmut und seine Belastbarkeit in Situationen wie internationalen Krisen oder schwerer Krankheit, braucht man nur auf das Beispiel seines Vaters zu schauen. Seine Ergebenheit für den Sohn, sein Beten und männliches Annehmen von Leiden lehrten Karol Wojtyła eine tiefe, wenngleich unausgesprochene Lektion über christlichen Realismus: sich Tatsachen ohne Gejammer zu stellen, Pflichten klaglos nachzukommen.

Für die frühen Glaubenslektionen, die Papst Johannes Pauls II. Innenleben bestimmten, steht vor allem Kalwaria Zebrzydowska, der große, dem Heiligen Land nachgebildete Wallfahrtsort im Wald zwischen Krakau und Wadowice, den er zum ersten Mal als Knabe aufsuchte und dann immer wieder bis ein paar Jahre vor seinem Tod. Kalwaria ist so angelegt, dass Christus und Maria im Mittelpunkt stehen: seine beiden Hauptwege, der Weg Unseres Herrn und der Weg Unserer lieben Frau schneiden sich bei der Kapelle Mariä Himmelfahrt: der ersten himmlischen Frucht vom Sieg des Sohnes Marias über den Tod. Das Abschreiten der Wege von Kalwaria lehrte so den jungen Karol Wojtyła eine grundlegende Glaubenslektion: Christus ist der Mittelpunkt des Glaubenslebens und einen sicheren Weg zu Christus findet man durch die richtige Verehrung der Muttergottes. Diese Lektion sollte ihn sein ganzes Leben begleiten. Dass Karol Wojtyła das marianische Motto *Totus tuus* zu seinem bischöflichen und päpstlichen Leitspruch wählte, steht für eine spezifisch marianische Weise, den grundlegendsten christlichen Glaubensakt zu vollziehen, dass „Jesus der Herr" ist.

Schon der Name „Kalwaria", der an den Ort der Kreuzigung Jesu erinnert, lehrte ihn eine weitere Lektion: das spirituelle Leben eines Christen nimmt immer Kreuzesform an, da der Herr selbst sagte: „Wer mein Jünger sein will, der verleugne sich selbst, nehme sein Kreuz auf sich und folge mir nach" [Mt 16, 24]. Karol Wojtyłas Einführung in diesen Aspekt des spirituellen Lebens wurde in der Zeit der deutschen Besetzung durch die Begegnung mit den Klassikern der karmelitischen Mystiker Johannes vom Kreuz und Teresa von Avila vertieft. Die Lektüre der karmelitischen Texte mit Jan Tyranowski mitten in den Schrecken des Krieges und des Naziterrors hinterließ in Wojtyłas Seele einen bleibenden Eindruck, was sich daran zeigte, dass er regelmäßig den Kreuzweg betete – und am eindrücklichste daran, wie er am letzten Karfreitag seines Lebens das Kreuz umarmte.

In ihrer dramatischsten Form führt die Umarmung des Kreuzes und die *metanoia* zu Christus, zum Martyrium – und das ist die dritte Facette von Karol Wojtyłas Innenleben, die in Kalwaria Zebrzydowska genährt wurde. Vier der Franziskaner, die in dem Kloster bei Kalwaria lebten, starben in Konzentrationslagern, drei in Dachau und einer in Ausschwitz. Alle vier waren verhaftet worden, weil sie einem Professor der Krakauer Jagiellonen-Universität Zuflucht gewährten. Eine Tafel an der Außenwand der Kirche in Kalwaria erinnert an ihr Opfer. Wojtyła kannte den Ort sehr gut, war er doch als Priester und Bischof in seinen Krakauer Jahren regelmäßig dorthin gepilgert. Es ist daher nicht unwahrscheinlich, dass ein wichtiges Merkmal seines Glaubenslebens – seine Überzeugung, dass der Märtyrer das Ideal christlichen Lebens ist – wenigsten zum Teil seiner Erfahrung in Kalwaria Zebrzydowska entsprungen ist.[7]

Sein ganzes Leben über stärkte Johannes Paul II. seinen Glauben im Gebet. Sein spirituelles Leben folgte einem täglichen Rhythmus: Messe, Stundenbuch (das er einmal als „sehr wichtig, *sehr* wichtig“ bezeichnete[8]); Zeiten der Meditation, Lektüre der Heiligen Schrift und anderer geistlicher Bücher; die Anbetung des Allerheiligsten, das Beten des Rosenkranzes (oder wie Stanisław Dziwisz einmal schelmisch bemerkte „vieler Rosenkränze ...“[9]). Gleichzeitig ergoß sich sein Leben im Gebet in all die übrigen Aspekte seines Lebens. Er traf niemals eine Entscheidung, ohne nicht zuvor gebetet zu haben – manchmal auch sehr lange.[10] Ging er im Apostolischen Palast von einem Treffen zu einem anderen, so betete er. Bereitete er sich in irgendeiner Ecke der Welt auf die Messfeier vor, so versenkte er sich ins Gebet, während seine Messdiener sich mit den liturgischen Einzelheiten des Tages beschäftigten. Dieselbe Gewohnheit verließ ihn auch nicht, wenn er Urlaub machte. Der Physiker Jerzy Janik, Johannes Pauls alter Freund und Partner beim Skilaufen und Wandern in den Bergen, erinnerte sich Jahre später, dass die Unternehmungen mit Karol Wojtyła angefüllt mit Scherzen, Singen und ernsthaften Diskussion waren. Doch war es auch, wie Janik erzählte, „für solche Tage charakteristisch, dass er sich nach ein paar Stunden der Bergwanderung langsam an das Ende der Gruppe zurückfallen ließ, um zwei Stunden zu meditieren. Man bemerkte es kaum, aber jeder spürte, dass man ihn nicht stören sollte. Das war seine persönliche Zeit mit Gott.“[11]

Joseph Ratzinger, der ihm als Bischof von Rom nachfolgte, beschrieb Karol Wojtyłas Versenkung in Gott als die Quelle, aus der Johannes Pauls spirituelles und intellektuelles Leben und seine pastorale Arbeit ihre Energie bezogen:

> [...] seine persönliche Meditation, sein persönliches Gespräch mit Gott ist für sein Leben entscheidend. Er ist ein Mann Gottes und seine Philosophie und Theologie sind wesentlichen in seinem Gespräch mit Gott entstanden. Die tiefste Quelle seiner Äußerungen liegt darin, dass er jeden Tag eine Stunde mit seinem Herrgott allein ist und über alle Probleme der Welt spricht. Aber er sucht auch das Antlitz Gottes, und das ist sehr wichtig. In seinen Meditationen steht er im

> persönlichen Kontakt zu Gott und ist daher auf Heiligkeit und Heiligung ausgerichtet. Mehr als die literarischen Quellen, mehr als seine Lebenserfahrung ist dieses Gespräch das zentrale Element seines spirituellen und intellektuellen Lebens.
>
> Deutlich ist jedoch auch, dass das Gespräch mit Gott vom Gespräch mit den Menschen lebt. Alle seine intellektuellen Überlegungen haben ihm geholfen, in seinem Gespräch mit Gott und in seiner pastoralen Erfahrung inniger zu sein, denn ein Gespräch ist kein isoliertes, vereinzeltes Phänomen, es ist immer eines mit dem Herrn um anderer willen: Denn es geht nicht nur um die Heiligung der eigenen Person, sondern darum mit dem Herrn das Werk der Heiligung in der Welt zu tun.[12]

Das lebenlange Glaubensgespräch, das auch in Wojtyłas dunklen Nächten nicht abriss, wirft Licht auf zwei Aspekte seiner Persönlichkeit, die jeden verwunderten, der ihn von „außen" aufschlüsseln wollte: seine scheinbare Unergründlichkeit und Unbekümmertheit etwas zuende zu bringen. Ein anderer alter Freund, der Kunsthistoriker Jacek Woźniakowski, meinte selbst nach Jahrzehnten des Gesprächs, er habe „nie das Gefühl gehabt, sozusagen den Grund von [Wojtyłas] Gedanken und Haltungen zu berühren. Er hielt immer etwas zurück. Bei einigen Menschen hat man das vielleicht täuschende Gefühl auf dem Grunde anzukommen. Aber bei Wojtyła hatte man dieses Gefühl nie."[13] Das ist, meinte Woźniakowski, bei allen Mystikern der Fall, denn die Erfahrungen eines echten Mystikers sind per definitionem unbeschreibbar, jedenfalls nicht diskursiv. (Das erklärt vermutlich auch Wojtyłas Nähe zu mystischen Dichtern wie Johannes vom Kreuz). Johannes Paul II. war also nicht in dem psychologischen Sinn „undurchschaubar", dass er starke innere Barrieren errichtet hätte. Er war vielmehr ein Mann, dessen tiefste menschliche und spirituelle Erfahrungen in einem Bereich jenseits der Worte stattfanden, den er nur tastend mit den Mitteln seiner Dichtung beschreiben konnte. Oder, so darf man vermuten, in jenen Seufzern, die oft seine privaten Gebete begleiteten.

Sein Versenken in Gott ist auch, laut Woźniakowski, die wahre Erklärung dafür, dass Johannes Paul II. so wenig darin interessiert schien, ein Projekt oder eine Initiative zuende zu führen. Wie Woźniakowski sich erinnerte, verhielt er sich so in Krakau – vielleicht manchmal zum Kummer seiner Mitstreiter in der Diözesanverwaltung. So verhielt er sich auch in Rom, etwa in seinen ökumenischen und interreligiösen Initiativen, was sicherlich die traditionellen Berater des Papstes bekümmerte. Einige sahen darin einen Mangel in seiner Eigenschaft als Verwalter, was es unter einem bestimmten Gesichtspunkt wohl auch war. Doch Woźniakowski meinte, sein Glaube sei der tiefere Grund dafür gewesen, dass Johannes Paul II. bereit war, mit Unvollendetem zu leben: „Es gilt einen Weg einzuschlagen, aber das übrige liegt in Gottes Hand."[14]

Hoffnung

Als Johannes Paul II. im Oktober 1995 am grünen Marmorpult der UN-Vollversammlung sprach, bezeichnete er sich selbst als „Zeuge der Hoffnung" am Ende eines Jahrhunderts der Furcht:

> Es gehört zu den großen Paradoxien unserer Zeit, dass der Mensch, der die Epoche, die wir „Moderne" nennen, mit der selbstbewussten Behauptung begann, er sei nun „mündig" und „autonom", sich jetzt am Ende des 20. Jahrhunderts vor sich selbst fürchtet, davor fürchtet, was er zu tun imstande ist, sich vor der Zukunft fürchtet […].
>
> Um sicherzustellen, dass das nun nahende neue Jahrhunderte Zeuge einer neuen Blüte des menschlichen Geistes sein wird, die durch eine echte Kultur der Freiheit vermittelt ist, müssen Männer und Frauen lernen, die Furcht zu besiegen. *Wir müssen lernen, uns nicht zu fürchten*, wir müssen einen Geist der Hoffnung und des Vertrauens wiederentdecken […] und aufs Neue den transzendenten Horizont des Möglichen erblicken, nach dem die Seele des Menschen verlangt.[15]

Hätte eine andere Persönlichkeit des öffentlichen Lebens solche Empfindungen geäußert, wären sie vermutlich als anregender oder, wer weiß, illusorischen Optimismus verstanden worden. Wenn man die Hoffnung verstehen will, die Johannes Paul II. antrieb, so muss man jedoch begreifen, dass Karol Wojtyła kein Optimist war, aber auch kein Pessimist. Optimismus und Pessimismus sind eine Sache des Blickwinkels, und der kann sich mit der Stimmung des Beobachters ändern. Johannes Paul II. lebte jenseits von Optimismus und Pessimismus in einer von christlicher Hoffnung durchdrungenen Welt des christlichen Realismus. Dieser erwartet von uns, die Dinge so zu sehen, wie sie sind, oder wie er in derselben Rede vor der UN-Vollversammlung formulierte: „Hoffnung ist kein leerer Optimismus, der dem naiven Vertrauen entspringt, dass die Zukunft notwendig besser als die Vergangenheit sein wird."[16] Dennoch ist der christliche Realismus, weil er von der christlichen Hoffnung belebt wird, offen und nicht mürrisch.

All das besagt, dass die Hoffnung Johannes Pauls II. nicht auf einer Sichtweise beruhte, sondern auf dem weitaus unerschütterlicheren Fundament des christlichen Glaubens. Seine Hoffnung, sagte er vor den versammelten Staatsmännern der Welt im Saal der UN-Vollversammlung, habe „Jesus Christus zu ihrer Mitte", dessen „Tod und Auferstehung […] Gottes Liebe und seine Sorge für die ganze Schöpfung vollständig offenbart hat." Die um Christus zentrierte Hoffnung, deren Quelle Gottes Gegenwart in der „leuchtenden Menschlichkeit Christi" ist, erfülle den Christen mit einer Hoffnung, die jede Person erreicht, sagte Johannes Paul zum Schluss und spielte damit auf die vom Zweiten Vatikanum herausgegebene Pastoralkonstitution der Kirche in der Welt von heute an: „Nichts wahrhaft Menschliches lässt die Herzen der Christen unberührt." Um zu verkünden, dass die um Christus zentrierte Hoffnung in der Welt die gottgegebene Würde eines jeden Menschen anerkennt, sei der Bischof von Rom, ein

„Zeuge der Hoffnung" vor die UNO getreten, um zur Welt der Macht von einer anderen, größeren Macht zu sprechen, als die Welt sie typischerweise anerkennt.[17]

Johannes Pauls II. Hoffnung beflügelte seine Überzeugung, dass Heiligkeit in Reichweite eines jeden Getauften liegt, der sich bereitwillig der Gnade Gottes öffnet. Seine Hoffnung war daher eine der Quellen für seine außergewöhnlich vielen Selig-und Heiligsprechungen, für den Aspekt seines Pontifikats, der immer mal wieder auf Kritik stieß. Römische Bürokraten meinten gelegentlich, entweder säuerlich oder verschmitzt, bei diesen Selig- und Heiligsprechungen ginge es darum, dass der Papst bei seinen Reisen „einen neuen Seligen im Gepäck haben wollte". Johannes Pauls Absicht war jedoch tiefer. Er wünschte, die Welt wieder mit der lebendigen christlichen Hoffnung zu erfüllen, dass Heiligkeit immer möglich ist, denn sein Glaube hatte ihn gelehrt, dass die Gaben des Heiligen Geistes sich nicht am ersten christlichen Pfingsten erschöpft hatten.

Die Hoffnung, die Karol Wojtyłas Glauben erwuchs, erklärt auch andere Seiten seiner Persönlichkeit, zum Beispiel sein inniges Interesse an der vor ihm stehenden Person. Auch sie war zur Heiligkeit aufgerufen, war jemand, für den der Sohn Gottes Mensch geworden war, gelitten hatte und gestorben war. Sie macht zudem seine Überzeugung verständlich, dass das Leben selbst heiligte, vor allem der Teil des Lebens, der die moralischen Beziehungen zwischen Menschen betraf, wie sein Freund und Philosophiekollege Karol Tarnowski es einmal ausdrückte.[18] Diese Hoffnung war eine weitere Quelle seiner bemerkenswerten Ruhe angesichts heftiger Widrigkeiten wie auch seiner Bereitschaft, Situationen und Entscheidungen reifen zu lassen. Weil seine Hoffnung in dem österlichen Glaube gründete, dass Gottes Zwecke letztlich siegen würden, erwartete er keine unmittelbaren Erfolge in der Geschichte: Seine Hoffnung speiste die Demut, mit der er es zufrieden war, den Samen gelegt zu haben, und das Vertrauen darauf, dass andere die Ernte schon einbringen würden.

Karol Wojtyłas Hoffnung wirft auch Licht auf seine lebenslange Gleichgültigkeit gegenüber Besitz und materieller Bequemlichkeit. Da seine Hoffnung sich um anderes drehte, war er frei von Gewinnsucht, auch wenn er für die Großzügigkeit der Gläubigen dankbar war, die es ihm ermöglichte, sein Priesteramt wahrzunehmen, ohne sich um Geld kümmern zu müssen.

Kurz nach seinem Tod ist es noch zu früh, um darüber zu urteilen, ob die Hoffnung auf einen „Frühling des menschlichen Geistes", von der Johannes Paul II. vor den Vereinten Nationen gesprochen hatte, wie auch seine Hoffnung auf einen parallelen „Frühling der Evangelisierung" im Leben der katholischen Kirche sich einer allzu zuversichtlichen Deutung der Möglichkeiten verdankte, die in den Geschichtsströmungen des frühen 21. Jahrhunderts vorliegen. Niemand weiss die Zukunft unfehlbar zu beurteilen, und wenn Johannes Pauls Hoffnung ihn verleitete, Chancen zu erblicken, die sich an der Jahrtausendwende nicht verwirklichen lassen, dann sollte man sich daran erinnern, dass dieselbe Hoffnung ihn im Kampf gegen den Kommunismus Befreiungschancen erblicken ließ, die andere einfach abtaten.

In einer Epoche der Furcht rief Johannes Paul die Kirche und die Welt mit seinem Motto „Fürchtet euch nicht!“ dazu auf, Mut zu fassen. Als der Möglichkeitshorizont schrumpfte, wagte er es, die Welt zum Hoffen aufzurufen. Mut und Hoffnung, diese beide, beruhten im Leben Karol Wojtyłas auf dem Glauben. Nicht wegen einer psychischen Marotte und einer unüberwindbaren Naivität war er ein Mann der Hoffnung, sondern weil ihm die Tugend der Hoffnung mit der Taufe eingegeben worden war und in einem Leben der *metanoia*, das nicht frei von dunklen Augenblicken war, wuchs.

Liebe

Obwohl er in seinen Predigten und Schriften nicht oft von den berühmten Zeilen des hl. Paulus über die christliche Liebe im 1. Korintherbrief Gebrauch machte, scheint Karol Wojtyłas Innenleben geformt worden zu sein von dem „Weg, der alles übersteigt“, wie der Apostel seine Hymne auf die *caritas* einleitet. Der Spiritual in Erzbischof Sapiehas Untergrundseminar, Stanisław Smoleński, charakterisierte Wojtyła einmal als einen Mann, der „leicht liebte“ und das von klein auf.[19] Nach dem Verständnis der katholischen Kirche ist *caritas* die größte der theologischen Tugenden, „Ursprung und Ziel“ christlichen Glaubens und Hoffens.[20] Zu betrachten, wie Karol Wojtyła die Tugend christlicher Caritas lebte, gewährt uns daher Aufklärung über viele Aspekte seiner Persönlichkeit und seines Innenlebens.

Von sehr tatkräftigen Menschen heißt es oft, sie arbeiteten aus irgendeiner psychischen Obsession heraus oder um ein inneres „Bedürfnis“ zu stillen. Die Triebfeder für Wojtyłas erstaunliche Energie, die sich in seiner unaufhörlichen Selbsthingabe in seinem Priesteramt, seinem Bischofamt und seinem Petrusdienst als Bischof von Rom äußerte, war freilich die Liebe. Christliche Liebe ist „hart und furchtbar“, wie Dorothy Day, Mitbegründerin der katholischen Arbeiterbewegung, sagte, denn sie ist unerbittlich. Sie verlangt alles von denen, die sie praktizieren. Mit seiner Verkörperung der gekreuzigten Liebe in seinen letzten Lebensmonaten hat Johannes Paul II. deutlich gemacht, was Selbstaufopferung bedeuten kann. Doch Wojtyłas persönliche Pilgerreise zeigt auch, dass die andere Seite dieser „harten und furchtbaren“ Liebe die Freude ist, denn wie Joaquín Navarro betont, war er bis zum Ende *un'uomo allegro,* ein fröhlicher Mann. Diese Fröhlichkeit verdankte sich zu einem nicht geringen Teil der Tatsache, dass er sich in der Verkündung und Praktizierung dieses „ alles übersteigenden Wegs“ verausgabte.

Caritas lag auch der erstaunlichsten Eigenschaft Johannes Pauls II. zugrunde: seiner unersättlichen Neugier. Bis zum Ende seines Lebens wollte er über alles, was so geschieht, unterrichtet werden – intellektuell, kulturell, kirchlich und im Leben seiner Freunde und derjenigen, mit denen er ins Gespräch kam. Man könnte das ebenfalls psychologisch deuten, als das Ungestüm eines ruhelosen

Geistes. Wer jedoch je die Kraft von Wojtyłas Neugier erlebt hat, für den schien sie etwas ganz anderes zu sein: eine Neugier, die seinem Streben entsprang, andere mit dem „alles übersteigenden Weg“ bekannt zu machen oder die Erfahrung der *caritas* derjenigen zu vertiefen, die sich auf die Reise des christlichen Glaubens begeben hatten. Er verfügte über das Gedächtnis des guten Hirten für Schwiergkeiten und Probleme. Jahre nachdem man ihn gebeten hatte, für jemanden zu beten, konnte er spontan fragen „Wie geht es ihm?“. So übte er inmitten der anderen Anforderungen seines päpstlichen Amtes eine ganz persönliche pastorale Caritas aus.

Insbesondere zeigte sich die Macht der Liebe in seinem Gespräch mit dem inhaftierten Mehmet Ali Agca, dem Mann, der versucht hatte, ihn zu töten. Agca hatte keine nennenswerte religiöse Erziehung genossen und war sehr abergläubisch. Jemand hatte ihm erzählt, er habe am Festtag Unserer Lieben Frau von Fatima auf den Papst geschossen. Der abgebrühte türkische Attentäter war überzeugt, dass „die Göttin von Fatima“ ihm heftig zürnte und dass ihr Zorn sich in dramatischer – für ihn, Agca, unerfreulicher – Weise äußern würde. Johannes Paul erklärte ihm geduldig, dass es sich nicht um eine „Göttin“, sondern um die auch von Muslimen verehrte Mutter von Jesus handelte und dass sie ihm ebenfalls seine Tat vergeben würde. Am anderen Ende des Spektrums seines öffentlichen Lebens war es auch *caritas*, die Johannes Pauls II. leidenschaftliches Eintreten für die schutzlosesten Menschenwesen erklärte: für die Ungeborenen, die Alten, die Schwerstbehinderten. Seine *caritas* sagte ihm, dass alle zur Menschheitsgemeinschaft gehörten und Gegenstand gemeinsamer Sorge und allgemeinen Schutzes sind, da alle im Umkreis der göttlichen Liebe lebten. Die Grenzen dieser Gemeinschaft willkürlich enger zu ziehen war nach Ansicht von Johannes Paul nicht nur ein Verstoß gegen die Gerechtigkeit, es war auch ein Mangel an Liebe. Ungerechtigkeit im Verbund mit fehlender Caritas aber würde, davon war er überzeugt, unselige öffentliche Folgen nach sich ziehen.

Das Wesen der Liebe von Johannes Paul II. lässt sich vielleicht am besten als „väterlich“ beschreiben: Durch seine Liebe übte er eine spirituelle Vaterschaft aus, die das Leben von Menschen in erstaunlich unterschiedlichen Milieus berührte. Seine Neugier, seine seelsorgerischen Fähigkeiten überschneiden sich hier mit dem Hang zur Vaterschaft, den er wohl von seinem eigenen Vater, dem Hauptmann, und dem unerschrockenen Fürsten Kardinal Sapieha übernommen hat. Wie Stefan Sawicki, der Wojtyła von der Katholischen Universität in Lublin kannte, einmal sagte, sei Wojtyła „nicht in dem Sinn so ungeheuer an einem anderen Menschen interessiert gewesen, dass er in dessen persönliches Leben eindringen oder ihm die Richtung weisen wollte; vielmehr versuchte er, jemanden bei seinen Problemen zu begleiten, er war offen dafür, die Menschlichkeit eines anderen zu entdecken.“[21] Ein anderer Freund und akademischer Kollege, Karol Tarnowski, beschrieb dieselbe Eigenschaft in etwas anderer Weise: Wojtyła habe „die Fähigkeit, sich in die Erfahrungen anderer zu versetzten, auch wenn er nicht die gleichen Erfahrungen gemacht hatte.“ Bei einer anderen, nicht durch *caritas* geformten Persönlichkeit könnte dies leicht zu Manipulation und Dominanz geführt haben. Weil er aber in die Schule der *caritas* gegangen war, die ihn Achtung vor der Freiheit anderer gelehrt hatte, übte Wojtyła „nie Druck" aus.[22] Tatsächlich „befahl oder diktierte" der Beichtvater Wojtyła, wie Tarnowski erklärte, nie etwas. „Die Betonung lag immer auf der persönlichen Verantwortung: ‚Du kannst das entscheiden, denn du bist imstande, die Wahrheit zu verstehen'." Weil die spezifische Form seiner *caritas* als Seelsorger eine väterliche war, „behandelte er Erwachsene nicht wie Kinder".[23] Sein Freund und Philosophiekollege Józef Tischner formulierte es einmal so: Es war ihm vor allem darum zu tun, „jemandem mit Weisheit zu begegnen", ihm mit der Achtung vor der Freiheit des anderen zu begegnen, die der befreienden Erfahrung der Liebe Gottes entspringt.[24]

Wojtyłas Vorstellung von spiritueller Vaterschaft hat auch in seinem Nachdenken über den hl. Josef, den Ziehvater Jesu, Gestalt angenommen, von dem er 1989 in dem apostolischen Schreiben *Redemptoris Custos* gehandelt hat. Mehr als ein Jahrzehnt später kehrte Johannes Paul II. in *Auf, lasst uns gehen!* zu der weitgehend unbekannten Gestalt des Josef zurück und stellte bei dieser Gelegenheit bemerkenswerte theologische Beobachtungen darüber an, was der „Beschützer" zur Erziehung des Menschen Christus und zum christlichen Verständnis Gottes beigetragen hat:

> Wir wissen, dass Christus sich mit dem Wort *Abba* an Gott wandte – ein liebevoller Begriff der Vertrautheit, mit dem die Kinder seiner Nation ihre Väter anredeten. Möglicherweise hat er wie die anderen Kinder mit demselben Wort auch den hl. Josef angeredet. Kann man noch mehr aussagen über das Geheimnis der menschlichen Vaterschaft? Als Mensch erfuhr Christus selbst die Vaterschaft Gottes über seine Kind-Vater-Beziehung zum hl. Josef. Die Begegnung mit Josef als Vater hat sich eingeschrieben in die späteren offenbarenden Aussagen Christi über den väterlichen Namen Gottes. […] Als Gott hatte Christus die persönliche Erfahrung der göttlichen Vaterschaft und des Sohnseins inmitten der Heiligsten Dreifaltigkeit. Als Mensch erfuhr er das Sohnsein dank dem hl. Josef. [25]

Vom Standpunkt des trinitarischen Glaubens von Karol Wojtyła ist Väterlichkeit also die Quelle für alles, was ist. Diese Überzeugung hat er am Schluss seines Essays „Überlegungen zur Vaterschaft" von 1964 bündig formuliert:

> Und am Ende […] wird alles andere sich als unwichtig und unwesentlich herausstellen. Aber was bleibt ist: Vater, Kind, Liebe.
>
> Und wenn wir dann auf die einfachsten Dinge schauen, werden wir alle sagen: Hätten wir das nicht vor Jahren lernen können? Hat es nicht schon immer auf dem Grund von allem, was ist, gelegen?[26]

Väterliche Liebe entfaltet sich, wie Karol Wojtyła es später verstand, als ein kosmisches Drama, in dem sich das Drama eines jeden Menschenlebens abspielt. Zwar schätzte Johannes Paul II. zweifellos das Werk des Schweizer Theologen Hans Urs von Balthasar, der das Drama als „Gestalt" christlichen Lebens betont, doch zu seinem Verständnis des Dramas der *caritas* gelangte er auf einem anderen Weg. Wie Wojtyłas ehemaliger Schüler Stanisław Grygiel es ausdrückte, bildete sich Balthasars Verständnis des Dramas als Gestalt des Lebens in seiner Beschäftigung mit der Dramenliteratur heraus. Wojtyła erwarb hingegen seine Ansichten über die dramatische Struktur der *conditio humana* durch seine Lebenserfahrungen (den Tod der Mutter, des Bruders, des Vaters, den Tod und die Deportation seiner Freunde während des Krieges, das Schicksal seiner jüdischen Klassenkameraden) und durch seine seelsorgerische Erfahrung mit dem Drama der menschlichen Liebe im Leben anderer.[27] Spirituelle Vaterschaft gewann mit der Zeit für ihn die Bedeutung, dass man einander begleiten müsse angesichts der dramatischen Kluft zwischen der Person, die ich heute bin, und der, die ich aufgrund meines menschlichen und christlichen Schicksals zu werden berufen bin.

Das kosmische Drama der göttlichen Liebe, das sich im menschlichen Streben nach wahrer, reiner Liebe entfaltet, kann nur in Freiheit gelebt werden: Das war eine Perspektive, aus der Johannes Paul II. die Welt und ihre Geschichte betrachtete, und weil er die Dinge in dieser Weise sah, war er entschlossen, ein Advokat der Freiheit für andere zu sein, für ihre wahre menschliche Befreiung. Der dramatische Blick auf die Geschichte und die Menschheit nährte in ihm einen tiefen Respekt für andere, die die Ursprünge der moralischen Spannung im menschlichen Drama erkannten, auch wenn sie wie Vaclav Havel, den der Papst sehr bewunderte, nicht im konventionell christlichen Sinn Gläubige waren.[28] In das Amt Petri brachte er seine Vorstellung von der Universalität des menschlichen Dramas mit und dieses Amt gab seinem Hang zur Väterlichkeit sozusagen einen größeren Schauplatz. Dass Johannes Paul zu Menschen aus denkbar unterschiedlichen Kulturkreisen „einen Draht fand", sagt etwas aus über die Tiefe des väterlichen Triebs in ihm. Dass er in seinem täglichen Gebet, in das Bitten um Gebete aus der ganzen Welt einflossen, im kleinen die Last der Schmerzen anderer auf sich nahm, sagt uns etwas über die Stärke, die ihm seine *caritas* verlieh, sowie über seine Bereitschaftschaft, die Leiden anderer auf sich zu nehmen.

Ein reicher Charakter

Glaube, Hoffnung und Liebe verbanden sich, um den außergewöhnlichen Charakter und die Persönlichkeit Karol Wojtyłas zu formen.

Im Gegensatz zu den unbedarften (und in einigen Fällen boshaften) Vorwürfen einiger Kritiker, verlor er nie seine intellektuelle Neugier. Vielleicht war er der einzige Mensch, der in seinem neunten Lebensjahrzehnt Emmanuel Levinas, den französischen Philosophen und Theoretiker des Dialogs, aus reinem Vergnügen las.[29] Gleichzeitig war er ein begeisterter Sportler und, bis sein Körper ihn im Stich ließ, nicht bloß als Zuschauer. Der Mann, der an allen möglichen Orten in Polen gewandert, Ski gelaufen, geschwommen und Kajak gefahren war, floh immer mal wieder aus dem Vatikan, um sich auf seine Skier zu stellen. Einmal traf ihn der italienische Präsident Allesandro Pertini auf den Abhängen des Adamello an. (Pertini: „Mein Kompliment, Eure Heiligkeit, ich muss gestehen, dass ich erstaunt bin, wie geschickt Sie sich auf dem Schnee bewegen." Johannes Paul II.: „Herr Präsident, ich bin ein Sohn der Berge.")[30]

Er war ein Mann strikter Gewohnheiten, der sich wenig aus Essen machte (den Nachtisch ausgenommen) und so schlicht wie möglich im Renaissanceprunk des Apostolischen Palastes lebte. Seine Disziplin hatte auch eine psychische Seite. Er war, wenn nicht gleichgültig gegenüber Kritik, so doch gegen die Pfeile und Spitzen oft kritischer Kommentare, die täglich auf ihn niedergingen, zumindest emotional immun. Die polnische Ministerpräsidentin Hanna Suchocka – sie traf Johannes Paul 1992 – bemerkte, sie teile mit dem Papst die Bürde, ständig kritisiert zu werden. Der Papst schob den Kommentar beiseite und meinte, „Sie sollten mal sehen, was sie alles über mich sagen", und brachte dann sein Mitgefühl und seine persönliche Unterstützung zum Ausdruck.[31] Dieselbe persönliche Zucht hielt ihn auch davon ab, den Kalkülen zu erliegen, die Politiker und Staatsmänner für gewöhnlich anstellen. Niemand, am wenigsten Johannes Paul II., würde behaupten, sämtliche Entscheidungen des Papstes seien richtig gewesen. Dennoch scheint deutlich zu sein, dass seine Beschlussfassungen erstaunlich couragiert waren, unbekümmert darum, wieviel Ärger oder Kritik er dadurch auf sich ziehen würde. In dieser Hinsicht unterschied er sich sehr von einem seiner von ihm bewunderten Vorgänger, nämlich Paul VI., den Kritik hart traf und der sich stets sorgte, wie seine Entscheidungen aufgenommen werden könnten.[32]

Karol Wojtyła pflegte seine Freundschaften, auch wenn er in seinem Auftreten ein wenig formell und ausgesucht höflich blieb. Er verwandte im Polnischen selten die vertrauliche Anredeform, selbst nicht bei Männern und Frauen, die er seit Jahrzehnten kannte. Er stand treu zu seinen Freunden, auch wenn ihre Forderungen an ihn zu einer Last wurden oder sich, wie im Falle seines früheren Kollegen bei *Tygodnik Powszechny*, die Ansichten auseinander entwickelt hatten.[33] Zu seiner Gabe, Freundschaften anzuknüpfen (oder die Vaterrolle zu übernehmen), gehörte seine herausragende Fähigkeit als Zuhörer – als junger Priester hatte er nach Auskunft von Stanisław Rybicki, einem alten Mitglied von *Środowisko*, „die Kunst des Zuhörens beherrscht."[34] Wie in allen Freundschaften so gab es auch in den seinen Rituale. Im Kreis von *Środowisko* war es ausgemacht, dass einige Lieder allein für *Wujek* waren, und er sang sämtliche Strophen mit Begeisterung. Jede Weihnacht wurde ein Anruf arrangiert, mit Johannes Paul II. an einem Ende der Leitung und einer großen Versammlung von mehreren Generationen von *Środowisko* am anderen, und dann sang man recht lange Weihnachtslieder zusammen, so wie man es in den alten Krakauer Tagen gehalten hatte. (Wojtyła hatte ein ausgezeichnetes Gedächtnis für Liedtexte und kannte laut eines nicht zu Übertreibungen neigenden Akademikers alle traditionellen polnischen Weihnachtslieder bis zur letzten Strophe.) Zu seinen patriotischen Lieblingsliedern gehörten „Rote Blumen am Monte

Cassino“ und „Legionowa“, letzteres stammt aus den ersten berauschenden Tagen der neu gewonnenen Unabhängigkeit Polens 1918.[35]

Wojtyłas Sinn für Humor, den er so oft bei seinen Mitklerikern und Mitgliedern von *Środowisko* in den Krakauer Jahren an den Tag gelegt hatte, verließ ihn nicht als er Papst wurde – und bei mehr als einer Gelegenheiten richtete er sich auf das Papstamt selbst. Jerzy Stuhr, ein berühmter polnischer Schauspieler, der später Leiter der Krakauer Akademie für die darstellenden Künste wurde, hielt sich einmal in Rom auf und wurde zum Essen in die päpstlichen Gemächer eingeladen. Johannes Paul fragte ihn nach seinem gegenwärtigen Engagement und Stuhr teilte ihm mit, er spiele gerade in einer Aufführung von Adam Mickiewiczs *Ahnenfeier*, dem wohl berühmtesten Theaterstück der polnischen Literatur. Johannes Paul meinte, das Stück sei in der Tat sehr wichtig, und welche Rolle Stuhr denn darin spiele. Stuhr antwortete ein wenig verlegen, er müsse leider gestehen, dass er den Part des Satans habe. Darauf Johannes Paul II.: „Nun ja, wir suchen uns unsere Rollen nicht aus, oder?“[36]

Johannes Pauls II. Humor war nicht bissig, aber er genoss es, gelegentlich eine Spitze loszulassen, ohne wirklich verletzen zu wollen. Bei einem der ersten geisteswissenschaftlichen Seminare in Castel Gandolfo war auch der deutsche Theologe Johann Baptist Metz zugegen, den einige für den geistigen Vater der Befreiungstheologie halten, und der im katholischen Geistesleben klar eine linke Position einnahm. Am letzten Tag des Seminars drückten sich mehrere bekannte Gelehrte herum, während man sich für eine Gruppenphoto aufstellte, denn niemand wollte den Eindruck erwecken, sich möglichst nah an den Papst heranzuschieben. Johannes Paul erspähte Metz und rief vernehmlich: „Sie da, Metz, rücken Sie doch etwas näher an den Papst heran!“ Alle lachten, auch Metz, der tat wie ihm geboten.[37]

Ein wenig später geriet eine weitere Persönlichkeit des deutschen Katholizismus in die Reichweite des Streufeuers von Johannes Pauls Humor. Im Gefolge des Skandals um die Banco Ambrosiana in den 80er Jahren, in den auch die Vatikanbank, das Institut für die religiösen Werke, verstrickt war, berief der Papst fünfzehn Kardinäle in den Vatikan, die sich angeblich mit Finanzfragen auskannten und das Durcheinander entwirren sollten. Nachdem er sich einen ganzen Morgen Geschichten über Unfähigkeit, Untreue und bürokratischen Selbstschutz angehört hatte, beschloss der Papst, es sei jetzt Zeit für ein Mittagsessen und begab sich mit den Kardinälen zu Tisch. Als er Joachim Meisner sah und sich daran erinnerte, dass die Deutschen minderwertige Waren und allgemeine Schludrigkeit in den 70er Jahren als *polnische Wirtschaft* bezeichneten, ging er zu Meisner und sagte auf Deutsch: „Nun, Eminenz, meinen Sie, wir haben in den Finanzen des Vatikans eine polnische Wirtschaft?“ Meisner was sprachlos. Andere, die den Schalk in Johannes Pauls Augen gesehen hatten, fragten Meisner, was der Papst gesagt habe. Darauf Meisner: „Das lässt sich nicht übersetzen.“[38]

Johannes Paul konnte seinen Humor auch gegen sich selbst richten. Kardinal O’Connor von New York erinnerte sich an seine Verblüffung, dass er, ein Mann, der in einem Reihenhaus in Philadelphia aufgewachsen war, ganz natürlich mit einem Papst plaudern konnte. Am Ende eines dieser Gespräch sagte der Kardinalerzbischof von New York, der recht ironisch sein konnte, zum Bischof von Rom: „Wissen Sie, ich werde es in dieser Kirche zu nichts bringen, weil ich nie Sekretär eines Bischofs war." Johannes Paul: „Ich auch nicht."[39] Nach einem Essen mit Gästen in Castel Gandolfo wurden einmal einem offensichtlich erschöpften Johannes Paul spät am Abend die amtlichen Dokumente des Tages vorgelegt, damit er sie unterzeichne. Er seufzte, zückte seinen Mont Blanc und begann die Pergamente für Staatsoberhäupter, Botschafter usw. zu unterschreiben. Einmal schaute er auf und murmelte. „*Povero Papa*!" [Armer Papst]. Dann lachte er und machte sich wieder an die Arbeit.[40]

Auch machte ihm seine eigene Fehlbarkeit nichts aus. Am 27. September 1997 sollte Johannes Paul die Schlussansprache beim Nationalen Eucharistischen Kongress in Bologna halten, zuvor aber sollte Bob Dylan auftreten. Dylan kam auf das Podium, sang einige populäre Songs, endete mit „Blowin' in the Wind" und ging. Johannes Paul legte seine vorbereitete Rede weg, griff den Schluss von Dylans Lied auf und sprach über den Wind des Heiligen Geistes, der durch die Kirche von heute wehte. Drei Tage später, nach einem im Eiltempo gesprochenen lateinischen Tischgebet, fixierte der Papst einen Gast mit einem scharfen Blick und fragte: „Who ees Bob Deelahn"?[41]

Klugheit, Gerechtigkeit, Mut, Mäßigung

Freiheit, predigte der Papst seit Jahrzehnten, heißt nicht, tun, was man will, sondern ohne Zwang das wahrhaft Gute wählen. Innerlich und im christlichen Glauben wachsen heißt daher in der tieferen, erhabeneren Freiheit wachsen, die sucht „was immer wahrhaft, edel, recht, was lauter, liebenswert, ansprechend ist" [Phil 4, 8]. Die richtig verstandene Freiheit wird durch die von der katholischen Kirche so genannten „Kardinaltugenden" ausgeübt: „Klugheit oder richtiges Urteil, Gerechtigkeit, Mut (häufig „Tapferkeit" genannt) und Mäßigung oder Maßhalten. Die Kardinaltugenden waren auch der heidnischen Antike bekannt und sind von Platon im *Staat* untersucht worden. Im christlichen Verständnis haben sie jedoch ein Ziel, das den vorchristlichen griechischen Philosophen verschlossen blieb. Der hl. Gregor von Nyssa formuliert es in seiner Abhandlung über die Seligpreisungen so: „Das Ziel eines tugendhaften Lebens ist, Gott gleich zu werden." Um sich diesem Ziel zu nähern, müssen wir unsere Menschlichkeit nicht aufgeben, sondern vertiefen, so wie wir in der Ausübung der Tugenden allein durch menschliche Anstrengung und, wie die Kirche betont, mit Hilfe der göttlichen Gnade wachsen können.[42] Die Geschichte von Karol Wojtyłas christlicher Reise lässt sich so „von innen" ebenso durch das Prisma der Kardinaltugenden lesen wie auf dem Nährboden der göttlichen Tugenden deuten.

Klugheit

Thomas von Aquin übernimmt die Aristotelische Definition der Tugend als „praktische Vernunft". Die hebräische Bibel drückt es bildhafter aus: „Der Kluge achtet auf seinen Schritt." [Sprüche 14, 15]. Im Mittelalter nannte man die Klugheit auch *auriga virtutum*, den Wagenlenker der Tugenden, denn es ist das Vermögen richtig zu urteilen, d.h. die Grundsätze und das moralische Urteil richtig auf einzelne Fälle und Handlungen anzuwenden, welches die Ausübung der anderen Tugenden im richtigen Maße ermöglicht, also ohne Zaghaftigkeit und ohne Eiferertum.

Klugheit in der richtigen Lenkung der Kirche, ja in der Lenkung aller menschlicher Angelegenheiten, schließt mehrere andere nennenswerte Eigenschaften ein, darunter die Fähigkeit, um die Ecke zu denken (d.h Möglichkeiten auszumachen, wo andere nur Hindernisse sehen) und in die Herzen zu schauen (d.h. Menschenkenntnis zu haben). Kein Priester, Bischof oder Papst, gleichgültig wie sehr er sich dem Willen Gottes anheimgestellt oder wie sehr er sich in der fordernden Schule der Tugenden geübt hat, wird je die Tugend der Klugheit vollkommen erfolgreich praktizieren. Papst Paul VI. zum Beispiel fällte das Klugheitsurteil, dass der Kalte Krieg in absehbarer Zukunft fortdauern würde und dass die von Agostino Casaroli entworfene Ostpolitik für das Überleben der katholischen Kirche in den kommunistischen Ländern Ost- und Mitteleuropas notwendig ist. Wie die Geschichte bewiesen hat, waren beide Klugheitsurteile falsch.

Es wäre genauso töricht oder zu viel der Beweihräucherung, wollte man sagen, jedes Klugheitsurteil, das Karol Wojtyła als Krakauer Erzbischof oder Bischof von Rom gefällt hat, sei „unfehlbar" klug gewesen, klug in dem Sinn, dass es die Umstände und die handelnden Personen richtig einschätzte und den gewünschten Zweck erreichte. Er ernannte Bischöfe, die im Nachhinein besser nicht ernannt worden wären – obwohl dies mindestens ebenso auf das Versagen einiger seiner Nuntiaturen und der vatikanischen Kongregation für die Bischöfe zurückging wie auf sein eigenes. Während seines Pontifkats scheint er einige politische Situationen (z. B. die im Nahen Osten) und einige kirchliche Situationen (z.B. den Verfall der Gesellschaft Jesu) für beeinflussbarer oder wandelbarer gehalten zu haben, als es wirklich der Fall war. Johannes Paul II. ließ sich täuschen, z.B. was Marcial Maciel, den Gründer der Legionäre Christi, betraf, den der Papst Jahrzehnte unterstützt hat, und von dem sich nach dem Tode des Papstes herausstellte, dass er lange ein moralisch anstößiges Doppelleben führte.

Karol Wojtyłas tiefe Abneigung dagegen, jemanden zu demütigen oder vorzuführen, seine Abscheu gegenüber Klatsch, seine gelegentlich Neigung, seine eigenen Tugenden auf andere zu projizieren, und sein Hang, immer das Gute in den Worten und Taten anderer zu finden, all diese persönlichen Eigenschaften (die sich in der Erfahrung der „Demütigung durch die Hand des Bösen" im

Zweiten Weltkrieg herausgebildet hatten und die sowohl seine Studenten als auch seine Kollegen in der Zeit seiner frühen Lehrtätigkeit an der Katholischen Universität von Lublin klar erkannten) konnten ihn als Bischof und Papst zu Fehlurteilen über Personen verleiten, auch über Priester und kirchliche Würdenträger, die eigentlich hätten gemaßregelt oder zum Rücktritt genötigt werden müssen.[43]

Er war sich dieser psychischen und spirituellen Veranlagungen bewusst und gestand in *Auf, lasst uns gehen*!, dass er sein bischöfliches *munus regendi* – dazu gehört die Verantwortung, Priester wegen ihrer Fehltritte zu ermahnen und, wenn nötig, zu bestrafen – in Krakau wohl zu nachgiebig wahrgenommen hat.[44] Dieselben Veranlagungen machten sich in seiner Reaktion auf den sexuellen Missbrauch durch Kleriker und die Leitungsschwäche der Bischöfe in den Vereinigten Staaten bemerkbar, die während der langen Bußzeit 2002 zutage getreten waren, aber auch in seinem Umgang mit manifesten Anzeichen für bischöfliches Versagen in anderen Ländern.

Trotz all seinen Leistungen und dem Reichtum seines spirituellen Lebens beweist das Leben Johannes Pauls II. die alte Regel, dass kein Papst über Menschen und Umstände ein unfehlbar kluges Urteil fällt. Wenn man wissen möchte, ob Karol Wojtyła ein Mann der Klugheit war, dann kann die Frage nicht die sein, ob er alles richtig gesehen hat, denn das war klarer Weise nicht der Fall, und sie kann auch nicht lauten, ob seine praktischen Urteilen mehrheitlich richtig waren, denn auf diese Frage wird man keine Antwort geben können. Zu fragen ist, ob seine praktischen Fehlurteile auf tiefere Persönlichkeitsmängel hindeuten (Schwäche, Nachlässigkeit, schuldhafte Leichtgläubigkeit, absichtliche Unwissenheit) oder ob die in seinen Fehlurteilen sich niederschlagenden Fehler, nicht Ausdruck der Tugenden Johannes Pauls II. sind – insbesondere (was sein *munus regendi* und seinen Leitungsstil bestrifft) Ausdruck seiner *caritas.* Das zweite scheint der weitaus wahrscheinlichere Fall zu sein. Historiker späterer Jahrhunderte werden wie die aufmerksamen Beobachter unmittelbar nach seinem Tod erkennen, dass nicht all seine Urteile und Handlungen richtig waren. Dennoch hatte er zeitlebens deutlich die Absicht, klug zu handeln, d.h. eine Persönlichkeit oder eine Situation ohne Furcht und Vorteil für sich selber nach bestem Wissen zu beurteilen.

Mehr noch: wenn das Ausüben von Klugheit seitens kirchlicher Würdenträger die Fähigkeit einschließt, „die Zeichen der Zeit" zu deuten, wie es beim Zweiten Vatikanum hieß, um damit Möglichkeiten und Gelegenheiten der Evangelisierung zu entdecken, dann hat Karol Wojtyła die Tugend der Klugheit Jahrzehnte auf wahrhaft heroische Weise geübt.

Zum großen Ärger von Polens kommunistischen Herren hat er sich als ein gewiefter, beharrlicher und hartnäckiger Gegner erwiesen. Am Ende wurde die Archenkirche gebaut. Die Fronleichnamsprozession durfte den Wawel hinunterziehen und wurde zur Gelegenheit, die Menschenrechte aller Polen zu verteidigen. Die störrische katholische Intelligenz unterstützte, mitunter zähneknirschend, die Politik des Primas Kardinal Wyszyński, wenn es um das

Verhältnis von Kirche und Staat ging. Und Wojtyła weigerte sich entschieden, im permanenten Schachspiel zwischen Kirche und Kommunismus auch nur die geringste Unstimmigkeit zwischen ihm und Wyszyński durchscheinen zu lassen. Das war praktizierte Klugheit.

Dieselbe Tugend, Klugheit als Erkennen der „Zeichen der Zeit", manifestierte sich auch in einigen seiner unverkennbaren Leistungen als Papst. Er sah und verfolgte die Möglichkeiten in Mittel- und Osteuropa, für die die vatikanischen Diplomaten der Ostpolitik blind waren. Er weigerte sich zu glauben, Lateinamerika lasse sich nur autoritär regieren, ob nun von links oder von rechts, und säte geduldig den Samen der Demokratie auf dem katholischsten Kontinent der Welt aus. Er setzte sich über die Skepsis kirchlicher Würdenträger hinweg, die meinten, es sei unmöglich die moderne und postmoderne Jugend zu erreichen, und machte Abermillionen von Jugendlichen mit dem „alles übersteigenden Weg" bekannt. Ähnlich nahm er auch die resignierten oder skeptischen Ratschläge seiner Bischöfe nicht zur Kenntnis, die es entweder für unmöglich hielten, einen Katechismus zu schreiben, oder einen solchen als hoffnungslos überholt erachteten, und brachte einen neuen *Katechismus der Katholischen Kirche* auf den Weg, der die Katechetik in einigen Teilen der Kirche wiederbelebte, während er dem gewöhnlichen Katholiken ein Nachschlagewerk bietet, mit dem sich gegen Lehren und Predigten streiten lässt, die die Wahrheit des katholischen Glaubens falsch darstellen. Er nahm das Risiko auf sich, Erneuerungsbewegungen und neue katholische Gemeinschaften zu fördern, wobei sein Vertrauen auf das Fortwirken des Heiligen Geistes in der Kirche sein praktisches Urteil leitete. Er war offen für neue Einsichten in das Wirtschaftsgeschehen im 21. Jahrhundert und gab der Soziallehre der Kirche mit *Centesimus Annus* neue Impulse. Er sah nichts Unbesonnenes darin, wenn ein Papst in einem sehr persönlichen Ton für ein Weltpublikum schreibt, und verfasste so den internationalen Bestseller *Die Schwelle der Hoffnung überschreiten*, der die katholische Kirche mit Männern und Frauen ins Gespräch brachte, die nie zu einer Enzyklika, einem Katechismus oder der Bibel gegriffen hätten. Und was vielleich am dramatischsten war, er hielt es nicht für unbesonnen, sondern für ein evangelisches Gebot, dass die Kirche vor Gott die Sünden und Irrtümer ihrer Söhne und Töchter in den letzten 2000 Jahren bekannte, damit die Botschaft der Kirche im dritten Jahrtausend vernehmlicher zu hören ist. Für alle diese Entscheidungen ist er kritisiert worden. Doch wie sich zeigte, waren seine Kritiker weniger von der Kardinaltugend der Klugheit geleitet.

Gerechtigkeit

Im *Katechismus der Katholischen Kirche* heißt es, „die Gerechtigkeit als sittliche Tugend ist der beständige, feste Wille, Gott und dem Nächsten das zu geben, was ihnen gebührt."[45] Karol Wojtyła war sehr früh in seinem Leben entschlossen, Gott zu geben, was ihm gebührt: das Drama seiner Berufung war das Drama eines Mannes, der trotz seiner schon entworfenen Pläne und seiner Neigungen, Gott zu geben versuchte, was in seinem Leben Gottes war: Wie sich zeigte war dies sein ganzes Leben. Anders formuliert, Karol Józef Wojtyła eiferte seit seinem 20. Lebensjahr einem seiner himmlischen Namenspatronen nach, dem hl. Josef, indem er so lebte, als gebiete Gott und nicht er über sein Leben. Falsche Bescheidenheit war das nicht. Er wusste sehr wohl, dass er beträchtliche Talente hatte. Aber er trug leicht an diesem Wissen und im Laufe seines Lebens entledigte er sich so sehr seines Egos, dass er mit noch mehr Gerechtigkeit Gott gab, was Gottes ist.

Und wenn es darum ging, seinem Nächsten zu geben, was ihm gebührt, so zeugte Karol Wojtyłas große Fähigkeit zur Freundschaft sowie die Zeit und Energie, die er für andere aufwendete, von seinem festen Willen, anderen gegenüber gerecht zu leben. Alle, die je für oder mit ihm gearbeitet haben, erlebten seine Redlichkeit, seine Fairness und seine schier unerschöpfliche Fähigkeit, andere mitreden zu lassen. Er war ein Mann, der immer zu seinem Wort stand, selbst wenn es ihn persönlich einiges kostete. In dieser Hinsicht war er der Sohn seines Vaters, der mit seiner eisernen Integrität und männlichen Frömmigkeit dem Sohn eine große väterliche Lektion in Gerechtigkeit erteilt hatte.

Wie bei der Klugheit so sind auch Karol Wojtyłas Fehler in dieser Sphäre den Schwächen seiner Tugenden anzulasten. Er konnte sich zu sehr auf die verlassen, in die er sein Vertrauen gesetzt oder denen er eine verantwortliche Position übertragen hatte. Seine Entschlossenheit, fair zu sein, ließ ihn manchmal die Dringlichkeit von Situationen missachten, in denen eine sofortige Zurechtweisung angebracht gewesen wäre. Seine Abscheu vor der kommunistischen Ungerechtigkeit, die sich beispielweise im Gebrauch sexueller Anspielungen zeigte, um den Ruf eines Mannes zu zerstören, sein fester Willen, nie dergleichen zu tun, und seine Schwierigkeit zu verstehen, wie Männer die Gnade und das Geschenk des Priester – und Bischofamts verraten konnten, spielten eine Rolle bei seiner scheinbar so langsamen Reaktion auf die lange Bußzeit von 2002 in den Vereinigten Staaten und auf anderwärtige Anschuldigungen, Priester hätten sexuelle Verfehlungen begangen. Man sollte jedoch festhalten, dass, legte man ihm klare Beweise für priesterliches oder bischöfliches Fehlverhalten vor, er handelte.

Auch für die Sache der gerechten Gesellschaft setzte Karol Wojtyła sich ein. Im Gegensatz zu anderen, die in ihrer Jugend unter entsetzlichsten Ungerechtigkeiten gelitten hatten, war er in der Politik kein Zyniker geworden, sondern hielt an seiner Überzeugung fest, dass politische Macht sich unter die Normen der sozialen Gerechtigkeit beugen muss. Sein Herangehen an Fragen der richtigen Gesellschaftsordnung folgte einerseits der Soziallehre der Kirche und war andererseits tiefgreifend von seiner Erfahrung als Seelsorger bestimmt. Als er in den Jahren unmittelbar nach der „Schocktherapie", die der sterbenskranken polnischen Wirtschaft verordnet worden war, mit der Ministerpräsidentin Hanna Suchocka über die nachkommunistische Ära in Polen sprach, galt seine erste Sorge nicht dem System, sondern den Menschen: „Wie gehen die Leute mit dem Übergang [zur Marktwirtschaft] um? Wie beurteilen Sie das soziale Element im System der freien Markwirtschaft? Was geschieht mit denen, die da nicht hineinpassen?" Für Johannes Paul „war Solidarität ein Wert", eine Manifestation der Gerechtigkeit, „nicht bloß eine Bewegung".[46]

Mut

Der jugoslawische Regimekritiker Milovan Djilas, der zwar mit Tito wegen dessen brutal diktatorischem Stil gebrochen hatte, aber an der Idee des Kommunismus festhielt, war von Johannes Paul II. sehr beeindruckt. Er sagte einmal, was ihm am meisten imponierte, sei Karol Wojtyłas völlige Furchtlosigkeit.

Aber Karol Wojtyła lebte nicht ohne Furcht, und er verleugnete auch nicht seine Furcht. Stattdessen bewegte er sich jenseits der Furcht, und sein Mut sprach (innerhalb seiner menschlichen Tugenden) von seinem Glauben. Wegen seines Glaubens, dass der Sohn am Kreuz alle Furcht der Welt auf sich genommen und dem Vater in vollkommenem Gehorsam dargebracht hatte, und auch wegen seines Glaubens, dass der Vater als Antwort auf diesen radikalen Akt der sich selbst entäußernden Liebe den Sohn von den Toten hat wiederauferstehen lassen, war er überzeugt, dass die Jünger des Sohnes sich der Furcht stellen und dann mutig jenseits ihrer lähmenden Umklammerung zu leben vermochten. Mit dieser Einstellung überstand er die Besetzung durch die Nazis. Mit dieser Einstellung überstand er den Kommunismus. Mit diesem Mut überwand er seine Furcht vor der Last des Papstamtes, als am 16. Oktober 1978 der Ruf an ihn erging. Und diese Überzeugungen über das Kreuz und die Auferstehung waren die Quelle der Furchtlosigkeit, mit der er innerhalb von vier dramatischen Monaten 1983 sowohl dem sandinistischen Mob als auch General Wojciech Jaruzelski die Stirn bot.

Wojtyłas Mut ensprangen mehrere seiner bemerkenswerten Charaktereigenschaften, so auch seine erstaunliche Geduld mit Menschen und Situationen: Wenn Gott, wie er glaubte, wirklich der Herr der Geschichte ist, dann sollte er klug und mutig in aller Geduld warten, bis eine Person oder eine Situation die nötige Reife erreicht hatte. Mut war auch der Grund, der ihn körperliches Leiden mit Heiterkeit ertragen ließ, und Schmerzen hatte er in seinem letzten Lebensjahrzehnt mehr als reichlich. Wer ihn im Februar und März 2005 in der Gemelli-Klink erlebt hatte, äußerte sich über die bewerkenswerte Geduld, mit der er seinen körperlichen Verfall akzeptierte. Seine Geduld war freilich nicht stoisch, sondern christlich. Sie war die Frucht der Art von Furchtlosigkeit, die ihn am letzten Karfreitag seines Lebens stumm das Kreuz umarmen ließ.

Auch seine Bereitschaft, spirituelle und psychische Leiden als einen unvermeidlichen Teil seiner Berufung auf sich zu nehmen, zeugte von seinem Mut. Er durchlebte dunkle Nächte, den schwierigen Sommer und Herbst 2003 eingeschlossen. Monate wie diese waren jedoch die dramatischsten Niederschläge des spirituellen Leidens, das nun mal das Erbteil des Nachfolgers Petri ist, der wie Petrus selbst unabwendbar von anderen gegürtet und geführt wird, wohin er nicht will (wie der auferstandene Christus Petrus in Johannes 21, 18 warnte). Zu dem abschreckenden Land, wohin ein Papst vielleicht nicht gehen möchte, wohin er aber gehen muss, gehörte das Feld des alltäglichen menschlichen Leids, das sich Johannes Paul jeden Morgen in den Gebetsbitten aufdrängte, welche die Nonnen seines Haushalts in sein Betpult legten, an dem er seine ungestörte Stunde mit dem Herrn verbrachte. Und es gehörte das noch rauere Terrain des Bösen dazu – das Wissen um die Verderbtheit der Welt, wovon die Nachrichten täglich den Vatikan überschwemmten, das Wissen, dass Satan in der Kirche sein Wesen treibt, wovon die Nachrichten unerbittlich in die päpstlichen Gemächer gelangen. Niemand, der nicht die Last des Wissens getragen hat, das das Papstamt einem Mann übermittelt, kann vollkommen verstehen, wie erdrückend diese Last sein muss. Der Romancier Morris West schrieb einmal, dass „der Mann, der den Ring des Fischers trug, [...] die Sünden der Welt wie einen bleiernen Mantel auf seinen Schultern trug."[47] West hätte ruhig noch die Sünden der Söhne und Töchter der Kirche hinzufügen können. Die Würde, mit der Johannes Paul diesen unsichtbaren, bleiernen Mantel trug, ist vielleicht der größte Beweis für seinen Mut und für die Quelle dieses Mutes, für die Bejahung des Dramas auf dem Kalvarienberg, wie es sich in seinem Leben abspielte.

Mäßigung

Zu Beginn des Jahres 1995 beantwortete Johannes Paul II. einen Brief, in dem der Korrespondent behauptet hatte, dass die „Hermeneutik des Misstrauens", die in einem Großteil der gegenwärtigen Bibelexegese, Geschichte, Biographie und Theologie am Werke sei – nämlich die methodische Voraussetzung, dass die Dinge nicht so sein könnten, wie sie zu sein scheinen, oder nicht das, wofür sie gehalten worden sind –, ein wenig auf dem Rückzug ist. Nachdem er geschrieben hatte, dass ihm diese Analyse „optimistischer als das, was man für gewöhnlich liest", vorkommt, bemerkte der Papst weiter, dass in den Strömungen der Geschichte – auch der Ideengeschichte – „das Wichtigste der ‚Wendepunkt' ist, wie wenn ein Zug auf eine Weiche fährt, wo ein Zentimeter darüber entscheidet, welche Richtung er nehmen wird."[48] Es war die Bemerkung eines maßvollen Mannes, der seine Leidenschaften zu lenken weiß, der beim „Gebrauch geschaffener Güter das rechte Maß" einhält und der „die Begierden die Grenzen des Ehrbaren nicht überschreiten lässt" – wie es über die Kardinaltugend der Mäßigung im *Katechismus des Katholischen Kirche* heißt.[49] Johannes Paul II. verlangte nicht das Unmögliche, aber er war bereit, die Grenzen dessen, was andere für möglich hielten, zu prüfen und erweitern.

In der üblicheren Bedeutung der Tugend der Mäßigkeit oder Mäßigung war Karol Wojtyła ein Mann von maßvollen Gewohnheiten und maßvollem Lebensstil. Er arbeitete sehr hart und war in seiner Arbeit sowohl ausdauernd als auch produktiv. Selbst als er schon in den Siebzigern war, hätten seine vielen täglichen Arbeitsstunden manch einen jüngeren Mann erdrückt. Dennoch verstand er mit seinen Kräften zu haushalten, und er war einsichtig und maßvoll genug, um sich in den Ferien körperlich und spirituell zu erholen. Seine Askese war offensichtlich, da er sich aus materiellen Dingen nichts machte, aber sie war nicht tyrannisch und wurde niemandem aufgezwungen. Er führte ein Leben in evangelischer Armut, schenkte oft weiter, was ihm als Priester und Bischof geschenkt worden war, und übte sein Papstamt mit so viel materieller Schlichtheit aus, wie die Umstände erlaubten. Als junger Mann hatte er verschiedene Formen spiritueller Zucht praktiziert, auch körperliche Kasteiungen. In seinen späteren Jahren war der beständige Rhythmus von Gebet und Meditation der wesentliche Ausdruck seines ausgeglichenen spirituellen Lebens.

Seine Mäßigkeit trat auch in seiner Bescheidenheit und seinem Gehorsam zutage. Kirchliche Ehren oder Beförderungen interessierten ihn überhaupt nicht. Nach allem, was man hört und liest, war er ein gehorsamer Sohn, Seminarist und Priester. In der Frage seiner Habilitationsschrift beugte er sich dem Willen von Erzbischof Baziak, so wie er in der Annahme seiner Ernennung zum Weihbischof von Krakau sich dem Willen Kardinal Wyszyńskis und Papst Pius XII. beugte. Er förderte andere begabte Männer wie Bischof Jan Pietraszko, einen seiner Weihbischöfe, in dem ein weniger maßvoller und gerechter Vorgesetzter vielleicht einen Rivalen und damit eine Bedrohung gesehen hätte. Wie seine anspruchsvolle Predigt anlässlich des Todes von Johannes Paul I. zeigt, hatte er nicht den Wunsch, Papst zu werden, wusste er doch, dass das Papstamt eine noch größere Selbstentleerung forderte. Dennoch akzeptierte er seine Wahl im Gehorsam gegenüber dem Willen Gottes, denn dieser hatte sich seiner Meinung nach in der Entscheidung des Kardinalkollegiums manifestiert.[50] Karol Wojtyłas Mäßigkeit schlug sich in seiner Art der Leitung nieder. Er wich seiner Verantwortung nicht aus, setzte aber dennoch in seinen Jahren als Erzbischof von Krakau auf eine echte kollegiale Zusammenarbeit, in der die Meinungen und Bedenken der Priester und Laien regelmäßig gehört wurden. Zum Ärger einiger seiner Krakauer Mitarbeiter wirkte er außergewöhnlich geduldig auf einen Konsens unter den maßgeblichen Leitern der Erzdiözese hin, bevor er eine neue pastorale Initiative auf den Weg brachte. Seine Pflichten als Papst versuchte er ebenfalls nach diesem Modell kollegialer Entscheidungsfindung wahrzunehmen. Um Problemen auf den Leib zu rücken und gemeinschaftliche Lösungen zu finden, wandte er sich oft an Bischofssynoden und das Kardinalskollegium. Ob die Ergebnisse dieser gemeinschaftlichen Bemühungen in Rom immer so messbar waren wir in Krakau, mag bezweifelt werden. Wenn sie nicht so ausfielen, wie er es gerne gehabt hätte, dann lag das jedenfalls nicht an fehlender Anstrengung von seiner Seite – und wenn (wie bei der Planung für das große Jubiläum 2000) deutlich wurde, dass andere einfach blind für die Möglichkeiten waren, die er sah, dann scheute sich Johannes Paul auch nicht, die Zügel selbst in die Hand zu nehmen.

Der Kern des Dramas

Gaudium et Spes, die Pastoralkonstitution über die Kirche in der Welt von heute, gilt als die zuversichtlichste Analyse der Situation des Menschen. Dieses Dokument des Zweiten Vatikanums über die politischen, wirtschaftlichen, wissenschaflichen und kulturellen Chancen einer endlich mündig gewordenen Menschheit, fließt mehr als andere Konzilserklärungen über von Optimismus. Gleichwohl hielt das Konzil es in der Pastoralkonstitution für passend, die Diskussion, wie die menschliche Schöpferkraft die Welt und ihre Geschichte gestaltet, mit einer erstaunlichen Warnung zu eröffnen:

> Die ganze Geschichte der Menschheit durchzieht ein harter Kampf gegen die Mächte der Finsternis, ein Kampf, der schon am Anfang der Welt begann und nach dem Wort des Herrn bis zum letzten Tag andauern wird. Der einzelne Mensch muß, in diesen Streit hineingezogen, beständig kämpfen um seine Entscheidung für das Gute, und nur mit großer Anstrengung kann er in sich mit Gottes Gnadenhilfe seine eigene innere Einheit erreichen.[51]

An diesem Streit hat Karol Wojtyła Jahrzehnte Teil gehabt und seine Erfahrungen mit der spirituellen Kriegsführung haben sein Innenleben geformt, so wie dessen Reichtum ihm half, den Herausforderungen der Mächte der Finsternis gewachsen zu sein, die genauso groß sein konnten wie die großartige Stellung, zu der er am Ende aufgestiegen ist. Denn wie Johannes Paul II in *Evangelium Vitae*, seiner Enzyklika von 1995 schreibt, steht „*das Leben immer im Mittelpunkt eines großen Kampfes* zwischen Gut und Böse, zwischen Licht und Finsternis“, und in diesem Kampf stellen sich die „Mächte der Finsternis“stets heimtückisch gegen alles Gute, Wahre und Schöne.[52]

Um diese Dimension von Karol Wojtyłas Innenleben zu begreifen, muss man unbedingt sehen, dass „Mächte der Finsternis“ für ihn keine Metapher ist, die aus der angeblich primitiven Welt der biblischen Religion entliehen wird, um das auszudrücken, was wir Heutigen wissenschaftlich oder psychiatrisch untersuchen würden. Das Böse, das er im Antisemitismus der späten 1930er Jahre erlebte und zurückwies, war für ihn nicht bloß die Summe der angehäuften Vorurteile von Jahrhunderten. Es war das Werk Satans, der den Bund unbedingt zerreißen und die Heilsgeschichte stören wollte.[53] Das galt auch für das Böse, das in Hans Frank am Werk war, dem meuchlerischen Bürokraten, der das von den Nazis besetzte Rumpfpolen vom Schloß auf dem Wawel aus regierte, oder für das Böse im polnischen Kommunismus, dem Helden wie Witold Pilecki und Jerzy Popiełuszko zum Opfer gefallen waren. Wer die Dimension der spirituellen Kriegsführung im Kampf des Menschen um Gut und Böse nicht erkannte, der verstand seiner Ansicht nach nicht, die Tiefe des sich abspielenden Dramas.

Während des großen Jubiläums von 2000 zeigte sich in der Generalaudienz vom 6. Dezember das Böse dem Papst und einem entsetzten Stanisław Dziwisz. Wie er später sagte, hatte Dziwisz einmal geglaubt, dass die von der Tradition so genannte dämonische Besessenheit eigentlich eine Sache für die Psychiatrie sei. Seine Erfahrungen mit Johannes belehrten ihn jedoch eines besseren, vor allem die Begegnung des Papstes mit einer neunzehnjährigen Italienerin, die beim Schlusssegen in der Generalaudienz vom 6. September 2000 unkontrolliert zu schreien begann. Die Polizei war nicht imstande, die junge Frau zum Schweigen zu bringen, die auch gegen Bischof Gianni Danzi, damals in der Verwaltung der Vatikanstadt tätig, wüste Beschimpfungen ausstieß. Danzi benachrichtigte Dziwisz, der, nachdem Johannes Paul seine übliche Runde mit dem Papamobil um den Petersplatz beendet hatte, ein Treffen des Papstes mit dem Mädchen an einem privaten Ort arrangierte. Johannes Paul II. betete eine halbe Stunde mit ihm und versprach, am nächsten Morgen eine Messe für sie zu lesen, damit sie von ihrer Besessenheit befreit würde. Später meinte Dziwisz, er sei davon überzeugt, dass „Satan" in der jungen Frau „sein Wesen trieb",deren Haltung sich „vollkommen veränderte", als der Papst ihr eine Messe für ihre Heilung versprach. Davor, so Dziwisz, „konnte man sehen, dass die Hölle hier jemanden vernichtete".[54]

Nachrichten aus jenen Tagen sprechen von mindestens zwei anderen Teufelsaustreibungen, die Johannes Paul II. zugesprochen wurden. Eine, zu Beginn seines Pontifikats, erfolgte auf die Bitte von Pater Candido Amanti, einem römischen Exorzisten, hin. Die andere im März 1982 wurde vom Präfekten des päpstlichen Haushaltes Bischof Jacques Martin bezeugt. Dabei ging es um eine junge Frau namens Francesca, die später in die Vatikan kam, um Johannes Paul zu danken.[55] Man mag die verschiedenen Faktoren dieser Fälle beurteilen, wie man will, es bleibt doch erstaunlich, dass einige, die einst die bloße Idee der Besessenheit vom Teufel skeptisch betrachtet hatten, anderen Sinnes wurden, nachdem sie Zeuge der dramatischen Begegnung mit den „Mächten der Finsternis" geworden waren. Es scheint daher deutlich, dass Karol Wojtyła, der sich geschworen hatte, dem Pfarrer von Ars, dem hl. Jean Vianney, zu folgen und sich als Priester zum „Gefangenen des Beichtstuhls" zu machen, jemand war, durch den die göttliche Gnade der spirituellen Heilung jahrzehntelang wirkte, sowohl im Beichtsakrament als auch unter dramatischeren Umständen.

Auch in anderer Hinsicht war er ein Gefäß heilender Kraft. Ohne ein Urteil fällen zu wollen, das nur der Kirche ansteht, dass nämlich Johannes Paul II. in seinem Leben Anlass wunderbarer Heilungen war, kommt man nicht um die Beobachtung umhin, dass es, wie Stanisław Dziwisz einmal bezüglich von Berichten über Gesundungen formulierte, „eine Menge davon gab".[56] Nach Johannes Pauls zweiter Pilgerreise nach Mexiko im Mai 1990 schickte Javier Lozano Barragán, der Bischof von Zacatecas, dem Vatikan die Dokumentationen über die Heilung eines jungen Mannes während des Papstbesuchs. Dasselbe konnte nach päpstlichen Audienzen geschehen: Ein Pfarrer aus Trient kam einmal mit seiner an Gebärmutterkrebs leidenden Schwester nach Rom und kehrte Wochen später mit der Nachricht zurück, der Krebs sei verschwunden; ein Mann, der mit Krücken laufend das Bild der göttlichen Barmherzigkeit trug, wurde vom Papst gesegnet und kehrte zwei Wochen später ohne Krücken zurück, fähig, ganz normal zu laufen. Kinderlose Paare baten den Papst in Briefen um sein Gebet: kurz darauf kam es zu einer Schwangerschaft. Wenn ihn ein Kranker direkt um Hilfe bat, dann pflegte der Papst, wie Dziwisz erzählt, den Hilfesuchenden in den Kreis seines eigenen Innenlebens aufzunehmen, indem er sagte: „Wir wollen *gemeinsam* dafür beten."[57]

Nach dem Verständnis der katholischen Kirche sind diese beiden delikaten Angelegenheiten – die Berichte über Teufelsaustreibungen und Heilungen durch Johannes Paul II. zu seinen Lebzeiten – miteinander verbunden. Die Macht des Satans ist, wie der *Katechismus der Katholischen Kirche* lehrt, „nicht unendlich. Er ist bloß ein Geschöpf; zwar mächtig, weil er reiner Geist ist, aber doch nur ein Geschöpf: er kann den Aufbau des Reiches Gottes nicht verhindern."[58] Karol Wojtyła glaubte das. Er glaubte auch, das Problem des Bösen, das Gläubige und Nichtgläubige gleichermaßen seit Jahrtausenden in Verwirrung gestürzt hatte, trete nur dann richtig in den Blick, wenn wir das Antlitz Christi betrachteten, der das Böse überwunden hat und uns den Überfluss göttlicher Gnade offenbart, einer Gnade, an der die Pläne des Satans zunichte werden und die seinen Einfluss auf die schwachen Menschenseelen abschüttelt.[59] Diese Gnade bedient sich oft menschlicher Werkzeuge. Der im Glauben gefestigte Christ öffnet sich selbst dem Wirken der Gnade, damit sie das Leben sanft oder dramatisch berühren kann. Ob man solch ein Gefäß der Gnade durch außergewöhnliche spirituelle Gaben wird, wie die Tradition es nennt, darüber zu urteilen steht der Kirche und nicht dem einzelnen zu. Wichtig im Leben ist es jedoch, sich selber den Wirkungen der Erlösung zu öffnen, die sich durch das irdische Gefäß unseres Menschseins äußert.

In seiner Erörterung des vom Bösen ausgehenden „Ärgernisses" betont der von Johannes Paul II. herausgegebene *Katechismus*, dass es „kein Element der christlichen Botschaft [gibt], das nicht auch Antwort auf das Problem des Bösen wäre."[60]

Obwohl ein Mann christlicher Freude und Hoffnung, davon überzeugt, dass die Menschheit mithilfe der Gnade imstande ist, eine bessere Zukunft zu schaffen, rang Karol Wojtyła mehr als achtzig Jahre mit dem Problem des Bösen und des Satans. In der vielleicht dichtesten theologischen Reflexion seines umfangreichen Lehramts, der Enzyklika über den Heiligen Geist von 1986 *Dominum et Vivificantem*, wird eingehend die „Sünde der Welt" erörtert, von der das Johannesevangelium spricht [Joh 1, 29] – d.h. die Tatsache, dass die von der Erbsünde und den Folgen Jahrtausende alter Sündhaftigkeit geprägte Situation des Menschen stets von der Lüge und der „Zurückweisung dieses Geschenkes und dieser Liebe" bestimmt ist, mit der Gott die Welt und die Menschheitsfamilie geschaffen hat.[61] Der Heilige Geist, schreibt Johannes Paul, „überführt die Welt dieser Sünde. Die Kirche, die aus der Ausgießung der spirituellen Gaben des Heiligen Geistes hervorgeht, muss die Welt und die Menschheit immer hinlenken zum „Lamm Gottes, das hinwegnimmt die Sünde der Welt", wie Johannes der Täufer sagt.

Wieder einmal zeigt sich, dass Karol Wojtyłas, Johannes Pauls II., Innenleben dem Kreuz nachgebildet ist. Sein Innenleben baut auf dem Fundament der Überzeugung, dass sich die Erlösung der Welt am Kreuz vollzieht, dort wo das Lamm Gottes die Sünde der Welt auf sich nimmt und die Antwort auf das Problem des Bösen gibt: denn das Kreuz ist die unaufhebbare Station vor der Auferstehung, Gottes endgültige Antwort auf das Ärgernis des Bösen. Der Junge, der die Wege von Kalwaria Zebrzydowska mit seinem Vater abgeschritten ist, entwickelte sich zu einem Priester und Bischof, der am letzten Karfreitag seines dem Ende zu eilenden Lebens den gekreuzigten Christus umarmte. Alles war aus einem Guss. Karol Wojtyła war ein österlicher Mann, der vollkommen erkannte, dass Ostern auf Karfreitag folgt, dass das ewige Leben denen verheißen ist, die ihr Leben hier und jetzt anderen zum Geschenk machen und dass eine solch radikale Selbsthingabe – eine solche *metanoia* – nur durch die Gnade Gottes in Christo möglich ist.

11

Die Größe eines Pontifikats

Als Karol Józef Wojtyła am 16. Oktober 1978 auf den Stuhl Petri gewählt wurde, fragte man sich besorgt, ob unter den Bedingungen der Spätmoderne noch irgendjemand den Petrinischen Dienst erfolgreich wahrnehmen könne.

Bei seiner Wahl zum Papst fünfzehn Jahre zuvor schien Giovanni Battista Montini alles mitzubringen, um ein erfolgreicher Papst zu werden: Er war ein zutiefst frommer Italiener und aus guter Familie, gebildet und sprachbegabt, mit weitgespannten kulturellen Interessen, nützlichen politischen Beziehungen und Fingerspitzengefühl, ein Mann, der sich sowohl in der römischen Kurie als auch in einer großen italienischen Diözese bewährt hatte. Aber so kam es nicht, ganz und gar nicht.

Die innerkatholischen Streitigkeiten nach dem Zweiten Vatikanum waren für Paul VI. eine fünfzehn Jahre währende Kreuzigung. Was die Kirche infolge dessen erlitt, schien vielen auf das Fehlen evangelischer Tatkraft und einer entschlossener Leitung im Heiligen Stuhl zurückzugehen. Niemand bezweifelte Papst Pauls persönliche Heiligkeit, seine Integrität oder seine tiefe Liebe zur Kirche. Doch Mitte der 70er Jahre konnte man den Eindruck gewinnen, das Schiff würde steuerlos dahintreiben, und nachdenklichen Katholiken drängte sich die Frage auf, kann *irgendjemand* diese Aufgabe noch erfüllen?

Es war eine Frage, die nicht unbedingt zu erwarten war. Denn zu den größten Überraschungen der Neuzeit gehörte, dass das 1963 von Paul VI. übernommene Papstamt auf höchst dramatische Weise seinen Tiefpunkt überwunden hatte, jedenfalls was das zweite Jahrtausend christlicher Geschichte betrifft. 1799 war Pius VI. nach der Entführung durch die französische Revolutionsarmee fernab von Rom als Gefangener in der Zitadelle von Valence gestorben. Wie der Historiker J. N. D. Kelly festhält, „nahmen viele an, das Ende des Heiligen Stuhls sei damit gekommen."[1] Siebzig Jahre später, mit der Einnahme Roms durch das neue Königreich Italien, schien sich dieses Urteil endgültig zu bestätigen. Der Kirchenstaat, den die Päpste seit Mitte des 8. Jahrhunderts regiert hatten, wurde aufgelöst und der Papst war nur noch *il prigioniero del Vaticano* [der Gefangene des Vatikans], wie Pius IX. von sich selbst sagte.

Die Paradoxie der Geschichte wollte es indessen, dass der Verlust des Kirchenstaats Pius' IX. Nachfolger für eine neue Aufgabe freisetzte: die des universellen Morallehrers und Zeugen. Leo XIII., der unmittelbare Nachfolger von Pius IX., legt den Rahmen für diese evangelische Form des Papstamts fest, indem er eine geistige Reform der Kirche in Gang setzte und durch die Neuerung der dann so genannten katholischen Soziallehre zur Politik und Wirtschaft der Moderne Stellung bezog. Der Weg zur Wiederbelebung päpstlichen Einflusses war weder gerade noch leicht: Leos zweitem Nachfolger Benedikt XV., der den Heiligen Stuhl mit seiner Hilfe für Flüchtlinge und Kriegsgefangene im Ersten Weltkrieg finanziell fast völlig ruiniert hatte, verweigerten die siegreichen Großmächte bei den Versailler Verhandlungen ein Mitspracherecht. Doch Benedikts Nachfolger Pius XI. war ein heftiger Gegner des faschistischen und kommunistischen Totalitarismus und ein Mann, mit dem die europäische Politik rechnen musste. Das galt auch für seinen Nachfolger Pius XII. Dessen Nachfolger Johannes XXIII. wurde in seinem kurzen Pontifikat eine Art universeller *pater familias,* den Millionen wegen seiner seelsorgerischen Caritas, seines ökumenischen Entgegenkommens und seiner interreligiösen Offenheit liebten. Alles sah danach aus, als hätte das Papstamt ein fulminantes Comeback erlebt. Wenn die Päpste auch nicht mehr als Souveräne unter den Souveränen Europas über ein ansehnliches Territorium herrschten, so hatten sie sich dennoch ein neues Territorium erobert, innerhalb dessen sie eine beträchtliche Macht ausübten: das Gewissen von Männern und Frauen, für das die Macht des Arguments und der Überzeugung zählte.

Dann folgte das Pontifikat von Paul VI., in dem sich die katholische Kirche selbst in einem erbitterten theologischen und disziplinarischen Bürgerkrieg zerfleischte – was Johannes XXIII., der mit dem Zweiten Vatikanum ein neues Pfingsten entzündet zu haben glaubte, wohl zuallerletzt erwartet hätte. Interessanterweise sorgte sich der zukünftige Papst Paul VI., dass die Kirche in Anbetracht des vielen Sprengstoffs möglicherweise, vielleicht sogar wahrscheinlich, zusammenbrechen könnte. Am Abend des 25. Januar 1959, wenige Stunden nachdem Johannes XXIII. die Kirche und die Welt mit der Ankündigung verblüfft hatte, das 21. Ökumenische Konzil in der Kirchengeschichte einberufen zu wollen, rief Montini einen Freund an und sagte über Johannes XXIII. und seine Pläne: „Der heilige alte Knabe weiß nicht, in was für ein Wespennest er sticht."[2] Sein Instinkt war prophetisch. Ohne Zweifel wird Paul VI. sich bei vielen Gelegenheiten daran erinnert haben, als er sich bemühte nach dem Tod von Johannes XXIII. im Jahr 1963 das Konzil zu einem erfolgreichen Ende zu bringen und dann auf seine richtige Umsetzung zu achten. Zwar steuerte Paul VI. das manchmal störrische Konzil in den sicheren Hafen, aber seine Bemühungen das Zweite Vatikanum umzusetzen und gleichzeitig die Unversehrtheit der Lehre und die Einheit der Kirche zu wahren, wurden oft enttäuscht. Daher war die katholische Kirche 1978 streitsüchtig und verbittert, Rom war hilflos und die ganze Kirchenwelt in Aufruhr.

Als das Papsttum in der tiefsten Krise seit dem Tod von Pius VI. im Exil steckte, wandte sich das Kardinalskollegium, noch völlig unter dem Schock des unvorhergesehenen Todes von Papst Johannes Paul I. stehend, der nur 33 Tage im Amt gewesen war, einem Mann zu, der nicht der üblichen Laufbahn eines zukünftigen Papstes gefolgt war (wie Leo XIII., Benedikt XV., Johannes XXIII. und Paul VI.), sondern aus einem fernen Land in das Amt Petri berufen wurden – ein wenig so wie Petrus selbst. Doch trotz des Erstaunens angesichts der Wahl des ersten nichtitalienischen Papstes seit 455 Jahren und des ersten slawischen Papstes überhaupt, brauchte Karol Wojtyła bestimmte Qualitäten mit in sein Amt, die ein folgenreiches Pontifikat hätten erahnen lassen können.

Der ungebrochene Fürst Adam Stefan Sapieha hatte ihm einen heroischen Begriff vom Bischofsamt vermittelt. Karol Wojtyła kam nach Rom, nachdem er 20 erfolgreiche Jahre als Diözesanbischof in Krakau verbrachte hatte, wo er das Zweite Vatikanum mit soviel Phantasie und allgemeiner Zustimmung umsetzte, wie es vielen Bischöfen rund um die Welt nicht gelungen war. Er war ein feiner Kopf und fest im Realismus eines Aristoteles' und Thomas von Aquins zuhause: unerschütterlich davon überzeugt, dass Menschen die Wahrheit der Dinge zu erkennen vermochten, deren moralische Wahrheit eingeschlossen. Ein Vierteljahrhundert hatte er in einem offenen, beherzten Dialog mit einigen der wagemutigsten Geistesströmungen der Gegenwartskultur gestanden. Er hatte sich als ein respekteinflössender Gegner des Kommunismus erwiesen, ohne dabei die alte Sozialordnung Europas verteidigen zu wollen. Er predigte vielmehr eine andere, anspruchsvolle Form menschlicher Befreiung. Er hatte in seinem Bischofsamt weiterhin enge Kontakte zu seinen Laienfreunden gepflegt, so dass er mit dem Leben von Männern und Frauen in der Moderne vertraut war. Seine öffentlichen Auftritte zogen die Leute an, und in seine Verteidigung der Menschenrechte ließ er einige der Fähigkeit einfließen, die er bei seinen früheren Lehrherren in der Kunst des Theaters erworben hatte: Mieczysław Kotlarcyzk und Juliusz Osterwa. Geradeso wie er Kotlarczyks Glauben an die Macht des „lebendigen Wortes" der Wahrheit unter Beweis stellte, indem er mit ihrer Hilfe die Berieselung durch die kommunistischen Lügen zunichte machte, verfeinerte er seine Rhetorik, um die Herzen und den Verstand gewöhnlicher Menschen zu berühren.

Und was vielleicht am wichtigsten war, er nahm sein Pontifikat in der tiefen Überzeugung auf, dass der Lauf seines Lebens von der göttlichen Vorsehung bestimmt war, dass, wie er oft sagte, irgendetwas an seiner Erfahrung in Krakau – an Karol Wojtyłas Erfahrung als Erzbischof – für die universale Kirche von Nutzen sein *müsste*, wenn der Heilige Geist es für passend hielt, den Erzbischof von Krakau auf den Bischofsstuhl von Rom zu berufen.

Er trat sein Amt als ein Außenseiter an, und trotz der Wärme, mit der ihn die Römer und die Italiener aufnahmen, blieb er bis zum Schluss so etwas wie ein

Außenseiter, jedenfalls was die Sitten im Vatikan und die traditionellen Berater der Päpste betraf. Er starb im Glanz nahezu allgemeiner Bewunderung und Zuneigung, und sein Tod ging vielen, mit denen er eng zusammengearbeitet hatte, sehr nahe, ob in Italien oder der restlichen Welt. Dennoch standen an seinem Sterbebett fast nur Polen, Exilanten wie er, die bei dem Mann wachten, der aus einem fernen Land gekommen war und in seiner Wahlheimat, nicht in seinem Heimatland, begraben liegen würde.

Obwohl sein Werdegang und die Kultur, aus der er stammte, nicht der Norm entsprach, war Karol Wojtyłas, Papst Johannes Pauls II., Pontifikat eines der wirkmächtigsten seit Jahrhunderten und die Kirche und die Welt wird noch in Jahrhunderten diesen Einfluss spüren. Es war kein Pontifikat ohne Makel, doch das war noch nie ein Pontifikat und keines wird es je sein. Dass Johannes Pauls Pontifikat jedoch außerordentlich folgenreich ist, das werden auch seine schärfsten Kritiker nicht leugnen.

Die Bilanz

Die Errungenschaften Papst Johannes Pauls II. – wie auch die Errungenschaften, die ihm versagt blieben – lassen sich statistisch nicht angemessen erfassen. Dennoch vermitteln Zahlen etwas vom Umfang seines Wirkens und von der Breite seines Eingreifens in die diversen Lebenskreise der Menschen.

Das Pontifikat dauerte 9665 Tage. Damit war es das zweitlängste in der überlieferten Geschichte nach Pius IX. (und das drittlängste, wenn man Petrus berücksichtigt, der nach der Überlieferung entweder 34 oder 37 Jahre die Kirche geführt hatte).

In der Erfüllung des Petrinischen Auftrags „stärke deine Brüder“, pilgerte Papst Johannes Paul II. auf 104 apostolischen Reisen in 129 Länder und legte dabei 1 247 613 Kilometer zurück, also das Dreißigfache des Erdumfangs oder mehr als dreimal die Entfernung Erde und Mond. Der Papst verbrachte 822 Tage oder 8,7 % seines Pontifikats außerhalb von Rom, besuchte dabei 1022 Städte und hielt 3288 vorbereitete Reden. Daneben machte Johannes Paul 146 Besuche in Italien selbst, die 748 in der Diözese Rom oder in Castel Gandolfo nicht gezählt, in deren Verlauf er 317 der 336 römischen Gemeinden visitierte.

Entschlossen Priester und Bischof zu bleiben, taufte Johannes Paul während seines Pontifikats 1501 neue Christen und weihte persönlich Hunderte neuer Priester und Bischöfe.

Seine in den *Insegnamenti di Giovanni Paolo II* versammelten Lehrschriften füllen 56 große Foliobände und gut drei Meter Regalbretter: 14 Enzykliken, 14 apostolische Schreiben, 11 apostolische Konstitutionen, 45 apostolische Briefe sowie Tausende anderer Briefe, Botschaften, Reden, Predigten, Audienzansprachen und Ansprachen beim wöchentlichen Angelus oder Regina Coeli. Johannes Paul hielt 1164 Generalaudienzen ab, denen 17 665 800 Menschen aus der ganzen Welt beiwohnten, und empfing in ungefähr 1600 Begegnungen Staatsoberhäupter, Regierungschefs und andere Persönlichkeiten aus der Politik.

Er sprach in 147 Seligsprechungsfeiern 1338 Diener Gottes selig (darunter 1032 Märtyrer) und erhob in 51 Heiligsprechungsmessen 482 Personen zur Ehre der Altäre (davon 402 Märtyrer). Frühere Päpste hatten, nach der Regelung des Prozesses durch Papst Sixtus V. im Jahr 1588, 302 Personen heiliggesprochen.

Er pflegte mehr aufwendige und regelmäßige Kontakte zu seinen Bischofbrüdern als irgendeiner seiner Vorgänger. In den alle fünf Jahre fälligen *ad limina*-Besuchen in Rom empfing er Tausende von Bischöfen einzeln und über Jahre widmete er 40 % seines Terminkalenders diesen Treffen. Er leitete sechs ordentlichen Bischofssynoden, eine außerordentliche Generalversammlung, sieben spezielle Versammlungen von Bischofssynoden und eine „besondere Synode", die sich mit den Problemen der Kirche in den Niederlanden beschäftigte – zusammengenommen bedeutet das, er verbrachte mindestens ein Jahr seines Pontifikats in Synoden, denen Bischöfe aus der ganzen Welt beiwohnten. Er hielt neun ordentliche Konsistorien ab, in denen er 231 neue Kardinäle kreierte, und berief sechs Plenarversammelungen oder außerordentliche Konsistorien des Kardinalkollegiums ein, um Rat zu suchen und Pläne für die künftige Seelsorge zu formulieren.

Mit seinem ausgeprägten Bewusstsein für den Rhythmus der Zeit und die Bedeutung von Jahrestagen im Leben der Kirche leitete Johannes Paul II. in den sechsundzwanzigeinhalb Jahren seines Pontifikats neun „Widmungsjahre": das heilige Jahr der Erlösung 1983-84, das Marianische Jahr 1987-88, das Jahr der Familie 1993-94, die drei trinitarischen Jahre der Vorbereitung auf das große Jubiläum von 2000, das Jubiläumsjahr selbst, das Jahr des Rosenkranzes 2002-03 und das Jahr der Eucharistie, das am 17. Oktober 2004 begann und sechs Monate nach dem Tod des Papstes zu Ende ging.

Dann waren da noch die internationalen Weltjugendtage. Johannes Paul II. leitete neun davon: in Rom (1985 und 2000), in Buenos Aires (1987), in Santiago di Compostela (1989), in Tschenstochau (1991), in Denver (1993), in Manila (1995), in Paris (1997) und in Toronto (2002). Bei diesen Markenzeichen seines Pontifikats waren insgesamt mehr als zig Millionen Menschen anwesend, allein die Schlussmesse in Manila 1995 zog, wie es hieß, die bis dahin größte Menschenmenge in der Geschichte an, etwa fünf Millionen Menschen – Mexiko-Stadt nahm beim Papstbesuch 2002 für sich in Anspruch diesen Rekord gebrochen zu haben.[3]

Wie auch immer die genauen Zahlen lauten, es scheint unbestreitbar, dass Karol Wojtyła von mehr Menschen in Person gesehen wurde als irgendjemand sonst in der Geschichte, und nimmt man noch den Multiplikator der Informationsrevolution hinzu, so muss es schon ein sehr abgelegener, isolierter Teil der Welt gewesen sein, in dem Papst Johannes Paul II. zwischen 1978 und 2005 nicht entweder persönlich oder durch die Medien wahrgenommen worden ist. Es ist nicht weiter verwunderlich, dass der bekannteste Mann in der Geschichte in der Spätmoderne lebte. Höchst verwunderlich ist aber, dass der bekannteste Mann in der Geschichte sich vor allem als Jünger Christi und Verkündiger der frohen Botschaft verstand. Denn bedeutet das nicht, dass mehr in der Moderne und Postmoderne vor sich geht, als diese sich haben träumen lassen?

Dauerhafte Errungenschaft

Ein vollständiges Urteil über ein Pontifikat und seine Leistungen lässt sich erst im Laufe von Jahrhunderten fällen. Beim Tode Pius V. 1572 wusste niemand, ob seinen Bemühungen, das Tridentinum umzusetzen, Erfolg beschieden sein würde, so dass er als ein großer Reformpapst in der Erinnerung bliebe und nicht als ein weiterer Möchtegernreformer. Wie sich zeigte, prägte das Werk von Pius V. die Kirche Jahrhunderte lang. So gesehen wird man die Leistungen – und auch die Versäumnisse – von Papst Johannes Paul II. erst in den nächsten Jahrhunderten richtig beurteilen können. Doch die weltweiten Sympathie- und Dankbarkeitsbekundungen bei seinem Tod deuten darauf hin, dass ein Großteil der Welt bereits sein Urteil gesprochen hat: Er war ein großer Mensch und ein großer Papst, dessen Größe seiner Fähigkeit entsprang, Männer und Frauen zu einer erhabeneren Vorstellung ihrer Fähigkeiten zu bewegen, sofern sie sich der Gnade Gottes bewusst würden. Jahre nach seinem Tod sprachen Menschen auf der ganzen Welt darüber, dass sie ihm begegnet waren, dass sie ihn gesehen hatten, körperlich und seelisch von ihm berührt worden sind. Sein Platz in den Herzen von vielleicht Milliarden Menschen ist ihm sicher, Generationen werden sich seiner erinnern.

Wie steht es aber mit seiner Leistung als Papst? Selbst wenn wir einräumen, nicht in die Zukunft schauen zu können, so scheint es nach seinem Tod doch so, als hätte er ein großartiges Erbe hinterlassen.

Das evangelische Papsttum

Johannes Paul II. gestaltete das Amt Petri für das 21. Jahrhundert und das dritte Jahrtausend christlicher Geschichte um, indem er dessen evangelische Stoßrichtung verstärkte und dem päpstlichen *munus docendi*, dem Lehramt, eine echte weltweite Geltung verschaffte.

Dies tat er mittels der klassischen katholischen Methode der Reform: Da ihm bewusst war, dass jede echte Kirchenreform eine Rückkehr zu der Form oder Verfassung ist, welche die Kirche durch Christus erhalten hat, stellte er jene Elemente des Amtes Petri wieder her, die mit der Zeit verstummt waren, und bezog daraus das Material für eine Erneuerung des päpstlichen Auftrags. Er tat dies durch die Rückbesinnung auf das Neue Testament, in dem Petrus Zeuge der Auferstehung wird, zum ersten großen Lehrer der Kirche, zum Apostel, der als erster den Völkern predigte, und zum Brennpunkt der kirchlichen Einheit. Die Erneuerung vermittelte der Welt diese Elemente des Petrinischen Amtes durch eine überlegte und systematische Ausschöpfung der von den modernen Kommunikations- und Verkehrsmitteln geschaffenen Möglichkeiten.[4] Wie Petrus von seiner Geburtsstadt Kapernaum nach Jerusalem gegangen war und von dort aus nach Antiochien und Rom, so ist Karol Wojtyła, nachdem er von Krakau nach Rom berufen worden war, ganz buchstäblich von Rom aus an das Ende der Welt gegangen, um Zeugnis zu geben von Gottes Liebe für die Menschheit, die sich im Leben, Tod und der Auferstehung Jesu Christi offenbarte. Auf diese Weise impfte er dem Papstamt als Dienst an der Verkündigung der frohen Botschaft wieder neues Leben ein.

Die Jugend. Die Wirkungen dieser evangelischen Form des Papstamtes zeigten sich am lebhaftesten an Johannes Pauls II. Einfluss auf die Jugend. 1978 glaubten nur sehr wenige Würdenträger der Kirche, dass der Katholizismus die ruhelose, materiell gesättigte Jugend der Industriestaaten erreichen könnte. Nach dreißig Jahren der pastoralen Erfahrung mit jungen Menschen war Karol Wojtyła davon überzeugt, dass es trotz der kulturellen Unterschiede eine menschliche Erfahrung gibt, die alle Heranwachsenden und jungen Erwachsenen teilen – diese Gemeinsamkeit ist, wie er oft sagte, die Suche nach der reinen Liebe. Er war fest davon überzeugt, dass man der Jugend der Welt nur deutlich machen müsse, was aus dieser Suche folgt, und sie würde darauf reagieren.

Die vom ihm ausgelöste Reaktion, die alle verblüffte, nur ihn wohl nicht, wurde oft missverstanden als oberflächliche Idolisierung einer leicht zu beeindrukkenden Jugend. Sicherlich spielte auch das eine Rolle, aber es war bei weitem nicht alles. In einer Welt, die der Jugend in der Werbung, der Mode, der Sprache und dem Lebensstil schmeichelte, tat Johannes Paul II. das Gegenteil. Sein Aufruf zu einem Leben heroischer Tugend rüttelt die Herzen und den Verstand der Jungen wach, wie kaum einer seiner Mitarbeiter es erwartet hätte. Dieser Aufruf war jedoch glaubwürdig, denn der Mann, der ihn ergehen ließ, stand mit seinem Leben dafür ein. Die Jugend hat ein sehr feines Gespür für Heuchelei und reagiert dem entsprechend. Bei den Weltjugendtagen und bei anderen Gelegenheiten zeigte sich deutlich, dass Johannes Paul II, von seinen jungen Anhängern nichts erwartete, was er nicht auch von sich selbst erwartete. Die Aufrichtigkeit seines eigenen Lebens – vor allem seine Fähigkeit, Leiden zu ertragen, ohne darüber verbittert und zynisch zu werden – schlug die Jugend aus allen Schichten in den Bann. In einer Welt, aus der die Väter oft verschwunden waren, brachte er die starke Liebe und die Forderungen echter Vaterschaft zum Ausdruck, und die Jugend reagierte darauf.

Göttliche Barmherzigkeit. Eine seiner Lieblingsmetaphern für die Situation der Kirche zu Beginn des dritten Jahrtausends ihrer Geschichte entnahm der Papst, dem Versuch des Apostels Paulus, die Zyniker des antiken Athen auf dem Areopag zu bekehren, indem er auf den von den Athenern angeblich verehrten

„unbekannten Gott" hinwies [Apg 17, 16-34]. Auf dem Areopag der spätmodernen Welt *„schlägt die Kirche vor, sie drängt nichts auf"*, wie der Papst in *Redemptoris Missio* seiner Enzyklika von 1990 schreibt.[5] In den sechsundzwanzigeinhalb Jahren seines Lehramtes schlug Johannes Paul II. der Welt viele Wahrheiten vor. Eine der bedeutendsten ist nach seiner Ansicht die Botschaft von der göttlichen Barmherzigkeit.

Diese Emphase wurde mitunter für eine Marotte von Karol Wojtyłas polnischen, speziell Krakauer Wurzeln gehalten. Tatsächlich ist dies ein weiteres Beispiel für Wojtyłas Überzeugung, das die Erfahrung der Kirche in Krakau für die universale Kirche von Wert ist. Denn Wojtyła brachte in sein Amt ein tiefgehendes Verständnis der Schuld und der Angst mit, die wie ein dichter Nebel über dem späten 20. Jahrhundert lag: der seelischen und spirituellen Folgen der Schlächterei im Ersten und Zweiten Weltkrieg, der Massenmorde im Gulag, des Holocausts, der ukrainischen Hungersnot, von Maos Großem Sprung Vorwärts usw. Wem gegenüber ließ sich diese Schuld bekennen und damit sühnen? Wer konnte die Angst von einer Welt hinwegnehmen, die unter dem Druck des Wissens zusammenbrach, dass sie in der Lage war, sich selbst zu zerstören, und verdorben genug, es tatsächlich zu tun?

Die göttliche Barmherzigkeit, die sich im Erbarmen Gottvaters selbst zeigt, ist daher ein Element des christlichen *kerygma* oder der Verkündigung, das weit über Krakau und Polen hinaus von Bedeutung ist. Das Mitleid des Vaters zu verkünden, der seine verlorenen Kinder willkommen heißt und ihnen die Würde zurückgibt, die sie verschleudert haben, bedeutet nach einem Jahrhundert, in dem die Menschheit sich gegen die Schöpfung gewendet und die Welt dabei in ein Schlachthaus verwandelt hat, sich eines allgemeinen menschlichen Bedürfnisses anzunehmen. Aus diesem Grund stellte Johannes Paul II., der evangelische Papst, die göttliche Barmherzigkeit in den Mittelpunkt seiner Lehre: in der Enzyklika *Dives in Misericordia* von 1980; indem er die heilsamen Kräfte des Bußsakraments und die tätige Reue in seinem nachsynodalen apostolischen Schreiben von 1984 herausstellte; indem er Schwester Faustyna 1993 seligsprach und sie 2000 zur ersten Heiligen des neuen Jahrtausends erhob und indem er anordnete, die Osteroktav künftig in der ganzen Kirche als Sonntag der göttlichen Barmherzigkeit zu begehen. Dass die von der hl. Faustyna Kowalska eingeführte Verehrung der göttlichen Barmherzigkeit während des Pontifikats von Johannes Paul II. dazu führte, die Andachtsübungen in katholischen Gemeinden rund um die Welt wieder zu beleben, deutet darauf hin, dass Johannes Pauls II. pastorale Einsicht, die Kirche müsse an der Jahrtausendwende unbedingt die göttliche Barmherzigkeit predigen, genau ins Schwarze traf.

Italien. Der evangelische Tenor des Pontifikats von Johannes Paul II. wirkte sich deutlich auf die Stellung der Kirche in Italien aus. Seit Jahrhunderten hatte kein Papst soviel Zeit und Energie darauf verwandt, seinen Titeln Bischof von Rom und Primas von Italien so gerecht zu werden, wie der Mann, der aus einem slawischen Land Mitteleuropas nach Rom gekommen war. Mit der Zeit trugen diese Anstrengungen Früchte, denn die katholische Kirche Italiens kam aus ihrer Defensive heraus. Ihre Initiativen waren nicht mehr allesamt davon bestimmt, dass sie sich „gegen" die Linke und den Säkularismus richteten, vielmehr wandte sie sich beherzt mit ihren auf das Evangelium gestützten „Vorschlägen" an Gemüt und Verstand der Italiener und an die italienische Kultur. Gleichzeitig veränderte Johannes Paul die Einstellung der Gebildeten zur Kirche, die seit Jahrzehnten fast schon gewohnheitsmäßig ablehnend und antiklerikal war.[6]

Am 16. Oktober 1978 hätte man diese Wirkungen nicht vorhersagen können. In der Tat grollte ein Großteil der italienischen Kirche, weil sie das Papstamt „verloren" hatte, das Italiens größter Anspruch darauf war, in der Welt etwas zu zählen. Als die Italiener jedoch sahen, mit welcher Tatkraft ihr Primas ihnen „die neue Evangelisierung" unmittelbar und persönlich brachte, wie er es später nannte, wandelte sich ihre Haltung. Ein Wendepunkt kam 1985, als der Papst eine nationale Zusammenkunft der italienischen Kirche im Wallfahrtsort Loreto einberief. Bei dieser Gelegenheit fordert Johannes Paul den italienischen Katholizismus auf, anzuerkennen, dass der Glaube sich nicht mehr durch kulturelle Osmose weitergeben ließ. Die Kirche müsse endlich wieder offensiv das Evangelium verkünden und sich in der Kultur bemerkbar machen, sich mit der Moderne auseinandersetzen, ohne sich ihr anzubiedern und den eingefleischten Laizismus der gebildeten Italiener mit einer erhabeneren Vorstellung von der modernen Welt und ihren Möglichkeiten konfrontieren.

Viele italienische Bischöfe taten sich schwer damit, die öffentliche Rolle der Kirche darüber zu definieren, dass sie sich der herrschenden Kultur entgegenstellte. Für sie war das Abgleiten in eine säkulare Kultur unvermeidlich, sie glaubten nicht, dass die Kirche sich dem Lauf der Geschichte entgegenstemmen könne und hielten einen politischen Kompromiss mit der aufsteigenden italienischen Linken für geboten. Ein Papst aus der „kämpfenden Kirche" – wie Camillo Kardinal Ruini einmal Wojtyłas Hintergrund beschrieb – war nicht geneigt, die Flinte vorschnell ins Korn zu werfen. Dabei setzte er aber nicht auf den angeblichen Glanz des *ancient régime*, das Karol Wojtyła sehr skeptisch beurteilte, sondern auf die beständige Kraft des Evangeliums, das Leben des einzelnen und damit Kultur und Gesellschaft zu verändern. Im Laufe der Zeit erwies sich dieser Ansatz als fähig, die Katholiken Italiens, die unter Johannes Pauls Pontifikat wieder mehr ihren Glauben bekannten, um sich zu scharen, und auch nichtgläubige Intellektuelle anzusprechen wie etwa Guiliano Ferrara und Marcello Pera: Männer, die erkannten, dass die Frage der menschlichen Würde in den Mittelpunkt der Debatten nach dem Kalten Krieg gerückt war und dass die Kirche das entscheidende institutionelle Hindernis für den Sieg eines seelenzerstörenden, entmenschlichenden Utilitarismus darstellte.[7]

Universeller Zeuge. Johannes Pauls Ansatz, in öffentlichen Angelegenheiten erst auf die Kultur einzuwirken, der sowohl in seinem Verständnis der geschichtlichen Kräfte als auch in seiner Vorstellung eines evangelischen Papstamtes gründete, veränderte die Weltpolitik zumindest bei zwei Gelegenheiten – und hier ist natürlich nicht die Rede von seinem Anteil an der Revolution von 1989 in Mittel- und Osteuropa.

Die erste kam 1994, als der Papst nahezu im Alleingang die Pläne Clintons und der amerikanischen Regierung vereitelte, auf der Kairoer Konferenz über Bevölkerung und Entwicklung die Abtreibung auf Verlangen als ein allgemeines Menschenrecht zu erklären, ähnlich dem Recht auf Religions- und Pressefreiheit. Johannes Paul wandte sich an den Regierungchefs vorbei an die Völker der Welt, damit sie sich einer solcher Erklärung widersetzten. Dazu benutzte er das Megaphon seines Amts, um darüber aufzuklären, was die Regierung Clinton und die Bürokraten der Bevölkerungskontrolle lieber im Verborgenen gelassen hätten. Dieses öffentliche Zeugnis sowie eine geschickte Diplomatie des Heiligen Stuhls in Kairo verhinderten den scheinbar sicheren Sieg der Abtreibungsbefürworter.[8]

Dann gab es noch die 4. Weltfrauenkonferenz im September 1995 in Peking, auf der die Kräfte, die in Kairo unterlegen waren, einen neuen Vorstoß unternahmen. Wieder einmal betrat Johannes Paul II. die Weltbühne und entwarf in einem Dutzend Audienzansprachen und einem *Brief an die Frauen* einen besonderen Feminismus, der Frauen nicht auf eine schlechte Kopie von Männern reduzierte. Auch verstieß er gegen alle Gepflogenheiten, indem er die Rechtsprofessorin Mary Ann Glendon von der Harvard Universität, eine Expertin für vergleichendes Familienrecht und internationale Menschenrechte, zur Leiterin der vatikanischen Delegation bei der Konferenz ernannte. Die Ergebnisse von Peking waren gemischt, doch die Bemühungen der Bevölkerungskontrolleure, Abtreibung zu einem allgemeinen Menschenrecht zu erheben, wurden abgeschmettert, und zugleich schlug die vatikanische Abordnung – deren engagierteste Mitglieder angesehene Akademikerinnen und Mütter waren – eine Reihe von Möglichkeiten vor, wie man den Kampf der Frauen um Gleichheit und Ausbildungschancen unterstützen könnte. Dieser habe schließlich sehr viel mehr mit den Nöten der Frauen, vor allem der Frauen in den Entwicklungsländern, zu tun als der ideologische Feminismus der von der UNO gesponserten Konferenz.[9] Wieder einmal hatte das evangelische Zeugnis im Pontifikat Johannes Pauls II. das konventionelle diplomatische Vorgehen mit sehenswerten Erfolgen ausgestochen.

Zweites Vatikanum: Wege zu einem neuen Pfingsten

Als Johannes Paul II. 1978 Papst wurde, schien das Zweite Vatikanum, das knapp dreizehn Jahre zuvor zu Ende gegangen war, fast nur noch auf dem Papier zu bestehen. Eine Fraktion in der Kirche, die zwar den „Geist des Zweiten Vatikanums" beschwor, sich aber selten auf die vorliegenden Dokumente bezog, behauptete, das Konzil habe bewusst mit einer zu sehr der Tradition verpflichteten Vergangenheit des Katholizismus gebrochen. Eine andere Fraktion hielt das

Konzil für einen schrecklichen Irrtum, den man schleunigst vergessen sollte, um, wie einige offen erklärten, eine „katholische Restauration" in Gang zu setzen. Für Karol Wojtyła waren die vier Konzilsjahre eine in persönlicher und theologischer Hinsicht entscheidende Erfahrung gewesen. Weder der Bruch, der zur Revolution führen, noch der Rückzug, der zur Restauration eines mythischen Goldenen Zeitalters des Katholizismus führen musste, waren in seinen Augen die richtige Antwort auf das wichtigste Ereignis der katholischen Kirche seit dem Tridentinum im 16. Jahrhundert, als das die aufregenden Konzilsjahre 1962-1965 erschienen waren. Wojtyła trat daher sein Amt mit dem festen Vorsatz an, die vollständige Umsetzung des ZweitenVatikanums auf die Tagesordnung zu setzen, ein Vorhaben, dass er zu Beginn seines Pontifikats verkündete.

Das Zweite Vatikanum war in sofern einzigartig, als es, im Gegensatz zu früheren Konzilien, nicht den Schlüssel zu seiner Interpretation mitlieferte – religiöse Vorschriften, Glaubensbekenntnisse, Lehrverurteilungen usw. Die Schwierigkeit, das Zweite Vatikanum vollständig umzusetzen, war also im Kern eine Frage der Interpretation. Hatte das Konzil wirklich einen Bruch vollzogen, so dass praktisch jede Neuerung denkbar war, oder mussten seine Reformen im Lichte der zweitausend Jahre alten Tradition der Kirche gedeutet werden? Diese Frage wurde auf der 1985 von Johannes Paul II. einberufenen Außerordentlichen Versammlung der Bischofssynode abschließend beantwortet: Das Zweite Vatikanum müsse als Kontinuität verstanden werden, d.h. als Reform durch Rückgewinnung und Erneuerung.[10] Um dieser Antwort Gewicht zu verleihen, gab die Außerordentliche Synode den *Katechismus der Katholischen Kirche* in Auftrag, der den christlichen Glauben und seine Praxis, wie das Zweite Vatikanum sie dargelegt hatte, in der gesamten theologische und geistlichen Tradition der katholischen Kirche verankerte.

Der 1992 veröffentlichte *Katechismus* war auch in Bezug auf die Jahrtausendwende – eine Schwelle, die der Papst nie aus dem Blick verlor – von großer Bedeutung. Denn nach zweitausend Jahren christlicher Geschichte musste die Kirche beweisen, dass sie ihren Glauben, ihre Hoffnung und ihre Liebe immer noch kohärent, umfassend und überzeugend darzulegen verstand. Das gehörte mit zu einer Kirche, die etwas vorschlagen wollte, aber nichts aufdrängen.

Die katholischen Ostkirchen. Vollständig umsetzen ließ sich das Zweite Vatikanum nur, wenn die verwickelte Frage, wie die verschiedenen Bestandteile der Kirche sich aufeinander bezogen, angegangen wurde. Eine dieser Fragen betraf die katholischen Ostkirchen, die hinsichtlich ihrer Liturgie und Kirchenverfassung byzantinisch waren, aber in vollkommener Gemeinschaft mit dem Bischof von Rom standen. Kurienangehörige neigten dazu, in den katholischen Ostkirchen exotische Kuriositäten zu sehen, (und eigentlich eher zweitklassige). Für päpstliche Diplomaten und Ökumeniker, die mit den orthodoxen Kirchen zu tun hatten, stellten die katholischen Ostkirchen bestenfalls eine Verlegenheit dar, schlimmstenfalls eine ewige Quelle des Konflikts. Karol Wojtyła hatte eine ganz und gar andere Einstellung. Er brachte eine große Achtung für diese ausgeprägt katholischen Gemeinschaften mit in sein Amt als Papst, nicht zuletzt für die stürmischste von ihnen, die griechisch-katholische Kirche der Ukraine. In Johannes Pauls II. Unterstützung der Unabhängigkeit der griechischen Katholiken in der Ukraine, an der er zeit seines Pontifikats festhielt, drückte sich seine Achtung vor dem Mut dieser jahrzehntelang heftig verfolgten Ortskirche aus. Seine Einstellung zeugte aber auch von seinem unbedingten Willen, das Zweite Vatikanum in allen Stücken umzusetzen, und daher die katholischen Ostkirchen auf eine Weise zu behandeln, die den Katholiken und Orthodoxen, vielleicht vor allem den Katholiken, deutlich machte, dass diese Gemeinschaften vollgültige Mitglieder der einen heiligen katholischen und apostolischen Kirche sind und dass ihre liturgischen und kirchenrechtlichen Traditionen uneingeschränkt zur globalen Realität des Katholizismus gehören.

Afrika. Eine ähnliche, vom Konzil inspirierte Vorstellung von der Breite oder Allgemeingültigkeit der katholischen Kirche lag auch Johannes Pauls II. Entschlossenheit zugrunde, während seines Pontifikats den Blick der Kirche und der Welt ständig auf Afrika zu lenken. Nach dem Kalten Krieg verloren die Großmächte ihr Interesse an Afrika, das unter korrupten, oft despotischen Regierungen litt. Johannes Paul II. weigerte sich, Afrika einfach aus dem Geschichtsbuch des 21. Jahrhunderts streichen zu lassen. Seine Erfahrung mit den neuen Kirchen Afrikas hatte ihn davon überzeugt, dass sie über einen jugendlichen Evangelisierungseifer verfügten, der der Kirche in den Weltteilen, in denen das Christentum durch die Jahrhunderte der Vertrautheit mit ihm schal geworden war, zu einer Verjüngungskur verhelfen konnte. Mit seinen vielen Reisen nach Afrika, wo man ihn liebevoll „Baba" [„der alte Mann"] nannte – versuchte er, die Aufmerksamkeit wieder auf Afrika zu lenken, auf den Kontinent, den die übrige Welt gerne ignoriert hätte. Auch seine Mitarbeiter im Vatikan brauchten Nachhilfe. Die beiden von ihm abgehaltenen Regionalsynoden für Afrika sollten das Zentrum der Weltkirche in Rom dazu bewegen, Afrika und seinen kirchlichen Würdenträgern mehr Beachtung zu schenken und diese neuen Kirchen als Verkörperung der Möglichkeiten christlichen Mission an der Jahrtausendwende ernstzunehmen.[11]

Die Laien. Johannes Paul II. unterstrich unaufhörlich die spezielle Mission der katholischen Laien in der Welt, denn darin sah er einen weiteren Auftrag des Zweiten Vatikanums. Auch in diesem Punkt kam es zu Verwirrungen, da die Bekräftigung des Zweiten Vatikanums, dass alle Getauften in unterschiedlicher Weise an der priesterlichen Mission Christi teilhatten, von einigen verstanden wurde als Verwischen des Unterschieds zwischen denen, die im Dienst des geweihten Priesteramts stehen, und denen, die qua Getauftsein am allgemeinen Priesteramt teilnehmen. Die Folge davon war vor allem in der westlichen Welt eine Tendenz hin zum laisierten Klerus und zu klerikalisierten Laien, wobei die ursprüngliche Absicht des Konzils – den Stellenwert der Laien als Verkündiger des Evangeliums in der Politik, der Wirtschaft, der Kultur, der Arbeitswelt und im Familienleben zu heben – irgendwo unterwegs verloren gegangen war. Um wieder ein Bewusstsein dafür zu erwecken, dass dem Laienapostolat der besondere Auftrag zufällt, den modernen Areopag zu heiligen, auf dem die hierarchische Kirche nicht wahrgenommen wird oder ins Leere läuft, berief Johannes Paul 1978 eine internationale Bischofssynode ein, zu deren Früchten das postsynodale apostolische Schreiben *Christfideles Laici* vom 30. Dezember 1978 und die lebhafte Vorstellung des Papstes von den Laien als den Hauptträgern der neuen Evangelisierung in der Familie, in der Arbeitswelt, an den Hochschulen, in Politik und Kultur gehören.[12] Eben diese Absicht, der Lehre des Konzils Geltung zu verschaffen, dass die Laien die Kirche in „der Welt" *sind*, untermauerte auch Johannes Pauls II. gleichbleibende, starke Unterstützung für Opus Dei, seine Selig- und Heiligsprechung des Gründers von Opus Dei, Josemaria Escrivá, und seine Freundschaft mit Escrivás Nachfolger Alvaro de Portillo, an dessen Totenbahre der Papst einen Tag nach Portillos Hinscheiden im Jahr 1994 betete.[13] Escrivá und Opus Dei hatten in den Augen von Johannes Paul schon Jahrzehnte vor den theologischen Konzilsaussagen über die Laien diese gelebt, und verdienten daher als eine wirkungsvolle Weise, die Berufung der Laien in der Welt zu fördern, seine Unterstützung.

Das geweihte Leben. Sein Wille, das Zweite Vatikanum umzusetzen, war auch einer der Beweggründe, die Johannes Paul II. antrieben, das geweihte Leben – das radikale Zeugnis für Christus durch die ewigen Gelübde der Armut, der Keuschheit und des Gehorsams – zu reformieren und mit neuer Vitalität zu erfüllen. Gemeinschaften des geweihten Lebens steckten seit dem Konzil in der Krise, Männer- wie Frauenorden litten zum einen unter massiven Austritten und hatten zum anderen Probleme, Novizen zu bekommen.[14] Wie die Oberen der noch lebendigen Ordensgemeinschaften glaubte der Papst, dass die Notlage viel damit zu tun hatte, dass eine eigentümliche Lebensform aufgeweicht wurde. Es galt das Bewusstsein vom Abenteuer des geweihten Lebens und seines ausgezeichneten Charakters in der Kirche wiederzuerwecken, und dem widmete Johannes Paul 1994 eine internationale Bischofssynode, die er 1996 mit dem apostolischen Schreiben *Vita Consecrata* krönte. Jahre später zeigten sich die Wirkungen dieser Maßnahmen in der theologischen Arbeit amerikanischer Nonnen. Sie verbanden die Lehren aus *Vita consecrata* mit anderen Aspekten des Lehramts von Johannes Paul II. – darunter seine Theologie des Leibes –, um eine durchgreifend reformierte Vorstellung vom geweihten Leben zu vermitteln. Diese Gedanken entwickelten sie in Orden, die wuchsen, statt auszusterben.[15]

Das Priesteramt. Viele Kommentatoren des Konzils meinten, dass mit dem Priesteramt beim Zweiten Vatikanum nicht viel Federlesens gemacht worden war.[16] Wie immer man diese Kritik bewertet, 1978 war es eine blanke Tatsache, dass das katholische Priesteramt in der Krise steckte: Seit der Reformation hatten nicht mehr soviel Priester ihren Rock ausgezogen. Einst volle Seminare standen praktisch leer. Priester waren verwirrt und mutlos. Johannes Pauls II. Liebe zum Priesteramt und zu den Priestern sowie seine Entschlossenheit, das Zweite Vatikanum umzusetzen, zogen eine Reihe von Initiativen nach sich, die das Weltpresbyterium stärken sollten. Zu den Maßnahmen gehörte unter anderem der jährliche Gründonnerstagsbrief an die Priester der Welt und seine regelmäßigen Treffen mit Priestern und Seminaristen auf seinen Reisen, was in seiner Einladung an alle Priester gipfelte im Jubeljahr 2000 seinen 80. Geburtstag mit ihm zu begehen. Die angebliche „Lücke" in den Konzilslehren wurde durch das postsynodale Schreiben *Pastores Dabo Vobis* ausgefüllt, das der Papst 1992 als Schlussstein der internationalen Bischofssynode von 1990 herausgab. Obwohl es eine praktische Reform der Seminare bezweckte, bot *Pastores Dabo Vobis* auch eine reichhaltige Theologie des Priesteramts, in der betont wurde, dass das geweihte Priesteramt eine Fortsetzung der Mittlerrolle Jesu Christi selbst ist. [17]

Johannes Pauls Anstrengungen, dem Priesteramt neue Vitalität einzuhauchen, zeitigte während seines Pontifikats spürbare Wirkungen. Zu Beginn der neunziger Jahre fand man kaum ein Seminar, in dem die Mehrheit der Studenten nicht sagte, der wichtigste Anstoß zu ihrer priesterlichen Berufung sei von Johannes Paul II. ausgegangen. Wie William Kardinal Baum es einmal formulierte, war Johannes Paul „die größte Berufungspastoral, die die Kirche je gehabt hat".[18] Trotz der Überfülle von Lebensentwürfen, die in der industrialisierten Welt zur Auswahl standen, sahen Männer im Priesteramt wieder eine unwiderstehliche Berufung. In den Entwicklungsländern sahen Männer in Johannes Paul II. den priesterlichen Träger einer echten menschlichen Befreiung und einen kühnen Verkünder der frohen Botschaft, auf die sie damit reagierten, dass sie ihr Leben der Kirche weihten. In beiden Fällen hatte das Zeugnis des Papstes mindesten einen ebenso großen Einfluss wie seine Lehren. Der Mann, der an seinem Goldenen Jubiläum über das „Geschenk und Geheimnis" des Priesteramts geschrieben hat, hat mit seinem eigenen Leben bewiesen, dass ein Zölibatär, der seinen kirchlichen Oberen Gehorsam geschworen hatte, ein ungeheuer reiches Leben führen konnte, eines, das den Verzicht auf eine Familie und den mit dem katholischen Priesteramt verbundenen Verlust der persönlichen Unabhängigkeit aufwog.

Heiligkeit für alle. Die Dogmatische Konstitution über die Kirche gilt allgemein als theologisches Kernstück des Zweiten Vatikanums und eines seiner Leitthemen ist der allgemeine Ruf zur Heiligkeit[19] Durch zwei für sein Pontifikat charakteristische Initiativen setzte sich Johannes Paul II. dafür ein, dieser Lehre Gewicht zu verleihen: durch seine Heilig- und Seligsprechungen und durch seine Unterstützung von Erneuerungsbewegungen und neuen katholischen Gemeinschaften. Die Reform des Selig- und Heiligsprechungsprozesses von 1983, die der Papst mit seiner apostolischen Konstitution *Divinus Magister Perfectionis* verfügte, sollte die kirchlichen Urteile über Anwärter auf eine Selig- oder Heiligsprechung mit den Mitteln moderner historischer Gelehrsamkeit untermauern. Außerdem beschleunigte sie den Prozess, so dass die Kirche von mehr zeitgenössischen Zeugen für das Wirken der Gnade in der Geschichte beflügelt wurde. Wir sind, davon war Johannes Paul II. überzeugt, überall von Heiligkeit umgeben, denn Gott geizt nicht mit seinen Gaben, und das müsse die Kirche in ihren Heiligsprechungsprozessen anerkennen.[20]

Heiligkeit war zudem unverzichtbar, wenn die Umsetzung des Zweiten Vatikanums den Anstoß zu einem neuen Pfingsten geben sollte, zu einem neuen Ausbruch evangelischer Tatkraft in der Welt. Wo andere kirchliche Würdenträger in den vielen nachkonziliaren Erneuerungsbewegungen und neuen katholischen Gemeinschaften nur Wirrheit und potentiellen Ärger sahen, erkannte Johannes Paul II. ihre Chancen. Wenn es theologisch richtig ist, dass alle echten Reformen in der Kirche, auf die Ursprungsform der Kirche zurückgehen müssen, dann ist es auch historisch richtig, dass die Reform der Kirche für gewöhnlich von außerhalb der normalen Strukturen des Gemeinde- und Diözesanlebens angestoßen wurde: So war es in der Gegenreformation und so war es angesichts der atheistischen Front im 19. Jahrhundert. Die Aufgabe der Kirchenführung ist es, wahres von falschem Charisma in der Kirche zu unterscheiden. Die dafür Verantwortlichen sollten nach Ansicht des Papstes einen offenen, großzügigen Geist haben und verstehen, dass neue Bewegungen und Gemeinschaften ihre Zeit brauchten, um den richtigen Platz in der Einheit der kirchlichen Gemeinschaft zu finden. Hier wie andernorts zeigt sich schlagend, dass diejenigen, die Johannes Paul II. einen Hang zum autoritären Auftreten und zur Zentralisierung vorgeworfen haben, auf dem Holzweg waren.

Die neue Evangelisierung. Johannes Pauls II. verbindliche Auslegung des Zweiten Vatikanums beabsichtigte, wie es seinem Verständnis nach auch das Konzil beabsichtigt hatte, die Kirche auf einen Frühling der Evangelisierung zu Beginn des dritten Jahrtausends seiner Geschichte vorzubereiten. Der Begriff einer „kerygmatischen“ Kirche oder einer Kirche der Verkündigung ist Mitte des 20. Jahrhunderts von europäischen Theologen entwickelt worden, deren Einfluss auf die Konzilsdokumente bestimmend und spürbar waren. Wie Avery Dulles hervorhebt, fiel das Wort „Evangelium“ nur einmal im Ersten Vatikanum und das als Bezeichnung der vier kanonischen Evangelien im Neuen Testament. Im scharfen Gegensatz dazu sprach das Zweite Vatikanum 157 mal von „dem Evangelium“, 18 mal von dem Gebot „zu evangelisieren“ und 31 mal von „Evangelisierung“. Doch erst Johannes Paul II. stellte die „neue Evangelisierung“ in den Mittelpunkt des katholischen Selbstverständnisses und bewirkte damit, wie Dulles sagt, eine „bemerkenswerte Verschiebung“ im katholischen Leben und Denken:

> Jahrhundertelang ist die Evangelisierung ein Stiefkind gewesen. Selbst wenn das Wort verwendet wurde, behandelte man die Evangelisierung als etwas Zweitrangiges, als besondere Berufung von einen paar Priestern und Ordensleuten. Und selbst diese Fachleute waren mehr daran interessiert, neue Anhänger für die Kirche zu gewinnen als die frohe Botschaft Jesu Christi zu verkünden. Heute scheinen wir die Geburt eines neuen Katholizismus zu erleben, der ohne Verlust seiner institutionellen, sakramentalen und sozialen Dimensionen in einem echten Sinn evangelisch ist.[21]

Johannes Pauls II. neue Evangelisierung drehte sich sowohl um Christus als auch um die Mission: Alle Getauften sind aufgerufen zu evangelisieren, und daher hat jeder getaufte Katholik eine persönliche Beziehung zu Jesus Christus als dem Herrn und Erlöser zu entwickeln und ein Werkzeug zu werden, durch das andere zu Christus kommen. Folglich ist die neue Evangelisierung eine Sache der ganzen Kirche, nicht nur des Klerus und der Ordensangehörigen. Außerdem betrifft die neue Evangelisierung die ganze Welt: sie bedeutet, den Glauben dort zu vertiefen, wo die Kirche stark ist; die älteren Teile der Christenheit, deren Glaube, Frömmigkeit und Zeugnis lax geworden sind, wieder zu evangelisieren; Orte, vor allem in Asien, an denen das Evangelium nie richtig Wurzeln geschlagen hat, zum ersten Mal zu evangelisieren; und als Christ Zeugnis in der Wirtschaft, der Kultur, der Politik und den Massenmedien abzulegen.[22]

Wenn die Kirche treu zum Erbe des Zweiten Vatikanums stehen will, muss sie daher hinaus auf den See der Verkündigung und des Zeugnisses fahren: ihre „erste und höchste Priorität" hat darin zu bestehen, „die gute Nachricht über Jesus Christus der ganzen Welt als frohe Botschaft zu verkündigen."[23] Für alles andere, was die Kirche in der Welt und für sie tut, ist diese Verkündigung die Voraussetzung, sie ist das, *wofür* die Kirche da ist. Johannes Pauls II. Deutung des Konzils als Rampe, von der aus nach dem Vorbild der Apostelgeschichte eine neue Evangelisierung zu starten ist, scheint bei dessen Tod das katholische Selbstbewusstsein und die katholische Praxis für die absehbare Zukunft geprägt zu haben – nicht zuletzt deshalb, weil die lebendigsten Teile der Weltkirche diejenigen sind, die Johannes Pauls Lehren über eine neue Evangelisierung begeistert beherzigten.

Kirchenrecht. Der neue von Johannes Paul II. promulgierte Kodex des kanonischen Rechts ist bemüht, die Lehren des Konzils über die Kirche in Rechtsnormen zu übersetzen. Der *Codex Iuris Canonici* für die Kirche des lateinischen Ritus von 1983 war ausdrücklich darauf ausgelegt, die Ekklesiologie des Zweiten Vatikanums zu spiegeln. Er lebte von Johannes Pauls Vorstellung, dass das Kirchenrecht eine Rechtstheologie ist und kein Rechtspositivismus. Das Kirchenrecht für die Ostkirchen von 1990 stellt eine weitere Facette von Johannes Pauls II. Bemühung dar, die östliche „Lunge" der Kirche in Leben und Praxis der universalen Kirche zu integrieren. Beide Gesetzbücher liefern die rechtlichen Bausteine für eine angemessene Deutung des Zweiten Vatikanums und bestimmen das katholische Verständnis des Kirchenrechts neu, indem sie es als ein Werkzeug im Dienst einer Kirche sehen, die sich als Gemeinschaft der zur Verkündigung des Evangeliums aufgerufenen Jünger betrachtet.

Christus als Mittelpunkt. Die beiden in Johannes Pauls II. Lehramt am häufigsten zitierten Texte des Zweiten Vatikanums stammen aus der Pastoralkonstitution über die Kirche in der Welt von heute: *Gaudium et Spes* 22 und *Gaudium et Spes* 24. Der ersten Stelle zufolge macht Christus „eben in der Offenbarung des Geheimnisses des Vaters und seiner Liebe dem Menschen den Menschen selbst voll kund und erschließt ihm seine höchste Berufung." Die zweite lehrt, dass der Mensch „sich selbst nur durch die aufrichtige Hingabe seiner selbst vollkommen finden kann." Ganz im Sinn seines im Dezember 1959 verfassten Briefs an die Kommission zur Vorbereitung des Konzils legte Karol Wojtyła das

Zweite Vatikanum vierzig Jahre lang als das Konzil aus, dem es um die Offenlegung eines wahren Humanismus und einer echten Befreiung des Menschen ging: des befreienden Humanismus, der der Umkehr zu Christus entspringt, der sowohl die Wahrheit über Gott als auch die Wahrheit über den Menschen offenbart.

Genau darin lag nach Überzeugung Wojtyłas, der ursprüngliche Schlüssel zur richtigen Deutung des Zweiten Vatikanums. Die übrigen Schriften seiner lehramtlichen Konzilsinterpretation kreisten allesamt darum, so wie sein Pontifikat den christlichen Humanismus durch die Tat verkörperte.

„1989“

Johannes Pauls II. entscheidender Anteil an den Ereignissen, die „1989“ und den Zusammenbruch des europäischen Kommunismus auslösten, wird heute von den meisten Historikern anerkannt.[24] Wie aber ist dieser Anteil vor dem größeren Hintergrund seines Pontifikats und dessen evangelischer Ziele zu verstehen?

Die Dynamik der Geschichte. Schon in jungen Jahren, als er sich in Polens Geschichte und Literatur versenkt hatte, entwickelte Karol Wojtyła eine spezifische Geschichtsauffassung, die einen Widerhall bei anderen slawischen Denkern wie Wladimir Solowiew oder Alexander Solschenizyn fand. Polen, seine Nation, hatte, auch als sie 1795 von der europäischen Landkarte verschwand, weiterhin bestanden: sie dauerte fort dank ihrer Sprache, ihrer Literatur und ihres religiösen Glaubens – mit einem Wort, dank ihrer Kultur. Was lernen wir daraus? Die Kultur und nicht politische, wirtschaftliche oder andere Formen materieller Macht ist langfristig gesehen die dynamischste Kraft in der Geschichte. Und das Herzstück der Kultur bildet der Kult, das, was Männer und Frauen wertschätzen, ehren und verehren, das, wofür Männer und Frauen bereit sind, ihr Leben und das ihrer Kinder aufs Spiel zu setzen.

Wojtyła brachte daher in das Papstamt ein ganz anderes Verständnis von der Dynamik der Geschichte mit, als man für gewöhnlich in London, Paris, Berlin, Washington, Moskau, Peking oder in bestimmten Kreisen des Vatikans fand. Kultur ist der Schlüssel zur Geschichte und damit der Schlüssel zum politischen Wandel. Man verändere oder reformiere die Kultur – impfe sie mit neuer Energie, indem man die in ihr enthaltene Wahrheit über die Situation des Menschen wieder freisetzt – und man hat einen archimedischen Hebel, um damit die Welt zu bewegen. Genau das hat Johannes Paul in den neun Junitagen von 1979 getan: indem er dem polnischen Volk seine wahre Geschichte und Kultur wieder erschloss, rüstete er es mit einem Widerstandsmittel aus, dem der Kommunismus nichts entgegenzusetzen hatte.

Mit seinen Erfolgen von 1979 und während der gesamten achtziger Jahre erteilte er der übrigen Welt eine Lektion über die zwei großen Irrtümer der Neuzeit: die mit der Französischen Revolution hochgekommene These der Jakobiner, dass der Motor der Geschichte das Streben nach Macht ist, danach, seinen Willen anderen aufzuzwingen, und die marxistische These, dass die Geschichte nur ein Epiphänomen unpersönlicher ökonomischer Kräfte ist. Indem er diese beiden Irrtümer in der Theorie und der Praxis widerlegte, ermöglichte er dem Westen, eine herausragende, in sein kulturelles Fundament eingelassene Wahrheit wiederzugewinnen. Politik fällt in den Umkreis der Ethik, Politik gehört sowohl dem Bereich des „Sollens" als auch dem Bereich des „Seins" an. Sogar die Weltpolitik fällt in den Einflussbereich moralischen Urteilens. Diese von Karol Wojtyła gelehrte und gelebte Lektion war keine Nebensächlichkeit in der zweiten Hälfte eines 20. Jahrhunderts, das knietief in Blut gewatet war, gerade weil es sie vergessen hatte.

Wahre Befreiung. Mit seinem Anteil an „1989" stellte Johannes Paul zudem in Frage, dass das weltweite Verständnis von „Befreiung" recht daran tat, auf den Spuren des Marxismus-Leninismus zu wandeln. Wie der Papst betont, besteht die erste und dringlichste Befreiung darin, sich für die moralische Wahrheit über den Menschen frei zu machen – für eine Wahrheit, die sowohl durch die Vernunft als auch durch die Offenbarung erkennbar ist. Jede andere Wahrheit über die Befreiung von Unterdrückung und ein in Freiheit geführtes Leben ergibt sich aus der zentralen Wahrheit über die unveräußerliche Würde und den unschätzbaren Wert menschlichen Lebens. Eine auf diesem Fundament errichtete Politik und Wirtschaft ist imstande, die Menschheit zu einer echten Blüte zu führen. Eine Politik und Wirtschaft, die diese Wahrheit über den Menschen vernachlässigt, wird nur neue Ketten schmieden, die im 21. Jahrhundert um so gefährlich sein werden, weil sie subtiler als die des Totalitarismus sind.

Der Jesuit Henri de Lubac, Johannes Pauls II. Freund, weist in seiner Arbeit zum atheistischen Humanismus darauf hin, dass der Gott der Bibel für diesen ein Feind der menschlichen Freiheit ist: eine Vorstellung, die auch jenseits der Grenzen der kommunistischen Welt eine erhebliche Zugkraft entfaltet hat.[25] Der Anteil des polnischen Papstes an „1989" bewies auf der Weltbühne des 20. Jahrhunderts eine Wahrheit, die zum ersten Mal 1300 Jahre vor der christlichen Ära im biblischen Exodus offenbart worden ist: Der Gott Abrahams kommt als Befreier in die Welt und die Geschichte und seine zehn Gebote sind ein Moralkodex, der die befreiten Männer und Frauen davor bewahren soll, in die Gewohnheiten von Sklaven zurückzufallen.

Dieser Moralkodex war, wie Johannes Paul 2000 am Berg Sinai sagte, noch bevor er in Stein gemeißelt wurde, in die Herzen der Menschen eingeschrieben worden. Und auch das sind Lektionen aus Johannes Pauls „1989": Es gibt ein allgemeines Moralgesetz, das die Vernunft zu erkennen vermag; aufgrund ihres Menschseins sind alle vor diesem Moralgesetz rechenschaftspflichtig; diese Rechenschaftspflicht ist die Grundlage menschlicher Gleichheit. So lautete die Botschaft, die Johannes Paul 1995 bei den Vereinten Nationen vortrug: Die besondere Rolle, die der Papst während der achtziger Jahre gespielt hatte, verlieh ihm das moralische Prestige, vor die Welt zu treten und die Allgemeingültigkeit der Menschenrechte zu einer Zeit zu verteidigen, in der sie von den Postmodernen, den Islamisten, ostasiatischen Autokraten und den noch verbliebenen Kommunisten als imperialistische Keule des Westens verschrien wurden. Und derselbe Anteil an den Ereignissen, die zu „1989" führten, verlieh der Äußerung des Papstes Nachdruck, dass das allgemeine Moralgesetz die Grammatik dafür liefern kann, die herrschende Kakophonie in ein Gespräch zu überführen. Dieser Nachdruck entsprang der Tatsache, dass er für die von ihm vorgetragene Wahrheit mit seinem eigenen öffentlichen Zeugnis und seinen diplomatischen Bemühungen einstand, denn er hatte schließlich die Rechte aller verteidigt und gestärkt, nicht bloß die Rechte der Kirche und ihrer Mitglieder.

Das wiedererstandene Europa. „1989" markierte für Johannes Paul II. auch das Ende der künstlichen Teilung Europas in zwei feindliche Lager, die geistig durch ganz unterschiedliche Thesen über das Wesen des Menschen, die menschliche Gemeinschaft, die Menschheitsgeschichte und das Los der Menschheit getrennt waren, und physisch durch den Eisernen Vorhang. Als die Mauer und alles, wofür sie stand, dank des nicht geringen Anteils von Johannes Pauls intellektuellem und politischem Geschick zusammenbrach, hatte Europa die Chance, nach einem Jahrhundert der Teilung und des Blutvergießens wieder es selbst zu sein. Was Europa daraus machen würde, darüber zu befinden lag nicht in der Macht des Papstes, doch dass er zu den Hauptverantwortlichen dafür gehörte, dass ein ungeteiltes Europa wieder sein Schicksal in die eigene Hand nehmen durfte, konnten nur wenige ernsthafte Kenner der Zeitgeschichte bezweifeln.

Ein neues Modell? Und schließlich stand „1989", wie der Papst meinte, für die Möglichkeit, dass das übliche Verfahren der Moderne zur Durchführung umfangreicher sozialer Veränderungen, nämlich alle, die dem entgegenstanden zu ermorden, nicht die einzige Wahl war. Der Kommunismus war aus vielen Gründen zusammengebrochen, und einer davon war die Macht des erwachten Gewissens, die neue Formen friedlicher politischer Umwälzungen hervorgebracht hatte. Ließ sich dieses Muster auf andere, scheinbar unlösbare Situationen übertragen? Offenbar nicht, wie der erste Golfkrieg und Europas Unvermögen, das Auseinanderfallen Jugoslawiens in geordnete Bahnen zu lenken, schon bald zeigen sollten. Doch Johannes Paul hegte diese Hoffnung, und es war eine erhabene Hoffnung.

Die freie, sittliche Gesellschaft und der Vorrang der Kultur

Die sozialen Lehrschriften von Johannes Paul II., vor allem die Enzyklika *Centesimus Annus*, wiesen der ein Jahrhundert alten Tradition der katholischen Soziallehre klar den Weg ins 21. Jahrhundert. Sie enthalten nicht die Spur einer Sehnsucht nach einer vormodernen sozialen, politischen und wirtschaftlichen Ordnung und sind von einer klaren Vorstellung der Gefahren getragen, die auf demokratische Gemeinwesen und freie Wirtschaftsordnungen warten, wenn sie sich aus ihren festen moralisch-kulturellen Halterungen lösen.[26]

Johannes Pauls Soziallehren hoben hervor, dass der Kultur beim Aufbau und bei der Wahrung freier, sittlicher Gesellschaften die höchste Bedeutung zukommt. Er betonte, dass demokratische Politik und Markwirtschaft keine Automatismen sind, die sich selbst regulieren, vielmehr seien die Demokratie und der Markt auf eine lebendige Sittlichkeit angewiesen, um die ungeheuren menschlichen Energien zu zähmen und zu lenken, die von der Freiheit mobilisiert werden. Das Ziel konnte daher nicht einfach darin bestehen, freie Gesellschaften zu errichten und zu erhalten, vonnöten waren freie und sittliche Gesellschaften. In seinem Denken waren die beiden Adjektive immer miteinander verbunden, denn er davon überzeugt war, dass Freiheit und Sittlichkeit in der moralischen Ordnung verknüpft sind.

In seiner Soziallehre beschreibt Johannes Paul freie, sittliche Gesellschaften als ein Gebilde, in dem drei Teile ineinandergreifen: eine demokratische Verfassung, eine freie Marktwirtschaft und eine robuste moralische Kultur. Die dritte Komponente ist für ihn der Schlüssel zu einem richtigen Funktionieren des politischen und wirtschaftlichen Sektors. Es bedarf eines bestimmten sittlichen Menschentypus, um die Demokratie und den Markt so arbeiten zu lassen, dass die Menschen durch ihre Teilhabe am freien politischen und wirtschaftlichen Leben veredelt werden. Die politischen Funktionalisten und die Wirtschaftsliberalen, die meinten, es käme einzig darauf an, die Regierungsmaschinerie oder das Räderwerk von Produktion und Handel richtig zu konzipieren und zum Laufen zu bringen, waren hier mit einer Position konfrontiert, die ihnen zu denken geben musste. Darüber hinaus verband der Papst seine Lehre vom Vorrang der moralischen Kultur mit einer realistischen, empirisch geschulten Auffassung vom postindustriellen Wirtschaftsleben und einer nüchternen, aber zuversichtlichen Analyse von Demokratie.

Mit der Enzyklika *Centesimus Annus*, in der er lehrt, dass der Reichtum der Nationen vor allem in menschlicher Findigkeit und unternehmerischer Phantasie liegt, wollte Johannes Paul II. die katholische Soziallehre von einem seltsamen Materialismus reinigen, der oft für sie charakteristisch gewesen ist. Außerdem wollte er wieder in die katholische Diskussion über die Form der Armenunterstützung eintreten. Statt auf eine bloße Umverteilung des Wohlstands zu setzen, sei es sehr viel sinnvoller, die Armen an der Sphäre von Produktion und Handel zu beteiligen, in der Reichtum überhaupt erst geschaffen und verteilt wird. Mit *Centesimus Annus* verabschiedete sich die katholische Soziallehre von der Suche nach „einem dritten, katholischen Weg" zwischen oder jenseits von Kapitalismus und Sozialismus. Johannes Pauls Enzyklika trug den empirischen Tatsachen Rechnung und erkannte die ökonomischen Einsichten an, auf denen die Marktwirtschaft aufbaut. Dennoch beharrte er darauf, dass diese Einsichten nur für das Wirtschaftsleben relevant sind: Darüber hinaus existierten moralische Wahrheiten, die Leitlinien für die Märkte formulieren sollten, Wahrheiten, die in den rechtlichen Rahmen für die Wirtschaftstätigkeit einfließen müssten. Wie stets, so sei auch hier die Wahrheit über die menschliche Würde letztlich der Schlüssel für jede erfolgreiche Tätigkeit des Menschen. Wenn Johannes Paul II. die freie Marktwirtschaft begrüßt, dann nicht, weil sie bezogen auf die wirtschaftliche Effizienz anderen Systemen überlegen ist, sondern weil er zu dem Schluss gekommen ist, dass Märkte den nötigen Spielraum für menschliche Findigkeit und Verantwortung im Wirtschaftsleben schaffen.[27]

Was für die Markwirtschaft gilt, gilt auch für demokratische Politik: Maßgebend ist die Würde des Menschen und seine Beziehungen zu den Sozialstrukturen. Karol Wojtyła verfügte über ein bemerkenswert klares Verständnis von den Problemen und Zukunftsperspektiven der Demokratie im 21. Jahrhundert. Er ließ sich dabei von Burkes Einsicht leiten, dass die Gesundheit der „kleinen Gemeinschaften" in der Gesellschaft – ihre freiwilligen Verbände, angefangenen bei der Familie – für eine stabile demokratische Verfassung entscheidend ist. In den neunziger Jahren brachte Johannes Paul jedoch immer wieder seine Sorge zum Ausdruck, dass Demokratien die Unrecht zu Recht erklärten, Gefahr liefen zu einem „tyrannischen Staat" werden, wie er in *Evangelium Vitae,* seiner Enzyklika von 1995, formuliert.[28] Die Erfahrung der Weimarer Republik nahm in diesem Punkt eine gehörige Stellung in seinem historischem Bewusstsein ein: Ein demokratisches System mit einer großartigen Verfassung brachte einen tyrannischen Staat hervor, weil seine moralischen und kulturellen Fundamente nicht stark genug waren.

Johannes Pauls II. soziales Lehramt hielt die Kirche dazu an, ihren Begriff vom Staat und von politischer Autorität energisch zu überdenken. Obgleich die Kirche einst die politische Autorität, vor allem in ihrer royalistischen Prägung, als Ausfluss göttlichen Willens betrachtet hat, scheint Johannes Pauls Begriff vom Staat diesen mitunter auf eine Reihe begrenzter, klar definierter rechtlicher und politischer Aufgaben zu reduzieren. (Er hat damit in der Formulierung von Russell Hittinger, den Staat „entontologisiert"). Gleichzeitig beharrte der Papst darauf, dass der moderne Verfassungsstaat, der aus dem Bekenntnis zu den grundlegenden Menschenrechten hervorgegangen ist, vor allem in seiner Haltung zu Fragen der Abtreibung und der Euthanasie zu seinem Schutzauftrag stehen müsse. Diese Spannung, dass die katholische Lehre, einerseits den Staat über seine verfassungsmäßig klar umrissenen Aufgaben definiert, und andererseits im Staat ein Gebilde sieht, das seinem Wesen nach bestimmte grundlegende moralische Wahrheiten über die menschliche Person aufrechtzuerhalten hat, ist ein Erbe der Soziallehre von Johannes Paul II., das unvermeidlich ernsthaftes Nachdenken, möglicherweise Kontroversen, auslösen wird.[29]

Die Notwendigkeit der Ökumene

Das Zweite Vatikanum hatte eine beträchtliche ökumenische Begeisterung ausgelöst. Die Teilnahme von Orthodoxen, Anglikanern und Protestanten als Beobachter bei allen vier Sitzungsperioden des Zweiten Vatikanums und die Beflissenheit, mit der Augustin Kardinal Beas Sekretariat für die Förderung der Einheit der Christen sie willkommen hieß; die historische Begegnung von Papst Paul VI. und dem Ökumenischen Patriarchen Athenagoras von Konstantinopel

1964 in Jerusalem; das Konzilsdekret von 1964 zum Ökumenismus, mit seiner Erklärung, dass alle, die an Christus glauben und getauft sind, in einer gewissen, wenn auch nicht vollkommenen Gemeinschaft mit der katholischen Kirche stehen, wenngleich in unterschiedlichem Maße; die Bekräftigung einer Hierarchie von Wahrheiten innerhalb des Glaubensguts, die zu behaupten schien, dass einige Unterschiede nicht mehr als kirchenspalterisch gelten sollten; die wechselseitige Aufhebung der Exkommunikation von 1054 durch den Papst und den Ökumenischen Patriarchen am vorletzten Tag des Konzils; die nachkonziliare Einrichtung eines neuen Organs bei der römischen Kurie, das die Arbeit von Beas konziliarem Sekretariat weiterführte und das Bekenntnis der katholischen Kirche zur Ökumene institutionell unterstrich: All das schien auf ein Goldenes Zeitalter der Ökumene hinzudeuten, da die Wärme des Konzils das Eis jahrhundertealter Feindschaft schnell geschmolzen hatte.[30] Doch innerhalb eines Jahrzehnts nach Beendigung des Konzils hatte sich die ökumenische Begeisterung gelegt, es war nämlich deutlich geworden, dass die substantiellen Lehrfragen, welche die einst einige Christenheit gespaltet hatten, nach wie vor bestanden und in einigen Fällen sogar verschärft worden waren.

Angesichts der religiösen Demographie des Landes war die Ökumene in Polen nicht von pastoralem Vorrang, dennoch tat Karol Wojtyła getreu dem ökumenischen Auftrag des Konzils alles, um neue Gesprächsformen mit seinen protestantischen und orthodoxen Mitbürgern in Krakau zu pflegen. Doch obwohl Johannes Paul II. vor seinem Amtsantritt nicht viele ökumenische Erfahrungen hatte sammeln können, verwandte er mehr Mühe auf dem Streben nach Einheit der Christen als irgendein Papst seit dem offiziellen Bruch zwischen der Ost- und Westkirche im Jahr 1054 und der späteren Spaltung der westlichen Christenheit im 16. Jahrhundert.

Auf Anweisung des Papstes schloss jede päpstliche Pilgerreise ein ökumenisches Treffen ein, das häufig von einem ökumenischen Gebet oder einem Wortgottesdienst begleitet war. Johannes Paul empfing in mehr als einem Vierteljahrhundert Hunderte von Oberhäuptern christlicher Kirchen im Vatikan, er lud orthodoxe Hierarchen, Anglikaner und Lutheraner dazu ein, mit ihm gemeinsam im Petersdom einen Gottesdienst abzuhalten, und manchmal forderte er sie dabei auch auf zu predigen. Er nahm an mehreren Gebetswachen in der vatikanischen Basilika teil, die vom ökumenischen Kloster im französischen Taizé veranstaltet wurden. 1986 besuchte er Taizé selbst und wurde ein Freund seines Gründers Frère Roger Schutz.[31] Mit den Oberhäuptern der assyrischen Kirche des Ostens, der armenisch-apostolischen Kirche, der koptisch-orthodoxen Kirche und der syrisch-orthodoxen Kirche unterzeichnete er Konsenserklärungen zur Christologie. Bei Begegnungen mit dem Patriarchen der äthiopisch-orthodoxen Kirchen und dem Patriarchen der malankarisch-orthodoxen syrischen Kirche erkannte er einen gemeinsamen Glauben an Christus an. Konsenserklärungen und Bekräftigungen dieser Art heilten doktrinäre Spaltungen, die manchmal fünfzehn Jahrhunderte zurücklagen.[32] Die *Gemeinsame Erklärung zur Rechtfertigungslehre*, die am 31. Oktober 1999 – dem Reformationstag im liturgischen Kalender der Lutheraner – vom Heiligen Stuhl und den Leitern des Lutherischen Weltbundes unterzeichnet worden war, hatte eine schwierige Geburt hinter sich, doch trotz dieser Schwierigkeiten, war der theologische Gewinn der Erklärung kein geringer, wie aus der offiziellen Stellungnahme des Heiligen Stuhls und des Lutherischen Weltbundes hervorgeht: „Die in dieser Erklärung vorgelegte Lehre der lutherischen Kirchen wird nicht von der Verurteilungen des Trienter Konzils getroffen. Die Verwerfungen der lutherischen Bekenntnisschriften treffen nicht die in dieser Erklärung vorgelegte Lehre der römisch-katholischen Kirche." Was die Krise von 1517 und die anschließende Spaltung der westlichen Christenheit ausgelöst hatte, wurde nicht länger als ein die Kirchen trennendes Thema betrachtet.[33]

Orthodoxie. Der Ökumenismus *ad orientem* genoss für Johannes Paul II. obersten Vorrang. Er hoffte, den Riss zwischen Rom und Konstantinopel schließen zu können, so dass der Katholizismus und die Orthodoxie die Schwelle des dritten Jahrtausends in vollkommener Gemeinschaft überschreiten würden und vereint am Tisch des Herrn stünden. Zu diesem großen Ziel bekannte sich der Papst bei seinem ersten Besuch des Ökumenischen Patriarchats im November 1979. Zum Ökumenischen Patriarchen Dimitrios I. sprach er von seiner Hoffnung, dass der Tag, wo sie gemeinsam die Eucharistie feiern würden, „sehr nah" sei. Dimitrios kam im Dezember 1987 nach Rom, wo ihn ein volles Programm erwartete, darunter eine feierliche Vesper in der Basilika Santa Maria Maggiore und eine Messe im Petersdom am 5. Dezember. Bei beiden Gelegenheiten hieß es, die Gottesdienste seien „mit Beteiligung des Ökumenischen Patriarchen Dimitrios' I." gefeiert worden. Eine Konzelebration war dies nicht, doch Dimitrios predigte in der vatikanischen Basilika vor Johannes Paul und am Ende der Messe segneten beide gemeinsam die Gläubigen. Die gleichen Höflichkeiten wurden Dimitrios' Nachfolger, Bartholomaios I., bei seinen verschiedenen Rombesuchen erwiesen, genauso wie 2000 Teoktist, dem Oberhaupt der rumänischen Orthodoxie. Jedes Jahr sandte der Papst eine hochkarätige vatikanische Abordnung nach Istanbul, um im Ökumenischen Patriarchat am Patronatsfest des hl. Andreas teilzunehmen; während der jährlichen Feier zum Patronatsfest von Petrus und Paulus waren Vertreter der Orthodoxie stets gern gesehene Gäste, es sei denn, sie verweigerten die Teilnahme.[34]

Ein beispielloses Angebot. Johannes Pauls II. 1995 herausgegebene Enzyklika *Ut Unum Sint* ist die erste Enzyklika, die sich ausschließlich der Notwendigkeit der Ökumene gewidmet hat. In dieser bahnbrechenden Ausübung seines Lehramts wandte sich der Papst zunächst an die katholische Kirche: Die beim Zweiten Vatikanum eingegangene Verpflichtung zur Ökumene sei, wie er seinen katholischen Brüdern und Schwestern erklärte, unwiderruflich. Daher müsse das Streben nach der Einheit der Christen wieder weltweit und in den Ortskirchen entflammt werden. Dann konzentrierte er sich auf die Situation *ad orientem.* Trotz des Widerstands, auf den er in den neunziger Jahren bei der Orthodoxie gestoßen war, setzte sich Johannes Paul in *Ut Unum Sint* vehement für eine vollkommene Gemeinschaft zwischen Rom und Konstantinopel ein, wobei er sich auf die Erfahrung des ersten Jahrtausends berief, in dem der Stuhl Petri als höchste Lehrautorität anerkannt worden war, ohne dass die Päpste gegenüber dem Osten Rechtsansprüche erhoben hätten. Was die westliche Christenheit betraf, so konnte die Enzyklika nicht so kühn sein, die Spaltungen im 16. Jahrhundert anzusprechen, dafür gab es in den letzten Jahrzehnten des 20. Jahrhunderts in den anglikanischen und protestantischen Kirchen selbst ein zu großes Durcheinander der Lehrmeinungen. Gleichwohl richtete Johannes Paul an orthodoxe, anglikanische und protestantische Kirchenführer die Bitte, nach einem Weg zu suchen, wie sich die päpstliche Oberhoheit zum zukünftigen Nutzen aller Christen ausüben lasse: Könnte die „gewisse, wenn auch nicht vollkommene Gemeinschaft“, die bereits zwischen den christlichen Gemeinschaften existierte, nicht das Fundament abgeben, auf dem anglikanische, katholische, orthodoxe und protestantische Theologen und Kirchenführer gemeinsam nach einem Petrinischen Dienst suchen könnten, der die Bedürfnisse aller erfüllte, fragte er.[35] Johannes Pauls Angebot war durch und durch ernst gemeint. Wenige von denen, an die das Angebot erging, waren indes bereit, es ernsthaft aufzugreifen.

Schwierigkeiten. Dieses Muster zog sich durch das gesamte Pontifikat. Der Dialog zwischen Anglikaner und Katholiken scheiterte Mitte der achtziger Jahre, als zunehmend deutlich wurde, dass man nicht länger von einer für selbstverständlich gehaltenen Prämisse ausgehen konnte, dass nämlich die beiden Kirchen dasselbe über die Eucharistie und die priesterliche Sakramentenverwaltung glaubten. Dass die Anglikanische Gemeinschaft die Priesterweihe von Frauen billigte und diesen Schritt eher mit soziologischen als mit theologischen Überlegungen rechtfertigte, ließ darauf schließen, dass die beiden Gemeinschaften völlig andere Wege in ihrem Verständnis des Wesens der Kirche und ihrer Beziehung zur Autorität der apostolischen Tradition eingeschlagen hatten (eine Kluft, die auch Anglikanismus und Orthodoxie weiter voneinander entfernte).[36] Der gleiche Riss machte sich auch in den neunziger Jahre und im ersten Jahrzehnt des 21. Jahrhunderts in Fragen der biblischen Moral bemerkbar, vor allem bezüglich der Unmoral homosexueller Handlungen. Ähnliche Fragen plagten trotz der *Gemeinsamen Erklärung zur Rechtfertigungslehre* den lutherisch-katholischen Dialog. Der Streitpunkt, über den die lutherische Reformation ausgebrochen war, mag theologisch gelöst worden sein, doch waren noch andere die Kirchen spaltende Fragen zur Ekklesiologie, zu den Sakramenten und der christlichen Moral aufgetreten, die neue, tiefe Risse verursachten, in deren Licht Debatten über ein gesamtchristliches Petrinisches Amt wohl wenig ertragreich bleiben mussten.

Johannes Pauls Zugehen auf die Orthodoxie stieß auf eine Reihe von Hindernissen. Eines war psychologischer Natur: Nach der ein Jahrtausend alten Spaltung schien die stillschweigende Bekräftigung „Ich stehe nicht in Gemeinschaft mit dem Bischof von Rom“ für viele orthodoxe Gläubige zu einem wesentlichen Bestandteil ihrer Identität geworden zu sein. In den meisten Fällen war diese eingefleischte Haltung eher eine Sache der kirchlichen Kultur als der ernsthaften theologischen Reflexion. Doch auf irgendetwas dieser Art muss der Ökumenische Patriarch Bartholomaios I. 1998 in seiner Äußerung an der Georgetown Universität abgezielt haben, als er, der doch ökumenisch gesinnt war (im Rahmen seiner Doktorarbeit hatte er in Rom studiert), frei heraus sagte, die „Kluft" zwischen Rom und Konstantinopel, die sich seiner Meinung nach im Laufe der Jahrhunderte noch vertieft hatte, sei nicht bloß „ein Problem der Organisationsstrukturen und der Rechtseinrichtungen". Vielmehr seien die Erfahrungen damit, eine Kirche zu sein, und die Praxis, in der sich das ausdrückte, „ontologisch verschieden". Doch wenn Katholizismus und Orthodoxie „ontologisch verschieden" sind – und das heißt ja wohl ihrem Wesen nach verschieden –, dann war Johannes Pauls II. Vorschlag, zum Status quo ante 1054 zurückzukehren, nichts als ein toter Buchstabe.

Die ökumenische Harthörigkeit des Patriarchats von Moskau, die sowohl Rom als auch Konstantinopel arge Probleme bereitete, machte es noch sehr viel verwickelter, den Riss von 1054 zu heilen. Als wäre es noch nicht genug der Schwierigkeiten, kamen noch die engen Verbindungen zwischen den russisch-orthodoxen Kirchenoberhäuptern und dem sowjetischen – später dem russischen – Staat als Hindernis hinzu. Diese wiederum zogen die weitere Verwicklung nach sich, dass sich die imperialen Ambitionen Russlands mit dem Anspruch des Moskauer Patriarchats überschnitten, es sei das „dritte Rom", stünde also in der Nachfolge des Roms von Petrus und Paulus und des Konstantinopels von Andreas und Johannes Chrysostomos. Dann gab es noch den unglücklichen Umstand, dass viele russisch-orthodoxe Geistliche, die ihre Gemeinden aus der verderblichen Umklammerung durch den russischen Staat lösen wollten, „Ökumenismus" für ein schändliches Wort hielten. Schließlich hatte der KGB Spione und Maulwürfe aus dem russisch-orthodoxen Klerus erfolgreich dazu benutzt, den Weltkirchenrat zu beeinflussen, was dazu führte, dass der Weltkirchenrat die verfolgten Christen in der Sowjetunion praktisch im Stich gelassen hatte.

Die Geschichte und ihre Auswirkungen auf Theologie und Kirchenpsychologie scheinen sich verbündet zu haben, um Johannes Pauls II. ökumenische Initiativen im christlichen Osten wie im christlichen Westen zum Scheitern zu bringen. Dennoch wird *Ut Unum Sint* ein dauerhaftes Erbe der katholischen Kirche bleiben, eine unumgängliche Erinnerung, dass letztlich aus dem Willen Christi, die Kirche möge eine sein, das Gebot zur Ökumene folgt. Trotz Johannes Pauls ökumenischen Misserfolgen betrachtet der methodistische Theologe Geoffrey Wainright, lange Zeit Mitvorsitzender des internationalen Dialogs zwischen Methodisten und römischen Katholiken, Johannes Paul II. als einen „großen Evangelisten" und „großen Ökumeniker", der „Millionen, die freudig darauf eingingen, den Weg zu Christus gewiesen hat." Für Wainwright war dabei Johannes Pauls persönliches Beispiel für ökumenisches Engagement mindestens ebenso wichtig wie sein evangelisches Predigen, seine ökumenischen Begegnungen und sein Lehramt:

> Das letzte Mal habe ich Papst Johannes Paul im November 2004 gesehen [...] und zwar auf einem vom Päpstlichen Rat zur Förderung der Einheit der Christen organisierten Symposion zu Ehren des 40. Jahrestags des Konzilsdekrets zum Ökumenismus *Unitatis Redintegratio.* Der Papst saß einem besonderen Vespergottesdienst im Petersdom vor. Als man ihn hereinschob, strahlte er, und mir kam eine Stelle aus dem 2. Korintherbrief, 12, 8-10, von Paulus in den Sinn: Das war wirklich „Kraft in der Schwachheit".[37]

Der Beifall der Evangelikalen. Die größte ökumenische Überraschung des Pontifikats war jedoch die Begeisterung, die Johannes Paul II. unter Amerikas Evangelikalen auslöste, die in dem Mann, den ihre Großväter noch als „Hure von Babylon" beschimpft hätten, den führenden Vertreter der Wahrheit des Glaubens und einen unerschütterlichen Verteidiger des Rechts auf Leben sahen. Aus dieser Bewunderung heraus bezeichnete Billy Graham Johannes Paul II. bei dessen Tod als „größten christlichen Führer unserer Zeit" und sie initiierte, jedenfalls in den Vereinigten Staaten, einen theologisch hochkarätigen Dialog, der unter der Bezeichnung „Evangelikale und Katholiken gemeinsam" firmierte.[38] Einer der Hauptteilnehmer an diesen neuen Gesprächen, der Baptistengelehrte Timothy George, sagte diesen beiden Traditionen christlichen Glaubens, deren Beziehungen von einer „schmerzlichen Geschichte von Streitigkeiten und wechselseitiger Verurteilung" geprägt waren, eine spannende Zukunft voraus:

> [Evangelikale und Katholiken] werden entdecken, dass wir Genossen in einem Kampf sind, nicht in einem Kampf gegeneinander, und auch nicht wirklich in einem Kampf gegen diejenigen, die abseits vom christlichen Glauben stehen und das Licht der göttlichen Gnade zurückweisen, weil sie in die Finsternis verliebt sind, die sie umgibt. Nein, unser Streit richtet sich gegen das Böse, das durch den hellen Tag schlendert und sich mitternächtlich herumtreibt. Gegen solche Fürsten und Mächte rief Johannes Paul II., unser gemeinsamer Lehrer uns auf, den Glanz der Wahrheit und die Fülle des Lebens zu erkennen, jene lichthafte Gegenwart, die das Neue Testament die Glorie Gottes im Antlitz Jesu Christi nennt.[39]

Ob der Beifall der amerikanischen Evangelikalen für Johannes Paul II. und eine standhafte katholische Verteidigung der klassischen christlichen Rechtgläubigkeit die ökumenischen Beziehungen in Lateinamerika, Afrika und Asien, wo der evangelikale und fundamentalistische Protestantismus sowie protestantische Pfingstler um die Jahrtausendwende exponentiell gewachsen sind, intensiver gestalten werden, diese Frage ist vermutlich für das religiöse Leben im 21. Jahrhundert von entscheidender Bedeutung.[40] Die Antwort stand beim Tode Johannes Pauls II. keineswegs fest. Sicher ist hingegen, dass sich die Frage erst gar nicht gestellt haben würden, wären da nicht das evangelische Zeugnis von Johannes Paul II. und seine dramatischen Auswirkungen auf die Umgestaltung der ökumenischen Verhältnisse.

Katholizismus und Judentum: Die Völker des Bunds im Gespräch

Als päpstlicher Diplomat hatte Angelo Giuseppe Roncalli in aller Heimlichkeit Juden vor dem Holocaust gerettet, als Papst Johannes XXIII., der eine jüdische Abordnung mit dem Ausruf begrüßte „Ich bin Joseph, euer Bruder!“, ließ er seinen Wagen anhalten, um die Juden von Rom zu segnen, die gerade ihre Synagoge nach dem Sabbatgottesdienst verließen. Als junger Mann hat Karol Wojtyła, der sich einer Widerstandsbewegung angeschlossen hatte, zu der unter anderem auch eine Gruppe zur Rettung von Juden gehörte, Freunde im Holocaust verloren, als Papst Johannes Paul II. besuchte er eine Synagoge in Rom und hielt dort eine Ansprache, traf er auf fast jeder seiner Pilgerfahrten mit jüdischen Delegationen zusammen, nahm diplomatische Beziehungen zum Staat Israel auf und begutachtete die Veröffentlichung mehrerer Dokumente, die für die Zukunft des jüdisch-katholischen Dialogs entscheidend waren. Johannes XXIII. erzeugte mit seiner Herzlichkeit ein Bewusstsein dafür, dass die alten, oft schmerzhaften Beziehungen auch anders aussehen können. Johannes Paul II. schuf eine ganz neue Ära der jüdisch-katholischen Beziehungen und machte die Wiederaufnahme eines Gesprächs möglich, das neunzehn Jahrhunderte zuvor abgerissen war.

Karol Wojtyłas spürbare Achtung vor dem Judentum und seiner Rolle in der Welt, erlaubte es ihm, den jüdisch-katholischen Dialog mit rasanten Schritten auf ein bis dahin unerforschtes Gelände zu führen. Den Weg dahin ebnete er mit mehreren höchst bedeutsamen Gesten, die von großer symbolischer Kraft waren und konkrete Folgen zeitigten. Die erste, sein Besuch in der Synagoge von Rom am 13. April 1986, ging auf die persönliche Initiative des Papstes zurück.[41] Dort wiederholte er, dass die Kirche die Sünde des Antisemitismus verurteilt, dass das Zweite Vatikanum die Kollektivbeschuldigung des Gottesmords verworfen hat und dass die katholische Kirche entschlossen die Vorstellung bestreitet, es gebe eine theologische Rechtfertigung für die Diskriminierung der Juden und des Judentums. Er bekräftigte, dass das jüdische Volk von Gott mit einer „unwiderruflichen Berufung“ gewählt worden ist. Trotz der schmerzvollen Geschichte verstünden Katholiken heute, was sie schon immer hätten verstehen sollen, dass Katholizismus und Judentum untrennbar miteinander verbunden sind, durch den Willen Gottes in einer besonderen Beziehung zueinander stehen. Wie Johannes Paul es formulierte: „Die jüdische Religion ist für uns nicht etwas ‚Äußerliches‘, sondern gehört in gewisser Weise zum ‚Inneren‘ unserer Religion. Zu ihr haben wir somit Beziehungen wie zu keiner anderen Religion.“ Die Juden seien für die Katholiken „ältere Brüder“.[42]

Nach Jahrhunderten des Zwistes zu dieser Anschauung gelangt zu sein war bemerkenswert; einigen reichte das. Johannes Paul II., dem ersten Bischof von Rom, der die Synagoge von Rom betreten hatte, reichte es nicht. Die beiden

Religionen, die ein „vom Gesetz und von den Propheten stammendes gemeinsames Erbe“ teilten, müssten, fuhr er fort, ihre „Zusammenarbeit zum Wohl des Menschen“ vertiefen, gemeinsam Zeugnis ablegen für die moralischen Wahrheiten über die menschliche Person, die sowohl in die Herzen der Menschen als auch auf die Tafeln des Mosaischen Bundes geschrieben worden sind. Darüber hinaus sollten Juden und Christen jedoch über das Geheimnis des göttlichen Erwähltseins nachdenken, das sie beide erfahren hatten. Es sei an der Zeit, das theologische Gespräch wieder aufzunehmen, das im ersten jüdischen Krieg ungefähr um 70 n. Chr. abbrach, nachdem sich „die Wege “ zwischen Christenheit und rabbinischem Judentum „getrennt hatten“.[43]

Der zweite Schritt Johannes Pauls, der die Grundlagen für eine dramatische Neugestaltung des jüdisch-katholischen Dialogs schuf, war die Aufnahme diplomatischer Beziehungen des Heiligen Stuhls zum Staat Israel. Wie aus den Verhandlungsprotokollen hervorgeht, wäre es zwischen den beiden Parteien 1993 nicht zu einem Grundvertrag, der Voraussetzung für einen Botschafteraustausch, gekommen, wenn Johannes Paul II. in Anbetracht der üblichen Leisetreterei des vatikanischen Staatssekretariats und des Widerstands seitens des Lateinischen Patriarchats von Jerusalem nicht vehement auf einen Vertragsabschluss gedrängt hätte.[44] Der Papst bestand aus mehreren Gründen auf dem Zustandekommen der Übereinkommens. Es war das diplomatische Gegenstück dazu, dass, wie er in Synagoge von Rom sagte, ein neues Kapitel aufgeschlagen worden war. Würde der Heilige Stuhl den jüdischen Staat nicht offiziell diplomatisch anerkennen, dann würden viele Juden, wie Johannes Paul wusste, weiterhin, wenngleich zu unrecht, glauben, das Bestehen des Staates Israel stellte für die katholische Kirche ein theologisches Problem dar.[45] Zudem galt es unbedingt, die politische Atmosphäre für eine päpstliche Pilgerreise ins Heilige Land zu reinigen. Der Heilige Stuhl hätte so mehr bei Gesprächen über einen Frieden im Nahen Osten in die Waagschale zu werfen. Doch jenseits all solcher Klugheitserwägungen hielt Johannes Paul es einfach für den richtigen Schritt: richtig für die katholische Kirche, richtig für die jüdisch-katholischen Beziehungen, richtig für den Staat Israel und richtig für die Friedensbemühungen im Nahen Osten. Obwohl die Anschlussverhandlungen zwischen dem Heiligen Stuhl und Israel nur sehr langsam fortschreiten, konnten nur wenige beim Tod Johannes Pauls daran zweifeln, dass er recht mit dem gehabt hat, was richtig war.

Der dritte und vierte symbolische Augenblick, mit dem Johannes Paul II. den jüdisch-katholischen Dialog beschleunigte, fiel in seine Pilgerreise ins Heilige Land während des großen Jubiläums von 2000. In seiner bewegenden Ansprache in Yad Vashem hat das Oberhaupt der katholischen Kirche unmissverständlich deutlich gemacht, dass er den nicht endenden Schmerz teilte, der den Juden und dem Judentum durch den Holocaust zugefügt worden ist. In seinem Gebet an der Westmauer des Tempels bat er Gott um Vergebung für die von Christen in Jahrhunderten gegen die Juden begangenen Sünden und verpflichtete die Kirche erneut darauf, jedem künftigen Versuch entgegenzutreten, dem Volk zu schaden, das Gottes Bund mit Abraham in der Geschichte weiterlebte.

Mit seiner entschlossenen Wiederaufnahme des theologischen Gesprächs zwischen Katholizismus und Judentum nach neunzehn Jahrhunderten war Johannes Paul II. wohl seiner Zeit voraus – nur nicht in Nordamerika, wo die sichere Stellung der jüdischen Gemeinden es ermöglichte, genau solche anspruchsvollen theologischen Begegnungen stattfinden zu lassen. Diese Gespräche führten im September 2000 zu einem wichtigen Ergebnis. Damals unterzeichneten und veröffentlichten 170 jüdische Rabbiner und Gelehrte Nordamerikas *Dabru Emet* [Sag die Wahrheit], ein Dokument, das den kühnen Versuch unternahm, Christen und das Christentum in ein orthodox-jüdisches Verständnis von Gottes ewigem Bund mit dem jüdischen Volk einzubinden. Die Unterzeichner von *Dabru Emet* griffen, nicht unbedingt zur Freude vieler ihrer jüdischen Brüder, eine der Hauptthese von Johannes Paul auf und erklärten, dass „ein neuer religiöser Dialog mit Christen nicht die jüdische Sitte schwächen oder die jüdische Assimilation beschleunigen wird." *Dabru Emet* blieb auf jüdischer Seite nicht unwidersprochen, aber schon die bloße Tatsache seines Erscheinens zeigt, dass Johannes Pauls neue jüdisch-katholische Initiativen tatsächlich bahnbrechend waren, trotz der Befürchtungen einiger Juden und der Zurückhaltung einiger Katholiken, die sich an die ausgetretenen Pfade des nachkonziliaren jüdisch-katholischen Dialogs gewöhnt hatten.[46]

Wissenschaft und die Weltreligionen: Der wahrheitsfördernde Dialog

Als Philosoph und Theologe war Karol Wojtyła davon überzeugt, dass jeder echte Dialog zwischen Religionen, zwischen Gläubigen und Ungläubigen oder zwischen der katholischen Kirche und wissenschaftlichen und philosophischen Kreisen die Klärung der Wahrheit zum Zweck haben muss. Nach Johannes Pauls Verständnis bedeutet Toleranz nicht, die Unterschiede um einer zeitweiligen Kameraderie willen zu ignorieren. Echte Toleranz üben bedeutet vielmehr, alle Unterschiede anzusprechen und rückhaltlos anzuerkennen, wie groß sie sind, ohne darüber die Höflichkeit und den wechselseitigen Respekt zu vergessen. Im Gegensatz zur allgemeinen Auffassung der atheistischen Moderne und Postmoderne, die meint, die Skepsis eines Menschen befähige ihn zu Toleranz, Höflichkeit und zum Dialog, war Johannes Paul II. imstande, Unterschiede auf der Grundlage seines eigenen tiefen christlichen Glaubens zu erörtern. Denn nach diesem Glauben hatte der *logos*, das Wort, durch das Gott die Welt schuf, der Schöpfung Gottes eigene Vernunft eingeprägt, so dass alle Menschen zur Wahrheit hingezogen werden. Dass Männer und Frauen sich ebenso von Wahrheit wie von Wasser und Brot nähren müssten, davon war Johannes Paul überzeugt. Er wusste indes auch, dass die Sünde, nicht zuletzt Stolz und Angst, und die durch Jahrhunderte, Jahrtausende angehäuften Vorurteile die Anziehungskraft der Wahrheit schwächten. Dennoch zog die Wahrheit an – auch die moralische –, und von dieser Prämisse ausgehend suchte er mit anderen Weltreligionen und mit der Wissenschaft ins Gespräch zu kommen.

Schlussstrich unter den Fall Galileo. Als Karol Wojtyła sein Amt antrat, war ihm deutlich bewusst, dass die Kirche sich schwer tat, sich mit der wissenschaftlichen Moderne auseinanderzusetzen. Außerdem erkannte er, dass die materialistischen und positivistischen Prämissen der gegenwärtigen wissenschaftlichen Weltsicht sich langsam abnutzten. Jetzt, wo Physiker und Astronomen auf Erscheinungen stießen, die sie mit ihren eigenen Analysemitteln nicht erklären konnten, und wo einige philosophisch wagemutige Wissenschaftler darüber spekulierten, warum das Universum auf so vollkommene Weise mathematischen Modellen entsprach, schien ein neuer Dialog möglich zu sein. Doch bevor man ihn richtig aufnehmen konnte, mussten die Trümmer der Vergangenheit beseitigt werden.

Deshalb setzte Johannes Paul 1981 einen Untersuchungsausschuss ein, der den gesamten Fall Galileo wieder aufrollen sollte. Über die Jahrhunderte hatte sich der Fall zu einem mächtigen kulturellen Mythos ausgewachsen, der für die Kirchengegner belegte, dass der biblische Glaube und die Wissenschaft einfach unvereinbar sind. Der Bericht des Ausschusses von 1992 räumte ein, dass Galileos geistliche Richter den Irrtum begangen hatten, die Wahrheit des katholischen Glaubens an eine unhaltbare Kosmologie zu binden. Als Johannes Paul II. den Bericht entgegennahm, rief er Wissenschaftler und Theologen auf, ein „tragisches gegenseitiges Unverständnis" zu überwinden, das auf der irrtümlichen Auffassung von einem „grundlegenden Gegensatz zwischen Wissenschaft und Glauben" beruht. Die Wahrheit könne nicht der Wahrheit widersprechen. Wo das der Fall zu sein schien, musste irgendwo in der Analyse ein Fehler stekken. Der von der katholischen Kirche vorgeschlagene christliche Humanismus erkenne an, dass es verschiedene Methoden der Wahrheitserkenntnis gibt, und weil sie diese Verschiedenheit respektiert, sieht die Kirche in der Wissenschaft „einen Bereich der Erkenntnis", der seinen eigenen Forschungsregeln folgt. Die Frage sei nun, ob die Wissenschaft bereit sei, das gleiche über die Theologie zu behaupten. Sollte dem so sein, könnten Wissenschaft und Theologie einander bei ihrer Suche nach der Wahrheit über die großen Geheimnisse der Situation des Menschen unterstützen, auch bezüglich des Geheimnisses jedes einzelnen Menschenlebens.[47]

Das Schließen der Akte Galileo löste kaum Kontroversen aus. Anders lag der Fall bei der Botschaft zur Evolution, die Johannes Paul II. am 22. Oktober der Päpstlichen Akademie der Wissenschaften übermittelte. In der Botschaft heißt es die „Evolutionstheorie" sei „mehr als eine Hypothese", fährt allerdings mit der Erklärung fort, genaugenommen müsse „man eher von Evolutionstheorien sprechen", von denen einige „materialistisch-reduktionistische Lesarten" anbieten. Diejenigen „Evolutionstheorien [...], die – angeleitet von der dahinter stehenden Weltanschauung – den Geist für eine Ausformung der Kräfte der belebten Materie oder für ein bloßes Epiphänomen dieser Materie halten", seien, so die Botschaft „nicht mit der Wahrheit über den Menschen vereinbar" und unfähig, „die personale Würde des Menschen zu begründen." Die Botschaft sagt jedoch nicht, dass die Evolutionswissenschaftler gerade diese Theorien favorisieren, und ebenso wenig werden diese fehlerhaften Theorien einer ausführlichen Kritik unterzogen. Diese Versäumnisse sowie das nicht Eingehen der Botschaft auf die Lücken, die nach Ansicht einiger Wissenschaftler in den evolutionären Stammbäumen klaffen, warfen, zusätzlich zu der Behauptung, die Evolution sei „mehr als eine Hypothese", Fragen auf, die in den restlichen Jahren des Pontifikats und darüber hinaus heftig debattiert wurden.[48]

Der mühsame Weg des interreligiösen Dialogs. Von Kontroversen waren auch Johannes Pauls II. Bemühungen um den interreligiösen Dialog umlagert. Der 27. Oktober 1986, der Weltgebetstag für den Frieden, den der Papst in Assisi abhielt, wurde vom Augenblick seiner Verkündigung am 25. Januar 1986 durch Johannes Paul II. innerhalb der Kurie und in einigen Teilen der Weltkirche kritisiert.[49] Einige fürchteten, dadurch dass man die Oberhäupter Dutzender von Weltreligionen auf derselben Bühne versammelte, würde man ein Signal des religiösen Indifferentismus aussenden. Andere beklagten, dass Ereignis könne wie religiöser Synkretismus erscheinen – und vielleicht mehr als nur erscheinen. Wie, so fragte man sich, soll der Papst mit Männern und Frauen beten, die zu anderen Gottheiten oder gar zu vielen beteten? Johannes Pauls geduldige Erklärung, es gehe nicht darum, gemeinsam zu beten, sondern darum zusammenzusein, um zu beten, stellte die Kritiker nicht zufrieden. Deshalb widmete der Papst praktisch seine gesamte Weihnachtsansprache vor der Kurie im Dezember 1986 einer Verteidigung der Assisi-Initiative, die er bezeichnete als „sichtbare Veranschaulichung, einschlägige Lektion, eine für alle verständliche Unterweisung, was die vom Zweiten Vatikanum empfohlene und geförderte Pflicht zum Ökumenismus und zum interreligiösen Dialog voraussetzt und bedeutet."[50]

Ähnliche Kritiken wurden laut, nachdem Johannes Paul während seines Besuches in der Umayyaden-Moschee von Damaskus 2001 den Koran geküsst hatte. Die Kritiker schienen nicht verstehen zu können, dass dies eine Achtungsbezeugung gegenüber den Moslems war, keine päpstliche Billigung des Korans als göttlicher Offenbarung. Johannes Paul II. verstand sehr genau, wie weit Christentum und Islam theologisch auseinanderlagen, und was diese Kluft bezogen auf das Verständnis der beiden Religionen von einer gerechten Gesellschaft bedeutete. Seine Analyse des wesentlichen Unterschieds zwischen den beiden, wie er sie in *Die Schwelle der Hoffnung überschreiten* vorlegt, war sogar noch strikter als die Aussage seines Nachfolgers, Papst Benedikts XVI., in dessen berühmter Regensburger Vorlesung vom September 2006. Johannes Paul schreibt dort:

> Wer das Alte und Neue Testament kennt und den Koran liest, sieht klar, dass sich hier *ein Prozess der Einschränkung der göttlichen Offenbarung vollzogen hat.* Man kann nicht umhin, sich der Entfernung bewusst zu werden von dem, was Gott zuerst im

> Alten Testament durch die Propheten und dann, definitiver, im Neuen Testament durch seinen Sohn gesagt hat. Dieser ganze Reichtum der Selbstoffenbarung Gottes, der das Erbe des Alten und Neues Testaments ausmacht, wurde im Islam hintangestellt.
>
> Dem Gott des Koran werden die schönsten Namen verliehen, über die die menschliche Sprache verfügt, doch ist er letzten Endes ein Gott, der außerhalb der Welt steht, ein Gott, *der nur Herrlichkeit, aber nie Emanuel,* der Gott-mit-uns, ist. *Der Islam ist keine Religion der Erlösung.* Er hat keinen Platz für das Kreuz und die Auferstehung. Jesus wird zwar erwähnt, aber nur als Prophet, der Mohammed, dem letzten Propheten, den Weg bereitet. Es wird auch an Maria, seine jungfräuliche Mutter, erinnert, doch wird das Drama der Erlösung vollständig weggelassen. Daher ist nicht nur die Theologie, sondern auch die Anthropologie des Islam sehr weit entfernt von der christlichen.[51]

Johannes Pauls II. Umgang mit dem interreligiösen Dialog spiegelte sowohl seine Persönlichkeit als auch seine Überzeugungen. Aus der Fülle seiner tiefen Achtung vor den Menschen reichte er Andersgläubigen die Hand. Dabei aber leiteten ihn drei Überzeugungen: dass es nur eine Wahrheit gibt; dass alle Wahrheiten, gleichgültig aus welcher Quelle, zu der einen Wahrheit neigen, die Gott ist; dass der Gott, der die Wahrheit ist, sich selbst definitiv in seinem Sohn Jesus Christus offenbart hat. Die dritte Überzeugung schloss nicht aus, ja forderte, einen Dialog, der auf den ersten beiden Überzeugungen beruhte. Dieselben Charaktereigenschaften und dieselben Überzeugungen bestimmten auch den Dialog des Papstes mit der Wissenschaft, der säkularen Philosophie und den Künsten. Er war fähig, Unterschiede in aller Höflichkeit anzusprechen, und er war bereit, auf Berührungspunkten aufzubauen, die es zwischen verschiedenen philosophischen Positionen oder verschiedenen religiösen Traditionen gab – so etwa 1985 als er sich, auf Einladung König Hassans II., an ein ganzes Sportstadion voller junger Muslime in Casablanca wandte. Ohne die Unterschiede zu verschweigen, forderte er sie zur Zusammenarbeit auf, weil sie an den einen Gott Abrahams glaubten und sich dem einen allgemeinen Moralgesetz unterwarfen.

Erweiterte Solidarität: Fragen von Leben und Tod

Nach der Revolution von 1989 und dem Zerfalls der Sowjetunion 1991 hätte man glauben können, mit dem Sieg der demokratischen Politik und der Marktwirtschaft über den Kommunismus sei, zumindest vorerst, das Ende der Geschichte – die letztendliche Form der sozialen, politischen und wirtschaftlichen Organisation der Menschheit – erreicht worden. Johannes Paul II. erkannte jedoch hellsichtig, auf welchem Terrain sich der nachkommunistische Kampf um die Zukunft der Menschheit abspielen würde, denn er sah, was auch die Welt schon bald entdeckte, dass sich sehr schnell neue Herausforderungen an die richtig verstandene Freiheit ergeben hatten. Zu den dringlichsten gehörten die

Fragen der Abtreibung und der Euthanasie sowie solche, die sich aus der biotechnologischen Revolution ergaben. Der Auslöser für diese waren die neuen genetischen Erkenntnisse der Menschheit.[52]

Angesichts der breiten Anstrengungen, das Eintreten der katholischen Kirche für das Lebensrecht der Ungeborenen als ein weiteres Beispiel für die unsägliche Sexualmoral des Katholizismus oder für die katholische Frauenfeindlichkeit bzw. für beides zu verunglimpfen, betonte Johannes Paul II. mehr als ein Vierteljahrhundert lang, dass es bei der Abtreibung um das fünfte Gebot ging, das die Tötung Unschuldiger untersagte, und nicht um das sechste Gebot mit seiner Ermahnung zur Keuschheit.[53] Anders gesagt, Abtreibung ist für ihn eine Sache der Gerechtigkeit, nicht der Sexualmoral. Außerdem betrifft Abtreibung die *soziale* Gerechtigkeit, denn Staaten, die das Recht für sich in Anspruch nehmen, eine ganze Gruppe menschlicher Wesen vom Schutz der Gesetze auszuschließen, sind Staaten, in denen das Lebensrecht von niemandem sicher ist. Wenn der Staat erklären kann, dass die Ungeborenen, die von der Embryologie als Angehörige der Menschheitsfamilie anerkannt werden, straflos einem tödlichen Eingriff ausgesetzt werden dürfen, warum dann nicht auch die unbequemen oder lästigen Alten oder die Schwerstbehinderten oder gar jede Gruppe von Menschen, deren Lebensrecht die Mehrheit nicht befürwortet?[54]

Dann gab es auch noch die Frage, was man aus der jüngsten Geschichte gelernt hatte oder auch nicht, und was aus der Freiheit wird, wenn sie in bloße Willkür ausartet. Hatte das späte 20. Jahrhundert denn nichts gelernt aus der Erfahrung der unmittelbar vorangegangenen Generation, in der die Vorstellung vom „lebensunwerten Leben“ zur Selbstzerstörung der Demokratie und zum Massenmord geführt hatte? Wie Johannes Paul in *Evangelium Vitae* schreibt: „Das Recht auf Abtreibung, Kindestötung und Euthanasie zu fordern und es gesetzlich anzuerkennen heißt der menschlichen Freiheit eine *perverse, abscheuliche Bedeutung* zuzuschreiben: nämlich die einer *absoluten Macht über die anderen und gegen die anderen.*“[55]

Eine Demokratie könne nur von Dauer sein, erklärte der Papst, wenn der Mechanismus der Selbstbestimmung auf dem Fundament einer „Kultur des Lebens“ ruht, denn nur eine Kultur, die das Leben als ein vollkommenes Geschenk wertschätzt, wird eine „Kultur der Menschenrechte“ aufrechterhalten. Der Individualismus und Subjektivismus, der die Abtreibungsbefürworter (und ihr Pendant, die Euthanasiebefürworter) leitete, sei mit demokratischer Selbstbestimmung unvereinbar. Denn ein entfesselter Individualismus und Subjektivismus werde unvermeidlich die Erfahrung sozialer Solidarität aushöhlen, ohne die eine Demokratie nicht auskommt. Außerdem verstoße die radikale Ideologie der „Wahl“ gegen die von der Vernunft erkannte moralische Norm, dass kein Mensch für die Bequemlichkeit anderer zum Mittel gemacht werden darf.[56]

Wenn die große Auseinandersetzung Mitte des 20. Jahrhunderts zwischen der Freiheit und den totalitären politischen Mächten stattgefunden hat, dann besteht das große öffentliche Problem im späten 20. und frühen 21. Jahrhundert darin, dass eine „Kultur des Lebens“ mit einer „Kultur des Todes“ zusammenstößt, wie er in *Evangelium Vitae* die beiden miteinander ringenden Kräfte genannt hat.[57]

Dieses Aufeinanderstoßen bestimmte nicht nur die anhaltenden Debatten über Abtreibung und Euthanasie, sondern auch die über die Zukunft der Biotechnologie. 1987 hatte die Glaubenskongregation *Donum Vitae* herausgegeben, eine von Johannes Paul II. bestätigte Instruktion, die vor der Anwendung neuer Gentechniken oder biotechnischer Verfahren warnte: Die menschliche Fortpflanzung drohe zu einer Fabrikation von Menschen zu werden. Während des ganzen Pontifikats trieben diese Probleme den Papst um, erst recht als die Debatte sich auch noch auf die „Vervollkommnung“ der Menschheit erstreckte, bzw. auf das, was einige Wissenschaftler ohne zu Erröten als „Projekt Unsterblichkeit“ bezeichneten.[58]

Dass Johannes Paul II. so vehement in seinen Lehren und Handlungen für das Leben eintrat, war eine Fortsetzung seines Bekenntnisses zum Grundsatz der Solidarität als dem entscheidenden Baustein für eine freie, sittliche Gesellschaft. Da er in einer Umgebung gelebt hatte, in der Menschen hinter der Fassade der Legalität ungestraft ermordet werden konnten, wusste Karol Wojtyła wie schnell man in den Abgrund gleitet, wenn der Staat erst einmal darüber befinden darf, welche Mitglieder der menschlichen Gemeinschaft den Schutz durch die Gesetze verdienen. Dieselbe moralische Kraft, die gegen alle Wahrscheinlichkeit die Solidarność hatte entstehen lassen, konnte seiner Überzeugung nach auch an einer Kultur des Lebens bauen, in der eine generationenübergreifende Solidarität das Kennzeichen der Achtung vor der Würde der menschlichen Person wäre und mächtige Schranken gegen Abtreibung und Euthanasie errichtet würden. Seine Kritiker und Gegner, angefangen von den Italienern, die kurz nach dem Attentat Mehmet Ali Agcas für eine Freigabe der Abtreibung stimmten, bis hin zu den katholischen Abgeordneten des amerikanischen Kongresses, die die Gesetzesvorlagen der Abtreibungsbefürworter unterstützten, schienen nicht die Verbindung zwischen Solidarität und Verteidigung des Lebens zu erkennen – zwischen dem Streben nach Freiheit in einer kommunistischen Kultur der Lüge und dem Eintreten für das Leben in einer Kultur des Todes. Für Johannes Paul II. war all das ein einziger Kampf: ein Kampf für die Verteidigung der menschlichen Würde, ein Kampf darum, die wahre Bedeutung der Freiheit als Selbsthingabe zu verstehen und zu leben. In diesem Kampf musste der Papst mindestens so viele Niederlagen hinnehmen, wie er Siege zu verzeichnen hatte. Dennoch war sein Zeugnis für das Leben glaubwürdig, hartnäckig, nachdenklich und leidenschaftlich und es trug dazu bei, Fragen lebendig zu halten, die viele in den Zentren der Macht gerne zum Verschwinden gebracht hätten.

Geistige Hinterlassenschaft

In den gut 26 Jahren seiner Zeit als Bischof von Rom blieb Johannes Paul ein produktiver Intellektueller. Darin spiegelte sich sowohl seine einzigartige Persönlichkeit als auch sein Verständnis vom päpstlichen Amt. Seit er 1958 als Weihbischof von Krakau in den bischöflichen Dienst eingetreten war, hatte dieser Mann der Ideen und Argumente nur wenig Gelegenheit gefunden, ein geordnetes Leben als Denker zu führen. Seine Gedichte, seine philosophischen Essays, seine Bücher wie *Liebe und Verantwortung*, *Quellen der Erneuerung*, *Zeichen des Widerspruchs* und *Person und Tat* waren allesamt den wenigen Stunden abgerungen, die ihm seine seelsorgerischen Pflichten ließen. Als Diözesanbischof liebte er es, an einem geistig anspruchsvollen Projekt zu arbeiten. Schließlich war es eine gute Möglichkeit, in die Zersplitterung seiner arbeitsreichen Verpflichtungen als Bischof eine gewisse Ordnung zu bringen. Selbst in seinem noch arbeitsameren Pontifikat hielt er an diesem Muster fest und verfasste mehrere umfangreiche Sammlungen seiner Audienzansprachen – einschließlich der Unterweisungen, die am Ende in seine Theologie des Leibes eingingen –, den internationalen Bestseller *Die Schwelle der Hoffnung überschreiten*, zwei Erinnerungsbücher und *Erinnerung und Identität*, eine längere, kurz vor seinem Tod erschienene philosophische Reflexion. Denken und Schreiben – Denken-durch-Schreiben – gehörten seit dem Zweiten Weltkrieg untrennbar zum Mann Karol Wojtyła dazu; Denken und Schreiben – Denken-durch-Schreiben – waren wesentliche Lebensaspekte von Karol Wojtyła als Papst.

Das geistige Erbe des Pontifikats von Johannes Paul II. wird die pastorale Praxis und den pastoralen Auftrag der Kirche noch auf Jahrhunderte hinaus formen. Gleichzeitig geht auch die Welt bei der geistigen Hinterlassenschaft des Papstes nicht leer aus, denn Johannes Paul setzte sich mit einigen der brennendsten Fragen der Kultur am Ende des 20. und zu Beginn des 21. Jahrhunderts auseinander: mit der Frage nach dem Wesen, den Zielen und den Grenzen der Freiheit; den strukturellen und moralischen Erfordernissen einer freien Gesellschaft; der Bedeutung menschlicher Sexualität; dem Verhältnis von religiöser Überzeugung und wissenschaftlicher Erkenntnis, von Vernunft und Glaube; dem Vermögen des Menschen, etwas mit Gewissheit erkennen zu können.

Verteidigung der Vernunft. Was der Papst zum Thema Vernunft zu sagen hatte, ist vielleicht sein bleibendster Beitrag zur Weltkultur und aus einer bestimmten Perspektive der am wenigsten erwartete. Voltaire und andere Vertreter des Rationalismus der Aufklärung wären einfach baff gewesen, wenn sie gehört hätten, dass zwei Jahrhunderte, nachdem sie sich verschworen hatten, die Welt vom Priestertrug zu erlösen, die katholische Kirche als Institution zu den leidenschaftlichsten Verteidigern der Vernunftprärogative zählte – und dass an ihrer Spitze ein polnischer Papst stand, der selbst ein Philosoph von internationalem Rang war. Und dennoch ist es eines der kostbarsten Güter aus dem geistigen Erbe von Johannes Paul II., dass er die ganze Zeit seines Pontifikats darauf beharrte, dass die menschliche Vernunft zur Wahrheit der Dinge durchdringt und dass sie uns so lehrt, was richtig und was falsch ist, was nobel und was niederträchtig, was Fallstrick und was Täuschung und was wirklich befreiend ist.

In einem Augenblick der Zivilisationsgeschichte, in dem die Ansprüche der Vernunft von allerlei religiösen und/oder politischen Wahngebilden und der Philosophie selbst attackiert wurden, stand das Oberhaupt der katholischen Kirche im Oktober 1995 am Rednerpult der UN-Vollversammlung und verteidigte das Vermögen des Menschen, mithilfe der Vernunft die moralischen Wahrheiten über sich selbst zu erkennen, die wir „Menschenrechte" nennen. Wenn etwas, dann sei es dieses Wissen, das die Grundlage eines echten, alle Kulturen übergreifenden Gesprächs bildet. Vier Jahre später bekräftigte Johannes Paul II. in seiner Enzyklika *Fides et Ratio* das Vermögen der philosophischen Vernunft, die Wahrheit zu erkennen, behauptete jedoch gleichzeitig, dass der Mensch am Ende seines Weges nur durch den Glauben zur vollen Wahrheit der Dinge gelangt, denn so wie der Glaube nach dem Verstehen strebt – weshalb die Theologie auch der Philosophie bedarf –, so wird unser Verständnis von der Situation des Menschen durch den Glauben bereichert, der die nur von der Liebe begreifbaren Wahrheiten erfasst.[59]

Wie Avery Dulles ein Jahr vor dem Tod des Papstes schrieb, hat Johannes Paul II., der Hirte, geduldig und beharrlich wiederholt, dass „der Glaube, in dem er das innere Auge des Geistes schärft, die Vernunft befähigt, über sich selbst hinzugehen, ohne dabei geschmälert zu werden." Indem der Glaube „die Vernunft stärkt", ermöglicht er der Vernunft „ihre natürlichen Grenzen zu übersteigen".[60] Doch Johannes Paul der Philosoph betonte stets, dass der Mensch „durch strenges Schließen aus rationalen Kriterien" fähig ist, zur moralischen Wahrheit der Dinge vorzustoßen und zu verlässlichen Schlussfolgerungen zu kommen.[61] In einer Zeit, in der die Trennung des Glaubens von der Vernunft die Taliban, Al-Qaida und tödliche Anschläge in großem Stil hervorgebracht hat, und der Verlust des Glaubens an die Vernunft den Westen gegenüber der massiven Bedrohung seiner politischen Kernwerte – Anstand, Toleranz, Menschenrechte, demokratische Entscheidungsprozesse, Rechtsstaatlichkeit – hilflos gemacht hat, setzte *Fides et Ratio* ein für die Welt bitternötiges Zeichen.

Den Glauben darlegen. *Der Katechismus der Katholischen Kirche*, in dem der Papst sowohl eine Frucht des Zweiten Vatikanums als auch einen an die Welt gerichteten Vorschlag für das dritte Jahrtausend sah, ist sicherlich ein weiteres bleibendes Geschenk der geistigen Hinterlassenschaft Johannes Pauls II. Wie der vom Tridentinum in Auftrag gegebene Katechismus Denken, Sendung und Frömmigkeit des Katholizismus in der zweiten Hälfte des zweiten Jahrtausends geprägt hat, so könnte nach Meinung von Johannes Paul der *Katechismus der Katholischen Kirche* einen robusten geistigen Rahmen für das katholische Leben im dritten Jahrtausend abgeben, indem er die beiden theologischen Säulen des Konzils zu einer umfassenden Darlegung des katholischen Glaubens heranzieht: die Wiederentdeckung der primären Quellen christlicher Weisheit in der Bibel und den Kirchenvätern (Theologen Mitte des 20. Jahrhunderts sprachen von *ressourcement*) und die fruchtbringende Begegnung mit der zeitgenössischen Geisteswelt (oder mit dem berühmten Wort von Johannes XXIII. das *aggiornamento*, das „auf-den-heutigen-Stand-bringen" der Kirche). Gleichzeitig sollte der *Katechismus* der Welt mitteilen: Seht her, das glaubt die katholische Kirche, so betet die katholische Kirche, so sieht nach Meinung der katholischen Kirche eine wahrhaft menschliche Lebensführung aus. In einer Ära der Skepsis gegenüber der Fähigkeit von Gläubigen, ihren Glauben und ihre Praxis erklärend darzulegen, stellte der *Katechismus* ein bescheidenes, aber selbstbewusstes Bekenntnis dar, dass die katholische Kirche noch immer von ihrer Fähigkeit überzeugt war, die Ganzheit des menschlichen Dramas kohärent und einleuchtend zu präsentieren: das Drama des einzelnen Menschen und das Drama der Geschichte. Den christlichen Glauben und die Lebensführung eines Christen umfassend vorzustellen, war für die Kirche, aber auch für sich genommen, ein wichtiges Unterfangen. Es war jedoch nach Johannes Pauls Meinung auch eine Pflicht der Kirche gegenüber der Welt: die Pflicht, den christlichen Vorschlag so zu unterbreiten, dass die Welt die Chance hat, zum Glauben zu kommen.

Im geistigen Erbe Johannes Pauls II. ist die 1993 veröffentlichte Enzyklika *Veritatis Splendor* eng mit dem Katechismus verbunden.[62] Sie richtete sich ebenfalls an die Kirche und die Welt. Bezogen auf die Kirche kritisierte Johannes Paul eine Moraltheologie, die seinem wohlerwogenen Urteil nach dem sittlichen Leben seine dramatische Spitze nahm, indem sie das Bewusstsein für die moralischen Folgen bestimmter Entscheidungen und Handlungen schwächte. Nachdem Jahrhunderte lang Vorschriften – ob nun strenge oder laxe – im Mittelpunkt theologischer Auseinandersetzungen gestanden hatten, war *Veritatis Splendor* zugleich darum bemüht, in das Zentrum der katholischen Moraltheologie wieder die Sittlichkeit und die einzelnen Tugenden zu rücken.[63] Damit schlägt *Veritatis Splendor* eine Brücke zu den moralphilosophischen Schulen von heute, die aus der Tugendethik wieder einen Leitfaden durch das Dornengestrüpp moralischer Entscheidungen machen wollen. Zudem war die Stellungnahme des Papstes zur innerkatholischen Diskussion darüber, dass bestimmte Handlungen „in sich von Übel" sind, d.h. immer und überall falsch, gleichgültig welche Motive und beabsichtigte Folgen mitbeteiligt waren, für den postmodernen Westen von Bedeutung, denn dessen Skepsis bezüglich des menschlichen Vermögens, überhaupt die moralische Wahrheit zu erkennen, hat das Eintreten für die Menschenrechte aufgeweicht und einer öffentlichen Moralkultur Vorschub geleistet, in der das ewige „Mantra", alles sei frei „wählbar", jede Begründung von richtig und falsch zu ersticken drohte.

Sprache des Leibes und päpstlicher Feminismus. Karol Wojtyła brachte ins Papstamt die Überzeugung mit, dass die klassische katholische Sexualmoral wahr ist, dass sie aber weder der Kirche noch der Welt in der nachkonziliaren Ära befriedigend auseinandergesetzt würde. Dass die Kirche scheinbar unfähig war, der gewaltigen sexuellen Revolution mit der moralischen Wahrheit entgegenzutreten, stellte, wie er aus seinem eigenen großen Erfahrungsschatz wusste, ein schwerwiegendes seelsorgerisches Problem dar. Diese Schwäche wirkte sich auch gewaltig auf die mangelhafte Antwort der Kirche auf die zeitgenössische Kultur aus, die dringend moralischen Ballast in den stürmischen Umbrüchen brauchte, die zwar eine sexuelle Erfüllung versprachen, aber letztlich ein gerüttelt Maß an Unzufriedenheit und Leid hinterließen. Beim Konklave, das ihn 1978 zum Papst wählte, hatte er die ersten Entwürfe für einen neuen sexualmoralischen Ansatz im Gepäck, an dem er bereits in Krakau gearbeitet hatte. In vier Serien von Generalaudienzen zwischen September 1979 und November 1984 entwickelte, bereicherte und erweiterte er diese Skizzen zu einer, wie sie später genannt wurde, Theologie des Leibes.[64]

In der Kontroverse um Galileo hatte die Glaubwürdigkeit der katholischen Kirche, über ein richtiges Verständnis des Kosmos zu verfügen, gelitten. Nun sah sich die Glaubwürdigkeit der Kirche, was einige der sensibelsten Dimensionen des menschlichen Mikrokosmos betraf, von der sexuellen Revolution herausgefordert. Johannes Paul II. wollte auf keinen Fall die Irrtümer der Vergangenheit wiederholen, wenn er sich den neuen moralischen und kulturellen Herausforderungen stellte, die von der Erfindung der Verhütungspille symbolisiert und in einigen Aspekten von ihr ausgelöst wurden. Wie die Kernspaltung und die Entschlüsselung des genetischen Kodes so hat auch diese wissenschaftliche Entwicklung die Welt im späten 20. Jahrhundert und darüber hinaus drastisch verändert. Eine neue Situation verlangte danach, dass alte Weisheiten in neue Schläuche gegossen wurden. Genau das tat Johannes Paul in der Theologie des Leibes. Dieses theologisch kühne Buch nimmt unsere leibliche Beschaffenheit als Mann und Frau beim Wort und sucht in der Verschiedenheit und Komplementarität eine Ethik der interpersonellen Gemeinschaft zu begründen, die die Erhabenheit menschlicher Liebe ausdrückt. Gleichzeitig trieb der Papst die sakramentale Vorstellungskraft – die Überzeugung, dass das Außergewöhnliche schlicht auf der anderen Seite des Gewöhnlichen angesiedelt ist, durch das sich das Außergewöhnliche zu erkennen gibt – bis zum Äußersten, indem er lehrt, dass die hingebungsvolle Liebe der sexuellen Gemeinschaft in der Ehe ein Sinnbild der inneren Verfasstheit des dreifaltigen Gottes ist. Den Vertretern der sexuellen Revolution stellte er mit seiner dramatischen Verbindung von einer Sprache des Leibes und Reden von Gott vor eine kühne Herausforderung: Wer nimmt die menschliche Sexualität ernster? Diejenigen, die sexuelle Liebe für einen Sport halten? Oder diejenigen, die meinen, in ihr offenbare sich das innere Leben Gottes? Katholischen Moraltheologen, die vor allem auf Vorschriften setzen – seien sie nun streng und unbeugsam, oder flexibel und lax – schlägt die Theologie des Leibes eine Interpretation des Dramas menschlicher Moralentscheidungen in Herzensdingen vor, die eine Ethik der Tugend, des Glücks oder der Seligkeit wiederbelebt.

Dass die Theologie des Leibes im letzten Jahrzehnt des Pontifikats von Johannes Paul gerade unter jüngeren katholischen Intellektuellen eine so erstaunliche Aufnahme erfahren hat, deutet darauf hin, dass die alten Kämpfe zwischen

„fortschrittlichen" und „konservativen" Moraltheologen in die Bedeutungslosigkeit versinken. Durch das Institut Johannes Pauls II. für Studien über Ehe und Familie, mit Hauptsitz an der päpstlichen Lateranuniversität in Rom und Ablegern auf jedem Kontinent, scheint dieser Prozess sich weltweit fortzusetzen. Diese Institute beschäftigen sich nicht nur mit der gelehrten Aufarbeitung der Theologie des Leibes, sie sind auch für die Abfassung einer Sekundärliteratur verantwortlich, die die Komplexität und Subtilität der Gedanken Johannes Pauls zum seelsorgerischen Gebrauch für Bischöfe, Priester und Diakone in einer leichter verständlichen Form präsentieren. Die von Kirchengemeinden und Diözesen angebotenen Seminare zur Vorbereitung auf die Ehe waren bereits Einrichtungen, in denen solches Material verwendet wurde.

In der Theologie des Leibes war auch der eigentümliche päpstliche Feminismus Johannes Pauls II. angelegt. Dieser Aspekt seines geistigen Erbes wird die Diskussion in der Kirche und in der Welt vermutlich ebenfalls lange beschäftigen. Johannes Pauls Feminismus dreht sich um vier Hauptanliegen: um die Verteidigung der rechtlichen und politischen Gleichheit der Frauen; die Auslegung des spezifisch „weiblichen Genius", der darin zum Ausdruck kommt, dass die Mütterlichkeit auf einzigartige Weise das Gebot des Gebens verkörpert; die Kritik an Theorien der Priesterweihe, die im geistlichen Stand eher eine Frage der Macht als der Ikonographie sehen; und die Theologie Marias als erstes Vorbild der Christusnachfolge.[65] Das letzte Anliegen, in das die ersten drei aufgenommen wurden, erfuhr im marianischen Jahr 1987-1988 in der Enzyklika *Redemptoris Mater* und im Apostolischen Schreiben *Mulieris Dignitatem* seine feinsinnig zugespitzte Vollendung. Mit ganz besonderem Schwung hat Johannes Paul es vielleicht in seiner Weihnachtsansprache an die römische Kurie 1987 vertreten.

Da er vor Männern sprach, die von sich meinten, sie arbeiteten im römischen Zentrum des Weltkatholizismus, erinnerte der Papst seine Kurienmitarbeiter daran, dass die von ihnen verkörperte Autorität und Gerichtsbarkeit der Petrinischen Kirche, wie die Verkündigung und Evangelisierung der Paulinischen und die Kontemplation und das Gebet der Johannäischen ihren Zweck und ihre Bedeutung aus der noch grundlegenderen Marianischen Kirche beziehen: Die Kirche sei im Bild einer Frau, Marias, gestaltet, deren Einwilligung in die Botschaft Gabriels (Lk 1, 38) der erste Akt christlicher Jüngerschaft war, die Voraussetzung dafür, dass Gottes Sohn Fleisch wurde. Ja, Johannes Paul erklärte der Kurie, ihre Arbeit verfolge keinen anderen Zweck „als den, die Kirche in Übereinstimmung mit dem Ideal der Heiligkeit zu gestalten, das in Maria bereits vorgegeben und vorgezeichnet ist."

Diese verschiedenen Bilder der Kirche, die auf den großen neutestamentlichen Gestalten – Petrus, Paulus, Johannes und Maria – beruhen, ergänzten und verstärkten einander. Doch das marianische Bild oder „Profil" wie Johannes Paul es nannte, sei nicht nur in der Zeit, sondern auch in seiner Bedeutung für jede Berufung zur Christusnachfolge „herausragend". Autorität und Macht in der Kirche – selbst die ehrfurchtgebietende priesterliche Vollmacht „zu lösen und zu binden" – hätten immer im Dienst der Tiefendimension der Kirche gestanden: der Jüngerschaft und der Heiligkeit, die in Gemeinschaft mit Mariens Sohn Jesus und den Glaubensbrüdern auf der ganzen Welt gelebt würde. Nachdem Johannes Paul der Weltkirche seine eigene Theologie unterbreitet hatte, führte er die des Schweizer Theologen Hans Urs von Balthasar an, der einmal geschrieben hat: „Maria ist die ‚Königin der Apostel', ohne apostolische Vollmachten für sich in Anspruch zu nehmen. Sie hat anderes und mehr."[66]

In seiner Weihnachtsansprache an die Kurie nutzte Johannes Paul II. seinen spezifisch marianischen Feminismus dazu, die Theologie des Zweiten Vatikanums, in der die Kirche als Gemeinschaft fungiert, auszufüllen und zu erklären, warum das Konzil das monarchische Modell der Kirche aufgegeben hatte. Darüber hinaus wollte er theologisch die Überzeugung der katholischen Kirche verständlich machen, dass sie nur Männer zu Priestern weihen kann. 1999 ehrte er bemerkenswerte Beispiele von Heiligkeit unter den großen Frauengestalten der Kirche und ernannte die hl. Brigitta von Schweden, die hl. Katharina von Siena und die hl. Theresa Benedicta vom Kreuz (Edith Stein) neben dem hl. Benedikt und den hl. Cyrill und Method zu Mitpatroninnen Europas.[67] Die innerkirchliche Debatte über die Bedeutung der feministischen Revolution für das Leben der Katholiken war damit freilich nicht gelöst. Doch durch den Feminismus von Johannes Paul ist die katholische Debatte in den richtigen theologischen Kontext gestellt worden, und die Welt hat ein Modell des weiblichen Genius geboten bekommen, der Frauen nicht zum Abklatsch von Männern werden lässt. Es ist daher wahrscheinlich, dass Johannes Pauls marianischer Feminismus die Theologie und die politische Öffentlichkeit in absehbarer Zukunft beschäftigen wird.

Die Wiederherstellung des christlichen Humanismus. In einer Ansprache vor den Leitern höherer katholischer Bildungseinrichtungen in New Orleans 1987 bemerkte Johannes Paul II., dass „der religiöse Glauben von sich nach einer geistigen Untersuchung verlangt, und die Zuversicht, dass Glauben und Vernunft einander nicht widersprechen können, gehört zu den ausgezeichneten Merkmalen der katholischen humanistischen Tradition, wie sie in der Vergangenheit bestanden hat und noch in unseren Tagen besteht."[68] In gewissem Sinn ist das eine Zusammenfassung des gesamten geistigen Projekts von Johannes Paul II., das sich natürlich aus den intellektuellen Schwerpunkten ergeben hat, die schon Karol Wojtyła beschäftigten. Da er es für eine passende Aufgabe des Zweiten Vatikanums gehalten hat, den westlichen Humanismus vor dem Untergang in Skeptizismus und Nihilismus zu retten, so muss er es für einen nützlichen, ja vielleicht gebotenen, päpstlichen Beitrag für die Kirche und die Welt an der Schwelle zum dritten Jahrtausend gehalten haben, die christliche Lehre durch die Brille einer sorgfältigen christlich-humanistischen Analyse der menschlichen Person neu zu lesen – und das erst recht am Ende eines Jahrhunderts, in dem irrigen Ideen darüber, wer und was ein Mensch ist, die Geschichte in ein Schlachthaus verwandelt hatten.

Nicht lange vor dem Tod des Papstes meinte daher der amerikanische Theologe und Kardinal Avery Dulles, um zum Kern der Botschaft von Johannes Paul vorzudringen und zu enträtseln, was ihn als Denker auszeichnet, müsse man sein beharrliches Kreisen um das Geheimnis der menschlichen Person betrachten, seine philosophische Analyse des Gebots der Selbsthingabe, wie sie dem Herzen des Menschen eingeschrieben ist, sowie seine Deutung des dogmatisches Erbes der Kirche im Lichte seines christlichen Personalismus.

Personalismus war mithin der Boden, auf dem stehend Johannes Paul betonen konnte, dass das „Christentum keine Meinung" oder eine Reihe von Thesen ist: „Christentum, das ist Christus! Ist eine Person!" Der Personalismus bestimmte Johannes Pauls Darstellung des Königreichs Gottes als Begegnung mit der Person Jesus von Nazareth, dem Bild des unsichtbaren Gottes. Und was die Kirche selbst betrifft, so ist sie in der Geschichte die bevorzugte Verkörperung der *communio personarum*, der Gemeinschaft von Personen, die sowohl eine Sehnsucht des Menschenherzens ist als auch ein Zeichen für das Innere des dreifaltigen Gottes. Die Dreifaltigkeit ist eben wegen ihrer personalistischen Dynamik für Johannes Paul das erste „Vorbild der Kirche". Das gilt auch für die Sakramente der Kirche. Nach Auffassung von Johannes Paul II. begegnen wir in ihnen „dem auferstandenen Jesus, der uns auf unserem Weg begleitet und uns befähig, ihn zu erkennen, so wie die Jünger in Emmaus ihn ‚am Brechen des Brotes' [Lk 24, 35] erkannten." Der christliche Personalismus bestimmte Johannes Pauls II. Theologie des Priesteramts. Wenn der geweihte Priester am Altar und im Beichtstuhl die Sakramente spendet, dann vollzieht er diesen Dienst *in persona Christi*, „in der Person Christi". Seine personalistische Auffassung über das menschliche Streben nach Wahrheit und die menschliche Fähigkeit zum echten Gespräch untermauerte Johannes Pauls Ökumenismus, seinen Umgang mit interreligiösen Angelegenheiten und seine lebenslangen Gespräche mit den Natur- und Geisteswissenschaften. Der Personalismus und die Entwicklung des christlichen Humanismus beeinflussten die Äußerungen des Papstes zur katholischen Universitätsausbildung, die, wie er in der apostolischen Konstitution *Ex Corde Ecclesiae* von 1990 schreibt, „die Menschen die Fülle ihrer Menschlichkeit finden läßt, die nach Gottes Bild und Gleichnis geschaffen und [...] in Christus wiederhergestellt und dazu bestimmt ist, im Lichte des Geistes zu leuchten". Der christliche Personalismus machte sich auch in der Soziallehre Johannes Pauls II. bemerkbar: angefangen mit seiner Lehre in *Laborem Exercens* über die Arbeit als Teilnahme der Menschheit an Gottes ewig währender Schöpferkraft, über seine Erklärung, dass Solidarität die aufrichtigste Einstellung des Menschen zur Gesellschaft ist, sein Eintreten für das Recht auf wirtschaftlichen Unternehmungsgeist, seine Kritik an einem die Eigeninitiative lähmenden Sozialstaat, bis hin zu seiner Lehre in *Centesimus Annus*, dass menschliche Kreativität, Phantasie und Findigkeit die Quellen des Wohlstands sind.[69] Christlicher Personalismus und die Ausarbeitung eines Humanismus, der auch im 21. Jahrhundert an einem erhabenen Menschenbild festhält, liegen zweifellos auch Johannes Pauls II. Feminismus, seiner Sexualethik und seiner Verteidigung des Vorrechts der Vernunft zugrunde.

Johannes Pauls II. Personalismus steht durchaus, wie Dulles meint, in einem Spannungsverhältnis zu früheren Glaubenserklärungen der Kirche. Kann es einen „strengen, überzeugenden Beweis" für die Existenz Gottes geben, der „auf einem personalistischen Fundament errichtet ist", fragt Dulles. Und wenn ja, wäre dieser Beweis traditionellen philosophischen Argumenten für die Existenz Gottes vorzuziehen? Wie verhält sich der christliche Personalismus mit seiner Betonung der Herrschaft Christi als einer Herrschaft der Demut und des Dienstes zu Christus dem König, Christus dem Gesetzgeber, Christus dem Richter über die Lebenden und Toten? Wie erklärt der christliche Personalismus das traditionelle Fegefeuer mit seinen Strafen und wie die Möglichkeit, dass Männer und Frauen in alle Ewigkeit verdammt sein können. Wie lässt sich Johannes Pauls personalistische Ethik – in der der Papst „selbst viel häufiger von der menschlichen Person als von der menschlichen Natur spricht" – mit dem klassischen Verständnis des Naturrechts vereinbaren? Ist eine personalistische Ethik imstande, die intrinsische Moralität oder Immoralität von Handlungen zu erklären? Läuft der christliche Personalismus mit seinem Akzent auf dem Dialog als einem Ausdruck menschlicher Würde nicht Gefahr, die Stimme der Kirche zu dämpfen, wenn eine Verurteilung von Ungerechtigkeit gefordert ist? Verwickelte sich Johannes Pauls Personalismus in geistige Schwierigkeiten, wenn es um Fragen der Staatsgewalt geht – etwa darum, ob der Staat berechtigt ist, die Todesstrafe zu verhängen, einen gerechten Krieg zu führen oder ob die internationale Gemeinschaft im Fall von Völkermord moralisch zu einer „humanitären Intervention" verpflichtet ist.[70]

Abschließend kommt Dulles zu dem Urteil, dass Johannes Pauls geistiges Erbe auf seinem doppelten Bekenntnis zu Christus und der menschlichen Freiheit beruht. Der Papst vermied „Drohworte", weil er glaubte, „Furcht [...] schränkt den Umfang der Freiheit ein und bringt nur einen schwachen Christen hervor." Da er es vorzog „die besseren Beweggründe der Hoffnung, des Vertrauens und der Liebe" als Gründe für den Glauben, eine rechtschaffene Lebensführung und die Aufrechterhaltung freier, sittlicher Gesellschaften hochzuhalten, stellte Johannes Paul sein geistiges Unterfangen in den Dienst der Aufforderung, mit der er sein Pontifikat begonnen hatte: „Fürchtet euch nicht!"[71]

Existentielle Umbrüche

Dass bei der Begräbnismesse für Johannes Paul II. mehrere Dutzend Mitglieder von Karol Wojtyłas *Środowisko* direkt hinter den Staatsoberhäuptern und Regierungschefs saßen, war durchaus passend. Die Liturgie der Begräbnismesse machte deutlich, dass der Mann, zu dessen Gedächtnis sich die Mächtigen der

Welt versammelt hatten, ein Jünger Christi war. Die Anwesenheit von *Środowisko* erinnerte lebhaft daran, dass eine bemerkenswerte Eigenschaft von Karol Wojtyłas Christusnachfolge in den fast 59 Jahren seines Priesteramts, den 46 Jahren seines Bischofsamts und den 26 Jahren seines Pontifikats die Fähigkeit war, andere zu neuen Tiefen des Glaubens zu führen – zum Glauben an Gott, zum Glauben an Christus, zum Glauben an die Kirche und zum Glauben an sich selbst.

Der Erzbischof von Glasgow, Thomas Winning, beschrieb einmal in aller Bescheidenheit und Treffsicherheit diesen Wojtyła-Effekt 2001 in einer Ansprache in der vollbesetzten Kathedrale von St. Andreas: „Ich bin Johannes Paul II. nicht so sehr dankbar dafür, dass er mich zum Kardinal gemacht hat, als dafür, dass er aus mir einen besseren Christen gemacht hat.“[72] Karol Wojtyła vermochte aus Männern und Frauen bessere Christen zu machen, weil er über eine ausgesprochene Fähigkeit verfügte, ins Innere von Menschen einzudringen, nicht um sie zu manipulieren, sondern um ihnen aus dem Quell seiner eigenen Christusnachfolge die Möglichkeit zu geben, den „alles übersteigenden Weg“ christlicher Liebe zu finden. Diese Gabe hat er zum ersten Mal in seinen frühen Jahren als Priester in der Krakauer Gemeinde St. Florian bewiesen, als dieser unbekannte junge Kleriker aus der Provinz sich die Achtung, die Zuneigung und die Loyalität einiger der äußerst anspruchsvollen Mitglieder der Krakauer katholischen Intelligenz erwarb. In seiner Rolle als Universitätsprofessor und Diözesanbischof war er ein Magnet für die Umkehr, die *metanoia*, anderer. Sein Pontifikat zeichnete sich auf bemerkenswerte Weise dadurch aus, dass er, von der einst als nahezu unüberbrückbar geltenden Distanz des päpstlichen Throns aus, weiterhin das Innere anderer Menschen berührte.

Dreiundeinhalb Jahre vor seinem eigenen Tod im Jahr 2000 staunte New Yorks Kardinal John J. O'Connor, selbst eine beachtliche Persönlichkeit, über Johannes Pauls II. Fähigkeit, „Präsenz“ zu verströmen und das Gespräch in der Weltöffentlichkeit durch diesen persönlichen, spirituellen Charakterzug zu prägen. Unter „Präsenz“ verstand O'Connor „nicht nur körperliche Präsenz – ich meine damit, dass die Welt weiß, sie hat einen Papst. Es ist die sehr kraftvolle, strahlende Präsenz eines Mannes, dem man zuhört, ob man ihn nun beachtet oder nicht, eines Mannes, dessen Einstellungen oder potentiellen Einstellungen für die Regierungen auf der ganzen Welt von Belang sind.“ Johannes Pauls „Präsenz“, fuhr O'Connor fort, übte einen „Einfluss aus, der sich nicht in Zahlen fassen lässt. Selbst die Menschen oder Regierungen, die, was er zu sagen hat, verwerfen, sind davon beeindruckt, und lassen sich davon bestimmen. Sie wissen, dass Schranken errichtet, Grenzen gezogen worden sind.“ Wichtiger war freilich nach Kardinal O'Connors Urteil, dass Johannes Paul in der kleinen Welt der persönlichen Begegnungen etwas geradezu Magnetisches aussandte: „Er hatte diese fast schon hypnotische Wirkung auf Leute. Jeder, der ihm begegnet, hat in dem Moment das Gefühl, er oder sie ist der einzige Mensch auf der Welt. [Das spiegelt] sein Bewusstsein von der Heiligkeit der menschlichen Person, aber es entspringt [auch] seiner philosophischen Position. Er beobachtet, er hört zu, er sieht hin, es ist fast so, als denke er über die ganze Erscheinung" desjenigen vor ihm nach.[73]

Massimo D'Alema, ein Agnostiker der italienischen Linken, lernte Johannes Paul II. von einem völligen anderen politischen und theologischen Standpunkt als Kardinal Winning oder Kardinal O'Connor zu schätzen. Doch auch er war über Johannes Pauls mächtigen Einfluss auf Leute erstaunt, in diesem Fall auf Leute, die sich nie hatten vorstellen können, dem Papst Beachtung zu schenken. Wie D'Alema 1997 sagte:

> Ich glaube, die Persönlichkeit von [Johannes Paul II.] hat ein Gewicht, das über die Grenzen und die Wirkungen der katholischen Kirche hinausgeht. [Johannes Paul] hat eine spirituelle Dimension beleuchtet, die nicht nur katholisch ist, sondern die verschiedenen Religionen übergreift. Aus diesem Blickwinkel heraus denke ich nicht, dass man auf dem Boden des katholischen Glaubens stehen muss, um den Papst zu deuten oder zu verstehen. Ich meine der Papst wird auch von anderen Kulturen, nicht bloß vom Katholizismus, als eine Leitfigur betrachtet. Sein Einfluss ist größer als der Einfluss der katholischen Kirche. Das war nicht immer so, es hat Päpste gegeben, die weniger Einfluss hatten als die katholische Kirche. Doch bei Johannes Paul II. sehen wir eine Universalität, die über die Grenzen der katholischen Kirche hinausgeht.[74]

Die allgemeine Anziehungskraft von Johannes Paul II. war nach dessen Tod immer wieder ein Thema. Doch im Gegensatz zu den Erwartungen der laizistischen Moderne und ihrem Misstrauen gegenüber einem besonderen Glaubensbekenntnis, in dem sie nur Einengendes sieht, erwuchs die von Massimo D'Alema beschriebene Universalität Johannes Pauls II. gerade aus seiner sehr glühenden, markanten Besonderheit: Karol Wojtyłas christlichem Glauben. Obwohl er bereitwillig die echten Wahrheiten anerkannte, die andere auf ihrem eigenen Lebensweg entdeckt hatten, setzte er sich dennoch mit diesen anderen Wahrheiten im Lichte des katholischen Glaubens auseinander, in dem er eine Wahrheit für die ganze Welt sah und die er mit anderen zu teilen wünschte. Sein christlicher Glaube war weder süßlich noch aggressiv, aber auch nicht versteckt oder stumm. In einer Zeit, in der das Christentum sich eingeschüchtert verhielt, war es gerade Johannes Pauls II. unmissverständliches christliches Zeugnis, das zu einem nicht geringen Teil seinen existentiellen Einfluss auf Menschen unterschiedlichster Herkunft erklärt.

Durch Johannes Pauls II. Beispiel fand Francis Beckwith, Professor an der baptistischen Baylor Universität, wieder zum Katholizismus, der Religion seiner Jugend, zurück. Beckwith und seine Frau waren besonders davon beeindruckt, wie der Papst „die Wahrheit der Herrschaft Christi lebte und für die wesenhafte Würde der menschlichen Person eintrat", und auch von Johannes Pauls „Verteidigung einer Kultur des Lebens, [die] ein Verständnis von politischer Freiheit und vom inneren Wert der menschlichen Person enthüllte, dessen philosophische Kraft [zudem] sehr biblisch war." Als Intellektueller war Francis Beckwith darüber hinaus von den Äußerungen des Papstes zur Universitätsbildung gefesselt, die „überzeugend darlegten, was es für eine Universität bedeutet, wenn sie ihre theologischen Meinungen für Wissen hält: dass zum Beispiel das apostolische Glaubensbekenntnis für die Theologie genauso normativ ist wie das Periodensystem für die Chemie." In einer Welt, die daran zweifelt, dass sie irgendeine Wahrheit formulieren kann, hat Johannes Paul gezeigt, dass „Glaube und Vernunft wie zwei Augen sind, beide erfüllen ihre Aufgabe, aber jedes einzelne nur unvollkommen; arbeiten sie aber zusammen, liefern sie [uns] eine reichere, vollständigere Ansicht der Welt."[75]

Francis Beckwith kam aus der robusten, wenngleich wirr religiösen Kultur der Vereinigten Staaten, als Johannes Paul II. zum Grund dafür wurde, dass Beckwith sich existentiell neu bestimmte. Der dramatische Einfluss des verstorbenen Papstes auf das Leben von Nina Sophie Heereman, einer klugen, schönen Anwältin aus Deutschland vollzog sich an der Schnittstelle von nüchternen Weltlichkeit, wie sie ihm heutigen Europa herrscht, und dem, wie Freifrau Heereman meint, schalen Katholizismus, in dem sie aufgewachsen war: „Der Katholizismus war ausgehöhlt, eine Hülle, in der es keine schwere Sünde mehr gab und deshalb auch keinen Gnadenstand, keine Begegnung mit Christus." Während sie noch mit dem Sinn und dem Eindruck einer starken Erfahrung mit dem eucharistischen Christus beim Pariser Weltjugendtag 1997 rang, besuchte Nina Heereman 1998 das Pfingsttreffen der katholischen Erneuerungsbewegungen und der neuen katholischen Gemeinschaften in Rom. Als sie dort den Papst erlebte, kam ihr der Gedanke: „Angenommen, Johannes Paul II. hätte ‚nein' gesagt? Was für eine Katastrophe wäre das für die Welt gewesen. Deshalb hielt ich es für besser, ‚ja' zu sagen" – „ja" zu der Aufforderung, in die innige persönliche Beziehung zu Christus einzutreten, die sie zum ersten Mal in Paris empfunden hatte. Für Nina Heereman war es die Herausforderung eines christlichen Lebens, wie Johannes Paul II. es verkörperte, die alles andere beiseite schob und ihrem persönlichen und religiösen Verlangen die Richtung wies. Wie sie es einmal formulierte: Wenn man davon ausgeht, dass die Wahrheit des christlichen Glaubens und Lebens „einen frei macht, dann möchte man alles, was man nur kann, darüber erfahren." Nina Heereman weihte daher ihr Leben als Vertreterin des Laienapostolats der neuen Evangelisierung.[76]

Schwester Mary Karol Widomska OP, eine Dominikanerin des Klosters der hl. Cäcilie in Nashville fand zu ihrer Berufung durch den Mann, von dem sie dann auch den Ordensnamen annahm, und der Jahrzehnte über die Bedeutung des geweihten Lebens sowohl für die Kirche als auch für die Erlösung der Welt geschrieben und gepredigt hatte. Wie sie selbst sagt: „Meine Entscheidung, die Gelübde abzulegen, sollte ein Geschenk für Johannes Paul II. [...] sein. Als unmittelbare Antwort auf seine häufigen Botschaften, Reden oder Briefe über den Glanz der Begegnung mit Christus im Ordensleben, war ich bereits in das Dominikanerinnenkloster von Nashville einzutreten. Ich habe seine Reden gehört und seine Briefe gelesen, doch das Zeugnis seines Lebens, das er vollkommen und bedingungslos dem Sohn Gottes schenkte, ließ mich noch stärker wünschen, die gleiche Verpflichtung auf mich zu nehmen. [...] In dieser unaufhörlichen Hingabe an Christus, in diesem unaufhörlichen Sichverströmen schien er neue Kräfte zu gewinnen und sein Leben [...], zeugte von der beglückenden Freude und Freiheit einer solch unbedingten Verpflichtung [...]"[77]

Was Johannes Paul II. über die düstere Seite der Spätmoderne und ihres falschen Begriffs von Freiheit zu sagen hatte, machte Nicholas Fernandez die Grausamkeiten verständlich, die er als Polizist im New Yorker Asphaltdschungel erlebte – und das veränderte sein Leben von Grund auf: „Ich machte mit konkreten Beispielen für das Bekanntschaft, was Papst Johannes Paul II. die ‚Kultur des Todes' genannt hat – Selbstmorde, Morde, häusliche Gewalt." Als Polizist hatte er dafür keine „Lösung von außen". „Dazu braucht es einen Herzenswandel im Innern, und dafür braucht man einen Priester." Nicholas Fernandez verließ die Polizeitruppe und trat in das Seminar der New Yorker Erzdiözese in Dunwoodie ein, um sich auf ein Leben vorzubereiten, das so ganz anders war als das, was er sich vermutlich vorgestellt hatte, bevor Johannes Paul II. ihn mit seinen Gedanken inspirierte.[78]

Man kann Aberdutzende solcher Geschichten erzählen, und heraus käme dabei ein Kaleidoskop menschlicher Erfahrung: Die Geschichte des Schauspielers Cary Elwes, der den Katholizismus, in dem er aufgewachsen war, wieder schätzen lernte, als er sich ins „Innere" von Karol Wojtyła vertiefte, den er in einem Film spielte; die Geschichte der Schauspielerin Sophia Loren, als sie den Verantwortlichen, die eine mögliche Seligsprechung des verstorbenen Papstes prüften, sagte: „Ich hüte die Erinnerung an Johannes Paul II. eifersüchtig in meinem Herzen". Auch ging sie „zum Grab von Johannes Paul II. im Vatikan, um ihn zu ehren und zu beten und so meine große Bewunderung und Ergebenheit für ihn auszudrücken."[79] Dann war da noch eine von Fidel Castros Schwester, die bei einem privaten Treffen mit Johannes Paul auf dessen Pilgerreise nach Kuba im Januar 1998 zu Johannes Paul sagte, sie habe „davon geträumt, den Papst zu umarmen". Der antwortete: „Schön, und warum nicht jetzt". Dann schloss er die Schwester des kubanischen Diktators in seine Arme, die daraufhin wie ein Kind zu schluchzen begann.[80]

Als Václav Havel Johannes Paul II. in einer freien Tschechoslowakei begrüßte, die aus dem erstickenden Nebel der kommunistischen Lügen aufgetaucht war, bekannte er, nicht genau zu wissen, was ein „Wunder" ist. Wohl aber wisse er, dass er, der ehemals inhaftierte Regimekritiker und Dramatiker, etwas Wunderbares erlebte, als er in seinem befreiten Land, den Papst empfing, der wie er Dramatiker war und Gegenstand des Hasses und der Angst der Kommunisten. Denselben Eindruck des Wunderbaren könnte man aus der Tatsache gewinnen, dass Schulen und Seminare an ganz unterschiedlichen Orten nach dem Sohn von Wadowice benannt sind: im kanadischen Campbells Bay, im amerikanischen Hendersonville im togolesischen Lome. Oder daraus, dass in den Jahren nach seinem Tod Briefe aus der ganzen Welt mit der schlichten Anschrift „Papst Johannes Paul II, Himmel" bei der Behörde eintrafen, die seine Seligsprechung prüfte. Oder daraus, dass ein Mann wie Henry Kissinger beim Tod des Papstes Karol Wojtyła als einzigartige Verkörperung der Heimsuchungen,

Tragödien und Siege der Menschheit in der zweiten Hälfte des 20. Jahrhunderts bezeichnen konnte. Nichts davon hatte man am 16. Oktober 1978 erwartet, als der Mann „aus einem fernen Land" sich der Kirche und der Welt auf der Loggia des Petersdoms vorstellte.

Männer und Frauen, die in den Lauf der Geschichte eingegriffen und ihr eine andere Richtung gewiesen haben, können selten darüber Auskunft geben, was sie dazu befähigte. Auch hier könnte man Johannes Paul II. eine gewisse Ausnahme einräumen. Denn hätte man ihn danach gefragt, würde er sicherlich geantwortet haben, sein Einfluss auf andere und auf die Geschichte zeuge von der in seinem Leben wirksamen Gnade Gottes. Die Schlichtheit und Tiefe dieser seiner Überzeugung liefert die beste Erklärung für seine Auswirkung auf das Leben anderer und durch diese auf die Geschichte und die Zukunft der Menschheit.

Ein Leben im Kontext

Wie alle, die mit ihm in Berührung kamen, erkannten, war Karol Wojtyła eine Ausnahmeerscheinung, eine Persönlichkeit wie sie wohl nur einmal in einer Generation auftaucht. Für seinen Teil war Johannes Paul II. nicht dieser Ansicht. Er sah in seinem Pontifikat vielmehr einen Ausdruck der katholischen Kirche und des katholischen Priesteramts unter den spezifischen Bedingungen Mitte des 20 Jahrhunderts. Der Historiker, der die Leistung von Papst Johannes Paul II. würdigen möchte, erweist daher dem Mann oder seinem Gedächtnis keinen Bärendienst, wenn er den Kontext berücksichtigt, der die Voraussetzungen für Papst Johannes Paul II. schuf.

Da wäre zunächst der polnische Kontext. Die historische Erfahrung der polnischen Nation in der Neuzeit und ihr Freiheitskampf waren die Quelle für Karol Wojtyłas Begriff der Geschichtsdynamik, den er dann einsetzte, um den Lauf der Weltgeschichte zu verändern. Der polnische Kontext, der sein Leben und seine Leistung bestimmte, war zudem von der einzigartigen Erfahrung der katholischen Kirche Polens im 20. Jahrhundert geprägt. Viele in der westlichen Welt hielten den polnischen Katholizismus für hinterwäldlerisch, und noch für reaktionär dazu, tatsächlich aber war er eine kämpfende Kirche, die der Weltkirche manch eine wichtige Lehre erteilen konnte – Lehren über Selbstopferung und Martyrium, die Wojtyłas Auffassung von Gebot der Hingabe schärften, das den Herzen der Menschen eingeschrieben ist; Lehren über die heroische Ausübung des Priester- und Bischofsamts, die tiefe Spuren in seinem eigenen Dienst hinterließen; Lehren über die befreiende Kraft der Volksfrömmigkeit und ihrer Fähigkeit, neben echter katholischer Reform zu existieren, also darüber, was für Johannes Paul II. das Anliegen des Zweiten Vatikanums war.

Ferner ist der theologische Kontext des Katholizismus in der Mitte des 20. Jahrhunderts zu berücksichtigen. Viele der Markenzeichen und Initiativen des Pontifikats von Johannes Paul II. gehen auf die Erneuerung der katholischen Theologie zurück, die vor allem in Kontinentaleuropa in den Jahrzehnten vor dem Zweiten Vatikanum stattgefunden hatte. Johannes Pauls II. Lehre, dass die Kirche eine Sendung *ist*, sowie sein Begriff der „neuen Evangelisierung", spiegelten, aber erweiterten auch, die kerygmatische Theologie, die der Innsbrukker Jesuit Josef A. Jungmann in den Jahren vor dem Zweiten Weltkrieg zuerst formuliert hat.[81]

Johannes Pauls ökumenische Initiativen wären schwer vorstellbar und unmöglich auszuführen gewesen, hätte es nicht die theoretischen Grundlagen des katholischen Ökumenismus gegeben, die Theologen wie Yves Congar OP, den Lehren des Zweiten Vatikanums, den persönlichen Bemühungen von Papst Johannes XXIII., Augustin Kardinal Bea SJ und Papst Paul VI. zu verdanken waren.[82]

Ohne das theologische Gedankengut, das auf Augustinus, Thomas von Aquin und Suárez zurückgeht, ohne die Überlegungen der modernen Vertreter der katholischen Soziallehre wie Wilhelm Emmanuel von Ketteler, Heinrich Pesch, Oswald von Nell-Breuning SJ, Jacques Maritain und John Courtney Murray SJ und ohne die Sozialenzykliken von Papst Leo XIII. und Pius XI. hätte Johannes Paul II. seine Soziallehre kaum formulieren und weiter ausführen können. Die Erneuerung der katholischen Exegese im 20. Jahrhundert und die liturgische Bewegung Mitte des 20. Jahrhunderts, die beide den Segen des Zweiten Vatikanums erhalten hatten, beeinflussten offensichtlich die Lehre und den Dienst von Johannes Paul II., und das trifft auch auf so herausragende katholische Denker wie Henri de Lubac SJ und Hans Urs von Balthasar zu. Mit anderen Worten: Karol Wojtyła war als Lernender ebenso großartig wie als Lehrender und seine Lehre stellt in gewisser Hinsicht den Höhepunkt von Entwicklungen dar, die seit einem Jahrhundert im katholischen Geistesleben auf dem Vormarsch waren.

Und schlussendlich war da noch der persönliche Kontext. Karol Wojtyła war ein Mann des Gesprächs und ein Leiter, der mit Hilfe anderer seine Entscheidungen durchdachte. Er war freilich auch ein Mann, der seinen eigenen Instinkten vertraute, denn sie waren im Gebet geschärft worden. Einige der Johannes Paul II. besonders auszeichnenden Leistungen – die Weltjugendtage und die Wiederbelebung der kirchlichen Jugendarbeit; die Stärkung des Priesteramts und des geweihten Lebens, der offene Dialog mit den Wissenschaften – spiegelten die spezifischen seelsorgerischen Erfahrungen von Karol Wojtyła, dem Priester und Bischof, dessen Vertrauen in die Führung der Vorsehung ihn glauben ließ, dass etwas an seiner Lebenserfahrung ihn für das Amt Petri prädestinierte. Ähnlich trug die dynamische Synthese des katholischen Denkens im 20. Jahrhundert, wie sie in seinem Lehramt und seiner päpstlichen Amtsführung zum Ausdruck kam, seine spezifische Handschrift. Sein Verständnis des dritten Jahrtausends als eines privilegierten Moments der Gnade, in dem die

Kirche sich wieder als Gemeinschaft der zu einer neuen Evangelisierung berufenen Jünger erfahren konnte; die personalistische Christologie, der zufolge Jesus Christus sowohl das Antlitz des barmherzigen Vaters als auch die Wahrheit über den Menschen enthüllt; die Vorstellung von einem Gebot der Hingabe, das in der Struktur der moralischen Wahl und Handlung liegt und den Königsweg zur menschlichen Erfüllung weist; Solidarität als Schlüssel zu einer verantwortlich ausgeübten Freiheit in freien, sittlichen Gesellschaften; die offenbarende Ikonographie unserer Leiblichkeit und Komplementarität als Mann und Frau: all diese charakteristischen Themen seines Pontifikats zeugen von einer spezifisch Wojtyłaschen Synthese katholischen Denkens und katholischer Praxis. Mehr noch, sie liefern entscheidende Interpretationen des Ereignisses, das eine dramatische Wasserscheide für die katholische Erneuerung im 20. Jahrhundert gewesen ist: das Zweite Vatikanum.

Diese drei Kontexte – der polnische, der theologisch-historische und der persönliche – haben sich oft überschnitten. Wojtyła brachte eine spezifisch polnische und sehr persönliche Verehrung für die selige Jungfrau Maria mit ins Papstamt. Mithilfe der Theologie Balthasars verfeinerte er seine Überlegungen zu Marias einzigartiger Rolle in der Heilsgeschichte, um sie dann für eine tiefgreifende Verschiebung im Selbstverständnis der gesamten Kirche zu verwenden. Aufgrund der Sonderbedingungen der polnischen Kirche unter dem Kommunismus ist Wojtyła nicht in die theologischen Kontroversen im Anschluss an das Zweite Vatikanum verstrickt worden. Da er selbst ein Denker von Weltklasse war, vor allem auf dem Feld der philosophischen Anthropologie und Ethik, gelang es ihm, den besten Teil der vor- und nachkonziliaren Theologie für sein päpstliches Lehramt fruchtbar zu machen. Daraus gingen so zukunftsträchtige Dokumente wie seine Antrittsenzyklika *Redemptor Hominis*, seine Enzyklika zum ethischen Leben *Veritatis Splendor* und seine Theologie des Leibes hervor. Er war jemand, der eine besondere Art des Kampfes auf den Barrikaden der Freiheit ausgefochten hat. Seine Kritik an den Mängeln der Befreiungstheologie entsprang daher nicht seiner Zuneigung zum *ancient régime*, sondern seiner Treue zur Wahrheit des katholischen Glaubens. Außerdem hatten der polnische Kampf um Religionsfreiheit, sein philosophisches Werk und seine Deutung der Lehren des Zweiten Vatikanums über die Kirche von heute – die er 1964-65 mitformuliert hatte – ihn eine tiefer gehende Theorie der menschlichen Befreiung entwickeln lassen.

Der rote Faden, der sich durch diese drei Kontexte zog und die Einzigartigkeit von Papst Johannes Paul II. ausmachte, war Karol Wojtyłas radikales Christentum: die Tiefe und Innigkeit seines Glaubens an die befreiende Kraft der Liebe Christi war die tiefste Wurzel seiner Leistungen als Papst, weil er der tiefste Bronn seines Lebens und Denkens war.

Enttäuschungen, Mängel, Fehlschläge

Seit dem Spätjahr 1979, als die Kongregation für die Glaubenslehre erklärte, der Schweizer Abweichler Hans Küng könne „nicht als katholischer Theologe gelten“ bis zum Tode des Papstes am 2. April 2005, war das Pontifikat Johannes Pauls II. Gegenstand heftiger Kritik.[83] Kritik kam aus allen möglichen katholischen und weltlichen Lagern, doch nach den üblichen Klassifizierungen betrachtet zerfiel die innerkirchliche Kritik in zwei Gruppen: in eine liberale oder fortschrittliche und eine konservative oder restaurative.

Die fortschrittliche Kritik, die schnell eine Plattform in den weltweiten Medien fand, hing einer Deutung des Zweiten Vatikanums an, nach der das Konzil einen entschlossenen Bruch mit der katholischen Tradition vollzogen und die Ära eines neuen, für die Moderne aufgeschlossenen Katholizismus eingeläutet hatte.[84] Nach dieser Stoßrichtung der Kritik übte Johannes Paul II. ein autoritäres Pontifikat aus, das die Errungenschaften des Zweiten Vatikanums verraten, behindert oder zumindest geschmälert hat. Nicht selten wurde dieser angebliche Verrat für ein Nebenprodukt der polnischen Herkunft des Papstes gehalten. Für einige im fortschrittlichen Lager zeigte sich der „autoritäre Stil“ von Johannes Paul vor allem an der behaupteten Machtkonzentration des Papstes und seiner Verwässerung der Konzilslehre, dass das Weltepiskopat gemeinsam die Verantwortung für die Leitung der Kirche trägt.[85] In den Augen anderer verriet sich Johannes Pauls angeblich autoritäres Gehabe hauptsächlich in seinen Maulkörben für spekulative Theologen und fortschrittliche Bischöfe, wie man sie nannte. Wieder andere warfen ihm vor, mit dem, was sie als die Frauenfeindlichkeit Johannes Pauls II. betrachteten, den „Geist des Zweiten Vatikanums“ aufgegeben zu haben. Nicht selten sah man darin einen Ausfluss der päpstlichen Verteidigung der klassischen katholischen Sexualmoral, die viele katholische Fortschrittler als unhaltbar beurteilten.

Die konservative oder restaurative Kritik kam aus den Kreisen, die gehofft hatten, Johannes Paul II. würde das Goldene Zeitalter des Katholizismus wiederherstellen, das ihrer Ansicht nach während des Pontifikats von Pius XII. eine Art Gipfel erreicht hatte. Man darf hier auf keinen Fall übersehen, dass die restaurative Kritik nicht mit der Position des französischen Erzbischofs Marcel Lefebvre und seiner Anhängen in der Bruderschaft St. Pius X. identisch ist. Dessen Skepsis gegenüber den Lehren des Zweiten Vatikanums zur Religionsfreiheit, zum Verhältnis von Kirche und Staat und zum Verhältnis des Christentums zum Judentum grenzte an, ja endete in, totaler Ablehnung des Konzils.[86] Die restaurativen Katholiken tadelten vielmehr Johannes Paul II. dafür, dass er als Papst nicht für mehr Disziplin sorgte. Nach ihrer Ansicht sollte ein Papst aus einer so straffgeführten Kirche wie der polnischen Ordnung in das kirchliche Chaos bringen, das nach Meinung der restaurativen Kräfte aus dem Konzil hervorgegangen war, dessen grundlegende Lehren sie gleichwohl, wenn auch manchmal widerwillig, billigten. Der restaurative Zweig meinte, Johannes Pauls

II. Bekenntnis zum innerkirchlichen Dialog gefährde die rechtmäßige Leistung des Konzils, setze die Banalisierung der Liturgie fort, zöge die Zügel in der Katechetik nicht wieder an, verstärke die schwindende Disziplin im Klerus und in den Frauenorden und unterstütze die Neigung der Bischöfe, sich für Diskussionsleiter zu halten, statt die Wahrheit des katholischen Glaubens verbindlich zu lehren und über die Unversehrtheit der Sakramente zu wachen.[87]

Im Lichte der dauerhaften Leistungen des Pontifikats von Johannes Paul II. lohnt sich zwar die Auseinandersetzung mit diesen beiden Kritiken, doch letzten Endes liefern sie keinen befriedigenden Begriffsrahmen, um die unbestrittenen Enttäuschungen, Mängel und Versäumnisse des Pontifikats namhaft zu machen und zu verstehen.

Beide, die fortschrittliche wie die restaurative Kritik, teilen eine bestimmte Prämisse mit den internationalen Medien: Alle gehen von einem Modell des Papstamtes aus, in dem der Papst so eine Art Gouverneur, Ministerpräsident oder Präsident ist – d.h. jemand, der die „Politik" in seinem Sinne verändern kann –, und wenn sich politisch nichts ändert, dann muss am Weiterbestehen des unhaltbaren Status quo der fehlende Wille oder die mangelnde Intelligenz des Regierenden schuld sein. Das Wesen des Papstamtes und die Beziehungen zwischen den stabilen und dynamischen Elementen der Kirche lassen sich jedoch nicht so verstehen. In Fragen der Lehre oder der Moral formuliert das Papstamt nicht in der Weise eine „Politik" wie Politiker eine Sozialpolitik, eine Bildungspolitik, eine Gesundheitspolitik usw. aufstellen. Vielmehr ist der Papst der Wächter über und, im Verbund mit dem Bischofskollegium, der maßgebliche Ausleger des Glaubensguts, wie es in der klassischen Theologie heißt. Die unverrückbaren Elemente in der katholischen Kirche – wie die kanonischen Bücher der Heiligen Schrift, die Sakramente, die Kirchenhierarchie und gewisse Morallehren – sind dazu da, eine Dynamik und Kreativität zu entfalten, die treu zur obersten Glaubensregel der Kirche steht: zum lebendigen Christus.[88] Die Kreativität, mit der Johannes Paul II. die Wahrheit des katholischen Glaubens vor dem Hintergrund seines Personalismus verkündet hat, konnte sich nur innerhalb von Grenzen bewegen, die von der katholischen Tradition gezogen wurden, nicht von der Vorstellungskraft oder dem Willen Karol Wojtyłas.

Um die Enttäuschungen und Mängel im Pontifikat von Johannes Paul II. und die Fehler auszumachen und zu verstehen, die der Papst selbst zu verantworten hat, ist es ratsamer auf dem Boden der katholischen Tradition zu argumentieren.

Nach Lehre der Kirche ist jeder getaufte Christ vom Heiligen Geist durchdrungen, auf dass er die Wahrheit erkennt und sie verkündet, Gott wahrhaft verehrt und anderen dient. Jeder getaufte Christ hat drei Sendungen zu erfüllen, die in der katholischen Kirche als *munus docendi* (der Dienst zu lehren), *munus sanctificandi* (der Dienst zu heiligen) und als *munus regendi* (der Dienst zu leiten) bezeichnet werden. Diese drei *munera* oder Sendungen spiegeln in jedem christlichen Leben die dreifache Sendung von Christus selbst, in dessen mystischen Leib die Getauften aufgenommen worden sind. Nach Lehre der Kirche übt der geistliche Stand, die Bischöfe der Kirche, die Fülle dieser drei Sendungen Christi als Priester, Prophet und König aus. Das Amt Petri ist im Verständnis des Katholizismus ein Geschenk Christi an die Kirche, um die Einheit der Kirche in der Wahrheit, der Gottesverehrung und im Dienst zu wahren. Die Enttäuschungen, Fehler und Versäumnisse eines jeden Pontifikats lassen sich daher thematisch ordnen und im Lichte dieser Dreiteilung untersuchen.

Munus Docendi: *Der Dienst des Lehrens*

Das Pontifikat Johannes Pauls II. ragt in der Geschichte als eines der ganz großen Lehrpontifikate heraus, sowohl was die Breite als auch die Tiefe des päpstlichen Lehramts betrifft. Im weiten Sinn des Wortes war Johannes Pauls Ausübung des *munus docendi* jedoch nicht ohne Enttäuschungen, Missverständnisse und Unzulänglichkeiten.

Europa. Im spanischen Wallfahrtsort Santiago de Compostela, einem der großen Pilgerstädte im christlichen Mittelalter, rief Johannes Paul II. beim Weltjugendtag 1989 Europa dazu auf, sich jetzt, wo es an der Schwelle zur Wiedervereinigung nach dem Ende des Kalten Kriegs stand, wieder als „Leuchtfeuer der Zivilisation und Fortschrittskraft in der Welt“ zu betrachten,.[89] In der Debatte über den neuen Verfassungsvertrag für die erweiterte Europäische Union beschwor der Papst leidenschaftlich die Völker und Regierungen Europas, doch nicht die christlichen Wurzeln der europäischen Zivilisation preiszugeben, die seiner Meinung nach entscheidend für Europas Fähigkeit sind, im 21. Jahrhundert ein Verfechter der Freiheit zu sein. Beide Bitten fielen auf taube Ohren. Ein Europa, das sich darauf verlegte hat, „nach schrankenlosem Glück“ zu streben, wie Johannes Pauls II. langjähriger „Außenminister“ Jean-Louis Taran einmal sagte, war nicht bereit, Johannes Pauls Lehre Gehör zu schenken, dass nur das Gebot der Selbsthingabe zu echter menschlicher Befreiung führt, oder zu erkennen, dass die Lehre des Papstes von der Solidarität ein Heilmittel gegen seine Kultur des einsamen Individualismus sein könnte. [90]

Johannes Pauls II. Auffassung von der wahren Freiheit, seine Auslegung der Lehren des Zweiten Vatikanums und seine Art des päpstlichen Regiments stießen vor allem im deutschsprachigen Europa – in Deutschland, Österreich und den deutschsprachigen Kantonen der Schweiz – auf ausgeprägte Ablehnung. In Deutschland selbst ging die negative Aufnahme des Pontifikats auf verschiedene Faktoren zurück, nicht zuletzt auf Johannes Pauls polnische Herkunft.[91] Nationale Stereotypen und Ressentiments sterben nur schwer aus, und für den deutschen Katholizismus, der typischerweise von Theologen geführt wurde, die davon überzeugt waren, eine besondere Führungsrolle in der nachkonziliaren Kirche einzunehmen (wie sie es ja auch in der Gestaltung des Zweiten Vatikanums selbst getan hatten) war die Vorstellung schwer zu verdauen, ein polnischer Intellektueller könnte die Konzilslehren besser als sie verstehen und die

Dynamik der modernen und postmodernen Kultur des Westens scharfsinniger durchschauen.[92] Viele haben sie auch nie verdaut. Obwohl Johannes Pauls II. menschliche Wärme wie auch seine ökumenischen und interreligiösen Initiativen in den katholischen Kreisen Deutschlands auf eine gewisse Sympathie gestoßen sind, wurde, abgesehen von ein paar versprengten Intellektuellen, ein paar Bischöfen und jungen Mitgliedern, der verschiedenen Erneuerungsbewegungen und neuen katholischen Gemeinschaften, das Lehramt des Papstes im deutschen Katholizismus mit wenig Begeisterung aufgenommen, ja mitunter rundweg abgelehnt.[93] Ob sich das in den Jahrzehnten nach Johannes Pauls II. Tod ändern wird, so dass der deutsche Katholizismus sich mit dem Lehramt Karol Wojtyłas wirklich auseinandersetzt, statt es entschieden zu verwerfen, lässt sich nicht vorhersagen. Glaubt man dem Kölner Kardinal Meisner, dann könnte es zu einem Wandel kommen, wenn der deutschsprachige Katholizismus vielleicht entdecken wird, dass seine Märtyrer aus dem 20. Jahrhundert, von denen Johannes Paul II. viele seliggesprochen hat, sein größtes Erbe in der Moderne und sein erhabensten Geschenk an die katholische Zukunft sind, und nicht seine geistigen Leistungen.[94]

Gegen Ende des Pontifikats überdachten einige deutsche Kirchenführer ihre Situation. Einer von ihnen der Mainzer Kardinal Lehmann hatte den Eindruck, unter seinen Landsleuten würde sich eine neue Erkenntnis durchsetzen: dass es Menschen unmöglich ist, „mit der Stille zu leben“, und dass isolierte Individuen, die nicht imstande sind, „dauerhafte Bindungen“ einzugehen, sich selbst reihenweise zum Unglücklichsein verurteilen und ihre Nation dem demographischen Niedergang weihen.[95] Ob diese Erkenntnis tatsächlich dazu führt, dass die deutschsprachige Welt Karol Wojtyłas Gebot der Hingabe einer zweiten Prüfung unterzieht, bleibt nach dem Tod des Papst für die deutsche Kirche und Gesellschaft eine noch offene und dringliche Frage.

Johannes Pauls II. Ausübung des *munus docendi* in Europa war freilich nicht nur von Enttäuschungen begleitet, sondern auch von bescheidenen Erfolgen. Seine Aufforderung an den italienischen Katholizismus, sich kulturell wieder mehr einzumischen, führte zu einer bescheidenen, gleichwohl spürbaren Wiederbelebung katholischer Praxis in Italien und bei ein paar Mitgliedern des italienischen Episkopats zu mehr Selbstvertrauen, um die neue Evangelisierung voranzutreiben.[96] Darüber hinaus hat Johannes Pauls beredtes, leidenschaftliches Eintreten für das Lebensrecht in mehr als einem Vierteljahrhundert die öffentliche Debatte umgelenkt, so dass ein kurz nach dem Tod des Papstes in Italien durchgeführtes Referendum wichtige Bastionen des Rechts auf Leben erfolgreich verteidigte.

Trotz der rabiat laizistischen Regierung von José Luis Rodríguez Zapatero hat der spanische Katholizismus laut Antonio María Rouco Verela, Madrids Erzbischof, die „reiche Bedeutung der ‚Evangelisierung‘ als eine Sache sowohl der Dringlichkeit als auch der Hoffnung“ wiederentdeckt, und war so willens der von der Regierung Zapatero angestrebten Neudefinition von „Familie“ in der Öffentlichkeit energisch entgegenzutreten. Beide Leistungen schreibt Kardinal

Rouco Varela der Lehre und dem Zeugnis von Johannes Paul II. zu, dessen Überzeugung, dass die Kultur das bestimmende Element in jedem historischen Wandel ist, sich auch in Spanien bewährt hat: Johannes Paul rief die spanischen Katholiken auf, sich von den Erklärungen der Laizisten, der Katholizismus sei nur mehr eine Randerscheinung, nicht ins Bockshorn jagen zu lassen. Stattdessen sollten die Katholiken Spaniens ihr kulturelles Gedächtnis wiederfinden, um so entschlossen auf den Fundamenten der noblen Vergangenheit des spanischen Katholizismus eine wahrhaft humanistische Zukunft aufzubauen.[97] Dennoch macht die Reform des Katholizismus in Spanien nur langsam Fortschritte und Zapateros Regierung wurde drei Jahre nach dem Tod des Papstes wiedergewählt.

Dank Johannes Paul macht sich auch in Frankreich ein neues katholisches Selbstbewusstsein bemerkbar. Laut Kardinal Lustiger, dem Pariser Erzbischof von 1981 bis 2005, war Johannes Paul II. schon zum Zeitpunkt seiner Wahl ein guter Kenner der katholischen Szene in Frankreich. Das heißt, der Papst wusste, dass der innerkirchliche Streit zwischen den Lefebvre-Anhängern und den fortschrittlichen Kräften, der den französischen Katholizismus seit dem Zweiten Vatikanum gelähmt hatte, ein „Disput aus dem 19. Jahrhundert war, und der ist beendet". So stellte jedenfalls Lustiger die Lage einmal dar. Im letzten Viertel des 20. Jahrhunderts war Frankreich keine katholische Gesellschaft, die zwischen zwei rivalisierenden Parteien aufgerieben wurde, die sich wegen ihrer unterschiedlichen Deutungen der französischen Geschichte nach 1789 erbittert bekriegten. Es war schon eher eine „heidnische Gesellschaft", in der die Christen vor allem das Geheimnis der göttlichen Erwähltheit wiederentdecken mussten. Bevor Johannes Pauls II. mit seiner Lehre und seinem Zeugnis in Erscheinung trat, so Lustiger, seien selbst praktizierende französische Katholiken, wenn es um die Evangelisierung ging, selbstzufrieden gewesen und meinten, dass „der Glaube sich mit Kultur und Gesellschaft deckt": das hieß, Katholiken waren „es nicht gewohnt, Zeugnis abzulegen". Dann kam Johannes Paul II. und „vermittelte dem christlichen Selbstbewusstsein einen erneuerten Sinn für Gottes Ruf, für Gottes gnadenreiches Geschenk." Damit habe der Papst „es den Menschen leichter gemacht, Zeugen zu sein." Zugleich säte der Papst mit seiner Diagnose der Spannungen und Widersprüche in den gebildeten Kulturschichten des heutigen Europas begründete Zweifel „an der konformistischen Haltung gegenüber gewissen marxistischen Glaubenssätzen", wie sie das französische Geistesleben lange bestimmt hatten. Der Papst tat dies, indem er gegen den Kommunismus „eher aus einer humanistischen und realistischen Perspektive als aus einer politischen opponierte". Außerdem kam ihm zugute, dass er die Problematik so darzulegen imstande war, dass jeder erkannte, hier spricht ein Philosoph, der mit den verschiedenen europäischen Geistesströmungen im Europa des 20. Jahrhunderts vertraut ist.[98] Lustigers eigenes geistiges und seelsorgerisches Zeugnis in den 24 Jahren, die er als Erzbischof der französischen Hauptstadt wirkte, trug nicht wenig zu den Veränderungen bei, die sich während des Pontifikats von Johannes Paul II. im französischen Katholizismus vollzogen; es hätte ihm dazu aber an der nötigen Bühne gefehlt, hätte Johannes Paul nicht den Mut gehabt, den Sohn polnisch-jüdischer Emigranten erst zum Bischof von Orleans und dann zum Erzbischof von Paris zu ernennen.[99]

Wie Polen das Pontifikat aufnahm, war, wie hätte es anders sein können, einzigartig und durch das starke Band der Gefühle zwischen dem polnischen Volk und seinem Landsmann bestimmt, dessen Wahl zum Papst Polen einen gewissen Ausgleich für seine entsetzlichen Opfer im 20. Jahrhunderts zu bieten schien. Die ungeheuren Menschenmengen, die sich bei allen Polenreisen von Johannes Paul einfanden; die Priesterseminare, die kaum die große Zahl der Berufenen fassen konnten; das hohe Niveau praktizierender Katholiken noch fünfzehn Jahre nach der Revolution von 1989: all diese messbaren Faktoren warfen die Erwartungen derer über den Haufen, die meinten, Polen würde in die Fußstapfen von Irland, Spanien und Portugal treten – alles Länder, die nach ihrem späten Eintreffen in der Moderne rapide in der Säkularisierung versanken – und bezeugten, wie sehr Johannes Paul auf die Treue seiner Landsleute setzen konnte. Nach seinem Tod sah sich Polens Katholizismus vor die Herausforderung gestellt, nach vorne und nicht nach hinten zu schauen, sich mit Johannes Pauls Lehramt auseinanderzusetzen und es zu integrieren, sich nicht nur im spirituellen Glanz seines Polnischseins und seiner Heiligkeit zu sonnen, sondern auch eine öffentliche Stimme zu finden, die wie der verstorbene Papst über die Fähigkeit verfügt, die Gesellschaft und Kultur durch die Kunst der rationalen Überzeugungsarbeit zu formen. Fünf Jahre nach dem Tod Johannes Pauls wurde im polnischen Katholizismus ernsthaft darüber debattiert, wie weit man diesen Herausforderungen gewachsen war – was an sich schon den anhaltenden Einfluss des Papstes beweist.

Wie Europa auf die Lehren Johannes Pauls II. reagierte, war also höchst gemischt. Ohne die Möglichkeit auszuschließen, dass es langfristig noch zu einem dramatischen Wandel kommen kann, wird man zugeben müssen, dass Johannes Pauls umfangreiche Anstrengungen, Europa wieder zu evangelisieren und aus der Version des 21. Jahrhunderts von John Bunyans „Pfuhl der Verzweiflung" herauszuführen, kurzfristig nur bescheidene Erfolge beschert waren. Ein Grund für Europas moralische und zivilisatorische Krise war nach Ansicht des Papstes darin zu suchen, dass der westeuropäische Katholizismus sich damit abgefunden hatte, als kulturelle Randerscheinung betrachtet zu werden. Deshalb setzte er alles daran, den europäischen Katholizismus aus seinem Dornröschenschlaf wachzurütteln, indem er an dessen Herz und Verstand appellierte. Bis zum Schluss blieb Johannes Paul II. ein Mann des Weitblicks und der Hoffnung. Doch in den paar Jahre nach seinem Tod sind Europas beispiellos niedrige Geburtenraten zu einem unübersehbar empirischen Faktum geworden, das dunkle Schatten auf seine kulturelle Zukunft wirft. Denn der Kontinent ist dabei, sich demographisch selbst abzuschaffen. Zumindest einige, die sich der Bedrohlichkeit der Situation bewusst sind, halten, wie der verstorbene Papst, die postmoderne Unbekümmertheit im Umgang mit der Wahrheit, für eine

Wurzel der Krise – eine Unbekümmertheit, die Johannes Paul II. unbedingt zu erschüttern suchte, aber ohne großen Erfolg.

Die Anglosphäre. Die europäische Anglosphäre in Großbritannien und Irland sowie ihr überseeischer Teil im englischsprachigen Kanada mögen sich Johannes Pauls II. *munus docendi* weniger lautstark widersetzt haben als ihr deutscher Vetter. Gleichwohl wird man nicht behaupten können, dass Johannes Pauls Gedanken in diesen Teilen der anglophonen Welt so engagiert aufgegriffen und debattiert worden sind wie in den Vereinigten Staaten. Auch führte die Aufnahme von Johannes Pauls Lehramt in der europäischen Anglosphäre und in Kanada nicht zu der Art von institutioneller Erneuerung, die in den späteren Jahren des Pontifikats in der amerikanischen Kirche zutage trat: im Episkopat, in der Priesterschaft, im Ordensleben, in den Seminaren, im katholischen Geistesleben und in einigen höheren katholischen Bildungseinrichtungen. Wie auch andernorts wurde Johannes Paul II. von katholischen Erneuerungsbewegungen und neuen katholischen Gemeinschaften in England, Wales, Schottland, Irland und Kanada ernstgenommen, aber auch von jüngeren Angehörigen des Klerus und der Hierarchie. Einiges spricht sogar dafür, dass Johannes Pauls Lehren auf einige Bischöfe Eindruck machten, die zuvor geneigt waren, sich der Kritik des fortschrittlichen Lagers am päpstlichen Lehramt anzuschließen. Im letzten Abschnitt seines Pontifikats versuchte beispielsweise Kardinal Murphy-O'Connor von Westminster, die Lehre von *Veritatis Splendor* im Vereinigten Königreich zu propagieren. Denn nach Ansicht des Kardinals fehlte es dort „an jeglicher Vorstellung von absoluten Moralnormen“, vor allem in Fragen der neuen Biotechnologien.[100] Allgemein wird man jedoch sagen müssen, dass die Aufnahme von Johannes Pauls II. Lehre in den englischsprachigen Ländern außerhalb der USA viel eher die Haltung der in London erscheinenden Zeitschrift *Tablet* spiegelte. Gelegentlich verteidigte sie zwar das Lehramt von Johannes Paul, doch in der Regel vertrat sie die eingefleischten Positionen der Kritiker aus dem fortschrittlichen Lager, vor allem dann, wenn es um Fragen der Moral ging. Was Irland betrifft, so konnte weder das Zeugnis noch die Lehre von Johannes Paul II. verhindern, dass das Land bald andere europäische Länder an laizistischen Einstellungen übertraf und eine geradezu marktschreierische säkulare Presse hervorbrachte.[101]

In den abgelegeneren Teilen der englischsprachigen Welt, etwa in Neuseeland, fanden Johannes Pauls Lehren keine freundlichere Aufnahme als im Vereinigten Königreich. Eine Ausnahme unter den Antipoden bildete Australien. Dort stand George Kardinal Pell in den letzten achtzehn Jahren des Pontifikats an der Spitze einer kraftvollen Bewegung zur Unterstützung eines dynamischen kirchentreuen Katholizismus, die sich ausdrücklich auf Johannes Pauls Lehre bezog und das Ziel verfolgte, die katholischen Debatten in Australien in eine ganze andere Richtung zu lenken. Bis dahin hatten ebenso wie in Deutschland die einseitigen Kritiker des Pontifikats aus dem Fortschrittslager den Ton angegeben.[102]

Ökumenischer Stillstand und unübersteigbare interreligiöse Hindernisse. Die ökumenischen und interreligiösen Enttäuschungen und Fehlschläge des Pontifikats von Johannes Paul II. lassen sich gerechter Weise nicht den Mängeln im päpstlichen *munus docendi* anlasten, auch wenn Kritiker aus dem fortschrittlichen und restaurativen Lager das behaupten. (Die einen schienen sich manchmal vorzustellen, der christliche Ökumenismus sei eine Frage von Verhandlungen, in denen beide Seite über Nebensächlichkeiten sprechen, um zu einem für beide Seiten annehmbaren Kompromiss zu kommen, während die anderen die Assisi-Initiative des Papstes und seine Achtungsbezeugungen für die muslimische Frömmigkeit völlig falsch deuteten.) Dennoch interpretierte Johannes Paul die ökumenischen Zeichen der Zeit und das Wesen bestimmter interreligiöser Konflikte nicht immer richtig.

Die Orthodoxie war nicht bereit, die vollkommene Gemeinschaft zwischen Rom und Konstantinopel auf der Grundlage der Rückkehr zum Status quo *ante* 1054 wiederherzustellen, wie es Johannes Paul in seiner Enzyklika von 1995 *Ut Unum Sint* vorzuschlagen scheint. Diese fehlende Bereitschaft spiegelt vermutlich eine historische Tatsache, die von der Analyse der Enzyklika nicht berücksichtigt wird: Die wechselseitige Exkommunikation zwischen Rom und Konstantinopel im Jahr 1054 war nur der Höhepunkt der Entfremdung zwischen östlicher und westlicher Christenheit, die seit Jahrhunderten gewachsen war und auf starke sprachliche, philosophische und politische Kräfte zurückging. Anders gesagt: „1054" fand nicht in einem historischen Vakuum statt, der Status quo ante 1054, zu dem zurückzukehren der Papst vorschlug, war sehr viel wackliger und trüber als der Papst wahrhaben wollte. Doch gerade diese historische Tatsache beeinflusste ein Jahrtausend später immer noch die ökumenischen Haltungen der Orthodoxie.

Was die nachreformatorischen Zersplitterungen der westlichen Christenheit betrifft, machten die theologischen und dogmatischen Verwirrungen des liberalen Protestantismus in den letzten Jahrzehnten des 20. Jahrhunderts es ausgesprochen unwahrscheinlich, zu einer vollkommenen Gemeinschaft zu gelangen. Wie ließe sich auch eine Übereinstimmung über den Glauben und seine Praktizierung mit christlichen Gemeinschaften erzielen, die ihre dogmatischen und moralischen Grenzen nicht zu definieren imstande sind, mit Gemeinschafen, die zudem ohne Bezugnahme auf die apostolische Tradition bereit waren, diese Grenzen zu ändern. Selbstverständlich ist nichts davon Johannes Pauls Fehler, doch es war gleichwohl eine Quelle der Enttäuschung, vor allem im Dialog mit den Anglikanern und Lutheranern. Was den neuen Ökumenismus betrifft, der sich an verschiedenste – für gewöhnlich informelle – Diskussionsstoffe zwischen Katholiken und evangelikalen Protestanten heftete, so ist nicht völlig deutlich, ob Johannes Paul II. die beträchtlichen Unterschiede durchschaut hat, die diejenigen amerikanischen Evangelikalen, die Teile seines Lehramts begrüßen und gerne in einen ernsthaften theologischen Dialog mit den Katholiken eintreten wollen, von den „Sekten" der Pfingstler trennen, über deren Proselytenmacherei in Lateinamerika die Kurie so häufig klagt. Auch wollte der Papst, zumindest nicht öffentlich, aussprechen, dass der lateinamerikanische Evangelikalismus in ehemaligen katholischen Ländern zum Teil deshalb so fest Fuß fassen konnte, weil er Nüchternheit, Verantwortung der Männer für ihre Familie und eheliche Treue für die Männer predigte, alles moralische Haltungen, die der lateinamerikanische Katholizismus seit Jahrhunderten nicht wirksam gelehrt hatte.[103] Auf der anderen Seite bestand Johannes Paul darauf, die Synode von 1997 als „Synode für Amerika" und nicht für „die beiden Amerika" zu bezeichnen, was den Wunsch ausdrückte, der Nord- und Südteil der Neuen Welt sollten sich gegenseitig befruchten. Wichtiger aber war, dass der Papst damit die Möglichkeit benannte, dass der neue katholisch-evangelikale Ökumenismus in den Vereinigten Staaten sich heilsam auf die Neugestaltung der ökumenischen Beziehungen in Mittel- und Südamerika auswirkte – eine Hoffnung, die der Papst in einem privaten Gespräch äußerte.[104]

Die bedeutsamsten Fortschritte auf dem Feld des interreligiösen Dialogs betrafen die katholisch-jüdischen Beziehungen. Wie solide diese Fortschritte waren, zeigte sich in gewissen schwierigen Augenblicken in den ersten Jahren des Pontifikats von Benedikt XVI., auch er ein Papst mit einem ausgeprägten Sinn für die jüdische Erwähltheit und die auf Gottes Auftrag zurückgehende Verflochtenheit von Christen und Juden. Man könnte sich freilich fragen, ob das theologische Abenteuer, zu dem Johannes Paul II. in der Synagoge von Rom und anderenorts aufgerufen hat – ein Abenteuer, in dem gläubige Juden und gläubige Katholiken das 70 nach Chr. abgebrochene Gespräch über die Auserwähltheit, den Bund und die messianische Erwartung wieder aufnehmen sollten – außerhalb der wenigen nordamerikanischen Enklaven in den jüdischen religiösen und intellektuellen Kreisen auf Zuspruch gestoßen ist. So wichtig ein höflicher Umgang miteinander und gute Manieren auch sind, es wäre doch ein Zeichen für den geringen Erfolg von Johannes Pauls II. Lehre über die Juden und das Judentum, wenn der christlich-jüdische Dialog im 21. Jahrhundert in ständigen Verhandlungen darüber versandete, was höflicher Umgang und gute Manieren in der Öffentlichkeit bedeuten.

Im Gefolge der Ereignisse vom 11. September 2001 unternahm Johannes Paul II. entschiedene Schritte, um sicherzustellen, dass die katholische Kirche weder stillschweigend noch offen Osama bin Ladens Behauptung Nahrung gab, sein Krieg und der seiner Mitstreiter gegen den Westen sei ein Glaubenskrieg. Das war wichtig, denn so betonte er, dass die Gotteskrieger im Irrtum waren, und hielt gleichzeitig Gesprächskanäle offen, die anderenfalls vielleicht geschlossen worden wären. Weniger deutlich liegt zutage, ob Johannes Paul in den letzten dreiundeinhalb Jahren seines Pontifikats sich adäquat mit den innerislamischen Ursachen für den islamistischen Bürgerkrieg vertraut gemacht hat, der von der islamischen Welt praktisch auf die gesamte Menschheit übergegriffen hatte, oft mit gewaltsamen Mitteln. Auch ist nicht deutlich, ob der Papst im einzelnen berücksichtigt hat, was die neue islamische Bevölkerung in Europa bedeutete, oder wie sich deren lautstarke politischen und rechtlichen Ansprüche auf die europäische Zukunft auswirken würden.[105] Diese Unzulänglichkeiten entsprangen nicht einem mangelhaften Verständnis für die theologischen Schwachstellen des Islam vom christlichen Standpunkt aus, diese hatte der Papst in *Die Schwelle der Hoffnung überschreiten* deutlich benannt. Sie spiegeln wohl eher die schwierige persönliche Situation des Papstes in den letzten Jahren seines Pontifikats wieder, in denen seine Kräfte sich in dem tapferen Versuch erschöpften, seinen Dienst womöglich ohne Abstriche zu erfüllen. (Der Umgang des Heiligen Stuhls mit der Situation nach dem 11. September und der neuen Lage in Europa war zweifellos auch von der Entschlossenheit bestimmt, nicht auf Konfrontationskurs zu gehen – eine Haltung, die im päpstlichen Rat für den interreligiösen Dialog bezüglich der katholisch-islamischen Beziehungen vorherrschte.)[106]

Die katholische Tradition des Völkerrechts und des gerechten Krieges. Als Sohn eines Soldaten, der die Berufung des Soldaten ehrte, zeigte Johannes Paul II. gleichwohl wenig Interesse daran, *sein munus docendi* auszuüben, um die kirchliche Lehre vom gerechten und gehegten Krieg geistig weiterzuentwickeln. Dabei stellt diese im vierten Jahrhundert entstandene und seitdem angereicherte Moraltheorie ein neues Herangehen an das Völkerrecht dar.[107] Am Ende des Pontifikats unterhielt der Heilige Stuhl volle diplomatische Beziehungen zu mehr als 170 Staaten. Unter Johannes Pauls Leitung hatte der Heilige Stuhl gelegentlich bewiesen, dass er international wirkungsvoll „mitspielen" konnte. Die Lehre des Papstes über die Allgemeingültigkeit der Menschenrechte hat die Rechtsdiskussionen weltweit ebenso mitbestimmt wie sein persönliches Eingreifen in einer Reihe von Fällen im Laufe seines Pontifikats. Doch trotz alledem hat Johannes Paul II. keinen ernsthaften oder nachhaltigen Versuch unternommen, die Tradition des katholischen Völkerrechts wiederzubeleben.[108] Ebenso wenig bewirkte er eine bedeutsame Änderung in den erstarrten Routinen der Sektion für die Beziehungen mit den Staaten im vatikanischen Staatssekretariat und dem Päpstlichen Rat für Gerechtigkeit und Frieden. Dort zeugten die institutionellen Beharrungskräften weit mehr von der Geisteshaltung, die man in jeder westeuropäischen Botschaftskanzlei finden wird, als von Johannes Pauls II. Gedanken über die kulturelle Dynamik in der Geschichte.[109]

Dieses Versäumnis, eine andere, spezifisch katholische Denkweise hinsichtlich der moralischen Erfordernisse der Weltpolitik zu entwickeln und den zuständigen Behörden der römischen Kurie einzuimpfen, spielten in all den Fällen eine untergeordnete Rolle, in denen Johannes Paul selbst die konzeptionelle und taktische Führung übernahm – wie in seinen Reden vor den Vereinten Nationen 1979 und 1995, in seiner Initiative von 1978/79, um einen Krieg zwischen Argentinien und Chile zu verhindern, in seinem Zeugnis und seiner Diplomatie in den zu „1989" führenden Jahren, in seiner Unterstützung für den Grundvertrag mit Israel 1992, in seinen öffentlichen Kampagnen im Vorfeld der Kairoer Konferenz über Bevölkerung und Entwicklung von 1994 und der Pekinger Weltfrauenkonferenz von 1995 sowie in seinen Appellen von 2003/04, der Europäische Verfassungsvertrag möge doch seine Christentumsphobie beiseite legen.[110] Durch die Abneigung des Papstes, die Routinen im vatikanischen Außenministerium und im Rat für Gerechtigkeit und Frieden aufzubrechen und die Institutionen dann in neues Fahrwasser zu lenken, war der Heiligen Stuhl schlecht dafür gerüstet, in der aufgewühlten Weltpolitik des 21. Jahrhunderts erfolgreich die Rolle des moralischen Beraters einzunehmen. Für die Kirche und die Welt war das ein umso größerer Verlust, als neue, ernste Probleme auf der Schnittstelle von Moral und Weltpolitik von der Geschichte genau zu dem Zeitpunkt gestellt wurden, als sich das Papstamt eines nie dagewesenen Prestiges erfreute und einzigartig dazu befähigt war, weltweit den Moraldiskurs zu bestimmen.

In den Jahren unmittelbar nach Johannes Pauls II. Tod glichen die Routinen in den vatikanischen Behörden, die den Heiligen Stuhl auf der politischen Bühne vertraten, weitgehend denen am Ende des Pontifikats von Papst Paul VI.: Man stellte sich rückhaltlos hinter internationale Organisationen, weil man sie jeder bilateralen Politik zwischen Nationen für überlegen hielt; statt kühn die Religionsfreiheit und andere grundlegende Menschenrechte zu verteidigen, trat man gegenüber autoritären Regimes (in diesem Fall islamischen) leise auf; da man einem zweckmäßigen Pazifismus huldigte, gleichzeitig aber an der theoretischen Hülse der Tradition des gerechten Krieges festhielt, schien es unmöglich, sich einen gerechten und begrenzten Einsatz von Waffen zur Verteidigung von Gerechtigkeit und Freiheit vorzustellen, und überantwortete damit den Vereinten Nationen die moralische *competence de guerre*; man war nicht willens, sich den Tatsachen einer weltweiten ideologischen Herausforderung zu stellen (die vom Islamismus statt vom Kommunismus ausging); man war abgeneigt, die Korruption in der Dritten Welt offen beim Namen zu nennen, und suchte die Schuld für alle Konflikte in der Dritten Welt lieber in den Ungerechtigkeiten der von den Industrienationen verursachten Unterentwicklung; man sprach geradezu inflationär von „Menschenrechten", um damit praktisch alle erdenklichen sozialen Güter zu bezeichnen.

Diese seltsamen Ausfälle in einem Pontifikat, das sich nicht scheute, fast jede ernste moralische Frage der Menschheit im ausgehenden 20. und beginnenden 21. Jahrhundert anzusprechen, erklärt sich vielleicht daraus, dass Johannes Paul II., seine Diplomaten und seine Frieden-und-Gerechtigkeits-Bürokratie die Bedeutung von „1989" überschätzt haben. Wenige würden bezweifeln, dass „1989" (wie Johannes Paul betonte) wichtige Lektionen darüber erteilt hatte, wie sich internationale Beziehungen verbessern lassen. Doch die Diplomaten des Papstes und sein Päpstlicher Rat für Gerechtigkeit und Frieden liefen Gefahr, aus dem Sieg des friedlichen Widerstands in der Revolution von 1989 einen Fetisch zu machen: Statt die moralischen Fragen der Weltpolitik nach dem Ende des Kalten Krieges (auch den moralisch gerechtfertigten Einsatz begrenzter Waffengewalt) genau zu analysieren, war es einfacher (und mehr in Übereinstimmung mit den westeuropäischen Instinkten), die Erfahrung von „1989" zu verallgemeinern und zu meinen, es gebe für fast jeden Konflikt in der Welt eine reale politische und diplomatische Lösung. Man müsse eben nur hartnäckig genug danach suchen. Als Männer wie Saddam Hussein, die Schlächter in Bosnien und im Kosovo und Osama bin Laden den Schauplatz betraten und der

Geschichte ihren Willen aufzwingen wollte, fehlte es dem Heiligen Stuhl an theoretischen Mitteln, um darauf zu reagieren.[111]

Während des Pontifikats von Johannes Paul II. sahen die päpstlichen Universitäten, einst Brutstätten neuer Ideen für die römische Kurie, keine Notwendigkeit, die Tradition des gerechten Kriegs den moralischen und politischen Herausforderungen anzupassen, die sich schon bald nach dem Ende des Kalten Krieges und dem Zusammenbruch des Kommunismus stellten. Stattdessen neigten diese geistigen Zentren ebenso wie der Päpstliche Rat für Gerechtigkeit und Frieden (Einrichtungen, die sich wechselseitig beeinflussten) dazu, Johannes Pauls II. Treffen mit den Führern der Weltreligionen in Assisi, insbesondere das Treffen von 1986, zum Anlass zu nehmen, die Tradition des gerechten Krieges, in der die katholische Kirche ihre moralischen und weltpolitischen Positionen ausgebildet hatte, stillschweigend zu begraben – und sie taten dies im Namen des „Dialogs". Gewiss, das hatte Johannes Paul II. mit seinen Treffen in Assisi nicht bezweckt. Aber viele in Rom hatten es so gesehen. Auch wird man einräumen müssen, dass Johannes Paul an diesem Verlust von intellektueller Schärfe nicht ganz unschuldig war, da er die Haltung der Kirche zur Moral in der internationalen Politik nicht in aller Deutlichkeit dargelegt hat (wie er es beispielsweise für die Sexualmoral der Kirche geleistet hat).[112]

So bleibt uns denn diese Ironie, dass das diplomatisch und politisch folgenreichste Pontifikat der Neuzeit unter der Leitung eines Papstes, dessen Lehramt so viele Felder des katholischen Denkens bestellt hat, wenig dazu beitrug, dass die Kirche die spezifisch moralischen Probleme des Völkerrechts thematisierte.

Versuchungen und einige unkommentierte Gegenstände. Originelle Denker, die intellektuell und kulturell Neuland betreten, laufen Gefahr simplifiziert zu werden, nicht selten von ihren Schülern. Diese Gefahr drohte Johannes Pauls II. Theologie des Leibes in den letzten Jahren seines Pontifikats und den Jahren unmittelbar nach seinem Tod. Da Johannes Pauls II. Institute für die Ehe und Familie auf jedem Kontinent gute Arbeit leisten, betrifft diese Gefahr, wenngleich sie real ist, weniger die in der Theologie des Leibes ausgesprochenen Wahrheiten als vielmehr die Simplifizierung der katholischen Einstellung zu „1989". Es gab allerdings noch einen weiteren Unterschied. Die Verehrer der Theologie des Leibes wollten der Kirche und der Welt unbedingt diesen neuen Denkansatz näherbringen, und meinten manchmal, ihn dafür vereinfachen zu müssen. Außerdem kämpften sie dabei gegen den heftigen Widerstand der von der sexuellen Revolution entfesselten Kräfte an. Diejenigen, die „1989" unangemessen verallgemeinerten und es in eine Allzweckwaffe zur moralischen Beurteilung der Weltpolitik verwandelten, taten dies anscheinend, jedenfalls zum Teil, um sich nicht mit einigen schwierigen Fragen plagen zu müssen. Außerdem konnten sie sich mit ihrer Verteidigung des zweckmäßigen katholischen Pazifismus sicher sein, dass die postmodernen Fortschrittskreise in Europa und Nordamerika ihnen applaudieren würden. In beiden Fällen wird es freilich ein hartes Stück Arbeit sein, Johannes Pauls II. geistige Hinterlassenschaft zu schützen.

Des Papstes kreative Wahrnehmung seines *munus docendi* mit dem Zweck, einen eigenen Feminismus zu formulieren, sollte ebenso wie seine Theologie des Leibes zu einem dauerhaften Diskussionsgegenstand werden. Katholische Feministinnen, die Johannes Pauls II. Lehramt begrüßten, fragten sich dennoch, wann der Papst eine Theologie der Männlichkeit entwerfen würde. Wie eine feministische Philosophin es einmal ausdrückte: „Sagen Sie dem Papst, nicht wir, sondern die Männer sind das Problem." Damit meinte sie, der Papst solle einmal ausführlich ansprechen, dass viele Männer infolge der feministischen Revolution nur allzu gern ihre Verantwortung von sich geworfen hätten.[113] Von Johannes Pauls Enzyklika von 1980 über Gottvater, *Dives in Misericordia*, könnte man meinen, hier mache ein päpstliches Lehramt von heute erste Schritte zu einem christlichen Verständnis von Vaterschaft, die dann im apostolischen Schreiben von 1980 über den hl. Joseph, *Redemptoris Custos*, weitergeführt wurden. In Johannes Pauls Analyse dessen, was es für die menschliche Komplementarität bedeutet, dass wir „am Anfang" als Mann und Frau geschaffen wurden, – ein Thema, das er in seiner Theologie des Leibes erörtert – findet sich ebenfalls Material für eine Theorie echter christlicher Männlichkeit. Es wird allerdings noch eine Menge zu leisten sein, bis das Nachdenken über Männlichkeit und den „männlichen Genius" an die tiefen Einsichten heranreicht, die in Johannes Pauls Gedanken zur Weiblichkeit und zum „weiblichen Genius" liegen.

Wie oben schon angedeutet wurde, schränkt Johannes Paul II. in seiner Soziallehre den Staat und seine Rolle im menschlichen Drama stärker ein als irgendeiner seiner Vorgänger von Leo XIII. bis zu Paul VI. Diese Einschränkung steht in einem gewissen Spannungsverhältnis zur traditionellen katholischen Lehre über das Wesen und den Grund staatlicher Autorität und wirft damit Fragen hinsichtlich der Ansprüche auf, die Johannes Paul II. an die Menschenrechtspolitik des modernen Staates gestellt hat. Während die päpstliche Herabstufung des metaphysischen Barwerts des Staates, wie man es nennen könnte, angesicht der Erfahrung mit der Staatsmacht im 20. Jahrhundert erheblichen Sinn ergibt, erst recht vor dem Hintergrund der päpstlichen Aufwertung der Kultur als primärer Quelle einer freien und sittlichen Gesellschaft und als Konsequenz aus seinem christlichen Personalismus, ist noch viel geistige Arbeit zu leisten, um dem Staat des 21. Jahrhunderts den richtigen Platz in der Soziallehre der Kirche anzuweisen, wie Johannes Paul II. sie entwickelt hat, und dabei ist zu bedenken, dass diejenigen, die den demokratischen Staat gerne von substantiellen moralischen Verpflichtungen befreit sehen würden, nicht stillschweigend Schützenhilfe bekommen dürfen, um sich auf ihre bequeme Position zurückzuziehen.

Da die hier erwähnten Spannungen schon vor dem Lehramt Johannes Pauls II. bestanden haben, ist dies in der Tat ein wichtiges Thema für jede katholische Soziallehre nach dem Zweiten Vatikanum. Mit seiner Erklärung der Religionsfreiheit, die dem Staat jede Kompetenz in theologischen Fragen abspricht, hat das Konzil den Staat entmächtigt. Wie aber sind dann das Wesen und der Ursprung der *moralischen* Kompetenz und Verantwortung des modernen Verfassungsstaates zu verstehen? Woraus lässt sich die moralische Verantwortung des modernen Staates für die Verteidigung der fundamentalen Menschenrechte, das Recht auf Leben eingeschlossen, ableiten? Ansätze für eine Beantwortung dieser Fragen lassen sich möglicherweise in den Lehren von *Centesimus Annus* über die moralischen Grundlagen der Demokratie, in Johannes Pauls II. Rede vor den Vereinten Nationen von 1995 und in seiner Theorie des Naturrechts als universaler Grammatik der Moral sowie in der Kritik des Papstes an den schwachen Demokratietheorien in *Ecclesia in Europa* finden. Gleichwohl liegt noch viel Arbeit vor uns, wenn die kraftvolle Idee Johannes Pauls II. von einer dreigeteilten freien und sittlichen Gesellschaft sich nicht auflösen soll.

Munus Santificandi: *Der Dienst des Heiligens*

Johannes Paul II. wurde in einer Zeit zum Papst gewählt, als in der katholischen Sakramententheologie einige Umwälzungen stattfanden, in einer Zeit, die dadurch kennzeichnet war, dass die Sakramentenspendungen in der ganzen Welt dramatisch zurückgingen. Im *Dominicae Cenae,* dem apostolischen Schreiben von 1980, und in der Enzyklika *Ecclesia de Eucharistia* von 2003 beschäftigt sich Johannes Paul mit verschiedenen Problemen der katholischen Theologie des späten 20. Jahrhunderts. Beide Dokumente bekräftigen ebenso wie der *Katechismus der Katholischen Kirche* von 1992 die klassische katholische Auffassung von der Messe als Sakrament und Opferung. Eine gewisse Schwächung des selbstbewussten Umgang mit der Eucharistie und deren Auswirkungen auf das Priesteramt hat Johannes Paul auch in dem apostolischen Schreiben von 1992, *Pastores Dabo Vobis,* und in seinen Erinnerungen von 1996 *Geschenk und Geheimnis* angesprochen. Das Schwinden der Ohrenbeichte im nachkonziliaren Katholizismus thematisierte der Papst 1984 in seinem apostolischen Schreiben *Reconciliatio et Paenitentia.* Darin rollt Johannes Paul in bewährter Weise die ganze Frage des Beichtsakraments mithilfe des Personalismus neu auf und beschreibt die Beziehung zwischen dem Bußsakrament und dem menschlichen Drama der Freiheit.[114] Mit seiner Lehre über das geweihte Leben, seiner Förderung der Anbetung der Göttlichen Barmherzigkeit und seiner Erweiterung des Rosenkranzes von 2002 wollte Johannes Paul II. dem Katholizismus auch neue spirituelle Impulse geben. Diese Ausübung des päpstlichen *munus docendi* in der Absicht, die Sendung der Kirche, sich selbst und die Welt zu heiligen, mehr in den Vordergrund zu rücken, wurde ergänzt durch Johannes Pauls Selig- und Heiligsprechungen. Johannes Paul II. war entschlossen, dem Kirchenvolk zur Nachahmung viele Beispiele von Heiligkeit zu geben, und indem er es überall auf der Welt tat, machte er deutlich, dass die heiligenden Gaben des Heiligen Geistes keine Grenzen kannten. Auch war der Papst davon überzeugt, dass die Anrufung der von ihm Selig- und Heiliggesprochenen durch die Kirche neue Gnadenwege im späten 20. und frühen 21. Jahrhundert eröffnen würde. Die große

Schar christlicher Helden, die Johannes Paul zur Ehre der Altäre erhob, sollte daher als Teil der Ausübung seines päpstlichen *munus sanctificandi* gesehen werden, seiner Sendung, die Kirche und die Welt zu heiligen.

So sollte auch das ständige persönliche Beispiel gesehen werden, das er mit seiner tiefen, alle Aspekte des Lebens ergreifenden katholischen Frömmigkeit gab. Er verkörperte diese Frömmigkeit in den Messen auf seinen Reisen und in seinen ökumenischen Wortgottesdiensten, aber auch in seiner persönlichen Seelsorge in Rom: in seinen Gemeindevisitationen, seinem Hören der Beichte an jedem Karfreitag im Petersdom, seinen Taufen, seinen Priester- und Bischofsweihen, seiner monatlichen Rezitation des Rosenkranzes im Radio Vatikan und seinem wöchentlichen Beten des Angelus am Sonntag (während des Jahres) und des Regina Coeli (während der Osterzeit). Dass es seine letzte Hoffnung war, am Osterfest 2005 selbst den Segen vom Fenster seiner päpstlichen Gemächer aus zu sprechen, ist ein mächtiges Zeugnis dafür, wie ernst Karol Wojtyła seine priesterliche und bischöfliche Aufgabe nahm, ein Gefäß der heiligenden Gnade Gottes zu sein.

Die Liturgie. Die Kritik an Johannes Pauls Ausübung des *munus sanctificandi* richtete sich, insbesondere in der letzten Hälfte des Pontifikats, auf den angeblichen Mangel an Aufmerksamkeit, die der Papst den anhaltenden Experimenten und Verwerfungen in der Messliturgie nach dem Zweiten Vatikanum widmete. Einige Kritiker warfen ihm vor, dass die Neuerungen, die der langjährige Zeremonienmeister für die Liturgischen Feiern des Papstes Piero Marini eingeführt hat, diese Probleme noch verschärften. Das auffälligste und am meisten kritisierte Beispiel dafür war die Durchführung eines ursprünglich hinduistischen Rituals, in dem Kohlenpfannen figurierten, während der Heiligsprechungsmesse für Mutter Teresa von Kalkutta 2003.[115]

Johannes Paul II. wusste zweifellos, dass es liturgische Missstände in der gesamten katholischen Welt gab. In *Redemptionis Sacramentum*, der 2004 erschienenen Instruktion der Kongregation für den Gottesdienst und die Sakramentenordnung beim Heiligen Stuhl wurden sie ausführlich behandelt. Kritiker entgegneten darauf, dass sei zu wenig und wohl auch ein bisschen zu spät, und falls der Vatikan nicht auf strikte Durchsetzung achten würde, zögen die Bischöfe es vor, in ihren Diözesen keine Unruhe zu stiften, statt ein gewisses Maß an Ordnung in der Liturgie einzufordern. Jedenfalls in dieser Hinsicht hatten die Kritiker sehr oft recht.

Karol Wojtyłas Verehrung für die Liturgie und sein unerschütterliches Eintreten für die Wahrheit der katholischen Sakramentenlehre war offensichtlich. Die Frage, warum er als Papst nicht mehr für die Abstellung von liturgischen Missbräuchen getan hat, ist daher nicht leicht zu beantworten, denn es gibt keine einfachen Antworten. Karol Wojtyła hatte mit der Liturgiereform nach dem Zweiten Vatikanum sehr gute Erfahrungen in Polen gemacht, wo man viele der Missbräuche, von denen die Kirche in Westeuropa, Nordamerika und Teilen der Dritten Welt geplagt war, gar nicht kannte. Als er sein Amt als Papst antrat, schien er zu glauben, die Probleme des liturgischen Missbrauchs seien im Grunde theologischer Natur, und ging daran, diese zu klären. Dennoch bleibt es eine Tatsache, dass der Heiligen Stuhl unter Johannes Pauls II. Leitung in der Weltkirche nur zögerlich eine liturgische Ordnung durchsetzte, außer im Falle sehr krasser Verirrungen.

Stellt dies, wie konservative und traditionalistische Kritiker meinen, eine Unterlassung in Johannes Pauls Ausübung des *munus sanctificandi* – und des *munus regendi,* seines Leitungsdienstes – dar? Der Papst war sich bewusst, dass liturgische Fragen in der gesamten Kirche einen empfindlichen Nerv berührten. Vielleicht meinte er daher, ein langfristiges Herangehen an die Reform der Liturgiereform, die in einem tieferen Verständnis des Geheimnisses des christlichen Gottesdienstes als unserer Teilnahme an der göttlichen Liturgie im Himmel zu wurzeln hätte, sei sowohl für die Einheit der Kirche als auch für die letztendliche Rechtfertigung des Zweiten Vatikanums vonnöten.[116] Für seinen Umgang mit liturgischen Verirrungen und einer Liturgiereform spielte sicherlich auch eine Rolle, dass Johannes Paul II. in die legitimen Befugnisse der Ortsbischöfe nicht eingreifen wollte. So wie er es sah, war es nicht die Aufgabe des Papstes, eine weltweite Polizeiaufsicht über die Liturgie zu führen. Es liege vor allem in der Verantwortung der Ortsbischöfe über die Unversehrtheit der Sakramente und der Liturgie zu wachen, und es sei weder möglich noch wünschenswert, dass der Papst jeden Bischof in der Welt beaufsichtigt, damit dieser nur ja den nötigen Eifer bei der Wahrung der liturgischen Ordnung zeigt. Von großer Bedeutung war hier das Unvermögen der nationalen Bischofskonferenzen, ihre eigenen Mitglieder zu disziplinieren. Dasselbe Problem ergab sich bei der Frage, ob die lateinische Liturgie getreu und angemessen in die jeweiligen Landessprachen übersetzt worden war. Besonders schwierig lag der Fall in der angelsächsischen Welt. Wo es um die Reform der englischen Übersetzung der liturgischen Bücher der Kirche ging, war die amerikanische Bischofskonferenz, nicht das Papstamt oder der Vatikan der Stolperstein.[117]

Hinzukommt noch Johannes Pauls Achtung vor anderen Kulturen und sein Wille, diese Kulturen zu ehren, so gut er konnte. Diese Aspekte seiner personalistisch inspirierten Erfüllung des Papstamtes beeinflussten die päpstlichen Liturgiefeiern in der Welt und in Rom, manchmal auf eine Weise, die den Kritikern dann doch zu viel der kulturellen Anpassung erschien. Eine subtilere und wohl sprechendere Kritik an der Verwendung lokaler Bräuche in päpstlichen Liturgiefeiern kam von denjenigen, die meinten, es möge ja angemessen sein und im Sinne des *munus sanctificandi* vielleicht sogar geboten, lokale Riten in die Messen aufzunehmen, die er auf seinen Reisen in anderen Ländern zelebrierte. Es aber in Rom zu tun, wo der römische Ritus als gemeinsames Gut der gesamten Weltkirche gepflegt werden sollte, sei unpassend.

In den ganzen 26 Jahren seines Pontifikats übte Papst Johannes Paul II. eine Art universales Priesteramt aus, das den päpstlichen Dienst zu heiligen auf beispiellose Weise belebte. Kardinal O'Connors Bemerkung, bei Johannes Paul II. wusste die Welt, dass sie einen Papst hatte, lässt sich in dieser Hinsicht erweitern: Die Welt wusste, dass sie einen Papst hatte, der Priester war, Mittler zwischen Gott und den Menschen und ein Werkzeug der Gnade Gottes.

Üben den Vorwurf, Johannes Paul II. habe nicht genug darauf geachtet, die katholische Liturgiepraxis zur Ordnung zu rufen, wird noch in Jahrzehnten gestritten werden, vielleicht noch in Jahrhunderten. Es blieb nicht unbemerkt, dass Johannes Pauls Nachfolger Benedikt XVI. in den ersten Jahren seines Pontifikats in bezug auf die Pastoralordnung einen ähnlichen Kurs eingeschlagen hat, während er gleichzeitig in seinen Liturgiefeiern eine stärker klassische Form vorzog, als Piero Marini sie praktiziert hat. Nicht bestreiten lässt sich freilich, dass die Welt in Johannes Paul II. einen Mann der Heiligkeit schätzt, der sein Leben einsetzte, um anderen die Möglichkeit und die Mittel der Heiligung zu bieten. Was mehr können wir vom *munus sanctificandi* erwarten?

Munus Regendi: *Der Dienst des Leitens*

Nach katholischer Lehre und kanonischem Recht liegt die Fülle der legislativen, exekutiven und judikativen Autorität der Kirche beim Petrusamt. Doch handelt es sich bei den Päpsten keineswegs um absolute Monarchen. Die Heilige Schrift und die maßgebende kirchliche Tradition setzen der päpstlichen Lehrautorität Grenzen, die Autorität der Heiligung wird von der Sakramentenordnung in der Kirche geregelt, einem stabilen und unwandelbaren Element des katholischen Lebens und Handelns.[118] Was die Ausübung des *munus regendi* – des päpstlichen Leitungsamts – betrifft, so erinnerte zuletzt das autoritäre Regime von Papst Pius XI. an den Führungsstil, den Schriftsteller (und einige Journalisten) für typisch päpstlich halten. Tatsächlich war Achille Ratti, der 1922 wenige Monate nach seiner Kreierung zum Kardinal den Stuhl Petri bestieg, der letzte Papst, der einen Kardinal – den Franzosen Louis Billot – zum Verzicht auf den roten Hut zwang, und generell kein Mann, mit dem man es sich verscherzen durfte. Gleichwohl verließ er sich in der Diplomatie auf seine Kardinalstaatsekretäre Pietro Gasparri und Eugenio Pacelli und bei der Wahrnehmung seines Lehramts auf katholische Intellektuelle wie Oswald von Nell-Breuning und John LaFarge, beide Jesuiten.[119]

Diese Beispiele legen nahe, dass die Ausübung des päpstlichen *munus regendi* von zahlreichen Faktoren beeinflusst wird: von den persönlichen Gaben und Neigungen eines bestimmten Papstes; der Fähigkeit der Berater, denen er Gehör schenkt, aber auch der seiner Untergebenen, die mit der Durchführung seiner Entscheidungen betraut sind; die Breite, Tiefe, Aktualität und sachkundige Analyse der Informationen, die aus den Nuntiaturen, der Kurie und den informellen Quellen in das päpstliche Haus gelangen. Daneben wird das *munus regendi* auch geprägt von dem Gefühl der Hochachtung, das ein Papst den Befugnissen der Ortsbischöfe und Ordensoberen entgegenbringt, von seiner Bereitschaft, Brüche zu riskieren, und der Fähigkeit, Kritik für unpopuläre Entscheidungen hinzunehmen. In einigen dieser Aspekte setzte das Pontifikat von Johannes Paul II. bei der Erfüllung des *munus regendi* neue Maßstäbe.

Kein Papst der neuzeitlichen Papstgeschichte suchte die Konfrontation mit einem so breiten Spektrum von Informationen und Meinungen wie Johannes Paul II. Ein auffallender Zug seiner Persönlichkeit war die Entschlossenheit, mit der er die Wahrheit aussprach, so wie er sie verstand, aber auch seine Beherztheit und Gelassenheit angesichts verständnisloser oder nur kleinlicher Kritik waren bemerkenswert. Er begriff die Bedeutung, die den weltweiten Medien bei der Verbreitung seiner Botschaft zukam, und engagierte daher einen päpstlichen Pressesprecher, der alle seine Vorgänger an Kompetenz weit übertraf. Gleichwohl weigerte sich Johannes Paul II. anders als die meisten Persönlichkeiten des öffentlichen Lebens seiner Zeit, seine Botschaft mit Rücksicht auf die Kritik in Kirche und Medien zu formulieren (wobei die Journalisten oft genug von seinen innerkirchlichen Kritikern angestiftet und unterstützt wurden). Wo immer es um Personen und Ämter ging, war er geneigt, seinem Instinkt zu folgen und bei Bischofsernennungen mutige Entscheidungen zu treffen, so etwa zugunsten von Jean-Marie Lustiger in Paris, John J. O'Connor in New York, Francis E. George OMI in Chicago, Norberto Rivera Carrera in Mexikostadt, Jorge Mario Bergoglio SJ in Buenos Aires, Marc Ouellet PSS in Québec, George Pell in Melbourne und später in Sydney und beim Generalvikar der Diözese Rom und Vorsitzenden der Italienischen Bischofskonferenz Camillo Ruini. Die Vorgänger von Joseph Ratzinger, der unter Johannes Paul II. über dreiundzwanzig Jahr lang das Amt des Präfekten der Kongregation für die Glaubenslehre bekleidete, waren zweifellos fähige Köpfe, doch kaum Theologen von seinem Rang. Hätte sich ein anderer Papst so wohl gefühlt mit einem Präfekten, der nicht nur als Theologe beschlagener als er selbst war, sondern darüber hinaus seine Überzeugungen in vielen Büchern niedergelegt hatte, die die katholische Welt diskutierte? Auch auf der Grenze zwischen dem *munus regendi* und dem *munus docendi* war Johannes Paul bereit, bei der Wahrnehmung seines Lehramts den Rat anderer zu suchen und Verbesserungs- und Änderungsvorschläge in Betracht zu ziehen, zum Beispiel in den Enzykliken *Centesimus Annus*, *Veritatis Splendor*, *Evangelium Vitae* und *Fides et Ratio* und den apostolischen Schreiben *Ordinatio Sacerdotalis* und *Tertio Millennio Adveniente*.

Karol Wojtyła war vom Wesen her kein Mensch, der an den Aufgaben eines Verwalters und Managers Gefallen fand. Trotzdem verwandte er als Erzbischof von Krakau und Bischof von Rom beträchtliche Energien auf die Leitung großer Institutionen und opferte einen nicht geringen Teil seines geistigen Lebens Aufgaben, die ihm – in seinen Augen – die Kirche und damit letztlich Gott auferlegt hatten. Wenn es einen erfolgreichen Verwalter eines großen Unternehmens auszeichnet, ehrgeizige Ziele vorzugeben und zu erreichen, dann war Wojtyła in der Erfüllung des päpstlichen *munus regendi* im Großen und Ganzen erfolgreich.[120] In den späteren Jahren des Pontifikats behaupteten Stimmen, Johannes Paul verdiente als „Prophet" und als „Priester" die Note Eins und als

„König" (wie es oft so schön hieß) eine Fünf. Man schien sich vorzustellen, er würde einen neuen Pius XI. abgeben, aber darauf lief das Pontifikat Johannes Pauls II. nicht hinaus, und zwar aus (guten) Gründen, die in Charakter und Persönlichkeit Johannes Pauls II. lagen, darüber hinaus aber auch wegen der Grenzen, die der Ausübung des *munus regendi* in der nachkonziliaren Kirche und dem Vatikan gesetzt sind, und aufgrund seines Gefühls für Prioritäten, das sich sowohl in seinem Gebet als auch in seiner Erkenntnis der eigenen Stärken und Schwächen widerspiegelte.

Der Dienst des Leitens unter Johannes Paul war dennoch nicht frei von Mängeln, Enttäuschungen und Fehlschlägen.

Die Kurie. Johannes Paul II. wusste genau, dass seine Papstwahl für die von den Italienern dominierte Kurie nahezu traumatisch war. Daher bemühte er sich während seines Pontifikats, ihr die Ängste zu nehmen und sie zu einem eher apostolischen Verständnis ihrer Aufgaben zu bewegen. Womöglich auch aufgrund seiner Wertschätzung für Paul VI. rührte Johannes Paul II. nicht an eine folgenschwere Neuerung, die viele Beobachter für den größten Schwachpunkt der nachkonziliaren Kurienreform hielten: der Ersetzung der Glaubenskongregation als ranghöchster Kurienbehörde durch das Staatssekretariat. Sie hatte dazu geführt, dass eine vorwiegend mit Diplomaten besetzte Dikasterie verwaltungstechnisch nicht nur dem obersten für Lehre und Theologie zuständigen Amt vorstand, sondern auch allen anderen kurialen Behörden. Zu Zeiten Papst Pauls VI. erschien dies durchaus sinnvoll, denn in seinem Regierungssystem wurden alle Angelegenheiten unabhängig von ihrem Inhalt erst einmal im Staatssekretariat geprüft, bevor sie ihm vorgelegt wurden. Zusätzliche Probleme bereiteten viele „päpstlichen Räte". Ursprünglich hatte sie Paul VI. ins Leben gerufen, um wesentlichen Themen des Zweiten Vatikanums einen festen Platz in der Zentralverwaltung der Kirche zu geben, etwa der Ökumene, dem interreligiösen Dialog, der Gerechtigkeit und dem Frieden auf der Welt. Doch handelte es sich bei diesen Räten längst nicht mehr um die hausinternen Forschungsabteilungen, als die sie ursprünglich gedacht waren, sondern um selbständig agierende Staaten im Staat, die ausgiebig Dokumente und Erklärungen produzierten und für Verwirrung sorgten, weil aus den Schriftstücken nicht klar hervorging, wer für den Heiligen Stuhl und wer für die Katholische Kirche sprach. Johannes Paul II. ließ beide Probleme auf sich beruhen. Während des Konklaves 2005 war es einigen einflussreichen Kardinälen allerdings ein wichtiges Anliegen, dass sein Nachfolger die Lösung der beiden Probleme entschieden anpackte. Darüber hinaus erwarteten sie vom neuen Papst eine Antwort auf die allgemeinere Frage, wie man die Kompetenzen der römischen Kurie stärken und beispielsweise dem Informationsfluss besser begegnen könne, der durch das Internet enorm ausweitet wurde.

Hatte Johannes Paul in seinen ersten Amtsjahren dafür gesorgt, dass die römische Kurie internationaler besetzt war, so erfuhr dieses Vorgehen in den letzten Jahren seines Pontifikats einen gewissen Rückschlag. Schon Papst Paul VI. hatte erste Schritte zu einer neuen Besetzungspolitik eingeschlagen, richtig

Fahrt nahm sie aber erst unter Johannes Paul II. auf, der, um nur einige Beispiele zu nennen, einen Beniner und einen Brasilianer zu Präfekten der Kongregation für die Bischöfe, einen Deutschen zum Präfekten der Kongregation für die Glaubenslehre, einen Slowaken zum Präfekten der Kongregation für die Evangelisierung der Völker, einen Amerikaner und einen Polen zu Präfekten der Kongregation für das katholische Bildungswesen, einen Chilenen und einen Nigerianer zu Präfekten der Kongregation für den Gottesdienst und die Sakramentenordnung, einen Belgier zum Generalsekretär der Bischofssynode, einen Amerikaner zum Präfekten des Päpstlichen Hauses und einen Spanier zum päpstlichen Pressesprecher ernannte. Unter dem Einfluss von Johannes Pauls Kardinalstaatssekretär Angelo Sodano, im Amt von 1991 bis 2005, scheint das Verfahren wenn schon nicht völlig revidiert, so doch zumindest aufgeweicht worden zu sein. In den letzten Jahren Johannes Pauls II. fiel die Kurie häufig wieder in den vor 1978 üblichen Trott zurück, der dem Papst insbesondere während der langen Bußzeit von 2002 keinen guten Dienst erweisen sollte.

Johannes Paul II. war sich bewusst, dass seine Stärken in der Lehre, im Zeugnisablegen und in der weltweiten Ausübung des *munus sanctificandi* lagen. Das Wagnis, eine umfassende Reform der Römischen Kurie zu unternehmen, entsprach nicht seinem Charakter, und um wie viel weniger hätte eine radikale Umgestaltung zu ihm gepasst. Zweifellos hätte er die Aufgabe delegieren können, doch scheint diese interessante Idee in Anbetracht des Selbstbilds Johannes Pauls, der sich als polnischer Außenseiter im Vatikan empfand, nur wenig realistisch zu sein. Für die Lösung der Strukturprobleme in der kirchlichen Zentralverwaltung, die Johannes Paul II. über zwei Jahrzehnte lang im Großen und Ganzen recht erfolgreich für seine Zwecke nutzen konnte, war er nicht gerüstet. Ein künftiger Papst wird sie sicherlich in Angriff nehmen müssen.

Die Theologen und Universitäten. Trotz der intellektuellen Originalität, die Johannes Paul II. während seines Pontifikats entfaltete, verfolgte ihn ein Vierteljahrhundert lang der Vorwurf, seine Haltung zur spekulativen katholischen Theologie sei repressiv und autoritär. Zum ersten Mal verfestigte er sich in der Presse und den fortschrittlichen Kreisen des Katholizismus, als der Vatikan 1979 beschloss, Hans Küng die kirchliche Lehrerlaubnis als Professor für katholische Theologie an der Universität Tübingen zu entziehen. Als dem amerikanischen Moraltheologen Charles Curran 1986 dasselbe als Dozent für katholische Theologie an der Catholic University of America widerfuhr und die Fakultät ihn in der Folge entließ, erlangten die Unterstellungen den Status eines unanfechtbaren Gemeinplatzes. Gleichwohl wurden die beiden Männer nicht ihres Priesteramts enthoben, Küng lehrte weiter in Tübingen als Professor für Ökumenische Theologie, und Curran fand bald eine Stelle als ordentlicher Professor an der Southern Methodist University in Dallas. Beide Männer publizierten weiter und wurden noch Jahre später in der Weltpresse zitiert. Küng trat beim Jahrestreffen der internationalen Wirtschafts- und Politikerelite im schweizerischen Davos sogar gelegentlich als deren Berater auf.

Wenn das Repression ist, dann doch wohl eine der milden Sorte. Darüber hinaus gaben Küng und Curran freimütig zu, sie glaubten und lehrten nicht, was die katholische Kirche als wahr erachtet und lehrt. In Küngs Fall ging es um das Dogma von der päpstlichen Unfehlbarkeit – sogar in der relativ enggefaßten Formulierung durch das Erste Vatikanum.[121] Curran behauptete, dass das kirchliche Lehramt in zahlreichen Fragen der Sexualmoral irrige Auffassungen vertrat.[122] Dass Professoren, die ihre Ablehnung katholischer Lehrmeinungen überdeutlich zum Ausdruck gebracht hatten, Johannes Paul II. nach dem Entzug der Lehrerlaubnis für katholische Theologie einen Missbrauch des *munus regendi* vorhalten sollten, schien selbst Intellektuellen auf dem linken Flügel der katholischen Kirche ungerechtfertigt zu sein.

Doch etwas blieb hängen, dauerhaft hängen. Noch sechs Wochen vor Johannes Pauls II. Tod veröffentlichte die fortschrittliche US-Wochenzeitschrift *National Catholic Reporter* eine Liste von dreiundzwanzig „Theologen und anderen Kirchenmitgliedern, gegen die der Vatikan in der Amtszeit Johannes Pauls II. disziplinarisch vorgegangen“ war. Die verhängten Strafen fielen in den genannten Fällen recht unterschiedlich aus. Was die Streitfragen betraf, so ging es neben dem Unfehlbarkeitsdogma und der kirchlichen Sexualmoral um die historische Wahrheit der Auferstehung Christi, die Jungfrauengeburt, Christi Erlösungswerk und andere zentrale Probleme der Christologie, die Hierarchie der Kirche, das Wesen der Erlösung und sein Verhältnis zum politischen Kampf, die Erbsünde, pantheistische Interpretationen der Präsenz Gottes in der Schöpfung, die Abtreibung, die Weigerung, rechtmäßige Weisungen kirchlicher Vorgesetzter zur Niederlegung eines politischen Amts zu befolgen, und Verfehlungen im Bischofsamt.[123] Manche der disziplinarisch Belangten verließen das Priesteramt oder ihren Orden und in einigen Fällen auch die katholische Kirche. Der französische Erzbischof Marcel Lefebvre etwa (er wurde 1988 nach der unerlaubten Ordination von vier Bischöfen exkommuniziert) hatte mit dem fortschrittlichen katholischen Lager gar nichts zu tun, was für sich genommen höchst aufschlussreich ist: Das einzige formelle nachkonziliare Schisma ereignete sich – um dem üblichen politischen Sprachgebrauch zu folgen – auf der extremen Rechten. Das deutet darauf hin, dass die meisten Kirchenkritiker am anderen Ende des katholischen Spektrums klar sahen, dass sie nur dann sinnvoll in die katholischen Debatten eingreifen konnten, wenn sie formell in der Kirche blieben. Bei einem Teil der Kirchenkritiker spiegelt sich darin zweifellos eine aufrichtige Zuneigung zur Kirche, bei anderen aber dürfte die scharfsinnige Einsicht ausschlaggebend gewesen sein, dass die Weltpresse ihr Interesse an katholischen Kirchenkritikern verliert, sobald sie nicht mehr katholisch sind (wie einige auf der Liste des *National Catholic Reporter* erfahren mussten, zum Beispiel der Brasilianer Leonardo Boff und der Amerikaner Matthew Fox).

Das Pontifikat Johannes Pauls II. erweiterte das katholische Denken in vielfältige Richtungen. Wie jeder andere Papst jedoch war Johannes Paul gehalten, das Bestehen von Grenzen zu lehren, und darüber hinaus zu ihrer Wahrung verpflichtet, sobald sie in grundlegenden Fragen der Glaubenslehre verletzt

wurden. Darüber hinaus widerspricht es den gegen Johannes Paul erhobenen Repressionsvorwürfen, dass am Ende des Pontifikats – auf der Welt und in Rom – viele theologische Fakultäten nach wie vor fest in der Hand von Gelehrten waren, die seinem Lehramt zutiefst kritisch gegenüber standen. Auf dem ewig kontroversen Gebiet der Moraltheologie mag der Einfluss der Gegner Johannes Pauls II. zurückgegangen sein. Immerhin zieht eine jüngere Generation katholischer Moraltheologen, geprägt von seiner Theologie des Leibes, die von ihren theologischen Lehrern bestrittene Möglichkeit in Betracht, die Kirche könnte in Sachen Sexualethik doch das Richtige lehren. Dennoch wäre fünf Jahre nach Johannes Pauls Tod ein Theologe, der eine ordentliche Professur an gewissen prestigeträchtigen katholischen Universitäten in den Vereinigten Staaten anstrebt, immer noch schlecht beraten, während des Bewerbungsgesprächs Johannes Pauls II. Lehre vom in sich unmoralischen Wesen homosexueller Handlungen oder von der Unzulässigkeit der Frauenordination zu verteidigen.

Statt Kirchenkritiker mundtot zu machen, entschied sich Johannes Paul II. wie so oft in der Ausübung des *munus regendi*, das Neue, Fordernde und kraftvoll Orthodoxe im katholischen Geistesleben zu stärken. Unter den päpstlichen Institutionen in Rom förderte er Neugründungen wie die Päpstliche Universität vom Heiligen Kreuz und das Päpstliche Athenaeum Regina Apostolorum, die sich beide rasch zu geistigen Zentren ersten Ranges entwickelten, statt die Päpstliche Universität Gregoriana zu zwingen, ihre grundlegende Moraltheologie der Enzyklika *Veritatis Splendor* anzunähern, beziehungsweise die Päpstliche Universität Urbaniana, an der viele künftige Leiter der Kirche in der dritten Welt studieren, ihre Lehre über die christliche Mission und die neue Evangelisierung in größere Übereinstimmung mit der Enzyklika *Redemptoris Missio* zu bringen.

Die langfristigen Folgen dieser Strategie werden erst im Laufe des 21. Jahrhunderts sichtbar werden. Sie mag sich als Irrtum erweisen. Dass während des geistig folgenreichsten Pontifikats seit Jahrhunderten unter der Leitung eines Mannes, der dem akademischen Leben soviel Achtung entgegengebracht hat, Unterrichtsinhalte und -methoden an den älteren päpstlichen Universitäten nicht ernsthaft reformiert wurden, wird den einen als verpasste Gelegenheit, den anderen als ein Versagen in der Ausübung des *munus regendi* erscheinen. Wie auch immer man diese Strategie beurteilt, letztlich hat sie ihre Parallelen in der Strategie, die Johannes Paul für die Ausübung des päpstlichen Lehramts, des *munus docendi*, wählte: für die katholischen Glaubenswahrheit überzeugende Argumente vorzubringen, häufig mit Hilfe neuer Analysemethoden, statt eine Lehrverurteilung nach der anderen auszusprechen.

Jedenfalls erscheint die Folgerung, Johannes Paul habe sein *munus regendi*, wenn es um seine theologischen Gegner ging, repressiv und autoritär ausgeübt, an den Haaren herbeigezogen. Es sei denn, man ist der Meinung, dass Kirchenkritiker, die unverblümt aussprechen, dass sie nicht akzeptieren, was die katholische Kirche als wahr lehrt, trotzdem unabweisbar beanspruchen können, katholische Theologie zu lehren.

Das Weltepiskopat, die Kollegialität und die Bischofssynode. Johannes Paul II. ernannte bei weitem mehr katholische Bischöfe als jeder Papst vor ihm. Wie ernst er diesen Aspekt des päpstlichen *munus regendi* nahm, zeigte sich an der hohen Befähigung der Präfekten der Kongregation für die Bischöfe, die die Anwärter auf ein Bischofsamt auf Herz und Nieren prüft und dem Papst präsentiert: des Beniner Kardinals Bernardin Gantin, des brasilianischen Dominikaners Lucas Moreira Neves und des italienischen Kurienkardinals Giovanni Battista Re, der beinahe elf Jahre lang als Substitut des Staatssekretariats wirkte. Gelegentlich zeigte sich Johannes Paul II. jedoch unzufrieden mit dem Ablauf des Ernennungsverfahrens. Die *terna* genannte Liste mit den drei Kandidaten für das Amt des Erzbischofs von New York, die ihm die Kongregation für die Bischöfe auf Empfehlung des apostolischen Delegaten in Washington vorlegte, lehnte er 1984 ab. Sie schien ihm ein Ausdruck der Selbstzufriedenheit, die die Leitung der US-Bischofskonferenz dem katholischen Leben im Amerika entgegenbrachte, und das wollte er korrigieren. Er folgte also dem Rat von Moreira Neves, des damals zweithöchsten Beamten der Kongregation für die Bischöfe, verwarf die sich am Status quo orientierende *terna* und ernannte zur Überraschung aller Katholiken John J. O'Connor, der erst acht Monate zuvor die Leitung der Diözese Scranton übernommen hatte, zum „Erzbischof der Welthauptstadt", wie er gerne sagte. In der Hauptsache jedoch akzeptierte Johannes Paul den üblichen Ablauf des Ernennungsverfahrens, während er sich gleichwohl um seine Stärkung bemühte, indem er Männer seines Vertrauens zu Präfekten der Kongregation für die Bischöfe machte.

Johannes Paul II. hatte im Laufe von sechsundzwanzig Jahren mit vielen Bischofsernennungen beeindruckenden Erfolg. Es gab freilich auch Fehlentscheidungen, einige von ihnen sogar mit gravierenden Folgen. Schließlich ließ sich am Ende des Pontifikats schwerlich behaupten, dass das Weltepiskopat in seiner Gesamtheit Johannes Pauls II. Beispiel einer dynamischen, mutigen, intellektuell und spirituell anspruchsvollen und tiefgründigen bischöflichen Leitung entsprach. Natürlich ist von einem Nominierungsverfahren nicht zu erwarten, dass es für praktisch unbegrenzten Nachschub an Männern mit den außergewöhnlichen Gaben eines Karol Wojtyła sorgt. Um die vom Zweiten Vatikanum entwickelte und von Johannes Paul II. verkörperte Vorstellung einzulösen, ein Bischof müsse sich vor allem energisch für die Evangelisierung einsetzen, hätte man wohl die Kriterien verändern müssen, anhand deren die apostolischen Delegaten oder Nuntii die Bischofsanwärter einer ersten Prüfung unterzogen. Die Beratungen der päpstlichen Vertreter über die Bischofskandidaten fanden zumeist in einem kleinen, vorwiegend geistlichen und bisweilen sogar ausschließlich bischöflichen Kreis statt. Während es durchaus angebracht war, dass die Rechtgläubigkeit der in Frage kommenden Priester über jeden Zweifel erhaben sein sollte, schien es bei ihrer Beurteilung zu wenig ins Gewicht zu fallen, ob sie das kirchliche Angebot überzeugend und wirksam vermitteln konnten: Noch im letzten Jahrfünft des Pontifikats stand der rechte Glauben der Kandidaten im Mittelpunkt des gängigen Eignungsfragebogens. Ihrem

Talent, Menschen von der Wahrheit des katholischen Glaubens zu überzeugen, ihren Erfolgen, sie in die Kirche zu holen, oder ihrem Mut, die Soziallehre der Kirche öffentlich zu vertreten, galt kein besonderes Interesse.[124]

Zum Ende des Pontifikats hin glaubten weltweit viele Katholiken, die die Person und das Lehramt Johannes Pauls II. verehrten und ihr Leben für ihn gegeben hätten, dass die mangelnde Qualität der bischöflichen Leitung zu einem der schwersten Probleme der katholischen Kirche geworden war – und zwar trotz der sichtbaren Leistungen des Papstes bei der Neugestaltung von Teilen des katholischen Weltepiskopats und seiner Schirmherrschaft über das 2004 erschienene eindrucksvolle *Direktorium für den pastoralen Dienst der Bischöfe*. Die Ursachenforschung wird noch lange nach dem Tod des Papstes anhalten. Dabei wird in der Diskussion der von Johannes Paul II. versäumten umfassenden Reform der Auswahlkriterien und des Ernennungsverfahrens eine herausragende Bedeutung zukommen.[125]

Die Kritiker des Pontifikats vom fortschrittlichen Flügel der Kirche erklärten darüber hinaus, die angeblich „zentralistischen" Tendenzen in Johannes Pauls II. Ausübung des *munus regendi* hätten die Rolle der vom Zweiten Vatikanum eingesetzten nationalen Bischofskonferenzen geschwächt. Dieser Vorwurf scheint ein wenig übertrieben. Tatsächlich reagierte Johannes Paul, wenn ihn ein Bischof auf *ad-limina*-Besuch mit einem schwierigen pastoralen Problem konfrontierte, regelmäßig mit einer Gegenfrage: „Haben Sie diese Angelegenheit bereits mit der Konferenz besprochen? Was kann die Konferenz für Sie tun?"

Die Erfahrungen des Papstes mit der einigen und mutigen polnischen Bischofskonferenz haben vielleicht sein Urteil über die Fähigkeiten dieser kirchlichen Institutionen verklärt. In Polen war die Situation in vieler Hinsicht einzigartig. In der restlichen Weltkirche, insbesondere aber in den Industrieländern, hatten die Leitungsgremien die Kontrolle über die Bischofskonferenzen an sich gebracht, in denen nun die Mentalität von altmodischen Herrenklubs herrschte und Kritik an den Kollegen die Grenzen des Erlaubten überschritt. Eine realistischere Kritik an Johannes Pauls II. Verhältnis zu den nationalen Bischofskonferenzen würde daher argumentieren, dass der Papst diesen Körperschaften allzu sehr zutraute, die Probleme ihrer Diözesen offen und direkt anzusprechen. Das Bekenntnis zum Kollegialitätsprinzip verleitete ihn bei verschiedenen Anlässen zu Fehlentscheidungen, nicht zuletzt als das Versagen der US-Bischofskonferenz im sexuellen Missbrauchsskandal (vor dem die amerikanischen Prälaten vor der langen Bußzeit von 2002 gewarnt hatten) in der Öffentlichkeit wie eine Bombe einschlug und Rom zur Stellungnahme zwang. Ähnliche Unzulänglichkeiten prägten darüber hinaus den Umgang vieler Bischofskonferenzen mit kritischen Theologen, Ordensfrauen und auch Bischofskollegen, deren Rechtgläubigkeit Anlass zu Zweifeln gab. Nicht selten blieben dem Vatikan und dem Papst gar nichts anderes übrig, als die erforderlichen Disziplinarstrafen zu verhängen, die eigentlich von der örtlichen Bischofskonferenz hätten ausgesprochen werden müssen, und dafür zogen sie sich dann die unvermeidliche und manchmal recht scharfe Kritik zu, sie würden autoritär die kirchliche Lehre und Moral durchsetzen. Das Versagen nationaler Bischofskonferenzen, das *munus regendi* in ihren jeweiligen Zuständigkeitsbereichen wirksam auszuüben, war, so ließe sich argumentieren, von weitaus größerer Tragweite für das Pontifikat von Johannes Paul II. als seine vermeintlichen Zentralisierungsbestrebungen.

Die Vorgehensweise der Bischofssynode unter Johannes Paul II. wurde ebenfalls häufig kritisiert (unter vier Augen auch vom Papst selbst). Ihr Generalsekretär verteidigte einmal ihre gewundenen Verfahren mit dem Hinweis, dass die Synode, die Paul VI. nach dem zweiten Vatikanum als einen institutionellen Ausdruck der bischöflichen Kollegialität geschaffen hatte, sich nicht anhand gesellschaftlicher oder politischer Modelle begreifen ließe. Die Synode, so Jan Kardinal Schotte, sei „keine Legislative über, gegenüber oder neben der päpstlichen Exekutive." Das Mehrheitsprinzip träfe auf sie nicht zu, da sie „mehr und tiefer" sei, eine Sache des „Hörens auf Christus und den Heiligen Geist", und deshalb auch kein Organ, das „sich von seinen Verfahren her verstehen lässt."[126] Gegen diese Theologie der Synode lässt sich im Grunde nichts sagen, doch beantwortet Kardinal Schotte mit seiner Verteidigung des synodalen Prozesses nicht die Frage, warum „das Hören auf Christus und den Heiligen Geist" ein wochenlanges Anhören zehnminütiger Vorträge in der Synodenversammlung erfordert, ohne dass eine Ordnung erkennbar ist oder sich eine Aussprache anschließt und Diskussionen im Großen und Ganzen auf kleinere Gruppen beschränkt bleiben, die Thesen zur Vorlage beim Papst formulieren.

Einige altgediente Synodale respektierten Johannes Pauls II. Geduld mit den langwierigen Beratungen des schwerfälligen Organs (der Papst nahm an jeder Sitzung der Synode persönlich teil), fanden aber den Prozess zu langatmig und in der Prioritätensetzung mangelhaft. Francis Kardinal George aus Chicago meinte, dass am Ende der Beratungen zwar nie mehr als der kleinste gemeinsame Nenner herauskäme, aber angesichts der enormen Zahl der beteiligten Bischöfe sei das nicht zu verachten. Ein kleinster gemeinsamer Nenner lasse nämlich, außer dass er an sich schon ein positiver Ertrag sei, Raum für weitere Überlegungen.[127] Das ist eine interessante Beobachtung, wenn man berücksichtigt, dass die Außerordentliche Bischofssynode von 1985 „den kleinsten gemeinsamen Nenner" in zwei entscheidenden Punkten gefunden hatte – dass das Zweite Vatikanische Konzil die Kontinuität der kirchlichen Tradition wahre und der Schlüssel zu den Konzilsdokumenten in der Vorstellung von der Kirche als *communio* liege, als einer universalen Gemeinschaft von Jüngern. Die Verteidiger der Synode wiesen außerdem auf die Bedeutung der informellen Treffen hin, auf denen die Leiter des Weltepiskopats sich (und die Probleme der anderen) besser kennenlernen könnten.

Davon unberührt bleibt die Tatsache, dass die bemerkenswertesten Früchte der Synoden die nachsynodalen apostolischen Schreiben Johannes Pauls II. waren. *Pastores Dabo Vobis,* um nur ein Beispiel zu nennen, veränderte einschneidend die Priesterseminare in allen Teilen der Weltkirche. Zwar ist das mehr dem apostolischen Schreiben und weniger dem synodalen Prozess zu verdanken, doch könnten die Verfechter der Synoden anmerken, erst der Prozess habe dem nachsynodalen Dokument sein eigentliches Gewicht verliehen.

Verfehlungen. Für die Verfehlungen der Priesterschaft, die während des Pontifikats in die Öffentlichkeit drangen, kann man Johannes Paul II. beim besten Willen nicht verantwortlich machen. Er lehrte und verkörperte fast sechzig Jahre lang eine aufrechte und heroische Idee vom Priesteramt und inspirierte Tausende, vielleicht sogar Zehntausende zu einem Leben in Einklang mit ihrer Priesterberufung. Die Verfehlungen, die etwa im sexuellen Missbrauchsskandal der Geistlichkeit in den Vereinigten Staaten, Kanada und Irland offenkundig wurden und die die letzten Jahre des Pontifikats erschütterten, demonstrieren jedoch, dass selbst dem überzeugendsten päpstlichen Vorbild Grenzen gesetzt sind und dass das Weltepiskopat einer gründlicheren Reform bedarf, was im übrigen auch für das in Afrika und einigen Teilen Lateinamerikas nicht selten praktizierte priesterliche Konkubinat gilt. Denn in praktisch all diesen Fällen wurden individuelle Straftaten zu öffentlichen Skandalen, weil die Ortsbischöfe in ihrer Leitungsfunktion versagt hatten.

Gegenstand berechtigter Kritik hingegen ist Johannes Pauls II. *munus regendi* in Bezug auf die Männer- und Frauenorden. Karol Wojtyła hatte lange geglaubt und gelehrt, das geweihte Leben sei eine Art spirituelles Energiezentrum der Kirche. Geprägt von dieser Überzeugung, hätte er – entgegen anderslautender Behauptungen – niemals bewusst Verfehlungen in Gemeinschaften gutgeheißen, die unter dem Gelübde der Armut, Keuschheit und Gehorsam lebten. Doch kümmerte sich sein Pontifikat, das große Mühen auf die Reform der Diözesanpriesterschaft verwendete, nicht annähernd so ernsthaft um die Verirrungen im Glauben und der Lebensführung, die in vielen Männer- und Frauenorden grassierten.

Ein besonders denkwürdiger Fehlschlag war Johannes Pauls Versuch, die Reform der Gesellschaft Jesu in Gang zu bringen. Er unterstellte die Gesellschaft, einen der Eliteorden des Katholizismus, 1981 einer Art päpstlicher Zwangsverwaltung, um ihr eine Schocktherapie zu verabreichen.[128] Die Intervention hatte nicht die erhoffte Wirkung. Obwohl die Jesuiten in den letzten eineinhalb Jahrzehnten des Pontifikats Kandidaten anzogen, deren Berufung teilweise vom Zeugnis Johannes Pauls II. geformt war, blieb die Gesellschaft Jesu (die mitunter eigenartige Interpretationen des Armuts-, Keuschheits- und Gehorsamsgelübdes pflegte) insgesamt eines der wichtigsten Zentren theologischer Abweichungen in bezug auf Fragen, die von der einzigartigen Stellung Christi als universellem Erlöser bis zu wichtigen Fragen der Sexualmoral reichen.[129]

Ähnliche Schwierigkeiten schwächten auch die einst so lebendigen amerikanischen Frauenorden, bis die Oberinnen der Gemeinschaften, die sich der Vision eines geweihten Lebens im Sinne des nachsynodalen Apostolischen Schreibens *Vita Consecrata* von Johannes Paul II. verschrieben hatten, ein neues Gremium gründeten: den Council of Major Superiors of Women Religious. Der neue Rat sollte ausdrücklich eine Alternative zur etablierten Leadership Conference of Women Religious (LCWR) darstellen, die während des Pontifikats von Gemeinschaften dominiert wurde, die recht deutlich von Johannes Pauls Verständnis vom Ordensleben abwichen und sich in manchen Fällen sogar als postchristlich bezeichneten.[130] Es wurden maßvolle Versuche unternommen, die LCWR-Kongregationen zur Überprüfung ihrer Positionen zu bewegen, so unter anderen in Fragen der Frauenordination, Homosexualität und Lebensführung. Eine vom Papst 1983 ernannte Kommission unter Leitung des Erzbischofs John R. Quinn von San Francisco verfasste schließlich ein kraftloses Dokument mit dem Titel „Wesentliche Elemente der Lehre der Kirche über das Ordensleben", das zahlreiche Mitglieder der LCWR zurückwiesen.[131] Die Glaubenskongregation verwarnte die LCWR 2001, doch verteidigte und lebte jene noch in den letzten Jahren des Pontifikats ihr Verständnis des Ordenslebens als „loyalen Widerspruch".[132]

In der Kongregation für das geweihte Leben, der zuständigen Stelle im Vatikan, schien das Interesse an einer Auseinandersetzung gering, obwohl manche Beobachter in der Situation ein reales, zumindest aber ein psychologisches Schisma sahen. Zurückhaltung charakterisierte auch die Haltung der meisten amerikanischen Bischöfe sowie der Bischofskonferenz.[133] Würde eine Weisung aus den päpstlichen Gemächern erteilt worden sein, hätte man sich der Sache bestimmt angenommen. Aber wie in so vielen Fällen entschied sich Johannes Paul II., das Wachsende und Gesunde in der Kirche zu bestätigen und zu fördern und abweichende Positionen an ihrer fehlenden Plausibilität zugrunde gehen zu lassen. Zu Disziplinarmaßnahmen kam es daher erst, als die amerikanischen Schwestern die katholische Lehre über Abtreibung und Homosexualität öffentlich als unwahr bestritten oder die Niederlegung ihrer politischen Ämter verweigerten.

Johannes Pauls Strategie funktionierte, insofern die Frauengemeinschaften in den Vereinigten Staaten, die die *Vita Consecrata* ernst nahmen, neue Mitglieder gewannen, während die LCWR-Gemeinschaften ihren Niedergang erlebten. Angesichts der nachkonziliaren Dynamik in den Frauenorden war das Entstehen eines derartigen Konflikts wohl unvermeidlich gewesen, da es gewisse Überschneidungen mit den ideologisch verhärteten Formen des Feminismus gab. Allerdings fielen die Probleme in die Zuständigkeit der Ortsbischöfe und der US-Bischofskonferenz und erst an zweiter Stelle in die der Kongregation für das geweihte Leben in Rom. Es war nicht die Sache des Papstes, als apostolischer Visitator die Angelegenheit an sich zu reißen und das Leben in den amerikanischen Frauenorden auf seine Rechtgläubigkeit und Redlichkeit zu prüfen. Andererseits waren Lehre und Lebensführung der amerikanischen Schwesterngemeinschaften in Rom wohlbekannt, und unternommen wurde nur wenig. An dieser Front blieb die Reaktion des päpstlichen *munus regendi*, um es vorsichtig auszudrücken, sehr verhalten.[134]

Die brennendsten Fragen über Johannes Pauls Ausübung des *munus regendi* in Bezug auf das geweihte Leben traten erst nach seinem Tod mit voller Wucht zutage, als der Heilige Stuhl gegen Pater Marcial Maciel, den Gründer des Männerordens der Legionäre Christi und der apostolischen Laienbewegung Regnum Christi, vorging und ihn 2006 „einlud", „ein zurückgezogenes Leben des Gebets und der Buße ohne jeglichen öffentlichen pastoralen Dienst zu führen."[135] Vorausgegangen war diesem de-facto-Befehl eine Untersuchung der Glaubenskongregation wegen sexuellen Missbrauchs von Seminaristen und Entheiligung des Bußsakraments zur Verdeckung seiner sexuellen Vergehen. Hätte die Glaubenskongregation die Vorwürfe nicht für glaubwürdig befunden, wäre Maciel vermutlich nicht mit einer Art kirchlichen Hausarrest belegt worden. Nach seinem Tod 2008 erschienen in der internationalen Presse von den Legionsoberen inzwischen bestätigte Berichte, wonach er mindestens ein uneheliches Kind gezeugt und mit Spendengeldern der Legionäre unterstützt hatte.[136] 2009 ordnete Papst Benedikt XVI. die apostolische Visitation der Legionäre Christi an.

Johannes Paul II. wurde wie viele andere von Marcial Maciel, einem Meister der Lüge, getäuscht und betrogen. Wer Karol Wojtyła kannte, konnte nicht im Geringsten glauben, er hätte als Papst Jahrzehnte lang die Legionäre Christi und das Regnum Christi unterstützt, wenn ihm Maciels unehrenhaftes Doppelleben bekannt gewesen wäre.[137] Tatsächlich wurde Johannes Paul II. böse getäuscht. Seine Mitarbeiter und Untergebenen haben ihm möglicherweise einen Bärendienst erwiesen, als sie nicht weiter untersuchten, was es mit dem Personenkult auf sich hatte, der sowohl in der Legion als auch im Regnum Christi um Maciel betrieben wurde. Warum sie den Vorwürfen so reserviert begegneten, die Maciel seit Jahren umgaben – im Grunde schwerwiegende Anschuldigungen, die erst ans Licht der Öffentlichkeit kamen, als einige von Maciel mutmaßlich missbrauchte Seminaristen 1998 beim Heiligen Stuhl Klage einreichten – wird noch Jahrzehnte lang untersucht und diskutiert werden. In manchen Fällen werden die Resultate sicherlich recht unerquicklich sein.

Warum Johannes Paul II. die Legionäre Christi und das Regnum Christi unterstützte, ist offenkundig: Die Ordensgemeinschaft verkörperte ebenso wie die Laienbewegung eine lebendige Kirchentreue, die – das müssen selbst ihre Gegner zugeben – viele bewundernswerte Berufungen und Laienaktivisten hervorbrachte. Johannes Paul verfolgte die Gründung ihrer Priesterseminare mit großem Wohlwollen und ermutigte sie, ihr Werk auf Rom und die ganze Welt auszudehnen. Das Vertrauen in die guten Früchte der Legion und des Regnum Christi führte so zum vielleicht schwersten Fehler Johannes Pauls in der Ausübung des *munus regendi*: die Approbation der Statuten der Legionäre Christi, denen zufolge ihre Mitglieder gelobten, die Oberen nicht zu kritisieren und alle anzuzeigen, die diesem Grundsatz zuwiderhandelten. Jahrzehnte lang hatten die Statuten der Kongregation für das geweihte Leben zur Prüfung vorgelegen. Laut Maciel brachte der Papst schließlich 1983 den Durchbruch (strittig waren die Regeln zur Aufgabenerteilung und der Unterhalt einer „Finanzzentrale" in Rom), indem er persönlich zugunsten der Approbation intervenierte.[138] Im Lichte der Enthüllungen erscheint es wahrscheinlich, dass insbesondere das Kritikverbot und die römische „Finanzzentrale" Maciel sein sexuelles und finanzielles Fehlverhalten erleichtert haben. Die vollständige Aufklärung des Anerkennungsprozesses könnte allerdings aufgrund des betrügerischen Geschicks Maciels schwierig werden.

Nachdem die kolossale Niederträchtigkeit Marcial Maciels 2009 öffentlich geworden war, wiesen die Kritiker des Pontifikats unverzüglich auf die umfangreichen Hilfen hin, die Johannes Paul II. Maciel und seinen Institutionen gewährt hatte. Darin mag sich eine echte Sorge um die Opfer Maciels wie um die Kirche äußern. Dennoch ist es trotz der negativen Folgen für den Ruf Johannes Pauls, die Kritiker sofort feststellten, bemerkenswert, dass Benedikt XVI. und andere, die das Gute in den Legionären und im Regnum Christi zu retten suchten, dies im Rückgriff auf Johannes Pauls Lehren über das Priesteramt und die Laienberufung in der Welt taten, indem sie im Zentrum dieses Skandals eine Täuschung im Dienste des *mysterium iniquitatis* erblickten.[139]

Die letzten Jahre. In den letzten Jahren des Pontifikats wiesen die Kritiker der Ausübung des *munus regendi* gelegentlich darauf hin, dass Karol Wojtyłas persönliches Drama die Leitung der Kirche durch Papst Johannes Paul II. erschwerte. In die römische Kurie kehrte wieder die altbekannte Gemächlichkeit ein. Ob dies auch mit einer energischeren Persönlichkeit als Kardinalstaatssekretär Angelo Sodano an der Spitze des Vatikans der Fall gewesen wäre, ist eine offene Frage. Johannes Paul hatte die Rolle eines kurialen Managers stets abgelehnt und würde sie gewiss auch am Ende seines Lebens nicht mehr einnehmen. Zumindest hätte eine dynamischere Geschäftsführung seitens der Kurienbeamten unter Kardinal Sodano dazu beitragen können, die in Teilen des vatikanischen Apparats um sich greifende *Fin-de-Régime*-Atmosphäre zu vertreiben.

Kritiker sorgten sich ferner, dass Erzbischof Stanisław Dziwisz, der langjährige Sekretär und Vertraute des Papstes, zum Ende hin zu einer Art Vize-Papst aufgestiegen war: eine Position, die in der Kirche nicht vorgesehen ist. In der Tat kam man um Erzbischof Dziwisz nicht herum, wenn man zu Johannes Paul II. wollte, doch so war es schon seit Oktober 1978 gewesen. Da er Karol Wojtyła gut kannte, hielt er die päpstliche Tür einer außergewöhnlich breiten Palette von Leuten offen, bis es dem Papst körperlich nicht mehr möglich war, Versammlungen vorzusitzen, die über solche hinausgingen, die für die Erfüllung seines Amtes absolut wesentlich waren – die leitete er freilich bis zu seinem Tode. Wie jedem Menschen passierte es auch Dziwisz mitunter, dass er einen Menschen falsch einschätzte. Zweifellos vertraute er daher auch Menschen, denen er besser nicht vertraut hätte, zum Beispiel Marcial Maciel. Dass er aber als Verbindungsglied zwischen dem zunehmend stärker behinderten Papst und der Kurie im eigenen Ermessen handelte, statt den Willen des Papstes auszuführen, hörte man selten, wenn überhaupt – und das aus gutem Grund.

Das Schicksal eines päpstlichen Sekretärs ist nach dem Tod seines Herrn in der Regel kein glückliches, wie die Sekretäre von Pius XII., Johannes XXIII. und Paul VI. bald erfahren mussten. Dass sich Stanisław Dziwisz die Zuneigung und Achtung der Würdenträger erhielt, mit denen er zusammengearbeitet hatte und die er bei vielen Gelegenheiten abschlägig bescheiden musste, belegt die Tatsache, dass man seine Loyalität gegenüber Johannes Paul II. wohl verstand, genauso wie seine Entschlossenheit, nicht seinen eigenen, sondern den mutmaßlichen Willen des Papstes zu erfüllen.

Litt das *munus regendi* in den letzten Jahren Johannes Pauls II. unter seinem körperlichen Verfall? In mancher Hinsicht ja. Aber häufig war dies eher eine Folge der Unfähigkeit und Schwäche seiner Untergebenen, denen die Courage fehlte, unter gebotenen Umständen nach seinem Vorbild zu führen. Jedenfalls waren das machtvolle apostolische Zeugnis, das Johannes Paul in seiner letzten Enzyklika ablegte, sein geduldiges Leiden und sein heiliger Tod, von einer solchen Größe, dass alle Unzulänglichkeiten seines *munus regendi* in den letzten Jahren dahinter verblassten.

Das unvermeidliche Dilemma. Kurz vor Johannes Pauls II. Tod schrieb der angesehene deutsche Theologe Hermann Josef Pottmeyer einen interessanten Essay, in dem er Johannes Paul II. als unterschätzten Reformer verteidigte. Johannes Pauls Ausübung des *munus regendi*, so Pottmeyer, sei ein eindrucksvoller, wenn auch nicht immer erfolgreicher Versuch, die zwei untrennbaren Gebote der spirituellen Reform (in deren Zentrum die Vorstellung von der Kirche als einer Gemeinschaft steht, die radikal Christus nacheifert) und der gesamtkirchlichen Verantwortung (die ihren Ausdruck in verschiedenen Formen gemeinschaftlicher Überlegungen und Beratungen innerhalb der Kirche von der Ortspfarrei bis zur Bischofssynode findet) zu verbinden. In Reaktion auf Johannes Pauls mehrfache Wiederholung dieser beiden Gebote in seinem apostolischen Schreiben *Novo Millennio Ineunte* von 2001 analysiert Pottmeyer das unvermeidliche Dilemma, in dem sich Johannes Paul II. bei der Ausübung des *munus regendi* befand. Die Beobachtungen des deutschen Theologen verdienen die Aufmerksamkeit aller, die ernsthaft bemüht sind, die Erfolge und Misserfolge Johannes Pauls II. bei der Regierung der katholischen Kirche zu beurteilen:

> Indem er seine Auffassung von der wechselseitigen Beziehung zwischen geistlicher und struktureller Reform darlegt, weist der Papst auf ein Dilemma hin, mit dem sich jede Forderung nach einer Strukturreform konfrontiert sieht, gleichgültig wie gut sie begründet ist. Das Dilemma ist folgendes: Ohne Umkehr zu der vom Papst beschriebenen Geisteshaltung der *communio* bleibt jede Form von Beratung und gemeinsamer Verantwortung eine leere Hülle, die sich leicht für Ziele einsetzen lässt, die dem Wohl der Kirche schaden. Ohne solche Formen bleiben jedoch die vielen von Gott der Kirche verliehenen Gaben entweder unwirksam oder nur eingeschränkt wirksam – und damit wäre sowohl der Kirche als auch ihrer Sendung ein schlechter Dienst erwiesen. Deshalb fordert der Papst von den Hirten und Gläubigen der Kirche *beides*, eine geistliche und eine strukturelle Reform. [...] Die eine Reform ist nicht ohne die andere zu haben. Das stellt die Kirche vor eine ungeheure Herausforderung. Dass der Papst sie nicht für aussichtslos hält, gründet in seinem bemerkenswert starken Glauben, dass der Heilige Geist in der Kirche und in jedem von uns wirkt. Darin unterscheidet sich der Papst von vielen seiner Mitarbeiter, ja von jedem von uns. [140]

Der Jünger Jesu als Prophet eines neuen Humanismus

Die Kommunikationsrevolution Ende des 20. Jahrhunderts und ihre Auswirkungen auf die Aufmerksamkeitsspanne waren nicht freundlich zu den Persönlichkeiten, die oft im Rampenlicht standen. Männer wie Frauen, die sich daran gewöhnt hatten, die öffentliche Wahrnehmung zu beherrschen, verloren nach und nach das Interesse der Öffentlichkeit, wurden immer weniger vor die Kamera geholt – und manchmal ganz vergessen. Die Ausnahme von der Regel war Karol Wojtyła, Papst Johannes Paul II., der nie die Zuneigung der Öffentlichkeit einbüßte. Anders als die Männer und Frauen an den Schaltstellen der Macht, mit denen er zu tun hatte, nahm Johannes Paul die öffentliche Phantasie immer mehr gefangen. Es begann mit seiner Wahl und der überwältigenden ersten Pilgerreise nach Polen, steigerte sich in den letzten zehn Jahren des Pontifikats und erreichte den Höhepunkt in der Phase seines körperlichen Verfalls. In der ersten Hälfte des Pontifikats teilte Johannes Paul II. die Weltbühne noch mit anderen großen Persönlichkeiten, die bedeutenden Einfluss auf die Geschichte hatten. Nach dem Erscheinen von *Die Schwelle der Hoffnung überschreiten* (1994) rückte Johannes Paul II. wie keine andere Figur seiner Zeit immer mehr in den Mittelpunkt des Interesses und der Anteilnahme.

Warum?

Ein Grund war sicherlich seine bemerkenswerte Fähigkeit, Vaterschaft in einer Welt zu verkörpern, die sich nach männlicher Stärke gepaart mit Mitgefühl sehnt, eben nach wahrer gelebter Väterlichkeit. Auch war er mit seinem spürbaren Respekt für Menschen, die nicht seine Überzeugungen und sein Engagement teilten, ein Vorbild für echte menschliche Begegnungen inmitten von Intoleranz und Fanatismus. Viele Männer und Frauen der Spätmoderne spürten eine menschliche und spirituelle Leere in ihrem Leben und fanden in Johannes Paul II. einen durch und durch modernen Menschen, der die heutigen Sucher auf alte Wahrheiten, spirituelle ebenso wie moralische, hinweisen konnte.

Ein weiterer Grund für Karol Wojtyłas Vermögen, die Menschen über ein Vierteljahrhundert lang in seinen Bann zu schlagen, mag sein einzigartiges Verständnis für das zentrale Problem des späten 20. und frühen 21. Jahrhunderts gewesen sein: Eine nach Freiheit strebende Welt hatte nicht gelernt, ihre Freiheit großmütig zu leben, weil sie die Berührung zum Adel der menschlichen Person verloren hat, zur Fähigkeit, die Wahrheit zu erkennen, sich für sie zu entscheiden und ihr nachzufolgen.

Wojtyłas Schreiben 1959 an die Vorbereitungskommission des Zweiten Vatikanums war wohl der Wendepunkt seines Lebens, der seine öffentliche Berufung bestimmte und ihm den Hebel in die Hand gab, mit dem er die Geschichte bewegte. In diesem Schreiben verortete er die tiefste Wunde der Moderne in einem fehlerhaften Humanismus, der die Welt ihres moralischen Halts beraubte und aus ihr ein Leichenhaus machte, in dem die großen Hoffnungen zu Asche verbrannten. Das Leben sei fragmentiert und atomisiert worden. Die in der Spätmoderne erfahrene Entfremdung reiche viel tiefer als die von Karl Marx analysierte, und sie sei auch vielschichtiger. Die Menschen seien nämlich ihrem eigenen Inneren entfremdet und hätten den transzendenten spirituellen und moralischen Horizont aus den Augen verloren, vor dem sich ihr Leben abspielt. Die Tiefe der Entfremdung habe weitreichende Folgen für die Gesellschaft. Wie Henri de Lubac, sein Freund, war Wojtyła davon überzeugt, dass defizitäre Humanismen eine Lage geschaffen hatten, in der die Menschen die Welt nur im Gegeneinander organisieren konnten.[141] Aus einem radikal innerweltlichen Humanismus war unausweichlich ein unmenschlicher Humanismus geworden.

Angesichts der Krise glaubte Karol Wojtyła, dass die Sendung der katholische Kirche darin bestehen sollte, die unveräußerliche Würde und den Wert der menschlichen Person wiederherzustellen, zu verteidigen und zu fördern. Diese Überzeugung stand im Zentrum all dessen, was er der Welt in den sechsundzwanzigeinhalb Jahren seines Pontifikats in der Lehre und durch sein Leben vorschlug. Sie bildete den Kern seiner Anthropologie und seiner Ethik, einschließlich seiner Sexualethik. Sie prägte die Verteidigung der Familie und die Entwicklung eines neuen christlichen Feminismus und formte seine Soziallehre, seine Verteidigung der universellen Menschenrechte, seine Philosophie der Freiheit und seine Theorie der Demokratie. Sie begründete seinen Begriff von der Kultur als der treibenden Kraft in der Geschichte. Sie belebte sein Denken und seine Lehre über die Kirche selbst und sie gestaltete sein Leben und seinen Tod.

Während der Fastenexerzitien, die Karol Wojtyła 1976 vor Papst Paul VI. und der versammelten Kurie abhielt, teilte er der versammelten katholischen Kirchenleitung mit, sie stehe „an einer Front [...], an der die Schlacht um die Würde des Menschen heftig tobt."[142] Als er als Papst Johannes Paul II. das höchste Hirtenamt der Kirche übernahm, befehligte er diese Schlacht, rief die Kirche auf, die Schützengräber zu verlassen, und führte den Katholizismus zweieinhalb Jahrzehnte lang in das offene Gefecht gegen jene Ideen, die um die Zukunft der Menschheit konkurrierten: zuerst gegen den Kommunismus, dann später gegen den Pragmatismus und Utilitarismus, Hedonismus, Laizismus und Islamismus. Stets ging der Streit um die Würde der menschlichen Person.

Für Karol Wojtyła offenbarte sich natürlich die Wahrheit der menschlichen Person letztlich in Jesus Christus, in dem wir die Wahrheit über den barmherzigen Gottvater und uns selbst erkennen. Besonders faszinierend an der Leistung Johannes Pauls II. ist, dass diese unerschütterliche und entschieden christliche Überzeugung das Podium bildete, auf dem ihn die Welt zur Kenntnis nahm, und aus ihr leitete er seine universellen moralischen Wahrheiten ab. Weil er wahrhaft glaubte, dass Jesus Christus die Antwort auf die Frage ist, die jedes menschliche Leben aufwirft, und weil er ferner glaubte, dass wir uns dieser Frage nicht verweigern können, konnte er all jene fesseln, denen Christus unbekannt war, die Christus feindselig betrachteten oder die die Behauptungen der Religion schlicht langweilten.

Gelegentlich nannte man ihn einen Propheten, weil er in der Geschichte Möglichkeiten zu sehen schien, die anderen entgangen waren, zum Beispiel den bevorstehenden Zusammenbruch des Kommunismus. In der Tat war er ein Prophet. Doch hatte das Wesen seines prophetischen Charismas, zu dem ein durchdringender Blick auf die historischen Umstände und Möglichkeiten gehörte, nichts mit Hellseherei zu tun, sondern mit Glauben: mit dem Glauben an die Würde der menschlichen Person, dem Glauben an die menschliche Freiheit, sich ohne Zwang für das Gute zu entscheiden und letztlich mit dem Glauben an Jesus Christus. Karol Wojtyła, Papst Johannes Paul II., wurde der Prophet eines neuen und echten Humanismus – und veränderte die Welt – weil er ein Jünger war – ein Christ in der radikalen Nachfolge Jesu, dessen unerschütterlicher Glaube aus sich die weltverändernde Hoffnung auf einen neuen Frühling des menschlichen Geistes gebar.

ANMERKUNGEN

Prolog

1 Vgl. George Weigel, *Zeuge der Hoffnung. Johannes Paul II. Eine Biographie*, Paderborn 2002.

2 Sapieha stammte aus einer polnisch-litauischen Adelsfamilie und wurde deshalb der „Fürst-Erzbischof" genannt.

3 *Środowisko* ist nicht leicht zu übersetzen. Eine Möglichkeit wäre „Umfeld", doch Wojtyła bevorzugte immer das stärker humanistisch klingende Wort „Milieu".

4 Gespräch des Autors mit Papst Johannes Paul II. vom 20. März 1997.

1 Eröffnungsgambit

1 Erst nach dem Zusammenbruch des Kommunismus 1989 wurde Witold Pileckis Geschichte und seine Verfolgung durch polnische Kommunisten veröffentlicht. Die erste nachkommunistische Regierung Polens rehabilitierte Pilecki und andere zu Unrecht zum Tode Verurteilte. 1995 wurde Witold Pilecki posthum der Orden Polonia Restituta verliehen. Eine polnische Stiftung, die *Fundacja Paradis Judaeorum*, arbeitet darauf hin, den 25. Mai, den Tag, an dem Pilecki erschossen worden ist, zu einem Feiertag der Europäischen Union zu erheben, zum „Tag der Helden des Kampfes gegen den Totalitarismus".
Mittlerweile gibt es zu Pilecki eine umfangreiche Literatur und sein bemerkenswerter Auschwitz-Bericht ist auch im Internet zu finden. Links dazu finden sich im Eintrag „Witold Pilecki" bei Wikipedia: http://en.wikipedia.org.wiki/Witold _Pilecki; ein kurzer Artikel über Pileckis Widerstandsakte ist nachzulesen unter http://www.polishresistance-ak.org/14%20Article.htm. Vgl. ebenfalls Kamil Tchorek, „Double life of Witold Pilecki, the Auschwitz volunteer who uncovered Holocaust secrets", in *Sunday Times*, 29. März 2009.

2 Vgl. *The Unknown Lenin: From the Secret Archive*, hrsg. von Richard Pipes, New Haven 1996, S. 95-115.

3 Zu diesen drei Punkten vgl. Andrzej Paczkowski, *The Spring Will Be Ours: Poland and the Poles from Occupation to Freedom*, aus dem Polnischen übersetzt von Jane Crane, University Park, Pennsylvania 2003, S. vii-viii.

4 Dazu, dass Polen durch den Zweiten Weltkrieg „vollkommen verändert" war, vgl. *ebenda*, S. ix.

5 Ebenda, S. 38.

6 Die diesbezüglichen Argumente fasst Norman Davies zusammen in *Rising '44: The Battle for Warsaw*, New York 2003, S. 619ff.

7 Vgl. dazu Jan Nowak, *Courier from Warsaw*, Detroit 1982, S. 450ff.

8 Vgl. Paczkowski, *The Spring Will Be Ours*, S. 161f.

9 Zitiert in Christopher Andrew und Wassili Mitrochin, *The Sword and the Shield. The Mitrokhin Archive and the Secret History of the KGB*, New York 2001, S. 3. [Die unter dem Titel *Das Schwarzbuch des KGB. Moskaus Kampf gegen den Westen*, Berlin 1999, erschienene deutsche Übersetzung ist nicht in allen Teilen mit der englischen Ausgabe identisch. Wo dies der Fall ist, wird nach der deutschen Ausgabe zitiert. A. d. Ü.]

10 Vgl. George Weigel, *The Final Revolution: The Resistance Church and the Collapse of Communism*, New York 1992, S. 4-12.

11 Siehe Papst Johannes Paul II., *Geschenke und Geheimnis. Zum 50. Jahr meiner Proesterweihe*, Graz 1997, S. 34ff.

12 Vgl. Marek Lasota, *Donos na Wojtyłę: Karol Wojtyła w teczkach bezpiecki*, Krakau 2006, Kap. 1. Siehe auch Jan. M. Małecki, *A History of Kraków for Everyone*, Krakau 2008, S. 252.

13 Für eine detaillierte Darstellung der Kriegsjahre Karol Wojtyłas siehe Weigel, *Zeuge der Hoffnung*, Kap. 2.

14 Vgl. Paczkowski, *The Spring Will Be Ours*, S. 186.

15 Małecki, *A History of Kraków for Everyone*, S. 253.

16 Die Dummheit illustrierte sehr schön ein sowjetischer Delegierter bei einem Kulturkongress in Breslau, als er sagte: "Wenn Hyänen einen Füllfederhalter zu gebrauchen verstünden und Schakale tippen könnten, würden sie schreiben wie T.S. Eliot." [Zitiert in Paczkowski, *The Spring Will Be Ours*, S. 258.]

17 *Ebenda*, S. 228.

18 *Ebenda*, S. 231.

19 *Ebenda*.

20 *Ebenda*, S. 237.

21 Lasota, *Donos na Wojtyłę*, Kapitel 1.

22 Paczkowski, *The Spring Will Be Ours*, S. 192.

23 Gespräch des Autors mit T. David Curp vom 13. Juli 2008. Zu weiteren Einzelheiten über einige dieser Aktivitäten in den „wiedergewonnenen Territorien" vgl. Curp, *A Clean Sweep? The Politics of Ethnic Cleansing in Western Poland, 1945-1960*, Rochester 2006.

24 Vgl. Paczkowski, *The Spring Will Be Ours*, S. 251.

25 Gespräch des Autors mit Kazimierz Wóycicki vom 10. Juni 1991.

26 Das gesamte Dokument ist nachzulesen in *Conscience and Captivity: Religion in Eastern Europe*, hrsg. von Janice Broun, Washington 1988, S. 330ff.

27 Siehe *ebenda*, S. 333f. Der katholischen Kirche Polens ist lange vorgeworfen worden, sich unziemlich in politische Angelegenheit eingemischt zu haben. Doch die Erklärung der Bischöfe von 1953 schloss mit einer Bemerkung, in der die Trennung von Kirche und Staat bekräftigt und der gesellschaftliche Pluralismus verteidigt wurde: „Wir sind uns der besonderen Aufgaben und Pflichten des katholischen Priesters gegenüber seinem Land bewusst, und deshalb haben wir unsere Priester wiederholt daran erinnert. [...] Aber wir verlangen auch mit vollem Nachdruck, dass unsere Priester nicht von ihren religiösen Pflichten abgezogen werden; dass sie nicht in politische Angelegenheiten hineingezogen werden, die mit ihrer Berufung nichts zu tun haben; dass der politische Druck, der sie zu Werkzeugen im Kampf des Staates gegen die Kirche machen will, aufhört [ein klarer Hinweis auf die Arbeit der Geheimpolizei]; und dass sie nicht gezwungen werden, den Eid zu brechen, in dem sie der Kirche und ihren Bischöfen Treue geschworen haben. Kurz gesagt, gemäß dem Grundsatz der Trennung von Kirche und Staat, wie sie in unserer Verfassung garantiert ist, muss der Staat es unterlassen, sich in die religiösen, spirituellen und inneren Angelegenheiten der Kirche einzumischen ..." [*Ebenda.*]

28 Vgl. Weigel, *The Final Revolution*, S. 110f.

29 Näheres über Hochwürden Karol Wojtyłas Arbeit als Vikar in Niegowic findet sich in Weigel, *Zeuge der Hoffnung*, S. 96ff.

30 Zu weiteren Details dieses Phase in Karol Wojtyłas Leben und Seelsorge vgl. Weigel, *Zeuge der Hoffnung*, Kapitel 3.

31 *Znak*, die katholische Vierteljahresschrift für Literatur lehnte es ab, *Unserer Gottes Bruder*, zu drucken, so dass das Stück erst 1979 erschien, als *Tygodnik Powszechny* es ungekürzt in der Weihnachtsausgabe brachte.

[32] Siehe dazu Lasota *Donos na Wojtyłę*, Kapitel 2. Wojtyła musste aus der UNIA ausscheiden, weil deren strenge Befehlsstruktur und Geheimhaltungsregeln in Kriegszeiten mit den Gehorsamspflichten eines Priesteramtskandidaten unvereinbar gewesen wären.
[33] Vgl. Małecki, *A History of Kraków for Everyone*, S. 254f.
[34] Zu einer genaueren Untersuchung von Wojtyłas Arbeit über Scheler vgl. Weigel, *Zeuge der Hoffnung*, Kapitel vier.
[35] Gespräch des Autors mit Stefan Swieżawski vom 7. April 1997.
[36] Der offizielle Name des Lubliner Komitees lautete Polnisches Komitte der nationalen Befreiung, *Polski Komitet Wyzwolenia Narodowego*. Obwohl es sich technisch gesehen um eine Koalition verschiedener politischer Lager handelte, war das Lubliner Komitee praktisch ein Machtinstrument der Sowjets.
[37] Gespräch des Autors mit Stefan Swieżawski am 7. April 1997.
[38] Näheres über Wojtyłas Entwicklung als Philosoph und über seine Arbeit an der KUL findet sich bei Weigel, *Zeuge der Hoffnung*, Kapitel vier.
[39] Welche Rolle das Gesetz des Gebens in Wojtyłas späterem intellektuellem Leben spielte, dazu vgl. Karol Wojtyła, „The Personal Strukture of Self-Determination", in: Wojtyła, *Person and Community: Selected Essays*, übersetzt von Theresa Sandok O.F.M., New York 1993, S. 188-95.
[40] Vgl. Karol Wojtyła, *Liebe und Verantwortung*, Freiburg 1979.
[41] Zu einer vollständigeren Erörterung von Wojtyłas Darlegung der katholischen Sexualethik siehe Weigel, *Zeuge der Hoffnung*, Kapitel 4.
[42] Siehe Małecki, *A History of Kraków for Everyone*, S. 267.
[43] Siehe Paczkowski, *The Spring Will Be Ours*, S. 267.
[44] Zu diesen Punkten vgl. Lasota, *Donos na Wojtyłę*, Kapitel eins und vier.
[45] Siehe *ebenda*, Kapitel zwei.
[46] Paczkowski, *The Spring Will Be Ours*, S. 286.
[47] *Ebenda*, S. 293.

2 Defensor Civitatis

[1] Adam Boniecki MIC, *The Making of the Pope of the Millennium: Kalendarium of the Life of Karol Wojtyła*, übersetzt von Irina und Thaddeus Mirecki und anderen, Stockbridge, Mass. 2000, S. 754 [im weiteren *Kalendarium*].
[2] *Ebenda*, S. 755.
[3] Zu mehr über die Große Novene siehe Weigel, *The Final Revolution*, S. 111-119.
[4] Vgl. Andrzej Grajewski, „Security Services of the Polish People's Republic Against the Vatican in 1956-1978", in: *NKVD/KGB Activities and its Cooperation with other Secret Services in Central and Eastern Europe 1945-1989*, hrsg. von Alexandra Grúňová, Bratislava 2008; im weiteren Grajewski, „Security Services".
[5] Vgl. Lasota, *Donos na Wojtyłę*, Kapitel zwei.
[6] *Ebenda.*
[7] *Ebenda.* S. 83f.; übersetzt von Paula Olearnik.
[8] Vgl. *ebenda*, Kapitel zwei und fünf.
[9] Vgl. *ebenda*, Kapitel drei.
[10] Andrew und Mitrochin, *The Sword and the Shield*, S. 487.
[11] *Ebenda.*
[12] Agostino Casaroli, *The Martyrdom of Patience: The Holy See and the Communist Countries (1963-1989)*, übersetzt von Marco Bagnarol IMC, Toronto 2007, S. 7.

13 *Ebenda*, S. 14.
Es lohnt sich, einmal festzuhalten, dass die Anfänge der Schwarzen Legende über Pius' II. angebliche Nähe zum Faschismus und seine angebliche Gleichgültigkeit gegenüber dem Leiden der Juden im Zweiten Weltkrieg dieser Periode der harschen antikommunistischen Rhetorik des Vatikans vorausgingen. Ihren Ursprung hatte die Legende in Sendungen von Radio Moskau im Juni 1945 und sie bildete dann auch den Rahmen für den „Fall Pius", dessen Höhepunkt die Aufführungen des Hochhuth-Dramas „Der Stellvertreter" in den 60er Jahren waren. Es gehörte zur Moskauer Strategie der Stalinisierung seines neuen Imperiums in Osteuropa, den Ruf der katholischen Kirche zu zerstören, und dazu galt ihr der Rundumangriff auf Pius XII., dessen internationales Ansehen damals auf der Höhe war, als ein probates Mittel. (Vgl. Sandro Magister, „Pius XII: A Book and an Essay Shed Light on the Black Legend", nachzulesen auf http://chiesa.espresso.repubblica.it/articolo/1337848?eng=y; siehe auch Robert A. Graham SJ, *The Vatican and Communism during World War II*, San Francisco 1996.)

14 Casaroli, *The Martydom of Patience*, S. 20.

15 *Ebenda*, S. 36f.

16 *Ebenda*, S. xxi.

17 Gespräch des Autors mit Franz Kardinal König vom 11. Dezember 1997.

18 Gespräch des Autors mit Kardinal Casaroli vom 14. Februar 1997.

19 Gespräch des Autors mit Jan Nowak vom 13. Mai 1998.
Nowak, der lange Zeit Direktor der polnischsprachigen Abteilung von Radio Freies Europa und ein kenntnisreicher Beobachter des katholischen Kampfes mit dem Kommunismus hinter dem Eisernen Vorhang war, glaubte, Casarolis Ansichten über die Dynamik der Kirche im Untergrund seien falsch gewesen, trotz der Tatsache, dass es gelegentlich wirklich zu liturgischen und kanonischen Abirrungen gekommen war.

20 Eine detaillierte Darstellung der Aktivitäten des ungarischen Geheimdienstes findet sich bei Stefano Bottoni, „A special relationship: Hungarian intelligence and the Vatican, 1961-1978", in: *NKVD/KGB Activities and its Cooperation with other Secret Services in Central and Eastern Europe 1945-1989*, S. 147-76.

21 Siehe John Koehler, *Spies in the Vatican: The Soviet Union's Cold War Against the Catholic Church*, New York 2009, S. 11.

22 Grajewski, „Security Services", S. 185.

23 Zu einer ausführlichen Erörterung über Karol Wojtyłas Arbeit beim Zweiten Vatikanum siehe Weigel, *Zeuge der Hoffnung*, Kapitel fünf.

24 Grajewski, „Security Services", S. 177-182.

25 Zitiert in Lasota, *Donos na Wojtyłę*, Kapitel fünf.

26 Gespräch des Autors mit Monsignore Andrzej Bardecki vom 11. Juli 1996. Weitere Einzelheiten zu Wojtyłas Ernennung zum Erzbischof von Krakau finden sich bei Weigel, *Zeuge der Hoffnung*, Kapitel sechs.

27 Institut für nationale Erinnerung [im weiteren IPN], Dokument 0648/38.

28 Gespräch des Autors mit Andrzej Grajewski, vom 15. Juli 2007.

29 Vgl. Weigel, *Zeuge der Hoffnung*, S. 194.

30 Grajewski, „Security Services", S. 185f.

31 *Ebenda*, S. 186, mit Verweis auf das IPN, Dokument 0445/12, Bd. 1, Akte 3.

32 Boniecki, *Kalendarium*, S. 258ff.

33 Paczkowski, *The Spring Will Be Ours*, S. 309f.

34 Gespräch des Autors mit Kardinal Casaroli vom 14. Februar 1997.

35 Andrzej Micewski, *Cardinal Wyszyński. A Biography*, New York 1984, S. 266.

36 Gespräch des Autors mit Kardinal Casaroli vom 14. Februar 1997.

37 Zu Malińskis Identität als DELTA, vgl. Marek Lasota, „Zawartość dokumentacji tajnego współpracownika o ps. „Delta“, in *Kościół katolicki w czasach komunistycznej dyktatury: Między bohaterstwem a agentur*, hrsg. von Ryszarda Terleckiego und Fr. Jana Szczepaniaka, Krakau: Wydział Historii Kościoła Papieskiej Akademii Teologicznej, 2007.

38 Lasota, *Donos na Wojtyłę*, S. 239-243.

39 In Anbetracht von Casarolis normalem *modus operandi* scheinen die Bedenken Kardinal Wyszyńskis nicht grundlos gewesen zu sein. So erklärte Casaroli 1975 Alfred Kardinal Bengsch unumwunden, bei seinem anstehenden Besuch in Berlin sei er „offizieller Gast der Regierung“ und jedes Treffen mit seinen Glaubensbrüdern habe einen rein privaten Charakter – ein Tadel der von einem Maulwurf in Bengschs Büro eilfertig an die für religiöse Angelegenheiten zuständige Abteilung der Stasi weitergeleitet wurde. [Vgl. Koehler, *Spies in the Vatican*, S. 139, zitiert wird ein offizielles Dokument der Stasi.]

40 Andrew und Mitrokhin, *The Sword and the Shield*, S. 499f. Zitat aus offiziellen von Mitrochin kopierten Berichten.

41 Vgl. Andrew und Mitrochin, *Das Schwarzbuch des KGB*, S. 15f.

42 Siehe Benjamin Weiser, *A Secret Life: The Polish Officer, His Covert Mission, and the Price He Paid to Save His Country*, New York 2004, Kapitel eins. Kuklińskis Abscheu vor der Niederschlagung des Prager Frühlings wurde nach dem tödlichen Angriff der Sicherheitsdienste auf streikende Arbeiter in Danzig 1970 noch heftiger.

43 Vgl. Leszek Kołakowski, *Hauptströmungen des Marxismus – Entstehung, Entwicklung, Zerfall*, 3 Bde., München 1977–1978.

44 Paczkowski, *The Spring Will Be Ours*, S. 330.

45 Andrew und Mitrohkin, *The Sword and the Shield*, S. *500*.

46 Wojtyłas Arbeit als Erzbischof von Krakau ist im einzelnen beschrieben in Weigel, *Zeuge der Hoffnung*, Kapitel sechs.

47 Paczkowski, *The Spring Will Be Ours*, S. 352, 353.

48 *Ebenda*, S. 368f.

49 *Ebenda*, S. 372.

50 Strazewski war schon lange mit den inneren Triebkräften und Spannungen des polnischen Katholizismus vertraut, da zu seinen Informanten der bekannte Philosoph der Katholischen Universität von Lublin gehörte: Mieczysław Albert Krąpiec OP, der viele Jahre für Straszewski gearbeitet hat.

51 Vgl. Lasota, *Donos na Wojtyłę*, S. 28f.

52 Vgl. Koehler, *Spies in the Vatican*, S. 23, 41, 45-51. In dem Gespräch mit dem südvietnamesischen Außenminister (1973) legte Paul VI. eine bemerkenswerte Naivität hinsichtlich der Absichten der vietnamesischen Kommunisten an den Tag.

53 Vgl. Grajweski, „Security Services“, S. 187ff.

54 Gespräch des Autors mit Bischof Stanisław Smolenski vom 9. April 1997.

55 Zu Wojtyła und der Fronleichnamsprozession vgl. Weigel, *Zeuge der Hoffnung*, S. 199f.

56 Boniecki, *Kalendarium*, S. 539.

57 *Ebenda*, S. 596.

58 *Ebenda*, S. 654.

59 *Ebenda*, S. 708.

60 *Ebenda*, S. 820.

61 Gespräch des Autors mit Erzbischof Damian Zimoń vom 24.-25. Mai 2008.

62 Jacek Purchla entwickelte diese These auf einer Konferenz an der Krakauer Musikakademie am 5. November 2008.

63 Stanisław Dziwisz, *Mein Leben mit dem Papst. Johannes Paul II. wie er wirklich war*, Leipzig 2007, S. 38.
64 Gespräch des Autors mit Henryk Woźniakowski vom 10. April 1997.
65 Andrew und Mitrochin, *Das Schwarzbuch des KGB*, S. 604.
66 Gespräch des Autors mit Hochwürden Andrzej Bardecki vom 11. Juli 1996.
67 Zitiert bei Thomas A. Sancton, „He Dared to Hope", in *Time*, 4. Januar 1982.
68 Gespräch des Autors mit Stanisław Rybicki vom 8. November 2008.
69 Gespräch des Autors mit Dominik Duka, OP vom 21. März 1998.
70 Andrew und Mitrohkin, *The Sword and the Shield*, S. 500f.
71 Gespräch des Autors mit Achille Kardinal Silvestrini vom 12. März und vom 20. November 2008; auch aus Casarolis Erinnerungen geht nicht hervor, dass man sich diesbezüglich Sorgen machte.
72 Andrew und Mitrohkin, *The Sword and the Shield*, S. 503; Bottoni, „A Special Relationship".
73 Lasota, *Donos na Wojtyłę*, Kapitel eins.
74 *Ebenda*, Kapitel neun.
75 Gespräch des Autors mit Bohdan Cywiński vom 14. November 1998.
76 Paczkowski, *The Spring Will Be Ours*, S. 391f.
77 Cgl. Peter Raina, *Arcybiskup Dąbrowski – rozmowy vatykańskie*,Warschau 2001, S. 190-193.
78 Gespräch des Autors mit Stanisław Kardinal Dziwisz vom 2. Dezember 2008.
79 Gespräch des Autors mit Mitgliedern von *Środowisko* vom 8. November 2008.

3 Konfrontation

1 Zu den ersten Reaktionen des KGB auf die Wahl Johannes Pauls II. vgl. Andrew und Mitrochin, *Das Schwarzbuch den KGB*, S. 607ff.
2 Agostino Casaroli ist keineswegs entgangen, dass die von ihm gelenkte Ostpolitik auch auf Kritik stieß. Aber anscheinend entging ihm fortlaufend die Tatsache, dass die Geheimdienste des Ostblocks in das eindrangen, was er sicherlich für unantastbare vatikanische Gespräche gehalten hat. Der ungarische Geheimdienst berichtete etwa nach Budapest, dass sich Casaroli bei einem Treffen der diplomatischen Vertreter des Heiligen Stuhls Anfang 1974 gegen die Charakterisierung der Ostpolitk „als ideologischen Kompromiss" mit dem Kommunismus gewehrt hat; danach räumte er zwar die „enttäuschenden Ergebnisse" ein, plädierte aber für die Fortsetzung der Ostpolitik, denn „solange wir miteinander sprechen, sind osteuropäische Christen nicht gefährdet." [Zitiert in Bottoni, „A Special Relationship", S. 173.]
3 Gespräch des Autors mit William Kardinal Baum vom 2. September 2008.
4 Gespräch des Autors mit Franz Kardinal König vom 11. Dezember 1997.
5 Vgl. Andrew und Mitrohkin, *The Sword and the Shield*, S. 490. Der Bericht über ADAMANT/Nikodims letzte Worte stammt aus einem Gespräch des Autors mit dem Historiker Bohdan Bociurkiw vom 10. August 1996.
6 Ebenda, S. 494.
7 Paczkowski, *The Spring Will Be Ours*, S. 393. Einzelheiten zur Wahl Johannes Pauls II. sowie die Reaktionen in Polen und anderswo finden sich bei Weigel, *Zeuge der Hoffnung*, Kapitel sieben.
8 Zitiert in *ebenda*, S. 508f.
9 Gespräch des Autors mit Jerzy Turowicz vom 19. Juli 1996.

10 Gespräch des Autors mit Irina Ilovajskaja Alberti vom 13. April 1998.

11 Ebenda.

12 Koehler, *Spies in the Vatican*, S. 61.

13 Gespräch des Autors mit Msgr. Andrzej Bardecki vom 11. Juli 1996.

14 Die ganze Ansprache findet sich unter http://www.vatican.va/holy_father/john_paul_ii/homilies/1978/documents/hf_jp-ii_hom_19781022_inizio-pontificato_ge.html

15 Gespräch des Autors mit Kardinal Achille Silvestrini vom 12. März und 20. November 2008.

16 Zu Einzelheiten über die ersten Wochen des Pontifikats von Johannes Paul II. vgl. Weigel, *Zeuge der Hoffnung*, Kapitel 8.
Eine frühe Einschätzung der CIA über den wahrscheinlichen Einfluss der Wahl Johannes Pauls II. auf die Politik in Mittel- und Osteuropa analysierte erstaunlich treffsicher, dass Wojtyła wahrscheinlich imstande sein werde, den kirchlichen Widerstand gegen den Kommunismus in der Ukraine und in Litauen zu verstärken. Allerdings überschätzte die CIA die mögliche Wirkung Johannes Pauls II. auf die damalige Weißrussische Sozialistische Sowjetrepublik. [Vgl. Koehler, *Spies in the Vatican*, S. 59f.]

17 Vgl. Andrew und Mitrochin, Das Schwarzbuch des KGB, S. 609.

18 Gespräch des Autors mit Andrzej Grajewski vom 14, Juli 2009. Zu weiteren Details über den modus operandi des SB in Rom vgl. auch Andrzej Grajweski, „About the Plague“, in: *Gość Niedzielny*, 18. Oktober 2009.

19 Das entsprechende Dokument der Stasi, registriert unter der Nr. 6847/78, hat Dr. Andrzej Grajewski aus den deutschen Archiven erhalten und dem Autor zukommen lassen.

20 Gespräch des Autors mit Papst Johannes Paul II. und Erzbischof Stanisław Dziwisz vom 16. Dezember 1998.

21 Vgl. Weigel, *Zeuge der Hoffnung*, S. 311f.

22 Vgl. Christopher Andrew and Vasili Mitrokhin, *The World Was Going Our Way: The KGB and the Battle for the Third World*, New York 2005, S. xxvi; 24; 33ff. (zu Kuba als „Brückenkopf“); 117 ff. (zu den Sandinisten in Nicaragua); und 127 ff. (zu El Salvador).

23 Dziwisz, *Mein Leben mit dem Papst*, S. 77.

24 Das fragliche Stasidokument „Information 241/79“ erhielt Dr. Andrzej Grajewski aus deutschen Archiven und leitete es an den Autor weiter.
Bei dem „IM“ handelt es sich möglicherweise um LICHTBLICK (Pater Eugen Brammertz OSB, der im vatikanischen Staatssekretariat arbeitete und an der deutschen Ausgabe des *L'Osservatore Romano* mitwirkte, war viele Jahre ein Zuträger der Stasi) oder um LICHTBLICKS ehemaligen Schüler ANTONIUS (Dr. Alfons Waschbüsch, auch er ein Stasiinformant, der für die deutsche Katholische Nachrichtenagentur in Rom arbeitete).

25 Benelli, der auf dem zweiten Konklave von 1978 beinahe zum Papst gewählt worden wäre, scheint sowohl für die Stasi als auch für den KGB eine *bête noire* gewesen zu sein. Für sie war er ein antikommunistischer Falke.

26 Das betreffende Stasidokument „Information Nr. 228/79“ hat Dr. Andrzej Grajewski aus den deutschen Archiven erhalten und an den Autor weitergeleitet.

27 Vgl. Koehler, *Spies in the Vatican*, S. 67f.

28 Mehr über den strategischen Zug, der hinter Johannes Pauls II. Ernennung von Casaroli und Silvestrini steckte, findet sich bei Weigel, *Zeuge der Hoffnung*, 312f.

29 Das fragliche Dokument „Information 316/79" hat Dr. Andrzej Grajweski aus den deutschen Archiven erhalten und dem Autor zur Verfügung gestellt.

30 Gespräch des Autors mit Stanisław Kardinal Dziwisz vom 2. Dezember 2008.

31 Mehr zu dieser bizarren Episode findet sich bei Weigel, *Zeuge der Hoffnung*, S. 315.

32 Vgl. Lasota, *Donos na Wojtyłę*, Kapitel neun und zehn.

33 Vgl. Koehler, *Spies in the Vatican*, S. 213.

34 Andrzej Grajewski, „Operacja papież", in: *W prost*, Nr. 43/2008 (1348). Brammertz war ein emsiger Maulwurf. Die noch vorhandenen Zusammenfassungen seiner umfangreichen Berichte umfassen mehr als 200 Seiten; alle wurden mit einem „A" für „verlässlich" versehen, und ihre Nützlichkeit entweder als „mittelmäßig" oder „sehr wertvoll" beurteilt. Es ist praktisch sicher, dass alles Material von LICHTBLICK an den KGB weitergeleitet worden ist. Zu Brammertz Berichten gehört auch einer über Opus Dei als Werkzeug der antikommunistischen Tätigkeit von Johannes Paul II. und vermutlich war er als Hilfe für eine Verleumdungskampagne gegen Opus Dei gedacht. Das lassen jedenfalls die darin enthaltenen Diskussionen über die „Wirtschaftskriminalität" von Opus Dei vermuten, zu der angeblich der Handel mit Waffen und Drogen gehörte – die Lieblingsdreckschleuder im Stasiland. [Vgl. Koehler, *Spies in the Vatican*, S. 157ff.]

35 Dziwisz, *Mein Leben mit dem Papst*, S. 121.

36 Mehr zu Johannes Paul II. erster Pilgerfahrt nach Polen findet sich bei Weigel, *Zeuge der Hoffnung*, S. 314-338.

37 STEPHAN, ein besonders eifriger Stasispion in diesen neun Tagen, giftete gegenüber seinen Herren in Ostberlin, der polnische Präsident Jabłonski habe mit Johannes Paul II. beim Abschied „einen Bruderschaftskuss" gewechselt. [Zitiert in Koehler, *Spies in the Vatican*, S. 84.]

38 Der polnische Komponist Henryk Gorecki protestierte dagegen, dass Gierek dem Papst eine Reise in die schlesische Stadt Kattowitz verweigert hatte, und verlor dadurch seine Stelle an der staatlichen Musikhochschule von Kattowitz.

39 Adam Michnik, „A Lesson in Dignity", in: Michnik, *Letters from Prison and Other Essays*, Berkeley 1987, S. 160.

40 Gespräch des Autors mit Jan Nowak vom 13. Mai 1998.

41 Casaroli, *The Martyrdom of Patience*, S. 340.

42 Zitiert in „Information 228/79", (vgl. Fußnote 155 oben).

43 Paczkowski, *The Spring Will Be Ours*, S. 399.

44 *Ebenda*, S. 401f.

45 Andrew und Mitrochin, Das Schwarzbuch des KGB, S. 610f.

46 Zu einer Analyse der Rede Johannes Pauls II 1979 vor der UNO vgl. Weigel, *Zeuge der Hoffnung*, S. 341f, 361-365.

47 Eine Photokopie der Anordnung und der beigefügten Dokumente hat der Autor im russischen Original von Dr. Andrzej Grajewski erhalten, der wiederum das Material von Dr. Andrzej Paczkowski bezogen hat.

48 Gespräch des Autors mit Andrzej Grajewski vom 3. Mai und 7. November 2008.

49 *Sprawozdanie z rozmów przeprowadzonych z papieżem Janem Pawłem II, z kardynałem Agostino Casaroli, prałatem Lewandowskim I innymi osobami w Watykanie w dniach 18-21. III.1980 r.* [Bericht über die Gespräche mit Papst Johannes Paul II, Agostino Kardinal Casaroli, Msgr. Lewandowski und anderen im Vatikan zwischen dem 18. und 21. März 1980], aus den Archiven des polnischen Außenministeriums, AMSZ D.IV Wat-0-22.

50 Antoni Dudek, „The Carnival", in: *The Road to Independence: Solidarność 1980-2005*, übersetzt von Robert Strybel, Warschau 2005, S. 15 [im weiteren: Dudek „The Carnival"].

51 Johannes Paul II., *Address to the Fiftieth General Assembly of the United Nations Organization*, 5. Oktober 1995, 2.

52 Zitiert in Timothy Garton Ash, *The Polish Revolution: Solidarity*, Sevenoaks 1985, S. 331.

53 Die Einzelheiten habe ich entnommen aus Dudek, „The Carnival", S.17-27.

54 Zum Titel der Bekanntmachung und zum Abzeichen des Streiks siehe Roman Laba, *The Roots of Solidarity: A Political Sociology of Poland's Working-Class Democratization*, Princeton 1991, S. 132f.

55 Dudek, „The Carnival", S. 29; zu Wojtyła über „Solidarität" vgl. Weigel, *Zeuge der Hoffnung*, S. 183f.

56 Andrew und Mitrochin, *Das Schwarzbuch des KGB*, S. 617.

57 Ebenda, S. 616f.

58 Gespräch des Autors mit Tadeusz Mazowiecki vom 7. April 1997.

59 Gespräch des Autors mit Achille Kardinal Silvestrini vom 12. März und vom 20. November 2008.

60 Gespräch des Autors mit Hanna Gronkiewicz-Walz vom 5. Dezember 2008.

61 Paczkowski, *The Spring Will Be Ours*, S. 416f.

62 Zitiert in Sancton, „He Dared to Hope", S. 11.

63 Andrew und Mitrochin, *Das Schwarzbuch des KGB*, S. 618.

64 Ebenda.

65 Paczkowski, *The Spring Will Be Ours*," S. 418-419.

66 Vgl. Weigel, *Zeuge der Hoffnung*, S. 423f.

67 Die deutsche Übersetzung des auf Französisch geschriebenen Briefes findet sich in ganzer Länge in *ebenda*, S. 424f.

68 Gespräch des Autors mit Achille Kardinal Silvestrini vom 12. März und von 20. November 2008; Gespräch des Autors mit Stanisław Kardinal Dziwisz vom 2. Dezember 2008.

69 Vgl. Lasota, *Donos na Wojtyłę*, Nachwort.

70 Der polnische Ausdruck für das Erstaunen des Erzbischofs ist praktisch unübersetzbar, er besagt soviel wie Silvestrini „packte sich an den Kopf" oder „schlug die Hände über dem Kopf zusammen".

71 Polnisches Außenministerium, „Verschlüsselte Botschaft Nr. 260/1/70 aus Rom, 9. Januar 1980". Dr. Andrzej Grajeweski hat das Dokument aus den Archiven des Auswärtigen Amts erhalten und an dem Autor weitergeleitet.

72 Achtundzwanzig Jahre später räumte Kardinal Silvestrini ein, er und Casaroli hätten in dieser Zeit geglaubt, eine „gewisse Vorsicht, eine gewisse Umsicht" sei im Umgang mit einem so unbekannten Phänomen wie Solidarność geboten gewesen. Doch der Papst habe, wie Silvestrini mit einem reumütigen Lächeln erklärte, an dieser Front, wie überhaupt immer, die Initiative ergriffen, „*Il Papa aveva meno* ... [Der Papst hatte weniger (Besonnenheit) ...]." Gespräch des Autors mit Achille Kardinal Silvestrini vom 20. November 2008.

73 John Koehler, Claire Sterling und Paul Henze berichten einhellig, dass ein altgedienter Agent des KGB, Luigi Scricciolo, der für einen italienischen Arbeiterbund arbeitete, die Moskauer Zentrale und das sowjetische Politbüro über die Gespräche des Papstes mit Wałęsa und seiner Abordnung – er hatte sich ihr als Reiseleiter angeschlossen – auf dem Laufenden gehalten hat. [vgl. Koehler, *Spies in the Vatican*, S. 92.]

74 Gespräch des Autors mit Tadeusz Masowiecki vom 7. April 1997. Zu Predigt von Johannes Paul II. siehe http://www.vatican.va/holy_father/john_paul_ii/homilies/1981/documents/hf_jp-ii_hom_19810118_solidarnosc_it.html.

75 Martin Anderson and Annelise Anderson, *Reagan's Secret War: The Untold Story of His Fight to Save the World from Nuclear Disaster*, New York 2009, S. 74f.

76 Der Mythos von der „heiligen Allianz" wurde mit großer Forschheit von Carl Bernstein und Marco Politi vorgetragen in *Seine Heiligkeit. Johannes Paul II. und die Geheimdiplomatie des Vatikans*, München 1997. In diesem wie auch vielen anderen wichtigen Punkten ist die Studie unzuverlässig.

77 Zu diesen Aspekten Reagans vgl. Anderson und Anderson, *Reagan's Secret War*, S. 49f., 52, 63ff. und 75.

78 Wie sich John Hinckleys Attentatsversuch auf Reagans Sendungsbewusstsein ausgewirkt hat, dazu vgl. *ebenda*, S. 48

79 Vgl. Paczkowski, *The Spring Will Be Ours*, S. 420ff.

80 Dudek, „The Carnival", S. 49.

81 In *Seine Heiligkeit*, S. 331f., haben Carl Bernstein und Marco Politi den Köder geschluckt und der sowjetischen Falschmeldung Glauben geschenkt. Johannes Paul II. und Stanisław Dziwisz haben dem Autor in einem Gespräch vom 16. Dezember 1998 versichert, dass der Papst niemals mit dem sowjetischen Botschafter in Italien zusammengetroffen ist, um über Solidarność oder etwas anderes zu sprechen. Zur Bombenverschwörung in Pakistan vgl. Andrew und Mitrokhin, *The World Was Going Our Way*, S. 358.

82 Andrew und Mitrochin, *Das Schwarzbuch des KGB*, S. 620.

83 Dudek, „The Carnival", S. 55.

84 Zitiert in Andrew und Mitrochin, *Das Schwarzbuch des KGB*, S. 622.

85 Dudek, „The Carnival", S. 59.

86 Zitiert in *ebenda*.

87 Polnisches Außenministerium „Geheime Botschaft Nr. 161/II/1423 aus Rom vom 3. März 1981. Dies Dokument aus den Archiven des Außerministeriums wurde von Dr. Andrzej Grajeweski gefunden und an den Autor weitergeleitet.

88 *Ebenda*. Dieses Dokument bietet einen sehr klaren Einblick in die Geisteshaltung der Verantwortlichen für die vatikanische Ostpolitik, die die in Europa und unter liberalen Amerikanern gängigen Befürchtungen teilten, die Reagansche Rhetorik könne zu einem Teufelskreis des „Wettrüstens" führen, bei dem die UdSSR Anfang 1981 einen deutlichen Vorsprung hatte. Es ist selbstverständlich möglich, dass Silvestrini Szablewski einfach erzählte, was dieser seiner Ansicht nach hören wollte; möglich schon, doch in Anbetracht anderer Belege für die Grundausrichtung der Ostpolitik von Casaroli und Silvestrini äußerst unwahrscheinlich.

89 Polnisches Außenministerium, „Verschlüsselte Botschaft Nr 1340/II1855 aus Rom vom 7. Mai 1981". Dieses Dokument hat Dr. Andrzej Grajewski in den Archiven des Außenministeriums gefunden und an den Autor weitergeleitet.

90 Eine detaillierte Darstellung des Attentatsversuchs und seiner unmittelbaren Auswirkungen findet sich bei Weigel, *Zeuge der Hoffnung*, S. 414f., 429-434.

91 Gespräch des Autors mit Gabriel Turowski vom 10. Juni 1997.
Zwei amerikanische Pilgerinnen, Anne Odre und Rose Hull, wurden von Querschlägern oder Fehlschüssen aus Agcas Pistole getroffen.

92 http://www.reagan.utexas.edu/archives/speeches/1981/51381b.htm.

93 Vgl. Thomas Joscelyn, „Crime of the Century: How the Media Elite and the CIA Failes to Investigate the 1981 Papal Assassination Attempt", in *Weekly Standard*, 7. April 2005.

Enthüllungen aus der Zeit nach dem Kalten Krieg lassen darauf schließen, dass der KGB seit den ersten Monaten des Pontifikats geplant hat, Johannes Paul II. „so nahe" wie möglich zu kommen. Ein Mitarbeiter des KGB setzte sich 1980 in die Vereinigten Staaten ab, nachdem er Erörterungen über mögliche Maßnahmen gegen Johannes Paul II. mitbekommen hatte. Vgl. Koehler, *Spies in the Vatican*, S. 57-64.

94 Zu den feineren Tatsachenverdrehungen in der Operation *Papst* gehörte ein gefälschter Brief, der an die europäische Presse durchsickerte, und in dem der Parteivorsitzende der CSU Franz-Josef Strauß über angebliche Verbindungen zu rechten türkischen Parteien in das Komplott des Papstattentats verwickelt wurde. Die Stasi, die nie davor zurückschreckte, zwei Fliegen mit einer Klappe zu schlagen, wollte mit dieser Falschinformation einen großen Kalten Krieger bloßstellen und zugleich von den Bulgaren ablenken.
Die Stasi war ebenfalls in einen möglicherweise weiteren Versuch verwickelt, Agcas Vebindungen zu Geheimdiensten des Ostblicks zu vertuschen. 1983 wurde Emanuela Orlandi, Tochter eines Arbeiters im Vatikan, entführt. In anschließenden Briefen an die Presse, die von den angeblichen Entführern stammten, wurde behauptet, sie sei in der Gewalt der Grauen Wölfe, die sie gegen Mehmet Ali Agca austauschen wollten. Tatsächlich hatte ein Stasioffizier die Briefe verfasst, wiederum mit dem Ziel seine bulgarischen Kollegen zu decken. Emanuela Orlandi wurde nie gefunden.
Informationen zur Operation *Papst* hat der Autor im Juli 2007 und im November 2008 aus Gesprächen mit Dr. Andrzej Grajewski gewonnen sowie aus Grajewskis Artikel „Operacja papież", in *W Prost*, Nr. 43/2008.

95 Zu dieser „zweiten Agonie" vgl. Weigel, *Zeuge der Hoffnung*, S. 433f.

96 Als Glemp 1982 den roten Kardinalshut empfing, leitete ein ungarischer Geheimagent Berichte über seine Gespräche mit Johannes Paul II. an Budapest weiter, von dort gelangten sie dann zur Stasi und zum KGB. Der Bericht spekuliert darüber, dass Kardinal Casaroli dazu gedrängt worden ist, sich „der harten Linie des Papstes" anzuschließen. [See Koehler, *Spies in the Vatican*, p. 205.]

97 Andrew und Mitrochin, *Das Schwarzbuch des KGB*, S. 623.

98 *Ebenda*, S. 624.

99 Vgl. Paczkowski, S. 434.

100 Dudek, „The Carnival", S. 63.

101 Andrew und Mitrochin, *Das Schwarzbuch des KGB*, S. 628.

102 Zitiert in Weigel, *Zeuge der Hoffnung*, S. 437. Zu mehr über den ersten Kongress von Solidarność und seine Beziehung zu *Laborem Exercens*, der ersten Sozialenzyklika von Johannes Paul II., siehe *ebenda*, S. 436-439.

103 Paczkowski, *The Spring Will Be Ours*, S. 436.

104 Dudek, „The Carnival", S. 67.

105 Paczkowski, *The Spring Will Be Ours*, S. 439.

106 Andrew und Mitrochin, *Das Schwarzbuch des KGB*, S. 631.

107 Paczkowski, *The Spring Will Be Ours*, S. 441; Dudek, „The Carnival", S. 73

108 Einzelheiten über die bevorstehende Verhängung des Kriegsrechts hatte die CIA Mitte September 1981 von Oberst Ryszard Kukliński erhalten, der dann einige Wochen vor dem Inkrafttreten des Kriegsrechts mit seiner Familie in den Westen gebracht wurde. Jahre später kursierten in einigen Kreisen immer noch Gerüchte darüber, dass Kukliński von einer Quelle innerhalb des Vatikan enttarnt worden ist.

109 Zitiert in Paczkowski, *The Spring will be ours*, S. 443.

110 Zitiert in *ebenda*, S. 444.

111 *Ebenda*, S. 447
112 Zu Glemp als „polnischem Khomeini“ siehe Andrew und Mitrochin, *Das Schwarzbuch des KGB*, S. 637. Glemps Äußerungen am 13. Dezember 1981 sind zitiert in Paszkowski, *The Spring Will Be Ours*, S. 451.
113 Paczkowski, *The Spring Will Be Ours*, S. 452.
114 Andrew und Mitrochin, *Das Schwarzbuch des KGB*, S. 639.
115 Zitiert in Thomas Swick, „Laughter in Red“, in *Weekly Standard*, 26. Oktober 2009, S. 31.
116 Vgl. Weigel, *Zeuge der Hoffnung*, S. 451ff.
117 Dziwisz, *Mein Leben mit dem Papst*, S. 146.
118 Http://www.reagan.utexas.edu.archives/speeches/1981/121481b.htm.
119 Gespräch des Autors mit Bohdan Cywiński vom 14. November 1998. Jonathan Kwitny setzte den Mythos einer Verschwörung von Johannes Paul II. und Cywiński zur Unterstützung von Solidarność in die Welt. Vgl. sein Buch *Man of the Century*, New York 1997. S. 418ff. Cywiński bestreitet entschieden, dass es eine solche „Verschwörung“ gegeben habe.
120 Gespräch des Autors mit Bohdan Cywiński vom 14. November 1998 und mit Jan Nowak vom 13. Mai 1998.
Nowak, der zu dieser Zeit enge Kontakte zur Regierung Reagan pflegte, hatte eine interessante Einschätzung der Haltung und der Absichten Jaruzelskis während der Verhängung des Kriegsrechts. Er meinte, Jaruzelski habe um ein paar sowjetische Truppen gebeten, die nach der Ausrufung des Kriegsrechts durch den Militärrat einmarschieren sollten. Das hätte ihm eine Rechtfertigung gegeben („Sehen Sie? Ich musste so handeln oder sie wären einmarschiert...“) und ihn aus der Schusslinie genommen. Die Sowjets, wissend, was für ein Spiel er trieb, lehnten ab. Jaruzelski sei sich auch nicht sicher gewesen, ob in der Nacht vom 12. auf den 13. Dezember alles glatt laufen würde, und wünschte sich Rückendeckung für den Fall, dass sein anfänglicher Plan fehlschlagen würde. Außerdem, so erklärte Novak, habe Jaruzelski sich davor gefürchtet, dass es in 500 Fabriken zu Besetzungen und Sitzstreiks kommen könnte, denn daraus wären schnell 500 Festungen entstanden. Vielleicht erklärt diese Befürchtung die tödliche Brutalität in der Kohlengrube *Wujek* am 16. Dezember – eine Rechtfertigung dafür ist sie freilich nicht.
121 Diese Auszüge stammen aus den „Minutes of the President's Working Lunch with Agostino Cardinal Casaroli, Secret, The Map Room, The White House, December 15, 1981, 12:45 – 2:15 p.m.“ in Executive Secretariat, NSC: Subject File: Records, 1981-1985. Memorandums of Conversation – President Reagan (December 1981) (1) (2). Box 49, Ronald Reagan Presidential Library. Eine vollständige Kopie dieses mittlerweile freigegebenen Dokuments wurde dem Autor großzügigerweise von Martin Anderson und Annelise Anderson eingehändigt.
122 Polnisches Außenministerium, „Verschlüsselte Botschaft Nr. 3240/IV aus New York vom 18. Dezember 1981. Dr. Andrzej Grajeweski hat dieses Schriftstück aus den Archiven des Außenministeriums erhalten und an den Autor weitergeleitet.
123 Vgl. Koehler, *Spies in the Vatican*, S. 197.
124 Vgl. *ebenda*, S. 200.
125 Gespräch des Autors mit Zbigniew Brzeziński vom 7. Februar 1997.

4 Sieg

1 Gespräch des Autors mit Jean-Marie Kardinal Lustiger vom 24. Oktober 1996.
2 Vgl. Anderson und Anderson, *Reagan's Secret War*, S. 90f. und S. 408, Anm. 23.
3 Gespräch des Autors mit Jan Novak vom 13. Mai 1998.
Ryszard Kukliński starb 2004, seine zwei Söhne waren schon früher unter ungeklärten Umständen im amerikanschen Exil ums Leben gekommen. Bis zu seinem Tode war der Lebensweg des Offiziers in Polen umstritten. Einige bestanden darauf, er sei ein Verräter, der seinen Offizierseid gebrochen hat; dass Wojciech Jaruzelski und Czesław Kiszczak zu dieser Gruppe gehörten, erstaunt wohl nicht. Johannes Paul II. dachte da völlig anders und ließ seinen Freunden in der polnischen Kirche still mitteilen, sie sollten in Kukliński einen polnischen Patrioten und Helden sehen. [Jaruzelskis und Kiszczaks Ansichten sind festgehalten in Weiser, *A Secret Life*, S. 308ff. Welche Rolle Johannes Paul II. beim freundlichen Empfang Kukliński gespielt hat, als dieser 1998 endlich wieder polnischen Boden betreten durfte, wurde dem Autor von Radek Sikorski in einem Gespräch am 11. November 1998 mitgeteilt.]
4 Václav Havel u.a., *The Power of the Powerless: Citizens Against the State in Central-Eastern Europe*, New York 1985, S. 23-96.
5 Paczkowski, *The Spring Will Be Ours*, S. 470.
6 Gespräch des Autors mit Andrzej Grajeweski vom 26. Mai 2008.
7 Paczkowski, *The Spring Will Be Ours*, S. 458.
8 Henryk Głębocki, „The Underground", in *The Road To Independence*, S. 111.
9 Näheres zu dem weitgefassten Programm an der Kolbe-Kirche in Nowa Huta findet sich bei Weigel, *The Final Revolution*, S. 151f.
10 Zum Begriff der „moralischen Exterritorialität" vgl. Weigel, *ebenda.*
11 Gespräch des Autors mit Jacek Woźniakowski vom 5. November 1998.
Die Geschichte, wie Woźniakowski nach Rom gekommen ist, sagt viel über die Stimmung in jenen Tagen aus. Im Herbst 1981 hatte Woźniakowski in Toulouse unterrichtet, war aber, da das französische Hochschulsemester beendet war, wieder in Polen, als das Kriegsrecht verhängt wurde. Da er glaubte, er würde nie und nimmer einen Pass für die Rückkehr nach Frankreich bekommen, und angesichts der Umstände ohnehin in Krakau bleiben wollte, stellte er sich darauf ein, mit seiner Familie und seinen Freunden das Kriegsrecht zu überstehen. Ein Mitarbeiter des SB, der mit Passangelegenheiten zu tun hatte, spürte ihn auf und fragte ihn eines Tages auf der Straße: „Warum sind Sie nicht in Frankreich? Sie hinterlassen einen schlechten Eindruck, wenn Sie Ihren Verpflichtungen nicht nachkommen. Kommen Sie morgen in mein Büro und ich stelle Ihnen und Ihrer Frau Pässe aus." Da das einzige Flugzeug, das Warschau verließ, nach Rom flog, nahmen sie dieses – was Woźniakowski, der wusste, wie sehr der Papst Informationen aus erster Hand ersehnte, nur recht war. Sie baten die Frau eines französischen Diplomaten in Warschau ihre Pässe bei der italienischen Botschaft mit einem Visum zu versehen. Das gelang ihr und kurz vor Abflug konnte sie den Woźniakowskis die Pässe überreichen. So war es denn die Entschlossenheit des SB, die Fassade der „Normalität" in Polen zu wahren, die dem Papst den „ersten anständigen Bericht" über die Ereignisse in seinem Heimatland bescherte.
12 *Ebenda.* Einige Jahre später erwähnte Woźniakowski gegenüber Wałęsa, dass der Papst das Brüsseler Büro gutgeheißen habe. Daraufhin meinte Wałęsa: „Das ist ja interessant, mir ist das Gegenteil zu Ohren gekommen." Vermutlich ist dies ein weiteres Beispiel für die Falschinformationen, die SB und KGB streuten.
13 Gespräch des Autors mit Tadeusz Mazowiecki vom 7. April 1997.
14 Http://www.reagan.utexas.edu/archives.speeches/a982/60782a.htm

15 Henryk Głębocki, „The Underground", S. 91ff., S. 99.

16 *Ebenda*, S. 101.

17 *Ebenda*, S. 99.

18 Zitiert in Paczkowski, *The Spring Will Be Ours*, S. 461.

19 *Ebenda*, S. 460.

20 Vgl. Andrew und Mitrochin, Das Schwarzbuch des KGB, S. 301; Anderson und Anderson, Reagan's Secret War, S. 136.

21 Zu Dobrynin vgl. Andrew und Mitrochin, *Das Schwarzbuch des KGB*, S. 301.

22 Mitteilung an den Autor von Andrzej Grajewksi. Przemyśl wurde 1992 zur Erzdiözese erhoben. Erzbischof Tokarczuk, der 1993 zurücktrat, stammte aus Lemberg, der einst hauptsächlich polnischen Stadt, die nach dem Zweiten Weltkrieg der Ukrainischen Sozialistischen Sowjetrepublik einverleibt worden war, und die Diözese Przemyśl lag an der polnisch-sowjetischen [ukrainischen] Grenze. Tokarczuk wurde daher vom SB und dem ukrainischen KGB als eine spezielle Bedrohung wahrgenommen.

23 Zu TRIANGOLO: Mitteilung an den Autor von Andrzej Grajewski; Lasota, *Donos na Wojtyłę*, Kapitel sechs.

24 Kotowskis Berichte überschnitten sich zweifellos mit Material, das dem KGB aus anderen Quellen zufloss, darunter vom unermüdlichen ungarischen Geheimdienst in Rom. Mitte 1982 hatten ungarische Spione in Rom festgehalten, dass Kardinal Casaroli und andere Kurienmitglieder von der zweiten Polenreise aus folgenden Gründen abrieten: Erstens würde ein Papstbesuch Gefahr laufen, die Spannungen zwischen Kirche und Staat im gesamten Ostblock zu verschärfen, und zweitens widerspreche ein Papstbesuch im Rahmen des Kriegsrechts – das Johannes Paul II. wahrscheinlich, wenn nicht offen, so doch subtil kritisieren würde – anscheinend dem päpstlichen Einspruch gegen eine priesterliche Einmischung in die Politik. Falls das zweite angebliche Motiv für Zurückhaltung tatsächlich die Ansichten der Kurie spiegelte, dann verrieten diejenigen, die ihr anhingen, nur eine bemerkenswerte Unkenntnis des Unterschieds, den Johannes Paul II. hinsichtlich einer priesterlichen Parteipolitk im Rahmen der verschiedenen Befreiungstheologien machte und seinem Beharren darauf, dass den Kirchenoberen eine Verantwortung für die Verteidigung grundlegender Menschenrechte zufiel – selbst wenn man sie dafür der Parteilichkeit beschuldigen würde. [Zu dem ungarischen Bericht vgl. Koehler, *Spies in the Vatican*, S. 20.],

25 Kowalczyk wurde im November 1982 von PIETRO als „Informationskontakt registriert" und erhielt den Decknamen CAPPINO. Die Debatte über Kowalczyks Zusammenarbeit mit dem SB spitzte sich Anfang 2009 in Polen zu, nicht zuletzt deshalb, weil Kowalczyk seit 1989 der Nuntius des Heiligen Stuhls in seinem Heimatland war. Erzbischof Kowalczyks Redlichkeit in seinem Umgang mit PIETRO wurde in dem Aufsatz „ Lustrowanie nuncjusza" von Andrzej Grajewski verteidigt, erschienen in *Gość Niedzielny*, 18. Januar 2009, S. 26ff. Der Fall wurde auch in der polnischen Tageszeitung *Rzeczpospolita* vom 20. Januar 2009 (Sławomir Cenckiewicz, „Współpracownicy wywiadu PRL") und vom 5. Februar 2009 besprochen (Sławomir Cenckiewicz, „Opwieści officera ‚Pietro'").

26 Die Informationen über Kotowskis Unternehmungen in Rom hat der Autor in einem Gespräch vom 14. Juli 2009 von Andrzej Grajeweski erhalten, kurz nachdem Dr. Grajewski lange mit Dr. Kotowski gesprochen hatte.

27 Zu einer eingehenderen Darstellung der Reise von Johannes Paul II. 1983 nach Mittelamerika vgl. Weigel, *Zeuge der Hoffnung*, S. 456f., 469-478. Zum KGB und den kubanischen Geheimdienstoperationen in Mittelamerika vgl. Andrew und Mitrochin, *The World Was Going Our Way*, S. 115-136.

28 Gespräch des Autors mit Andrzej Grajewski vom 14. Juli 2009.

[29] Stefan Olszowski, „DRINGLICHE MITTEILUNG über das Gespräch mit Erzbischof Luigi Poggi, Vorsitzendem des Komitees der Arbeitsbeziehungen zwischen dem Apostolischen Stuhl und der Regierung der Polnischen Volksrepublik am 17. März 1983". Dieses Dokument hat Dr. Andrzej Grajewski aus den Archiven des polnischen Außenministeriums erhalten und an den Autor weitergeleitet.

[30] Möglicherweise ist Poggi härter aufgetreten, und Olszowski hat dies in seinem Bericht unterdrückt. Doch in Anbetracht des allgemeinen Tenors von Poggis Handlungsweise, die am nächsten Tag noch deutlicher zutage trat, scheint das eher unwahrscheinlich.

[31] „Mitteilungen aus einem Gespräch mit Erzbischof Poggi vom Büro für Glaubensfragen – 18.III.83". Dieses Dokument hat Dr. Andrzej Grajewski aus den Archiven des polnischen Außenministeriums erhalten und an den Autor weitergeleitet.

[32] „Verschlüsselte Botschaft Nr. 1256/II/2095 aus Rom, 25. April 1983". Dieses Dokument hat Dr. Andrzej Grajewski aus den Archiven des polnischen Außenministeriums erhalten und an den Autor weitergeleitet.

[33] Zitiert in *ebenda.*

[34] Andrew und Mitrochin, *Das Schwarzbuch des KGB,* S. 645.

[35] *Ebenda,* S. 646.

[36] Gespräche des Autors in Kattowitz vom Mai 2008.

[37] Dziwisz, *Mein Leben mit dem Papst,* S. 153.

[38] Gespräch des Autors mit Pater Roberto Tucci SJ, vom 25. September 1997.

[39] Gespräch des Autors mit Bohdan Cywiński vom 14. November 1998.

[40] Zu Einzelheiten über die zweite Polenreise vgl. Weigel, *Zeuge der Hoffnung,* S. 478-483. Stanisław Dziwisz liefert anschauliche Details in *Mein Leben mit dem Papst,* S. 152-159. Vgl. auch Timothy Garton Ash, „Das Papst in Polen", in Garton Ash, *Ein Jahrhundert wird abgewählt: Aus den Zentren Mitteleuropas 1980 – 1990,* München 1990.

[41] Zitiert in Paczkowski, *The Spring Will Be Ours,* S. 474.

[42] Dziwisz, *Mein Leben mit dem Papst,* S. 153.

[43] *Ebenda,* S. 151.

[44] Andrew und Mitrochin, *Das Schwarzbuch des KGB,* S. 647.

[45] Gespräch des Autors mit Stanisław Kardinal Dziwisz vom 2. Dezember 2008.

[46] *Ebenda.*

Was der *L'Osservatore Romano* nicht verstanden haben mag, verstand die Stasi sehr wohl. Ihre Agenten waren sehr emsig während der zweiten Polenreise, die laut Stasi Einschätzung eine einzige lange „Zurschaustellung antisozialistischer Demonstrationen" war. Ein ostdeutscher Spion berichtete, Johannes Paul habe einen „verschleierten Angriff gegen die Sowjetunion" gestartet, und der Beweis dafür war, welch eine Ironie, dass der Papst die polnische Souveränität verteidigt hatte. Betroffen werden sowohl Ostberlin als auch Moskau darüber gewesen sein, was die Analytiker der Stasi angesichts der ihrer Einschätzung nach unerbittlichen Attacken des Papstes für die Schwäche der kommunistischen Führung in Polen hielten. Die polnischen Genossen hatten „Niederlagen erlitten" und sich in „wichtigen Fragen als widersprüchlich" erwiesen, als zu nachgiebig gegenüber den „Forderungen der Kirche". Die gesamte Reise, so der Schluss der Analyse, sei eine „Ermutigung für konterrevolutionäre Kräfte und ihre staatsfeindlichen Aktivitäten" gewesen. Und schlimmer noch: Mit der zweiten Polenreise habe sich der Papst eingereiht in „den politischen Kurs des US-Imperialismus gegenüber Polen und die zunehmenden Angriffe der Reaktionäre gegen den Sozialismus." Grundlage der Einschätzung der Stasi war zum Teil ein längerer Bericht über die Äußerungen Johannes Pauls II. gegenüber den polnischen Bischöfen bei einem Zusammentreffen in Tschenstochau am 19. Juni. Dort habe der

Papst „dargelegt, wie der langfristige Kampf des Vatikan gegen das sozialistische System und die Unterstützung der Konterrevolution“ auszusehen hat.“ [Vgl. Koehler, *Spies in the Vatican*, S. 216-221.]

47 Andrew und Mitrochin, *Das Schwarzbuch des KGB*, S. 649.

48 *Ebenda*, S. 649.

49 Głębocki, „The Underground“, S. 121.

50 Vgl. Koehler, *Spies in the Vatican*, S. 225-228. Der Bericht über diese Konferenz enthält zumindest eine absurde Zielvorgabe: Agenten sollten alles in ihrer Macht stehende tun, um die Professoren der Päpstlichen Universität Gregoriana an ihrer Arbeit zu hindern, denn dort würde „die Politik der römischen Kurie gegenüber den sozialistischen Staaten festgelegt“. Tatsächlich war die allgemeine Geisteshaltung zu jener Zeit an der Gregoriana eher so beschaffen, dass die Sympathien weitgehend bei der Ostpolitik vor Johannes Paul II. lagen und die Kritik Johannes Pauls II. an der Befreiungstheologie scharf abgelehnt wurde.

51 Vgl. *ebenda*, S. 233. Dieser Bericht von LICHTBLICK hätte bei der amerikanischen Bischofskonferenz mehr als ein Kopfschütteln ausgelöst, standen ihre Mitglieder damals doch an der Spitze der Bemühungen, die Politik der Regierung Reagan bezüglich der atomaren Bewaffnung und Lateinamerikas zu vereiteln.

52 Vgl. *ebenda*, S. 125.

53 Zitiert in Antonin Lewek, „New Sanctuary of Poles: The Grave of Martyr-Father Jerzy Popiełuszko“, Warschau 1986. Der Autor hat diese Broschüre in der Kirche St. Stanisław Kostka in Warschau erhalten.

54 Michael Kaufman, *Mad Dreams, Saving Graces – Poland: A Nation in Conspiracy*, New York 1989, S. 141

55 Diese Einzelheiten stammen aus Weigel, *The Final Revolution*, S. 148-151.

56 Seine Sorge um Pfarrer Popiełuszko drückte Johannes Paul II. am 24. Oktober in seiner Generalaudienz und am 28. Oktober in seinen Worten zum Angelus aus. Seine Ermordung beklagte er in der Generalaudienz vom 31. Oktober und im Angelus vom 1. November.

57 Die „Litanei unseres Herrn Jesus Christus, Priester und Opferlamm“ war fester Bestandteil der Andachten im Krakauer Priesterseminar, zu der Zeit, als Wojtyła sich auf die Priesterschaft vorbereitete. Im Anhang zum Gedenken an seine Weihe, *Geschenk und Geheimnis*, Graz 1997, hat Johannes Paul II. sie wieder abgedruckt.

58 Zitiert in Anderson und Anderson, *Reagan's Secret War*, S. 207.

59 Gespräch des Autors mit Papst Johannes Paul II. vom 13. Dezember 1997.

60 Vgl. Broun (Hg.), *Conscience and Captivity*, S. 93f.

61 Gespräch des Autors mit Andrzej Grajewski vom 26. Mai 2008. In seinen Erinnerungen *The Martyrdom of Patience* räumte Kardinal Casaroli ein, dass die Ostpolitik seitens des Husak-Regimes auf den unversöhnlichsten Widerstand gestoßen ist.

62 Gespräch des Autors mit Pavel Bratinka vom 23. Oktober 1991.

63 Gespräch des Autors mit Václav Vaško vom 22. Oktober 1991 und mit Hochwürden Václav Malý vom 25. Oktober 1991.

64 Mehr zur Entstehung der Kirche des Widerstands in der Tschechoslowakei sowie Äußerungen von führenden katholischen Oppositionellen zur Rolle Johannes Pauls II. finden sich in Weigel, *The Final Revolution*, S. 174-185.

65 Gespräch des Autors mit Irina Alberti vom 13. April 1998 und vom 16. April 1998. Johannes Paul II. traf Sacharow persönlich im Jahr 1989 und ermutigte ihn, sich weiter für eine demokratische Reformpolitik in der Sowjetunion einzusetzen. Vgl. Weigel, *Zeuge der Hoffnung*, S. 595ff.

66 Vgl. Koehler, *Spies in the Vatican*, S. 244ff. Da der Bericht vor einer unvorsichtigen, seine Quelle kompromittierenden Weitergabe warnt, scheint es wahrscheinlich, dass

die Einschätzung der Stasi auf Informationen von LICHTBLICK (dem deutschen Benediktiner Eugen Brammertz) oder von seinem früheren Schüler ANTONIUS (Dr. Alfons Waschbüsch) beruht.

67 Email von General Edward Rowny, a. D. an den Autor, 5. April 2005.

68 Gespräch des Autors mit Andreas Widmer vom 28. Januar 2009.

69 „Bericht über den Besuch von Wojciech Jaruzelski, Staatsratsvorsitzender der Volksrepublik Polen, im Vatikan am 13. Januar 1987", Archive des polnischen Außenministeriums, Abteilung IV, Nr. D IV War.0.22-1-87, archiviert am 23. März 1987. Dieses Dokument hat Dr. Andrzej Grajewski aus den Archiven des polnischen Außenministeriums erhalten und an den Autor weitergeleitet.

70 Gespräch des Autors mit Erzbischof Tadeusz Gocłowski CM, vom 4. Dezember 2008.

71 *Ebenda.*

72 Das Zitat stammt aus der Pastoralen Konstitution über die Kirche in der Welt von heute [*Gaudium et Spes*], Nr. 31.

73 Die Einzelheiten stammen aus Weigel, *Zeuge der Hoffnung*, S. 567-573.

74 *Ebenda*, S. 572. Zu den Beschwerden polnischer Kommunisten über den „Ton" Johannes Pauls II. vgl. Koehler, *Spies in the Vatican*, S. 253f.

75 Gespräch des Autors mit Andrzej Grajewski vom 14. Juli 2009. Kotowski hat Grajewski gegenüber geäußert, er habe dies es aus Gründen der „Staatsraison" getan, aber auch weil „das Volk es brauchte".

76 Gespräch des Autors mit Piotr und Teresa Malecki, Stanisław und Danuta Rybicki, Maria Rybicka, Karol Tarnowski und Danuta Ciesielska vom 8. November 2008.

77 Mitteilung an den Autor von Andrzej Grajewski.

78 Zu den Diskussionen 1988 und der Arbeit am Runden Tisch vgl. Paczkowski, *The Spring Will Be Ours*, S. 491-505.

79 Zur Samtenen Revolution vgl. Weigel, *Zeuge der Hoffnung*, S. 634f.

80 Gespräch des Autors mit Irina Alberti vom 13. und 16. April 1998.

81 Wie bösartig und brutal der KGB die orthodoxe Kirche angriff, gehörte mit zu den Gründen, aus denen heraus Wassili Mitrochin sein Archiv angelegt hat. Vgl. Andrew und Mitrochin, „The Penetration and Persecution of the Soviet Church", in *The Sword and the Shield*, S. 486-507.

82 Vgl. Bohdan R. Bociurkiw, *The Ukrainian Greek Catholic Church and the Soviet State, 1939-1950*, Toronto 1996, S. 148-188.

83 Laut Irina Alberti, die zu Johannes Pauls II. privaten Botschaftern in Russland gehörte, verhielten sich die Diplomaten und ökumenischen Vertreter der römischen Kurie gegenüber den Forderungen ihrer russisch-orthodoxen Gesprächspartner in der Regel nachgiebig und entgegenkommend. Dies geschah aus der strategischen Überlegung, dass der Dialog nicht abbrechen dürfe, und wenn man dafür mit Demütigung und Duldsamkeit zahlen musste, nun so war dies eben so. Diese Männer waren daher, nach Aussage von Frau Alberti, „erstaunt", als Patriarch Pimen sich rundweg weigerte, den Papst 1988 in Russland zu empfangen. [Gespräch des Autors mit Irina Alberti vom 13. und 16. April 1998.]

84 Zu mehr über das Moskauer Treffen zwischen Casaroli und Gorbatschow siehe Weigel, *Zeuge der Hoffnung*, S. 597-603.
Der „Furov-Bericht" von 1974 ist ein Dokument des KGB, in dem die Hierarchie der orthodoxen Kirche in drei Kategorien eingeordnet wird. Pimen gehörte zur Kategorie „A", zu den Männern, die der Bericht wie folgt beschreibt: Die „A"-Bischöfe drükken in ihren Worten und Taten nicht nur Loyalität, sondern auch Patriotismus gegenüber der sozialistischen Gesellschaft aus, sie halten sich strikt an die Gesetze über die Riten und erziehen den Gemeindeklerus und die Gläubigen in eben diesem

Geist; sie sind realistisch genug, um zu verstehen, dass unser Staat nicht daran interessiert ist, sich laut über die Rolle von Religion und Kirche in der Gesellschaft zu äußern, und deshalb ergreifen sie keine besonderen Schritte, um den Einfluss der Orthodoxie in der Bevölkerung zu erweitern." [Andrew und Mitrochin, *The Sword and the Shield*, S. 490.]

Patriarch Pimens Nachfolger, Patriarch Aleksij II., fiel auch in die „A"-Kategorie des Berichts und war dem KGB unter dem Decknamen DROZDOW bekannt. [Ebenda, S. 499.]

85 Gespräch des Autors mit Joaquín Navarro-Valls vom 18. Februar 1998. Der Brief von Johannes Paul II. an Gorbatschow und die Antwort des sowjetischen Regierungschefs finden sich bei Weigel, *Zeuge der Hoffnung*, S. 600ff.

86 Gespräch des Autors mit Joaquín Navarro-Valls vom 17. Dezember 1998.

87 Zbigniew Brzeziński, *Power and Principle: Memoirs of the National Security Adviser 1977-1981*, New York 1983, S. 461.

88 Gespräch des Autors mit Henry Kissinger vom 4. September 2007.

89 „Havel: Sharing a Miracle", in *L'Osservatore Romano* [Englische Wochenausgabe], 30. April 1990, S. 4.

90 Gespräch des Autors mit Joaquín Navarro-Valls vom 20. Januar 1997.

91 *Ebenda.*

92 Gespräch des Autors mit Miloslav Kardinal Vlk vom 5. Dezember 1997.

93 Gespräch des Autors mit Jan Nowak vom 13. Mai 1998

94 Gespräch des Autors mit Bohdan Bociurkiw vom 10. August 1996.

95 Gespäch des Autors mit Kardinal Casaroli vom 14. Februar 1997.

96 „Wir und sie, die ganze Zeit" so hat Stanisław Dziwisz die Situation während eines Gesprächs des Autors mit Papst Johannes Paul II. beschrieben, der ihm da zustimmte: „*Si, eranno loro e noi* [ja, es war sie und wir]." Johannes Paul führte dann aus: „Die Kommunisten versuchten, nicht nur als politische, sondern auch als moralische Autorität anerkannt zu werden, als Ausdruck der polnischen Nation. Aber die Kirche wurde zu diesem Ausdruck, vor allem in der Person von Kardinal Wyszyński. Die Kommunisten wollten so tun, als gäbe es uns nicht, doch das war unmöglich." [Gespräch des Autors mit Papst Johannes Paul II. vom 10. September 1996.]

97 Vgl. Weigel, *The Final Revolution*, S. 26-30.

98 Henry Kissinger, *Jahre der Erneuerung. Erinnerungen*, übersetzt von Frank Wolf, München 1999, S. 509.

99 „The Polish Pope in Poland", *New York Times* vom 5. Juni 1979.

100 John Lewis Gaddis, *Der Kalte Krieg. Eine neue Geschichte übersetzt von Klaus-Dieter Schmidt*, München 2007, S. 239. (deutsch)

101 *Ebenda*, S. 243f.

102 *Ebenda.*

103 Eine besonders gelungene Darstellung dieser Facette von Reagans Persönlichkeit und Politik findet sich bei Anderson und Anderson, *Reagan's Secret War.*

104 Zu mehr über Johannes Paul II. und Michail Gorbatschow vgl. Weigel, *Zeuge der Hoffnung*, S. 633f.

105 Gaddis, Der Kalte Krieg, S. 321.

106 Andrew und Mitrochin, *Das Schwarzbuch des KGB*, S. 651.

107 Agostino Kardinal Casaroli: „Ostpolitik: Chipping Away at Marxism's Crumbling House", in *L'Osservatore Romano* [Englische Wochenausgabe], vom 18. Juni 1990, S. 6f.

5 Das große Jubiläumsjahr 2000

1 Papst Johannes Paul II., *Brief über die Pilgerfahrt zu den Stätten, die mit der Heilsgeschichte verbunden sind*, 11.

2 Die Kurienkardinäle, die Kardinal Karol Wojtyła anläßlich der Fastenexerzitien im März 1976 vor Papst Paul VI. und der römischen Kurie hatten predigen hören, hätten eigentlich nicht über diese Facette der Vision Johannes Paul II. erstaunt sein dürfen, denn bei den Exerzitien hatte er das nächste Vierteljahrhundert als „neuen Advent" für eine Kirche unterwegs zu ihrem dritten Jahrtausend bezeichnet. Vgl. Karol Wojtyła, *Zeichen des Widerspruchs*, Zürich 1979, S. 234. Einer der engsten Mitarbeiter von Johannes Paul II., Kardinal Stanisław Ryłko, erklärte, dass das große Jubeljahr „sowohl Brennpunkt als auch Mittelpunkt des Pontifikats war. Alles lief darauf zu und in einem gewissen Sinn drehte sich alles darum." [Gespräch des Autors mit Kardinal Stanisław Ryłko vom 15. Dezember 2007.]

3 Johannes Pauls II. Ansprache an die Kardinäle mit ihren charakteristischen Kursivierungen ist nachzulesen im *L'Osservatore Romano* [Englische Wochenausgabe], vom 22. Juni 1994, S. 6ff. Für eine ausführlichere Darstellung des Konsistoriums von 1994, des fünften außerordentlichen Konsistoriums seines Pontifikats, vgl. Weigel, *Zeuge der Hoffnung*, S. 780ff.

4 Johannes Paul II., *Tertio Millennio Adveniente*, 6 [Hervorhebung im Original].

5 *Ebenda*, 10 [Hervorhebung im Original].

6 *Ebenda*, 4.

7 *Ebenda*, 18 [Hervorhebung im Original].

8 Gespräch des Autors mit Bischof Rino Fisichella vom 13. März 2008.

9 Mehr zu *Tertio Millennio Adveniente* findet sich in Weigel, *Zeuge der Hoffnung*, S. 783-786.

10 Mit seiner die Tradition auf den Kopf stellenden Ernennung der Juristin Glendon zur Leiterin der vatikanischen Delegation bei der von der UNO geförderten Weltfrauenkonferenz 1995 in Peking erschütterte Johannes Paul die römische Kurie und den ständigen Vertreter des Heiligen Stuhls bei den Vereinten Nationen, Erzbischof Renato Martino.

11 Sepe hatte zuvor den dritthöchsten Posten im Staatssekretariat innegehabt und als Sekretär der Kongregation für den Klerus fungiert. Sebastini wurde zum Präsidenten der Präfektur für ökonomische Angelegenheiten des Heiligen Stuhls ernannt, und der Amerikaner Edmund Kardinal Szoka – er hatte nach dem Skandal der Banco Ambrosiano in den frühen achtziger Jahren die Verfahren für die Haushaltsplanung und die Rechnungsprüfung reformiert – übernahm das Governatorat der Vatikanstadt, um den Posten für Sebastini freizumachen. Einige Reformen Szokas überdauerten nicht den Wechsel an der Spitze der Präfektur für ökonomische Angelegenheiten.

12 Das Zentralkomitee meinte dazu: „Das Symbol [i.e. das Emblem] des Jubeljahr stellt den Kern der christlichen Botschaft dar. Auf dem blauen kreisförmigen Feld tritt das Kreuz hervor, das die auf den fünf Kontinenten lebende Menschheit stützt und hält. Für diese stehen ebenso viele Tauben. Das blaue Feld symbolisiert das Geheimnis der Fleischwerdung des Gottessohns, der durch das Wirken des Hl. Geistes im Leib der Jungfrau Maria Mensch geworden ist. Das Licht, das vom Mittelpunkt des Kreuzes ausstrahlt, weist auf Christus, das Licht der Welt, hin, auf den alleinigen Retter der Menschheit ‚gestern, heute und in Ewigkeit'. Die ineinander verschlungenen Tauben verdeutlichen die Einheit und Brüderlichkeit, nach der sich die Kinder Gottes sehnen. Die lebhaften, harmonischen Farben möchten an die Freude und den Frieden erinnern, von denen die Feier des Jubeljahrs hoffentlich begleitet wird." Wie erhaben

die Gefühle auch gewesen sein mögen, Kritiker fragten sich, warum eine Kirche, die mit ihrer Botschaft Künstler wie Michelangelo, Rafael und Bernini inspiriert hatte, ein Emblem hat billigen können, das eher an Disneyland als an das *mysterium incarnationis* denken lässt.

Das Bistum Rom hatte einen Architekturwettbewerb ausgeschrieben, um eine „Millenniumskirche" in der Gemeinde St. Sylvester, im Vorort Tor Tre Teste, zu errichten. Den Zuschlag erhielt der Amerikaner Richard Meier, der, wie ein Architektenkollege sagte, „bekannt ist für seine raffinierten neocorbusianischen Entwürfe aus weißen Platten und Rasterfenstern." Was eine Kirche für die Zukunft sein sollte, entpuppte sich als ein Ausflug in die Vergangenheit, in „die Tradition der Moderne in der Mitte des 20. Jahrhunderts". [Duncan G. Stroik, „Modernism Triumphs in the Eternal City", in *Catholic World Report*, August-September 1996, S. 58-61.]

13 „Die Fassade des Petersdoms ist ‚die Restaurierung des Jahrhunderts'", in ZENIT Nachrichtendienst vom 28. September 1999. Die Restaurierung legte die Farbgebung der ursprünglichen, von Carlo Maderno entworfenen Fassade frei.

14 Die erste diese Regionalsynoden war die Sonderversammlung der Bischofssynode für Amerika, die vom 16. November bis zum 12. Dezember 1997 zusammentrat. Dass sie als „Synode für Amerika" und nicht „für die beiden Amerika" bezeichnet wurde, spiegelte die Überzeugung Johannes Pauls II., dass, da die gesamte neue Welt einst Gegenstand einer großen von Europa ausgehenden Evangelisierung gewesen ist, Nord-, Mittel- und Südamerika gmeinsam die Möglichkeiten für eine neue Evangelisierung ausloten sollten, zu der der Papst 1991 in der Enzyklika *Redemptoris Missio* aufgerufen hatte. Nicht einmal fünf Monate danach fand in Rom vom 19. April bis zum 14. Mai 1998 die Sonderversammlung für Asien statt. Es folgte die Außerordentliche Synode für Ozeanien vom 22. November bis zum 12. Dezember 1998. Den Schluss bildete die Sonderversammlung für Europa vom 1. Oktober bis zum 23. Oktober 1999.

Jede dieser Synoden schloss mit einem nachsynodalen apostolischen Schreiben ab, in dem Johannes Paul die Vorschläge der Synodalbischöfe aufnahm und mit seinen eigenen Gedanken über die besonderen Notwendigkeiten der Evangelisierung in jeder Weltgegend verband. *Ecclesia in America* wurde am 22. Januar 1999 herausgegeben. Zur feierlichen Unterzeichnung reiste der Papst nach Mexiko-Stadt und beendete seine Stippvisite in der westlichen Hemisphäre mit einem kurzen Aufenthalt in St. Louis. *Ecclesia in Asia* unterzeichnete der Papst am 6. November 1999 in der indischen Hauptstadt Neu Delhi. Es war seine letzte Pastoralreise außerhalb Italiens vor dem großen Jubiläum. Bei seiner Rückkehr nach Rom legte er noch einen kurzen Zwischenhalt in der ehemaligen Sowjetrepublik Georgien ein. *Ecclesia in Oceania* wurde erst nach dem Jubeljahr fertig und erschien am 22. November 2001. *Ecclesia in Europa* vervollständigte am 28. Juni 2003 die Reihe und wird ausführlicher im achten Kapitel dieses Buches erörtert.

15 Johannes Paul II., *Mysterium Incarnationis*, 1 und 6.

16 Ebenda, 10. Die Theologie des Ablasses, die nach dem Glauben der Kirche auf der die Zeit transzendierenden „Gemeinschaft der Heiligen" beruht, wird im *Katechismus der katholischen Kirche*, 1471-1479, erklärt.

17 Vgl. *Mysterium Incarnationis*, 7-13.

18 Harvey wurde 1998 zum Präfekten des päpstlichen Haushaltes ernannt und Dziwisz zu seinem *Aggiunto* oder Stellvertreter, um den Terminkalender des Papstes im großen Jubiläumsjahr straffer zu organisieren. Harvey und Dziwisz wurden im Zuge dieser Neuordnung der Aufsicht über den päpstlichen Terminkalender zu Bischöfen ernannt. Aus diesem Anlass wurden Klagen darüber laut, dass der päpstliche Zeremonienmeister Piero Marino nicht ähnlich befördert worden war. Daher wurde auch

Marini zum Bischof ernannt, ein Schritt, der viele aus theologischer und liturgischer Sicht seltsam anmutete.

[19] Johannes Paul II., *Tertio Millennio Adveniente*, 33.

[20] Bischof Marini, der „den vielfarbigen Mantel" bestellt hatte, den Johannes Paul bei der Öffnung der heiligen Pforte trug, hatte ein ähnlich auffälliges Messgewand mit den gleichen Farben anfertigen lassen, damit der Papst es bei der Messe trüge. Der päpstliche Haushalt war so klug, das abzulehnen, und entschied sich für ein gebräuchlicheres weißes Messgewand. Der „vielfarbige Mantel" fehlte, was nicht unbemerkt blieb, auch am ersten Weihnachtstag, als Johannes Paul II. den traditionellen Segen *urbi et orbi* vom Mittelbalkon des Petersdoms spendete, sowie bei der päpstlichen Öffnung der heiligen Pforten der drei anderen Patriachalbasiliken in den kommenden Wochen.

[21] Johannes Paul II., *Predigt in der Christmette nach der Eröffnung der heiligen Pforte und des großen Jubiläums des Jahres 2000, 24. Dezember 1999.*

[22] Johannes Paul II., *Urbi et Orbi*, 25. Dezember 1999.

[23] Johannes Paul II., *Predigt anlässlich der Öffnung der heiligen Pforte der Kathedrale von Rom am 25. Dezember 1999.*

[24] Johannes Paul II., *Predigt zum* Te Deum *und Dank am Jahresende*, 31. Dezember 1999.

[25] Zentralkomitee des Großen Jubiläums des Jahrs 2000, *Il Grande Giubileo dell'Anno 2000: Diario di un evento di fede*, Vaticanstadt 2001, S. 17 [im weiteren *Diario*].

[26] Johannes Paul II., *Predigt anlässlich der Öffnung der heiligen Pforte in der Basilika Santa Maria Maggiore, 1. Januar 2000.*

[27] Johannes Paul II., *Botschaft zur Feier des Weltfriedenstages, 1. Januar 2000*, 5, 7, 9, 11, 17, 18.

[28] Gespräch des Autors mit Johannes Paul II. am 4. Januar 2000.

[29] Zu den Teilnehmern gehörten Vertreter des Ökumenischen Patriarchats von Konstantinopel, des griechisch-orthodoxen Patriarchats von Alexandria, des griechisch-orthodoxen Patriarchats von Antiochien, des griechisch-orthodoxen Patriarchats von Jerusalem, des Patriarchats von Moskau, des Patriarchats von Serbien, des orthodoxen Patriarchats von Rumänien, der orthodoxen Kirche von Griechenland, der orthodoxen Kirche von Polen, der orthodoxen Kirche von Albanien, der orthodoxen Kirche von Finnland, des koptisch-orthodoxen Patriarchats von Alexandria, des syrisch-orthodoxen Patriarchats von Antiochien, der armenisch-apostolischen Kirche, des Katholikats von Kilikien (armenisch-apostolische Kirche), der assyrischen Kirche des Ostens, der anglikanischen Gemeinschaft, der Altkatholiken (Union von Utrecht), des lutherischen Weltverbands, des methodistischen Weltrats, der Jünger Christi, der Pfingstler und des ökumenischen Kirchenrats.

[30] Johannes Paul II., *Predigt anlässlich der Öffnung der heiligen Pforte in der Basilika St. Paul vor den Mauern.*

[31] Jonathan Luxmoore, „Pope weeps as he watches Polish film", in *The Universe*, 30. Januar 2000.

[32] Johannes Paul II. sprach bei dieser Gelegenheit auch ein Problem an, das ihn die noch verbleibenden Jahre seines Pontifikats ständig beschäftigten sollte: Den Versuch, die säkulare Weltsicht zum offiziellen Kredo der Demokratien weltweit zu machen, um so von religiösen Prämissen ausgehende moralische Argumente aus dem öffentlichen Leben zu verbannen:

> Das Leben nimmt in unseren täglichen Entscheidungen Gestalt an. Und die politisch Verantwortlichen können, weil sie die Rolle haben, die „öffentliche Sache" zu verwalten, durch ihre persönlichen Optionen und ihre Aktionsprogramme ganze Gesellschaften auf das Leben oder den Tod hin ausrichten. Deshalb sehen es die Gläubigen, und besonders die Mitglieder der katholischen Kirche, als ihre Pflicht an, aktiv

am öffentlichen Leben der Gesellschaft teilzunehmen, zu der sie gehören. Ihr Glaube, ihre Hoffnung und ihre Liebe bilden zusätzliche, unersetzliche Kraftquellen. Mit diesen Kräften wird es niemals an der Sorge für den Mitmenschen, am Sinn für Verantwortung und an der Verteidigung der Grundfreiheiten fehlen. Darüber hinaus wird auch spürbar, daß in der Welt und in unserer persönlichen und umfassenden Geschichte eine Präsenz notwendig ist. Ich fordere daher für die Gläubigen einen Platz im öffentlichen Leben, denn ich bin überzeugt, daß ihr Glaube und ihr Zeugnis unseren Zeitgenossen, die oft unruhig und ohne Anhaltspunkte sind, Sicherheit geben können und daß trotz Fehlschlägen, Gewalt oder Angst weder das Böse noch der Tod das letzte Wort haben werden. [Johannes Paul II., *Ansprache zum Neujahrsempfang für das beim Heiligen Stuhl akkreditierte diplomatische Korps, 10. Januar 2000.*]

33 *Diario*, S. 26-44.

34 Johannes Paul II., *Schreiben über die Pilgerfahrt zu den Stätten, die mit der Heilgeschichte verbunden sind*, 5.

35 Am Tage nach Navarros Erklärung sagte Erzbischof Jean-Louis Tauran, der päpstliche „Außenminister", der Besuch sei „auf unbestimmte Zeit verschoben worden". Er sprach nicht von einer „Absage": ein guter diplomatischer Schachzug, da nie eine offizielle Einladung seitens der irakischer Regierung ergangen war. Damit blieb die Möglichkeit offen, dass sich später noch etwas rühren könnte. Gleichwohl bleibt es eine Tatsache, dass das irakische Regime für „die Verschiebung auf unbestimmte Zeit" verantwortlich war.
Im März 2000 brachte die italienische Zeitung *Avvenire*, die über gute Kontakte im Vatikan verfügte, einen Artikel, in dem es heißt, die Position der Regierung in Bagdad habe die „spirituelle Natur" der päpstlichen Pilgerfahrt „beschädigt", so dass der Papst unmöglich nach Ur hätte gehen können. Zwei Tage später schrieb der irakische Botschafter beim Heiligen Stuhl einen bitterbösen Brief an *Avvenire*, in dem den britischen und amerikanischen Verletzungen der irakischen Souveränität die Schuld dafür gegeben wurde, dass der Papst nicht nach Ur kommen konnte. Das überzeugte nur wenige. [ZENIT Nachrichtendienst, 3. und 6. März 2000.]

36 Johannes Paul II., Predigt zur Gedächtnisfeier für Abraham, „Vater aller Gläubigen", 23. Februar 2000.

37 Vgl. *L'Osservatore Romano* [Englische Wochenausgabe], 1. März 2000, S. 5

38 Vgl. *ebenda*, S. 6f.

39 Johannes Paul II., *Wortgottesdienst am Katharinenkloster auf dem Berg Sinai, 26. Februar 2000*, [Hervorhebung im Original].

40 Zu einer anerkennenden Bewertung der Reuebekundungen für die Sünden der Kinder der Kirche, die Johannes Paul vor 2000 ausgesprochen hatte, vgl. Mary Ann Glendon, „Contrition in the Age of Spin Control", in *First Things*, November 1997, S. 10ff.

41 Johannes Paul II., *Tertio Millennio Adveniente*, 33 [Hervorhebung im Original].

42 Die Aufgabe, eine Studie zu den verschiedenen Fragen vorzubereiten, wurde an eine Subkommission der Internationalen Theologischen Kommission delegiert. Unter der Leitung von Msgr. Bruno Forte gehörten ihr Msgr. Roland Minnerath, Hochwürden Christopher Begg, Hochwürden Sebastian Karotemprel SDB, Msgr.Anton Strukelj, HochwürdenThomas Norris und Hochwürden Rafael Salazar Cardenas MSpS an. Die Internationale Theologische Kommission erörterte die Arbeit der Subkommisson 1998 und 1999 auf ihrer Plenarsitzung und billigte *Erinnern und Versöhnen: Die Kirche und die Verfehlungen in ihrer Vergangenheit.* Kardinal Ratzinger gab dann das Placet für die Veröffentlichung des Dokuments.

43 Internationale Theologische Kommission, *Erinnern und Versöhnen. Die Kirche und die Verfehlungen in ihrer Vergangenheit*, Kapitel sieben.

[44] Johannes Paul II., *Predigt in der Heiligen Messe am Tag der Vergebung im Heiligen Jahr 2000.*

[45] „The Pope's Apology", in *New York Times* vom 14. März 2000. Der Leitartikel der *Times* verwechselte nicht nur die Bitte des Papstes um die Vergebung Gottes mit der Art von „Entschuldigungen", die zur selben Zeit der amerikanische Präsident Bill Clinton (für die Sklaverei) und der englische Premierminister Toni Blair (für den Kolonialismus) anboten, er roch auch nach Heuchelei (oder zumindest nach einem bemerkenswerten Mangel an Selbsterkenntnis), da die Zeitung es nie für nötig gehalten hat, Gott oder ihre Leser wegen ihrer phantastischen Fehleinschätzungen des stalinistischen Regimes in den dreißiger Jahren oder wegen ihr romantisierenden Schilderung der kubanischen Revolution Fidel Castros in den sechziger Jahren um Entschuldigung zu bitten.

[46] Zitiert in http://chiesa.espresso.repubblica.it/articolo/173182?eng=y

[47] Gespräch des Autors mit Papst Johannes Paul II. vom 16. Januar 1997.

[48] Zu einer Darstellung der Verhandlungen, die zum Grundlagenvertrag zwischen dem Heiligen Stuhl und dem Staat Israel führten, und Johannes Pauls II. entscheidendem Anteil daran vgl. Weigel, *Zeuge der Hoffnung,* S. 734-751.

[49] Johannes Paul II., *Predigt in Bethlehem, Mittwoch, 22. März 2000.*

[50] Johannes Paul II., *Ansprache in Yad Vashem,* 23. März 2000.

[51] Johannes Paul II., *Generalaudienz, 29. März 2000.*

6 Das große Jubiläum 2000

[1] Johannes Paul II., *Predigt anlässlich der Heiligsprechung von Maria Faustyna Kowalska, 30. April 2000* [Hervorhebungen im Original].

[2] Paul VI., stets der vorsichtige Diplomat, wollte nicht, dass durch die Selig- oder Heiligsprechungen der mexikanischen Märtyrer und der Märtyrer des spanischen Bürgerkriegs die Lage der Kirche im offiziell laizistischen Mexiko noch prekärer würde oder die Regierung Francisco Francos dadurch eine Art Weihe erhielte. Johannes Paul II. nahm in diesen Fragen eine andere Haltung ein, denn er glaubte, die Selig- und Heiligsprechungen der mexikanischen und spanischen Märtyrer im 20. Jahrhundert seien wesentlicher Bestandteil einer neuen Evangelisierung in diesen beiden historisch katholischen Ländern.

[3] Das revidierte *Römische Martyrologium* erschien im Oktober 2001. Eine zweite Auflage, die auch die zwischen 2001 und Juni 2004 Selig- oder Heiliggesprochenen einschloss, wurde im Dezember 2004 veröffentlicht.

[4] Vgl. Robert Royal, *The Catholic Martyrs of the Twentieth Century: A Comprehensive World History,* New York 2000.

[5] Johannes Paul II., *Predigt in der Gedenkfeier für die Zeugen des Glaubens im 20. Jahrhundert, 7. Mai 2000.*

[6] Vgl. *Diario,* S. 150-153.

[7] Zu einem Überblick dieser Phänomene und ihrer Deutung vgl. Sandra L. Zimdars-Swartz, *Encountering Mary: Visions of Mary from La Salette to Medjugorje,* New York 1991. In *Lourdes: Body and Spirit in the Secular Age,* New York 2008 verbindet Ruth Harris den Kult von Lourdes mit der spirituellen Sehnsucht einer Gesellschaft, die von einer antiklerikalen, ausschließlich männlichen Elite bestimmt ist.

[8] Tad Szulc tat dies ganz besonders forsch; vgl. Szulc, *Pope John Paul II: The Biography,* New York 1995, S. 66, 77.

[9] Johannes Paul II., *Geschenk und Geheimnis,* S. 27-31. Zu Jan Tyranowskis bleibendem Einfluss auf Wojtyła vgl. Weigel, *Zeuge der Hoffnung,* S. 61-64.

[10] Vgl. Weigel, *Zeuge der Hoffnung*, S. 603ff.

[11] André Frossard und Johannes Paul II., *Fürchtet euch nicht*, München 1982, S. 332f.

[12] „Mitteilung seiner Eminenz Angelo Kardinal Sodano, Staatssekretär seiner Heiligkeit" in Kongregation für die Glaubenslehre, *Die Botschaft von Fatima* [Hervorhebung im Original].

[13] Joseph Kardinal Ratzinger, „Theologischer Kommentar", in *ebenda*.
In der Erklärung der Glaubenskongregation heißt es weiterhin, diesen „feierlichen und universalen Weiheakt", mit dem Johannes Paul II. am 25. März 1984 die Welt Maria anvertraute, habe Schwester Maria „persönlich bestätigt" als einen, der dem Gesuch der Jungfrau von Fatima entsprach, so dass „jede Diskussion und jegliches weiteres Bittgesuch daher kein Fundament haben". Diese Schlussfolgerung wird von manchen Verehrern der Jungfrau von Fatima bestritten. Während seines gesamten Pontifikats haben sie entgegen der Aussage von Schwester Lucia angezweifelt, dass Johannes Paul II. der Bitte Marias nachgekommen ist.

[14] Johannes Paul II., *Predigt zum Abschluss des XX. Internationalen mariologisch-marianischen Kongresses, 24. September 2000* [Hervorhebung im Original].

[15] Johannes Paul II., *Geschenk und Geheimnis*, S. 100.

[16] Johannes Paul II., *Pastores Dabo Vobis*, 12, 23 [Hervorhebung im Original].

[17] *Ebenda*, 21

[18] Zu diesen vier Punkten vgl. „Editor's Introduction" to *Pastores Dabo vobis*, in J. Michael Miller CSB (Hg.) *The Post-Synodal Apostolic Exhortations of John Paul II*, Huntington, Indiana 1998.

[19] Johannes Paul II., *Predigt zum Jubiläum der Priester, 18. Mai 2000.*

[20] Czesław Miłosz, „Ode zum achtzigsten Geburtstag von Johannes Paul II.", in *DAS und andere Gedichte*, aus dem Polnischen von Doreen Daume, München 2004, S. 55f.

[21] Johannes Paul II., *Ansprache zum Jubiläum der Wissenschaftler, 25. Mai 2000.*

[22] Johannes Paul II., *Ansprache an die Teilnehmer der Vollversammlung der päpstlichen Akademie der Wissenschaften, 31, Oktober 1992*

[23] Johannes Paul II., *Ansprache zum Jubiläum der Wissenschaftler, 25. Mai 2000.*

[24] Die Freilassung Agcas in Italien vollendete für Johannes Paul die Vergebung, die er Agca reichlich am Tag nach dem Attentat angeboten hatte. Einigen Beobachtern war freilich nicht klar, wieso der Wechsel vom verhältnismäßigen Komfort eines italienischen Gefängnisses in ein türkisches Agcas Situation verbessert haben sollte.

[25] Johannes Paul II., *Predigt zum Hochfest des Leibes und Blutes Christi, 22. Juni 2000.*

[26] Vgl. ZENIT Nachrichten, 22. August 2000.

[27] Johannes Paul II., *Ansprache bei der Gebetsvigil, 19. August 2000.*

[28] Johannes Paul II., *Predigt bei der Eucharistiefeier mit dem Klerus der Diözese Aosta, 22. Juli 2000.*

[29] *Johannes Paul II., Ansprache an den Internationalen Kongress für Organverpflanzung, 29. August 2000.*
Selbstverständlich ging Johannes Paul davon aus, dass nur Toten ein Organ für Transplantationszwecke entnommen werden darf. In diesem Zusammenhang erörterte er das „neurologische Kriterium für die Feststellung des Todes" und kam zu dem Schluss, „daß das heute angewandte Kriterium zur Feststellung des Todes, nämlich das *völlige und endgültige* Aussetzen jeder Hirntätigkeit, nicht im Gegensatz zu den wesentlichen Elementen einer vernunftgemäßen Anthropologie steht, wenn es exakt Anwendung findet." [*Ebenda*, 5.] Diese Schlussfolgerung überschnitt sich mit einer in internationalen wissenschaftlichen und philosophischen Kreisen bereits geführten Debatte und gab ihr in gewisser Weise Impulse. Zu kritischen Ansichten über das „neurologische Kriterium" von unterschiedlichen Standpunkten aus vgl. Finis Vitae: *Is Brain Death Still Life?*, Roberto de Mattei (Hg.), Rom 2006.

30 Diese beiden Konzilserklärungen finden sich in *Lumen Gentium,* 8. Die lateinische Formulierung *subsistit in* ist in Lumen Gentium durch die einfache Aussage ersetzt worden, dass die eine Kirche Christi die katholische Kirche „ist" [est]. Ein ganzes Meer von Tinte ist in den 35 Jahren seit dem Konzel darüber verspritzt worden, was das Wort *subsistit* bedeutet, und in wiefern, wenn überhaupt, es sich vom Wort *est* unterscheidet.

31 Jerry Filteau, „U.S. dialogue partners are troubled by new Vatican text", in *Catholic Review,* 5. Oktober 2000, S. 12.

32 Die Heiligsprechung der chinesischen Märtyrer wurde heftig von der kommunistischen Regierung in Peking kritisiert, die erklärte, die Märtyrer seien Agenten des westlichen Imperialismus gewesen – da einige aus Spanien, Frankreich, Italien, Belgien und den Niederlanden nach China gekommen waren – oder hätten das chinesische Volk „eingeschüchtert". Der Sprecher des Papstes Navarro-Valls sagte dazu, der Heilige Stuhl sei „zutiefst betrübt" über das Unverständnis der chinesischen Regierung, denn die Heiligsprechung hätte „keinerlei politische Motive" gehabt und die Achtungs Johannes Pauls II. vor der chinesischen Kultur sei wohl bekannt. [Sarah Delaney, „China Scolds Vatican Over Sainthoods", in *Washington Post,* 27. September 2000; „Beijing Steps Up Accusations Against Vatican Over Martyrs", ZENIT Nachrichtendienst, 26. September 2000.]

33 Johannes Paul II., *Angelus, 1. Oktober 2000.*

34 Johannes Paul II., *Predigt anlässlich der Seligsprechung von Pius IX., John XXIII., Tommaso Reggio, Guillaume Chaminade und Columba Marmion, 3. September 2000* [Hervorhebung im Original].

Abt Marmion, ein gebürtiger Ire, der die längste Zeit seines Ordenslebens in Frankreich in der Abtei von Maredsous verbrachte, hatte einen deutlichen Einfluss auf Karol Wojtyłas Theologie und Spiritualität des Priesteramts. Chaminade war der Gründer der Marianisten. Reggio war ein Priester und Journalist, der im späten 19. Jahrhundert zum Erzbischof von Genua ernannt worden ist.

35 „Pope Calls for Worldwide Abolition of Death Penalty", ZENIT Nachrichtendienst, 12. Dezember 2000.

36 Johannes Paul II., *Predigt in der Christmette, 24. Dezember 2000* [Hervorhebung im Original].

37 Johannes Paul II., *Predigt zum Hochfest der Erscheinung des Herrn und der Schließung der Heiligen Pforte, 6. Januar 2001.*

Bevor die heilige Pforte des Petersdoms von innen völlig zugemauert wurde, stellte man eine Bronzeurne hinein, die 23 Silbermünzen, eine für jedes Jahr des Pontifikats von Johannes Paul II., und siebzehn Kupfermünzen, eine für jedes seit dem Jubiläum von 1983 vergangene Jahr, enthält. Außerdem befinden sich in der Urne eine Pergamentrolle, auf der die Öffnung und Schließung der heiligen Pforte im Jahr 2000 verzeichnet ist, sowie die Schlüssel der Pforte. Die heiligen Pforten der anderen Patriarchalbasiliken sind in den kommenden drei Wochen ebenfalls feierlich verschlossen worden. [*Diario,* S. 344.]

38 Johannes Paul II., *Novo Millennio Inenunte, 2.*

39 *Ebenda,* 3 [Hervorhebung im Original].

40 *Ebenda,* 4, 15.

41 *Ebenda,* 8 [Hervorhebung im Original].

42 *Ebenda,* 15.

43 *Ebenda,* 29.

44 *Ebenda,* 31.

45 *Ebenda,* 32, 37 [Hervorhebung im Original].

46 *Ebenda*, 40.
47 *Ebenda*, 42, das Zitat stammt aus *Lumen Gentium*, 1.
48 Vgl. *ebenda*, 51.
49 *Ebenda.*
50 *Ebenda*, 56 [Hervorhebung im Original].
51 *Ebenda*, 59.
52 Gespräch des Autors mit Papst Johannes Paul II. vom 29. November 2000.

7 Die Turbulenzen der Geschichte 2001-2002

1 Dziwisz, *Mein Leben mit dem Papst*, S. 247.
2 Johannes Paul II., *Generalaudienz, 12. September 2001.*
3 Die Befürchtungen von Pius XII. waren nicht unbegründet; vgl. Dan Kurzman, *A Special Mission: Hitler's Secret Plot to Seize the Vatican and Kidnap Pope Pius XII*, New York 2007.
4 Johannes Paul II., *Testament*, 12.-18. März 2000, 2 [Hervorhebung im Original].
5 Kardinal Dulles, der als alter Mann eine unheimliche Ähnlichkeit mit Abraham Lincoln hatte, erhielt als letzter der neuen Kardinäle seinen roten Hut. Als der amerikanische Jesuit vor ihm kniete, setzte Johannes Paul Dulles das Birett auf, der neue Kardinal beugte sich nieder, um den Ring des Papstes zu küssen, und das Birett fiel in den Schoß des Papstes. Johannes Paul setzte es ihm wieder auf, Kardinal Dulles schickte sich wieder an, den Ring zu küssen, und das Birett landete noch einmal im Schoß des Papstes. In dieser Phase seiner Parkinsonkrankheit konnte Johannes Paul noch breit lächeln, was er auch tat, als er und Kardinal Dulles das tückische Birett wieder an seinen richtigen Ort beförderten. Am nächsten Tag, als der Papst den frischgebackenen Kardinälen ihre Ringe gab, jubelte die große Menge auf dem Petersplatz Kardinal Dulles am lautesten und längsten zu.
6 Johannes Paul II., *Grußwort beim sechsten außerordentlichen Konsistorium, 21. Mai 2001.*
7 Vgl. John L. Allen Jr., „Cardinals debate Church's future", in *National Catholic Reporter*, 1. Juni 2001.
8 Vgl. „Focus on Unity", in *Catholic World Report*, Juni 2001, zu diesen und anderen Details der Pilgerreise Johannes Pauls nach Griechenland.
9 „Pope and Orthodox primate did pray together, after all", in ZENIT Nachrichtendienst, 6. Mai 2001.
10 Zitiert in „A Pilgrimage that May Change Church History", in ZENIT Nachrichtendienst, 10. Mai 2001.
11 Clyde Haberman, „Welcome, Man of Peace, Let's Go Hate My Enemy", in *New York Times Week in Review*, 13. Mai 2001.
12 Während viele prominente Juden die Situation richtig deuteten, ergriff die katholische Linke in den Vereinigten Staaten die Gelegenheit, den Papst zu kritisieren, wobei die Redakteurin von *Commonweal*, Margret O'Brien Steinfels, behauptete, „eine Menge Leute seien verletzt und schockiert gewesen, auch eine Reihe von Katholiken" [*ebenda*].
13 Vgl. „Focus on Unity", in *Catholic World Report*, Juni 2001.
14 Gespräch des Autors mit Pater Samir Khalil Samir SJ vom 8. März 2008. Über den Islam spricht der Papst in *Die Schwelle der Hoffnung überschreiten*, Hamburg 1994. S. 91-94. Deutsch?
15 Christian W. Troll SJ, „John Paul II and Islam", unveröffentlichter Vortrag auf einer Konferenz am St. Mary's University College zum Thema „The Theological Legacy of

Pope John Paul II", 25.-26. März 2008. Pater Troll hat den Vortrag freundlicherweise dem Autor zur Verfügung gestellt. Johannes Paul II., *Ansprache beim Treffen mit der moslemischen Gemeinschaft*, 6. Mai 2001 [Hervorhebung im Original].

16 Zitiert in „Focus on Unity", in *Catholic World Report*, Juni 2001.

17 Der Hauptsitz des Ritterordens wurde später auf den römischen Aventin verlegt. Der Großmeister des Ordens ist neben den Kardinälen der einzige Mann in der katholischen Kirche, der mit „Eure Emminenz" angeprochen wird.

18 Vgl. „Focus on Unity", in *Catholic World Report*, Juni 2001.

19 Zur Union von Brest vgl. Borys A. Gudziak, *Crisis and Reform: The Kyivan Metropolitanate, the Patriarchate of Constantinople, and the Genesis of the Union of Brest*, Cambridge, Massachusetts 1998.

20 Zu der erzwungenen „Eingliederung" der griechischen Katholiken der Ukrainie in die russisch orthodoxe Kirche vgl. Bohdan R. Bociurkiw, *The Ukrainian Greek Catholic Church and the Soviet State, 1939-1950*, Edmonton 1966, S. 148-88.

21 „In interview, Moscow patriarch Alexis asks Pope to postpone Ukraine trip," *National Catholic Register*, 23.-28. April 2001, S. 5.
Der 1929 in Tallinn, damals noch im unabhängigen Estland, geborene Alexej Michailowitsch Rüdiger wurde 1947 in das theologische Seminar in Leningrad aufgenommen und 1950 zum Priester geweiht. 1961 legte er die Ordensgelübte ab und wurde später im selben Jahr zum Bischof von Tallinn und Estland, zu der Zeit eine Sowjetrepublik, ernannt. Von 1964 bis 1986 war er Kanzler des Partiarchats von Moskau. Eine solche Karriere in der russischen Orthodoxie war in jenen Jahren ohne Zustimmung des KGB undenkbar.

22 Vgl. Andriy Chirovsky, „Letter from Ukraine", in *First Things*, Oktober 2001, S. 15-18.

23 Johannes Paul II., *Begrüßungsrede auf dem internationalen Flughafen von Kiew, 23. Juni 2001* [Hervorhebungen im Original].

24 Johannes Paul II., *Predigt in der Eucharistiefeier im lateinischen Ritus und Seligsprechungen, 26. Juni 2001.*

25 „Next Stop Moscow?", in *Catholic World Report*, August/September 2001, S. 34-37.

26 Gespräch des Autors mit Lubomyr Kardinal Husar vom 19. Oktober 2001. Nach seiner Erklärung für die Feindseligkeit der Orthodoxen gegenüber dem Papst und der katholischen Kirche gefragt, antwortete der Kardinal: „Sie fürchten sich sehr vor etwas." Tatsächlich sei etwas von den verderblichen Einflüssen der westlichen Kultur zu fürchten, setzte Kardinal Husar hinzu, „gleichwohl herrscht noch eine tiefere Unsicherheit".

27 Antoine Arjakovsky, *Conversations with Lubomyr Cardinal Husar: Towards a Post-Confessional Christianity*, L'viv 2007, S. 32, 40.

28 Johannes Paul II., *Ansprache an den Präsidenten der Vereinigten Staaten von Amerika, George Walker Bush, 23. Juli 2001.*

29 Johannes Paul II., *Ansprache bei der Vorführung der polnischen Neuverfilmung von* Quo Vadis, *30 August 2001.*

30 Massimo Franco, *Parallel Empires: The Vatican and the United States – Two Centuries of Alliance and Conflict*, übersetzt von Roland Flamini, New York 2008, S. 127; R. James Nicholson, *The United States and the Holy See: The Long Road*, Rom 2004, S. 82f.
Nicholson bemerkt, „auf der Grundlage der päpstlichen Erklärung, die Angriffe des 11. September würden eine Antwort rechtfertigen, hat der Sekretär für die Beziehungen mit den Staaten beim Heiligen Stuhl, Jean-Louis Tauran, zu der Zeit Erzbischof, die Maßnahmen der USA zum Aufspüren der Angreifer öffentlich unterstützt, als er in einem Interview im Oktober 2001 bekräftigte, dass jedermann anerkenne, dass die Regierung der Vereinigten Staaten, wie jede andere Regierung auch, ein Recht zur

Selbstverteidigung hat, ‚da sie verpflichtet ist, die Sicherheit ihrer Bürger zu gewährleisten'." [*Ebenda*, S. 83.]

31 Johannes Paul II., *Ansprache an den neuen Botschafter der Vereinigten Staaten von Amerika beim Heiligen Stuhl anlässlich der Überreichung der Beglaubigungsschreiben, 13. September 2001.*

32 Gespräch des Autors mit Camillo Kardinal Ruini vom 17. März 2008; Gespräch des Autors mit Papst Johannes Paul II. vom 3. November 2001.

33 Gespräch des Autors mit Francis Kardinal Arinze vom 18. März 2008.

34 Johannes Paul II., *Ansprache anlässlich der Begegnung mit Vertretern aus der Welt der Kunst, Kultur und Wissenschaft, 24. September 2001.*

35 Email an den Autor von Philip Pullella, 27. Mai 2009; Philip Pullella, „Vatican says would understand U.S. self-defense move", Reuters, 24. September 2001; Gespräch des Autors mit Joaquín Navarro-Valls vom 26. Oktober 2001.

36 Gespräch des Autors mit Joaquín Navarro-Valls vom 26. Oktober 2001.

37 *Ebenda.*

38 Vgl. *Christus Dominus* [Dekret über die Hirtenaufgabe der Bischöfe]. In Canon 377,5 heißt es: „ In Zukunft werden weltlichen Autoritäten keine Rechte und Privilegien in bezug auf Wahl, Nomination, Präsentation oder Designation von Bischöfen eingeräumt."

39 Gespräch des Autors mit Papst Johannes Paul II. vom 4. Januar 2000.

40 Johannes Paul II., *Predigt anlässlich der Eröffnung der X. ordentlichen Vollversammlung der Bischofssynode, 30 September 2001* [Hervorhebung im Original].

41 Während der Reden in der Synodenaula war der neu ernannte Kardinal Karl Lehmann, der in einigen Sitzungen vernehmlich schnarchte, eine Quelle der Belustigung. Ein amerikanischer Kardinal bemerkte: „Hinter mir sitzt Lehmann und schnarcht. Es stört mich nicht, dass er schläft, das tun alle. Aber er schnarcht!" Der Papst war über all das sichtlich amüsiert; beim Mittagessen am fünften Tag der Synode teilte Kardinal Schotte, der Generalsekretär der Synode, dem Papst mit: „Kardinal Lehmann hat schon zwölf Interventionen gemacht." [Gespräch des Autors mit Francis Kardinal George OMI und Erzbischof George Pell vom Oktober 2001.]

42 Johannes Paul II., *Predigt in der Eucharistiefeier mit Seligsprechung Luigi Beltrame Quatrocchi und Maria Corsini, 21. Oktober 2001* [Hervorhebungen im Original].
Im Laufe des Seligsprechungsprozesses für die Beltrame Quatrocchi bestand die Kongregation für die Heiligsprechung auf zwei Wundern, um die Erhebung abzuschließen. Der Postulator des Verfahrens, Erzbischof Guiseppe Mani, besprach die Angelegenheit bei Tisch mit Johannes Paul II.: „Wenn sie zwei Wunder verlangen, dann wird nicht ein Paar seliggesprochen, sondern zwei einzelne Leute. In diesem Fall wäre alles, was wir getan haben, [um die Sache eines Ehepaares zu fördern] nutzlos." Der Papst sagte darauf nichts, doch einen Monat später entschied die Kongregation, dass ein Wunder für den Abschluss des Seligsprechungsverfahrens reicht. Man darf davon ausgehen, dass Johannes Paul Erzbischof Manis Punkt verstanden hat und die Leiter der Kongregation davon überzeugen konnte. [Vgl. Guiseppe Mani, „A Bishop for the Family", in *Totus Tuus* 4/2006, S. 2f.]

43 Johannes Paul II., *Predigt zum Abschluss der X. ordentlichen Vollversammlung der Bischofssynode, 27. Oktober 2001* [Hervorhebungen im Original].

44 Johannes Paul II., *Predigt anlässlich des Pastoralbesuchs in der römischen Pfarrgemeinde „Santa Maria Josefa del Cuore di Gesù", 16. Dezember 2001.*

45 Zu einer Darstellung der Lage in Boston vgl. Philip Lawler, *The Faithful Departed: The Collapse of Boston's Catholic Culture*, New York 2008. Zu einem Überblick der Krise vgl. George Weigel, *The Courage To Be Catholic: Crisis, Reform, and the Future of the Church,*

New York 2002; revidierte Taschenbuchausgabe 2003. Während der langen Bußzeit lieferte Richard John Neuhaus in der Sparte „Public Square" der Zeitschrift *First Things* laufend einsichtsvolle Kommentare.

Zur Darstellung *des Boston Globe* hinsichtlich seiner Berichterstattung im Jahr 2002 vgl. *Betrayal: The Crisis in the Catholic Church*, New York 2002. Nicholas Cafardi, ein Anwalt für Zivil- und Kirchenrecht, liefert eine andere Analyse der Krise vor den neuen von den US-Bischöfen übernommenen personellen Richtlinien für den Klerus in *Before Dallas: The U.S. Bishops' Response to Clergy Sexual Abuse of Children*, New York 2008.

46 Kardinal Castrillons stillschweigende Auffassung – es handele sich hier um eine weltliche, antiklerikale Medienverschwörung gegen die Kirche – scheint von mehr als einem höheren Würdenträger der lateinamerikanischen Kirche geteilt worden zu sein. Auch das trug dazu bei, dass der Heilige Stuhl nicht prompt und wirksam auf die Krise reagierte.

47 Johannes Paul II., *Ansprache an die Kardinäle der Vereinigten Staates, 23. April 2002.*

48 Zu mehr über die römische Reaktion auf die amerikanische Krise von 2002 vgl. Weigel, *The Courage To Be Catholic*, S. 117-146. Über das Versagen der Bischöfe vgl. *ebenda*, S. 87-115.

49 Die amerikanische Krise fand eine polnische Parallele darin, dass der Papst den Rücktritt von Erzbischof Juliusz Paetz von Posen am 28. März 2002 entgegennahm. Der Rücktritt erfolgte nach einer monatelangen, über diverse Kanäle laufenden Kontroverse sowohl in Polen als auch in Rom sowie der Zeitungsmeldung, dass der ehemalige Mitarbeiter des Vatikan, der seit 1996 Erzbischof war, im Verdacht stünde, sich den Priesteramtskandidaten seiner Diözese in unsittlicher Absicht genähert zu haben. Paetz bestritt die Vorwürfe, doch die Annahme seines Rücktrittsgesuchs legt den Schluß nahe, dass der Papst schließlich davon überzeugt war, dass etwas schwer im Argen liegt.

50 John Tagliabue, „Pope Denounces Violence in Religion's Name", in: *New York Times*, 25. Januar 2002; „Pope's Program for Day of Prayer for Peace", ZENIT Nachrichtendienst, 7. Januar 2002.

51 „Vatikanisches Dokument entdeckt Beitrag der jüdischen Bibel wieder", ZENIT Nachrichtendienst, 7. Februar 2002.

Kardinal Ratzinger schloss sein Vorwort zu dem Dokument damit, dass er die immer noch neuralgischen Punkte in den jüdisch-christlichen Beziehungen ansprach:

> Der Frage nach der Darstellung der Juden im Neuen Testament gilt der letzte Teil des Dokuments, in dem sorgsam die »antijüdischen« Texte ausgeleuchtet werden. Hier möchte ich nur eine mir besonders wichtig erscheinende Einsicht herausheben. Das Dokument zeigt, dass die im Neuen Testament an die Juden gerichteten Vorwürfe nicht häufiger und nicht schärfer sind als die Anklagen gegen Israel im Gesetz und bei den Propheten, also innerhalb des Alten Testaments selbst [...]. Sie gehören der prophetischen Sprache des Alten Testaments zu und sind daher wie die Prophetenworte zu interpretieren: Sie warnen vor gegenwärtigen Fehlwegen, aber sie sind ihrem Wesen nach immer temporär und setzen so auch immer neue Möglichkeiten des Heils voraus. [Päpstliche Bibelkommission, *Das jüdische Volk und seine Heiligen Schriften in der christlichen Bibel*, Vorwort.]

52 „Putin willing to invite Pope to Moscow' ‚at any time'", in ZENIT Nachrichtendienst, 15. Januar 2002.

53 „Das Patriarchat Moskau nimmt am Gebetstag in Assisi teil", in: ZENIT Nachrichtendienst, 17. Januar 2002.

54 „Moscow Patriarch describes Putin's invitation to Pope as ‚wise'", in ZENIT Nachrichtendienst, 18. Januar 2002.

55 „Moscow patriarchate lays down conditions for papal visit“, in ZENIT Nachrichtendienst, 25. Januar 2002.

56 Sharon LaFrontiere, „Rift Grows as Russian Orthodox Church Rebukes Vatican“, in *Washington Post*, 14. Februar 2002.

57 „Visit will be virtual but Orthodox ire is real“, in ZENIT Nachrichtendienst, 1. März 2002.

58 SEIA Newsletter on the Eastern Churches and Ecumenism, Nr. 79, 29. April 2002.

59 „Pope brings solace to the heart of former Soviet republics“, in *The Tablet*, 1. Juni 2002, S. 25.

60 *Ebenda.*

61 „Never ceased to love you, Pope tells Bulgarians“, in ZENIT Nachrichtendienst, 23. Mai 2002.

62 „Pope brings solace to the heart of former Soviet republics“, in *The Tablet*, 1. Juni 2002, S. 26.

63 Johannes Paul II., *Predigt in der Eucharistiefeier mit Seligsprechung, 26. Mai 2002.*

64 Zitiert in „Pope brings solace to the heart of former Soviet republics“, in *The Tablet*, 1. Juni 2002, S. 27.

65 „Endurance Test“, in *Catholic World Report*, Juli 2002, S. 25

66 Geschichten darüber, dass Pater Pio mittels seiner außergewöhnlich spirituellen Gaben Wojtyła, der als junger Priester während seines Studiums am Anglicum nach San Giovanno Rotondo gefahren war, die Wahl zum Papst vorhergesagt hatte, kursierten die ganze Zeit seines Pontifikats über. Nach seiner Erfahrung mit Pater Pio als Beichtvater gefragt, meinte Johannes Paul II., der Kapuziner sei ein „sehr schlichter Beichtvater, klar und kurz“ gewesen – diese Schilderung scheint den Geschichten keine Grundlage zu liefern. [Gespräch des Autors mit Papst Johannes Paul II. vom 13. Dezember 1997.]

67 Johannes Paul II., *Predigt anlässlich der Heiligsprechung von Pater Pio von Pietrelcina, 16. Juni 2002.*

68 *Ebenda.*

69 *World Youth Day 2002 – The Official Souvenir Album*, Ottawa 2002, S. 111.

70 Tim Drake, „John Paul's Toronto Triumph“, in *National Catholic Register*, 4.-10. August 2002, S. 7; „Papal lunch: spaghetti and a Beatles singalong“, in ZENIT Nachrichtendienst, 28. Juli 2002.

71 Gespräch des Autors mit Stanisław Kardinal Dziwisz vom 2. Dezember 2009.
Am Samstagabend und am Sonntagmorgen wurden 2500 Menschen des Weltjugendtages von einer mobilen Krankenstation in Downsview Park wegen Unterkühlung behandelt, aber nur 44 mussten in die Notfallstation des Krankenhauses gebracht werden. [Prithi Yelaja, „Nasty weather keeps medics hopping“, in *Toronto Sun*, 29. Juli 2002.]

72 Johannes Paul II., *Predigt zum 17. Weltjugendtag, 28. Juli 2002* [Hervorhebungen im Original].

73 *World Youth Day 2002 – The Official Souvenir Album*, S. 134.

74 Johannes Paul II., *Predigt zum 17. Weltjugendtag, 28. Juli 2002* [Hervorhebungen im Original].

75 Johannes Paul II., *Angelus, 28. Juli 2002.*
Der Weltjugendtag 2002 versetzte den Teilen der kanadischen Kirchen, die dafür aufgeschlossen waren, einen regelrechten Energieschub. Doch die kanadische Bischofskonferenz verstand es kaum, diese Energie sofort seelsorgerisch umzumünzen. Sie schien mehr damit beschäftigt zu sein, die zugegeben beträchtlichen Kosten des Welt-

jugendtages wieder hereinzubekommen, als die Chancen zu ergreifen, die ihnen das größte religiöse Ereignis in der kanadischen Geschichte eröffnet hatte.

76 Johannes Paul II., *Predigt bei der Heiligsprechung von Juan Diego Cuauhtlatoatzin, 31. Juli 2002* [Hervorhebung im Original].

77 Johannes Paul II., *Predigt zur Einweihung des Heiligtums der Göttlichen Barmherzigkeit, 17. August 2002* [Hervorhebungen im Original].

78 *Ebenda.*

79 Johannes Paul II., *Predigt zur Heiligsprechung von Josemaría Escrivá de Balaguer, 6. Oktober 2002.*

80 SEIA Newsletter on the Eastern Churches and Ecumenism, Nr. 85, 31. Oktober 2002; Gespräch des Autors mit Joaquín Navarro-Valls vom 13. November 2008.

81 Johannes Paul II., *Rosarium Virginis Mariae,* 1 [Hervorhebung im Original].

82 *Ebenda,* 19, 21 [Hervorhebungen im Original].

83 *Ebenda,* 21 [Hervorhebung im Original].

84 Dass die Wirkungen der langen Bußzeit noch immer einen langen Schatten warfen, geht deutlich aus dem Kommentar des Journalisten Rod Dreher hervor, der von sich bekannte, „es bereitet mir Kummer, dass angesichts dieses entsetzlichen Skandals des Kindesmissbrauchs, der die Kirche in Amerika erschüttert, und des Zusammenbruchs der bischöflichen Autorität, des Gottesdienstes, der Katechese und der katholischen Identität in den Vereinigten Staaten und in Europa der Heilige Vater sich damit beschäftigt, neue Rosenkranzgeheimnisse auszudenken, die wir beten sollen. Ich würde lieber das Geheimnis klären, warum Rom nicht *handelt,* um nach dieser Katastrophe aufzuräumen. Heiliger Vater, helfen Sie uns! Wir brauchen keine neuen Dokumente, keine neuen Andachtsübungen, wir brauchen *Taten,* um die Heiligkeit und die Integrität der Kirche in Amerika wieder herzustellen." Zitiert in *catholic eye* 201, 24. Oktober 2002.
Drehers Ansichten waren vermutlich zum Teil von der trüben Lage der Kirche in seiner Diözese Dallas bestimmt, einem der Epizentren des Skandals. Doch wie so viele Kommentatoren scheint auch er, obwohl er sich selbst als konservativen Katholiken bezeichnet, nicht verstanden zu haben, dass Johannes Paul glaubte, dem Skandal in der US-Kirche am wirkungsvollsten durch die Aufforderung zu einer erneuerten Treue begegnen zu können.

85 Zitiert in *catholic eye* 201, 31. Oktober 2002, S. 1. Dazu, wie Johannes Paul II. jeden Tag mit dem Segnen „seiner Stadt" beschloss, vgl. Dziwisz, *Mein Leben mit dem Papst,* S. 93.

86 Johannes Paul II., *Rede vor dem italienischen Parlament, 14. November 2002.*

8 Es dämmert im Tal – 2003-2004

1 Bei den fünf Kommentatoren, die zum Papst geführt worden waren, handelte es sich um Kardinal Sodano, den Staatssekretär des Heiligen Stuhls, um Kardinal Etchegaray, den früheren Vorsitzenden des Zentralkomitees für das große Jubiläum von 2000, um Kardinal Silvestrini, den früheren vatikanischen „Außenminister", um Professor Rocco Buttiglione, einen bekannten italienischen Philosophen und Abgeordneten, und um den Autor.

2 Zu Wojtyła als Dichter vgl. Weigel, *Zeuge der Hoffnung,* S. 123f., 162-165, 228f., 260f.

3 Gespräch des Autors mit Papst Johannes Paul II. vom 20. März 1997.

4 Gespräch des Autors mit Marek Skwarnicki vom 17. Juli 2003.

5 Johannes Paul II., *Römisches Triptychon,* übersetzt von Winfried Lipscher, 2003.

6 Vgl. *ebenda.*

In seinem Kommentar zu diesem Abschnitt schreibt Kardinal Ratzinger, dass Johannes Pauls Beschwörung der Natur und der Möglichkeit, Gott durch die Natur zu finden, in „Der Bergbach " ihn an etwas erinnere, das Karol Wojtyła während der Fastenexerzitien für Papst Paul VI. und die römische Kurie 1976 in einer Predigt gesagt hatte. „Er erzählte da von einem Physiker, mit dem er lange diskutiert hatte und der zu guter letzt zu ihm sagte: ‚Vom Standpunkt meiner Wissenschaft und ihrer Methode aus bin ich Atheist.' Aber derselbe Mann schrieb ihm in einem Brief: ‚Jedes Mal, wenn ich mich der Majestät der Natur, der Berge gegenüber finde, spüre ich, dass er existiert.'"

Bei dem Physiker handelte es sich um Marian Mięsowicz, den die Physik durch die „Mięsowicz-Koeffizienten" und seine Forschungen über Flüssigkristalle kennt. Mięsowicz ist der Vater von Teresa Malecka und Maria Rybicka, beide langjährige Mitglieder von Karol Wojtyłas Środowisko, jener Gruppe von Laien, die sich in seiner Zeit als Studentenkaplan um ihn herum gebildet hatte.

7 Die Vorstellung von der Sixtinischen Kapelle als einer Art Wojtyłasche *axis mundi* wurde von Dr. Alicja Baluch vom Philologischen Institut der polnischen Akademie für Erziehungswissenschaften auf einer Konferenz in Krakau am 4. November 2008 vorgebracht.

8 Johannes Paul II., *Predigt zum Abschluss der Restaurierungsarbeit an den Fresken des Michelangelos in der Sixtinischen Kapelle, 8. April 1994.*

9 Die obigen Zitate aus dem Triptychon und Kardinal Ratzingers Kommentar finden sich in Johannes Paul II., *Römisches Triptychon.*

10 „Poems a window on Pope's inner life, Polish editor says", in *National Catholic Register*, 9.-15. März 2003.

11 Joseph Bottum, „The Threshold of Verse", in *First Things* 143, Mai 2004, S. 44-47

12 Mehr über Johannes Paul II. und das Schöne findet sich in George Weigel, „Touching the Truth", in *The Tablet*, 20. Dezember 2008.

13 Johannes Paul II., *Ecclesia de Eucharistia*, 5, 6.

14 *Ebenda*, 12.

15 Vgl. *ebenda*, 27, 29, 35, 37, 46. Siehe auch Raymond J. de Souza, „Eucharist encyclical provides new ways to discover holy communion", in *National Catholic Register*, 4.-10. Mai 2003, S. 4.

Obwohl *Ecclesia de Eucharistia* keine bestimmten Fälle nennt, in denen die Gemeinschaft eines Katholiken mit der Kirche gestört ist, stand bei diesem Abschnitt der Enzyklika deutlich die Debatte in der katholischen Welt Pate, ob Politiker, die hartnäckig die Abtreibung befürworten, die Kommunion empfangen dürfen.

16 *Ebenda*, 18; vgl. auch 19-20 zur „eschatologische Spannung, die durch die Eucharistie wachgerufen wird" und wie diese Spannung „uns auf dem Weg durch die Geschichte einen Impuls gibt und in die tägliche Arbeit und Pflicht eines jeden einen Samen lebendiger Hoffnung legt."

17 *Ebenda*, 8 [Hervorhebung im Original].

18 Die Abhilfe wurde am 25. März 2004 geschaffen, als die Kongregation für den Gottesdienst und die Sakramentenordnung mit Zustimmung von Johannes Paul die Instruktion *Redemptionis Sacramentum* herausgab, die verschiedene liturgische Verirrungen zu korrigieren gebot. Die Korrekturen sollten von den Ortsbischöfen durchgeführt werden. Bei einigen war es der Fall.

19 Johannes Paul II., *Brief über die Pilgerfahrt zu den Stätten, die mit der Heilsgeschichte verbunden sind*, 10.

Zu einer gründlicher Erörterung der eucharistischen Theologie von Johannes Paul und ihres Einflusses auf seine Ekklesiologie vgl. Avery Kardinal Dulles SJ, „An Eucharistic Church: The Vision of John Paul II",“ in Dulles, *Church and Society: The Lawrence J. McGinley Lectures, 1988-2007*, New York, 2008, S. 443-54

20 Zu Johannes Paul II. und dem Golfkrieg vgl. Weigel, *Zeuge der Hoffnung*, S. 649-654. Am 22. September 2002 sagte Kardinal Ratzinger, der einräumte, politische Fragen fielen nicht in seinen Kompetenzbereich, dennoch gegenüber *Avvenire*, einer katholischen Zeitung, dass die Vereinten Nationen seiner Meinung nach als einzige berechtigt seien, den Einsatz von Waffen zu erlauben, und bemerkte, „der Begriff des „Präventivkriegs“ kommt im Katechismus der Katholischen Kirche nicht vor.“ [„Ratzinger: Ein einseitiger Angriff auf den Irak wäre nicht gerechtfertigt“, in: ZENIT Nachrichtendienst, 23. September 2002.]
In den ganzen Debatten gab der Vatikan die Politik der USA durchgängig falsch wieder. Er ging davon aus, dass sie einen „präventiven“ Krieg führen wollten, während die Regierung Bush stets den Begriff ‚Präemption‘ verwandt hat. ‚Präemption‘ war jedoch nicht der einschlägige Begriff in der Tradition des gerechten Krieges, in der die entscheidende Frage sich auf den gerechtfertigten Ersteinsatz von Waffen bezog. Einen solchen hielten die Theologen der klassischen Theorie des gerechten Krieges wie Augustinus und Thomas von Aquin ohne Zweifel für möglich. Siehe dazu Gregory M. Reichberg, „Is There a ‚Presumption against War‘ in Aquinas's Ethics?“, in *Ethics, Nationalism, and Just War: Medieval and Contemporary Perspectives*, hrsg. von Henrik Syse und Gregory M. Reichberg, Washington 2007, S.72-97). Vgl. ebenfalls George Weigel, *Against the Grain: Christianity and Democracy, War and Peace*, New York 2008, S. 241-44.

21 Die wichtigsten Erklärungen des Papstes gegen den Krieg und zugunsten einer nichtmilitärischen Lösung der Konflikte, die sich aus der Nichtachtung der UNO seitens des Iraks ergaben, erfolgten in seiner Predigt vom 1. Januar 2003, in der Angelus-Ansprache desselben Tages, seiner Rede vor den beim Heiligen Stuhl akkreditierten Botschaftern am 13. Januar 2003, in seinen Angelusansprachen vom 9. Februar, 23. Februar, 2. März, 9. März und 16. März sowie in der Generalaudienz vom 19. März 2003. Die betreffenden Texte sind auf der Webseite des Vatikan nachzulesen. Sandro Magister hat die Schlüsselpassagen aufgenommen in „War in the Gulf: What the Pope Really Said“, in *Chiesa*, 20. März 2003.

22 *Katechismus der Katholischen Kirche*, 2309.

23 Vgl. zum Beispiel, „Vatikan zu den Botschaftern: ‚Die Stärke des Gesetzes – nicht das Gesetz des Stärkeren‘“, ZENIT Nachrichtendienst, 28. Februar 2003.

24 Von einem internationalen Rechtsstandpunkt aus gesehen drehte sich die UNO-Debatte unmittelbar vor dem Beginn der Feindseligkeiten im Irak am 19. März 2003, um die Meinungsverschiedenheit über die Bedeutung der Resolution 1441 und das gilt auch für die Debatte innerhalb der britischen Regierung und für die zwischen den Vereinigten Staaten und einigen Diplomaten des Heiligen Stuhls.
Die Debatte über 1441 wird aus verschiedenen Perspektiven erörtert in *The Price of Peace: Just War in the Twenty-First Century*, hrsg. von Charles Reed und David Ryall, Cambridge 2007.

25 Massimo Franco, *Parallel Empires*, S. 130f.

26 Der Staatssekretär des Heiligen Stuhls Kardinal Sodano war nicht so streitbar wie einige seiner Kollegen und warnte regelmäßig davor, die Haltung des Vatikan nicht mit Pazifismus zu verwechseln. In einem bemerkenswerten Interview am 29. Januar 2003 vor einer Gruppe von Journalisten beleuchtet er jedoch die politische und diplomatische Geisteshaltung, die im Staatssekretariat herrschte:

> Einige meinen, die Vertreter der Kirche seien „Idealisten“. Wir sind es, aber wir sind auch Realisten.

Ist die Verärgerung einer Milliarde Moslems das wert? Das ist die Frage. Das ist die Frage, die ich einigen meiner amerikanischen Freunde gestellt habe: Ist es ratsam? Werdet ihr euch nicht auf Jahrzehnte die Feindschaft dieser Völker zuziehen?
Ohne uns in die Frage, ob der Krieg moralisch ist oder nicht, zu verstricken, halte ich es für geboten, nach dem Nutzen zu fragen.
Wir wissen, wie man einen Krieg beginnt, aber nicht wie er enden wird. Ich frage die Amerikaner: Seid ihr sicher, daraus heil hervorzugehen? Drängt euch die Erfahrung in Vietnam nicht dazu, umsichtig und klug zu handeln? Wir sehen doch, dass nicht einmal der Krieg in Afghanistan beendet ist. Es läuft gar nicht gut. Und genau darum müssen wir auf der Frage bestehen, ob dieser Krieg einen Nutzen hat.
Wir sind gegen den Krieg. Ob der Krieg nun präventiv ist oder nicht, ist eine müßige Frage. Diese Begriffe sind mehrdeutig. Sicherlich ist er kein Verteidigungskrieg. Im Interesse eines guten Einvernehmens mit der muslimischen Welt müssen wir uns fragen, wie die Krise im Irak am besten zu bewältigen ist. [Sandro Magister, „Iraq: The Purely Political Reasons for the Church's ‚No' to War", in *Chiesa*, 30. Januar 2003.]
Dass der zweithöchste Vertreter der katholischen Kirche in der Öffentlichkeit davor warnt, „sich in die Frage zu verstricken, ob der Krieg moralisch ist oder nicht", verblüfft und deutet darauf hin, dass die Geisteshaltung, wie wir sie aus der alten *Ostpolitik* Kardinal Casarolis kennen, in einigen Abteilungen des Vatikan höchst lebendig war.

27 Sandro Magister, „With the Pope or with Bush? ‚Studi Cattolici' Stands with Both", in *Chiesa*, 28. Oktober 2003.

28 Vgl. Samuel P. Huntington, *Kampf der Kulturen. Die Neugestaltung der Weltpolitik im 21. Jahrhundert*, München 1998.

29 Zitiert in Magister, „With the Pope or with Bush?".

30 Johannes Paul II., *Ansprache vor dem diplomatischen Corps, 13. Januar 2003.*

31 Magister, „With the Pope or with Bush?".

32 *Ebenda.*

33 Nicholson, *The United States and the Holy See*, S. 88f.
Der Brief des Papstes vom 21. Oktober an Präsident Bush brachte den gegenwärtigen Konflikt im Nahen Osten in Zusammenhang mit dem israelisch-palästinensischen Konflikt, der nach Meinung des Staatssekretariats der eigentliche Kern war, wiederholte die Überzeugung des Heiligen Stuhls, dass jedes diplomatische und völkerrechtliche Mittel ausgeschöpft worden sein müsse, bevor man den Konflikt mit Waffengewalt löste, und betonte die anhaltende Befürchtung des Vatikan, jede Militäraktion im Nahen Osten könne die gesamte Region in Brand setzen. Der Papst schloss: „In der Überzeugung, dass Gewalt nicht die einzige Antwort und ein Krieg nicht unvermeidbar ist, bete ich zu Gott, er möge Sie und alle Verantwortlichen die geeigneten Mittel finden lassen, um einen dauerhaften auf Gerechtigkeit und Rechtsstaatlichkeit gegründeten Fireden aufzubauen. Ich versichere Ihnen in Erfüllung Ihrer schwerer Verantwortung meine Gebete an den allmächtigen Gott zu senden."

34 Zitiert in Franco, *Parallel Empires*, S. 133f.

35 *Ebenda*, S. 131.

36 Nicholson, *The United States and the Holy See*, S. 95.

37 *Ebenda*, S. 140.

38 Botschafter Nicholson erinnert sich, dass die *New York Times* den Vatikan in den Monaten vor Kriegsbeginn und vor allem während der Debatte über eine Resolution des Sicherheitsrates nach Beschluss 1441 als „eine Kreuzwegstation der Diplomatie" bezeichnet hat:

Im Laufe von zwei Wochen empfing der Papst den irakischen stellvertretenden Ministerpräsidenten Tariq Aziz, den deutschen Außenminister Joschka Fischer, den UNO-Generalsekretär Kofi Annan, den britischen Premierminister Tony Blair und den spanischen Ministerpräsidenten José Maria Aznar. Die Besucher des Papstes brachten im Vatikan ihre jeweiligen Standpunkte zum Ausdruck, aber gleichgültig auf welche Seite der Debatte sie sich geschlagen haben, die Botschaft des Papstes war deutlich und unbeirrbar: erstens sind alle Parteien verpflichtet, sich für Frieden und Versöhnung einzusetzen, zweitens haben alle Parteien eine Verantwortung dafür, mit der internationalen Gemeinschaft zusammenzuarbeiten und einer vom Völkerrecht und ethischen Grundsätzen bestimmten Gerechtigkeit zu folgen, und schließlich muss die humanitäre Lage des irakisches Volkes besonders beachtet und in Rechnung gestellt werden.

Der Besuch von Aziz bot die Gelegenheit, jemandem aus Saddams innerem Kreis, die Entschlossenheit der internationalen Gemeinschaft zu vermitteln, den Irak zu entwaffnen. Nach einem Gespräch mit Erzbischof Tauran vor dem Azizbesuch wurde mir klar, dass der Heilige Stuhl das Treffen nutzte wollte, um dem Irak die deutliche Botschaft zu vermitteln, dass er unbedingt den UN-Beschlüssen Folge leisten müsse. In den anschließlichen Treffen von Aziz mit dem Papst und seinen hohen Würdenträgern brachte der Heilige Stuhl unumwunden zum Ausdruck, dass die Zeit für den Irak auslief und er konkrete Schritte zu einer Abrüstung machen müsse, damit der Krieg verhindert wurde. Leider stieß die Botschaft des Papstes auf taube Ohren. [Ebenda, S. 93f.]

39 *Ebenda*, S. 96.f.

40 http://www.kath.net/detail.php?id=4700&print=yes

41 Nicholson, *The United States and the Holy See*, S. 144.

42 Zitiert in *ebenda*, S. 98.

43 Ebenda, S. 144f.
In einem Interview mit der italienischen Tageszeitung *Il Giornale* warnte Erzbischof Fernando Filoni, der apostolische Nuntius im Irak, davor, dass die Lage dort außer Kontrolle gerät und drängte die USA: „Haben Sie den Mut die Macht sofort zu übertragen." [„Papal nuncio gives grim report fron Iraq", CWNews.com., 15. April 2004.] Eine schnelle Regierungsübertragung im Irak wurde von einer Fraktion innerhalb der Regierung Bush gefordert. Sie setzte sich aber nicht durch.

44 Vgl. Sandro Magister, „Iraq: The Church Goes on a Mission of Peace", in *Chiesa*, 28. November 2003.

45 Jason Horowitz, „Vatican Official Says U.S. Treated Hussein ‚Like a Cow'", in *New York Times*, 16. Dezember 2003.

46 Am 23. Mai sprach Erzbischof Martino, der er damals noch war, an der Päpstlichen Universität Gregoriana in Rom und sagte: „Freiheit und die Wiederherstellung des Rechts sind noch nie durch die Gewalt des Krieges erlangt und erreicht worden." [„Reconsider tools of international law", Vatican Information Service, 23. Mai 2003]. An sich schon eine merkwürdige Behauptung – und aus dem Munde eines Mannes, dessen Land von amerikanischen, britischen und polnischen Soldaten vom Faschismus befreit worden ist, vielleicht doppelt seltsam.

47 Johannes Paul II., *Predigt in der Christmette, 24. Dezember 2003.*

48 Johannes Paul II., *Urbi et Orbi, Weihnachten 2003.*

49 John L. Allen, Jr., „The Word from Rome", in *National Catholic Reporter*, 25. April 2003.

50 „John Paul II doesn't know the meaning of ‚weekend'", in ZENIT Nachrichtendienst. 30. Mai 2003.

51 „Papst bittet Gläubige um Gebet zur Erfüllung seiner Mission", in ZENIT Nachrichtendienst, 18. Mai 2003.

52 „„A youth of 83' enthuses Spain's youth",in *The Tablet,* 10. Mai 2003, S. 38f.

53 Johannes Paul II., *Ansprache auf dem internationalen Flughafen Adrija Riviera Kvarner von Rijeka/Krk, 5. Juni 2003.*

54 Johannes Paul II., *Predigt in der hl. Messe mit Seligsprechung von Ivan Merz, 22. Juni 2003.*

55 Johannes Paul II., *Ansprache auf dem internationalen Flughafen von Bratislava, 11. September 2003* [Hervorhebung im Original].

56 Johannes Pauls Sorgen wurden von dem bekannten Völkerrechtsgelehrten Joseph H. H. Weiler, selbst ein orthodoxer Jude, geteilt; vgl. Weiler, *Ein christliches Europa. Erkundungsgänge,* übersetzt von Franz Reimer, Salzburg 2004.

57 Johannes Paul II., *Angelus, 20. Juli 2003.*

58 Johannes Paul II., *Angelus, 13. Juli 2003.*

59 Zitiert in „Unholy Row on God's place in E.U. Constitution", in *Christian Century,* 5. April 2003.

60 Zitiert in „France Says No to Christianity in Constitution", in eurobserver.com, 14. September 2003

61 Zitiert in „Unholy Row".

62 Zitiert in www.religioustolerance.org/const.eu.htm

63 *Ebenda.*

64 Zitiert in Gerald Owen, „Habermas + Derrida: Modernism a Beneficiary of War in Iraq", in *National Post,* 2. August 2003.

65 Zu *Centesimus Annus* vgl. Weigel, *Zeuge der Hoffnung,* S. 642-649. Zu Leo XIII. und den Anfängen der modernen katholischen Soziallehre siehe Russell Hittinger, „Commentary on Leo XIII", in John Witte Jr. und Frank S. Alexander, *The Teachings of Modern Roman Catholicism on Law, Politics, and Human Nature,* New York 2007, S. 39-75.

66 Johannes Paul II., *Ecclesia in Europa,* 2.

67 *Ebenda,* 3.

68 *Ebenda,* 4.

69 *Ebenda,* 7f.

70 *Ebenda,* 9.

71 Vgl. Henri de Lubac SJ, *Über Gott hinaus. Tragödie des atheistischen Humanismus,* Einsiedeln 1984.

72 Johannes Paul II., *Ecclessia in Europa,* 76.

73 *Ebenda,* 67.

74 *Ebenda,* 25.

75 *Ebenda,* 25. Johannes Paul hätte sehr wohl noch hinzufügen können, dass, wäre Europa nicht christlich geprägt worden, es nicht die kulturellen und moralischen Kräfte gehabt hätte, um die verschiedenen islamischen Invasionswellen entschlossen abzuwehren.

76 *Ebenda,* 98f.

77 *Ebenda,* 116.

78 *Ebenda,* 121.

79 Johannes Paul II., *Salvifici Doloris,* 3, 2.

80 *Ebenda,* 13, 18.

81 Vgl. *ebenda,* 26.
Mehr zu *Salvifici Doloris* findet sich in Weigel, *The Truth of Catholicism: Ten Controversies Explored,* New York 2001, S. 112-26

82 Joseph Ratzinger, *Eschatologie – Tod und ewiges Leben,* Regensburg 1977, S. 178f.

83 Gespräch des Autors mit Erzbischof Celestino Migliore vom 21. Mai 2003.

84 Vgl. John L. Allen Jr., „The Word from Rome", in *National Catholic Reporter*, 2. Januar, 2004.
Die Geschichte mit den Papayas war von der Londoner *Times* am 13. März 2003 in Umlauf gesetzt worden. Sie stammte von ihrem Romkorrespondenten Richard Owen, der sich während des gesamten Pontifikats als eine bemerkenswert unzuverlässige Quelle ernsthafter Information und Analyse erwiesen hat. [Vgl. Richard Owen, „Papaya gives the Pope some extra zest", in *The Times*, 13. März 2003.]

85 Johannes Paul II., *Predigt anlässlich seines XXV. Pontifikatsjubiläums, 16. Oktober 2003.*

86 Schreiben an den Autor von Schwester Mary Nirmala MC vom 27. Juni 2008.
Im selben Schreiben erzählt Schwester Nirmala eine bemerkenswerte Geschichte über Mutter Teresa und Johannes Paul II.:

> Ich erinnere mich, den heiligen Vater um den 10. September 1989 herum nach der Messe in seiner Privatkapelle im Vatikan getroffen zu haben. Ich war gerade aus Kalkutta eingetroffen, wo Mutter sehr krank im Hospital lag. Ich betete voller Verzweiflung zu Jesus und unserer Lieben Frau, damit Mutter wieder gesund würde. Am 8. September, dem Tag Mariä Geburt, versicherte mir Jesus während der heiligen Kommunion in der Kirche von Mt. St. Mary von Bandra in Bombay, dass unsere Liebe Frau alles tun würde, damit es Mutter wieder gut geht. Am 9. September sagte ich zum hl. Petrus im Petersdom, was Jesus mir versichert hatte. Falls Mutter aber durch einen Irrtum zu den Himmelstoren kommen würde, so sollte er sie zur Erde zurückschicken, damit sie weiter für die Kirche wirken könne, wie er es zu Beginn unserer Gesellschaft getan hatte, als Mutter sich in ihrem Delirium [wegen einer anderen Krankheit] vor dem Himmelstor wiederfand, und er ihr sagte, im Himmel gebe es keine Slums. Und ich empfand ganz stark, dass Petrus mein Gebet erhören würde. Als ich nun vor dem heiligen Vater stand, der jetzt Petrus war, erzählte ich ihm von Mutters Krankheit. Ich bat ihn, für Mutter zu beten, und ich bat ihn auch, Mutter zu sagen, sie solle noch nicht in den Himmel gehen, sondern weiter auf der Erde für die Kirche wirken. Ich wusste ja, dass Mutter dem heiligen Vater gehorchen würde.
>
> Um den 14. oder 15. September als ich in New York war, erreichte mich die Nachricht, dass Mutters Zustand sich verschlechtert hatte und es eine Frage von Leben und Tod war.
>
> Kurz danach teilte man mir mit, der heilige Vater sei darüber unterrichtet und habe eine Botschaft an Mutter geschickt, indem er sie seiner Gebete für ihre Genesung versichert und ihr erklärt, die Kirche und Welt bedürfen ihres Zeugnisses.
>
> [...] Mutter ging auf seine Botschaft ein, gesundete und lebte noch acht Jahre, in denen sie ein paar weitere kritische Krankheitszustände überwand.

87 Gespräch des Autors mit Papst Johannes Paul II. vom 30. September 1997.

88 Johannes Paul II., *Predigt anlässlich der Seligsprechung von Mutter Teresa von Kalkutta, 19. Oktober 2003* [Hervorhebung im Original].
Bischof Piero Marini, der päpstliche Zeremonienmeister, hatte in die Seligsprechungsmesse ein ursprünglich hinduistisches Ritual eingefügt, das *ārati* genannt wird. Dabei wurden, während ein in Tamil gesungenes Gotteslob erklang, Materialien verbrannt, die zuvor mit Butterfett getränkt worden waren. Das Auftauchen von Kohlenpfannen in einer päpstlichen Liturgie – so wurde es jedenfalls wahrgenommen – war für viele verwunderlich.

89 Nagy war lange Jahre Kaplan der Universitätswissenschaftler in Krakau gewesen. Seine Ernennung zum Kardinal war, wie Johannes Paul später schreiben sollte, auch eine Weise, seine „Dankbarkeit gegenüber der polnischen Wissenschaft zum Ausdruck" zu bringen." [Johannes Paul II., *Auf, lasst uns gehen!*, Augsburg 2004, S. 96.]

Špidlík war ein Kenner des Ostkirchen, der 1995 die päpstlichen Fastenexerzitien geleitet hatte, und der Kopf hinter einer der ungeheuerlichsten künstlerischen Neuerungen Johannes Pauls II. im Vatikan: der Umgestaltung der Kapelle *Redemptoris Mater* im apostolischen Palast im Stil moderner byzantinischer Fresken und Mosaike. Die Gelder für die neue Ausschmückung stammten aus einem Geldgeschenk, das das Kardinalskollegium Johannes Paul bei seinem 50-jährigen Priesterjubiläum überreicht hatte. Die neugestaltete Kapelle ist an sich schon erstaunlich, und sie ist es erst recht, wenn man bedenkt, an welchem Ort sie sich befindet, nämlich in einem Gebäude, das von der Renaissancekunst bestimmt wird. Am 14. November 1999 wurde die Kapelle von Johannes Paul neu eingeweiht. Vgl. *La Capella „Redemptoris Mater" del Papa Giovanni Paolo II*, Vatican Stadt 1999 und Sandro Magister, „Spidlik and Caffarra, an Odd Couple Sprung from the Pope's Mind", in *Chiesa*, 1. Mai 2004.

90 Gespräch des Autors mit Papst Johannes Paul II. vom 15. Dezember 2003.

91 Gespräch des Autors mit Erzbischof James M. Harvey vom 15. Dezember 2003.

92 David Brooks, „Bigger Than the Nobel", in *New York Times*, 11. Oktober 2003.

93 Vgl. Sandro Magister, „Vatican Intrigues: ‚The Passion', the Pope, and the Phantom Review", in *Chiesa*, 6. Februar 2004.

94 „Break Dancers perform for the Pope", in *The Age* (online edition), 26. Januar 2004; „Pope greets dance crew at Holy Mass-ive", in *Daily Mirror*, 27. Januar 2004.

95 „Überraschungsbesuch des Papstes bei den kontemplativen Nonnen im Vatikan: Die Karmelitinnen waren gerade beim Abendessen, als die Türglocke läutete", in ZENIT Nachrichtendienst, 2. März 2004.

96 „Johannes Paul II. setzt die Treffen mit den römischen Stadtpfarreien fort", in ZENIT Nachrichtendienst, 2. März 2004

97 Johannes Paul II., *Angelus, 14. März 2004.*

98 Johannes Paul II., *Predigt zum Palmsonntag, 4. April 2004.*

99 Johannes Paul II., *Worte nach dem Kreuzweg, Karfreitag 9. April 2004.*

100 Johannes Paul II., *Botschaft vor dem Segen „Urbi et Orbi", Ostern 2004.*

101 „Der Papst hofft, dass alle Christen auch in Zukunft Ostern am selben Tag feiern können", in ZENIT Nachrichtendienst, 11. April 2004.

102 Karol Wojtyła, „The Personal Structure of Self-Determination", in Wojtyła, *Person and Community: Selected Essays*, übersetzt von Theresa Sandok OSM, New York 1993, S. 187-95.

103 Vgl. *Gaudium et Spes*, 24.

104 Der Titel des Buches ist dem 14. Kapitel des Markusevangeliums entnommen, der Stelle, wo Jesus im Garten Gethsemane seine schlafenden Jünger weckt, damit sie ihn auf seinem schweren Schicksalsgang begleiten.

105 Johannes Paul II., *Auf, lasst uns gehen*, S. 7f.

106 *Ebenda*, S. 19ff.

107 *Ebenda*, S. 39.

108 *Ebenda*, S. 183f.

109 *Ebenda*, 169ff.

Von Johannes Pauls Ratschlägen an seine Bischofsbrüder, wie sie ihr Amt ausüben sollten, sticht vielleicht nur einer als erstaunlich und unkonventionell heraus: sein Rat, ein Bischof täte gut daran, „eine persönliche Beziehung zur Welt der Wissenschaft und ihren Protagonisten" zu pflegen. Und das nicht nur an „seinen katholischen Hochschulen", er müsste vielmehr „einen engen Kontakt mit dem gesamten Universitätsleben unterhalten: lesen, sich treffen, diskutieren, sich informieren über alles, was in jenem Bereich geschieht" [*ebenda*, S. 97]. Dass solche Kontakte für viele Bischöfe keine Selbstverständlichkeit sind, weiß jeder, der mit der katholischen Kirche vertraut ist, dass sie es sein sollten, war die feste Überzeugung des Mannes, der, bevor er als Papst die Welt veränderte, zu den tatkräftigsten, erfolgreichsten Diözesanbischöfen der Kirche gehört hatte.

110 *Ebenda*, S. 57.

111 Johannes Paul II., *Ansprache an den Präsidenten der Vereinigten Staaten von Amerika, George Walker Bush, 4. Juni 2004.*

112 Vgl. John L. Allen Jr., „The Word from Rome", in *National Catholic Reporter*, 4. Juni 2004.

113 „Swiss Marvel at John Paul II's ‚Magic' With Youth", in ZENIT Nachrichtendienst, 7. Juni 2004.

114 Johannes Paul II., *Predigt in der hl. Messe in Bern, 6. Juni 2004.*

115 Email an den Autor von Michael Sherwin OP, 10. Juni 2004.

116 Zu *Veritatis Splendor* und ihrer Rezeption vgl. Weigel, *Zeuge der Hoffnung*, S. 722-731 und Anmerkungen.

117 „Kardinal Sodano als Gesandter des Papstes beim Reagan-Begräbnis", in ZENIT Nachrichtendienst, 11. Juni 2004.

118 Johannes Paul II., *Schreiben an den Ökumenischen Patriarchen von Konstantinopel Bartholomaios I., 27. November 2004.*

119 Johannes Paul II., „Farewell Address to Citizens of Introd, 17 July [2004]", in *L'Osservatore Romano* [englische Wochenausgabe], 21. Juli 2004, S. 12.

120 Gespräch des Autors mit Joaquín Navarro-Valls vom 13. November 2008,

121 Die Einzelheiten oben stammen aus Austen Ivereigh, „Pope in Lourdes speaks of ‚the end of my pilgrimage'", in *The Tablet*, 12. August 2004, S. 25.

122 *Ebenda.*

123 Zitiert in John L. Allen Jr., „The Word from Rome", in *National Catholic Reporter*, 20. August 2004.

124 Johannes Paul II., *Predigt am 15. August 2004.*

125 Allen, „The Word from Rome", in *National Catholic Reporter*, 20. August 2004.

126 Zitiert in *ebenda.*

127 *Ebenda.*

128 Die Unterbringung der *Kazanskaja* in der päpstlichen Kapelle in Castel Gandolfo war nicht frei von einem seltsamen historischen Zufall: Eine Wand der Kapelle schmückte das von Papst Pius XI. in Auftrag gegebene Fresko des „Wunders an der Weichsel" von 1920, also die Darstellung jenes Ereignisses, in dem die polnische Armee die Rote Armee besiegte und den Bolschewismus nach Russland zurückdrängte. Johannes Paul II. war nicht der Mann, der Ironien aufspießte, doch andere konnten nicht umhin zu denken, die Tatsache, dass die Ikone dem Mann zurückgegeben wurde, der dem KGB einst unter dem Decknamen DROZDOV bekannt war, würde die Ironie noch weitertreiben.

129 Johannes Paul II., *Schreiben an seine Heiligkeit Aleksij II. aus Anlass der Rückkehr der Ikone der Muttergottes von Kazan nach Russland, 25. August 2004.*

130 Kardinal Kaspers Ansprache ist vollständig nachzulesen in *L'Osservatore Romano* [englische Wochenausgabe], 1. September 2004, S. 2.

131 „‚Historical' Return of Icon of Kazan to Orthodox Church", in ZENIT Nachrichtendienst 29. August 2004.

132 Johannes Paul II., *Ansprache mit Direkschaltung nach Guadalajara in Mexiko zum Abschluss des Internationalen Eucharistischen Kongresses, 17. Oktober 2004.*

133 Johannes Paul II., *Mane Nobiscum Domine*, 28.

134 Gespräch des Autors mit Papst Johannes Paul II. vom 15. Dezember 2004.

9 Die letzte Enzyklika: Januar – April 2005

[1] Gespräch des Autors mit Leonardo Kardinal Sandri vom 15. März 2008.
[2] Gespräch des Autors mit Joaquín Navarro-Valls vom 13. November 2008.
[3] *Ebenda.*
[4] Gespräch des Autors mit Jean-Marie Kardinal Lustiger vom 9. Dezember 2006.
[5] Gespräch den Autors mit Stanisław Rybicki, Danuta Rybicka, Maria Rybicka, Karol Tarnowski, Danuta Ciesielska, Piotr Malecki, and Teresa Malecka vom 8. November 2008.
[6] Gespräch des Autors mit Camillo Kardinal Ruini vom 19. November 1008.
[7] Email an den Autor von Erzbischof Joseph Augustine DiNoia OP vom 23. Februar 2005.
[8] Zum ursprünglichen Gedanken, der zur Gründung des *Instituts für die Wissenschaften vom Menschen* geführt hat vgl. Weigel, *Zeuge der Hoffnung*, S. 468f.
Mit der Zeit beschäftigte sich das *Institut für die Wissenschaften vom Menschen,* anders als Johannes Paul II. es sich am Anfang vorgestellt hatte, mehr mit Reflexionen über die Hauptströmungen im europäischen Geisteslebens als mit der Kritik an diesen.
[9] Johannes Paul II., *Erinnerung und Identität. Gespräche an der Schwelle zwischen den Jahrtausenden*, Augsburg 2005.
[10] *Ebenda*, S. 107.
[11] *Ebenda*, S. 120.
[12] *Ebenda*, S. 125.
[13] *Ebenda*, S. 168.
[14] *Ebenda*, S. 173.
[15] Gespräch des Autors mit Rocco Buttiglione vom 21. Januar 1997.
[16] Johannes Paul II., *Erinnerung und Identität*, S. 141.
[17] *Ebenda*, S. 189.
[18] *Ebenda*, 193.
[19] Richard John Neuhaus, „The New Europes", in *First Things*, Oktober 2005; Richard John Neuhaus, *American Babylon: Notes of a Christian Exile*, New York 2009, S. 30.
[20] Dziwisz, *Mein Leben mit dem Papst*, S. 251.
[21] *Ebenda*, S. 257; Gespräch des Autors mit Kardinal Sandri vom 15. März 2008.
[22] Zitiert in Renato Buzzonetti, „The Days of Suffering and Hope", in Stanisław Dziwisz, Czesław Drazeki SJ, Renato Buzzonetti und Angelo Comastri, *Let Me Go to the Father's House: John Paul II's Strength in Weakness*, Boston 2006, S. 68f.
[23] Zitiert in John L. Allen Jr., „The Word from Rome", in *National Catholic Reporter*, 11. Februar 2005. Allens tatsachengestützte, unaufgeregte und wohlerwogene Berichterstattung während des Mediensturms bei Johannes Pauls letzter Krankheit bestätigte viele in ihrem Urteil, dass Allen der beste englischsprachige Vatikanreporter war, den es je gegeben hat.
[24] Dziwisz, *Mein Leben mit dem Papst*, S. 257. Bruce Johnston, „Pope sweeps back to Vatican ‚impatient to work again'", in *Daily Telegraph*, 11. Februar 2005.
[25] *L'Osservatore Romano* [englische Wochenausgabe], 16. Februar 2005, S. 1.
[26] Lustiger zählte zu den kühnsten von Johannes Pauls Bischofsernennungen: ein Sohn polnisch-jüdischer Eltern, der zum Katholizismus konvertiert war, als Erzbischof von Paris, das war etwas, was jeder andere Papst nicht für möglich gehalten hätte. (Vgl. Weigel, *Zeuge der Hoffnung*, S. 405ff.) Erzbischof Ving-Trois' [„Dreiundzwanzig"] ungewöhnlicher Nachname erklärt sich aus dem Umstand, dass er ein Findelkind ist: Als man ihn als Kind fragte, welchen Nachnamen er gerne hätte, entschied er sich

einfach für die letzten beiden Ziffern seiner Aktennummer. (Gespräch des Autors mit Erzbischof André Vingt-Trois vom 9. Dezember 2006.)

27 Johannes Paul II., *Schreiben an den Bischof von Coimbra anlässlich des Todes von Schwester Maria Lúcia de Jesus e do Coração Imaculado, 14. Februar 2005.*

28 Vgl. Dziwisz, *Mein Leben mit dem Papst,* S. 258.

29 *Ebenda,* S. 258f.

30 Am 27. Februar kam es zu einem weiteren dramatischen Augenblick:
Reporter, Produzenten und Persönlichkeiten der Medienwelt trafen nach und nach ein, einige offensichtlich verdrossen, weil sie den Glamour der Oskarverleihung gegen die kaltfeuchte Anhöhe vor der Gemelli-Klinik hatten tauschen müssen.
Unheildrohendes Wetter und trübe Vorhersagen bildeten die Kulisse für die Sendungen am Sonntagmorgen. Während die Fernsehberichterstatter angemessen besorgte Mienen aufsetzen und sich auf die traurige Ankündigung vorbereiteten, der Papst würde zum ersten Mal in 26 Jahren den Angelus nicht sprechen, brach seit Tagen der erste Sonnenschein durch.
Und mit der Sonne kam der Papst. Schwach, die Hand an der Kehle, erschien er am Fenster und segnete alle, die sich unten versammelt hatten.
Der sichtbare Schock der Journalistenschar war mehr wert als tausend Worte. Gestandenen Journalisten, gelangweilt und abgebrüht, fiel vor Staunen die Kinnlade runter. Eine Fernsehproduzentin, die ihre Bewunderung nicht unterdrücken konnte, rief laut aus: „Dieser Mann ist ein Superhero. Mike Tyson, du kannst einpacken." [Elizabeth Lev, „Wowing the World-weary...A Pope Appears – and Jaws Drop", in ZENIT Nachrichtendienst, 3. März 2005.]

31 Gespräch des Autors mit Kardinal Sandri vom 15. März 2008.

32 „Wie Johannes Paul II. sein Tage im Krankenhaus zubringt", in ZENIT Nachrichtendienst, 4. März 2005.

33 „Pope gives impromptu blessing from hospital window", in *Catholic News Agency,* 9. März 2005.

34 Vgl. *L'Osservatore Romano* [englische Wochenausgabe], 16. März 2005, S. 3.

35 Zitiert in *ebenda,* S. 1.

36 Gespräch des Autors mit Kardinal Sandri vom 15. März 2008.

37 Gespräch des Autors mit Hanna Suchocka vom 9. März 2005; Raymond J. De Souza, „To his last breath, a public pontiff", in *National Post,* 26. Februar 2005; Gespräch des Autors mit Piotr Malecki vom 27. März 2005.

38 Dziwisz, *Mein Leben mit dem Papst,* S. 259f.

39 *Ebenda,* S. 260.

40 *Ebenda,* S. 260.

41 Dziwisz u.a., *Let Me Go to the Father's House,* S. 72f.

42 Dziwisz, *Mein Leben mit dem Papst,* S. 261.

43 Zitiert in Camillo Ruini, *Alle Sequela di Cristo. Giovanni Paolo II, il Servo dei Servi di Dio,* Siena 2007, S. 36.

44 Dziwisz, *Mein Leben mit dem Papst,* S. 261.

45 *Ebenda,* S. 262f.; Dziwisz u.a., *Let Me Go to the Father's House,* S. 74f. Nach den „Regeln des Vatikan" ließ Buzzonetti das Elektrokardiogramm noch zwanzig Minuten nach dem Aufhören des Herzschlags laufen, um den Tod des Papstes zu bestätigen.

46 Gespräch des Autors mit Kardinal Sandri vom 15. März 2008.,

47 Zitiert in *L'Osservatore Romano* [englisch Wochenausgabe], S. 5

48 Charles Krauthammer, „Pope John Paul II", in *Washington Post,* 3. April 2005.

49 „Pope John Paul II, Keeper of the Flock for a Quarter of a Century", in *New York Times,* 3. April 2005.

50 Zitiert in Mark Steyn, „Why progressive Westerners never understood John Paul II“, in *Daily Telegraph*, 5. April 2005.

51 Polly Toynbee, „Not in my name“, in *The Guardian*, 8. April 2005. Die abwertende Bemerkung über Lenin, sonst nicht gerade üblich in ihrer Zeitung, ließ in Toynbees Tirade geradezu einen erfrischenden Ton einfließen.

52 Carroll ist zitiert in Virginia Heffernan, „Pope John Paul Appraised as Pope, not Rock Star“, in *New York Times*, 5. April, 2005; Marco Politi, „A man ill at ease in his own century“, in *The Tablet*, 9. April 2005.

53 Thomas Cahill, „The price of infallibility“, in *New York Times*, 5. April 2005.

54 „Pope John Paul II“, in *Washington Post*, 3. April 2005.

55 *Daily Telegraph*, 4. April 2005.

56 „The Very Modern Papacy of John Paul II“, in *Wall Street Journal*, 2. April 2005.

57 Erwartungsgemäß protestierten Frankreichs Laizisten gegen die Entscheidung von Ministerpäsident Jean-Pierre Raffarin die Fahnen zu Ehren von Johannes Paul II. auf Halbmast zu setzen. Ein sozialistischer Senator meinte, „die französische Republik sollte sich nicht auf ein solches Niveau begeben.“ [„French Secular Politicians Criticize Flag Tribute to Pope“, in *Wall Street Journal Online*, 4. April 2005.]

58 Praktisch alle Kardinäle der katholischen Kirche sind geweihte Bischöfe, ausgenommen einige ältere Theologen, die in den letzten Jahrzehnten von Päpsten geehrt worden sind. Die drei „Klassen“ der Kardinäle sind ein Überbleibsel längst vergangener Zeiten, als die Kardinäle tatsächlich der amtierende Klerus in Rom und seiner Umgebung waren, doch die Titel „Kardinalbischof“, „Kardinalpriester“ und „Kardinaldiakon“ sind heute reine Ehrentitel. Die „Kardinalbischöfe“ sind die Titularbischöfe der sieben Rom umgebenden „suburbikarischen“ Bistümer, die tatsächlich von Weihbischöfen geleitet werden: von Ostia, Velletri-Segni, Porto und Santa Rufina, Frascati (Tusculum), Palestrina, Albano, and Sabina. Es gibt jedoch nur sechs Kardinalbischöfe, da der Dekan des Kardinalskollegiums Kardinalbischof von Ostia ist und auch seiner vorherigen suburbikarischen Diözese. Die „Kardinalpriester“ sind gewöhnlich Erzbischöfe oder Bischöfe rund um die Welt, denen eine Titelkirche in Rom zugewiesen worden ist. Letzteres gilt auch für die „Kardinaldiakone“, die im allgemeinen Mitglieder der römischen Kurie oder ältere Theologen sind. Sämtliche Kardinäle erhalten bei ihrer Ernennung einen „Titel“, der sich aus dem Namen der römischen Kirche ergibt, deren Titularpfarrer sie sind. Die Kardinalbischöfe lassen diesen Titel fallen, wenn ihnen ein suburbikarisches Bistum zugewiesen wird.

59 Zu weiteren Einzelheiten über die Begräbnismesse für Johannes Paul II. und die vorangegangene Woche, vgl. George Weigel, *God's Choice: Pope Benedict XVI and the Future of the Catholic Church*, New York 2005, S. 75-103.

60 Gespräch des Autors mit Francis Kardinal Arinze vom 17. Dezember 2007.

61 Gespräch des Autors mit Leonardo Kardinal Sandri vom 15. März 2008.

62 Papst Benedikt XVI., „Meeting with Clergy“, in *Origins* 38:13, 4. September 2008, S. 207 [Hervorhebung hinzugefügt].

63 T.S. Eliot, „Four Quartets“, in Eliot, *Collected Poems 1909-1962*, New York 1963, S. 190.

10 Von Innen

1 Vgl. Edmund Morris, *Dutch: A Memoir of Ronald Reagan*, New York 1999.

2 Vgl. Weigel, *Zeuge der Hoffnung*, S. 8f.

3 Der Theologe Karl Rahner SJ führt aus, dass die Erfüllung des lebenslangen Prozesses der *metanoia* im christlichen Sinn Tod bedeutet: Zum Zeitpunkt des Todes können

wir uns vollkommen, radikal und bedingungslos Gott hingeben (diese Hingabe lässt sich auch vorwegnehmend vor dem Augenblick des Todes vollziehen, sie würde aber unmöglich, wenn das „Unsterblichkeitsprojekt" gewisser Bioethiker des 21. Jahrhunderts verwirklicht würde). Vgl. Karl Rahner SJ, *Zur Theologie des Todes. Quaestiones Disputatae 2* Freiburg 1958, Kap. 1.

4 Vgl. George Weigel, *The Truth of Catholicism: Ten Controversies Explored*, New York 2001, S. 72-91.

5 *Katechismus der Katholischen Kirche*, 1813.

6 Johannes Paul II., *Geschenk und Geheimnis*, S. 30 [Hervorhebung im Original]. Mehr zu Karol Wojtyłas religiöser Erziehung findet sich in Weigel, *Zeuge der Hoffnung*, Kap. 1 und 2.

7 Gespäch des Autors mit Rocco Buttiglione vom 21. Januar 1997.

8 Gespräch des Autors mit Papst Johannes Paul II. vom 23. Oktober 1998.

9 *Ebenda.*

10 So zum Beispiel bevor er Jean-Marie-Lustiger zum Erzbischof von Paris ernannte. Lustiger, der die Ernennnung nur zögerlich annahm, hörte von Stanisław Dziwisz: „Sie sind die Frucht der päpstlichen Gebete". Vgl. Weigel, *Zeuge der Hoffnung*, S. 405ff.

11 Gespräch des Autors mit Jerzy Janik vom 17. Juli 1996.

12 Gespräch des Autors mit Joseph Kardinal Ratzinger vom 12. September 1996.

13 Gespräch des Autors mit Jacek Woźniakowski vom 11. April 1997.

14 *Ebenda.*

15 Johannes Paul II., *Address to the Fiftieth General Assembly of the United Nations Organization, 5. Oktober, 1995*, 16 [Hervorhebung im Original].

16 *Ebenda*, 17.

17 *Ebenda.*

18 Gespräch des Autors mit Karol Tarnowski vom 12. April 1997.

19 Gespräch des Autors mit Bischof Stanisław Smoleński vom 7. April 1997.

20 *Katechismus der Katholischen Kirche*, 1827.

21 Gespräch des Autors mit Stefan Sawicki vom 15. April 1997.

22 Gespräch des Autors mit Karol Tarnowski vom 12. April 1997.

23 Gespräch des Autors mit Karol Tarnowski vom 5. November 1998.

24 Gespräch des Autors mit Józef Tischner vom 23. April 1997.

25 Johannes Paul II., *Auf, lasst uns gehen!*, S. 145.

26 „Reflections on Fatherhood", in Karol Wojtyła, *The Complete Plays and Writings on Theater*, übersetzt von Bolesław Taborski, Berkeley 1987, S. 368.

27 Gespräch des Autors mit Stanisław Grygiel vom 20. Februar 1997.

28 Gespräch des Autors mit Papst Johannes Paul II. vom 13. Dezember 1997.

29 Während des ganzen Pontifikats hat sich der abtrünnige Schweizer Theologe Hans Küng in seiner Kritik an Johannes Paul II. als unbedarft und boshaft erwiesen, nicht zuletzt, wenn es um die geistige Offenheit des Papstes ging. Vgl. „Hans Küng", in Fergus Kerr, *Twentieth Century Catholic Theologians*, Oxford 2007, S. 146f. FN 5, um nur ein Beispiel von vielen zu nennen.

30 Vgl. Franco Bucarelli, „God's Athlete", in *Columbia*, November 2007, S. 19.

31 Gespräch des Autors mit Hanna Suchocka vom 11. November 2008.
Johannes Pauls erste Frage bei der Begrüßung der Ministerpräsidentin lautete: „Leben Ihre Eltern noch?". Suchocka musste das verneinen. Sie glaubte, da er selbst eine Waise sei, wollte Johannes Paul wissen, wie die Eltern anderer Leute auf den unerwarteten Aufstieg ihrer Kinder reagiert hatten. Das erste, was Johannes Paul II. beim Treffen mit der polnischen Ministerpräsidentin in den Sinn kam, waren keine politischen Fragen, sondern Fragen zu der Person vor ihm.

32 Gespräch des Autors mit Franz Kardinal König vom 11. Dezember 1997.
33 Gespräch des Autors mit Papst Johannes Paul II. vom 20. März 1997.
Johannes Paul II. bewahrte sich bis zu dessen Tod im Januar 1999 eine tiefe Zuneigung zum alten Herausgeber von *Tygodnik Powszechny* Jerzy Turowicz, obwohl sich der Papst fragte, warum die Wochenschrift theologische Denkströmungen favorisierte, die seinen theologischen Einsichten und Lehren widersprachen.
34 Gespräch des Autors mit Stanisław Rybicki vom 9. April 1997.
35 Gespräch des Autors mit Piotr und Teresa Malecki, Stanisław und Danuta Rybicki, Karol Tarnowski und Danuta Ciesielska vom 8. November 2008.
36 Gespräch des Autors mit Hochwürden Maciej Zięba vom 4. Dezember 2008.
37 Gespräch des Autors mit Józef Tischner vom 23. April 1997.
38 Gespräch des Autors mit Joachim Kardinal Meisner vom 17. Oktober 2001.
39 Gespräch des Autors mit John Kardinal O'Connor vom 8. November 1996.
40 Gespräch des Autors mit Papst Johannes Paul II. vom 24. September 1999.
41 Gespräch des Autors mit Johannes Paul II. vom 30. September 1997.
42 Im 4. Buch des *Staates* nennt Platon als die vier Kardinaltugenen Klugheit, Gerechtigkeit,Tapferkeit und Besonnenheit. Der *Katechismus der Katholischen Kirche* erörtert die Kardinaltugenden in 1803-05.
43 Gespräch des Autors mit Jerzy Gałkowski vom 14. April 1997.
44 Vgl. Johannes Paul II., *Auf, lasst uns gehen!*, S. 57.
45 *Katechismus der Katholischen Kirche*, 1807.
46 Gespräch des Autors mit Hanna Suchocka vom 11. November 2008.
47 Morris West, *The Devil's Advocate*, Chicago 2005, S. 25.
48 Brief an den Autor von Papst Johannes Paul II. vom 2. Januar 1995.
49 *Katechismus der Katholischen Kirche*, 1809.
50 Mehr zu dieser bemerkenswerten Predigt findet sich in Weigel, *Zeuge der Hoffnung*, S. 262.
51 *Gaudium et Spes*, 37.
52 Johannes Paul II., *Evangelium Vitae*, 104.
53 Vgl. Johannes Paul II. *Dominum et Vivificantem*, 27
54 Gespräch des Autors mit Kardinal Dziwisz vom 2. Dezember 2008; „John Paul II Helps Possessed Woman in Vatican", in ZENIT, 10. September 2000.
55 „John Paul II Helps Possessed Woman in Vatican", in ZENIT, 10. September 2000.
56 Gespräch des Autors mit Kardinal Dziwisz vom 2. Dezember 2008.
57 *Ebenda.*
58 *Katechismus der Katholischen Kirche*, 395
59 Vgl. *ebenda*, 385.
60 *Ebenda*, 309 [Hervorhebung im Original].
61 Johannes Paul II., *Dominum et Vivificantem*, 35.

11 Die Größe eines Pontifikats

1 J.N.D. Kelly, *The Oxford Dictionary of Popes*, Oxford 1986, S. 302.
2 Zitiert in Antonio Fappani und Franco Molinari, *Giovanni Battista Montini Giovane*, Turin 1979, S. 171.
3 Der Weltjugendtag 1985 in Rom fand vor der Entscheidung des Papstes statt, Treffen dieser Art zu einem regelmäßigen Ereignis im Rhythmus des Kirchenlebens zu machen. Deshalb ist für einige Buenos Aires (1987) strenggenommen der erste internationale Weltjugendtag.

4 Zu einer ökumenischen Untersuchung der vielen Rollen Petris in der Frühkirche vgl. *Peter in the New Testament,* hrsg. von Raymond E. Brown, Karl P. Donfried und John Reumann, Minneapolis/ Augsburg 1973.

5 Johannes Paul II. *Redemptoris Missio,* 39.

6 Gespräch des Autors mit Vittorio Sozzi und Roberto Presilla vom 27. Februar 2002.

7 Gespräch des Autors mit Kardinal Ruini vom 17. März 2008. Vgl. auch Marcello Pera „Relativismus, Christentum und das Abendland" und „Brief an Joseph Ratzinger" in Joseph Ratzinger und Marcello Pera, *Ohne Wurzeln. Der Relativismus und die Krise in der europäischen Kultur,* Augsburg 2005.

8 Einzelheiten über diese Auseinandersetzung sind nachzulesen in Weigel, *Zeuge der Hoffnung,* S. 753-865.

9 Vgl. *ebenda,* S. 807-813, zu einer detaillierten Darstellung des Geschehens in Peking.

10 Zur Außenordentlichen Synode vgl. *ebenda,* S. 507ff., 524-528.

11 Gespräch des Autors mit Erzbischof John Oneiyekan vom 20. November 2001; Gespräch des Autors mit Francis Kardinal Arinze vom 17. Dezember 2007.

12 Die Synode über die Laien und *Christfideles Laici* wird erörtert in Weigel, *Zeuge der Hoffnung,* S. 577-580.

13 Gespräch des Autors mit Hochwürden Alberto Garbin, 17. Dezember 2008.

14 Vgl. zum Beispiel Ann Carey, *Sisters in Crisis: The Tragic Unraveling of Women's Religious Communities,* Huntington, Indiana 1997.

15 Vgl. zum Beispiel Council of Major Superiors of Women Religious, *The Foundations of Religious Life: Revisiting the Vision,* Notre Dame, 2009.

16 Trotz des Konzildekrets über die Priesterausbildung, so die Kommentatoren, habe sich die eigentlich theologische Arbeit vor allem mit dem Episkopat beschäftigt (entsprechende Diskussionen herrschten in der Vorbereitung der Dogmatischen Konstitution über die Kirche vor), während das Konzil sich bezogen auf das geistliche Amt praktisch vor allem dahingehend auswirkte, dass das ständige Diakonat in der Kirche wieder eingeführt wurde.

17 Zu *Pastores Dabo Vobis,* vgl. Weigel, *Zeuge der Hoffnung,* S. 689ff.

18 Gespräch des Autors mit Kardinal Baum vom 5. November 1996.

19 Vgl. *Lumen Gentium,* 39-42.

20 Zu mehr über die von *Divinus Magister Perfectionis* eingeleiteten Veränderungen vgl. Weigel, *Zeuge der Hoffnung,* S. 464-468.

21 Avery Kardinal Dulles SJ, „John Paul II and the New Evangelization", in Dulles, *Church and Society,* S. 97.

22 Vgl. *ebenda,* S. 92-96, mit den einschlägigen Verweisen auf Johannes Pauls II. Lehramt.

23 *Ebenda,* S. 100.

24 Vgl. zum Beispiel, John Lewis Gaddis, *Der Kalte Krieg. Eine neue Geschichte,* München 2008.

25 Vgl. Henri de Lubac SJ, *Das Drama des Humanismus ohne Gott: Feuerbach-Nietzsche-Conte und Dostojewskij als Prophet,* Salzburg 1950.

26 Zu *Centesimus Annus* vgl. Weigel, *Zeuge der Hoffnung,* S. 643-649.

27 Gespräche des Autors mit Hochwürden Robert Gahl vom 12. Dezember 2008.

28 Johannes Paul II., *Evangelium Vitae,* 20.

29 Vgl. zu diesen Fragen Russell Hittinger, „Introduction to Modern Catholicism", in *The Teachings of Modern Roman Catholicism on Law, Politics, and Human Nature,* hrsg. von Witte und Alexander, S. 1-38; auf S. 21 bemerkt Hittinger, im katholischen Denken des 20. Jahrhunderts habe „ein stetiger Niedergang eines ontologisch gehaltvollen Staatsverständnisses" stattgefunden.

Dazu wie das Zweite Vatikanum die Verschiebung von einer ontologisch „starken" katholischen Staatstheorie zu einem „schwächeren" Begriff von einem nichtabsoluten Verfassungsstaat und seiner Beziehung zu Fragen der Religionsfreiheit beschleunigt hat, vgl. John Courtney Murray SJ, „The Issue of Church and State at Vatican Council II", in *Theological Studies* 27, 4 (Dezember 1966).

Eine durch diesen neuen staatstheoretischen Ansatz ausgelöste Kontroverse bezog sich auf Johannes Pauls II. Lehren zur Todesstrafe. Für einen Überblick über diese Debatte vgl. Avery Kardinal Dulles SJ, „The Death Penalty: A Right-to-Life Issue?" in Dulles, *Church and Society*, S. 332-347.

Sollte die Debatte über Johannes Pauls II. Soziallehre vertieft werden, steht wohl zu hoffen, dass sie nicht durch Versuche verzerrt wird, die Karol Wojtyła eine marxistische Analyse des modernen Sozial- und Wirtschaftslebens unterstellen, wie Jonathan Luxmoore und Jolanta Babiuch es seit Jahren beharrlich auf den Seiten der Londoner Zeitschrift *Tablet* tun. Ihre Fehlinterpretation der Ursprünge von Wojtyłas Sozialdenken beruht zum einen auf einem falschen Verständnis von *Catholic Social Ethics*, einem Text, den Wojtyła während seiner Lehrtätigkeit am Krakauer Seminar von Hochwürden Jan Piwowarczyk übernommen hatte, den er aber nicht als seinen eigenen betrachtete, und zum anderen auf dem grundlegenden Fehler, nicht zu sehen, dass Thomas von Aquin Jahrhunderte vor Karl Marx Fragen der Verteilungsgerechtigkeit erörtert hat.

30 Zur Entstehung und zur Arbeit von Beas Sekretariat für die Einheit der Christen vgl. Jerome-Michael Vereb CP, *„Because he was a German!". The Origins of Roman Catholic Engagement in the Ecumenical Movement*, Grand Rapids 2006. Zur „gewissen, wenn auch nicht vollkommenen" Gemeinschaft vgl. das Konzilsdekret über den Ökumenismus *Unitatis Redintegratio*, 3. Zur „Hierarchie der Wahrheiten" vgl. *Unitatis Redintegratio* 11. Wie sich die Aufhebung der Exkommunikation von 1054 im Istanbuler Phanar vollzogen hat, dazu vgl. Lawrence Kardinal Shehan, *A Blessing of Years*, Notre Dame 1982, S. 203ff.

31 Vgl. Weigel, *Zeuge der Hoffnung*, S. 548f.

32 Gespräch des Autors mit Ronald G. Roberson CSP vom 3. März 1997.

33 Zu den Schwierigkeiten, die *Gemeinsame Erklärung* zu einem glücklichen Ende zu bringen, vgl. Weigel, *Zeuge der Hoffnung*, S. 872ff.

34 Zu mehr über Johannes Pauls II. ökumenische Initiativen gegenüber der Orthodoxie und ihre Aufnahme in der komplexen orthodoxen Welt vgl. Weigel, *Zeuge der Hoffnung*, S. 374ff., 580ff., 684f., 706-709, 805, 865-868.

35 Zu einer ausführlicheren Erörterung von *Ut unum Sint* vgl. *ebenda*, S. 801-807.

36 Zur Krise der anglikanisch-katholischen Beziehungen von 1985-86 vgl. *ebenda*, S. 541-545.

1980 schuf Johannes Paul II. die „Pastoral Provision", nach der verheiratete anglikanische Priester und Bischöfe in volle Gemeinschaft zur katholischen Kirchen treten und zu Priestern geweiht werden konnten; auch unverheiratete ehemals anglikanische Geistliche konnten zu katholischen Bischöfen geweiht werden. Die Pastoral Provision erlaubte auch die Bildung von Gemeinden, die an bestimmten Elementen der anglikanischen Liturgie festhielten. Die Pastoral Provision steht unter Aufsicht der Glaubenskongregation. Dem früheren anglikanischen Bischof Jeffrey Steenson zufolge drängte Johannes Paul II. Kardinal Ratzinger, den Präfekten der Glaubenkongregation „großzügig zu den Anglikanern" zu sein. [Gespräch des Autors mit Jeffrey Steenson vom 15. Dezember 2008.] Zur Vorgeschichte dieser Initiative vgl. www.pastoralprovision.org.

37 Geoffrey Wainwright, „A Methodist Tribute to Pope John Paul II", in *Pro Ecclesia* XIV, 3 (Sommer 2005), S. 265ff.

[38] Bis November 2009 hatte „Evangelikale und Katholiken Seite an Seite" sieben gemeinsame Stellungnahmen veröffentlicht: zur politischen Verantwortung eines Christen („Evangelicals and Catholic Together: The Christian Mission in the Third Millennium", in *First Things* 43, Mai 1994, S. 15-22); zum Heil durch den Glauben („The Gift of Salvation", in *First Things* 79, Januar 1998, S. 20-23); zur Schrift und Überlieferung („Your Word Is Truth", in *First Things* 125, August/September 2002, S. 38-42); zum Wesen der Kirche („The Communion of Saints", in *First Things* 131, März 2003, S. 36-42); zu Gebet und Mission („The Call to Holiness", in *First Things* 151, März 2005, S. 23-26; zur Verteidigung des Lebens („That They May Have Life", in *First Things* 166, Oktober 2006, S.18-25; zu Marias Stellung in der Heilsökonomie und der christlichen Frömmigkeit („Do Whatever He Tells You", in *First Things* 197, November 2009, S. 49-59.

[39] Timothy George, „John Paul II: An Appreciation", in *Pro Ecclesia* XIV:3 (Sommer 2005), p. 270

[40] Vgl. David Martin, *Tongues of Fire: The Explosion of Protestantism in Latin America*, Oxford 1993.

[41] Gespräch des Autors mit Bischof Pierre Duprey MAfr vom 15. Januar 1997.

[42] Das Thema der „älteren Brüder" nimmt das „Manifest" von 1848 des großen polnischen romantischen Dichters und Dramatikers Adam Mickiewicz auf. Es ist ein interessantes historisches Zusammentreffen, dass der Philosemit Mickiewicz sein „Manifest" in Rom verfasst hat. [Gespräch des Autors mit Jerzy Kluger vom 15. März 1997.]

[43] Mehr zu Johannes Pauls Besuch in der Synagoge von Rom findet sich bei Weigel, *Zeuge der Hoffnung*, S. 502-505.

[44] Für eine Darlegung dieser Verhandlungen vgl. *ebenda*, S. 734-751.

[45] Das war nicht nur ein Irrtum, den der Mann auf der Straße beging. Auch der israelische Gelehrte und Diplomat Sergio Minerbei beharrte, solange bis die Tinte auf dem Grundvertrag trocken war, darauf, dass ein derartiges Abkommen mit den Katholiken aus theologischen Gründen unmöglich sei. Vgl. Minerbi, *The Vatican and Zionism: Conflict in the Holy Land 1895-1925*, New York 1990. Nach Johannes Pauls Tod behauptete Minerbi in einem haltlosen, ja üblen Aufsatz, die Annäherung des Papstes an die Juden und das Judentum verschleiere nur gewisse klassische, wenn auch nicht offen geäußerte antisemitische Einstellungen (darunter den Vorwurf des Gottesmords, den Minerbi bizarrer Weise Johannes Pauls Enzyklika über den Heiligen Geist *Dominum et Vivificantem* unterstellt). Siehe Minerbi, „Pope John Paul II and the Jews: An Evaluation", in *Jewish Political Studies Review* 18, 1-2 (Frühjahr 2006).

[46] *Dabru Emet* ist ungekürzt in *First Things* 107, November 2000, S. 39ff. abgedruckt. Eine Zusammenfassung des Dokuments findet sich in George Weigel, *The Truth of Catholicism: Ten Controversies Explored*, New York 2001, S. 137-43.

[47] Johannes Paul II., „Lessons of the Galileo Case", in *Origins* 22, 22 (12. November 1992), S. 369-74. Mehr zu Johannes Pauls Initiative, die Affäre Galileo wieder aufzurollen, findet sich in Weigel, *Zeuge der Hoffnung*, S. 660ff.

[48] Die päpstliche Botschaft ist nachzulesen auf http://stjosef.at/dokumente/evolutio.htm.

[49] Das erste Treffen dieser Art in Assisi entsprang zum Teil der Sorge des Papstes, es könne zu einem weltweiten Atomkrieg kommen. Johannes Paul glaubte, viele Politiker seien „zu schwach", um sich richtig für den Frieden einzusetzen. „Wir müssen", wie er einmal sagte, „das Gebet einsetzen, denn das Gebet vermag etwas zu erreichen, was Politiker nicht tun können." [Gespräch des Autors mit Msgr. Vincenzo Paglia vom 7. Dezember 1997.]

[50] Johannes Paul II., *Discorso alla Curia Romana per gli Auguri di Natale, 22. Dezember 1986*, 7.

Da selbst fortschrittliche Kurialisten wie Roger Kardinal Etchegaray sich gegen offizielle Nachfolgeveranstaltungen im Stil des ersten Treffens in Assisi aussprachen, legte der Papst die Verantwortung für die Fortsetzung des Projekts in die Hände der Sant'Egidio Gemeinschaft. [Gespräch des Autors mit Msgr. Vincenzo Paglia vom 7. Dezember 1997.]

51 Johannes Paul II., *Die Schwelle der Hoffnung überschreiten,* Hamburg 1994, S. 120 [Hervorhebungen im Original].

52 Zu einem Überblick über die Bandbreite der Fragen, die Johannes Paul II. auf diesen Gebieten thematisierte vgl. *Live the Truth: The Moral Legacy of John Paul II in Catholic Health Care,* hrsg. von Edward J. Furton, Philadelphia 2006.

53 Diese Vorwürfe wurden vor Beginn der Kairoer Konferenz zur Bevölkerung und Entwicklung häufig laut. Vgl. Weigel, *Zeuge der Hoffnung,* S. 756f.

54 Dass der Fötus im Mutterleib tatsächlich ein menschliches Wesen ist, wird man wissenschaftlich nicht bestreiten, wie viele Lehrbücher zur Embryologie deutlich machen. Vgl. zum Beispiel Keith L. Moore und T.V.N. Persaud, *The Developing Human,* 7. Auflage, New York 2003, S. 16.

55 Johannes Paul II., *Evangelium Vitae,* 20 [Hervorhebung im Original].

56 Vgl. *ebenda,* 18f.

57 Vgl. *ebenda,* 28.

58 Vgl. Leon Kass, „L'Chaim and Its Limits: Why Not Immortality?", in *First Things,* Mai 2001.

59 Vgl. dazu Avery Kardinal Dulles SJ, „Can Philosophy Be Christian? The New State of the Question", in Dulles, *Church and Society,* S. 291-305

60 Avery Kardinal Dulles SJ, „The Rebirth of Apologetics", in *ebenda.,* S. 430.

61 Dulles, „Can Philosophy Be Christian?", S. 296.

62 Ausführlich behandelt werden *Veritatis Splendor* und die Reaktionen darauf in Weigel, *Zeuge der Hoffnung,* S. 722-731 und Anmerkungen.

63 Zu diesem Punkt vgl. Servais Pinckaers OP, *Les Sources de la morale chrétienne,* 3. Auflage, Fribourg 1993.

64 Zu einer kurzen Synopse der Theologie des Leibes vgl. Pinckaers, *Les Sources de la morale chrétienne.* Die Theologie des Leibes ist in deutscher Übersetzung erschienen unter dem Titel Johannes Paul II., *Die menschliche Liebe im göttlichen Heilsplan,* hrsg. und eingeleitet von Norbert und Renate Martin, Vallendar-Schönstadt 1985.

65 Zu Johannes Pauls II. Feminismus vgl. Weigel, *Zeuge der Hoffnung,* S. 605-608; zur Kontroverse auch Frauen zur Priesterweihe zuzulassen vgl. *ebenda,* 767-773.

66 Johannes Paul II., *Ansprache an die Römische Kurie beim Weihnachtsempfang,* 22. Dezember 1987. Vgl. auch Hans Urs von Balthasar, *Der antirömische Affekt. Wie lässt sich das Papsttum in die Gesamtkirche integrieren?,* 2. Auflage, Einsiedeln 1989 so wie zwei Aufsätze von Avery Kardinal Dulles SJ, „Priesthood and Gender" und „Mary at the Dawn of the New Millennium", in Dulles, *Church and Society.*

67 Johannes Paul II., *Spes Aedificandi,* (apostolisches Schreiben in Form eines *Motu Proprio* zur Erklärung der hl. Brigitta von Schweden, der hl. Katharina von Siena und der hl. Teresia Benedicta a Croce zu Mitpatroninnen Europas).

68 Zitiert in Avery Kardinal Dulles SJ, „University Theology as a Service to the Church", in Dulles, *Church and Society,* S. 11.

69 Dazu und zu den entsprechenden Zitaten vgl. Avery Kardinal Dulles SJ, „John Paul II and the Mystery of the Human Person", in Dulles, *Church and Society,* S. 414-429.

70 Das abschließende Urteil des amerikanischen Kardinals über Johannes Pauls II. spezifisch christlichen Humanismus und seinen Versuch, das Ganze der christlichen Lehre durch diese Brille zu lesen, lohnt das Nachdenken:

> Seine klarste Anwendung findet der Personalismus im persönlichen Bereich, in intimen Beziehungen. Für die Selbstverwirklichung des einzelnen, in der Ehe und der Familie – Themen über die Johannes Paul II. viel Erhellendes schreibt – ist er von entscheidender Bedeutung. Bemerkenswerter ist, dass er [...] Möglichkeiten fand, den Personalismus für politische und wirtschaftliche Probleme fruchtbar zu machen, indem er sich auf seine Konzeption menschlichen Handelns, persönlicher Teilhabe und freier Initiative stützt. Obwohl der Personalismus kein geeignetes Werkzeug ist, um die größeren Fragen von Recht und Ordnung, Krieg und Frieden zu behandeln, hat Johannes Paul auf dem Feld der Wirtschaft, der Gesetzgebung, der Politikwissenschaft und der internationalen Beziehungen neue wichtige Impulse gegeben.
>
> Theologisch ist der Papst ebenfalls ein Personalist. Er schreibt bewegt von der Gottessehnsucht, die dem menschlichen Herzen eingeschrieben ist. Er verweilt mit Freude bei der intimen Beziehung zwischen dem einzelnen und Jesus Christus, die durch die Bibel, die Sakramente und die Kirche vermittelt ist. Seine Betonung der wunderbaren Liebe und Gnade Gottes ist ein willkommenes Gegenmittel gegen pessimistische Prediger, die Gott als einen anspruchsvollen Herrn und strengen Richtern gezeichnet haben. Dennoch hat Johannes Paul [...] ohne Zweifel anerkannt, dass man Gottes Liebe nicht gegen seine Gerechtigkeit ausspielen kann. Der Papst weiß, dass die Liebe Gottes nicht bestehen kann, ohne seine Aufforderung, sich den Geboten Gottes zu unterwerfen, und dass Personen, die Gottes Liebe zurückweisen, mit dessen Gerechtigkeit rechnen müssen. [*Ebenda*, S. 427.]

Zu Johannes Pauls II. Personalismus und Fragen der Gesetzgebung vgl. George Weigel, „John Paul II and the Law: Some Preliminary Reflections", in *Ave Maria Law Review* 5, 2 (2007), S. 361-66, und die darauffolgenden Artikel.

71 *Ebenda.*

Joseph Ratzinger, Johannes Pauls Nachfolger im Papstamt, hat einmal im Gespräch mit dem Autor ein interessantes Licht auf Karol Wojtyłas intellektuelles Vorgehen geworfen:

> Das Hauptthema des Heiligen Vaters, als Professor und später als Papst, war die Anthropologie.
>
> In der Auseinandersetzung mit dem Marxismus war nicht die Physik das Hauptproblem – Gott aus der Physik oder den Naturwissenschaften zu beweisen – das wirkliche Problem war die Frage nach dem Menschen: dem menschlichen Wesen. Denn in Wirklichkeit ist die Frage die nach unserer Berufung: Was müssen wir tun, um die Geschichte zu gestalten? Das Problem des Marxismus folgt nicht aus den Naturwissenschaften, sondern aus der anthropologischen/historischen Vorstellung von dem, was der Mensch ist und wie er erlöst wird. Die Philosophie der Geschichte bestimmt auch über die Philosophie der Erlösung. In einer materialistischen Geschichtstheorie verwirklicht sich Befreiung in einer natürlichen Erlösung des Menschen, der zuvor von ökonomischen Kräften unterdrückt wurde, aber jetzt durch die richtige Erkenntnis und Anwendung der historischen Mechanismen befreit wird.
>
> Der Heilige Vater hat erkannt, dass das wirkliche Problem lautet: „Was ist der Mensch und wie wirkt er in der Geschichte? Was ist die christliche Antwort auf das menschliche Dasein?" [Und er glaubt, dass] die christliche Vorstellung von Geschichte eine bessere Antwort enthält als die, welche der Marxismus gegeben hat. Doch schon vor der marxistischen Wirklichkeit nach dem Krieg, drehte sich sein Studium der Philosophie um sein anthropologisches Interesse und erhielt da-

durch seine Richtung. Dass in seiner Vorstellung vom Menschen und der Geschichte – und der Parallele von Mensch und Geschichte – die Frage nach Gott die entscheidende ist, liegt klar zutage. Im liberalen Denken bedeutet Entwicklung, in ganz anderer Weise als im Marxismus, die Geschichte zu beherrschen, und sie ist als solche für den Menschen entscheidend. Für den Heiligen Vater ist die Abwesenheit Gottes entscheidend, und die einzig wahre Anthropologie ist die Anthropologie von Gott-und-Mensch.

Daher ist das Zentrum seiner Anthropologie die Christologie. Ich würde aber betonen, dass es sich nicht um eine positivistische Christologie handelt, um einen theologischen Positivismus, wie wir ihn von vielen Theologen kennen. Vielmehr rückt die Christologie ins Zentrum vor dem Hintergrund der philosophischen Frage: „Was ist der Mensch?" Der offene persönliche Dialog des Heiligen Vaters mit allen seinen Freunden (der vor dem Krieg einsetzte und in seiner Zeit als Priester fortgesetzt wurde) war vielleicht der persönliche Hintergrund für sein philosophisches und theologisches Denken. Er ist jemand, der sich sehr für seine eigene Existenz interessiert – wer bin ich selbst? –, aber auch jemand, der sich substantiell für alle Menschen, für den Menschen, interessiert. Menschen zu helfen, wahrhaft menschlich zu sein, ist für ihn eine sehr priesterliche Berufung. [...] Sein persönliches Charisma, seine Menschenliebe, schließt sein philosophisches Interesse ein. Dieses ist nicht rein akademisch oder intellektuell. Sein philosophisches Werk ist die Konkretisierung seines persönlichen Charismas als Priester, seiner persönlichen Passion für Menschen. Er liebt einfach das Gespräch, er liebt junge Menschen: Doch all das ist eine Passion für den Menschen. Sein philosophisches Denken ist eine notwendige Folge dessen, was er tief in seinem Herzen ist.

Sein Studium der Mystiker ist ein Studium des Menschen, ein Studium menschlicher Existenz. Und menschliche Existenz lässt sich bei Johannes vom Kreuz verstehen als eine theologische Wirklichkeit in der Offenheit für Gott.

Seine erste Enzyklika *Redemptor Hominis* ist eine echte Synthese seines Denkens. Hier stoßen wir auf diese Leidenschaft für Anthropologie als nicht bloß intellektuelle, sondern als totale Passion für den Menschen – und auch als das vollkommene Zusammenfallen philosophischer und rationaler Interessen auf der einen Seite mit dem Glauben und mit der Arbeit eines Priesters und Theologen auf der anderen Seite. Das ist ein Schlüsseltext, um den Heiligen Vater in seiner Spiritualität und Intellektualität zu verstehen. Aber Spiritualität und Intellektualität sind in Wahrheit eins, so wie bei Johannes vom Kreuz die mystische Betrachtung und die anthropologisch/philosophische Reflexion nicht zweierlei ist, sondern wesentlich eines. Nach seinem Studium der Neoscholastik war es für ihn spannend mit der phänomenologischen Philosophie der zwanziger Jahre in Berührung zu kommen. Denn hier entdeckte er, trotz seiner kritischen Distanz zu Scheler, die Möglichkeit einer Synthese von Metaphysik und Anthropologie sowie von Phänomenologie (das was erscheint) und einem metaphysischen Begriff vom Menschen. Auch ist diese Synthese von Anthropologie und metaphysischer Anthropologie verbunden mit der phänomenologischen Darlegung der real konkreten Verwirklichung menschlicher Existenz für ihn sehr bedeutsam.

Man könnte sagen, all das wird in seinen verschiedenen Lehren konkreter auseinandergesetzt. Es war vielleicht nicht so beabsichtigt, aber am Ende war *Redemptor Hominis* der erste Teil einer Darstellung der Trinität. Und selbst wenn es nicht seine ursprüngliche Absicht bei der Niederschrift von *Redemptor Hominis* war, war es doch eine naturgegebene Entwicklung. Sich auf eine trinitarische Vorstellung von Gott, Geschichte und Mensch zuzubewegen drückt seine Art des Denkens aus: Ausgehend von der Anthropologie und auf der Suche nach einer Antwort darauf, was menschliche Existenz ist, kommt er zu Gott – zum trinitarischen Gott der Liebe (in *Dives in Misericordia* und in *Dominum et Vivificantem*) – und kehrt von da aus zum Menschen zurück, denn seine trinitarische Vorstellung ist nicht rein spekulativ, sondern lässt uns verstehen, wie Gott ein Gott-in-der-Geschichte ist. Im tiefsten Geheimnis der trinitarischen Existenz begegnen wir auch der konkreten Möglichkeit, dass Gott, der selbst Beziehung und Dialog ist, die Geschichte erschaffen kann, in der Geschichte anwesend ist. [Gespräch des Autors mit Joseph Kardinal Ratzinger vom 12. September 1996.]

72 Diese Bemerkung machte Kardinal Winning im Anschluss an einen Vortrag des Autors über die Leistung von Papst Johannes Paul II. in der Andreaskathedrale von Glasgow am 9. März 2001.

73 Gespräch des Autors mit John Kardinal O'Connor vom 8. November 1996.

74 Gespräch des Autors mit Massimo D'Alema vom 10. Dezember 1997.

75 Email von Francis J. Beckwith an den Autor, 8. Januar 2009. Vgl. auch Francis J. Beckwith, „Vatican Bible School: What John Paul II Can Teach Evangelicals", in *Touchstone*, Juni 2005 (einzusehen auch http://www.touchstonemag.com/archives/article.php?id=18-05-019v).

76 Gespräch des Autors mit Nina Sophie Heereman vom 21. November 2008. Vgl. auch Nina Heereman, „We Loved Him!", in *Inside the Vatican*, August-September 2005.

77 Brief an den Autor von Schwester Mary Karol Widomska OP.

78 „Father Finest", in *New York Post*, 13. November 2008, zitiert in *catholic eye* 274 (25. November 2008), S. 4.

79 Email an den Autor von Cary Elwes vom 7. September 2009; „Loren wants Pope John Paul II beatified: report", Agence France Presse, 1. April 2009.

80 Gespräch des Autors mit Joaquín Navarro-Valls vom 16. Dezember 1998.

81 Vgl. dazu Avery Kardinal Dulles SJ, „John Paul II and the New Evangelization", in Dulles, *Church and Society*, S. 87-90.

82 Johannes Paul II. ernannte Pater Congar 1994, ein Jahr vor dem Tod des französischen Theologen, zum Kardinal.

83 Zur Affäre Küng vgl. Weigel, *Zeuge der Hoffnung*, S. 372ff.

84 Obwohl international vernehmbar, fand diese Konzilsinterpretation ihre gelehrteste Form in der „Bologna Schule" katholischer Kirchenhistoriker. Ihr Hauptwerk ist die fünfbändige Untersuchung *Geschichte des Zweiten Vatikanischen Konzils (1959-1965)*, hrsg. von Guiseppe Alberigo und Joseph A. Komonchak, Mainz 2000-2007.
Vgl. auch Sandro Magister, „The Council of Bologna: The Rise and Fall of a Dream of Church Reform", zugänglich auf http://chiesa.espresso.repubblica.it/articolo.38108?eng=y.

85 Ein amerikanisches Beispiel dafür ist John R. Quinn, „Considering the Papacy", in *Origins* 26 (18. Juli 1996), S. 119-127. Eine politisch geschicktere, aber im wesentlichen ähnliche Kritik stammt von Joseph Kardinal Bernardin. Vgl. „Called to be Catholic: Church in a Time of Peril", in *Origins* 26 (29. August 1996), S. 165-70. Eine Kritik an Quinn und Bernardin findet sich bei Avery Kardinal Dulles SJ, „The Travails of Dialogue", in Dulles, *Church and Society*, S. 221-33

86 Zu Johannes Pauls II. Umgang mit den Lefebvre-Anhängern und dem Schisma, das aus dem Ungehorsam des Erzbischofs Lefebvre gegenüber dem Papst folgte, vgl. Weigel, *Zeuge der Hoffnung*, S. 587ff. Das Lefebvre-Schisma verfolgte noch Papst Benedikt XVI., der als Kardinal von Johannes Paul bevollmächtigt worden war, den letztlich unversöhnlichen französischen Prälaten zu einer Versöhnung mit den Lehren des

Zweiten Vatikanums zu bewegen. Dabei, das muss man betonen, ging es nicht in erster Linie um die liturgischen Reformen des Konzils, die von den Lefebvre-Anhängern verdammt wurden, sondern um die Konzilslehren zur religiösen Freiheit, die viele Lefebvre-Anhänger, auch Marcel Lefebvre selbst, als nicht katholisch betrachten.

[87] Eine ausführliche Erörterung der fortschrittlichen und restaurativen Kritik in den ersten zwanzig Jahren des Pontifikats von Johannes Paul II. findet sich in Weigel, *Zeuge der Hoffnung*, S. 898-910.

[88] Vgl. dazu Hans Urs von Balthasar, *In der Fülle des Glaubens*, Hans Urs von Balthasar-Lesebuch, hrsg. von Medard Kehl und Werner Löser, Freiburg 1980.

[89] Gespräch des Autors mit Erzbischof Jean-Louis Tauran vom 14. November 1997.

[90] Gespräch des Autors mit Erzbischof Jean-Louis Tauran vom 18. März 1997; Gespräch des Autors mit Antonio Maria Kardinal Rouco Varela vom 20. Oktober 2001.

[91] Die Wurzeln der deutschen Skepsis gegenüber Johannes Paul II., auch ihre nationale Dimension, wurden dem Autor von Walter Kardinal Kasper (in einem Gespräch vom 19. Februar 2002) und Joachim Kardinal Meisner (in einem am 17. Oktober 2001 geführten Gespräch) auseinandergelegt.

[92] Gespräch des Autors mit Walter Kardinal Kasper vom 19. Februar 2002.

[93] Am heftigsten äußerte sich diese Ablehnung wohl im Gefolge von *Veritatis Splendor*. Vgl. dazu den Aufsatz von Josef Fuchs SJ in *Understanding „Veritatis Splendor"*, hrsg. von John Wilkins, London 1994; sowie die Aufsätze in *Moraltheologie im Abseits? Antwort auf die Enzyklika „Veritatis Splendor"*, hrsg. von Dieter Mieth, Freiburg 1994.

[94] Gespräch des Autors mit Joachim Kardinal Meisner vom 17. Oktober 2001.

[95] Gespräch des Autors mit Karl Kardinal Lehmann vom 24. Oktober 2001.

[96] Ob dieses neue Vorgehen nach dem Rücktritt von Camillo Kardinal Ruini als Vikar von Rom und Vorsitzendem der Italienischen Bischofskonferenz seinen Schwung noch lange behalten wird, ist fünf Jahre nach dem Tod von Johannes Paul II. eine offene Frage. Ruini war in italienischen Angelegenheiten Johannes Pauls unentbehrlicher Stellvertreter. Auf der Bischofskonferenz bracht er das *Progetto culturale* auf den Weg, um so die italienische Gesellschaft und Kultur erneut mit den Glaubens- und Vernunftwahrheiten zu konfrontieren. Mit der Unterstützung von Benedikt XVI. wurde das *Progetto culturale* – mit Ruini an der Spitze – auch nach Ruinis Rücktritt vom römischen Vikariat und vom Vorsitz der italienischen Bischofskonferenz fortgesetzt. Doch andere Kräfte im italienischen Katholizismus, darunter auch solche, die mit dem Status Quo vor Johannes Paul II. und Ruini zufrieden waren, setzten sich Ende 2009 wieder mehr durch. Vgl. Sandro Magister, „Make or Break: The Italian Bishops at the Final Tally": http://chiesa.espresso.repubblica.it/articolo/1340096?eng=y.

[97] Gespräch des Autors mit Kardinal Rouco Varela vom 20. Oktober 2001.

[98] Gespräch des Autors mit Jean-Marie Kardinal Lustiger vom 24. Oktober 1996.

[99] Wie es zu Lustigers Ernennung kam, wohl die älteste im Pontifikat von Johannes Paul II., ist dargestellt in Weigel, *Zeuge der Hoffnung*, S. 403ff.

[100] Gespräch des Autors mit Cormac Kardinal Murphy-O'Connor vom 8. März 2001.

[101] Laut Desmond Kardinal Connell von Dublin stürzten sich die aggressiv laizistischen Medien begierig auf die Enthüllungen der sexuellen Missbrauchsfälle durch irische Priester. Für sie war das der Beweis, dass die Lehren der katholischen Kirche zur Sexualmoral schon lange von Heuchelei durchsetzt waren. [Gespräch des Autors mit Desmond Kardinal O'Connell vom 5. März 2001.]

[102] Vgl. Tess Livingstone, *George Pell: Defender of the Faith Down Under*, San Francisco 2005.

[103] Vgl dazu Amy L. Sherman, *The Soul of Development: Biblical Christianity and Economic Transformation in Guatemala*, New York 1997.

[104] Vgl. dazu Richard John Neuhaus, *Appointment in Rome: The Church in America Awakening*, New York 1999, S. 123-126.

[105] Gespräch des Autors mit Camillo Kardinal Ruini vom 17. März 2008.

[106] Gespräch des Autors mit Erzbischof Michael Fitzgerald MAfr. vom 9. April 2002.

[107] Vgl. dazu George Weigel, Tranquillitas Ordinis: *The Present Failure and Future Promise of American Catholic Thought on War and Peace*, New York 1987, „Part One: The Heritage".

[108] Einen Überblick über die Jahrhunderte alte klassische katholische Völkerrechtslehre bietet John Eppstein, *The Catholic Tradition of the Law of Nations*, Washington 1935.

[109] Zu den Routinen im „Außenministerium" des Staatssekretariats vgl. George Weigel, „Thinking World Politics – a Catholic Optic", in Weigel, *Against the Grain: Christianity and Democracy, War and Peace*, New York 2008, S. 176-199.

[110] Zu Johannes Pauls II. Intervention während des Beagle-Konflikts von 1978/79 vgl. Weigel, *Zeuge der Hoffnung*, S. 285, 394.

[111] Der italienische Philosoph und Politiker Rocco Buttiglione war viele Jahre ein Gesprächspartner für Johannes Paul II. Er erinnerte sich, dass der Papst ihn 1990/91 in einem privaten Gespräch fragte, ob man die Lehren von „1989" auf den Einmarsch der Iraker in Kuwait anwenden könne. Hatte Saddam Hussein mehr Macht als der Kommunismus, fragte sich der Papst. Eine mögliche Antwort darauf wäre die, dass Saddam militärisch und bezogen auf seine Fähigkeit, die Erde zu verwüsten, nicht mächtiger ist. Wohl aber ist er irrationaler und skrupelloser als die kommunistischen Führer, die 1989 schließlich abtraten. Erich Honecker in Ostdeutschland und Gustav Husak in der Tschechoslowakei waren brutale Menschen, aber sie steckten ihre Feinde nicht in einen Reißwolf wie Saddam Hussein es tat, der mit seiner Rücksichtslosigkeit und seiner Lust am Massenmord Stalin weitaus mehr glich als irgendeiner der kommunistischen Führer, mit denen sich die Freiheitskräfte von „1989" messen mussten. [Gespräch des Autors mit Rocco Buttiglione vom 31. Oktober 2008.]

[112] Zum Beispiel hatte Johannes Paul 1992 in einer Rede vor der Organisation der Vereinten Nationen für Ernährung und Landschrift von einer „Pflicht zur humanitären Intervention" gesprochen, falls eine Völkermord stattfindet oder vorauszusehen ist – ein, wie der Zusammenbruch Jugoslawiens und die Greuel in Ruanda bald erweisen sollten, nicht unwichtiger Punkt auf der Weltagenda. Die Rede äußert sich jedoch nicht darüber, wer diese Pflicht hat oder wie sie zu erfüllen ist: Während des Pontifikats bemühte sich weder das vatikanische „Außenministerium" noch der Päpstliche Rat für Gerechtigkeit und Frieden darum, diesen Gedanken des Papst auszuführen und die Staatsmänner zu einer ernsthaften Auseinandersetzung mit diesem brennenden Problem zu bewegen.

[113] Gespräch des Papstes mit Jean Kitschel, Joyce Little und Mary Cathrine Sommers vom 18. September 1998.

[114] Vgl. Weigel, *Zeuge der Hoffnung*, S. 492ff.

[115] Als junger Priester war Piero Marini stark an der Umsetzung der auf dem Zweiten Vatikanum angenommenen Konstitution über die heilige Liturgie beteiligt, bei der Annibale Bugnini federführend war. Marini schildert diese Arbeit zum Teil in *A Challenging Reform: Realizing the Vision of the Liturgical Renewal 1963-1975*, Collegeville, Minn. 2007. Daraus geht hervor, dass Marini meint, das Konzil habe einen recht dramatischen Bruch in der Entwicklung des römischen Ritus gewollt, eine Position, die unter anderen von Kardinal Ratzinger scharf kritisiert worden ist. Vgl. sein *Der Geist der Liturgie. Eine Einführung*, 4. Auflage, Freiburg 2000.

[116] Vgl. dazu Ratzinger, *Der Geist der Liturgie*, S. 22f.
Nach seiner Wahl zum Papst entdeckte Benedikt XVI. sehr schnell, nämlich schon bei der Synode vom Oktober 2005, dass viele Bischöfe zögerten, sich für eine Reform

der Liturgiereform einzusetzen, die Joseph Ratzinger aus theologischen Gründen immer gefordert hatte.

117 Durch die Einsetzung der Vox Clara Kommission im Jahr 2002, die unter der Schirmherrschaft der Kongregation für den Gottesdienst und die Sakramentenordnung arbeitete, hat der Papst versucht, die englische Übersetzung der liturgischen Text zu verbessern. Vgl. John L. Allen Jr., „‚Vox Clara' Commission to monitor English translations; Vatican congregation creates body to clear logjam in review of liturgical texts", in *National Catholic Reporter*, 5. April 2002.

118 In der letzten Phase der Beratungen des Zweiten Vatikanums über die Dogmatische Konstitution über die Kirche schlug Papst Paul VI. vor, folgende Formulierung in das Dokument aufzunehmen: Der Papst sei „nur dem Herrn allein Rechenschaft schuldig." Die theologische Kommission des Konzils lehnte diese ab und wies darauf hin, dass „der Papst gleichermaßen an die Offenbarung selbst, die grundlegende Struktur der Kirche, die Sakramente, die Festlegungen früherer Konzile sowie an weitere Pflichten gebunden ist, die für eine Aufzählung zu zahlreich sind." Zitiert in Patrick Granfield, *The Limitations of the Papacy: Authority and Autonomy in the Church*, New York 1987, S. 62-63. Eine Darstellung der Beratungen findet sich in Weigel, *Zeuge der Hoffnung*, S. 275ff.

119 Gasparri handelte die am 11. Februar 1929 geschlossenen Lateranverträge aus, die den unabhängigen Staat Vatikanstadt begründeten. Pacelli spielte eine wichtige Rolle bei der Formulierung der Enzyklika *Mit Brennender Sorge*, in der Pius XI. 1937 den Nationalsozialismus verurteilte. Von Nell-Breuning lieferte 1931 den Entwurf für Pius' Sozialenzyklika *Quadragesimo Anno*, die das Subsidiaritätsprinzip in der modernen katholischen Soziallehre verankerte. Im Auftrag des Papstes verfasste LaFarge eine Enzyklika, die den Rassismus verurteilte und die Einheit der menschlichen Rasse bejahte, aber nach Pius' XI. Tod Anfang 1939 unvollendet blieb und nicht veröffentlicht wurde.

120 Vgl. u.a. Thomas J. Reese SJ, *Im Inneren des Vatikans*, 2. Auflage, Frankfurt 1998.

121 Vgl. Hans Küng, *Unfehlbar? Eine unerledigte Anfrage*, erweiterte Neuauflage, München 1989. Vgl. auch Küng, *Erkämpfte Freiheit. Erinnerungen*, München 1989. In seinen Erinnerungen erreicht Küngs irrige und geschmacklose Kritik an Karol Wojtyła einen neuen Tiefpunkt. Der künftige Papst habe, so deutet er an, von 1946 bis 1948 das Angelicum besucht, weil ihm wegen mangelhafter theologischer Vorkenntnisse die Zulassung zur Päpstlichen Universität Gregoriana verweigert worden sei.

122 Vgl. Charles E. Curran, *Loyal Dissent: Memoir of a Catholic Theologian*, Washington 2006.

123 „Theological Disputes – The List", in: *National Catholic Reporter*, 25. Februar 2005. Siehe auch http://natcath.org/NCR_Online/archives2/2005a/022505/022505h.php.

124 Mehr zu diesen Problemen findet sich in George Weigel, *The Courage To Be Catholic: Crisis, Reform, and the Future of the Church*, New York 2002, S. 202-209.

125 Avery Kardinal Dulles SJ, einer der scharfsinnigsten Kenner des Lehramts und der Pastorale Johannes Pauls, teilt diese Sorgen. In seinem Aufsatz von 2003 geht es zwar um die Situation in Amerika, er rührt aber zweifellos an ein Problem, das die ganze Weltkirche betrifft:

> Laut Stellenbeschreibung in den amtlichen Handbüchern sollte ein Bischof sehr gebildet sein, glaubensstark, kirchentreu, liebenswürdig und gewinnend von Charakter, ein Vorbild an Heiligkeit, fähig, die Stärken und Schwächen seiner Mitmenschen zu beurteilen, imstande, große Unternehmen zu führen und Finanzpolitik zu gestalten, ein guter Prediger, unerschrocken gegenüber Kritik, unermüdlich und immer selbstbeherrscht. Haben wir in den Vereinigten Staaten

ein hinlängliches Angebot an Priestern mit all diesen Eigenschaften? Viele Kandidaten, die in das Episkopat befördert werden, sind, so scheint es, durchschnittlich begabt, höflich und fleißig – und den fast übermenschlichen Anforderungen des Amts kaum gewachsen. Sie laufen Gefahr, von ihrer Last moralisch, psychisch und spirituell erdrückt zu werden. Ich würde mich daher [wenn es um echte oder falsche Reformen der Kirche geht] mit dem Bischofsamt als wesentlichem Strukturproblem befassen. Was lässt sich tun, um die herausragende priesterliche und pastorale Stellung des Bischofsamts wiederherzustellen? [Dulles, „True and False Reform in the Church", in Dulles, *Church and Society*, S. 411.]

126 Gespräch des Autors mit Jan Kardinal Schotte CICM vom 14. März 1997.

127 Gespräch des Autors mit Francis Kardinal George OMI vom 20. Oktober 2001. Einer weiteren gut informierten Quelle zufolge debattierte eine frankophone Diskussionsgruppe während der Synode von 2001 die meiste Zeit darüber, ob Johannes Paul II. zurücktreten solle, statt sich mit dem vorgegebenen Thema zu beschäftigen, dem Bischofsamt in der Kirche des 21. Jahrhunderts.

128 Das päpstliche Eingreifen und seine direkten Auswirkungen sind geschildert in Weigel, *Zeuge der Hoffnung*, S. 443-449, 487-490.

129 Eine Darstellung der Situation der Jesuiten in den letzten Jahren des Pontifikats findet sich in Paul Shaughnessy SJ, „Are the Jesuits Catholic?", in *Weekly Standard*, 3. Juni 2002. Shaughnessys Artikel ist eine Rezension von Peter McDonough und Eugene C. Bianchi, *Passionate Uncertainty: Inside the American Jesuits*, Berkeley 2002. Shaughnessy zitiert McDonoughs und Bianchis Buch, um eine für US-Jesuiten nicht untypische Haltung gegenüber Johannes Paul II. zu illustrieren:

Passionate Uncertainty erweist sich als Weckruf, indem es uns die Äußerungen einflussreicher Jesuiten zu Gehör bringt. Hier sagen Jesuiten, solche die die Richtung bestimmen, offen ihre Meinung, hier sprechen sie sie in einer Weise aus, die nicht von den PR-Leuten ihrer Spendenbüros abgeschwächt wurde. „Ich bin entsetzt von der Richtung, die das Papsttum gegenwärtig nimmt", sagt der Verwaltungsrat einer Universität. „Mich empört Roms kompromisslose Weigerung, seine Lehren über Geschlecht und Sexualität zu überdenken... Offen gesagt habe ich das Gefühl, die katholische Kirche wird von Strolchen geführt." „Die Kirche, so wie wir sie kannten, liegt im Sterben", meint der Leiter eines Exerzitienhauses. „Ich hoffe und bete, die Gesellschaft Jesu darf ihr bei Tod und Auferstehung Beistand leisten." Ein Akademiker brüstet sich: „Die Gesellschaft Jesu hat ihre Seele nicht an die ‚Restauration' von Johannes Paul II. verkauft." Ein weiterer jesuitischer Gelehrter, ein Kirchenhistoriker, nennt Johannes Paul II. „den wahrscheinlich schlechtesten Papst aller Zeiten", und fügt hinzu: „Er ist nicht einer der schlechtesten Päpste. Er ist der schlechteste. Zitieren Sie mich bitte nicht falsch." Alle Befragten stellten klar, dass ihre Verachtung für den Papst fast ausschließlich darauf beruhte, dass er in dogmatischen Fragen nicht dieselbe Großzügigkeit wie sie an den Tag legte.

Shaughnessy weist in der Folge auf die inneren Spannungen hin (um es vorsichtig auszudrücken), die hier am Werk sind:

Wie alle Priester haben die erwähnten Gesprächspartner einen feierlichen Eid abgelegt und geschworen, dass sie „alles umfassen und akzeptieren, was die von der Kirche festgelegte Lehre des Glaubens und der Ethik betrifft". Man darf davon ausgehen, dass sie sich des Missverhältnisses vollauf bewusst waren. Ihre gewollte Beschränktheit ist keine Folge mangelnder Intelligenz oder mangelnden Scharfsinns, sondern beruht auf der bewussten Entscheidung, die Kollision der

Pflichten zu ignorieren und alles zu unterdrücken, was rebellisch ans Licht drängt, aber aus taktischen Gründen besser im Dunkeln bleiben soll.

Für eine Untersuchung des Entwicklungsprozesses, der das Entstehen dieser Situation gefördert hat, vgl. Joseph M. Becker SJ, *The Re-Formed Jesuits: A History of Changes in Jesuit Formation During the Decade 1965-1975*, 2 Bde., San Francisco 1992, 1997.

Der Grund für die Feindseligkeit der US-Jesuiten ist in Johannes Pauls II. Entscheidung zu suchen, Pater Robert Drinan SJ zur Beendigung seiner Karriere im US-Kongress aufzufordern. Die Affäre findet sich erörtert in James Hitchcock, „The Strange Political Career of Father Drinan", in *Catholic World Report*, Juli 1996.

130 Dieser Punkt wurde deutlich, als die Hauptrednerin auf der Versammlung der Leadership Conference of Women Religious. Schwester Laurie Brink O.P. bemerkte, dass einige Ordensgemeinschaften im Laufe ihres „Verweilens" „über die Grenzen der institutionellen Religion hinausgewachsen sind... Religiöse Titel, institutionelle Beschränkungen, kirchliche Autoritäten passen nicht mehr zu einer Kongregation, die unter den meisten Gesichtspunkten postchristlich ist." Schwester Laurie fuhr fort mit der Frage: „Wie kann man denn sagen, dass die Bewegung jenseits von Christus nicht eine Bewegung mitten in das Herz Gottes ist?" [Zitiert in Ann Carey, „Post-Christian Sisters", in *Catholic World Report*, Juli 2009, S. 22. Careys Artikel enthält einen nützlichen Überblick darüber, wie sich die LCWR und viele der ihr angeschlossenen Kongregationen während des Pontifikats von Johannes Paul II. entwickelten.]

131 Vgl. Carey, *Sisters in Crisis*, S. 62.

132 Vgl. *ebenda*. Der Name der häufig „Religiosenkongregation" genannten Einrichtung lautet formal korrekt Kongregation für die Institute des geweihten Lebens und die Gesellschaften des apostolischen Lebens.

133 Hierzu vgl. George Weigel, „Sisters on a Different Mountaintop", in *Denver Catholic Register*, 1. April 2009.

134 Aus vielfältigen Gründen, doch nicht zuletzt aus Verzagtheit, zogen es die meisten Bischöfe in den Vereinigten Staaten vor, sich nicht zu nah mit dem Drama des religiösen Lebens amerikanischer Frauen zu beschäftigen. Ein ernster Grund war finanzieller Natur: Obwohl die in der LCWR vertretenen Gemeinschaften gemessen an der Zahl ihrer Mitglieder schrumpften, weil sie keine neuen Mitglieder gewinnen konnten und alterten, verfügten sie über ein bedeutendes Finanzvermögen, das viele Bischöfe nicht in kirchen- und zivilrechtlichen Auseinandersetzungen über die Frage aufs Spiel setzen wollten, wem das Kirchengut letztendlich zufallen würde.

Eine unübersehbare Ausnahme zur generellen Laissez-faire-Haltung, die das amerikanische Episkopat gegenüber den Frauenorden pflegte, war Kardinal James A. Hickey, von 1980-2000 Erzbischof von Washington, D.C., der eine wichtige Rolle bei der Gründung des Council of Major Superiors of Women Religious spielte und ihn vom Heiligen Stuhl anerkennen ließ.

135 Zitiert in Sandro Magister, „End of the Line for the Founder of the Legionaries of Christ", http://chiesa.espressonline.repubblica.it/articolo/58361?eng=y. Siehe auch http://de.wikipedia.org/wiki/Legionäre_Christi.

136 Vgl. Sandro Magister, „The Legion Is in Disarray. Betrayed by its Founder", http://chiesa.espressonline.repubblica.it/articolo/215098?eng=y.

137 Am 30. November 2004 wurden Maciel sowie Tausende Priester, Seminaristen und Mitglieder der Legion und des Regnum Christi von Johannes Paul II. auf einer Audienz im Vatikan begrüßt. Vier Tage zuvor hatte der Papst die Legionäre mit der Leitung des päpstlichen Notre-Dame-Instituts in Jerusalem betraut. Während des ganzen Pontifikats wurden Seminaristen der Legion zum Ministrieren in päpstlichen Messen aufgefordert, und man nahm allgemein an, der Heilige Stuhl habe den Bau des von

der Legion geführten päpstlichen Athenaeum Regina Apostolorum in Rom unterstützt, indem er mit den italienischen Behörden bei der Beseitigung rechtlicher Hürden zusammenarbeitete.

[138] Gespräch des Autors mit Pater Marcial Maciel Degollado LC vom 19. Februar 1998.

[139] Vgl. Sandro Magister, „The Legionaries' Last Stand. An Exclusive Interview with Fr. Thomas Berg", http://chiesa.espressonline.repubblica.it/articolo/1339296?eng=y. Vgl. auch George Weigel, „Saving What Can Be Saved", in *First Things*, Online-Ausgabe, 2. Februar 2009.

[140] Hermann Josef Pottmeyer, „The Pope as Church Critic? John Paul II's Little noticed Impulses Toward Church Reform", *Pro Ecclesia* XIV,3, Sommer 2005, S. 286

[141] Vgl. de Lubac, *Die Tragödie des Humanismus ohne Gott*, S. 15.

[142] Karol Wojtyła, *Das Zeichen des Widerspruchs: Besinnung auf Christus*, 3. Auflage, Freiburg 1979, S. 146.

BIBLIOGRAPHIE

I. Werke von Karol Wojtyła/Papst Johannes Paul II.

Werke von Karol Wojtyła

The Collected Plays and Writings on Theater, übersetzt und eingeleitet von Bolesław Taborski, Berkeley 1987.
Discorsi al Popolo di Dio, hrsg. von Flavio Felice, Soveria Mannelli 2006.
Der Glaube bei Johannes vom Kreuz. Dissertation an der theologischen Fakultät der Päpstlichen Universität Angelicum in Rom, 1998.
I miei amici, Rom 1979.
Liebe und Verantwortung. Eine ethische Studie, Freiburg 1979.
Metafisica della Persona: Tutte le opere filosofiche e saggi intergrativi, hrsg. von Giovanni Reale und Tadeusz Styczeń, Mailand 2003.
Osoba y czyn: oraz inne studia antropologiczne, hrsg. von Tadeusz Styczeń, Wojciech Chudy, Jerzy W. Gałkowski, Adam Rodziński und Andrzej Szostek, Lublin 1994.
Person and Community: Selected Essays, New York 1993.
Person und Tat, Freiburg 1979.
Poezje i dramaty, Krakau 1979; rev. Auflage 1998.
Poezje · Poems, übersetzt von Jerzy Peterkiewicz, Krakau 1998.
Quellen der Erneuerung. Studie zur Verwirklichung des 2. Vatikanischen Konzils, Freiburg 1981.
The Way to Christ: Spiritual Exercises, New York 1994.
The Word Made Flesh: The Meaning of the Christmas Season, New York 1994.
Wykłady lubelskie, hrsg. von Tadeusz Styczeń, Jerzy W. Gałkowski, Adam Rodziński und Andrzej Szostek, Lublin 1986.
Zagadnienie podmiotu moralności, hrsg. von Tadeusz Styczeń, Jerzy W.
Gałkowski, Adam Rodziński und Andrzej Szostek, Lublin 1991.
Zeichen des Widerspruchs. Besinnung auf Christus, Freiburg 1979.

Werke von Papst Johannes Paul II.

Ad Limina Addresses: The Addresses of His Holiness Pope John Paul II to the Bishops of the United States During Their Ad Limina *Visits, 5. März – 9. Dezember 1988*, Washington 1989.
Auf, lasst uns gehen! Erinnerungen und Gedanken, Augsburg 2004.
Brief an die Priester zum Gründonnerstag 1979-2005, www.vatican.va.
The Church: Mystery, Sacrament, Community, Boston 1998.
Erinnerung und Identität. Gespräche an der Schwelle zwischen den Jahrtausenden, Augsburg 2005.
Geschenk und Geheimnis. Zum 50. Jahr meiner Priesterweihe, Graz 1997.
God, Father and Creator, Boston 1996.
The Holy See at the Service of Peace: Pope John Paul II addresses to the diplomatic corps (1978-1988), Vatikanstadt 1988.
Insegnamenti di Giovanni Paolo II, 56 Bände, Vatikanstadt 1978-2005.
Jesus, Son and Savior, Boston 1996.
John Paul II for Peace in the Middle East, Vatikanstadt 1991.

John Paul II Speaks to Youth at World Youth Day, San Francisco/Washington 1993.
Mann und Frau schuf er. Grundfragen menschlicher Sexualität, München 1981.
Die menschliche Liebe im göttlichen Heilsplan, hrsg. und eingeleitet von Norbert und Renate Martin, Vallendar-Schönstadt 1985
Prayers and Devotions, hrsg. von Peter Canisius Johannes Van Lierde, New York 1994.
Le Mie Preghiere, Rom 1995.
Priesthood in the Third Millennium: Addresses of Pope John Paul II, 1993, Princeton/Chicago 1994.
Römisches Triptychon. Meditationen, Freiburg 2003.
Die Schwelle der Hoffnung überschreiten, Hamburg 1994.
The Spirit, Giver of Life and Love, Boston1996.
Spiritual Pilgrimage: Texts on Jews and Judaism 1979-1995, hrsg. von Eugene J. Fisher und Leon Klenicki, New York 1995.
Theotókos: Woman, Mother, Disciple, Boston 2000.

Dokumente des päpstlichen Lehramts

Enzykliken

Redemptor Hominis (1979)
Dives in Misericordia (1980)
Laborem Exercens (1981)
Slavorum Apostoli (1985)
Dominum et Vivificantem (1986)
Redemptoris Mater (1987)
Sollicitudo Rei Socialis (1987)
Redemptoris Missio (1990)
Centesimus Annus (1991)
Veritatis Splendor (1993)
Evangelium Vitae (1995)
Ut Unum Sint (1995)
Fides et Ratio (1998)
Ecclesia de Eucharistia (2003)

Postsynodale apostolische Schreiben

Catechesi Tradenda (1979)
Familiaris Consortio (1981)
Reconciliatio et Poenitentia (1984)
Christifideles Laici (1988)
Pastores Dabo Vobis (1992)
Ecclesia in Africa (1995)
Vita Consecrata (1996)
Ecclesia in America (1999)
Ecclesia in Asia (1999)
Ecclesia in Oceania (2001)
Ecclesia in Europa (2003)
Pastores Gregis (2003)

Apostolische Konstitutionen
Sapientia Christiana (1979)
Sacrae Disciplinae Leges (1983)
Divinus Perfectionis Magister (1983)
Pastor Bonus (1988)
Ex Corde Ecclesiae (1990)
Sacri Canones (1990)
Fidei Depositum (1992)
Universi Dominici Gregis (1996)

Apostolische Schreiben
Dominicae Cenae (1980)
Egregiae Virtutis (1980)
Redemptionis Anno (1984)
Dilecti Amici. An die Jugendlichen in der Welt (1985)
Euntes in Mundum (1988)
Ecclesia Dei (1988)
Mulieris Dignitatem (1988)
Zum 50. Jahrestag des Beginns des Zweiten Weltkriegs (1989)
Ordinatio Sacerdotalis (1994)
Tertio Millennio Adveniente (1994)
Orientale Lumen (1995)
Zum 400. Jahrestag der Union von Brest (1995)
Ad Tuendam Fidem (1998)
Dies Domini (1998)
Apostolos Suos (1998)
Incarnationis Mysterium (1999)
Spes Aedificandi (1999)
E Sancti Thomae Mori (2000)
Novo Millennio Ineunte (2001)
Rosarium Virginis Mariae (2002)
Mane Nobiscum Domine (2004)

Briefe und Botschaften
Zum 600. Todestag der hl. Katharina von Siena (1980)
An Leonid Breschnew (1980)
Zum 500. Geburtstag Martin Luthers (1983)
Salvifici Doloris (1984)
An Michail Gorbatschow (1988)
An George Bush und Saddam Hussein (1991)
Brief an die Familien (1994)
Brief an die Kinder (1994)
Brief an die Frauen (1995)
Brief an die Künstler (1999)
Brief an die alten Menschen (1999)

II. Werke über Karol Wojtyła/Papst Johannes Paul II.

Accatolli, Luigi, *Wenn ein Papst um Vergebung bittet, Innsbruck 1999.*

Beigel, Gerard, *Faith and Social Justice in the Teaching of Pope John Paul II,* New York 1997.

Bernstein, Carl and Marco Politi, *Seine Heiligkeit. Johannes Paul II. und die Geheimdiplomatie des Vatikans,* München 1997.

Biffi, Franco, *The „Social Gospel" of Pope John Paul II: A Guide to the Encyclicals on Human Work and the Authentic Development of Peoples,* Rom 1989.

Blazynski, George, *Der Papst aus Polen,* Reinbek 1980.

Boniecki, Adam, MIC, *The Making of the Pope of the Millennium: Kalendarium of the Life of Karol Wojtyła,* Stockbridge, Mass. 2000.

Bujak, Adam and Michał Rożek, *Wojtyła,* Breslau 1997.

Buttiglione, Rocco, *Il Pensiero di Karol Wojtyła,* Mailand 1982).

Coyne, George SJ, Robert John Russell und William R. Stoeger SJ, (Hg.), *John Paul II on Science and Religion: Reflections on the New View from Rome,* Rom 1990.

Craig, Mary, *Man From a Far Country: A Portrait of Pope John Paul II,* London 1979.

Dulles, Avery SJ, *The Splendor of Faith: The Theological Vision of Pope John Paul II,* New York 1999.

Faith and Reason, hrsg. von Timothy L. Smith, South Bend, Ind. 2001.

Filipiak, Maria and Andrzej Szostek, MIC, (Hg.), *Obecność: Karol Wojtyła w Katolickim Uniwersytecie Lubelskim,* Lublin 1989.

Frossard, André und Papst Johannes Paul II., *„Fürchtet euch nicht!". André Frossard im Gespräch mit Johannes Paul II.,* München 1982.

Henze, Paul B., *The Plot to Kill the Pope,* New York 1983; rev. Taschenbuchausgabe mit einem neuen Nachwort 1985.

Hitchcock, James, *The Pope and the Jesuits: John Paul II and the New Order in the Society of Jesus,* New York 1984.

Hütter, Reinhard und Theodor Dieter (Hg.), *Ecumenical Ventures in Ethics: Protestants Engage Pope John Paul II's Moral Encyclicals,* Grand Rapids 1998.

Jan Paweł II: Dzień Po Dniu – Ilustrowane Kalendarium Wielkiego Pontyfikatu 1978-2005, 2 Bde., Krakau 2005.

John Paul the Great: Maker of the Post-Conciliar Church, hrsg. von William Oddie, San Francisco 2005.

Karol Wojtyła 1952-1954: Wiara, Droga, Przyjaźń, Bielsko-Biała 2006.

Kupczak, Jarosław OP, *Destined for Liberty: The Human Person in the Philosophy of Karol Wojtyła/John Paul II,* Washington 2000.

Kwitny, Jonathan, *Man of the Century: The Life and Times of Pope John Paul II,* New York 1997.

Lasota, Marek, *Donos na Wojtyłę: Karol Wojtyła w teczkach bezpieki,* Kraków 2006.

Lawler, Ronald D. OFM Cap., *The Christian Personalism of John Paul II,* Chicago 1982).

Mary: God's Yes to Man, John Paul's Encyclical Redemptoris Mater, mit einer Einleitung von Joseph Kardinal Ratzinger und einem Kommentar von Hans Urs von Balthasar, San Francisco 1988.

McDermott, John M. SJ (Hg.), *The Thought of Pope John Paul II,* Rom 1993.

Il mondo di Giovanni Paolo II: tutti i viaggi internazionale del Papa, 1978-1996, Mailand 1996.

Päpstlicher Rat für die Laien, *Il Papa e i Movimenti,* Mailand 1998.

Parker, Michael, *Priest of the World's Destiny: John Paul II,* Milford, Ohio 1995.

Poynter Institute, *Pope John Paul II, May 18, 1920 – April 2, 2005 – A Collection of Newspaper Front Pages*, Kansas City 2005.
Ratzinger, Joseph, *The Legacy of John Paul II: Images and Memories*, San Francisco 2005.
_____________, *John Paul II: My Beloved Predecessor*, Boston 2007.
Rok 27: W Drodze do Domu Ojca – Fotokronika, Krakau 2005.
Ruini, Camillo, *Alla Sequela di Cristo: Giovanni Paolo II, il Servo dei Servi di Dio*, Siena 2007.
Savage, Deborah, *The Subjective Dimension of Human Work: The Conversion of the Acting Person According to Karol Wojtyła/John Paul II and Bernard Lonergan*, New York 2008.
Schmitz, Kenneth L., *At the Center of the Human Drama: The Philosophical Anthropology of Karol Wojtyła/Pope John Paul II*, Washington 1993.
Schall, James V. SJ, *The Church, the State and Society in the Thought of John Paul II*, Chicago 1982.
Sterling, Claire, *The Time of the Assassins: Anatomy of an Investigation*, New York 1983.
Szulc, Tad, *Johannes Paul II. Die Biographie*, New York 1995.
Weigel, George, *Zeuge der Hoffnung. Johannes Paul II. Eine Biographie*, Paderborn 2002.
_____________, *The Cube and the Cathedral: Europe, America, and Politics Without God*, New York 2005.
Wierzbianski, Bolesław (Hg.), *The Shepherd for All People*, New York 1993.
Wildes, Kevin SJ und Alan C. Mitchell (Hg.), *Choosing Life: A Dialogue on* Evangelium Vitae, Washington 1997.
Williams, George Huntston, *The Mind of John Paul II: Origins of His Thought and Action*, New York 1981.
Zapis drogi: Wspomnienia „Środowiska" o nieznanym duszpasterstwie księdza Karola Wojtyły, Krakau 2005.
Zięba, Maciej OP, *The Surprising Pope: Understanding the Thought of John Paul II*, übersetzt von Karolina Weening, Lanham, Maryland 2000.

III. Weitere Dokumente der Kirche

Das Zweite Vatikanische Konzil

Sacrosanctum Concilium [Konstitution über die heilige Liturgie], 1963.
Lumen Gentium [Dogmatische Konstitution über die Kirche],1964.
Orientalium Ecclesiarum [Dekret über die katholischen Ostkirchen], 1964.
Unitatis Redintegratio [Dekret zum Ökumenismus], 1964.
Christus Dominus [Dekret über die Hirtenaufgaben der Bischöfe], 1965.
Nostra Aetate [Erklärung über das Verhältnis der Kirche zu den nichtchristlichen Religionen], 1965.
Dei Verbum [Dogmatische Konstitution über die göttliche Offenbarung], 1965.
Dignitatis Humanae [Erklärung über die Religionsfreiheit], 1965
Gaudium et Spes [Pastorale Konstitution über die Kirche in der Welt von heute], 1965

Codices des Kanonischen Rechts

Codex des kanonischen Rechts, 1983
Gesetzbuch der katholischen Ostkirchen, 1990.

Dokumente von Synoden und Kongregationen

Instruktion über einige Aspekte der „Theologie der Befreiung“, Kongregation für die Glaubenslehre, 1984.

Hinweise für eine richtige Dastellung von Juden und Judentum in der Predigt und in der Katechese der katholischen Kirche. Kommission für die religiösen Beziehungen zum Judentum, 1985.

Instruktion über die christliche Freiheit und die Befreiung. Kongregation für die Glaubenslehre, 1986.

Donum Vitae. Kongregation für die Glaubenslehre 1987.

Wir erinnern: eine Reflexion über die Shoah. Kommission für die religiösen Beziehungen zum Judentum, 1998.

Movements in the Church. Päpstlicher Rat für die Laien, 1999.

The Ecclesial Movements in the Pastoral Concern of the Bishops. Päpstlicher Rat für die Laien, 2000.

Das jüdische Volk und seine heilige Schrift in der christlichen Bibel. Päpstliche Bibelkommission, 2001.

IV. Das Papsttum: Allgemeiner Hintergrund

Bunson, Matthew, *The Pope Encyclopedia: An A to Z of the Holy See*, New York: 1995.

Collins, Roger, *Keepers of the Keys of Heaven: A History of the Papacy*, New York 2009.

Duffy, Eamon, *Die Päpste. Die große illustrierte Geschichte*, übersetzt von Eva Ambros und Anne Vonderstein, München 1999

Granfield, Patrick, *The Limitations of the Papacy: Authority and Autonomy in the Church*, New York 1987.

Hughes, John Jay, *Pontiffs: Popes Who Shaped History*, Huntington, Ind. 1994.

Jedin, Hubert (Hg.), *History of the Church*, 10 Bde., New York 1986-1989.

Jung-Inglessis, E.M., *Das heilige Jahr in Rom. Geschichte und Gegenwart*, Regensburg 1997.

Kelly, J.N.D., *Reclams Lexikon der Päpste*, übersetzt von Hans-Christian Oeser, Stuttgart 2005.

Martin, Jacques, *Heraldry in the Vatican*, Gerrards Cross, Buckinghamshire 1987.

Miller, J. Michael CSB, *The Shepherd and the Rock: Origins, Development, and Mission of the Papacy*, Huntington, Ind. 1995.

V. Die katholische Kirche und das Papsttum im 20. Jahrhundert

Alberigo, Giuseppe und Joseph A. Komonchak (Hg.), *History of Vatican II*, 5 Bde., Maryknoll, New York 1995-2006.

Alvarez, David, *Spies in the Vatican: Espionage and Intrigue from Napoleon to the Holocaust*, Lawrence, Kansas 2002.

Called to Holiness and Communion: Vatican II on the Church, Steven Boguslawski OP, und Robert Fastiggi (Hg.), Scranton, Pennsylvania 2009.

Casaroli, Agostino, *The Martyrdom of Patience: The Holy See and the Communist Countries 1963-1989*, Toronto 2007.

______________, *La Politica del Dialogo: Le Carte Casaroli sull'Ostpolitik Vaticana*, hrsg. von Giovanni Berberini, Bologna 2008.

Fappani, Antonio und Franco Molinari, *Giovanni Battista Montini Giovane: Documenti inediti a testimonianze*, Turin 1979.

Fesquet, Henri, *Le Journal du concile*, hrsg. von Robert Morel, mit einem Vorwort von Athenagoras, Helder Camara u.a., Le Jas par Forcalquier 1966.

Franco, Massimo, *Parallel Empires: The Vatican and the United States – Two Centuries of Alliance and Conflict*, übersetzt von Roland Flamini, New York 2008.

Graham, Robert A. SJ, *The Vatican and Communism During World War II: What Really Happened?*, San Francisco 1996.

Granfield, Patrick, *Das Papsttum. Kontinuität und Wandel*, übersetzt von Siegfried A. Schulz unter Mitarbeit von Lucia Scherzberg, New York 1980.

Greeley, Andrew M., *The Making of the Popes 1978: The Politics of Intrigue in the Vatican*, Kansas City 1979.

Hebblethwaite, Peter, *Paul VI: The First Modern Pope*, New York 1993.

Herbstrith, Waltraud, *Das wahre Gesicht Edith Steins*, 2. Auflage, Bergen-Enkheim 1971.

Koehler, John, *Spies in the Vatican: The Soviet Union's Cold War Against the Catholic Church*, New York 2009.

Küng, Hans, *Konzil und Wiedervereinigung. Erneuerung als Ruf in die Einheit*, Freiburg 1960.

Latourelle, Rene (Hg.), Vatican II: *Assessment and Perspectives – Twenty-Five Years After*, 3 Bde., Mahwah, NJ. 1989

McDowell, Bart, *Der Vatikan. Ein Porträt des Kirchenstaates*, Gütersloh 1991.

Minerbi, Sergio I., *The Vatican and Zionism*, New York 1990.

Nicholson, Jim, *The United States and the Holy See: The Long Road*, Rom 2004.

Pontificio Comitato di Scienza Storiche, *Pio XII: L'Uomo e il Pontificato 1876-1958*, Rom 2008.

Reese, Thomas, J. SJ, *Im Innern des Vatikan. Politik und Organisation der katholischen Kirche*, 2. Auflage, Frankfurt 1998.

Rhodes, Anthony, *The Vatican in the Age of the Dictators 1922-1945*, New York 1973.

Riccardi, Andrea, *Il Potere del Papa da Pio XII a Giovanni Paolo II*, Rom 1993.

Roberson, Ronald G. CSP, *The Eastern Christian Churches: A Brief Survey*, 6. Auflage, Rom 1999.

Santini, Alceste, *Agostino Casaroli: Uomo del dialogo*, Mailand 1993.

Stehle, Hansjakob, *Die Ostpolitik des Vatikans 1917-1979*, Bergisch-Gladbach 1983.

Stein, Edith, *Aus dem Leben einer jüdischen Familie*, Freiburg 1965.

______________, *Selbstbildnis in Briefen 1916-1934*, Freiburg 1976.

______________, *Selbstbildnis in Briefen 1934-1942*, Freiburg 1977.

The Teachings of Modern Roman Catholicism on Law, Politics, and Human Nature, hrsg. von John Witte Jr. und Frank S. Alexander, New York 2007.

Vereb, Jerome-Michael, CP, *„Because he was a German!" Cardinal Bea and the Origins of Roman Catholic Engagement in the Ecumenical Movement*, Grand Rapids 2006.

Wiltgen, Ralph M. SVD, *The Rhine Flows Into the Tiber: The Hidden Council*, New York 1967.

VI. Fragen des Katholizismus heute

Balthasar, Hans Urs von, *Der antirömische Affekt. Wie lässt sich das Papsttum in die Gesamtkirche integrieren?*, Einsiedeln 1989.
______________, *Kleiner Diskurs über die Hölle*, Ostfildern 1987.
______________, *In der Fülle des Glaubens*, Basel 1980.
Bartoszewski, Władysław T., *The Convent at Auschwitz*, New York 1991.
Becker, Joseph M. SJ, *The Re-Formed Jesuits: A History of Changes in Jesuit Formation During the Decade 1965-1975*, 2. Bde., San Francisco 1992, 1997.
Berger, Peter L. und Richard John Neuhaus (Hg.), *Against the World For the World: The Hartford Appeal and the Future of American Religion*, New York 1976.
Carey, Ann, *Sisters in Crisis*, Huntington 1997.
Curran, Charles, *Faithful Dissent*, Kansas City 1986.
______________, *Toward an American Catholic Moral Theology*, Notre Dame 1987.
De Lubac, Henri SJ, *Meine Schriften im Rückblick*, mit einem Vorwort von Erzbischof Christoph Schönborn, Einsiedeln 1992.
______________, *Die Tragödie des Humanismus ohne Gott: Feuerbach-Nietzsche-Comte und Dostojewskij als Prophet*, übersetzt aus d. Franz. von Eberhard Steinacker, Salzburg 1950.
______________, *Theology in History*, San Francisco 1996.
Neuhaus, Richard John, *The Catholic Moment: The Paradox of the Church in the Postmodern World*, San Francisco 1987; rev. Taschenbuchausgabe 1990.
______________, *Doing Well and Doing Good: The Challenge to the Christian Capitalist*, New York 1992.
______________, *Appointment in Rome: The Church in America Awakening*, New York 1999.
Novak, David, *Jewish-Christian Dialogue: A Jewish Justification*, New York 1989.
Oakes, Edward T. SJ, *Pattern of Redemption: The Theology of Hans Urs von Balthasar*, New York 1994.
Oliver, Robert W., *The Vocation of the Laity to Evangelization: An Ecclesiological Inquiry into the Synod on the Laity (1987), Christifideles laici (1989), and Documents of the NCCB (1987-1996)*, Rom 1997.
Pasotti, Ezekiel, *The Neocatechumenal Way According to Paul VI and John Paul II*, Middleborough 1996.
Pinckaers, Servais OP, *Les sources de la morale chrétienne: sa méthode, son contenu, son histoire*, Fribourg 1985.
______________, *Christus und das Glück. Grundriss der christlichen Ethik*, Göttingen 2004.
______________, *The Pinckaers Reader: Renewing Thomistic Moral Theology*, hrsg. von John Berkman und Craig Steven Titus, Washington 2005.
Ratzinger, Joseph, *Theologische Prinzipienlehre: Bausteine zur Fundamentaltheologie*, München 1982.
______________, *Eschatologie : Tod und ewiges Leben*, Regensburg 1990.
______________, *Aus meinem Leben: Erinnerungen 1927-1977*, Stuttgart 1998.
Ratzinger, Joseph und Jürgen Habermas, *Dialektik der Säkularisierung. Über Vernunft und Religion*, Freiburg 2005.
Ratzinger, Joseph und Vittorio Messori, *Zur Lage des Glaubens*, aus dem Italienischen von Gisela Zöhrer, Freiburg 2007.
Ratzinger, Joseph und Marcello Pera, *Ohne Wurzeln. Der Relativisms und die Krise der europäischen Kultur*, Augsburg 2005.

Ratzinger, Joseph und Peter Seewald, *Salz der Erde: Christentum und katholische Kirche im 21. Jahrhundert*, Bergisch-Gladbach 2005.
_____________, *Gott und die Welt : Glauben und Leben in unserer Zeit*, München 2005.
Smith, Janet E., „Humanae Vitae": *A Generation Later*, Washington 1991.
Weigel, George, *The Courage To Be Catholic: Crisis, Reform, and the Future of the Church*, New York 2002.
_____________, *Against the Grain: Christianity and Democracy, War and Peace*, New York 2008.
Woodward, Kenneth L., *Die Helfer Gottes. Wie die katholische Kirche ihre Heiligen macht*, München 1991.

VII. Die katholische Kirche in Mittel- und Osteuropa, der Kalte Krieg und die Revolution von 1989

Anderson, Martin und Annelise Anderson, *Reagan's Secret War: The Untold Story of His Fight to Save the World from Nuclear Disaster*, New York 2009.
Andrew, Christopher und Vasili Mitrokhin, *The Sword and the Shield: The Mitrokhin Archive and the Secret History of the KGB* (New York: Basic Books, 2001).
___ ________________________, *Das Schwarzbuch des KGB. Moskaus Kampf gegen den Westen*, übersetzt von Klaus-Dieter Schmidt und Kurt Baudisch, Berlin 2001.
____ _______________________, *The World Was Going Our Way: The KGB and the Battle for the Third World*, New York 2005.
Baran, Zbigniew und William Brand, *Cracow: Dialogue of Traditions*, Krakau 1991.
Between East and West: Writings from „Kultura", hrsg. von Robert Kostrzewa, New York 1990.
Biskup Herbert Bednorz – Życie i posługa czwartego biskupa katowickiego, Kattowitz 2008.
Bociurkiw, Bohdan R., *The Ukrainian Greek Catholic Church and the Soviet State 1939-1950*, Edmonton 1996.
Bourdeaux, Michael, *The Gospel's Triumph Over Communism*, Minneapolis 1991.
Broun, Janice (Hg.), *Conscience and Captivity: Religion in Eastern Europe*, Washington 1988.
A Carnival Under Sentence: Solidarność 1980-1981, Warschau 2006.
Chronicle of the Catholic Church in Lithuania, verschiedene Ausgaben, 1979-1988.
Courtois, Stéphane u.a., *Das Schwarzbuch des Kommunismus. Unterdrückung, Verbrechen und Terror*, München 1998.
T. David Curp, *A Clean Sweep? The Politics of Ethnic Cleansing in Western Poland, 1945-1960*, Rochester, NY 2006).
Davies, Norman, *God's Playground: A History of Poland*, 2 Bde., New York 1982.
_____________, *Im Herzen Europas. Geschichte Polens*, München 2000.
_____________, *Rising '44: The Battle for Warsaw*, New York 2003.
_____________, *White Eagle, Red Star: The Polish-Soviet War 1919-1920 and the „Miracle on the Vistula"*, London 2003.
Garton Ash, Timothy, *The Polish Revolution: Solidarity*, Sevenoaks 1985.
_____________, *Ein Jahrhundert wird abgewählt. Aus den Zentren Mitteleuropas 1980 – 1990*, aus dem Englischen von Yvonne Badal, München 1993.
Gorbatschow, Michail, *Erinnerungen*, aus dem Russischen von Igor Petrowitsch Gorodetzki, Berlin 1995.

Gromyko, Andrei, *Erinnerungen*, aus dem Englischen von Hermann Kusterer, Düsseldorf 1989.

Gudziak, Borys A., *Crisis and Reform: The Kyivan Metropolitanate, The Patriarchate of Constantinople, and the Genesis of the Union of Brest*, Cambridge, Mass. 1998.

Havel, Václav, *Open Letters: Selected Writings, 1965-1990*, New York 1991.

______________, *Sommermeditationen*, aus dem Tschechischen von Joachim Bruss, Reinbek 1994.

Havel, Václav u.a., *The Power of the Powerless: Citizens Against the State in Central-Eastern Europe*, Armonk, NY 1985.

Kaufman, Michael, *Mad Dreams, Saving Graces — Poland: A Nation in Conspiracy*, New York 1989.

Kowalska, Faustyna, *Tagebuch der Schwester Maria Faustyna Kowalska. Aus der Kongregation der Muttergottes der Barmherzigkeit*, Hauteville 2006.

Krčméry, Silvester, *In Prisons and Labour Camps*, Bratislava 1995.

Kubik, Jan, *The Power of Symbols Against the Symbols of Power: The Rise of Solidarity and the Fall of State Socialism in Poland*, University Park, PA 1994.

Markowski, Stanisław, *The Cathedral at Wawel*, Krakau 1993.

Micewski, Andrzej, *Stefan Kardinal Wyszyński, Primas von Polen. Eine Biographie*, aus dem Polnischen von Werner Kossath, Mainz/München 1990.

Michałowska, Danuta (Hg.), *„...trzeb da wiadectwo": 50-lecie powstania Teatru Rapsodycznego w Krakowie*, Krakau 1991.

Michnik, Adam, *Letters from Prison and Other Essays*, Berkeley 1987.

______________, *Die Kirche und die polnische Linke. Von der Konfrontation zum Dialog*, München 1980.

Mikloško, Frantisek, *You Can't Destroy Them: Catholic Church in Slovakia, 1943-89*, unveröffentlichtes Manuskript 1992.

Miłosz, Czesław, *Geschichte der polnischen Literatur*, aus dem Englischen und Polnischen von Arthur Mandel, Köln 1981.

Mindszenty, Joseph, *Erinnerungen*, Frankfurt 1974.

Nagorski, Andrew, *The Birth of Freedom: Shaping Lives and Societies in the New Eastern Europe*, New York 1993.

NKVD/KGB Activities and its Cooperation with other Secret Services in Central and Eastern Europe 1945-1989, hrsg. von Alexander Grúňová, Bratislava 2008.

Nowak, Jan, *Courier from Warsaw*, Detroit 1982.

Paczkowski, Andrzej, *The Spring Will Be Ours: Poland and the Poles from Occupation to Freedom*, übersetzt von Jane Cave, University Park, PA 2003.

Pelikan, Jaroslav, *Confessor Between East and West: A Portrait of Ukrainian Cardinal Josyf Slipyj*, Grand Rapids 1990.

Pipes, Richard (Hg.), *The Unknown Lenin: From the Secret Archive*, New Haven 1996.

The Road to Independence: Solidarność 1980-2005, übersetzt von Robert Strybel, Warschau, 2005.

Sacharow, Andrej, *Mein Leben*, aus dem Russischen von Annelore Nitschke, Stuttgart/München 1992.

Sikorska, Grazyna, *A Martyr for the Truth: Jerzy Popiełuszko*, Grand Rapids 1985.

Il Sinodo Pastorale dell'Archidiocesi di Cracovia 1972-1979, Vatikanstadt 1985.

Solidarnośći upadek komunizmu/Solidarity and the Fall of Communism, Danzig, 2009.

Szajkowski, Bogdan, *Next to God...Poland: Politics and Religion in Contemporary Poland*, New York 1983.

Tischner, Józef, *Ethik der Solidarität. Prinzipien einer neuen Hoffnung*, Graz 1982.

Wałęsa, Lech, *Ein Weg der Hoffnung. Eine Autobiographie*, Wien 1987.

______________, *The Struggle and the Triumph*, New York 1991.
Watt, Richard M., *Bitter Glory: Poland and its Fate 1918-1939*, New York 1979.
Weigel, George, *The Final Revolution: The Resistance Church and the Collapse of Communism*, New York 1992.
Weiser, Benjamin, *A Secret Life: The Polish Officer, His Covert Mission, and the Price He Paid to Save His Country*, New York 2004.
Wolkogonow, Dmitri, *Die sieben Führer*, übersetzt von Udo Rennert, Frankfurt a. M. 2001.

DANKSAGUNG

Es ist mir eine Freude, denen Dank zu sagen, deren Kenntnisse, Hilfe und Rat es mir ermöglichten, diese erweiterte und vervollständigte Biographie von Papst Johannes Paul II. der Öffentlichkeit vorzustellen.

In Rom: Hier gebühren die ersten Dankeswort Papst Johannes Paul II. Kurz vor seinem Tod, sagte ich ihm, ich würde die Aufgabe beenden, die ich 1995 begonnen hatte. Dieses Buch ist die Erfüllung meines Versprechens. Wie bei den Vorarbeiten für *Zeuge der Hoffnung* war der verstorbene Papst auch diesmal von steter Freundlichkeit, als ich die letzten Jahre seines Pontifikats aufzeichnen und seine Ansichten über viele Themen, Schwierigkeiten und Krisen ergründen wollte. Zu keiner Zeit versuchte Johannes Paul II., meine Analyse oder mein Urteil in eine bestimmte Richtung zu drängen. Was für das vorige Buch galt, gilt auch für dieses: In den Augen des Papstes war ich allein für diese Arbeit verantwortlich. Ich war frei, zu dem meines Wissens nach besten Urteil zu gelangen. In den letzten Jahren seines Pontifikats haben wir viele Stunden beim Essen oder in einem anderen Rahmen miteinander gesprochen, sei es im Vatikan oder in Castel Gandolfo. So durfte ich hautnah erleben, welch wunderbares Zeugnis der Papst durch sein Leiden und seinen Tod ablegte. Die Erinnerungen an unsere Gespräche sind mir sehr kostbar und um seiner unerschrockenen Aufrichtigkeit Ehre zu erweisen, habe ich mich bemüht, so getreu wie möglich seine letzten Jahre darzustellen und sein Erbe zu bewerten.

Stanisław Kardinal Dziwisz, jetzt Erzbischof von Krakau, arrangierte immer liebenswürdig und hilfsbereit die Termine für meine Besuche bei Johannes Paul II. In unseren Diskussionen habe ich oft von seinen beträchtlichen – gelegenlich bissigen – Einsichten profitiert. Stanisław Dziwiszs aufopfernde Sorge für den Mann, dem er fast vierzig Jahre gedient hatte, stieß zurecht auf große Achtung, und es mir ein Vergnügen, ihm für seine Mithilfe und seine Freundschaft über viele Jahre zu danken.

Der Präfekt des päpstlichen Haushalts, Erzbischof James M. Harvey, war eine ständige Quelle von Erkenntnissen, klugen Ratschlägen und angenehmer Gesellschaft. Dafür bin ich ihm zutiefst dankbar.

Der Lehrkörper, die Angestellten und die Studenten des Päpstlichen Nordamerika-Kollegs sorgten dafür, dass die vielen Tage, in denen ich ihr Gast war, sehr schön verliefen. Einige, die mir besonders geholfen haben, führe ich weiter unten namentlich auf, doch allen auf dem Gianicolo rufe ich zu: *Ad multos annos*!

Während der dramatischen Ereignisse im April 2001 war ich Gast bei den Schwestern der Barmherzigkeit aus Alma in Michigan. Ich bin ihnen für ihre herzliche Gastfreundschaft höchst dankbar. Besondere Dankesworte gebühren der Mutter Oberin Mary Quentin Sheridan RSM und Schwester Mary Christine Cremin RSM.

Rom ist in der Tat das Zentrum der katholischen Welt und ich möchte den folgenden Personen für ihre Unterstützung bei den Vorarbeiten für dieses Buch in den letzten zehn Jahren während ihrer und meiner Zeit in Rom danken (die kirchlichen Titel sind auf dem Stand des Spätjahres 2009): Schwester Rebecca Able, John L. Allen Jr., Francis Kardinal Arinze, William Kardinal Baum, Alejandro Bermudez, Rocco Buttiglione, Edward Kardinal Cassidy, Darion Kardinal Castrillon Hoyos, Erzbischof Claudio Celli, Msgr. James Checchio, Juan Luis Kardinal Cipriani Thorne, Bischof James Conley, Desmond Kardinal Connell, Roberto de Mattei, Erzbischof Joseph Augustine DiNoia OP, Jean Duchesne, Bischof Brian Farrell LC, Erzbischof Rino Fisichella, Erzbischof Michael Fitzgerald MAfr, Pater Kevin Flannery SJ, Msgr. Anthony Frontiero, Msgr.

Thomas Fucinaro, Hochwürden Robert Gahl, Hochwürden Daniel Gallagher, Hochwürden Alberto Garbin, Francis Kardinal George OMI, Pater Richard Gill LC, Botschafterin Mary Ann Glendon, Nina Sophie Heereman, Lubomir Kardinal Husar MSU, Gregory Jewell, Walter Kardinal Kasper, Hochwürden Mark Knestout, Hochwürden Uwe Michael Lang, Karl Kardinal Lehmann, Elizabeth Lev, Sandro Magister, Erzbischof Dominique Mamberti, Pater Paul Mankowski SJ, Marta Brancatisano Manzi, Joachim Kardinal Meisner, Hochwürden Krzystof Mięsożerny, Erzbischof J. Michael Miller CSB, Msgr. Christopher Nalty, Joaquín Navarro-Valls, Botschafter James Nicholson, Suzanne Nicholson, Virginia Coda Nunziante, Hochwürden Paul O'Callaghan, Msgr. Sławomir Oder, Marc Kardinal Ouellet PSS, George Kardinal Pell, Marcello Pera, Hochwürden Thomas Powers, Roberto Presilla, Hochwürden Joseph Previtali, Philip Pulella, David Quinn, Erzbischof Malcolm Ranjith, Botschafter Francis Rooney, Kathleen Rooney, Antonio María Kardinal Rouco Varela, Camillo Kardinal Ruini, Stanisław Kardinal Ryłko, Pater Samir Khalil Samir SJ, Leonardo Kardinal Sandri, Hochwürden Martin Schlag, Achille Kardinal Silvestrini, Msgr. K. Bartholomew Smith, Vittorio Sozzi, James Francis Kardinal Stafford, Hochwürden Jeffrey Steenson, Botschafterin Hanna Suchokka, John Thavis, Bischof Daniel Thomas, Pater Richard Tomasek SJ, Pater Christian Troll SJ, Michael Waldstein, Hochwürden John Wauck, Msgr. Peter Wells und Pater Thomas D. Williams LC.

Vor seiner Wahl als Papst Benedikt XVI. war Joseph Kardinal Ratzinger so freundlich, die Gespräche fortzusetzen, die sich bei der Vorbereitung von *Zeuge der Hoffnung* als sehr hilfreich erwiesen hatten und die auch für die Konzeption dieses Buches wertvoll waren.

In Polen: Alles in allem habe ich mehr als zweiundeinhalb Jahre meines Lebens in Polen verbracht, wo ich stets mit offenen Armen empfangen wurde. In der Vorbereitung dieses Buches gilt mein besonderer Dank den noch lebenden Mitgliedern der ersten Generation von Karol Wojtyłas *Środowisko*, die Jahrzehnte der Erinnerungen ebenso mit mir teilten wie die Bücher, die sie zusammengestellt haben, um der Öffentlichkeit einen bemerkenswerten Kreis von Freunden vorzustellen. Piotr Malecki und Teresa Malecka haben unermüdlich Treffen mit *Wujeks* Freunden arrangiert, von denen ich besonders Danuta Ciesielska, der Witwe des Diener Gottes Jerzy Ciesielski, Stanisław Rybicki, Danuta Rybicka, Maria Rybicka und Karol Tarnowski Dank schulde.

Der erste Teil dieses Buch – die Geschichte von Karol Wojtyła vierundvierzigjährigem Kampf gegen den Kommunismus – wurde zum Teil durch die Liebenswürdigkeit und Erkenntnisse von Andrzej Grajewski ermöglicht, der viele Früchte seiner Forschungen am Warschauer Institut für die nationale Erinnerung und an der ehemaligen Berliner Gauckbehörde großzügig mit mir teilte. Dankbar bin ich Dr. Grajewski auch für seine wohlüberlegte, sorgfältige Deutung dieser und anderer sensibler Materialien, und ich hoffe, dass meine Interpretation dieser Akten den hohen Maßstäben nachkommt, die er an seine eigene Arbeit angelegt hat.

Den folgenden Personen bin ich für ihre Hilfe in oder bezogen auf Polen dankbar: Paweł Adamowicz, Anne Applebaum, Alicja Baluch, T. David Curp, Rafał Dutkiewicz, Msgr. Marek Gancarczyk, Erzbischof Tadeusz Gocłowski CM, Jarosław Gowin, Hanna Gronkiewicz-Walz, Stanisław Grygiel, Hochwürden Tomasz Jaklewicz, Elżbieta Kot, Pater Jarosław Kupczak OP, Franciszek Kardinal Macharski, Paweł Malecki, Wiktor Micherdziński, Zbigniew Minda, Jacek Popiel, Jacek Puchla, Bischof Tadeusz Rakoczy, Stanisław Rodziński, Radek Sikorski, Pater Adam Sulikowski OP, Hochwürden Robert Woźniak, Henryk Woźniakowski, Pater Maciej Zięba OP und Erzbischof Damian Zimoń. Mein Dank gilt auch den Mitgliedern der polnischen Provinz des Predigerordens, die mir neben den hier namentlich erwähnten Dominikanern bei vielen Gelegenheiten ihre Gastlichkeit und ihre Freundschaft anboten.

In den Vereinigten Staaten: Ich möchte Annelise Anderson und Martin Anderson, Joe und Lori Anderson, Joseph Bottom, Don J. Briel, Fred und Peggy Clark, dem verstorbenen Avery Kardinal Dulles SJ, Scott Faley, Peter Flanigan, Russell Hittinger, Jim und Claudia Holman, Leon R. Kass, Henry Kissinger, Charles Krauthammer, Hugh McDonald, Jon Meacham, Erzbischof Celestino Migliore, Bischof William F. Murphy, Hochwürden Jay Scott Newman, Robert Niehaus, Michael Novak, dem verstorbenen Jan Nowak-Jeziorański, Erzbischof Edwin O'Brien, Robert und Lydia Odle, Edmund Pellegrino, James Piereson, Pater Ronald Roberson CSP, William E. Simon Jr. und Vorstand und Mitarbeiter der William E. Simon Foundation, Janet Smith, Hochwürden David Toups, Andreas Widmer, Robert Louis Wilken und Erzbischof Donald Wuerl für ihre jeweiligen Einsichten, Antworten, ihr Entgegenkommen und ihre Unterstützung danken. In Dankbarkeit verbunden bleibe ich auch den Priestern und Mitgliedern der Gemeinde St. Jane Frances de Chantal in Bethesda, Maryland, mit denen ich bete, und die mich im Glauben stärken. Msgr. Donald S. Essex war mir Pastor und Freund, als ich an *Zeuge der Hoffnung* schrieb ebenso wie jetzt während der Arbeit an diesem Buch.

Anderswo: Wegen Hilfe verschiedenster Art schulde ich folgenden Personen Dank: Hochwürden Iwan Dacko, Hochwürden Raymond J. De Souza, Theresa Krystiniak Gerson, Hochwürden Borys Gudziak, Walter Hooper, Daniel Johnson, Cormac Kardinal Murphy-O'Connor, Erzbischof Vincent Nichols, Erzbischof John Onaiyekan, Mario Paredes, Erzbischof Ioan Robu, Christoph Kardinal Schönborn OP, Anthony Sivers, Erzbischof Beniamino Stella, Jack Valero und Erzbischof Rowan Williams.

Ich hatte die Ehre in den hier dargestellten Jahren für NBC News Specials arbeiten zu dürfen. Besonders dankbar bin ich für die Zeit, die wir bei den Begräbnisfeierlichkeiten für Papst Johannes Paul II. im April 2005 und bei der Wahl seines Nachfolgers zusammenverbrachten. Mein Dank gilt Joe Alicastro, Philip Alongi, Subrata De, Clare Duffy, M.L. Flynn, Jean Harper, Christine Jansing, Margie Lehrman, Mark Lukasiewicz, Jim Maceda, Keith Miller, Mimi Mouakad, Elena Nachmanoff, Michele Neubert, Beth O'Connell, Marjorie Weeke, Stephen Weeke und Brian Williams.

Hochwürden Wojciech Kania, Magdalena Koc, Hochwürden Wojciech Kania, Szymon Malecki, Ashley Morrow, Paula Olearnik und Pater John Rock SJ waren mir eine große Hilfe bei den Übersetzungen aus dem Deutschen, dem Polnischen und dem Russischen.

Hochwürden Richard John Neuhaus, der vor seinem Tod im Januar 2009 weder die Beendigung noch das Erscheinen dieses Buches erlebte, war mir eine unversiegliche Quelle der Einsicht in die Leistungen von Papst Johannes Paul II.

M. Edward Whelan III. und meine Kollegen am Ethics and Public Policy Center boten mir soviel kollegiale Unterstützung, wie man sich nur wünschen kann. Carrie Gress Stibora und Stephen White, meine Assistenten, in den Jahren, von denen dieses Buch handelt, waren mir eine besonders große Hilfe.

Loretta Barrett, meine Literaturagentin, hat seit 1995 an dieses Vorhaben geglaubt, und ich bin ihr für ihren klugen Rat und ihre Unterstützung dankbar. Bill Barry und Steve Rubin haben mich zum Doubleday-Verlag gebracht. Beiden danke ich für ihr Vertrauen zu meiner Arbeit. Es war mir ein Vergnügen mit Trace Murphy zusammenzuarbeiten. Gary Jansens hervorragende Fähigkeiten als Lektor sind gepaart mit einer gehörigen Portion guter Laune. Mein besonderer Dank gilt auch Tricia Wygak, Maggie Carr und Maureen Clark, die Ausgezeichnetes in der Herstellung, beim Satz und der Korrektur geleistet haben.

Meiner Frau Joan und meinen Kindern Gwyneth, Monica und Stephen schulde ich für die Geduld, Liebe und Ausdauer, die sie während der fünfzehn Jahre meiner Arbeit an der Biographie Johannes Pauls II. bewiesen haben, unermesslichen Dank – in diese Dankesschuld ist auch mein Schwiegersohn Robert Susil und Robert und Gwyneths

Sohn William eingeschlossen, nachdem sie Teil der Familie geworden waren. Nach einem tapferen Kampf gegen den Krebs, bei dem er die Art Haltung und Mut zeigte, die Johannes Paul II. in seinem eigenen langen Leiden ausgezeichnet hat, ist Robert am 5. Februar 2010 gestorben. Es ist eine Ehre dieses Buch dem Gedenken an einen guten Christen, einen brillanten jungen Wissenschaftler, einen vorbildlichen Ehemann und Vater und einen geliebten Schwiegersohn zu widmen: Robert Charles Susil.

Weder dieses Buch noch *Zeuge der Hoffnung* sind autorisierte Biographien: Niemand im Vatikan oder anderenorts hatte das Recht, es zu prüfen, und ich hätte solche Rechte auch niemandem zugestanden. In beiden Bände ist die Darstellung der Geschichte von Papst Johannes Paul II. nur durch die Zusammenarbeit mit einer großen Schar von Leuten möglich geworden. Ich hoffe, ihre Hilfe hat meine Darlegung der Ereignisse so zuverlässig wie möglich gemacht. Letztlich aber bin ich allein für den Bericht, die Analyse und die Urteile verantwortlich.

G.W.
4. April 2010
Ostersonntag

REGISTER